D1732436

21.

Bruno Minozzi

Illuminismo e cristianesimo

Agorà

Bruno Minozzi

ILLUMINISMO E CRISTIANESIMO

LONGO EDITORE RAVENNA

ISBN 88-8063-342-2

I.
I CARATTERI FONDAMENTALI DELL'ILLUMINISMO
E IN PRIMO LUOGO IL CONCETTO DI PROGRESSO

1. *Necessità di una definizione rigorosa dell'illuminismo*

La definizione corrente dell'illuminismo è insoddisfacente, perché generica e vaga. Quando si sia detto che l'illuminismo è l'affermazione dei diritti della ragione, la quale si erge contro la superstizione religiosa, abbatte il principio d'autorità dovunque l'incontra, investiga spregiudicatamente la natura, conforma ai propri dettami la morale e il diritto, e si adopera per creare un mondo umano ispirato al criterio della criticità, e cioè del libero vaglio dell'esperienza, si è lungi dall'aver determinato l'essenza dell'illuminismo. Si potrebbe cercare di completare la rassegna dei caratteri dell'illuminismo – quelli accennati, oltre ad essere incompleti, hanno anche il difetto di riguardare non tanto l'illuminismo nella sua intierezza, quanto piuttosto certe sue particolari manifestazioni –, considerando l'atteggiamento dell'illuminismo verso la tradizione e la storia, la sua aspirazione al progresso, il suo sforzo volto a conseguire il dominio del mondo esterno mediante le macchine, e così di seguito esaminando le sue prese di posizione in ogni campo del pensare e del fare, ma in questa maniera non si raggiungerebbe lo scopo che ci si è proposti, per il motivo che non è addizionando caratteri diversi che si arriva ad individuare l'essenza di una qualunque cosa.

L'incertezza concettuale, che si osserva nell'usuale definizione dell'illuminismo, nella quale ricorrono i caratteri indicati ed altri ad essi consimili, si riflette nell'incapacità di decidere se l'illuminismo sia fenomeno di ogni luogo e di ogni tempo oppure di alcuni paesi in certe loro epoche storiche. Se l'illuminismo è l'affermazione della ragione, ci si può aspettare che la ragione non taccia interamente mai da nessuna parte, e che soltanto la sua voce ora sia più fievole e ora risuoni più forte, ma quest'assennata convinzione, per ricevere l'indispensabile esecuzione, deve spiegare come e perché l'illuminismo sia, da un lato, onnispaziale e onnitemporale, e dall'altro, fenomeno di grande rilievo solamente allorché ricorrono certe condizioni di luogo e di tempo. Finché questa spiegazione non si fornisce, l'illuminismo si divide in due, in una mentalità, in uno spirito (entità vaghe quanto altre mai), di cui si odono degli accenti un po' dovunque e sempre, e in un fatto storico, soltanto ad un dipresso contrassegnato, proprio di alcuni paesi dell'Europa, in cui ha il suo culmine nel Settecento. Queste ultime indicazioni sono destinate a risultare carenti, giacché emergerà che l'illuminismo, dopo che si è affermato sotto il suo nome proprio, ha continuato sotto appellativi diversi a dominare la civiltà occidentale e che ha la sua massima espansione nell'epoca presente, essendosi diffuso quasi per tutta la terra e avendo informato di sé gran parte del genere umano.

La difficoltà radicale, che fa ostacolo al raggiungimento della definizione dell'illuminismo, è nel concetto di ragione, a cui giustamente si guarda come al concetto fondamentale su cui far leva. L'illuminismo (si dice) intende la ragione come la forza, l'energia, la facoltà, che sola può guidare l'uomo in ogni suo compito; ma forza, energia, facoltà, sono, da un lato, innocui modi di dire, contro i quali non c'è da polemizzare, ma dai quali non c'è niente da ricavare, e dall'altro, sono nozioni oscure, che hanno bisogno di essere chiarite, e non possono quindi arrecare chiarezza di sorta. Esiste, è vero, un concetto rigoroso di forza; ma, se questo concetto fosse sottoposto ad un'analisi approfondita, nel proposito della sua pertinenza o estraneità all'illuminismo, esso si svelerebbe a questo completamente estraneo, e pertanto non mette conto nemmeno di menzionarlo. L'appello alla ragione, contenuto nell'esortazione, rivolta ad ogni uomo, a pensare da sé, appartiene certamente all'illuminismo in qualche suo momento, ma in esso la ragione compare quale parola d'ordine, e non si può pretendere di far passare una parola d'ordine per un concetto. Qualche sentore della genericità del richiamo alla ragione e del bisogno della specificità è presente nell'asserzione che quella dell'illuminismo è precisamente la ragione ragionante. Ma che mai potrebbe fare la ragione se non ragionare, ed essere quindi una ragione ragionante? Preso alla lettera, l'attributo di «ragionante» è ridondante. Senza dubbio esso non va preso alla lettera; ma, evitato il letteralismo, quell'attributo allude a qualcosa che non dice, e quindi riesce vago, proprio mentre preme uscire dalla vaghezza. Migliore è la dichiarazione che quella dell'illuminismo è la ragione calcolante, perché il calcolare non coincide immancabilmente col ragionare, e inoltre perché l'indicazione va nella direzione giusta, ma nemmeno essa porge valido aiuto, giacché non si accompagna all'accertamento del significato che il calcolo ha in questo caso. Il calcolo ha la sua sede primaria nella matematica, in cui ha un significato particolare che non si ritrova altrove, ed è da dubitare che si pretenda di definire l'illuminismo nell'intera sua estensione con un concetto matematico. L'illuminismo si fa valere anche nella matematica, ma si afferma altresì all'infuori di essa, e pertanto nella sua intera estensione richiede un concetto di calcolo, che includa quello matematico, ma non si riduca ad esso, bensì valga per ogni campo in cui si esplica l'attività umana, nella maniera voluta dall'illuminismo medesimo. Di questo concetto complessivo di calcolo però non si dispone, e solamente si formula l'esigenza che il concetto matematico di esso sia opportunamente modificato in maniera da ottenere universale validità di riferimento, che è la condizione che sola rende possibile intendere come accada che l'illuminismo, purché ragioni, calcola. La ragione dell'illuminismo sarà anche, anzi, essa certamente è la ragione calcolante, ma che cosa qui voglia dire determinatamente il calcolo non si sa.

Si sostiene anche che la ragione dell'illuminismo è la piatta e fredda ragione, ciò è asserito con tono di biasimo e di dispregio, ma nondimeno, lasciato cadere l'intento spregiativo, potrebbe per lo meno servire ad avviare la ricerca del significato che la ragione ha nell'illuminismo. C'è, infatti, l'orizzontale, e c'è il verticale, la disposizione delle cose piatta e la disposizione delle cose a cuspide, quella fredda e questa calda, e va da sé che pianure di questa sorta non sono né migliori né peggiori di montagne della stessa sorta; senonché, fin quando queste rimangono espressioni metaforiche, come costantemente accade, non conducono alla definizione desiderata, giacché definizioni intessute di metafore non rispondono al più elementare requisito del definire, che è di adoperare termini propri. La piattezza della ragione dell'illuminismo, e conseguentemente dell'illuminismo secondo tutto se stesso, può anche essere riposta nella mancanza della trascendenza, per cui l'illuminismo non si getta al di là dell'esistente, bensì ne è soddisfatto e pago, come soddisfatto e pago è di se stesso. Se con ciò si vuol dire che l'illuminismo non si slancia in alto, l'indicazione è senz'altro giusta, ma l'illuminismo, se non fa questo, salta però continuamente davanti a sé, e in questo senso è capacissimo di oltrepassare l'esistente, vive nella perpetua insoddisfazione di se stesso, alla quale conferisce, conformemente alla sua indole, una direzione orizzontale, anziché verticale. Con questa osservazione si è però ricondotti alla richiesta di stabilire che cosa siano l'orizzontalità e la verticalità, e quale sia l'indole, in obbedienza alla quale, l'illuminismo si comporta in un certo modo, invece che in un altro.

S'insiste dichiarando che la ragione s'incontra nell'illuminismo come la facoltà dell'astrazione, e che di conseguenza quella dell'illuminismo è la ragione astratta. Ma, di grazia, cos'è mai qui l'astrazione? È forse l'attività dello scindere e del separare? Questa operazione procede necessariamente di conserva con l'operazione del congiungere e dell'unire, giacché, se non si avesse qualcosa di unito, non si potrebbe scindere, e, se non si avesse qualcosa di scisso, non si potrebbe unire. La ragione è presente nell'illuminismo come entrambe queste attività, non come la prima soltanto; pertanto, non è nemmeno vero quel che si soggiunge, ossia che la ragione dell'illuminismo è la ragione analitica, e che la ragione esistente da qualche altra parte è la ragione sintetica. Questi ultimi vocaboli sono, infatti, semplici varianti verbali dei precedenti, e ciò che una volta si chiama astratto un'altra volta si chiama analitico, ciò che talora si denomina concreto talaltra si denomina sintetico. Soltanto se si riuscisse ad accertare in quale significato specifico compaiano nell'illuminismo, da una parte, lo scindere o l'analizzare, e dall'altra, il congiungere o il sintetizzare, si potrebbe magari trovare un criterio per cui attribuire ad esso piuttosto l'operare della prima specie che quello della seconda, pur tenendo per fermo che vi sono contenuti entrambi, ma una tale indagine su un significato specifico dell'operare illuministico non soltanto non si porta a compimento ma nemmeno s'intraprende. È forse l'astrazione dell'illuminismo la sua impotenza ad agire sulle cose? Siamo da capo con le imputazioni, laddove occorrerebbe non indicare insufficienze e pecche, per di più solamente pretese, ma addurre concetti di cui servirsi nella definizione. Preteso e immaginario è poi codesto difetto d'astrazione dell'illuminismo, giacché nessun movimento può gareggiare con l'illuminismo quanto alla capacità di foggiare le cose secondo dei principi, di conformare ad essi la realtà. Se la concretezza deve intendersi come la capacità d'incidere sulle cose, di trasformare il mondo esteriore in un mondo proprio, è da concludere che la ragione dell'illuminismo è tanto poco astratta da doversi giudicare eminentemente concreta. Dal lato della riuscita e del successo, l'illuminismo non teme rivali, ormai il mondo, in gran parte, gli obbedisce.

Ciò che non si riesce a raggiungere dalla ragione, considerata come facoltà, ci si industria d'ottenere riguardando il contenuto in cui la ragione si manifesta. Di qui nasce l'asserzione che la ragione dell'illuminismo è quella che si esprime nelle leggi della natura, e parimenti, nelle leggi della morale e del diritto, perché la legge, essendo universalità, è razionalità. La ragione sarebbe la parola in cui si compendia l'illuminismo, perché è la parola in cui si compendia la legislazione naturale e umana. Senonché bisogna riflettere che le leggi, siano esse quelle fisiche o quelle morali e giuridiche, esistono anche al di fuori dell'illuminismo, giacché non c'è civiltà che non dia luogo a leggi, senza contare che, se la legge è razionalità, c'è anche razionalità dove non c'è legge, per il motivo che l'universalità legale è soltanto una specie di universalità. Occorrerebbe – è giocoforza osservarlo una volta di più – stabilire che la ragione e la legge, non prese in un qualsiasi modo, ma intese in un modo specifico, sono proprie dell'illuminismo, giacché fin quando si resta alle accezioni generiche, non c'è la possibilità di uscire dal vago e dall'incerto e di giungere al preciso e al certo. Venuta meno la via della legislazione, si tenta, infine, la via della storia, sostenendo che l'illuminismo è la ripresa del concetto della ragione che si era affermato nell'antichità con l'ellenismo, quando la ragione era diventata la guida dell'umanità e la forza motrice della civiltà. Sopravvenne un tempo (si dichiara) in cui tendenze ostili alla razionalità presero il sopravvento e momentaneamente trionfarono, ma la ragione nemmeno allora disarmò, bensì permeò un po' per volta quel materiale contrastante, che il corso dei tempi offriva, dividendolo e suddividendolo secondo certi suoi principi, e così rischiarandolo nella misura del possibile, sino a dar vita, come accadde nella Scolastica medioevale, ad una specie di razionalismo. Questo era pur sempre un razionalismo dell'irrazionale, in cui la materia riluttava alla forma, il contenuto sordamente resisteva al metodo, finché l'innaturale connubio si sciolse. Allora riprese vigore e si affermò nella sua schiettezza il concetto genuinamente greco della ragione, perché la ragione non era più costretta a fungere da incastonatura di pregio di una pietra falsa, ma poteva valere per se stessa, ciò che è accaduto con l'illuminismo, il quale è quindi una riaffermazione della classicità. Purtroppo è destinato a risultare che la ragione dell'illuminismo è completamente diversa dalla ragione della grecità, che la civiltà dell'illuminismo, e la sua filosofia, e la civiltà e la filosofia classica, sono cammini divergenti percorsi dall'umanità. Anche la via storica riesce quindi impercorribile, e perciò tutti i tentativi compiuti per rispondere alla domanda che vuole sapere che cosa sia la ragione dell'illuminismo non hanno esito alcuno.

Tutta questa insistenza sull'esigenza di mettere allo scoperto il peculiare significato che la ragione ha nell'illuminismo, può senza dubbio parere frutto di pedanteria e di mania definitoria, ma non bisogna lesinare sforzi per pervenire ad una decisione in merito, perché la ragione è veramente il concetto fondamentale dell'illuminismo, quello che racchiude la sua essenza. Sia quindi concesso preliminarmente di avvertire che dall'indagine emergerà che la ragione dell'illuminismo e quella esistente al di fuori di esso non sono due o più specie in cui si divida il concetto generico di ragione. Per definire la ragione dell'illuminismo non occorre minimamente trovarne il genere prossimo e quindi provvedere ad aggiungergli la differenza specifica; le genericità in mezzo a cui presentemente in proposito ci si aggira non sono affatto da addebitare a ciò, che della ragione si è bensì a conoscenza del primo elemento, di per se stesso indeterminato, ma s'ignora il secondo, il solo che possa determinarlo; esistono, infatti, parecchi concetti indipendenti di ragione, un concetto globale, onnicomprensivo, che faccia al caso, invece, semplicemente non esiste.

La richiesta di fornire una definizione degna di questo nome dell'illuminismo, e la lamentela che sinora essa non sia stata arrecata, prestano però facilmente il fianco all'accusa di esigere l'impossibile e di fraintendere il senso delle molte ammissioni che a proposito di questa mancanza s'incontrano. Vere e proprie definizioni (si argomenta) è lecito domandare, allorché si tratta di concetti filosofici, e cioè quando la filosofia è sul suo terreno, ma l'illuminismo non è tutto filosofia, è certamente anche filosofia, o meglio, contiene in sé molte, diverse, e in parte contrastanti filosofie, ma è anche arte, morale, diritto, storiografia, e via dicendo, in breve, è un fatto generale della civiltà, che non si presta ad essere racchiuso in una definizione. In un caso del genere, come in tutti quelli analoghi, si è in presenza di una mutevole realtà storica, che occorre cercare di cogliere nelle sue multiformi e inesauribili manifestazioni, esaminandola sulla base dei documenti (nel senso più ampio di cui questa parola è capace) che se ne posseggano, aiutandosi, quando occorre, con delle nozioni preliminari, ma senza irrigidirle in concetti rigorosamente definiti, dedotti gli uni dagli altri, e connessi in una organica totalità, bensì procurando di serbarle plastiche e duttili, e così idonee a riferirsi ai fatti, da cui ricevere conferme o smentite, queste ultime totali o parziali, e in conseguenza di tali esiti, mantenendole, abbandonandole, modificandole in continuazione. Non definizioni rigorose, ma caratterizzazioni approssimative sono qui possibili, e anche se spesso le semplici caratterizzazioni si prendono la libertà di conferirsi il nome di definizioni, bisogna rendersi conto che di queste c'è soltanto la parola, non la cosa e nemmeno la pretesa effettiva della cosa. Le comuni ammissioni, che si trovano tanto spesso ripetute, sulle insufficienze del concetto di illuminismo, qua o là proposto, comunque si esprimano a parole, riconoscono le manchevolezze presenti in molte e fors'anche in tutte le caratterizzazioni che sono state sinora compiute dell'illuminismo, si accompagnano al proposito di arrecarne delle nuove, meno difettose, ma che non pretendono di oltrepassare il dominio dell'approssimazione e di raggiungere la sfera, da esse inconseguibile, della precisione e del rigore. Le infinite complicazioni e il finale insuccesso, a cui si va incontro, qualora

si tenti di fornire esecuzione al proposito del rigore, e non ci si accontenti di va-
gheggiarlo, dovrebbero consigliare la modestia e ammonire a non esporsi alla
dura smentita dei fatti e all'immancabile scacco che confondono chi, per aver
preteso troppo, si trova a non possedere niente.

È evidente che qui all'inizio non siamo in grado di prendere argomentativamente posizione intorno a queste obiezioni, e di conseguenza dobbiamo restrin-
gerci ad enunciare il nostro convincimento in proposito. E questo convincimento è che fintamente si discorra del dominio dell'approssimazione e della sfera
del rigore, di quel che appartiene al terreno della filosofia e di quel che si trova
sul terreno della storia, e che effettivamente si ritenga che concetti veri e propri,
definizioni degne di questo nome, e cioè rigorosamente formulate, non esistano
da nessuna parte, e della fondatezza di questo nostro avviso saremo tratti in seguito a dare qualche prova. Per il momento occorre serbarsi impassibili di fronte all'ammonimento della prudenza e noncuranti di fronte alla minaccia di
esporsi al ridicolo di un fallimento previsto e preannunciato, e solamente riflettere sul dilemma dinanzi a cui da sempre si trova chiunque pensi, che è di definire o di non sapere di che cosa parla. Quale sia la vera minaccia, dove in questo dilemma si annidi il reale pericolo, non può rimanere ignoto a nessuno.

Il rifiuto delle definizioni e l'irrisione delle essenze, che le definizioni propongono, hanno anche un'altra forma, oltre quella che consiste nel dichiarare
che un caso è quello dei concetti filosofici e un caso interamente diverso è quello dei movimenti storici e dei fatti della civiltà, e in quest'altra forma contro i
concetti, che volentieri si accompagnano con l'attributo di astratti, si ergono gli
individui in carne e ossa e le loro opere concrete. Nella questione che ci occupa
si dice: non esiste l'illuminismo, come qualcosa a sé stante, bensì esistono gli
illuministi, ognuno con la sua inconfondibile fisionomia, ancorché ci sia più che
un'aria di famiglia tra di essi, o ci siano degli effettivi tratti comuni che giustificano l'appellativo ad essi conferito. La pretesa essenza dell'illuminismo è solamente uno schema astratto e inadeguato, il quale, se pretende di essere qualcosa
di più di un'indicazione orientativa, soffoca le singole figure degli illuministi,
quali di fatto esistettero in passato, esistono oggi, e tutto induce a ritenere esisteranno in futuro, costringendole entro formule dottrinarie. La risposta da dare
a questa critica è che esiste il coro dell'illuminismo, in cui ci sono certamente
le singole voci (e invero distribuite in certi gruppi e sottogruppi), e che il coro è
effettivamente reale, non un'invenzione di comodo, un'etichetta sotto cui collocare entità indipendenti o disparate. Le individualità stanno entro l'essenza (la
quale non è, come si pretende, a sé stante), ne sono le articolazioni. Naturalmente, le trattazioni che dell'illuminismo si intraprendono, possono di volta in
volta accordare maggior posto alla considerazione d'insieme oppure ai profili
individuali, ma questa è una questione letteraria da risolvere con criteri di pratica opportunità. È da tenere per fermo, per ciò che riguarda i risultati complessivi, che quanto meglio sono caratterizzate le singole figure degli illuministi, tanto meglio è determinata l'essenza dell'illuminismo, che quanto più approfonditamente è stabilita quest'essenza, tanto più nettamente sono delineate quelle figure, le quali, invece, riguardate all'infuori di un tale riferimento, si fissano nel-

la loro esteriorità e fisicità, e allora diventano davvero povere astrazioni. Le proteste contro la ricerca della definizione dell'illuminismo riflettono, com'è manifesto, convinzioni infondate, veri e propri pregiudizi contro la ricerca delle definizioni in generale, su cui non ci è consentito soffermarsi, giacché in quest'opera si tratta non dei concetti in genere, ma del singolo concetto dell'illuminismo, e allorché è questione del singolo, tutto ciò che attiene al generale deve darsi ammesso per sottinteso.

Bisognava quindi restringersi ad accennare quale fosse l'effettiva fonte da cui traggono alimento le condanne, condite di suadenti osservazioni di buonsenso, di quello che viene denunciato come l'inverosimile disegno di condensare in una formula onnicomprensiva un fenomeno storico suscettibile di una varietà infinita di forme, come anche bisogna limitarsi adesso a menzionare alcune necessarie distinzioni intorno alle definizioni e alle formule in cui esse si racchiudono e che perciò si chiamano formule definitorie. Occorre distinguere, con tutta la nettezza di cui si è capaci, la formula verbale e la formula logica della definizione, e riflettere che la formula verbale può essere o esplicita o implicita e che la formula logica può essere o dispiegata o contratta. Della formula verbale esplicita si può tranquillamente fare a meno, come forse ognuno vorrà concedere perché, sempre che si voglia, si può passare dal verbalmente implicito al verbalmente esplicito. Maggior conto merita di ricevere la distinzione della formula logica dispiegata, in cui sono contenuti tutti gli elementi della cosa definita, e della formula logica contratta, in cui è racchiuso solamente un elemento della cosa, ma fondamentale, ossia tale che, dato esso, tutti gli altri tengono dietro con necessità, secondo una regola che si provvede ad indicare. La compiutezza logica appartiene, com'è chiaro, solamente alla formula definitoria dispiegata, ma la sufficienza logica è posseduta anche dalla formula definitoria contratta, perché essa fornisce lo strumento per pervenire dalla parte all'intero, e rende impossibile la confusione tra la cosa di cui si tratta e le altre cose tutte. La definizione deve arrecare qualcosa di più e insieme qualcosa di meno di quello che ordinariamente si reputa: qualcosa di più, e cioè una regola immancabile con cui assegnare ogni elemento, allorché si incontra, alla cosa di cui è questione, senza la fallace dualità oggettiva di elementi essenziali e di elementi accidentali, che rompe l'unità della cosa dividendola in un nucleo costitutivo e in un rivestimento estrinseco, in un nocciolo e in una corteccia (una tale dualità è ammissibile soltanto soggettivamente, ossia non per la realtà ma per la sua investigazione); qualcosa di meno, e cioè non è tenuta a fornire l'intero e ad esprimerlo verbalmente, formulando l'essenza in parole. C'è pertanto da essere soddisfatti, se si riesce ad arrecare la definizione contratta dell'illuminismo, facendolo conoscere come concetto dotato di rigore, nella sua determinazione e concretezza, giacché per la circostanza di essere multiforme fenomeno della realtà, l'illuminismo non cessa minimamente di costituire un concetto rigoroso.

Una definizione come quella che si domanda non può collocarsi all'inizio della trattazione, dove presumibilmente riuscirebbe incomprensibile; essa può addursi solamente al suo termine o almeno dopo che si è arrivati molto avanti nel suo svolgimento. Essa è da ricercare partendo dagli elementi particolari che sono come tanti ingredienti dell'illuminismo, non da stabilire preliminarmente come loro fondamento, ossia è da investigare andando dal basso verso l'alto e non già nella direzione contraria. Quando si ha da fare con un concetto per lungo tempo imperfettamente concepito, perché non sufficientemente determinato, il procedimento conveniente è quello d'indagare dapprima i diversi elementi e, quando si siano colti con bastante chiarezza, considerarli insieme, così da accertare se essi s'importino a vicenda oppure no, e nel caso che questa reciproca implicazione sussista, soltanto allora porre sul terreno la definizione. Senonché una definizione che si rimette al compimento o ad un punto assai avanzato d'una trattazione dà appiglio alla critica che occorre sempre una definizione preliminare perché si comprenda l'argomento in discussione. Quel che veramente occorre al punto di partenza è però soltanto un'orientazione iniziale, e non è che essa qui manchi, essendo contenuta nelle summenzionate sommarie indicazioni di ciò che correntemente si ripone sotto il nome di illuminismo, le quali non sono errate, ma soltanto estremamente incomplete. L'orientazione iniziale deve essere proprio il più possibile sommaria, per evitare che quanto in essa si contiene pregiudichi grandemente lo svolgimento dell'indagine, gravandola di presupposti, ancorché per sfuggire ai presupposti non ci sia in definitiva altro procedimento sicuro all'infuori di quello di stabilire daccapo ogni punto, allorché il discorso verte determinatamente su di esso, senza fare alcun conto di quanto a suo riguardo è stato ammesso in un primo momento. La questione del posto della definizione, iniziale, avanzato, terminale, è letteraria, e quindi irrisolubile concettualmente, ma proprio per questo è tale che nemmeno occorre risolverla, e si può sbrigare con criteri di semplice convenienza; la questione vera, l'unica che davvero prema, è quella del contenuto concettuale della definizione, ed essa è da affrontare nel modo indicato, che va dagli elementi all'intero, dalle parti al tutto, tanto più che questo andamento risulterà in seguito consentaneo al modo di procedere dell'illuminismo medesimo.

2. *Considerazioni preliminari sul concetto di progresso*

Degli elementi summenzionati giova indagare per primo non quello della ragione, che non è nemmeno propriamente un elemento dell'illuminismo, bensì è questo tutt'intero, e per esso non disponiamo comunque dei materiali preparatori, lunghi e difficili da apprestare, ma quello del progresso, che è indubbiamente un ingrediente dell'illuminismo, e nel contempo è assai meno malagevole da dipanare. Il progresso si distingue dal cangiamento in genere, non specificato nella sua direzione, da quello indifferente, in cui c'è mutazione ma il livello di ciò che muta è il medesimo, e altresì da quello verso il peggio, che si dice regresso, come cangiamento verso il meglio. La mancanza di specificazione della direzione del progresso, seppur si produce, può dipendere unicamente da un difetto della conoscenza, per il quale non si sa assegnare che cosa abbia effettivamente luogo nel cangiamento, e non può essere un carattere reale di questo. Il cangiamento reale è certamente in se stesso determinato, giacché per esistere deve rispondere alla condizione necessaria della realtà tutta, che è la determinazione, e quindi può solamente accadere che s'ignori di quale specie sia la determinazione propria di esso. Tolta di mezzo questa possibilità per quel che riguarda le cose stesse, rimane anzitutto il cangiamento che è semplice mutazione, la quale non va né verso il meglio né verso il peggio, e che quindi si dice cangiamento indifferente, in cui si ha la condizione della stazionarietà del valore, ma nessuno chiamerebbe progresso una condizione stazionaria, uno stato neutro, ammesso pur che davvero da qualche parte esista, perché il progresso non significa niente di neutro e d'indifferente. Il suggerimento, che eventualmente si avanzasse, di considerare progresso anche il cangiamento verso il peggio (come si fa, quando di una malattia che si aggrava si dice che progredisce) non potrebbe essere accolto, perché arrecherebbe un'inestricabile confusione terminologica. Al progresso inerisce necessariamente la direzione della positività, come al regresso quella della negatività, entrambe prese nella loro accezione popolare, per la quale si accorda che esistono cose, che nondimeno sono entità negative (tali sono quelle che preferiremmo che non esistessero) e di conseguenza, si accorda anche che soltanto alcune delle cose esistenti, e non esse tutte, sono entità positive (e tali sono quelle che anche desideriamo che esistano). Pertanto, non si può nemmeno concedere che per progresso deve intendersi la mutazione crescente quale che essa sia, tanto positiva che negativa, tanto di miglioramento che di peggioramento. Oltre ad avere l'inconveniente di allontanarsi dall'uso comune del linguaggio, che conferisce significato positivo al progresso, e di adottare un impiego completamente artificiale della parola, quest'ultima proposta di definizione domanda troppo perché ci sia progresso, in quanto chiede non la sola trasformazione, ma la trasformazione crescente, ossia la crescita dell'indice stesso di trasformazione. Secondo questa proposta, ci sarebbe, p. es., progresso sociale per l'umanità, unicamente se in ogni epoca gli assetti della società fossero differenti da quelli che erano nell'epoca precedente, e ancora più differenti rispetto ad ogni epoca precedente; ma una tale richiesta è inaccettabile, perché, come mostreremo, c'è bensì un principio che permette di stabilire se si dà trasformazione, ma non ce n'è uno che consenta di decidere che la trasformazione è ognora crescente. Può capitare che anche l'indice della trasformazione cresca, ma ciò può anche non capitare, e non si può introdurre un elemento aleatorio nel concetto di progresso, che, sottraendolo a un principio, lo assoggetterebbe al caso.

Bisogna quindi ribadire che non si può chiamare progresso qualunque trasformazione, fosse anche di dissoluzione, alla sola condizione che il processo di dissolvimento aumenti ogni volta che lo si considera rispetto ad un termine di riferimento dato, ma che progresso è solamente la trasformazione positiva, quella diretta verso il meglio, e concludere che al progresso è sufficiente il miglioramento, qualunque sia la sua intensità, la quale può tanto aumentare quanto restare costante o anche diminuire. Questa conclusione non è dovuta ad un qualche spirito di moderazione, che sia fatto intervenire ad arbitrio, ma è imposta da un principio, il quale importa il cangiamento, ma non il cangiamento crescente, ossia è imposta dalle cose stesse, le quali in questo modo provvedono anche, se pur così si vuol dire, a decretare la moderazione.

Condizione preliminare dell'esistenza e della conoscenza del progresso è che i termini tra cui il progresso si compie siano commensurabili, giacché, se tali non sono, non ha più senso il miglioramento di quel che lo abbiano il peggioramento e la stazionarietà. In assenza della commensurabilità, non solamente non si può accertare se progresso si dia, ma esso non può darsi in se stesso, perché un cangiamento fra incommensurabili, ammesso pur che esista, non è determinato come il progresso comporta. Poiché ci sono parecchi concetti di commensurabile e d'incommensurabile, per accertare quali sono quelli che fanno al caso, si deve partire da nozioni elementari, che non pregiudichino la questione e che poi attraverso un lungo tramite di considerazioni conducano allo scopo, ma non ci sono nozioni tanto elementari come quelle che dicono: commensurabili sono le cose di cui esiste una misura comune; incommensurabili sono le cose di cui una misura comune non esiste; queste sono, infatti, non due definizioni logiche, ma due definizioni verbali, due spiegazioni di vocabolario, del genere di quelle che si potrebbero dare ad uno straniero che non comprende bene la lingua in cui si parla, e tuttavia non sono inutili, come riesce chiaro, allorché si risponde alle interrogazioni che chiedono cosa sia la misura e cosa sia la comunanza della misura richiesta dalla commensurabilità.

Il progresso esige il tempo per il rapporto della successione, perché i termini tra cui si attua debbono essere gli uni dopo degli altri, e l'essere l'un dopo l'altro del tempo è il medesimo che la successione. Termini tutti simultanei, siano essi il poco e il molto, l'indietro e l'avanti, o anche il basso e l'alto, l'inferiore e il superiore, non danno luogo al progresso, perché progredire è andare verso il meglio, ma non c'è andare nella simultaneità, bensì c'è nella successione. La comune misura dei termini del progresso, la loro commensurabilità, è quindi qualcosa che si riferisce alla loro comune appartenenza al tempo per il rapporto della successione. Poiché il tempo è continuo, e ciò che è continuo è graduale, il progresso, a causa della sua relazione con il tempo, deve essere graduale (in verità, il progresso richiede che alla continuità del tempo si aggiunga un altro carattere, che è quello dell'avvertimento uniforme del tempo, ma su questa condizione aggiuntiva c'intratterremo più oltre); e non c'è carattere tanto importante, ma nemmeno tanto difficile da comprendere nella sua indole, come quello della gradualità del progresso. Il progresso, per esistere, non ha bisogno di essere continuo, sebbene il tempo sia continuo, perché non domanda di aver luogo in ogni tempo. Se avesse luogo in ogni tempo, il carattere della continuità, com'è proprio del tempo, sarebbe proprio del progresso; ma, siccome non si può richiedere che il progresso abbia luogo in ogni tempo, per la ragione che questo non è un requisito della sua esistenza, bisogna sostenere che il progresso è continuo, allorché si compie, e che, di conseguenza, è sempre graduale. Ciò che è continuo non contiene lacune, ciò che è graduale non contiene salti; pertanto, quando il progresso si attua, in esso non ci sono lacune, ma ci sono pure lacune tra i diversi periodi di progresso, che possono essere intervallati da periodi di regresso, di decadenza, e fors'anche di stazionarietà, e nondimeno il progresso è graduale in tutta la sua estensione, perché non fa mai salti, ma, allorché, dopo un periodo di regresso, riprende la sua opera interrotta, la ricongiunge al punto in cui l'aveva lasciata, o ad un punto ad esso inferiore, di poco o di molto, e poi la prosegue come l'aveva già condotta in precedenza, ossia percorrendo e così riempiendo ogni posto nella serie dei termini di cui consiste, e non già scavalcando e in questo modo lasciando vuoti alcuni posti (ciò che sarebbe il fare salti, di cui si contesta la possibilità). Non si deve confondere, come solitamente accade, la continuità e la gradualità, l'impossibilità delle lacune e l'impossibilità dei salti, e domandare per il progresso ciò che appartiene soltanto al tempo, il quale non è mai stato e non sarà mai in qualche periodo, e cioè in qualche parte del tempo, per non esistere e non essere quello che è, tempo, laddove può benissimo accadere che ci siano, oltre che periodi di progresso, periodi di regresso e di decadenza.

Per di più, non si deve nemmeno confondere la gradualità con la lentezza, l'impossibilità del salto con quella del passaggio repentino, ma si ha da tenere per certo che la lentezza e la rapidità, la tardanza e la celerità, si trovano immancabilmente tutte nel progresso, ed esse in verità si contengono necessariamente anche nel tempo. C'è, infatti, nel tempo sia ciò che si vede sorgere un po' per volta e, per così dire, si segue con lo sguardo nel suo venire con calma alla luce, e c'è del pari ciò che accade d'un tratto, all'improvviso, e tanto l'uno che l'altro sono compatibili con la continuità posseduta dal tempo. Anche il progresso rapido è graduale come quello lento, con il carattere della gradualità convengono tanto le mutazioni brusche e sorprendenti che quelle così tranquille se non addirittura impacciate, che in esse le cose, invece di andare, sembrano stare, tanto le trasformazioni moderate delle riforme che quelle irruenti ed estreme delle rivoluzioni. Si suole accordare che ci sono tutte queste specie di trasformazioni, ad esse si riconosce ugualmente realtà, e quindi non è consentito prendere alcune di esse e metterle in contrasto con la gradualità del progresso. Questa comporta certamente che tutti i posti esistenti nella serie dei termini di cui è formato il progresso siano riempiti, che nessuno sia scavalcato e lasciato vuoto, ma una tale richiesta è sempre soddisfatta, e soltanto talvolta i posti sono fatti in modo che si occupano alla svelta, e talvolta sono di tal natura che soltanto lentamente si raggiungono; ogni volta però gli incrementi che nella realtà si hanno di fatto sono ineccepibilmente quelli che di diritto si debbono avere. È vero che il linguaggio comune preferisce accordare la gradualità soltanto ai cangiamenti lenti, ma quest'uso non è da seguire, giacché non sempre si deve stare al linguaggio comune, ma quando si accorda con l'esigenza del pensiero.

Il progresso però, se può realizzarsi in maniera repentina, non può prodursi istantaneamente, sempre che l'istante sia inteso a rigore come l'indivisibile, il punto del tempo, ammesso pure che tale specie di punto esista veramente e non sia un'entità interamente fittizia. Ciò che è repentino ha una grande velocità, ma una qualche velocità, ancorché minima, compete anche a ciò che è tardo; invece, ciò che fosse istantaneo non sarebbe veloce, perché il trapasso degli istanti si compirebbe immediatamente. La distinzione tra il repentino e l'istantaneo, e l'esclusione dell'istante dal progresso, che può sembrare una sottigliezza di scuola, dimostrerà in seguito la sua fondamentale importanza, quando si tratterà non del concetto di progresso in genere, e non delle premesse che lo rendono concepibile, come si fa adesso, bensì dello specifico concetto di progresso dell'illuminismo, e delle conseguenze che esso comporta, determinando l'atteggiamento dell'illuminismo verso la religione. La gradualità del progresso coincide con la sua naturalità, ed è lo stesso dire che il progresso è costitutivamente graduale e che è quello che la parola dice a condizione di essere naturale. Quest'identità è significata dalla massima: *natura non facit saltus*, la quale s'incontra, non a caso, ripetuta ai più diversi propositi; e invero una natura che facesse dei salti, non sarebbe minimamente natura. Poiché il progresso si riferisce al tempo per il rapporto della successione, e poiché è necessariamente graduale, ciò che in esso segue è il portato di ciò che precede, e non di qualcosa d'estraneo, sopravveniente dal di fuori: questa è l'indole naturale del progresso. Il tempo è interamente graduale, ossia consiste di gradi sia per il rapporto della simultaneità che per quello della successione; il progresso richiede la successione, non convenendogli la simultaneità, ma tutte le distinzioni del precedente e del susseguente sono distinzioni di grado e in esse quanto viene dopo deriva da quanto viene prima; di modo che il precedente è insieme l'antecedente e il susseguente è insieme il conseguente. Qui per natura s'intende, per l'appunto, una riunione di termini tutti collegati dalla relazione dell'antecedenza e della susseguenza, nella quale non può intervenire nessun elemento estraneo, che non soltanto la turberebbe ma la distruggerebbe. Ne viene che tutto ciò che è graduale è naturale, e di converso, che tutto ciò che è naturale è graduale; pertanto, il progresso non può che aver luogo per gradi e compiersi in maniera naturale. Si può anche dire, giacché è sempre il medesimo, che tutti i termini del progresso sono termini relativi, non assoluti.

Non ci può essere stata una condizione primordiale dell'umanità, completamente priva di ogni elemento di civiltà, e non preceduta da nessun'altra condizione, giacché in essa, per quel che riguarda l'elaborazione di un mondo umano, ci sarebbe stato il *nulla*, e non ci sarà mai uno stato finale del genere umano completamente sviluppato, e non seguito da nessun altro stato, giacché in esso, per quel che riguarda la civiltà, ci sarebbe il *tutto*. Queste condizioni, questi stati, sono immaginari, per la ragione che violerebbero la naturalità del progresso, poiché il trapasso dal *nulla* al *qualcosa* non è naturale, non dandosi passaggio dall'assolutamente semplice al poco progredito, come non è naturale il trapasso dal *molto* al *tutto*, non dandosi passaggio dall'assai progredito all'assolutamente perfetto. Il progresso è naturale soltanto se ha luogo tra termini tutti relativi, ed è il medesimo che si dia il progresso e che si diano il relativamente poco e il relativamente molto progredito, in una serie in cui non c'è un termine primo e non c'è un termine ultimo, che stiano sul suo terreno.

La natura, come complesso di differenze graduali, oltre che al tempo, si riferisce allo spazio, giacché anche le differenze delle distanze spaziali, del qui e del là, sono costituite di gradi, al pari delle differenze delle distanze temporali, dell'ora del prima e del dopo, e, in verità, tutto quel che appartiene al tempo appartiene anche allo spazio, nella stessa maniera in cui ogni cosa spaziale è medesimamente una cosa temporale. Si è quindi autorizzati a ritenere che il progresso non si compie nel tempo senza prodursi nello spazio, ossia in certi o certi altri luoghi della terra, e che il progresso tanto più è rapido tanto più è destinato a diffondersi nel mondo, tanto più è lento tanto più è costretto a restringersi in zone limitate, per la ragione che quel che è dotato d'intensità per il tempo è parimenti fornito d'intensità per lo spazio, e di conseguenza, quel che è temporalmente rapido si traduce in quel che è spazialmente diffuso, e quel che, per il primo proposito, è lento, per il secondo, è costretto in confini angusti. Non c'è niente di accidentale e di casuale in questi rapporti dei tempi e dei luoghi, e solamente occorre badare che qualche volta il tempo appare poco, perché è concentrato, e che se mai si potesse distendere, risulterebbe molto, e che qualche volta a sembrare scarso è lo spazio, perché è privilegiato dall'eccellenza dei luoghi, ma che se mai si potesse dispiegare, riuscirebbe ampio; le quali operazioni del distendere e del dispiegare, come le altre inverse, dell'involgere e dell'avviluppare, non si possono eseguire fisicamente, ma pur si possono effettuare mentalmente, e da esse risulta che, a parità di condizioni, la corrispondenza dei luoghi e dei tempi complessivi è totale. Qui si fanno valere necessità essenziali, e quindi non c'è posto per il caso e per l'accidente; se questi si credono d'incontrare ad ogni passo, la circostanza è da attribuire non alle cose, ma alla superficialità delle considerazioni di cui ci si accontenta.

Essendo graduale e naturale, comportandosi alla stessa maniera per i tempi e per i luoghi, svolgendosi tra termini interamente relativi, gli uni in conseguenza degli altri, il progresso è comprensibile, trasparente a se stesso, e quindi è razionale. Poiché sul significato della ragione non possediamo per il momento nessuna informazione attendibile, non possiamo conferire alla razionalità del progresso altro senso che quello, del tutto incondito, perché non determinato e specificato, della comprensibilità e della trasparenza, senza pretendere di spiegare in che cosa consistano. Anzi, è da giudicare certo che, se nella maniera in cui si è preannunciato, ci sono parecchi concetti di ragione, e per di più del tutto indipendenti gli uni dagli altri, così che non sono raccolti in un genere di cui formerebbero le specie, ci sono parecchi significati della razionalità del progresso. Ma questo accade perché, come ci accingiamo a mostrare, ci sono anche più concetti di progresso, di cui quello dell'illuminismo, sul quale soltanto ci soffermeremo, è uno.

La possibilità del progresso, genericamente inteso, è però contestabile e nel fatto contestata da un'obiezione, che, se fosse valida, lo colpirebbe al cuore, e quindi, prima di procedere a dettagliare i diversi concetti del progresso, conviene discutere l'obiezione e saggiarne la portata. Il progresso si dà (così argomenta l'obiezione), se ciò che segue è migliore di ciò che precede, ma questo è, a stretto rigore di termini, impossibile. Ciò che segue è l'effetto, e ciò che precede è la causa, ma l'effetto non può essere migliore della causa, o, com'anche si dice, non può avere più quantità di realtà, più perfezione, della causa, non potendo superarne la capacità, ma soltanto è possibile che l'effetto sia pari o sia peggiore della causa (che abbia la sua stessa quantità di realtà, o che ne abbia meno, sia inferiore per perfezione). Pertanto, sono aperte solamente due strade, quella della stazionarietà e del ristagno, e quella dell'impoverimento e della degradazione. Poco sopra, sostenendo che la naturalità del progresso importa che ciò che in esso segue sia il portato di ciò che precede, che il susseguente sia il conseguente e il precedente l'antecedente, ci siamo espressi con una terminologia poco diversa della causalità, la quale discorre senza ambagi sempre e dovunque di cause e di effetti. Le questioni di linguaggio, ridotte che siano a faccende di preferenza terminologiche, sono povere, e anzi misere; se non ci si vuole perdere in esse, occorre concedere che il portato, il conseguente, non differiscono in niente dall'effetto, e che l'antecedente non è in niente diverso dalla causa. Bisogna, dunque, ricordare che *effectus non potest plus quam causa praestare*, come assurdamente pretende il concetto del progresso, il quale sin dall'inizio si manifesta per inattendibile e falso.

Ci restringiamo a segnalare l'obiezione e ad indicare le risposte che essa può ricevere, la prima delle quali è che la causalità ha il suo unico campo di riferimento nel mondo fisico e non si può pertanto applicare la relazione della causa e dell'effetto al mondo umano; una seconda è che l'incremento e la crescita sono possibili e reali ovunque, tanto nell'universo materiale che nell'umanità, ma sono incomprensibili e inesplicabili, perché riluttanti con la causalità, che è sì a fondamento di ogni comprensione e spiegazione, ma è anche semplice schema intellettuale, inadatto a penetrare la verità delle cose, che va colta e vissuta simpateticamente; e una terza è che la causalità è di universale riferimento, ma non comporta né la necessaria precedenza temporale, quantunque sia conciliabile anche con essa, né l'inevitabile superiorità della causa sull'effetto, e nemmeno richiede la loro simultaneità e uguaglianza, bensì è compatibile con tutte le disposizioni delle cose che combinatoriamente si possono produrre per i loro rapporti di tempo e per i loro primati. La prima risposta è sconveniente per il progresso, nel quale realtà umana e realtà naturale s'intrecciano strettamente, e questo intreccio, stando ad essa, non s'intende mediante la causalità, inappropriata al lato naturale, e non s'intende con qualcosa di diverso, appropriato for-s'anche al lato umano, ma inappropriato al lato naturale. Ancora più sconveniente però, se non per il progresso in genere per la maniera in cui lo concepisce l'illuminismo, è la seconda risposta, la quale abbassa a schema la causalità, ma non fornisce un altro strumento di comprensione adatto all'intelligenza dell'incrementarsi delle cose, e soltanto assicura che misteriosamente l'incremento si attua e anche si apprende, ma l'illuminismo non vuol saperne del mistero. L'ultima risposta, invece, risponde allo scopo di rendere pienamente possibile e comprensibile il progresso, perché essa non fissa l'effetto di contro alla causa, ma considera la relazione causale come nesso di due cause (e si potrebbe altrettanto bene dire, come nesso di due effetti), e quindi rigetta il preteso assioma con il quale si vorrebbe colpire, in un suo basilare ingrediente, l'illuminismo, che, quando vuole ragionare i suoi concetti, può attenersi ad essa e così mettersi al riparo da un'insidiosa contestazione.

L'obiezione ricordata ha anche una diversa formulazione, meno raffinata di quella testé ascoltata, e anzi grossolana e rozza, che svela presto il sofisma con cui si cerca d'oppugnare il progresso, e in essa dichiara impossibile che si abbia in seguito qualcosa di più di quel che si è avuto per l'innanzi. Se questo qualcosa di più (essa arguisce), fosse stato possibile, esso sarebbe esistito già per l'innanzi; siccome così non è stato, è da stimare certo che non esisterà né oggi né un giorno qualsiasi, niente conferendo e niente togliendo la differenza dei tratti nel tempo all'esistenza e all'inesistenza delle cose. È evidente che l'obiezione si restringe a sostenere che non si dà incremento e crescita, per il motivo che non si dà, che il progresso non esiste, per la ragione che non esiste, ossia è evidente che si tratta non di un'argomentazione diretta contro il progresso, ma di una sua secca negazione, alla quale si può sempre replicare con una secca affermazione. Per questa parte, l'illuminismo non ha niente da temere, ma, per decidere se abbia o no qualcosa da temere da altre parti, per difficoltà più circoscritte che si trovi dinanzi, bisogna prima specificare il concetto di progresso, individuando quello che unicamente gli è proprio.

3. *Due specie di progresso: il progresso per sostituzione e quello per inglobamento*

Ci sono due concetti di progresso, perché il progresso è di due specie, l'una delle quali si può chiamare il *progresso per sostituzione*, e l'altra si può chiamare il *progresso per inglobamento*, e queste due specie, corrispondendo a due diversi orizzonti di pensiero, e cioè a due diverse concezioni generali della realtà, non possono comporsi in unità, ma si diversificano per differenze ultime, invalicabili, così che si accoglie l'un concetto o si accoglie l'altro.

Secondo il progresso per sostituzione, qualcosa di migliore e di maggiore subentra in luogo di qualcos'altro, di cui prende il posto, e di cui comporta l'abbandono. I termini, tra cui il progresso si compie, sono tutti degli esistenti, distinti gli uni dagli altri per i luoghi e per i tempi, e posseggono l'esistenza in una maniera indipendente tra loro, ma in essi l'esistenza ha sempre il medesimo significato. Nel progredire, concepito in questa maniera, si acquista più di quel che si perde, ma anche inevitabilmente si perde, perché quel che si sostituisce con dell'altro si abbandona, e quindi non c'è nessun progresso che non comporti una qualche perdita. Secondo il progresso per inglobamento, qualcosa di piccolo e di basso si trasforma in qualcosa di grande e di elevato, a cui conduce e in cui si risolve. Qui l'esistente è uno solo, e nei diversi luoghi e tempi si svolgono le differenti fasi di quest'unica realtà. L'esistenza, invece, ha diversi significati nelle differenti fasi che l'esistente percorre, è all'inizio un'esistenza incoata, ristretta, ed è alla fine un'esistenza compiuta, terminata. Nel progredire, così inteso, in linea di diritto non si perde nulla, giacché il termine ultimo, a cui si giunge, contiene in sé il termine primo, da cui si è partiti, trasformato e arricchito, e in ciò non c'è alcuna perdita, a meno che non voglia dirsi tale l'abbandono della forma incoata dell'esistenza, ma questa, essendo la liberazione da un difetto, anziché una perdita, è piuttosto un guadagno.

Anziché seguitare a caratterizzare in astratto questi due concetti di progresso, giova certamente alla chiarezza esemplificarli e descriverli in concreto, ove però si aggiunga l'avvertenza che gli esempi, per essere veramente compresi nel loro significato, hanno di volta in volta bisogno che si richiamino i concetti a cui si riferiscono, a cui tanto poco arrecano giustificazione che da essi la ricevono, giacché gli esempi sono pertinenti solamente se i concetti sono veri, e cioè debitamente teorizzati e formulati. Esempio di palmare evidenza del progresso per sostituzione è quello delle macchine, in cui la macchina avanzata e quella antiquata hanno esistenza indipendente, sono l'una fuori dell'altra, e la prima prende il posto della seconda, che viene abbandonata al suo destino, finisce distrutta o viene conservata in qualche museo della civiltà che ha preceduto l'industrialismo. Altro esempio di questa specie di progresso è fornito dal campo dell'alimentazione, in cui al sostentamento proveniente dai frutti spontanei della terra, dalla caccia e dalla pesca, succedono gli alimenti tratti dall'agricoltura e dalla pastorizia, variamente manipolati dall'uomo. Il progresso economico è il terreno d'elezione del progresso per sostituzione, giacché in esso crescono i desideri, i bisogni, i comodi, in breve, si ha più benessere complessivo, le merci incaricate di soddisfarlo aumentano di quantità e sono di migliore fattura, ma ogni desiderio ha la sua esistenza a sé stante, al pari della merce che l'appaga, in quanto si desidera ogni volta daccapo e la merce superiore non reca in sé quella inferiore, ma la soppianta.

La specie del progresso per inglobamento è sufficientemente illustrata dallo sviluppo degli organismi viventi, in cui il seme si trasforma nella pianta, l'animale giovane in quello adulto, il bambino nell'uomo maturo, dove non ci sono tante esistenze separate, ma c'è un esistente unico, che percorre delle fasi e in esse passa da una forma d'esistenza incoata ad una forma d'esistenza compiuta o, com'anche si dice, con una formula riassuntiva, realizza le sue potenzialità. Infatti, la pianta è il seme trasformato e trasfigurato, l'animale adulto è quello giovane giunto a compimento, l'uomo maturo è il termine a cui mira, come al proprio scopo, il bambino sviluppandosi; qui la differenza è solamente quella dell'attualità e della potenzialità, e ciò che è attuale contiene in sé ciò che è potenziale, anzi, è il potenziale medesimo portato a perfezione.

Se questi esempi delle due specie di progresso sono per il momento abbastanza chiari, altri lo sono assai meno, potendosi dubitare di quale specie di progresso in esso si tratti. Ci si può chiedere se la scrittura alfabetica, che in molti luoghi prende il posto di quella ideografica, in essi adoperata in precedenza, sia veramente un caso di progresso per sostituzione, come le parole con cui qui è enunciato indurrebbero a ritenere, oppure se non vada piuttosto considerato come un caso di progresso per inglobamento. Certamente, i testi redatti con la scrittura ideografica continuano ad esistere anche quando essa non è più praticata, ma ciò che più interessa è stabilire se la scrittura alfabetica sia o non sia la forma in cui si è evoluta la scrittura ideografica, e ove si decidesse che lo è, questo andrebbe riguardato come un caso di progresso per inglobamento, e non per sostituzione. Per prendere una risoluzione a tali proposti, non ci si può basare sulla circostanza che nel progresso per inglobamento non rimangano esteriormente i resti delle fasi oltrepassate, giacché ci sono pur degli animali, che, nelle loro trasformazioni, lasciano sul terreno involucri e pelli in cui prima erano raccolti, e nemmeno ci si può basare sulla permanenza dell'individualità, perché ci sono mutazioni in cui non si trasformano gli individui di una data specie, ma si originano nuove specie, eppure lo sviluppo animale è giudicato manifestazione esemplare di questa specie di progresso. Ancora più controvertibile è l'assegnazione della specie di progresso nella successione delle forme di governo, anche ad ammettere che in essa si abbia un avanzamento e non una serie di cangiamenti in cui il livello della politica rimane stazionario. È dubbio che nel passaggio dalle forme semplici di governo, la monarchia, l'oligarchia e la democrazia, caratteristiche del mondo greco, al genere misto di governo, che avrebbe contraddistinto il reggimento romano dell'epoca repubblicana, si sia avuto o no un progresso per inglobamento come assicuravano, quantunque esprimendosi con un diverso linguaggio, i fautori della romanità, oppure anche che questo progresso si sia avuto modernamente con la monarchia costituzionale, come garantivano qualche secolo fa i suoi sostenitori, e ciò perché il genere misto è meno facilmente rivoluzionabile delle forme semplici di governo, per il motivo che le contiene tutte in sé, contemperate e smussate nelle loro pretese d'esclusività, o perché la monarchia costituzionale è la condizione matura dell'equilibrio, in quanto in essa il potere di un solo, che è quello del sovrano, si accompagna con il potere dei pochi, che è quello esecutivo, e col potere dei molti, che è quello del Parlamento eletto dal popolo. Si può discutere all'infinito senza riuscire a stabilire sulla base dei fatti quale specie di progresso abbia luogo nella trasformazione delle credenze religiose, nel passaggio dal feticismo al politeismo e dal politeismo al monoteismo.

Se le due specie di progresso avessero una realtà fisicamente determinata, entrambe sarebbero universalmente riconosciute, e tutt'al più si discuterebbe intorno al loro ambito, maggiore o minore, includente quei fenomeni o altri e diversi, e invece si osserva che si accoglie l'una oppure l'altra, si dichiara falsa e illusoria quella che si respinge, e così s'immedesima il progresso con la specie che unica si asserisce reale. L'esistenza degli organismi vegetali ed animali basterebbe ad assicurare un suo ambito al progresso per inglobamento, se ci fosse un'unica concezione possibile degli organismi viventi nella loro differenza dalle cose inorganiche, nel cui ambito sarebbe collocato il progresso per sostituzione; la verità è che ci sono parecchie concezioni, ognuna delle quali assegna un diverso significato alla vita, all'organicità e all'inorganicità. Il linguaggio con cui queste diverse concezioni si esprimono è in gran parte, a stare ai suoni delle parole, senza penetrare i significati, il medesimo, ma questa comunanza verbale è solamente causa di fraintendimenti ed errori, perché è difficile cogliere la diversità dei concetti formulati con le stesse parole. C'è una concezione, per la quale la vita è un meccanismo complesso, ma è pur sempre un meccanismo, le piante e gli animali sono altrettante macchine, e anche l'uomo non è che un congegno elaborato, un insieme di parti sostituibili e surrogabili. Di conseguenza, nessun fondamento irrefutabile forniscono al progresso per inglobamento gli organismi viventi, non più di quel che gliELO arrechino quelli che si chiamano gli organismi sociali e politici, se questi sono considerati aggregati di individui a sé stanti; non ci sono, dunque, documenti biologici, sociologici e politici, di questa specie di progresso. E c'è una concezione, per la quale quella che comunemente

si chiama la natura inanimata, inorganica, è anch'essa organica, vivente, animata, è totalità di membra governata dallo spirito, e solamente la sua vita è nascosta, silente, la sua animazione è confinata all'interno e non si manifesta all'e-
sterno, e quindi resta solitamente ignorata, sebbene sia energica e creativa di
forme. Pertanto, nemmeno i minerali della terra e i corpi celesti garantiscono
prove al progresso per sostituzione, del quale non ci sono documenti fisici, fisi-
co-chimici e astronomici.

Queste riflessioni non mettono in discussione, come potrebbe a prima vista
sembrare, i fatti in cui le due specie di progresso s'incarnano a preferenza di altri, ma additano il compito da eseguire, che è quello di mostrare le condizioni
per cui essi sono davvero fatti, e cioè di stabilire i concetti, dei quali sono l'incarnazione. Finché non si sa che cosa è l'organismo e che cosa è la macchina,
che cosa è la totalità e che cosa è l'aggregato, che cosa sono le membra e che
cosa sono le parti a sé stanti, non si può dare niente per accertato intorno al progresso, nemmeno la ragione per cui si bipartisce, invece di suddividersi diversamente e meno che mai la ragione per cui non c'è, né ci può essere, oltre le concezioni menzionate, radicali e unitarie, una concezione moderata ed eclettica, la
quale faccia posto sia al progresso per sostituzione che a quello per inglobamento. Soltanto, il compito di stabilire i concetti enunciati a proposito del progresso non può eseguirsi subito, e nemmeno tutto in una volta, per il motivo che
essi importano la considerazione del contenuto del progresso, l'esame di ciò che
nel progresso progredisce, da cui traggono il loro significato determinato, inconfondibile con ogni altro, e di questo contenuto per il momento non si tratta, dovendosi prima definire parecchie questioni preliminari, le quali domandano per
l'intanto di ricevere esse sole tutta l'attenzione.

Se si dovesse giudicare dal suono delle parole, è da presumere che si sarebbe portati a sentenziare che la realtà è una sola, e quindi o è totalità o aggregato,
o è organismo o è macchina, e così via di seguito per quante dualità di termini
contrapposti si presentano, e che di conseguenza o è vera la concezione del progresso per inglobamento, o è vera quella del progresso per sostituzione, ma che
entrambe vere non possono essere. Se si pronunciassero, tutti questi giudizi sarebbero altrettanti errori, giacché mostreremo che la realtà, di cui qui si discorre, non è affatto una sola, perché è un orizzonte di pensiero, e un orizzonte non
può essere unico, appartenendogli per principio la molteplicità; che ci sono sia
totalità che aggregati, sia organismi che macchine, ma costituiti in maniera tale
che, dove si danno gli uni mancano le altre, e che entrambe le concezioni hanno
la loro legittimità e verità, ma nondimeno ognuna deve riconoscere legittima e
vera unicamente se stessa. Lo svolgimento del discorso richiede che, quando
non si può ancora portare a compimento l'analisi di certe questioni, se ne pongano in campo alcune altre, collegate con quelle prime, e si discutano quanto
più approfonditamente è possibile, sebbene ciò possa aver luogo soltanto in maniera limitata, e si riprendano in seguito congiuntamente le une e le altre, sino a
condurle alla loro trattazione esaurita. Il progresso, nella concezione che nel
frattempo si sarà disvelata propria dell'illuminismo, di questo è unicamente un
ingrediente, e quindi di ciò che per l'intanto non è consentito direttamente ac-

certare a suo riguardo, si può predisporre la considerazione esaminando gli altri elementi di cui consiste l'illuminismo, dai quali si ricava anche il contenuto che al progresso è assegnato, e soltanto il contenuto può decidere ultimativamente intorno alle due specie di progresso che si sono ammesse senza bastante giustificazione.

Conviene segnalare che le espressioni impiegate di progresso per inglobamento e di progresso per sostituzione, quantunque siano inusitate e ineleganti, sono preferibili a quelle consuete di *progresso organico* e di *progresso meccanico*, di *progresso qualitativo* e di *progresso quantitativo*, di *progresso intensivo* e di *progresso estensivo*, e di alcune altre ancora, ma meno comuni, come quelle di *progresso storico* e di *progresso naturale*, di *progresso sostanziale* e di *progresso accidentale*, tutte per un motivo o per l'altro inopportune e sconvenienti. Nell'illustrare le due specie di progresso viene spontaneo riferirsi all'organismo e alla macchina, e anche noi abbiamo compiuto questa duplice serie di riferimenti, ma non è opportuno introdurre questi termini, o altri da essi derivati, nelle stesse denominazioni delle due specie del progresso. Quando una concezione si sente dire che il suo è progresso meccanico, se n'ha a male e protesta vigorosamente che non è così, e quantunque si indispettisca a torto, giacché la meccanica ha un grande posto nella scienza della natura, giova non darle occasione d'impermalimento e di cruccio. Per di più, l'organismo e la macchina debbono per lungo tratto di tempo conservare molto dei significati elementari, per i quali nella vita di tutti i giorni si reputa di sapere qual è un essere organico e vivente e quale è un essere inorganico e privo di vita, e si discorre senza esitazione dell'uno e dell'altro, e siccome queste parole, allorché sono usate per concezioni elaborate, non possono conservare quei loro primordiali significati, debbono essere impiegate a titolo di metafore, essendo adattissime ad adempierne la funzione, perché non sono né troppo chiare, nel qual caso riuscirebbero piatte, né troppo oscure, nel qual caso risulterebbero impenetrabili. Se si pretende sin dall'inizio di più, ci si trova presto negli imbarazzi peggiori, e gli incauti che si avventurano per una strada che non conoscono, sono presto indotti a pentirsi e a tornare sui propri passi, confessando di avere tentato un'impresa troppo superiore alle loro forze.

È forse l'organismo ciò in cui il tutto precede le parti, che a grado a grado trae dal di dentro, ed è forse la macchina ciò in cui le parti precedono e il tutto segue, e si va quindi da quelle a questo, procedendo dal di fuori al loro assemblaggio? Questo è a stretto rigore di termini impossibile, perché il tutto è identico a tutte le parti, e di conseguenza, non può né precederle né seguirle. Il progresso importa senza dubbio la successione, i tempi in cui si commisura vengono gli uni dopo gli altri, ma ciò non consente che né il tutto preceda le parti, né che le segua, perché in ogni momento della sua durata temporale coincide con le parti nella loro completa estensione, e una cosa non può precedere o seguire se stessa. Se si rinuncia, come è giocoforza fare, al precedere e al seguire quanto al tempo, si può sostenere che nell'organismo il tutto è la condizione delle parti, le quali sono il condizionato, e che, al contrario, nella macchina le parti sono la condizione e il tutto è il condizionato, e studiarsi di conciliare questa tesi con l'innegabile identità del tutto con tutte le parti, ciò che può tentarsi, dichiarando che questa identità nemmeno si discute, ma che essa nel caso dell'organismo è di parti condizionate dal tutto, e quindi tali che ognuna di esse è quella che è ed occupa il posto che determinatamente le spetta in maniera necessaria, e che nel caso della macchina il tutto è condizionato dalle parti, che sono riunite insieme contingentemente, e che, di conseguenza, tanto esse quanto il tutto che formano sono tali in maniera contingente. Ma la relazione del tutto e delle parti può benissimo essere di reciproco condizionamento sia nell'organismo che nella macchina, e se così è, non si ha in quello unilaterale condizionalità del tutto sulle parti, né in questa unilaterale condizionalità delle parti sul tutto. Non si potrebbe quindi dire, in luogo di progresso per inglobamento, progresso organico, e in luogo di progresso per sostituzione, progresso meccanico, senza esporsi al pericolo di essere costretti a pronunciare dei controsensi o delle sentenze arrischiate, le quali possono avere contro di sé la verità delle cose. Per quel che riguarda la necessità, le due specie di progresso non presentano nessuna differenza per i termini fra cui il progresso si attua, i quali sono per entrambe necessari, poiché il progresso non esiste in ogni tempo, ma allorché esiste, si comporta come il tempo, ha la sua medesima continuità e gradualità, e quindi anche la sua medesima necessità. Nel tempo tutti i momenti sono necessari, ma questa necessità è quella medesima delle cose temporali che a quei momenti si riferiscono come ai propri ambiti di tempo, e se le cose sono progredienti, la necessità è dei termini del progresso senza alcuna possibile eccezione, quale che sia il progresso di cui si tratta.

Ancora peggiore è la divisione del progresso in progresso qualitativo e in progresso quantitativo, perché impiega concetti irti di difficoltà, come sono quelli di qualità e di quantità, sotto un proposito in cui non si può prendere né l'uno né l'altro per criterio di distinzione. Poiché il progresso si attua nella vita, e la vita è un dominio delle qualità, si dovrebbe sostenere che qualunque specie di progresso, in qualunque modo si compia, è costitutivamente un progresso qualitativo. Ma, poiché, oltre al significato per cui le qualità si distinguono dalle quantità *sensu proprio*, ce n'è un altro, che, comparato con il primo, è allegorico, si può dichiarare che nella vita si trovano sia le qualità che le quantità, ma, se le quantità sono intese *sensu allegorico*, bisogna riconoscere che il progresso è, in ogni sua specie, tanto qualitativo che quantitativo. Il linguaggio ordinario, che si attiene spontaneamente al significato allegorico, come all'unico conveniente in questioni come queste, fa posto dovunque sia alla qualità sia alla quantità, e domanda al progresso di portare il più e il meglio, e non dubita, nemmeno per un momento, che non si possano avere entrambi. Anche questa divisione è ingiuriosa, al pari della precedente, nei confronti del progresso quantitativo, che è giudicato di cattiva lega rispetto al progresso qualitativo, che sarebbe il solo a meritare grande stima, e l'ingiuria va evitata, quand'anche discenda da un pregiudizio, come quello del primato delle qualità sulle quantità.

Verbalistica e confusionaria insieme è la divisione in progresso intensivo e in progresso estensivo, perché l'intensivo è da lei inteso come identico al qualitativo, e l'estensivo come coincidente con il quantitativo, mentre, stando alle nozioni a cui sotterraneamente e oscuramente s'ispira, dovrebbe riferire l'intensivo alle quantità, giacché quelle nozioni (che, sottoposte ad analisi, risulterebbero inattendibili) comportano che le quantità si dividano in estensive e in intensive, che è una divisione che non s'incontra nelle qualità. Se poi l'intensivo, di cui si discorre, avesse il significato del grado, come può capitare perché le differenze di gradi sono differenze d'intensità, allora bisognerebbe affermare che il progresso è, in ogni sua specie, intensivo, giacché ha luogo dovunque per gradi. Per il resto, questa divisione del progresso è composta di semplici varianti verbali di quella del progresso qualitativo e del progresso quantitativo, e solamente il vocabolario di cui si serve l'espone ad ulteriori complicazioni, delle quali non è in niente avvertita.

Quando si ode ragionare del progresso naturale e del progresso storico, bisogna per prima cosa chiedersi se per natura s'intenda l'insieme degli esseri diversi dall'uomo, piante, animali e altri che siano, e per storia il campo dell'essere e dell'operare dell'uomo, oppure se con «natura» e «storia» si voglia designare qualcosa di diverso. Nella prima evenienza è da riflettere che la vera distinzione non è quella degli organismi vegetali e animali, da una parte, e dell'organismo umano, dall'altra, ma è quella dei modi di concepire l'organismo, di cui si è fatto cenno poco sopra. Risulterà in seguito che l'evoluzione naturale è l'estensione del concetto di progresso dal mondo umano al mondo animale e vegetale o anche alla natura tutta, da quella a cui si dà inizio (convenzionale, come ogni altro inizio che si assegni) con lo stato caotico dei cieli o con la nebulosa primitiva, massa generatrice dei corpi, ecc., e si dà per termine, provvisorio o definitivo, l'uomo, il quale nella natura è quindi contenuto, al pari di ogni altro essere. Non si può, di conseguenza, attribuire la storia all'uomo, come sua caratteristica esclusiva, più di quel che si possa sottrarre l'uomo al campo della natura, bensì si deve affermare la storicità della natura. Certamente, perché l'evoluzione naturale abbia il significato del progresso esteso al di là dell'uomo, occorre che l'evoluzione sia intesa come cangiamento ascendente, e non discendente, come miglioramento degli organismi e della loro vita, e non come peggioramento, e altresì come insieme di processi graduali, e non come seguito di salti, o, nel modo in cui anche si dice, di catastrofi, a meno che queste non siano tali per esagerazione retorica, come sembra accadere nelle teorie del catastrofismo. Ma, allorché siano rispettate queste condizioni, l'evoluzionismo è l'affermazione del progresso generale della vita sulla terra o anche nel mondo intero, è storicismo allargato o universale, quantunque gli evoluzionisti non vogliano udir parola dello storicismo, e gli storicisti inorridiscano a sentir parlare dell'evoluzionismo. Queste riluttanze, questi disconoscimenti e rifiuti, provenienti da entrambe le parti, sono da addebitare non ai due pretesi campi della natura e della storia, i quali, anche ad ammetterli, debbono pur incontrarsi e riunirsi in un terreno comune, giacché l'uomo, per il fatto di formare un essere storico, non cessa di appartenere alla natura, e gli esseri naturali, già per la circostanza di mettere capo all'uomo, si affacciano alla storia e si collocano in essa, bensì ai due modi diversi di considerare gli organismi e la loro vita.

C'è la considerazione degli organismi come aggregati di parti sostituibili, ed essa si fa valere dovunque, per le piante, gli animali, l'uomo, per quelli che si dicono gli organismi sociali e politici, ed essa è quella del progresso per sostituzione, e c'è la considerazione, che si afferma anch'essa universalmente, la quale scorge dovunque totalità insurrogabili, ed essa è quella del progresso per inglobamento. Coloro che amano le espressioni paradossali possono dire che c'è una concezione inorganica dell'organico, e c'è una concezione organica dell'inorganico, ambedue estese all'intera realtà. Le ulteriori differenze, che in questi tentativi di distinguere l'indistinguibile si arrecano, quantunque solamente nell'intenzione, per cui si sostiene che il progresso naturale è meccanico e che il progresso storico è libero, che quello è inconscio e questo è consapevole, grandiose nel suono, ma modeste nel significato effettivo, si riconducono senza eccezione alla differenza tra le due specie di progresso definite dalla sostituzione e dall'inglobamento. Se si volessero accogliere quelle e altre simili espressioni, pretenziose e affettate, bisognerebbe dichiarare che la realtà è tutta inconsapevolezza e meccanismo ed è tutta consapevolezza e libertà, a seconda degli occhi con cui si guarda, e per cui o sempre e dovunque acquista ma anche perde o sempre e dovunque soltanto guadagna. Le teorie dominanti dell'evoluzionismo sono senza dubbio ispirate alla prima delle due concezioni, ma questa è soltanto una prova, tra le molte che se ne possono fornire, del primato conseguito dal progresso per sostituzione. Nell'evenienza poi che con natura non s'intenda l'essere e l'operare extraumano e con storia l'essere e l'agire proprio dell'uomo, si osserva che il cosiddetto progresso naturale è quello inorganico, quantitativo, estensivo, e che il progresso storico è quello organico, qualitativo, intensivo, ossia si osservano comparire daccapo nozioni o malamente pensate o riferite a dei contenuti che non possono essere i loro, ed espressioni che non sono convenienti, non sono giuste.

Sin dall'inizio si mostra errata l'ultima divisione, quella del progresso sostanziale e del progresso accidentale, perché, se accidentale significa contingente, il progresso che si attua accidentale non è mai, essendo in tutte le sue specie necessario in tutti i termini tra cui ha luogo, e se accidentale significa esteriore, e sostanziale interiore, c'è da temere di ritrovarsi daccapo, formulata con parole un po' diverse, la consueta serie di malfermi criteri con cui invano ci si sforza di caratterizzare le specie del progresso. Se la questione fosse solamente quella di denominare i diversi modi in cui il progresso esiste e si pensa, sarebbe di poca importanza, e progresso per sostituzione e per inglobamento sarebbero unicamente due modi di dire, che potrebbero impiegarsi promiscuamente con altri, e a cui altri potrebbero fors'anche preferirsi, ma è palese già da queste prime riflessioni che alla questione terminologica si sovrappone quella concettuale, intorno alla quale occorre essere in chiaro. Pertanto, noi ci atterremo costantemente alle espressioni introdotte e giustificate, le quali hanno anche il vantaggio della chiarezza e della semplicità nei confronti di quelle escluse, che sono allusive e oscure, chiamano in causa concetti fondamentali e principi primi, e fanno così intervenire cielo e terra nell'esame di un problema particolare, e sono inutilmente laboriose e complicate, tanto più che del cielo e della terra dei concetti sono poco informate.

4. *Il progresso infinito e il progresso finito*

Le due specie di progresso distinte si differenziano tra loro per alcuni caratteri, che è giunto il momento di mettere allo scoperto. Il progresso per sostituzione è progresso infinito, mentre il progresso per inglobamento è progresso finito, e sempre che si tratti dell'uno ha luogo il *progressus ad infinitum* e sempre che sia questione dell'altro ricorre il *progressus ad finitum*, giacché il progresso può compiersi in entrambe le maniere, che sono entrambe legittime e vere, quando è presente la specie di cui ognuna è propria.

Ci sono però dei pregiudizi sia a proposito dell'una che dell'altra maniera, senza contare le confusioni che s'ingenerano, allorché si riguarda, senza rendersi ben conto della differenza, non propriamente il progresso, che è processo verso il meglio, ma il processo in genere, quale che sia la sua direzione, vada essa verso il meglio o verso il peggio o anche s'indirizzi a termini che stanno tutti sul medesimo livello e possono dirsi equivalenti, nell'accezione del vocabolo per la quale equivalente significa indifferente per il valore. Il processo infinito, finché non si contamina con il progresso infinito, è pienamente possibile e non dà luogo a difficoltà logiche di alcun genere. La serie delle generazioni umane e animali può benissimo andare all'infinito, come sostenevano le antiche dottrine, che facevano eterne le specie biologiche, senza dar adito ad obiezioni d'ordine logico. Sempre che si abbia, come si ha nell'esempio addotto, una serie di cause, le quali siano soltanto *causae fiendi* e non *causae essendi* dei loro effetti, la procedibilità all'infinito non è esposta a riserve preliminari, ma tutt'al più può incontrare caso per caso ostacoli circoscritti d'altr'ordine, che per questa loro diversa indole non debbono essere discussi e nemmeno menzionati.

Le difficoltà sorgono quando si tratta del progresso infinito, che è processo senza termine ultimo nella direzione desiderata del meglio, perché questo è un andare in cui non si giunge, quando che sia, alla meta, ma, se è così, – sembra – non si sa quale veramente sia la direzione in cui si procede, se buona o cattiva, desiderabile o indesiderabile, e quindi non si sa nemmeno se si stia progredendo e se il progresso realmente si dia. Se il progresso fosse finito, ancorché non si fosse ancora giunti alla meta, sarebbe tale da consentire di arrivarci, e pervenuti che ci si fosse, si potrebbe asserire con cognizione di causa che esso effettivamente esiste. Il progresso finito è conosciuto, o almeno conoscibile. Invece, il progresso infinito non può manifestamente possedere l'infinità attuale, giacché allora non consisterebbe di un progredire, che è un camminare, e quindi è infinito nel senso dell'infinità potenziale, ossia è tale che va all'infinito, ha davanti a sé un orizzonte indefinito ed è in ogni momento del tempo illimitato nelle sue prospettive, ma, in una condizione del genere, non si può per principio sapere se si progredisca o no e pertanto il progresso infinito è costitutivamente inconoscibile. Analoga, e anzi identica con quella testé additata, è la difficoltà che sostiene che il progresso finito è suscettibile di avere uno scopo, che è medesimamente il suo senso, ma che il progresso infinito non è capace di avere uno scopo, e quindi non possiede nemmeno un senso, giacché uno scopo collocato ad infinita distanza non si raggiunge mai. Se illusoriamente si finge, il progresso all'infinito si trasforma nel supplizio di Tantalo, in una illusione che perpetuamente si cangia in una delusione, ma se la finzione è pur possibile, impossibile è il concetto, giacché ciò che è privo di scopo e di senso, manca di contenuto, e pertanto non risponde ai requisiti della pensabilità. Il progresso all'infinito semplicemente non è progresso: questo dicono entrambe le obiezioni, le quali si distinguono soltanto in ciò, che quel che l'uno chiama la meta, l'altra denomina lo scopo e il senso, e quel che l'una eccepisce a proposito del difetto di conoscibilità, l'altra contesta a riguardo della mancanza di pensabilità, ed entrambe concludono dichiarando l'inesistenza di un progresso, che, non potendo essere ciò che la parola dice, non adempie le condizioni necessarie per esistere.

Ora, va da sé che ciò che è infinito non ha un termine ultimo, perché nell'infinito non c'è l'ultimo come non c'è il primo, e quindi, se, allorché si asserisce che il progresso all'infinito non ha una meta, si volesse intendere che non ha un termine ultimo, a cui mettere capo e arrestarsi («meta» designa anche il termine a cui ci si arresta, oltre che lo scopo, volendo tanto dire la fine che il fine), si sosterrebbe cosa assai palese nei confronti di questa specie di progresso, ma anche priva delle temibili conseguenze, che a torto sono messe in campo con troppa baldanza e precipitazione. In effetti, lo scopo del progresso all'infinito si raggiunge in ogni momento, e questo scopo si conosce, come si sa di progredire, e non di regredire o di stare immobili. Il punto essenziale da figgersi bene in mente, è che il progresso di cui si tratta è un aumento, una crescita, che si persegue per se stessa, e che il progresso vuole progredire, ciò che non importa affatto che il progresso sia senza contenuto, nel qual caso dovrebbe essere dichiarato inesistente, non potendo esistere alcunché senza contenuto, senza oggetto. Se ci si raffigura lo scopo del progresso come qualcosa di diverso dallo stesso progredire, allora le argomentazioni esposte sono invincibili, ma una tale raffigurazione va evitata con ogni cura.

La condizione del progresso può essere illustrata con l'esempio di quel che capita in una non metaforica strada, che si percorra con le gambe, esempio facilitato e reso appropriato dalla circostanza che il progresso è una strada metaforica. Se nel camminare per una strada si è diretti da qualche parte, poniamo ad un edificio posto al suo termine, si potrebbe sapere che si è imboccata la strada giusta che veramente vi conduce, soltanto allorché si vede che la strada vi sbocca. Ma se si cammina per fare esercizio fisico, proficuo alla salute, non occorre essere a cognizione di dove mena la strada, per avvertire che le gambe si sgranchiscono e che la strada che si sta percorrendo è in salita, e non piana o in discesa, perché lo si sente ad ogni momento. Questa seconda, e non quella prima, è la condizione del progresso all'infinito, il quale ha certamente un contenuto, senza di che sarebbe vano, ma è un contenuto tale che deve crescere ad ogni momento e far sì che questa crescita sia ognora nota (nemmeno l'esempio dell'andar per strada per fare movimento è vuoto di contenuto, giacché glielo conferisce il giovamento alla salute). Tutto ciò che si può legittimamente ricavare dalle considerazioni udite è che per il progresso all'infinito si domanda qualche cosa che esiste a condizione di crescere, è insuscettibile di star ferma, e quindi portata a crescere all'infinito, e nondimeno tale che si sa ognora che cresce.

L'esistenza di una cosa del genere ha bisogno di essere stabilita, ma non è esposta al pericolo di confutazioni preliminari, come quelle che vengono arrecate, le quali si fanno il compito facile e riportano trionfo sopra un bersaglio agevole da colpire ma anche fittizio e introdotto per il comodo di quelli che lo prendono di mira. L'effettiva esistenza di questa entità, che, se esiste, immancabilmente progredisce, e che, se mai cessasse di progredire, perderebbe con ciò stesso l'esistenza, non è adesso in discussione, giacché presentemente il discorso verte sulle difficoltà logiche, che si pretende che si frappongano all'ammissibilità del progresso all'infinito, e che sono inconsistenti. Il progresso all'infinito non è logicamente meno possibile, di quel che sia logicamente possibile l'andamento all'infinito delle generazioni umane e animali, ancorché quello sia concepito ascendente e queste fossero un tempo pensate stazionarie nel senso del fissismo biologico.

Il problema della conoscibilità o dell'inconoscibilità, dell'esistenza o dell'inesistenza, di questa specie di progresso, non ha niente in comune con il problema, con il quale viene talvolta confuso, di come si possa accertare se l'umanità stia effettivamente muovendo nella giusta direzione per realizzare le aspirazioni che il concetto del progresso le detta, com'è manifesto perché nel primo caso si è dinanzi ad una questione di diritto e nel secondo ci si trova di fronte ad una questione di fatto, in quella ci si interroga non genericamente intorno al progresso bensì determinatamente intorno al progresso all'infinito, in questa l'interrogazione intorno al carattere infinito o finito del progresso non si potrebbe nemmeno formulare.

Pertinente è, invece, l'obiezione che il progresso, se va all'infinito, si attua tra termini i quali sono tutti condizionati, in quanto si può andare oltre ciascuno di essi solamente a patto che sia avvertito come insoddisfacente e che non basti, giacché altrimenti si rimarrebbe fermi a quello e il movimento s'arresterebbe, ma ciò che è insoddisfacente è anche insufficiente e quindi condizionato, e una serie infinita di condizionati è assurda, giacché il condizionato ha bisogno dell'incondizionato per poter esistere e poter essere pensato. Nondimeno, se l'obiezione è pertinente, non è però giusta, e ha troppa fretta nell'immedesimare l'insoddisfacente con il condizionato e nel sentenziare che ci deve essere un incondizionato all'infuori della serie dei condizionati, che le fornisca l'indispensabile fondamento, per il motivo che può esistere una serie infinita di termini tutti incondizionati e formanti un'incondizionata relazione.

Come le obiezioni cercano insistentemente di demolire il *progressus ad infinitum*, quantunque in fondo non riescano nemmeno a scalfirlo, così si studiano con pari tenacia d'invalidare il *progressus ad finitum* dandosi nei due casi formulazioni e assetti di segno inverso, nel modo che richiedono i due diversi obiettivi della polemica. Nei confronti del progresso finito si osserva che esso deve avere un duplice limite, uno iniziale e uno finale, costituito il primo da un termine *a quo*, e il secondo da un termine *ad quem*, i quali però hanno il difetto di non poter esistere. Il preteso termine *a quo*, per formare l'elemento iniziale del progresso, dovrebbe essere assolutamente semplice, senza di che non sarebbe costituito in maniera tale da garantire l'avviamento, giacché ce ne potrebbe

essere uno che lo precede (per essere certi di non avere niente dietro, il requisito
è quello dell'assoluta semplicità), ma un termine assolutamente semplice non
può accamparsi, come si è già rilevato, nel progresso, perché questo è essenzialmente graduale, e la gradualità e l'assoluta semplicità non si conciliano; parimenti, il preteso termine *ad quem* del progresso, dovrebbe essere assolutamente
elaborato, senza di che non sarebbe costituito in maniera tale da garantire la
conclusione, giacché ce ne potrebbe essere uno che lo segue (per essere certi di
non avere niente davanti, il criterio è quello dell'assoluta elaborazione), ma, come abbiamo già indicato, un termine assolutamente elaborato non può trovarsi
nel progresso, perché l'assoluta elaborazione contrasta anch'essa con la gradualità del progresso, la quale richiede sempre e dovunque il più e il meno semplice e il più e il meno elaborato ed esclude ugualmente tutto ciò che è assoluto,
sia esso quello negativo della semplicità e della primitività sia esso quello positivo dell'elaborazione e della compiutezza, ma una gradualità che ha luogo sempre e dovunque esige il progresso all'infinito.

L'argomentazione è interamente corretta e inappuntabile per quel che riguarda gli elementi interni al progresso, i quali tutti debbono rispondere alla gradualità del più e del meno sotto ogni riguardo in cui si considerino, ma si dimentica
il punto decisivo, sul quale noi, in verità, avevamo in precedenza richiamato
l'attenzione, ossia la possibilità che l'assolutamente semplice e l'assolutamente
elaborato abbiano collocazione al di fuori del progresso, e non si vede come requisiti indispensabili per ciò che appartiene al progresso possano essere estesi a
ciò che si trova in un differente terreno e obbedisce a differenti principi di possibilità e di esistenza, quali che questi siano. La gradualità non comporta, dunque, che il progresso sia necessariamente infinito *a parte ante* e *a parte post*,
poiché esso può essere costituito in modo da avere un inizio e una fine, e di
conseguenza, è neutrale nei confronti della questione della sua indole finita o
infinita. Ciò che non può prendere posto nel progresso può trovarsi prima e dopo di esso, giacché possono benissimo esserci un primo al di qua e un ultimo al
di là della realtà progrediente.

Un'altra obiezione contro il progresso finito dichiara che, se ci sono termini
esterni ad esso, come le riflessioni compiute impongono di affermare, il progresso è accidentale, perché incomincia a partire da una realtà non progrediente,
e che quindi non ha essenzialmente bisogno di progredire, e finisce col concludere ad una realtà non progrediente, da cui non soltanto esula l'esigenza ma anche manca la stessa possibilità di progredire, senonché un progresso del genere
è interamente accidentale, privo di ragione, mentre si è dichiarato che il progresso è vero a condizione di essere sostanziale, e non accidentale, necessario, e
non contingente, ossia tale che ha dovuto aver luogo nel passato, deve averlo
nel presente e dovrà averlo nel futuro, ancorché non in tutta l'estensione di queste dimensioni del tempo.

L'argomentazione confonde però la necessità in genere con la necessità di
progredire, che dovrebbe mantenere distinte, poiché la seconda si fa valere per
quel che appartiene al terreno del progresso, laddove la prima si riferisce a quel
che si trova su di un diverso terreno, dove non gl'impone di avere un'indole dif-

forme da quella che in esso solamente è possibile, ma nondimeno lo costringe dapprima a portarsi sul terreno in cui il progresso si compie, che quindi per quest'aspetto è necessario, e lo obbliga da ultimo ad uscire da esso, di modo che il progresso è necessario anche per l'altro aspetto, quello finale della risoluzione, e la necessità si ha in ogni luogo in cui si può domandare. Quale sia questa necessità esterna al progresso, che lo precede e che lo segue, non può per l'intanto essere domandato, sebbene l'assenza di ogni indicazione in merito renda astratto e poco perspicuo il discorso, ma tutto quel che riguarda il contenuto non progrediente, a cui una tale necessità si lega, non può qui essere mostrato più di quel che possa essere esibito il contenuto del progresso, quello a cui si connette la sua interna necessità.

Come si vede, le due specie del *progressus ad infinitum* e del *progressus ad finitum* sono capaci di resistere alle oppugnazioni con cui sono tentate e poste alla prova, e con ciò dimostrano di possedere entrambe legittimità e verità. Qui non si è affatto messi di fronte a due possibilità di soluzioni, tra le quali occorra scegliere, accogliendo l'una come effettiva e rifiutando l'altra come mentita, ma ci si trova dinanzi a due concezioni che esigono di ottenere pari riconoscimento.

Sgombrato così il campo da parecchi pregiudizi ed equivoci, occorre ragionare l'asserzione compiuta, per cui il progresso per sostituzione ha necessariamente la forma dell'infinità, e il progresso per inglobamento ha, altrettanto necessariamente, la forma della finitezza, cosa che è agevole da intendere, purché vi si rifletta sopra con un po' d'attenzione. Nel progresso per sostituzione qualcosa di maggiore e di migliore prende il posto di qualcosa che viene abbandonato e dismesso, e i materiali di cui sono composte le cose sono sempre diversi, nel senso della diversità individuale, senza di che la sostituzione non potrebbe compiersi, e una tale diversità consente di configurare i materiali secondo una varietà illimitata di fogge. Anche ad accordare che i materiali siano a volte specificamente i medesimi e a volte specificamente diversi, dall'identità specifica non proviene alcun ostacolo all'infinità delle fogge con cui elaborarli (va da sé che non si può pretendere che i materiali siano tutti specificamente identici, giacché sono molteplici per costituzione). Siccome l'infinità, che ricorre a proposito del progresso, è quella potenziale, si deve affermare che sono potenzialmente infinite le elaborazioni dei materiali, che in esso hanno luogo, e che, di conseguenza, questa specie di progresso è quella del progresso all'infinito. Completamente differente è la situazione, quando si tratta del progresso per inglobamento, in cui sono sempre i medesimi i materiali che accolgono differenti fogge, le quali sono legate e condizionate dall'identità individuale di ciò che elaborano. In una tale specie di progresso non si perde niente, e se questo si direbbe un vantaggio nei confronti dell'altra specie, si guadagna anche limitatamente, le configurazioni che si ottengono a un certo punto si arrestano, anziché procedere ancora oltre, ciò che si giudicherebbe uno scapito rispetto all'altra (ma in effetti qui non si hanno né vantaggi né scapiti, giacché ciascuna specie di progresso procede per conto suo, non vuole avere niente da fare con l'altra, con cui nemmeno è capace di compararsi). Il progresso per inglobamento è quindi per necessità progresso finito.

Per raffigurarsi in concreto questo differente atteggiarsi, conviene riprendere i consueti esempi delle macchine e degli organismi delle piante, degli animali e dell'uomo, con l'intesa di scorgervi solamente dei simboli, e niente di più, giacché ciò non sarebbe consentito, per la ragione che esiste una considerazione meccanica degli organismi e una considerazione organica delle macchine, le quali non si lasciano né stabilire né confutare osservativamente. Il materiale di cui è composta una macchina è sempre individualmente diverso da quello di cui è composta un'altra, e se ogni macchina ha l'esistenza indipendente da quella di qualsiasi altra, questo capita perché non ci possono essere due macchine che siano fatte dello stesso pezzo di legno o dello stesso pezzo di ferro. La sterminata varietà di macchine che si rileva non è impedita dalla circostanza che parecchie di esse siano composte di materiali che sono specificamente i medesimi, ma sarebbe resa impossibile, se i materiali dovessero essere individualmente i medesimi, se cioè quanto è servito a costruire una macchina, e per essa ha ricevuto una determinata foggia, dovesse ogni volta essere, esso solo, riadoperato per costruire una macchina diversa, e niente di esso potesse essere gettato via, che è un'evenienza nella quale le fogge già assunte prima ostacolerebbero e a un certo punto precluderebbero la possibilità di produrre nuove macchine. In un'ipotesi del genere, non ci sarebbero, in verità, nemmeno macchine, giacché non si darebbero cose, ognuna delle quali ha un'esistenza a sé stante in ogni sua singola configurazione, ma un unico esistente cangerebbe passando attraverso parecchie configurazioni, e questa è la condizione dell'organismo (tale è, infatti, per noi, al momento, il criterio distintivo di ciò che è macchina e di ciò che è organismo). Un'occhiata agli organismi è sufficiente a mostrare che in essi si verifica qualcosa di completamente diverso da quello che accade nelle macchine, poiché si scorge che il germe dà luogo alla piccola pianticella, all'arboscello, al grande albero, ma che con questo il progresso si esaurisce, che dagli embrioni vengono fuori gli animaletti, e infine le bestie adulte, con cui però lo sviluppo si compie, che l'infante si cangia nel bambino, il quale si trasforma nel ragazzo e successivamente nell'uomo maturo, con il quale tuttavia lo svolgimento si conclude (da questi punti s'iniziano dei processi negativi, che portano alla vecchiaia e alla morte, ma da essi si deve prescindere per la comprensione del progresso per inglobamento, per la cui intelligenza non ci sarebbe ostacolo peggiore di quello d'insistere sopra a un'analogia sino a trasformarla in un'identità, e anche per questo riguardo gli organismi biologici sono da riguardare come semplici simboli di quel che avviene in una delle due specie del progresso, giacché il riferimento simbolico si mantiene sino a che è appropriato, e non più oltre, laddove la connessione concettuale, quando effettivamente si ha, va sempre conservata, giacché è cogente, e sarebbe assurdo pretendere prima di introdurla e poi di licenziarla). Qui i materiali sono sempre i medesimi, i fusti delle piante, le carni e le ossa degli animali e dell'uomo, che si trasformano nelle fogge, sono composti delle medesime entità (certamente, non sotto ogni proposito, ma nondimeno sotto quello per cui s'instaura il paragone con il progresso per inglobamento), ed è precisamente l'identità dei materiali ad imporre allo sviluppo degli organismi biologici di arrivare a un termine conclusivo, oltre del quale non procede. Soltanto se tutti gli esseri viventi deponessero interamente i materiali di cui sono composti, essi potrebbero acquistare la varietà indefinita delle macchine, ma è evidente che, se questo accadesse, non esisterebbero più degli organismi, bensì si darebbero nel mondo soltanto macchine. Ciò che si è detto a proposito dell'elaborazione perfetta che non si compie entro il progresso, ma si colloca al di là di esso, non ha alcuna corrispondenza in ciò che si osserva accadere negli organismi viventi, e questo è un ulteriore limite, a cui si deve por mente, quando si paragonano il progresso per inglobamento e lo sviluppo biologico e si adopera questo secondo come un simbolo di quel primo.

5. *Il progresso indipendente e il progresso solidale*

Un altro decisivo carattere, che differenzia le due specie di progresso, è che il progresso per sostituzione è indipendente, ossia può aver luogo in un unico campo o in alcuni pochi campi, senza compiersi in altri, nei quali può aversi la stagnazione o addirittura la decadenza, quantunque ci sia una certa tendenza, un certo impulso del progresso a trasferirsi da un luogo per lo meno ai luoghi contigui, se non proprio a tutti quelli ancora esistenti, e quindi ci sia pur sempre una qualche interdipendenza o solidarietà, ma soltanto potenziale, in questa specie di progresso, mentre il progresso per inglobamento è solidale, e invero attualmente solidale, e ammesso che si realizzi da qualche parte, si produce dovunque, non già perché da quella parte si trasporti nelle altre, bensì perché si esegue concordemente in tutte le parti. Il principio che ne deriva, e che può chiamarsi il principio dell'indipendenza o della solidarietà (s'intende: attuale), è della massima importanza, perché permette di contraddistinguere due serie di manifestazioni del progresso, quelle inuguali e quelle convergenti, le prime settoriali e regionali, le seconde totali e onnicomprensive.

Senza dubbio, la duplice distinzione è difficile da intraprendere e da eseguire, perché è ardua da cogliere nei fatti la differenza tra il virtuale e l'effettuale, il potenziale e l'attuale, in quanto anche ciò che, preso in tutta la sua estensione, è soltanto virtuale, in qualche luogo e in qualche tempo pur esiste, e in questa sua esistenza non si distingue in niente da ciò che è costitutivamente effettuale, il quale ultimo talvolta conduce una vita nascosta, che può essere scambiata per un'esistenza stentata, pressoché accidentale, e quindi da riferire ad una virtualità che quasi solamente per caso si è trasferita nella realtà. A rendere ancora più spinoso il compito di una tale distinzione, interviene spesso l'inclinazione delle teorizzazioni del progresso a vantare il pregio dell'universalità e della completezza delle incarnazioni degli ideali nella realtà, senza contare che qualche volta, sia pure raramente, si riscontra la propensione opposta a restringere le virtù e i meriti delle idee e all'atteggiamento della misura sembra subentri quello della rinuncia, e in entrambi i casi si hanno occasioni di fraintendimenti. Comunque, ad infondere coraggio nell'opera da intraprendere, interviene la considerazione che, allorché dalle formulazioni esorbitanti delle teorie si vuole imporre un giogo alle cose, queste dapprima sordamente resistono e infine apertamente si ri-

bellano alla coartazione, e ciò permette di scorgere quando il progresso è setto-
riale, giacché ad insorgere sono i campi che si rifiutano di obbedire a un progresso, che, proclamandosi ma non potendo essere attualmente solidale, pretende di coinvolgerli, e inversamente accade che, se delle teorie si professano limitate nelle loro applicazioni, ma hanno una portata globale, le cose stesse provvedono a slargarle e a universalizzarle, facendo sì che il progresso, che avrebbe
dovuto essere limitato, vada oltre i confini, che nell'intenzione gli erano stati
assegnati, e si procuri l'onnicomprensività.

Conformemente al modo di vedere del progresso che si attiene al principio
dell'indipendenza, ci può essere il progresso nella matematica e nella fisica, accompagnato dalla stazionarietà nei costumi morali, e altresì nelle istituzioni politiche, e dalla decadenza nella lingua, nella letteratura e nell'arte, cosicché i
molteplici campi della civiltà, comportandosi in tale maniera, mostrano di avere
destini a sé stanti, come proverebbero, anche se il progresso, la stazionarietà e
la decadenza si dividessero diversamente quei campi, ma pur sempre andassero
di pari passo, così da poter esistere insieme. Invece, conformemente al progresso che obbedisce al principio della solidarietà, niente di tutto ciò è possibile, ma
il progresso è indivisibilmente religioso, filosofico, morale, artistico, scientifico,
perché lo spirito che si fa valere nella civiltà e ne sorregge tutte le manifestazioni è dovunque il medesimo, e quindi si ha o dovunque progresso o dovunque
stagnazione o dovunque decadenza. Questi esempi potrebbero forse ingenerare
la convinzione che distinguere quando si abbia progresso indipendente e quando
si abbia progresso solidale sia non già difficoltoso, ma agevole, perché i fatti in
essi sembrerebbero parlare da sé e imporsi con grande eloquenza, essendo la civiltà qualcosa che si ha davanti agli occhi, e non alcunché di lontano e di recondito, ma poche apparenze sono così vane e pronte a scomparire, non appena si
riflette che i fatti dipendono completamente dai criteri interpretativi, che, a loro
volta, dipendono dalle concezioni generali della civiltà, le quali decidono tutto
intorno al merito di ciò che può accadere e presentarsi sulla scena del mondo.

La difficoltà di cogliere quando si trova sostenuta la solidarietà soltanto virtuale e quando s'incontra propugnata la solidarietà attuale, per il progresso, è
una difficoltà interamente concettuale, non ha niente da spartire con una questione concernente l'accertamento di fatti. Guardate con gli occhi del progresso
indipendente, tutte le cose si distribuiscono in campi in cui si comportano diversamente in maniera da avere un'esistenza separata; guardate con gli occhi del
progresso solidale, tutte le cose si atteggiano in maniera congruente, per cui si
alimentano della medesima linfa vitale. Non è già che gli stessi fatti prima esistano e poi siano interpretati differentemente dalle due concezioni, che li pre-
supporrebbero e poi li spiegherebbero ognuna secondo i propri dettami, perché
non ci sono in generale fatti che antecedano i pensieri, bensì quelli che si chiamano con codesto nome sono le morte spoglie che i pensieri depositano dietro
di sé, sono i loro portati ultimi ridottisi a detriti. Soltanto come spoglie e detriti,
i fatti possono ricevere indicazioni di luoghi e di tempi, determinazioni geografiche e storiche, date, ecc., in cui finiscono per essere comuni a più concezioni,
ma, così ridotti, riescono del tutto insignificanti. Perché riacquistino significato,

i fatti debbono essere riportati ai pensieri, rituffati e immersi in essi, ma, quando ciò accade, ciascuna concezione viene a possedere i suoi fatti esclusivi, insuscettibili di avere una qualsiasi comunicazione con quelli di tutte le altre concezioni, e con essi si documenta, come con i loro propri si documentano le altre, così che in ordine alla documentazione tutte le concezioni si trovano su di un piede di perfetta parità. Le manifestazioni del progresso sono quelle che le concezioni del progresso si assegnano.

Se ci si chiede perché mai la specie del progresso per sostituzione sia quella del progresso indipendente e la specie del progresso per inglobamento sia quella del progresso solidale, non ci vuole molto per arrecare la risposta, perché i concetti di cui si tratta nei due casi mostrano speditamente di essere nel rapporto della reciproca implicazione, di esigersi a vicenda. Nella specie del progresso per sostituzione si hanno cose che constano di tante parti a sé stanti, la cui unità è quella dell'aggregato, e in cose del genere si può surrogare una parte difettosa con una adatta, che si prende dal di fuori, dal mondo circostante, senza per questo dover modificare le parti rimanenti; quindi, così operando, si attua un progresso indipendente: progresso, perché al posto di una parte peggiore se ne è messa una migliore; indipendente, perché la sostituzione della parte non comporta alcuna trasformazione delle altre parti tutte, che rimangono quelle di prima. È vero che il macchinismo tende a imporre una sostituzione complessiva, illimitata delle macchine, ma questo è l'orientamento del macchinismo a dilagare e a rendersi universale; ciò che in esso si verifica è la solidarietà potenziale, che è da tenere distinta dalla vera solidarietà, che è quella attuale ed effettuale. La differenza è nettissima, giacché nel primo caso le cose rimangono diverse, e soltanto c'è la tendenza a comportarsi ad una stessa maniera riguardo a tutte, ciò che le lascia indipendenti nell'essere loro, e nel secondo caso, invece, le stesse cose cangiano di fogge nell'intera loro estensione, ed è il fatto che mutano in alcune a rendere loro possibile di mutare nelle restanti. Questo secondo caso è quello del progresso per inglobamento proprio degli organismi viventi, i quali, sempre che progrediscano, progrediscono in tutte le loro membra, giacché la relazione delle membra tra loro è quella della totalità, e non quella dell'aggregato, e in una totalità qualcosa può prosperare e crescere unicamente se prospera e cresce l'intero. (Eventuali eccezioni a questa regola, che si riscontrassero negli organismi biologici, sarebbero da riferire all'inadeguazione del simbolo alla realtà simboleggiata, nella quale non può darsi eccezione alcuna). Il progresso per inglobamento è quindi essenzialmente progresso solidale, ed è l'una cosa in quanto è l'altra.

Quando ricorre questa specie di progresso non sono da proporre, sotto il riguardo in esame, ulteriori questioni, perché la sua natura solidale non lo permette, mentre c'è da avanzare e dibattere un'altra questione, allorché si tratta dell'altra specie di progresso. E invero, poiché il progresso per sostituzione è progresso indipendente, che ha luogo anche da qualche parte soltanto, e non sempre e immancabilmente da tutte le parti, bisogna chiederci se non ci sia un andamento a cui esso si attiene e per cui prima si verifica da una parte e poi da quella si trasferisce alle altre, e così diventa, quando le raggiunge tutte, o quasi tutte, progresso complessivo, pur non potendo mai essere progresso totale, ossia bisogna domandarsi se non ci sia un indirizzo di esso peculiare. Quando il progresso riguarda le macchine, intese non nella maniera di simboli, a cui sinora ci siamo attenuti, ma in un significato più concreto, su cui ci intratterremo in seguito, e cioè come quelle cose reali costruite dall'uomo per certi suoi scopi, e soprattutto per lo scopo di facilitare e ampliare il suo lavoro, è manifesto che il progresso non può incominciare dalle macchine, bensì deve principiare altrove. La costruzione delle macchine richiede, infatti, il possesso di parecchie conoscenze, e pertanto il progresso deve verificarsi preliminarmente nel campo delle conoscenze, che possono essere quelle della pratica quotidiana, ed esse si chiamano empiriche, oppure quelle della scienza fisica – che è anch'essa pratica, ma di una praticità raffinata, indiretta, mediata, come la pratica della vita è anch'essa indissolubilmente teoria (se così non fosse, non le potrebbero essere attribuite conoscenze di alcun genere), ma d'una teoreticità primordiale, diretta, immediata –; codeste conoscenze fisiche si chiamano razionali, e razionale si denomina la meccanica che soprattutto vi si riferisce. Interessa notare che il progresso in questi due tipi di conoscenze si produce assai diversamente. Nel caso delle conoscenze empiriche, i progressi sono rari, lenti, aleatori, e la loro trasmissione e accumulazione è incerta e quasi casuale, perché nella pratica quotidiana domina l'abilità dei singoli costruttori, che non può passare di mano in mano, i saperi empirici sono inevitabilmente slegati, ristretti nelle prospettive, dipendenti dagli oggetti presenti, più spesso affidati al linguaggio orale che agli scritti, e di conseguenza esposti al pericolo di andar perduti e di dover parecchie volte essere ritrovati, e quasi non bastasse, la loro comunicazione è per lungo tempo e consuetudine di vita ostacolata, se non impedita, dalle corporazioni degli artigiani e dalle altre congeneri istituzioni, che li riguardano come segreti dell'arte di cui sono i gelosi maestri. Completamente diversi sono i progressi nel caso delle conoscenze della scienza fisica, dove l'importante è prendere la strada giusta, dopo di che le scoperte si susseguono rapidamente e presto diventano incalzanti, le teorie, possedendo struttura razionale, hanno terreni di riferimento estesissimi, essendo affidate per lo più agli scritti, anziché essere lasciate in balia dell'oralità, hanno una libera e illimitata diffusione tra gli uomini di scienza, i quali se le comunicano, le discutono, le approfondiscono e le estendono in una competizione, che è una nobile gara dell'intelligenza, la quale vede protagonisti, oltre gli individui, le Accademie scientifiche dei paesi civili dell'Europa e poi, diffondendosi grado a grado dovunque la civiltà è ispirata dalla scienza, di grande parte dei paesi della terra.

Per quanto diverse siano le conoscenze frammentarie ed empiriche della vita quotidiana e quelle sistematiche e razionali della scienza, esse appartengono tuttavia ad una identica specie del sapere, e cioè a quella fisica, essendo manifesto che, siccome le macchine, per quanto differenti siano, alcune rudimentali e semplici ed altre elaborate e complesse, alcune di aspetto familiare ed altre di sembianti stupefacenti e incredibili, nondimeno sono sempre costituite da un unico e identico *quid*, così che unica e identica deve essere la specie delle conoscenze che presiede alla loro costruzione, sulla cui indole fisica non possono avanzarsi dubbi ragionevoli. C'è quindi una fisica, tutta intuizione e pratica, dei meccanici, degli artigiani e degli altri costruttori indotti, i quali, per rudi e inesperti che siano definiti dagli addottrinati e dai dotti, sono tuttavia fini ed espertissimi conoscitori di tutto ciò che la loro attività richiede, che posseggono a menadito, tanto che nei loro lavori difficilmente si ingannano, come c'è una fisica, che è anzitutto riflessione e dottrina, e che, quando è applicata, s'incontra nei grandi costruttori e ingegneri, i quali procedono per principi.

Poiché la fisica non può esistere senza la matematica, essendo una matematica applicata alla natura, nella stessa maniera in cui la costruzione di macchine è una fisica applicata alla produzione di oggetti, ne viene che le conoscenze matematiche precedono e presiedono all'acquisizione delle conoscenze fisiche, e che il possesso delle une e delle altre è condizione preliminare dell'esistenza di qualsiasi macchina. Se il meccanico, che superficialmente si dice il più ignorante, non avesse un suo corpo di cognizioni matematiche da cui farsi guidare, allorché lavora per conto suo, senza essere condotto per mano dall'ingegnere; se l'artigiano, che arrogantemente si definisce rozzo, non disponesse di un suo sapere di specie matematica, allorché inizia la sua opera e la porta a compimento senza essere aiutato da professori o da altri dotti; essi non riuscirebbero a niente, ed invece il più delle volte riescono a molto, e spessissimo in passato riuscirono a dar vita ad opere meravigliose, che destarono universale ammirazione. Ciò prova che c'è una sorta di sapere matematico implicito, niente formule e tutto intuizione ed esecuzione, nello stesso modo in cui c'è un corrispondente sapere fisico incorporato nella pratica e muto di parola; quanti posseggono questi saperi, se fossero interrogati, s'imbroglierebbero e non riuscirebbero ad articolare risposta, ma, lasciati a se stessi, tacitamente e oscuramente pur riescono nei compiti che si prefiggono, e la riuscita nell'impresa è il migliore e più giusto criterio di giudizio che possa intervenire nella loro valutazione. Senonché, qualora i progressi nella costruzione delle macchine restassero affidati a queste sorti di saperi, sarebbero esili, incerti, non si accumulerebbero, e quand'anche riuscissero a prodursi, avrebbero una lentezza estrema. Quello che solitamente si chiama il progresso, tale è perché è rapido, incalzante, cumulativo ed estensivo, capace di guadagnare a sé sempre nuovi terreni, e per questo si osserva e si teorizza, mentre l'altro, lentissimo, non è quasi mai oggetto d'attenzione, non di discorso, non di considerazione, se non incidentale e sfuggente; la condizione da cui il progresso vero e proprio dipende è in tale caso l'avanzamento della scienza matematica e di quella fisica. Sebbene quindi il rapporto di dipendenza del progresso delle macchine da quello della matematica e della fisica sia unilaterale, è nondimeno tale da autorizzare a ritenere che queste due sorte di progressi procedano parallelamente sotto il riguardo del tempo, anche se le relazioni logiche sono da mantenere distinte dalle relazioni cronologiche. Per ciò che attiene al tempo, è, infatti, difficile, se non proprio impossibile, sceverare l'implicito e l'esplicito, l'intuitivo e il riflesso, il teorico e il pratico, e mantenere salde tutte queste e le altre distinzioni che ricorrono a proposito dei rapporti di dipendenza logica, la quale non si traduce immancabilmente in un rapporto di successione, potendo accompagnarsi anche con la simultaneità temporale, la quale sembra anzi nel caso attuale addirittura prevalere.

La consapevolezza del progresso si distingue anch'essa in implicita ed esplicita, in spontanea e in riflessa, e se il progresso non si attua mai senza la consapevolezza implicita e spontanea, nondimeno può compiersi senza la consapevolezza esplicita e riflessa, giacché non può fargli difetto un criterio che lo guidi,
il quale è però dato da una qualsiasi coscienza, ma può pur mancargli un'elaborazione sistematica del criterio, la quale è fornita dalla sola coscienza teorizzante in maniera riflessa. Ci è quindi consentito di pensare che nelle epoche in cui
si effettuano i grandi progressi delle scienze e delle macchine, si trovino anche
le teorizzazioni esplicite del progresso, e che questo capiti soprattutto quando le
scienze prendono nuove e più ampie e sicure strade e le macchine hanno sviluppi per l'innanzi inconcepibili, e che allora le teorie medesime del progresso favoriscano il progresso effettuale, illuminandolo di completa luce e guidandolo
con piena avvertenza verso gli sbocchi più favorevoli.

Se si estende la considerazione al di là di questi campi, che sono certamente
convergenti, e ci si interroga sul rapporto in cui il progresso, che in essi si compia, sta con i campi della morale, del diritto, della società, e altresì della lingua,
della letteratura, dell'arte e della religione, le conclusioni da trarre e le risposte
da dare diventano molto più insicure. È infatti dubbio che il progresso nelle
scienze matematiche e naturali (che si può denominare nel suo insieme progresso intellettuale) comporti il progresso morale, giuridico, sociale (il quale nel suo
complesso si può chiamare progresso morale); qui ad un trasferimento automati-
co di acquisizioni non si può nemmeno lontanamente pensare, senza contare che
oscuro e pressoché impenetrabile riesce, almeno a prima vista, il comportamento della lingua, dell'arte e della religione, in fatto di progresso. Il mondo morale
ha principi suoi propri, diversi da quelli del mondo intellettuale, ed essi si manifestano nei costumi, che sono come tante leggi non scritte di condotta dei popoli, radicate e pressoché immodificabili o modificabili soltanto con lunghi sforzi,
e quando pur esse limitatamente si trasformano, il loro cangiamento ubbidisce
direttamente ad esigenze interne e soltanto indirettamente e di riflesso a spinte
provenienti dall'esterno. I costumi dei vari popoli sono informati a complessi
d'ideali differenti, dei quali sono l'incarnazione, e se si sta a ciò che l'osservazione spregiudicata dei comportamenti umani suggerisce, senza introdurre riflessioni e preoccupazioni d'altro genere, bisogna accordare che esistono molte
e diverse morali. Oltre che diverse, le morali sono discordanti, giacché i differenti principi, che le contraddistinguono, non possono comporsi in un unico sistema, giacché questi principi, se fossero riuniti e costretti a coesistere, si an-
nienterebbero a vicenda, producendo il vuoto, e nel vuoto morale non si può vivere. Si possono senza dubbio individuare in astratto sistemi d'ideali morali,
l'uno concordante e gli altri discordanti con le esigenze poste dal progresso intellettuale, ma, anche quando si sia stabilito qual è quel primo sistema e quali
sono tutti i rimanenti, niente assicura che in concreto il sistema favorevole agli
interessi del progresso diventi effettivo costume di vita dei popoli e discacci i
sistemi contrari, privandoli di autorevolezza e di consistenza. L'influenza del
progresso intellettuale sulle convinzioni e sui comportamenti morali dei popoli è

lenta, faticosa, incerta per i tempi, si compie in maniera mediata, difficilmente riporta un successo permanente sui costumi ostili alla causa del progresso, e in ogni caso il successo non è mai definitivo, perché niente garantisce che i costumi avversati, e all'apparenza debellati, ma in effetti soltanto scalfiti, non riprendano vigore e annientino le conquiste realizzate con tanta fatica e con l'opera dei secoli.

Analogamente stanno le cose per quel che riguarda la società, nella quale s'impongono per primi i bisogni elementari, giacché, se questi non sono soddisfatti, non ci si può nemmeno prefiggere di appagare i bisogni elevati, e nelle attività volte a soddisfare quei primi bisogni si fanno valere le differenze naturali degli uomini, quelle dei talenti nativi e delle capacità iniziali, nonché delle inclinazioni spontanee, tutte cose, che, nel susseguirsi delle generazioni sulla terra, tornano a ripresentarsi sempre immutate, essendo insuscettibili di accogliere in sé un qualsiasi progresso. Le limitate modificazioni, che in esse possono prodursi, non derivano da progetti umani, almeno sino ad oggi non è stato così, ma dipendono dal comportamento della natura, la quale non è sempre assolutamente la stessa, ma talvolta cangia, ma, quando pur cangia, lo fa per iniziativa sua e non ad esecuzione di deliberazioni degli uomini. I bisogni si possono educare (maggiormente quelli elevati di quelli elementari, ma comunque sono tutti capaci di mutare, di articolarsi e di arricchirsi, sotto la spinta dell'opera educativa), e precisamente l'educazione dei bisogni è il punto d'attacco in cui il progresso intellettuale cerca di trasformarsi in progresso sociale, dopo di che l'educazione si volge ai talenti, alle capacità e alle inclinazioni, che muta in disposizioni e in abilità, le quali sono il risultato congiunto dell'opera della natura e di quella dell'uomo, ma, mentre i progressi intellettuali si accumulano, l'impresa educativa deve ricominciare sempre daccapo, ad ogni generazione umana, perché la condizione in cui nascono gli uomini è sempre la stessa, e di conseguenza, quanto maggiori diventano le richieste che l'educazione accampa, tanto più disagevoli e impervi riescono i compiti che essa si trova davanti. Nel numero dei bisogni elementari occorre riporre non soltanto quelli del mangiare e del bere, del vestire e dell'abitare, ma anche quelli della tutela degli individui e dei gruppi dalle offese alla vita e alla proprietà, e parimenti nel numero dei bisogni elevati occorre collocare non soltanto quelli dello speculare e del sapere, che si compendiano nella cultura, ma anche quelli della protezione dai pericoli che corrono gli ideali dell'esistenza umana di essere insidiati, colpiti, distrutti, che si riassumono nella difesa della libertà. Qui l'opera che si richiede è sostanzialmente sempre la stessa, perché sempre le stesse sono nella sostanza le forze da cui provengono le offese al vivere sociale, che risiedono nei sentimenti ostili, negli odi, nei rancori, nei risentimenti, negli egoismi, i quali si debbono contrastare ogni volta che si manifestano, e vinti che siano, tornano a manifestarsi daccapo con immutata intensità, giacché non si possono annientare e nemmeno si possono addomesticare e molcire nella loro scaturigine, che è irraggiungibile. Il progresso dell'intelligenza non sarà mai per accompagnarsi ad uno stabile progresso del cuore umano.

L'arte ha un'esistenza sua propria, in cui si comporta secondo principi suoi esclusivi, sopra i quali non ci si deve nemmeno proporre d'intervenire, perché già il solo proponimento nuoce alla vitalità dell'arte, le tarpa le ali, la corrompe; essa è fiore delicato, che nasce dove vuole e quando vuole, e rimane sempre esposto alle minacce delle intemperie, soprattutto nella forma della grande arte, dei capolavori che occorre accontentarsi d'ammirare e che sarebbe assurdo prefiggersi di produrre. Il progresso intellettuale è spesso accompagnato da espliciti programmi di ricerca, ma non si possono formulare ragionevolmente programmi di ricerca artistica, e qualora irragionevolmente si vogliano ideare e teorizzare, c'è motivo di ritenere che l'arte fugga lontano.

Ancora più diverso e più complicato è il caso della religione, la quale, almeno nelle forme dominanti in cui si è manifestata nelle differenti civiltà che si sono avute sulla terra, è contraddistinta da credenze e da riti che presentano una grande rigidità, tendono a mantenersi immutati, e sembrano avere in questa loro costanza e inalterabilità il fondamento della loro stessa esistenza. Anche al di fuori della religione s'incontra la rigidità, ma al di fuori essa è, per così dire, una rigidità di fatto, mentre quella della religione è una rigidità di principio, è un rifiuto assoluto di mutare, che va contro l'eventualità di prendere l'iniziativa del cangiamento e va anche contro la possibilità di lasciarsi coinvolgere in un cangiamento che provenga da altre parti. Va da sé che le religioni, allorché nascono e si propagano, non sono così catafratte e impenetrabili ad ogni mutamento, ma è evidente che esse, quando hanno portato a compimento la loro diffusione, mettono in atto ogni sforzo per conservarsi quali sono, e, in verità, delle credenze sottoposte a un rapido cangiamento, perderebbero qualsiasi autorità, e dei riti che mutano in continuazione sarebbero privi di serietà e diventerebbero presto oggetto di sarcasmo e di scherno. Invece, è persino inutile avvertire che il progresso ama il cangiamento, giacché c'è tanto più progresso quanto più c'è cangiamento, essendo il progresso cangiamento nella direzione del meglio, e ciò lascia presagire che la causa del progresso diverga da quella della religione, che i due partiti non vogliano facilmente saperne di allearsi, unendo le loro forze per il conseguimento degli stessi scopi. Occorre però guardarsi dal concludere frettolosamente che il progresso è necessariamente ostile alla religione, per il motivo che niente vieta di pensare che la religione possa assumere forme diverse da quelle sue tradizionali, da quelle in cui essa sinora si è sempre manifestata e che anche oggi le sono abituali, e in codeste sue nuove forme, di cui non si hanno però al momento esempi cospicui, potrebbe pur capitare che il progresso e la religione compiano un cammino diretto dalla stessa parte.

Il risultato di questo esame è che il progresso indipendente dispone di un *verso*, ha un *andamento*, è fornito di un *indirizzo*, per cui incomincia nel campo della scienza, e precisamente della matematica, si porta nella fisica, quindi si trasferisce nel campo delle macchine, dopo di che il suo percorso si fa accidentato, e nondimeno conduce, se gli impedimenti e gli ostacoli di varia specie che qui si frappongono, vengono superati, ai campi della morale, del diritto, e della società, dove però non possiede una consistenza altrettanto salda di quella di cui gode per il sapere, ancorché, così ampliato, sia progresso generale o della civiltà. Poiché la consapevolezza riflessa del progresso si comporta come il progresso effettuale, sono da aspettarsi teorie le quali propugnano il solo progresso intellettuale; teorie che lo estendono, accordandogli un più ampio terreno, sino a considerarlo carattere e sigillo della civiltà nel suo intero; e infine anche teorie, che, confidando nel fatto che lo stesso progresso indipendente può essere virtualmente solidale, non esitano ad introdurlo arrischiatamente anche dove meno ci si aspetterebbe, e cioè nell'arte e nella religione, di modo che per esse il progresso è potenzialmente complessivo.

6. *Il progresso dell'illuminismo è quello per sostituzione*

L'illuminismo propugna il progresso per sostituzione o quello per inglobamento? Rivolgersi questa domanda è come chiedersi: il progresso dell'illuminismo è progresso infinito o finito? È progresso indipendente o invece solidale? Contiene o no in sé medesimo un indirizzo, per cui nasce nel campo intellettuale e solo in ultimo diventa contrassegno dell'intera civiltà? In breve, qual è il senso in cui nell'illuminismo è presente il concetto di progresso?

La nostra risposta è che il progresso dell'illuminismo è quello per sostituzione, come si può provare se si adoperano le due serie dei caratteri contrapposti delle due specie del progresso come criteri distintivi per decidere in merito all'interrogazione proposta. Naturalmente, non bisogna pretendere di trovare negli illuministi precisamente formulate le diverse questioni particolari in cui si articola la questione generale dell'indole del progresso, e ancor meno bisogna pretendere di trovare in essi esplicitamente enunciate le soluzioni che quelle comportano, giacché la formulazione delle questioni è nostra, e non loro, e nostra, e non loro, è l'indicazione delle soluzioni che esse richiedono. Anche quando si pronunciano tematicamente intorno al progresso, gli illuministi cercano per lo più di risolvere problemi delimitati, relativi a particolari circostanze di luoghi e di tempi, le loro preoccupazioni sono più prammatiche che dottrinali, mirano piuttosto ad assicurare l'incarnazione nei fatti dell'ideale del progresso, che a definirne i caratteri concettuali, e nondimeno rispondono con sufficiente chiarezza per togliere di mezzo qualsiasi dubbio che eventualmente si nutrisse intorno al loro pensiero in proposito.

Per l'illuminismo, che prende il suo nome dal *lumen rationis*, il vero problema non è se il progresso sia in primo luogo e soprattutto avanzamento e incremento di luce intellettuale, perché una cosa del genere va da sé, ma è se si estenda e di quanto si estenda in campi diversi da quello della conoscenza. Così, per Bacone, i progressi si sono verificati soprattutto nelle arti meccaniche, che hanno apprestato un immenso apparato di opere, le quali sono il risultato dell'osservazione della natura[1], senonché l'osservazione, che è stata a fonda-

---

[1] Come il grande *buccinator* della scienza moderna avverte sulle soglie del suo *Novum Organon*, l'uomo «*tantum facit et intelligit quantum de Naturae ordine re vel mente observaverit*», né potrebbe essere diversamente, poiché «*quod in contemplatione instar causae est, id*

mento delle arti meccaniche, è quella immediata, spontanea, che è esposta al-
l'accidentalità e al caso, laddove le scienze e le stesse arti guidate scientificamente richiedono l'osservazione programmatica, ossia richiedono l'*ars inve-
niendi*, la cui mancanza è stata d'impedimento a più ampi progressi.

Fontenelle riconosce il progresso nella scienza, ma l'esclude rigorosamente
dal campo della società e da quello dell'arte. La natura umana non muta, gli uomini sono sempre animati dalle stesse passioni, che danno luogo ad avvenimenti
che nella sostanza sono sempre gli stessi. Nell'arte il culmine è stato raggiunto
nell'antichità, che si può cercare di emulare, ma non prefiggersi di superare, e
ciò è stato possibile perché l'eloquenza e la poesia dipendono principalmente
dalla vivacità dell'immaginazione, la quale non ha bisogno di una lunga sequela
di esperienze né di molte regole per conseguire la perfezione. È nella matematica, nella fisica, nella medicina, che dipendono dal ragionamento e dall'esperienza, che si hanno i progressi, e quanti vengono dopo correggono e oltrepassano
quanti vengono prima[2].

Voltaire, quando gli se ne presenta l'occasione, non manca di segnalare che
si sono avuti tempi di grandi conquiste scientifiche non accompagnati da pari
splendore letterario e artistico, e che a periodi di eccezionale livello di civiltà ne
sono seguiti altri di decadenza, segnatamente nella lingua, nella letteratura, nel-
l'arte, tutti campi che non obbediscono al principio del progresso. Egli dichiara
che nel corso del tempo la ragione umana si è in generale perfezionata, che la
civiltà in alcuni secoli, come in quello di Luigi XIV, ha raggiunto delle vette
difficilmente oltrepassabili, ma che le sventure, i delitti, le guerre, sono di tutte
le epoche, e che i culmini della grandezza non si mantengono stabilmente. Nella
Francia di Luigi XIV alle scoperte della scienza e alle conoscenze della sana filosofia sperimentale si sono uniti i monumenti delle arti belle, la poesia di Raci-
ne e di Corneille, i ritrovati della medicina e della chirurgia, la bontà della pubblica amministrazione, il gusto della vita di società, la raffinatezza della lingua,
sino ad un punto di perfezione per l'innanzi inimmaginabile, ma tutta questa
magnificenza di civiltà non ha retto[3].

Per Kant, il progresso ha un indirizzo in cui la scienza è la prima e la mora-

---

in *operatione instar regulae est*» (*The Works of Francis Bacon*, collected and edited by J.
Spedding, R. Ellis and D. Heath, London, 1857-1874, ristampa anastatica in 14 voll., Stuttgart-
Bad Cannstatt, 1963, vol. I, p. 157).

[2] Così anche noi abbiamo fatto e così sarà fatto anche a noi, giacché, si chiede Fontenelle, «*ne sera-t-il pas bien juste que notre postérité, a son tour, nous redresse et nous surpasse,
principalement sur la manière de raisonner, qui est une science à part, et la plus difficile, et la
moins cultivée de toutes?*» (*Digression sur les anciens et les modernes*, in *Oeuvres de Fontenelle, précedées d'une notice sur sa vie et ses ouvrages*, Paris, 1825, vol. IV, p. 243).

[3] La letteratura, annota Voltaire, si è corrotta. La lingua e lo stile sono decaduti: «si è
scritto molto in questo secolo, si aveva genio nell'altro» (*Précis du siècle de Louis XV*, in
Oeuvres historiques, a cura di R. Pomeau, Paris, 1957, p. 1570). E ancora: «Il decadimento si
produsse per facilità di fare e per pigrizia di ben fare, per sazietà del bello e per gusto dello
strano» (*La principessa di Babilonia*, in *Romanzi e racconti*, trad. it. R. Bacchelli, intr. A. Piz-
zorusso, Milano, 1981, p. 337).

le (ammesso che davvero esista il progresso morale) è l'ultima, e nondimeno interrogarsi intorno al progresso dell'umanità kantianamente equivale a domandarsi se il genere umano stia effettivamente progredendo moralmente. La risposta è per il momento negativa: «noi siamo in alto grado *colti* sotto l'aspetto dell'arte e della scienza; noi siamo *civili* fino alla noia in tutto ciò che riguarda le forme e le convenzioni sociali. Ma per considerarci già *moralmente progrediti* ancora molto fa difetto»[4].

Se questi pensatori asseriscono il progresso indipendente e riconoscono la difformità e la disuguaglianza delle sue manifestazioni, con Condorcet, Saint-Simon, Comte e Spencer prevale il rilievo della solidarietà dei campi in cui il progresso si attua. Nemmeno Condorcet dubita, in verità, che il progresso sia prima intellettuale e dopo sociale, ma il grande posto che egli fa al principio della reciproca azione lo spinge ad affermare l'unione indissolubile esistente tra i molteplici aspetti di cui si compone la marcia inarrestabile del perfezionamento del genere umano. La molla del progresso dell'uomo è nella sproporzione sempre esistente tra l'*essere* e il *desiderio di essere*; questo è il concetto cardine che, con Condorcet, l'illuminismo pone a suo fondamento, ed è evidente che una tale molla si trova dovunque, giacché dovunque si riscontra una tale sproporzione tra ciò che si è e ciò che si desidera di essere, la quale si dà nella teoria come nella pratica, nella vita degli individui come in quella della società. È su un siffatto fondamento che Condorcet dipinge un quadro dell'avvenire in cui l'umanità avanza con passo sicuro verso la verità, la virtù e la felicità. Tuttavia, a ben vedere, per Condorcet, il progresso si compie attraverso acquisti e perdite, in cui i primi superano le seconde, e quindi i risultati sono di segno positivo; si tratta cioè di un progresso cumulativo, per aggiunzioni successive, e la solidarietà che in esso si rinviene è sempre soltanto virtuale. Qualunque sia il campo a cui fa riferimento, Condorcet procede osservando le società nelle differenti epoche e rilevando l'ordine delle trasformazioni che presentano, scegliendo eventi relativi a diversi popoli e accostandoli e combinandoli, e per valutarne i progressi fa fondamentalmente uso (quantunque soltanto in maniera rudimentale) del metodo allargato, apprestato dalla scienza del calcolo, che ha trovato la sua prima applicazione nella geometria, ma che è suscettibile di ricevere applicazione universale[5].

---

[4] *Idea di una storia universale dal punto di vista cosmopolitico*, in *Scritti politici e di filosofia della storia e del diritto*, trad. it. G. Solari e G. Vidari, ed.a cura di N. Bobbio, L. Firpo, V. Mathieu, Torino, 1971, pp. 133-134.

[5] Per Condorcet, anche scienze come la morale a la politica possono ripromettersi cospicui progressi dall'applicazione del metodo delle combinazioni e delle probabilità, il solo capace di conferire ai loro risultati una precisione quasi matematica, giacché, se i fatti non sono computati e pesati, se gli effetti di una determinata causa non sono sottoposti a una misurazione esatta «del bene e del male che risulta da questa causa; e se l'uno e l'altro si compensano con una certa eguaglianza, se la differenza non è molto grande, non si potrà neppure dire, con qualche certezza, da quale lato penda la bilancia» (*Saggio di un quadro storico dei progressi dello spirito umano*, trad. it. G. Calvi, Roma, 1974, p. 201).

Le cose non mutano con Saint-Simon, che pur si presenta come l'assertore di un'epoca organica, dopo l'epoca critica culminata nella Rivoluzione francese, e quindi come il sostenitore dei diritti della totalità contro la disunione e la frammentarietà delle parti riunite nei semplici aggregati, ed è in effetti autore sempre pronto a ragionare di sistemi e a spregiare i particolari per le vedute d'insieme, e ciò risulta chiaro se si pone mente al procedimento a cui si affida per affermare il progresso dell'umanità; procedimento che si regge sulla nozione matematica di progressione[6]. Si suole dire che su questo assunto si fonda la possibilità di prevedere scientificamente il futuro, ma sul vero significato di questa specie di previsione, e della legge che dovrebbe consentirle, ci intratterremo più oltre, per il momento osserviamo che esso è, in una delle tante formulazioni che può ricevere, l'assunto medesimo che sta alla base della teoria logica, o del metodo, dell'induzione, e che in questa veste di metodo della scienza sociale viene accolto da John Stuart Mill, il quale peraltro ha cura di restringerne la portata e di limitarne l'impiego che se ne vorrebbe fare a proposito degli eventi futuri[7].

Se ci si colloca di fronte al progresso come davanti a una serie, e se si è davanti ad una serie, in cui c'è un primo termine ma non c'è l'ultimo, non ci sono ripetizioni, e ogni termine successivo al primo è ottenuto attraverso dei passaggi compiuti in maniera tale che la relazione tra esso e il termine precedente è costante, si può stabilire il posto spettante nella serie a qualunque termine che si voglia considerare. In altre parole, se si definisce il concetto generale di progresso sul fondamento della nozione matematica di progressione, non si sarà mai per avere delle sorprese intorno a ciò che sarà la realtà del futuro, più di quanto si possano avere sorprese intorno a ciò che la realtà è stata nel passato. La circostanza che si tratti del futuro, piuttosto che del passato, è completamente secondaria; quello che conta è che la realtà cresce, rendendosi ognora maggiore di ciò che era stata in precedenza, nello stesso ordine con cui si succedono le epoche del tempo. Se si considera il tempo, facendo astrazione dal suo riempimento, sono sempre uguali i momenti che si succedono, sostituendosi gli uni agli altri e prendendo ciascuno il posto del precedente (ciò che vuole semplicemente dire che il tempo è costituito sempre alla stessa maniera), ma se si riguarda il contenuto temporale, ossia quella che si dice la realtà, risulta che essa s'incrementa, aumentando di tanto di quanto si estende il tempo nella sua successione. In questo senso successione temporale e progresso effettuale s'identificano, ed è per questa ragione che nel progresso per sostituzione tutto è certo, deciso, immanca-

---

[6] I poeti, dice Saint-Simon, portati dalle ali dell'immaginazione, hanno collocato l'età dell'oro ai primordi dell'umanità, ma essa si trova dinnanzi a noi nella perfezione dell'ordine sociale. Com'è possibile saperlo? Si sa, se la relazione tra il passato e il futuro è quella che sostiene Saint-Simon, per il quale «l'avvenire si compone degli ultimi termini di una serie di cui i primi costituiscono il passato ... Quando si sono ben studiati i primi termini di una serie, è facile individuare quelli seguenti: così da un passato ben osservato si può facilmente dedurre l'avvenire» (*Mémoire introductive de M. de Saint-Simon sur sa contestation avec M. de Redern*, in *Oeuvres*, Paris, 1966, vol. I, p. 122).
[7] Cfr. *A System of Logic Ratiocinative and Inductive*, New Impression, London, 1961, pp. 594-607.

bile, laddove in quello per inglobamento, che ha un diverso rapporto con il tempo, tutto è novità, sorpresa, meraviglia. Naturalmente, né Saint-Simon né nessun altro ha mai cercato di dare integrale, o anche soltanto ampia, esecuzione a questo concetto di progresso, mettendosi a stabilire dettagliatamente il corso delle cose progredienti, ma ciò non toglie che il concetto sia tale da dover consentire il calcolo degli avanzamenti che si sono avuti o che si sono per avere nel mondo.

Il posto che in Saint-Simon ha la legge dell'alternanza delle epoche organiche e delle epoche critiche è preso in Comte dalla legge dei tre stati (i cui presentimenti sono nello stesso Saint-Simon), e pertanto occorre stabilire se la tesi per cui allo stato teologico, fittizio, subentrano prima quello metafisico, astratto, e infine quello scientifico, positivo, comporti il progresso per sostituzione o il progresso per inglobamento. A prima vista, parrebbe comportare il progresso per inglobamento, giacché sembra che Comte concepisca il progresso come svolgimento dal di dentro di potenzialità preesistenti, ad analogia di quello che è lo sviluppo degli organismi biologici, senza contare, che egli intende la sua legge fondamentale sulla falsariga della legge psicologica dello sviluppo mentale umano, per cui la mente dapprima inventa, quindi astrae, e in ultimo si sottomette ai fatti, e ci è noto che il richiamo alle manifestazioni del mondo della vita è quello in cui si esprime spontaneamente il progresso per inglobamento. Occorre però ricordare che ciò che è essenziale al progresso per sostituzione è che in esso si aggiunge ma anche si toglie, è che esso è, per così dire, addizione e insieme sottrazione, con addizione maggiore di sottrazione, e che, di contro, essenziale al progresso per inglobamento è che in esso si guadagna senza perdere alcunché, senza lasciar cadere altro che limitazioni e restrizioni. Orbene, si scorge che, per Comte, nel passaggio dallo stato teologico allo stato positivo, si hanno anche effettive perdite, si debbono anche compiere vere e proprie rinunce. Nello stato positivo bisogna rinunciare alla conoscenza delle essenze, delle nature intime degli esseri, per accontentarsi della conoscenza dei fenomeni. Di pari passo con la rinuncia alla conoscenza delle essenze, va la rinuncia alla conoscenza delle cause dei fenomeni e alla ricerca dell'origine e del destino dell'universo, che debbono essere sostituite con l'indagine delle leggi dei fenomeni, ossia delle loro relazioni invariabili di successione e di somiglianza. Nonostante tutte queste rinunce, su cui Comte non cessa d'insistere, non si può essere certi di raggiungere la completezza sul terreno su cui ci si è portati, quello dei fenomeni, e di conseguenza, la perfezione del sistema positivo è più un ideale a cui tendere che una meta a cui sia dato confidare di giungere. Il sistema teologico e quello metafisico sono capaci di ricondurre tutta la realtà ad un unico principio (Dio, la natura); invece, è assai probabile, dice cautamente Comte, che il sistema positivo non sia capace di fare altrettanto, e cioè non riesca nell'impresa di «rappresentare tutti i diversi fenomeni osservabili come casi particolari di un solo fatto generale»[8].

----

[8] *Cours de philosophie positive. Premier volume*, in *Oeuvres*, a cura di S. Pérignon, Paris, 1968, tomo I, pp. 2-4.

Alla rinunce della conoscenza e del pensiero si accompagnano quelle della pratica e della vita religiosa, in cui Comte sostituisce alle religioni tradizionali quella che egli chiama la religione dell'umanità. Senonché questa nuova religione non è destinata a prendere il posto di quelle vecchie nella stessa maniera in cui nel corso dei secoli e dei millenni, qualcuna di codeste religioni tradizionali aveva sostituito un'altra in qualche parte del mondo, ciò che era avvenuto (è consentito ritenere) senza alcuna perdita nelle soddisfazioni religiose di cui il genere umano ha bisogno, giacché la religione dell'umanità non è religione nello stesso senso in cui lo sono le religioni tradizionali. La religione dell'umanità è interamente simbolica, l'immortalità, l'eternità, l'infinità, che essa assicura ai propri seguaci, sono tutte composte di metafore; le religioni tradizionali, invece, sono totalmente realistiche, e dove queste credenze compaiono nelle loro dommatiche, promettono ai propri fedeli, immortalità, eternità, infinità, oggettive, effettuali. Non si potrebbe assennatamente sostenere che tutte quelle indicate non sono vere rinunce, ma piuttosto liberazioni da illusioni e da sogni grandiosi che si erano nutriti nel sonno della ragione, e che ora che si è svegli, non meritano nessun rimpianto, giacché ora si hanno dinanzi obiettivi degni di rispetto e insieme suscettibili di poter essere conseguiti. Una tale considerazione si potrebbe introdurre e cercare di far valere, se fosse dato dichiarare che non esistono le essenze, non esistono le cause, non esiste un principio della realtà che assegni all'universo il suo significato e la sua destinazione, e che tutte queste entità sono altrettanti miti. Comte però non asserisce niente di simile, egli non tratta le essenze, le cause, i principi, presi di per se stessi, come miti, né potrebbe ragionevolmente assumere una posizione del genere, sibbene afferma che allo spirito umano è impossibile raggiungere nozioni assolute e possedere conoscenze totali, e che quelle citate formano le questioni più radicalmente inaccessibili ai mezzi dell'uomo. *Quoad se* non c'è niente di assurdo nelle questioni metafisiche, le quali sono insuscettibili di essere dibattute e risolte dall'uomo, a motivo dei limiti della sua intelligenza, e pertanto esse sono improponibili per il genere umano, e se si vogliono per questo dichiarare assurde, si può fare, se si aggiunge la condizione restrittiva che assurde esse sono *quoad nos*. È inutile insistere dicendo che, siccome siamo noi uomini che ci proponiamo le questioni suddette, e non altri esseri ragionevoli, della cui esistenza non abbiamo veruna cognizione, l'assurdità rimane intatta, e protestare contro l'introduzione del «di per sé» e del «rispetto a noi», avvertendo che si tratta di distinzioni sofistiche, e concludere che nell'affrancarsi da delle assurdità si rinuncia esclusivamente a delle illusioni, e quindi non soltanto non si subisce alcuna perdita ma si compie un effettivo guadagno. La verità è che, se l'umanità insiste nell'assegnarsi dei limiti, si rinserra effettivamente in essi, e che quanto più limitato è l'orizzonte teorico e pratico che si riconosce proprio, tanto più stretta e angusta è la sfera della sua vita intellettuale e morale, e che, di contro, se rigetta da sé ogni limitazione come un ostacolo e un peso insopportabile, per slanciarsi nell'infinito, i suoi spazi si slargano, ampliandosi, in ogni campo del pensare e dell'agire, tanto maggiormente quanto maggiore è il suo anelito dell'assoluto. Vedremo che l'uomo non è né grande né piccolo, ma di volta in volta si fa grande o piccolo, non casualmente, ma a seconda di certe prospettive in cui s'immette.

Occorre anche osservare che i tre stati, che Comte distingue in quella che chiama la marcia progressiva dello spirito umano considerata nel suo insieme, non si trasformano l'uno nell'altro per interne modificazioni, come esige il progresso per inglobamento, ma si rimpiazzano a vicenda per interventi esterni, nel modo richiesto dal progresso per sostituzione. Allorché ci si trova nello stato teologico e si spiegano tutti gli eventi con l'intervento di agenti soprannaturali, si potrebbe continuare per sempre con questo tipo di spiegazioni, che non c'è motivo alcuno di abbandonare. Se l'azione arbitraria di esseri soprannaturali è ritenuta principio sufficiente di spiegazione dei fenomeni dell'universo in un certo tempo, non s'intende per quale ragione mai debba risultare insoddisfacente in un tempo diverso. Per quanto Comte voglia presentare lo stato metafisico come una semplice modificazione dello stato teologico, non c'è trasformazione interna capace di cangiare gli agenti soprannaturali in delle entità astratte che rendano ragione dei fatti del mondo. E posto che si sia nello stato metafisico, non si scorge perché le entità astratte, che in qualità di forze, sono state reputate fondamento sufficiente della comprensione dell'esistente, ad un certo punto debbano essere abbandonate come incapaci di adempiere l'ufficio che era stato loro affidato e che per lungo tempo avevano assolto. Non è per trasformazione dal di dentro che lo stato metafisico si muta in quello positivo, perché le entità astratte sono ancora meno suscettibili di cangiarsi nei fatti generali, che la scienza impiega per collegare i molteplici fatti particolari, di quel che gli agenti soprannaturali dello stato teologico siano suscettibili di mutarsi nelle entità astratte dello stato metafisico. Si dirà che chi esegue tutti questi passaggi è in effetti lo spirito umano, ed è certamente così, ma lo spirito umano li esegue perché sostituisce gli uni agli altri i principi della spiegazione delle cose, e allorché un principio è subentrato ad un altro, allora il precedente riesce sconveniente. Non sono gli insuccessi che si subiscono entro uno stato a determinare il passaggio al successivo, ma è l'avvenuto passaggio al successivo a determinare la fine delle felici riuscite dello stato precedente; quanto a grandiosità di potere esplicativo, niente può gareggiare, come Comte riconosce, con il principio dello stato teologico, in cui l'agente soprannaturale rende ragione di tutto con ammirevole facilità, mentre lo stato positivo si restringe a stabilire rapporti tra fenomeni – questa soltanto è ormai la più ampia ambizione della scienza – con il principio del fatto generale, o meglio, dei fatti generali, giacché qui la compiuta unità è irraggiungibile. Il sistema teologico ha la sua perfezione effettuale nell'unica divinità provvidente; il sistema metafisico ha la sua perfezione effettuale nell'unica entità onnicomprensiva che è la natura; il sistema positivo ha soltanto una perfezione ideale, giacché il numero dei fatti generali, via via che la scienza progredisce, diminuisce, ma non può ridursi all'unità.

Conformemente alla sua indole di progresso per sostituzione, per Comte, il progresso ha un indirizzo, per cui incomincia nel campo della conoscenza e a mano a mano si estende al campo della morale e della società; la transizione è triplice, prima speculativa, poi attiva, e infine affettiva; c'è quindi una solidarietà tra i diversi ordini di fenomeni di cui si compone la civiltà, ma è una solidarietà soltanto virtuale; per di più, lo stesso avanzamento delle conoscenze ha luogo in maniera differenziata, essendoci specie di conoscenze, come quelle fisiche, che sono già pervenute allo stato positivo, e altre, come quelle sociologiche, che ancora s'attardano nello stato metafisico, o addirittura in quello teologico; soltanto quando questi passaggi si saranno compiuti, si giungerà al compimento dell'intero processo storico, in quanto allora, essendo tutte le nostre concezioni diventate omogenee, la filosofia sarà definitivamente costituita allo stato positivo.

La stessa apparenza di progresso per inglobamento e la stessa sostanza di progresso per sostituzione, che si trovano in Comte, si riscontrano in Spencer, il quale rifiuta come grandemente erroneo il concetto comune del progresso, che lo ripone, per la scienza, nel maggior numero di conoscenze acquisite; per l'industria, nella maggiore quantità degli oggetti adatti a soddisfare i desideri del pubblico; per la società, nell'accresciuta sicurezza delle persone e dei beni e nella più ampia libertà d'azione, e via di seguito; laddove – egli dice – il progresso effettivo consiste nelle modificazioni interne e nelle trasformazioni strutturali di cui tutti quegli accadimenti e accrescimenti sono le manifestazioni e le conseguenze[9]. Il progresso è da Spencer costantemente accompagnato con l'attributo di «organico», ma questa circostanza è più da ascrivere al grande numero di esempi di piante e di animali, che tutti chiamano organismi, da lui introdotti per illustrare la sua concezione, che da riguardare come la prova di una considerazione davvero organica, e cioè per inglobamento, del progresso medesimo. Intanto, insieme agli esempi presi dagli organismi viventi, Spencer ne fornisce molti altri, desunti dall'astronomia, dalla fisica, dalla chimica, dall'industria, ecc., senza che egli avverta l'esigenza di segnalare la differenza esistente tra i campi organici e i campi inorganici da cui deriva i suoi argomenti illustrativi. Se questi usi linguistici documentano qualcosa, essi attestano la convinzione che il progresso è dovunque lo stesso e si compie sempre alla stessa maniera, sia che si tratti del progresso che porta l'universo da uno stato di materia diffusa nello spazio al sole e ai pianeti del nostro sistema solare, come suggerisce l'ipotesi nebulare, o di quello che mena il linguaggio dalla forma più bassa, quella dell'esclamazione, alle lingue ricche di grandi varietà di parti del discorso, o quello che conduce la società dalla rudimentale associazione delle tribù di selvaggi alla complessa organizzazione degli Stati civili. E in effetti, per Spencer, ogni progresso è in se stesso processo di differenziazioni successive, avanzamento dal semplice al complesso, trasformazione dell'omogeneo nell'eterogeneo, e pertanto la sua essenza è unica e la medesima per molteplici e varie che siano le sue manifestazioni, come una sola e necessaria è la sua legge, di modo che «il progresso non è un accidente, non è una cosa sottoposta al dominio umano, ma una benefica necessità»[10].

Quando deve enunciare la legge in obbedienza alla quale il progresso si at-

---

[9] *Il progresso umano*, trad. it. G. Salvadori, Milano, 1908, pp. 79-80.
[10] *Op. cit.*, p. 124.

tua, Spencer la ripone in ciò, che ogni forza produce più di un cangiamento, che ogni causa produce più di un effetto, pronunciando così formule gravemente difettose, giacché non si intende come sia possibile che una causa semplice abbia effetti composti, che una forza unica dia vita a cangiamenti molteplici, e in verità richieste così grandiose e pretese così reboanti non s'incontrano in nessuna teoria della causalità, che voglia almeno presumere di poter essere soddisfatta in ciò che domanda intorno alla relazione della causa e dell'effetto. Lo stesso Spencer ne è avvertito e cerca di giustificarsi, dicendo che usa quelle espressioni per amore di semplicità e in omaggio alle semplificazioni del linguaggio popolare, ma che riconosce che le cause sono tutte composte e che nessun cangiamento si può attribuire a una sola forza, trascurando le cause concorrenti e il complesso delle condizioni in mezzo a cui si attua. Se questi non debbono però essere estrinseci contemperamenti di esigenze contrastanti, indegni di una concezione come quella che Spencer ha del progresso, che, per quanto manchevole sia, merita comunque rispetto per la vastità delle prospettive e la radicalità dei propositi, l'assetto intimo della teoria deve risultare molto diverso dal rivestimento esteriore con cui è presentata. Essa non può più asserire che, p. es., un corpo, urtandone un altro, oltre ad avere effetti meccanici, ne ha di acustici, chimici, calorici, e via di seguito enumerando, ma deve ragionevolmente sostenere che a un cangiamento di posizione e di moto dei corpi tengono dietro parecchi cangiamenti di diverse specie; essa non può più dichiarare, p. es., che l'introduzione della macchina locomotiva è l'unica causa di un serie sterminata di effetti, ma deve discretamente affermare che in seguito alla costruzione delle ferrovie sono subentrati cangiamenti che hanno mutato la faccia dei paesi, l'andamento dei commerci, le abitudini delle popolazioni, ma questo, e non altro, è l'assunto del progresso per sostituzione.

La causalità, che Spencer ha in mente, sia nella questione del progresso che in ogni altra che si possa dibattere, è la causalità fenomenica, non la causalità noumenica, di cui, a suo avviso, è negata a noi uomini l'apprensione, e che quindi è destinata a rimanerci in eterno misteriosa, e il progresso per sostituzione non richiede altra causalità che quella fenomenica, laddove il progresso per inglobamento, per essere colto, domanda proprio la conoscenza della causalità noumenica. Infatti, il progresso per sostituzione è interamente osservativo, giacché importa soltanto la conoscenza di ciò che accade nello spazio e si succede nel tempo, dove cose subentrano a cose, ora maggiori, ora minori, ora della stessa entità, e nel primo caso si ha progresso, nel secondo regresso, nel terzo stagnazione. Di contro, il progresso per inglobamento, richiedendo che il contenuto (il materiale delle cose) resti il medesimo, e che cangi in meglio la sua elaborazione (il formale delle cose), esige che si entri nell'intima costituzione della realtà, che si conoscano le cose così come sono in se stesse, e non soltanto come appaiono a noi. La logica complessiva, a cui s'ispira la filosofia di Spencer, impone quindi di assegnare la sua teoria del progresso alla specie delle teorie del progresso per sostituzione, che è l'unica conforme ai principi dell'illuminismo. (Sul diritto di considerare tutti i pensatori di cui si è discorso, come esponenti dell'illuminismo, sebbene alcuni di essi siano comunemente riportati ad un differente orientamento filosofico, non è questo il luogo d'intrattenersi; la questione sarà discussa in seguito).

7. *Il significato delle leggi del progresso*

Siccome il progresso per inglobamento è estraneo all'illuminismo – il quale non potrebbe accoglierlo, accanto al progresso per sostituzione, giacché, trattandosi di specie differenti, correlative a due diverse concezioni generali della realtà, perderebbe allora carattere unitario e non formerebbe più, come invece forma, un movimento complessivo della civiltà, rispondente ad un unico motivo ispiratore –, noi possiamo omettere per lungo tratto di descriverlo, finché l'andamento dell'esposizione non ci porterà ad occuparci delle opposizioni che l'illuminismo ha incontrato sulla sua strada ad opera di parecchi avversari, alcuni dei quali hanno adottato proprio il progresso per inglobamento e se ne sono serviti come di un'arma di combattimento.

Dobbiamo però accennare già da ora che, se parecchie volte si contesta l'effettivo possesso del concetto di progresso da parte dell'illuminismo, pressoché in tutti i possibili aspetti in cui esso si presenta, ciò è dovuto all'interferenza di un concetto di progresso rivale, alla stregua del quale quello di cui dispone l'illuminismo non è vero progresso, perché non risponde a nessuna delle condizioni a cui il progresso deve obbedire, per essere qualcosa di più di una parola d'ordine e anche qualcosa di più di un'esigenza iniziale di pensamento, e cioè essere pensamento terminato. Ci tocca, infatti, rivendicare subito la genuinità e la bontà del concetto di progresso proprio dell'illuminismo, e questa rivendicazione si compie provando la piena congruenza dei caratteri con cui si propone. Certamente, esso, qualora sia considerato e valutato sulla base di un concetto estraneo, risulta inconseguente e discordante, ma non meno incongruente e sconveniente riesce quell'estraneo concetto, qualora sia riguardato e giudicato sul fondamento del precedente; per questa parte, non può nemmeno aversi tra i due discussione assennata, ma l'unico compito che ha il pensiero è di ricondurre ciascun concetto al suo terreno peculiare, in cui soltanto ha senso, perché in esso soltanto si fa valere *iuxta propria principia*.

La giustificazione del progresso, com'è concepito dall'illuminismo, può convenientemente incominciare da quelle che si chiamano le leggi storiche del progresso, tra cui hanno rilievo eminente la legge dell'alternanza delle epoche organiche e delle epoche critiche di Saint-Simon e la legge dei tre stati di Comte, che si è già avuto occasione di ricordare, e che, dopo un periodo di favore e di fortuna, sono cadute in un completo discredito. Si tratta, anzitutto, di stabilire in che senso esse siano leggi, e in quale relazione esse stiano con le leggi naturali, cosa che non può farsi senza qualche accenno a ciò che è la legge in generale, ossia non specificata ancora come legge della natura o come legge della storia. La prima e piana osservazione è che le leggi citate come esempi ragguardevoli di leggi storiche non possono mettersi accanto alle leggi naturali, quasi fossero leggi nello stesso senso, senza che il parallelismo delle due serie di leggi così introdotto non appaia sforzato e, in fin dei conti, improponibile. Poste vicino alle leggi di Keplero e di Newton, con le quali si è nondimeno preteso di paragonarle, le leggi di Saint-Simon e di Comte fanno subito assai magra figura, per la ragione che non contengono alcuna enunciazione determinata di eventi. Le leggi dei movimenti dei pianeti attorno al sole e la legge della gravitazione universale sono, in comparazione con la legge dell'alternanza e la legge dei tre stati, precise, indubitabili, attestate dall'esperienza; inoltre, queste, in comparazione con quelle, sono vaghe all'estremo, come incertissimi sono i fondamenti e oscuri sono gli eventi che dovrebbero verificarle.

La legge dell'alternanza si riferisce ad epoche, ossia a distese temporali imprecisate, com'è palese per la circostanza che non si può nemmeno chiedere quanto dura un'epoca, senza sollevare una domanda indiscreta, destinata a non ricevere una risposta appropriata. La storia fornisce un solo caso di epoche organiche, quello del medioevo, e un solo caso di epoche critiche, quello apertosi con la Riforma protestante, e ad essi soltanto in maniera stentata e in obbedienza a preoccupazioni di scuola si arriva ad aggiungerne altri due, quello dell'epoca che anch'essa si vuole organica, della Grecia prima di Socrate, e quello dell'epoca che si pretende critica, estendentesi dal tempo di Socrate a quello delle invasioni barbariche. Per di più, soltanto globalmente la civiltà medioevale può caratterizzarsi come organica, giacché in essa ci sono numerosi aspetti che posseggono indubbia natura critica; e altrettanto globalmente deve essere presa la civiltà moderna, perché possa definirsi come critica, in quanto anch'essa contiene in sé parecchie manifestazioni di sicuro spirito organico. In questo modo si delinea bene a colpo d'occhio l'indole predominante dell'uno e dell'altro periodo storico, ma non si fa niente di più. Solamente con un estrinseco ampliamento dei quadri storici e con un correlativo annacquamento dei loro caratteri distintivi si estendono le osservazioni felicemente compiute a proposito di due casi a pochi altri, ma anche con quest'arbitraria operazione non si è capaci di raggiungere alcuna conclusione significativa. Si può ancora dire che, a petto del medioevo, con il suo saldo sistema dottrinale teologico, che lo sorregge, con il papa e con l'imperatore, che, nella loro *concordia discors* lo governano, l'uno nel campo spirituale e l'altro nel campo temporale, l'epoca che incomincia con la ribellione di Lutero a Roma e con la diffusione della Riforma protestante, la quale rompe l'unità religiosa dell'Europa, fondamento della sua unità politica e civile, è un periodo di sconvolgimenti rivoluzionari, ma non si vede cosa si possa ricavare da un unico esempio dell'alternanza che si può con qualche verosimiglianza arrecare. *Unus testis, nullus testis*, da un esempio singolo, anziché ottenere una legge scientifica, non si guadagna nemmeno una generalità empirica, e allora se ne introduce un altro, ma molto malfermo, giacché né Socrate arrecò all'umanità il monoteismo, né il monoteismo e il politeismo sempre si combattono, in quanto nella maggior parte dei casi collaborano e si armonizzano in una monarchia, che ha a capo un'unica e suprema divinità con molte sottostanti divinità inferiori, senza contare che quanto precedette la grecità classica è troppo avvolto nell'oscurità per derivarne indicazioni attendibili ad un proposito così difficilmente documentabile com'è il tratto caratteristico di un'epoca, sempre che si

voglia individuare con nettezza, senza accontentarsi di vaghe genericità; e ancora, né le invasioni barbariche hanno tutto il peso che si pretende loro di accordare, né esse concludono veramente un periodo di grandi movimenti di popoli e di
continui sovvertimenti di assetti politici. Quelli che così si elaborano sono, a dir
molto, schemi interpretativi di momenti storici del passato dei paesi dell'Occidente, giacché va da sé che essi non possono in alcun modo estendersi all'intera
umanità, e nemmeno si comprende come si possa pretendere di servirsene di base per l'escogitazione di una legge storica, la quale dovrebbe niente meno assicurare che certi modi di operare, seguiti dai nostri predecessori, torneranno ad
essere praticati dai nostri posteri.

Il potere di previsione, che si assegnasse alla legge dell'alternanza delle
epoche organiche e delle epoche critiche, ne sanzionerebbe insuperabilmente
l'indole d'invenzione cervellotica. Questa pretesa legge non consente di stabilire niente di sicuro nemmeno rispetto al tempo presente, che si sostiene essere
quello in cui si compie l'avviamento di una nuova epoca organica, la quale non
è interamente dispiegata davanti a noi, così che ci sia concesso di descriverla
con una narrazione storica, ma ha appena compiuto i primi passi e attende di ricevere la sua attuazione nel futuro. Proprio perché si è di fronte a pochi eventi
attuali di carattere organico, niente impedisce di supporre che presto riprendano
contese e guerre, che trasformino la pretesa imminente epoca organica in una
continuazione della precedente epoca critica, la quale sembrava essersi conclusa
e invece aveva ancora dinanzi a sé un qualche spazio di tempo, più o meno lungo. È infatti evidente che le epoche sono non di esclusivo, bensì di prevalente
carattere organico o critico, giacché mai mancano interamente dissensi e guerre
tra gli uomini, e mai mancano del tutto unità d'intenti e armonizzazioni di energie tra di essi, ma solamente talvolta il primato spetta alla concordia e talvolta
compete alla discordia; ma, se è così, ogni evento del presente è inevitabilmente
ambiguo, prestandosi altrettanto bene ad essere interpretato come segno di un
prossimo futuro analogo al recente passato e come segno dell'avvento di un'e-
poca innovatrice rispetto a quella che immediatamente l'ha preceduta. Una vera
legge dell'alternanza è stata certamente teorizzata, ma non ad opera di Saint-Simon e dei sansimoniani, bensì di Empedocle, e per essa, ai periodi cosmici in
cui le parti e gli elementi del mondo si fondono, a causa dell'Amore, ne tengono dietro altri, in cui le membra del tutto si dissociano, a causa dell'Odio, ma
Empedocle non ha niente da spartire con l'illuminismo e con il contesto intellettuale in cui si discute il problema del progresso.

Ancora peggio, seppure è possibile, stanno le cose per la legge dei tre stati
di Comte, quantunque anch'essa tragga pretesto e occasione da alcune felici osservazioni intorno al passato dell'umanità, così come si può ricostruire con una
qualche attendibilità prima che si perda in una lontananza tanto oscura da essere
impenetrabile. Sembra difficilmente contestabile che per lungo tempo il predominio incontrastato sul genere umano sia toccato alla religione, nelle forme del
feticismo, del politeismo e del monoteismo, e che a un certo punto sia sorta la
speculazione filosofica, la quale, mettendosi ad investigare il principio della
realtà, ha preso indole metafisica, e con ciò si è resa rivale della religione, per

la ragione che fornisce una spiegazione delle cose diversa da essa arrecata, e così ne ha indebolito e scosso la dominazione, e che più di recente sia nata la scienza moderna, la quale indaga il mondo al pari della metafisica, ed è quindi anch'essa ostile alla religione, ma è altresì ostile alla metafisica, per il motivo che si attiene a procedimenti suoi propri, non speculativi, bensì di calcolo matematico e di osservazione empirica. Senonché non appena si vuole andare oltre queste generiche considerazioni, suscettibili di parecchi svolgimenti alternativi, si entra in un campo controverso, perché la religione e la metafisica spesse volte si comportano da alleate, e la religione con la collaborazione della metafisica elabora la sua dommatica, che le garantisce saldezza e solidità, e la metafisica mediante l'impulso della religione guadagna un'accoglienza nelle anime, di cui non sarebbe capace se fosse lasciata alla sua secchezza e aridità dottrinale, e infine, la scienza, allorché cerca di fondare i suoi procedimenti, si rende, a sua volta, speculativa, e come sapere di specie matematica si avvale di concetti che hanno la sostanza, se non il nome, delle nozioni metafisiche, e talvolta ne hanno anche il nome. Di un'integrale sostituzione della religione ad opera della metafisica non c'è da nessuna parte una qualsiasi traccia; un'esautorazione della speculazione filosofica ad opera della scienza può essere nei voti di parecchi, ma non è nella realtà delle cose, e soprattutto non s'intende, stando alle idee di Comte, come potrebbe compiersi effettivamente e non solamente nelle parole, giacché una scienza, che da sola occupasse l'intera scena, avrebbe già per questa circostanza carattere metafisico, costituendo il sapere totale, e anzi diventerebbe ultrametafisica, in quanto tradizionalmente la metafisica era paga di valere come la regina delle scienze, e di conseguenza, lasciava sussistere parecchie scienze in una posizione subordinata.

A differenza della legge dell'alternanza, che prevede casi, e che quindi, astrattamente considerata, è suscettibile di avere eventi che la confermino e la verifichino, quantunque, riferendosi a vaghe generalità, in concreto non ne disponga, la legge dei tre stati si riferisce ad un unico andamento complessivo, che dovrebbe condurre l'umanità dagli esseri immaginari della religione ai fatti accertati della scienza, e non è per la sua stessa formulazione, capace di essere attestata da accadimenti particolari del corso delle civiltà. Essa dovrebbe desumere la sua verificazione dall'intero percorso effettuato dalla storia, dovrebbe essere l'evoluzione generale, compiuta dal genere umano dai primordi ad oggi, a permettere di enunciarla, suggerirla, e acconsentire di confermarla una volta enunciata; ma o niente di simile accade, perché ogni elemento di sostegno arrecato è controvertibile, o niente di simile può accadere, perché fanno difetto le condizioni medesime della sua possibilità. Cercare di avanzare delle previsioni sul suo fondamento significa proporsi un'opera impossibile da eseguire, com'è chiaro per le ragioni indicate e altresì per l'ostacolo derivante dal fatto, riconosciuto e teorizzato, che l'avanzata dell'umanità sulla via del progresso non è uniforme, non ha luogo ugualmente e simultaneamente per tutti i domini della conoscenza e dell'attività, ma si compie diversamente e successivamente, in alcuni prima e in altri dopo. La tesi che certe scienze sono allo stato di conoscenze positive, mentre altre si trovano in quello metafisico o teologico, è incompatibile con l'evidenza della legge dei tre stati e, se questa vuole essere qualcosa di diverso, di più consistente e di più certo di un vaticinio, la rende improponibile, perché le toglie ogni possibilità di verificazione. Si può tanto poco prevedere qualcosa intorno all'assetto futuro delle scienze, che a rigore non si sa nemmeno quale sia la direzione in cui si muovono, ammesso che ne abbiano una, e l'incertezza in cui si è a proposito del sapere, è quella stessa in cui si versa intorno all'agire e al sentire, e cioè intorno ai domini in cui si esplica l'umana attività e affettività. Considerate alla stregua delle leggi naturali, le leggi storiche del progresso risultano mentite, la loro critica è, anzi, così agevole da avere alla svelta partita vinta e da riuscire irrispondibile, pertanto non ci vuole niente a concludere che leggi di questa specie non sono mai state trovate e mai si troveranno, per la ragione che non esistono. Il dubbio è che esse, per la loro qualità di leggi umane, perché attinenti agli uomini, siano leggi in un senso interamente diverso da quello in cui lo sono le leggi della natura, e questo senso va messo allo scoperto e illuminato di luce meridiana, senza di che quanti le respingono, ed essi sono legione, ne hanno prestamente ragione, ma vantano trionfi illusori perché riportati sopra bersagli apparenti.

Ordunque, tralasciando ogni considerazione che non riguarda da vicino il nostro argomento, è da dire che le leggi in generale sono *modalità di comportamento*, che le leggi naturali sono le modalità in cui nel suo agire la natura di *fatto* si comporta, e che le leggi umane sono le modalità in cui nel loro agire gli uomini *si propongono* di comportarsi, ossia sono *programmi d'azione*. Poiché l'illuminismo ha un concezione meccanicistica della natura (la quale ci terrà in seguito a lungo occupati), esso si guarda bene dall'attribuire alla natura la coscienza, il proponimento e l'azione, riguardata come il termine ultimo a cui il proponimento mette capo, ai suoi occhi una tale attribuzione è una personificazione ingenua delle forze naturali, è un'eredità di un modo di pensare fantasticante d'antica data, derivante dalla proiezione delle proprietà delle cose umane al di fuori dell'uomo, così che esse diventano illusoriamente proprietà delle cose del mondo. Nell'agire della natura si osservano certi comportamenti costanti, essi sono quelle che chiamiamo le modalità del comportamento della natura, le leggi che essa segue e non può fare a meno di seguire, non perché siano leggi necessarie (ciò non è ancora detto), ma perché sono leggi meccaniche, cieche. Anche nell'agire umano si riscontrano certi comportamenti costanti, ma, poiché l'uomo, prima di compiere un'azione, se la propone, queste modalità di comportamento sono giustamente riferite, non alle azioni medesime, bensì ai propositi delle azioni. Questo è il carattere che differenzia le leggi umane dalle leggi naturali. Le azioni umane, oltre che conformi alle leggi, possono essere ad esse contrarie (una tale distinzione è inapplicabile alla natura), e sono l'una cosa oppure l'altra, a seconda che i singoli propositi, da cui sono animate, siano conformi o difformi dai propositi dominanti e, perché dominanti, anche dettanti i comportamenti costanti. Le leggi umane si possono quindi definire anche come i *propositi dominanti*, che sono manifestamente quelli che entrano a costituire i programmi d'azione. Non appartiene adesso al nostro disegno stabilire se e come il proposito si distingua dal desiderio, accertare quale posto occupi il desiderio tra le passioni, decidere se il dovere sia formato da un materiale diverso da quello di cui sono composte le passioni, o sia invece fatto della loro medesima stoffa e si distingua dalle rimanenti passioni come la passione dominante si distingue dalle passioni signoreggiate e dominate, perché le differenti soluzioni che queste questioni possono ricevere sono ininfluenti, in quanto non cangiano in niente le conclusioni da trarre intorno alle *leggi storiche del progresso*, delle quali sappiamo adesso che sono i *programmi d'azione progressiva*, e quindi sono d'una specie diversa da quella delle leggi della natura, la quale non ha programma alcuno.

Le leggi naturali sono descrittive, e non prescrittive, perché la natura non ha orecchi per obbedire, e se il re Canuto pretende di comandare al mare d'indietreggiare davanti ai suoi piedi, e San Francesco presume di poter predicare agli uccelli, come se gli uccelli fossero capaci d'ascoltarlo e d'intenderlo, l'illuminismo sorride di queste manifestazioni di un sentire animistico e magico, che mette la natura a diretta disposizione dell'uomo. Di contro, le leggi del progresso sono prescrittive, e non descrittive, perché i programmi d'azione, esigendo di ricevere esecuzione nei fatti, senza di che resterebbero lettera morta, sono contesti di cose da fare, hanno indole operativa.

Va da sé che le leggi naturali si formulano, indagando i fenomeni, che in quest'indagine si compiono osservazioni metodiche e si eseguono esperimenti prefissati, e che tutto ciò è materia di prescrizioni, e quindi di programmi. L'apprestamento dei metodi, delle osservazioni e degli esperimenti, al pari della loro esecuzione, sono intessuti di prescrizioni, che però l'uomo, in quanto scienziato, rivolge a se stesso, non alla natura, a meno che non si metta a parlare per metafore, come fa, p. es., quando dichiara d'interrogare la natura e di costringerla a rispondere alle sue domande, che è una maniera figurata d'esprimersi, come gli è notissimo, giacché quello stesso scienziato, che ora dice di saper fare violenza alla natura, magari un momento dopo sentenzia che la natura non è in niente interessata agli uomini e alle loro teorie, in cui non si lascia coinvolgere. E va del pari da sé che le leggi del progresso non si possono introdurre senza delle descrizioni, che colleghino i programmi d'azione, di cui consistono, allo stato attuale del mondo e specialmente di quelle sue parti in cui essi soprattutto si prefiggono d'incarnarsi nella realtà, e per adempiere questo compito nella maniera migliore, quei programmi considerano lo stato attuale dei vari paesi interessati, alla luce della loro più o meno recente o remota storia passata, e delle prospettive del loro più o meno prossimo o lontano futuro, ma, così facendo, i programmi in definitiva descrivono unicamente se stessi. Tutte quelle considerazioni, infatti, degli stati e delle condizioni di parti del mondo, traggono significato unicamente dai propositi che i programmi d'azione contengono, tant'è vero che, se diversi sono i propositi, diverse sono anche quelle considerazioni, se essi sono opposti, anch'esse sono opposte, e questo rende manifesto che non hanno alcuna sostanza indipendente, alcun contenuto a sé stante. Se si cerca di mantenere loro una qualche consistenza, prescindendo da ciò che i vari programmi contengono di diverso, per tenere fermo ciò che contengono di comune, di tanto si vanificano, a causa di questa astrazione, i programmi, e di altrettanto si svuotano le correlative considerazioni, che si riducono a degli insiemi informi di poveri dati di fatto, buoni a tutti gli usi, e quindi privi di qualsiasi valore proprio, finché, rinunciando a proseguire nell'astrazione, si restituiscono i programmi nella loro piena determinazione, e allora riacquistano senso e impiego anche le considerazioni, che, in funzione di essi, si compiono. Ma delle considerazioni che desumono contenuto determinato, significato specifico e valore definito da programmi, sono in effetti descrizioni di programmi riguardati nelle concrete condizioni della loro realizzazione.

Per il bisogno di fortificazione della fede, capita ai maggiori, se non a tutti, i programmi d'azione collettivi quel che non potrebbe succedere a quelli individuali, che sono troppo modesti per ottenere un tale incremento, e cioè capita di ricevere dei *rivestimenti retorici*, per cui sono formulati *come se* fossero composti secondo leggi scientifiche, analoghe alle leggi della scienza della natura, e cioè come se asserissero che i loro contenuti immancabilmente si realizzano, a quel modo in cui inesorabilmente hanno luogo gli eventi naturali. Che cosa c'è di meglio, per immergersi con successo nell'azione, che dire a se stessi e a quanti ci sono compagni nell'avventura, che ciò che ci proponiamo è destinato ad avere realtà, tanto che già si scorge all'orizzonte, anzi, se ne vedono già i tratti nel presente, in un presente destinato a durare di quanto si estende il futuro, che lo amplierà ma non lo rinnegherà? Quale strumento è più idoneo per esortarsi e spronarsi, e così accrescere le forze, di quello di dichiararsi che l'opera, a cui attendiamo, è quella che l'umanità intera ha sempre perseguito, ora inconsapevolmente e ora con chiara coscienza, ora con incerti brancolamenti e ora con precisi obiettivi, finché è giunto il nostro tempo, il quale la porterà necessariamente a compimento? Nel sentire e nell'agire all'unisono così ispirato, gli animi si slargano, le energie si moltiplicano, cadono le barriere che dividono gli uomini tra loro, e persino vacillano i confini che separano l'umanità dalla circostante natura, la quale partecipa anch'essa, con le forze che racchiude nel suo grembo, all'impresa comune che conferisce senso all'esistenza.

Sul fondamento delle leggi naturali note, poiché esse non sono opera umana, si possono prevedere, o predire, fenomeni, ma sul fondamento delle leggi umane non si può prevedere, o predire, alcunché, non perché s'ignori, bensì perché si vede e si dice, in quanto queste leggi sono identiche alla modalità delle nostre opere, sono contenute in esse e date con esse, alla condizione, s'intende, che davvero le opere si eseguiscano. Nel terreno dell'umano, che l'illuminismo dischiude dinanzi a sé, e in cui la previsione non interviene, non c'è bisogno di far ricorso alla divinazione e alla profezia, e il potere di divinare gli eventi, che in diversi contesti di pensiero è serissimo, giacché essi accolgono l'esistenza di una divinazione (come possono fare, perché restringono, sin quasi a sopprimerlo, il terreno dell'umano), nel contesto dell'illuminismo sarebbe sbeffeggiato, e il dono della profezia, che troppo da vicino ricorda l'ebraismo e il cristianesimo, sarebbe accolto con il sarcasmo, appunto perché è un dono, ossia perché viene dal di sopra, contiene un intervento del soprannaturale nell'agire degli uomini. Qui non c'è la possibilità di abbandonarsi alle predizioni, come fanno gli indovini profani, né di lasciarsi andare alle profezie, come fanno quelli sacri, ma, se non ce n'è la possibilità, non c'è nemmeno l'esigenza di appellarvisi, perché chi annuncia un evento lo produce, eseguendo l'azione che lo porta all'esistenza, distesamente o almeno incoativamente[11].

8. *La legge dell'alternanza di epoche organiche e di epoche critiche di Saint-Simon e la legge dei tre stati di Comte*

Se ci domandiamo quale sia la posizione degli illuministi intorno alla questione in esame, come debbano interpretarsi le leggi dell'alternanza e dei tre stati, e qualche altra che ad esse si può avvicinare, perché, sebbene non abbia la loro stessa ambiziosa estensione, nondimeno è pur sempre una legge riferita all'uomo e al suo operare, mette conto preliminarmente avvertire che assai poche dichiarazioni esplicite s'incontrano in essi, che le osservazioni incidentali si trovano sulla loro bocca più di frequente delle formulazioni dispiegate, così che il compito maggiore tocca all'interpretazione, la quale deve assumersene l'onere e il rischio, ma che nondimeno non c'è dubbio intorno al significato complessivo in cui intendere la concezione che gli illuministi hanno della legalità naturale e della legalità umana, e la teoria del progresso, che essi avanzano, in ciò che essa si collega a una tale duplice legalità.

La legge dell'alternanza di Saint-Simon può enunciarsi a un dipresso così: «Operiamo per realizzare un'epoca organica, e cioè per dischiudere una fase della civiltà in cui noi uomini ci diamo la meta d'instaurare l'umanismo, e a questo scopo armonizziamo le nostre energie, e così facendo, poniamo una buona volta fine ad una fase della civiltà contraddistinta da continue guerre e rivoluzioni, in cui gli uomini non avevano coscienza di una meta comune e i loro sforzi erano dispersivi e discordi, diamo finalmente addio ad un'epoca, in cui si sapeva distruggere, ma non si sapeva costruire, e che perciò intendiamo chiamare epoca critica della storia». Se ci chiediamo dove si trova in Saint-Simon una formulazione così pratica e operativa, e di conseguenza, tutta piena di imperativi, della sua famosa legge, dobbiamo rispondere che, quanto alla lettera, non l'incontriamo da nessuna parte, ma che, quanto allo spirito, e cioè al significato, la scopriamo dovunque in Saint-Simon, nella sua attività di apostolo di un mondo di ordine, di tranquillità e di pace, assiso su fermi principi, forniti dalla scienza, e organizzato nei modi consonanti all'industrialismo, rinvenendola nella massa dei suoi scritti, nelle opere, negli opuscoli, nelle lettere, con cui si adopera a suscitare forze capaci di tradurre in realtà un tale ideale di mondo. Il vero punto di partenza dell'ideale è il presente, giacché agire si può soltanto nel pre-

---

[11] Questa è la soluzione giusta dell'intera questione, e per essa Kant fornisce un'indicazione preziosa, quando, dopo essersi proposto il problema del progresso dell'umanità in una formulazione alquanto impropria, esce a dire: «Ma come è possibile una storia *a priori*? Risposta: se chi predice *fa* e organizza egli stesso i fatti che preannunzia» (*Se il genere umano sia in costante progresso verso il meglio*, in *Scritti politici e di filosofia della storia e del diritto*, trad. it. cit., p. 213).

sente; il programma d'azione si riferisce quindi primariamente al tempo presente, ma subito si slarga nella direzione del passato e in quella del futuro. Dal lato del passato, c'è il periodo della Rivoluzione francese, delle guerre che l'hanno accompagnata e seguita, e delle altre ancora del tempo di Napoleone, terminato con progetti di restaurazione politica e religiosa, ma dietro questo passato, ancora prossimo, ce n'è un altro, caratterizzato da sconvolgimenti nel campo della religione e del pensiero filosofico, e di qui si traggono con grande libertà gli elementi più confacenti per foggiare un quadro in negativo dell'umanità, a cui contrapporre il quadro in positivo dei destini umani, e far sì che questo acquisti di plasticità e di vigore. Dal lato del futuro, a rigore, non c'è niente, perché il futuro è assiso sulle ginocchia di Giove, ma a colmare il vuoto interviene l'artificio retorico di dare per pienamente realizzato ciò che per il momento ha realizzazione soltanto iniziale, e di aumentare smisuratamente l'ambito e la portata del proprio disegno, di modo che esso, alla fine, riguarda il mondo intero per un avvenire impreciso, ma appunto perché impreciso, tale che si può estendere a piacimento. Un tale artificio è convenientissimo stimolo all'azione, perché difficilmente ci si risolve ad operare se non c'è nemmeno un esempio, o se ce ne sono pochi, di simili azioni già effettuate, ma, se si è assicurati che gli esempi sono innumerevoli, allora non ci si sa ritrarre da dare il proprio contributo all'impresa comune. Raffigurare il non ancora fatto come già fatto o il non ancora completamente fatto come già interamente fatto, è pratica comunissima, a cui arride sempre pieno successo. Bisogna alla fine pur riflettere che, se si ode ad ogni momento parlare di ciò che tutti pensano, di ciò che tutti dicono, di ciò che tutti fanno; se si ricevono continuamente inviti ed esortazioni ad operare in questo o quel modo, motivati con la ragione che «così fanno tutti», è perché un tale strumento dell'arte della persuasione è irresistibile.

Per questo intervento della retorica, si produce una sorta di capovolgimento dell'intero discorso, per il quale quel che è premessa diventa conclusione, quel che è principale diventa secondario, cosicché, se lo si vuole intendere nel suo genuino significato, occorre rovesciarlo un'altra volta e così restituirlo alla primitiva configurazione. La vera premessa è l'azione, quella medesima che si compie nel programmare le azioni, e le altre che a quella prima tengono dietro, giacché gli interi quadri del passato e del futuro, che si dipingono, sono composti secondo le sue esigenze, tanto è vero che, se esse cangiano, mutano subito anche quei quadri; l'elemento principale è quell'insieme di propositi che si chiama il progetto e che nel caso nostro è il progetto complessivo della civiltà dispiegata, ossia dell'umanità realizzata, com'è facile vedere per la ragione che ogni altro elemento, in tanto è accolto, in quanto lo favorisce, e in tanto è rifiutato, in quanto lo contrasta. Nella disposizione capovolta sembra che per prima venga una considerazione disinteressata e imparziale del corso degli eventi, a partire dalle età più remote, se non forse a partire dall'inizio medesimo dell'avventura umana sulla terra, che giunge, sia pure attraverso parecchi salti e molte omissioni, sino all'età presente, e che questo studio abbia messo allo scoperto certe linee di tendenza, certe leggi della storia, secondo cui hanno luogo gli avvenimenti, se non proprio tutti, almeno i principali, quelli che decidono il destino dei popoli, il benessere o l'infelicità del genere umano, e che per ultima, a guisa di conclusione, venga l'osservazione che noi, uomini d'oggi, dobbiamo comportarci come quelle leggi richiedono, nella maniera indicata dal progetto della futura civiltà, che si è procurato di stendere. Questo rovesciamento di posizioni, questa proiezione che prende ciò che appartiene al presente e lo getta un po' sul passato e un po' sul futuro, questa sostituzione del prescrittivo ad opera del descrittivo, sono interamente fittizi, perché non hanno altro scopo che quello di meglio spingere a certi comportamenti e d'interdirne con maggiore efficacia certi altri, ciò che non s'intenderebbe, se non si riflettesse che molte volte, per ottenere una cosa, bisogna dire la cosa contraria.

Se fosse veramente una conclusione da leggi storiche quella che dice che noi dobbiamo agire in certi modi, invece che in certi altri, essa non deriverebbe affatto da quella premessa, giacché si potrebbe sempre opporre che, se quelle leggi dell'accadere storico sono davvero ciò che la parola le dice, allora, comunque ci comportiamo, gli avvenimenti avranno luogo ugualmente, e che, se ciò non capitasse, la cosa mostrerebbe che esse non sono vere leggi. Dall'osservazione che qualcosa, in un ambito limitato, *è*, non si può mai ricavare un *dovere*, nel significato che la parola ha nella morale, e nemmeno si può ottenere un *dovere*, nel significato fisico della parola, ossia in quello del *non poter non accadere*, perché da ciò che la cosa è stata sinora non si può ricavare ciò che essa sarà in avvenire. Ma a ristabilire il discorso nella sua vera fisionomia, interviene un'ammissione, che occorre non lasciarsi sfuggire, perché è di grande interesse, e questa ammissione riconosce che altro è il caso del passato, a cui faceva difetto il progetto esplicito e consapevole del progresso, e altro è il caso del presente, in cui tale progetto c'è, quale guida d'incalcolabile efficacia pratica per l'effettivo progredire. Con questo riconoscimento l'accento torna a battere sul presente e sulla pratica, vi torna esplicitamente e in maniera chiara, giacché dalla pratica e dal presente non si era mai dipartito, e se poteva aver dato l'impressione d'averlo fatto, ciò era stato al solo scopo di meglio salvaguardarne gli interessi.

La legge dei tre stati di Comte può ricevere questa o altra analoga formulazione: «Impegnamoci a ragionare, operare e sentire in maniera unitaria e guardando ai fatti; non perdiamoci dietro ad immaginazioni e ad astrazioni; dedichiamoci all'investigazione dei fenomeni, sforzandoci di raggiungere la perfezione del sistema positivo; edifichiamo una società che abbia la solidità, l'ordine, la durata, della teocrazia, ma poggi non sul fondamento del mito, bensì su quello dei dati della scienza sociale». Non è difficile cogliere in Comte i punti in cui, mentre sembra fornire descrizioni disinteressate e neutrali di eventi storici, rivolge esortazioni e appelli ad intervenire attivamente per realizzare i destini progressivi dell'umanità, i momenti in cui, sotto il sembiante di compiere teorizzazioni intorno allo stato delle cose, egli fa proposte intorno agli assetti futuri del mondo. Comte discorre dell'armonia perduta dal genere umano, nel momento in cui si è rotto il giogo teocratico, dell'immenso periodo di transizione occorso per ricostruire una prospettiva d'ordine e d'unità, e ricorre alla sociologia e alla religione dell'umanità, per porre fine all'anarchia che da molti secoli caratterizza la vita dell'Europa. Mentre sembra offrire un ritratto teorico e dottrinale del mondo degli uomini, caratterizzato dall'instaurazione della sintesi finale e dallo stato di piena unità, Comte legifera intorno alla sua attuazione, assegna premi a quanti vi contribuiscono e infligge punizioni a quanti vi si oppongono o vi recalcitrano.

Ci si potrebbe chiedere come mai accada, se il discorso è operativo e pratico, d'incontrarlo, in gran parte, se non proprio in tutto, svolto in maniera da parere osservativo e narrativo, cosicché si direbbe che il più delle volte il posto delle prescrizioni sia preso da delle descrizioni, ma questa è una di quelle questioni a cui è tanto agevole rispondere che non c'è nemmeno bisogno di aspettare che siano formulate sino in fondo per arrecarne lo scioglimento. La precettistica, quando non si compone di poche e spedite norme, da affidare a saggi e ad altre composizioni letterarie brevi ed efficaci, riesce presto noiosa e stucchevole, e ad insistervi sopra, finisce per produrre effetti opposti a quelli desiderati, per la reazione di rigetto che provoca negli animi. Saint-Simon e Comte sono ricorsi anche troppo ai catechismi, perché potessero affidarvisi per intero, nel qual caso sarebbero andati incontro ad un immancabile fallimento; di conseguenza, essi erano portati a riassorbire, nella maggiore misura possibile, l'elemento apertamente prescrittivo in quello letterariamente descrittivo, ad avvolgere le formule imperative in un tessuto di formule indicative. La retorica, per riuscire a persuadere, non deve dichiararsi nella sua indole propria, perché tutti, a sentirsi dire che li si vuole persuadere di questo o di quello, si ritraggono e diventano ostili; pertanto, accade in continuazione di trovare la retorica nascosta sotto i travestimenti più diversi e raramente di scorgerla nella sua veste genuina, e tra tutti i retori quelli più abili e più fortunati sono quelli che riescono a convincere gli ascoltatori di stare ragionando con la propria testa.

Se si considera con serenità e senza partito preso la letteratura dell'illuminismo, bisogna ammettere che i suoi filosofi si sono riferiti assai parcamente alle leggi storiche del progresso; che in essi c'è bensì una retorica (giacché la produzione della persuasione, comunque si compia, è sempre retorica), ma è tuttavia una retorica sorvegliata, composta, misurata, e talvolta austera; che in essi il parallelismo tra leggi umane e leggi naturali è estremamente limitato e quasi mai si spinge sino all'assimilazione vera e propria; che se in essi si trovano delle deficienze nella concezione del progresso, si tratta di mende di poco conto e, ciò che più interessa, prive di conseguenze dannose.

Si cerchi di mettere insieme tutte le pagine sull'argomento dei maggiori esponenti dell'illuminismo, tralasciando i discepoli soliti a aumentare i difetti dei maestri, e si raccoglierà una messe estremamente modesta di fogli, perché si dovrà constatare che gli illuministi del XVIII secolo impiegano il concetto di progresso in maniera intuitiva, senza soffermarsi ad indagarne l'indole e a stabilirne la portata, e che gli illuministi del secolo seguente (che vengono solitamente designati con la denominazione di «positivisti») hanno bensì investigato le condizioni del progresso e discorso delle sue leggi, ma sotto il proposito capitale, che è quello della relazione tra queste leggi e quelle fisiche, sono rimasti piuttosto sulle generali, senza trarre illazioni ultimative, che non rientravano nei loro propositi.

9. *La polemica del progresso per inglobamento contro la concezione illuministica del progresso*

Ora, com'è che delle deficienze secondarie, delle mende superficiali, attinenti più a questioni generali che allo specifico proposito del progresso, sono diventate ragione bastante per dichiarare falso il concetto illuministico del progresso e mentite le sue pretese leggi, le quali – si dice – sono state confutate in maniera tale da stabilire che né esse né altre leggi, che si volessero addurre al loro posto, hanno la benché minima consistenza? Ciò è dovuto all'interferenza di un differente e rivale concetto di progresso, che di continuo sorprenderemo mentre è intento all'opera di demolizione dell'illuminismo. Questo differente concetto propugna l'impegno immediato nell'azione, l'impeto del fare, come vanta il colpo d'occhio nell'orientamento del pensiero, e perciò esso rigetta sdegnosamente i programmi d'azione, per la ragione che formano altrettanti piani, e per esso, si deve operare non secondo regole preordinate, ossia non secondo piani, ma attenendosi al principio che l'operare è sufficiente criterio di se stesso. Esso non vuole udir parola di programmi, di piani di ricerca nella scienza, che con la promessa d'indirizzarla e di favorirla, l'ostacolano e l'impediscono; esso non intende sentire di programmi, di piani d'azione nella vita, che con la lusinga d'incrementarla e di ampliarla, l'aduggiano e la snervano; a suo dire, è assurdo rivolgersi all'infinita varietà dello scibile e dell'agibile cercando di preordinarne le condizioni, gli ambiti, le esecuzioni, gli esiti, e l'unico atteggiamento legittimo e proficuo è quello d'immergersi senz'altro nell'effettuale sapere e agire.

Si tratta del progresso per inglobamento, il quale nella sua battaglia contro il progresso per sostituzione imbraccia l'arma – che tutti i combattenti delle diverse concezioni impiegano a profusione – del letteralismo, per cui non si deve procedere ad alcuna interpretazione, ma bisogna intendere le cose come sono dette parola per parola, che è un modo sicuro per trovarle piene di contraddizioni e di assurdità. Così, si pretende di trovare in Comte una legge psicologica, per cui l'uomo via via subordina sempre più il soggettivo all'oggettivo, i pensieri alle sensazioni, le immagini interne alle impressioni esterne, in modo da instaurare appieno dovunque lo spirito positivo. Teorizzando una tale legge, come anche sostenendo che i tre stati percorsi dalla marcia progressiva dell'umanità si scorgono compiuti, nel processo della sua maturazione, dall'individuo, giacché ciascuno è teologo nella sua infanzia, metafisico nella sua giovinezza e fisico nella sua maturità, Comte (si obietta) si mette in un radicale contrasto con il suo rifiuto della scientificità della psicologia. Se Comte dichiara che la scienza psicologica è impossibile, perché mai il soggetto osservatore può essere nel contempo l'oggetto osservato, e nella psicologia si produrrebbe inevitabilmente una tale identità, non si scorge come egli possa coerentemente pretendere di presentare la sua legge fondamentale come una legge psicologica e suffragarla con la testimonianza di quel che accade nello sviluppo mentale dell'individuo.

A ben vedere, Comte non fa niente di simile, bensì inculca l'imperativo del progresso, che è l'instaurazione dell'atteggiamento positivo contro l'immaginazione mitologica e contro l'astrazione metafisica, e per spronare ad accoglierlo e a praticarlo, mostra che quest'instaurazione ha luogo in tutte le manifestazioni della civiltà, che ne arrecano le prove incontestabili in ogni campo in cui ci si dà la pena di raccoglierle. Il riferimento allo sviluppo dell'intelligenza individuale ha manifestamente il solo scopo di simboleggiare le fasi che percorre la storia del genere umano, con quelle che attraversa la storia mentale del singolo uomo, e un simbolo, per essere introdotto, non ha bisogno di un'apposita scienza che lo giustifichi. Le diverse leggi, in cui Comte articola la sua teoria del progresso, sono altrettante imposizioni degli obblighi della realizzazione del progresso, e siccome questo, nel suo fondo, è qualcosa di unico, così anche quelle leggi si riconducono a un comandamento che, nella sua radice, è sempre il medesimo. Così la legge della crescente subordinazione dell'interno all'esterno non è altro che il comandamento di restringere sempre più il soggettivo a vantaggio dell'oggettivo, e di porre in questa maniera l'uomo in una condizione di armonia con il mondo circostante, secondo il fine costantemente perseguito, e sempre daccapo da perseguire, dalla ragione umana nel suo progredire.

Analoga a questa legge di Comte è la legge dell'adattamento all'ambiente di Spencer, per la quale l'uomo, per adempiere le condizioni della sua vita e del suo benessere, tende a conformarsi alle situazioni esistenti, agli stati di cose che trova intorno a sé, nel campo fisico come in quello morale e sociale, e così facendo, corregge le sue tendenze e modifica se stesso, finché realizza il migliore equilibrio. Il progresso per inglobamento trova molto da ridire in una simile legge, e osserva, anzitutto, che il fine dell'equilibrio è irraggiungibile, giacché l'ambiente muta in continuazione, a causa degli sforzi medesimi di adattamento dell'uomo, e quindi è ognora diverso, come ognora diverso è l'uomo, mentre dovrebbe essere stabile, perché l'uomo potesse gradualmente adattarvisi. Ciò vale per l'ambiente in generale, e soprattutto per l'ambiente sociale, che è quello specificamente umano, per il quale non si può mai raggiungere un equilibrio perfetto e definitivo, non potendosi, per principio, dare equilibrio tra termini, di cui la modificazione dell'uno trasforma l'altro, cangiandolo in qualcosa di diverso da quello a cui invano esso si sforza di assimilarsi.

L'obiezione è indubbiamente acuta, ma è valida soltanto contro la formulazione letterale della legge dell'adattamento, laddove si spunta contro un'interpretazione per la quale la legge non vuole l'equilibrio in atto tra l'uomo e l'ambiente, ma un processo di equilibramento all'infinito, e quindi mai definitivamente concluso. Dichiarando che la legge domanda l'adattamento completo, l'equilibrio perfetto, l'obiezione fa dire alla legge quel che essa non dice minimamente, e con questo artificio ne ha alla svelta partita vinta, ma riporta anche una vittoria illusoria. Qualche pretesto per praticare un simile espediente le è, invero, offerto dalla legge stessa, la quale, allorché comanda di adattarsi all'ambiente fisico, ha un tono moderato, per il motivo che un tale adattamento deve essersi almeno in una certa misura già compiuto, giacché altrimenti la vita umana semplicemente non esisterebbe, ma si esprime in maniera concitata ed esce in dichiarazioni enfatiche, allorché impone di adoperarsi per produrre l'adattamento all'ambiente sociale, per la ragione che a questo proposito l'umanità è ancora in uno stato arretrato, gli uomini si combattono come selvaggi, e quindi maggiore qui è lo sforzo che richiede. Senonché i discorsi concitati ed enfatici, le asserzioni esagerate ed esagitate, hanno tutt'altro significato da quello che l'obiezione fa finta di ritenere, e cioè mostrano che nel campo sociale la legge domanda molto di più, ma è disposta ad ottenere qualcosa di meno di quel che è giunta a conseguire nel campo fisico, nel quale non può tuttavia dirsi che l'adattamento sinora realizzato sia tutto quello possibile, sia quello assolutamente terminato. L'adattamento, che in nome di quella legge si vuole, è progressivo, nel senso proprio della specie del progresso infinito, e quindi non è mai interamente realizzato: l'equilibrio, l'armonia, che si persegue, è dinamica, non statica, e di conseguenza, s'instaura, ma non è già bell'instaurata, così che non ci sia più nulla in cui impegnarsi, più nulla da fare.

Prima di continuare l'iniziata rassegna delle principali critiche con cui il progresso per inglobamento assalta il progresso dell'illuminismo, c'incorre l'obbligo di avvertire che noi, quando ci mettiamo a parare i colpi che l'illuminismo riceve, non intendiamo sostenere che quelle critiche sono sbagliate e ingiuste, come a prima vita potrebbe parere, ma ci proponiamo semplicemente di stabilirne l'esclusivo carattere polemico e di mostrare il principio che sta loro a base, il quale risiede in un concetto di progresso divergente e concorrente con quello per sostituzione. Le critiche sono tanto poco errate e ingiustificate che, sempre che ci si collochi dalla posizione del progresso per inglobamento e si guardino le cose degli uomini e del mondo con i suoi occhi, esse sono correttissime e giustissime, e sono altresì irrispondibili, per tentativi che si compiano di rigettarle, ma tali sono anche e soltanto se si assume una siffatta posizione di pensiero. Non appena si rescinde il legame di dipendenza che intrattengono con un certo concetto di progresso, esse perdono subito di consistenza e di peso, e le difficoltà che additano con tanto acume si risolvono agevolmente. Questo è come dire che l'illuminismo è saldo e inattaccabile nel proprio terreno, nel quale non può essere inseguito e raggiunto da nessun nemico, così che la sua intimità è salvaguardata e garantita nel miglior modo, sebbene, a dire il vero, altrettanto inviolabile sia il terreno in cui si trova ogni altra posizione di pensiero, nel quale l'illuminismo non può, a sua volta, confidare di riuscire a penetrare, per quanto battagli contro di essa con grande vigore polemico, ciò che lascia supporre che questi terreni del pensiero posseggano una proprietà per cui sono impermeabili alle invasioni dall'esterno, da qualunque parte si volessero tentare.

Tutte le critiche e le accuse sono raffigurazioni interne alla posizione di pensiero che le muove, prendendo di mira dei nemici con cui non riuscirà mai a intrecciare davvero le armi, non potendoli raggiungere dove essi si trovano, e di cui nemmeno riuscirà mai a scorgere il vero volto, quello con cui ognuno di essi appare a se stesso, dovendosene formare delle immagini contraffatte e capovolte. Il loro esame ha nondimeno la massima importanza, tanto per la ragione, d'ordine generale, che occorre provare dettagliatamente e con la considerazione delle cose medesime che la polemica ha l'indole testé indicata, quanto per la ragione, d'ordine particolare, che, essendo l'immagine capovolta del nemico e il vero volto proprio il dritto e il rovescio di una medesima figurazione, se non si è al corrente delle imputazioni che all'illuminismo sono rivolte, si manca di un elemento prezioso per individuare, al momento opportuno, chi siano coloro che l'oppugnano, e alla stessa maniera, se non si è informati delle imputazioni di cui l'illuminismo prende l'iniziativa, ci si trova privi di un ingrediente basilare per caratterizzarlo.

L'accusa più ricorrente, che ha sempre lo stesso ispiratore e suggeritore, dichiara non vero il progresso, com'è concepito dall'illuminismo, perché lineare, rettilineo, irrevocabile nel suo esito, laddove il progresso genuino conosce le avanzate e gli indietreggiamenti, è complicato da innumerevoli andirivieni, subisce a momenti inversioni, regressi e declini, e quindi ha un percorso laborioso e a tratti spezzato, è un processo ascendente, che si comporta come si comporta l'umanità nella sua elevazione, la quale è fatta di continue cadute e di continue riprese.

Quest'imputazione è un'eccellente prova del fatto che le stesse parole hanno significati diversi a seconda delle diverse intenzioni da cui sono animate e a seconda delle diverse bocche da cui escono, giacché altrimenti non potrebbe essere mossa all'illuminismo, tanto esso insiste nell'ammettere le interruzioni del progresso e nel sostenere che il progresso non è qualcosa di già garantito in partenza. Se così non fosse, una tale imputazione potrebbe già essere respinta sul piano documentario, adducendo le dichiarazioni degli illuministi sull'argomento. Il progresso è essenzialmente progresso della ragione, ma non ci si fanno delle illusioni sul potere della ragione, e meno che mai se le fa il suo antesignano Voltaire, il quale riconosce che, più della ragione, è l'istinto a guidare il genere umano, e si raffigura la ragione, che è venuta allo scoperto dopo essersi tenuta a lungo nascosta, vicina ad un pozzo, pronta a calarvisi un'altra volta, se l'intolleranza e la follia dovessero riprendere il sopravvento tra gli uomini e tornassero le tempeste[12]. Per Voltaire, è l'opinione che governa il mondo, e le opinioni dipendono dai tempi, dai luoghi, dalle circostanze, così che la storia ha i suoi alti e bassi e la civiltà appare un equilibrio arduo da instaurare e arduo da conservare. Il cartesiano Fontenelle vuole che si discuta liberamente Cartesio, del cui sistema non si nasconde i difetti, giacché, se ci si intestardisse di Cartesio e lo si collocasse al posto in cui per secoli è stato Aristotele, ne verrebbero ad un dipresso i medesimi inconvenienti[13]. Anche Condorcet, che pure è il più convinto assertore dell'indefinita perfettibilità della ragione umana, non manca di segnalare l'alea del rischio cui sono esposti i progressi dell'umanità, i quali non sono garantiti contro sconvolgimenti e mutamenti del sistema dell'universo; si potrebbero verificare trasformazioni sulla terra che impediscono al genere umano di dispiegare le proprie facoltà e anche semplicemente di conservarsi[14]. Comte non ha bisogno di ricorrere ad ipotesi così estreme, giacché riconosce che movimenti retrogradi sono avvenuti in passato ed è possibile che avvengano

---

[12] *Elogio storico della ragione*, in *Romanzi e racconti*, trad. it. cit., p. 480.
[13] *Digression sul les anciens et les modernes*, cit., pp. 253-254.
[14] *Saggio* ecc., trad. it. cit., p. 48.

in futuro; si sono avute riprese di errori, di aberrazioni, ritorni del teologismo, ed è tutt'altro che sicuro che queste alterne vicende si siano concluse, con la sola eccezione del dominio puramente matematico, che ne è esente[15].

Il progresso dell'illuminismo è quindi una tendenza complessiva dell'umanità, che fa ampio posto a manifestazioni contrarie, a complicazioni e a contraccolpi di ogni specie, e non è minimamente quel processo interamente lineare e rettilineo, che i suoi critici pretendono che sia. Certamente, si trovano molte differenze d'impostazione, di tono e di accento, a questo proposito, tra gli esponenti dell'illuminismo, tra i quali si scorgono gli scettici più o meno velati, i pavidi e gli incerti, e i credenti fiduciosi e accesi, ma tutto ciò dimostra soltanto che il progresso è una fede, ed è naturale che una fede contenga in sé l'intera serie della gradualità del credere, dalla diffidenza agnostica all'entusiasmo trascinatore. Ed è del pari naturale che in ognuno di essi si alternino momenti di grande confidenza, momenti di ansioso congetturare sui destini dell'umanità, non privi però di qualche speranza e di qualche conforto, e momenti di disillusione e di abbandono alla triste costatazione che, sebbene mutino le situazioni e le circostanze, l'uomo nel suo fondo rimane sempre lo stesso, e che tutti gli sforzi volti a migliorarlo e a renderlo più felice urtano contro una resistenza invincibile. Non ci vuole niente a raccogliere le testimonianze di questo vario sentire e a spacciarle per altrettante contraddizioni, quali non sono minimamente, perché sono soltanto documenti della mobilità del cuore umano. Se si trattasse davvero di contraddizioni, non ci sarebbe filosofo, per consequenziario che si voglia, che non si potesse confutare alla svelta, giacché l'obbligo della coerenza, anche fatto valere con implacabile energia e spinto all'estremo del rigore, non può impedire al sentimento di cangiare ora con maggiore e ora con minore rapidità; ma confutazioni di questa specie sarebbero vane già per il motivo che, colpendo tutti, non lascerebbero a nessuno il diritto di vantarsi immune dalla generale deficienza di logicità.

Le dichiarazioni di sicura e solida fede, specialmente se danno luogo a formule dottrinali, diventano dommi, e ciò spiega come ci sia anche il domma del progresso, il quale viene posto sotto accusa dai credenti tiepidi e fiacchi, come chi sa quale manifestazione d'imposta ortodossia di pensiero, a cui essi preferiscono il progresso semplicemente possibile, anziché necessario, o almeno soltanto verosimile, anziché immancabile; s'incontrano così parecchie contrapposizioni, le quali vanno tutte giudicate espressioni del fatto che i diversi gradi di una medesima credenza, invece di starsene ognuno per conto suo, si mettono talvolta a litigare tra di loro, e così quella credenza diventa, più o meno estesamente, autocritica. Siccome però questo fatto accade in tutte le credenze, esso non pone nessun problema specifico per l'illuminismo, il quale, anzi, si mostra straordinariamente parco nella sua dommatica del progresso, perché conclusiva-

---

[15] *Système de politique positive, ou Traité de sociologie, instituant la Religion de l'Humanité*, in *Oeuvres*, ed. cit., tomo 10, pp. 97-98; *Système de Logique positive, ou Traité de Philosophie mathématique*, tomo 12, pp. 596-597.

mente asserisce, con certe accentuazioni talora in un senso e talora nel senso contrario, che i cangiamenti dell'umanità non sono mutazioni che sostituiscano degli assetti di vita ad altri assetti, che si trovino allo stesso livello di quelli, e tanto meno che si svolgano in una direzione discendente, che porterebbe costantemente verso il peggio, giacché nel primo caso si avrebbe dominante lo stato d'animo dell'inutilità di un fare e disfare senza scopo e senza senso, e nel secondo signoreggerebbe lo stato d'animo della disperazione di un'andata infinita agl'inferi, di girone in girone più basso, e invece lo stato d'animo prevalente è quello di un qualche consapevole assegnamento sulla circostanza che nel camminare capita bensì d'indietreggiare e di cadere, ma anche se si cade, ci si può rialzare e tornare ad avanzare, e che, nell'insieme, si va avanti e non indietro.

Il progresso come sentimento dice precisamente il medesimo di quel che dice il progresso come concetto, ossia dice che ciò che si aggiunge nel volgere dei tempi è maggiore di ciò che in essi si sottrae al patrimonio dell'umanità. I limiti estremi di questo sentimento sono, da una parte, la baldanza spinta sino alla credulità, che si ripromette un avanzamento piano e pressoché senza ostacoli, e dall'altra, l'amarezza confinante con l'acrimonia, che prende atto dell'esiguità delle forze che combattono per la causa dell'elevazione della civiltà, e della consistenza delle forze ad essa ostili, mentre il suo stato mediano è costituito dalla cauta persuasione che, nelle lotte che si rinnovano senza posa nelle società e che riempiono il loro cammino di giravolte, si ottiene qualcosa di positivo e di vantaggioso. Quale che sia il significato che hanno altrove, qui la necessità e la possibilità formano quei due limiti estremi, e la verosimiglianza costituisce quello stato mediano, così che non c'è niente di così assurdo come discutere se il progresso abbia il primo, il secondo o il terzo carattere, astraendo dalle condizioni del sentimento, il quale ora si assegna questo, ora quello e ora quell'altro ancora. Che questa sia l'unica interpretazione accettabile delle teorie del progresso proposte dall'illuminismo risulta evidente da ciò, che la gradualità del credere, che vi si esprime, interviene anche all'interno della necessità, che si divide in recisa, piena, completa, irrefragabile, assoluta; della possibilità, che si partisce in semplice, nuda, mera; della verosimiglianza, che si differenzia in alta, consistente, esigua, bassa; e in altri modi ancora di cui è impossibile fornire l'intera rassegna. Se si discorresse sempre con le parole comuni del linguaggio del cuore, non s'incontrerebbero problemi d'interpretazione; il fatto che talvolta s'impieghino i vocaboli tecnici della lingua scolastica fa sorgere delle difficoltà, le quali nondimeno si risolvono dimostrando che, se i termini delle due maniere di esprimersi sono diversi, i significati sono i medesimi, e che risultano tutti congruenti e ineccepibili, alla sola condizione che si pervenga a coglierli e a penetrarli. Le obiezioni, che a questo riguardo, si muovono all'illuminismo possono, dunque, essere ribattute.

Una seconda accusa, che s'indirizza alla concezione illuministica del progresso, è d'ignorare e di calpestare la gradualità, che del progresso è propria, prima collocando una tenebra compatta, che nessuna luce rischiara, e poi facendo irrompere d'un tratto i lumi, che subito dissolvono l'oscurità, e d'allora in poi sono destinati a risplendere per tutto il tempo avvenire. Documento eminente e prova esemplare di questo atteggiamento dell'illuminismo (si dice) è il disprezzo del medioevo, a cui guarda con manifesta ostilità, quasi che potessero esserci dei vuoti secolari nel cammino ascendente dell'umanità. Il progresso vero (si conclude) è cangiamento che percorre tutti i gradini della scala, e non pretende di saltarne parecchi a pié pari, che si compie attraverso fasi intermedie, e non va da un estremo all'altro, che si realizza in maniera costante, se non alla superficie, nel profondo, e non ammette quindi eccezioni, le quali, se mai potessero darsi, lo proverebbero fallace e illusorio.

Nei confronti di quest'imputazione bisogna, da una parte, accordare che la gradualità è costitutiva del progresso, e che per quest'aspetto si tratta d'accertare se l'illuminismo l'infranga o invece la rispetti, e dall'altra, ricordare che non soltanto le riforme sono graduali, ma che tali sono anche le rivoluzioni, le quali, se hanno luogo – e nessuno dubita che sia così –, dimostrano con il fatto di esistere, di adempiere le condizioni richieste dall'esistenza, e in particolare quella condizione preliminare che è la gradualità. Come già si è detto, c'è posto nella realtà per il rapido e per il lento, per il trapasso veloce e repentino e per il passaggio placido e calmo, senza contare che ci sono cangiamenti che iniziano lentamente ma accelerano diventando spediti, e altri che si comportano nella maniera opposta, e incominciano celermente ma rallentano il passo e diventano via via movimenti quasi impercettibili. La richiesta della gradualità del progresso è dovuta all'esigenza logica della congiunzione dei suoi termini, esigenza che si pone per ogni specie di cangiamento, e non ha niente da spartire con l'amore del quieto vivere, con la pigrizia e con l'infingardaggine di coloro che rifuggono da ogni fatica e amano soltanto l'ozio inerte.

Se si trattasse semplicemente della gradualità del progresso, e non di qualcosa che in questa polemica resta sottaciuto e che va messo in chiaro, sarebbe dubbia la stessa possibilità di accusare l'illuminismo di disconoscerla e di violarla, tanto frequenti sono le dichiarazioni con cui esso l'accoglie e l'asserisce requisito ineliminabile dell'esistenza del progresso, che c'è con essa e senza di essa non potrebbe esserci. Questi riconoscimenti si trovano dovunque, a partire dalla biologia di più diretta ispirazione illuministica, e cioè di quella che professa l'evoluzionismo. Lamarck, tra i principi della zoologia, ne introduce uno che ha il maggiore interesse per il problema in esame, ed esso importa che la natura non abbia potuto produrre tutti gli animali simultaneamente, che essa abbia incominciato dai più semplici e poi sia passata ai più complessi; che, così facendo, abbia introdotto in essi gradualmente diversi apparati particolari, aumentandone sempre più l'efficienza, e accumulandoli negli animali più perfetti[16]. Se si ripercorre la *scala naturae* nel senso che va dal basso all'alto, e cioè nella direzione che mette capo all'uomo, si osserva una progressiva complicazione dell'organizzazione; senza questa trasformazione continua e graduale che procede

---

[16] «Non c'è alternativa: – dice Lamarck – o la natura ha operato in questo modo o non ha fatto niente del tutto». *Introduzione alla Storia naturale degli invertebrati*, in *Opere*, a cura di P. Omodeo, Torino, 1969, p. 183.

dal semplice al complesso si abbandonerebbe l'evoluzionismo nella sua forma illuministica, per accoglierlo magari in qualche forma diversa e con essa incompatibile, come quella del vitalismo cosmico, di cui si colgono presentimenti e folgorazioni in Diderot, quando nel *Sogno di d'Alembert*, suggerisce l'ipotesi che l'elefante fosse all'origine un atomo, un improvviso prodotto della fermentazione, laddove l'evoluzionismo illuministico domanda che ad un organismo così complesso siano assegnati numerosi progenitori, ancorché lontanissimi nel tempo.

Anche per Darwin, il progresso che si attua nell'evoluzione biologica (il quale è anch'esso complessivo, giacché nemmeno la natura è immune da ripiegamenti e indietreggiamenti in certi casi particolari di organismi, in cui si ha la retrocessione dell'organizzazione), è graduale, e la teoria della selezione naturale, anziché contraddire, consacra il principio della gradualità[17].

In nome di questo medesimo principio, che riceve esecuzione in ogni manifestazione della vita e in ogni terreno dell'esistente, Spencer combatte la teologia, la quale spiega le cose con l'ipotesi della manifattura, ossia della realizzazione istantanea. Si credeva un tempo che i pianeti fossero sospinti intorno al sole direttamente dalla mano del Creatore, si riteneva che la formazione della Terra, la separazione della terra dal mare, la produzione degli animali, fossero opere meccaniche di Dio, che avrebbe modellato l'uomo all'incirca in quella maniera in cui un modellatore fa una figura di creta, si ammetteva che le società fossero ordinate immediatamente dalla Provvidenza; tutti modi di pensare oggi abbandonati a favore della concezione dello sviluppo continuo, procedente di passo in passo, come dimostra il caso dell'organizzazione industriale, quello della divisione del lavoro, e innumerevoli altri[18].

Non si può nemmeno sostenere che, nella loro grande maggioranza, gli illuministi abbiano auspicato le rivoluzioni, anziché preferire la strada delle riforme; in ogni caso il loro concetto di progresso è quello di un movimento lentissimo all'inizio, che s'incrementa nel tempo e resta esposto al pericolo di sconvolgimenti e di crolli. A tale proposito è Gibbon a fornire il quadro di cui c'è bisogno, rappresentandoci un'umanità primitiva, priva di fantasia, digiuna di arti e d'idee, che esce da questo stato d'abiezione, imparando ad addomesticare gli animali, a coltivare la terra, a varcare gli oceani, a misurare i cieli, in un cammino faticoso e incerto, fatto di luci e di ombre; noi possiamo sperare in un domani migliore, a meno che non sopravvenga un improvviso e universale rivolgimento, che cangiando il volto della terra, faccia ricadere i popoli nell'antica barbarie[19].

---

[17] «Natura non facit saltus! – afferma Darwin – Se guardiamo soltanto agli attuali abitanti del mondo, questo canone non è rigorosamente esatto; ma, se includiamo tutti quelli conosciuti e sconosciuti dei tempi passati, deve essere rigorosamente vero» (*L'origine della specie*, trad. it. L. Fratini, intr. G. Montalenti, Torino, 1980[5], p. 264).

[18] Per Spencer s'impone quindi la conclusione che la società umana è una «crescenza», e non già una manifattura (Cfr. *Il progresso umano*, trad. it. cit., p. 131).

[19] Cfr. *Storia della decadenza e caduta dell'impero romano*, trad. it. G. Belvederi, vol. III,

10. *La leggenda dell'antistoricismo illuministico*

La collocazione degli illuministi di fronte all'antichità greca e romana è, com'è naturale, estremamente differenziata, vi si trovano tutte le diversità di tono e di accento possibili, dall'ammirazione più schietta alla critica più accesa, ma non c'è mai la totale e incondizionata condanna. Voltaire, che distingue quattro secoli in cui la civiltà ha raggiunto le vette più elevate, ne assegna due all'antichità, l'uno che va da Pericle a Platone, Aristotele e Prassitele, l'altro che va da Lucrezio ad Augusto, e con ciò dimostra un profondo rispetto per la Grecia e per Roma; anzi, non soltanto manifesta stima da lontano, ma osserva con favore come ci siano certe riprese dello spirito ellenico nell'epoca dei lumi, come siano riapparse certe consuetudini e costumanze della Grecia antica, per cui sulle piazze della Francia si è tornati a recitare dei componimenti poetici, come facevano un tempo i rapsodi di Omero. Si può ammettere che accostamenti di questa specie sono estrinseci, che superficiali sono i paralleli che si tentano tra gli artisti antichi e quelli moderni, soprattutto nel campo della pittura; tutto ciò è vero, ma prova, in fin dei conti, solamente che l'illuminismo e l'ellenismo sono due cammini alternativi per l'umanità, e che ogni sforzo indirizzato ad avvicinarli e ad armonizzarli è destinato a urtare contro l'invincibile resistenza opposta dalle cose.

Certamente, siccome l'illuminismo intendeva debellare il cristianesimo e sostituirlo nella guida del genere umano, e si riprometteva altresì d'instaurare una nuova scienza della natura, diversa e incompatibile con quella espressa dall'ellenismo, esso doveva, almeno in un primo momento, e cioè sin quando non avesse riportato dei significativi successi su quei grandi e pericolosi avversari, condurre una polemica senza quartiere contro i principi cristiani e l'epoca in cui essi con maggior fortuna da insieme d'ideali si erano tradotti nella realtà ed erano diventati civiltà effettiva, e cioè il medioevo, e doveva analogamente dare il bando ai filosofi greci, in quanto essi avevano formulato i concetti su cui si reggeva l'antica visione scientifica del mondo, che ancora non era stata colpita e distrutta nel suo nucleo vitale. Questi sono gli intenti che spingono Hobbes a muovere guerra alle dottrine dell'inferno e del purgatorio e alle altre vecchie favole che falsificano la tradizione, nella pretesa di farne la parola non scritta di Dio, corrompendo la storia con vicende di miracoli, apparizioni, spettri; a dichiarare vana filosofia, al servizio della religione, la Scolastica; a sentenziare che nelle scuole s'insegna non la filosofia, ma l'aristotelia. Di qui trae spunto Hume per denunciare il giogo imposto dalla Chiesa ai popoli dell'Europa, in nome di una divinità infinitamente superiore all'uomo e quindi tale da prostrarlo e

tomo I, Torino, 1926, p. 146. Per Voltaire, il progresso è stato possibile, perché non c'è stata una rivoluzione d'immani proporzioni che abbia annientato i rapporti tra il presente e il passato della civiltà. In verità, delle rivoluzioni ci sono state, e anche orribili, ma passeggere, così che «il sacro fuoco non è mai stato del tutto spento». Cfr. *Les anciens et les modernes, ou la toilette de Madame de Pompadour*, in *Mélanges*, préf. E. Berl, texte établi et annoté par J. Van den Heuvel, Paris, 1961, pp. 755-756.

avvilirlo, mentre le antiche mitologie pagane contenevano delle assurdità, ma tuttavia non erano così mostruose. Questi sono anche i propositi che inducono Condorcet a comporre un quadro di un'umanità, che era giunta vicina ad instaurare il regno della saggezza, quando è stata ricacciata indietro dall'avvento del cristianesimo, intervenuto a difendere la superstizione già prossima a dissolversi sotto l'urto della ragione. Senza siffatte mire, Gibbon non avrebbe detto, a conclusione della sua *Storia della decadenza e caduta dell'impero romano*, di aver descritto il trionfo della barbarie e della religione, e Voltaire non avrebbe gettato tanti sali sul mondo medioevale.

Si dirà forse che tutta questa è polemica, e non storiografia, ma prima di liquidare tanto alla svelta la faccenda, si dovrebbe impostare e risolvere, in linea generale, la questione se mai ci sia stata e se mai possa, per principio, esserci una storiografia senza polemica, o se invece la polemica sia ineliminabile da ogni opera storica, la quale dovrà pur avere un orientamento e, ammesso che lo abbia, dovrà immancabilmente osteggiare gli orientamenti diversi, qualunque sia la maniera in cui lo fa, aperta e dichiarata, o nascosta e sotterranea, e nell'un caso facile e nell'altro difficile da individuare e da scoprire. Per il momento, si può osservare che quanti tacciano i filosofi e gli storici dell'illuminismo di atteggiamenti polemici, si mettono nel contempo, a loro volta, a polemizzare contro gli illuministi, né si riesce a scorgere come si potrebbero comportare diversamente, e che ciò induce a sospettare che non si possa agevolmente espellere l'aspetto polemico dalle opere di storia. Più oltre avremo modo di accertare che costoro, mentre osteggiano le interpretazioni illuministiche del medioevo, ne arrecano delle altre, le quali, essendo anch'esse ispirate da uno specifico patrimonio d'idee, forniscono precisamente il quadro della civiltà medioevale che quello comporta, e non uno di diverso, che alla sua luce sarebbe inimmaginabile. Se questo è, come sembra essere, nella natura medesima delle cose, nessun rimprovero se ne può trarre a loro carico, ma nessuna imputazione se ne può derivare neanche contro gli esponenti dell'illuminismo.

Le voci degli illuministi sono, a questo proposito, come del resto ad ogni altro, molteplici e varie, ognuna ha il suo tono inconfondibile, e nondimeno neanche le voci più ostili disconoscono che nello stesso medioevo qualcosa si è operato a vantaggio dell'umanità. Condorcet non manca di additare il contributo che con l'abolizione della schiavitù, anche in epoca medioevale è stato arrecato all'avanzamento della società; Voltaire è attento a raccogliere le testimonianze delle scoperte e dei ritrovamenti compiuti in quei medesimi tempi dalle arti utili, s'interessa a fondo di tante invenzioni, all'apparenza modeste, ma in effetti significative per il futuro della civiltà, come quelle dei mulini, del vetro, degli occhiali, tanto da apparire uno dei primi pensatori che abbia compreso come la storia dell'umanità debba includere una narrazione degli utensili, delle macchine e del lavoro.

Naturalmente, gli illuministi non escludono del tutto dall'orizzonte del futuro l'evenienza di una catastrofe, non contestano la possibilità che in un qualche tempo a venire cadano in rovina le scienze e le arti, declinino il commercio e le industrie; ma i critici del concetto illuministico di progresso dovrebbero riflette-

re che non possono accusare l'illuminismo di sostenere la linearità, l'irrevocabilità, l'immancabilità e la necessità del progresso, e insieme imputargli, non appena esso fa posto all'ipotesi di una futura decadenza, di affermare il ciclo alterno di progresso e di regresso, giacché le due critiche non possono combinarsi. Il fatto che si trovino proposte entrambe è un'altra prova della loro indole interamente polemica, la quale ha la sua spiegazione in ciò, che, nel combattere i
nemici, si cerca di colpirli da tutte le parti, menando colpi senza guardare troppo per il sottile.

È da riconoscere che s'incontrano dapprima nell'illuminismo giudizi incredibili per la loro estrema partigianeria e faziosità sui maggiori filosofi greci, e
soprattutto su Aristotele, ma è anche da aggiungere che questi giudizi sono talvolta accompagnati dalla coscienza della loro enormità, si trovano uniti ad altri
molto più moderati e rispettosi, e soprattutto che sono dovuti all'esigenza di lasciare, per tutto il tempo necessario, libero lo spazio per l'instaurazione di una
nuova scienza della natura e per il consolidamento e la diffusione di una nuova
intuizione dell'uomo, di modo che sono tutti giudizi occasionali, pronti a rientrare, come sono rientrati in un momento successivo, quando quella scienza e
quella intuizione si erano già saldamente affermate, e non correvano più il pericolo di essere soffocate sul nascere dall'immenso peso dell'autorità degli spiriti
magni della grecità. In nessun modo si possono prendere quei giudizi come prove del desiderio di fare *tabula rasa* del passato, di creare una filosofia interxa-
mente scissa dalla filosofia precedente, da abbandonare come inutile e vana,
quasi che la radicalità dell'*instauratio ab imis* nell'ordine logico, la ricerca del-
l'assenza di presupposti, coincidano davvero, e non soltanto in certe dichiarazioni poco sorvegliate o strumentali, con il rifiuto e la condanna di tutto ciò che
in precedenza si è teorizzato, con il bando e la proscrizione dell'intera storia del
pensiero. Nessuno ha mai coltivato propositi così insensati, nessuno si è mai
impegnato in una simile impresa di distruzione delle idee; soltanto la volontà di
dare qualche credito e di fornire qualche prova documentaria alla leggenda del-
l'antistoricismo illuministico è responsabile del fraintendimento che fa passare
asserzioni ed atteggiamenti limitati nella loro portata e nei loro scopi, che sono
di pratica opportunità, per affermazioni dotate di valore dottrinale. Senza dubbio, l'illuminismo ha un suo concetto della filosofia, differente e contrastante
con quello diffuso nel mondo ellenico, ma una cosa è questa diversità di concezioni, e un'altra cosa è la pretesa guerra totale che l'illuminismo avrebbe dichiarato alla speculazione greca in ogni sua espressione e forma. La filosofia,
com'è intesa dall'illuminismo, anziché contrapporsi globalmente alla filosofia
antica, trova in questa molti indirizzi di pensiero a cui ricongiungersi e da cui
trarre ispirazione e alimento nelle sue teorizzazioni, in tutte le parti che nella filosofia si distinguono, dall'epistemologia alla morale e alla politica[20].

---

[20] Bacone, che è uno dei padri dell'illuminismo, è così lontano dal proporre un sapere che
disconosca le acquisizioni del passato, che condanna l'amore immoderato sia dell'antichità che
della modernità. In lui, insieme a valutazioni in cui domina il tono dell'invettiva e dell'ingiu-

Anche considerando solamente questa classe d'interpretazioni dell'antichità e del medioevo, non si può, dunque, sostenere che l'illuminismo si contrappone all'intera storia passata, comportandosi in questo in maniera analoga a quella tenuta, a suo tempo, dal cristianesimo, il quale aveva opposto il vero Dio, di cui rivendicava unicamente a se stesso la conoscenza e il culto, agli dei falsi e bugiardi del paganesimo, dovunque diffuso prima di lui e ancora esistente, in molte parti della terra, fuori di lui. Se poi si volesse insistere nel favoleggiare del carattere antistorico dell'illuminismo, dichiarando che nei riconoscimenti dei meriti della storia precedente gli illuministi apprezzano unicamente la propria filosofia, la propria scienza e i propri ideali di civiltà, di cui ritrovano in essa precorrimenti, anticipazioni, barlumi di luce e anche qua e là qualche luce diffusa, e non scorgono nel loro vero volto le civiltà anteriori, è da chiedere se per caso si opina che si sia fatto qualcosa di diverso da che mondo è mondo, o anche che sia possibile, semplicemente in linea d'ipotesi, farlo. Ogni storiografia ha un orientamento costituito da principi intellettuali e morali, che la guidano in tutte le sue valutazioni, le quali si esprimono in termini di approvazione e di consenso, se incontrano uomini, istituzioni, eventi, idee, conformi a ciò che quei principi richiedono, e suonano critiche e dissenzienti, ogni qualvolta si trovano di fronte a un qualsiasi fatto che con quelli contrasti. I veri volti delle civiltà passate sono tanti quanti sono gli orientamenti storiografici fondamentali, i quali vedono in quelle se stessi, ora appena prefigurati da lontano, ora bene delineati con fermi tratti, ora giustamente effigiati e scolpiti, ora, invece, alterati e contraffatti. Ci sono senza dubbio volti diversi da quelli che alle civiltà del passato assegna l'illuminismo, ma sono tutti costruiti con gli stessi procedimenti che esso segue, dai quali nessuno sarà mai per allontanarsi.

Esiste un'altra classe di interpretazioni illuministiche della grecità e dei secoli cristiani, che non fornisce neanche il menomo appiglio per rivolgere all'illuminismo l'imputazione di avere indole antistorica, ed essa è quella che annovera pensatori come Lessing, Saint-Simon e Comte, meno largamente rappresentata e divulgata dell'altra già discussa, ma non meno autorevole e significativa. Lessing si propone di scorgere in tutte le religioni positive il processo con cui la ragione umana si sviluppa; a suo avviso, non c'è niente che meriti nel mondo religioso lo scherno e il dileggio, perché in esso è dovunque presente l'i-

---

ria, se ne trovano altre che manifestano un notevole senso della misura. I riconoscimenti non si restringono all'apprezzamento degli ingegni dei filosofi greci, che furono eccellentissimi, ma si estendono alle conquiste che essi compirono, ai frammenti di scoperte che fecero, a partire dai *veteres veritatis inquisitores*, come Eraclito, Democrito, Pitagora, Anassagora, Empedocle, per arrivare a Platone, in cui si trovano gli inizi della vera induzione e allo stesso Aristotele, a cui si debbono diligenti e acute investigazioni di scienze naturali e felici intuizioni politiche. Analoga alla posizione di Bacone è quella di Hobbes, il quale vede sì nel fantasma di filosofia che ebbero i Greci l'arte di convincere e il messaggio della sedizione, ma nondimeno concede che il lascito dell'antichità comprende la geometria, il modello della logica e il lampeggiamento dell'astronomia. Non è davvero poca cosa, se si tiene conto del fatto che, per Hobbes, tutti codesti saperi appartengono alla filosofia, dalla quale la scienza non ritiene alcuna effettiva indipendenza o autonomia che si voglia dire.

spirazione divina[21]. Questo è un discorso lontanissimo, già per il tono affermativo e positivo, anziché negativo e critico, com'è quello di un Voltaire o di un Diderot; qui si avverte l'impostazione simpatetica con le vicende dell'umanità, nessuna esclusa, qui il progresso è, almeno programmaticamente, inteso in maniera tale da dover coinvolgere tutti i popoli della terra senza privilegi di sorta per qualcuno di essi, è progresso universale, che si scandisce sì diversamente nei tempi e nei luoghi, ma non riconosce a nessun tempo e a nessun luogo un diritto di primogenitura per la realizzazione del regno della ragione. Ma Lessing non si serba sino in fondo fedele a questa impostazione, perché seguita a prendere a parte l'ebraismo e il cristianesimo, a cui accorda, in linea preliminare, un ruolo differente da quello che concede alle altre religioni nell'educazione divina dell'umanità, la quale dovrebbe essere, ma non è interamente, un'autoeducazione del genere umano.

Questi limiti della posizione di Lessing sono travolti da Saint-Simon e soprattutto da Comte, che aboliscono tutte le divisioni di diritto che si frappongono alla considerazione della tradizione come processo di formazione del genere umano. Saint-Simon porge una formulazione radicale del concetto di filosofia come attività rivolta interamente alla pratica, e anzi, alla pratica politica e sociale, e quindi intesa a far adottare il sistema di società adatto ai tempi, da accogliere, da modificare, da abbandonare, secondo che i tempi richiedono. Tutti i giudizi che si pronunciano sul passato rispondono a questa finalità pratica, sono giudizi operativi, e pertanto il favore o l'ostilità con cui si guarda a questa o a quell'epoca è in funzione degli scopi che si assegnano per il presente all'azione. Quanti miravano ad abbattere il sistema teologico sono stati portati a pregiare l'antichità e a dipingere a tinte fosche il medioevo; quanti sono adesso convinti che il sistema medioevale sia ormai nella sostanza già distrutto e che di esso sopravvivano solamente delle estreme propaggini, incapaci di nuocere, e si prefiggono di sostituire un nuovo e più avanzato sistema alle vecchie rovine, giacché non si adattano ad abitare in posti diroccati, possono accordare il primato al medioevo e dichiararlo superiore all'antichità. La religione cristiana, a causa della sua ispirazione democratica, avrebbe – a dire di Saint-Simon – portato all'anarchia, ma sono intervenuti i filosofi medioevali, che hanno sostituito al cristianesimo il cattolicesimo monarchico, e così hanno contribuito all'instaurazione di un'organizzazione sociale, in cui il clero ha potuto dedicarsi a tutti i rami delle conoscenze, ed estendere gli studi anche alle scienze fisiche e matematiche.

La recente teoria, per la quale la scienza moderna è sorta gradualmente dai lavori preparatori compiuti nel medioevo, è già contenuta *in nuce* in Saint-Simon, che con grande acutezza di intuizione osserva che le grandi scoperte non sono mai dovute al caso, giacché lo spirito umano non le compirebbe se non vi fosse predisposto, e che sono stati i progressi della matematica e le osservazioni astronomiche effettuate in parecchi secoli ad aver reso possibile l'avvento del sistema copernicano, allo stesso modo in cui sono stati gli esperimenti eseguiti

---

[21] Cfr. *L'educazione del genere umano*, trad. it. F. Canfora, Bari, 1951, p. 59.

in un lungo arco di tempo con le copie delle scritture a condurre alla scoperta dell'arte della stampa. Il progresso realizzato è stato immenso, ma non lineare, perché ha avuto la sorte di scontrarsi con movimenti retrogradi, con tentativi di retrocessione, come quando si è cercato, durante la Rivoluzione francese, di reintrodurre nella società i costumi e le istituzioni dei Greci e dei Romani, e come quando Napoleone si è forzato di far rivivere il secolo di Carlo Magno[22].

Comte, che articola e precisa ciò che in Saint-Simon è colpo d'occhio sicuro ma fuggitivo, intuizione felice ma frammentaria, esposta alla bell'e meglio e spesso disordinatamente, può estendere la rivalutazione del passato alla grecità, per la stessa scienza e per la stessa filosofia, salutare Talete come fondatore dell'astronomia, celebrare l'opera immensa del grande Aristotele, come ammirevole monumento, eterna testimonianza della potenza della ragione[23].

Quando si trovano posti di fronte a questa classe d'interpretazioni storiche, così differente da quella di Gibbon e di Voltaire, quanti insistono nel raccontare la favola dell'astrattismo e dell'antistoricismo illuministico, hanno il solo partito di dichiararla estranea all'illuminismo e di riportarla a qualche differente contesto di pensiero, per il motivo che essa contrasta troppo stridentemente col loro assunto, perché si possano sforzare di accordarla con esso. Costoro preferiscono disconoscere la varietà degli orientamenti esistenti nell'ambito medesimo dell'illuminismo, la complessità delle prospettive dischiuse dalla sua storiografia, anziché rinunciare ad un'invenzione di comodo. Ma non è un banale circolo vizioso asserire l'indole antistorica dell'illuminismo, e su questo fondamento escludere dal suo ambito pensatori che pregiano anche la scienza storica, e non soltanto la scienza naturale, e che, per ogni altro carattere apparterebbero (come ci prefiggiamo un po' alla volta di stabilire) all'illuminismo, affermando che, siccome guardano con tanto favore alle vicende storiche, non possono appartenere all'antistorico illuminismo? Cos'è che porta ad ostinarsi nel pretendere, contro l'evidenza più palmare, che il razionalismo illuministico sia antistorico, contrapponendo ad ogni costo ragione e storia, quasi che esse non potessero procedere di conserva, da alleate, invece di comportarsi da nemiche? Tutto ciò è dovuto alla presenza di un'intenzione polemica, sorretta da un concetto di ragione, di storia, di progresso, diverso e contrastante con quello proprio dell'illuminismo, concetto che però non viene in primo piano e non si presenta allo scoperto nella sua vera fisionomia, bensì si mantiene con ogni cura sullo sfondo ed evita di farsi vedere, mentre detta i motivi con cui battagliare contro gli illuministi, i quali dovrebbero lasciarsi combattere dall'interno, quasi contenessero dei contrasti laceranti, che la critica avrebbe semplicemente il compito di lasciar maturare, finché esplodono e distruggono l'edificio di pensiero di cui essi sono gli esponenti.

---

[22] Cfr. *Alcune opinioni filosofiche ad uso del XIX secolo*, in *Opere*, a cura di M.T. Bovetti Pichetto, Torino, 1975, pp. 1039-1052.
[23] *Système de politique positive, ou Traité de sociologie*, in *Oeuvres*, ed. cit. vol. 3, pp. 279-299; *Cours de philosophie positive*, vol. 5, pp. 207-208.

È il progresso per inglobamento, più inflessibile e assillante di quello per sostituzione, poiché, per esso, nel crescere si guadagna e non si perde nulla, che prende pretesto da alcune valutazioni della storiografia illuministica sull'antichità e sul medioevo, per condurre una guerra di annientamento contro l'illuminismo, mascherata da guerra di difesa del valore della storia. Secondo il progresso per inglobamento, non ci sono, per principio, mai vere crisi, vere decadenze, veri crolli, nella storia della civiltà umana, la quale conosce soltanto incrementi e avanzamenti. Stando al suo dettato, ci sono bensì quelli che si chiamano comunemente regressi nel corso del tempo, ma essi sono anche tutti apparenti, giacché formano degli indietreggiamenti compiuti allo scopo di procedere in avanti con nuove energie e più speditamente, come si fa quando si rincula per meglio saltare.

Un apparente scadimento e un'effettiva ascesa si ha, allorché all'età della Grecia classica, con il suo incomparabile splendore d'arte e di pensiero filosofico, succedono il periodo ellenistico e quello ellenistico-romano, in cui la cultura si diffonde in una maniera per l'innanzi sconosciuta, si abbattono le vecchie barriere tra i popoli, greci e barbari si fondono, nasce un nuovo sentimento d'umanità, e così si pongono le basi di una superiore civiltà. Nemmeno la caduta dell'impero romano, in cui emblematicamente si riassume e si raffigura quello che sembra essere il destino di dissoluzione e di morte che sovrasta ogni creazione politica e civile dell'uomo, segna nel fondo una perdita e una sconfitta della civiltà, perché, mentre esso si prepara e si compie, il cristianesimo provvede ad accogliere in sé tutto quanto sino ad allora era stato prodotto di veramente grande e si accinge a rielaborarlo in vista di nuove e più ampie acquisizioni. Anziché formare un'epoca di decadenza, il medioevo, che pare tutto feudalesimo, cavalleria, crociate, filosofia scolastica e teologia, è il laboratorio in cui si prepara la civiltà moderna, la quale, quando viene alla luce, sembra essere la negazione del cristianesimo, e, invece, ne è l'effettiva realizzazione nella storia. È soltanto un'illusione perversa e perniciosa quella di cui è vittima, come narra Polibio, Scipione Emiliano all'assedio di Cartagine, allorché, vedendo la rovina incombente su di una così grande città, piange e si mette a meditare sulla distruzione di Troia, sul crollo dei regni degli Assiri, dei Medi, dei Persiani, della Macedonia, e pensa a Roma, che anch'essa un giorno cadrà, giacché così comporta la sorte di tutte le cose umane. In effetti, niente veramente perisce, perché la vita in continuazione trapassa da una manifestazione ad un'altra e più complessa e più grande manifestazione, che contiene in sé il risultato della precedente, lo elabora e lo sviluppa.

Questo conflitto, che è di concetti, e non di dati di fatto, e che quindi non si può sciogliere con documenti di qualsiasi tipo e con maggiori e migliori informazioni che eventualmente si giunga a possedere, e nemmeno si può risolvere in una qualsiasi altra maniera, perché in esso si contrastano nozioni ultime, insormontabili, ed è pertanto destinato a rimanere in perpetuo e a ripresentarsi ogni volta daccapo, ora più ora meno acuto, oppone al progresso dell'illuminismo quello teorizzato altrove. Con codesto differente concetto di progresso si armonizzano quelli di ragione e di storia, quali compaiono fuori dell'illuminismo, come col concetto di progresso, proprio di questo, si accordano quelli di ragione e di storia, di esso peculiari, e analogamente capita per tutte le rimanenti serie di concetti, così che il dissenso ha alla fine la medesima estensione che hanno i due ambiti di pensiero. Per parte sua, l'illuminismo non sarà mai per convenire con asserzioni come quelle testé udite, le quali sono, secondo lui, interamente sofistiche, esprimono la voglia di compiere dei colpi di mano sul passato, tradiscono il desiderio di trasformare a bella posta il negativo in positivo, per cui si comportano come se avessero la bacchetta magica, lusingandosi di essere capaci di rendere tutte le cose vere, buone, belle.

11. *Le pretese incoerenze della concezione del progresso dell'illuminismo*

All'intervento del progresso per inglobamento, si debbono anche altre accuse al progresso specifico dell'illuminismo, le quali lo dichiarano falso, o perché contraddittoriamente concepito in relazione al suo medesimo protagonista, che è la ragione, o perché incoerentemente pensato in rapporto al suo unico teatro possibile, che è il mondo della natura, o perché malamente configurato per le sue manifestazioni nel tempo, e ciò tanto per la memoria del passato che per l'anticipazione del futuro.

La contraddizione, che si addita con la ferma persuasione che ognuno possa riscontrarla, tanto essa sarebbe chiara e di palmare evidenza, sta nella simultanea affermazione, compiuta dall'illuminismo, della perfettibilità dell'uomo e dell'immutabilità della natura umana. Poiché il progresso è perfezionamento dell'uomo, e la perfettibilità è disposizione e potenza del mutamento verso il meglio, non estrinseco e accidentale, bensì intrinseco e sostanziale, dell'uomo, ne viene che gli illuministi si contraddicono ogni volta che all'affermazione del progresso congiungono l'affermazione dell'immutabilità della natura umana; essi, per rendere congruente il loro discorso, dovrebbero lasciar cadere l'ultima asserzione, e dichiarare che l'uomo non ha una natura, ma una storia, ciò che però non fanno minimamente.

Senonché ci vuol poco a vedere che l'imputazione, così formulata, è inconsistente, e che la pretesa contraddizione non sussiste, giacché l'esistenza del progresso comporta che la natura umana sia di progredire, e che in questo essa non muti mai, giacché, se mutasse, o al mutamento subentrerebbe l'immobilità, o si avrebbe il mutamento senza differenze qualitative, o si verificherebbe il mutamento verso il peggio, e cioè la decadenza, tutte possibilità escluse sul fondamento dell'immutabilità del movimento come progresso. Immutabilità e progresso, così concepiti, anziché urtarsi, si armonizzano appieno e s'implicano a vicenda. Gli illuministi poi non asseriscono che la natura umana è immutabile, ma affermano che immutabile è il *fondo* della natura umana, non sostengono che la ragione umana è sempre la stessa, volendo intendere che si ragiona in ogni tempo e luogo alla stessa maniera, e anzi, niente è tanto lontano dalle loro intenzioni come il lasciarsi andare ad asseverazioni di questo genere, ma dichiarano che sempre gli stessi sono i *principi* a cui si attiene la ragione nel giudicare e nel distinguere il vero dal falso. In altre parole, bisogna distinguere la natura immutabile dalle manifestazioni mutevoli della natura, la ragione comune a tutti gli uomini e in essi uguale, dai differenti usi che della ragione si compiono e dalle differenti applicazioni a oggetti che della ragione si effettuano, e riferire il cangiamento e il progresso alla molteplicità delle manifestazioni, degli usi e delle applicazioni, in cui cangiamento e progresso possono incontestabilmente aver luogo.

Analoga a questa è l'accusa d'incoerenza, che è rivolta alla concezione illuministica del progresso, di darsi un fondamento insufficiente con la teoria dell'invarianza delle leggi naturali, la quale fa neutrale la natura, ossia il mondo circostante, rispetto all'avanzamento o all'indietreggiamento dell'uomo, laddove, se il progresso deve essere garantito, occorre coinvolgervi la natura, renderla favorevole ai destini umani.

Una tale imputazione, sebbene a prima vista possa fors'anche sembrare chiara e lineare, è, a ben osservare, oscura e contorta, non sa con precisione che cosa rimprovera e che cosa domanda. Essa incomincia col mettere in questione l'invarianza delle leggi naturali, quasi che potessero esistere leggi di questa specie che invarianti non fossero, e quasi che il loro posto potesse essere preso da leggi naturali progressive (di cui basta l'espressione a rendere avvertiti dello sproposito che si pronuncia). Le leggi sono costanze di fenomeni, e la costanza, quando non è limitata a qualche tratto del tempo, ma è estesa all'intera durata del tempo di cui si ha esperienza, si chiama per l'appunto invarianza. Che le leggi non varino non importa però minimamente che non vari la natura, giacché i fenomeni possono benissimo mutare, anche se non mutano le loro relazioni. Occorre distinguere i fenomeni, che sono l'elemento materiale della natura, dalle leggi, che della natura sono l'elemento formale; distinguere i termini, che stanno nelle relazioni, dalle loro connessioni, che sono codeste loro relazioni; è, infatti, palese che, se non si compiono queste distinzioni, si finisce col confondere la natura con le leggi della natura. E precisamente così si comporta l'accusa, che, quando sentenzia che una natura neutrale non è un fondamento sufficiente del progresso, si richiama confusionariamente alle leggi naturali, da cui ha preso l'avvio, e alla natura, in cui quelle leggi hanno il terreno di riferimento. È tanto poco vero che l'invarianza delle leggi naturali comporta l'immutabilità della natura, che le teorie dell'evoluzione sia biologica, limitata alla vita, sia cosmica e universale, asseriscono la mutabilità e l'effettiva mutazione di parte della natura o di tutta la natura, proprio sulla base dell'esistenza di leggi fisiche invarianti. Il progresso non vuole ricevere dei favori dalle leggi della natura, da cui gli basta di essere semplicemente reso possibile, il rimanente, e cioè il passaggio dalla possibilità alla realtà, è opera sua, per la quale trova in sé medesimo le energie occorrenti. La loro invariazione, che di per se stessa è una circostanza cieca, non un atteggiamento intenzionale, che non può darsi nel meccanismo naturale, gli è di già adeguato punto d'appoggio per i suoi scopi, perché una natura che non fosse sottoposta a leggi invarianti sarebbe una natura volubile e capricciosa, e nel suo ambito non si potrebbe costruire nulla di stabile e di permanente, e invece in esso si possono edificare opere durature. Nemmeno la

natura non *formaliter* (per le sue leggi), bensì *materialiter spectata* (per i contenuti intorno a cui le leggi vertono), è chiamata a prendere posizione a vantaggio
dell'uomo, giacché l'uomo, come lo concepisce l'illuminismo, sa bene che è solo nell'universo, e che, in questa sua solitudine che non sarà mai per finire, può
fare affidamento unicamente sulle sue capacità, a meno che non si voglia con
ciò intendere che l'uomo assume l'iniziativa di obbligare le forze naturali a gio-
vargli, e così adopera la natura come la cava da cui prendere i materiali per la
costruzione della civiltà.

Siccome la polemica è, come indica la parola, guerra, e siccome la guerra si
combatte con tutte le armi a disposizione, che sono tutte buone purché colpisca-
no l'avversario, non desta meraviglia vedere che all'illuminismo, al quale era
stata rivolta l'obiezione di propugnare il progresso irresistibile e irrevocabile,
sia indirizzata anche l'imputazione di sostenere l'alterna vicenda di tutte le cose
umane, le quali hanno una nascita, una crescita, che arriva sino ad un punto
inoltrepassabile, dopo di che invecchiano e muoiono; questo è ciò che asserisce
la terza delle accuse, a cui sopra accennavamo, quand'essa dice che l'illuminismo formula malamente il progresso sino a rinnegarlo per quel che attiene alle
sue manifestazioni nel tempo.

La teoria dell'alterna vicenda, o del ciclo delle cose umane (il quale è da
mantenere con ogni cura distinto dal ciclo cosmico, che riguarda l'intera realtà,
e che richiede un diverso discorso, come mostreremo tra poco), è certamente
una delle concezioni più diffuse e divulgate, che ha tanti ed eccellenti maestri
sin dai tempi più antichi, e niente vieta di ritenere che essa si sia a tratti insi-
nuata anche negli esponenti dell'illuminismo, facendoli deviare dal cammino in
cui si erano posti, che avevano in gran parte compiuto, e che avrebbero dovuto
seguitare sino in fondo. Indecisioni e dubbi, oscurità d'idee e di propositi, momentanei sviamenti, tentazioni di apostasia, crisi di coscienza più o meno lunghe e più o meno radicali, si possono tanto poco escludere in essi, quanto poco
si possono scartare i peccati negli eroi e nei santi della religione. Non per questo si deve scambiare in essi ciò che è teoria e ciò che è allontanamento dalla
teoria; alla stessa maniera in cui non perché anche i santi peccano, si deve confondere, a loro riguardo, ciò che è grazia e ciò che è peccato, ciò che è virtù e
ciò che è vizio. Ammesso tutto questo, bisogna francamente asserire che nella
maggior parte dei casi le dichiarazioni degli illuministi sono suscettibili di essere interpretate in accordo con le loro impostazioni di fondo, soprattutto se si tiene conto del carattere di pratica esortazione di parecchie di esse.

È più che dubbio che Voltaire, annoverando quattro secoli nella storia del
mondo, quattro età felici in cui si è raggiunta la perfezione della civiltà, precedute e seguite da periodi di oscurità, si metta davvero in contrasto con la sua
generale concezione dell'evoluzione storica come progresso, e torni ad una visione ciclica del mondo umano. C'è da dire, anzitutto, che i quattro secoli sono
certamente riguardati da Voltaire come delle vette incomparabili, ma rispetto a
ordini diversi di grandezza, giacché i secoli di Pericle e di Augusto risplendono
per l'arte, la letteratura, l'eloquenza, ma non per la scienza e per la genuina e
vera filosofia, che sono considerate conquiste moderne. È particolarmente all'e-

tà di Luigi XIV che Voltaire assegna il guadagno essenziale, quello del perfezionamento della ragione, giacché in quest'età le arti non sono state spinte più lontano che sotto i Medici, sotto Augusto o Alessandro, ma la ragione umana si è affinata con la nascita della «sana filosofia». Non c'è motivo di reputare che, per Voltaire, il progresso, che si attua dovunque, ad eccezione che nell'arte, sia limitato alle grandi epoche, anziché avere in esse delle accelerazioni e degli incrementi imponenti, così che esse spontaneamente si offrono alla comune ammirazione. Concettualmente, l'affermazione di epoche di perfezione contrasterebbe con la teoria del progresso, solamente se in esse si raggiungesse la perfezione assoluta, e se esse dovessero, per principio, formare delle isole luminose, prima e dopo delle quali ci sono universi di tenebre. Se si tratta di una perfezione relativa, e per di più perseguita in campi diversi, in cui si è, in linea di fatto, ascesi, ma in cui, altrettanto di fatto, non ci si è saputi mantenere, e perciò ci si è portati ad un più basso livello di civiltà, l'affermazione si concilia con una concezione del progresso, che fa ampio posto agli indietreggiamenti da cui è costellato e reso pieno di andirivieni il cammino dell'umanità. Per il rimanente, dovrebbe essere chiaro che non ci si può impuntare sulle parole, e che il linguaggio di Voltaire, meno di ogni altro, permette simili forzature.

Non più di una deviazione passeggera, di un'incidentale caduta, si può cogliere in Diderot, quando auspica che i valorosi Americani possano ritardare per qualche secolo il decreto pronunciato contro tutte le cose di questo mondo, decreto che le condanna ad avere una nascita, un periodo di vigore, a cui subentra inesorabilmente la decrepitezza e la fine. In queste parole c'è sì innegabilmente la ripresa del motivo del ciclo delle cose umane, ma l'accento è quello del caldo invito ad operare, che retoricamente si avvale della minaccia di dissoluzione e di morte, allo scopo di avere maggior presa sugli animi.

Più consistente è la persistenza dell'idea del ciclo che s'incontra in Montesquieu, allorché dichiara che poiché tutte le cose umane hanno un termine, è da attendersi che l'Inghilterra perda un giorno la sua libertà, e allorché osserva che il fiorire delle lettere le porta alla decadenza, giacché gli estremi e gli eccessi non sono fatti per durare, e che le repubbliche letterarie si comportano a questo riguardo come gli imperi politici, di cui le grandi prosperità preannunciano i rapidi e profondi declini. Tuttavia, anche qui va detto che il vero intendimento è quello di far valere il principio della medietà. L'umanità, al pari dei singoli individui, non si adatta né alle vette gigantesche né ai baratri abissali, in cui non si mantiene mai a lungo, che la sua strada ordinaria è quella mediana, senza troppe promesse ma anche senza troppi rischi, sicché la saggezza degli ovidiani e oraziani *medio tutissimus ibis*, e *sunt certi denique fines, quos ultra citraque nequit consistere rectum*, è un modello da far valere in tutta l'estensione della vita.

Interamente guidato dal tema dell'alterna vicenda è Helvétius, quando afferma che la storia insegna che le nazioni, incivilendosi perdono l'amore per la libertà e che ogni società marcia con passo più o meno rapido verso la servitù. Nondimeno a mitigare l'impressione di una resa a discrezione a un pensiero incompatibile con l'illuminismo, interviene la considerazione che qui Helvétius mira in effetti a inculcare la sua teoria dell'ambiente come fattore decisivo nel determinare gli avvenimenti, tant'è vero che riferisce quelle sue osservazioni, che sembrerebbero di ordine generale, primariamente ai popoli del mezzogiorno, i più esposti a finire in preda del dispotismo, del quale egli si professa acerrimo nemico.

Poiché queste manchevolezze sono poca cosa, e poiché difetti di questa entità si riscontrano in tutte le teorie che mai siano state proposte, e ciò rende malagevole il compito di rinfacciarle con troppa severità, in quanto ci si espone allora al pericolo di essere ripagati con uguale moneta e di sentirsene addebitare di uguali o di peggiori, i critici del concetto di progresso dell'illuminismo sono soliti accompagnare alla loro indicazione certi altri rilievi attinenti al futuro che il progresso illuministico dischiude per l'umanità. Tale concetto è quello del progresso *infinito* nel suo principio e nella sua meta, il quale, in ciò che si realizza nel tempo, è *indefinito* (l'infinito potenziale, nel suo riferimento al tempo, dà luogo all'indefinito, essendo assurdo che nel succedersi delle epoche, che è inconcluso, ci sia l'infinito), e il quale, in ciò che si sperimenta in ogni momento, è *illimitato* (l'indefinito non è di per se stesso un possibile contenuto dell'esperienza, ma si può benissimo avere esperienza del fatto che la tal cosa o la talaltra, per quante se ne incontrano, sono prive di limiti, che ne formino i confini inoltrepassabili). Questi tre caratteri s'implicano a vicenda, sono costitutivi di quel concetto, anzi, sono, a stretto rigore, identici con esso (in generale, un concetto coincide con i suoi caratteri, giacché l'essenza è la totalità degli attributi). Ebbene, si sostiene da parte di codesti critici, l'illuminismo rinnega l'infinità del progresso, assegnandogli un compimento nel tempo, un giorno finale e pieno, comportandosi in questo ad imitazione del cristianesimo, il quale era in ciò pienamente coerente, giacché insegnava la fine del mondo e il paradiso celeste, laddove incoerenti sono gli illuministi, i quali peccano non di piccolo e lieve fallo, ma di colpa capitale, che toglie valore al loro fondamentale concepimento e principio ispiratore. Voltaire si rifiuta di ammettere che la condizione attuale del mondo sia quella in cui domina il bene, ma lo fa per rimettere il bene (e non il bene limitato, che si può riconoscere anche al presente, bensì il bene totale) ad un giorno futuro, ma che si tratti del presente o del futuro, nulla toglie all'affermazione di uno stato finale e perfetto dell'umanità, la quale consente di scorgere come anche in lui l'illuminismo sia cristianesimo laicizzato, in cui il paradiso terrestre ha preso il posto di quello celeste. In forma più o meno esplicita, e anche più o meno rudimentale e ingenua, la nozione di uno stato conclusivo e finale, contrastante nella maniera più stridente con il concetto di progresso all'infinito, s'incontra in Saint-Simon, il quale discorre volentieri proprio di paradiso terrestre. Talvolta egli ne discorre, mettendo le parole in bocca a Dio, e in questo caso il suo linguaggio si può ancora giustificare con l'indole del parlante, ma talvolta ne parla in nome proprio, e in questo caso non ci sono scuse che valgano ad attenuare l'ingenuità contenuta in una siffatta professione di fede.

È da riflettere che nelle parole di Voltaire e di Saint-Simon, come in quelle di tutti gli esponenti dell'illuminismo che a questo proposito si volessero riferire, c'è bensì l'eco e la risonanza dell'idea cristiana del compimento, ma che non c'è il senso e il contenuto, per la ragione che un abisso separa il compimento riposto oltre il tempo dal compimento collocato nel tempo. Quando è messo oltre il tempo, il compimento è riguardato come uno stato, e non come un processo, giacché nessun processo è possibile in assenza della condizione del tempo; invece, quand'è assegnato al tempo, per un suo futuro, prossimo o remoto che sia, esso è necessariamente considerato come un processo, e non come uno stato. Il tempo continuerà a scorrere in quel futuro, come è scorso fino ad oggi, ma lo scorrimento del tempo non è passivo, sibbene è attivo, ossia è dovuto all'interesse che si prende a ciò che sia diverso da quello che è stato sinora. In altre parole, il tempo non passa senza che intervenga l'attività del vivere, che lo costringe a passare, per la ragione che non l'accetta più per quale è stato, difforme dal suo ideale, e perciò lo realizza diverso, conforme al suo ideale, e così di seguito, per tutta la successione infinita delle epoche, che è infinita, e quindi mai terminata, incarnazione nei fatti di quell'ideale. L'ignoranza e il male non saranno mai per scomparire dal mondo, e altrimenti non si tratterebbe del mondo, ma di un sopramondo ignoto ed estraneo all'illuminismo, e nondimeno saranno sempre combattuti e spesso vinti dall'opera della ragione, che ha bisogno di quegli ostacoli per eseguirsi: l'illuminismo non è luce, ma illuminazione progrediente all'infinito.

Il vero obiettivo polemico di Voltaire, quando denuncia come un'illusione l'affermazione che oggi tutto è bene, non si riferisce a un giorno che abbia una data nel suo secolo, o che sia per averla in un altro secolo, in quanto è una pretesa troppo stravagante quella di assegnare al bene totale una data per l'esistenza, perché qualcuno l'abbia sul serio avanzata, ma è costituito dalla nozione del bene, o del compimento, come stato, che è precisamente quella del cristianesimo. Nondimeno, non c'è né orgoglio né sedizione nel pretendere di progredire, come vorrebbe la religione cristiana, per la quale la terra è perpetuamente, e non già in un'epoca sì e in un'altra no, una valle di lacrime, perché è tale costitutivamente. Il progresso, come l'illuminismo l'intende, guarda al futuro come alla dimensione privilegiata del tempo. Pascal si era lamentato del fatto che l'uomo non riponga il proprio fine nel presente, ma nell'avvenire; per Voltaire, ciò è quanto di meglio si possa desiderare, giacché se gli uomini fossero tanto sventurati da non occuparsi che del presente non lavorerebbero e sarebbero privi di tutto in mezzo a una falsa gioia. Quando ciò che adesso diciamo l'avvenire si sarà reso presente, si dischiuderà davanti agli occhi dell'uomo un altro avvenire, a cui guardare, mossi dalla passione che conduce a mirare sempre oltre il presente e anche in quell'avvenire si dovrà seminare, piantare, costruire. Questo è come dire che il giorno del bene totale non ha una data, non è contenuto in alcun calendario, ma è la distesa infinita dei giorni.

La speranza cristiana, aveva detto san Paolo, è destinata a passare; la speranza illuministica non passerà mai. Il vero compimento può essere solamente ultraterreno; trasportato che sia sulla terra, diventa qualcosa d'interamente diverso, si cangia da fatto concluso in effettuazione indeterminata; pertanto, il cosiddetto paradiso laico conserva l'espressione, ma è remoto dalla sostanza del paradiso religioso, con cui non ha niente da spartire. Sant'Agostino aveva potuto assegnare il giorno del Signore, il sabato raffigurante il riposo eterno, perché l'aveva posto al di là di tutte le epoche; ciò è possibile dovunque nel cristianesimo, perché l'al di là è distinto e separato dall'al di qua, il quale è interamente ordinato ad esso. Nell'illuminismo l'al di là non ottiene alcun posto (mostreremo che anche quando esso sembra lasciargli un qualche spazio, lo riconduce immancabilmente all'al di qua, trasformandolo in una fase ulteriore dell'essere umano quale è nella vita terrena), l'eternità è ignorata, quando non è addirittura sbeffeggiata e irrisa come vaniloquio, a vantaggio del tempo, ossia della successione infinita, e ciò che è infinitamente successivo consente soltanto il seguito infinito delle realizzazioni.

In conclusione, anche tutte queste accuse, che cercano di colpire il concetto illuministico di progresso, mettendogli in conto una lunga serie d'incoerenze e di arbitri per le rappresentazioni del passato e del futuro dell'umanità a cui s'accompagna, sono tanto inconsistenti, che c'è da ritenere che non sarebbero nemmeno mosse, se si valutasse l'illuminismo dall'interno, considerandolo secondo i suoi propri principi, anziché giudicarlo dall'esterno, e cioè sotto la spinta di un concetto alternativo di progresso, presentato come l'unico legittimo e vero.

12. *Le difficoltà interne del progresso e la loro risoluzione*

Ci sono però parecchie difficoltà, le quali si parano dinanzi alla concezione illuministica del progresso, e tuttavia non ammettono la spiegazione, a cui sin qui ci siamo attenuti come all'unica possibile e convincente, giacché in esse non si avverte alcuna manifestazione polemica, non si coglie alcuna eco di un concetto appartenente ad un differente orientamento di pensiero, bensì si è indubitabilmente sul terreno dell'illuminismo e si ha che fare con sue interne questioni. Alcune di queste difficoltà si riferiscono ad ostacoli che il progresso può eventualmente incontrare, sia da parte degli uomini, sia da parte della natura; altre additano scogli che esso è destinato a trovare sul suo cammino, e che immancabilmente gli sbarreranno la strada, e va da sé che scogli di questo genere possono essere solamente naturali, non umani; altre, infine, si richiamano ad impedimenti di principio, che possono includersi nell'essenza medesima del tempo, e questi si possono chiamare impedimenti di specie metafisica. È evidente che, se davvero esistono disposizioni umane, forze fisiche, principi metafisici circa la natura del tempo, contro cui il progresso urta e da cui è portato a uscire di strada, proprio mentre si sforza ad incarnarsi nella realtà, così da lasciare il posto alla decadenza, all'involuzione e alla dissoluzione, l'illuminismo è colpito a morte, perché gli è sottratto un fondamento senza del quale non può esistere.

Fra le insidie che gli uomini possono, a causa di certe loro disposizioni, macchinare contro il progresso, debbono essere annoverate, a parere di molti osservatori, talune tendenze che si riscontrano nella civiltà contemporanea, in cui la razza umana è viepiù indebolita a cagione delle grandi conquiste e della diffusione planetaria dell'arte medica, che consente agli individui tarati di tutta la terra di restare in vita e di riprodursi, degli incroci razziali sempre più praticati su larga scala, dell'espansione massiccia dell'uso delle droghe, e di altri consimili fenomeni, che spingono ad avanzare dubbi legittimi sul futuro del progresso, il quale non può certamente seguitare ad aversi, se si produce la degenerazione del cervello. Già Kant s'interroga intorno alla possibilità di un tipo di progresso (che pone come primo), dovuto al fatto che nascano uomini sempre migliori, ma tende ad escluderla come irrealistica[24].

Veramente, perché il progresso si dia, non si richiede, come condizione impreteribile, il miglioramento biologico del genere umano, la comparsa di razze nuove e migliori, anche se da essa la causa del progresso sarebbe grandemente favorita, perché l'avanzamento dell'umanità può aversi anche con la permanenza della sua costituzione attuale, mediante l'accumulazione dei risultati a cui perviene l'attività dell'uomo; ma, se la costanza è sufficiente, la degradazione della specie umana sarebbe distruttiva e comporterebbe immancabilmente il crollo della civiltà. Altrimenti potrebbero andare le cose, se l'uomo fosse in grado d'intervenire sulla natura anche per questo proposito, e si facesse l'autore del miglioramento biologico della specie umana. In questo caso si potrebbero avere razze nuove e superiori, e altresì mescolanze razziali progressive, anziché regressive. Ma al presente non si scorge nemmeno di lontano come un tale intervento potrebbe eseguirsi, né giova a molto chiedersi che cosa potrà accadere un giorno che pare essere ancora remoto. Nessun dubbio c'è, invece, per l'illuminismo, sulla liceità morale di tale intervento, e quindi sulla direzione da dare agli studi biologici che possono avervi, ancorché per il momento soltanto da lungi, riferimento, e sulla doverosità morale di eseguirli, quando si possedessero le condizioni a ciò necessarie. L'uomo, artefice per quel che attiene alla natura esterna, trova il suo coronamento nel diventare l'artefice della sua medesima natura. Per il rimanente, la mescolanza delle razze è da tenere distinta dalla collaborazione di gruppi e di popoli appartenenti a razze diverse, anche sul territorio dei medesimi Stati, perché questa seconda cosa, a differenza di quella prima, riguarda non la biologia, ma la civiltà. Parliamo di collaborazione civile degli uomini di razze diverse, non di commistione di civiltà, perché, sempre che si voglia usare il termine «civiltà» in maniera appropriata, la civiltà può essere soltanto una, quella dell'illuminismo, poiché è di esso che si tratta.

Il problema di conservare immutato il livello della specie umana, difendendolo dalle molte minacce a cui è esposto, com'esso si pone nella prospettiva dell'illuminismo, è discusso con grande chiarezza da Spencer, il quale si domanda cosa accadrà se, generazione dopo generazione, il benessere materiale degli individui inferiori verrà elevato a costo di abbassare quello dei superiori, e risponde che o si mantiene la relazione naturale tra meriti e benefici, o l'umani-

---

[24] «Per ciò che riguarda il primo tipo di progresso, in cui la natura produrrebbe razze nuove e migliori, o le migliorerebbe mescolandone due già esistenti – dice Kant –, non c'è nulla da sperare, perché la natura ha da tempo esaurito le sue forme compatibili con il clima ed il terreno, e la mescolanza delle razze, ad esempio dell'americana con l'europea, o di quest'ultima con la negra, ha degradato la razza migliore senza elevare in proporzione la peggiore» (*In che cosa consiste il progresso del genere umano verso il meglio?* In *Scritti politici e di filosofia della storia e del diritto*, trad. it. cit., p. 231).

tà andrà incontro ad una lenta ma inesorabile decadenza. Contro le prime e iniziali manifestazioni della tendenza all'allineamento e all'assimilazione al basso,
che scorge con grande penetrazione, Spencer fa appello alla selezione naturale e
alla sopravvivenza dei più adatti, come agli strumenti capaci di raddrizzare l'andamento perverso e di riadattare l'uomo all'ambiente. Spencer invoca la mano
forte, ma non è fermo nei suoi propositi e alterna ai toni più recisi quelli più miti, come gli è possibile fare, per il motivo che la teoria della selezione naturale,
quando è riferita all'uomo e alle umane società, è in se stessa suscettibile di ricevere svolgimenti drastici ed esecuzioni blande. Il fatto che in definitiva Spencer si pronunci più per le misure moderate che per i provvedimenti radicali, dimostra la sua piena adesione allo spirito dell'illuminismo, il quale rifugge, ogni
qualvolta gli è possibile, dalle esagerazioni, dagli eccessi e dai partiti estremi, ai
quali suole arridere il successo nell'immediato, ma capita immancabilmente di
andare incontro al finale fallimento. Del resto, egli potrebbe tanto poco accogliere posizioni radicali, quanto poco i segni d'involuzione che rileva gli fanno
mutare l'ottimismo di fondo, che professa sul futuro dell'umanità[25].

Tutte queste considerazioni, ed altre ad esse analoghe, che si sono fatte e
che si continuano a fare, così che, se mai ne francasse la spesa, si potrebbero
facilmente moltiplicare, si riferiscono ad ostacoli che il progresso avrebbe in
una qualche misura già incontrato, e che, se si estendessero e si intensificassero,
ne arresterebbero certamente la marcia, e porterebbero l'umanità ad un punto
morto della sua storia, ma si tratta di ostacoli che derivano dal comportamento
dell'uomo e che dipende dalla sua libertà rimuovere o aumentare. Essi sono sorti, perché l'umanità aveva per qualche aspetto già in precedenza abbandonato
l'ideale del progresso e un modo di pensare e di vivere con esso coerente e ad
esso interamente conforme, e si era sviata, andando in direzioni diverse ed opposte, ed essi crescerebbero a dismisura, sino a fermare il suo cammino su quella strada, se essa voltasse completamente le spalle a quell'ideale per andar dietro a ideali e a stili di vita differenti. Tutto ciò non arriva, nonché a colpire,
nemmeno a sfiorare il concetto di progresso. Può succedere che l'ideale del progresso sia rinnegato: chi lo contesta? Per questa parte è da dire che l'umanità
progredirà, se desidererà e vorrà progredire, che non lo farà, se non lo desidererà e non lo vorrà, giacché sarebbe stranissimo che una cosa la quale dipende
dalla volontà, dai suoi propositi e dai suoi intendimenti, avesse luogo contro di
essa. Il progresso è una fede, e appartiene costitutivamente ad una fede di poter
essere stancamente seguita e anche abiurata. Finché si tratta di fatti che si verificano, perché si desidera che abbiano luogo (e si desiderano anche le conse-

---

[25] Cfr. *Principi di sociologia*, a cura di F. Ferrarotti, Torino, 1967, vol. II, pp. 1053-1054;
Le basi del pensiero, a cura di G. Salvadori, Torino, 1907, pp. 290-292. In questioni del genere
non è dato trarne illazioni certe, ma occorre accontentarsi della verosimiglianza; è quello che
fa Pareto, quando, riassumendo la sua analisi delle tendenze dell'epoca, dichiara che si è in
presenza di un movimento retrogrado forse assai breve, forse di lunga durata, simile a quello
che portò alla decadenza della civiltà greco-latina. Cfr. *Corso di economia politica*, a cura di
G. Busino, Torino, 1971, pp. 709-710.

guenze immancabili delle azioni che si compiono, quand'anche siano quelle che comunemente si chiamano «conseguenze indesiderabili», in quanto chi vuole la causa, vuole l'effetto); di eventi che stanno nella libera disponibilità dell'uomo (non del singolo individuo, e nemmeno del singolo popolo, ma dell'intera umanità, la quale si deve considerare come un unico soggetto agente); ogni questione deve essere rimessa alla coscienza della responsabilità dell'operare; altra risposta non c'è, perché non c'è altra domanda che sia informata di ciò che chiede.

Noi cerchiamo adesso di stabilire la consistenza del concetto di progresso dell'illuminismo, e a questo scopo ci domandiamo se il progresso sia o no portato di per se stesso a interrompersi e a lasciare il posto alla decadenza nel teatro del mondo, e non ci prefiggiamo di accertare nient'altro. Non ci chiediamo come si possa appurare se, e di quanto, l'umanità nei secoli dell'età moderna sia progredita, se stia ancora effettivamente progredendo, o se invece non sia già entrata in una fase di ristagno, o non abbia addirittura già iniziato il triste cammino dell'involuzione. Ci saremmo tanto poco potuti porre questo secondo problema, che per il momento non sappiamo nemmeno quale sia il contenuto del progresso, che cosa sia ciò che in questo aumenta, e cioè manchiamo della condizione preliminare per poterlo discutere, e inoltre non siamo nemmeno informati sul significato in cui legittimamente si parla dell'età moderna, in quanto il concetto del moderno si stabilisce sul fondamento del concetto d'illuminismo, di cui la modernità è un portato. Presentemente dobbiamo badare ad esaminare e a sciogliere quesiti attinenti a ciò che di diritto è possibile, reale, necessario, in materia di difficoltà del progresso (anche a questo proposito è consentito compiere riferimento a fatti, ma soltanto considerando i fatti come esempi, ossia come casi particolari, in cui si rappresentano in concreto nozioni e questioni di principio, che essi illustrano ponendole sotto gli occhi).

La prima classe di contrarietà, a cui è esposto il progresso, per la parte che riguarda gli uomini, non dà quindi luogo a difficoltà logiche di alcun genere, sebbene presumibilmente sia quella più minacciosa per la causa della civiltà, perché di qui derivano i veri pericoli dell'involuzione e dell'imbarbarimento, in quanto tutto dipende dall'uso della libertà che gli uomini compiranno in accordo o in disaccordo con un certo genere di vita, la cui realizzazione è, per questo aspetto, interamente nelle loro mani. A questa classe (che è quella delle contrarietà semplicemente possibili) appartengono anche alcuni impedimenti, che potrebbero sorgere per la parte della natura, e tra di essi merita di essere menzionato quello che addita il pericolo di un arresto dell'investigazione del mondo fisico, e cioè della scienza naturale, per il motivo che l'avanzamento del genere umano, com'è inteso dall'illuminismo, è indissolubilmente legato all'avanzamento del sapere scientifico, e non può pertanto continuare ad aver luogo, se la scienza diventa stazionaria. La relazione tra l'uomo e il mondo fisico, a cui la scienza è interessata, è garantita dagli organi di senso e dagli strumenti scientifici, ed è dagli uni e dagli altri che dipende il suo futuro andamento. Per quel che riguarda gli organi di senso, non c'è da sperare in niente, per la ragione già indicata che non ci si può attendere con qualche fondamento un miglioramento della specie umana, e sarebbe abbandonarsi ad escogitazioni azzardate confidare nel perfezionamento fisico e psichico del genere umano e nell'acquisizione di potenziate facoltà e attitudini, ma non c'è nemmeno da temere niente di consistente, a meno che l'ambiente naturale non si renda ostile all'uomo, che è un'ipotesi che per il momento non si considera. Se la situazione presumibile degli organi di senso nel futuro è di stazionarietà, l'avvenire della scienza è legato a quello degli strumenti scientifici, ed è per essi che la conoscenza della natura arriverebbe immancabilmente a un punto morto, qualora non ottenesse mediante di loro sempre nuovi e più ampi dati intorno al mondo fisico. Ma anche a questo proposito non ci sono motivi di timore che abbiano un qualche peso. Quella che qualche volta si chiama la massima perfezione possibile degli strumenti fisici, parlando a rigore, non esiste. Infatti, siccome la sensibilità (metaforica) degli strumenti ha un grado che non è mai l'ultimo, perché gradi di questo genere sono infiniti, la perfezione ha anch'essa un grado, al di là del quale si può sempre andare. Si possono, inoltre, moltiplicare gli strumenti esistenti, ottenendo dagli uni ciò che non si riesce a ricavare dagli altri, per tutti i diversi settori in cui si compie l'investigazione della natura, i quali non sono mai, neppur essi, fissi e definitivi, perché si possono sempre più e meglio particolareggiare e dettagliare.

Più ampio discorso ha bisogno di ricevere la seconda classe delle contrarietà a cui sembra sottoposto il progresso, e cioè la classe di quelle che possono provenire esclusivamente dalla natura e che si dicono destinate ad arrestare il cammino dell'uomo sulla terra. In verità, alcuni degli ostacoli che si pongono innanzi si riferiscono ad eventi del mondo fisico solamente possibili, o perché non suscettibili di essere stabiliti sul fondamento di leggi naturali note, o perché nella maniera in cui sono presentati prescindono dalle leggi naturali che vi hanno relazione, e nondimeno essi debbono essere esaminati insieme a quelli che adducono fatti necessari e prevedibili da parte della scienza. I problemi che a tutti questi propositi s'incontrano, sono, infatti, analoghi, e analoghe sono anche le soluzioni che essi domandano, e questa duplice analogia giustifica la loro considerazione unitaria. I teorici più ardenti e risoluti del progresso concordano con quelli più tiepidi e incerti nel riconoscere che ci sono delle vicende della natura, le quali possono intervenire ad arrestarlo e quindi hanno la posizione di suoi limiti. Così, si è suggerita l'eventualità di una catastrofe planetaria dovuta ad una qualche cometa che si mette di mezzo e pone fine all'avventura umana. Sin qui si tratta di possibilità astratte, che vengono evocate e subito lasciate cadere, di congetture sul futuro della Terra e del nostro sistema solare che sono avanzate come se fossero prive di ogni solido fondamento nella conoscenza scientifica della natura, o che adducono fatti che non si possono determinare sulla base di leggi naturali conosciute, sicché esse rimangono inoperanti, senza alcun effetto apprezzabile per ciò che concerne la questione del progresso. Diversamente è, quando il futuro del mondo è considerato alla luce della scienza moderna, che fornisce una visione della realtà interamente differente da quella arrecata dalla scienza antica.

Questa nuova visione della realtà, che viene elaborata dapprima in maniera del tutto indipendente dalla questione del progresso, con la quale però è destinata in seguito a incontrarsi, si può, per i nostri scopi attuali, seguire per lungo tratto nella formulazione che Kant le ha dato nella sua *Storia generale della natura e teoria del cielo*, che è un'opera di grande importanza per la questione del futuro della Terra e del sistema solare, a cui è indissolubilmente legato il futuro del genere umano. Kant teorizza l'evoluzione naturale (cosmologica, non biologica), e la concepisce manifestamente come progresso, giacché passare dall'elementare, dall'informe, dal caotico, allo strutturato, al formato, all'ordinato, significa andare verso il meglio e quindi progredire, e questo conferma la nostra tesi che l'evoluzione è il progresso esteso, in scala più stretta o più larga, dalla storia umana alla storia naturale; ma già in questa considerazione è racchiusa la premessa per sostenere la fine di tutte le cose. Non soltanto per la Terra, i pianeti, e il nostro sole, ma per tutti i soli e tutti i mondi, vale la legge di natura che tutto ciò che ha avuto inizio deve inesorabilmente correre verso la fine, alla quale tanto più si accosta quanto più si allontana dal punto d'origine. La necessità della dissoluzione, a cui sinora è stata assegnata una causa metafisica, si concreta, trovandosi inclusa nella meccanica del movimento, così che essa riceve una causa fisica. Si possono specificare le maniere in cui troveranno la loro fine la Terra e gli altri pianeti, le comete, il sole, l'uomo medesimo, così da essere informati intorno al destino di morte che tutto attende. Verrà un tempo, in cui la Terra sarà così degradata da non poter più albergare uomini, animali, piante, e in cui, simile ad una enorme bara, seguiterà ancora a girare intorno al sole, in attesa di perire a sua volta. Il moto di rotazione della Terra subisce un progressivo rallentamento a causa delle maree; forse un tempo anche la Luna girava più velocemente di adesso intorno al proprio asse; e, ciò che più conta, la Terra e gli altri corpi del nostro sistema, per la finale insufficienza del moto, precipiteranno in massa sul sole, il quale, a sua volta, un giorno si estinguerà[26].

Dopo Kant, le formulazioni diventano ancora più rigide e ultimative. Così, Spencer sostiene che tutte le cose passano attraverso un duplice processo, per cui all'evoluzione tiene necessariamente dietro l'involuzione, la quale disfà in un tempo o in un altro ciò che l'evoluzione aveva fatto. C'è un ritmo, che si riscontra dovunque nei fenomeni metereologici, biologici, economici, sociali, politici, linguistici, artistici, religiosi, filosofici, per il quale si alternano movimenti progressivi e movimenti regressivi, di modo che il percorso delle cose presenta un carattere ondulatorio d'innalzamento e di abbassamento, di elevazione e di depressione. Lo sviluppo dura sino ad un certo punto, raggiunto il quale, subentra l'equilibrio, e quindi s'inizia il cammino che conduce all'involuzione. Su questa Spencer non vuole intrattenersi, perché essa non offre nessuno di quegli aspetti vari e interessanti che presenta l'evoluzione; egli quindi evoca la morte cosmica, ma non insiste nel guardarla. Tuttavia, all'interrogativo se noi andiamo verso la morte di ogni cosa, egli risponde che sembra proprio così, e che il futuro riserva a tutto la fine. In molte parti dell'universo visibile la dissoluzione se-

---

[26] *Storia generale della natura e teoria del cielo, ovvero saggio sulla costituzione e sull'origine meccanica dell'universo secondo le leggi di Newton*, trad. it. A. Cozzi, Roma, 1956, pp. 99-108.

gue all'evoluzione, e in tutte queste regioni tosto ricomincerà l'evoluzione. La questione se ci sia un alternarsi di evoluzione e di dissoluzione nella totalità delle cose, è tale che dev'essere lasciata insoluta, in quanto è al di là dei limiti dell'intelligenza[27].

Ardigò, che accoglie da Spencer la legge del ritmo e la legge della morte, dichiara che, contrariamente a ciò che reputa il volgo ignorante, inculca la superstizione religiosa, e insegna la filosofia reazionaria, che procedono d'accordo nel raccontare favole ingannatrici, non c'è niente d'inalterabile nella natura, in cui ogni cosa nasce, cresce, decade e muore, ma, perendo, lascia un germe, che dà luogo ad una diversa esistenza, la quale segue lo stesso percorso, a cui non è concesso nemmeno immaginare di potersi sottrarre. La vita dell'individuo ha una durata, che è racchiusa in quella della specie, la quale, a sua volta, è racchiusa in quella dell'animalità, e via di seguito, sino a quella della Terra e del sistema solare, e più oltre, all'infinito[28].

Di fronte a queste considerazioni, avanzate in nome della scienza, c'è da chiedersi se il fatto che i pensatori, da cui esse sono proposte, inculcate, difese a spada tratta contro ogni contestazione che se ne tentasse, propugnino il progresso sia da addebitare ad un interno, insanabile, contrasto di idee, o se invece l'esplicita ammissione e il chiaro riconoscimento della fine immancabile che attende tutte le cose umane non si concili appieno con la teoria e con la fede nel progresso dell'umanità. Prima però occorre sgombrare il campo da una possibile confusione tra le tesi che si sono udite e la teoria dei cicli cosmici e dell'indole circolare del tempo, che non hanno niente da spartire. Altro è la vicenda delle cose e altro è il ciclo vero e proprio; quella è, se si vuole, anch'essa un ciclo, ma solamente formale, ossia della legge o del ritmo, mentre il ciclo che è, esso solo, veramente degno di questo nome, è insieme formale e materiale, ossia è dello stesso contenuto, che va e viene, e così si ripete. Dove da parte degli scrittori nominati ci si pronuncia sull'argomento, si riscontra che essi hanno cura d'avvertire che non intendono sostenere l'effettiva ripetizione delle cose, ma soltanto del loro andamento generale, il quale consente che nelle cose ci sia sempre ampio spazio per gli elementi della differenza.

Per intendere il genuino pensiero dell'illuminismo sull'argomento, occorre escludere l'appello alla religione, il ricorso ad agenti soprannaturali, e del pari occorre bandire ipotesi osatissime, che rimangono bensì nel campo degli eventi naturali, ma non rispondono al criterio della verosimiglianza. La misura dell'uomo è, per l'illuminismo, che avanza soltanto pretese moderate, inoltrepassabile, e non si può ammettere che si compiano tentativi di superarla[29]. Bisogna guar-

---

[27] *I primi principii*, a cura di G. Salvadori, Milano, s.i.d., pp. 394-445.

[28] Conviene osservare la freddezza e l'imperturbabilità con cui Ardigò rileva la morte della Terra e dell'uomo, la cui storia adesso sembra lunga, ma, in comparazione a quella della natura, somiglia alla vicenda d'una nube d'insetti che in un sol giorno nasce, vive, si spenge, portata via da un soffio di vento. Cfr. *La formazione naturale nel fatto del sistema solare*, in *Opere filosofiche*, vol. II, Padova, 1899, p. 257.

[29] Voltaire l'ha insegnato una volta per tutte con il discorso che ha messo a conclusione di

dare all'umano, anche se sullo sfondo resta l'enigma del mondo, giacché si tratta di uno sfondo remoto, e ciò che in esso forse si nasconde non può mai diventare realtà presente e coinvolgere l'uomo. C'è sufficiente posto per la speranza fattiva, che non si crogiola in vana lusinga, bensì si traduce in azione, ma non c'è alcuno spazio per le aspettative grandiose dischiuse dalla religione di un tempo, che spalancava le porte del sovrumano e prometteva incontri col divino, trasumanazioni e divinizzazioni. Non è ormai in potere dell'uomo rimpuerire e tornare ad accogliere queste vecchie credenze, diventate retaggio di poveri visionari, che scambiano gli idoli del proprio cervello, i prodotti di un'immaginazione malata, con la realtà, e quand'anche fosse in potere, ciò non sarebbe compatibile con la dignità dell'uomo, che vuole reggersi su se stesso e camminare con le proprie gambe. Pertanto, non è consentito, dinanzi alla prospettiva della fine del nostro mondo, fare appello né al miracolo né ad un altro qualsiasi intervento, che, abbandonando la naturalità, a favore della soprannaturalità, dichiarerebbe mentito il progresso e con esso l'intero *regnum hominis*.

La possibilità che ci siano altri mondi, abitati da esseri meno perfetti o più perfetti degli uomini, non va fatta interferire con il problema del progresso, con cui non ha alcuna relazione. Niente impedisce di pensare che ci siano codesti mondi, ma l'uomo non entra in rapporto con essi e con gli esseri superiori che eventualmente li abitino, i quali non continuano la sua attività, non riprendono i risultati del suo lavoro, al punto in cui l'aveva interrotto, non li estendono e non li perfezionano. Di conseguenza, il concetto di progresso non ha qui alcuna applicazione, è completamente fuori posto, perché ci può essere progresso solamente dove c'è relazione e trasmissione di risultati dell'attività, e cioè di beni. Finché il teatro è quello della terra, e la trasmissione ha luogo tra uomini e uomini, il progresso è possibile, giacché, nonostante le grandi crisi della civiltà, è riuscito all'umanità restaurare la comunicazione col suo passato e trarne alimento per il suo ulteriore cammino, ma non si possono coinvolgere in questo scambio né esseri preumani né esseri ultraumani, viventi in sedi diverse da quella terrestre. Fantasticare di migrazioni dell'umanità in altri mondi, per rendere possibile la trasmissione della civiltà umana ai loro abitanti, che ne diventino gli eredi, o di altri eventi mirabolanti, sarebbe indecoroso. È vero che ciò che in un'epoca appare una fantasticheria estrema, in un'altra diventa una realtà effettuale («Voi siete pazzo», replica la marchesa di G. a Fontenelle, che le suggerisce la possibilità che un giorno possa esserci commercio tra la Terra e la Luna),

---

Candido: «"So pure" disse Candido "che bisogna coltivare il nostro giardino" ... "Lavoriamo senza ragionare" disse Martino, "È l'unico modo di rendere sopportabile la vita"» (in *Romanzi e racconti*, trad. it. cit., p. 196). Questo giardino è il dominio dell'esperienza, è l'ambito della natura che la scienza indaga, è la sfera degli interessi che le arti utili e quelle gradevoli hanno di mira, in breve, è il campo del dato e di ciò che può diventare dato e che si vuole che tale diventi, campo da cui non bisogna allontanarsi per porsi i grandi problemi e pretendere di risolverli. L'esortazione a non ragionare sarebbe stranissima, giacché l'illuminismo impone sopra ogni cosa di ragionare, se qui non si trattasse del ragionare dei metafisici e dei teologi, che si perdono dietro a questioni insolubili.

ma l'illuminismo è obbligato dal suo stile di pensiero a rifuggire da ipotesi osatissime, esso non deve costruire niente sopra congetture avventate.

Quando si è disposti nell'animo come l'illuminismo domanda, tutti i casi che si possono produrre non hanno di che spaventare l'uomo, di che indurlo a recedere dall'attività con cui plasma se stesso e il mondo che lo circonda. C'è l'eventualità di una catastrofe naturale improvvisa, che intervenga ad arrestare e annientare non pur la civiltà che l'umanità ha costruito, ma la stessa specie umana, ma si tratta di un caso che non è suggerito sulla base di leggi scientifiche conosciute e sulla base della storia della Terra e del sistema solare, ossia si tratta di un caso che può sia capitare sia non capitare. C'è, ed è cosa molto diversa, la fine che attende il pianeta, che è la dimora dell'uomo, e questa fine non può essere ignorata, perché è prevista sul fondamento di leggi scientifiche e della storia del pianeta e dei corpi celesti a cui è collegato e da cui interamente dipende il suo destino. Ma la scienza moderna fornisce all'uomo la rappresentazione di una fine immancabile della Terra, piuttosto indeterminata quanto al momento temporale e piuttosto vaga di contenuti e di contorni. Quando si tratta dei particolari degli eventi conclusivi, non si trova una previsione unica, ma si rinvengono parecchie previsioni diverse, e questa differenza di scenari riesce di qualche refrigerio all'animo, che può passare dall'uno all'altro e così indebolire l'impressione che tutti fanno. Ma la considerazione decisiva è che, essendo la durata del mondo estremamente lunga, in comparazione con quella umana, niente impedisce di pensare che la fine della Terra e di tutto il sistema solare abbia luogo parecchio tempo dopo che l'avventura umana si è conclusa, per la ragione che si è spenta, per cause interne, indipendenti da quelle del globo, la specie umana, i cui tempi sono molto più limitati di quelli dei pianeti e dei soli. Senza questa riflessione, si potrebbe mitigare in vari modi l'impressione che la fine cosmica produce sull'animo, ma essa resterebbe comunque tremenda, mentre adesso, più che placarsi, addirittura scompare, perché si tratta di un evento che non riguarda l'umanità. Per l'individuo, è una manifestazione estrema d'egoismo, e per di più, è un pensiero sconsolato, risolversi a sentenziare: *Après moi le déluge*, perché egli ha pur accanto a sé gli altri individui, con i quali i suoi rapporti non possono essere soltanto di contesa e di lotta, giacché con essi è vissuto e ha lavorato, ma, per l'umanità intera, è una considerazione pienamente legittima e del tutto inevitabile, per il motivo che la specie umana è un'entità chiusa in se stessa, che non ha presentemente commercio, e non può confidare di averlo in futuro, con esseri ragionevoli extraumani, e di conseguenza, le sue speranze non possono andare al di là dei limiti che le sono propri. La soluzione giusta è quella che separa i destini dell'umanità da quelli del mondo, attribuendo alla specie umana un tempo estremamente più ristretto di quello che conferisce al mondo, così che il decadimento e la distruzione della Terra siano umanamente insignificanti e per questa ragione risultino appieno compatibili con l'umano progresso[30].

---

[30] Essa è anche la soluzione che, quasi incidentalmente, indica Kant, quando, dopo aver

Oltre a non esserci l'esperienza della fine, di essa non c'è nemmeno il presentimento, perché tutti gli eventi che parrebbero suggerirla, sono suscettibili di ricevere una spiegazione che li riconduce nell'alveo dei normali accadimenti di cui si compongono le cose umane. Per il rimanente, si tratta di non domandare l'infinito, che non è appropriato alla dimensione dell'uomo, di dare il bando alle speranze chimeriche e alle illusioni, di riconoscere l'inevitabilità della fine, a cui vanno incontro sia l'individuo che la specie, e di operare con fermezza di propositi e con energia di realizzazioni per il miglioramento delle condizioni di vita fisiche e morali dell'umanità. Se ci fossero fondati motivi per ritenere che l'umanità ha davanti a sé un tempo estremamente limitato (perché, p. es., tra breve la Terra non sarà più abitabile), la teoria del progresso perderebbe ogni significato, non troverebbe più nessuno disposto a sostenerla. Uno dei doni più grandi che la natura abbia fatto all'uomo è quello di non avergli fatto sapere con precisione quando morirà. Conoscere il giorno della propria morte insinuerebbe nell'animo la pigrizia, quando quel giorno è lontano, e la desolazione, quando esso sta per venire, ossia due disposizioni sentimentali contrarie agli interessi dell'azione. L'incertezza alimenta l'operosità, perché fa sperare di aver tempo a disposizione, e quindi rende l'animo fiducioso e attivo, e perché fa sapere che il tempo è limitato, e quindi infonde sollecitudine e premura. Di ciò rende testimonianza il concetto di progresso, il quale si conforma all'universale dettato del sentimento della vita, perché, fatta eccezione per la differenza della lunghezza delle rispettive durate, per la specie umana va precisamente come per l'individuo. Il singolo uomo non avrebbe dovuto sapere quando morirà, e infatti non lo sa; all'umanità non sarebbe convenuto essere informata con esattezza di quando avrà fine, e infatti non ne ha precisa notizia.

13. *Il progresso e la natura del tempo*

Restano da esaminare unicamente gli impedimenti di principio che possono frapporsi al concetto di progresso e renderlo impossibile, e questi impedimenti di specie metafisica si riassumono in uno solo, in quello che può arrecare la metafisica del tempo, smentendo la nozione del tempo domandata dal progresso, e imponendone una diversa e con esso inconciliabile. Il progresso presuppone il tempo, non dandosi possibile incremento della realtà umana dove non c'è un tempo ad esso conforme, e poiché ogni crescita comporta anzitutto la novità e la differenza, il tempo corrisponde all'esigenza del progresso solamente se è sempre nuovo e differente nel suo scorrimento. La concezione, che rende possibile il progresso, è quella *lineare* del tempo, che invero i pensatori dell'illuminismo non si soffermano ad illustrare, tanto che difficilmente si potrebbe trovare nei

---

girovagato tra molte ipotesi, scrive: «La durata di un mondo, data l'eccellenza della formazione di esso, si spinge tanto oltre nel tempo che, per la nostra esperienza, può considerarsi infinita» (*Storia generale della natura e teoria del cielo*, trad. it. cit., p. 99).

loro scritti esplicitamente formulata in tutta l'estensione richiesta dalla sua fondamentalità, ma pur dovunque presuppongono, quasi fosse di palmare evidenza. La concezione, che è inconciliabile col progresso, è quella *ciclica*, ed essa s'incontra teorizzata e diffusa dall'ellenismo, e talvolta si vede insinuarsi negli stessi illuministi, in contrasto con l'intero orientamento del loro pensiero. Se veramente il tempo è un circolo, non c'è posto per il progresso, perché l'andamento circolare del tempo determina di necessità l'andamento circolare delle cose umane e delle altre tutte.

Molti pensatori greci e romani hanno una coscienza nettissima delle acquisizioni che si compiono in ogni terreno, da quello delle istituzioni politiche a quello delle arti e della filosofia, ma tutte queste acquisizioni non danno, per essi, luogo al progresso, perché non si compiono né per la prima volta né definitivamente, bensì ogni scienza, ogni arte, ogni istituzione fu già innumerevoli volte trovata e smarrita nel passato e sarà innumerevoli volte riscoperta e riperduta in futuro, in una vicenda senza inizio e senza fine. Seneca discorre, con accenti che non hanno riscontro in tutta l'antichità, delle future conquiste del sapere, della posterità che si meraviglierà un giorno dell'ignoranza degli uomini del tempo andato e sarà capace di spiegare fenomeni naturali oscuri e all'apparenza impenetrabili, ma è così lontano dal formulare il concetto di progresso, che sente il bisogno di ammonire a non lasciarsi prendere dalla brama della morte, per sazietà di fare e di vedere sempre le stesse cose. Tanto è il peso che nell'ellenismo ha l'idea della necessaria vicenda delle cose, che essa s'incontra anche nella fisica dell'atomismo, nonostante il fatto che l'atomismo costituisca l'indirizzo di pensiero più independente tra quanti l'antichità ne formula, e sia quello con cui la scienza moderna presenti maggiori somiglianze. Nell'universo infinito infiniti mondi si formano, crescono sino a che raggiungono l'acme, dopo di che deperiscono e muoiono. Così, Lucrezio, che pur traccia un quadro meraviglioso delle origini dell'umanità e della formazione della civiltà, esclude con grande coerenza dottrinale ogni possibilità di progresso, del quale pur pronuncia la parola ed enuncia la condizione prima, che è la gradualità. La conclusione ultima di Lucrezio è: *eadem sunt omnia semper*[31]; essa è quella a cui, in genere, si attengono gli antichi.

Per stabilire il vero significato di questa concezione circolare del tempo e di quella lineare, a cui essa si contrappone ad ogni possibile proposito, conviene, anzitutto, osservare che entrambe si propongono più a titolo di convinzioni spontanee che con il suffragio di solidi argomenti che s'incarichino di stabilirle dimostrativamente. La concezione lineare, nonché provata, non si trova nemmeno espressamente dichiarata, e soltanto si scorge che degli autori si pongono in una visuale la quale comporta la diversità dei momenti del tempo e degli eventi che nel tempo hanno luogo, per l'intera sua distesa. L'opposta concezione circolare non versa in una condizione molto migliore, perché s'incontra bensì chiaramente formulata in molti testi, ma nemmeno l'interprete più benevolo potrebbe

---

[31] *De rer. nat.*, III, v. 945.

sostenere che in essi sia fatto un qualsiasi tentativo di dimostrarla. Prevalgono le esposizioni mitiche con il loro andamento fantasioso; dove compare qualche argomento, esso è così manifestamente difettoso, che a stento mette conto di menzionarlo. Se si sostiene che il tempo è un circolo, perché la sua natura deve corrispondere alla struttura del cosmo, che è sferica, non si va molto lontano, perché la sfericità del cosmo non è ulteriormente giustificata, sibbene è introdotta sulla semplice base della convinzione della peculiare perfezione di questo corpo geometrico. La legge della correlatività del sorgere e del perire è esclusivamente formale, e di conseguenza è suscettibile di molte interpretazioni, che dipendono per il loro significato interamente dal materiale a cui è conferita la posizione di realtà che nascono e muoiono. Da questa legge non si può quindi ricavare, per analisi, che il tempo sia un circolo, anziché una linea. Tutto ciò non autorizza a disinteressarsi della concezione del tempo come circolo, ma spinge ad esaminarla di per se stessa, nel suo medesimo contenuto d'idea, per vagliarne i possibili significati e stabilire quello autentico, dopo di che si potrà anche rinvenire la sua giustificazione, la quale sinora non si trova perché si cerca in maniera sbagliata.

L'indole circolare del tempo può essere intesa in due sensi, uno largo e uno stretto, nel primo dei quali comporta la semplice uniformità delle cose, che nei diversi cicli tornano per certi aspetti mutate e per certi altri immutate, e nel secondo dei quali esige la piena uguaglianza delle cose, che nei cicli tornano quindi tali e quali in tutti i loro caratteri, così da dar luogo a quello che si chiama l'eterno ritorno dell'uguale. Guardando alla formulazione che essa riceve, quando è presa nel primo senso, occorre rilevare che è vaga e imprecisa, tanto che è da disperare di poter riuscire a dare un'accezione accettabile alle parole medesime che vi sono impiegate. Che cosa voglia dire l'uniformità di cui si discorre, è oscurissimo, giacché, se essa significa che le cose ricorrono nei cicli con alcune proprietà uguali e con alcune altre diverse, allora l'uniformità si riconduce alla somiglianza, intendendo per simile il medio tra l'uguale e il diverso, ma è subito palese l'inconveniente che sorge a prendere l'uniformità in quest'accezione. Nelle cose proprietà uguali si possono accompagnare a proprietà diverse, senza che le due serie operino le une sulle altre, nella quale evenienza l'uguaglianza altererebbe la diversità, e questa snaturerebbe quella, soltanto a patto di formare dei coacervi di accidenti, privi di unità e di relazione costitutiva, poiché gli accidenti sono le uniche entità capaci di trovarsi insieme senza influenzarsi e senza disturbarsi. Le cose però, una volta ridotte ad accozzaglie di accidenti, si dissolvono nell'empiria, diventano materia sciolta, incoerente, che fugge via, non appena si cerca vanamente di afferrarla.

Introdurre delle ipotetiche sostanze come substrati di questi accumuli di accidenti è proposito ineseguibile, perché ripropone lo stesso incomodo dilemma, dinanzi al quale ci si è trovati per le proprietà, ossia di essere costretti a decidere se le sostanze nei cicli sono uguali o diverse, e se per caso ci si risolve a sentenziare che sono in parte uguali e in parte diverse, e cioè simili, si finisce per trattarle a loro volta come mucchi di accidenti e così per dissolverle. Per trarsi fuori da questa spiacevole situazione, non resta che fare un passo indietro e concepire il circolo come solamente formale, anziché pretendere d'intenderlo come formale e materiale insieme, ma il circolo formale è quello che sopra si è incontrato, ed è nient'altro che quella che si chiama la legge del ritmo. Il concetto del circolo formale, la legge del ritmo, non contrastano però con il concetto di progresso, e ci sono pensatori dell'illuminismo, i quali, senza entrare per questa parte in alcuna contraddizione, li sostengono entrambi. Infatti, il circolo formale lascia perfettamente intatta la possibilità che il materiale della realtà, e cioè le cose si arricchiscano e crescano nel susseguirsi delle epoche. Il tempo, che non è un contenente neutro, indifferente al materiale che lo riempie, non è però, in questo caso, veramente un circolo, perché non ritorna su se stesso, non ricongiunge la fine con l'inizio, ma è tutt'al più una spirale, e cioè una linea che, partendo da un punto, si rivolge sì su se stessa, ma ad ogni giro si allontana distanziandosi da quel punto iniziale. Con questo svolgimento, che è l'unico a dare un senso accettabile, la versione larga della concezione del tempo come circolo cessa però naturalmente di interessarci, per l'eccellente ragione che essa abbandona il circolo per la spirale, o per altra linea che sia, e perciò mette capo dove non se lo sarebbe aspettato, ossia finisce con l'accettare la concezione lineare del tempo, della quale avrebbe voluto ergersi rivale.

Resta da considerare la versione stretta della stessa concezione, la quale coraggiosamente asserisce la completa ripetizione delle cose, che eternamente ritornano sempre completamente uguali, e la quale è da pregiare non fosse altro per la risolutezza e la consequenzialità con cui si presenta. A tanta fermezza d'intenti e rigidità di deduzioni non si uniscono tuttavia saldezza e logicità di principi, com'è sin dal primo istante manifesto, per il motivo che, se ci sono molti cicli perfettamente uguali, e ognuno di essi è ermeticamente chiuso in se stesso, chi formula la teoria deve pure appartenere a uno di questi cicli, giacché tutta la realtà si distribuisce in essi, ma, se è rinserrato in uno, non può essere informato dell'esistenza degli altri, non può saper nulla a loro proposito. Se l'assunto della versione stretta è questo, e non si vede com'esso potrebbe essere diverso, l'asserzione dell'esistenza d'infiniti cicli è tanto poco possibile, che non è dato intendere come sia concesso, parlando con cognizione di causa, affermare che c'è anche soltanto un ciclo, oltre quello in cui bisogna ammettere di essere contenuti. L'esistenza di un ciclo solo è assurda, giacché in esso le cose sono diverse, e ritornano non in quello, ma in altri cicli, che debbono trovarsi interamente fuori di lui, com'esso è interamente fuori di essi. L'insuperabile difficoltà che rende impossibile sapere dell'esistenza di molteplici cicli, è confermata anche da ciò, che non c'è modo di essere a cognizione del punto del ciclo in cui ci si trova posti, se quasi all'inizio, alla metà o verso la fine, e che della circostanza che ci si collochi, come si fa, ora in un punto e ora in un altro, deve esserci qualche reconditа ragione, che per il momento non s'intravede nemmeno di lontano.

Non appartiene ai compiti di quest'opera stabilire dimostrativamente che cosa sia l'identità e che cosa sia l'uguaglianza, quale sia la distinzione intercorrente tra di esse, in che senso si parli dell'identità assoluta e dell'uguaglianza perfetta e di quella relativa, a cui si conferisce anche la denominazione di somiglianza; tutti argomenti su cui, nei luoghi opportuni, ci accontenteremo di poche e sommarie indicazioni. (Tutti i concetti di carattere generale sono nella presente trattazione presupposti, avendo noi in altri scritti dedicato le nostre forze a dimostrarli). Per il momento ci restringiamo ad osservare che la versione stretta della concezione del tempo come circolo, a prenderla in parola, ha contro di sé il principio della differenza (che è quello che Leibniz chiama principio degli indiscernibili, ma reso più radicale), il quale si riconduce al principio di ragion sufficiente, di cui è, anzi, una variante espressiva, non concettuale, così che il circolo ha contro di sé l'intera logica (a propria volta, il principio di ragion sufficiente si riconduce a quello d'identità, quando esso è bene inteso). Il principio di ragion sufficiente dice: *Nihil est sine ratione*, ma i molti cicli ripetentisi sono proprio senza ragione, giacché che una medesima cosa esista molte volte non aggiunge nulla ad una sua unica esistenza, come anche nell'antichità è stato ottimamente riconosciuto. In una sua formulazione, che non è davvero la migliore, ma nondimeno basta e avanza per lo scopo attuale, il principio degli indiscernibili dice: non si possono dare in natura due cose singolari differenti unicamente per numero; ma le cose esistenti nei cicli sarebbero differenti unicamente per numero. Leibniz sostiene, in nome di questo principio, che non si trovano due uova, due foglie o due erbe perfettamente simili, ma i periodi cosmici, se mai fossero suscettibili di esistere, ciò che non è, sarebbero interamente composti di cose perfettamente simili.

Questi rilievi andavano compiuti, perché di recente si è diffusa la strana convinzione di non si sa quale inconfutabilità, da parte della ragione, della teoria dei cicli, la quale, si arriva a dire, potrebbe tutt'al più essere oppugnata sulla base di esigenze morali, all'incirca nella medesima maniera in cui la combatterono i Padri della Chiesa e i teologi cristiani (i quali rifiutarono, senza precisamente distinguerle, entrambe le versioni in cui noi l'abbiamo suddivisa). Di queste confutazioni cristiane dei cicli conviene far cenno, perché dalla maniera in cui esse sono condotte è destinato a risultare che il concetto di progresso, com'è estraneo all'ellenismo, così è estraneo al cristianesimo. Il progresso, sia nel modo in cui è concepito dall'illuminismo, sia in quello in cui è inteso al di fuori di esso, non ha nelle idee cristiane nemmeno una remota preparazione; è impossibile vedere in esse un suo qualsiasi precorrimento (nemmeno al semplice titolo negativo di rimozione di certi ostacoli, giacché la rimozione è accompagnata dall'introduzione di nuovi e maggiori scogli); progressivismo e cristianesimo non hanno niente in comune. Il concetto di progresso non emerge a poco a poco in un contesto di pensiero diverso da quello di cui è un elemento necessario, ma sin dall'inizio si trova sul suolo che gli è congeniale, e su cui soltanto può essere pensato, elaborato e approfondito. Gli autori cristiani contestano l'esistenza dei cicli, perché assegnano alla vita umana un principio primo e un compimento ultimo, che ripongono parimenti in Dio. Il concetto di progresso, com'è teorizzato dall'illuminismo, esclude tanto che si dia un termine primo quanto che se ne dia uno ultimo (eccetto che nel significato convenzionale, per cui si dice primo il punto temporale al quale provvisoriamente la ricerca storica si arresta quanto al passato, e per cui si chiama ultimo il punto temporale al quale di volta in volta si ferma la previsione e la pianificazione del futuro dell'umanità). Si asserisce che la visione cristiana della vita, a differenza di quella dell'ellenismo, attribuisce un preciso significato agli avvenimenti umani, riguarda la storia terrena come manifestazione di fenomeni irripetibili nel tempo, tutti forniti di un valore unico e insostituibile; ma queste affermazioni, da un lato, non comportano la realtà del progresso, e dall'altro, fanno dire al cristianesimo qualcosa di molto diverso da ciò che esso effettivamente dice, giacché a suo avviso, la storia, in quel che ha davvero di terreno, è un seguito di miserie, è la dominazione della morte, della perdita di Dio, dell'odio della verità, dell'immonda dissolutezza. Non c'è, comunque, bisogno di ricorrere ad argomenti morali e religiosi per aver partita vinta sull'idea del tempo circolare, perché essa si può combattere e annientare con i principi logici, i quali hanno da essere soltanto richiamati nella loro precisa espressione concettuale.

Ma, stabilito questo, è subito da soggiungere che quella che esce confutata e distrutta è unicamente la formulazione letterale dell'idea del circolo, la quale, sempre che sia presa malaccortamente in parola, viene anche fraintesa in modo irrimediabile. Quando sia debitamente interpretata, la circolarità del tempo risulta essere la formula in cui si riassume l'esperienza vissuta del passare, e cioè della vanità del tempo, avvertita in tutta la sua sconvolgente radicalità. Il tempo che va e viene, e si allontana soltanto per incurvarsi nel suo percorso e tornare qual è stato, è il tempo sentito come futilità, insignificanza, è il cangiamento sperimentato come frivolezza e inutilità. Poiché ogni avvertimento ha un'intensità, la quale è formata da una serie di gradi, anche il sentimento dell'irrilevanza del tempo possiede quella che si denomina, per iperbole, gradualità ultima (ciò che è un'amplificazione retorica, perché, essendo i gradi infiniti, non c'è nessun grado che sia ultimo), sia quella che si chiama la gradualità intermedia (ciò che è un semplice modo di dire, giacché l'intermedio, che sia davvero tale, esiste unicamente dove si danno tanto il primo che l'ultimo), e noi questo sentimento l'abbiamo già incontrato in entrambe le gradualità, quantunque sotto diversi e provvisori appellativi. Quella che sopra si è chiamata la versione stretta del tempo come circolo non è altro che l'avvertimento esasperato, estremo, insuperabile, dell'insignificanza di tutto ciò che è temporale, nello stesso modo in cui quella che si è denominata la versione larga del circolo non è altro che il sentimento mediano del disvalore di tutto ciò che abita nel tempo, il quale non consente a niente di permanere, ma pure accorda alle cose una certa durata, più o meno lunga, a seconda del diverso materiale, più o meno resistente, da cui sono costituite. I principi logici riportano il trionfo sul simbolo della versione stretta, non sulla sua sostanza; s'intende, lo riportano sul simbolo disconosciuto nell'indole sua propria e confuso con la cosa simboleggiata. Invece, sulla sostanza tanto il principio di ragion sufficiente che quello della differenza non intervengono, perché non trovano niente da ridire intorno all'insignificanza delle cose temporali, quand'anche essa sia proclamata assoluta e totale, come riesce evidente non appena si riflette sulle accezioni in cui sono allora presi questi vocaboli. Del pari, la versione larga si dissolve nella bruta empiria, la quale sopprime la precisione di ogni concetto, esclusivamente per la sua figurazione, giacché nel suo contenuto reale essa mantiene intatta la sua precisione. Ciò che variamente si dice la precisione, il rigore, l'esattezza, non possono ad essa, più che a qualsiasi altro modo di sentire il tempo, far difetto, perché essa è formata interamente da un avvertimento, il quale non può non essere trasparente a sé medesimo nella sua costituzione, che è tutt'uno con la sua determinazione, come questa è tutt'uno con la sua precisione.

Le due versioni in cui si presenta la circolarità del tempo sono quindi diverse per il contenuto dell'esperienza vissuta, di cui porgono le formulazioni dottrinali, ma si uguagliano sotto il riguardo della determinazione e sono, di conseguenza, entrambe concettualmente impeccabili. Diciamo «concettualmente», perché l'esperienza vissuta non è estranea al pensiero, non precede la logica, bensì è composta di pensieri, è incarnazione della logicità, la quale è coestesa con la realtà, e quindi non consente a niente di sottrarsi al suo imperio e alla sua dominazione. Certamente, nei confronti del sentimento quotidiano del tempo, le espressioni del circolo sono dotte, dottrinali, com'esso è sorgivo e spontaneo, ma non c'è, da una parte, sentimento schietto e naturale, che non sia teorizzamento, e non c'è, dall'altra, formulazione colta ed erudita, che non sia manifestazione di un sentire. La vita è sempre la medesima in tutta la sua estensione, è dovunque avvertimento sensibile e in pari tempo pensiero concettuale, e può essere la prima cosa solamente perché è la seconda.

Tornando alle manifestazioni ellenistiche (che sono quelle autentiche, quelle che fondano una civiltà) dell'idea del circolo, è da aggiungere che l'esperienza del tempo, che in esse si riassume, comporta che l'uomo o cerchi una realtà al di fuori di tutto ciò che è temporale e spaziale, a cui mirare e verso cui protendersi come al mondo vero e all'unica patria, o si metta à riguardare l'andare e il tornare delle cose con animo uguale, poiché questo duplice movimento, preso in tutta la sua estensione, non cangia mai, ed è in questa accezione immutabile, e quindi tale da soddisfare l'animo che aspira all'immutabilità, o si concentri nella sua interiorità come nel punto che non è toccato da niente che accada all'esterno, e quindi rimane invitto in tutta la distesa dei tempi e degli avvenimenti che in essi hanno luogo, o anche, infine, si risolva a costruire qualcosa nel tempo, ma con la piena consapevolezza, sempre presente, che, per quanto possa avere dalla sua il favore della fortuna, nondimeno immancabilmente e anche presto, in comparazione con la durata delle cose naturali, quel qualcosa si disfarà, corrotto dalla tabe che tutto colpisce.

L'illuminismo, introducendo il concetto di progresso, richiede un diverso avvertimento del tempo, in cui il tempo abbia bensì il carattere del passare, del quale non può essere esente, ma non passi impetuosamente, non torni indietro dopo essere andato di qualche tratto avanti, bensì prosegua diritto in tutto il suo cammino e così scorra con lentezza sufficiente perché gli uomini possano costruire in esso opere, certamente non eterne, e tuttavia durature, stabili comunque quel tanto che può bastare alla specie umana e alle sue limitate prospettive, e insieme il tempo risulti l'orizzonte inoltrepassabile dell'uomo, il quale nemmeno cerca qualcosa che sia collocato al di là di esso. Questa è la sostanza di quella che si chiama la concezione lineare del tempo, in cui il tempo guadagna una qualche consistenza e insieme non è più riguardato in relazione con l'extra-temporale e con l'eterno, con cui è incommensurabile, e quindi, trattato su quest'improponibile misura, si riduce a un niente, ma è considerato di per se stesso, ossia è valutato in relazione ad un essere (l'uomo), il quale è a sua volta contenuto nel tempo.

Com'è naturale, le conclusioni raggiunte nell'esame del concetto di progresso formano le premesse della trattazione successiva, la quale assegnerà all'illuminismo tutto ciò che è coerente con quel concetto ed è da esso implicato, e gli rifiuterà tutto ciò che con esso è incoerente ed è da esso escluso.

II.
L'UMANISMO

1. *L'uniformità come carattere dell'esperire il mondo tipico dell'illuminismo*

L'impossibilità che sul terreno dell'ellenismo sorga e si radichi il concetto di progresso è stata sopra giustificata a sufficienza; invece, è stato soltanto compiuto qualche accenno al fatto che esso non può accamparsi e prosperare nemmeno nel contesto delle idee cristiane; questo è l'argomento che deve essere sviluppato, perché il suo svolgimento consente d'incominciare a caratterizzare più da vicino l'illuminismo. Come si è osservato, al progresso non basta la continuità del tempo; perché esso possa darsi, a codesta condizione indispensabile se ne deve aggiungere un'altra, che è quella dell'avvertimento uniforme del tempo, e conseguentemente dell'avvertimento uniforme dello spazio; ciò è come dire che si deve aggiungere il sentimento dell'uniformità dell'esperienza. Se condizione sufficiente del progresso fosse l'esperienza della continuità del tempo, sempre e dovunque s'incontrerebbe la teoria del progresso, quand'anche ora formulata in maniera rudimentale e ora espressa in forma matura, giacché la teoria in definitiva rende l'esperienza dalla quale non può separarsi e avere esistenza a sé stante, nello stesso modo in cui non può vivere di vita indipendente dalla teoria l'esperienza, la quale è costitutivamente esperienza teorizzante. Tale teorizzazione permanente non ha luogo, per il motivo che il progresso, per potere esistere ed essere concepito, richiede anche l'esperienza dell'uniformità del tempo, che è condizione aggiuntiva a quella della continuità.

A differenza della continuità, che è necessaria all'esistenza e all'esperienza del tempo, l'uniformità può tanto ritrovarsi che mancare nel tempo, tanto entrare che essere assente nel suo avvertimento, pertanto è un elemento soltanto contingente sia della realtà temporale che della sua conoscenza. Questo capita, perché la continuità è un carattere formale del tempo, laddove l'uniformità ne è un carattere materiale; e ciò fa sì che esse si comportino in maniera interamente diversa. Per la continuità, il tempo esclude da sé le lacune e i salti, ma li esclude soltanto formalmente, ossia richiede bensì che ci siano dei contenuti, i quali impediscano le une e gli altri, ma è poi soddisfatto quali che questi contenuti siano. Il tempo è, infatti, continuo a condizione che abbia delle parti comuni, e purché queste esistano, la sua continuità è interamente salvaguardata; quindi esso non è in niente interessato, a causa della continuità, alla circostanza che le cose di cui sono proprie quelle parti siano alcune o invece altre, fatte così o invece diversamente. Al contrario, per l'uniformità, il tempo esclude da sé le lacune e i salti materialmente, ossia richiede che siano certi contenuti, anziché certi altri, a togliere di mezzo sia quelle sia questi.

Considerando il modo di esperire il tempo che si afferma con l'illuminismo, bisogna dire che l'uniformità del tempo consiste in ciò, che i contenuti, che stanno tra loro nel rapporto di successione, sono cose di sensazione, che precedono o seguono altre cose di sensazione, oppure cose d'immaginazione, che precedono o seguono altre cose d'immaginazione, e che nell'esser l'uno dopo l'altro del tempo non possono prendere promiscuamente posto cose di sensazione e cose d'immaginazione. Questo comporta che il contenuto che s'incontra nel tempo o è interamente costituito da sensazioni o è interamente costituito da immagini, ma che non può darsi il caso che sia costituito in parte dalle une e in parte dalle altre. Ciò domanda un modo di esperimentare il mondo in cui esiste una netta e piena distinzione della sensazione e dell'immaginazione. Temporali sono tanto le cose di sensazione che quelle d'immaginazione, ma le une non possono essere immediatamente prima e immediatamente dopo le altre, essere localizzate temporalmente a contatto; ci deve quindi essere un tempo del sentire nettamente contraddistinto rispetto al tempo dell'immaginare, e i due tempi non debbono mai frammischiarsi. Il requisito dell'uniformità, che vuole che la sensazione stia con la sensazione e l'immaginazione con l'immaginazione, ed esclude risolutamente il loro incontro, vale, oltre che per la successione (alla quale l'abbiamo particolarmente riferito, per la ragione che il progresso tra i due rapporti del tempo, che sono la successione e la simultaneità, è interessato alla successione), anche per la simultaneità, e parimenti vale per lo spazio in cui si hanno cose di sensazione accanto, sopra, sotto, vicino, lontano, ecc., da altre cose di sensazione, e cose d'immaginazione che si comportano ugualmente con altre cose d'immaginazione, ma non si hanno congiungimenti e commistioni delle une e delle altre, ossia vale per l'esperienza tutta, la quale si comporta interamente come richiedono le esperienze del tempo e dello spazio, di cui è la riunione.

Se nel tempo si collegano direttamente cose che differiscono per la specie dell'intensità che esse posseggono, si ha un salto nel materiale dell'esperienza, quantunque non si abbia in essa alcun salto, per il formale delle cose di cui si tratta. La differenza fra le cose di sensazione e le cose d'immaginazione poggia interamente sulla differenza della specie dell'intensità (diciamo «della specie», perché anche le sensazioni tra loro differiscono per l'intensità, e così fanno ugualmente le immagini tra loro, ma la differenza tra quelle prime e queste seconde è di specie, laddove la precedente è individuale), e quindi, se si connettono immediatamente queste due specie di cose, ci sono tanti salti nell'esperienza per quanti sono questi collegamenti. L'intensità del sentire, sia esso quello delle sensazioni, sia esso quello delle immagini, consiste del complesso dei gradi dell'avvertire, e quando ci sono dei salti, questo accade perché si connettono nell'esperienza cose specificamente differenti per i gradi di cui dispongono, anziché cose soltanto individualmente differenti per essi, nel quale ultimo caso è data la condizione, per cui al grado subito superiore si collega il grado subito inferiore. Il salto (materiale) è perciò la connessione diretta nell'esperienza di cose specificamente differenti per l'intensità del sentire. Invece, se le cose di sensazione si collegano soltanto tra loro, e il medesimo fanno le cose d'immaginazione, il collegamento è suscettibile di aver luogo secondo gradi prossimi; e una tale immancabile conseguenza spiega a sufficienza perché mai un tale collegamento si denomini l'uniformità dell'esperire il mondo.

Queste riflessioni, sebbene siano astratte, e sebbene sembrino lontanissime dal nostro argomento, giacché si direbbe che non abbiano niente da spartire con l'illuminismo, hanno delle conseguenze concretissime e riguardano molto da vicino l'illuminismo, in quanto consentono di accostarsi alla sua essenza. La necessità che l'illuminismo si fondi sul sentimento dell'uniformità dell'esperienza della realtà, e in essa dell'avvertimento uniforme del tempo e dello spazio, è formula assai oscura soltanto finché non si richiama alla mente, per avere l'opportuno termine di contrasto, col cui ausilio ottenere la chiarezza, un altro modo di avere esperienza, ossia il modo che ricorre nel miracolo. Se ci domandiamo dove risieda la differenza essenziale tra il miracolo delle nozze di Cana e la trasformazione del succo d'uva in vino, e ci chiediamo perché mai quella prima mutazione sia da riguardare come miracolosa e questa seconda sia da considerare come naturale, è da rispondere, in primo luogo e per quanto ora interessa, che a Cana un istante prima c'è acqua, soltanto e interamente acqua, e un istante dopo c'è soltanto e interamente vino, e per il rimanente ci sono unicamente alcune parole pronunciate da Gesù, laddove nell'altro caso prima c'è l'uva, poi c'è la sua pigiatura, quindi c'è il mosto, e poi ancora c'è nel tino la fermentazione del succo d'uva che lo cangia in bevanda alcolica. Tutto ciò che accade a Cana relativamente al cangiamento dell'acqua in vino è continuo, e altrimenti non potrebbe nemmeno accadere, in quanto, perché il cangiamento abbia luogo, occorre che i due liquidi si succedano, venendo l'uno dopo l'altro, ma esso si compie in un sol tratto, come di colpo, e questa è la prima cosa da notare; al contrario, la trasformazione del succo d'uva in vino si effettua attraverso molti passaggi intermedi, ossia percorre delle fasi, e questa è la seconda cosa da osservare con tutta l'attenzione di cui si è capaci. Senza la potenza della parola e senza la volontà del taumaturgo, la mutazione dell'acqua in vino non si sarebbe fatta, lì è la causa dell'evento, ed è in questo significato che è da dichiarare che nel miracolo le cose d'immaginazione stanno immediatamente prima e immediatamente dopo le cose di sensazione. Nei recipienti e nel liquido, che sono cose di sensazione, non c'è niente di mezzo tra la condizione dell'acqua e la condizione del vino, ma la parola potente e la volontà del taumaturgo, che sono cose d'immaginazione, prendono pur posto tra le due condizioni del liquido, nel senso che sono la causa per cui l'una succede immediatamente all'altra, in quanto non c'è un intermedio sensoriale tra l'acqua e il vino, compiendosi il cangiamento di quella in questo tutto d'un colpo. L'indole ordinaria dell'evento dell'uva che bolle nei tini e che diventa vino consiste in questo, che in esso le sensazioni stanno con le sensazioni e non ci sono immagini che s'interpongano, per cui esso si conforma al modo dell'avvertimento uniforme del tempo e al sentimento dell'uniformità dell'esperienza della realtà. Per il momento non ci chiediamo che mai sia veramente il miracolo, non vogliamo sapere che mai sia quell'entità che conferisce a certe cose d'immaginazione la capacità di intervenire sulle cose di sensazione come loro causa; per l'intanto siamo interessati unicamente ai due caratteri differenziali, per cui ordinario è ciò che si compie in maniera uniforme, e straordinario è ciò che si attua per salto materiale, ossia in maniera difforme. Entrambi i modi di esperire il mondo, quello uniforme e quello difforme, sono possibili e reali, giacché all'avere esperienza non si può domandare niente di più e niente di diverso dall'aver luogo e dal prodursi, ed entrambi i modi incontestabilmente si producono.

È però da ritenere che, siccome diciamo che in tutte queste cose, quando non si tratta di sensazioni, deve necessariamente trattarsi d'immagini, diamo appiglio al sospetto di stare polemizzando contro un oggetto essenziale della nostra trattazione, qual è il cristianesimo, e dichiarando falso il miracolo, in generale il soprannaturale, che è il fondamento medesimo di questa religione. Se ciò che, nel miracolo, non è sensazione, è immancabilmente immaginazione, non è il miracolo qualcosa di mentito e di falso? E non è falsa e menzognera la religione in cui prendono posto i miracoli, la religione che li propugna e li presenta come eventi realissimi? Trovandoci all'inizio dell'opera, non possiamo illustrare convenientemente i presupposti su cui si basa un tale sospetto, e nondimeno, dovendo fare quant'è in nostro potere per eliminarlo, siamo obbligati ad enunciare i concetti che ne arrecano la più risoluta smentita:

1. L'immaginazione non è una facoltà dell'anima umana, e nemmeno delle anime umane e insieme di quelle animali, come il pregiudizio ama credere, ma è all'opposto. È, infatti, l'anima ad essere nell'immaginazione, a trovarsi in questa, ossia l'anima dell'uomo è una determinata riunione d'immagini, e analogamente è delle anime degli animali (posto che esse si riconoscano). L'«essere in», il «trovarsi», non ha significato locale, non comporta che l'immaginazione sia il contenente, di cui l'anima sia un contenuto – questa relazione di contenente e di contenuto non si dà affatto (o, com'è lo stesso, è una semplice metafora), essa raddoppia quel che è uno e il medesimo – ma esprime il rapporto di tutto e di parte, in cui la posizione del tutto compete all'immaginazione e quella di parte tocca all'anima. Ci sono molte riunioni di immagini, che non sono delle anime, perché, per esistere, l'anima richiede il *sentimento dell'io*, che è il suo centro, e che dà luogo alla *determinazione del mio*, mediante la quale l'anima collega in unità i suoi contenuti (le riunioni d'immagini in cui ciò non accade, si chiamano *formazioni della psichicità diffusa*). Allorché si parla dell'immaginazione *mia*, *di un altro*, si è in presenza di un intervento della *determinazione del mio*, la quale non rende l'immaginazione una facoltà dell'anima, tanto è vero che si discorre anche dell'anima, del corpo, *mio*, *di un altro*, ecc.

2. Nelle religioni del soprannaturale e della trascendenza non interviene primariamente l'immaginazione umana (nel significato testé sommariamente indicato) ma agisce soprattutto l'immaginazione di Dio, va da sé, di Dio in quanto si incarna, e quindi ha un suo corpo e una sua anima. Così, nel cristianesimo l'essere divino non è una formazione della psichicità diffusa, sibbene un vero corpo animato, ed è tale in maniera esemplare, giacché è a imitazione sua, che lo sono gli esseri umani comuni. La relazione dell'esemplare e della copia è quella medesima che passa, nel miracolo, tra l'immaginazione umano-divina (di Cristo) e l'immaginazione semplicemente umana (degli altri uomini), e la prevalenza spetta alla prima e non alla seconda.

3. Qualcosa di analogo è da affermare delle sensazioni e dei corpi, i quali non sono gli oggetti delle sensazioni, di tutte e nemmeno di alcune (a pensarla in questa maniera, si raddoppia un'altra volta il medesimo), ma coincidono senza residui con le sensazioni. Dei corpi determinati consistono di particolari riunioni di sensazioni, sia che si tratti di corpi inanimati o di corpi animati, e in quest'ultima evenienza del corpo animato *proprio* o del corpo animato *altrui* (ciò è deciso dai diversi collegamenti delle sensazioni e del sentimento dell'io, ma questa non è una questione che possa essere anche soltanto in breve esaminata adesso). Il corpo animato dell'Uomo-Dio è il modello dei corpi animati semplicemente umani; a tale proposito le cose si comportano sempre nello stesso modo. Cristo è vero Dio e vero uomo, precisamente come dice la dommatica cristiana (anche se è molto dubbio che essa sappia davvero quel che dice).

4. Non c'è niente di sconveniente nel fatto che nel soprannaturale, nel miracolo, intervenga Dio, in quanto fornito di un corpo, di un'anima, di un'immaginazione, e anzi è da reputare che senza di ciò il miracolo non potrebbe compiersi. La religione domanda che l'uomo vi abbia un posto subordinato, e che il ruolo fondamentale sia attribuito a Dio; quando questa sua esigenza è soddisfatta, non si scorge cos'altro essa potrebbe chiedere. Si suole ammettere che al singolo miracolo, che abbiamo scelto come esempio, prendono parte degli uomini, che ne sono gli spettatori, e che se ne avvantaggiano, essi hanno quindi una collocazione secondaria, laddove l'attore è Gesù; niente impone di sostenere che negli eventi narrati l'immaginazione dell'Uomo-Dio resti inerte; anzi, le considerazioni esposte obbligano ad accordarle la funzione di protagonista.

5. L'immaginazione, sia essa divina oppure semplicemente umana, non importa di per se stessa l'irrealtà e la falsità; non è detto che ciò che è immaginario sia falso. Non bisogna scambiare l'immaginazione con la fantasia nel significato banale del termine (che essa acquista allorché si separa e tanto più quanto maggiormente si separa dalla sensazione). Il reale medesimo è qualcosa di diverso nelle differenti maniere di avere esperienza; la caratteristica distintiva di fondo è se domina l'unità o la disgiunzione. Nel primo caso, gli esseri constanti di sensazioni e d'immagini sono la quintessenza della realtà; nel secondo, esseri del genere semplicemente non compariscono (qui sì essi sono soltanto fantasti-

cherie, che, se sono consapute in tale loro indole sono innocue, e se sono in essa ignorate, allora pretendono di valere per alcunché di più e di diverso di un povero parto del cervello umano, e sono anche cagione di superstizione e d'inganno). Che è il reale in sé e per sé? si chiederà. La risposta è: si consideri ciò che in tutte le disposizioni della sensibilità vale come reale, questo, e nient'altro che questo, è l'in sé e per sé reale. Sarebbe assurdo cercare il reale fuori e indipendentemente dal sentire, giacché allora non potrebbe trattarsi delle cose sensibili.

6. Sono le posizioni di pensiero ostili al soprannaturale che riducono l'immaginazione a facoltà dell'uomo, e che riguardano l'immaginazione come mera fantasia, che pone in essere chimere, sogni, miraggi, e ogni sorta di favole per vecchierelle, che sono trasformate dall'illusione religiosa in altrettanti eventi che accadono effettivamente nel mondo. La prima cosa, la riduzione dell'immaginazione a facoltà umana e animale è anche antica, giacché il sentire dell'ellenismo non differisce in fondo, a tale proposito, da quello dell'illuminismo; la seconda, la considerazione dell'immaginazione come mera fantasia, è esclusivamente moderna (giudicando, come si deve, la modernità con criteri ideali, anziché cronologici, in quanto allora il moderno risulta una manifestazione essenziale dell'illuminismo). La considerazione moderna è quella che si è imposta, e la misura del suo successo si evince dalla circostanza che essa ha reso di difficile comprensione ogni diverso concetto di realtà, verità, immaginazione.

7. Dove intervengono la sensazione e l'immaginazione, non può operare l'intelletto, per il motivo che esse posseggono un'intensità, ossia consistono di gradi, mentre tutto quel che è intellettuale, è assoluto, e non si dà alcuna corrispettività tra il graduato e l'assoluto. La vita (che è la denominazione della sensibilità fornita di gradi) è un dominio a sé stante della realtà; vale a dire, il *mundus sensibilis* non può arrecare alcuna espressione al *mundus intellectualis*, e alla stessa maniera questo non può esprimere alcunché di quello. I punti di vista, che sono formazioni interne della vita, non comportano, bensì escludono, l'intervento dell'intelletto, e per questa ragione si chiamano opportunamente «disposizioni della sensibilità», giacché essi, oltre che di sensazioni, risultano composti esclusivamente di immagini. Quando teniamo con ogni cura fuori dal miracolo e dal soprannaturale ogni richiamo all'intelletto, obbediamo alla concezione per cui la vita è una realtà a sé stante, che sarebbe irrimediabilmente guastata da qualsiasi intromissione di elementi intellettuali.

8. La considerazione dell'illuminismo, del cristianesimo, ecc., come punti di vista, che ne discende, non sarebbe, nonché distrutta, nemmeno disturbata, se si dimostrasse che l'illuminismo, il cristianesimo, e altresì, l'ebraismo, l'islamismo, l'ellenismo, sono anche altra cosa, oltre che conglomerati di passioni, complessi di sentimenti, insiemi d'immagini. Ciò è possibilissimo – e anzi è certo –, ma noi trascuriamo di esaminare tale possibilità, perché essa non ci riguarda in niente. La nostra tesi che la sensibilità della vita è del tutto a sé stante

implica, infatti, che ogni punto di vista si comporta ugualmente, tanto se esistono quanto se non esistono realtà intellettuali e inoltre qualità sensibili assolute (prive di grado, il cui nome è «percezione»). Il cristianesimo come fatto passionale, e religione in senso improprio, non muta, tanto che ci sia quanto che non ci sia un cristianesimo come fatto dello spirito, e religione in senso proprio, in cui compaiono e vengono usati molti vocaboli che si impiegano anche nel precedente. La nostra considerazione sarebbe, invece, subito annientata, qualora, contro di essa, si stabilisse che anche un solo elemento intellettuale interviene sul medesimo terreno in cui domina il sentimento. Questo è il compito che dovrebbe assumersi la critica delle nostre tesi, compito che va eseguito, non mediante esempi (questi possono essere ammessi soltanto se sono illustrativi – a scopo di chiarezza – non dimostrativi – con la funzione di prove), ma per concetti, e precisamente per categorie, giacché la questione concerne proprio le categorie, la loro esistenza, il loro numero, le loro relazioni. Noi confidiamo che una tale dimostrazione non sarà mai eseguita, perché ha contro di sé la realtà delle cose, contro la quale non si può andare.

Tutti questi punti non si possono stabilire in una volta sola, e nemmeno si possono spiegare come sarebbe richiesto dall'evidenza del discorso, la quale rimane tanto più insoddisfatta in quanto alcuni di essi hanno il sembiante di urtanti paradossi. La certezza va acquistata un po' per volta, e a tale fine occorre incominciare col rendersi familiari gli argomenti. Al punto in cui siamo, ci accontentiamo di mettere a tacere il dubbio che stiamo deliberatamente dichiarando falso l'oggetto della nostra ricerca.

Riprendendo il tema dove era stato lasciato, è da soggiungere che, siccome la gradualità materiale è un carattere necessario del progresso, il quale, alla sola condizione di esistere, si compie sempre e dovunque in maniera uniforme, e questa sua uniformità coincide appieno con la sua naturalità, è evidente che l'illuminismo, il quale del progresso è il banditore, non può accordarsi con le idee cristiane intorno al miracolo, nei cui confronti deve comportarsi ostilmente, così come il cristianesimo deve rendergli la pariglia, prendendo una posizione contraria all'illuminismo e al suo progresso. L'inimicizia dell'illuminismo verso il cristianesimo non riguarda soltanto il miracolo, bensì si estende di quanto si estende il medesimo cristianesimo; nondimeno ci limitiamo adesso ad alcuni aspetti particolari quali sono la provvidenza divina, la rivelazione, il peccato originale, tutte credenze cristiane, queste, con cui l'uniformità del sentire è altrettanto impossibile quanto lo è col miracolo.

La provvidenza si divide in ordinaria e straordinaria, a meno che non si contesti la stessa possibilità di una forma straordinaria di provvidenza e non si sostenga che la sola possibile, per ragioni di principio, è la provvidenza ordinaria. Nel primo caso, la provvidenza urta irrimediabilmente con l'illuminismo, perché anche la semplice supposizione che il disegno provvidenziale assuma una forma straordinaria conduce all'ammissione dell'eventualità di un intervento miracoloso, in quanto una provvidenza che agisce in maniera straordinaria non può che operare per mezzo di miracoli. Al contrario, nel secondo caso, la provvidenza non contrasta con l'illuminismo, né per quel che attiene al progresso né sotto un qualsiasi altro riguardo, perché, essendo interamente ordinaria, si restringe ad intervenire quanto all'origine prima delle cose e per il rimanente garantisce la conservazione del corso del mondo, che ha introdotto ma non modifica più. L'origine prima delle cose non è nemmeno un problema per l'illuminismo, il quale non si pone domande in proposito, perché conosce solamente origini convenzionali, e cioè relative a questo o a quello stato delle cose, che viene assunto quasi fosse primordiale, quantunque si sappia benissimo che è da supporre che abbiano avuto luogo stati precedenti, su cui però non ci si interroga, perché sono privi di interesse pratico, e quand'anche a un certo punto un tale interesse lo assumessero, ci si aspetterebbe che, prima ancora di quegli stati, se ne fossero avuti degli altri, e questo significa che, per la considerazione dell'illuminismo, il mondo è una serie aperta di stati, sia *a parte ante*, e cioè in direzione del passato, sia *a parte post*, e cioè in direzione del futuro. Pertanto l'illuminismo può lasciare a disposizione della provvidenza ciò che ai suoi occhi manca di qualsiasi importanza, com'è la creazione del mondo e anche la sua ipotetica fine. Il corso ordinario del mondo, a cui l'illuminismo è molto interessato, è quello in cui gli eventi hanno luogo in maniera uniforme, e in cui ciò che segue è l'effetto di ciò che precede e gli è prossimo nel grado dell'intensità, ma qui la provvidenza, a cui esso fa eventualmente posto, non disturba, perché essa si chiama ordinaria in quanto non interferisce con l'andamento ordinario delle cose.

«Rivelazione» è parola che possiede parecchie accezioni, e anzitutto una larga e una stretta: in quella larga, la rivelazione è lo stesso che la manifestazione, la presenza; in quella stretta, che è la sola diffusa, la rivelazione ha specifico valore religioso, e significa la manifestazione del divino. Le ulteriori suddivisioni dell'accezione stretta della rivelazione provengono dalle differenze delle religioni e possono essere stabilite unicamente in rapporto ad esse, perché le religioni, essendo diverse per ciò che in esse determinatamente vale come il divino, sono in pari tempo diverse per il significato determinato in cui sono religioni. Considerando il divino, come esiste nel cristianesimo, bisogna ammettere che Dio è il soprannaturale medesimo, è, per così dire, lo straordinario assoluto, e che pertanto, se miracoli sono le operazioni divine per le conseguenze che hanno nel mondo, si tratta di miracoli derivati, di cui Dio è il miracolo originario. Ne viene che il contrasto che ha luogo tra l'illuminismo e il cristianesimo, quanto alla rivelazione, è una vera e propria guerra d'annientamento, un *bellum internicinum*, in cui non ci può essere alcuno scampo per la parte soccombente.

Anche il peccato originale è un pomo di discordia inevitabile, e del resto, poche cose sono tanto note come la tesi che l'uomo è per natura buono, in nome della quale l'illuminismo contrasta il domma cristiano del peccato originale, sebbene poche cose siano tanto sconosciute come il significato che ha la bontà naturale dell'uomo nell'illuminismo e il significato che ha il peccato (sia esso quello che si chiama originale, sia esso quello che si chiama attuale) nel cristianesimo. Se non si pongono allo scoperto le diverse accezioni in cui si discorre del male, della colpa, del peccato, non è possibile venire in chiaro intorno a quest'aspetto dell'opposizione tra l'illuminismo e il cristianesimo, giacché nemmeno l'illuminismo, al pari di ogni altra intuizione del mondo, può fare completamente a meno del negativo dell'azione, che si esprime in codesti vocaboli (i quali però, lungi dall'essere dei sinonimi, designano differenti modi di avvertire un tale negativo). Senza l'illustrazione preliminare dei significati, si può ritenere che l'urto tra la concezione illuministica e quella cristiana sia, a questo proposito, limitato, mentre esso è totale. Contrariamente a quel che potrebbe indurre a reputare la dualità di peccato originale e di peccati attuali, nel cristianesimo il peccato compare in una triplice accezione, giacché vi è presente come stato, come tendenza e come azione. Ciò che di comune c'è nel peccato è che l'uomo che pecca, lasciato che fosse a se stesso, resterebbe nel peccato per sempre, e se egli cede il posto all'uomo redento, è perché qualcosa di diverso, che non è la conseguenza del suo stato precedente, accade in lui, provenendo da un'altra parte, e tutto ciò importa che le condizioni interiori dell'uomo peccatore e dell'uomo redento non sono uniformi. Questo significa che la conversione, che è l'atto per cui allo stato del peccato subentra quello della redenzione e della salvezza, è un miracolo, e anzi, è il grande ed essenziale miracolo, se è vero che nel cristianesimo lo scopo fondamentale, a cui tutto si subordina come mezzo, è quello di ottenere la salvezza dell'uomo. Se non intervenisse Dio nell'uomo, il peccatore rimarrebbe peccatore, non essendo egli che si converte, ma essendo Dio a convertirlo, con qualcosa che è fornito della potenza di eseguire una tale mutazione, che arreca una nuova nascita e infonde una novella vita. Nel peccato e nella salvezza immaginazione e sensazione si commischiano; ciò rende inaccettabili queste credenze all'illuminismo, il quale è fondato sulla completa separazione dell'esperienza sensoriale e di quella immaginativa.

2. *La sensibilità compenetrativa*

Per chiarire ulteriormente, mediante il termine di contrasto, il modo di esperire il mondo caratteristico dell'illuminismo, procuriamo di approfondire la condizione ad esso opposta, quella in cui cose d'immaginazione e cose di sensazione si frammischiano tanto a fondo da risultare pressoché inestricabili, ciò che è utile anche per conoscere la sensibilità propria del cristianesimo. Giovano, allo scopo di riportarsi allo stato primordiale dell'umanità, certe indicazioni fornite da Schelling, allorché dipinge il quadro del tempo preistorico, silenzioso, perché di esso non ci è pervenuto nessun sicuro documento di qualsiasi avvenimento, in cui l'uomo era in preda agli enormi scuotimenti dell'anima che accompagnano le rappresentazioni delle divinità presso i popoli. La vera e propria storia esterna dei popoli – dice Schelling – incomincia solamente dopo che si è costituita la mitologia, solamente dopo che gli uomini hanno smesso di essere occupati esclusivamente con le loro interne rappresentazioni; sino ad allora l'umanità si trovava in uno stato di estasi, in cui tutte le circostanze esterne erano determinate dalle circostanze interne, ossia dalle interne immaginazioni[1]. Quello fornito da Schelling è un ottimo avvio di una descrizione del modo d'esperienza, in cui l'immaginazione esercita un dominio incontrastabile sulla sensazione, che invade, permeandola completamente di sé.

Dove il discorso di Schelling diventa inaccettabile, è quando pretende di differenziare la mitologia dalla rivelazione, quasi che la loro distinzione non fosse, sotto ogni proposito in cui voglia presentarsi, ingiustificabile e inconsistente. Quella che Schelling chiama rivelazione è semplicemente la mitologia ebraica e cristiana, quella che egli denomina mitologia è unicamente la rivelazione che ha luogo nelle religioni degli altri popoli. La mitologia non è niente di soggettivo, i suoi contenuti non esistono soltanto nella coscienza ma anche fuori di essa, ossia la mitologia è insieme soggettiva e oggettiva, e di conseguenza, non ha nessun senso volerla distinguere dalla rivelazione. Tale è la conclusione a cui occorre giungere, se si asserisce (come fa anche Schelling) che gli dei della mitologia non sono invenzioni fantastiche ma esistenti reali, che i sacri misteri non sono costruzioni mentali dell'uomo ma processi oggettivi. Il Dio e gli dei che parlano, invadono l'anima e altresì si rendono visibili in questa o quella forma, sia essa umana o animale, ossia si manifestano per quali effettivamente sono e per quali risultano indivisibilmente alla vista corporea e all'occhio dell'anima. Chi pretende di disgiungere il Dio che si manifesta ai sensi e il Dio che si rende sensibile al cuore, assume, lo sappia o no, una posizione ostile alla religione vivente, che gli rende completamente incomprensibili le cose, giacché dichiarando, com'egli è portato a fare, che con gli occhi si può solamente vedere un essere così e così fatto, p. es., un uomo, in cui, per grandi che siano le qualità, non c'è niente di divino, e che Dio va cercato da qualche altra parte, rompe quella compenetrazione di sensazione e d'immaginazione, che è la sede effettiva del divino, il luogo in cui si produce quello che Schelling chiama «il magico rapporto dell'uomo con la natura».

Agli ammaestramenti di Schelling si possono utilmente unire i suggerimenti di Comte, perché, sebbene la cornice di riferimento, in cui si colloca e da cui prende senso il discorso di Schelling, sia quella del romanticismo, e il contesto di appartenenza, in cui si pone e da cui riceve legittimità il discorso di Comte, sia quello dell'illuminismo, e pertanto siano divisi da un abisso, tuttavia essi prendono di mira qualcosa d'analogo. Noi siamo oggi troppo inclini a trattare come imposture le sensazioni eccezionali – afferma Comte –; ai maghi, agli indovini, agli stregoni dell'immensa fase costituita dal feticismo e anche dal politeismo, sensazioni siffatte erano familiari e consuete. Allora era diffuso uno stato di vaga preoccupazione, che produceva una sorta d'allucinazione permanente, la quale alterava quasi tutti i fenomeni naturali, così che l'umanità vedeva con estrema facilità tutto ciò che era orientata a vedere. Nell'infanzia del genere umano mancavano anche le nozioni più semplici delle leggi naturali, e questo

---

[1] *Philosophie der Offenbarung, Erster Teil*, in *Werke*, hrsg. von M. Schröter, Ebd. 6, München, 1983[4], p. 380.

difetto faceva sì che gli eventi più incredibili apparissero come accadimenti reali. Il sistema mentale moderno non è niente d'innato, ma è un'acquisizione faticosa, è il risultato di un millenario processo d'educazione. La filosofia positiva, che esclude dovunque l'assoluto, riconosce apertamente che l'invarianza delle leggi naturali è, per lo spirito umano, il risultato di una conquista lenta e graduale, tanto per la specie che per l'individuo[2].

Com'è facile scorgere, Comte si sforza di caratterizzare il modo di esperire la realtà nel quale immagini e sensazioni confluiscono e si fondono, ma lo fa dalla posizione del modo di esperire tipico dell'illuminismo, il quale è con esso il meno simpatetico che si dia. Per trarre intero profitto dalle indicazioni di Comte, occorre eliminare quella sorta d'interferenza tra i due modi di sentire interamente diversi, che egli introduce. È a codesta interferenza che si deve la circostanza che Comte metta subito sul terreno la vaga preoccupazione, l'inquietudine, ossia uno stato d'animo collegato con la paura, giacché collocare all'inizio della spiegazione di atteggiamenti religiosi la paura, come loro elemento costitutivo, significa assumere un atteggiamento ispirato dall'illuminismo, il quale volentieri si appella all'antica sentenza: *Primos in orbe deos fecit timor*. Ciò che però maggiormente interessa è il rimando di Comte all'allucinazione e alle figure degli indovini, dei maghi, degli stregoni, come ai personaggi che avrebbero diffuso una specie di sentire allucinatorio nell'umanità. Che cosa è mai l'allucinazione? È forse la sensazione senza oggetto? Una tale definizione, che è quella comunemente proposta, è inattendibile, perché una sensazione priva d'oggetto non si avvertirebbe, e non avvertendosi, non esisterebbe, e invece pur esiste quella certa cosa che si chiama l'allucinazione. È inutile, per tentare di rendere conto dell'allucinazione, ricorrere all'alterazione, alla falsificazione del dato sensibile, all'illusione, perché queste sono tutte nozioni, le quali, per l'uso che qui ne viene fatto, o presuppongono nota la nozione di allucinazione o sono ingiustificabili. Restringiamoci però ad osservare che qualunque sia l'allucinazione, essa può essere soltanto momentanea, individuale o almeno limitata a certi gruppi, non permanente e costante, e meno che mai può coinvolgere l'intero genere umano, come Comte pretende. L'allucinazione importa, infatti, che nel suo caso non si discriminino, ma pur si possano in genere discriminare nel sentire l'apparenza e la realtà, la verità e l'errore, che si sia in grado di accertare se si vede, si ode, bene oppure male, se sono la nostra vista e il nostro udito ad essere così oppure se sono le cose ad essere tali, che si discerna ciò che appartiene agli oggetti, per come sono di per se stessi composti e per come si mostrano globalmente ad apprensioni ripetute e costanti, e ciò che è proprio di singole loro notizie, e ancora si sceverino i corpi animati e i corpi inanimati, e tra i primi il corpo animato proprio e i corpi animati altrui, e che tutte queste distinzioni, e altre che ad esse si collegano, tra cui è quella degli stati normali e di quelli patologici, si eseguano anche di fatto in maniera continuata e stabile. Dove le immagini pervadono le sensazioni e le conformano a sé, nessuna di queste

---

[2] *Cours de Philosophie positive*, cit., tomo 5, pp. 51-53.

distinzioni può saldamente aver luogo, perché esse domandano che l'esperienza sensoriale provveda anzitutto a distanziarsi dalla sfera dell'immaginazione. Finché c'è la compenetrazione dell'immaginazione e della sensazione, domina un sentire in cui non c'è differenza tra quelli che altrove sono il chimerico e il reale.

Perché la differenziazione abbia luogo, occorre che si realizzino le condizioni enunciate da Comte, quando asserisce che, perché il soggettivo si subordini pienamente all'oggettivo, non basta che i nostri pensieri promanino dalle nostre sensazioni, ma bisogna anche che le immagini interne siano più deboli delle impressioni esterne a cui esse corrispondono. Questa nuova disposizione del sentire, in cui l'interno è sempre più ristretto dell'esterno e sempre maggiormente ad esso conforme, è, per Comte, il carattere peculiare della ragione moderna, che prepara l'avvento dello spirito positivo[3]. È evidente che Comte vuole sia avvicinarsi alla disposizione del sentire in cui l'interno domina l'esterno, allo scopo di comprenderla, sia prenderne le distanze, allo scopo di far valere al suo posto la disposizione moderna del sentire in cui accade l'opposto, e che da ciò è indotto a relegare la prima nell'infanzia dell'umanità (dopo averla descritta piuttosto infedelmente). Così, egli cerca di perseguire entrambi gli intenti, giacché l'infanzia è necessaria e giustificata da questa sua necessità, perché non si può essere adulti se prima non si è stati bambini, non si può camminare spediti se per l'innanzi non si è imparato a muovere i primi incerti passi, ma è anche abbandonata, perché altri sono i cammini dell'età adulta, sia per l'individuo che per la specie umana.

Una considerazione adeguata delle disposizioni del sentire richiede che ognuna di esse sia caratterizzata di per se stessa, cosicché sia interamente salvaguardata la sua diversità da tutte le rimanenti, di cui non va fatta nemmeno il preliminare e l'antecedente sia pure necessari, e non soltanto occasionali. A tanto non giunge nemmeno John Stuart Mill, che pure avverte l'esigenza di valutare i primitivi con un metro conforme, e tale può essere unicamente lo stesso metro ad essi proprio. Anche Mill mette in campo i sogni, le allucinazioni, le illusioni, le interpretazioni errate dei dati dei sensi, allo scopo di rendere ragione delle credenze dell'uomo primitivo, ma ha almeno il merito di soggiungere che nei tempi antichi il confine tra l'immaginazione e la sensazione non era quello, netto, che esiste oggi, ma era un limite incerto, sfuggente, che poteva essere agevolmente oltrepassato. Per il rimanente, Mill adduce la nulla o scarsa conoscenza delle leggi della natura presso i selvaggi, la quale consente ad essi di credere a cose che a noi moderni appaiono subito se non impossibili, almeno sospette, perché contrastanti con la legalità naturale[4].

Ci sono casi – sostiene Spencer – in cui, anche per noi, uomini moderni, è difficile dire se vediamo realmente qualcosa, oppure immaginiamo di vederla, se udiamo un suono oppure immaginiamo d'udirlo. Ci sono però delle condizio-

---

[3] *Système de politique positive, ou Traité de sociologie, troisième volume*, in *Oeuvres*, tomo 9, pp. 19-23.
[4] *Saggi sulla religione*, trad. it. L. Geymonat, Milano, 1972², p. 132.

ni eccezionali, in cui la distinzione diventa malagevole, o addirittura ineseguibile; così, negli alienati i fatti ideali della vista e dell'udito diventano così forti e intensi da poter essere classificati tra i fatti reali di codesti sensi e dei loro organi. La pazzia è immaginazione che, per l'intensità, adegua la sensazione; quanto ai selvaggi, è da reputare che essi procedano a classificare oggetti e relazioni, al pari dei civilizzati, ma senza adeguata capacità mentale, di modo che ne risultano nozioni immature, troppo semplici per poter rappresentare adeguatamente i fatti e fornire spiegazioni attendibili del mondo circostante[5].

Qualche spunto più indovinato s'incontra in Ardigò, il quale si studia di spiegare come sia possibile che quello che si direbbe un unico oggetto (ma che in effetti possiede soltanto un'unità analogica) risulti essere qualcosa d'interamente diverso, quando è esperito da un membro dell'umanità primitiva e da un esponente di quella civilizzata. Il bambino europeo vede il feticcio di legno quanto il bambino africano, ma questo è persuaso che in quell'informe e inanimato oggetto risiedano delle virtù soprannaturali; ciò prova che la matrice psichica degli africani è diversa da quella formatasi tra gli europei[6]. La strada indicata è quella giusta, ma essa non è percorsa, giacché Ardigò adduce come causa della credenza del bambino africano la suggestione esercitata su di lui dagli adulti della sua comunità. Il ricorso alla suggestione è una povera escogitazione, che non va molto lontano, in quanto è incapace di far comprendere il comportamento degli adulti, in cui sono presenti le convinzioni dell'animismo, senza che si sappia come in essi si sono prodotte. Sarebbe stato necessario dire che sin dall'inizio ci sono due cose interamente diverse, la cosa inanimata dell'uomo civile e la cosa animata di proprietà soprannaturali del selvaggio, che hanno soltanto una corrispondenza estrinseca tra loro, la quale si limita a questo, che il posto che occupa l'una cosa, nella visione del primo, è occupata dall'altra cosa, nella visione del secondo. Sarebbe occorso proporsi il compito di spiegare ugualmente la costituzione di entrambe le cose, invece di assumere una posizione per cui c'è bisogno di spiegare quella strana entità che è un feticcio, ma non c'è alcun bisogno di far chiarezza su di un ordinario pezzo di legno.

La milizia illuministica dei pensatori citati ha impedito loro di rendersi pienamente conto del fatto che, se il modo di esperire il mondo proprio dell'uomo moderno, è una formazione particolare, che ha richiesto molto tempo per svilupparsi e rendersi dominante, e se c'è, al di fuori di esso, un altro modo di avvertire le cose, quello proprio dell'uomo selvaggio, la disposizione del sentire moderno non ha alcun diritto di ergersi a giudice della disposizione del sentire primitivo, più di che questa abbia diritto a giudicare sopra di essa.

Prima di procedere oltre nell'esame delle questioni che si pongono a proposito del sentire, conviene addurre alcuni documenti che ci attestino l'esistenza di una sensibilità tanto remota da quella moderna da parere arcana, incompren-

---

[5] *I primi principii*, trad. it. cit., pp. 111-113, *Principi di sociologia*, trad. it. cit., vol. I, pp. 139-158.
[6] *La ragione*, in *Opere filosofiche*, vol. VI, Padova, 1894, pp. 280-281.

sibile. Per noi, sono sufficienti alcuni pochi esempi, i quali possono essere raccolti quasi alla rinfusa, presso popoli diversi e in tempi ugualmente diversi, giacché essi debbono unicamente attestare la presenza e la diffusione di atteggiamenti che sono, nel loro fondo, comuni, quand'anche presentino molte differenze secondarie. Tra gli Indiani d'America il sogno è ritenuto così fededegno che ciò che si sogna vale a certificare l'esistenza degli oggetti al pari di ciò che si vede da svegli. Presso gli Ebrei, il sogno è uno strumento privilegiato della rivelazione divina, che vi s'affida in continuazione; nel solo libro del *Genesi* Dio appare in sogno ad Abimelec, a Labano, riempie di sogni le vicende di Giacobbe, del Faraone, di Giuseppe; sempre i sogni sono tenuti in conto di manifestazioni della volontà divina. Anche fuori dell'Africa, c'è un sentire, nel quale quelle che in una diversa maniera d'avere esperienza si riguarderebbero come cose inanimate e inerti, sono apprese come realtà animate e viventi, e quindi premiate o punite a seconda dei casi che ricorrono. È per questo motivo che Serse, dopo che una tempesta aveva distrutto i ponti con cui aveva congiunto l'Asia all'Europa, comanda di frustare l'Ellesponto, di gettare un paio di ceppi nel mare, di marchiarlo e di coprirlo d'ingiurie. L'aura sacrale, che avvolge le cose, si estende alle immagini e alle parole, e circondandole le rende partecipi della realtà che ritraggono e che significano. Quando Gesù, richiesto se si debba o no pagare il tributo a Cesare, si fa dare un denaro, e domandato di chi sia l'immagine e di chi l'iscrizione, e avuta come risposta che è di Cesare, dice di rendere a Cesare le cose che sono di Cesare, afferma che la moneta, per il fatto di recare la figura dell'imperatore, è proprietà dell'imperatore, al quale deve quindi essere restituita. Questa indole sacra della figura, spinge Tiberio a incrudelire sino al punto di punire come delitti capitali il fatto di mutare la testa a una statua di Augusto, di cambiarsi d'abito presso il suo simulacro, di portare in una pubblica latrina o in un lupanare una moneta o un anello con incisa la sua effigie.

Questa forza dell'immagine, per cui essa è in qualche modo la cosa che ritrae, un po' per volta si stempera, sebbene conosca anche delle riprese, ma consente comunque di spiegare certe circostanze, di cui altrimenti sarebbe difficile rendere ragione. Il paragone che San Tommaso instaura tra gli eretici e i falsari riuscirebbe stentato, se non fosse molto di più di un paragone, se l'eretico non alterasse il deposito della fede, in cui c'è la presenza vivente di Cristo, in maniera analoga a quella in cui il falsario altera la moneta, dove è impressa la figura del principe. Nell'esperienza religiosa tanto grande è la potenza del nome che Gesù può dire che dove due o tre si radunano nel suo nome, egli è in mezzo a loro. Poiché il nome è in qualche modo la cosa, pronunciare il nome importa provocare la cosa; evocare significa chiamare, far venire. Capita anche oggi che si stia discorrendo di qualcuno, e costui proprio in quel mentre sopraggiunga, e che allora si dica: *lupus in fabula*. Questa formula, da cui è del tutto assente qualsiasi forza evocativa e che non è capace di provocare il minimo evento, può servire a richiamare alla memoria l'enorme potenza che il nome è in grado di racchiudere. Anche al di fuori dell'ambito specifico della religione, il nome può avere un peso ragguardevole e così diventare oggetto di divieti da parte delle leggi, se il senato romano, dopo che Marco Antonio è stato sconfitto da Ottaviano, vota un decreto per cui nessuno della famiglia degli Antoni può portare il nome di Marco.

Se gli esempi arrecati debbono servire ad avviare la caratterizzazione di un modo di esperire le cose, essi non debbono essere piegati ad un'interpretazione fondata su di un diverso modo di avere esperienza del mondo. Essi non debbono essere riguardati come documenti di un sentire arcaico, limitato ad epoche remote, e quindi ormai definitivamente oltrepassato dall'umanità, ma debbono essere tenuti in conto di attestazioni di un sentire permanente, e soltanto ora più diffuso e ora più limitato nelle sue manifestazioni, ma comunque sempre dotato di una sua legittimità e validità, che lo rendono diverso, ma non inferiore – per quanto nemmeno lo facciano superiore – ad ogni altro possibile sentire. Il punto che maggiormente preme è che esiste un modo di esperire il mondo in cui le cose di sensazione e le cose di immaginazione, anziché essere lontane tra loro e come divise da una barriera insormontabile, sono vicine sino ad accomunarsi in un'unità complessiva. Se si presuppone la netta separazione e il divario incolmabile tra la specie dell'avvertimento sensoriale e quella dell'avvertimento immaginativo, nessuno degli esempi forniti è più esplicabile, mentre tutti si comprendono appieno nella loro ideale possibilità e nella loro bene attestata storicità, qualora si ponga a fondamento la comunanza della *sensatio* e dell'*imaginatio*.

Tutte le differenze tra i modi di sentire sono differenze di grado, non differenze assolute. Per quanto grande sia la differenza esistente fra il sentire in cui si ha la separazione e quello in cui si ha la comunanza, non è possibile che la separazione sia totale disgiunzione, e che la comunanza sia piena confluenza delle sensazioni e delle immagini. La totale disgiunzione farebbe sì che non si abbiano due specie di cose nella stessa coscienza, la specie delle cose constanti di sole sensazioni e la specie di cose costituite da sole immagini, ed esse debbono, invece, esistere entrambe nella coscienza numericamente una, giacché ognuna è ciò che è in quanto si differenzia dall'altra. La piena confluenza comporterebbe non già che si abbiano cose, ognuna delle quali è, in se stessa, una, ma pur è costituita da due serie di determinazioni, quella delle determinazioni sensoriali e quella delle determinazioni immaginative, ma che si abbia la fusione delle stesse determinazioni, la quale provocherebbe l'indistinzione assoluta, e cioè sopprimerebbe la stessa esperienza. Occorre riflettere che, se nel sentire in cui domina la comunanza, si producesse la confluenza piena, anziché limitata, delle sensazioni e delle immagini, la vita non sarebbe semplicemente possibile. Se l'uomo non riuscisse in qualche maniera a distinguere il sogno dalla veglia, il corpo animato proprio dai corpi animati altrui, e quello e questi dai corpi inanimati, si troverebbe in uno stato di confusione completa che lo dissolverebbe, non consentendogli di sussistere come individuo e di continuare nell'esistenza come specie. Perché la vita sia possibile, le immagini possono bensì aleggiare sopra le sensazioni, rendendole aleatorie, ma non farle scomparire nella qualità loro propria, ossia bisogna che ci siano cose di prevalenti sensazioni e cose di prevalenti immagini, che rendono arduo, ma non impossibile, il compito di orientarsi e di esistere. Soltanto allo scopo di procurare nettezza a questo modo di sentire, mediante il contrasto con quello da esso più alieno, può essere consentito di accentuarne le tinte per accorgimento oratorio, che deve essere dichiarato in tale sua indole e per di più deve essere escogitazione provvisoria.

Concettualmente occorre tener per fermo che la confluenza e la compenetrazione delle sensazioni e delle immagini non significano un'unità senza distinzione alcuna, in cui tutte le cose sono una sola cosa indifferenziata, perché nessuna consapevolezza è possibile dove manca qualsiasi distinzione. L'esperienza è consapevolezza; l'avvertire è costitutivamente insieme un distinguere. In qualsiasi esperienza c'è *chi* avverte e il *che* avvertito; congiuntamente essi sono la *cosa*, la quale consiste di parti, tra cui passano innumerevoli relazioni; nella stessa maniera, la cosa particolare è un elemento di una grande cosa complessiva, la quale si estende di quanto si estende l'esperienza. Pretendere che ci sia l'assolutamente indistinto, il totalmente indifferenziato, è andare contro le necessità essenziali della coscienza; esigere che ci sia una forma d'esperienza in cui niente emerge dalla corrente della vita è ricorrere a una finzione che presume di poter annullare l'atto medesimo del fingere, e per tale si dichiara talvolta anche con la propria bocca, dicendosi esperienza irraggiungibile per sforzi che si compiano nel risalire all'indietro il flusso immediato della vita.

L'unità e la molteplicità, la relazione e la distinzione sono presenti anche nel sentire in cui le sensazioni e le immagini si compenetrano, anziché separarsi. La distinzione ha però luogo tra cose che si trovano sullo stesso piano, perché qui non ci sono differenze di livello tra sensazioni e immagini, che di conseguenza s'intervallano. In un tale sentire, le stesse cose sono, per alcuni loro lati, costituite da sensazioni, e per altri loro lati, costituite da immagini; la distinzione dei lati c'è quindi sempre, ma non c'è la distinzione del livello, la quale comporta, dove ha luogo, che ci siano cose formate solamente da sensazioni, e cose formate solamente da immagini, ma non consente che ci siano cose constanti in parte di determinazioni sensoriali e in parte di determinazioni immaginative. Le differenze di livello sono l'effetto delle differenze dell'intensità del sentire, quando esse sono grandi e si distribuiscono nelle serie separate del sensoriale e dell'immaginativo. In questo caso una cosa o è assegnata, secondo tutta se stessa, all'esperienza sensoriale, ed è tenuta in conto di cosa effettivamente reale, o è messa in conto, per tutte le sue determinazioni, all'immaginazione e riguardata come una mera entità mentale. Come abbiamo già detto, a decidere è, in ultima istanza, il comportamento dell'intensità, il quale non assegna, una volta per sempre e in uguale maniera, la forza alle sensazioni e la debolezza alle immagini (ciò fa soltanto per quel che attiene all'intensità assoluta, non per quel che concerne l'intensità relativa), ma segue tutte le combinazioni possibili, da cui sorgono le diverse disposizioni della sensibilità (le quali si definiscono sul fondamento dell'intensità relativa all'io, non già all'io singolo e personale, ma all'io collettivo e normale, che di ciascuna di esse è il centro e l'anima).

Il modo di sentire, di cui abbiamo sopra fornito parecchi esempi, nel quale o mancano o sono estremamente modeste le differenze dell'intensità relativa tra le sensazioni e le immagini, e in cui le immagini sono quindi capaci di pervadere i dati sensoriali, si può opportunamente chiamare *esperienza*, o *sensibilità com-*

penetrativa; questa è il preciso contrapposto del modo di sentire che si fa valere nell'illuminismo.

3. *Il soprannaturale cristiano e la dipendenza*

Anche nell'ebraismo e nel cristianesimo si trovano testimonianze della sensibilità compenetrativa, e sebbene il più delle volte esse appaiano attenuate rispetto a quelle che s'incontrano tra i popoli primitivi, ce ne sono alcune che, quanto a radicalità, non temono il confronto con quelle documentate per i luoghi più diversi della terra. Tra le testimonianze più radicali, meritano di essere menzionate quella di Nabucodonosor trasformato in bove, e l'altra della moglie di Loth, mutata in una statua di sale[7]; due storie che vanno accolte precisamente per tutto ciò che contengono. Voltaire ne prende occasione di gioco e dichiara che codeste narrazioni sono da mettere insieme alle favole antiche, come quella di Licaone, re dell'Arcadia, che fu mutato in lupo, di sua figlia Callisto che fu cangiata in orsa, e altresì di Io, di Dafne, di Siringa, delle quali si fecero una vacca, un lauro, un flauto.

Se la proposta di Voltaire di assimilare i miti ebraici alle favole greche dovesse essere presa sul serio, dovrebbe essere risolutamente rifiutata. Al mito, infatti, inerisce necessariamente l'elemento della credenza, il quale esula completamente dalla favola, che ne ha uno incompatibile con la narrazione mitica. La favola, in ciò che appartiene alla letteratura, ed è, o aspira ad essere, opera d'arte, è un componimento d'invenzione, quale che sia lo scopo per cui è prodotto, il desiderio d'incantare o anche semplicemente la gioia di narrare. Per letteratura ed arte qui è da intendere qualsiasi forma di produzione espressiva accompagnata dalla coscienza, esplicita o implicita, del carattere dell'invenzione, tanto che sia scritta o che sia orale, tanto che sia popolare e collettiva o che sia individuale e colta. E sebbene il rapimento della narrazione favolistica possa sedurre tanto coloro che raccontano che coloro che ascoltano, trasportandoli in un'atmosfera rarefatta e come di sogno, non può essere mai completamente assente la coscienza che in fin dei conti si tratta di un'invenzione, che i personaggi, le loro azioni, i loro ambienti, sono altrettante finzioni, tanto più belle e incantevoli perché dotate della sola esistenza procurata dalla parola. Del tutto diverso è il mito, il quale è tale per il motivo che è accompagnato dalla credenza che il fatto ha realmente avuto luogo, e che con questa ineliminabile credenza è accolto, ripetuto, trasmesso, come cosa che si offre alla fede e domanda fede. Ci sono quindi metamorfosi e metamorfosi, le prime che sono favole, e le seconde che sono miti, contraddistinte non dalle vicende esteriori, che possono incontrarsi immutate nelle une e nelle altre, ma dagli elementi interni costitutivi dell'invenzione e della credenza, che non possono manifestamente né coesistere né can-

---

[7] La storia di Nabucodonosor è narrata in *Daniele* 4, 30; quella della moglie di Loth si trova in *Genesi* 19, 26.

giare di posto senza che una formazione non dia luogo all'altra.

Va da sé che nessun rimprovero è da muovere a Voltaire, giacché è da ritenere che egli non voglia veramente assimilare due formazioni così diverse come la favola e il mito, ma che piuttosto si proponga di screditare le credenze ebraiche e cristiane, trattandole come altrettante composizioni favolistiche, meritevoli di un sorriso di compatimento. Quest'atteggiamento, tipico dell'illuminismo, è appieno giustificato, perché esso non mira a comprendere teoreticamente ma ad operare praticamente, distruggendo anche i resti e le estreme sopravvivenze di miti ormai remoti nel tempo e quasi inaccessibili nel loro significato, e così ponendo le opportune premesse, per annientare un patrimonio di fede ancora fornito di una sua consistenza e di una sua presa sugli animi. Inescusabile è, invece, la posizione del cristianesimo odierno, che si vergogna di queste narrazioni, cerca di volgerne via lo sguardo, si studia di nasconderle quanto più può all'attenzione del pubblico, e quando non gli è proprio concesso di comportarsi diversamente, ne suggerisce interpretazioni imbarazzate, che non sono soltanto infondate ma anche ridicole. Così, per il caso di Nabucodonosor, c'è chi non esita a far ricorso a qualche malattia, che provoca delle allucinazioni e persuade quanti ne sono affetti di essere diventati delle bestie e li spinge a comportarsi di conseguenza. Tale sarebbe la licantropia, soltanto che il re di Babilonia si sarebbe dato a credere di essere trasformato non in un lupo, bensì in un bove, ciò che peraltro non è interamente certo, giacché egli prese qualcosa anche da altri animali. Senonché la malattia con le sue allucinazioni avrebbe dovuto cogliere, oltre Nabucodonosor, anche il sacro scrittore, il quale non discorre di morbi e di loro effetti e di persuasioni da essi cagionate, ma dichiara che discese una parola dal cielo e si compì sopra il re, il quale si mise a mangiare come i buoi, e tanto si ricoprì di rugiada che gli crebbe il pelo come le aquile e le unghie come gli uccelli. La narrazione non può quindi essere trattata in una tale superficiale maniera, ma va accolta interamente con il contenuto con il quale si presenta; essa e le innumerevoli narrazioni, analoghe per ciò che di stupefacente hanno, e di cui è piena la Bibbia, vanno considerate realisticamente, ossia vanno prese per storie vere che raccontano fatti accaduti.

Scherzando, Voltaire coglie nel punto giusto e pronuncia, senza rendersene conto, la parola della verità, allorché afferma che la natura non era una volta quella che è ai nostri giorni[8]. La parola «natura» non è precisamente quella che si dovrebbe adoperare, giacché, se per natura s'intende la potenza intermedia tra Dio infinito, principio creatore, e le singole cose finite, che sorgono e periscono, per la Bibbia, la natura semplicemente non esiste, nella stessa maniera in cui, a rigore, non esiste il mondo. E infatti, se il mondo è la totalità ordinata, in cui ogni cosa è collocata al suo posto, che non può essere cangiato con quello di nessun'altra, è evidente che la condizione dell'esistenza del mondo è la lontananza delle sensazioni dalle immagini, lontananza richiesta dall'ordinamento

---

[8] Cfr. *Il toro bianco*, in *Romanzi e racconti*, trad. it. cit., pp. 442-469 e *Trattato sulla tolleranza*, in *Scritti politici*, a cura di R. Fubini, Torino, 1964, p. 527.

degli esseri, come base della loro costituzione in un tutto disposto secondo leggi. Dove le immagini aleggiano sopra le sensazioni, intervengono al posto di queste, assumendone le parti e le funzioni, le cose ondeggiano in continuazione, conducono una sorta di danza, più o meno sfrenata, più o meno lenta, sono comunque fluide, e per tale loro fluidità non permettono al mondo in senso vero e proprio di esistere.

Con la considerazione del sorprendente siamo ricondotti al problema del miracolo, la cui trattazione deve incominciare col mettere in disparte le molte idee sbagliate che in proposito si nutrono. Radicalmente sbagliata, e fonte di ogni errore intorno al miracolo, è l'idea che proprio dove tutte le cose sono in preda all'ondeggiamento, non possano aversi miracoli, per il motivo che qui tutto è sorprendente, meraviglioso, ma riconoscere che tutto è tale equivale, in fondo, ad ammettere che nulla lo è. La sorpresa, la meraviglia, lo stupore, lo sbigottimento, e via di seguito, hanno bisogno, per poter esistere, che ci siano anche cose non meravigliose, non stupefacenti, ecc., da cui differenziarsi, ossia possono esistere unicamente come stati d'animo particolari. Una volta che siano universalizzati, questi sentimenti non sono suscettibili di prodursi, e di conseguenza, nella sensibilità compenetrativa non è da indicare il terreno d'elezione del miracolo, ma è da scorgere uno stato di cose, in cui manca la condizione medesima perché ci siano dei miracoli.

Questa inconsistente, anche se assai diffusa opinione, ha parecchi torti, di cui uno è quello di mettere avanti alla rinfusa molti sentimenti diversi, che tratta come se fossero analoghi per il loro contenuto, e dei quali, a dire il vero, nessuno è lo specifico sentimento che ricorre a proposito del miracolo, e un altro, e assai peggiore torto, è quello d'ignorare l'unico elemento decisivo, da cui il miracolo interamente dipende, ossia l'intervento diretto, la presenza immediata della potenza divina, nelle cose terrene. La questione da porre è se sia logicamente possibile che questo intervento, questa presenza, abbiano luogo sempre e dovunque, oppure se tali nozioni includano necessariamente la limitazione, comportino di aver luogo soltanto qualche volta e soltanto da qualche parte, ed è evidente che nessuna restrizione del genere è esigita da esse e che pertanto il miracolo può avere dalla sua l'universalità spaziale e temporale. Ciò che si compie una volta può prodursi tutte le volte; ciò che accade da qualche parte può verificarsi da tutte le parti; il possibile è universalmente tale, come, per parte sua, universalmente tale è l'impossibile. Quando si trova posta dinanzi a queste riflessioni, l'opinione che vuole il miracolo costitutivamente limitato, si mette ad arzigogolare con le parole, s'interroga sul significato degli attributi, per cui, a proposito del miracolo, si parla di intervento «diretto», di presenza «immediata» della divinità nelle cose dell'uomo, e ugualmente si comporta a proposito del «soprannaturale» (al quale il miracoloso si riconduce), osservando che non tutto può essere soprannaturale, come lo stesso vocabolo mostra, giacché esso, preso da solo, non significa niente, e per voler dire alcunché, richiede di collegarsi con il naturale, il quale quindi deve anch'esso esistere, e che, se è così, come ragionevolmente bisogna accordare, ci sono anche eventi naturali, e non solamente eventi miracolosi. Tutto questo industriarsi con le parole è però vano, e se di esso facciamo cenno, è per il motivo che ci consente di condurre innanzi la considerazione del miracolo e del soprannaturale, quali compaiono almeno nell'ebraismo e nel cristianesimo (se essi siano presenti anche altrove, come si può supporre, non rientra nel nostro proposito cercare di stabilire).

Il soprannaturale è costituito dalla dipendenza, la quale contiene due lati indisgiungibili, il lato della dominazione, che è quello della preminenza e del comando, e il lato dell'asservimento, che è quello della sottomissione e dell'obbedienza. Dovunque c'è il soprannaturale, ossia dovunque c'è la dominazione, c'è immancabilmente il naturale, ma asservito, sottomesso, nelle mani del soprannaturale. Quando si discorre dell'intervento diretto, della presenza immediata di Dio nelle cose del mondo, s'intende significare che già con il naturale è dato il soprannaturale, ciò che è possibile perché il naturale e il soprannaturale sono due lati di un medesimo. La natura, così riguardata, non è né la potenza originaria da cui tutto promana, né una potenza intermedia tra Dio e le singole cose, ma anzi è la sfera dell'umbratile, di ciò che in tanto esiste in quanto è affidato alla potenza divina, l'unica degna di questo nome. Esula completamente dalla natura la proprietà di formare un luogo delle cause, la causalità compete solamente a Dio, il quale è causa unica, laddove nella natura ci sono tutt'al più solamente delle occasioni acciocché si dispieghi l'operare divino. Questo è sempre e dovunque miracoloso, ciò che vuol dire che Dio è il lato della dominazione, contenuto nella dipendenza, il quale, come preminente e preponderante, accompagna immancabilmente il lato dell'ombra, che è la natura, semplice scenario della causalità divina.

Detto in altri termini: se a è qualcosa che nella natura precede b, b non è la conseguenza di a, bensì è l'effetto di qualcosa di soprannaturale, B, nello stesso modo in cui a non è l'effetto di alcunché di naturale che lo preceda (stati primitivi non esistono nella natura, giacché non lo consente la sua indole umbratile, e quindi c'è certamente qualcosa da cui a è preceduto), bensì è l'effetto di A, ossia deriva dal soprannaturale. La relazione tra a e b è quella della precedenza e della susseguenza, per cui un termine tiene semplicemente dietro all'altro; la relazione tra A e a e tra B e b è, invece, quella del principio e della conseguenza (o, com'è lo stesso, della causa e dell'effetto), per cui un termine è posto in essere, prodotto dall'altro. Quell'una relazione, essendo inane, comporta che a sia semplice occasione (e si può altrettanto bene dire, semplice segno) di b; l'altra relazione, essendo efficace, è l'unica che abbia indole reale. Poiché il lato del soprannaturale e quello del naturale vanno sempre e dovunque di pari passo, come elementi inseparabili di un medesimo, non può accadere che A sia la causa di b, invece che di a, che B lo sia di c, ma si ha necessariamente Aa, Bb, e così di seguito, quale che sia l'estensione dei rapporti che si considerano. Quel che si dice per la successione, vale anche per la simultaneità, giacché la causalità ha luogo sia per ciò che appartiene allo stesso tempo che per ciò che appartiene a tempi diversi, immediatamente precedenti o susseguenti; e il rapporto delle occasioni e dei segni si comporta alla stessa maniera di quello delle cause e degli effetti.

Concettualmente la dipendenza consiste di alcunché di duplice, dovendoci essere qualcosa che dipende e qualcosa da cui esso dipende, ma verbalmente reca esplicito solamente il primo lato e sottace interamente il secondo. Alcunché d'analogo capita a proposito del soprannaturale, il quale una volta significa l'intera dipendenza, per entrambi i suoi lati (e quando si afferma «tutto è divino», «tutto è miracolo», «tutto è grazia», e così di seguito, si prende per entrambi i lati) e un'altra volta designa il solo lato della dominazione incluso nella relazione della dipendenza. Il soprannaturale ha altresì questo di proprio, di recare nella sua denominazione il «sopra», il quale, come va da sé, non può esistere senza il «sotto», e ciò fornisce l'appiglio allo spirito sofistico per sostenere che non tutto può essere miracoloso, non tutto può essere soprannaturale (questo, si dice, è completamente assurdo, laddove non è assurdo che tutto sia naturale, poiché la natura non è un termine di una relazione). È sufficiente distinguere quando il soprannaturale e il miracoloso designano l'intera relazione, da cui è costituita la dipendenza, e quando, invece, indicano il solo lato della dominazione, a cui va di pari passo il lato dell'asservimento, che forma ciò che si chiama la «natura» o il «mondo».

Simile nella conclusione, ma diversa nello svolgimento, è la tesi che il miracolo possa, per principio, esistere solamente come eccezione; tesi che dissolve ogni elemento soprannaturale. Eccezione a che cosa? Alle leggi della natura, suona l'unica risposta ammissibile. Sono possibili diverse concezioni delle leggi della natura, tra le quali non occorre domandarsi se una sia giusta e fondata, e le altre ingiuste e infondate, e nemmeno occorre chiedersi quali siano i fondamenti filosofici su cui esse si reggono, perché si può provare che sono tutte, in una maniera o in un'altra, distruttive per la causa del miracolo e del soprannaturale. Le leggi naturali possono concepirsi come assolutamente necessarie, dotate cioè di quella specie di necessità che si usa chiamare metafisica o geometrica, e in tal caso è anche troppo manifesto che per il miracolo non c'è semplicemente posto. Accordare a Dio il potere d'introdurre delle eccezioni dove vige la necessità assoluta, è accordare alla necessità il carattere dell'assolutezza, negandogliela nel fatto, è ridurre una tale suprema specie di necessità ad un semplice fiato di voce. Tolta di mezzo questa inconsistente possibilità, resta che alle leggi naturali si accordi la sola necessità fisica, la quale, si sostiene, è una necessità interamente diversa da quella metafisica, e, dalla posizione della logica, è da riguardare quale contingenza. L'eccezione alle leggi naturali, che il miracolo include, ha luogo per via di sospensione, la quale è una sorta di dispensa che Dio talvolta accorda alle cose, liberandole dall'obbligo di obbedire alle leggi che egli ha emanato. A quel modo in cui i sovrani di questa terra, dopo aver promulgato delle leggi, possono pur sempre sospenderne l'applicazione, dispensando così i sudditi dall'obbligo di obbedire ad esse, così il sovrano della natura può sospendere le leggi che ha prescritto alle cose, esentandole dal prestarvi ossequio. E mentre i sudditi dei sovrani terreni possono ribellarsi, prendendo l'iniziativa di agire come meglio loro aggrada, nessuna iniziativa del genere possono assumere le cose naturali, le quali non saranno nonché per violare le leggi, nemmeno per eccepirle, sempre che le leggi siano in vigore. La sola eccezione ammissibile è quella soprannaturale, dovuta a Dio; nessuna eccezione naturale è, invece, ammissibile, e ciò consente di salvaguardare tanto l'ordine della natura che la necessità fisica delle leggi naturali. Se una legge è in vigore, essa è immancabilmente obbedita; se in quel momento essa non è in vigore, essa non è per l'intanto nemmeno una legge.

Per tacere di ogni altra riflessione, questa tesi ha il difetto di rendere impossibile che si abbia umanamente una qualsiasi notizia del miracolo, che se ne possa essere in qualche maniera informati. Si può reputare che ci siano certe determinate leggi della natura; successivamente si riscontra che in alcuni casi le cose avvengono diversamente da ciò che quelle leggi comportano; perché non si conclude che quelle erano leggi solamente presunte, non effettive, e non ci si dà a ricercare le vere leggi, quelle comprensive di tutti i casi che si presentano e che hanno luogo? Queste leggi coestese ai fenomeni forse si troveranno e forse no; ciò sotto il proposito attuale non ha alcun interesse, giacché conta solamente la circostanza indubitabile che questo è l'atteggiamento che si prende nell'investigazione della natura. Se ogni volta che si riscontra un caso in cui ci sono degli eventi che non si comportano secondo quel che delle leggi prescrivono, si tenesse fermo che le leggi in questione sono vere, e che soltanto sono in quel momento sospese per decreto divino, invece di ammettere ragionevolmente che si è in presenza di opinioni intorno a pretese leggi, disvelatesi fallaci, per l'investigazione della natura non resterebbe alcun posto.

Si può proporre anche una diversa considerazione delle leggi della natura, la quale riesce però ancora più distruttiva di quella sin qui esaminata per la conoscibilità del miracolo. Questa diversa considerazione rinuncia, per le leggi naturali, al «sempre» e si accontenta del «quasi sempre» e del «nella maggior parte dei casi»; non pretende l'ordine immancabile, la compiuta costanza dei fenomeni, e si tiene paga di un ordine parziale e di una costanza limitata, purché siano sufficientemente estesi. A suo avviso, si possono certamente sceverare gli accadimenti più frequenti da quelli più rari, ma sia gli uni che gli altri si debbono assegnare al dominio della natura, che è quello a cui si riferiscono le leggi fisiche. Ciò che accade più di frequente consente che si foggino degli schemi, che sono quella che si chiama la relativa costanza della natura; ciò che accade più raramente non lo permette e seguita a sottrarsi alla legalità naturale; questo non toglie che appartenga comunque alla natura, che sia compreso nel suo ambito. Tutta la differenza tra ciò che si produce molte volte e ciò che ha luogo soltanto qualche volta non vale, infatti, ad assegnare alcuna differenza di dominio d'appartenenza, com'è palese da questo, che, se gli eventi, che si producono raramente, accadessero di frequente, sarebbe sufficiente questa loro frequenza per riscontrarvi delle costanze di comportamento, per foggiare degli schemi ad essi adatti, e così ricondurli a leggi naturali. Questa concezione delle leggi naturali, che è schietta espressione di contingentismo, cancella ogni possibilità di distinguere lo straordinario dall'ordinario, il miracoloso dal non miracoloso, perché, per lei, la natura non ha un'assoluta fissità. Un miracolo che non si può conoscere, non può però nemmeno aver luogo, perché il miracolo è un intervento di Dio che si manifesta all'uomo.

Esiste poi la possibilità di accordare il miracolo, anche riguardato come evento rarissimo, con la legalità naturale, o questa pretesa concordia è soltanto un'illusione da abbandonare? Si supponga che in tutta la durata del mondo Dio compia un unico miracolo; esso altera l'assetto delle cose a sé stante, lo rende diverso da quale sarebbe stato senza codesto intervento celeste. La distinzione tra l'alterazione del corso della natura che produce un solo miracolo, quella che arrecano alcuni pochi e saltuari interventi miracolosi, e quella che provoca una serie continua di prodigi, è da abbandonare al volgare buonsenso, è tale che non mette conto nemmeno di essere discussa. Il mondo, anziché essere lo stesso, è reso diverso anche da un solo miracolo; a meno che non si pretenda che Dio, dopo averlo operato, non intervenga un'altra volta, per sopprimerne gli effetti e ristabilire la precedente situazione delle cose; ma questa trovata, se mantiene immune la natura, annienta la finalità del miracolo, rendendolo assurdo.

La considerazione scientifica del mondo suole presentarsi come se fosse del tutto indipendente da ogni modo di sentire, come se non avesse niente da spartire con l'esperienza vissuta, ma in effetti è ispirata da un determinato modo di esperire il mondo, nella stessa precisa maniera in cui il miracolo e la fede nel miracolo affondano le radici in una differente disposizione sentimentale e sensoriale. Poiché tra questi due modi di sentire non c'è possibile accordo, ma dove l'uno signoreggia, l'altro deve ritirarsi sin quasi a scomparire, questa loro reciproca incompatibilità si mostra in ciò, che dove prospera la fede nei miracoli, langue la scienza della natura, e dove la fisica celebra i suoi trionfi, i miracoli perdono un po' alla volta credito e alla fine escono dall'esperienza della vita.

La relazione esistente tra la dipendenza e l'esperienza compenetrativa, a cui il miracolo appartiene, è così evidente che bastano poche osservazioni per metterla interamente allo scoperto. Sempre che la dipendenza abbia una grande intensità, il lato di ciò che domina tiene nella sua immediata vicinanza il lato di ciò che è asservito, e così tutti gli ingredienti dell'uno confluiscono in unità con tutti gli ingredienti dell'altro. Sensazioni e immagini, che sono questi ingredienti, si mescolano inestricabilmente, e la coscienza esperisce le cose in una forma che non è quella della veglia e non è quella del sogno, bensì è intermedia tra le due. La dipendenza compare in ogni modo di avere esperienza, perché non c'è modo alcuno di sentire il quale non accolga in sé, nella loro intera estensione, tutti gli elementi di cui consiste la sensibilità. Solamente se la dipendenza ha la massima forza, solamente se occupa la posizione più alta, essa possiede indole religiosa; allora, infatti, tutti i restanti elementi debbono avere un posto subordinato, perché ogni modo di sentire gradua diversamente nel suo interno ciascuno dei suoi ingredienti, i quali si dispongono come in una scala, che va da un massimo, in cui c'è la più grande concentrazione di energia, ad un minimo, in cui l'energia subisce l'estrema dissipazione. La dipendenza si differenzia altresì per l'intensità propria delle sue manifestazioni, delle quali non ce ne sono due che abbiano la stessa forza, e questa gradualità interna della dipendenza consente di risolvere una questione di cui diversamente non si riuscirebbe a venire a capo, e cioè consente di stabilire che cosa è miracolo e che cosa non lo è. Per il materiale astrattamente preso tutto è miracolo, e così molte volte si è sentenziato che miracoli sono i fatti tutti e le cose tutte, il cielo, il sole, la pioggia, ogni stilla di rugiada, e ogni incontro che si compie all'angolo di un marciapiede, camminando per strada. Non c'è motivo di protestare contro questa considerazione, purché si tenga presente che essa è dovuta alla circostanza che si prescinde dalla gradualità della dipendenza, e purché non si pretenda di far naufragare nell'indistinzione il soprannaturale, come accade allorché si dichiara che tutti gli esseri e tutti gli eventi sono ugualmente miracoli, e che quindi sono tutti da tenere per equivalenti. Contro questa pretesa è da far valere il necessario criterio della gradualità, per il quale spontaneamente le manifestazioni più vivaci si raggruppano fra loro, e prendono, esse sole, a preferenza delle altre, il nome di miracoli. Con il medesimo criterio si distinguono i grandi, eccezionali, miracoli, a cui si collega la fede comune, dai piccoli e ordinari, che sono oggetto di credenza limitata e locale, e per il cristianesimo, tra i massimi miracoli sono la creazione del mondo, l'incarnazione, la redenzione, la conversione del cuore dell'uomo, che da peccatore che era, è da Dio mutato in santo per la grazia.

C'è però da segnalare un altro e peggiore errore, quello di reputare che il miracolo consista del meraviglioso o, com'anche si aggiunge, con una singolare confusione di disposizioni sentimentali diversissime, dello stupefacente. La meraviglia non ha niente in comune con il miracolo, non soltanto perché non ne forma l'essenza, ma anche perché dove il miracolo s'impone, per la meraviglia non ci può essere posto. E infatti, chi è animato dalla meraviglia, aspira a scoprire, vuole conoscere, pretende di sapere, tutte cose che esulano dall'atteggiamento di chi si trova posto dinanzi al miracolo. La costituzione della dipendenza e quella della meraviglia sono così differenti tra loro, che non dovrebbero essere a nessun patto scambiate. Come si è detto, la dipendenza ha due lati, la dominazione, con la quale s'immedesima la potenza divina, ossia il soprannaturale, e l'asservimento, con il quale coincide il complesso delle creature, ossia il naturale, e il miracolo consiste nella relazione di questi due lati (o, come di solito si dice, il miracolo è la presenza immediata di Dio nelle cose, il diretto operare del divino nel mondo). Invece, la meraviglia non è formata da lati, bensì è qualcosa di unitario, e per questa sua unitarietà, è qualcosa di singolare, che, per tale sua indole, sorprende. Quando ci si accorge dell'impossibilità di risolvere il miracolo nell'elemento del meraviglioso, ma nondimeno ci si ostina a riferirlo ad esso, si distingue il meraviglioso soprannaturale dal meraviglioso naturale, e questo è il primo passo d'un cammino rovinoso. Ci si chiede, infatti, come si possano sceverare le due specie del meraviglioso, e si risponde che soprannaturale è quello che oltrepassa il potere della natura, mentre naturale è quello che rientra nei limiti di tale potere. Ora, il potere della natura è una nozione irrimediabilmente oscura, che non può essere, per sforzi che si compiano, chiarita, e che, di conseguenza, deve essere espunta sia dalla scienza che dalla religione. Come si è indicato, nel cristianesimo semplicemente non esiste la natura, se con questo nome si designa il luogo delle cause distinte da quella causa che è Dio (e quindi il «potere della natura», oltre che inammissibile dalla scienza fisica, è contrario agli interessi della religione cristiana). Lo stupore poi, com'è diverso dalla meraviglia, così è differente dallo stato d'animo da cui si è presi di fronte all'evento miracoloso. Chi è in preda allo stupore, si arresta e se ne sta quieto di fronte all'oggetto, prendendolo per quale è, si comporta passivamente; mentre chi è meravigliato, s'interroga, scopre, ossia agisce. Nonché formare l'essenza del miracolo, lo stupore non è nemmeno un elemento concomitante. Allorché si è stupefatti, si avverte bensì che le cose stanno così, ma nondimeno si seguita ad essere persuasi che potrebbero stare diversamente, e tanto più si è compresi di profondo stupore, quanto più si sente che sarebbe potuto accadere altrimenti. Invece, di fronte al miracolo, si è posseduti dall'evidenza che le cose in quella maniera sono e unicamente in quella maniera possono e debbono essere; ciò che è proprio non dello stupore, ma della fissità. Niente manifesta così bene tale stato d'animo, come lo sguardo fisso, quasi irretito, che in molte pitture caratterizza l'espressione di quanti hanno il privilegio di essere gli spettatori dei grandi miracoli cristiani.

La gradualità della dipendenza rende possibile sciogliere due questioni, assai spinose e tormentose, di cui l'una è quella del criterio di distinzione dei miracoli divini e dei prodigi diabolici (o compiuti da divinità straniere, assimilabili a demoni), e l'altra è quella del valore di prova, che i miracoli arrecano a favore del taumaturgo. Per la prima questione è da affermare che il criterio distintivo risiede in ciò, che nel vero miracolo, proveniente da Dio, c'è maggiore forza, e pertanto esso prevale, riportando la vittoria sul semplice prodigio diabolico. La Bibbia racconta che Mosè, per comandamento divino, compie un miracolo davanti al Faraone, così una verga gettata da Aronne per terra si trasmuta in serpente, allora il Faraone fa venire dei maghi e degli stregoni egizi, i quali sono anch'essi capaci di fare lo stesso, servendosi di certi incantesimi, ma la verga di Aronne divora le verghe degli egizi trasformatesi in serpenti[9]. Di fronte a narrazioni come queste, non bisogna concludere alla svelta che si tratta di manifestazioni di rivalità e di scontrosità di popoli e di nazioni, quasi che si fosse in presenza di bagattelle. Ugualmente non bisogna cedere alla tentazione di sentenziare che il fatto che delle verghe si trasformino in serpenti è un miracolo, e che sotto questo riguardo Mosè e i maghi e gli stregoni egizi si trovano su di un piano di parità, e che, invece, non contiene alcunché di miracoloso la circostanza che dei serpenti mangino altri serpenti, essendo un evento del tutto comune che gli animali si mangino tra di loro. La differenza essenziale è precisamente quella tra il mangiare e l'essere mangiato, giacché si tratta di un cimento decisivo, incaricato di stabilire da che parte sta l'appartenenza primaria all'ambito del soprannaturale: la vittoria è del vero Dio. Senza la gradualità della dipendenza non si disporrebbe di un qualsiasi principio, a cui attenersi, per sceverare il divino dal demoniaco, i quali, sotto tutti gli altri rispetti, sono uguali, ma si differenziano secondo quello della forza maggiore e minore, e per esso ciò che di forza ne ha di più si riferisce a Dio e ciò che ne ha di meno si lascia a disposizione dei demoni. In nessuna maniera si potrebbe dire, come suggerisce Pascal, che i miracoli discernono la dottrina, e che la dottrina discerne i miracoli, non tanto per il sospetto di circolo vizioso, che pure questa indicazione suscita, quanto per il motivo incontestabile che il criterio, per poter essere proposto e

---

[9] *Es* 7, 9-12.

praticato, esigerebbe l'estraneità della dottrina e dei documenti a cui essi è affidata al dominio del miracoloso, nel quale l'una e gli altri sono, invece, a pieno titolo ricompresi. Non è forse qualcosa di miracoloso, e in grado eminente, la sacra scrittura? E, se è così, voler discernere i miracoli con la dottrina, non equivale a discernere i miracoli con se stessi, e così a ribadire, dopo un'inutile giravolta, che dal dominio del miracoloso non è consentito uscire, a meno che non si desideri contestarne l'esistenza?

Per la seconda questione, della richiesta rivolta ai miracoli di certificare la missione divina di chi è capace di compierli (e che o non è contrastato da prodigi eseguiti da altri o li vince, dandoli a vedere per demoniaci) è da osservare anzitutto che nessuna certificazione esterna ad una particolare religione è possibile, com'è manifesto, perché la distinzione tra il miracolo divino e il prodigio demoniaco presuppone che si sia già sul terreno di questa o di quella religione, e così si sia in grado di differenziare il Dio proprio e le divinità straniere e di trattare queste ultime alla stregua di figure demoniache. Dove manca la fondamentale distinzione del divino e del demoniaco, il miracolo non può prosperare, anzi è costretto a perire. Di fronte a innumerevoli narrazioni di miracoli, provenienti da molte religioni che sono ostili tra loro e si combattono per il predominio, non si può non dichiarare che si tratta di racconti incerti, che si riferiscono a eventi remoti nel tempo, in cui possono essere entrati gli inganni e le trame di sacerdoti e le illusioni e la credulità delle popolazioni, che ne sono le vittime, e che, per il rimanente, si ha che fare con fatti dovuti ad eccitazioni e a turbamenti della sensibilità, ad allucinazioni e ad altri stati psichici alterati, a malattie come l'isteria e le paralisi isteriche, le convulsioni, l'epilessia con le singolari impressioni di luminosità che l'accompagnano, e via di seguito, nella maniera in cui modernamente si suole sostenere. Perché i miracoli possano avere valore di prova di questa o di quella missione assegnata da Dio al taumaturgo, bisogna trovarsi già sul terreno di una certa religione particolare, la quale si assume per vera, e inoltre in essa i miracoli non certificano tutte le missioni, ma attestano la provenienza divina unicamente di quelle più elevate, si riferiscono soltanto ai picchi e alle altre vette. Innegabile è la funzione di certificazione che i miracoli hanno nei Vangeli, dove manifestano la presenza in grado eminente del divino qui ed ora, riversato sopra un individuo, dotato di vasti poteri soprannaturali, agli occhi di un pubblico già in qualche misura ben disposto (e cioè già vivente nell'atmosfera del miracoloso), in quanto, anche senza questa condizione preliminare, nessuno sarebbe capace di vedere e di credere (una fede che non sia una qualche visione è impossibile). Dove tutte queste condizioni sono date, come sono date evangelicamente, il possesso dei poteri soprannaturali è effettivo, la missione divina è verace, e giusti sono i riconoscimenti che l'una e gli altri ottengono, quando il Maestro e i discepoli e gli altri suoi testimoni sono creduti.

La dipendenza, come sta alla base del miracolo, così è alla radice di tutti gli altri principi che il cristianesimo contiene; della rivelazione, che è la manifestazione che Dio fa di se stesso all'uomo scoprendogli ciò che altrimenti gli rimarrebbe per sempre nascosto, perché inaccessibile; della grazia, che è favore, atto, che, da parte di Dio, non ha ragione di eseguirsi all'infuori di quella racchiusa nel fatto che si esegue, e che l'uomo, di per se stesso, non avrebbe nemmeno la possibilità di attendersi; della fede, che è l'accoglimento della rivelazione, e della grazia che la dispensa, accoglimento compiuto da Cristo, il quale è colui che crede, in ciò che in Cristo Dio è medesimamente uomo, e in tale uomo è contenuta l'intera umanità, in quanto è redenta e non peccatrice.

Il soprannaturale, a cui tutti gli elementi accennati si riconducono, è da distinguere con ogni cura dal trascendente, il quale si trova anche nel cristianesimo, ma in secondo piano, quantunque sempre in una posizione ragguardevole. La differenza tra il soprannaturale e il trascendente, per essere colta in tutta la sua fondamentalità, richiede una lunga trattazione; per il momento ci restringiamo ad indicare un tratto distintivo e a suggerire dove essa nella dommatica cristiana s'incontra. Il soprannaturale è una relazione di termini, che non consente l'esistenza di alcun medio; invece, il trascendente ammette che si dia il medio; ciò che è soprannaturale tiene immediatamente subordinato a sé il naturale, lo ha nella sua presa, qui i termini sono stretti l'uno all'altro; ciò che è trascendente, al contrario, si comporta come l'al di là rispetto all'al di qua, qui i termini sono discosti, e lasciano pertanto il posto perché ci sia il medio. In un certo senso, è da dire che la distinzione del soprannaturale e del naturale è assoluta, perché non ammette medio tra i suoi termini, e che in questo medesimo senso la distinzione del trascendente e dell'immanente è relativa, perché in essa c'è il medio che si situa tra gli estremi. Ma in un senso diverso è da dire che la distinzione del soprannaturale e del naturale è relativa, perché il primo sovrasta direttamente il secondo, il quale incomincia a quel punto in cui l'altro finisce − a quel modo in cui l'ombra vana inizia dopo che il corpo reale termina (e Dio è l'avvertimento della realtà, come la natura è la coscienza dell'ombra) −, e che in questo medesimo senso la distinzione del trascendente e dell'immanente è assoluta, perché l'al di là è immensamente lontano dall'al di qua. In questo secondo senso, il Dio del cristianesimo, che è il lato della dominazione della dipendenza, è essenzialmente relativo alla natura, che della dipendenza è il lato dell'asservimento[10]. Come le metafore del «sopra» e del «sotto» sono idonee a significare la dipendenza, così le metafore dell'«alto» e del «basso» sono atte ad esprimere la trascendenza; pertanto, il loro impiego, anziché essere, come suole, promiscuo, dovrebbe essere sempre il medesimo, giacché le entità a cui esse alludono non sono scambievoli.

È perché accorda un posto considerevole al trascendente, sebbene inferiore a quello che fa al soprannaturale, che il cristianesimo conosce la figura del Mediatore, la quale è ignota alle religioni in cui la dipendenza è così esclusiva, che in esse il trascendente si trova relegato in una posizione infima, così che vi è

---

[10] Guardando a questo senso, si può convenire con Newton, che giustamente afferma: «*Deus est vox relativa & ad servos refertur: & deitas est dominatio Dei*» nello *Scholium generale* dei *Philosophiae Naturalis Principia Mathematica*, in *Opera quae extant omnia*, Stuttgart-Bad Cannstatt, 1964 (Ristampa dell'edizione di S. Horsley, London, 1779-1785), Bd. 3, p. 171.

quasi assente. Senza il trascendente, il cristianesimo conoscerebbe Dio e l'uomo, ma non Cristo, che è l'Uomo-Dio. Cristo, in ciò che è medesimamente Dio e uomo, è l'elemento della trascendenza presente nel cristianesimo, in quanto raccoglie in unità ciò che è al di là e ciò che è al di qua; ma Cristo, in ciò che è un unico essere, un'unica persona, è solamente Dio, e questo ribadisce che il trascendente, per quanto importante sia, nel cristianesimo viene pur sempre dopo il soprannaturale. Infatti, la dottrina teologica per cui in Cristo ci sono due nature, la natura divina e quella umana, senza commischianza, senza trasformazione e senza divisione, ma c'è una sola persona, quella divina, esprime la compresenza entro il cristianesimo del trascendente e del soprannaturale, con il primato di questo su quello. In Cristo la natura umana non soltanto sta in basso, può patire, mentre quella divina sta in alto ed è impassibile (ciò è esigito dalla trascendenza, la quale vuole che i suoi termini si trovino su piani diversi), ma anche obbedisce ed è completamente assoggettata alla divina (e questa è una manifestazione della preponderanza del soprannaturale sul trascendente). La dottrina della dualità delle nature e dell'unicità della persona di Cristo passa di solito per oscurissima, e si usa dirla incomprensibile; nondimeno, è suscettibile di ricevere un'interpretazione accettabile, a condizione di ricondurla sul terreno dell'esperienza di vita di cui si alimenta. Condensare in una formula dommatica universalmente valida un modo di sentire, in cui sono riuniti, ma a un diverso titolo, la dipendenza e il *quid* di cui consiste la trascendenza, è impresa possibile, ma la formula dà senso unicamente se si è lasciati liberi di rituffarla ogni volta nella sensibilità che è alla sua scaturigine, senza nessuna preoccupazione estranea. Qualora ci si comporti così, tutto quel che la formula vuol dire, con l'unica persona, è la dipendenza, o il soprannaturale, e tutto quel che essa significa, con le due persone, è il trascendente, ossia è – com'è venuto il momento di mostrare – il sublime.

4. *Il trascendente ellenistico e il sublime*

Conviene però in un primo momento indagare il sublime non sul terreno del cristianesimo, sibbene su quello dell'ellenismo, con l'avvertenza che con il nome «ellenismo» s'intende, da parte nostra, designare un modo di sentire che ha nella grecità manifestazioni grandiose (alle quali va compiuto riferimento primario), ma che non è limitato al mondo greco, bensì è di tutti i luoghi e di tutti i tempi, quantunque in forma ora intensa e ora così esigua che potrebbe parere estinto (ma che in effetti estinto non è, perché la natura delle cose non gli consente di perire). Ciò che nel cristianesimo è la dipendenza, nell'ellenismo è il sublime, al quale niente può ergersi rivale, per quanti siano gli elementi di cui si compone il modo ellenistico di avere esperienza della realtà. Invece, nell'ellenismo poco rilievo e scarsa incidenza possiede la dipendenza, e di conseguenza, in esso compaiono soltanto sullo sfondo il soprannaturale, la grazia, la fede, il miracolo, il quale ultimo finisce, anzi, per avervi un significato diverso da quello che il cristianesimo gli assegna.

Il sublime ha due lati, l'eccellente e il dappoco, e secondo di essi si divarica ogni essere e ogni valore delle cose, quando sono avvertite come questo sentimento comporta. Come sulla terra ci sono dei dislivelli, per cui ci sono luoghi alti e luoghi bassi, e alcuni dei primi si perdono per la distanza dell'elevazione, in cui appena s'intravedono, e alcuni dei secondi si smarriscono per l'esiguità delle dimensioni, per cui lo sguardo soltanto a fatica riesce ad accompagnarli, così, a causa del sublime, la realtà è disposta per piani, che vanno dall'immensamente grande allo straordinariamente piccolo. Il sublime è l'avvertimento divaricato delle cose, che ne slarga la distanza, e in cui l'eccellente si libra in alto sul dappoco, ma non se lo assoggetta e non lo asserve (per il sublime, una tale signoria sarebbe addirittura sconveniente).

Nell'ellenismo subito dopo il sublime si trova la meraviglia, su cui si sono date sopra alcune indicazioni e su cui occorre tornare adesso con maggiori schiarimenti. Solitamente, la meraviglia si riferisce alla novità, e questo collegamento è del tutto giusto, ma va inteso nel senso che è la meraviglia a produrre l'aspetto nuovo delle cose, e non sono le cose che si scorgono per la prima volta e che quindi, almeno per noi, sono nuove, quali che siano di per sé stesse, appena venute all'esistenza o esistenti da lungo tempo, a provocare la nostra meraviglia. A mettere sulla buona strada è la riflessione che ci sono almeno alcune cose (che sono poi quelle veramente meravigliose), le quali sono accompagnate dalla meraviglia per tutto il tempo in cui si considerano, tempo che può essere anche lunghissimo, e in cui questo sentimento, invece d'indebolirsi e affievolirsi, può anche intensificarsi e crescere, essendo palese che esso, se fosse dovuto al primo apparire degli oggetti, presto si estenuerebbe e un po' per volta dileguerebbe, perché gli oggetti ci diventerebbero consueti. È da aggiungere che, nel caso di questo particolare sentimento, è vero ciò che è vero di tutti, ossia che i sentimenti non sono reazioni alle impressioni prodotte dagli oggetti, nella quale evenienza sarebbero cose derivate, fornite di una specie secondaria d'esistenza, ma sono cose originarie, dotate dell'unica specie d'esistenza che ci sia (l'esistenza non si divide in primaria e in secondaria), e che gli oggetti sono così e così avvertiti, perché su di essi si riversano gli stati d'animo, colorendoli di se stessi. Se però la meraviglia non è una reazione, bensì è la causa dell'essere in una certa maniera di taluni oggetti, non può che consistere del sentimento della novità, dell'auroralità, delle cose, per cui queste si avvertono originali, fresche, si colgono nel momento della nascita. Espunto il pregiudizio che i sentimenti siano reazioni a stimoli provenienti dal di fuori, è abolita altresì la distinzione tra «ciò che è di per se stesso» e «ciò che è rispetto a noi», e pertanto la meraviglia risulta essere lo stato d'animo per cui identicamente di per sé e per noi le cose sono apprese nell'atto di arrivare all'esistenza.

Se ci domandiamo quale sia la posizione che nell'ellenismo ha la meraviglia, per quel che attiene alla filosofia, incontriamo subito un passo di Platone, in cui la meraviglia è dichiarata la passione del filosofo[11], e un passo di Aristo-

---

[11] *Theaet.*, 155 d.

tele, in cui si afferma che gli uomini si sono volti alla filosofia spinti dalla meraviglia[12]. Qualora però la meraviglia sia la passione precipua del filosofo, e gli
uomini tanto ai primordi che adesso siano mossi a filosofare da questo sentimento, non sarà forse meglio collocare la meraviglia al primo posto nell'ellenismo filosofico, considerarla il suo stesso centro ispiratore, invece di accordarle
sì un posto eminente, ma pur sempre successivo a quello occupato dal sublime?
Per sciogliere il dubbio, occorre riflettere che la meraviglia è semplicemente
l'avvertimento del nuovo, il sentimento dell'auroralità, del sorgere e del venire
all'esistenza delle cose. La meraviglia non comporta minimamente che le cose,
da lei colorite, siano grandi o piccole, alte o basse, consistenti o inconsistenti;
essa non ha niente da spartire con tutto ciò che è questione di entità, di proporzioni. Se si guardasse alla sola meraviglia per la filosofia, non si sarebbe capaci
di distinguere l'amore del sapere dalla semplice curiosità. La curiosità, come
appare agli occhi dell'ellenismo, è atteggiamento banale, perché verte su ciò
che sta in basso, e nondimeno ci sono novità banali, e ci si può meravigliare anche di ciò che, nei piani in cui è disposta la realtà, sta in un'infima posizione.
(L'ellenismo conosce la curiosità banale, differente da quella di cui discorre il
cristianesimo, nella sua condanna della filosofia come preteso sapere autosufficiente, che è la curiosità perversa, la distrazione, per cui si pretende di svinco-
larsi dalla presa della dipendenza, la quale non può consentire che si sollevi lo
sguardo e si scruti liberamente attorno. Cristianamente, la vanità non è il contrassegno di ciò che è privo di vero interesse, e che è da superficiali voler intenzionalmente vedere, ma è il marchio dell'atteggiamento della ribellione, e serve
a definire la superbia). La filosofia non è la conoscenza di tutti gli oggetti nessuno escluso, nel senso che sia una rassegna che li elenca, giacché una tale rassegna sarebbe destinata a restare incompiuta, essendo il numero degli oggetti
sterminato e inesauribile, e per di più, sarebbe priva di qualsiasi valore, perché,
quand'anche un tale elenco si possedesse, non si saprebbe niente di ciò che gli
oggetti sono, in quanto s'ignorerebbe la loro essenza. Conoscere le cose significa conoscere le loro essenze; sapere che cosa le cose universe sono importa sapere che cosa la realtà è, avere la cognizione del suo principio; le essenze sono
gli universali, e l'essenza, che è il principio della realtà, è l'universale massimo,
di cui tutti gli altri universali sono gli ingredienti.

   Ciò che arreca una tale conoscenza è la ragione, la quale è da definire come
la facoltà di pensare l'universale, quel che sta in alto, mentre tutto quanto c'è
ancora nell'uomo, la sensazione, l'immaginazione, la memoria, le passioni, si
riferiscono al particolare, vertono su quel che sta in basso, e quel che sta in alto
è il sublime per il lato dell'eccellenza, come quel che sta in basso lo è per il lato del dappoco. La ragione non è semplicemente la facoltà di compiere delle inferenze, perché anche gli animali hanno la facoltà di cogliere delle relazioni e
così di eseguire le inferenze (anzi, inferenza altro non è che apprensione di relazione), sibbene è il potere di effettuare inferenze alla luce dell'universale, così

---

[12] *Metaph.*, A2, 982 b 12-19.

che, rispettando insieme la brevità e la compiutezza, si può semplicemente dire che è la facoltà dell'universale. Questo è uno dei due fondamentali concetti di ragione, che ci siamo proposti di lumeggiare; l'altro è quello peculiare dell'illuminismo, che ci risulterà estremamente lontano dal concetto proprio dell'ellenismo (qui è la radice, per cui l'illuminismo e l'ellenismo sono divisi da un abisso).

Se, per la filosofia, i Greci insistono sulla meraviglia e sottintendono il sublime, non è per il motivo che lo disconoscano, ma al contrario è per il motivo che l'hanno già da sempre collegato alla meraviglia, e anzi, preordinato ad essa, giacché altrimenti non sarebbero in grado di differenziare quella meraviglia, che induce a fuggire dall'ignoranza e a ricercare la sapienza, dall'altra, che è curiosità votata alla dispersione dei particolari a sé stanti. Poiché quel che si sottace, in qualche maniera pur si esprime, anche il sublime è significato mediante il disinteresse che si afferma essere carattere costitutivo della filosofia. Di fronte a ciò che si avverte elevato ed eccelso, si è soddisfatti del vedere, si sosta in atteggiamento di contemplazione; qui manca la condizione preliminare esigita perché ci si possa avvalere di un sapere per qualche uso pratico, per i vantaggi e i comodi della vita, condizione che è di avvertire l'oggetto, a cui il sapere si riferisce, come basso, sottostante, rispetto alla posizione che l'uomo assegna a sé medesimo nella realtà. Questa è la fonte vitale da cui deriva la distinzione ellenistica tra la filosofia e le cognizioni da cui dipende la costruzione degli utensili e ogni altro ritrovato che serva alle necessità elementari dell'esistenza.

La ragione, come facoltà dell'universale, si dimostra onnipresente nel sentire tipico dell'ellenismo in ciò, che questo richiede che ogni caso singolo si risolva, non guardando immediatamente ad esso, sibbene riferendogli una regola, la quale vale senza restrizioni anche negli altri casi dello stesso genere, e soprattutto in ciò, che i fatti non sono riconosciuti se non quando siano giustificati. Ciò che al buonsenso riesce incomprensibile, non è condannato in nome del buonsenso, ma il ricorso a questo preteso tribunale è grecamente merce vietata; anche le tesi che vengono avanti con un sembiante paradossale, e che altrove sarebbero liquidate con una scrollata di spalle e con un sorriso di compatimento, sono ritenute degne di considerazione e meritevoli di essere discusse; di contro, non c'è preteso fatto, che abbia dalla sua il suffragio del comune riconoscimento, il quale possa accogliersi come assodato, se non si è capaci di renderne ragione. Finché non si portano le ragioni, il fatto retrocede, è ignorato, e teoreticamente ci si comporta come se non esistesse; di conseguenza, che si pretenda di appoggiarsi sopra ai fatti è riguardato come prova di una inammissibile rozzezza, che reca in se stessa la sentenza di condanna. Dinanzi a quel che sembra indicibile e ingiustificabile, e che per l'intanto resiste ad ogni sforzo per esprimerlo e per ragionarlo, non ci si arrende, bensì ci si ribella e si continua ad investigare, perché ridicola e brutta si avverte l'incapacità in cui si è, e vergognosa si giudica l'ignoranza in cui si versa.

La filosofia greca procede per discorsi argomentati, e non per esibizione di fatti, perché la fonte di cui si alimenta la speculazione è lontanissima da quella da cui trae origine il fatto. La radice del fatto risiede nello stupore, il quale è da definire come il sentimento dell'*essere là delle cose*. Invero, che mai è un fatto, nella sua normale datità, se non l'avvertimento che un qualcosa è là, arrecato dallo stupore nel grado medio della sua forza? Quando si prova stupore, ci si sente come legati, si è, per così dire, attaccati alle cose, e per questo attaccamento le cose sono esperite come rinserrate in se stesse, senza alcuna connessione con le altre tutte, che non sono coinvolte in un tale stato d'animo. Le cose a sé stanti, e quindi singole, particolari, sono i fatti, i quali constano, vanno da sé, sono ovvi nel loro *essere là*, che è identicamente il loro *essere così*. Al contrario, la meraviglia spinge l'anima a protendersi per abbracciare quanti più oggetti è possibile, e quindi dà luogo all'apprendimento degli oggetti nelle loro relazioni, ossia in ciò che c'è in essi d'universale, ossia nelle loro ragioni. Lo stupore e la meraviglia differiscono tra loro come i fatti e le ragioni, e se ci sono cognizioni di fatti, le quali sono particolari, esse si denominano positive, perché positivo è il fatto; la filosofia, essendo la conoscenza dell'universale, non può, nell'ellenismo, essere alcunché di positivo, ma deve procedere per ragioni, e cioè speculativamente. Nessuno corre così poco il pericolo, come l'uomo greco, di smarrirsi nei fatti e di restarne prigioniero, giacché il Greco è spinto sempre oltre, verso la totalità delle cose. Gli individui e i popoli più dotati sono massimamente inclini alla meraviglia, mentre quelli più stupidi sono portati, nella stessa misura, allo stupore, che è un sentimento suscettibile di dilagare, come accade nell'ebete, il quale non è capace di meravigliarsi di niente, si stupisce immancabilmente di tutto, e cioè delle poche e misere cose che lo circondano, e così passa la vita immerso nell'ottundimento e nel torpore (c'è anche la specie patologica dello stupore).

La realtà, quale si dispiega davanti alla ragione, è un sistema di piani, che da quello supremo, proprio del divino, procede a quello mediano, caratteristico dell'umano, giunge a quello basso, retaggio dell'animale, e infine si distende in quello infimo, il quale contiene una molteplicità d'interne scansioni, in cui si dispongono via via la pianta, l'essere inanimato, ma pur dotato di consistenza, come capita per il corpo naturale, dopo del quale si situa l'ombra che il corpo al sole produce, l'immagine riflessa nello specchio d'acqua, l'eco cagionata dalla voce, sino al punto in cui l'oggetto diventa tanto evanescente da confinare col nulla. Il nome della realtà, così considerata, è *natura*, perché con il termine «natura» è da intendere anzitutto la potenza originaria, che, serbandosi in se stessa indivisa, ed essendo di per se stessa indivisibile, dirompe in un sistema di piani articolati per quel che attiene alle sue manifestazioni. La natura è tale a condizione di essere una sola e la medesima, di comprendere ad un identico titolo tutto ciò che in qualunque modo esiste, sia esso una divinità, un uomo, una bestia, un filo d'erba, una pietra, e questo può accadere perché la natura non è nessuna di queste cose particolari, e non è nemmeno il loro insieme, bensì è la potenza generatrice che tutte le trae all'esistenza, serbandole insieme nel proprio seno. Le differenze tra gli esseri sono quelle delle manifestazioni, in cui è sempre la stessa e unica natura che si rivela, mostrandosi nelle sue geniture, le quali le appartengono ugualmente, per quanto diversi siano i loro sembianti. Di conseguenza, andando al di là di qualunque cosa, trascendendola nella sua particolarità, è possibile risalire alla matrice da cui promana, e così cogliere la natura nell'atto di portarla alla vita.

Di Dio si parla in sensi diversi, giacché Dio è sia la natura, la potenza, il principio, che è indiviso in tutte le cose, sia il piano più elevato delle manifestazioni naturali. Nell'un senso, Dio è l'essere universale, l'inderivato da cui tutte le cose derivano; nell'altro senso Dio è un essere particolare, ancorché sia quello più alto tra quanti esseri si distinguono. E mentre nel primo senso, Dio è immoltiplicabile, perché la fonte da cui promana la realtà è necessariamente una sola, nel secondo, può capitare che la molteplicità si accampi sul terreno del divino, e che, in luogo di un solo Dio, si abbiano molti dei, gerarchicamente disposti tra loro nel piano supremo delle cose: ciò è quel che capita nell'ellenismo. La religione del popolo greco è paga di quella trascendenza in senso lato, che è la superiorità delle proprietà di certi esseri nei confronti di quelle di certi altri, allorché tutti gli esseri sono pervenuti all'esistenza; la genuina trascendenza è quella a cui guarda la filosofia greca, dirigendosi dalle cose esistenti alla natura che le genera, che mantiene in sé in tutto il percorso della loro vita, e in sé riassorbe, allorché si conclude la loro vicenda. Solamente la natura generatrice è la divinità della filosofia, ed essa non si può pretendere di trovare come si trovano tutte le altre cose, comprese le divinità della religione, perché non ha la loro stessa maniera di esistere, essendo mobile, scorrente, fluida, quanto esse sono ferme, compatte, salde. Questo fondamentale significato della trascendenza è però di solito ignorato, perché si scambia di continuo il trascendente con il soprannaturale. Al trascendente ci si eleva con la ragione, che vi si innalza e lo attinge; è il soprannaturale che razionalmente è irraggiungibile, non il trascendente, che arreca il suo compimento alla ragione, la quale, essendo la potenza dell'elevazione, si realizza nel pervenire alla realtà prima e universale. Niente come siffatta confusione del trascendente e del soprannaturale, ostacola la comprensione sia dell'ellenismo che del cristianesimo.

Quest'intuizione è lo spirito che nel profondo anima tutta la filosofia greca, ma che giunge ad espressione in modi assai diversi nelle teorie in cui codesta filosofia si dà forma esplicita. Ai primordi della speculazione, la filosofia possiede la semplicità essenziale, si attiene al solo scopo di attingere il principio del tutto, di seguirlo nel suo dirimersi nella molteplicità delle cose e nel ritorno all'unità iniziale, ha la sola mira di compiere concettualmente il percorso che la realtà esegue effettualmente. Prima che questa strada sia interamente percorsa, s'afferma però la tendenza dell'uomo a rinserrarsi in se stesso e a trovare la sua soddisfazione nell'ambito della propria interiorità, interessandosi del mondo soltanto per quel che concerne la felicità umana, onde accertarsi che la struttura della realtà è confacente a un tale fine supremo, o anche disinteressandosene appieno, nella convinzione che la costituzione delle cose è impenetrabile dal pensiero. Tuttavia, anche in questo orizzonte limitato si rivela la peculiarità dello spirito greco, che è di voler tutto giustificare, e quindi di rifuggire dalle semplici asseverazioni, per cui ci si accontenta di costatare i fatti, si sentenzia che le cose stanno così, e con questo espediente ci si sottrae al compito d'indagare. Anzi, le maggiori sottigliezze del ragionamento, lo sconfinato virtuosismo della dialettica, s'incontrano proprio dove si sostiene che la realtà è inconoscibile, giacché, per quanto tale essa sia, qualcosa se ne deve pur sapere, e cioè che può bensì essere una potenza indifferente o anche ostile all'uomo, ma nondimeno non è in grado di colpirlo nella sua intimità e di annientare la sua beatitudine. Infine, nella ultima sua grande stagione, quella del neoplatonismo, la filosofia greca torna ai Presocratici, concepisce la realtà come processo, per cui dall'Uno si genera la molteplicità delle cose le quali ritornano all'Uno, e così ripristina l'universalità del principio, che quindi riceve il suo pieno riconoscimento all'inizio e alla fine della speculazione dell'ellenismo.

La filosofia è solamente un aspetto dell'ellenismo, ma il razionalismo è così connaturato ai Greci, che si riscontra in tutte le manifestazioni della loro vita, nella poesia come nella mitologia, nell'oratoria politica e forense, nella storiografia, come nelle arti figurative. L'epica di Omero adduce le ragioni dei fatti, anziché limitarsi a registrarli, e così li concatena, inquadrandoli in una rappresentazione di valore universale. Se l'ira di Achille, che è il motore dell'intera azione dell'*Iliade*, avesse potuto essere placata, l'ambasceria di Aiace, Odisseo e Fenice, ci sarebbe riuscita, giacché i loro discorsi non omettono nemmeno uno dei motivi che avrebbero dovuto riportare l'eroe a combattere con gli Achei. La mitologia presenta le forme plastiche delle divinità in maniere così precise, che le teogonie s'incaricano di connettere in relazioni, per cui il mondo divino risulta un cosmo ordinato, al pari e più del mondo umano. Raziocinativa all'estremo è l'oratoria greca in tutte le sue forme, compresa quella dei discorsi che gli storici mettono in bocca ai condottieri, di cui meravigliosamente scolpiscono i caratteri e analizzano i moventi delle azioni. Nelle arti figurative la razionalità si mostra come senso della proporzione, del limite e della misura: così, p. es., nelle statue i volti degli dei e degli eroi esprimono una serenità e una calma sovrana, libera da ogni emozione.

Contro questa considerazione della grecità, non si manca talvolta di sollevare l'obiezione della convenzionalità, e si arrecano copiosi documenti, i quali dovrebbero dimostrare la presenza e l'importanza dei fattori irrazionali del comportamento presso i Greci, quelli che emergono dalle pratiche dei culti misterici, con le loro orge e i loro deliri, dalla teurgia e dalla magia, dalle credenze astrologiche e da qualche specie di medicina intinta di superstizione. Senza voler disconoscere quel che dagli studi così orientati si può apprendere, bisogna tuttavia osservare che essi tendono a sottrarsi al compito di definire ciò che è da intendere per razionale e per irrazionale, circostanza che si spiega per il motivo che l'irrazionale, una volta che fosse definito, sarebbe per ciò stesso ricondotto al razionale, non potendo essere dubbia la razionalità di tutto quel che si lascia formulare in definizioni. Di una tale omissione si avvantaggia la tacita persuasione che la ragione sia completamente opposta alla passione, mentre – nel significato in cui in questo caso la ragione può unicamente essere presa – è, a sua volta, intessuta di passione, giacché il sublime e la meraviglia, al pari dell'ostinata ricerca delle relazioni in cui questi ingredienti del sentire si traducono, sono atteggiamenti passionali. Va poi da sé che quel che deve decidere è l'aspetto prevalente della civiltà, e non l'intera serie delle sue manifestazioni, perché tutte le espressioni della vita compaiono presso tutti i popoli, ma ora situate in primo piano, e ora, invece, relegate sullo sfondo, e sembra che non si possa contestare che, in definitiva, l'uomo greco cammina eretto, governandosi con la propria testa, invece di procedere curvo sotto il peso delle decisioni provenienti dalla divinità.

5. *L'antropocentrismo ellenistico e l'antropocentrismo cristiano*

Quanto grande sia la distanza che separa l'intuizione occidentale, greca, del mondo, da quella orientale, ebraica e cristiana, è comprovato nel miglior modo dalla diversa posizione che vi occupa l'uomo. Nell'ellenismo l'uomo è considerato talvolta un medio proporzionale tra Dio e l'animale; così Eraclito può dire che la più bella delle scimmie è brutta al confronto dell'uomo e che l'uomo più sapiente è una scimmia al confronto di Dio[13], e in questa maniera inculcare all'uomo la modestia, ma insieme dischiudergli la possibilità d'investigare se stesso, di comprendere i processi naturali e le leggi divine che li reggono, ossia di conoscere la realtà. Essendo divaricazione, il sublime comporta l'intermediario, e molta parte della filosofia greca è volta alla ricerca dell'elemento che, stando nel mezzo, congiunge ciò che si trova in alto e ciò che è collocato in basso nell'universo, il quale è l'intero. Mai l'ebraismo e il cristianesimo potrebbero ammettere che l'uomo è l'essere intermedio tra Dio e le altre cose tutte; per essi una qualsiasi comparazione proporzionale non avrebbe semplicemente senso, per il motivo che la dipendenza tiene aderenti i suoi termini e non consente che tra di essi s'insinui alcunché: Dio è tutta la realtà; le creature sono soltanto ombre vane. Certamente, anche per l'ebraismo e per il cristianesimo, c'è una differenza tra l'uomo e tutte le altre creature, ed essa risiede in ciò, che la parola di Dio si rivolge in maniera peculiare all'uomo, al quale egli ha accordato il privilegio di poter dare una risposta, mentre alle altre creature ha assegnato unicamente la parte di emettere un'eco. Nella natura non c'è niente da conoscere, per la stringente ragione che la natura, quale potenza distinta da Dio, nell'ebraismo, semplicemente non esiste, e in quelli che noi chiamiamo fenomeni naturali si coglie sempre unicamente la presenza di Dio, perché essi sono esclusivamente delle occasioni per il rendersi presente di Dio, come il linguaggio testamentario dimostra in maniera irrefutabile[14].

L'uomo, oltre che fornito di bisogni vitali, oltre che essere fatto di carne e di respiro, è dotato della ragione, che gli permette di aspirare alla conoscenza, ma questo possesso non vale ad arrecargli una qualsiasi potenza. Al contrario, l'uo-

---

[13] *Die Fragmente der Vorsokratiker*, hrsg. von H. Diels u. W. Kranz, Dublin-Zürich, 1966[12], Bd. 1, p. 169, B82 e B83.

[14] Cfr. *Ger* 10, 13; *Am* 5, 8; *Sal* 64, 6-10. Come già si è avvertito, biblicamente Dio non è causa prima, ma causa unica. Si può anche dire, come fa Spinoza, che gli ebrei non menzionano le cause seconde, né se ne curano, bensì riferiscono tutto immediatamente a Dio. Cfr. *Tractatus Theologico-Politicus*, in *Opera*, hrsg. von C. Gebhardt, Heidelberg, 1972[2], Bd. III, pp. 16-17.

mo non cessa di essere caratterizzato dall'indigenza e dalla caducità, da quei tratti essenziali che la Bibbia condensa nell'affermazione che l'uomo è «polvere e fango». Per quel che riguarda il cristianesimo, occorre guardarsi dal confondere Cristo, che è l'intermediario, o, com'è lo stesso, il mediatore, con il semplice uomo; Cristo è l'*imago Dei*, l'uomo, per il fatto di avere la ragione, è soltanto *ad imaginem Dei*. Si deve anche tener per fermo che Cristo, il Figlio, è bensì il Verbo, ma che nemmeno la luce del pensiero divino può rischiarare sino in fondo l'abisso in cui si trova il Padre, in ciò che non è una Persona come le altre, ma è *fundamentum totius Deitatis et tota Deitas*.

In maniera diversa le cose stanno nell'ellenismo, nel quale gli dei appartengono alla natura, che è il luogo a cui tutto si riconduce, anche ciò che parrebbe più riluttargli, ossia il miracolo. C'è il miracolo, che è irruzione del soprannaturale, e questo è il miracolo cristiano, che ha senso soltanto dove non esiste la natura, quale potenza distinta da Dio, e c'è il miracolo, che è opera di chi, Dio o uomo, penetra più profondamente nella natura e ne fa scaturire manifestazioni nuove, sorprendenti, ma che appartengono pur sempre alla natura, e anzi vi appartengono più e meglio delle manifestazioni ordinarie e comuni, perché maggiormente e più estesamente ne dimostrano le capacità, e questo è il miracolo come esiste nell'ellenismo. Poiché il miracolo, così inteso, rientra appieno nell'ordine naturale, si comprende come grecamente non si faccia parola alcuna del miracolo, quando si tratta della scienza, la quale non vi è in niente interessata. L'evento miracoloso è un fenomeno, e in tale qualità non domanda di ricevere una spiegazione per principio diversa da quella che ricevono i restanti fenomeni. In questa accezione è da dire che il miracolo resta una faccenda strettamente privata, che riguarda chi lo opera ed eventualmente coloro a vantaggio dei quali è operato, e non coinvolge l'interesse pubblico del pensiero filosofico.

Poiché agli dei greci si può domandare solamente la sublimità, essi sono limitatamente potenti e di conseguenza, differiscono dagli uomini piuttosto per quantità che per qualità. Anche la proprietà, che meglio li contraddistingue, dell'immortalità è, infatti, considerata come durata illimitata, a quella maniera che la mortalità, propria dell'uomo, è riguardata come durata limitata, e la durata consiste di parti, che nel caso degli dei sono indefinite e in quello degli uomini finite, e ciò forma una differenza quantitativa. Non è però vero quello che solitamente si aggiunge, ossia che si tratta di divinità antropomorfe, nate dalla proiezione di qualità dell'uomo, che in esse si oggettivano e insieme si sublimano. Queste ordinarie considerazioni sono echi della polemica cristiana contro quello che spregiativamente è chiamato il «paganesimo», che si prolungano nel tempo e trovano passivamente accoglienza anche dove meno dovrebbero, e cioè nella moderna scienza della religione. L'imputazione d'antropomorfismo, se non regge, a cagione dell'incarnazione, contro il cristianesimo, non tiene, per la stessa cagione, nemmeno contro l'ellenismo, giacché l'incarnazione è presente in tutte le religioni, in cui può differenziarsi unicamente per le forme che assume. E tale differenza sta in ciò, che la figura che si dice umana degli dei della Grecia è permanente, essi la posseggono da sempre e per sempre, laddove la figura umana di Cristo è momentanea, essendo sorta al momento in cui il Verbo è disceso dal cielo[15]. Dovunque gli uomini si conformano all'archetipo della divinità; la sola questione da definire è di che cosa nelle diverse religioni la divinità sia l'archetipo. Nella religione pubblica greca, gli dei sono il paradigma del comportamento elevato, a cui l'uomo, nei limiti che gli sono propri, e che deve guardarsi dal pretendere di oltrepassare, s'ispira, a condizione che sia di animo nobile. Gli dei greci non attirano gli uomini a sé e non li santificano, e non potrebbero comunque farlo, perché non sono essi stessi santi, ossia non sono concentrati di dipendenza.

Il fatto che nell'ellenismo si affermi la tendenza ad assegnare all'uomo la posizione di un medio tra l'alto e il basso è anche la chiave di volta per la comprensione dell'antropocentrismo, il quale, se non è di tutta la grecità, a partire da un certo momento si sviluppa in essa e vi ottiene manifestazioni cospicue, che debbono essere attentamente considerate, perché l'antropocentrismo esiste anche nel cristianesimo, dove però ha un significato interamente diverso, come comporta la differenza dei contesti in cui nei due casi è immesso. In Platone l'idea della grande importanza dell'uomo, da cui l'antropocentrismo muove, non c'è ancora, e anzi, è da lui detto che l'uomo è uno strano congegno, capace di attingere soltanto qualche sprazzo della verità, un giocattolo costruito dagli dei forse per gioco e forse con qualche seria intenzione, e per di più, è soggiunto che è l'uomo ad esistere in funzione dell'universo, di cui è una minima parte, e non è già l'universo ad esistere in funzione dell'uomo[16]. Ciò che vieta a Platone di attribuire all'uomo un essenziale valore non è la circostanza che al di sopra dell'essere umano ci siano il Demiurgo, l'anima del mondo, gli dei generati, anzi, che tutto questo accada è un ingrediente fondamentale dell'antropocentrismo, il quale non mira affatto a fare dell'uomo una realtà autonoma, ma è l'asserzione che l'uomo è una parte, tra le altre, del tutto, e che esiste per il tutto. Nemmeno in Aristotele l'antropocentrismo trova spazio, non già per la ragione che lo Stagirita si rifiuta di considerare l'uomo come l'essere più eccellente del mondo e sostiene che in natura esistono esseri molto più divini di lui, sibbene

---

[15] È inappropriato e arbitrario parlare di figura umana degli dei, come mostra limpidamente Cicerone, quando fa dire a Cotta che non gli dei sono simili agli uomini, bensì gli uomini sono simili agli dei (*De nat. deor.*, I, 32, 90). Il divino è il modello e l'umano è la copia, l'esemplare procede e l'esemplato segue; pertanto, è questo che deve essere considerato e denominato sulla base di quello, e non viceversa. Occorre quindi concludere: esistono rappresentazioni teomorfiche dell'uomo, non rappresentazioni antropomorfiche di Dio. Non c'è pretesa tanto inconsistente e assurda come quella del cristianesimo di accordare a se stesso il possesso esclusivo dei concetti della rivelazione e della grazia, quasi vantasse il monopolio dei fondamenti essenziali della religione. Le relazioni tra gli dei e gli uomini non potrebbero aver luogo, se gli dei non si dessero a vedere, e il darsi a vedere non differisce in niente dal rivelarsi. Nella teologia dell'ellenismo la rivelazione compare, oltre che come concetto, come fatto, e a questo titolo è adoperata come argomento per provare l'esistenza degli dei. Cicerone menziona numerosi casi in cui gli dei si sono offerti alla vista degli uomini e aggiunge: «*Saepe Faunorum voces exaudite, saepe visae formae deorum quemvis aut non hebetem aut impium deos praesentes esse confiteri coegerunt*» (*Ibid.*, II, 2, 6).
[16] *Leg.*, VII 804 b; I 644 d-e; X 903 c.

per il motivo che ignora la provvidenza divina, e dove manca la provvidenza, per l'antropocentrismo non c'è posto. L'osservazione aristotelica che le piante servono agli animali, e gli animali all'uomo per il nutrimento, le vesti, gli strumenti, le attività[17], non soltanto è incidentale e isolata, ma non riceve la necessaria fondazione, la quale potrebbe essere arrecata solamente dalla provvidenza, che, unica, consentirebbe di scorgere che il servire all'uomo è effettivamente un esistere e un essere ordinato di tutte le cose terrene all'uomo, come mezzi al fine. Idee antropocentriche incominciano a trovare espressione in Senofonte, il quale fa posto all'amore e alla cura che Dio e gli dei hanno degli uomini, a cui hanno elargito i maggiori benefici, fornendoli di un corpo e di un'anima meravigliosi, e disponendo tutti gli esseri inanimati e animati per l'utilità e il vantaggio dell'umanità[18]. L'antropocentrismo ellenistico è però un creazione precipua dello Stoicismo, che è la filosofia che assegna un ruolo capitale alla provvidenza divina e quindi dispone di una solida base per far valere la magnificenza del mondo e la perfezione dell'uomo. Non c'è aspetto della costituzione dell'uomo che gli Stoici non passino in rassegna, la statura eretta, il potere della locomozione, gli organi di senso, le facoltà dell'anima, e tra di esse la ragione, che produce quella scienza, di cui nemmeno la divinità può vantare un bene più prezioso, e di cui non c'è niente di uguale sulla terra, così che è da inferire che tutto questo grandioso edificio sia costituito come dimora comune degli dei e degli uomini[19]. Questa forma d'antropocentrismo ha quindi per principio le qualità naturali dell'uomo, di cui riscontra l'eccellenza, ponendo al primo posto la ragione, che è ciò che accomuna l'essere umano e l'essere divino, e conseguentemente mette insieme gli dei e gli uomini, ricomprendendoli nell'unico orizzonte cosmico.

Completamente diversa è la forma cristiana dell'antropocentrismo, nel quale non può essere parola delle qualità naturali dell'uomo, perché, anche ad accordare il loro singolare pregio, questo è andato perduto col peccato, ma deve trattarsi dell'incarnazione di Cristo e della redenzione dell'uomo da lui compiuta col suo sacrificio sostitutivo. L'uomo, peccando, era diventato preda della morte e del diavolo, e Cristo ha saldato con il suo sangue il debito contratto dall'uomo, che ha restituito alla vita. Nessuna sufficiente soddisfazione sarebbe potuta venire da parte dell'uomo, tanto grande era stata l'offesa che aveva fatto all'infinita maestà divina, e tanto grande era la corruzione che tutta la natura umana aveva subito con il peccato; il riscatto del genere umano poteva giungere soltanto da parte di Dio, ed è effettivamente giunto con l'incarnazione e con la morte di Cristo[20]. Questa è la sostanza dell'antropocentrismo cristiano, che riconosce esclusivamente la gloria di Dio, e quindi bada ad ammonire: chi si gloria si glori nel nome del Signore. Anziché costatare le splendide qualità che l'uomo natu-

---

[17] *Eth. Nic.*, VI7, 1141a33-b1; *Pol.*, I8, 1256b 15-22.
[18] *Mem.*, I 4 e IV 3.
[19] *Stoicorum veterum fragmenta*, collegit J. ab Arnim, Stuttgart, 1964, II, 527.
[20] Cfr. San Paolo, *Rm* 5, 8-11.

ralmente possiede, e che sono il fondamento dell'antropocentrismo greco, il cristianesimo riscontra la miseria dell'uomo e l'azione salvifica di Dio. Ciò di cui l'uomo può vantarsi è che Dio ha versato il suo sangue per lui. La distanza tra le due forme di antropocentrismo non potrebbe essere maggiore, né a diminuirla, se non a colmarla, vale la considerazione, che eventualmente si proponesse, che, anche per i Greci, in definitiva, tutto ciò che è umano ha la sua fonte in Dio, o la riflessione, che ad essa si potrebbe aggiungere, che se, per il cristianesimo, è stato l'uomo a peccare e ad essere redento, e non un altro qualsiasi degli esseri che l'Eden accoglieva, ma posti al servizio dell'uomo, destinati a venir da lui assoggettati, ciò deve pur essere accaduto per qualche caratteristica peculiare dell'essere umano. Certamente, anche per i Greci, tutto deriva da Dio, ma, per così dire, una volta sola, e di conseguenza l'essenza dell'uomo, e del pari, quella di tutte le altre cose, è tale definitivamente, e pertanto non possono esserci cangiamenti estremi nella costituzione degli esseri. Al contrario, nel cristianesimo, tutto discende da Dio, ma, se è lecito valersi di questa locuzione, due volte, come prova la vicenda della caduta e del riscatto, o, come anche giustamente si dice, la redenzione è una seconda creazione.

Sia dall'ellenismo che dal cristianesimo Dio è riguardato come potenza, ma il significato della potenza è diverso per l'uno e per l'altro, e ciò spiega perché l'uomo segua da Dio, per l'uno, una volta sola, e per l'altro, due volte. Grecamente Dio è potenza nel senso che è l'unico principio, ma unico è altresì il processo con cui le cose da lui provengono e da lui tornano; pertanto, le cose sono già di per se stesse e in una volta sola ciò che debbono essere, l'uomo è tutto ciò che gli compete di essere per come esiste. Cristianamente Dio è potenza nel senso che è assoluta dominazione, la quale vuole in perpetuo esercitarsi, esige una sudditanza eterna, poiché ai suoi occhi ogni possibile emancipazione non è altro che perdizione, e per assicurarsela e renderla incontestabile, introduce l'episodio della contestazione e l'annienta trionfandone, e a questo scopo provvede a far derivare le cose due volte da sé. Come primieramente le cose promanano da Dio, sono buone, ma precipitano da questa loro condizione, cadono nell'estrema deficienza, diventano umbratili e oscure, entrano in conflitto tra loro, finché Dio nel suo Figlio espia la colpa, e facendole essere una seconda volta, non le risolleva già restituendole allo stato originario, ma le colloca in uno stato migliore, ossia le rende ancora più obbedienti e soggette a sé. La caduta può consistere solamente nella ribellione, che è l'atto con cui i sudditi si sollevano contro il potere sovrano, e a ribellarsi cadendo è l'uomo, e cioè è l'essere in cui è massima la capacità di obbedire a Dio, tra quanti l'Eden ne alberga, e questa potenza passiva obbedienziale in sommo grado, che è il contrassegno dell'umanità, è già dono divino, che solleva al di sopra della semplice naturalità. L'uomo greco può da se stesso pensare e agire bene oppure male; l'uomo cristiano, che fa leva sulle proprie forze, si comporta immancabilmente male, e proprio quando reputa di stare per conseguire il fine che si prefigge, soccombe; soltanto un lume che gli giunge dal di sopra, una grazia che gli sia elargita, l'affranca dall'illusione propria di tutto quel che è semplicemente umano, e lo rende partecipe della dominazione, che è ciò che si suole chiamare la deificazione. Quella che si denomina la semplicità, la schiettezza, la serenità e la bella naturalità greca, è la forma che le cose hanno, quando sono date di getto; quella che si dice la complicazione, la profondità e la tormentosa e insieme pacificatrice vicenda soprannaturale cristiana, è l'assetto che hanno gli esseri, allorché debbono perire e risorgere. Il sentimento della misura, che è connaturato all'uomo greco, e gli interdice d'avventurarsi nel dominio di quel che è proprietà esclusiva degli dei, gli impedisce di presumere troppo dalla stessa provvidenza divina, di ritenersi da essa custodito secondo tutto se stesso. La provvidenza degli dei greci si rivolge alle cose grandi, non a quelle piccole e meschine, ha per oggetto le specie dei viventi, compresa quella umana, non s'interessa degli individui, che sono effimeri, vanno e vengono sulla faccia della terra.

Della forma ellenica, così sobria e moderata, dell'antropocentrismo, è vero quel che è vero di tutto l'ellenismo, e cioè che in esso la sensazione si è emancipata dall'immaginazione e si è posta a notevole distanza da lei. La filosofia greca non potrebbe semplicemente esistere, non ci potrebbero essere una logica, una metafisica, una morale, una matematica e una fisica in assetti adulti e non allo stato primordiale e rudimentale, non si darebbero, in particolare, le leggi naturali, se il dominio dell'esperienza sensoriale e quello dell'esperienza immaginativa non si fossero differenziati e non avessero acquistato una loro complessiva autonomia. Tra il sentire e l'immaginare c'è qui distinzione, ma non c'è contrapposizione, e se l'immaginazione non pervade la sensazione, nemmeno questa esercita una qualsiasi compressione su quella, restringendola e mortificandola, come accade in altri modi di esperire il mondo. Non soltanto l'arte, ma tutta la civiltà greca documenta che l'interno e l'esterno, lo psichico e il naturale, il fantastico e il reale, hanno ricevuto i loro confini, e sostanzialmente li rispettano, ma che, nell'ambito che le è proprio, l'immaginazione è in grado di far valere tutti i suoi diritti.

Invece, nella forma cristiana dell'antropocentrismo, la provvidenza vuole per sé precisamente l'individuo, perché una signoria, che vertesse sulla specie, sarebbe avvertita come generica e vana, e quindi il cristianesimo insegna che Dio regna nel cuore di ogni uomo, che ve lo accolga. Non c'è uomo, per quanto basso e meschino, di cui Dio non si curi, anzi, non c'è cosa alcuna in cielo e sulla terra a cui Dio non abbia assegnato un posto e uno scopo inconfondibile con ogni altro, nel piano della creazione. La morte, anziché essere un evento naturale, com'è per il Greco, che se l'aspetta e ad essa non pensa nemmeno lontanamente di potersi ribellare, è qui conseguenza del peccato, senza del quale non ci sarebbe stata, e che, quando il peccato sarà definitivamente vinto e i suoi effetti completamente riassorbiti, e s'instaurerà la condizione finale delle cose, tornerà a non esserci, e l'esistenza sarà per tutti i santi un infinito possesso di vita beata. Ed è manifesto che la morte è da intendersi in tutti i significati di cui la parola è suscettibile, da quella che si dice la morte spirituale, intellettuale, morale, a quella che si chiama la morte biologica, correlativa alla nascita, che s'annuncia con la malattia, la quale è anch'essa un retaggio del peccato, ed è perciò anch'essa destinata a scomparire. Le rappresentazioni dei corpi gloriosi che, unitamente alle anime, godono l'eterna beatitudine, e dei corpi dei dannati che, insieme alle anime, soffrono l'eterna dannazione, provano insuperabilmente l'appartenenza del cristianesimo alla sensibilità compenetrativa, giacché in esse, più che in tutte le altre, si fondono sensazioni e immagini, dando luogo ad entità indifferenziate fornite di grande vivacità, e perciò capaci di venire incontro alle aspettative e alle ansie degli uomini, riempiendoli d'incredibili speranze e di orrendi spaventi.

6. *La differenza tra l'antropocentrismo e l'umanismo*

In maniera ingenua o scaltrita, succede sempre che si osservi la differenza che c'è tra l'uomo e gli altri esseri del mondo circostante, e succede anche che, insieme alla differenza, si notino il carattere peculiare e il rilievo che incontestabilmente sono propri dell'uomo, giacché di essi tutta l'esperienza fornisce continua testimonianza. Questa coscienza della singolarità dell'uomo è espressa da Sofocle nel primo stasimo dell'*Antigone*, in cui è celebrata la grandezza dell'uomo, che possiede il pensiero e il linguaggio di cui gli animali sono privi, e che con il lavoro delle sue mani e della sua mente costruisce un mondo che gli consente di vivere diversamente da ogni altro essere che abiti la terra. A ciò non forma alcun contrasto il fatto che nessun ritrovato può porre l'uomo al riparo della morte, e la circostanza che l'uomo può volgersi sia al bene che al male, giacché il Greco da sempre ha ricon sciuto la piena naturalità della morte, e si è guardato dal fare di se stesso la norma di ogni valutazione, tanto che ha riposto tale norma in Dio. Se l'uomo non morisse, sarebbe uguale alla divinità; se l'uomo fosse autorizzato a giudicare tutto secondo la sua natura, sarebbe l'essere sommo, e invece, egli è il tratto d'unione tra le forme di vita superiori e quelle inferiori, ha in comune con le bestie l'animalità, lo fa parente a Dio la ragione[21]. L'autosufficienza che nella morale l'uomo greco a partire da un certo punto ha di mira, non deve trarre in inganno; essa è, per così dire, un'autosufficienza prossima, riguarda le regole dirette del comportamento, non è un autosufficienza assoluta, quale può esistere unicamente nel principio della realtà tutta.

La grandezza e la dignità dell'uomo, celebrate da Sofocle, non sono ancora espressione d'antropocentrismo; si prestano però ad essere sviluppate in direzione antropocentrica, come accade nel Rinascimento, p. es., ad opera di Campanella, la cui stanza *Della possanza dell'uomo* è il migliore commento e il più adeguato svolgimento dello stasimo sofocleo in campo cristiano[22]. In Campa-

---

[21] Dice Sofocle in questo stasimo (vv. 332-333): «πολλὰ τὰ δεινὰ κοὐδὲν ἀνθρώπου δεινότερον πέλει». Se ne è data un'interpretazione cattiva, quando si è voluto intendere il carattere di δεινόν, che è in sommo grado precipuo dell'uomo, come se significasse esclusivamente l'inquietante (quella d'inquietante è solamente una proprietà che ha l'uomo, quando ci si trova posti dinanzi al suo cospetto), e non si è tenuto conto del fatto che il vocabolo greco significa altresì il portentoso. I due avvertimenti dell'inquietante e del portentoso si riuniscono nel sublime, che, andando al di là, desta meraviglia e insieme ispira timore.

[22] Per la saffica *Della possanza dell'uomo* cfr. *Opere letterarie di Tommaso Campanella*,

nella, come sempre accade nel cristianesimo moderno, a differenza di quello antico, i doni naturali dell'uomo sono in primo piano, precedono ogni altra considerazione, formano il cominciamento dell'intera costruzione, nella stessa maniera che nell'ellenismo, e la grazia e il miracolo, ossia il soprannaturale, compare solamente ad elevazione e a completamento del naturale, dal quale non differisce in niente nell'essenza, essendo la ragione umana radiazione dell'infinita ragione, che è Cristo.

Da tutte le forme possibili d'antropocentrismo, con tutte le loro innumerevoli varietà interne, si distingue totalmente l'umanismo, perché l'antropocentrismo ha immancabilmente una radice teologica, si richiama alla divinità, e soltanto si differenzia nelle sue manifestazioni in parecchie specie, perché configura diversamente quella radice e intende discordemente quel richiamo, mentre l'umanismo conferisce all'uomo per unico fondamento se stesso e rigetta qualsiasi effettivo riferimento ad un essere divino. L'uomo dell'antropocentrismo è in modo derivato ciò che è Dio in modo originario, quali che siano poi le maniere in cui atteggia la distinzione e la relazione tra l'*ens originarium* e l'*ens derivativum* e il contenuto che si conferisce loro. Al contrario, l'uomo dell'umanismo, nel fatto se non nelle parole, butta via la stampella della religione, ha fiducia unicamente sulle sue forze e soltanto ad esse si affida nella vita. Ciò non significa affatto che egli si reputi necessariamente il principio della realtà, o anche che ritenga grandi ed eccezionali le capacità di cui è fornito. Egli si trova piuttosto dinanzi al dilemma d'illudersi e di lasciarsi cullare dalle favole o di riconoscere lealmente di essere solo nell'universo, da cui se ne sono andati per sempre gli dei, le intelligenze celesti, i semidei, gli angeli, i demoni, gli eroi, di cui l'immaginazione un tempo l'aveva riempito, e in questa condizione egli non può che risolversi a stare per se stesso e a fare appello esclusivamente alle sue energie, quali che esse siano.

Dipende dalle diverse forme dell'umanismo, il quale non ne è meno ricco dell'antropocentrismo, il fatto che l'uomo sia celebrato, che si esaltino la sua dignità e la sua magnificenza, oppure sia riguardato come un essere piccolo e meschino, nei confronti dell'immensa mole della natura, che freddamente l'ha prodotto e altrettanto freddamente l'annienterà, oppure anche che sull'argomento non si pronunci nemmeno una parola, perché si vogliono evitare azzardate e inutili valutazioni; tutto ciò non appartiene all'essenza dell'umanismo, la quale consiste nella decisione che l'uomo prende di mettere, per ciò che lo concerne, il proprio destino interamente nelle proprie mani, di essere, egli medesimo, l'artefice cosciente della propria esistenza[23].

L'illuminismo è umanismo, ma spesso immette nella sua caratterizzazione

a cura di L. Bolzoni, Torino, 1977, pp. 307-310.

[23] Non c'è espressione dell'umanismo che non risenta del particolare contesto, a cui appartiene e da cui è colorata in un'inconfondibile maniera, e tuttavia è pur possibile discernere il costitutivo essenziale dell'umanismo dai suoi rivestimenti accidentali.

L'accento umanistico della terrestrità risuona nell'esclamazione che Goethe mette in bocca a Faust:

dell'uomo un sentimento disilluso e amaro, che lo porta a insistere sui limiti di tutto ciò che è umano. A proposito del soprannaturale, Montesquieu osserva che è l'orgoglio umano a produrre tanti falsi miracoli; ci riteniamo così importanti che ci mettiamo a credere che l'Essere supremo sconvolga per noi tutta la natura, che compia ad ogni momento delle cose, la più piccola delle quali renderebbe la natura completamente inerte, che sia un essere parziale che sta dalla parte di alcune creature contro le altre e si compiace di questa guerra[24]. Nessuno mette in ridicolo come Voltaire il tradizionale antropocentrismo soggiacente alla concezione cristiana della vita, per cui l'universo sarebbe fatto unicamente per l'uomo, re degli animali e immagine di Dio. Voltaire si raffigura la terra come un mucchietto di fango e l'uomo come un atomo, come un insetto invisibile, che desta il riso con la sua pretesa di considerarsi il centro e lo scopo del mondo. In tutto ciò che appare non c'è niente che possa giustificare l'opinione che l'uomo sia l'oggetto privilegiato del governo divino del mondo; ne è sufficiente prova l'esistenza del male. Si amerebbe sperare che l'Essere degli esseri protegga l'innocenza e punisca il crimine, ma si trema per la paura di non essere abbastanza preziosi agli occhi dell'Altissimo, perché si degni di soccorrerci. Forse Dio non si cura più di noi di quel che fa un sovrano di questa terra che, quando manda in mare una nave, non è in niente interessato al benessere dei topi nella stiva. Ciò che è certo è che la natura non si dà il minimo rispetto degli individui; essa si comporta come quei principi, i quali perdono centinaia di migliaia di uomini senza batter ciglio, perché ad essi preme soltanto che i loro augusti disegni abbiano esecuzione[25]. Lamettrie suggerisce la possibilità che l'uomo sia stato buttato a caso sulla superficie della terra, senza che gli sia dato sapere né il come né il perché; l'unica cosa che gli è nota è che deve vivere e morire come una sorta di fungo o come uno di quei fiori che orlano i ruscelli e coprono i muraglioni[26]. Che l'uomo sia effimero è stato affermato in tempi diversi e con conclusioni del pari diverse innumerevoli volte; adesso è dichiarato nel signifi-

«*Tor, wer dorthin die Augen blinzelnd richtet,*
Sich über Wolken seinesgleichen dichtet!
Er stehe fest und sehe hier sich um:
Dem Tüchtigen ist diese Welt nicht stumm!»

(*Faust II*, vv. 11443-11446. «Pazzo chi volge lo sguardo scrutando lassù / e sopra le nuvole finge suoi simili! / L'uomo si tenga saldo qui e si guardi intorno: / non è muto questo mondo a chi sa e opera», trad. it. F. Fortini).

Un analogo accento si coglie in Nietzsche, quando discorre di decisione ultima, di audacia estrema, per l'uomo che si afferma indipendente, e quando sentenzia: «Meglio nessun dio, meglio costruirsi il destino con le proprie mani, meglio essere un folle, meglio essere noi stessi dio!» (*Così parlò Zaratustra*, in *Opere*, ed. G. Colli e M. Montinari, vol. VI, t. I, trad. it. M. Montinari, p. 317).

[24] *Mes Pensées*, in *Oeuvres complètes*, par R. Callois, Paris, 1949-1951, vol. 1, pp. 1569-1570.

[25] Cfr. *Micromegas, Candido ovvero l'ottimismo, Le lettere di Amabed, etc., L'uomo dai quaranta scudi*, in *Romanzi e racconti*, trad. it. cit., pp. 17-28, p. 195, p. 411, p. 356.

[26] *L'uomo macchina e altri scritti*, trad. it. G. Preti, Milano, 1973^2, p. 59.

cato dell'umanismo. Così fa Holbach, quando invita l'uomo a rendersi conto che non è affatto il re della natura, ma un essere effimero, sottoposto alle inesorabili leggi fisiche, che comportano l'alterazione e la fine di tutte le cose. L'unico atteggiamento saggio che l'uomo può prendere è quello di smettere di cercare la felicità al di fuori del mondo che abita, e di dedicarsi allo studio della natura, da cui può ottenere quel tanto di benessere che la costituzione della realtà gli consente di raggiungere[27].

Il rifiuto dell'antropocentrismo per l'umanismo, che è fondamentale negli illuministi del Settecento, perde successivamente di peso, perché ormai il sentire umanistico è diventato predominante, si è affermato nella scienza, nella morale e nella politica, ed essendo stata ormai sostanzialmente vinta la battaglia contro l'antico avversario, non si reputa più conveniente insistere nella polemica. Ciò nonostante, ancorché si dia la questione per risolta e ci si esprima senza più le asprezze di tono e le amarezze sentimentali di un tempo, si reputa pur sempre di dover indicare dove sta la differenza essenziale tra l'orientamento del presente e quello del passato. La filosofia positiva, dice Comte, abbandona le speranze chimeriche che la filosofia teologica aveva fatto sorgere, quando offriva all'uomo la possibilità di esercitare un imperio illimitato nel mondo, rappresentandoglielo come interamente destinato al suo uso. Certamente, una tale rappresentazione ebbe un tempo una funzione positiva, agendo da stimolo e da sprone per l'uomo che doveva sobbarcarsi l'immane fatica di assoggettarsi, nei limiti del possibile, la terra[28]. Con questa impostazione concorda Spencer, per il quale non c'è niente, per assurdo che ai nostri occhi possa sembrare, che al suo primo sorgere non abbia avuto una ragione d'essere nel corso dell'evoluzione, di cui risultò privo in seguito, allorché pretese ostinatamente di conservare l'esistenza, nonostante fosse ormai esaurita l'epoca sua propria. Una tale giustificazione del passato antropocentrismo, eseguita in nome della razionalità e dell'utilità di tutto ciò che accade, comprese le superstizioni più strane e i costumi di vita più primitivi[29], è prova di un atteggiamento ostile molto più radicale nei confronti dell'ellenismo e soprattutto del cristianesimo, di quello che si esprime nella polemica dichiarata, perché contesta all'avversario l'attualità e si rifiuta d'incrociare con esso le armi, dicendolo un resto fossile.

Con l'umanismo, di cui si è riposta l'essenza nella decisione dell'uomo di essere il solo fondamento di se stesso, di reggersi sulle proprie gambe senza confidare in estranei sostegni, non coincide in tutto e per tutto l'immanentismo, non per la ragione che non reputi anch'esso che si debba decidere di fare interamente da sé, ma perché esso rende soggetto di una tale decisione insieme l'umano e il superumano, che concepisce in essenziale unità (ma sulla distinzione tra umanismo e immanentismo ci intratterremo più oltre). Per il momento interessa ribadire che ci sono molte forme di umanismo, il quale, per così dire, si

---

[27] *Sistema della natura*, trad. it. A. Negri, Torino, 1978, p. 88 e p. 155.
[28] *Cours de philosophie positive, tome I, premier volume*, in *Oeuvres*, ed. cit., pp. 7-11.
[29] *Principi di sociologia*, trad. it. cit., vol. II, pp. 11-12.

comporta come un genere, che si divide in parecchie specie, di cui una è quella dell'illuminismo. Non giova ai nostri propositi intrattenersi ancora sull'ellenismo, il quale, allorché l'illuminismo si afferma come l'intuizione del mondo che caratterizza la civiltà moderna, diventandone l'anima, ha perduto da molti secoli il dominio delle coscienze, così che le grandi opere in cui si è espresso e che seguitano a destare ammirazione possono essere reinterpretate nella maniera richiesta dall'essenza della modernità senza destare molte proteste. Ugualmente, non giova soffermarsi ulteriormente sul cristianesimo, giacché lo scopo che quest'opera si propone nei suoi riguardi non è di fornirne una conoscenza determinata e particolareggiata, ma si accontenta di darne una cognizione sommaria, che sia però sufficiente a stabilire come il cristianesimo si comporta nei confronti dell'illuminismo, e come si atteggia in sé medesimo, quando si trova ad affrontare la sfida decisiva da parte dell'illuminismo, che si avanza in forze sulla scena del mondo e conduce una guerra senza quartiere contro tutti i suoi concorrenti e rivali − dei quali il cristianesimo è il maggiore −, per conseguire la dominazione universale e diventare civiltà planetaria.

7. *La forma illuministica dell'umanismo, la bassura e la prosaicità*

Se l'umanismo è il genere, di cui l'illuminismo è una specie, occorre trovare la differenza specifica, e per reperirla, conviene incominciare con il sentimento della bassura, che è l'avvertimento della realtà come una superficie orizzontale, come un'immensa distesa appena contrassegnata da poche e modeste sporgenze e asperità. Qualora l'unico colore esistente fosse il grigio, capirebbe che le cose presenterebbero solamente differenze di sfumature grigie; qualora la terra non contenesse né montagne né valli, succederebbe che apparirebbe dovunque in aspetto pianeggiante. Orbene, quel metaforico colore e quella metaforica terra, che è l'intuizione illuministica del mondo, rappresenta l'uomo e la natura in forme lisce, livellate, piatte. Lo stato d'animo della bassura è diverso da alcuni stati d'animo incontrati in precedenza, giacché quelli sono costituiti da due lati inseparabili, di cui l'uno si distende o si contrae precisamente di tanto di quanto si distende o si contrae l'altro, mentre esso è qualcosa di unico in se stesso, non comporta una qualsiasi dualità. Il mondo dell'illuminismo ha una disposizione interamente orizzontale, in esso si danno soltanto le direzioni del dietro e dell'avanti (le quali significativamente ricorrono a proposito del progresso, per cui antiquato vale arretrato e progredito vuol dire avanzato). Proprio mentre riconosce all'uomo una dignità, la quale gli è data da ciò, che, invece di farsi cullare per sempre dalle favole infantili e di abbandonarsi alle vane pratiche magiche della superstizione, decide di fare affidamento soltanto su se stesso, l'illuminismo, a causa della bassura, ne propone una considerazione estremamente realistica, riguardandolo come una particella insignificante dell'universo per la sua destinazione finale.

A volte s'incontra la bassura, per il proposito che c'interessa; a volte si tro-

va qualche altra espressione, che l'equivale, come piattezza[30]. Quando si rileva
che la piattezza è un tratto fondamentale dell'illuminismo, si mostra per lo più
di voler adoperare l'osservazione come se contenesse una sorta di critica all'o-
rientamento dell'illuminismo[31], mentre sarebbe meglio considerarla – almeno
all'inizio – semplicemente come una costatazione. Poiché la piattezza è l'effetto
immancabile della mancanza del trascendente e del soprannaturale, della riduzione dell'orizzonte della speculazione filosofica al terreno dell'esperienza propria dell'uomo, di cui si è pienamente soddisfatti, tanto che nemmeno si finge
di poter andare al di là di essa, alla ricerca di qualche altra realtà e di qualche
altra verità, è da concedere che l'illuminismo è radicalmente piatto. La costituzione piatta della sensibilità ha gli stessi diritti della costituzione elevata; entrambe sono valide e pregevoli, ciascuna ai suoi propri occhi; entrambe sono insufficienti e misere, agli occhi dell'altra. Dalla posizione dell'illuminismo, l'avvertimento della vita che si afferma nell'ellenismo appare magniloquente, poetico, sempre pronto ad adornarsi con il colori della retorica, portato a ignorare
tutto ciò che è effettivamente utile all'umanità, alla quale pretende di assegnare
scopi troppo alti e remoti. Perciò l'illuminismo vuole sostituire alla poesia la
prosa, ai voli fantastici l'aderenza al solido terreno dei fatti, ai fini sconfinati,
ma irraggiungibili, le mete limitate, ma conseguibili. Dal punto di vista da cui si
colloca l'illuminismo, la fede religiosa è la vittoria della superstizione; dal punto di vista da cui si pone la religione, l'illuminismo è il trionfo dell'empietà. Un
punto di vista neutrale, o superiore a tutti, non può esistere, e di conseguenza,
bisogna lasciare che queste raffigurazioni si esprimano in piena libertà (compri-
merle tutte non è consentito, e reprimerne alcune significa sposare una certa
causa contro le altre). Ciò non importa che si rinunci alla critica, giacché può
pur capitare, e anzi capita immancabilmente, purché si abbia la pazienza di
aspettare che giunga il momento opportuno, che un punto di vista divenga autocritico, nel qual caso l'esposizione che se ne compie è identicamente la critica
che se ne fa. Ma perché quest'autocritica si esegua, occorre che il punto di vista
abbia percorso buona parte del proprio cammino, che abbia realizzato in larga
misura le proprie potenzialità, in quanto soltanto allora gli si rende pienamente
evidente la sua sostanza. E la vera critica non è quella che si opera dal di fuori,
giacché, essendo estrinseca, non può non lasciarsi sfuggire il genuino volto delle cose, ma è quella che si esercita dal di dentro, con piena cognizione di causa,
ossia l'unica critica degna di questo nome è l'autocritica.

La piattezza può essere intesa come bassura o nel senso che le cose sono ef-

[30] In Kant della bassura c'è la parola, non il concetto, quand'egli protesta che il suo posto
è la feconda bassura (*bathos*) dell'esperienza nei *Prolegomena* (*Gesalmmelte Schriften*, hrsg.
von der Königlich Preussischen Akademie der Wissenschaften, Berlin, 1911, Bd. IV, p. 373).
Infatti, la morale di Kant è ispirata non alla bassura, ma al sublime.
[31] Come, per l'illuminismo, la fede è superstizione, così, per la fede, l'illuminismo è piattezza, e proprio nel senso di banalità. Cfr. Hegel, *Phänomenologie des Geistes* in *Gesalmmelte
Werke* hrsg. von der Rhenisch-Westfälischen Akademie der Wissenschaften, Bd. 9, a cura di
W. Bonsiepen e R. Heede, Hamburg, 1980, p. 305.

fettivamente disposte su di un unico piano, ma che un tempo l'umanità bambina le collocava su piani diversi, allo scopo di lusingarsi fingendosi una destinazione grandiosa, o nel senso che la scettica umanità moderna ha perduto anche il sentore delle differenze di livello esistenti nella realtà ed è diventata prigioniera del frivolo e dell'insignificante. Se si sta al primo senso, l'illuminismo si descrive sulla base del suo avvertimento della vita; se ci si attiene al secondo, lo si critica, muovendogli l'imputazione capitale di avere svuotato di ogni significato l'esistenza; questi sono due riguardi da mantenere nettamente distinti. Ciò che è certo è che nell'illuminismo non trova posto nessuna di quelle differenze che distribuiscono la realtà secondo piani e la fanno culminare in una cuspide. Il piano del divino è, nella sostanza, interamente vuoto, giacché a riempirlo non possono valere le sbiadite figure che talvolta vi vengono mantenute, semplici simboli dell'autosufficiente mondo terreno, riflessi ed echi sempre più deboli delle potenze divine signoreggianti nel passato. Dalla parte del cielo non c'è niente da aspettarsi, né sponsali umano-divini, né discese sulla terra, né incarnazioni che innestino la vita dell'uomo in quella della divinità, e nemmeno iniziative che possano porre termine o anche solamente alterare gli eventi del mondo fisico, che è affidato interamente a se stesso, alle forze naturali alle cui manifestazioni si riconducono tutti gli eventi. La natura non ha più il significato di realtà universale, di orizzonte onnicomprensivo dell'essere, di sede in cui avviene l'incontro dell'uomo con il divino. Nel contempo, la natura non è più nemmeno un nome che indica l'insieme delle creature terrene diverse dall'uomo e sostanzialmente a lui indifferenti, perché la destinazione dell'uomo è ultraterrena. Nell'illuminismo, la natura, rispetto a ciò che essa è nell'ellenismo, è diminuita, ma è disceso anche l'uomo, il quale, anziché aspirare a sollevarsi all'eccellenza del divino, mira a realizzare le sue limitate possibilità in un ambito ugualmente circoscritto, creandosi un suo proprio mondo nell'ambito del più vasto mondo naturale. Nei confronti di ciò che è nel cristianesimo, la natura è, nell'illuminismo, incomparabilmente cresciuta, perché ha acquistato la funzione di essere il teatro dell'operare dell'uomo, il quale si dà adesso una destinazione mondana e terrena. Da un lato, l'uomo seguita a distinguersi dalla natura, perché assegna a sé dei fini, che non attribuisce ai minerali, alle piante, agli animali, ma, dall'altro, riconosce che le forze che sono in lui appartengono pur sempre alla natura, quand'anche esse fossero sue esclusive, non soltanto sulla terra, ma su tutti i corpi celesti che sono esistiti e che esisteranno. Questa è la bassura dell'illuminismo, la quale è da lui, con un linguaggio un po' diverso, esplicitamente dichiarata nella sua propria caratteristica: tale è il senso delle affermazioni che sopra gli abbiamo udito compiere, che l'uomo è un essere limitato, piccolo, non il sovrano dell'universo.

Identica con la bassura è la freddezza, che spesso si rileva nell'illuminismo, ma di cui non si sa altrettanto spesso dire in che cosa precisamente consista. In nessun caso si potrebbe riporre questa freddezza nel disinteresse e nell'incuria verso la condizione e la sorte dell'uomo, perché l'illuminismo professa e pratica l'umanitarismo in tutti i campi che si aprono alla sua attività, in tutti i luoghi in cui riesce ad affermarsi e in cui le sue idee ricevono concreta attuazione. Il significato della freddezza dell'illuminismo, che non è, dunque, mancanza di calore umano, s'incomincia a scorgere allorché s'incontrano negli illuministi l'ostinato rifiuto della retorica e l'imperterrita professione della moderazione. La retorica, che gli illuministi rigettano, non è quella che deriva dalla vanità dei parlanti (questa è un'evenienza meschina, di cui non mette conto d'interessarsi), ma è quella che discende dalle aspettazioni grandiose, le quali devono essere decisamente ridimensionate. L'illuminismo mantiene dinanzi all'uomo la distinzione tra la virtù e il vizio, gli insegna che la prima arreca la felicità e il secondo apporta l'infelicità, ma ha di entrambe un'opinione modesta, rispondente alla considerazione, ugualmente modesta, che ha dell'uomo. Se l'uomo è poca cosa, non si può pretendere che ciò che gli accade ad un qualsiasi proposito di essere, virtuoso o vizioso, felice o infelice, interessi l'universo intero, invece di formare un insieme di faccende d'importanza e di risonanza assai ristrette. Avvertire la vita con freddezza è rendersi conto che vale certamente la pena di vivere, ma che non è il caso di abbandonarsi al giubilo e all'esultanza.

Un modo di esperire il mondo come quello che stiamo descrivendo, è inevitabilmente prosaico; la prosaicità è quindi un carattere basilare del sentire che si afferma con l'illuminismo. Se la disposizione della sensibilità è contrassegnata, oltre che dalla netta distinzione, dalla contrapposizione della sensazione e dell'immaginazione, essa è necessariamente prosaica, e questa sua prosaicità consiste in ciò, che in essa l'esperienza ubbidisce al criterio della verosimiglianza. In essa, si ha, infatti, un duplice primato, quello della molteplicità sull'unità e quello dei termini sulle relazioni. Poiché le cose sensibili sono nettamente distinte e come distanziate le une dalle altre, ciascuna di esse contiene un'interna molteplicità, che ne fa qualcosa di composto, e nel composto il molteplice prevale sull'uno. Stando le sensazioni da una parte, e le immagini dall'altra, lo spazio e il tempo sensoriali sono divisi dallo spazio e dal tempo immaginativi, e ciò comporta che il molteplice abbia partita vinta sull'uno, il quale si trova posto, per così dire, in secondo piano. Ugualmente i termini s'impongono sulle relazioni, giacché una sensibilità siffatta colloca una cosa qui e ora e un'altra là e dopo, conferisce una vera e propria indipendenza agli oggetti rispetto ai rapporti che li congiungono. Ne viene che i termini sono tenuti in conto di sostanze, e che le relazioni sono abbassate ad entità accidentali[32]. Che cosa ha però tutto

---

[32] Le dottrine metafisiche dell'unità e della molteplicità, dell'essere e della relazione, della sostanza e delle determinazioni, ecc., in ciò che esse hanno di universale, non sono minimamente coinvolte in questi assunti, in cui si tratta di una particolare disposizione della sensibilità e di niente di altro e di diverso (esse non sono neanche tocche da quel che accade nella sensibilità compenetrativa, in cui capita l'opposto, poiché in essa sono le relazioni a prevalere sui termini, è l'unità a dominare la molteplicità). Le parole con cui le dottrine metafisiche e le disposizioni della sensibilità si formulano, prese come suoni, sono quasi sempre pressoché le medesime, ma, considerate come significati, sono abissalmente remote. A questo bisogna sempre riflettere, se non si vuol cadere nell'abbaglio di credere di essere di fronte a continue contraddizioni e assurdità, dove per avventura di contraddizioni e di assurdità non c'è nemmeno l'ombra.

questo da spartire con la prosaicità e con il criterio della verosimiglianza che governa il sentire prosaico? Ha tanto da spartire che si tratta del medesimo. In una sensibilità in cui il molteplice prevale sull'uno e i termini sulle relazioni, non c'è posto per le vere e autentiche sorprese, e anche ciò che accade all'improvviso, inopinatamente, si spiega con l'accumularsi di parecchi elementi e con il loro sprigionarsi simultaneo, in certe condizioni di luogo e di tempo, che, se non si lasciano preventivamente accertare, si possono però ricostruire in seguito, così da stabilire comunque che l'esperienza ha una sua costanza, segue un andamento ordinato, il quale, riferito alle aspettative della parte ragionevole dell'umanità, è altresì il corso ordinario del mondo. Ciò che ordinariamente accade è verosimile; ciò che ordinariamente non accade è inverosimile; ciò che appartiene all'esperienza dell'umanità, ed è in essa bene attestato, è verosimile; ciò che in tale esperienza non è contenuto, perché non se ne hanno esempi fededegni, è inverosimile, a meno che non sia da postulare che debba prodursi per la prima volta, perché questo è richiesto dallo stato attuale delle cose del mondo. Sebbene l'andamento del mondo nell'intera sua distesa ci sia quasi del tutto ignoto, è certo che il mondo oggi è così, perché tale fu in passato, e che tale sarà in futuro, perché oggi è così.

8. *Il senso comune moderno e la distruzione dell'aura*

Come proveremo in seguito, un tale modo di esperire il mondo è favorevole e interamente conforme agli interessi della scienza, la quale può sul suo fondamento costruire stabili e durevoli edifici. Quest'accenno preliminare alla scienza vuole unicamente suggerire che l'obbedienza costante, da parte non di individui isolati, ma di interi popoli, al criterio della verosimiglianza, coincide con ciò che si suole chiamare modernamente il senso comune, e che il senso comune è il precipitato delle scoperte e delle acquisizioni della scienza. Il senso comune non è indipendente dal sapere scientifico, giacché, se lo fosse, consisterebbe di un patrimonio d'idee, di convincimenti e di regole pratiche, di norme di vita, che permarrebbe sostanzialmente immune dalle grandi trasformazioni che hanno luogo negli orientamenti della scienza, e si riscontrerebbe immutato presso i diversi popoli della terra; invece, non accade niente di simile. Codesta nozione di un senso comune immutevole è una finzione priva d'ogni consistenza, incapace di resistere ad un esame sereno e spassionato dei fatti. Una rassegna che mettesse insieme tutto ciò che nelle varie epoche e nei differenti popoli si è assicurato essere criterio riconosciuto di giudizio, verità innegabile e nemmeno negata da nessuno, spacciandola tale in nome del senso comune, adunerebbe le più stridenti contraddizioni, collezionerebbe i più contrastanti criteri di valutazione. Il senso comune muta, e quel che qui e ora è accolto in suo nome, come cosa di palmare evidenza, là e dopo è condannato come manifesta assurdità; ma non muta a caso, bensì in corrispondenza alle fondamentali variazioni degli indirizzi della scienza. Questi decisivi cangiamenti degli assetti scientifici non sono però preceduti, e ancor meno sono preparati e predisposti dalle mutazioni del senso comune, il quale, anzi, rilutta sordamente e ostacola quanto più può i rivoluzionamenti della scienza. Mentre il genuino pensiero scientifico di per se stesso è duttile, mobile, ben disposto verso le novità, insoddisfatto del già noto e proteso verso l'ignoto, il senso comune è rigido, amante della normalità, tutto proteso, finché può, a mantenerla in essere. Soltanto quando è costretto dal cangiato assetto della scienza, il senso comune cessa di resistere al mutamento, che, del resto, si è già verificato, ne accetta le conseguenze, e da quel momento in poi si adopera per conservare codesto assetto immune da ulteriori trasformazioni. Nei confronti della scienza in vigore, il senso comune è ogni volta indietro, giacché è immancabilmente contraddistinto dal restringimento dell'orizzonte osservativo e dall'irrigidimento dei risultati conseguiti dalla scienza.

«Scienza» è il nome della conoscenza di cui l'umanità dispone; c'è una scienza primitiva, dei selvaggi; ce n'è una antica, dei Greci; ce n'è una moderna, quella nostra; ognora diverso è però il significato specifico della scienza; altrettanto diverso è, di conseguenza, il valore e la sostanza determinata del senso comune. Per di più, allorché si tratta dell'illuminismo, occorre mantenere distinti quegli indirizzi filosofici che si richiamano esplicitamente al senso comune e che da esso ricevono la loro denominazione, giacché in essi il senso comune ricorre in un'accezione limitata, dalla generale tendenza dell'illuminismo a far leva sul senso comune, il quale, in età moderna, coincide con il riconoscimento del criterio della verosimiglianza come regola di verità e norma di vita. Il verosimile è, per così dire, il formato ridotto, in cui si mostra l'uomo e il suo mondo, dopo che l'umanità ha scoperto ciò che di modesto e di piccolo c'è in lei. Il senso comune, come disposizione ad accettare il solo verosimile, si dà a vedere, nell'illuminismo, anzitutto, nel ricorso all'ironia, la quale, come dice Aristotele, è l'atteggiamento proprio di chi è portato a diminuire le dimensioni, a scemare la realtà delle cose. Di fronte alle narrazioni che accampano eventi grandiosi, gli illuministi amano ricorrere al sorriso ironico e sono pronti a sollevare il sospetto che le dimensioni straordinarie siano dovute all'astuzia dei pochi e alla credulità dei molti, e che debbano essere considerevolmente ridotte prima che si possa reputare che i fatti abbiano davvero avuto luogo. La storia è il campo in cui il senso comune si fa, soprattutto, valere, per bandire da esso il meraviglioso, sia quando si presenta in un'estensione ancora umana, sia quando pretende di avere un rilievo sovrumano.

Le applicazioni, di cui è suscettibile il senso comune, sono però innumerevoli e possono riguardare lo stesso avvertimento che l'uomo ha di sé medesimo, degli altri come lui e delle rimanenti cose del mondo. Ci sono in proposito due possibilità, le quali non sono lasciate alla libera scelta dell'individuo, bensì sono determinate dai modi di sentire complessivi, che decidono intorno a tutto, e quindi anche intorno all'essere umano. La prima possibilità è quella della compenetrazione delle anime, e per mezzo di essa, dei corpi, siano questi (come si chiameranno in seguito) umani, animali, vegetali, o minerali, che attraverso un lungo tramite di esperienze un po' per volta s'individuano, così che in ultimo sorge il singolo individuo, il quale anche quando si è determinato, è diventato quello, e non un altro, conserva il potere, con l'empatia, di aprirsi un varco in direzione delle anime altrui, è capace di rispecchiarsi in esse, ed esse sono suscettibili di rimirarsi in lui, e la coscienza di sé è mediata e derivata dalla coscienza dell'altro. La seconda possibilità è che l'uomo avverta, anzitutto, il corpo animato proprio, da cui è sempre accompagnato, e che in parte ha costantemente presente a poca distanza, che senta entro le sue membra in profondità (questo è un avvertimento che esse soltanto gli possono arrecare), che sia consapevole dei suoi sentimenti, e che soltanto un po' per volta, mediante il procedimento dell'analogia, che è estremamente laborioso e che viene affinato e perfezionato nel corso del tempo, giunga a rendersi conto dei corpi animati esterni umani, e in ciò che in essi gli è dato indirettamente e come di riflesso cogliere, arrivi a farsi una cognizione degli appetiti e delle passioni che nutrono gli altri uomini e che traluconо dai volti, dai gesti, ossia dal comportamento, dopo di che egli è lasciato in asso, giacché l'analogia vacilla e cade quando si tratta di penetrare nell'intimo degli animali, che pure si è spontaneamente tratti a riguardare come effettivi esseri animati, ma che ci rimangono, a causa della grande differenza e dell'enorme tratto che da essi ci distanzia, quasi inaccessibili, così che un qualche arbitrio nell'interpretazione delle loro emozioni è inevitabile. Com'è naturale, l'illuminismo si pronuncia risolutamente per questa seconda possibilità, la quale, com'è facile vedere, è la sola conforme alle propensioni del senso comune. Se l'illuminismo è affermazione del primato della molteplicità sull'unità, del primato dei termini sulle relazioni, come potrebbe comportarsi diversamente?

Il senso comune si fa valere anche allorché si tratta di stabilire quali siano le cause che spingono gli uomini ad agire, come molle che dall'interno li muovono, non singolarmente (la questione, così posta, non avrebbe senso), ma complessivamente, ossia quale sia la specie dei moventi delle azioni umane, quale sia l'indole che va loro assegnata. Quest'indole è quella dell'elementarietà, per cui le molle dell'agire sono poche e semplici, e quindi, siccome il teatro del mondo è ampio e aperto da tempo immemorabile e su di esso si succedono tante generazioni d'attori, sono tali che tornano a riproporsi immutate. Quella che si potrebbe chiamare la «teoria dell'elementarietà dei moventi umani» è professata dall'intero illuminismo, come comprovano innumerevoli documenti, di cui nei luoghi opportuni non mancheremo di addurre dei saggi. Occorre peraltro avvertire che l'elementarietà è da intendere nel senso indicato, della semplicità della natura e della piccolezza del numero dei moventi, e non nel senso della rudimentalità, e meno che mai in quello della bassezza degli impulsi e degli intenti che portano gli uomini ad agire[33]. Con la forma ottocentesca dell'illuminismo

---

[33] Quando si tratta della morale, occorre distinguere il basso, nel significato del piatto, dal basso, nel significato dell'egoistico. L'illuminismo non fa in genere l'apologia dell'egoismo, anche se c'è qualche suo esponente, come Helvétius, che vi è fortemente propenso, ma che per questo suo orientamento è anche osteggiato entro lo stesso illuminismo francese. La confutazione della tesi di Helvétius, che gli uomini possono agire soltanto per egoismo, è eseguita da Fichte, il quale ha facile gioco nel mostrare che il principio dell'egoismo non può essere universalizzato senza venire distrutto.

(che va attorno in genere con la denominazione di «positivismo»), si conferisce grande importanza ad una fonte del comportamento dell'uomo, in precedenza non del tutto sconosciuta, ma piuttosto trascurata, che mette in campo le costituzioni organiche e soprattutto le vicende psichiche degli individui (queste ultime, a partire dalla più tenera età di vita, se non addirittura ancor prima della nascita), e con esse compone una sorta di «storia segreta», ignota in tutto o in massima parte agli stessi interessati, i quali non ne sarebbero coscienti, e messi anche che ne fossero al corrente, ad opera di medici, si studierebbero forse di conservare gelosamente nascosta, perché non attinente proprio alle manifestazioni e alle prove più edificanti della loro esistenza. Questa fonte di pensieri e di azioni, che era stata intravista già da Platone, da quando è venuta in auge, non soltanto non è stata più dismessa, ma è stata anche aumentata in maniera enorme; nondimeno, per quanto grande peso le si accordi, essa non giunge a trascinare in basso i moventi che l'illuminismo assegna all'agire umano. Si seguita, infatti, pur sempre a riconoscere che esistono parecchi tipi d'uomini, ciascuno constante d'individui molto diversi tra loro, e che le differenze individuali, le quali sono quelle che in definitiva interessano, non sono interamente determinate dall'appartenenza del singolo uomo all'uno piuttosto che all'altro tipo, e di conseguenza non sono nemmeno esclusivamente decise dalla comune appartenenza alla specie umana, com'è considerata dalla biologia e dalla psicologia.

L'illuminismo accompagna a quei fattori degli avvenimenti storici che sono i moventi umani, i fattori naturali, quali sono, p. es., i climi e gli ambienti, così che esso conosce due serie di cause degli eventi, l'una insita nell'uomo, l'altra racchiusa nella natura; del resto, esso non potrebbe comportarsi diversamente, giacché, secondo l'intuizione che esso ne ha, l'uomo è un essere limitato, non il signore del creato. A quella che si è chiamata la teoria dell'elementarietà dei moventi, l'illuminismo unisce quella che si potrebbe denominare la «teoria dell'elementarietà delle cause naturali degli avvenimenti storici», giacché le ragioni che spingono l'illuminismo ad attribuire un piccolo numero ed una natura semplice ai moventi umani, lo conducono anche a comportarsi alla stessa maniera con le cause naturali. Prima ancora che dall'analisi della storiografia dell'illuminismo, una tale professione d'elementarietà è attestata da una massima ricorrente e fortunata, la quale dichiara: «piccole cause producono grandi effetti», e della quale le opere storiche illuministicamente ispirate s'industriano di comprovare la verità, sia per quel che attiene al comportamento dell'uomo, sia per quel che riguarda l'intervento della natura nelle faccende umane. Contro codesta massima non si deve sollevare l'obiezione che, se gli effetti piccoli possono essere prodotti da cause piccole, gli effetti grandi possono essere prodotti unicamente da cause grandi, perché in essa non è questione della dottrina metafisica della causalità, ma di alcunché d'interamente diverso. In un punto di vista come quello dell'illuminismo, che ha una nozione realistica dell'uomo, che s'ispira al criterio della verosimiglianza e si attiene in tutto al senso comune, è naturale che la fonte da cui promanano gli avvenimenti, sia essa umana o naturale, abbia poca estensione, che sia inevitabilmente modesta, e che occorra che parecchi fattori uniscano le loro forze per dar luogo a fatti di qualche rilevanza. La massima citata non è altro che la condensazione in una formula della bassura e della prosaicità, che stanno a fondamento del modo di sentire dell'illuminismo.

Poiché la scaturigine degli avvenimenti è, per l'illuminismo, duplice e dissimile, giacché risulta di entità eterogenee, quali sono le cause naturali e i moventi umani, al punto dell'intersezione del naturale e dell'umano interviene inevitabilmente l'elemento dell'accidentale, quello che ordinariamente si dice il «caso». Il clima e la razza, da una parte, e l'ambizione e l'invidia, dall'altra (per menzionare solamente una coppia di possibili cause naturali e una coppia di possibili moventi umani; la razza appartiene all'uomo, ma non deriva da lui, non è una conseguenza del suo agire, ma un effetto della natura), possono in concreto combinarsi nelle maniere più diverse, tanto che nessuna analisi preliminare può presumere di prevederle, e meno che mai, azzardarsi a stabilire quale combinazione in un certo luogo e tempo si sia per avere. In una tale situazione, non si può fare a meno di ricorrere all'accidentale e al casuale, tenendo per fermo che con il vocabolo «caso» s'intende designare unicamente ciò che negli avvenimenti si sottrae ad ogni possibilità di previsione, così che in qualche misura si arriva a conoscerli sempre in ritardo, dopo che hanno avuto luogo. Quando l'illuminismo s'inchina dinanzi a *Sa Majesté le Hasard*, vuol dire che occorre far qualche parte degli avvenimenti alla prudenza e qualche altra alla fortuna, cercare di districarsi in mezzo alle cause naturali e a quelle umane, senza pretendere di mettere in conto alle seconde tutto ciò che non si è capaci di attribuire alle prime, e quindi far posto all'imprevisto e all'imprevedibile, agli accidenti del mondo, ai contrattempi che intervengono talora a complicare e a far fallire le faccende meglio avviate, e talora a rendere fortunate le imprese più arrischiate e temerarie.

In mezzo a tanta complicazione, l'illuminismo non si spaurisce, ma, anzi, ne trae argomento per confermare la verità della sua forma di umanismo, per la quale l'essere umano appartiene alla natura, da cui dipende per il nutrimento, è simile negli organi agli animali, da cui differisce per il possesso della ragione, e per il rimanente è un miscuglio di virtù e di vizio, di bene e di male, di piacere e di dolore, che deve darsi scopi limitati, tanto come individuo che come specie. Il dissenso in cui l'illuminismo si trova a tale proposito con tutti gli altri punti di vista è irrisolubile, per la ragione che irrisolubili sono tutti i possibili conflitti tra i punti di vista, come si riconosce anche popolarmente, allorché si dice che è tutta questione di punti di vista, volendosi significare che si è in presenza di differenze ultime, inoltrepassabili, da cui ci si colloca nel giudicare, e che perciò non possono a loro volta essere fatte oggetto di giudizio. Il solo compito che ha il pensiero nei confronti di codesta convinzione popolare, è di dimostrare che una tale irrisolubilità e indecidibilità in fin dei conti consiste in ciò, che codesti dissensi e conflitti non hanno veramente luogo tra i punti di vista, e che quelli che paiono presentarsi ad ogni momento si riconducono a tante serie di raffigurazioni interne a ciascun punto di vista, per quanti i punti di vista sono, mediante le quali ognuno si dipinge dentro di sé tutti i suoi possibili avversari, combatte contro di essi e riporta immancabilmente su di essi la vittoria. Non ci sono giudici *tra* i punti di vista, perché ci sono *nei* punti di vista; si tratta di risolvere l'apparenza dell'esternità dei giudici mostrandone l'internità.

Se si vuole condensare in una formula il sentire piatto o prosaico dell'illuminismo, si può dire che l'illuminismo compie la «distruzione dell'aura», con l'ovvia intesa che una tale distruzione è da concepire come imposta dalla necessità medesima delle cose. Con il termine «aura» designamo ciò che differenzia i grandi eventi della vita, e soprattutto della nascita e della morte, dai fatti dell'esistenza quotidiana; ciò che divide le azioni che hanno dei modelli da quelle che ne sono prive; ciò che contraddistingue le ore del giorno dalle ore della notte; ciò che contrassegna quel che appartiene al festivo e quel che è proprio del feriale; e ancora tutto ciò che comporta il sentimento della partecipazione al comune destino umano e lo caratterizza col riguardo, a partire dal velo che circonda l'amore, la generazione, e la nascita, per finire a quel *non so che*, per cui l'ultimo rantolo di un moribondo è diverso dal rumore dell'acqua di un lavandino che smette di svuotarsi, e al riserbo che accompagna la morte a causa del suo mistero. È impossibile racchiudere in una forma definitoria l'aura, senza correre il rischio di avere, al posto della definizione, una banale frase fatta. Si può soltanto in generale dire che la condizione dell'esistenza dell'aura è la confluenza della sensazione e dell'immaginazione o, com'è lo stesso, della sensazione e del sentimento (si suole ammettere che ogni immagine è sentimentalmente atteggiata nell'una o nell'altra maniera, e che, di converso, ogni sentimento si accompagna a questa o a quella immagine, colorendola di sé; ma una tale concomitanza e reciproca influenza non è sufficiente, e pertanto immaginazione e sentimento debbono essere identificati senza residui). Dove, come accade con l'illuminismo, questi due ingredienti del sentire vanno ognuno per conto suo, e il sentimento si allontana di gran tratto dalla sensazione, non c'è scampo per l'aura, e il posto da essa in precedenza occupato è preso dal disincanto.

III.
IL FENOMENISMO, L'EMPIRISMO, IL REALISMO
NELLA TEORIA DELLA CONOSCENZA,
IL NOMINALISMO, LO PSICOLOGISMO
E IL FORMALISMO NELLA LOGICA

1. *La tesi generale del fenomenismo*

Adesso che abbiamo stabilito qual è il principio costitutivo del sentire dell'illuminismo (quello che solitamente si chiama l'*animus* illuministico), dobbiamo esaminare le teorie di gnoseologia, di logica, di scienza della natura, e altresì di religione, di morale, di politica, in breve, dobbiamo passare in rassegna le molteplici configurazioni e i vari orientamenti in cui codesto principio si traduce in fatto di vita e di pensiero, ossia dobbiamo assolvere filosoficamente il compito che ci si prospetta psicologicamente, quando ci si propone di comporre la psicologia della visione illuministica del mondo (la quale o è qualcosa di assai diverso da ciò che una psicologia può essere o è del tutto impari alla bisogna).

Allorché si sia individuato un modo di sentire che ha nella bassura e nella prosaicità il suo fondamento, si dispone della condizione necessaria e sufficiente per intendere che esso non può non professare, in materia di gnoseologia, quello che in linguaggio dottrinale si chiama il fenomenismo, ma che, prima di essere dottrina elaborata, è atteggiamento spontaneo, posizione irriflessa. Il fenomenismo è la convinzione che la conoscenza dell'uomo non termina direttamente alle cose, non attinge immediatamente l'essere, ma conclude a certe entità, denominate il più delle volte «idee» o «rappresentazioni», ma talvolta anche «percezioni» o «impressioni», che esistono solamente nella mente, formano per intero il terreno del dato, e sono, esse sole, fornite d'indubbia validità conoscitiva. Se il pensiero cerca di dimostrare l'esistenza e di stabilire la natura di ciò che è collocato al di là delle idee, s'avventura su di un terreno infido, che non permette alcun sapere effettivo, ossia comparabile per certezza e consistenza al sapere che si riferisce al dato, ma consente tutt'al più presunzioni arrischiate e opinioni fallibili. Questa convinzione riceve differenti formulazioni nei diversi esponenti della gnoseologia dell'illuminismo, alcuni dei quali accordano al sapere umano un qualche limitato e insicuro potere di attingere le cose in se stesse, o all'inizio medesimo del processo della conoscenza o alla sua conclusione, mentre altri lo contestano del tutto, restringendo risolutamente la conoscenza all'ambito di quel che appare.

Il fenomenismo accoglie sin dal primo momento come evidente l'esistenza delle idee, e ugualmente sin dal primo momento ammette che la mente, in ciò che conosce, ha per unico oggetto immediato della sua conoscenza le idee; ossia, per lui, le idee non sono ciò con cui si conoscono gli oggetti, ma sono ciò che si conosce. Soltanto come argomento di rincalzo, il fenomenismo può indicare che ci sono certi contenuti della mente – i quali si possono denominare anch'essi, in senso generalissimo, «idee» – come i piaceri e i dolori, i quali in tanto esistono in quanto sono avvertiti, e che, se cessano di essere avvertiti, cessano identicamente anche di esistere. Almeno in questi casi l'apprensione termina alle idee, e per universale consenso del genere umano, non c'è alcun contenuto indipendente da quello che ogni idea è di per se stessa. Se però talvolta è così, come si può in generale sapere, nel tempo in cui si sente, che, se anche non si sentisse, le cose sentite seguiterebbero ugualmente ad esistere, e pertanto concludere che la loro esistenza è indipendente dal nostro sentire? Approfondendo il ragionamento, il fenomenismo può invitare a riflettere che nella conoscenza noi non ci troviamo dinanzi ad alcunché di duplice, non abbiamo le idee, da un lato, e le cose, dall'altro, non compiamo un raffronto delle une e delle altre, e che, di conseguenza, non siamo in grado di oltrepassare le idee e di apprendere le cose come sono di per se stesse. Quella di paragonare le nostre idee con le cose, qualora si avanzasse, sarebbe una pretesa assurda, per la ragione che, se mai le cose ci fossero date, sarebbero a loro volta altre idee, così che noi possiamo unicamente paragonare certe idee con altre idee. La distinzione, a cui ordinariamente ci si arresta, tra gli atti e gli oggetti del conoscere, p. es., tra il vedere e i colori, l'udire e i suoni, il gusto e i sapori, non giova a condurre al di fuori delle idee, giacché si può sempre sostenere che il vedere è il nome complessivo con cui si designano i colori, l'udire è il nome generale con cui si indicano i suoni, il gusto è il nome d'insieme con cui si chiamano i sapori; pensarla diversamente è raddoppiare assurdamente ciò che è unico e medesimo.

Per corroborarsi, il fenomenismo può addurre anche altre argomentazioni, come quelle che hanno il loro opportuno cominciamento nell'osservazione della disparità e del conflitto delle opinioni degli uomini intorno agli stessi oggetti dell'esperienza ordinaria, per cui si è indotti a ritenere che quegli oggetti non siano tutt'uno con le cose esistenti in sé e per sé. È senz'altro da concedere che le differenze e i contrasti delle opinioni sono molto più estesi e molto più difficilmente appianabili, quando si tratta di questioni metafisiche, teologiche, morali, politiche, come quelle dell'essenza e dell'immortalità dell'anima, dell'esistenza di Dio e della provvidenza divina, della vera natura del bene e della costituzione politica preferibile in certe condizioni di luogo e di tempo; questioni in cui gli animi più si appassionano e più si orientano secondo le loro inclinazioni, simpatie e predilezioni; tuttavia, non si può negare che delle divergenze si riscontrino anche allorché si ha che fare con gli oggetti della vita quotidiana. Si nota, infatti, che i bambini sono soliti attribuire delle specie di anime alle cose con cui vengono a contatto, che gli individui giovani e forti giudicano vicine le cose che le persone vecchie e deboli dichiarano lontane, per tacere delle discrepanze che hanno luogo quando a sentire sono uomini in condizioni normali oppure in stato di ebrietà, sani oppure malati e affetti da morbi che colpiscono prevalentemente il corpo o da disturbi che coinvolgono soprattutto la mente. È facile, ma è anche ingannevole, sentenziare che si deve tener conto delle opinioni degli adulti, i quali sanno che gli oggetti materiali sono inanimati, che si debbono preferire e ascoltare soltanto i sobri, e non gli ubriachi, i sani, e non i malati, e che delle maniere di avvertire dei pazzi non si deve tenere alcun conto. Quali siano, infatti, le vere condizioni normali del corpo e della mente, gli stati d'integrità e di perfezione degli organi di senso e di tutto ciò che ancora si riferisce alla sensibilità, è impossibile stabilire con criteri certi e inoppugnabili, e di fatto si determina con parecchia approssimazione e con norme convenzionali. Un accordo sulla costituzione degli oggetti dell'esperienza, sulle loro forme e sulle loro fattezze, si riesce, prima o poi, ad instaurare, ma la questione irrisolta, che andrebbe dibattuta, e non, come solitamente accade, ignorata, è se l'intesa si raggiunga direttamente sulle cose, e non già sui modi più convenienti e praticamente opportuni di trattarle, nel quale ultimo caso, che è quello più probabile, l'accomodamento è privo di qualsiasi valore teoretico.

Comunque sia da sciogliere tale problema, c'è da considerare il fatto innegabile che il consenso si produce per qualche parte limitata dell'umanità, e non la coinvolge nella sua interezza, perché quelli che si chiamano i selvaggi, sebbene siano dotati di organi di senso somigliantissimi a quelli dei popoli civili, avvertono se stessi e le cose del mondo circostante in modi che a noi sembrano incredibili e che ci rifiuteremmo di ritenere che possano verificarsi, se non fossero attestati da testimonianze inoppugnabili, p. es., di uomini che si sentono una cosa sola con gli animali, esperiscono simbioticamente con essi. Il sospetto che tutto ciò inevitabilmente produce, è che si sentano non già le cose, ma le nostre stesse maniere di sentire le cose, ossia che altro siano le cose come appaiono, e altro siano le cose come sono in se stesse.

Quasi non bastasse, anche all'interno del limitato accordo che si riesce ad ottenere circa i contenuti della sensibilità, quando l'ambiente e la cultura lo consentono, interviene, sia nei rapporti degli uomini tra loro, sia nella vita di ogni singolo uomo, un elemento sconvolgente, destinato a produrre un dubbio radicale sulla veridicità dell'esperienza. Questo elemento è l'errore dei sensi, da cui l'individuo è spinto talvolta a contrastare con gli altri e talaltra si trova costretto a discordare con se stesso, e la discordia interiore è, a questo proposito come ad ogni altro, incomparabilmente peggiore di quella esteriore. Si ha un bel garantire che gli errori dei sensi non si riferiscono a ciò che effettivamente l'esperienza attesta, che sono dovuti alla partecipazione dell'immaginazione, la quale introduce degli elementi suoi propri e li aggiunge e li amalgama coi dati dei sensi sino a renderli da essi indistinguibili, e che, se ci attenessimo sempre esclusivamente a quanto delle cose è presente ai sensi, non erreremmo mai. Tutte queste rassicurazioni non soltanto non sono convincenti, ma contengono parecchie pecche che le rendono inattendibili. Non serve a niente dichiarare che noi, se invece di affermare che il sole ha la larghezza di un braccio e che dista dalla Terra circa 200 piedi, affermassimo che le sensazioni, che ne abbiamo, ci mostrano il sole di tanta larghezza e collocato a tanta distanza, non commetteremmo alcun errore, giacché la questione è di sapere come noi facciamo a essere informati dell'esistenza di un sole estremamente diverso da quello che la visione degli occhi ci fornisce, e come facciamo ad essere certi che nei dati che da qualsiasi parte si ricavano a suo proposito (p. es., dai telescopi, ma i telescopi non vedono, se non per metafora, se ad essi non si applicano gli occhi) non s'intruda un qualsiasi errore. Il posto che si desidererebbe assegnare all'immaginazione, per togliere alla sensazione qualsiasi parte d'errore, include un equivoco ed un'incongruenza, perché l'immaginazione è costitutivamente diversa dalla sensazione a causa della minore intensità che le è propria, così che, per definizione, le immagini sono più deboli e più tenui delle sensazioni, per quante esse sono. Se però è così, può certamente accadere che le immagini e le sensazioni si uniscano, si amalgamino e formino dei conglomerati, in cui nondimeno gli ingredienti sensoriali e gli elementi immaginativi mantengono, com'è necessario, le differenze dei gradi dell'intensità proprie degli uni e degli altri, ma, nel prendere di un intero le immagini come immagini e le sensazioni come sensazioni non potrebbe allogarsi errore di alcuna sorta, se in qualche maniera l'errore non inerisse già alla sensibilità. Ammesso ciò, com'è giocoforza fare, gli errori dei sensi sono entità incontestabili, e solamente si può discutere intorno alla loro estensione e intorno alle conseguenze che la loro esistenza impone di trarre. Quale sia, per il fenomenismo, la conclusione che occorre ricavarne è evidente: siccome i sensi mostrano le cose, e nondimeno forniscono talvolta dati erronei, va da sé che non sono testimoni fededegni della realtà, e che è da arguire che le cose come semplicemente ci appaiono siano diverse dalle cose come effettivamente sono in se stesse.

Queste argomentazioni del fenomenismo, e le altre che ad esse potrebbero aggiungersi, sono conclusive soltanto se ad esse si aggiunge la considerazione che noi uomini siamo esseri piccoli e meschini, e che pertanto appropriata alla nostra dimensione è la conoscenza delle cose per come ci appaiono, e non già per come veramente sono. La debolezza e la limitazione dell'uomo, ad osservare attentamente l'effettivo andamento del discorso, sono non la conseguenza, bensì la premessa della tesi del fenomenismo. Il punto di partenza dell'intera gnoseologia dell'illuminismo è formato dal sentimento della piccolezza estrema dell'uomo, confinato in un angolo dell'universo, circondato dall'immensità dell'esistente, privo di difesa, preda della morte; è muovendo da questo avvertimento che si conclude all'angustia della conoscenza e alla vastità dell'ignoranza dell'uomo. Se ci chiediamo quale sia il fondamento che ci consente di distinguere i fatti e le essenze, gli effetti e le cause prime, in breve, i fenomeni e le cose in sé, e assegnarci l'apprensione di quelli e rifiutarci la conoscenza di queste, possiamo unicamente rispondere che così comporta lo stato d'animo della nostra pochezza. L'uomo è ignorante, perché è debole, non è debole perché è ignorante; le cose nella loro costituzione essenziale ci sfuggono, perché sono celesti e noi siamo terreni.

La gradualità dell'avvertimento della pochezza dell'uomo è la base della varietà delle formulazioni della tesi fenomenistica, che ora si dà assunti radicali e ora si arreca enunciazioni moderate. Posto il principio che la conoscenza umana termina di per se stessa ad entità che esistono soltanto nella mente, e che quindi sarebbero soppresse, se la mente fosse annientata, gli assunti radicali ne ricavano che il nostro effettivo sapere consiste di una rappresentazione del mondo, al di là della quale non si può affatto andare, perché si brancolerebbe nell'oscurità e nella tenebra più completa, mentre le enunciazioni moderate ne desumono che un qualche percorso si può compiere, quantunque sia rischioso, e quantunque al suo termine si pervenga a possedere soltanto una conoscenza indeterminata delle cose in sé, di cui si sa che ci sono, ma resta ignoto quali e quante sono. Moderate e transigenti, eppure radicali ed estreme che siano, tutte le versioni del fenomenismo concordano nel sostenere che l'unica e vera scienza è quella dei fenomeni, che su di essa soltanto ci si può basare per edificare la vita umana, giacché l'apprensione delle cose in sé, anche ad ammettere che ci sia concessa, rimane così vaga da risultare inservibile come fondamento per la pratica.

Il fatto che il fondo dell'essere, il nocciolo della realtà, sia destinato a rimanere impenetrabile all'uomo, non toglie, ma richiede che, entro la medesima conoscenza fenomenica, si sceverino il vero e il falso, l'effettivo e il parvente, il regolare e il casuale, il costante e il variabile, in breve, l'oggettivo e il soggettivo, giacché dove non si può raggiungere una misura e una regola esterna, bisogna pur avvalersi di una misura e di una regola interna di giudizio: quella delle leggi naturali, a cui i fenomeni si conformano. I fenomeni di per se stessi sono ognora diversi; nondimeno, in essi si ripete la relazione tra certe entità; p. es., se un corpo cade liberamente, tra l'altezza da cui cade e il tempo che impiega nel cadere la relazione è costante, quale che sia l'altezza, sia essa la medesima oppure una diversa; la cosiddetta ripetizione non è altro che relazione costante. Per l'illuminismo pienamente consapevole di sé, le leggi della natura esprimono le relazioni costanti, invarianti (o almeno di fatto invariate) esistenti tra i fenomeni; e siccome i fenomeni d'uno stesso genere, quand'anche fossero di per se stessi simultanei, sono pur sempre, per quel che concerne l'osservatore, successivi, potendo egli riscontrarli soltanto l'un dopo l'altro, si capisce come le leggi siano comunemente definite successioni invarianti di fenomeni. Anche la causalità, purché sia intesa come relazione costante di cause e di effetti, non fornisce alcun pretesto per avventurarsi tra le cose in sé, per la ragione che la costanza può riferirsi unicamente a ciò che è spaziale e temporale, ossia all'ordine fenomenico. La natura, di cui la scienza assegna le leggi, non è solamente quella che si suole accompagnare con l'aggettivo «esterna», non è, cioè, l'insieme delle cose del mondo circostante diverse dall'uomo; la «natura» non ha soltanto questo ristretto significato, ma possiede una più vasta estensione, per cui comprende in sé anche l'uomo. Le cose diverse dall'uomo, per quel che si conoscono e per quel che entrano come oggetti nella scienza, sono unicamente fenomeni; anche l'uomo, per quel che si apprende e ha cognizione di sé, è del pari esclusivamente un complesso di fenomeni. Il fatto che qui il soggetto e l'oggetto della conoscenza coincidano non rende affatto penetrabile all'uomo il fondo del suo essere, la sua essenza, la quale gli rimane altrettanto impenetrabile delle essenze delle cose esterne. La comune fenomenicità dell'«esterno» (del fisico) e dell'«interno» (dello psichico) fa dell'uno e dell'altro classi di oggetti che sono parimenti contenuti dell'investigazione scientifica, che si sforza di ridurre entrambi a leggi, ancorché la scienza, nel caso dell'uomo, incontri maggiori difficoltà di quel che trova quando si rivolge al mondo esterno, così che sia per lungo tempo incapace di costituirsi come sapere effettivo. Tutte le versioni del fenomenismo condividono, almeno tendenzialmente, questi orientamenti capitali, di cui è manifesta l'importanza; pertanto, tra tutti i caratteri che si assegnano all'illuminismo, quello del fenomenismo è fondamentale e primario. Tutto ciò che in seguito verremo mostrando a proposito dell'illuminismo si riconduce, esplicitamente o implicitamente, alla sua professione di fenomenismo in sede di teoria della conoscenza.

Oltre che suscettibile di versioni estreme e di versioni transigenti, il fenomenismo è capace di formulazioni ingenue, native, e di formulazioni scaltrite, dottamente elaborate. A quest'ultimo proposito la differenza consiste in ciò, che le formulazioni della prima specie mettono sul terreno il solo avvertimento dell'uomo che sta alla base del fenomenismo, e tutt'al più, ad esso aggiungono poche osservazioni di buonsenso, mentre le formulazioni della seconda specie tengono gelosamente nascosto quel sentimento, e adducono numerose e agguerrite argomentazioni intorno ai limiti insormontabili della conoscenza umana, che, però, per quanto molteplici, varie e ben filate siano, continuano a reggersi su codesto sentimento, al quale in tutto il loro dire procurano espressione. Nessun sentimento è assolutamente semplice, completamente privo di parti; ciascuno consiste di uno strato primario circondato da parecchi elementi accessori. Le formulazioni spontanee e sorgive del fenomenismo lasciano trasparire abbastanza bene lo strato primario del sentimento e non concedono spazio agli elementi accessori; al contrario, le formulazioni riflettenti e dotte della medesima teoria mettono in bella mostra gli elementi accessori, su cui insistono sopra, rovesciandoli per ogni verso, e celano lo strato primario, il quale da tale nascondimento ci guadagna, perché i sentimenti che apertamente si mostrano in ciò che sono, vanno facilmente incontro a delle repulse, mentre ottengono di solito consenso e favore gli stati d'animo nascosti e quasi ritrosi. Indole di teoria posseggono entrambe le specie di formulazioni, perché il sentimento in ciò che si avverte, anche si teorizza, e questa sua teorizzazione non consiste in altro che in quell'avvertimento determinato che esso è. Se il sentimento non parlasse, semplicemente non esisterebbe; posto che esista, coincide con l'espressione, la quale, a sua volta, coincide con la teoria: per teorizzare è sufficiente esprimersi, e cioè basta essere. (Noi, additando qui, e a parecchi altri riguardi, la presenza di sentimenti nelle teorie, non intendiamo contestare ad esse la natura di teorie, ma tutto all'opposto vogliamo assegnare natura teorizzante al medesimo sentimento).

È palese che la preferenza, dal lato documentario, è da accordare alle formulazioni ingenue e native; ora, pochi documenti tanto freschi, schietti e sinceri, del sentimento che sta alla base della concezione fenomenistica della conoscenza, è dato rinvenire come quello che ci ha consegnato Voltaire con *Il filosofo ignorante*, dove formalmente non si discorre del fenomenismo, e cioè non si pronuncia questa parola, ma in effetti, a considerare con attenzione le cose, non si parla d'altro. Voltaire presenta anche il vantaggio di continuare ad interessarsi, nonostante tutti gli scacchi e le delusioni ricevute in proposito dall'umanità, delle grandi e decisive questioni della vita, in lui l'eco dei grandi problemi è tuttora forte, sicché egli vorrebbe sapere chi è l'uomo, donde viene, dove va, che è una domanda che si pone a tutti gli esseri dell'universo, ma alla quale nessuno dà una risposta accettabile o anche soltanto intelligibile; egli è ormai disperato, ma desidera pur sempre conoscere tali cose, è disingannato, ma è pur sempre animato da una curiosità insaziabile, la quale lo costringe a muoversi gli interrogativi capitali.

Come si può dichiarare, dopo che il genere umano ha compiuto, nel seguito dei secoli, tanti progressi, che ci sono problemi ineludibili, ma insolubili, che cos'hanno essi di peculiare, che vale a distinguerli dalle questioni che si affrontano e si risolvono, e la cui risoluzione offre materiale per nuove questioni, che si porranno e si scioglieranno in seguito, in maniera tale da arricchire il patrimonio di conoscenze dell'umanità? Questi problemi hanno di proprio di riferirsi ad un ambito diverso da quello dei fenomeni, delle cose che appaiono, di riguardare magari qualcosa che ci è intimo, come il pensare e il volere, ma di cui non riusciamo a comprendere come possa aver luogo, perché questo non si manifesta. Pensiamo e vogliamo di continuo, ma se ci domandiamo che cosa sia il pensare, come avvenga che possediamo il volere, non siamo in grado di rispondere. Pronunciamo parole come «spirito», «materia», «infinito», «eterno», «principio», «Dio», senza avere una precisa e determinata conoscenza del significato di questi termini, senza sapere che cosa siano in se stesse le entità che denominiamo in tali maniere. La ragion d'essere di questo stato di cose, il motivo di cui si alimenta la distinzione delle cose come si manifestano e delle cose come sono in se stesse, o, come dice Voltaire, delle cose e delle cause e dei principi primi delle cose, che sono segreti di cui ci è interdetta la conoscenza, è nella condizione propria dell'uomo. L'uomo, ripete volentieri Voltaire, è un essere debole, limitato, di breve durata, dipendente al pari degli altri esseri della natura; così, la cerchia in cui si aggira il suo sapere è estremamente ristretta. La conoscenza procede per vie sicure finché si basa sull'algebra, sulla geometria e sulla meccanica, ma cede il posto a un'inguaribile ignoranza, non appena pretende temerariamente di avventurarsi in questioni di essenze e di principi della realtà[1].

Se si compie astrazione dalla disposizione sentimentale di cui il fenomenismo si alimenta, ne viene che la concezione fenomenistica della conoscenza ap-

---

[1] *Il filosofo ignorante*, in *Scritti filosofici*, a cura di P. Serini, Bari, 1962, vol. I, pp. 506-517. Professioni di fenomenismo si trovano un po' dovunque in Voltaire; merita di essere citata quella che conclude *Micromegas*. A quei vermiciattoli, che sono gli uomini, viene consegnato un volume in cui avrebbero visto il fondo delle cose. Il volume «fu portato a Parigi all'Accademia delle scienze, ma quando il segretario l'ebbe aperto, vide nient'altro che un libro bianco da capo a fondo: *"Ah"* disse *"me l'aspettavo"*» (trad. it. cit., p. 32).

pare un complesso di asserzioni del tutto ingiustificate, un insieme di presupposti. Ma questo capita immancabilmente, sempre che si tratti di teorie, che, appartenendo al dominio della vita, consistono interamente di sensazioni e di sentimenti. Se si prescinde dal contenuto effettivo di una cosa e si conserva soltanto l'involucro che lo trattiene, si resta in possesso unicamente di una scorza senza valore. Quello che capita per il fenomenismo, accade anche per l'antifenomenismo: se ci domandiamo, infatti, come possiamo sapere che la conoscenza termina alle cose stesse e che i concetti, le idee, le rappresentazioni, sono non già gli oggetti che si conoscono, sibbene i mezzi con cui si conoscono gli oggetti, astraendo dai sentimenti su cui codesto complesso di teorie (che genericamente si può qui denominare l'«antifenomenismo»), si regge, è evidente che non riusciamo a fornire una qualsiasi risposta convincente, e che dobbiamo concludere che si è in presenza di presupposti. Se, invece, si considera che il fenomenismo procura espressione a un complesso di sentimenti, ossia ad una complicata disposizione sentimentale, dobbiamo riconoscere che è una concezione dimostrata della conoscenza, nell'unico significato che la dimostrazione può avere, allorché è questione della sensibilità, ossia che, ricorrendo parecchi stati d'animo e, per di più, essendo ciascuno di essi costituito da molteplici elementi, questi sono tra loro concatenati necessariamente. Che altro è dimostrare, se non concatenare in maniera necessaria?

Rimangono soltanto due punti da segnalare, e il primo riguarda la conciliazione del fenomenismo con l'umanismo, mentre il secondo concerne il tratto peculiare che contraddistingue la specie illuministica del fenomenismo da ogni altra possibile specie. Sul primo punto è da concedere che sembra aprirsi un conflitto tra l'umanismo, che impone di considerare l'uomo come l'unico centro di tutte le cose, come il legislatore alle cui regole ogni esistente si conforma, come il sole immobile intorno a cui il mondo intero gira, e il fenomenismo, che accorda all'uomo la sola conoscenza delle cose come appaiono e gli vieta l'apprensione determinata delle cose come sono. Ma questo conflitto si risolve prima ancora che abbia il tempo bastante per instaurarsi, se si riflette, da una parte, che in un punto di vista il principio di tutte le cose è l'elemento dominante del sentire, e niente di più e niente di diverso, per quanto grandiose siano le locuzioni di cui codesto sentimento si ammanta, e dall'altra parte, che la conoscenza dei fenomeni è base sufficiente per il *regnum hominis* che l'illuminismo intende instaurare (la conoscenza delle cose in sé, qualora si possedesse, anziché giovare, risulterebbe di nocumento a un tale regno). Sul secondo punto è da dire che il tratto differenziante del fenomenismo illuministico è nel primato dell'azione sul pensiero, della pratica sulla teoria, della produzione sulla contemplazione. Se tutte le questioni attinenti al fondo dell'essere, alla costituzione intima della realtà, sono insolubili, è segno che codesto sapere non è affatto necessario agli uomini, e che ciò che veramente deve premere all'umanità si trova nel campo della morale e della società[2].

---

[2] Anche questa indicazione è fornita da Voltaire, il quale dice di aver osservato come ci

2. *L'empirismo sensistico*

Strettamente collegato con il fenomenismo è l'empirismo, ed è indubitabile che l'illuminismo si professa tanto fenomenista che empirista; quale sia però il significato effettivo dell'empirismo è circondato da fitta tenebra e ha bisogno di una lunga analisi, per essere liberato dall'oscurità e posto in piena luce. Occorre, anzitutto, osservare che l'empirismo non consiste minimamente nell'accogliere soltanto l'esperienza come criterio dell'evidenza e come unico principio legittimo della conoscenza. Se l'«esperienza» non è in qualche maniera limitata, essa si estende a tutto, e non c'è nessuna cosa di cui non si possa dichiarare che appartiene all'esperienza, che è da questa offerta. Si può altrettanto bene parlare d'esperienza matematica, artistica, morale, religiosa, quanto incontrastatamente si discorre d'esperienza nella vita o nella scienza fisica e naturale. Sostenere che l'esperienza è il solo principio valido della conoscenza importa assegnare alla conoscenza per principio la conoscenza medesima; sentenziare che l'esperienza è l'unico criterio dell'evidenza equivale a porgere come criterio dell'evidenza l'evidenza medesima; ossia è pronunciare proposizioni che non vogliono dire niente.

Talvolta, a dire il vero, una restrizione si trova proposta, quella della sensibilità, per la quale l'esperienza si considera tale a condizione che abbia indole sensibile, ma, quale che sia la valutazione che in altra sede debba compiersi di una tale limitazione, è da affermare che nella trattazione dei punti di vista e delle filosofie che ne sono la manifestazione, essa non si può introdurre, per il motivo che non circoscrive alcunché. I punti di vista appartengono tutti alla sensibilità, la quale, anzi, è più estesa del loro complesso, ed è quindi la sensibilità a dover essere contrassegnata da certi confini, perché in essa si abbiano quelle disposizioni del sentire che si chiamano i punti di vista (o che si denominano con qualche appellativo equivalente, come «intuizioni», «visioni», o «immagini del mondo»). L'esperienza sensibile è soltanto un terreno particolare dell'esperienza totale, ma questo terreno limitato è incomparabilmente più ampio di quello occupato non già dal singolo punto di vista, ma da tutti i punti di vista nella loro completa riunione. Certamente, in qualche punto di vista si ragiona in continuazione dell'extrasensibile, del metaempirico, e altresì dell'intellettuale, del trascendente, del soprannaturale, ecc., ma con questi vocaboli si designano pur sempre delle entità di carattere sensibile, ossia si denotano dei sentimenti, di taluni dei quali abbiamo procurato di stabilire il contenuto.

L'empirismo è una particolare concezione della conoscenza, la quale va individuata correttamente e descritta fedelmente nella sua peculiarità. È quindi da

---

sia un numero sterminato di persone che non hanno alcun sentore delle difficoltà intorno all'essere in generale, alla materia, allo spirito, e a moltissimi altri propositi, e di aver concluso che «le cose che ci restano inaccessibili non siano di nostra pertinenza». La società ha bisogno non di siffatte conoscenze, ma delle nozioni della giustizia, della prudenza, «che mai non ci verranno strappate dal cuore» (*Il filosofo ignorante*, trad. it. cit., p. 508 e p. 553).

tener per fermo che l'empirismo non ha nulla da spartire con la comune appartenenza dei punti di vista al dominio dell'esperienza sensibile. Analogamente, bisogna badare a non mettere insieme nemmeno espressivamente ciò che si riferisce globalmente a questa esperienza, e che si può denominare «esperienziale», e ciò che concerne l'esperienza com'è considerata dall'empirismo, a cui deve essere ristretto il termine «empirico», e altresì ciò che ha attinenza con l'intera sensibilità e ciò che è di pertinenza di una certa relazione delle sensazioni e delle immagini, per la quale sono possibili gli esperimenti, e alcune scienze si chiamano sperimentali. C'è, infatti, uno sperimentalismo non empiristico e c'è un empirismo non sperimentale; quindi altro è l'«esperienziale», altro è lo «sperimentale» e altro ancora è l'«empirico».

L'effettivo significato dell'empirismo s'incomincia ad intravedere quando si sostiene che l'empirismo è costituito dalla dottrina della recettività, o della passività della conoscenza, nella sua origine prima, se non in tutto il suo ulteriore svolgimento. Se l'uomo non fosse affetto dalle cose, semplicemente non conoscerebbe, ed essere affetti o essere recettivi o passivi nel confronto degli oggetti è il medesimo. La conoscenza incomincia con la passività racchiusa in ciò, che le cose modificano o alterano il conoscente, ma, una volta che queste modificazioni o alterazioni si siano impresse in lui, esse si compongono e si dividono, e così danno luogo a parecchie combinazioni, per cui le idee e le rappresentazioni (che in questa loro scaturigine prima si chiamano anche impressioni) risultano diverse dai dati originali provenienti dagli oggetti.

Ora, la dottrina della recettività della conoscenza umana è certamente un tratto significativo dell'empirismo, ma è ben lontana dal caratterizzarlo a sufficienza. Si ponga mente, per rendersene conto, alla descrizione mitologica, che Platone compie nel *Fedro*, delle anime umane, allorquando, al seguito degli dei, percorrono l'Iperuranio, e contemplano le Idee, scorgono l'Essere, e così hanno visioni incomparabili di ciò che è oltre il cielo, e ci si convincerà agevolmente che la conoscenza a questo modo rappresentata è interamente recettiva, più passiva di quanto ogni più estremo empirista abbia mai preteso di renderla. Per Platone, infatti, recettiva non è solamente la conoscenza umana, sibbene anche quella divina, dei grandi dei, a partire da Zeus, duce del cielo, sebbene la condizione divina, anche per quel che attiene all'intelligenza e alla scienza, sia superiore a quella umana. C'è da ritenere che gli empiristi, se osassero pronunciarsi sulla divinità, cosa che essi si guardano bene dal fare, attribuirebbero a Dio una conoscenza costitutiva delle cose, e non una scienza da esse dipendente, e quindi derivativa, come fa Platone. Donde viene mai allora che Platone è concordemente riguardato come il massimo esponente dell'innatismo o dell'apriorismo (presentemente non interessa stabilire se dell'uno oppure dell'altro), in fatto di conoscenza, e di conseguenza, come l'avversario totale dell'empirismo, come il filosofo a cui i seguaci dell'indirizzo empiristico del pensiero sono abituati a rivolgere le più dure accuse e talvolta le peggiori contumelie? Le anime degli uomini non riescono a reggersi nel cielo, cadono sulla terra, s'incarnano, dimenticano, e di qui incominciano il processo della reminiscenza, che le conduce, se questa è la loro destinazione, sino al fastigio più elevato della sapienza. Qui soltanto si fa valere l'innatismo, o l'apriorismo, di Platone, il quale è relativo alla dimora terrestre, non riguarda il soggiorno celeste, e di conseguenza (sembrerebbe che sia giocoforza concedere), è interamente di seconda mano, perché presuppone un empirismo radicale, senza di cui non potrebbe esistere e di cui è il portato occasionale, l'empirismo che contraddistingue le vicende conoscitive del cielo, allorché le anime si sforzano di arrivare alla Pianura della Verità.

Eppure c'è una valida ragione, per cui nessun empirismo è attribuito a Platone, e per cui la filosofia platonica è considerata assolutamente antitetica a quella empiristica. Platone è in maniera unica, che non ammette nessun termine di paragone in tutta la storia del pensiero, il filosofo sublime; a questo si deve lo straordinario fascino e l'immensa suggestione che egli esercita sulle coscienze. Non è già che le Idee siano di per se stesse sublimi, non è già che tale sia di per se stesso quello che Platone dice l'Essere che realmente è, senza colore, privo di figura, invisibile, perché le Idee, l'Essere, formano il dominio dell'intelligibile, e il sublime, essendo un sentimento, appartiene al dominio del sensibile, e tra l'intelligibile e il sensibile prende posto la distinzione primigenia delle cose, per la quale l'uno non può esercitare un qualsiasi influsso fisico sull'altro. Il sublime è semplicemente un *analogon* dell'Essere ideale, ma, quando si tratta della sensibilità, questo *analogon* è tutto ciò che occorre considerare, di esso soltanto si deve tener conto. La filosofia platonica contiene innumerevoli aspetti che vanno al di là delle questioni attinenti alla sensibilità, ma, allorché si esegue una trattazione che verte su delle immagini del mondo, essa si riguarda unicamente come espressione di quello che si definisce il modo di sentire elevato, proprio dell'ellenismo, e allora interessa il posto che occupa in essa il sentimento del sublime (va da sé, insieme agli stati d'animo che gli fanno corona). Ora, essere recettivi nei confronti del lato dell'eccellente, contenuto nel sublime, ossia, per parlare lo stesso linguaggio mitico adoperato da Platone, contemplare le realtà celesti, non abbassa, bensì innalza l'anima (vale a dire, l'insieme dei sentimenti, oltre quello del sublime, che è, per definizione, il più elevato che possa aggiungervisi), e pertanto non costituisce alcuna forma d'empirismo. Nei riguardi del lato del dappoco, incluso nel sublime, ossia, per stare anche qui alle metafore impiegate dal filosofo, rispetto al mondo terrestre, in cui appesantita precipita, l'anima non è recettiva, sibbene attiva, perché reca con sé il retaggio delle visioni trascendenti, delle cose che sono al di là del cielo, che ebbe, quando, a testa alta, andava al seguito di un Dio (ciò che è daccapo vero per definizione, per il motivo che il sovraceleste è simbolo della sovrabbondanza e della pienezza, come il terrestre lo è della vanità e della vacuità); di conseguenza, la conoscenza che è reminiscenza è effettivo innatismo, o apriorismo, l'unico qui possibile e l'unico qui esistente.

Non la generica recettività, bensì la specifica recettività nei confronti di ciò che è basso, dà luogo all'empirismo, il quale è di casa nell'illuminismo, in cui la bassura è lo stato d'animo dominante. Con queste considerazioni siamo tornati al punto, posto già in precedenza allo scoperto, al quale è da aggiungere, come necessaria integrazione, che, nel comune ambito dell'illuminismo, l'empirismo si distingue dal fenomenismo, perché l'empirismo si riferisce alla conoscenza riguardata come un'acquisizione, mentre il fenomenismo si rapporta alla conoscenza valutata per il suo possesso, così che il primo risponde alla domanda che vuol sapere quali siano le fonti e quali siano i titoli di legittimità del conoscere, e il secondo risponde all'interrogativo che vuole essere informato sul contenuto e sulla portata che il conoscere ha.

Migliore caratterizzazione si arreca dell'empirismo, allorché si dichiara che esso risiede nella dottrina per cui la realtà, in ciò che è accessibile alla conoscenza umana, e quindi in ciò che è esperita, si disvela interamente formata da cose singole, fatti particolari, esistenze individuali, e quindi contingenti. Da nessuna parte, secondo la dottrina empiristica, sono date nature, sono porte relazioni essenziali, sono forniti universali. E poiché la conoscenza dell'individuale, del particolare, del singolo, è ineluttabilmente affetta da accidentalità, ne viene che tutte le scienze, che si riferiscono all'esistente, portano con sé una irredimibile limitazione di validità. Esse sono bensì in grado di pervenire a delle generalità molto ampie ed estese, ma non possono mai escludere che in qualche luogo e in qualche tempo sia per accadere l'opposto di ciò che le loro proposizioni comporterebbero, se si pronunciassero senza restrizione alcuna. Resta per il momento indeciso, ma non arreca per l'intanto alcun inconveniente, se sia possibile che certe scienze, le quali non si riferiscono alle cose del mondo, bensì hanno indole formale, si sottraggano a una tale limitazione, e posseggano l'universalità e la necessità, ma, ammesso che ciò sia veramente possibile, deve trattarsi di scienze che procedono per convenzioni ed elaborano complessi di tautologie.

Questa formulazione della tesi generale dell'empirismo appare piuttosto tardi nel percorso seguito dalla filosofia dell'illuminismo, e anche quando si presenta, essa è lungi dal godere di un'incondizionata accoglienza, ma nondimeno è implicita sin dall'inizio nel principio medesimo della dottrina empiristica, che si suole enunciare con l'assunto: *Nihil est in intellectu quod prius non fuerit in sensu*. A rigore però l'assunto dovrebbe suonare: *Nihil est in imaginatione quod prius non fuerit in sensatione*, perché l'intelletto nel senso proprio della parola non appartiene a questo ambito del discorso, in cui possono comparire unicamente i due grandi ingredienti del sentire, che sono la sensazione e l'immaginazione, e l'immaginazione, che dei due, è quello plastico, configurata in una maniera oppure in un'altra, a seconda dei contesti di riferimento.

Il principio, in cui si compendia l'empirismo, ha due aspetti, che insieme ne costituiscono la portata, l'uno polemico e l'altro costruttivo, entrambi destinati a far valere la secondarietà dell'immaginazione rispetto alla sensazione. Sotto l'aspetto polemico, il principio è impiegato per combattere contro l'esistenza, e anche la semplice possibilità, che si dia un'*immaginazione produttiva*, la quale ponga in essere dei contenuti del tutto indipendenti da quelli propri della sensazione, ne fornisca la giustificazione, ne assicuri il primato. L'immaginazione produttiva, che l'illuminismo vuole interamente bandita, è l'autrice delle proposizioni che si riferiscono alle nature delle cose, ai rapporti essenziali, agli universali reali, ed è altresì la creatrice dei contenuti che tali proposizioni hanno di mira. Che cosa dice l'empirismo, se non che tutte queste entità sono fantasticherie e spettri, che gli enunciati, i quali si propongono di procurare loro accoglimento e credito, sono tutti invalidi e inconsistenti, che si tratta di altrettante ubbie, che si sono accampate sul terreno della filosofia e ne sono diventate l'incubo? L'immaginazione produttiva, se mai esiste, è originaria, possiede i modelli delle cose, che riversa sopra le sensazioni, e a queste comanda di conformarsi a quelli, a quel modo in cui la realtà imperfetta e dimidiata è chiamata ad obbedire alla realtà compiuta e vera: tutto ciò, per la filosofia empiristica, è vaneggiamento e vaniloquio. Sotto il riguardo costruttivo, l'empirismo s'impegna a rendere ragione di ciò che l'esperienza contiene con la sola *immaginazione riproduttiva*, la quale non è altro che la medesima sensazione illanguidita e impoverita, e di conseguenza, non può contenere in sé nulla che non sia contenuto nella sensazione, a cui essa è in ogni senso successiva (essendo tale sia nell'accezione dell'entità, della grandezza, sia in quella della posteriorità temporale).

Il compito, che l'empirismo si assegna, nell'enunciazione sembra agevole, ma, nell'esecuzione è estremamente arduo, perché l'analisi è destinata ad incontrare innumerevoli immagini semplici e complesse, che sembrano resistere vittoriosamente ad ogni sforzo volto a ricondurle alle sensazioni, da cui dovrebbero essere discese, per il motivo che non si riesce ad individuare quali queste sensazioni siano. La tesi empiristica in proposito è che l'immaginazione, sebbene derivi dalla sensazione, può comporre ciò che nella sensazione è separato e dividere ciò che in quella è unito, e che tale lavoro, svolto dall'*imaginatione componente et dividente*, è la grande fonte da cui promana l'intera disparità che si riscontra tra gli oggetti che sono sensazioni e gli oggetti che sono immagini. Da questo lavoro, che si può supporre incessante e in grande parte sotterraneo, nascono ora disposizioni d'immagini, delle quali si perviene a stabilire l'origine, e ora formazioni immaginative così singolari, bizzarre e strane, che nondimeno ricorrono spesso nella vita mentale dell'umanità, delle quali non si è tuttora in grado di assegnare gli archetipi sensoriali. L'empirismo ha qui di fronte a sé un compito irrinunciabile, giacché esso non può coerentemente ammettere che ci sono immagini originarie, le quali farebbero sospettare l'esistenza di un'immaginazione produttiva, quantunque forse si tratti di un'incombenza che non può essere portata a compimento in un qualunque tempo limitato, perché richiede una analisi infinita. Di conseguenza, un tale empirismo ha anche bisogno di essere accompagnato da un aggettivo che lo qualifichi, distinguendolo da altre specie d'empirismo (p. es., dall'empirismo mistico); esso può quindi essere chiamato «empirismo sensistico». Ed è una definizione concisa, ma sufficiente, quella che dice che l'empirismo sensistico è la filosofia della conoscenza che accoglie la sola esistenza dell'immaginazione riproduttiva.

Da queste riflessioni si evince anche quale sia la nozione che l'empirismo ha della verità, e come essa rientri nella tradizionale e ancor oggi dominante considerazione della verità come corrispondenza o adeguazione (la quale, in certi ambiti del discorso, come quello di cui adesso si tratta, è perfettamente legittima, perché è la specificazione di un più vasto, e anzi, onnicomprensivo, concetto di verità, di cui però adesso si può tacere senza inconvenienti di sorta). È stato giustamente notato da Heidegger che la divulgata definizione della verità come *adaequatio rei et intellectus* non chiarisce se sia la conoscenza a conformarsi e ad adeguarsi alla cosa (*adaequatio intellectus ad rem*), o se, invece, sia la cosa che si conforma e si adegua alla conoscenza (*adaequatio rei ad intellectum*), essendo suscettibile di ricevere entrambe le interpretazioni. Tenendo presente il solo problema che abbiamo tra le mani, e lasciando impregiudicata ogni altra questione, per l'empirismo, la formula è: *veritas est adaequatio imaginationis ad sensationem*. La cosa, infatti, di cui si dà conoscenza effettiva, e cioè determinata, anziché generica e vaga, è la sensazione, la quale è il punto di partenza del conoscere, che ha il suo compimento nell'immaginazione. Di ciò che precede la sensazione, ed è diverso da essa, c'è solamente un avvertimento così indeterminato, che non merita di ottenere il nome di conoscenza. L'empirismo ammette certamente che qualcosa precede la sensazione, e niente gli è tanto necessario come questa assunzione di cui ha assolutamente bisogno la bassura che gli sta a fondamento come il nascosto motore e principio ispiratore di tutte le dottrine, ma accorda all'uomo solamente un presentimento oscuro, un indizio, e niente di più, del *quid* da cui trae origine la sensazione. Dinanzi all'empirismo si aprono a questo riguardo parecchie strade, di cui, però, quella principale è di sostenere che c'è un presupposto, una causa, della sensazione, ma che ci è anche completamente sconosciuta. La sensazione non riproduce, non rispecchia in alcunché questa entità esterna, la quale si sottrae quindi alla conoscenza che si svolge interamente nel percorso che va dalla sensazione all'immaginazione in cui si conclude. E poiché è l'immaginazione a derivare dalla sensazione, è quella che è ordinata a questa, a cui deve commisurarsi per essere vera; pertanto la formula definitoria della verità, per l'empirismo, non può non essere quella testé enunciata. Lo stesso linguaggio dell'empirismo manifesta questa sua concezione della verità con l'impiegare i suoi vocaboli preferiti, «rappresentazione» e «idea» in due significati diversi, uno più esteso, ma meno rilevante, per cui rappresentazione o idea è qualunque conoscenza, e uno più limitato, ma più importante, per cui rappresentazione o idea vale immaginazione che ha per oggetto la sensazione e la raffigura.

Se non si stabilisce in maniera netta e precisa, e quindi inoltrepassabile e inaggirabile, cosa appartiene all'esperienza e cosa no, si può sempre rivendicare di avere la sua certa e palmare attestazione, a qualunque proposito si reputi opportuno. Non c'è dubbio che il soprannaturalismo e il misticismo in tutte le loro forme, comprese quelle più estreme (che, anzi, sarebbero in ciò avvantaggiate su quelle più moderate) potrebbero vantare, come titolo di verità, la testimonianza dell'esperienza, come spesso non fanno, ma unicamente perché non si esprimono in un linguaggio metodologicamente e tecnicamente raffinato. Non è giusto quel che solitamente si sostiene, e cioè che un'esperienza mistica sia di necessità singolare, privata, di questo o di quell'individuo a sé stante, e quindi tale che, qualora sia addotta, si può sempre rigettare come invalida, e non già interpersonale e pubblica, come quella che si domanda nella scienza, e che sola è documento ineccepibile di verità. Niente vieta, infatti, che nelle grandi epidemie collettive del sacro gli individui comunichino tra loro ed esperiscano insieme il divino e se lo attestino e se lo certifichino, come può benissimo accadere, perché lì domina la fusione delle anime. La «rivelazione» di per sé differisce soltanto verbalmente dall'«esperienza», e non si può pretendere che una semplice diversità di parole possa salvaguardare la differenza del contenuto. L'empirismo sensistico fornisce però un criterio d'immancabile efficacia in proposito, anche se esso resta abitualmente inosservato, per difetto di capacità o di esercizio di riflessione. Che la verità risieda, come l'empirismo afferma, nella corrispondenza e nella conformazione dell'immaginazione alla sensazione, sarebbe asserzione priva di senso, se la sensazione, a cui l'immaginazione si adegua, fosse per proprio conto impregnata e intrisa d'immagini, anziché esserne monda e immune; ma, perché ne sia libera e scevra, occorre che la sensazione e l'immaginazione siano discoste, lontane l'una dall'altra, e che tali siano mantenute con ogni cura. Perché ciò accada, occorre che si eserciti una dura compressione e repressione dell'immaginazione, la quale illuministicamente viene dipinta come la facoltà in cui si cela la minaccia più terribile per i destini dell'umanità, per il suo futuro di prosperità e di felicità. Questo controllo e questa inibizione dell'immaginazione alimentano lo spirito critico, lo affinano e lo acuiscono, e lo spirito critico provvede a dissolvere come vane fantasticherie di anime sognanti le sante apparizioni, le visioni celesti, i miracoli divini e i prodigi diabolici, facendo sì che essi non possano diventare oggetti dell'esperienza, e quindi relegandoli tra le credenze di un'umanità ancora bambina. Il razionalismo illuministico in materia di religione si regge su di una disposizione della sensibilità, di cui l'empirismo sensistico è un ingrediente essenziale.

C'è però motivo di ritenere che, contro questa interpretazione, non si manchi di obiettare che l'empirismo è solamente uno degli indirizzi delle dottrine della conoscenza proprie dell'illuminismo, e che, oltre di esso, ne esiste un altro, quello che va sotto la denominazione di razionalismo, di cui bisogna riconoscere l'importanza e la rappresentatività. Nei riguardi di questa possibile censura, occorre compiere alcune considerazioni, che ne pongano allo scoperto l'infondatezza e la fallacia. Quando, entro l'ambito complessivo dell'illuminismo, all'empirismo si contrappone il razionalismo, non è affatto chiaro cosa s'intenda significare con questo vocabolo. Si dovrebbe accordare che c'è un'accezione di «razionalismo», rispetto alla quale l'empirismo si mostra pieno di spirito razionalistico. Se si chiama «razionalismo» la critica della tradizione e della religione cristiana, che della tradizione dell'Occidente è tanta parte, è manifesto il carattere razionalistico che contraddistingue la filosofia della conoscenza tipica dell'empirismo. Una forma di razionalismo, che, per evitare confusioni e fraintendimenti, meglio si battezzerebbe d'intellettualismo, o di noologismo, e che asserisce l'esistenza di conoscenze *a priori*, c'è senz'altro, ma è del tutto estranea all'illuminismo, il quale non può accoglierla in sé, perché, se mai lo facesse, ne sarebbe completamente annientato. Poiché dei diversi modi d'intendere la ragione c'è per adesso noto soltanto quello dell'ellenismo, non ci è qui consentito di portare alla finale chiarificazione la questione del razionalismo nella sua relazione con l'illuminismo, ma ci è soltanto permesso di suggerire qualche utile riflessione di carattere generale sulle proprietà dei punti di vista.

La prima riflessione è che nella considerazione dei punti di vista nessun conto è da fare dei nomi degli individui, i quali vanno riguardati come accozzaglie di lettere dell'alfabeto, utili unicamente per la memoria, e che la vera individualità è quella posseduta dai punti di vista medesimi e dalle configurazioni e dagli orientamenti in cui essi si articolano nel loro interno, che sino alle loro ultime divisioni sono tutto ciò che di reale e di effettivo si dà. Un punto di vista consiste di una riunione completa di sensazioni e di sentimenti, e a una tale riunione appartiene anche il sentimento dell'io, come risulta da ciò, che, se così non fosse, essa non sarebbe, come invece di necessità è, esaurita, ossia siffatta che non le si può aggiungere nessun altro elemento. Senonché il sentimento dell'io, a cagione del quale ciascuno, parlando, pronuncia la parola «io», è estremamente molteplice, diverso, entro di sé, per i suoi ingredienti, ciò che non contrasta minimamente con la sua indole unitaria, la quale è dovuta al fatto che tutta codesta composita realtà è tenuta ferma da un elemento che è sempre il medesimo, e che risiede nell'avvertimento della distanza da tutti i restanti sentimenti, nonché da tutte le sensazioni ancora esistenti. Mentre però l'io personale è sconfinatamente molteplice e insieme unico, continuamente differente e nel contempo identico, quello contrassegnato dal nome è fintamente unico e identico, poiché in esso dovrebbe aversi unità senza molteplicità, identità scevra di differenza, e ciò è impossibile. Il nome che accompagna l'individuo dalla nascita alla morte, e seguita a restargli accoppiato anche dopo la morte, nel ricordo dei posteri, è una semplice indicazione di catalogo nello schedario generale degli uomini, è un cartellino che serve a richiamare alla mente una massa di elementi, i quali altrimenti sarebbero difficilmente maneggiabili. Il punto di vista, in tutta la distesa delle sue interne differenze, è quindi il concreto, l'effettivamente individuale perché saldamente caratterizzato, mentre il nome è il fintamente individuale perché incapace di ricevere una qualsiasi specificazione. Affermando che concreti sono i punti di vista, si dichiara certamente che effettivamente reali sono le dottrine, ma, siccome qui le dottrine consistono essenzialmente di atteggiamenti sentimentali, c'è da confidare che l'affermazione non provochi proteste avanzate in nome della persona (giacché il fondamento della persona è per l'appunto un sentimento). Non ci vuole molto a mostrare documentatamente che il tal pensatore per alcuni aspetti appartiene all'illuminismo, per altri al cristianesimo tradizionale, e per altri ancora al romanticismo; che il tale autore per certe sue tesi è da assegnare all'ellenismo, ma per altri suoi assunti è ispirato dal cristianesimo primitivo; anche noi più oltre saremo portati a compiere distinzioni del genere, ma le introdurremo soltanto allo scopo di rompere il falso involucro dei nomi di persona e aprirci così la strada per attribuire all'illuminismo, al cristianesimo, al romanticismo, ciò che è di loro esclusiva proprietà.

La seconda riflessione è che la cronologia ha un interesse secondario, quando si tratta dei punti di vista, come dovrebbe risultare evidente per il motivo che i punti di vista posseggono l'intera durata del tempo, e non sono già limitati a tale o talaltra epoca, ossia sono onnitemporali (e altresì essi hanno dalla loro tutta l'estensione dello spazio, invece di essere ristretti a questo o a quel luogo, vale a dire sono onnispaziali). La cronologia è significativa più che altro in rapporto alla fortuna, alla diffusione, e al trionfo dei punti di vista, i quali sono costituiti in maniera tale che ora avanzano e ora indietreggiano nel favore degli uomini, sino a che uno diventa quasi esclusivo, e tutti gli altri sembrano scomparsi, ma poi immancabilmente il corso del mondo s'inverte, quello perde vigore e questi riacquistano vitalità.

Non bisogna quindi meravigliarsi se in ogni tempo e soprattutto negli ultimi secoli s'incontrano sia l'empirismo sia il razionalismo, e se ci sono pensatori che, presi per il loro nome, appartengono per talune loro dottrine all'illuminismo, e per altre sostengono il razionalismo; queste seconde non sono da essi professate *in quanto* illuministi. La modernità è una complessa costruzione mentale strettamente imparentata con l'affermazione dell'illuminismo, non è una faccenda derivante dal seguito degli anni e dei secoli (se si trattasse soltanto di questi, non si scorge perché non ci si dovrebbe accontentare di numerarli, giacché si differenziano anzitutto numericamente). Operante in ogni campo della cultura è modernamente soltanto l'empirismo, il quale è, ogni volta che se ne presenta il destro, chiamato a pronunciare la parola risolutiva per ciò che riguarda l'origine della conoscenza, per il motivo che non c'è problema in cui non interferisca il fatto che il conoscere abbia interamente origine empirica e sensoriale. Questo fatto inoppugnabile dimostra che l'empirismo sensistico è l'unica concezione possibile della conoscenza che si presenti nell'illuminismo, nel quale deve perciò occupare tutta la scena.

3. *I vari generi di realismo e in particolare il realismo fenomenistico ed empiristico*

Discorrendo del fenomenismo e dell'empirismo, si è già implicitamente dato per ammesso un altro carattere generale dell'illuminismo, che è il realismo, sebbene di esso non si sia pronunciata parola. Facendo adesso oggetto di considerazione esplicita ciò che era rimasta tacita assunzione, è subito da concedere che la situazione, per quel che riguarda il realismo illuministico, appare estremamente variegata e fors'anche incerta, ma è anche subito da soggiungere che questo accade perché molteplici sono le forme del realismo, e di conseguenza molteplici sono anche le posizioni che l'illuminismo prende nei suoi confronti.

Si suole dire che il realismo è la dottrina che afferma l'indipendenza dell'essere dal pensiero, ciò che è completamente giusto ma è anche completamente vago. Soltanto se si stabilisce quale sia il pensiero di cui si tratta, si possiede il termine di riferimento necessario per far luce sull'intera questione, la quale, per essere chiarita, ha anzitutto bisogno di essere precisata. Il pensiero, di cui qui unicamente si può parlare, è quello umano, è il pensiero che l'uomo trova in se stesso, il solo che gli sia consentito di apprendere, il solo che egli possa giustificatamente chiamare con un tale nome perché è l'unico di cui abbia esperienza (quando è presa in senso ampio, l'esperienza coincide assolutamente con il pensiero). Riguardata alla stregua di ciò che, per l'uomo, è il pensiero, ogni altra cosa, quale che essa fosse in se stessa, quale che fosse il suo contenuto, che l'uomo fosse autorizzato ad ammettere, non sarebbe pensiero, per lui, e andrebbe denominata *essere*, *natura*, e anche *realtà*, *cosa in sé*, a seconda delle convenienze e preferenze terminologiche. Il realismo, al pari di ogni altra dottrina che possa proporsi sull'argomento, è una faccenda di punti di vista, e per quanto diversi i punti di vista siano, e per quanto differente sia in ognuno di essi il centro ispiratore (il quale è, nel punto di vista, qualcosa di simile a ciò che, nell'individuo, è il sentimento dell'io, così che il punto di vista forma una sorta di io pubblico, collettivo, che è principio d'orientamento e regola di comportamento dell'io personale, o singolare, e quindi si dice anche *io normale*), in tutti, allorquando il problema verte sul pensiero, il punto di riferimento obbligato è l'uomo, l'essere che nella sua vita mentale è prossimo a se stesso, e quindi è in grado di apprendere ciò che il pensiero è. Di altri esseri forniti di pensiero, inferiori o superiori all'uomo, come animali e divinità, si potrà, se è il caso, anche discorrere (il realismo accorda una tale possibilità); quel che è certo è che è concesso di parlarne soltanto per analogia con il pensiero di cui l'uomo è consapevole.

Spesso si dice anche che il realismo è la dottrina che afferma l'esistenza del mondo esterno, la realtà dei corpi, ma queste divulgate formulazioni o sono inopportune o peccano di grave colpa. L'esternità ha anche, e primariamente, il significato della spazialità, e se mai mondo esterno valesse insieme di cose spaziali, tutti professerebbero ad alta voce il realismo, il quale non avrebbe bisogno di argomentarsi per sostenersi. Ma né il realismo gode dell'universale consenso, né per essere realisti è sufficiente guardare, toccare, ascoltare; anzi, ciò non serve a nulla, o serve unicamente a documentare la barbarie concettuale in cui talvolta si cade in queste discussioni. L'antirealismo non è affatto un partito di ciechi, di sordi, di non senzienti, alla stessa maniera in cui non è minimamente una consorteria di pazzi che contestano l'evidenza dei corpi e delle cose esterne. Corpi poi sono tanto quelli della vita comune che quelli della fisica, ed è un'inutile complicazione immettere la questione della distinzione e della relazione delle cose dell'esistenza quotidiana e delle cose fisiche nel problema del realismo, con il quale non ha nulla da spartire.

La formulazione giusta è quella per cui il realismo consiste nell'affermazione dell'indipendenza dell'essere nei confronti del pensiero, e in cui l'essere è dichiarato indipendente dal pensiero, nel senso che, se il pensiero fosse annientato, l'essere seguiterebbe ad esistere per conto proprio. L'indipendenza non può manifestamente avere il significato dell'irrelatività, perché il pensiero è di necessità un termine ineliminabile, qualunque sia la cosa a cui ci si riferisce; la relazione va quindi ammessa. È evidente che concepire una qualunque realtà importa concepire la mente che se la rappresenta; ciò va riconosciuto, ma va anche soggiunto che non vuol dire niente di più di questo: ogni cosa si pensa alla condizione di pensarla effettivamente. La relazione dell'essere e del pensiero *di fatto* c'è; si tratta di stabilire se c'è anche *di diritto*, ossia se è necessaria, oltre che per il lato che va dal pensiero all'essere (questo è indubitabile), anche per il lato che va dall'essere al pensiero (e ciò è questionabile). Se l'essere non esistesse, il pensiero non avrebbe di che pensare, e non avendolo, non esisterebbe; occorre accertare se, qualora il pensiero non esistesse, l'essere esisterebbe ugualmente oppure no, non tocco nel primo caso dall'inesistenza del pensiero (l'essere è se stesso, tanto se pensato, quanto se non pensato), travolto nella sua propria esistenza dalla supposta inesistenza del pensiero (l'essere è tale soltanto a condizione di essere pensato), nel secondo caso. Occorre fare un'ipotesi intorno all'annientamento del pensiero e alle conseguenze che da esso deriverebbero per l'essere; fare un'ipotesi del genere non richiede molta fatica, ma sembra che sia difficile, se non addirittura impossibile, verificare l'ipotesi medesima (la quale, va da sé, si avanza pensando, e quindi entro il cerchio del pensiero, giacché non è altro che un particolare concepimento). Per eseguire la richiesta verificazione, non si può annientare di fatto il pensiero, ma si può figgere lo sguardo nell'essere, nella natura, allo scopo di conoscervi qualche carattere, che renda la sua esistenza non tocca in nulla dalle vicende che si suppongono capitare al pensiero.

Ora, il realismo apprende questo carattere, o meglio, questi caratteri, perché i caratteri sono diversi, come differenti sono i *generi* del realismo, che li individuano. C'è il realismo greco, per il quale il carattere in questione è formato dal sublime, che sta in alto, è collocato al di là del pensiero, che è certamente la facoltà dell'universale, ma non è costitutivo dell'universale medesimo, tanto è vero che lo coglie come elevato sopra di sé, e pertanto nella sua indole di realtà indipendente da sé. L'universale è l'oggetto, è il *cogitatum*, non la mente, non la *cogitatio*, e se la *cogitatio* ha impreteribilmente bisogno, per esistere, del *cogitatum*, questo può fare completamente a meno di essa, essendo il modo di essere dell'oggetto *assoluto*, e il modo di essere della mente *relativo*. L'ellenismo può bensì porre al di sopra del pensiero umano quello divino, ma non può minimamente impedire che il pensiero che esso battezza divino, si comporti in definitiva come il semplice pensiero umano. Sempre che ci sia una dualità necessaria di lati, com'è nel sublime, che è l'avvertimento dell'eccellente di fronte al dappoco, i due elementi, i due aspetti, prendono posto in Dio e negli dei, nello stesso modo in cui si accampano negli uomini, nei quali si presentano come la distinzione della facoltà della ragione, che dà luogo alla conoscenza, dalle facoltà inferiori e subordinate, che presiedono ai bisogni elementari della vita. Se negli dei non comparisse una qualche consimile distinzione, per il sentire ellenistico essi semplicemente non sarebbero esseri divini, perché mancherebbero del costitutivo essenziale della divinità. Qui è l'effettiva radice di quello che impropriamente si chiama l'insuperabile politeismo e antropomorfismo della religione greca, che consistono in qualcosa di più e di diverso dalla mera moltiplicazione numerica delle figure divine e dalla loro rappresentazione come esseri forniti di tronco, braccia, gambe, e animati da passioni e desideri umani. Gli dei greci sono molti e antropomorfi, perché si distinguono a seconda delle facoltà che in ciascuno di essi predomina, come capita anche per gli uomini, e questo fatto li rende, come si è soliti dire, uomini superiori, perfetti, differenti dai comuni mortali, più per quantità che per qualità di attributi.

C'è il realismo ebraico e cristiano, che è quello più radicale, ma tuttavia è anche il più disconosciuto, a causa del pregiudizio per cui si reputa che il realismo sia un affare di scuole filosofiche, e che, di conseguenza, esso non si riscontri dove manca qualsiasi scuola di filosofia, o almeno dove non ci si fonda primariamente su di una qualche scuola per la rappresentazione di Dio, mentre esso è anzitutto la manifestazione di ogni schietto e incontaminato sentire, e quindi tale che compare in ogni civiltà (s'intende, a meno che in essa non domini l'idealismo)[3]. Questo genere di realismo è basato sul sentimento della dipendenza, che, per il lato della dominazione, fa di Dio l'essere immenso, incomprensibile o invisibile, che, parlando, dice di se stesso *Ego sum qui sum*, e quindi realtà totale, a sé stante, unica ed eterna, e per il lato dell'asservimento, fa dell'uomo una creatura fugace, un sogno evanescente, nient'altro che polvere e fango. Il pensiero dell'uomo in Dio non penetra, la lingua non ne pronuncia il nome, l'essere onnipresente, che ispira tutti i pensieri e i discorsi umani, è insieme l'essere assolutamente impenetrabile, che si sottrae ad ogni presa e si avvolge nella completa oscurità. Certamente, il pensiero sarà riposto anche in Dio, soprattutto con lo sviluppo della figurazione cristiana del Verbo, che è Cristo, l'Uomo-Dio, ma l'intera speculazione teologica sulla trinità non potrà impedire che il fondo della divinità continui sotterraneamente a sfuggire al pensiero, quale che esso sia, umano o divino. In quanto è Padre, Dio è oggetto, in quanto è Figlio, è soggetto, e in quanto è Spirito, è oggetto-soggetto, e in quanto Padre, Dio è l'abisso in cui non arriva la luce del pensiero, nemmeno se il pensiero è quello del Verbo. E dire il Padre in fin dei conti è come dire Dio, giacché, nonostante ogni insistenza riposta nell'asserire l'uguaglianza delle Persone divine, questa rocca del subordinazionismo teologico rimane inespugnabile da parte della riflessione. Accordato che esiste l'uomo, che è *ad imaginem Dei*, ed esiste il Verbo, che è *imago Dei*, le cose vogliono che l'immagine sia costitutivamente inferiore all'esemplare, e pertanto vietano al Verbo di esaurire la realtà di Dio. Che tutto l'essere divino sia pensiero è un semplice *flatus vocis*, giacché non s'intende come ciò si accordi con un pensiero che è proprietà del Figlio. Il realismo non pur ebraico ma anche cristiano è profondamente diverso da quello greco, ma non è meno indubitabile di esso.

La necessità ineluttabile che l'illuminismo compia affermazione di realismo riesce evidente da quei suoi capisaldi che sono il fenomenismo e l'empirismo. Conformemente alla concezione che il fenomenismo ne propone, la conoscenza umana termina alle rappresentazioni, anziché cogliere immediatamente le cose in se stesse, e quest'asserzione risulterebbe subito priva di senso, se non andasse congiunta all'ammissione dell'esistenza di una realtà indipendente dal pensiero, costituita da quelle che si denominano le cose in se stesse, ma che si dia una realtà, la quale esiste tanto se è pensata quanto se non è pensata, è il contenuto medesimo della dottrina del realismo. Questioni diverse sono quelle di stabilire come si dimostri questa realtà, questo essere che si trova al di là del pen-

---

[3] Il carattere realistico dell'ebraismo è fortemente sottolineato da Schopenhauer, in opposizione all'orientamento idealistico delle filosofie e delle religioni dell'India, tanto del bramanismo che del buddismo. Cfr. *Ueber die vierfache Wurzel des Satzes vom zureichenden Grunde*, in *Sämtliche Werke*, hrsg. von A. Hübscher, Wiesbaden, 1948, Bd. I, p. 32.

siero, quali siano le cose in se stesse e quale sia l'estensione e l'indole della conoscenza che ne possiamo avere. Su tutti questi temi si possono incontrare differenti dottrine, che però sono altrettante articolazioni e svolgimenti particolari della dottrina generale del realismo illuministico, sul cui terreno sono situate. L'asserzione che la conoscenza arreca rappresentazioni e l'affermazione che si dà un essere indipendente dal pensiero debbono procedere di conserva, per il motivo che sono fornite di significato, se si accompagnano, e sono assurde, se ognuna pretende in tutto il suo cammino di andare da sola. È, infatti, pienamente possibile che, dietro alcune rappresentazioni, che sono le sole dapprima date, si trovino altre rappresentazioni, di ordine superiore, che sono rinvenute in seguito, ma è del tutto impossibile che questo accada all'infinito, per tutte quante le rappresentazioni possibili. Una serie infinita di rappresentazioni, che non comporta niente altro, è assurda, perché, nel senso in cui qui è usato, il termine «rappresentazione» vale entità mentale, in luogo di cosa reale, e quindi una serie siffatta non rappresenta proprio niente, non è costituita piuttosto da un seguito di *quid* che sono *in mente* che da una successione di *quid* che sono *in re*. Di converso, possono esistere molteplici cose in sé, invece di una sola, ma non possono esistere soltanto cose in sé, che sarebbe una pretesa assurda, la quale, del resto, non è stata mai avanzata, essendo l'*in sé* correlativo al *per noi*, e dovendo ciò che è correlativo andare insieme, ma entità che sono unicamente per noi, sono precisamente le rappresentazioni. Il fenomenismo è diverso dal realismo, ma ciò non toglie che dove s'incontra quello, ci s'imbatta anche in questo; di conseguenza, illustrando il carattere fenomenistico dell'illuminismo, si sono poste le premesse per analizzarne il realismo.

Ugualmente vero è che il realismo è inseparabile dall'empirismo (sensistico), come si scorge agevolmente se si riflette che, stando alla considerazione fornita dall'empirismo, la conoscenza ha il tratto della recettività. Che la conoscenza sia recettiva importa che ci sia qualcosa da cui proviene il dato, il quale è costituito dalla sensazione, e questo qualcosa non può che consistere in ciò che variamente si denomina l'essere, la realtà, la cosa in sé. È impossibile che ci sia la sensazione, senza che ci sia ciò da cui essa promana, perché non ci può essere il dato, senza che ci sia alcunché che provvede a darlo. Come si è osservato poco sopra ad un analogo proposito, può capitare benissimo che, sotto un dato, che viene immediatamente appreso, se ne contenga un altro, che viene scoperto successivamente, ma non può accadere che ci sia una serie infinita di dati, i quali non verrebbero forniti da niente. Il *regressus in infinitum* è, in questo caso come nel precedente, del tutto insensato, perché in un'infinita estensione, che non pone in campo nient'altro, esso non consiste piuttosto di dati di senso che di esseri reali, da cui quelli siano derivati. La differenza ultima non può cadere all'interno delle sensazioni, ma deve intervenire tra sensazioni e cose in sé.

L'empirismo è tanto strettamente collegato col realismo, che soltanto l'esame della sua relazione con questo consente di giustificare appieno i due assunti in cui la considerazione empiristica della conoscenza si riassume, quello dell'inevitabile precedenza della sensazione sull'immaginazione, e quello della mag-

giore forza della prima rispetto alla seconda, per cui la prevalenza e il primato
spettano in tutto alla sensazione, della quale l'immaginazione è soltanto una copia sbiadita. La ragione recondita, che contiene anche l'appropriata giustificazione di entrambe le tesi, è che dalle cose in sé promanano unicamente le sensazioni, e che le immagini derivano interamente dalle sensazioni, e questo, oltre a
spiegare a sufficienza la precedenza della sensazione sull'immaginazione, rende
anche pienamente conto del fatto immancabile che le sensazioni hanno maggiore intensità delle immagini. Le cose della realtà, gli esseri veri, sono le cause,
da cui provengono, come effetti, le sensazioni, e va da sé che gli effetti, quando
sono lasciati a sé medesimi, s'indeboliscano e si estenuino; e nel trapasso dalle
sensazioni alle immagini, le sensazioni sono abbandonate, si trovano in balia di
se stesse (se le cose operassero ancora come cause, produrrebbero altre e nuove
sensazioni). Certamente, può accadere, e anzi, accade secondo regole precise,
che le sensazioni si riverberino sopra le immagini, e che così le ritemprino e in-
fondano loro una qualche ripresa di vigore, ma la fonte originaria dell'energia
del sentire c'è per le sensazioni, perché derivano dalle cose stesse, e manca per
le immagini, perché traggono origine dalle sensazioni. Sebbene quindi ci siano
certe formulazioni dell'empirismo, le quali preferiscono passar sopra i loro rapporti col realismo, come dottrina troppo lontana dai loro interessi e dalle loro
occupazioni, e far finta che non esistano, la connessione delle due dottrine risplende di luce solare. Il realismo, come esiste nell'illuminismo, è quello fenomenistico ed empiristico.

4. *Il realismo scientifico*

Venendo a trattare del peculiare realismo illuministico, ci sia risparmiato di
dover dire ancora una volta che ha per principio la bassura, che è una circostanza da stimare indubitabile, perché analizzata già ad altri e convergenti propositi.
Ci sia consentito d'entrare subito in argomento, ed incominciare con l'avvertire
che occorre guardarsi dal confondere quelli che si sono chiamati i *generi* del
realismo con quelle che conviene denominare le *forme* del realismo, di cui le
principali sono il realismo *ingenuo*, il realismo *scientifico* e il realismo *critico*.

Il realismo ellenistico, quello ebraico e cristiano, e quello illuministico si distinguono tra loro come generi, in ognuno dei quali possono prendere posto più
forme di quella che, considerata nel suo principio ispiratore, è pur sempre un'u-
nica e medesima dottrina. A dire il vero, il realismo, come esiste nella grecità, è
quasi interamente ingenuo (l'attributo non contiene alcuna svalutazione e giudizio negativo, tutt'al contrario, giacché si parla di filosofia ingenua greca, sotto il
riguardo del realismo, in maniera analoga a quella in cui si discorre della poesia
ingenua degli antichi, della quale si ha una stima altissima, trattandosi di cosa
d'inarrivabile perfezione), perché l'uomo, finché vive nel seno della natura, nel
modo in cui accade nell'antichità, ha una intatta e incontaminata fiducia in essa,
le si abbandona interamente, e di conseguenza, accoglie come effettivamente
reali le cose elevate in tutte le qualità che posseggono. Se si eccettua qualche

voce discordante dell'Atomismo, della Sofistica e dello Scetticismo, all'ellenismo arride dovunque l'oggettività, perché l'uomo greco non ha bisogno di cercare la natura, in quanto è natura (ciò è stato detto del poeta, ma vale in generale dell'uomo). Qualora si volesse caratterizzare con un attributo il realismo ebraico e cristiano (ma soltanto del cristianesimo primitivo, ancorato alle origini e stretto ancora all'ebraismo), occorrerebbe ricorrere all'aggettivo *assoluto*, perché l'impenetrabile caligine in cui Dio si cela ad ogni occhio, non permetterebbe altro vocabolo: Dio è ebraicamente l'*ens realissimum*, l'essenza di ogni esistente. Il realismo illuministico ha due forme, entrambe legittime e abituali, quella del realismo scientifico e quella del realismo critico, le quali si distinguono tra loro per la diversa parte che fanno all'*in sé* e al *per noi* nella conoscenza umana.

Conformemente alla maniera di vedere del realismo scientifico, c'è nelle cose uno strato superficiale di proprietà, che dipende interamente dal soggetto conoscente, e cioè dal sentimento dell'io e dai sentimenti che ad esso fanno corona, e che, di conseguenza, non può esistere senza del soggetto umano, e c'è uno strato profondo di proprietà, esattamente determinabili nel loro contenuto, che non dipende affatto da questo soggetto, e che pertanto non è in niente coinvolto dalle sue possibili vicende. Perché il discorso proceda chiaramente, conviene fornire alcuni esempi sia delle proprietà dello strato superficiale e secondario che delle proprietà dello strato profondo e primario delle cose. Le sensazioni di piacere e di dolore sono indubbiamente corporee (ciò non significa altro, in definitiva, che sono sensazioni, giacché il sensoriale si riferisce senza eccezioni al corporeo, nella stessa maniera in cui l'immaginativo, o il sentimentale, si rapporta esclusivamente all'anima), e tra tutti i corpi esistenti appartengono di necessità al solo corpo umano o animale, in cui soltanto si possono avvertire. I corpi esterni (dove «esterni» vuol dire diversi dai corpi umani e animali, e occupanti parti dello spazio e del tempo differenti da quelli in cui codesti altri corpi sono situati) sono insuscettibili di provare sensazioni di tale specie, a cui nessuno, infatti, si arbitria di attribuirle[4]. Si tratti degli uomini o degli animali, la si-

---

[4] Quest'ultima precisazione sembra addirittura superflua, tanto si giudica ovvio che i minerali e le piante non provino né piaceri né dolori, ma, in verità, con questa convinzione si è già collocati sul terreno di una sensibilità in cui gli elementi sensoriali sono sgombri da quelli propri dell'immaginazione, ossia di una sensibilità tale, che riceve il suo massimo sviluppo nell'illuminismo. Presso i popoli primitivi si hanno straordinarie fusioni, in cui le moderne classificazioni delle specie dei corpi sono ignorate, e in cui non è soltanto possibile in astratto, ma accade in continuazione di fatto che gli alberi sentano; ma modernamente le testimonianze relative a un tale modo di sentire sono considerate soltanto documenti di una mentalità magica, che non cangia nulla intorno all'effettivo sentire, il quale è sempre e dovunque il medesimo, ossia, in definitiva, non vengono prese sul serio. Per gli animali, modernamente le opinioni sono divise, essendosi formata la concezione che gli animali siano semplici macchine, ed avendo essa preso posto accanto alla tradizionale considerazione, che sembra sia rimasta sinora dominante, per cui gli animali hanno ciascuno il loro io, avvertono, in breve, sono forniti di un'anima, nel qual caso, per i piaceri e i dolori, le cose vanno per essi analogamente a come procedono per gli uomini.

tuazione non muta, perché piaceri e dolori in tanto esistono in quanto sono avvertiti, non già prima di esserlo o dopo di esserlo stati, e quindi dipendono dalla loro relazione col soggetto, e si dicono per questa ragione soggettivi. Si chiama, infatti, soggettivo ciò che può esistere solamente in connessione col sentimento dell'io, e con gli altri sentimenti che ad esso si accompagnano e che insieme con esso formano l'anima. C'è un ulteriore tratto peculiare di queste sensazioni, il quale risiede in ciò, che non è consentito mettere in questione la circostanza che l'intensità, la durata, la parte del corpo, ecc., in cui esse si provano, sono quelle da esse effettivamente possedute, giacché sarebbe assurdo mettersi a dubitare che si goda e si soffra in realtà più o meno di quel che si sente piacere e dolore, e in un posto più o meno esteso e per un tempo più o meno lungo di quelli in cui si hanno questi avvertimenti. Tale è effettivamente la cosa, quale essa si avverte, perché la cosa in questione consiste di un avvertimento, e cioè si tratta di un *quid* costituito in maniera tale, che esiste unicamente unito all'anima.

Il caso dei colori, dei suoni, degli odori, e di altre entità dello stesso genere, è del tutto identico a quello dei piaceri e dei dolori, e quindi esso fornisce altrettanto bene esempio di quello che si è denominato lo strato superficiale delle proprietà delle cose. Certamente, c'è una differenza tra le proprietà di cui si è già parlato e quelle soltanto adesso nominate, ed essa risiede in ciò, che forniti di colori, sonori, odorosi, sono tanto i minerali e le piante quanto i corpi umani e animali, mentre soltanto questi ultimi possono albergare in sé piaceri e dolori, per la circostanza che soltanto essi sono corpi animati, ossia corpi uniti ad anime.

Tutto questo è incontestabile, ed è anche nel fatto incontestato, non essendoci nessuno che possa trovare il menomo interesse a metterlo in discussione e ad oppugnarlo, ma non investe l'aspetto fondamentale che accompagna tutte le proprietà menzionate, e che impone di collocarle in un'unica sede, di addebitarle ad un unico strato delle cose. Questo aspetto è quello dell'estrema mobilità, per cui sia piaceri e dolori che colori, suoni, odori, cangiano ad ogni istante, e precisamente cangiano in funzione e in dipendenza degli atteggiamenti che l'uomo, come realtà psicofisica, come essere dotato di anima e di corpo, assume. I piaceri e i dolori si modificano, aumentano o diminuiscono, a seconda che ci si perda in essi o che ci si metta ad osservarli e ci si rifletta sopra, come anche si trasformano, a seconda che si sia sdraiati o in piedi, si stia fermi o ci si metta a camminare, al pari di tutto quel che intrattiene commercio con l'anima. Mutano anche i colori, i suoni, gli odori, a seconda che ci si avvicini o ci si allontani dagli oggetti che si guardano, si ascoltano, si annusano, dall'alto o dal basso, davanti o dietro, dirimpetto o di fianco, e del pari, a seconda che si sia concentrati su di essi o distratti e presi dai nostri pensieri. Ciò impone di considerare tutte queste ultime entità nella stessa maniera di quelle prime, ossia soggettive, tali che esistono unitamente all'anima, e non separatamente da essa.

Contro una tale conclusione non si mancherà di protestare, eccependo che essa non discende affatto dalla premessa, che l'argomentazione è del tutto scorretta, che, anche ad accordare l'incessante e istantanea mobilità delle proprietà citate, essa non vale a dimostrare la loro indole soggettiva. Senonché chi muovesse una tale obiezione, dimostrerebbe unicamente di non aver compreso che cos'è un punto di vista. Si crede forse che sia permesso, mettendosi dalla sua stessa posizione, confutare l'animismo dei selvaggi o quello dei bambini, e che si possa così stabilire che il muro, contro cui il bambino ha sbattuto la testa, e che perciò, per punirlo, colpisce con la mano, non sente, e che quel suo gesto è perfettamente inutile? Non è già che s'ignori se il muro sia animato o inanimato; gli è che il muro è effettivamente l'una cosa o l'altra, se si è immessi in un punto di vista o in un altro. Il punto di vista, in cui si situa il realismo scientifico, che sta agli antipodi di quello dell'animismo, impone di accogliere quale realtà sterminata la natura, di cui è simbolo l'immensità della volta celeste, e di considerare piccolo e insignificante l'uomo, di cui procura conveniente figurazione il punto geometrico privo d'estensione, e di sostenere che le cose non si prendono la briga di cangiare secondo il modo di un essere trascurabile, sibbene permangono in se stesse immuni da tale specie di cangiamenti, e che a mutare sono soltanto certe rappresentazioni, che sin dall'inizio esistono esclusivamente per l'uomo, essendo interamente soggettive.

C'è però nelle cose uno strato profondo, primario, di proprietà, del quale si possono arrecare esempi convincenti, anche se più difficili da afferrare di quelli dello strato superficiale e secondario delle proprietà. Il corpo umano e i sensi coi loro organi costituiscono il migliore esempio che sotto il nuovo proposito sia dato incontrare. Gli organi di senso hanno certamente delle proprietà del genere sopra discusso, come i colori, ma in quanto essi ne dispongono, non costituiscono degli organi, perché gli organi sono dei canali, attraverso i quali si hanno delle sensazioni, e va da sé che non si può pretendere che attraverso alcuni colori passino, e mediante di essi pervengano alla coscienza certi altri colori, diversi da quei primi. È giocoforza riconoscere che il corpo umano è, per così dire, qualcosa di duplice, da una parte, consiste di proprietà come i colori, ecc., al pari di tutti gli altri corpi che la natura contiene, e dall'altra, è costituito di proprietà assai diverse, di cui un aspetto rilevante è quello di possedere organi, i quali sono come i canali delle sensazioni.

La scienza della natura (nell'accezione amplissima di sapere della *res extensa et temporalis*, di cui la fisiologia e la psicologia sono rami dipendenti) prova che tutte le sensazioni, comprese quelle del piacere e del dolore, si avvertono in un'unica parte del corpo, e cioè nel cervello. Una tale asserzione, che modernamente è riguardata come irrefutabile, deve però significare qualcosa di diverso da ciò che letteralmente sembra suggerire. Essa non può voler dire, p. es., che tutti i dolori si sentono nel cervello contenuto nel capo, quasi non fosse un fatto incontestabile che i dolori si avvertono nelle più differenti membra del corpo, e quasi essa volesse sostenere che tutti i dolori sono formati da mal di testa. È da giudicare palese che essa non ha l'intenzione di mettere in dubbio una circostanza comprovata inoppugnabilmente dalla più quotidiana delle esperienze, e non ha in animo di propugnare la più ridicola delle assurdità. Compreso nel suo genuino significato, l'assunto scientifico vuole che si ammetta che, oltre il cervello visivo, tattile, ecc., c'è un altro e più vero cervello, che è quello che è la sede del sentire, ossia afferma per questa parte del corpo ciò che si è enunciato a proposito dell'intero corpo, considerato per gli organi di senso. Se a qualcuno si amputa un braccio o una gamba, costui può continuare a dire con veracità di sentire il dolore nell'arto che non ha più; questo è spiegato da qualche ramo della moderna scienza della natura con l'assunto che i nervi continuano a trasmettere al cervello gli impulsi come facevano per l'innanzi; ciò prova che, oltre ai nervi, in quanto sono oggetti della vista e del tatto, esistono i nervi in quanto eseguono la funzione di trasmettitori, che però non sono niente di visivo e di tattile di per se stessi, giacché tale trasmissione non può essere né vista né toccata nell'ordinaria maniera in cui si vede e si tocca. Nondimeno, nessuno vorrà seriamente dubitare che esista un unico corpo umano, che gli organi di senso, studiati dal fisiologo, siano gli stessi che si guardano e si osservano, che il cervello, sezionato dall'anatomista, sia lo stesso che si può prendere in mano e palpare, che i nervi, tagliati dal chirurgo, siano gli stessi che hanno una certa particolare colorazione, ecc. Poiché peraltro le proprietà considerate sono certamente diverse, la sola possibile soluzione è che il corpo umano ne abbia, di proprietà, come due strati, o due serie, l'una sovrastante, superficiale, esterna, l'altra sottostante, profonda, interna. (Si noti però come certe espressioni siano figurate; «sovrastante» e «sottostante» non vogliono affatto dire che sotto lo spazio, quale appare alla vista, se ne trova uno di diversa indole, giacché è da reputare manifesto che sotto un singolo spazio visivo c'è un altro spazio visivo, e che sotto lo spazio visivo complessivo non c'è assolutamente nulla; quelle che s'impiegano sono metafore, che hanno il compito di alludere ad una conclusione che si è costretti a trarre).

Riflessioni come quelle accennate non sono affatto limitate al corpo umano, o ai corpi animati in genere, giacché se ne potrebbero addurre di analoghe a proposito delle cose più diverse, come l'aria, la luce, il calore, e innumerevoli altre. Non c'è presumibilmente cosa alcuna nella natura, che non ne offra l'occasione, e che non comporti il riconoscimento dell'universale esistenza di una duplice serie di proprietà rispetto all'unità sostanziale di ogni cosa. Si prenda l'aria e si rifletta come sia interamente diverso ciò per cui si dice che c'è aria quando tira vento, o anche quando si sente il nostro stesso respiro, e ciò per cui si sostiene che l'aria è un miscuglio di gas, dotato di certe o certe altre proprietà, come, p. es., quella dell'elasticità. Ognuno vorrà sicuramente concedere che nell'aria si avverte il vento o il respiro in maniera del tutto differente da quella in cui s'accerta il miscuglio gassoso, ossia vorrà speditamente accordare che nell'unica aria esistente c'è la stessa doppia serie di proprietà, riscontrata a qualche altro proposito.

Presentemente non conta molto accertare quale sia l'estensione in cui tutto questo accade; preme, invece, grandemente stabilire quale sia il carattere decisivo che contraddistingue lo strato profondo dallo strato superficiale delle cose. Come si è detto, i colori, i suoni, gli odori (bisogna ormai aggiungere: in quanto si vedono con gli occhi, si ascoltano con gli orecchi, si annusano col naso, poiché anch'essi possono essere qualcosa di duplice), sono caratterizzati da una grande mobilità, per cui cangiano in funzione dell'attenzione, della distrazione, della compenetrazione, della riflessione, in breve di ogni atteggiamento che l'uomo prende nei loro confronti, e che tale è il tratto che determina la loro soggettività. Ciò che di più mobile si può in generale dare è l'io, che è l'assolutamente puntuale, è, per così dire, l'istante personificato, in quanto ogni altro cangiamento importa quello dell'io, mentre non capita l'inverso. Perché all'attenzione, che tiene nella mira la cosa, subentri la distrazione, che lascia che si perda nello sfondo, perché alla concentrazione, che si sprofonda nella cosa e quasi vi si perde, tenga dietro la riflessione, che si rivolge primariamente all'io e secondariamente all'oggetto, occorre che a mutare sia l'io medesimo, di cui codeste modalità di comportamento sono le articolazioni (l'io è il centro, l'iniziativa della vita mentale è la sua; tutto si misura in relazione all'io, che è il termine di riferimento obbligato, e l'io di cui qui necessariamente si tratta è l'io personale).

Ora, in relazione all'io, le proprietà che costituiscono lo strato profondo delle cose, sono non già mutevoli, sibbene permanenti, considerate che siano in comparazione alle proprietà dello strato superficiale. Non è già che esse siano assolutamente persistenti; anzi, non è possibile che lo siano, poiché i loro cangiamenti debbono rendere ragione delle trasformazioni che si riscontrano nella natura, ma non hanno nemmeno bisogno di esserlo, per essere dichiarate oggettive. A questo scopo è sufficiente che esse permangano rispetto alle proprietà dell'altro strato, e soprattutto rispetto alla variazione primordiale degli atteggiamenti dell'io, ed è innegabile che godano della permanenza richiesta. Si richiamino alla memoria i casi menzionati nella rassegna di poco sopra, e ci si renderà facilmente conto che la costituzione degli organi di senso, quella del cervello e dei nervi, la composizione dell'aria, sono del tutto indipendenti dalla circostanza che l'uomo sia attento, si distragga, e da altre simili evenienze. Anzi, entità di codesto genere debbono, in definitiva, spiegare gli stessi comportamenti umani, ma è impossibile che questi ultimi forniscano i principi dell'interpretazione della natura. L'uomo è poca cosa, in lui si alternano la veglia e il sonno, la salute e la malattia, la gioventù e la vecchiaia, egli è affidato alla fortuna per la nascita, ed è in balia degli eventi per l'unico fatto immancabile della sua esistenza, che è la morte. Ci sono quindi infinite realtà indipendenti dalla conoscenza umana, dotate di oggettività; pensarla diversamente sarebbe manifestazione di follia.

Questo è il genuino significato della dottrina del realismo scientifico, che insegna l'esistenza di due specie di qualità, le une primarie e le altre secondarie, quelle oggettive e queste soggettive; dottrina che si può senza dubbio criticare e respingere, ma soltanto provvisoriamente, e cioè in attesa di ricondurla ad un'espressione di un punto di vista, dopo di che essa risulta inattaccabile. Prima di riportarlo al terreno della sensibilità, il realismo scientifico non soltanto può, ma deve essere criticato, perché le obiezioni che gli si muovono servono a preparare la riconduzione da compiere. Nei confronti di altri significati dei polisensi vocaboli «oggettivo» e «soggettivo», può emergere che le qualità sono da dichiarare tutte oggettive e tutte soggettive, a seconda dei casi che ricorrono; ciò può anche accadere, se s'introduce la considerazione dell'io puro, che è diverso sia dall'io personale che dall'io collettivo o normale (il quale ultimo è costituito dal punto di vista nella sua interezza). Tutte queste eventualità non debbono qui essere esaminate, giacché non riguardano il determinato problema in discussione. Ciò che è da tenere per fermo è che una volta operata la riduzione del realismo scientifico ad espressione di un punto di vista (o di qualche sua interna configurazione; per il momento non siamo ancora in grado di pronunciarci sull'argomento), sarebbe stranissimo che codesto realismo si potesse ancora rigettare. Un modo di sentire non domanda altra giustificazione all'infuori di quella che gli deriva dall'avvertire così, anziché diversamente; essa gli è fornita dalla circostanza d'esistere; non c'è niente che abbia la capacità di confutarlo, ossia di dissolverlo, di costringerlo ad abbandonare il palcoscenico del mondo.

Si obietterà forse al realismo scientifico che le considerazioni poste sul terreno non bastano a convalidare l'affermazione dell'esistenza di una realtà a sé stante, da cui provengono, come dalla loro fonte originaria, le nostre sensazioni? Questa forma di realismo non si fonda affatto, per asserire una realtà a sé stante, sulla distinzione tra qualità primarie e qualità secondarie, bensì fa leva sull'esperienza invincibile della nostra mancanza di libertà nei confronti delle sensazioni e delle prime rappresentazioni, le quali vengono in noi nostro malgrado. Non si sceglie se provare caldo, freddo, sentire la fame, la sete; tutto questo capita indipendentemente dal gradimento umano, non è materia di deliberazioni e di decisioni. In altre parole, è la recettività del sentire ad offrire la testimonianza fededegna del fatto che, se le cose esterne non agissero su di noi, non sorgerebbero mai in noi le sensazioni[5].

Si vorrà forse sostenere che la distinzione delle qualità in primarie e in secondarie è inconsistente, per la ragione che le qualità primarie consistono, in definitiva, della sola estensione, e che questa ha un destino inseparabile da quello delle qualità secondarie, cosicché, se queste sono soggettive, tale è anch'essa inevitabilmente? Muovere una tale critica al realismo scientifico importerebbe mettere sul terreno un'argomentazione scorretta dall'inizio alla fine, la quale si reputa invincibile soltanto perché ignora il significato delle parole che pronuncia, non è informata della portata dei concetti a cui fa appello. Non appena si concede (come ragionevolmente si vorrà fare) che lo spazio è identico con l'estensione, ne viene che i colori, i suoni, ecc., sono certamente spaziali, e che le parti dello spazio che essi occupano, sono (per l'assunto in discussione) soggettive, ma non ne deriva minimamente che soggettive siano tutte le parti dello spazio. Anzi, come si è spiegato, la distinzione del soggettivo e dell'oggettivo, del secondario e del primario, passa all'interno degli stessi colori e degli stessi suoni, e verte tra i colori, in ciò che si vedono, i suoni, in ciò che si odono, e i medesimi colori e suoni, in ciò che hanno una frequenza, un'altezza, e ad essi si

---

[5] Su questo punto fondamentale il realismo scientifico e il realismo critico concordano appieno. Dice Voltaire: «Noi crediamo di formare delle idee. Come se, aprendo il rubinetto d'una fontana, credessimo di esser noi a formare l'acqua che ne sgorga! Creare delle idee, noi, poveri diavoli che siamo!» (*Bisogna prender partito ovvero il principio d'azione*, in *Scritti filosofici*, trad. it. cit., vol. II, pp. 684-685).

riferiscono vibrazioni, oscillazioni (e altre entità dello stesso genere, che non si possono mettere sotto gli occhi e a cui non ci si può avvicinare con gli orecchi, come si può fare con i fiori variopinti e con gli uccelli canterini; sono cose siffatte quelle che formano le qualità primarie degli oggetti sensibili).

Dalle considerazioni svolte risulta a sufficienza che questa forma di realismo, purché si intenda nel suo effettivo significato, è in grado di resistere alle obiezioni con cui viene assalita, e dagli esempi addotti emerge altresì il motivo per cui esso si definisce con l'attributo di «scientifico». Essa accorda un posto di grande rilievo agli interessi della scienza matematica della natura (ancorché, avendosi che fare con un punto di vista, debba trattarsi della scienza in senso improprio, non di quella in senso proprio, che è *puri intellectus*), e infatti, le realtà a cui ricorre sono entità fisiche di misura. Ciò spiega anche il posto di prim'ordine che questa forma di realismo occupa nel momento in cui si afferma l'illuminismo, il quale è essenzialmente *umanismo scientifico*, e pertanto è legato, nel suo emergere, nel suo grandioso sviluppo e nel suo destino futuro, alle sorti dell'avventura scientifica dell'umanità.

5. *Il realismo critico*

Nondimeno, come abbiamo detto, il realismo scientifico non è l'unica forma di realismo che s'incontra nell'illuminismo, giacché vi si accompagna il realismo critico, e la prima cosa da stabilire è adesso la ragione per cui l'illuminismo si fa rappresentare da queste due dottrine della conoscenza, anziché affidarsi ad una sola.

È evidente che il realismo scientifico è bensì il vertice dell'umanismo, in quanto questo rimette l'affermazione degli ideali umani alla scienza fisico-matematica della natura, e che in ciò consiste il pregio che esso possiede per il punto di vista dell'illuminismo, ma è altresì evidente che esso non tutela altrettanto bene i diritti del fenomenismo, ossia del carattere fondamentale dell'intuizione illuministica del mondo. Per questa forma di realismo, infatti, le determinazioni matematico-fisiche delle cose sono proprietà oggettive delle cose, e la loro conoscenza ci procura l'apprensione della realtà com'è in se stessa, anche se non ci procaccia il sapere del fondo dell'essere. Certamente, nemmeno il realismo scientifico presume di poter cogliere la radice prima delle cose, già per il motivo che le determinazioni matematico-fisiche, una volta che siano correlate con le proprietà semplicemente apparenti degli oggetti, le misurano, ma non rendono ragione della loro esistenza, non assegnano la causa, per cui ci sono, invece di non esserci. O, come si può anche dire, per parlare lo stesso linguaggio in cui per secoli ci si è espressi, l'esistenza delle qualità secondarie è scientificamente inesplicabile, giacché le qualità primarie, che ad esse si correlano, non valgono ad assegnarne l'origine. Lo strato oggettivo dell'esperienza sensibile misura il decorso dello strato soggettivo, meramente apparente, di questa medesima esperienza, ossia consente di stabilire che è da attendersi un evento sensoriale di tale intensità qui, e un altro di diversa intensità là, che in un certo luogo si avrà un fatto visivo, e in un altro un fatto uditivo, ma non può spiegare perché mai fatti del genere esistano. E poiché le qualità primarie e quelle secondarie debbono avere un'origine unica, perché la realtà è qualcosa di unico, è palese che il fondo dell'essere non è conoscibile mediante la scienza, e che, di conseguenza, è destinato a rimanere ignoto agli uomini. Ciò nonostante, siccome le qualità primarie sono, per il realismo scientifico, effettivamente reali, va da sé che questa forma di realismo restringe grandemente l'ambito del fenomenismo.

Come si è provato, il fenomenismo è inseparabile dal realismo, e nondimeno è manifesto che fenomenismo e realismo stanno, per così dire, tra loro nella relazione di proporzione inversa, di modo che tanto più si compie professione dell'uno, tanto meno è possibile compiere professione dell'altro. Se si sostiene che ci sono molteplici rappresentazioni, e per di più, determinate, che hanno la proprietà di corrispondere alle cose, si è in presenza di un fenomenismo moderato; se si afferma che c'è un'unica rappresentazione, e per di più, indeterminata, che corrisponde a ciò che esiste in sé e per sé, si è di fronte ad un fenomenismo radicale. Il realismo scientifico, che accorda all'uomo la conoscenza dell'intero stato profondo delle qualità delle cose sensibili, se non di fatto, almeno in linea di diritto, è il realismo massimo, compatibile con l'illuminismo, ma per ciò stesso esso è il fenomenismo minimo, che l'intuizione illuministica del mondo possa esigere.

Ne viene che l'illuminismo avverte l'esigenza di accogliere in sé un'altra forma di realismo, che meglio corrisponda alla sua visione della vita e dell'uomo. Come mostrammo sin dall'inizio, l'umanesimo illuministico rifiuta decisamente la celebrazione della potenza e della singolare eccellenza e dignità dell'uomo tra tutti gli esseri di cui il mondo è l'albergo; esso addita in una tale celebrazione soltanto una vana, artificiosa, stucchevole, esercitazione retorica, che può produrre unicamente malsani riscaldamenti e pericolose eccitazioni nel genere umano, inducendolo a comportamenti esaltati ed esagitati, in breve, spingendolo al fanatismo. Anziché nascondersi la sua vera condizione, l'uomo deve prenderne atto, incominciando con l'accordare rilievo a tutto ciò che c'è d'inferiore e di plebeo nella sua natura; invece d'insuperbire e di pretendere di dare fondo all'universo, l'uomo deve convincersi che si può procacciare anche un'estesissima conoscenza degli oggetti, allo scopo di dominarli nella pratica, ma che codesta conoscenza non va comunque al di là dell'ordine dei fenomeni, e per quel che riguarda le cose in se stesse non è destinata ad accrescersi, per avanzamenti che si compiano nel sapere, perché non muta nel succedersi dei secoli e dei millenni, ma è sempre la medesima, ridotta ad un infinitesimo.

Sotto questo proposito, conveniente agli interessi dell'illuminismo è il realismo critico, il quale asserisce che c'è un'unica rappresentazione, quella assolutamente indeterminata di «cosa», o, com'è lo stesso, di «essere», di «ente», di «oggetto», che abbia riferimento reale in quel *quid* che si denomina la cosa in sé. La rappresentazione dell'essere, che è quella generalissima, e tuttavia positiva, si riferisce parimenti al fenomeno e alla cosa in sé, essa trova in entrambi corrispondenza, e quindi non assegna la differenza dell'uno e dell'altra, che per essere enunciata ha bisogno di qualche integrazione. Occorre cioè, per il fenomeno, aggiungere il carattere dell'«internità», o della «relatività», e per la cosa in sé, quello dell'«esternità», o dell'«assolutezza», giacché fenomeno significa esistente rispetto a noi, o esistente in quanto si manifesta a noi uomini, e cosa in sé vuol dire cosa esistente assolutamente, o indipendentemente da ogni manifestazione che a noi si dia. Questi sarebbero semplici chiarimenti di vocabolario, e con essi il realismo critico avrebbe soltanto fornito utili indicazioni terminologiche, se esso non fosse in grado di dimostrare che c'è bensì qualcosa che ci si dà a vedere (il fenomeno), ma c'è altresì qualcosa che ci resta interamente nascosto (la cosa in sé). Prima di esporre questa dimostrazione che il realismo critico arreca della propria tesi, occorre però discernere le rappresentazioni determinate dalle rappresentazioni indeterminate, perché i fraintendimenti e gli equivoci che si addensano su questa forma di realismo, le esposizioni manchevoli, le confutazioni inconsistenti, che se ne compiono, dipendono dalla fallita osservazione di queste due sorte di rappresentazioni. Si chiamano rappresentazioni determinate, quelle che significano contenuti particolari, differenti gli uni dagli altri, non importa se di cose effettivamente esistenti oppure no: chimera, ippogrifo, centauro, sono rappresentazioni determinate, al pari di casa, albero, terra; e, quando esse sono considerate insieme, si comportano in maniera tale che si apprendono tante differenze per quanto molteplici le rappresentazioni sono. Ci sono però almeno due rappresentazioni indeterminate, quella, positiva, dell'essere, e quella, negativa, del nulla; presentemente interessa la rappresentazione dell'essere. Il realismo critico, conformemente al suo assunto, deve soltanto provare che c'è un essere che esiste indipendentemente da tutto ciò che a noi si manifesta; esso non è tenuto in alcun modo a determinarlo, e anzi, qualora lo facesse, contravverrebbe alla sua medesima tesi.

Ciò posto, è da dire che il punto di partenza della dimostrazione è nell'esperienza della recettività della conoscenza, ciò che però subito provoca un'obiezione, parendo che, col darsi questo cominciamento, la dimostrazione presupponga quel che dovrebbe stabilire, mettendosi nella penosa condizione di avvolgersi in un circolo vizioso. La conoscenza (non si mancherà di dire) contiene l'elemento della recettività, se deriva da una realtà a sé stante, che affetta l'uomo conoscente; pertanto, è vero che non c'è conoscenza senza una qualche recettività, unicamente se è vero che c'è una cosa in sé altra dal fenomeno.

L'ostacolo, che così si volesse subito mettere dinanzi alla dimostrazione, sarebbe fittizio, giacché il richiamo all'esperienza della recettività non dipende dall'ammissione di una realtà a sé stante, come risulta evidente, se si distingue la *ratio essendi* dalla *ratio cognoscendi*. Certamente, la *ratio essendi* dell'elemento recettivo implicito nella conoscenza è racchiusa nell'esistenza dell'essere, la cui essenza non consiste nel manifestarsi all'uomo, e quindi ciò che precede, nell'ordine reale, è la cosa in sé, e ciò che segue è il fenomeno, e dentro di questo, è quella particolare manifestazione che è l'esperienza della recettività; così è, ma così deve anche essere, su ciò non si possono avanzare dubbi di sorta. Ma questa medesima esperienza poggia esclusivamente su ciò che in essa si esibisce, ed essa è la *ratio cognoscendi* della distinzione del fenomeno e della cosa in sé, che sul suo fondamento s'inferisce, in maniera tale che l'ordine conoscitivo è l'inverso dell'ordine reale, precisamente come deve essere. Qui di circoli viziosi, e anche di presupposti, non c'è alcuna traccia. L'obiezione ha il difetto di gettarsi addosso al ragionamento prima ancora che esso si sia formulato, ha la colpa di pretendere di confutare senza stare ad ascoltare.

Per procedere in maniera corretta, occorre chiedersi quale sia il contenuto dell'esperienza della recettività. Sarebbe assurdo pretendere di riporre la recettività in una sensazione, perché allora si sarebbe obbligati a dire se è una sensazione visiva, oppure uditiva, oppure tattile, e si potrebbe compiere la più estesa rassegna di sensazioni senza tra di esse incontrarne una che costituisca quella particolare impressione che è il sentirsi recettivi o passivi. Quest'impressione di passività non è una sensazione, bensì è un sentimento, è lo stato d'animo dell'oppressione, che può certamente collegarsi alle sensazioni, le quali, quando una tale connessione s'instaura, si avvertono come un peso, e giustamente si è portati a dichiarare che ci s'impongono nostro malgrado, giacché, se dipendesse da noi, ne avremmo d'interamente diverse da quelle che di fatto abbiamo. Allorché ci si sente oppressi, ci si avverte passivi, e il sentire sensoriale ci appare come una sorta di violenza che ci è inflitta, si è come sottoposti ad una prevaricazione e ad una vessazione da parte delle cose, che, dopo essersi portate su di noi con prepotenza, resistono duramente a qualsiasi sforzo che si facesse per togliersele di torno o anche soltanto per modificarle a fondo[6].

La questione di decidere se un tale avvertimento valga a suffragare e a giustificare la tesi realistica, può essere sciolta in un'unica maniera: tutto dipende da come l'avvertimento ha luogo. C'è motivo di ritenere che l'esperienza descritta si produca in ogni uomo, giacché non c'è sentimento che non alberghi in ogni petto umano; la differenza capitale è se si tratti di uno stato d'animo fievole e momentaneo oppure di una impressione tanto profonda e duratura da marchiare stabilmente un sentire, sino al punto di caratterizzarlo e definirlo. Nel primo caso, la conclusione realistica non segue, anzi nemmeno viene in mente l'eventualità di sostenerla, ma al suo posto si propugnano differenti tesi, a seconda del sentimento dominante da cui si è avvinti. Allora può anche capitare che si tenga in dispregio il realismo e che vi si additi un pessimo consigliere dell'umanità, perché arreca agli animi la pigrizia e l'arrendevolezza verso l'esistente, insinuando che va preso per quale è. Nel secondo caso, però la conclusione realistica segue irrefragabilmente, perché il realismo è essenzialmente composto da questo acuto e radicato sentimento della passività. Quando una questione verte intorno ad un punto di vista, essa si risolve senza eccezione sul fondamento dell'intensità dei sentimenti e delle sensazioni, perché il punto di vista consiste esclusivamente di codesti ingredienti della sensibilità, che in esso

---

[6] «Io sento in modo invincibile che le mie prime idee e le mie sensazioni mi sono venute mio malgrado. Intendo chiarissimamente che non mi posso dare nessuna idea. Non mi posso dare nulla: ho ricevuto tutto», dice Voltaire (nella «voce» *Idea* dei *Quesiti sull'Enciclopedia*. Cfr. *Scritti filosofici*, trad. it. cit., vol. II, p. 601).

si presentano graduati diversamente da come compaiono in tutti i punti di vista ancora esistenti, nei quali è sempre un differente stato d'animo ad avere la posizione di sentimento dominante, ciò che determina la differenza della gradualità di tutti i loro altri ingredienti. Nell'illuminismo l'avvertimento della passività possiede una grande energia, e la teoria del realismo provvede a formularlo, conferendogli veste filosofica.

Il riferimento obbligato al sentire toglie di mezzo alcune domande, che si potrebbe essere tentati di sollevare a proposito del realismo illuministico, mostrando che non ha senso volersele proporre. Così, chiedersi se per avventura l'esperienza della passività, consistendo di un avvertimento, non sia essa stessa qualcosa di attivo, giacché sentire è esercitare attività, cosicché si dovrebbe distinguere l'operazione dell'avvertire, e riconoscerle indole attiva, dal contenuto avvertito, a cui è giocoforza attribuire carattere passivo, è porsi un interrogativo, che, dalla posizione dell'illuminismo, è insensato. Infatti, risulta da tutto quanto sinora è stato detto, che l'illuminismo può essere interessato unicamente all'aspetto della passività e che soltanto a questo deve accordare rilievo. Parimenti, domandarsi se, mediante il riscontro della recettività, s'inferisce una passività nei confronti del mondo esterno di significato universale oppure soltanto relativa all'uomo, nella quale ultima ipotesi potrebbe ancora capitare che ciò che all'uomo non si manifesta, fosse di per se stesso, o rispetto ad altri esseri, manifestazione, importa avanzare quesiti improponibili per l'illuminismo. Quando discorre del pensiero, l'illuminismo, che è un punto di vista umanistico, intende parlare del pensiero umano, e taglia corto con ogni altra questione, semplicemente ignorandola; per esso, qualunque cosa che non si riferisca primariamente all'uomo, sia o non sia, è come se non fosse; ai suoi occhi, è vana e oziosa curiosità mettersi ad investigare qualunque problema che non coinvolga direttamente la destinazione dell'umanità. Quando l'illuminismo afferma che altro sono le cose, per quali appaiono, e altro, per quali effettivamente sono, considera esclusivamente l'apparire all'uomo, il risultare alla umana coscienza; tutto il rimanente non è suo affare.

Nel sentirsi oppressi, si avverte un peso che ci è imposto dall'esterno e che ci aggrava l'anima dal di fuori, ma di esso non possiamo aggiungere altro. In un certo senso, noi ci avvertiamo identici con ciò che volentieri scorgiamo in noi, ci consideriamo tutt'uno con ciò che, con nostro gradimento, rinveniamo in noi; invece, recalcitriamo e ci rivoltiamo contro tutto ciò che ci fa fastidio, trattiamo come estraneo ciò che ci accade malvolentieri. L'oppressione allude quindi oscuramente a qualcosa che noi non siamo, accenna di lontano a un essere che non è quello nostro, ma non ce lo disvela minimamente. Alla rappresentazione indeterminata dell'essere si aggiunge così unicamente la rappresentazione dell'esternità in generale, la quale non può e, del resto, nemmeno deve far conoscere nessuna cosa in ciò che costituisce la sua natura ultima. La distinzione, su cui interamente si regge questo realismo, è quella di conoscenza determinata, che è possibile ed effettiva nell'ordine fenomenico, e conoscenza indeterminata, che sola si riferisce alla cosa in sé. Purché si tenga sempre presente, una tale distinzione consente di venire a capo delle difficoltà e degli ostacoli, che a torto si reputa di poter porre innanzi all'intuizione illuministica del mondo, a proposito della relazione tra apparenza e realtà.

Se la tesi del realismo fosse che la relazione causale ha il suo campo legittimo di applicazione nell'ordine fenomenico, essa sarebbe contraddittoria, e invano ci si industrierebbe di appianare e di risolvere una siffatta contraddizione. Non si potrebbe, infatti, fare a meno di ammettere che c'è una relazione anche tra l'apparenza e la realtà, e che essa è d'indole causale, perché la realtà deve formare la causa, di cui l'apparenza è l'effetto (un'apparenza, che fosse a sé stante, indipendente, sarebbe, per ciò stesso, a sua volta, realtà). Ma la tesi non è affatto questa, ma un'altra, assai diversa, la quale dichiara che la relazione causale, di cui si ha conoscenza determinata, ha luogo sul terreno dei fenomeni, ma che anche altrove ci sono cause ed effetti, quand'anche se ne abbia una conoscenza indeterminata, la quale ci vieta di stabilire come la causalità si eserciti, nella maniera che capita allorché si tratta della relazione dell'apparenza e della realtà. In ciò che quella è asserita apparenza, è contenuto che è cosa derivata, ed effetto significa proprio cosa derivata; in ciò che questa è dichiarata realtà, è racchiuso che è cosa originaria, e causa vuol dire cosa originaria; di più, non si può, ma nemmeno si vuole, da parte di questo realismo, sapere, giacché non ci s'illude di essere in grado di arrecare le leggi causali che specifichino come la relazione tra apparenza e realtà ha luogo; leggi siffatte si porgono unicamente per le relazioni delle apparenze, o dei fenomeni, tra loro. In tutto ciò non c'è alcun controsenso, alcuna contraddizione.

Come si è accennato, sulla recettività del sentire si fonda sia il realismo scientifico, sia il realismo critico, i quali ne inferiscono l'esistenza di una realtà che nel suo fondo non si manifesta al pensiero, ma, pervenuti a questo punto, essi dividono le loro strade, per la ragione che, ad avviso dell'uno, si può ancora sapere qualcosa intorno a codesta realtà, e cioè quel che riguarda le qualità primarie degli oggetti, mentre, ad avviso dell'altro, essa ci è del tutto impenetrabile. Questo diverso cammino è dovuto alla differente intensità con cui nelle due forme del realismo compare l'avvertimento dell'uomo come essere effimero, che è piuttosto limitato e ancora tenue nel realismo scientifico, ed è, invece, esteso ed estremamente acuto nel realismo critico, i quali, di conseguenza, fanno diverso posto all'apparenza e alla realtà. Dove tale stato d'animo possiede la massima energia, rimiri il cielo sconfinato con le stelle che vi sono disseminate, o guardi l'oceano in tempesta che batte contro gli scogli, l'uomo non soltanto si sente misero, un vero e proprio nulla, in proporzione a tanta infinità, ma avverte come poveri e vani anche il cielo e l'oceano, che sono sterminati, eppure di essi non resterà traccia, come non rimarrà vestigio di tutto quel che è umano, così che il massimo e il minimo, l'immenso e l'esiguo, sono accomunati dalla medesima sorte di distruzione e di morte.

Quanto più forte è codesto stato d'animo, tanto maggiore è la parte che si fa alla mobilità e al cangiamento; quanto maggiore è questa parte, tanto maggiore è l'ambito del fenomenico e del soggettivo; dove lo stato d'animo ha un'intensità sconfinata, tutto ciò che è determinato è in preda alla mutevolezza e all'incostanza, l'intera conoscenza è fenomenica e soggettiva, così che della realtà in se stessa c'è consentito sapere che esiste, ma non arrecare altro predicato che vada a giungersi alla mera esistenza. La cosa in sé è un *nescio quid*, ma è quanto basta, perché, in contrapposizione ad essa, risulti la mera fenomenicità di ogni conoscenza determinata.

Per eseguire la dimostrazione di questo assunto, il realismo critico, come esiste nell'illuminismo (esso è il solo che sia oggetto di questa trattazione), si volge a considerare lo spazio e il tempo, con lo scopo di provarne la soggettività, e per fornire tale prova cerca di metterne allo scoperto l'indole mobile, ossia si adopera a chiarire come lo spazio e il tempo siano rappresentazioni che si sono formate gradualmente, si sono modificate di continuo, e sono destinate a cangiare senza tregua, finché esisteranno. Rivolgendosi allo spazio e al tempo, questo realismo s'indirizza nella giusta direzione, perché lo spazio e il tempo sono universalmente considerati come i due grandi contenenti di tutto ciò che è sensibile, cosicché, una volta che si riesca a stabilirne la soggettività, ne viene che non c'è niente nell'esperienza, in quanto essa è determinata, che non sia irrimediabilmente fenomeno, senza alcuna differenza di strati, o di serie, di qualità. È la dottrina dell'evoluzione ad essere incaricata di mostrare che le rappresentazioni dello spazio e del tempo, che noi oggi possediamo, hanno avuto una generazione, costituiscono il risultato d'innumerevoli esperienze, che in esse si sono espresse, concentrate e riassunte, e che, pertanto, lungi dall'essere assolutamente permanenti, per quanto a noi sembrino salde, sono ancora mutevoli. L'evoluzionismo, che interviene in questi problemi, non è quello soltanto biologico, ma è quello generalizzato, che introduce dovunque il principio della formazione graduale e della trasformazione continua, e quindi lo fa valere anche per la psicologia e la gnoseologia, applicandolo alle stesse entità mentali, agli stessi concetti, dei quali non ce n'è alcuno, a suo dire, che non si sia modificato in passato e che non sia per modificarsi in futuro. In rapporto al singolo uomo, le rappresentazioni dello spazio e del tempo, si possono, e anzi si debbono, considerare immodificabili e immutabili, perché i cangiamenti che in esse intervengono nell'arco della vita umana sono così scarsi da risultare impercettibili; ma, in relazione all'intera umanità e alle specie viventi diverse da quella umana, esse sono da dichiarare modificabili e mutevoli, quantunque ora in misura maggiore e ora in misura minore. Bisogna altresì distinguere le occorrenze pratiche, per le quali si è autorizzati ad attenersi allo spazio e al tempo come se fossero degli identici, dalla pura speculazione filosofica, la quale ne fa delle rappresentazioni mobili, e quindi fenomeniche, o soggettive, perché la caratteristica della mobilità è il contrassegno di tutto ciò che è fenomenico e soggettivo[7].

---

[7] Questa è la concezione dello spazio e del tempo, che s'incontra in Spencer, *I primi principii*, trad. it. cit., pp. 123-133. Naturalmente, una tale concezione, se vuole serbarsi coerente, deve evitare di compiere certi passi falsi, come sarebbe quello di sostenere (come qualcuno ha proposto) che il tempo è la rappresentazione primordiale, più antica e più originaria dello spazio, o anche quella di asserire che si tratta di rappresentazioni incomprensibili. Soltanto l'origine prima e radicale dello spazio e del tempo può essere detta incomprensibile, e riposta nella cosa in sé; come rappresentazioni, essendo determinate, quelle dello spazio e del

Il realismo critico, così argomentato, ha un suo posto nelle teorie della conoscenza formulate dall'illuminismo, ma non può rendersi esclusivo, senza che ne derivi un serio pericolo per l'intuizione illuministica del mondo. Il fatto è che questa forma di realismo ha una coscienza troppo drammatica ed esasperata della limitazione connaturata a tutto ciò che è umano, così che rischia di trasformarsi in una negazione dell'umanismo, ingenerando la sfiducia e deprimendo gli animi con lo spettacolo della piccolezza dell'orizzonte che circonda e serra l'umanità. La signoria dell'uomo sulla natura, che l'illuminismo vuole instaurare, ha bisogno anche di stati d'animo più confidenti, che controbilancino quello che, lasciato a se stesso, sarebbe un sentimento troppo amaro delle cose, soprattutto ai primordi dell'illuminismo, quando questo deve affrontare fedi religiose che seducono le coscienze con prospettive grandiose. A ciò provvede il realismo scientifico, che tende ad acuire in senso positivo il sentire umano, mentre il realismo critico si comporta all'opposto; trovandosi insieme, essi suscitano quella specie di sentire equilibrato, né superbia né umiltà, ma senso della misura e della medietà umana, che è caratteristico dell'illuminismo. Si spiega così come, nell'ambito di una medesima intuizione del mondo, si trovino entrambe queste concezioni della conoscenza, come ora la prevalenza tocchi all'una e ora all'altra, come ci sia un'epoca all'insegna del realismo scientifico e un'altra sotto il vessillo del realismo critico, almeno sin quando l'illuminismo non ha trionfato quasi di tutti i suoi più pericolosi avversari, giacché allora può semplicemente tacere sull'argomento. Anche in altri campi incontreremo qualcosa d'analogo a quello che capita sul terreno della conoscenza, ossia, che in luogo di un unico assetto dottrinale, se ne trovano parecchi. L'illuminismo, al pari di ogni altro punto di vista, non è un'entità monolitica e catafratta, ma reca in sé molteplici configurazioni, ciascuna costante di vari orientamenti, che soltanto nella loro completa riunione ne formano la manifestazione esaurita.

6. *L'interesse del realismo per la causa dell'illuminismo*

Ma non ci stiamo forse intrattenendo troppo a lungo, in sede di trattazione dell'illuminismo, nell'esame di una questione tanto astratta, tanto puramente speculativa, com'è quella della gnoseologia illuministica e del realismo che la

---

tempo, debbono risultare comprensibili; ma è del tutto incomprensibile come possa esistere un *quando* che non comporti un *dove*, come si possa collocare *prima* o *dopo* un evento senza riferirgli insieme un *qui* o un *là*. Bisogna inoltre distinguere le singole rappresentazioni dello spazio e del tempo – e riferire ad esse soltanto la mutevolezza e il cangiamento – dalle rappresentazioni globali dello spazio e del tempo, in cui ogni cosa muta, ma perciò stesso, essi non possono mutare. Infine, bisogna riguardare lo spazio e il tempo come le rappresentazioni più generali e, per ciò che concerne la conoscenza umana, inderivabili da altre e precedenti rappresentazioni, siano esse quelle della forza, della resistenza, del movimento, o delle altre qualsiasi. Il fenomenismo (o, come Spencer ama dire, «la relatività della conoscenza umana»), se vuole avere un saldo fondamento, deve basarsi sulla soggettività dello spazio e del tempo.

contraddistingue? A che giova distinguere i vari generi di realismo che si danno, caratterizzare quello proprio dell'illuminismo come realismo fenomenistico ed empiristico, suddividerlo nelle due forme del realismo scientifico e del realismo critico, e descriverle entrambe dettagliatamente? Non è l'illuminismo un movimento interessato soprattutto ai problemi effettuali dell'umanità, alla critica religiosa e storica, ai costumi morali, alla concreta vita civile, agli assetti della società e alle forme della politica; tutte cose con cui il realismo, il fenomenismo e l'empirismo hanno assai poco da spartire? Non si rischia, procedendo per la via su cui ci siamo messi, di collocare in una falsa prospettiva il movimento che ha potuto imprimere il suo suggello sulla civiltà moderna, per il motivo che è essenzialmente un fatto di civiltà e un sapere e un agire di stile mondano?

A queste domande è da rispondere dicendo che l'illuminismo è certamente ciò che le domande dichiarano, ma che a quel fatto di civiltà e a quel sapere e fare mondano, che esse pongono avanti, il realismo è così poco estraneo, da costituirne la sostanza, come si può agevolmente mostrare con alcuni esempi (il procedimento esemplificativo è il solo opportuno e conveniente, se non si vuole dare adito alla taccia, mentre si è sospettati di astrattezze speculative, di andare avanti con considerazioni che, essendo generali, sono anch'esse astratte e meramente speculative).

Il primo esempio sia di critica religiosa e biblica, quale risulta dal tentativo di ricostruzione della vita di Gesù, come viene compiuto nell'ambito della cultura dell'illuminismo. Lo studioso e lo storico di formazione illuministica, già nell'accingersi a trattare del personaggio che segnò il cominciamento della futura fede religiosa dell'umanità dell'Occidente, non può non assegnarsi il compito di escludere dagli avvenimenti, che allora effettivamente ebbero luogo, qualsiasi elemento soprannaturale e miracoloso, spiegandolo, dovunque lo incontri proposto, come il fallace sembiante che, in particolari condizioni, assumono forze d'indole affatto naturale. Si dia, o no, questo scopo, formulandoselo mediante apposite regole metodologiche, egli si atterrà comunque interamente ad esso, e per raggiungerlo egli potrà delineare la fisionomia di quella parte del popolo ebraico dell'epoca più vicina a Gesù, e degli uomini che furono compagni e discepoli di quello che in seguito sarebbe diventato il Figlio di Dio, dipingendo una gente oppressa dalla dominazione straniera, vivente in una estrema povertà, da cui non le è concesso di sperare di poter un giorno uscire, e quindi portata a compensare il disagio dell'esistenza terrena con miraggi strani di inauditi sconvolgimenti degli assetti delle cose tutte, in cui i sogni della fantasia più accesa ottengono credenza e diventano, per quanti li nutrono, incontestata realtà, più vera di ciò che con gli occhi si vede e con le mani si tocca. In questo, o in altro consimile modo, lo studioso porrà le premesse per la riduzione del soprannaturale al naturale, senza della quale non potrebbe compiere nemmeno un passo nella sua ricerca. Ardenti aspettazioni, febbrili eccitazioni, allucinazioni e altri stati morbosi della sensibilità, sono incaricati di rendere ragione dell'atmosfera miracolosa che circonda la vita di Gesù, dei continui prodigi che contrassegnano l'origine del cristianesimo, e che in misura maggiore o minore si riscontrano nel momento in cui tutte le religioni nascono, trovano credito e si affermano. Tutti questi assunti sono il necessario portato dell'umanismo, non in generale, ma nella sua specifica versione illuministica, che pone l'accento sul piano basso, anziché su quello elevato, dell'esistenza umana, e l'accoglie come fondamento inconcusso della sua concezione complessiva della realtà. Altre interpretazioni dell'umanismo avrebbero incominciato col porre in luce ciò che di grandioso e di eroico c'è nella rivoluzione religiosa e morale apportata dal cristianesimo; quella propria dell'illuminismo non può fare niente di simile, ma deve attenersi al principio della piccolezza e della modestia delle origini, per cui gli eventi decisivi delle civiltà sono come fiumi, che, per maestosi che appaiano alla foce, nascono come insignificanti corsi d'acqua.

A questo punto, interviene, a determinare tutti i passi della ricostruzione della vita di Gesù, il realismo fenomenistico ed empiristico, il quale, nella sua generalità, prescindendo cioè dalle sue interne differenze, in un campo come quello presente, si può riassumere nella formula: c'è nella storia un nucleo di oggettiva verità, circondato da un fitto velo di rappresentazioni, opinioni, illusioni, interamente soggettive. È in conseguenza di un tale orientamento che lo studioso ispirato dai concetti dell'illuminismo, nella questione delle fonti a cui attingere nella sua opera, respingerà qualsiasi largo ricorso che si volesse fare alla tradizione, per stabilire chi fu e cosa fece Gesù, e si atterrà quasi esclusivamente ai documenti scritti. A suo avviso, la pretesa di una tradizione, in cui fedelissimamente le notizie passano di bocca in bocca, i dati si serbano immutati di testimone in testimone, è una favola puerile, smentita dall'osservazione spassionata di quel che dovunque incontestabilmente accade, che è l'alterazione continua e inevitabile delle informazioni. Tale esclusione, o almeno subordinazione, della tradizione potrebbe parere così ovvia, che non varrebbe nemmeno la pena di menzionarla, ma essa interamente ovvia non è, se la Chiesa, per lungo tempo in maniera unanime, e ancora oggi nel cattolicesimo, considera la tradizione una fonte della rivelazione, la quale s'incentra in Gesù Cristo, accanto alla scrittura. Le fonti letterarie greche, romane, giudaiche, non dicono niente che serva alla conoscenza di Gesù, ma soltanto informano sulle reazioni che il nascente cristianesimo e l'uomo che si riguardava come il suo fondatore, destavano in vari ambienti del mondo antico, si riferiscono non al personaggio storico, bensì alla rappresentazione mentale del Messia, che avrebbe annientato l'impero romano. Si è così costretti a rimettersi quasi per intero agli scritti del Nuovo Testamento, che non sono però opere storiche, preoccupate di conservare e di trasmettere i ricordi riguardanti Gesù, sibbene strumenti didattici, compendi della catechesi cristiana, volti a illustrare e a divulgare il culto di Cristo Signore, testi di propaganda, omelie, letture destinate all'istruzione e all'edificazione della comunità, che è nata in seno al giudaismo e ha incominciato a diffondersi tra i gentili.

Per quanto proceda oltre, in questa sostanziale riduzione del valore storico degli scritti neotestamentari, lo studioso genuinamente guidato dai principi dell'illuminismo difficilmente arriverà sino al punto di contestare che nei Vangeli, in mezzo a tante leggende, qualche notizia attendibile pur ci sia, e considererà quindi con sospetto la tesi del mitologismo, per il quale Gesù non è mai esistito, e Cristo è un prodotto dell'allegorismo alessandrino, o un riflesso della mitologia solare, o un adattamento di qualche preesistente raffigurazione mitica del Dio dell'ebraismo. Ai suoi occhi è incontestabile che all'origine del mito e della leggenda c'è un personaggio storico, perché non c'è fantasma irreale, che, per nascere, non abbia bisogno di qualcosa di consistente e di reale, non c'è sogno evanescente, che, per essere finto, non richieda un qualche materiale della veglia, da incorporare e da trasfigurare liberamente. Un cristianesimo che si genera interamente dal terreno del mito gli parrà un prodigio inesplicabile, un'escogitazione arbitraria, destinata a dar luogo ad ipotesi avventate e a sottigliezze senza fine. Di conseguenza, egli isolerà, nel corpo delle testimonianze, certe indicazioni intorno a Gesù, che, per il fatto di essere più insistentemente ripetute, e soprattutto per la circostanza di riferirsi ad elementi religiosamente piuttosto neutri, come la terra d'origine, la famiglia, ecc., sono da considerare attendibili, e di lì prenderà l'avvio per fare della figura divina del cristianesimo un agitatore politico e un rivoluzionario, oppure un taumaturgo e un esorcista, oppure anche un predicatore del Regno di Dio, ecc., che la fede dei discepoli prima, e la speculazione teologica poi, trasformeranno nel Figlio di Dio, creatore del mondo e suo signore.

Una tale ricostruzione storiografica è da cima a fondo sorretta dai concetti del realismo illuministico, il quale non è quell'astratta dottrina speculativa, riservata alle scuole e ai dotti che le frequentano, che si reputa che sia, ma è un modo di essere e di sentire, che nasce dalla vita e ha per suo teatro la vita, e che quindi, vivendo, sempre si professa (a meno che, s'intende, non si compia una diversa professione, che però, quale che sia, non può non essere di convinzioni che sempre e dovunque si portano con sé e s'incarnano in tutto ciò che si pensa e si opera).

Il secondo esempio sia adatto ad estendere e a corroborare quello già addotto, e sia quindi desunto dall'atteggiamento che l'illuminismo è necessariamente portato ad accogliere in fatto di storiografia. La tesi del realismo fenomenistico ed empiristico dimostra qui la sua presenza e consistenza nel grande posto che la storiografia dell'illuminismo accorda all'esame critico delle fonti, documenti e testimonianze, che occorre sceverare, mettendo in disparte tutto quanto appartiene all'immaginazione, è invenzione, fandonia, confusione, frutto di passione, di partigianeria, e altresì di credulità e d'ignoranza, e che è una massa cospicua e ingannevole di pretesi fatti, i quali hanno di proprio, che non sono mai accaduti, sino ad isolare il piccolo nucleo dei dati attendibili e incontestabili, che hanno retto all'esame della ragione, e che perciò si debbono impiegare, essi soli, nelle opere che vogliano davvero essere di storia. La menzogna e l'imbroglio in materia di notizie attestate sorgono molto prima di quel che si sarebbe tentati di credere, non sono soltanto il portato d'interessate falsificazioni, destinate ad esaltare i potenti del momento e a deprimere i loro nemici, non derivano esclusivamente, e nemmeno prevalentemente, dai cortigiani e dai servitori che vogliono adulare alcuni uomini di Stato e calunniare certi altri, non sono da imputare in primo luogo a cronisti e storici in malafede, ma si radicano nel rapporto che l'uomo ha con le cose del mondo circostante, e quindi sono sempre in agguato. È impossibile, p. es., mentre ha luogo una battaglia, già ai generali e ai soldati che la combattono, scorgere con precisione il terreno su cui si trovano, i movimenti, le avanzate e le ritirate, che compiono le opposte schiere, cogliere i comportamenti, non diciamo dei singoli, che sarebbe pretesa assurda, ma anche quello dei gruppi; ogni volta che guardano, essi vedono poche e sommarie cose, e il rimanente è per intero da attribuire ad integrazioni immaginative e ad interpretazioni di dubbia lega, che alterano i genuini dati sensoriali. Nel trapasso che compie, per venire dagli oggetti agli osservatori, la maggior parte di ciò che effettivamente si contiene nei dati va perduta senza possibile rimedio; qui è la scaturigine della soggettività di tutti i racconti e di tutte le narrazioni, che non possono non essere intessute di materiali opinativi. Al momento in cui la battaglia si combatte, gli storici militari non sono ancora all'opera, vi si porranno dopo che si è conclusa, nel campo medesimo in cui si è pugnato, se c'erano storici ad accompagnare la campagna di guerra, o altrove, e perciò altre aggiunte, altri arbitri, altre rappresentazioni, interverranno e si sovrapporranno ai dati, senza contare che di solito quei primi storici, da cui si possono ricavare soltanto narrazioni estremamente circoscritte e limitate, forniscono esclusivamente i materiali agli storici che provvedono alle ricostruzioni complessive delle vicende di un condottiero, di uno Stato, di un periodo, di modo che si ha una serie di passaggi in cui cresce smoderatamente l'ambito del soggettivo, del mero rappresentativo e opinativo.

La storiografia ispirata all'illuminismo non trarrà da queste sue incontestabili considerazioni una conclusione scettica, che sarebbe prova di superficialità, non dichiarerà che la certezza è irraggiungibile, e che bisogna accontentarsi della verosimiglianza e della probabilità, ma piuttosto sposterà il campo dei propri interessi, portandolo da quello dei singoli avvenimenti, dei particolari indecidibili, a quello della civiltà di un'epoca, delle conoscenze, delle arti e dei costumi, che in essa hanno gli uomini, in cui il rischio della falsificazione del contenuto sensoriale dell'esperienza o non esiste affatto o è di così piccolo margine da potersi riguardare come insussistente. Da questo spostamento deriva la fondamentale differenza tra la storiografia antica, che è incentrata sulla narrazione degli eventi politici e militari, e soltanto di riflesso e quasi per accidente giunge a caratterizzare il volto della civiltà greca e romana, e la storiografia moderna, che per mezzo della ricostruzione non soltanto degli avvenimenti e delle politiche degli Stati, delle loro guerre e delle loro rivoluzioni, ma anche delle vicende delle industrie, dei commerci, e dei ritrovamenti delle scienze e delle tecniche, in breve, di ogni aspetto del pensare e del fare, mira a fornire il quadro della formazione e dello sviluppo del sentire globale dell'umanità, com'esso di volta in volta determinatamente si configura, a seconda della diversità dei luoghi e dei tempi.

Questa nuova impostazione si trova nell'illuminismo, in cui compare in forma di ondata impetuosa nel Settecento, e assume assetto stabile nell'Ottocento, per lo più sotto il nome di positivismo, ed essa è professione e pratica di realismo gnoseologico. Com'è da stimare ormai chiaro, è, infatti, al realismo che si riconducono tutti i suoi assunti sulla storia, che deve essere investigazione filologica, giacché il fatto, la cosa come propriamente è andata, di cui essa è il racconto, non è ciò che s'incontra dapprima, volgendosi a riguardare il passato, ma è ciò che si rinviene da ultimo, dopo aver vagliato criticamente narrazioni e documenti; deve essere opera di scienza, e quindi ha da stabilire le relazioni causali esistenti tra i diversi fatti e i diversi loro ordini; non deve però essere filosofia d'impianto troppo elevato, e pertanto ha da tenersi alla larga e disinteressarsi dell'irresolubile questione del motore e della causa prima dell'accadere umano e naturale.

Queste, espresse con un linguaggio soltanto in parte mutato, sono, in alcune loro applicazioni particolari, le medesime tesi che abbiamo ascoltato intorno alle proprietà oggettive, effettivamente insidenti nelle cose, e alle proprietà soggettive, che delle cose sono semplici rappresentazioni mentali, intorno al fenomeno e alla cosa in sé, al conoscibile e all'inconoscibile, e altresì intorno alla scienza effettiva, che è conoscenza che si mantiene nei limiti dell'esperienza, e alla scienza soltanto pretesa, che presume orgogliosamente, ma vanamente, di oltrepassarli, per affisare lo sguardo nel divino, nell'incondizionato e nell'assoluto, ciò che a noi uomini è interamente vietato.

In conclusione, il rimprovero d'insistere, nella considerazione dell'illuminismo, su questioni astratte, invece di dedicarsi all'esame di problemi concreti, è tanto poco giusto, che la chiave della comprensione del preteso concreto è data precisamente dalla trattazione del cosiddetto astratto, senza della quale deve necessariamente sembrare che la scelta immotivata, l'arbitrio individuale, la casualità, dominino nei filosofi, negli scienziati, negli storici (e, come vedremo, anche nei moralisti, negli economisti, nei giuristi e nei politici), che all'illuminismo si richiamano, quasi che ognuno di essi si affidasse all'ispirazione del momento e decidesse di testa sua quali sono le posizioni che è chiamato a prendere nel particolare terreno in cui si esplica la sua attività. Anzi, poiché s'incontrano numerose incertezze e oscurità (dovute in buona parte al silenzio degli illuministi, soprattutto più recenti, su tali argomenti) circa il posto che il realismo, l'empirismo, il fenomenismo, ecc., in una parola, gli orientamenti generali hanno nell'illuminismo, ci si può convenientemente servire delle prese di posizione dei suoi esponenti in fatto di arte, di religione, di storia, ecc., per la ricostruzione di quegli ambiti e di quelle prospettive di pensiero, tanto stretto è il legame di dipendenza che connette le une agli altri, e quest'indicazione, per la sua importanza, merita di essere elevata a canone metodologico di ricerca.

Non è per un caso, ma per una necessità essenziale, che Voltaire si tiene stretto al realismo di Locke, e quando si trova di fronte all'immaterialismo e all'idealismo di Berkeley, reagisce con la presa in giro, che reputa sufficiente risposta alla negazione dell'esistenza dei corpi, sentenziando che, secondo Berkeley, diecimila uomini uccisi da diecimila cannonate non sono che diecimila sensazioni della nostra anima. Ad accontentarsi di guardare le cose da lontano, niente sembra così facile come passare dalla teoria di Locke, che in maniera malferma distingue le qualità primarie da quelle secondarie, e mantiene la sostanza a titolo di sostegno misterioso di quelle qualità che producono in noi le idee[8], alla teoria di Berkeley, che rigetta una tale distinzione, espunge la sostanza materiale, e fa di Dio la fonte da cui promanano le idee, ossia i fenomeni, ma in effetti un tale passaggio è irto e impervio, per le conseguenze che comporta nelle disposizioni mentali e negli atteggiamenti del sentire, tanto che Voltaire, al pari di molti altri, non vi si è potuto acconciare. Se Voltaire vi si fosse accomodato, si sarebbe trovato in compagnia di un filosofo come Berkeley, che è l'implacabile critico dei libertini, deisti, atei, materialisti, scettici, e altri «filosofi minuti», di cui l'epoca produce grande copia, e non si sarebbe potuto pretendere che una tale compagnia fosse accetta a Voltaire. Tanto il realismo di Locke concorda con le prese di posizione dell'illuminismo in tema di religione e di morale, quanto l'idealismo di Berkeley è funzionale agli interessi del cristianesimo, e ha per scopo fondamentale quello di salvaguardarli e di farli valere con assoluto rigore. Orbene, se noi non sapessimo come Voltaire si comporta con Locke e con Berkeley dai testi, potremmo nondimeno arguirlo, movendo dalla polemica anticristiana di Voltaire e chiedendosi quale sia la concezione della conoscenza che meglio le si addice.

7. *La tendenza al nominalismo*

Le posizioni che l'illuminismo prende in fatto di logica sono così strettamente legate agli assunti che sostiene in materia di gnoseologia, da risultare elementi inseparabili di un'unica visione del mondo, come risulta palese se si considera la risoluta tendenza dell'illuminismo a far proprie le tesi logiche del nominalismo. Discorrendo dell'empirismo, si disse che, per esso, il mondo, quale si manifesta all'uomo, è composto esclusivamente d'individui, di cose singole, e che in nessun luogo esistono universali ed essenze; e queste sono dottrine empiristiche e ugualmente nominalistiche.

Per rendersi meglio conto di una tale coincidenza d'intenti, occorre un'orientazione preliminare e una veduta d'insieme delle teorie che in proposito si possono presentare; essa può essere fornita da un passo famoso dell'*Isagoge* di Porfirio, in cui s'imposta, ma ci si rifiuta d'affrontare, il problema degli universali. Il passo, nella traduzione latina di Boezio, suona: «*de generibus et speciebus illud quidem sive subsistunt sive in solis nudis purisque intellectibus posita sunt sive subsistentia corporalia sunt an incorporalia, et utrum separata an in sensibilibus et circa ea constantia, dicere recusabo*»[9]. Qui sono poste sul terre-

---

[8] Ciò che rende instabile la concezione che Locke ha del realismo è il fatto che essa accoglie la distinzione tra qualità primarie, effettivamente insidenti nei corpi e da essi inseparabili, e qualità secondarie, che non sono nulla negli oggetti ed esistono soltanto in noi, ma poi considera la sostanza come sostrato del tutto indeterminato, come semplice cosa in sé (Cfr. *Essay on Human Understanding*. II, c. 8, §§ 9-10 e c. 23, § 2, in *The Works*, Darmstadt, 1963, ristampa dell'ediz. in 10 volumi, London, 1823, vol. I, pp. 119-120 e vol. II, pp. 2-5).
[9] Cfr. Porfirio, *Isagoge*, con la versione latina di Boezio, a cura di G. Girgenti, Milano, 1995, p. 139.

no tre diverse questioni, a due delle quali però l'illuminismo non è minimamente interessato, perché contesta la condizione medesima di cui esse hanno bisogno per proporsi, che è l'accettazione del *realismo logico*, da cui la prospettiva illuministica è remota. Per l'illuminismo, va da sé che i generi e le specie, ossia gli universali, non sono sussistenti di per sé, e che, non essendolo, non sono né corporei, come presume il materialismo, né incorporei, come pretende lo spiritualismo, e inoltre che non sono separati; tutte queste sono, ai suoi occhi, assurde escogitazioni, che si arbitriano di attribuire lo statuto di cose reali a parole e ad astrazioni mentali. All'altra questione posta da Porfirio, gli illuministi rispondono sposando sin dall'inizio la tesi che gli universali hanno una mera esistenza mentale, che i generi e le specie sono *semplici nozioni* – ma, per non pregiudicare in alcuna maniera l'andamento del discorso, si dovrebbe dire che sono *semplici immagini*.

Se in *rerum natura* esistono soltanto individui, qual è il tratto distintivo dell'individuo, del singolo, del particolare, nei confronti dell'essenza? Qualora all'essenza si dovesse far posto, si dovrebbe affermare che l'essenza ha questo di proprio, che costituisce una totalità, ossia un'unione necessaria di caratteri, ognuno dei quali ha una posizione specifica e immutabile nell'intero, indipendentemente dal quale non può esistere; o, come si può anche dire, forma un organismo, constante di membra, ognuna diversa dalle rimanenti, e ad esse indispensabile, nella stessa maniera in cui esse sono indispensabili a lei, armonicamente disposte, viventi nel sistema, prive di vita al di fuori di esso. In breve: l'essenza di per se stessa è ciò che, se qualcosa è dato, è posto il tutto; e se qualcosa è tolto, è soppresso il tutto. Ne viene che una cosa non può essere più o meno ciò che la sua essenza comporta, ma o lo è assolutamente o non lo è per niente; e nell'un caso esiste, nell'altro è priva d'esistenza. Invece, l'individuo ha ciò di peculiare, che consiste di un aggregato, ossia di una collezione accidentale di elementi, ognuno dei quali occupa di fatto un certo posto nel raggruppamento, ma potrebbe altresì tenerne uno diverso, e quindi è mobile per la posizione, e inoltre può esistere tanto lì quanto altrove, e se altrove, tanto per conto suo, quanto in compagnia di altri elementi; o, come si può anche dire, consta di un insieme di parti indifferenti l'una all'altra, quanto all'esistenza, perché l'essere di ciascuna non determina, né è determinato, dall'essere delle rimanenti. In breve: l'individuo di per se stesso è ciò che, se qualcosa è dato, non è posto alcunché del restante complesso, e se qualcosa è tolto, non è soppresso alcunché di quel complesso. Ne deriva che l'individuo è così, ma potrebbe essere altrimenti, è mutevole e vario, ora è così e ora diversamente, in una sequela inesauribile di vicende, giacché ciascuno dei suoi ingredienti è capace di presentarsi separatamente da tutti gli altri[10].

---

[10] Un tempo si riteneva che gli universali fossero delle sostanze, che avessero un'esistenza oggettiva; allora «uomo» non voleva dire «tutti gli uomini», ma significava qualcosa che appartiene agli uomini ma è loro grandemente superiore per dignità; adesso si è convinti che potrebbe esistere un essere dotato di tutte le proprietà dell'uomo, ad eccezione di quella della

Per il nominalismo, il problema fondamentale è quello di spiegare come si originano gli universali, atteso che le cose effettivamente esistenti sono tutte individue – nel significato ora illustrato del termine «individuo» – e che nell'individuo non è presente (in nessuna delle maniere escogitate dal *realismo logico*, tutte ugualmente rifiutate dai nominalisti) l'universale, al quale, di conseguenza, nulla corrisponde nella realtà. Cose effettivamente esistenti significa cose di sensazione (cioè riunioni di parecchie sensazioni, non una qualche sensazione da sola), e le sensazioni sono tanto individue quanto energiche, vivide, forti. Le immagini, che, nel decorso dell'esperienza, tengono immediatamente dietro alle sensazioni, sono ad esse conterminali, ad esse corrispondenti, ma già non posseggono l'intera energia delle sensazioni, e pertanto si trovano da subito affette da un qualche pallore. A questo punto inizia il processo dell'astrazione, o, com'anche si dice, della generalizzazione, il quale non è affatto, nel nominalismo, quella operazione misteriosa e pressoché incomprensibile, che è in altre teorie logiche, ma è cosa assai piana e di facile intelligenza.

Per rendere spedito il discorso, serviamoci di un esempio, che sia il più semplice possibile, quello di una singola sensazione di verde, la quale, allorché cessa di aversi, dà luogo ad una singola immagine di verde – la sensazione e l'immagine non si hanno simultaneamente, giacché la sensazione è troppo vivace per consentire all'immagine di esistere nel suo stesso tempo, ma, allorché finisce la sensazione, sorge l'immagine, la quale si dice conterminale, perché inizia precisamente dove la sensazione finisce, e si dice altresì ad essa corrispondente, perché il contenuto è il medesimo, nell'esempio nostro trattandosi in entrambi i casi di verde; l'immagine è adesso energica, certamente, non quanto la sensazione, ma nell'intera misura permessa dal fatto di essere un'immagine. Di fatto, la sensazione di verde non si ha mai a sé stante, bensì si avvertono cose, di cui il verde è un ingrediente, come l'erba di un prato e gli alberi di un bosco, che sono le cose di sensazione di cui discorrevamo testé, e nelle quali sono riunite parecchie sorte di sensazioni, potendosi trovare in esse, oltre quelle visive, sensazioni uditive, tattili, ecc. Per di più, ogni filo d'erba, al pari di ogni foglia d'albero, differisce da tutte le altre, per le sfumature, le tonalità, del verde, di modo che la sensazione di verde, che si ha in una verzura, consiste in effetti di parecchie sensazioni variamente degradanti, e il medesimo accade per quella che si è detta l'immagine di verde, la quale è anch'essa la riunione di numerose immagini, diverse per gradazione e tono, ossia è nel fatto qualcosa di molteplice. Quelle che in effetti sono le molte immagini di verde, trovandosi nell'immaginazione (la quale, beninteso, non è un luogo in cui le immagini siano collocate, e non è nemmeno, propriamente, e non metaforicamente, parlando, una facoltà dell'anima, sibbene è il complesso di tutte le possibili immagini che sia dato avere), non se ne stanno ciascuna per conto suo, bensì si sfregano, si urta-

razionalità, che in lui mancherebbe; un essere siffatto non si potrebbe chiamare «uomo» soltanto per il motivo che lo impedirebbe la convenzione linguistica per cui l'uomo è il vivente fornito della ragione, dice John Stuart Mill in *A System of Logic*, cit., pp. 71-72 e pp. 114-115.

no, perdono delle parti, e in questa maniera si semplificano e diventano sempre più tenui e pallide.

Questo processo, che si può appropriatamente chiamare *logoramento d'immagine*, è un momento di fondamentale importanza del procedimento dell'astrazione, così com'è concepito dal nominalismo. Com'è manifesto, si tratta di un processo interamente spontaneo e naturale, non deliberato e voluto, e, del resto, inevitabile e necessario, giacché non si comprende come l'immaginazione potrebbe comportarsi diversamente nella situazione in cui si trova. Mentre si effettua il processo di logoramento, se ne esegue un altro, che è il suo opportuno complemento, per il quale le residue immagini di verde si raccolgono, si comprimono, si concentrano, si coagulano, e così anche si estenuano all'estremo. Un tale processo, che si può convenientemente dire *condensazione d'immagine*, è l'altro momento d'interesse capitale della concezione nominalistica del procedimento dell'astrazione, che mediante i due momenti riuniti rende ragione degli universali. Il nominalismo mette sul terreno un'astrazione che separa e nel contempo congiunge, e per questo motivo sostiene una tesi perfettamente intelligibile e piana. Universalizzare, o generalizzare, non è altro che logorare e condensare; l'immagine completamente logora e densa (nell'accezione di unitaria) di verde, è l'universale, l'idea, la nozione, il concetto, o, come altrimenti voglia chiamarsi, di verde; si può anche semplicemente dire: è «il verde».

La condizione, da ultimo introdotta mediante la parola «completamente» sta a significare che i processi di logoramento e di condensazione, pervenuti che siano ad un certo punto, non possono essere ulteriormente proseguiti, giacché allora non si avrebbe più il verde, e l'immaginazione non conterrebbe tale immagine più in sé, laddove, trattandosi del verde, deve pur accoglierla entro di sé. Così, attraverso un lungo percorso, partendo da un'immagine vigorosa, e in questo senso concreta, e propria, corrispondente ad una sensazione, la quale non può non essere (non già a sua volta, ma in primo luogo, perché tutto dipende dalla sensazione) concreta e propria, si arriva ad un'immagine pallida, e in tale accezione astratta, ma comune, la quale ha tutti i caratteri che tradizionalmente si assegnano all'universale. Non ci vuole, infatti, molto a rendersi conto, p. es., che quella che si chiama la relazione inversa della comprensione e dell'estensione dei concetti, nella teoria del nominalismo, è fornita dall'immagine ulteriormente non più logorabile e condensabile, la quale, quanto più è pallida, tanto meno possiede determinatezza (la quale differisce dalla determinazione in ciò, che tutte le cose, reali o mentali che siano, sono ugualmente determinate, essendo la determinazione condizione ineliminabile di ogni esistente, mentre le cose sono diverse per determinatezza, a seconda che abbiamo più o meno caratteri), e viceversa, quanto maggiori sono le sue proprietà, tanto meno pallida essa è, così che la comprensione coincide con la determinatezza e l'estensione è identica con la pallidità.

Su questo e altri consimili propositi non c'intratteniamo, essendo palese come il nominalismo si propone di adempiere, per questa parte, i compiti della logica, e premendo piuttosto condurre a termine l'analisi incominciata, la quale può essere proseguita, muovendo dallo stesso esempio. Le cose di sensazione non ci presentano ordinariamente il solo verde, sibbene i prati e i boschi, mediante i fiori e le piante, ci offeriscono, insieme al verde, il rosso, il giallo, ecc., i quali si comportano precisamente nella maniera che si è illustrata per il verde, e di conseguenza, mettono capo alle immagini pallide inoltrepassabili *rosso*, *giallo*, che sono gli universali ricorrenti a tali riguardi. Nell'immaginazione ha quindi luogo un altro processo combinato di logoramento e di condensazione d'immagine, nel quale le immagini di verde, di rosso, di giallo, vengono a contatto, cozzano tra loro, si confricano, si elidono in parte, e simultaneamente si ammassano, si schiacciano, si unificano, sinché alla fine ne risulta l'immagine *colore*, che è l'universale generico, di cui il *verde*, il *rosso*, e il *giallo*, sono gli universali specifici. Processi analoghi si svolgono per i suoni, gli odori, i sapori, ecc., in breve, per tutto ciò che si distende nello spazio e nel tempo sensoriali, e in questa maniera, da un lato distaccandosi e cadendo numerose parti dell'immagine, col logorarsi, e dall'altro, immettendosi le une nelle altre le loro parti residue, col condensarsi, si perviene, in ultimo, all'immagine astratta, o idea generale, di *corpo*, e cioè di *cosa materiale*. Parallelamente l'immaginazione opera con i prodotti della cultura, ossia dell'arte, andando dal singolo quadro e dalla singola statua, dalla singola composizione poetica, all'idea di pittura, di scultura e di poesia, e da queste innalzandosi all'idea di arte in genere; della religione, procedendo dal singolo feticcio e dal singolo idolo, dalla singola divinità, all'idea di Dio, e ancora da quella di singolo sacrificio, di singola preghiera, ascendendo all'idea di culto, e a forza di espungere ciò che hanno di peculiare queste idee e parecchie altre ancora, e di comprimere ciò che rimane, sollevandosi all'idea di religione in genere; e similmente si comporta con le manifestazioni della vita morale e di quella giuridica dell'umanità; sinché finalmente giunge all'immagine astratta, o idea generale, di *anima*, e cioè di *cosa spirituale*.

Adesso tutto è pronto perché l'immaginazione compia l'ultima ascensione, che, ripercorsa riflessivamente dalla filosofia, sembra difficile e aspra, ma pur deve essere agevole e spedita, quando ha luogo originariamente, in piena spontaneità e naturalità, perché, come dimostra incontestabilmente il linguaggio, si effettua da uomini adulti e da bambini, in mezzo a popoli progrediti e nelle culture superiori e tra almeno alcune popolazioni selvagge che non conoscono la scrittura e le altre conquiste della civiltà. Spogliando le immagini di cosa materiale e di cosa spirituale di quei due attributi, e simultaneamente conglobando il rimanente, essa forma l'immagine assolutamente ultima, del tutto insormontabile, quella di *cosa*, o, com'è lo stesso dire, di *essere, ente, oggetto, alcunché, qualcosa in generale*, ecc. Quest'immagine differisce da tutte le immagini considerate in precedenza in ciò, che laddove quelle sono soltanto relativamente ultime, soltanto parzialmente insormontabili, e di conseguenza, stanno tra loro nel rapporto di generi e di specie, e ciò che è specie in rapporto al superiore, è genere in rapporto all'inferiore, essa è assolutamente ultima e del tutto insormontabile, situata al di fuori delle relazioni progredienti e correlative dei generi e delle specie, essendo non già superiore, bensì suprema. Essa forma la nozione della massima estensione e della minima comprensione, il genere generalissimo, a cui tutte le cose si riconducono immancabilmente, potendosi di ciascuna affermare che, quale che determinatamente essa sia, è comunque una cosa, un essere o un ente.

È da lamentare il fatto che i pensatori dell'illuminismo abbiano voluto tenersi lontani da questa nozione (e da altre, che sogliono accompagnarla, prima tra tutte la nozione di *nulla*), o sorriderne e abbandonarsi al dileggio e allo scherno, giacché essa appartiene indiscutibilmente al pensiero e al linguaggio del genere umano, sia negli usi della vita comune che in quelli della cultura e della scienza, e così abbiano inutilmente impoverito il loro patrimonio d'idee, e, per di più, si siano esposti, senza alcun giustificato motivo, al sospetto, sfruttato con accortezza dagli antagonisti e dai rivali, di non saper spiegare l'origine e il significato dell'*universale massimo*, e di non essere dunque in grado di fornire una teoria in proposito. Essi avrebbero dovuto opporsi non alla nozione dell'essere, il cui possesso è tanto legittimo quanto incontrovertibile, ma all'elaborazione che se ne compie ad opera dei filosofi, siano essi antichi o moderni, che l'hanno presa come punto di partenza d'incresciose elucubrazioni. Slargando i suoi orizzonti, l'illuminismo avrebbe potuto portare a compimento la sua concezione del linguaggio e della logica, e mostrare che il nominalismo non ha di fronte a sé ostacoli precostituiti nella comprensione dei problemi e nella loro risoluzione, e che, se differisce dal realismo, non è però costretto a fermarsi ad un punto in cui all'altro è consentito di procedere oltre.

8. *Il nominalismo vero e proprio e il concettualismo*

È giunto il momento di distinguere il nominalismo vero e proprio dal concettualismo, e di far così piena luce su di un argomento in cui s'incontra ancora una singolare incertezza. Quando si sia dichiarato, come si usa fare, che, secondo il concettualismo, gli universali sono nozioni della mente, ancorché prive di corrispondenza nelle cose realmente esistenti, mentre, secondo il nominalismo, si tratta unicamente di parole, di meri nomi, non si è asserito niente di preciso. «Cose realmente esistenti» vale in questo luogo – sia consentito insistere – cose che sono complessi di sensazioni, le quali, avendo maggiore forza e vivacità, sono modelli delle immagini, che, di conseguenza, sono tenute a conformarsi alle sensazioni, per avere consistenza, riferendosi ad esse, come copie difettose si rapportano ai loro archetipi. Immagini sono però sia i concetti che le parole, sia le idee che i nomi, giacché tutto ciò che non è sensazione è immagine, e viceversa, nei punti di vista, cosicché qualsiasi trattazione che di essi si compia è una considerazione delle relazioni ognora diverse e straordinariamente molteplici che intrattengono tra di loro queste due componenti della sensibilità. Sono da elogiare, per perspicuità e comprensibilità, quei trattatisti di logica, i quali, sia che debbano occuparsi di *ideae*, di *conceptus*, sia che si accingano a discutere di *verba* e di *voces*, mettono subito innanzi il termine «*imagines*», e si attengono costantemente ad esso in tutto il seguito del discorso.

Ma, se è così, com'è possibile che il concettualismo si distingua dal nominalismo, sia entro la logica d'ispirazione illuministica, sia al di fuori di essa? Per rendersi conto di quale sia l'origine di questa distinzione, occorre riflettere che ci sono due specie d'immagini, molto diverse tra loro, essendocene di quelle che raffigurano espressamente le cose di sensazione, di cui forniscono parecchi caratteri, e quindi ne sono come delle similitudini, ed essendocene di quelle che non dipingono in niente, o quasi in niente, le cose di sensazione, ma si restringono ad indicarle. In altri termini, ci sono *immagini vive* e ci sono *immagini spente*, o, come si può anche dire, ci sono *immagini figuranti* e *immagini non figuranti*, *immagini iconiche* e *immagini aniconiche*; e delle une e delle altre si possono arrecare innumerevoli esempi, tanto chiara e netta è la loro differenza. Giova però ancor prima avvertire che comunemente ci si attiene ad una accezione del termine «immagine», per cui questa vale «effigie», «figurazione», e che, se si stesse ad essa, si dovrebbe concludere che non possono esistere immagini non figuranti, e che immagini aniconiche è nient'altro che una contraddizione. La filosofia ha però valide ragioni per non attenersi ad una tale accezione; per essa, «immagine» vale qualità sensibile con grado, che ha un'intensità inferiore a quella della sensazione (non in assoluto, ma in rapporto al sentimento dell'io); ne viene che immagini sono tanto quelle che forniscono parecchi tratti delle cose di sensazione, quanto quelle che ne procurano di così scarsi, da potersi affermare che non ne offrono alcuno. Se ci si vuole spiegare come accada che si diano entrambe le specie di immagini, occorre considerare che le immagini possono intrattenere sia uno stretto commercio con le corrispondenti cose di sensazione, sia averne uno limitatissimo, e che, in conseguenza di ciò, hanno diversissimi sembianti anche in se stesse. Le immagini che stanno in perpetuo contatto con le cose di sensazione, si trovano corroborate dalla forza di queste, esse risentono, per così dire, del loro benefico influsso, e pertanto sono immagini vive; mentre le immagini che restano sequestrate dalle cose di sensazione e come rinserrate in se stesse, si trovano tanto indebolite che alla fine diventano immagini spente. Debbono esistere immagini di entrambe le specie, perché le relazioni tra le immagini e le sensazioni, al pari di quelle tra tutti gli altri oggetti ancora esistenti, sono governate dal principio della distribuzione completa dei possibili, il quale vuole che tutti gli elementi, siano essi sensibili, com'è nel nostro caso, siano essi intellettuali, siano combinati in tutte le maniere, perché solamente il procedimento combinatorio esaurito assicura alla realtà la sua necessaria pienezza.

Ora, la distinzione tra queste due specie d'immagini coincide con la distinzione del pensiero e del linguaggio, nel significato in cui questi compaiono nei diversi punti di vista, e anche all'interno di un medesimo punto di vista, e il nominalismo si distingue dal concettualismo, perché propone una diversa considerazione e accorda un differente posto ai pensieri e alle parole, nei confronti di quelli riconosciuti dall'altro. Intanto, è manifesto che la differenza tra i concetti e le parole (in ciò che riguarda la sensibilità, come questa interviene a costituire i punti di vista) consiste in ciò, che i concetti sono immagini, le quali forniscono le similitudini delle cose di sensazione, che figurano, mentre le parole non le figurano affatto, ma soltanto le indicano. Il concetto di uomo fa sì che chi lo concepisce si rappresenti con una certa precisione la forma corporea e la peculiare psichicità di un essere, rappresentazione che non è interscambiabile con quella di altri esseri tra quanti l'esperienza ne porge; la parola «uomo» si comporta in maniera completamente diversa, giacché si limita a designare uno tra gli innumerevoli esseri esistenti nell'esperienza sensoriale. Il concetto di uomo è quindi un'immagine viva, figurante, iconica; la parola «uomo» è, invece, un'immagine spenta, non figurante, aniconica. Per decidere, anzi, se ciò di cui si tratta è un concetto o una parola, non c'è altro criterio all'infuori di quello testé addotto. Se si ha che fare con una certa immagine che rappresenta un animale quadrupede, che corre, abbaia e morde, si è in presenza del concetto di cane; se, al contrario, si dispone di qualcosa che non figura pressoché in niente un tale esistente, ma soltanto lo indica, allora quella è la parola «cane». I concetti sono ὁμοιώματα, *repraesentationes*, le parole sono semplicemente μιμήματα, *imitationes*; o, come si può anche dire, per abbondare in chiarezza, i concetti sono *simboli*, le parole sono *segni*, e proprio del simbolo è di essere qualcosa di rappresentativo, di colorito, mentre appartiene al segno di essere alcunché d'incolore e di smorto.

La distinzione così effettuata, per quanto netta e perspicua sia, è pur sempre una distinzione di grado, com'è manifesto, per la ragione che la sensibilità in tutta l'estensione che le è propria non contiene altro che distinzioni siffatte. Poiché la differenza tra la specie d'immagini, di cui consistono i concetti, e quella di cui risultano le parole, è fondata sulla semplice gradualità, non si può impedire alle immagini spente di esprimere alcunché delle cose di sensazione, che sarà nebuloso, vago, sfuggente, quanto si vuole, ma non è comunque assolutamente niente, ossia non si può impedire che, a forza d'industriarsi, un significato non si finisca sempre per ritrovare in qualsiasi parola. I logici stoici poterono avvalersi del termine *blitiri* per indicare ciò che non ha senso, ma non poterono né evitare che significasse ciò che non significa niente, né vietare altresì che esprimesse anche il suono della lira. Se questo capita con un vocabolo di scuola, c'è da attendersi che succeda ancora maggiormente con le parole della vita comune, quali che esse siano e quale che sia la parte della grammatica a cui si assegnano, giacché in tal caso è meno accidentato il cammino da percorrere per tentare di risalire dalle immagini spente alle cose di sensazione e assegnare a quelle il compito di significare queste in forma di simboli, anziché di meri segni. Di converso, si attua, ancorché in limiti assai più ristretti, un processo contrario per cui le immagini vive perdono un po' della loro energia figurativa, e di conseguenza, per quella che è un'unica e medesima cosa di sensazione, si rendono anche molteplici. Se così non fosse, risulterebbe che sempre e dovunque i concetti sono i medesimi per tutti, perché il pensare è unico, e invece le parole non sono per tutti le medesime, bensì diverse, perché il parlare si partisce nelle molte lingue. Lo stesso commercio delle immagini vive con le cose di sensazione non si fissa, del resto, costantemente sugli stessi caratteri di queste, ma ora si sofferma maggiormente su alcuni, ora su altri; e di qui sorgono le differenti definizioni di quella che si considera pur sempre come una sola cosa[11]. L'unici-

---

[11] È per questo motivo che alcuni definiscono l'uomo un animale che ride, altri un anima-

tà del pensiero ha l'attitudine ad accogliere in sé qualcosa della molteplicità delle lingue; mentre la molteplicità delle lingue aspira, sia pure di lontano, a possedere l'unicità del pensiero; ma queste sono solamente delle tendenze che non sopprimono la diversità esistente tra gli ambiti del pensare e quelli del parlare.

La logica dell'illuminismo, sia essa nominalistica o concettualistica, ritiene che i concetti siano pitture mentali delle cose di sensazione, di modo che, per essa, si dovrebbe dire non *ut pictura poësis*, ma *ut pictura cogitatio*, ma si divide in due configurazioni diverse, che fanno differente posto al pensiero e al linguaggio. Secondo il modo di vedere del concettualismo, esistono concetti singolari, particolari e universali, che sono tutte le possibilità suscettibili di darsi. Quest'accezione dell'«universale», che si riferisce soltanto ad uno dei tre ordini di concetti possibili, va, com'è naturale, distinta da quella per cui «universale» è termine sinonimo di «concetto», e non c'è concetto il quale universale non sia. In questa seconda accezione, qualsiasi concetto è universale nel senso che è un'immagine viva, la quale riproduce rappresentativamente la cosa di sensazione intera, è una sua pittura complessiva, non limitata, quand'anche sia assai schematica e semplificata rispetto alla cosa originale. «Universale» qui significa «complessivo», «intero», in contrapposizione a «limitato», «parziale». Nella prima accezione, invece, allorché il concetto si riferisce ad una cosa singola esistente in natura, ad un individuo effettivamente reale (ossia, esistente come sensazione), esso si dice singolare; allorché si rapporta ad un limitato numero di cose, di cui rappresenta ciò che c'è di comune, perché è in esso identico o almeno uguale, esso si chiama particolare; allorché, in ultimo, sta nella relazione raffigurativa con un numero indefinito di cose del medesimo genere, di cui esprime ciò che c'è di comune – si tratterà certamente di alcunché di estremamente sommario, ma sarà pur sempre un pensiero –, esso si denomina universale. Vale a stento la pena di precisare che, quando si sostiene che tutti i concetti si riferiscono a cose realmente esistenti, e cioè a cose di sensazione, di cui sono le immagini vive, si vuole affermare che la loro verità e legittimità, per cui si distinguono dalle semplici e inconsistenti finzioni, dipende, per la gnoseologia dell'illuminismo, interamente da una tale loro relazione, e non si ha in animo di contestare che i concetti stiano in rapporto tra loro e abbiano altresì collegamenti con le immagini spente, ossia con le parole, ciò che sarebbe una stravaganza e una bizzarria. Senza dubbio, i concetti, oltre che con le cose, stanno in rapporto tra loro e con le parole, ma a un titolo differente, per cui la relazione con le cose è quella primaria, mentre le altre due relazioni sono secondarie. Orbene, il concettualismo asserisce l'esistenza di tutti e tre gli ordini di concetti, perché, per il modo in cui è costituita la sua sensibilità, l'immaginazione, per quanto astragga o generalizzi, conserva sino in fondo immagini vive, così che anche l'immagine assolutamente ultima e insormontabile, quella dell'essere, è un concetto. Il pensare,

---

le bipede e implume, altri ancora un animale ragionevole, come rileva Spinoza: *Ethica*, II, 40 sch. I (in *Opera*, ed. cit., Bd. II, pp. 120-121).

quanto a capacità d'astrazione, non la cede nei confronti del parlare.

Invece, secondo il modo di vedere del nominalismo, esistono bensì concetti singolari e anche concetti particolari, ma non si danno concetti universali, perché l'immaginazione, nel processo dell'astrazione, è capace di serbare distinto, oltre all'immagine singola da cui prende le mosse, soltanto un numero piuttosto ristretto d'immagini, dopo di che accade irrimediabilmente che le immagini si confondano sempre più tra di loro e che presto non esprimano più alcunché di specifico, vale a dire, che divengano immagini spente, semplici parole, meri nomi. Il nominalismo non ha affatto in animo di contestare l'esistenza dei concetti in genere, e del resto, è palese che un tale rifiuto sarebbe assurdo, giacché equivarrebbe alla negazione della realtà del pensiero, la quale però verrebbe compiuta pensando; esso respinge soltanto i concetti universali, sostenendo che si danno esclusivamente universali linguistici, e quindi trattando la logica, in ciò che è interessata ad essi, come *scientia sermocinalis* da cima a fondo. Questo è il senso della tesi nominalistica per cui nella logica si debbono investigare *verba et voces, praetereaque nihil*.

In ciò consiste il dissenso tra il concettualismo e il nominalismo, che invano si vorrebbe riporre in questo, che il primo reputa i segni naturali e il secondo li ritiene artificiali (è incerto, perché riccamente polisenso, il significato del naturale e dell'artificiale, se si omettono le necessarie distinzioni, come si usa fare; ma, qualora si arrecassero, si scorgerebbe che il fondamento indicato è illusorio), o anche in questo, che il primo fa uso di classi e il secondo lo rigetta (una classe particolare è pur sempre una classe, giacché questa, per esistere, ha bisogno soltanto di un molteplice accomunato da un qualche elemento), o comunque assegnare in una qualsiasi altra maniera insufficiente e inadeguata. Per il rimanente, il concettualismo e il nominalismo concordano, perché condividono sia l'assunto antirealistico, per cui i concetti mancano di corrispondenza nelle cose e non sono niente di reale (il realismo logico in tutte le sue forme è inammissibile da parte dell'illuminismo), sia il riconoscimento dell'universalità della parola. Il concettualista afferma che ci sono tanto universali linguistici quanto universali concettuali; il nominalista asserisce l'esistenza dei primi e contesta quella dei secondi; per entrambi, l'universalità della parola è fuori discussione. Né l'uno né l'altro pretende di negare l'universalità della parola, la quale è incontestabile, e se mai l'uno o l'altro ardisse farlo, sarebbe subito smentito da qualsiasi discorso, compreso quello che uscirebbe dalla sua bocca, da cui risulterebbe che ci sono parole che hanno riferimento ad un numero indefinito d'oggetti d'un medesimo genere, e che quindi, non avendo alcuna restrizione, sono di uso e di valore universale. Di conseguenza, il concettualismo e il nominalismo formano due configurazioni, entrambe considerevoli, della logica dell'illuminismo, la quale però tende sempre più a spostarsi dal semplice concettualismo al nominalismo vero e proprio, come presto mostreremo.

Per stabilire la sua tesi il concettualista si dà per cominciamento la schietta e genuina testimonianza della coscienza, la quale gli attesta irrefutabilmente l'esistenza di concetti, e non soltanto di nomi, effettivamente universali. Egli invita tutti gli altri uomini a compiere una uguale opera di introspezione, certo che

tutti i suoi interlocutori arriveranno alla medesima conseguenza a cui egli è pervenuto, perché compiranno il medesimo ritrovamento, ma dove egli si aspetta
un consenso generale, ne trova uno limitato e va incontro a una certa delusione.
Infatti, il punto di partenza del ragionamento del nominalista è lo stesso del suo,
giacché anche il nominalista protesta sinceramente di riferire i dati della propria
coscienza, anch'egli assicura di aver cercato con un'attenta e spregiudicata analisi della propria immaginazione molti concetti universali (soprattutto quelli che
ricorrono nelle discussioni di logica), e di non averne mai trovati nemmeno uno,
ma di aver rinvenuto soltanto delle entità atte ciascuna ad essere presa a piacere
come segno di parecchie altre entità, le quali non possono, invece, essere a loro
volta prese a piacere, perché sono obbligate, e di chiamare le entità della prima
specie parole, o nomi, e quelle della seconda concetti, o nozioni, o anche idee e
pensieri, e di aver incontrato bensì nomi di riferimento indefinito, ma soltanto
pensieri di riferimento limitato. Com'è evidente, comportandosi entrambi in
questa maniera, ciascuno espone l'indole della propria immaginazione, racconta
com'essa è fatta, e si aspetta che similmente sia fatta anche l'immaginazione altrui, perché egli ha una consapevolezza trasparente e diretta di sé e sufficientemente buona e chiara di quanti sono costituiti alla stessa maniera di lui, ma ha
una consapevolezza indiretta o opaca di coloro che sono disposti diversamente
da lui, anche se appartengono al suo medesimo punto di vista (di costoro egli
può intravedere l'indole soltanto con la coda dell'occhio, e di conseguenza gli
restano alquanto nell'ombra i contenuti degli angoli delle loro immaginazioni)[12].
Entrambi hanno ragione in tutto ciò che dicono, perché raccontano le cose quali
ad essi risultano.

Tanto per il concettualista accorto che per il nominalista avveduto, le parole
si possono riferire direttamente soltanto ai concetti, e unicamente con la mediazione concettuale si possono porre in rapporto con le cose. È un'inconseguenza
pretendere che le parole si riferiscano immediatamente alle cose, o, come più
spesso si dice, che i nomi siano nomi degli oggetti, e non già nomi delle nozioni, e nondimeno è una inconseguenza in cui non si cessa di cadere. Si dovrebbe
speditamente accordare che si parla anche in assenza delle cose di pertinenza
delle parole, e cioè anche se esse non appartengono allo spazio in cui ci si trova, ma sono da esso lontane, allorché non sono proprie del tempo, che, per noi,
è il presente, ma sono remote da questo, situandosi nel passato o nel futuro; tutto questo, che è possibilissimo, sarebbe impossibile, se le parole si riferissero
immediatamente alle cose, giacché in tal caso si potrebbe parlare soltanto alla
loro presenza, si darebbe linguaggio unicamente alla condizione che si abbiano

---

[12] Se, esprimendosi per metafore, si prende come soggetto del conoscere non l'io puro,
bensì l'io personale, si può dire che l'individuo non scorge niente di ciò che appartiene ai punti di vista diversi da quello suo proprio, che ha una qualche cognizione di ciò che situato in
configurazioni differenti dalla sua (che coglie soltanto con la coda dell'occhio così che non
riesce a esplorarne gli angoli), e che ha piena conoscenza unicamente di ciò che sotto tutti i riguardi si situa sul suo medesimo terreno. La distinzione di visione diretta e di visione di riflesso è tradizionale. Il concetto di conoscenza ἐν παρέργῳ è in Aristotele, *Metaph.* Λ, 1074 b 36.

di fronte gli oggetti. L'indole del linguaggio è sempre la medesima, e quindi non si può sostenere che, quando le cose ci stanno dinanzi, le parole si riportano direttamente ad esse, e che, quando le cose ci sono remote, i nomi sono nomi delle nozioni. L'unica tesi ammissibile è che il termine di riferimento immediato delle parole sono i concetti, e che, allorquando le cose sono spazialmente vicine e temporalmente prossime, il trapasso alle cose è così agevole e piano, che quasi sembra che la mediazione dei concetti non abbia luogo, sebbene essa sempre e dovunque si compia. Anche il nominalista può e deve convenire su questo punto; egli è obbligato soltanto a soggiungere che il nome universale si riferisce alla cosa con la mediazione di un concetto particolare o singolare, che del nome è un esempio: il triangolo non specificato come equilatero, isoscele o scaleno, p. es., è un nome, che mercé il concetto di triangolo isoscele immaginato come bianco, si riferisce al triangolo isoscele sensazione disegnato sulla lavagna.

A volte le parole si riferiscono ai concetti, a volte no; nella prima eventualità si pensa nell'unica maniera possibile, che è quella di parlare nel contempo, ad alta o a bassa voce, nel cospetto di altri o essendo da soli; nella seconda evenienza si parla senza pensare, come può accadere per il motivo che l'estensione del linguaggio è più ampia di quella del pensiero. La convinzione dominante che non si possa pensare senza parlare, ma che sia consentito benissimo parlare senza pensare, non è dovuta all'intervento di qualche accezione del pensare estranea alla questione (per cui «pensare» vale «pensare assennatamente», così che parlare senza darsi la pena di pensare significherebbe parlare accontentandosi di parlare come capita, anche in maniera dissennata), ma è una conseguenza necessaria della logica e della linguistica dell'illuminismo. Come si è mostrato, le parole sono reputate essere immagini che un po' per volta hanno perduto il loro carattere figurante e sono diventate spente; è quindi palese che le parole appartengono all'immaginazione, in quanto questa è capace di conservare le impronte di un passato che è ormai sprofondato, e forma l'«allora». Al contrario, i concetti sono immagini vive, per la ragione che stanno nell'immaginazione, in ciò che essa ha il potere di trattenere il già stato in un ambito prossimo a quello del presente, che è la dimensione vivente del tempo, a titolo dell'«ancora poco fa». Il dominio del trapassato è però straordinariamente più vasto di quello del recente e tuttora vivo passato, e ciò importa che il numero delle parole è assai maggiore di quello dei concetti, ossia importa che l'estensione del linguaggio supera abbondantemente quella del pensiero. Del resto, questo è già implicito nella differenza dei requisiti a cui qualcosa deve obbedire per essere parola oppure concetto; i requisiti per essere la prima cosa, sono pochi, per essere la seconda, sono molti, ed è manifesto che ciò che ha da conformarsi a poche condizioni necessarie, esiste più facilmente di ciò che ha da sottostare a molte. È quindi indubitabile che esistono nomi di tutte le cose che s'immaginano, quali che esse siano, anche realmente esistenti, oppure inconsistenti finzioni; ci sono pertanto nomi singolari e nomi generali, nomi propri e nomi comuni, nomi concreti e nomi astratti, mentre i concetti sono insuscettibili di accogliere in sé una serie di differenze ugualmente estese.

Qui si radica la superiorità – per quel che concerne gli interessi della logica – del nominalismo nei confronti del concettualismo, come anche la tendenza dell'illuminismo a passare dal nominalismo generico (che è antirealismo) al nominalismo vero e proprio, che è l'affermazione dell'esistenza dei soli universali linguistici. Le differenze di costituzione delle immaginazioni possono aver luogo per un triplice riguardo, e cioè: 1) per il contenuto delle immagini; 2) per la loro intensità; 3) per il loro numero. Altre differenze non sono ammissibili, perché non c'è un qualsiasi proposito a cui esse possano essere fatte valere. Ora, l'immaginazione concettualistica differisce da quella nominalistica come il concreto differisce dall'astratto, ossia come il figurante, l'iconico, differisce dal non figurante, dall'aniconico; e a questa differenza del contenuto se ne accompagna inevitabilmente un'altra, quella dell'intensità, perché sempre le immagini concrete sono più intense di quelle astratte. Per il numero le cose stanno diversamente, perché il numero si comporta in ragione inversa alla concretezza e all'intensità, ossia tanto maggiore è il numero delle immagini quanto minore è la concretezza e l'intensità che esse posseggono. Ciò è necessario, perché né nell'immaginazione né altrove si dà alcun vuoto, che però si darebbe ineluttabilmente, se l'immaginazione nominalistica, meno concreta e meno intensa di quella concettualistica, non fosse compensata in maniera abbondante dal maggior numero delle sue immagini. Questa superiorità numerica, unita alla maggiore astrattezza dell'immaginazione nominalistica, è la ragion d'essere della grande fortuna del nominalismo vero e proprio entro la logica dell'illuminismo. La logica (come risulterà ancor meglio in seguito) ama l'astrazione, perché quanto più un alcunché è astratto tanto più esteso è il suo campo di riferimento; non c'è peggior servigio da rendere alla logica che quella di sforzarsi di costringerla ad essere concreta; la logica predilige l'atmosfera rarefatta, ha il culto della magrezza.

La differenza del concettualismo e del nominalismo non è una differenza ultima, ossia non è una differenza di punti di vista, giacché essi convivono nell'illuminismo, del quale entrambi esprimono significativamente le dottrine in argomento di logica. Poiché un punto di vista è un fatto della sensibilità, della quale costituisce un'organizzazione complessiva, che non interferisce con il contenuto degli altri punti di vista (essa può tutt'al più restringerlo o ampliarlo), e che basta a se stessa, e quindi possiede i caratteri della compiutezza e dell'autosufficienza, occorre che la differenza del concettualismo e del nominalismo sia interna al punto di vista dell'illuminismo, del quale essi debbono avere un'estensione minore, ma che sia tuttavia la massima che si può dare entro l'illuminismo, per quel che attiene alla logica. Un ambito massimamente esteso, ma pur sempre inferiore a quello di un punto di vista, poiché coesistente con altri ambiti entro di esso, si può chiamare una *configurazione*. Ne viene che il concettualismo e il nominalismo sono due configurazioni della logica dell'illuminismo.

Poiché il discorso ne offre il destro, sia consentito aggiungere che un ambito più ristretto di quello della configurazione, perché coesistente in essa con altri ambiti, si può denominare un *orientamento*; di conseguenza, parecchi orientamenti si contengono entro un'unica e medesima configurazione, a quel modo in cui, entro cerchi più vasti, si racchiudono cerchi più ristretti. Proseguendo nel cammino che dal più esteso va verso il più limitato, entro un unico e medesimo orientamento, s'incontrano parecchi suoi *esponenti*, ognuno dei quali, essendo un individuo in carne e ossa, ha una sua peculiare sensibilità con le sue idiosincrasie, che lo contraddistinguono, ma non valgono nemmeno lontanamente a foggiarlo nella sua intierezza, nel qual caso l'uomo sarebbe soltanto il complesso delle sue inclinazioni e avversioni. Se l'andamento di un punto di vista è crescente, ossia se incontra successo e si diffonde, le sue fasi si possono chiamare le sue *ondate*, che avanzano e vincono. I punti di vista sono onnispaziali e onnitemporali, e le loro manifestazioni, se si affina lo sguardo, si trovano dovunque e sempre, quand'anche siano pochissimo appariscenti e quasi interamente nascoste. Le configurazioni non hanno una tale estensione, ma pur costituiscono, per così dire, i veri continenti e i veri secoli, in cui si dispiegano i punti di vista (continenti che possono collimare oppure divergere da quelli della geografia; secoli che possono combaciare oppure discostarsi da quelli della cronologia). Gli orientamenti non posseggono l'ampiezza delle configurazioni, ma sono correlativi a particolari ambienti e periodi, e in essi soprattutto si fa valere quello che si chiama lo «spirito del tempo» (il quale, se è inteso come un'entità dotata di una sua propria esistenza, è qualcosa d'interamente fittizio, e per di più, è atto a traviare la comprensione delle cose, ma se è introdotto a titolo di una semplice metafora, è adattissimo a significare la spontanea e travolgente confluenza degli animi verso taluna o talaltra delle posizioni di vita e di pensiero che si contendono il favore degli uomini; spettacolo, questo, offerto innumerevoli volte dal mondo, e modernamente dall'illuminismo). Gli esponenti esprimono gli orientamenti di cui si fanno sostenitori, ma non sono adeguati alle loro idee e ai loro ideali, che fanno valere in maniera più o meno limitata, quand'anche siano quelli che si definiscono i grandi spiriti, i geni dell'umanità (nelle loro vicende s'incontrano momentanee o definitive apostasie, tradimenti, o comunque manchevolezze e insufficienze, né potrebbe essere diversamente, l'esiguo campo di cui l'individuo dispone è quello della debole e breve vita umana).

Appartiene all'intera esposizione della logica dell'illuminismo provare che il concettualismo e il nominalismo non sono faccende né di singoli esponenti né di orientamenti, che sono ambiti troppo limitati per essi, ma di configurazioni, che occupano vaste distese di luoghi e di tempi, che si propagano per continenti e per secoli del pensiero dell'illuminismo.

9. *Il convenzionalismo linguistico*

I logici dell'illuminismo concordano nel distinguere il linguaggio dal pensiero e nell'attribuire carattere di convenzionalità al linguaggio, così che essi sono sostenitori del convenzionalismo, o arbitrarismo linguistico. In nessun modo essi potrebbero accogliere la tesi della naturalità del linguaggio, la quale va di pari passo ed è inseparabile dalla tesi dell'oggettiva realtà degli universali, di modo che il naturalismo è, in fatto di linguistica, un corrispettivo di quel che è il realismo, in fatto di logica; coerentemente, quindi essi oppugnano entrambe le tesi e si fanno autori di opposte teorie.

Ma com'è da intendere l'affermazione che il linguaggio è convenzionale? È da escludere, anzitutto, che negli illuministi la convenzionalità abbia il significato della spontaneità, e della creatività, per cui la parola sarebbe convenzionale nel senso che è una creazione dell'uomo. Anche quando l'illuminismo riguarda il linguaggio come possesso esclusivo dell'uomo, rifiutando l'esistenza di un linguaggio animale (questo può sia accadere che non accadere, perché ci sono in esso indirizzi che considerano la comunicazione animale e il linguaggio umano come entità continue, così che per mezzo di passaggi insensibili, perché infinitamente graduati, si perviene da quella a questo, ed è impossibile stabilire con precisione dove quella finisce e questo incomincia), è da scartare l'eventualità che esso voglia fare del linguaggio una realtà posta in essere dall'uomo. La creatività del linguaggio è troppo prossima parente della creatività del pensiero, che pretende di fare uscire dalla mente dell'uomo le cose tutte del cielo e della terra, il sole e le stelle, le montagne e i mari, per essere accetta alla linguistica illuministica. Per l'illuminismo, l'uomo è un essere in mezzo agli esseri, e sul linguaggio esercitano la loro condizionalità e i loro influssi fattori geologici, ambientali, climatici, storici, culturali, e l'apporto dell'umanità, suddivisa per razze, schiatte, popoli, differente per caratteri biologici e per disposizioni psicologiche, e quindi sempre limitata dalle situazioni ognora diverse in cui è posta, è soltanto un elemento tra i molti, a cui si deve l'esistenza del linguaggio.

È da escludere, in secondo luogo, che il linguaggio sia convenzionale nel senso che è frutto dell'arte umana, che è realtà estetica. Non si può ammettere come ovvio che l'arte sia solamente umana e del tutto ignota agli animali, per l'illuminismo, soprattutto a partire dalla sua seconda ondata, quella che si attua nell'Ottocento: in essa si riscontra la tendenza, che non scompare più dalla cultura, ad accordare agli animali i presentimenti, gli inizi e i primi passi nella religione, nella morale, nell'arte, nella vita di società. Sarebbe fatuo replicare che ciò non prova che il linguaggio non sia arte, ma tutt'al più induce a ritenere che sia un'arte la quale inizia già con gli animali; ciò che gli illuministi ricavano da tale più estesa considerazione è che sia l'arte sia il linguaggio sono fatti condizionati, che hanno bisogno di essere spiegati, non principi di spiegazione. Certamente, essi non contestano che ci sia un'arte, la poesia, la quale ha per strumento privilegiato la parola, e ugualmente che ci siano parecchie altre arti, le quali si valgono dell'espressione fonica e articolata, ma una cosa è lo strumento, o il mezzo, – essi fanno osservare – e una cosa diversa è il contenuto, o il materiale artistico, com'è palese per la circostanza che le differenti arti si servono del linguaggio in maniere del pari differenti, così che l'impiego del mezzo linguistico non è peculiare di nessuna arte. Ne viene che il linguaggio non è riconducibile all'attività estetica.

Infine, è da escludere che il linguaggio sia dichiarato dagli illuministi νόμῳ e non φύσει, nel senso che sia dovuto ad un accordo, esplicito o implicito, degli uomini, che, avendo deciso di mettersi a parlare, si radunano e stabiliscono di comune volontà che una singola parola si riferisca a una singola cosa, e così la indichi univocamente, per quante parole esistono, o almeno per le più importanti e necessarie per soddisfare nei rapporti umani le immediate ed elementari necessità della vita. Le obiezioni alla concezione illuministica del linguaggio, che additano l'assurdità di una tale escogitazione, avvertendo che gli uomini non hanno potuto accordarsi sul significato da conferire alle parole, per il motivo che, per accordarsi, dovevano già capirsi, hanno il torto di prendere alla lettera una metafora, e di farsi il compito troppo facile. Se la critica del convenzionalismo linguistico fosse tanto agevole e spedita, potrebbe rivolgersi, senza timore di possibile replica, a qualunque teoria del linguaggio si proponga, p. es., a quella della parola come dono divino e comunicazione all'uomo della lingua di Dio. Non ci vorrebbe, infatti, niente ad osservare che gli uomini, per essere in grado di accettare il dono che Dio faceva loro ed entrare in relazione con l'idioma dell'Altissimo, dovevano già intendere la lingua in cui Dio parlava, e ancora non la comprendevano. Il patto, l'accordo dei parlanti, non è altro che una grandiosa raffigurazione allegorica, la quale, al pari di qualsiasi altra composizione intessuta interamente di metafore, riesce assurda, se non si provvede a metterla in chiaro, liberandola dal velame dell'allegoria[13].

Una volta che si sia adempiuto un tale compito, risulta evidente che il convenzionalismo linguistico è la concezione per cui le parole sono immagini non figuranti, le quali, mediante l'intermediario delle immagini figuranti, si riferiscono, come segni, alle cose di sensazione e le designano. Immagini non figuranti è il medesimo che immagini indeterminate, indefinite, vaghe; di conseguenza, la concezione convenzionalistica sostiene che il linguaggio è un patto, volendo affermare che la correlazione di una parola con una cosa è certamente peculiare, è «di quella con questa», ma non ha, e nemmeno domanda di avere, a proprio fondamento una corrispondenza punto per punto, o anche soltanto complessiva, tra la parola e la cosa. Si ritrova qui, né potrebbe essere diversamente, l'assunto generale dell'illuminismo intorno alle differenze tra le parole, i concetti, e le cose (*verba, notiones, res*), che sono le tre classi di entità che possono

---

[13] Mette conto di segnalare l'analogia esistente tra la teoria del linguaggio in esame e la teoria del patto sociale, che fa parte delle idee politiche dell'illuminismo. Anche il quadro d'una umanità primitiva, che vive allo stato di natura, da cui esce mediante una convenzione, ossia concludendo un patto (unico o duplice, *pactum unionis et pactum subiectionis*, ciò non ha presentemente nessun interesse), il quale patto segna l'inizio dello stato di società e del diritto che lo regola, è una rappresentazione allegorica. Di conseguenza, è inutile sia domandarsi se le cose andarono effettivamente come è detto, sia studiarsi di colpire la teoria del patto sociale con delle critiche, che, siccome la fraintendono, nemmeno la sfiorano. Qui non si è in presenza d'ipotesi storiografiche avventate, perché inverificabili, intorno alle remote condizioni di vita del genere umano, ma si è dinanzi a degli insiemi di metafore fresche e inventive, senza dubbio preferibili agli scenari realistici. Del resto, questi rivestimenti allegorici, dapprima introdotti, sono stati in seguito abbandonati, senza che le idee politiche dell'illuminismo siano gran che cangiate. E allora è diventato universalmente perspicuo ciò che un'analisi penetrante avrebbe potuto anche in precedenza mettere allo scoperto, ossia che la sostanza del giusnaturalismo moderno (che è espressione tipica dell'illuminismo) è costituita dallo Stato fondato sul consenso. «Patto» è il vocabolo improprio, di cui il vocabolo proprio è «consenso».

darsi nell'esperienza umana: le immagini non figuranti, ossia i segni del linguaggio; le immagini figuranti, ossia i simboli del pensiero; le sensazioni, ossia le cose della realtà.

Questo è il genuino significato della tesi della convenzionalità, o dell'arbitrarietà del linguaggio («convenzionalismo» e «arbitrarismo» sono espressioni sinonimiche, da usare promiscuamente), la quale non si accompagna alla tesi della convenzionalità, e dell'arbitrarietà del pensiero, per un motivo assai diverso da quello che si sarebbe tentati di sospettare. Non è che affermare l'arbitrarietà del pensiero equivarrebbe a vantare il diritto di ciascun singolo uomo a pensare, argomentare, ragionare, come meglio gli piace, secondo il suo personale gradimento, variabile nella stessa maniera in cui variano i luoghi e i tempi, ossia per punti e per istanti. Gli è che alla dualità di sensazione e d'immaginazione si collega una dualità interna all'immaginazione, la quale si divide in immagini che sono segni (arbitrari) e in immagini che sono simboli (non arbitrari), e dei primi consiste il linguaggio, dei secondi risulta il pensiero. Sia che professino il nominalismo o che si pronuncino a favore del concettualismo, tutti i grandi rappresentanti dell'illuminismo dal Seicento al Novecento si riconoscono in queste basilari dottrine[14].

Il convenzionalismo linguistico è un aspetto rilevante di quella drastica riduzione del ruolo e del valore dell'immaginazione, che l'illuminismo esegue dovunque. Finché si confida nella naturalità delle parole, si nutre la fiducia che, investigando gli etimi dei vocaboli, si possa pervenire a penetrare i veri e intimi significati dei pensieri, e che dagli uni e dagli altri si sia condotti a scoprire la fisionomia profonda della realtà. Qui domina la comunione universale dei domi-

---

[14] Soltanto l'illuminismo del Settecento si chiama con il suo nome proprio; quello dell'Ottocento si denomina per lo più «positivismo»; quello del Novecento va attorno con vari appellativi, di cui i più diffusi sono «razionalismo», «neorazionalismo», «neoempirismo» e «neopositivismo»; l'ispirazione illuministica di tutti questi indirizzi di pensiero è indubitabile. L'illuminismo esordisce con Hobbes, affermando il nominalismo logico e il convenzionalismo linguistico, e procurandosi così tutta l'ampiezza di cui ha bisogno. Certamente, una tale ampiezza è anche astrattezza, ma è un volgare pregiudizio quello che vuole che la logica rifugga dall'astrazione e si sforzi di aderire alle cose concrete. La logica deve mirare a possedere la massima ampiezza e la massima certezza, ed essa si procura l'una e l'altra mediante i nomi, i quali non richiedono alcuna proprietà specifica, per riferirsi agli oggetti (e questo procura loro l'universalità dell'impiego), e non hanno bisogno di alcuna condizione aggiuntiva di validità, essendo manifesto che, se due o più nomi, sono nomi di un medesimo *quid*, tutto ciò che si dice di un nome, si dice anche degli altri nomi (e questo garantisce loro la necessità). Va da sé che da un antesignano quale è Hobbes, ci si può aspettare la formulazione del programma della logica dell'illuminismo, ma non la sua complessiva e consequenziaria esecuzione. Assai incerto e oscillante è John Stuart Mill, che è il maggior esponente della logica dell'illuminismo nel tempo in cui questo si chiama «positivismo». Mill, infatti, non si pronuncia di solito in maniera chiara e ultimativa intorno ai problemi che tratta, ma si comporta come se ad un filosofo fosse consentito di non prendere delle posizioni esattamente definite. In epoca più recente Russell professa, in una prima fase della sua speculazione, il realismo logico, che successivamente abbandona, pur seguitando a esprimersi con grande prudenza sulla questione del nominalismo. Comprensibilmente, Russell descrive il suo cangiamento di posizione come l'abbandono di una «fede consolante» per una «forma orribile di ateismo».

ni dell'esistente. Il convenzionalismo rompe l'unità e introduce la separazione; non c'è, per esso, ponte che conduca dal parlare al pensare, e meno che mai, da ambedue porti all'essere. La critica che l'illuminismo compie dell'immaginazione religiosa è incomprensibile, se non è considerata unitamente alle dottrine che esso sostiene in fatto di linguistica. Prima di ridurre le divinità a povere fantasie umane, l'illuminismo si esercita a spogliare il linguaggio della presa sulle cose che tradizionalmente gli era stata attribuita.

10. *La cosiddetta logica formale è un'effettiva logica materiale*

Per quanto grande sia l'importanza delle questioni logiche e linguistiche sin qui considerate, esse sono pur sempre alcune questioni accanto ad altre, e per avviare la trattazione di queste altre, conviene accertare il significato generale che alcuni termini logici basilari hanno in ogni punto di vista, e poi indicare, per i più rilevanti di essi, quali siano i significati particolari che assumono nella logica dell'illuminismo. Dobbiamo cioè stabilire che cosa è affermazione, negazione, verità, falsità, contraddizione, possibilità, impossibilità, esistenza, necessità, congiunzione, addizione, sottrazione, disgiunzione, identità, uguaglianza, somiglianza, equivalenza. Potrebbe parere che qualcuno di questi termini non abbia il luogo della sua considerazione nella logica; così, p. es., si direbbe che il posto dell'esame dell'addizione e della sottrazione sia quello della matematica; forse ancora diversa e più incerta sembrerebbe la sede dell'analisi dell'equivalenza; ma noi ci ripromettiamo di dimostrare che la loro discussione unitaria è giustificata da certi caratteri comuni che i loro significati posseggono.

La logica, in cui si compiono queste investigazioni, si suole da gran tempo accompagnare con l'attributo di *formale*, e siccome l'attributo serve a specificare, ciò sembra suggerire che ci sia anche una diversa logica, così che la logica sarebbe un genere, di cui codesta diversa logica e la logica formale sarebbero le specie. Se la logica contenesse una tale distinzione, ciò accadrebbe con pregiudizio della sua unitarietà, ma per fortuna non accade niente di simile. Se si chiama *reale* ciò che si riferisce a cose, ne viene che la logica è, in tutta la sua estensione, *logica reale*, la quale è la sola esistente e la sola possibile. La logica, che si dice formale, è nient'altro che una parte della logica reale, e siccome è opportuno indicare già col nome la differenza della parte e del tutto, quella che si appella logica formale si potrebbe convenientemente denominare *logica materiale*, tenendo per fermo che tale è la logica che si fa valere nei punti di vista. Tutti i temi di logica, che si presentano nell'investigazione dei punti di vista, possono essere svolti e portati a compimento, mostrando che è ogni volta questione d'immagini (da sole, o accompagnate da sensazioni), e si dovrebbe speditamente concedere che un'immagine è un *contenuto*, è qualcosa di *materiale*, e non alcunché di *formale*. Ciò spiega come mai coloro che pretendono che la logica sia formale non di nome, ma di fatto, cadano presto in ambasce, quando si pongono a definire i concetti di «forma» e di «formale», perché non riescono a fornire definizioni veramente universali, valide per tutti i casi che possono presentarsi. Essi sono costretti a fermarsi a mezza strada e a cercare laboriosamente, per mezzo di esempi, di stabilire ciò che vogliono dire «forma» e «formale», e ad accontentarsi di dubbie generalità, giacché niente garantisce che ciò che si ricava da esempi valga davvero senza restrizioni.

Il contenuto principale della logica, che si dice formale, è l'essere, il qualcosa in generale, il quale sarebbe assurdo e insensato (anzi, l'assurdità e l'insensatezza fatte persona), se non consistesse, come si è mostrato, dell'immagine ultima e insormontabile, che può riferirsi a tutte le altre immagini e a tutte le sensazioni, dell'universale massimo, che ha la minima comprensione e la massima estensione. Esso è l'essere in generale, non in relazione a tutto l'esistente, a cui non sarà mai per rapportarsi, bensì in relazione agli altri contenuti della sensibilità, e ciò che nel primo caso sarebbe impossibile, è possibilissimo nel secondo. Non ci vuole molto a discorrere della totalità dell'esistente, della realtà, dell'universo, anche nei punti di vista, tant'è vero che se ne parla in continuazione, in essi però quei vocaboli significano unicamente il mondo circostante, l'orizzonte che delimita quanto è accessibile all'io (non all'io personale, ma all'io collettivo e normale, proprio di ciascun punto di vista). L'essere, per cui, parlando, si dice di questo o di quello che «è», è l'essere indeterminato, non nel senso che sia assolutamente vuoto, nella quale evenienza non sarebbe un pensiero (o, come comunemente si asserisce, non sarebbe possibile pensarlo), bensì nel senso che è l'immagine più povera e rudimentale, ma povera o ricca, rudimentale o elaborata che sia, un'immagine è pur sempre un *quid* di determinato, e di determinato come un contenuto, e non come una forma.

Parecchi concetti, che si sono incontrati sinora, e parecchi altri, in cui c'imbatteremo in seguito, se sono presi per quali immediatamente risultano, sono privi di senso e come tali vanno banditi, ma risultano sensati, se si provvede a liberarli dall'apparenza con cui vengono avanti. Ciò a cui la risoluzione dell'apparenza mette capo, non è, a sua volta, qualcosa d'apparente, sibbene è qualcosa d'effettivo (c'è l'apparenza, ma non c'è l'apparenza dell'apparenza; il velame può essere fitto, talora quasi impenetrabile, ma è comunque unico, e di conseguenza, qualora si tolga di mezzo, si vede la luce). La liberazione dal gioco delle apparenze comporta che la cosiddetta logica formale sia considerata un'effettiva logica materiale. Le definizioni che ci siamo proposti di arrecare hanno tutte carattere materiale, esse adducono dei contenuti, non delle forme, ma deve essere per l'appunto così. Poiché, peraltro, non franca la spesa di discutere sull'impiego delle parole, quando i significati sono chiari e perspicui, e meno che mai conviene incaponirsi in questioni puramente terminologiche, che sono le più futili di tutte, si può tranquillamente lasciare che questa logica si fregi del titolo di formale.

11. *L'affermazione e la negazione*

Russell avanza l'ipotesi che l'affermazione tragga origine dall'esperienza del piacere, per cui, p. es., l'affermazione «il sole splende» deriverebbe dall'impressione piacevole che la luce e il calore dell'astro producono[15]. L'indicazione è preziosa, ma non è inappuntabile. Il piacere, infatti, al pari del dolore, è una sensazione senza immagine corrispondente, per il motivo che si avverte soltanto nel corpo animato proprio, e non anche nei corpi animati altrui (e meno che mai, nei corpi inanimati, i quali constano di colori, suoni, odori, ecc., ma non di piaceri e di dolori), e questo fatto lo priva della distanza di cui ha bisogno per esistere l'immagine. Parlando a rigore, i piaceri esistono in qualità di sensazioni, e non esistono in qualità d'immagini. Ciò comporta che il piacere è troppo limitato, perché possa essere posto a fondamento dell'affermazione, la quale richiede una base estesissima, essendo sconfinato e indefinito il numero delle cose che si possono affermare. È l'immaginazione, o sentimento, l'appoggio più ampio che si possa domandare. Potrebbe quindi trattarsi, non propriamente del piacere, sibbene della *soddisfazione*, che è cosa del sentimento e non della sensazione, e che si divide in soddisfazione di se stessi, amore di sé, e soddisfazione degli altri, amore che si prende di loro e delle loro cose. Affermare, perché si è soddisfatti di se stessi, significa affermarsi, farsi valere; affermare, perché si amano gli altri e le loro cose, vuol dire unirsi con essi come si è uniti con sé; e l'affermazione è collegamento, unificazione.

Corretta è l'analisi e sostanzialmente attendibile è la spiegazione che della negazione compie Russell, allorché cerca giustamente di fare a meno dei fatti negativi, vuole sbarazzarsi del «non» come preteso ingrediente del mondo («fatto» nel presente caso può significare soltanto cosa di sensazione; togliere di mezzo il «non» può voler dire soltanto escludere che ci siano sensazioni negative). Supponiamo che si prenda dello zucchero, credendo che sia sale – dice Russell –; presumibilmente si esclamerà: «questo non è sale»; supponiamo che si reputi che il cielo sia azzurro, ma che si scoprano delle nuvole all'orizzonte; si sarà portati a dichiarare: «là non è azzurro»[16].

Per essere portata a compimento e risultare evidente, questa considerazione della negazione ha bisogno, da un lato, di essere particolareggiata, e dall'altro, di essere liberata dall'intervento di taluni elementi estranei, ciò che può farsi rivoltando pazientemente per ogni verso l'esempio del sale e dello zucchero (la concezione della logica è legata all'interpretazione di esperienze elementari, come quelle citate; invece, dove compaiono elementi numerosi e complicati, ci si può rimettere senza danno alle macchine logiche). Nel caso che si metta in bocca dello zucchero, reputando che sia sale, compaiono necessariamente tre ingredienti, che sono l'*immagine corpo granuloso bianco salato*, la *sensazione corpo*

---

[15] *La conoscenza umana. Le sue possibilità e i suoi limiti*, trad. it. C. Pellizzi, Milano, 1951, pp. 705-706.

[16] «In tutti i giudizi negativi spontanei – conclude Russell – l'esperienza che porta al giudizio, nel suo nocciolo essenziale, è sempre di una medesima specie. Vi è un'immagine o idea di una sensazione appartenente a una certa classe di sensazioni, e v'è una sensazione di una stessa classe, ma diversa da quella di cui c'era un'idea. Cerco l'azzurro e vedo rosso; mi aspetto di sentire il sapore del sale e sento il sapore dello zucchero. Qui tutto è positivo: l'idea dell'azzurro, la sensazione del rosso, l'esperienza di una differenza» (*Ibid.*, pp. 186-187).

granuloso bianco dolce, e l'*immagine della differenza* tra quell'immagine e questa sensazione. È l'immagine della differenza quella che si esprime con la proposizione «questo non è sale», essendo manifesto che senza una tale immagine non si darebbe codesta proposizione, la quale non avrebbe allora alcun contenuto specifico e, non avendolo, sarebbe insuscettibile di formularsi. La prima immagine e la sensazione che le si accompagna sono di cose parzialmente corrispondenti, perché grande è il numero delle proprietà comuni, in cui, oltre alla granulosità e alla bianchezza, prendono posto la finezza, la leggerezza, ecc. La differenza, che, per così dire, occupa tutta la scena, e che si traduce nella menzionata proposizione, è quella del salato e del dolce, e poiché essa, al pari di qualsiasi altra differenza, consiste di positivi, consente di ricondurre il nulla a un essere, la negazione a un'affermazione (essere e positivo sono termini sinonimi, la positività del pensiero consiste in ciò, che il pensiero in tanto afferma in quanto concepisce; qui si tratta di quel particolare essere, di quella singola affermazione, che è l'immagine della differenza).

A buon diritto, oltre che d'immagine della differenza, si discorre, a proposito del complesso sensoriale e immaginativo, d'esperienza della differenza, per la ragione che il caso considerato è soltanto uno di quelli che si possono dare, anche se è quello più perspicuo e di più spedita comprensione, per la sua estrema semplicità. In esso la sensazione dello zucchero (o, com'è lo stesso, lo zucchero-sensazione) è in primo piano, e l'immagine della differenza ha luogo tra lo zucchero-sensazione e il sale-immagine, e poiché questa è la condizione migliore per lei (si può ritenere che essa sia sempre piuttosto tenue, essendo uno solo l'elemento della disparità), si può dire che qui ricorre l'*immagine della differenza diretta*.

Si supponga a questo punto che s'inghiotta in fretta lo zucchero, giacché non esso si voleva assaporare, bensì il sale, e si analizzi qual è lo stato di cose sensibile che adesso si verifica. La sensazione dello zucchero viene a trovarsi semplicemente sullo sfondo, mentre, se si ammette che un po' prima ci fosse balenata l'immagine dello zucchero (cos'è quella cosa sulla tavola, sale o zucchero? ci si sarebbe chiesti), essa in questo momento riemerge dall'oscurità in cui era caduta, a causa della corrispondente sensazione in primo piano, o, com'anche si può dire, a causa della presenza della cosa in carne e ossa – sempre la cosa, quando si ha di fronte, non lascia cogliere l'immagine sua, come l'esperienza irrefutabilmente attesta; così, si può avere l'immagine vivida di una persona, finché è assente, quando si ha la persona di fronte e la si rimira con gli occhi, tale immagine, non potendo reggere il confronto, si ritira nella più fitta oscurità, da cui riemergerà, allorché la persona se ne sarà andata –, mentre persiste, senza essere grandemente coinvolta da queste vicende, l'immagine del sale, il quale era la cosa che sin dall'inizio si desiderava ingerire. Qui si hanno, oltre alla sensazione dello zucchero sullo sfondo, le due immagini dello zucchero e del sale, e l'immagine della differenza viene adesso a prodursi tra di esse, quasi che, per così dire, fosse rimbalzata distaccandosi dal posto che aveva occupato in precedenza, e di conseguenza, essa si può denominare *immagine della differenza riflessa*.

Si può dare un ulteriore caso, quello che capiterebbe qualora, dopo aver inghiottito lo zucchero, si mettesse mano al barattolo del sale e finalmente lo si assaggiasse. Se ciò si verifica, l'immagine del sale è come assente nello stato di cose sensibile che ora si genera, perché quel che qui sopra si è osservato a proposito dell'immagine dello zucchero, accadrebbe immancabilmente nei suoi confronti, mentre la sensazione dello zucchero, la quale persevera nella sua condizione di sfondo, attira l'immagine della differenza su di sé, a causa della maggiore energia che le è propria, così che essa, quasi seguitasse a rimbalzare, fa due movimenti inversi e soltanto allora colpisce. Qui si ha la sensazione alternativamente in primo piano e sullo sfondo; e l'immagine della differenza verte intorno alle due sensazioni, ed è, pertanto, *immagine della differenza doppiamente riflessa*.

L'esclamazione «questo non è zucchero», che all'apparenza ha un solo significato, attentamente esaminata, si rivela tale da possedere, a seconda dei casi, tre diversi significati, per cui, di volta in volta, vale le proposizioni «lo zucchero-immagine non è il sale-sensazione», «lo zucchero-immagine non è il sale-immagine», «lo zucchero-sensazione non è il sale-sensazione»; tre proposizioni da distinguere con cura, per gli svariati partiti che se ne possono trarre. Poiché si dà sempre un unico elemento di disparità, come fondamento dell'immagine della differenza, si può concludere che questa, se quando è diretta, è esigua, allorché è una volta riflessa, è scomparente, e allorché è doppiamente riflessa, è quasi impercettibile. I tre casi considerati sono i soli possibili, perché sono quelli che si ottengono combinando sensazione, immagine corrispondente e immagine della differenza, nella quale ultima sempre si risolve la negazione. La definizione della negazione è quindi: *immagine della differenza*.

Tutti gli elementi, che ancora s'introducessero nello stato di cose sensibile, che ci è servito da esempio, sarebbero aleatori, e di conseguenza, l'eventualità che intervengano va tralasciata. Così, può sia capitare, sia non capitare che v'intervenga lo stato d'animo della sorpresa (la quale è meraviglia in un grado molto basso d'intensità); ma, comunque vada, ciò non aggiunge e non toglie niente alla natura della negazione, che non ne viene trasformata. Del pari, ai diversi elementi dello stato di cose in esame può sia aggiungersi, sia non aggiungersi, il sentimento del contrasto, dell'opposizione, che è comunque da distinguere dalla negazione. Dove c'è opposizione, c'è repulsione, diniego, ma la negazione non deve essere confusa con il diniego, perché la negazione si può compiere anche con animo amichevole, laddove il diniego si esigue immancabilmente con disposizione ostile. L'immissione di elementi estranei in uno stato di cose che va considerato nella sua semplicità essenziale, ha il cattivo effetto di fare apparire presumibile ciò che è certo, contingente ciò che è necessario, ossia l'appartenenza della negazione al complesso di sensazioni e d'immagini descritto. Se la negazione non comparisse e non si comportasse nella maniera analizzata, e cioè come negazione di un determinato contenuto, anziché di altri, non apparirebbe da nessuna parte. La presenza della negazione lì è immancabile, e può soltanto accadere che si pronunci a bassa o ad alta voce, da soli o in compagnia, evenienze, queste, che sono linguisticamente e logicamente insignificanti. L'estrinsecismo linguistico, che fa grande caso delle differenze del *verbum mentis* e del *verbum vocis*, del discorso orale e di quello scritto, trae origine da un banale scambio di ciò che è essenziale e di ciò che è inessenziale.

Bisogna tener per fermo che, quando si ripone l'essenza della negazione nell'esperienza della differenza, ci si pronuncia sulla negazione in generale, la quale (diversamente da ciò che reputa Russell) è tutt'uno con la negazione logica. Quella considerata è la negazione come si mostra nella vita, giacché è incontestabilmente in un'esperienza vissuta che essa ha luogo, e nondimeno la proposizione in cui si esprime («questo non è sale») non ha niente da invidiare, sotto il riguardo della logicità, ad un'altra qualsiasi che volesse addursi a modello (è discorso dichiarativo, unitario, che separa qualcosa da qualcosa). La logica è dovunque, nella vita come al di fuori della vita; non è possibile che si dia, oltre la negazione di cui si è arrecata la definizione, un'altra negazione, da assegnare al patrimonio della logica. Coloro che ritengono che la negazione sia nella logica alcunché di diverso da quel che è nella vita, dovrebbero indicare con precisione cosa mai essa è sul terreno della logica, ma essi si guardano dal tentare di eseguire un tale compito, e del resto, se l'intraprendessero, sarebbero costretti a costatare di non riuscire nell'impresa. (Quando noi sosteniamo che la negazione è la stessissima cosa, quale che sia il luogo in cui compare, ci riferiamo, com'è manifesto, all'identità specifica, la quale lascia posto ad un'ampia serie di distinzioni individuali, dovute alla diversa intensità dell'esperienza della differenza).

12. *La verità, la falsità, la contraddizione*

Domandandoci cosa è la verità, non dovremmo dare l'impressione di compiere un passo indietro e di tornare a discutere una questione già dibattuta e decisa, giacché è chiaro che noi in precedenza abbiamo soltanto stabilito cosa è la verità per l'illuminismo, ossia per un particolare punto di vista. In quelle disposizioni della sensibilità, che sono i punti di vista, la verità è adeguazione tra le due componenti essenziali del sentire, che sono la sensazione e l'immaginazione; ma tocca a ciascun punto di vista, che è il solo abilitato a pronunciarsi sull'argomento, decidere se il primato deve toccare alla sensazione oppure all'immaginazione, se deve essere questa ad adeguarsi a quella, oppure se deve capitare l'inverso; ecc. L'illuminismo sta per la subordinazione dell'immaginazione alla sensazione; ma altri punti di vista possono comportarsi diversamente; è quindi evidente che rimane da accertare cos'è la verità in generale, e da assegnare la ragione che rende possibile all'illuminismo di condursi nella maniera indicata.

Quando si sia dichiarato che vera è l'immaginazione che si adegua alla sensazione, rimane da stabilire come si riesce a sapere, nei casi determinati che si hanno davanti, se si tratta o no di sensazioni. Infatti, ci sono le sensazioni e ci sono le illusioni dei sensi, ci sono i sogni, i quali paiono fornire sensazioni, e invece arrecano soltanto, o quasi soltanto, immagini, ci sono le allucinazioni; in breve, ci sono le sensazioni effettive e quelle unicamente parventi. Va da sé che, ora che si deve porgere un certo e immancabile discrimine di ciò che è e di ciò che non è sensazione, non si può mettere in campo, come criterio distintivo, la sensazione medesima, la quale qui non è la soluzione, bensì è il problema. La decisione può essere presa soltanto dalla comunità dei senzienti, la quale definisce che queste e quelle sono davvero sensazioni, ossia, in definitiva, conclude che così e così è fatto il mondo. Il fondamento della comunità è nel *sentimento della comunione*, il quale è quindi il *costitutivo generale della verità*. Giustamente si suole dire che la verità è consonanza, ma questa consonanza interviene primariamente tra i senzienti che partecipano della comunità (la quale è più o meno estesa, a seconda che il sentimento della comunione è più o meno intenso), e soltanto secondariamente passa tra i loro avvertimenti e determina quali di essi compongono il volto dell'universo.

A questo punto, nell'illuminismo, in virtù della sua concezione realistica della conoscenza, si fa avanti la convinzione che ciò che gli uomini affermano o negano è vero, per la ragione che le cose stanno com'essi dicono; che le proposizioni: «il sole splende», «il cielo non è sereno», sono vere, se e perché il sole splende e il cielo non è sereno, e non già perché le pronunciano. La formula: la verità è l'adeguazione dell'immaginazione alla sensazione, è una formula ellittica, la quale, se fosse sostituita da una compiutamente dispiegata, direbbe: la verità è consonanza di senzienti, che spingono l'immaginazione ad adeguarsi alla sensazione.

È evidente che anche disposizioni della sensibilità diverse da quelle di cui consiste l'illuminismo, hanno bisogno di una regola distintiva con cui sceverare ciò che è effettivamente e ciò che non è effettivamente immaginazione, ecc., e che soprattutto questo avrebbe bisogno di riuscire a sapere una disposizione per la quale la verità risiedesse nell'adeguarsi dell'immaginazione a se stessa. Anch'essa si troverebbe davanti alla medesima questione, che si para di fronte all'illuminismo, soltanto che ad essa si presenterebbe coi termini invertiti, ed essa la scioglierebbe parimenti con l'intervento del sentimento della comunione, che è sempre e dovunque il solo adatto a soddisfare la richiesta[17]. La circostanza che anche un punto di vista come l'illuminismo, il quale mira a deprimere l'immaginazione a vantaggio della sensazione, si rimetta al sentimento nella questione della verità, non deve sorprendere, per la ragione che dei due costitutivi essenziali della sensibilità, la sensazione è l'elemento statico, e il sentimento è l'elemento dinamico, ed è palese che tocca all'elemento dinamico essere quello che decide in ultima istanza.

La falsità, la quale è qui da immedesimare con l'errore, consiste dell'*avver-*

---

[17] Un modo di sentire, come quello a cui alludiamo, è intravisto da Spinoza, il quale però, essendo ad esso estremamente avverso, lo caratterizza in guisa nettamente polemica. Ci sono, per Spinoza, alcuni che dicono «*animam posse sola sua vi creare sensationes, aut ideas, quae non sunt rerum; adeo ut ex parte eam, tamquam Deum, considerent. Porro dicunt, nos, aut animam nostram talem habere libertatem, ut nosmet, aut se, imo suam ipsam libertatem cogat: Nam postquam ea aliquid finxit, et assensum ei praebuit, non potest id alio modo cogitare, aut fingere, et etiam ea fictione cogitur, ut etiam alia tali modo cogitentur, ut prima fictio non oppugnetur*» (*Tractatus De Intellectus Emendatione*, in *Opera*, ed. cit., Bd. II, p. 23).

timento dell'oscurità, che è sia esteriore, tenebra da cui sono avvolte le cose, sia interiore, tenebra da cui è circondata l'anima. Numerose sono le raffigurazioni della falsità come della tenebra che s'incontrano presso i popoli; frequenti sono i detti che, dove ci si aspettava la luce, è sopravvenuta la tenebra, così che si cammina nella caligine e si brancola come ciechi; comuni sono i lamenti di fronte allo spettacolo fornito dagli uomini, che preferiscono la tenebra alla luce. Questi sono assai più che semplici paragoni, perché racchiudono un'identità di natura, per cui la falsità coincide con la tenebra interiore. Da quanto è stato già detto è evidente che questa tenebra dell'anima costituisce primariamente la falsità, la quale secondariamente risiede nell'inadeguazione, che, nell'illuminismo, è inadeguazione dell'immaginazione nei confronti della sensazione. Ne viene che la verità e la falsità, o errore che si dica, non sono due opposti, perché il sentimento della comunione e l'avvertimento dell'oscurità non sono di per se stesse entità che si oppongono.

Chi fosse pronto a gridare al paradosso e allo scandalo ad udire che la verità e l'errore non sono due opposti, può essere rassicurato col garantirgli che tali non sono «di per se stessi», ma che tali diventano moltissime volte, perché sopravviene l'opposizione, li investe, colorandoli di sé, e in tal maniera li rende opposti. Di qualunque cosa si tratti, di sensazioni, di sentimenti, d'immagini, occorre che ciò di cui si tratta venga avanti di per se stesso: non si può essere accaldati, se non si presenta la sensazione del caldo, non si può essere gioiosi, se non compare il sentimento della gioia, che si partecipa a questo o a quello (la gioia del bel canto, della musica, ecc.); così niente è opposto, se non si manifesta l'opposizione, che si distribuisce su dei contenuti e fa sì che siano opposti. Non c'è *opposizione tra*, se non c'è prima l'*opposizione in*, e quella della verità e dell'errore è chiaramente un'opposizione tra.

Se si compie astrazione dall'intensità con cui l'opposizione si presenta, essa coincide con la contraddizione; se, invece, si considera la varietà dei gradi con cui ricorre, l'opposizione si comporta come un genere, di cui la contraddizione è una specie. Una volta che si astragga dall'intensità, che è mai l'opposizione, se non il *porsi contro*? e che è mai la contraddizione se non il *dire contro*? e non coincidono esse, giacché in tanto ci si può porre contro, e in tanto si può dire contro, in quanto si *sente contro*, ossia si è animati dall'avversione, dalla repulsione, dalla ripugnanza? Qualora però si faccia attenzione alla varietà dei gradi degli avvertimenti, sorgono parecchie eventualità, che sono rispondenti a quelle esaminate nel riguardo della negazione, e che quindi è superfluo illustrare partitamente. I casi possibili sono tre, potendosi avere: 1) opposizione tra una cosa di sensazione e una cosa d'immaginazione; 2) opposizione tra due cose d'immaginazione; 3) opposizione tra due cose di sensazione. – Anche le differenze dell'intensità, per ciò che riguarda l'opposizione, sono le stesse che si sono osservate per la negazione, ossia l'intensità è superiore nel primo caso, intermedia nel secondo, inferiore nel terzo. Conviene conferire il nome di contraddizione all'opposizione della prima e della seconda specie, e chiamare opposizione senza attributo alcuno quella della terza specie (se si fa così, non c'è bisogno, per l'ultima, di un aggettivo, essendo chiaro dal contesto del discorso, quand'è che si parla dell'opposizione in complesso e quand'è che si discorre di una sua specie; si può anche decidere diversamente, ma è una questione puramente terminologica). La contraddizione che si produce tra una cosa d'immaginazione e una cosa di sensazione è la contraddizione conoscitiva, che è la massima, giacché, per essa, c'è contrasto radicale tra il pensiero e la realtà; quella che si attua tra due cose d'immaginazione è la contraddizione pensata, che è mediana, giacché, per essa, il pensiero sta in contrasto con se stesso, ma non urta contro la realtà; l'opposizione che si dà tra due cose di sensazione è la minima, giacché, per essa, qualcosa di reale è impedito di andare in una certa direzione e anche nella direzione contraria[18]. Si tratta sempre di manifestazioni della repulsione, che differiscono tra loro per l'intensità e per i diversi componenti degli stati di cose sensibili su cui si riversano[19].

13. *La possibilità, l'impossibilità, l'esistenza, la necessità*

La radice del concetto di possibilità è scorta con grande chiarezza da Schlick, che riconduce il giudizio problematico all'espressione di una condizione mentale, facendo della possibilità la manifestazione del *sentimento dell'esitazione*[20]. Che questo sia il significato di una delle proposizioni modali è stato, del resto, spesso osservato, nella storia della logica, in cui si è avanzata ripetutamente la tesi che la proposizione «È possibile che Socrate sia morto» vuol dire «Non si è certi che Socrate sia morto». Questa tesi è del tutto corretta e incontrovertibile; essa ha soltanto bisogno di essere accompagnata da due schiarimenti.

---

[18] Questa terza specie d'opposizione è quella che talvolta si denomina *opposizione reale.* Suo classico esempio è l'avere esattamente tanti crediti e tanti debiti. Alle proprie finanze è impedita la direzione positiva e anche quella negativa.

[19] La contraddizione può diventare abituale, e ciò che è abituale si attribuisce al carattere come alla fonte da cui deriva. Questa sorta di contraddizione è quella che si spiega con lo «spirito di contraddizione». I poeti comici ne forniscono eccellenti rappresentazioni; tra di esse emerge, per potenza di evocazione, quella che Molière ne dà ne *Il misantropo* (II, IV, vv. 669-680):

> «*Et ne faut-il pas bien que Monsieur contredise?*
> *A la commune voix veut-on qu'il se réduise,*
> *Et qu'il ne fasse pas éclater en tous lieux*
> *L'esprit contrariant qu'il a reçu des cieux?*
> *Le sentiment d'autrui n'est jamais pour lui plaire;*
> *Il prend toujours en main l'opinion contraire,*
> *Et penserait paraître un homme du commun,*
> *Si l'on voyait qu'il fût de l'avis de quelqu'un.*
> *L'honneur de contredire a pour lui tant de charmes,*
> *Qu'il prend contre lui-même assez souvent les armes;*
> *Et ses vrais sentiments sont combattus par lui,*
> *Aussitôt qu'il les voit dans la bouche d'autrui.*»

[20] *Teoria generale della conoscenza*, a cura di E. Palombi, Milano, 1986, pp. 413-415.

Il primo schiarimento riguarda la distinzione tra l'incertezza e il dubbio, ed esso ha lo scopo di ribadire che, quando è questione della possibilità, giustamente si pone sul terreno l'incertezza (una tale delucidazione, all'apparenza secondaria, è la chiave di volta della comprensione di tutte le proposizioni modali, la quale sarebbe guastata, se si riportasse la possibilità ad espressione dello stato d'animo del dubbio). Allorché si è incerti, si è come distaccati e sollevati al di sopra di una qualche posizione di pensiero, anziché trovarsi aderenti ad essa, e pertanto ci si avverte come in uno stato di sospensione, da cui esula qualsiasi movimento, giacché soltanto si esita. Appropriatamente quindi si definisce l'esitazione, o incertezza, *suspensio animi*. Invece, quando si è presi dal dubbio, ci si muove inquieti tra diversi partiti, che risultano contemporaneamente, vuoi sotto questi propositi, vuoi sotto quelli, tutti insoddisfacenti alla mente, la quale, di conseguenza, ondeggia. Poiché nelle proposizioni che asseriscono la possibilità, si ha presente un unico caso, va da sé che esse sono caratterizzate dallo stato d'animo dell'incertezza e che lo esprimono.

Il secondo schiarimento si riferisce alla tendenza volta a contrapporre le proposizioni modali, che asseriscono la possibilità, l'esistenza e la necessità, a tutte le rimanenti, per la speciosa ragione che quelle prime si dichiarerebbero nei confronti di condizioni soggettive, mentre queste seconde riguarderebbero le cose in se stesse. È sufficiente riflettere che il significato, che qui può unicamente ricorrere di «condizione soggettiva» è «sentimento», e che il significato, che qui può soltanto avere «cosa in se stessa» è «sensazione», per scorgere l'inammissibilità di una tale contrapposizione. In qualsiasi stato di cose sensibile sono presenti sia sensazioni, sia sentimenti (o immagini); anzi, questa è la definizione medesima del concetto di stato di cose sensibile. Ne viene che qualsiasi proposizione, che appartiene a un punto di vista, o esprime essa medesima, o è parte di una proposizione che esprime tanto sensazioni che sentimenti.

L'impossibilità è la manifestazione della *costrizione mentale ad evitare*, che è una specie in cui si divide il genere «costrizione». C'è, infatti, una costrizione fisica, quale è quella che consiste nel gettare un uomo in carcere o nel tenerlo avvinto con catene; tutto ciò non ha niente da spartire con la logica, la quale non vi è minimamente interessata, per la ragione che provvedimenti siffatti non appartengono alla sua legislazione. Del resto, le forme mentali della costrizione, che sono quelle di pertinenza della logica, sono più dure e gravi di quelle fisiche. Non c'è prigione tanto sicura da cui non si possa evadere, non ci sono catene tanto robuste da cui non ci si possa sciogliere, senza contare che, negli stati di prigionia, ci si può concentrare in se stessi, guadagnando la liberazione interiore. Invece, non si può fuggire dalla propria mente, la quale è sempre lì e non dà tregua.

Del principio costitutivo dell'esistenza ci siamo occupati in precedenza, allorché trattammo del fatto, e dicemmo che il fatto consiste dello stupore, il quale è il sentimento *dell'essere là delle cose*, così che questo è medesimamente ciò di cui è formata l'esistenza. Nessuna distinzione è, infatti, da introdurre tra l'esistenza e il fatto, come attesta anche l'uso comune del linguaggio, il quale, quando asserisce che qualcosa è un fatto, intende dichiarare che una tale cosa esiste, e quando afferma che questo o quello esiste, vuole significare che questo o quello è un fatto. Tale sinonimia è del tutto conveniente, e quindi va mantenuta sia nel parlare ordinario, sia nel linguaggio scientifico, sempre che si tratti – beninteso – dei punti di vista. Sarebbe uno sproposito imperdonabile confondere l'esistenza, presa in questa sua accezione particolare, con l'esistenza considerata nel suo significato onnicomprensivo (in quello, per cui Eraclito, secondo Sesto Empirico, avrebbe affermato che bisogna riconoscere che «tutto esiste»). Una cosa è l'esistenza come ingrediente particolare dei punti di vista; un'altra cosa è l'esistenza che si converte con l'essenza; o meglio, quella prima è un caso di questa seconda; ma la logica, di cui presentemente si tratta, è interessata alla prima, e non può nemmeno interloquire quando è questione della seconda.

La costrizione mentale, che è quella di cui si occupa la logica, ha due forme, giacché, oltre che come costrizione ad evitare, c'è come *costrizione a fare*, e questa è la *necessità*. Poiché si tratta di ciò che appartiene alla mente, il fare è obbligo a concepire, a ritenere, a credere, che sono condizioni mentali, le quali si distinguono l'una dall'altra, per la differente forza che possiede l'essere obbligati. Nel caso del semplice concepire, l'energia di cui l'obbligo è dotato è piuttosto scarsa; è già superiore allorché è questione di ritenere; è grandissima allorché si è domandati di credere. Di qui deriva la comune ammissione che si concepiscono innumerevoli cose, che se ne ritengono molte meno, e che si è in grado di crederne pochissimo. Infatti, l'intensità di ogni sentimento e il numero degli oggetti su cui si distribuisce, stanno in ragione inversa, e di conseguenza, quanto più forte è il grado del sentimento, tanto più ridotto è il numero degli oggetti che esso investe di sé. La necessità e l'impossibilità hanno in comune di essere costrizioni mentali; esse si distinguono in ciò, che la prima è positiva, e la seconda è negativa; pertanto quella che si dice l'impossibilità si può anche chiamare la necessità negativa[21].

14. *La congiunzione, l'addizione, la sottrazione, la disgiunzione*

La congiunzione ha significato unitario, è un *quid* d'indivisibile, incapace di partirsi in specie, per la ragione che una tale divisione le può sopravvenire unicamente dall'esterno, e non già sorgere da essa per una qualche proliferazione. Così, p. es., la congiunzione è suscettibile di dividersi in possibile, esistente, necessaria, solamente se su quell'entità, di cui essa consta, si riversano l'esitazione, l'essere là delle cose, la costrizione mentale a fare. Soltanto di qui derivano la loro legittimità le distinzioni terminologiche del semplice collegamento, della connessione, e simili, le quali non possono riferirsi alla congiunzione considerata in se stessa, che ha per suo simbolo conveniente «e».

Poiché abbiamo sin qui stabilito il significato di parecchi termini logici basilari, considerando alcune elementari esperienze di vita, che, quando sono debi-

---

[21] Schlick come riporta il giudizio problematico al sentimento dell'esitazione, così riconduce il giudizio apodittico all'esperienza della coercizione (*ibidem*).

tamente osservate, risultano utilissime al sapere, assumiamo anche adesso lo stesso atteggiamento di spettatori della vita e rileviamo che la congiunzione è arrecata *dall'esperienza del comparire*. Finché le guardiamo per quali sono in certi luoghi dello spazio e in certi tratti del tempo, le cose, per così dire, formano un blocco massiccio, si avvertono come una massa compatta, come un tutto unico, in cui non interviene alcuna congiunzione, perché le parti dell'intero sono tanto aderenti tra loro da non permettere alcuna attaccatura, la quale, per potere esistere, ha bisogno che in un certo punto una cosa finisca e ne incominci un'altra. Ma, se compaiono altre cose, queste, nel loro sopravvenire, vanno ad unirsi alle precedenti e le costringono a spostarsi dallo spazio e dal tempo, che per l'innanzi occupavano interamente e ora riempiono soltanto parzialmente. In questo spostamento, che si compie in maniera graduale, e non d'un sol colpo, delle cose danno a vedere i punti in cui le loro parti iniziano e terminano. Questi punti sono altrettante congiunzioni.

Una riprova della circostanza che la congiunzione è fornita dall'esperienza del comparire può essere ottenuta, chiedendosi quante sono le congiunzioni esistenti e quante sono le cose da esse unite. Una tale domanda non soltanto deve sembrare bizzarra, ma è destinata anche a non ricevere risposta, finché si prescinde dalla rapidità e dalla lentezza con cui il comparire si produce, poiché, se vi si pone attenzione, la questione, oltre a riuscire ragionevole, può essere agevolmente risolta. Se il comparire è rado e lento, ci sono molte cose e poche congiunzioni, e in un mondo in cui non accadesse niente, che fosse sempre quello, immobile e fermo, si darebbe un'unica cosa assolutamente compatta, e non si darebbero congiunzioni; andrebbe all'opposto, in un mondo in cui tutto sopravvenisse in maniera tanto fitta e con tanto grande rapidità, da non consentire nemmeno di scorgere con precisione gli accadimenti. Entro questi due limiti estremi, che si possono fingere, ma che non possono appartenere all'effettiva esperienza sensoriale, si colloca la realtà della congiunzione, di cui è da stimare conclusivamente provato che non risiede in altro che nell'esperienza del comparire delle cose.

Qualora si volesse trasformare la risposta fornita nell'occasione di una nuova domanda, e cioè qualora si avesse il piacere di conoscere in che cosa consiste il comparire, dovremmo dichiarare che il comparire (il quale è termine sinonimo del sorgere) è costituito dal sentimento della meraviglia, di cui a suo luogo dicemmo che è l'avvertimento dell'auroralità, per cui le cose si mostrano fresche, nuove, pur mo' nate. L'interesse di quest'ultima indicazione consiste in ciò, che permette di comprendere come sia possibile, se tutto è eterno, se esistono attualmente tutti gli eventi passati, presenti e futuri, che ci sia il sorgere, la novità, la quale si dà, perché è formata da uno stato d'animo, che è, esso stesso, eterno.

La spiegazione fornita della congiunzione è medesimamente quella da porgere dell'*addizione*, giacché congiunzione e addizione s'identificano senza lasciare residui. Può bensì accadere (e anzi, è da concedere che accade senz'altro) che l'addizione, com'essa esiste nella matematica, sia più limitata della congiunzione, ma questo capita per il motivo che la specifica addizione matematica si effettua tra immagini le une rispetto alle altre, ciò che non sopprime, sibbene comporta che la congiunzione e l'addizione in genere siano assolutamente identiche. Quel che si è osservato a proposito della negazione, si riscontra anche nei riguardi dell'addizione, la quale analogamente si tripartisce, e di conseguenza è: 1) di sensazioni e di immagini; 2) d'immagini tra loro; 3) di sensazioni tra loro. Solamente l'addizione d'immagini tra loro è di rilevanza per la matematica (che non si distinguerebbe dal sapere fisico e naturale, se non si rivolgesse soltanto agli *entia imaginaria*, ma invadesse la sfera degli *entia realia*). Nella maniera in cui la congiunzione si simboleggia opportunamente con «e», così l'addizione in genere, e non già esclusivamente nel suo impiego matematico, si simboleggia utilmente con $+$[22]. Se si trattasse della matematica vera e propria, che è scienza intellettuale, queste riflessioni non sarebbero giuste, e si dovrebbero arrecare differenti definizioni delle operazioni, delle entità e del calcolo matematico, ma, poiché quella che stiamo considerando con la denominazione di «matematica» è una manifestazione della vita, è evidente che ciò che vale ad un certo proposito, per la vita in generale, non può non valere, a quel medesimo proposito, per una particolare realizzazione vitale.

Poiché l'andamento del discorso ci ha spinti a pronunciare parola della sottrazione, diciamo che la *sottrazione* è posta in essere dall'*esperienza dello scomparire*. Possiamo esimerci dall'addurre qualsiasi dimostrazione al riguardo, perché le prove sarebbero completamente simili a quelle fornite qui sopra, e direbbero che qualcosa non si sottrarrebbe da qualcosa, se non si osservasse che ci sono talune cose, le quali cedono in tutto il posto ad altre, e talune, le quali lo abbandonano parzialmente, ossia, se non si desse l'esperienza dello scomparire, e che tale è l'intensità con cui ciò si verifica, e tale è la quantità delle sottrazioni che si effettuano. Va detto, infine, che nessuna differenza è da riconoscere tra lo scomparire e il perire, e che il perire consiste del sentimento della vanità, il quale è interamente attuale, nella stessa maniera in cui assolutamente attuali sono le cose che questo avvertimento investe di sé e colora della sua tinta, e che pertanto tali cose sono tutt'insieme transeunti ed eterne.

Il *dubbio* vero e proprio, nella sua distinzione dalla semplice esitazione, rende ragione della *disgiunzione*, la quale non richiede altro fondamento, ma soltanto domanda un dubbio semplice, quando si considera in una sua specie, e un dubbio ripetuto, quando si prende in un'altra delle sue specie. Se appena s'intravede da lontano fuggire un animale e si dubita di quale sia, si dice: «quello era un gatto o un cane». In tal caso si dubita di quale animale si tratti, ma non si dubita affatto che si tratti comunque di un solo animale. Se invece, camminando in un campo, si scorge il grano tutto gettato per terra, e si dice: «il nubifragio o

---

[22] Niente preme che in matematica il segno +, preso da solo, non stia a significare l'addizione, ciò che ha luogo unicamente quando ad un + è unito un altro +, e altresì niente importa che il segno −, accompagnato da un altro −, caratterizzi un'addizione (circostanza, quest'ultima, che non vieta minimamente di accogliere il − come simbolo della negazione). Differente considerazione occorre, infatti, compiere dei segni e dei simboli, i quali ultimi non sono tenuti a conformarsi alle regole a cui debbono obbedire i primi.

la grandine ha abbattuto il grano», s'intende asserire che forse è stata l'una e forse è stata l'altra delle due calamità naturali a far cadere la messe, e forse sono state entrambe. Il caso dell'animale è quello della disgiunzione esclusiva, che è spiegato a sufficienza da un unico dubbio; il caso del grano è quello della disgiunzione non-esclusiva, la quale, essendo più complessa di quella esclusiva, per essere risolta, richiede che il dubbio compaia ripetutamente, e una volta investa isolatamente ciascuna di quelle due forze avverse all'agricoltura, e l'altra volta si riversi congiuntamente su entrambe.

La distinzione tra l'esitazione e il dubbio, sopra introdotta, potrebbe facilmente sembrare una sottigliezza, ma adesso dimostra la sua importanza, perché ciò che si pone alla base della possibilità non si può collocare alla radice della disgiunzione, che sono cose così diverse che la loro differenza non ha bisogno di essere illustrata. Invece d'insistere sull'ovvio, giova osservare che «e», «+»,«−», ecc., sono immagini, e non già sensazioni, e riflettere che l'eventuale rilievo che queste entità pur si scrivono sulla carta o si pronunciano ad alta voce e sono precisamente sensazioni visive e uditive, non ha di che imbarazzare. La congiunzione, l'addizione, la sottrazione, la disgiunzione, ecc., non possono essere prese in una pretesa loro materialità, di cui sono esenti, e in cui sarebbero insignificanti; i segni grafici e sonori si possono guardare con gli occhi e ascoltare con gli orecchi, ma i significati si colgono immancabilmente con la mente, vale a dire s'immaginano, e questo è possibile perché si tratta d'immagini fornite delle caratteristiche che abbiamo procurato di mettere allo scoperto.

15. *L'identità, l'uguaglianza, la somiglianza*

Conviene adesso esaminare certi stati di cose sensibili, in cui compaiono sensazioni e immagini corrispondenti, e invero di una corrispondenza piena, per cui tutto ciò che è nell'immaginazione è nella sensazione, e cercare di stabilire quel che ne viene nella relazione delle immagini e delle sensazioni, in quella delle immagini le une rispetto alle altre, e in quella delle sensazioni tra loro, aiutandosi con qualche opportuno esempio.

Si supponga dunque di star guardando il mare in gran subbuglio, con le ondate e i cavalloni che s'inseguono e paiono arrivare sino al cielo, con la pioggia battente e il vento sferzante che non danno tregua, riempiono l'aria di mille sibili e ululi, e di aver la mente occupata ad accertare ciò che capita, e di conseguenza, colma delle immagini del turbine, della bufera, dell'uragano, della tempesta, della procella, del ciclone, del tifone devastante. Tutte queste immagini entrano in una sorta di gara tra loro, perché ognuna pretende di essere quella che più adeguatamente esprime la condizione del mare, finché la contenzione è vinta da una di esse, da quella che manifesta a puntino la cosa come veramente è. Le altre immagini per un po' di tempo seguitano ad aleggiare, muovendosi attorno a quella che ha riportato la palma della vittoria, dopo di che si ritirano in buon ordine e alla fine scompaiono. Si ammetta adesso che si sia concluso che sarebbe dire poco di un tale stato del mare asserire che si tratta di un turbine e di una bufera, ma che sarebbe un'esagerazione dichiarare che un ciclone e un tifone stanno devastando una parte del globo, e che si decida di pronunciarsi a vantaggio della tempesta. L'immagine di questa si avverte allora accompagnata da una caratteristica *copertura* da parte della sensazione, e una tale copertura si formula con la proposizione: «Sì, è proprio una tempesta quella che è in corso». Manifestamente il significato di una tale proposizione è: «La tempesta e l'impetuosa commozione del mare prodotta dalla pioggia e dal vento sono l'identica cosa». L'identità si afferma nell'esperienza complessiva della copertura, ad opera di una particolare immagine, che si può a sua volta chiamare l'*immagine della copertura*, la quale è quindi il costitutivo essenziale di quel che va sotto il nome d'identità.

In uno stato di cose come quello descritto, la forza dell'immagine della copertura è necessariamente grandissima, perché l'energia della sensazione va tutta a suo favore, tanto che arriva al punto di far dire che si è in presenza di un'unica e medesima cosa, ma anche l'immagine della tempesta deve essere vivace, perché ha partita vinta sulle immagini concorrenti e vale come la riproduzione della sensazione. Giustamente si suole accompagnare il termine «identità» con l'attributo «assoluta», dire che l'identità esprime la coincidenza «perfetta» di due contenuti, soggiungere che l'identità è la più stretta relazione possibile tra oggetti, e così via; tutte asserzioni, queste, incontestabili e vere, ma che hanno bisogno di essere interpretate nella maniera corretta, senza di che diventano assurde. Non si può pretendere che si dia l'identità, dove c'è un'unica cosa, la quale, finché è considerata da sola, non può né essere identica né diversa, giacché l'identità ha qui necessariamente il senso dell'identità *con* e la diversità ha qui del pari necessariamente il senso della diversità *da*, i quali sensi non si possono trovare dove c'è alcunché di unico, abbisognando essi di un molteplice. Se si asserisce che l'identità è di una cosa con se stessa, che è questa medesimezza, si entra certamente in possesso dell'indispensabile dualità di termini, ma bisogna guardarsi dall'attribuire un tale essere se stessa della cosa ad un intervento di una riflessione vuota, ossia di una riflessione priva di un suo proprio contenuto, senza del quale la cosa non arriva ad essere se stessa. Occorre almeno che la riflessione disponga di un nome, da riferire alla cosa, e quindi distinto da essa, ma un nome è già un'immagine, e altrimenti non esisterebbe affatto. Ciò che conta è che ci vuole la cosa di cui si tratta, l'immagine che si riporta alla cosa e il titolo determinato a cui il riferimento ha luogo. È infatti evidente che un'immagine può essere rapportata a una cosa a parecchi titoli, e che quello che precisamente importa è uno solo, vale a dire è il titolo dell'identità, che è una particolare immagine, quella della copertura. In conclusione, perché una cosa sia se stessa, occorrono la «cosa», il «se stessa», e «ciò che, essendo se stessa, la cosa è»; quindi anche la più concentrata delle espressioni ha bisogno di tutti gli elementi che ricorrono nelle locuzioni più distese e diffuse, in cui si fa esplicita parola dell'identità. Concettualmente brachilogia e macrologia si equivalgono; il rimanente è faccenda di pratica opportunità.

Pervenuti a questo punto, ci tocca variare e complicare convenientemente l'esempio adoperato, allo scopo di rendere ragione di altri concetti di rilevante importanza logica; ciò che può farsi abbastanza in breve, perché il procedimento da accogliere è il medesimo in precedenza seguito ad analoghi propositi ed illustrato a sufficienza. Ci si figuri dunque che l'osservatore del mare sconvolto dalla pioggia e dai venti, dia le spalle a un certo momento allo spettacolo e si metta a camminare sulla spiaggia in direzione contraria a quella in cui ha termine il lido, e cerchiamo di stabilire quali possono essere i suoi pensieri, nell'ammissione che proseguano nello stesso corso che avevano preso per l'innanzi. La sensazione del mare, che prima era in primo piano, adesso viene a collocarsi sullo sfondo, e mentre dianzi era visiva, uditiva, olfattiva, tattile, gustativa, giacché lo colpiva il sapore salmastro e lo raggiungevano gli schizzi dell'acqua marina, adesso è unicamente uditiva, perché gli arriva pur sempre agli orecchi lo strepito e il fragore delle onde, e così perde qualcosa della sua forza, e al contempo riemergono e riacquistano vigore, oltre all'immagine della tempesta, alcune altre immagini, tra le quali, p. es., ci sono quelle dell'uragano e della procella, che si avvicinano costantemente l'una all'altra, sicché si toccano e si agguagliano. «Uragano e procella, è uguale», dirà il nostro personaggio, e così formulerà, senza rendersene ben conto e senza nemmeno esservi particolarmente interessato, il concetto dell'uguaglianza. Anche in questa situazione è presente l'immagine della copertura, ma, mentre nello stato precedente era *diretta*, adesso è *riflessa*, e giunge come di rimbalzo, perché la sensazione è ormai situata sullo sfondo. *L'uguaglianza è la copertura riflessa, che ha luogo tra immagini*, e che per tale sua indole non raggiunge l'identità. L'uguaglianza, quale che essa sia altrove, nell'esperienza della vita è una specie d'identità diminuita, resa possibile dalla gradualità del sentire. Non si sostenga quindi che l'identità è di una cosa con se stessa, e l'uguaglianza è di più cose tra loro, o che l'uguaglianza è la forma che l'identità assume quando le cose non sono le medesime, entrando in garbugli e gineprai senza fine, ma ci si attenga alla schietta e incontaminata testimonianza della sensibilità, la quale parla così chiaramente da essere udita da chiunque le presta attenzione.

Facciamo compiere un ultimo percorso all'esecutore delle nostre interpretazioni logiche, conduciamolo cioè per un erto sentiero alla fine del quale si può sia guardare il mare che scrutare un lago, anch'esso agitato e sconvolto, e facciamogli rimirare alternativamente la grande massa dell'acqua marina e la distesa dell'acqua lacustre, e ascoltiamo quello che si è autorizzati ad attendersi che sia il suo discorso. In questa situazione, l'esperienza della copertura si produce tra sensazioni le une rispetto alle altre, ed essendo doppiamente riflessa, è meno vivida e vigorosa, non soltanto rispetto a quella che si presenta nell'identità, ma anche in comparazione di quella che compare nell'uguaglianza. «Simile è lo stato del mare e quello del lago», egli esclamerà, «turbine là e uragano qua», che è come dire «il turbine e l'uragano si assomigliano». *La somiglianza è la copertura doppiamente riflessa tra sensazioni*, differente per grado dall'identità, che gode di quello supremo, e altresì dall'uguaglianza, che possiede il grado intermedio, mentre essa dispone esclusivamente dell'ultimo, tant'è vero che al di sotto della somiglianza, in quest'ordine di concetti, non è consentito scendere. L'esistenza di un concetto universale di somiglianza è più che dubbia, sembrando darsi piuttosto molti concetti in proposito nella matematica (in quella vera e propria, che è intellettuale, giacché la matematica sensibile, dell'immaginazione, è precisamente quella di cui stiamo trattando); niente, pertanto, impedisce di acconsentire all'idea che si dà anche un concetto di somiglianza sensibile, il quale non interferisce con gli altri com'essi non interferiscono con lui. Si possono distinguere, dove e quando occorre, la somiglianza, la similitudine e la similarità, ma non si può pretendere d'introdurre tali distinzioni dove esse non possono entrare: Chi saprebbe dire, nell'esperienza quotidiana della vita, cos'è somigliante, cos'è simile e cos'è similare? Certamente nessuno; quando si tratta della vita, si deve pensare e parlare com'essa comporta.

16. *L'equivalenza*

La considerazione dell'equivalenza ha bisogno di una sommaria esposizione della teoria delle relazioni, la quale non può non incominciare dall'affermazione che tutte le relazioni sono reciproche. Quest'asserzione discende immediatamente dall'identità dell'essere e della relazione, per la quale ciò che è termine rispetto ad una relazione più estesa, è relazione rispetto ad un termine più ristretto, senza che ci sia, da un lato, un termine ultimo, e dall'altro, una relazione prima. Ciò importa dire che la realtà è un'unica grande cosa, constante di infinite parti, che sono le cose singole, ognuna delle quali è in se stessa infinitamente divisa in atto, e che in ogni singola cosa, al pari che nell'intera realtà, le parti stanno al tutto come i molti stanno all'uno (*tutto* e *parti*; *uno* e *molti*: queste connessioni di concetti coincidono). Se ci fosse una qualche relazione non reciproca, ossia tale che andasse da un termine all'altro, ma da questo non andasse in una qualunque maniera a quello, ne verrebbe che una parte sarebbe parte nei confronti dell'altra parte, senza che questa fosse parte nei confronti di quella, ciò che è completamente insensato. Mentre sotto il primo riguardo una parte richiederebbe l'altra per esistere, sotto il secondo riguardo esisterebbe ugualmente senza di essa, e questa è la più assurda delle assurdità. Ogni cosa è molteplice per le sue parti e una per la loro totalità, e ciò ha luogo perché quella relazione sussistente che la cosa è, è reciproca. Così è dovunque, nel grande come nel piccolo, nell'immenso come nell'infimo, ad un tale proposito tutto si comporta parimenti nel mondo.

Le relazioni si dividono in *ininvertibili* e *invertibili*. Ininvertibili sono le relazioni, che, per un lato, hanno un *valore definito*, mentre, per l'altro lato, hanno un *valore indefinito* (si dice *lato*, o anche *verso*, o *direzione*, di una relazione, il *comportamento*, l'*essere come*, di un termine rispetto all'altro, a cui corrisponde il comportamento, l'essere come, di quest'altro rispetto a quello). Poiché qualsiasi relazione è reciproca, in essa ci sono necessariamente due (e soltanto due) lati, l'uno dei quali si comporta, è, come l'altro esige – in qualunque maniera ciò accada, e diversamente la reciprocità non si darebbe. Valore indefinito è quello che, potendo assumere qualsiasi forma, è inassegnabile; valore definito è quello che, quale che esso sia, è diverso dal valore indefinito, e di conseguenza, può essere assegnato. Invertibili sono le relazioni, che hanno un *valore definito per entrambi i lati di cui consistono.*

Queste nozioni riescono astruse, a causa della loro astrattezza, ma diventano comprensibili, quando si arreca la ragion d'essere dell'ininvertibilità e quella dell'invertibilità, e si schiariscono appieno, allorché si esemplificano convenientemente. Prima però di soddisfare il bisogno dell'agevole intelligibilità, ci sia consentito soggiungere che qualsiasi relazione, per quanti siano i suoi termini, può sempre essere considerata come una relazione di due termini, e quindi come constante di due lati (se l'essere della cosa e l'essere della relazione coincidono, la distinzione tra termine e relazione è quella del meno esteso e del più esteso, l'estensione complessiva è quella della cosa e l'estensione, ad essa subito inferiore, è quella delle due parti massime della cosa, che si possono chiamare i due lati della relazione). Ciò che è da un lato, oppure dall'altro, si dice ininvertibile, oppure invertibile, a seconda che possa, oppure non possa, *passare* da un lato all'altro; questo passaggio è una *sostituibilità*, la quale ammette parecchi casi.

È giunto il momento di spiegare che si danno relazioni ininvertibili, per la ragione che ci sono relazioni nelle quali esiste una *differenza di livello a cuspide*, per cui un termine si assoggetta completamente l'altro, cosicché assegna al lato della relazione che va da quest'altro termine a lui un valore definito, ma attribuisce, invece, un valore indefinito al lato della relazione da lui ad esso. Ciò comporta la dipendenza, dove si afferma con grande energia. Questa è anche la sede adatta per mostrare che la condizione preliminare delle relazioni invertibili è la *costituzione piatta delle cose*, a cui esse si riferiscono, che assicura la comunanza di livello dei termini, e che consente soltanto l'esistenza di *differenze secondarie nei loro posti*. (Il posto è il luogo dei termini rispetto al loro livello, quale che questo sia, quello della costituzione della realtà a cuspide, che insegna l'esistenza di *differenze primarie* dei posti, o quello della costituzione piatta della realtà, che accoglie le sole differenze secondarie). Ci sono relazioni ininvertibili, dove e quando si è in presenza di differenze inoltrepassabili; si danno relazioni invertibili, dove e quando compaiono differenze oltrepassabili.

Per la teologia cristiana, che è una grandiosa espressione della concezione della realtà a cuspide, tutte le relazioni tra Dio e il mondo sono ininvertibili, hanno un valore definito, per il lato che va dal mondo a Dio, ma hanno un valore indefinito per il lato che va da Dio al mondo. A suo avviso, il mondo è creato da Dio, che in esso s'incarna, che lo salva, e quindi Dio è creatore, potenza incarnata, salvatore, ma è tale, considerato dal lato che va dal mondo a Dio, e non è definitamente tale, per il lato che va da Dio al mondo. Tutti gli attributi divini, che sono desunti dal mondo e dalle cose del mondo, non indicano niente di effettivo in Dio (non sono niente di reale in lui, dichiara la teologia; non hanno valore definito, asserisce la logica), perché all'essere infinito di Dio non si fa aggiunta. Il testo capitale dell'antropologia ebraica e cristiana dice: *Faciamus hominem ad imaginem et similitudinem nostram*[23]; e qualora si fosse tentati, co-

---

[23] *Gn* 1, 26.

me facilmente potrebbe capitare, di sostenere che la somiglianza è dovunque una relazione invertibile, basterebbero le interpretazioni teologiche di questo passo per ammonire a non trarre conclusioni avventate[24].

La relazione tra Dio e l'uomo è ininvertibile, laddove sono invertibili le relazioni trinitarie che hanno luogo in Dio, com'è chiaro per la ragione che Dio è elevato a distanza inaccessibile al di sopra dell'uomo, ma non è elevato al di sopra di se stesso, e pertanto il Padre è Padre del Figlio, nella stessa maniera in cui il Figlio è Figlio del Padre, e lo Spirito è Spirito di entrambi. Il subordinatismo trinitario della teologia eterodossa d'ispirazione ariana sostiene l'esistenza di posti nella relazione delle Persone divine, e nondimeno considera invertibile la relazione trinitaria, altrettanto bene della teologia ortodossa, la quale contesta risolutamente l'esistenza di quei posti, e insegna in maniera programmatica l'uguaglianza nella dignità, o maestà, delle tre Persone.

Complicati sembrano anche i casi che, secondo il pensiero cristiano, si hanno nel mondo, e tuttavia anche di essi con un po' d'attenzione si può venire a capo. Se un bambino dice al padre: «Babbo, tu mi somigli», il padre è nel suo buon diritto a replicare: «Piuttosto sei tu che somigli a me»; e nondimeno anche il bambino ha la sua parte di verità. Il bambino assomiglia al padre ad un duplice titolo, a quello dell'essere, perché ha le stesse fattezze, è come il ritratto del genitore, e a quello del divenire, poiché ha derivato i suoi lineamenti dal genitore, che è la causa seconda della sua esistenza, laddove il padre assomiglia al figlio ad un unico titolo, a quello dell'essere, giacché i suoi tratti attualmente sono come quelli del figlio, ma non anche a quello del divenire, giacché non dipende in niente da lui. Tuttavia, questa differenza dei posti è interamente secondaria e non invalida la comunanza dei livelli a cui si trovano, per il motivo che tutte le varietà dei piani esistenti nel mondo sono poca cosa, perché sono scomparenti, essendo destinate a venir travolte dalla morte, che è retaggio di tutto ciò che è terreno, sono già rese insignificanti dall'assoluta dipendenza degli esseri da Dio, che è causa prima della loro essenza e della loro esistenza. In definitiva, la somiglianza terrena è relazione invertibile, mentre nel cielo c'è qualcosa di più della medesima somiglianza, e le consuete distinzioni che s'introducono nell'umano, non trovano applicazione quando si tratta del divino: sulla terra il padre dipende dal figlio, in quanto è padre, ma non ne dipende affatto, in quanto è uomo; questa distinzione non vale in cielo, perché Dio è eterno e coeterne sono le Persone divine.

Dove s'impone la costituzione piatta delle cose, come accade nell'illuminismo, è considerato tanto solare e ovvio che le relazioni sono invertibili, che la stessa distinzione delle relazioni in ininvertibili e in invertibili è solitamente

---

[24] L'occasione per essere attirati sulla falsa strada potrebbe venire anche da Platone per certe sue considerazioni attinenti alle questioni dell'identità, della differenza, dell'uguaglianza e della somiglianza. Se si cedesse alla lusinga, si verrebbe richiamati alla concezione cristiana di Dio da San Tommaso, il quale afferma che l'uomo è fatto a somiglianza di Dio, ma aggiunge che, se anche si concede in un qualche modo che la creatura è simile a Dio, non è da concedere in nessun modo che Dio è simile alla creatura (*S. th.*, I, q. 4, a. 3, ad 4).

ignorata e passata sotto silenzio. Allorché considerano le diverse specie di relazioni, i logici dell'illuminismo trascurano di esaminare la questione di fondo, che è quella di stabilire se tutte le relazioni siano necessariamente reciproche o se invece si possano dare anche relazioni non reciproche, senza che ciò annienti il concetto medesimo di relazione, e c'è da reputare che se si vedessero invitati a discutere un tale problema, si rifiuterebbero di analizzarlo, giacché dichiarerebbero che queste sono vane discettazioni, le quali hanno fatto il loro tempo. Comunque stiano le cose per quel che riguarda le intenzioni, occorre dire che la logica dell'illuminismo agguaglia tacitamente le relazioni ininvertibili alle pretese relazioni non reciproche, e per quel che concerne le relazioni invertibili, provvede ad introdurre senz'altro le distinzioni sottostanti in cui esse si partiscono. Comportandosi così, codesta logica non compie alcun errore, ma dedica attenzione soltanto a come stanno le cose nel contesto a cui appartiene, disinteressandosi di quel che accade altrove (così fanno tutti i punti di vista, ciascuno dei quali, di qualunque cosa parli, in definitiva parla unicamente di se stesso).

L'equivalenza appartiene al novero delle relazioni invertibili, giacché per equivalersi delle cose debbono trovarsi sul medesimo livello di realtà, ciò che risponde al requisito della comunanza di livello è sostituibile, e la sostituibilità, il passaggio da un lato all'altro in una relazione, è la condizione necessaria e sufficiente dell'invertibilità. S'intravede già adesso quello che risulterà interamente manifesto in seguito, ossia che il divario esistente in proposito tra l'illuminismo e il cristianesimo risiede in ciò, che, per il primo, il dominio dell'invertibile, e conseguentemente dell'equivalente, è estremamente esteso, mentre, per il secondo, è piccolo ed esiguo, giacché la concezione illuministica della vita è quella della realtà piatta, e la concezione cristiana è quella della realtà a cuspide.

L'equivalenza domanda soprattutto di essere distinta dall'uguaglianza, e infatti ci si è chiesti molte volte quale sia la differenza esistente tra «=» (che è il segno dell'uguaglianza) e «≡» (che è il segno dell'equivalenza). Orbene, è da dire che all'invertibilità non sono da porre condizioni restrittive, e che pertanto si deve chiamare invertibilità la sostituibilità di lato in genere, ciò che lascia spazio sufficiente per parecchi casi diversi. Anche l'uguaglianza è una relazione invertibile (va da sé, nel presupposto che si dia la comunanza di livello), ma il suo caso è diverso da quello dell'equivalenza. Si ha l'equivalenza, dove c'è la sostituibilità solamente di lato; si ha l'uguaglianza, dove c'è anche la sostituibilità di lato, ciò che non toglie la possibilità che si dia sostituibilità entro lo stesso lato. Quest'ultima possibilità ricorre per l'uguaglianza, e invece non sussiste per l'equivalenza. Ciò capita perché l'uguaglianza è arrecata dalla copertura, e questo fa sì che possa presentarsi sia tra ciò che sta ai due lati dell'«=», sia entro ciò che è collocato nell'uno o nell'altro di codesti lati. La sostituibilità è una conseguenza dell'uguaglianza, e quindi ne è un segno; ma non ne è minimamente la ragion d'essere. Si deve affermare: *a* e *b* sono uguali; dunque sono sostituibili. Invece, la sostituibilità è la ragion d'essere, e non soltanto una conseguenza e un segno, dell'equivalenza. Occorre pertanto affermare: *a* e *b* sono sostituibili; dunque sono equivalenti.

Poiché l'equivalenza è solamente di ciò che si trova da un lato e di ciò che si trova dall'altro lato dell'≡, e poiché ciò che è così collocato può, in ognuno dei lati, essere riguardato come unico, ne viene che *l'equivalenza è la relazione invertibile uno–uno*. Delle tre specie di relazioni che in proposito si possono avere: relazioni uno–uno; relazioni uno–molti; relazioni molti–uno; quella indicata è la sola che abbia interesse per noi, perché è manifesto che l'equivalenza appartiene ad essa.

Rimane unicamente da decidere se l'equivalenza sia una relazione simmetrica o asimmetrica, perché delle altre suddivisioni delle relazioni possiamo disinteressarci. Si dicono simmetriche le relazioni in cui un termine sta con l'altro nella stessa maniera in cui quello sta con questo; asimmetriche quelle in cui ciò non accade, ma i termini stanno fra loro in maniera diversa, che però ha pur sempre un valore definito (per riprendere i soliti triti esempi: se *a* è coniuge di *b*, *b* è coniuge di *a*, e così la relazione–coniuge è simmetrica; se *a* è padre di *b*, *b* non è padre di *a*, e così la relazione padre-figlio, la quale ha nondimeno un valore definito, è asimmetrica). Si scorge anche di qui che la divisione delle relazioni in simmetriche e asimmetriche non può essere primaria, ma deve essere preceduta da un'altra divisione, quella delle relazioni che assegnano, o che invece non assegnano, ad entrambi i loro termini un valore definito. L'equivalenza è manifestamente relazione asimmetrica, giacché alla sola condizione di trovarsi nella relazione invertibile uno–uno, tutte le cose, quali che esse siano di per se stesse, sono equivalenti. È un errore far dipendere l'equivalenza da certe proprietà delle cose, all'infuori di quelle stabilite, e un tale errore scalfisce e diminuisce l'estensione che l'equivalenza è suscettibile di avere.

Importano moltissimo le distinzioni delle *forme dell'equivalenza*, per cui l'equivalenza o è *metaforica*, o è *propria*, e se è propria, o è *ideale* o è *reale*, e se è reale, o è *mentale* o è *fisica*; ma la considerazione di queste forme appartiene ad un'altra parte di quest'opera, e non potrebbe adesso essere intrapresa, non essendo ancora stato approntato il necessario materiale. Soltanto una tale considerazione sarà capace di porgere la premessa necessaria per l'intelligenza dell'illuminismo, il quale si dimostrerà essere il punto di vista del primato dell'equivalenza[25].

---

[25] L'esame di alcuni termini basilari della logica, che si è condotto a termine, fornisce l'occasione per ribadire che la logica, per come si mostra nei punti di vista, e per come è presente nella realtà tutta, di cui i punti di vista sono, insieme a infinite altre cose, gli ingredienti, è onnicomprensiva così che ad essa niente si sottrae. Non c'è alcunché di alogico o di prelogico, purché si guardi al significato universale della logica. Questo significato è quello che compare, in forma popolare, nella diffusa sentenza: *tutto si collega*; e in forma elaborata, nelle asserzioni: *tutte le cose stanno nel rapporto della reciproca azione*, o, com'è lo stesso: *tutte le proposizioni stanno nel rapporto della reciproca implicazione*. Senza dubbio, si parla molto del dominio dell'alogico e di quello del prelogico, ma lo si fa in accezioni limitate, che non interferiscono con quel significato universale della logica. Anche il cosiddetto alogico e prelogico si collegano, e quindi sono manifestazioni di logicità.

17. *Lo psicologismo e l'immaginazione consolidata*

Le riflessioni sinora esposte non si pronunciano piuttosto a favore dello psicologismo che del formalismo, ma sono completamente neutrali nei confronti di questi due indirizzi della logica dell'illuminismo, dei quali occorre arrecare i precisi concetti. Se, come spesso si reputa, lo psicologismo consistesse nell'affermare che i concetti, le proposizioni, i ragionamenti, si sviluppano nell'anima, in cui hanno la sede, l'unica concezione esistente della logica sarebbe quella psicologistica, giacché non si scorge dove altrimenti tutte codeste cose potrebbero svilupparsi. La circostanza che l'anima sia una sede metaforica, anziché propria, invece d'indebolire la conclusione, la rafforza, giacché viene a significare che la logica non può disfarsi del pensiero, su cui deve vertere. Se, come anche più sovente si ritiene, il formalismo risiedesse nel compiere completa astrazione dal contenuto, dalla materia, per tener conto soltanto della forma logica, l'indirizzo formalistico avrebbe unicamente un'esistenza putativa, poiché, come si è mostrato, non c'è cosiddetta forma, la quale non sia un'effettiva materia, così che la logica formale di nome, è una logica interamente materiale di fatto.

Per stabilire cos'è lo psicologismo e cosa il formalismo, occorre volgersi da tutt'altra parte, ossia occorre considerare le differenti relazioni esistenti tra la sensazione e l'immaginazione, per come esse si presentano entro le varie configurazioni di quella disposizione della sensibilità che è l'illuminismo. Poiché l'illuminismo è, in tutta la sua estensione, empiristico, ognuna delle sue configurazioni tiene fermo il principio che, se non si desse la sensazione, non ci sarebbe l'immaginazione, e che il contenuto delle immagini è deciso dal contenuto delle sensazioni. Rimanendo indiscusso questo caposaldo, le immagini, per le loro relazioni con le sensazioni, si tripartiscono.

Ci sono delle immagini, le quali permangono soltanto a condizione che si diano in continuazione le correlative sensazioni, e le quali hanno bisogno di essere, per così dire, rituffate ad ogni momento nelle sensazioni, allo scopo di seguitare ad avere una qualche consistenza. Queste immagini somigliano alle anime dei trapassati, che Ulisse evoca nell'Ade, le quali hanno bisogno di bere il sangue degli animali sgozzati dall'eroe, per avere la capacità di parlare, anziché restarsene mute nel lugubre luogo. Sembrerebbe che gli animali dispongano esclusivamente di questa specie d'immagini, e che in ciò risieda la causa per cui la vita animale è quasi del tutto ristretta al *qui* e all'*ora*, e che la vita umana si estenda maggiormente, quali che siano le sue forme, comprese quelle degli infimi selvaggi, che menano un'esistenza rozza, rudimentale. Esse si possono chiamare *immagini legate*.

Ci sono però delle immagini, le quali permangono anche quando le correlative sensazioni, a cui debbono l'esistenza, non sono più attuali, ma nondimeno hanno un contenuto che seguita ad essere determinato, nel suo valore di verità, dalle sensazioni. Poiché, per l'empirismo, qualunque cosa, sia essa immagine o sensazione, è una riunione accidentale d'elementi, è pur sempre possibile che le immagini si adeguino soltanto parzialmente alle sensazioni, nell'eventualità che queste si ripresentino e riacquistino l'attualità. Il caso si riferisce all'immagine *A*, constante degli elementi *a b c d*, originata dalla correlativa sensazione A^1, ugualmente composta, e suggerisce la possibilità che A^1 torni attuale, ma che consista adesso degli elementi $a^1\ b^1\ c^1\ e^1$, così che alla precedente piena adeguazione subentri una parziale inadeguazione. Può darsi che tutta l'esperienza del passato, quale risulta alla memoria del genere umano, attesti che certe cose sono così e così fatte, ossia che tali e tali sono le immagini che ne abbiamo, nondimeno essa non garantisce che in futuro seguiti ad essere come è stato sinora. Basta esaminare un qualsiasi oggetto, una pianta, o una figura geometrica, o anche un'espressione numerica, per rendersi conto che la pianta ha quelle particolari radici, quel particolare fusto, produce quei particolari frutti, ma che nessuno e niente dice che deve essere per l'appunto così; che la figura è composta di determinati angoli e di determinate linee, ma che non si sa che deve essere per l'appunto così; che l'espressione numerica consiste di certi termini, che si comportano in certi modi, anziché in altri, ma che non si è capaci di stabilire che così è sempre stato e sempre sarà. La presunzione che il futuro sia simile al passato si distribuisce diversamente nei tre esempi, può addirittura mancare ed essere sostituita dall'opposta presunzione della trasformazione nel caso della pianta, è assai forte in quello della figura geometrica, ed è pressoché irriducibile in quello dell'espressione numerica. L'autorità di tutta l'esperienza passata, quando se ne dispone, è tuttavia immensa, e rende salde le immagini su cui si pronuncia a favore. Esse si possono denominare *immagini consolidate*.

Ci possono però essere, e in certe condizioni, ci sono innegabilmente certe immagini, le quali non soltanto per la loro permanenza, ma anche per il loro contenuto, in relazione alla verità, non importano le sensazioni, ciò che è possibile per la ragione che, per una specie di convenzione, si decide di considerarle unicamente per se stesse. Sarebbe impresa impossibile accordare l'empirismo, il quale fa dipendere l'immaginazione dalla sensazione, con una qualsiasi autonomia dell'immaginazione, se qui non intervenisse una convenzione, per cui è bensì consentito di prendere le immagini di per se stesse, ma alla sola condizione di far loro significare unicamente quel che significano, ossia di trattarle come tautologie (questa è l'accezione tecnica di «tautologia», di cui «ripetizione» è l'accezione banale). Quelle di questa specie si possono dire *immagini emancipate*.

Nessuna configurazione di un qualsiasi punto di vista (e meno che mai, dell'illuminismo, che è un umanesimo) potrebbe accontentarsi delle sole immagini legate, che sono poco discoste dalle sensazioni, e che non sono sufficienti a distinguere l'uomo dall'animale (nella supposizione che anche l'animale senta). Ma, se alle immagini legate si aggiungono quelle consolidate, queste ultime bastano per fornire il criterio distintivo dell'umanità e dell'animalità, e le une e le altre insieme bastano anche a costituire una configurazione del sentire, che, basandosi sulla differenza specifica dell'*humanitas* nei confronti dell'*animalitas*, si può denominare dell'*immaginazione consolidata*, la quale si fa valere dovunque nel pensare al pari che nel fare, come ciò che è proprio dell'uomo, e di conseguenza, si fa valere anche nelle scienze, e in particolare nella logica.

Lo *psicologismo* è una manifestazione dell'*immaginazione consolidata* in
sede di teoria logica, che si accompagna a una precisa considerazione del sapere
in generale. Le conoscenze che impiegano insieme immagini legate e immagini
consolidate, le une e le altre per le loro relazioni con le sensazioni, formano le
scienze sperimentali, le quali richiedono, in tutto il loro percorso, di avere il
conforto dell'esperienza sensoriale, da cui ci si aspetta che siano convalidate
oppure smentite, in qualche loro parte più o meno estesa, e quindi modificate.
Si può presumere che le immagini legate siano moltissime per numero e diversissime per contenuto (esse sono quelle di cui s'intesse la vita di tutti i giorni
dell'uomo, quelle di cui si compongono i suoi rapporti con gli altri, con gli oggetti del mondo circostante nel lavoro e nella soddisfazione dei bisogni elementari), ma hanno scarsa importanza positiva per le scienze sperimentali, in ciò
che queste provvedono a costruire i loro edifici, e hanno poco da guadagnare da
ciò che è radente alla sensazione e quindi è relativo al qui e all'ora. Le scienze
sperimentali sono costituite, nelle loro parti principali, da immagini consolidate,
le quali sono verosimilmente minori per numero e meno diverse per contenuto
di quelle legate, ma sono in compenso caratterizzate da una grande ampiezza,
ed è di questa che ha soprattutto bisogno il sapere. Ma, se le immagini legate
poco premono per il loro riguardo positivo (allorché esse arrecano conferma alle
teorie scientifiche, non le estendono ma soltanto le ribadiscono, e per di più, la
conferma è quasi sempre attesa, essendo abituale), hanno un interesse capitale
negativo, giacché l'invalidazione di qualche aspetto di una teoria scientifica per
l'innanzi accolta incomincia dalle sensazioni, prosegue con le immagini legate,
e soltanto in ultimo, e come di riflesso, investe le immagini consolidate, le quali
sono capaci di opporre una dura resistenza prima di cedere il posto ad altri insiemi d'immagini della loro medesima specie, ossia ad altri assetti scientifici.
La logica non è una scienza sperimentale, giacché è composta delle sole immagini consolidate, ma pur è un ramo della fisica, se con questo termine si designa
non già una singola disciplina, nella sua distinzione da parecchie altre (dalla
chimica, dalla biologia, dalla psicologia, ecc.), ma l'intero sapere della natura.
Infatti, anche la logica poggia, in definitiva, sull'esperienza sensoriale, da questa deriva anch'essa la propria verità, che, pur essendo largamente riconosciuta
e ammessa come abbastanza assodata, non è tuttavia del tutto al di sopra di ogni
possibilità di rettifica. Un sapere, che sia per principio indiscutibile, non c'è, ma
la logica è quella scienza che ad esso maggiormente si avvicina.

Sebbene sia inconsueta, è questa l'interpretazione che occorre fornire dello
psicologismo, che si afferma soprattutto nella logica della forma ottocentesca
dell'illuminismo e ha il suo più cospicuo esponente John Stuart Mill, com'è palese dalla concezione che Mill propone dei principi logici, e in primo luogo del
principio di non contraddizione. (Questo principio è costituito dalla ribellione
nei confronti della repulsione, poco sopra analizzata; è, per così dire, la repulsione, che, come si rovescia sopra qualsiasi cosa a cui riesce a connettersi, così
si rovescia anche sopra se stessa, e in tal modo dà luogo al complesso delle
proibizioni, in ciò che hanno di comune. Il principio d'identità – come esiste sul
terreno della vita – è l'espressione generale di tutte le esperienze della copertu-

ra, di cui ci siamo testé occupati; ciò mostra a sufficienza quale sia la differenza tra esso e il principio di non contraddizione. I due principi si radicano in avvertimenti diversi, e conseguentemente adempiono nella logica compiti del pari diversi, e non possono a nessun patto essere raccolti in un unico principio). Ordunque, dice Mill: «Il *principium contradictionis* dovrebbe abbandonare l'ambiziosa fraseologia con cui si dà l'aria di un'antitesi fondamentale che pervade la natura... Lo considero, al pari di altri assiomi, una delle nostre prime e più familiari generalizzazioni dell'esperienza. Ritengo che il suo originario fondamento sia che il credere e il discredere sono due differenti stati mentali che si escludono a vicenda. Lo sappiamo con la più semplice osservazione della nostra mente. E se portiamo la nostra osservazione all'esterno, troviamo anche che la luce e l'oscurità, il suono e il silenzio, il movimento e la quiete, l'uguaglianza e l'inuguaglianza, il precedere e il seguire, la successione e la simultaneità, ogni qualsivoglia fenomeno positivo e il suo negativo, sono fenomeni distinti, che si contrastano esplicitamente, e di cui l'uno è sempre assente dove l'altro è presente. Ritengo che la massima in questione sia una generalizzazione di tutti questi fatti»[26]. Lo psicologismo, che qui Mill professa è certamente radicale, ma nondimeno non è tanto estremo come quello sostenuto da Ardigò, per il quale gli assiomi non sono altro che associazioni costituzionali della psiche, i principi logici non sono alcunché di *a priori* o d'innato, bensì schemi empirici, ossia formazioni contingenti, dipendenti dalle stimolazioni dell'ambiente e dalle disposizioni organiche[27].

18. *Il formalismo e l'immaginazione emancipata*

I logici dell'illuminismo del Novecento sogliono (come l'esempio di Russell, meglio di ogni altro dimostra) guardare con sufficienza e degnazione ai loro predecessori di un secolo prima, i quali, a loro dire, si accontentavano di generalizzazioni insicure in un campo come quello della logica, in cui è consentito raggiungere la necessità e l'evidenza più rigorose. In generale, la confutazione dello psicologismo è diventata impresa agevole e spedita, ma la vittoria che su di esso è stata riportata, è macchiata dalla circostanza che a codesto indirizzo logico sono state attribuite ambizioni, che esso era lontano dal nutrire. Se i principi logici sono generalizzazioni dell'esperienza (asserisce l'obiezione capitale), essi sono soltanto proposizioni empiriche, insufficientemente estese, e suscettibili di essere smentite da quella medesima esperienza, su cui vogliono reggersi. Forse esistono uomini che credono cose opposte, forse questo è il caso dei dementi, dei febbricitanti, degli individui ipnotizzati, per non dire dei primitivi e degli eventuali abitanti di altri pianeti. Sono forse i principi logici leggi valide

---

[26] *A System of Logic*, cit., p. 183.
[27] *Il vero* (*Opere filosofiche*, vol. V, p. 464); *La ragione* (vol. VI, p. 230); *Il positivismo nelle scienze esatte e nelle sperimentali* (vol. XI, p. 127).

esclusivamente per l'uomo normale? Comunque sia di ciò, come si può escludere che capiti un giorno ciò che, per quanto ci è noto, non è mai accaduto sinora, ossia che condizioni opposte si diano nell'esperienza esterna, come capiterebbe se in essa si trovassero insieme luce e tenebra, suono e silenzio, ecc.? Quale necessità c'è che l'uno di questi stati sia assente, dove l'altro è presente? Occorre distinguere la necessità logica, che è, essa sola, assoluta, dalla necessità fisica, che non ha mai tale contrassegno d'assolutezza, quand'anche si tratti di una delle leggi fondamentali della natura, qual è, p. es., la legge d'inerzia.

La risposta dello psicologismo (il quale non è completamente venuto meno, e anzi conosce significative riprese) è che situazioni come quelle menzionate non si possono completamente escludere, ma che non si deve nemmeno pretendere di escluderle. I principi logici di non contraddizione, d'identità, del terzo escluso, ecc., si ottengono a partire dai fatti, mediante il procedimento dell'astrazione, o generalizzazione, e di conseguenza, la loro universalità e necessità differisce unicamente per grado, ancorché sotto questo proposito differisca assai, da quelle che si accordano ad una riunione di fatti.

Il formalismo la pensa altrimenti, per la ragione che dispone delle immagini emancipate, che ha provveduto a isolare dalle sensazioni, perché ha convenuto di trattarle alla stregua di tautologie, e non c'è universalità e necessità tanto rigorosa come quella che compete alle tautologie. Essendo una manifestazione dell'*immaginazione emancipata*, il *formalismo* porta a compimento la distinzione tra verità logica, che è semplice *correttezza*, e verità ontologica (se è lecito servirsi di questa espressione del tempo andato), che è, essa sola, effettiva *adeguazione*. Il formalismo, anziché rinnegare l'empirismo, lo ribadisce, perché esso sequestra in se stessa una specie d'immagini, quelle maggiormente discoste dalle sensazioni, e decide di riguardarle unicamente per i rapporti che esse intrattengono tra loro. Esso è pronto a concedere che ci sono scienze (che sono, anzi, le più numerose), le quali considerano le cose d'immaginazione, o, come più spesso si dice, i pensieri, in relazione con le cose di sensazione, le quali di solito si chiamano senz'altro le «cose», e che i pensieri costituiscono effettive conoscenze, e non finzioni inconsistenti, allorché corrispondono alle cose, e le dicono come sono fatte.

La logica possiede l'assoluta evidenza, perché si occupa di niente (di reale). I principi logici, che lo psicologismo aveva collocato assai in basso, sono risollevati dal formalismo, perché giudicati riducibili a tautologie, incondizionatamente veri, ma di quella verità che è soltanto correttezza. Di conseguenza, nessun principio logico è capace di condurre al di fuori dell'esperienza, com'essa è concepita dall'empirismo, anzi, nel campo medesimo dell'esperienza, le conoscenze scientifiche si producono e si accrescono su tutt'altri fondamenti che su quelli forniti dalla logica. C'è un piccolo numero di scienze, che sono riconducibili ad espressioni di tautologie (delle quali si hanno, oltre le elementari, le estremamente complesse); tali scienze si distinguono tra loro per criteri estrinseci, di maggiore o minore difficoltà e complicazione, ma concettualmente si riconducono ad altrettanti rami dipendenti di un'unica scienza, che è la logica (sempre che si preferisca mantenere questa denominazione, ma la questione è di vocabolario); esse vanno distinte dalle rimanenti scienze tutte, che si può seguitare a chiamare empiriche.

È evidente il vantaggio che, per l'illuminismo, il formalismo possiede nei confronti dello psicologismo; vantaggio, che è anche la ragione della prevalenza che quel primo ha su questo secondo a partire dalla fine dell'Ottocento e poi per tutto il Novecento. La logica, come abbiamo ripetutamente osservato, ha bisogno della massima astrazione, essa non teme le cime in cui l'aria è rarefatta e c'è poco da respirare, ma diffida dei fondovalle in cui l'aria è densa ma si riempiono i polmoni dei miscugli più diversi; e il formalismo garantisce massimamente i diritti dell'astrazione. Le recenti riprese dello psicologismo non smentiscono quest'assunto, giacché esse non si compiono sotto le insegne dell'illuminismo, bensì sono guidate da intenti ad esso contrari.

IV.
IL MECCANICISMO,
L'INCOMPLETEZZA DELLA SCIENZA FISICO-MATEMATICA DELLA
NATURA, LA DISTINZIONE DELLA SCIENZA DALLA FILOSOFIA
E LO SPECIALISMO SCIENTIFICO

1. Pregiudizi ed errori intorno alla differenza tra la scienza antica e la scienza moderna

Alla liberazione dell'esperienza sensoriale dall'immaginazione è strettamente collegata la costituzione della scienza moderna, la quale è il nucleo essenziale e il frutto maggiore della civiltà dell'illuminismo. Non è che nell'antichità una tale liberazione non si fosse in larga parte già realizzata, perché senza di essa sarebbe stata impossibile la scienza greca, a cui la scienza moderna storicamente e idealmente si riconnette, per lo meno per quel che riguarda la matematica, essendo l'indole scientifica dell'aritmetica, della geometria piana e della geometria solida dei Greci, indubitabile, ed essendo anche concordemente riconosciuta e ammessa da quei moderni stessi che più si mostrano ostili allo spirito informatore dell'ellenismo. Un qualche legame si concede esserci anche tra la scienza della natura dei Greci e quella dei moderni, anche se le relazioni in proposito appaiono molto più incerte e controvertibili di quelle che concernono il sapere matematico. Certamente, sul terreno medesimo della matematica, che è quello più sicuramente e con migliori risultati percorso dai Greci, si trovano limitazioni e oscillazioni sulla possibilità della considerazione congiunta e dell'oggettiva unità di principio delle scienze esatte, a cui pongono restrizioni le regole degli omogenei, che escludono il rapporto tra grandezze eterogenee (linee, superfici, ecc.); regole che trovano un addentellato e una pretesa di giustificazione nelle tesi di Aristotele sulla necessità che le dimostrazioni scientifiche si basino sulle determinazioni per sé degli oggetti, avendo riguardo ai loro singoli generi, i quali sono resi così incomunicabili; e via dicendo. La matematica moderna si affranca da questi vincoli, e nondimeno si può riguardare come la continuazione, l'estensione di quella antica, anche se ad un certo punto del suo rigoglioso sviluppo si mette a percorrere strade inintentate dai Greci. Al contrario, la scienza della natura moderna, per affermarsi ha dovuto demolire in gran parte il presunto sapere che intorno al mondo avevano prodotto i Greci e che attraverso una lunga serie di rimaneggiamenti e d'integrazioni era giunto sino all'età del Rinascimento.

Questa è la convinzione dominante e pressoché esclusiva, su cui non ci si può pronunciare con cognizione di causa, se non si compie prima l'esame dei caratteri distintivi della scienza della natura degli antichi e di quella dei moderni e non si stabilisce quali siano le differenze illusorie e quelle vere esistenti tra i due tipi di scienze. Illusorie sono le differenze, per cui l'antica scienza della natura avrebbe indole *qualitativa*, mentre quella moderna sarebbe *quantitativa*; l'una sarebbe unilateralmente *deduttiva*, l'altra praticherebbe l'*induzione* e insieme la *deduzione*; l'una non sarebbe fondata sull'*osservazione* e sull'*esperimento*, né compirebbe l'impiego di *strumenti di misura*, l'altra sarebbe *osservativa*, *sperimentale*, nonché largamente dotata di *strumenti* (i quali, si assicura, hanno pressoché sostituito l'uso dei sensi nel sapere naturale). Invero, dovrebbe essere sufficiente menzionare i caratteri che sono così attribuiti alla scienza dell'ellenismo, per rendersi conto che vi si sente ancora l'eco delle polemiche contro il sapere ereditato dagli antichi, che accompagnarono gli inizi della scienza moderna. Codeste polemiche, nel tempo in cui ebbero luogo, si possono comprendere e anche giustificare, giacché esse rispondono all'esigenza di liberare lo spazio occorrente perché la nuova scienza potesse affermarsi, ma dopo che questa si è imposta in un'estensione che i loro medesimi fondatori non si sarebbero aspettati, sono diventate inutili, e infatti sono, almeno in forma aperta, anche cessate, ma non per questo sono finiti i loro strascichi, i quali sono ancora presenti e formano altrettanti pregiudizi ed errori intorno alla scienza dell'ellenismo, come mostrano i citati contrassegni, di cui non ce n'è uno che abbia la benché minima consistenza e meriti un qualsiasi credito.

Anzitutto, va da sé che non si può minimamente sostenere con una qualche plausibilità che la scienza della natura dell'ellenismo nel suo complesso sia qualitativa, anziché quantitativa, essendo palese che quella del pitagorismo, del platonismo, dell'atomismo, è fondata su principi che sono quantità, e non già qualità. Se non è quantità il numero, che i Pitagorici affermano essere il principio di tutte le cose, non si scorge che mai si possa ritenere che sia quantità. Platone matematizza e nel *Timeo* costruisce una cosmologia (ossia una fisica generale) di specie matematica, per gli elementi che assegna al cosmo, e questa sua costruzione sarà modello per gli autori della scienza moderna, i quali, consapevolmente o inconsapevolmente, platonizzano. Ciò che nell'antichità fu detto a scherno di Platone, ossia che aveva preteso di matematizzare la natura, modernamente torna a somma lode di Platone e del platonismo, il quale non si dimentica completamente mai di codesta anima matematica del maestro. Nel *Timeo* sono le osservazioni più profonde in fatto di fisica-matematica che l'ellenismo ha trasmesso alla civiltà moderna, come nell'*Epinomide* sono le riflessioni più mature intorno all'essenza della matematica e alla possibilità di una sua considerazione unitaria. Quantitative sono le proprietà degli atomi, presi ciascuno per sé, e cioè la forma e la grandezza, e presi nei composti, e cioè l'ordine e la posizione; entità quantitative sono il vortice e il movimento per cui si costituisce il mondo; in breve, quantitativa è in radice l'intera fisica dell'atomismo.

È però da presumere che questo si accordi, e che si precisi che indole qualitativa s'intende assegnare non all'intera scienza della natura dell'ellenismo, bensì a quella di Aristotele; ma, neanche con questa eventuale indicazione la tesi diventa corretta, e ciò per due ragioni. La prima ragione è che, per quanto eminente sia la fisica aristotelica, essa è lungi dall'occupare stabilmente il posto dominante nella scienza della natura dell'ellenismo, mentre è quella di riferimento obbligato nella Scolastica medioevale e nell'insegnamento universitario ancora agli inizi dell'età moderna, e una siffatta circostanza ripropone gli echi delle polemiche antiperipatetiche che vanno di pari passo con la nascita della nuova scienza della natura. Senza dubbio, oggi nessuno più ripete le accuse (che talvolta diventavano improperi e insulti) che quattro secoli fa s'indirizzavano allo Stagirita, ma ciò non toglie che la pretesa che la sua scienza della natura sia interamente qualitativa, risenta, in maniera obliqua, ancora di quelle imputazioni, da cui mira, in certa misura, a scagionare il filosofo, giacché un sapere qualitativo è più disparato di quel che sia veramente opposto ad un sapere quantitativo. La seconda e decisiva ragione è che parecchi rami della scienza della natura di Aristotele, l'ottica, l'armonica, l'astronomia, ecc., comportano l'introduzione di quantità, sono, per adoperare le sue medesime parole, τὰ φυσικώτερα τῶν μαθημάτων. La dura polemica antiplatonica di Aristotele sul posto che nella scienza spetta all'osservazione e su quello che compete alla matematica, il fatto che Platone consideri gli oggetti matematici dotati di un'esistenza a sé stante, mentre Aristotele li reputa astratti ed esistenti nell'anima, e fa dell'esperienza dei sensi la fonte della certezza della realtà fisica, non toglie che si possano impiegare, in sede di conoscenze fisiche, ragionamenti matematici, ma soltanto comporta che si dia una differente interpretazione dei principi che rendono possibili i rapporti tra le due scienze.

La fisica aristotelica, che il pregiudizio corrente vorrebbe interamente qualitativa, adopera anch'essa, in molti suoi rami, le quantità allo scopo di determinare le qualità, e di conseguenza, è scienza matematicamente elaborata, ancorché lo sia in una maniera e in un'estensione assai differenti da quelle proprie della fisica, come esiste a partire da Galileo e da Cartesio. Bastano i richiami che Aristotele compie all'uguaglianza, all'inuguaglianza, alla proporzionalità delle lunghezze, dei tempi, delle velocità, ecc., a provare che essa non è ignara della considerazione quantitativa e matematica dei fenomeni naturali. Va però da sé che la fisica aristotelica applica alla natura una matematica diversa da quella moderna, è fondata su un'esperienza del mondo del pari diversa, e che, di conseguenza, le sue leggi divergono radicalmente da quelle della fisica moderna[1]. Certamente, la considerazione degli aspetti più specifici e della fisionomia

---

[1] Le leggi della fisica aristotelica non sono quelle medesime della fisica moderna, che ne propone di diverse, ma ciò non toglie che siano quantitative, e che pertanto abbiano indole matematica. Le grandezze dei corpi sono proporzionali ai pesi, il peso minore corrisponde alla grandezza minore, il peso maggiore a quella maggiore; se un determinato peso percorre una determinata distanza in un determinato tempo, un altro peso, maggiore del primo, percorrerà la medesima distanza in tempo minore, e la relazione dei tempi sarà l'inverso di quella dei pesi, dice, p. es., Aristotele in *De caelo*, A, 273 b 3 ss. L'impiego della funzione matematica della proporzionalità è costante nella dinamica aristotelica.

propria del mondo circostante e di quello umano, non riceve in Aristotele determinazioni matematiche, cosicché la botanica, la zoologia, la psicologia, restano
in lui inaccessibili ad una trattazione esatta, la quale è limitata alle sfere della
realtà in cui si verificano i fenomeni più semplici e più costanti; ma questo vuol
semplicemente dire che la sua scienza della natura è quantitativa in misura differente da quella moderna, ciò che sarebbe speditamente accordato, se su questi
argomenti non regnasse una grande incertezza intorno a ciò che è quantità e intorno a ciò che è qualità.

Non appena si vuole essere informati in merito e si domandano precise definizioni della quantità e della qualità, per come esistono nel dominio della vita
(ciò che accade fuori di esso può anche rimanere non investigato), s'incontra
una desolante carenza d'idee fondate, e questa circostanza, insieme agli echi
della polemica antiaristotelica del Rinascimento e dei primordi della scienza
moderna, è un'altra causa che impedisce la comprensione delle effettive differenze esistenti tra la scienza dell'ellenismo e quella dell'illuminismo. Di recente
si è persino sostenuto che i concetti della quantità e della qualità sono così vaghi e indeterminati, che non c'è da ricavarne alcunché, quando si tratta della
scienza e delle differenze fondamentali tra i diversi tipi di scienza che nell'antichità e in età moderna sono stati proposti. Ora, è facile riflettere che può capitare che dei concetti siano pensati in maniera vaga e indeterminata, sia pure spesso e da parte di molti, ma che non può comunque accadere che ci siano dei concetti che debbano essere concepiti in tale difettosa maniera, che siano cioè tali
da poter essere soltanto pensati male. Poiché il concetto implica la possibilità di
essere concepito, deve essere, per principio, ammissibile che i concetti della
quantità e della qualità siano pensati in ciò che veramente contengono in sé, ossia determinatamente e con ogni precisione. C'è un significato, che è quello basilare, in cui pensare equivale a definire, perché il pensiero in tanto concepisce,
in quanto afferra e stringe la cosa, e afferrare e stringere è il medesimo che definire. Ne viene che, in assenza di qualsiasi definizione, si è abbandonati alla
mancanza d'idee, si è in preda del vuoto mentale. Nell'inconsapevolezza delle
idee e delle cose, resta solamente l'appiglio alle parole, e nient'altro che battaglie di parole contro altre parole sono molte volte quelle che si combattono intorno all'indole esclusivamente qualitativa della scienza aristotelica e a quella
insieme quantitativa e qualitativa della scienza moderna (che è scienza fisico-
matematica, non pura matematica, come sarebbe se constasse unicamente di
quantità; essa deve pertanto unire all'aspetto quantitativo quello qualitativo).

La vita, che è pura sensibilità, e cioè sentire a sé stante, senza relazione, o
influsso fisico, con l'intendere, è costituita, in tutta la sua estensione, secondo
gradi, che, se sono alti, danno luogo alle sensazioni, e se sono bassi, formano le
immagini. La considerazione del linguaggio, che nella vita s'impiega, mostra
già a sufficienza che ora si parla di quantità e ora di qualità, non a caso, bensì
obbedendo a un certo criterio, che occorre cogliere, e del resto, se dominasse incontrastato il caso, l'argomento non potrebbe essere nemmeno discusso; for-
s'anche, se si fosse posti dovunque dinanzi al fortuito, nemmeno ci s'intenderebbe, e invece, parlando accade che ci s'intenda benissimo. Si tratta di appura-

re come e perché, in occasione di alcune sensazioni e immagini, si ragioni di qualità, e in occasione di altre, ci si esprima in termini di quantità; si tratta cioè d'individuare il criterio, la norma, che si manifesta nell'uso del linguaggio a tali propositi. E il criterio, la norma, che si ricercano, sembrano consistere in ciò: se l'impressione prevalente che si riporta è quella della diversità, si dice che si è in presenza di qualità; se, invece, l'impressione decisiva che si ricava è quella dell'uguaglianza o della somiglianza (concepite, queste, nel modo sopra stabilito), si asserisce che si è di fronte a quantità. Un libro e un tavolo producono un'impressione assai diversa, e pertanto si afferma che differiscono per qualità, o, com'è lo stesso, che sono cose qualitativamente molteplici. Le pagine di un libro sono però molto simili tra loro, e perciò si sostiene che la loro molteplicità è quantitativa, o più semplicemente, si dice che il libro ha una quantità di pagine. Una casa e un albero sono estremamente diversi, ma le tegole che compongono il tetto della casa sono somigliantissime, se non addirittura uguali, e di conseguenza, si sentenzia che il tetto è coperto da una grande quantità di tegole; il medesimo si fa con le foglie dell'albero, che, essendo tanto numerose e pressoché indistinguibili, si dichiarano quantitativamente molteplici. A loro volta però, le case tra loro e gli alberi tra loro si assomigliano, e per questa ragione si conclude comunemente che un villaggio è formato da una maggiore o minore quantità di case, e che un parco contiene un numero più o meno grande di alberi. Questa pare essere l'origine della distinzione della quantità e della qualità, per come essa si fa valere nel dominio della vita; questo pare essere il significato comune in cui le quantità e le qualità compaiono nelle scienze, in ciò che sono espressioni vitali, ossia punti di vista.

Per sgombrare il terreno da pericolosi ostacoli, occorre tener per fermo che a decidere intorno all'assegnazione delle cose alla quantità o alla qualità è l'impressione prevalente che si riporta dell'uguaglianza e della somiglianza o invece della diversità, ma che dire impressione prevalente, dominante, non significa impressione esclusiva, unica. Non c'è punto altrettanto importante di questo da sottolineare, giacché, se non ci si pone mente, si perde di colpo quel che si è guadagnato con fatica. Se si pretende di rendere esclusivo quel che è solamente dominante, non si sa più distinguere ciò che appartiene alla quantità e ciò che appartiene alla qualità, che si finiscono col trovare entrambe indiscriminatamente dovunque. Il verde di una prateria che si estende a perdita d'occhio è anche qualitativamente diverso dal verde di un fazzoletto di terra, perché, p. es., quel primo è verde scuro e questo secondo è verde chiaro, o perché ricorre qualche analoga differenza (l'abbondanza colpisce la vista altrimenti dall'esiguità; l'estensione e l'intensità dei colori sono correlative, non indipendenti); una massa di spighe di grano maturo, che si muove al vento in un campo, è diversa tanto per quantità che per qualità, da uno sparuto mazzetto di spighe, che si tiene in mano, perché, p. es., il colore della massa è carico e acceso, e quello del mazzetto è pallido e scialbo, perché il brusio che fanno le reste del campo è confuso, ma udibile, e invece, nessun rumore viene dalle reste che si stringono tra le dita. Parimenti, non si deve ritenere che le differenze dei colori tra loro, dei suoni tra loro, degli odori tra loro, siano qualitative, e che le differenze delle gradazioni, dei passaggi, delle sfumature, delle tonalità, entro un singolo colore, suono, odore, siano quantitative, perché quelle prime si nominano con vocaboli diversi (bianco, giallo, rosso), e queste seconde si esprimono di solito in termini di più e di meno (più forte, più debole), o per altro estrinseco e inconsistente motivo (volendo, si possono impiegare nomi indipendenti l'uno dall'altro anche per le sfumature, i quali non mancano nelle lingue). Infine, non ci dovrebbe essere il bisogno di avvertire che l'impressione della diversità, di cui abbiamo abbozzato l'analisi, non ha niente da spartire con la diversità, che compete ad ogni cosa per la circostanza d'esistere (ogni esistente è un diverso; le cose di tanto sono molteplici, di altrettanto sono diverse; le idee di *uno* e *molti* sono analizzabili – ciò che fosse inanalizzabile, sarebbe impensabile, giacché sarebbe indistinguibile, e pensare è pensare distintamente –, e si risolvono nelle idee di *tutto* e *parti*, che, a loro volta, si risolvono in quelle di *essere* e *relazione*, di cui rendono manifesta l'identità. Infatti, coincidendo il tutto con tutte le parti, la considerazione congiunta delle parti, o delle relazioni, o degli esseri, coincide con la considerazione unitaria del tutto, o della relazione, o dell'essere. Ma, se gli esseri molti sono l'essere uno, se gli esseri sono le relazioni parziali e l'essere è la relazione totale, occorre che la molteplicità, anziché essere identica con la quantità, si distingua in molteplicità qualitativa e in molteplicità quantitativa. Se non fosse così distinta, ne verrebbe che esisterebbero soltanto le quantità, e questo è assurdo, perché le quantità sono correlative alle qualità, e ciò che è correlativo o esiste insieme o non esiste affatto; ma, se non esistessero né le qualità né le quantità, niente esisterebbe. Le quantità poi sono tali in senso proprio oppure per metafora)[2].

Se si pone mente agli innumerevoli luoghi in cui, nelle sue trattazioni di scienza della natura, Aristotele discorre d'uguaglianze, d'inuguaglianze, di somiglianze e di dissomiglianze, e si riflette che questi sono tutti concetti di quantità, non si può non assolvere la fisica aristotelica dalla taccia di essere per intero una fisica qualitativa.

Gli altri fallaci caratteri distintivi, che si pretende d'assegnare alla scienza aristotelica, o anche alla scienza antica in genere, meritano assai più breve discorso. Aristotele non teorizza soltanto l'induzione, bensì anche la pratica, si basa sull'osservazione di ciò che risulta ai sensi, si riferisce a fenomeni celesti come alle eclissi e le analizza, compie esperimenti, anche se soltanto di rado si sofferma ad allegare le prove sperimentali delle sue teorie. Allorché deve stabilire la causa delle eclissi lunari o accertare il fattore determinante della longevità degli animali, Aristotele si riferisce all'induzione; in generale, è all'induzione che si riconduce il procedimento dell'analogia, che è la base su cui lo Stagirita

---

[2] Se si considerano in comparazione con le quantità intellettuali, quelle sensibili risultano tutte quantità in senso improprio. Ma dove è questione delle differenze esistenti tra i diversi tipi di scienza, per come si danno nel dominio della vita, che sono matematica e fisica *sensu allegorico*, bisogna guardare unicamente alle quantità metaforiche, perché quelle in senso proprio non vi hanno semplicemente niente da spartire.

edifica la sua morfologia comparata. A risultati sperimentali Aristotele fa appello anche nella psicologia, quando sostiene che le parti dell'anima non sono localizzabili nelle diverse membra dei corpi, come si evince dal trapianto di certi vegetali e dal sezionamento di alcuni insetti, o quando appoggia la distinzione tra mezzi e organi sensori alla considerazione che se si confezionasse e si stendesse intorno al corpo una sorta di membrana, questa annuncerebbe subito la sensazione, benché sia manifesto che il sensorio non si trova nella membrana, e che, invece, la sensazione non si avrebbe, se si mettesse un oggetto a diretto contatto con l'organo, ponendolo, p. es., sulla superficie dell'occhio; da questi esempi si scorge che ad Aristotele non è neanche ignoto quello che si chiama l'*esperimento mentale*. Non è nemmeno vero che la scienza antica non si avvalga di strumenti di misura, di cui si serve, anzi, con una certa ampiezza, soprattutto nell'età sua più splendida, che è quella alessandrina, ma già in precedenza i Pitagorici impiegano apparecchi meccanici, gli astronomi adoperano orologi solari capaci d'indicare, oltre alle ore, anche i solstizi e gli equinozi (un tale orologio si dice essere stato costruito da Anassimandro). In breve, per tutta questa parte si trovano differenze di più e di meno tra la scienza antica e quella moderna, ma non si rinviene un tratto distintivo che abbia dignità concettuale, e ciò capita per la ragione che il contrassegno si cerca dove non è.

Senonché è da reputare che, quand'anche si convenisse su questi punti, non si mancherebbe di sentenziare che la fisica di Aristotele, nella maggior parte delle sue teorie e delle leggi che assegna ai fenomeni, è manifestamente falsa, e che, in parecchi casi, le sue spiegazioni si pongono in un contrasto irrimediabile con i dati immediati dell'esperienza. Non ha forse la scienza moderna provveduto, a partire dal Rinascimento, a fornire un'immagine del mondo naturale del tutto diversa da quella arrecata dalla scienza precedente, e nel far questo, non ha dovuto distruggere l'antico sapere della natura, del quale ha mostrato la falsità? Qui occorre considerare il corpo delle teorie fisiche aristoteliche (e anche platoniche, stoiche, ecc.), non le singole proposizioni e nemmeno le singole riunioni di proposizioni, di cui ce ne sono parecchie che sono state mantenute, perché riconosciute vere, ma va da sé che qualche pagliuzza d'oro si trova dovunque. Il caso di qualche antico, che forma eccezione, com'è quello di Archimede o di Aristarco, non è da prendere in esame, giacché costoro sono dei moderni che cronologicamente appartengono al mondo antico; infatti, si discorre di Aristarco chiamandolo il Copernico dell'antichità. Ciò che conta è che l'immagine del mondo naturale posta in essere nell'antichità è stata annientata dalla scienza moderna, la quale ne ha provato la fondamentale erroneità.

Il nostro avviso è che la scienza moderna abbia fatto qualcosa di assai diverso da quello che si suole reputare, ossia che abbia bensì posto fuori azione la scienza della natura dell'ellenismo, la quale da parecchi secoli non è più in vigore, ma nondimeno conserva intatto il suo valore di verità. Nessuna distinzione è tanto necessaria per intendere l'antichità e l'ellenismo, da un lato, e la modernità e l'illuminismo, dall'altro, in fatto di scienza, come la distinzione tra l'*essere vero* e l'*essere in vigore*, che sono due proprietà interamente diverse delle teorie scientifiche. La fisica dell'ellenismo (il quale in effetti possiede parecchie fisiche, che però, quand'è questione del rapporto con la fisica moderna, si possono trattare come se fossero qualcosa di unico) è eternamente vera, perché la verità, ammesso che si abbia, non si può perdere. Codesta fisica non è più in vigore, ossia non si compie più ad essa riferimento, non s'impiega più nel commercio con le cose del mondo (eccettuati pochi singoli casi, che possono essere passati sotto silenzio). Si tratta di due riguardi differenti, che possono separarsi e andare ognuno per conto suo.

Quando si afferma con tanta sicurezza che la fisica d'Aristotele non è vera, si vuole forse dire che non ha l'indole con cui si presenta, che viene avanti con l'apparenza di essere una cosa, ma in effetti è una cosa interamente diversa, p. es., è arte, considerazione estetica del mondo, opera di bellezza, oppure è religione, celebrazione del divino, visione sacrale dell'esistenza, oppure qualcos'altro ancora? Se è così, si dica di che si tratta; se, invece, si concede, come si è sempre fatto e ancora oggi si fa, che è una fisica, ci si deve rendere conto che non esiste alcuna differenza tra l'essere una *vera* fisica (nel senso che possiede effettivamente l'indole della fisica) e l'essere una fisica *vera* (nel senso che le sue proposizioni sono vere). Quando si riconosce che una scienza ha davvero, e non per simulazione, una certa e determinata indole, non occorre, e nemmeno è consentito, aggiungere alcunché a codesta ammissione, allo scopo di attribuirle valore di verità. Cosa mai dovrebbe ancora annettersi a un complesso di proposizioni di astronomia o di ottica, di cui si è preso atto che sono effettivamente tali, non è concesso stabilire, per il motivo che la loro verità è stata già accolta e riconosciuta. Il preteso contrasto tra alcune teorie aristoteliche e i dati immediati dell'esperienza non ha luogo, e a ben riflettere, è impossibile ad accadere. Se fossero realmente tali, quelli che si chiamano i dati immediati dell'esperienza, i fenomeni universalmente accessibili, essi avrebbero la proprietà d'imporsi a chiunque, non si lascerebbero contraddire da nessuno. Quelli che recano una tale denominazione sono gli effetti che i punti di vista, di volta in volta dominanti, producono nell'esperire le cose, le quali assumono questa o quella fisionomia, e in maniera tanto chiara che sembra di vederla con gli occhi (e talora si assicura che si vede precisamente con gli occhi). Allora si costata che le cose stanno così, e questa convinzione dura finché non sopravviene un differente orientamento della scienza, entro un differente punto di vista complessivo, il quale discaccia codesti fenomeni a tutti manifesti e li sostituisce con altri fenomeni dotati anch'essi della più solare delle evidenze. L'immagine del mondo naturale, propria dell'ellenismo, non è più in vigore, perché la scienza moderna ha posto fuori azione quella antica, da cui si differenzia però per caratteri assai diversi da quelli comunemente proposti, esaminati e trovati inconsistenti.

2. *La scienza moderna è meccanicistica, prammatica, parallela alla sdivinizzazione*

Il carattere, che meglio manifesta l'indole propria della scienza moderna e che più radicalmente la contraddistingue dall'antica, è il suo *meccanicismo*. Con alcune eccezioni, la più rilevante delle quali è l'atomismo (con cui non a caso intrattiene peculiari rapporti la fisica moderna, trovandolo fecondo d'insegnamenti), tutta la scienza antica, quand'anche abbia precipua impostazione matematica, come accade nel pitagorismo e nel platonismo, è all'insegna del *vitalismo*, da cui si può dire che sia nata con lo stesso Talete. Quando, infatti, Talete afferma che tutte le cose sono piene di dei, intende dichiarare che tutte le cose sono piene di anime. L'intuizione della natura come essere vivente è il fondamento dell'immagine greca del mondo. Per i Pitagorici, il mondo si è generato sul modello e con la sostanza dei numeri, è una realtà vivente in cui gradualmente si attua il bene. Matematismo e vitalismo si fondono nella cosmologia di Platone, per il quale la materia è un'entità matematica, gli elementi generatori delle cose sono figure geometriche, il corpo del mondo è animato, il cielo, gli astri, sono viventi, così che la fisica ha indole biologica e psicologica. Anche per Aristotele, l'anima è la condizione della vita, così che anche alle piante, oltre che agli animali e agli uomini, occorre attribuire l'anima, la quale va riconosciuta soprattutto al cielo, che s'intende nella sua costituzione soltanto a condizione di muovere dal concetto che, anziché essere qualcosa di rigido e di morto, è una realtà animata. Il mondo è gerarchicamente ordinato, come comporta il sentimento del sublime, che è a fondamento della sua visione; di qui proviene la netta distinzione, nell'astronomia dello Stagirita, tra la regione sublunare e quella sopralunare del cielo, e nella biologia la disposizione graduata delle forme viventi, che sulla terra culminano nell'uomo, che è partecipe della divinità del pensiero. Interamente vitalistica è la fisica degli Stoici, per i quali si può comprendere il mondo unicamente a partire dall'idea della *vis vitalis*, che tutto compenetra; vitalisti sono i Platonici, da Plotino a Proclo e ai suoi successori; per Plotino e per gli altri, l'Intelligenza è identicamente Essere, Pensiero e Vita, la natura in effetti è anima, dotata di una vita intensa, che contempla le forme e le produce nella materia.

La scienza della natura ha, per la maggior parte dei Greci, finalità esclusivamente teoretiche; in essa si conosce per conoscere, non per ottenere dei benefici, non in vista di qualche pratica utilità, e nemmeno allo scopo di produrre dei congegni. Nella sua divisione delle scienze in teoretiche, pratiche e produttive, Aristotele assegna la fisica al novero delle teoretiche, che sono le prime e le superiori; per lui, è evidente che anche la fisica s'investiga τοῦ εἰδέναι χάριν. In generale, i Greci considerano le attività produttive come qualcosa di subordinato; anche nella stima sociale i produttori sono collocati piuttosto in basso e gli scienziati mirano a distinguersi da costoro con la massima cura[3]. Nell'antichità

---

[3] Quest'atteggiamento mentale è documentato nel miglior modo da Archimede, il quale, come racconta Plutarco nella *Vita di Marcello*, soltanto a malincuore, su preghiera del re di Siracusa, per provvedere di difese la patria in pericolo, si lascia indurre ad applicare le sue cognizioni alla produzione di macchine, e comunque si rifiuta di mettere per iscritto i risultati del suo lavoro d'ingegnere. Egli era convinto che l'attività di costruzione delle macchine fosse grossolana e ignobile, e che gli studi non dovessero essere macchiati da preoccupazioni d'ordine materiale.

soltanto pochi mostrano di tenere in conto più elevato le arti che sono rivolte a soddisfare i bisogni della vita; uno dei pochi è Posidonio, il quale attribuisce la scoperta di strumenti utili ai filosofi, ma così ottiene di essere rampognato da Seneca, che tiene ferma la posizione tradizionale[4].

Infine, la fisica dell'ellenismo procede dall'inizio alla fine di conserva con la teologia. Prova di questa concomitanza sono le divinità astrali di Platone, le quali o muovono i corpi celesti nella stessa maniera in cui le anime umane muovono i corpi umani, o si avvalgono come strumenti della loro azione motrice di corpi d'aria o di fuoco, o anche operano in guisa che a noi rimane misteriosa; comunque sia, una tale attività motrice è indubitabile. Queste sono, per Platone, le vere divinità, non quelle credute dal volgo, le quali ne sono dei simboli; e allorché Platone teorizza la religione di Stato è della loro esistenza che fornisce la dimostrazione ed è per i crimini contro di esse che prevede esemplari punizioni. Alla fisica celeste si collega la teologia astrale di Aristotele, che vanta la verità delle antiche dottrine e delle credenze religiose degli avi, per cui il cielo e il luogo superiore è la sede degli dei. Scienza della natura e religione cosmica nell'ellenismo si corrispondono pienamente.

Caratteri opposti presenta la scienza moderna, che diventa, con Cartesio, dichiaratamente meccanicistica, sicché si propone di rendere ragione di tutte le attività e realtà che scopre nella natura, comprese le manifestazioni della vita, considerandole come comportamenti di macchine. Questo significa il paragone famoso, istituito da Cartesio, tra la costituzione e il movimento del corpo umano e dei corpi animali, da una parte, e la costituzione e il movimento degli automi, che si ammirano nelle grotte e nelle fontane dei re, dall'altra parte, poiché lasciano stupefatti per le mosse che sono capaci di fare, ma che sono fatti unicamente di pulegge, di tubi, di leve, di argani, di contrappesi, di ruote e di altre entità della medesima specie. Per comprendere che cos'è il meccanicismo, consustanziale non soltanto alla fisica moderna ma a tutta l'intuizione del mondo propria dell'illuminismo, occorre stabilire che cos'è una macchina, definendo i requisiti della sua esistenza.

Il primo requisito negativo della macchina è l'assenza dell'anima, giacché niente si esclude a vicenda come l'animazione e la meccanicità, che sono incompatibili, così che dove si trova l'una, non può assolutamente prendere posto l'altra. Tra le molte divisioni di cui sono suscettibili, i corpi si possono partire in naturali e in artificiali, significando con i primi i corpi come esistono di per sé, e cioè indipendentemente e prima di ogni intervento da parte dell'uomo diretto a manipolarli, e designando con i secondi i corpi che sono intenzionalmente modificati dall'uomo per farli servire ai suoi scopi, quali che essi siano (questa attività trasformatrice si chiama «arte» o «industria»). Dei corpi naturali alcuni possono essere animati, altri possono essere inanimati; dei corpi artificiali nessuno è animato, perché l'uomo non ha il potere di porre l'anima negli oggetti che lo circondano, quantunque sia capace di cangiarli radicalmente rispetto alla

---

[4] «*Sapientia altius sedet nec manus edocet: animorum magistra est*» (*Ep.* 90, 26).

loro primordiale configurazione. L'uomo, infatti, agisce sugli oggetti, non direttamente con la sua anima, ma con l'intermediario del suo corpo, che gli fa necessariamente da tramite, ed è impossibile che un corpo introduca l'anima in altri corpi. Escluso quindi che ci siano corpi artificiali animati, la questione è di accertare quanto esteso sia il numero dei corpi naturali animati sulla terra. L'uomo non potrebbe contestare a se stesso il possesso dell'anima, se per anima s'intende il complesso delle funzioni psichiche, a cui appartiene la coscienza, perché un tale rifiuto, essendo consapevole, sarebbe una manifestazione di psichicità, un'espressione dell'anima, che così si riconoscerebbe esistente e presente nell'essere umano. Se capita di udire che l'anima in generale non esiste, e che l'uomo non ne ha una, ciò accade unicamente per il motivo che con «anima» si designa in tal caso qualcosa di diverso dalla psichicità, che non interessa investigare cosa sia, premendo unicamente rilevare che l'uomo può tanto poco disconoscersi un'anima quanto poco può ricusarsi un corpo, quel corpo che si chiama «proprio», e che differisce dai corpi esterni, perché l'anima, per agire su di esso non ha bisogno, e nemmeno può, ricorrere ad un qualunque intermediario, bensì opera direttamente. Si tratta di stabilire se corpi animati siano soltanto quelli umani, oppure se ce ne siano anche di diversi. (Importano le distinzioni dei corpi in naturali e in artificiali, e dei corpi naturali in animati e in inanimati, mentre priva d'incidenza è la distinzione dei corpi animati in «corpo animato proprio» e «corpi animati altrui»).

La determinazione dell'ampiezza dei corpi animati e di quelli inanimati non si può compiere una volta per tutte, non si può eseguire in una sola maniera, ma si effettua in tante maniere diverse, a seconda dei differenti atteggiamenti fondamentali che si assumono verso l'esistente: tutto dipende dal fatto che domini l'atteggiamento della compenetrazione oppure quello della divisione del sensoriale e dell'immaginativo. In un'esperienza improntata alla compenetrazione, tutti, o quasi tutti, i corpi esistenti sono animati, di corpi inanimati non c'è pressoché traccia; l'industria è limitatissima, appresta solamente ciò che immediatamente soddisfa i bisogni elementari dell'uomo, nelle loro più rudimentali manifestazioni. Qui l'uomo parla e le cose tutte gli rispondono, con un linguaggio che gli è pienamente comprensibile, egli si sente nelle cose, e avverte le cose dentro di sé, in una comunicazione essenziale che ha la medesima estensione del suo sguardo. Al contrario, in una sensibilità caratterizzata dalla netta separazione e dalla rigida discriminazione dei dati dei sensi e di quelli dell'immaginazione, l'animazione si ritira dalla natura ad una cerchia ristrettissima di esseri, finché si restringe e si concentra nell'uomo, il quale finisce con l'attribuire esclusivamente a se stesso la psichicità. L'uomo, guardandosi attorno, scorge pur esseri che hanno fattezze più o meno simili alle sue, membra che egli denomina con le medesime espressioni con cui chiama le parti del suo corpo, e vede del pari altri esseri, molto diversi da sé, ma che innegabilmente si alimentano e si riproducono, ma tanto gli uni che gli altri sono muti per lui, di modo che si convince che si tratta soltanto di congegni estremamente complicati, ma, in ultimo, non diversi da quelli, in comparazione elementari, che anche lui è in grado di produrre. Una vita c'è innegabilmente anche in codesti esseri, che l'uomo seguita a distinguere da quelli sempre uguali nelle forme e semplici nei componenti, ma la vita divorzia ormai dalla psichicità, e sebbene dove c'è animazione ci sia vita, la reciproca non vale, dandosi benissimo vita senz'anima.

Ma, sebbene piante e animali siano (ove si aggiungano altre condizioni a quella indicata) niente di più e niente di diverso da macchine, non rimane comunque indubitabile che il corpo umano non è affatto una macchina? Tutte le distinzioni poste sul terreno tra le varie classi di corpi non portano a questa conclusione, anzi, non hanno forse lo scopo di prepararla e di renderla ineluttabile? Così sarebbe certamente, se non restasse un altro aspetto della questione da considerare, quello della posizione di Dio nei confronti della natura. C'è la fabbricazione umana degli utensili e delle macchine (che sono assai diversi tra loro, ma questa differenza per il momento può essere sottaciuta), e c'è la produzione divina delle cose materiali, e ciò che non è macchina rispetto all'industria dell'uomo, può benissimo esserlo nei confronti della derivazione divina, se Dio è il sommo geometra, l'architetto che pone in essere la natura e gli spiriti finiti. Ne viene, per Cartesio, che non soltanto gli animali siano delle macchine, ma che una macchina sia anche l'uomo, in quanto ha un corpo, il quale va riposto nel novero dei congegni. Al contrario, gli spiriti finiti, umani o angelici, congiunti a dei corpi o senza corpo, non possono essere delle macchine, perché Dio è spirito, e sebbene la distanza tra l'infinito e il finito sia estrema, non ammettendo proporzione, l'elemento della somiglianza tra il creatore e le creature, in quanto sono intelligenti, risiede nell'essenza spirituale, ed è, di conseguenza, irriducibile alla meccanicità, essendo tutto ciò che è meccanico qualcosa di prodotto, o secondo tutto l'essere, nella derivazione delle cose da Dio, o secondo certe forme e proprietà, nella costruzione meramente umana.

Il secondo requisito, anch'esso negativo, della macchina è la mancanza di fini connaturati assegnabili, e per Cartesio, degli esseri diversi dall'uomo di cui risulta il mondo non ci sono fini, che noi uomini siamo in grado di riconoscere con certezza. Per stabilire quali siano i fini che determinatamente competono alle cose, dovremmo essere addentro ai pensieri di Dio, ma tutto ciò che è oggetto del consiglio divino ci è imperscrutabile. L'attribuzione di fini alle opere divine ha senso solamente se è un accorgimento per eccitare il nostro animo alla devozione e alla pietà, e un esercizio religioso, quale è questo, non deve essere fatto passare per una conoscenza. Contrariamente a quel che si è soliti reputare, è la teologia *purae rationis* (l'unica che può intervenire, quando si tratta della scienza) a gettare nell'abisso vuoto del divino, non la teologia rivelata, che magari pone dinanzi a un Dio tremendo, ma tuttavia fornisce un contenuto raffigurabile, su cui far presa. La mancanza di fini, che è condizione della possibilità della macchina, è quella del finalismo esterno, che pone alcune cose come mezzi di altre, che sarebbero i loro scopi, mentre il finalismo interno, che attribuisce alle cose come loro scopo l'esistenza, così che esse hanno da essere ciò che sono, non è coinvolto nella questione, non riguarda le macchine più che gli spiriti, e non entra in dispute di sorta con il meccanicismo. È palese che il finalismo esterno è concepibile soltanto in un mondo graduato per le differenze di perfezione delle cose, così che quelle più basse servono come mezzi di realizzazione a quelle più alte, e che in una realtà piatta esso è inammissibile. In un universo meccanico si danno soltanto degli automi, che sono gli unici esseri che lo popolano, e in un automa ogni singolo ingranaggio è in funzione dei rimanenti, come questi sono in funzione di quello, in esso niente può avere la posizione di mezzo o quella di fine.

La mancanza di fini, anche unita all'assenza dell'anima, sarebbe insufficiente a definire la macchina, se non sopravvenisse un terzo requisito, che è quello del primato della quantità sulla qualità nella considerazione delle cose, che arreca quel che ancora bisogna per fornire la definizione richiesta e così stabilire che cos'è il meccanicismo, che considera il mondo – con l'eccezione degli spiriti – come un unica grande macchina. Come si è detto, la quantità, nel modo in cui è presente sul terreno della vita, non è altro che una denominazione conferita all'uguaglianza e alla somiglianza, e quella che, in contrapposizione ad essa, si chiama la qualità, non è altro che un appellativo attribuito alla diversità; ora, va da sé che ciò che è uguale, o simile, è costante, e che ciò che è diverso, è variabile. Di conseguenza, dove si fa valere il primato della quantità, le determinazioni fondamentali delle cose sono esprimibili mediante elementi costanti, e quindi sottoponibili a misurazione, come la figura, la grandezza, il movimento. Le macchine sono i corpi che risultano composti prevalentemente di quantità, contengono differenze come quelle della grandezza e della piccolezza, della grossezza e della finezza, posseggono movimenti che descrivono linee rette e linee curve, hanno una velocità e una lentezza, una vicinanza e una lontananza valutabili numericamente in termini del doppio e della metà (in generale, di tante volte più e tante volte meno), e via di seguito discorrendo.

Soltanto una siffatta rappresentazione del mondo pone fine, secondo Cartesio, alle raffigurazioni ingenue e rudimentali che il genere umano, agli inizi e per grande spazio di tempo, si era formato della sua dimora terrena e del cielo azzurro, e che ancora oggi ogni uomo si forma nella sua infanzia. Nell'età primordiale e per lungo volgere di secoli, l'umanità pensa in stretta unione e dipendenza dal corpo, e si basa interamente su ciò che i sensi paiono mostrare: ne viene che la terra è raffigurata piatta, e non rotonda, piccola, immobile, parte principale e centro del mondo, che le stelle sono credute avere le stesse dimensioni delle fiamme delle candele accese, di cui non fanno maggior luce, che il volto della natura è reputato immutabile, destinato ad essere sempre quello che in certi luoghi e tempi appare agli occhi, che ci siano radicate e arcane simpatie tra le cose; ne viene soprattutto che l'uomo è riguardato come lo scopo a cui l'intero universo è ordinato a servire. La rappresentazione, che il meccanicismo fornisce del mondo, invece, è adulta, perché interpreta i dati dei sensi sulla base del calcolo matematico, ossia delle relazioni delle quantità, che sono ciò che c'è di costante, e in questo significato, di oggettivo, nella realtà, anziché attenersi ai rapporti delle qualità, che sono ciò che c'è di variabile, e in questa accezione, di soggettivo, nelle cose. Così, nella descrizione cartesiana del mondo visibile, la terra diventa soltanto un punto, le dimensioni dei cieli acquistano una grandezza sconfinata e, ciò che più conta, l'uomo abbandona qualsiasi pretesa di essere la creatura privilegiata al cui beneficio tutte le cose sono state fatte.

Tutti gli assunti del meccanicismo sono già presenti in Cartesio, nel quale si trovano svolti con grande coerenza e radicalità, tanto che in seguito saranno piuttosto attenuati e sfumati che accresciuti e incrementati. E il meccanicismo è, insieme agli scopi pratici assegnati alla ricerca scientifica, la maggiore eredità che Cartesio lascia all'illuminismo. Presentisce, infatti, il più puro spirito dell'illuminismo Cartesio, quando dice che delle speculazioni ad ognuno piacciono le proprie, ma che le cose stanno altrimenti nella fisica, di cui non potrebbe tacere le nozioni, senza peccare contro la legge che obbliga a procurare il bene generale di tutti gli uomini, e a proposito di queste nozioni aggiunge: «*Car elles m'ont fait voir qu'il est possible de parvenir a des connoissances qui soient fort utiles a la vie, & qu'au lieu de cete Philosophie speculative, qu'on enseigne dans les escholes, on en peut trouver une pratique, par laquelle connoissant la force & les actions du feu, de l'air, des astres, des cieux, & de tous les autres cors qui nous environnent, aussi distinctement que nous connoissons les divers mestiers de nos artisans, nous les pourrions employer en mesme façon a tous les usages ausquels ils sont propres, & ansi nous rendre comme maistres & possesseurs de la Nature. Ce qui n'est pas seulement a desirer pour l'invention d'une infinité d'artifices, qui feroint qu'on iouroit, sans aucune peine, des fruits de la terre & des toutes les commoditez qui s'y trouvent, mais principalement aussi pur la conservation de la santé, laquelle est sans doute le premier bien, & le fondament de tous les autres biens de cete vie; car mesme l'esprit depend si fort du temperement, & de la disposition des organes du cors, que s'il est possible de trouver quelque moyen, qui rende communement les hommes plus sages & plus habiles qu'ils n'ont esté iusques ici, ie croy que c'est dans la Medicine qu'on doit le chercher*»[5].

Oggigiorno si vorrebbe, da parte di molti, ridurre queste indicazioni di Cartesio a delle bagattelle, con il facile pretesto che gli scopi che esse assegnano alla scienza sono interamente legittimi e giusti, possono essere condivisi da tutti, e di fatto lo sono, tanto che ogni epoca storica si è adoperata per conseguirli: in definitiva, non francherebbe nemmeno la spesa di attardarsi a discorrerne. Non c'è niente di più ingannevole di questa pretesa di trattare come ovvietà alcune idee, da cui è essenzialmente dipeso il rivolgimento che si è effettuato nel mondo, e a cui è indissolubilmente legato il volto della civiltà moderna. Il genere umano, al pari del singolo individuo, possiede una determinata quantità di energia vitale, con cui può, in un'epoca, dedicarsi soprattutto a realizzare alcuni obiettivi, oppure volgersi primariamente ad attuare altri e diversi disegni, ma con cui è impossibile che voglia principalmente raggiungere tutti i traguardi. Di fatto si riscontra che le mete proposte da Cartesio erano state mantenute in sottordine durante i secoli che vanno dal tramonto dell'ellenismo all'avvento del Rinascimento. Le quattro finalità che Cartesio assegna alla scienza: 1) diventare padroni della natura; 2) conservare la salute; 3) aumentare la durata della vita;

---

[5] *Discours de la Methode*, *Sixiesme partie*, in *Oeuvres*, publiées par Ch. Adam et P. Tannery, Paris, 1973, VI, pp. 61-62.

4) ritardare l'avvento della vecchiaia – traggono significato e valore dalla contrapposizione in cui stanno con gli ideali cristiani della contemplazione e aspettazione dell'al di là, con le pratiche ascetiche, e con il pregio attribuito alla povertà: è per questa ragione che esse, anziché essere neutre, appartengono alla sostanza dell'illuminismo. Ciò è tanto vero che esse richiedono una considerazione del corpo diversa da quella che si era avuta in passato, e che aveva impedito loro di venire in piena luce[6].

La giustificazione prammatica della scienza, fondata sul criterio dell'utilità, si accompagna in Cartesio (come anche in Bacone) con il riconoscimento della verità teorica del sapere scientifico, e non ci sarebbe fraintendimento peggiore del pensiero dell'illuminismo di contrapporre l'utile al vero in fatto di scienza o, peggio, di ridurre il secondo al primo. Anche la tesi per la quale il vero è ciò che dà luogo a conseguenze pratiche soddisfacenti, compare nell'illuminismo dell'Ottocento, in cui rimane però un indirizzo secondario, giacché l'illuminismo preferisce domandare alla scienza tanto la verità che l'utilità, che possono benissimo trovarsi insieme, anziché accontentarsi della sola utilità, la quale è troppo ristretta e angusta per appagare durevolmente gli spiriti. Nel senso in cui noi ne parliamo, la scienza moderna è prammatica, perché la causa per cui s'intraprende la ricerca scientifica è quella di servire agli scopi della pratica; e che la causa finale, che da parte degli uomini, si attribuisce all'investigazione della natura sia di giovare alla vita, non toglie che i risultati che in essa si conseguono abbiano una loro validità teorica. Lo svolgimento consequenziario e pieno del fenomenismo (dal quale Cartesio è ancora lontano) è destinato a rafforzare sempre di più negli illuministi la convinzione che la scienza è ordinata all'azione, giacché, se per quante più ampie conoscenze ci si procaccia, esse rimangono comunque nel campo dei fenomeni, e non ci avvicinano in niente alla comprensione del fondo dell'essere, ne viene che possono essere ricercate unicamente in vista del benessere dell'esistenza: *Science is for Life, not Life for Science*, dice una sentenza di Spencer. Finché si accorda all'uomo la possibilità di conoscere le cose in se stesse, s'intende l'ideale del sapere per il sapere; dopo che questa capacità si contesta, sarebbe assurdo accumulare cognizioni di fenomeni soltanto allo scopo di averle; la scienza sarebbe vana, se non avesse di mira la pratica e la produzione.

---

[6] Per Cartesio, se la medicina non ha trovato molti procedimenti sicuri, tanto per guarire le malattie che per prevenirle, la causa risiede in ciò, che non ci si è adoperati abbastanza per procurarsi un'approfondita conoscenza del corpo e che si sono attribuite all'anima le funzioni che dipendono esclusivamente dalla disposizione degli organi corporei. La riscoperta del corpo, questo caposaldo della modernità destinato a non venir più meno, è continuata e approfondita da Spinoza, il quale afferma che niente, all'infuori di una *torva, et tristis superstitio*, impedisce di dilettarsi, di ristorarsi con un cibo e una bevanda moderata e gradevole, di ricrearsi con l'amenità delle piante verdeggianti, con gli ornamenti, la musica, la ginnastica, il teatro, acciocché il corpo sia adatto a tutto ciò che può seguire dalla sua natura e, conseguentemente, anche la mente sia adatta a comprendere nello stesso tempo più cose (*Ethica*, IV, 45, cor. II, sch., ed. cit., pp. 244-245).

Oltre quelli posti allo scoperto, la scienza moderna ha un ulteriore carattere, che è quello di procedere di conserva con ciò che Heidegger chiama la «sdivinizzazione», la quale consiste nel vuoto del divino, nell'essersene andati di Dio e degli dei. Certamente, la sdivinizzazione, a differenza di altre manifestazioni tipiche dell'illuminismo, ha bisogno di molto tempo per venire in chiaro, essa compare soltanto alla conclusione del percorso compiuto dalla civiltà moderna, che, prima di giungere ad essa, attraversa molte fasi intermedie. Il principio, da cui la sdivinizzazione deriva, è quello medesimo da cui consegue l'intero illuminismo, e cioè è, ancora una volta, il fenomenismo, il quale si conferma così l'elemento fondamentale dell'intuizione illuministica del mondo. Che il fenomenismo abbia tra le sue conseguenze immancabili quella di produrre nell'uomo lo stato d'indecisione intorno al divino è palese già dall'antichità, a partire da Protagora, che del fenomenismo greco è uno dei primi e più risoluti assertori. Quando Protagora dichiara: «a proposito degli dei non ho la possibilità di sapere né se ci sono né se non ci sono né quale forma hanno, opponendovisi molte circostanze: la loro impercettibilità e la brevità della vita umana»[7], trae la conclusione legittima del suo principio dell'uomo-misura di tutte le cose. Gli dei, se anche esistono, non si manifestano sensibilmente all'uomo, il quale, a causa della brevità della sua vita, non dispone nemmeno di un indizio che possa consentirgli d'inferirne l'esistenza: in ciò consiste l'oscurità che circonda l'oggetto di quella che sarà detta la teologia. Il fenomenismo antico con la Sofistica, lo Scetticismo, l'Accademia scettica, conferma che l'esito a cui giunge l'illuminismo in fatto di sdivinizzazione non ha niente di casuale, ma discende con perfetta logicità dalle premesse: tra le espressioni antiche e quelle moderne del fenomenismo c'è, in tema di religione, questa differenza, che le prime giungono d'un balzo all'epilogo, mentre le seconde impiegano alcuni secoli.

Essendo il contrassegno fondamentale di tutto l'illuminismo, il fenomenismo s'incontra tanto nella sua scienza che nelle sue prese di posizione intorno al divino, così che pensiero scientifico e pensiero religioso sono interamente rispondenti tra loro. Il remoto presentimento della futura sdivinizzazione nella scienza cartesiana si trova soltanto in ciò, che essa si assegna tra i suoi scopi, quello di porre fine allo stupore con cui l'uomo, a causa della sua condizione d'ignoranza, guarda ai fenomeni della natura, così che, per il semplice fatto di dovere alzare gli occhi al cielo per vedere le nuvole, queste s'immaginano tanto alte che i poeti e i pittori se ne servono per costruirvi sopra il trono di Dio, il quale di lassù apre le porte dei venti, versa la rugiada sui fiori, scaglia le folgori sulle rocce. La considerazione scientifica della natura, propria di Cartesio, è diversa da quella popolare e comune soprattutto per la grandezza delle dimensioni spaziali, che in essa sono sconfinate, mentre in quella ordinaria non vanno molto al di là dell'orizzonte visivo; l'ammirazione è completamente estranea alla scienza cartesiana. Ma della sdivinizzazione diremo più ampiamente a suo luogo.

---

[7] *Die Fragmente der Vorsokratiker*, ed. cit., Bd. 2, p. 265, B 4.

3. *L'incompletezza caratteristica della scienza galileiana e newtoniana*

L'illuminismo non accoglie, invece, la fondazione metafisica e teologica della fisica proposta da Cartesio, sebbene essa non comporti alcuna subordinazione della ragione nei confronti della fede. La teologia, a cui Cartesio ancora la fisica, è, infatti, la teologia razionale, il cuore della metafisica com'è edificata dalla pura ragione, non la teologia rivelata, ed è evidente che la ragione non può essere accusata di subordinarsi a sé medesima. Mediante il suo ancoraggio al Dio della pura ragione, la fisica ottiene un fondamento assoluto dei suoi principi, quale non potrebbe essere dato da nessun'altra parte, da cui è mantenuta salda e invariabile, mentre nel contempo non le è imposto alcun concetto specifico a cui sia obbligata ad attenersi.

Ma questa base teologica, meglio scrutata, manifesta un duplice difetto, che è quello di non individuare a sufficienza le leggi scientifiche che dovrebbero reggervisi sopra, e di incoraggiare l'ipotetismo, il quale sorge, allorché Cartesio si rende conto di non poter ricavare deduttivamente la costituzione del mondo soltanto da ciò che la ragione stabilisce intorno alla natura divina. Si affermi pure che l'immutabilità è connaturata a Dio, in virtù della perfezione che gli è propria, se ne inferisca pure la legge fisica della conservazione della quantità di movimento, non si giunge a decidere che formula questa legge deve avere sulla sola base fornita dalla teologia. «Conservazione della quantità di movimento» è un'espressione generica, che può essere soddisfatta in parecchi modi, e non si scorge come si sia autorizzati a decidere a favore di un modo, anziché di un altro. Ancora più grave è il difetto che deriva dal bisogno, in cui si trova Cartesio, di ricorrere a delle ipotesi, ossia a delle assunzioni che non sono giustificate né da precedenti proposizioni evidenti, né esigite da parte dei fenomeni, e che, di conseguenza, sono interamente arbitrarie[8]. Con l'aiuto dell'elemento ipotetico, Cartesio riesce a fornire una spiegazione completa dei fenomeni naturali, e a conclusione dei *Principia Philosophiae* egli può dire orgogliosamente che non c'è fenomeno alcuno di cui non abbia dato ragione. Ma questo sapere totale del mondo non può, per la maniera in cui è stato ottenuto, mantenersi a lungo e, anzi, è quasi subito denunciato come un romanzo della natura. Se l'imputazione di aver composto un romanzo di fisica fosse mossa a Cartesio da qualche garrulo esponente dell'antimetafisicismo contemporaneo, sarebbe sufficiente risposta un'alzata di spalle, ma poiché l'accusa gli è rivolta da grandi spiriti dell'epoca, e anche da filosofi che sono, anch'essi, dei metafisici, ciò è segno che la scienza sta per imboccare una strada diversa da quella su cui Cartesio l'ha posta.

L'esigenza di un ancoraggio teologico della fisica, destinato a fornire ad essa un punto di riferimento di valore assoluto, non viene subito meno, essendo evidente che non c'è nulla, all'infuori di Dio, che possa valere come il costante,

---

[8] Quest'arbitrarietà delle ipotesi cartesiane è illustrata da Spinoza nel riassunto che egli compie del pensiero di Cartesio. Cfr. *Renati De Cartes Principiorum Philosophiae Pars I & II, More Geometrico demonstratae*, in *Opera*, ed. cit., Bd. I, pp. 227-228.

il permanente, l'immutabile. Perciò, ogni qualvolta si ricerca il non relativo e il non mutevole, si fa ricorso a Dio, come al solo essere capace di fornire quel che si domanda: anche in Newton la concezione dello spazio come *sensorium Dei*, e ugualmente lo stretto parallelismo, che in essa si riscontra, tra il tempo e lo spazio, parallelismo instaurato su base teologica, obbediscono al bisogno di mantenere criteri assoluti nella scienza (anche se non è detto che l'uomo possa in ogni caso avvalersene e non debba accontentarsi di valutazioni e di misurazioni relative). Ma c'è questa differenza capitale tra Newton e Cartesio, che Dio compare nell'opera scientifica newtoniana come punto d'arrivo, mentre in Cartesio è il punto di partenza dell'indagine naturalistica. Newton non compie alcun tentativo di ricavare le proposizioni fondamentali della fisica da considerazioni d'ordine teologico; per lui, è l'armonia della natura, è l'elegantissima compagine del sole, dei pianeti e delle comete, che impone di riconoscere che il mondo trae origine da un essere sapiente e potente, che ne è il creatore e il signore. Il fondamento del sapere naturale è però da cercare non nella teologia, ma altrove.

L'ipotetismo cartesiano è rifiutato da Newton, il quale, allorché rigetta le ipotesi, le dice asserzioni gratuite ed estranee alla scienza, intende le ipotesi come compaiono in Cartesio, giacché anch'egli mantiene il vocabolo «ipotesi», prendendole però nel senso di assunzioni che per il momento non sono sufficientemente stabilite, ma di cui non è da disperare che lo diventino in seguito, mutandosi in proposizioni fondate dal decorso dell'esperienza. Le leggi naturali, esprimibili matematicamente, si reggono sulle osservazioni e sugli esperimenti, in breve, sui fenomeni. Orientamento matematico, empirismo e sperimentalismo cercano, in Newton, di fondersi in unità.

La contropartita di questa impostazione è la rinuncia alla comprensione esaurita dell'edificio del mondo. La testimonianza dell'esperienza, per quanto estesa possa essere, giunge ad accertare ciò che accade nel nostro mondo, ma non c'informa minimamente su ciò che potrebbe capitare in mondi diversi, dove potrebbero essere in vigore leggi del pari diverse, anch'esse rigorosamente matematiche nelle loro formulazioni. L'universalità in senso pieno, che è la coestensione con ogni possibile esistenza, non si può domandare alle leggi della fisica newtoniana, e poiché essa va di pari passo con la necessità essenziale, ne viene che non si può chiedere loro quei requisiti che si potevano esigere con successo dalle leggi della fisica cartesiana. Tipico è in proposito il caso della legge d'attrazione, che pure è quella che garantisce l'unità del mondo in cui viviamo; non soltanto è un semplice fatto che si dia l'attrazione, senza che si sappia quale sia la sua causa e il suo modo d'operare, ma è anche un mero fatto che sia in vigore la legge medesima. Invece della legge dell'inverso del quadrato, potrebbe valere una legge diversa; Newton non si accontenta di ammetterlo, ma si dà cura di arrecarne la precisa dimostrazione.

La fisica di Cartesio è l'ultima costruzione di sapere completo della natura, che sia stata proposta, e nel conflitto che in proposito si apre tra cartesianesimo e newtonianismo, gli illuministi non hanno esitazioni a schierarsi dalla parte del newtonianismo. Ai loro occhi, la costruzione cartesiana della scienza è ancora troppo simile ad una Minerva che balza adulta e armata dalla mente di un genio creatore come dalla testa di una divinità, perché non si debba ritenere che la sua subitanea nascita non sia presto seguita da un'altrettanto subitanea morte. La scienza alla maniera di Newton (come già quella alla maniera di Galileo, che sotto questo riguardo presenta analoga indole) è necessariamente incompleta, giacché vuole avere il suffragio dell'esperienza, e l'esperienza, essendo successiva, non è mai tutta quella possibile, non è mai esaurita. Essa diventa la scienza moderna e tale si mantiene sino a quando, nella seconda metà dell'Ottocento, si produce la crisi dei fondamenti della scienza, ossia sino a quando l'illuminismo ha percorso ampia parte del suo cammino.

Proprio per la circostanza di essere incompleta, la scienza moderna è capace di crescere, e si può confidare che sia destinata a farlo, per il motivo che il numero delle classi dei fenomeni (la materia, il movimento, la luce, ecc.) è limitato, e fenomeni sempre nuovi delle medesime classi si affollano sotto l'osservazione e diventano oggetto d'esperimenti. La crescita non può disgiungersi dalla correzione, perché c'è da aspettarsi che alle addizioni di spiegazioni di fenomeni, che per l'innanzi non si possedevano, si accompagnino le sottrazioni di certi elementi di teorie, che si sono nel frattempo disvelate bisognose di revisione. La più estesa e accurata osservazione dei fenomeni, che si effettua nel corso del tempo, può, infatti, condurre sia ad ampliare sia a ridurre il campo di riferimento delle teorie, anche se esse, in ciò che di fatto corrispondono ai fenomeni dati, sono altrettanto indiscutibili di quelli (soggetta ad emendazione è quindi propriamente la portata delle proposizioni, non sono le proposizioni medesime).

Una volta le costruzioni di scienza prendevano nome dai loro autori; al contrario, la scienza moderna non riceve denominazioni, è impersonale, anonima, essa è semplicemente «la scienza». Un edificio, la cui elaborazione si prosegue nei secoli e si prospetta come interminabile, si avvale del lavoro di molti, che vi prendono parte ciascuno secondo le proprie forze, e quindi non può prendere appellativi derivati da nomi di persona. Certamente, nell'opera collettiva della scienza si distinguono i personaggi di maggior rilievo dalle figure secondarie, in particolare i fondatori sono onorati, ma le discipline che compongono l'*arbor scientiarum* sono troppo articolate e complesse per essere riportate integralmente agli stessi maestri. I tentativi di parlare della fisica di Newton, della chimica di Lavoisier, della patologia di Brown, ecc., sono soltanto sporadicamente intrapresi e hanno vita breve. Si ragiona semplicemente della fisica, della chimica, della patologia, ecc., e quest'uso linguistico rafforza in maniera enorme il prestigio della scienza. Così, si afferma il convincimento che la scienza sia irresistibilmente certa, abbia il potere di costringere l'assenso di quanti ne sono a cognizione, e sia rigorosamente unica per tutti gli uomini, i quali possono dividersi e osteggiarsi in altri campi, ma in quello della scienza non possono non pensarla allo stesso modo. È Voltaire a formulare meglio di ogni altro quest'idea della scienza, quando dice che non ci sono newtoniani nella fisica, come non ci sono euclidei nella geometria, e che soltanto gli errori hanno il privilegio di dar nome alle sette.

4. *L'induzione secondo Bacone e John Stuart Mill e le sue manchevolezze*

La scienza, così concepita, ha per strumento insostituibile l'induzione, come Newton riconosce esplicitamente affermando che nella filosofia sperimentale non prendono posto le ipotesi, sia metafisiche sia fisiche, sia delle qualità occulte sia delle meccaniche, ma le proposizioni debbono essere inferite dai fenomeni e generalizzate per mezzo dell'induzione. Se ogni qualvolta si è davanti a fenomeni di una qualche specie, fosse consentito d'introdurre ipotesi non collegate da un qualunque vincolo a ciò che con l'induzione si ottiene da quei medesimi fenomeni, e anzi, mettendosi in contrasto con i risultati induttivamente ricavati, non ci sarebbero proposizioni scientifiche che non si potrebbero rovesciare, nessun limite potendosi assegnare all'inventività e alla finzione. In questa maniera, la scienza diventerebbe la tela di Penelope, invece di essere un solido edificio di conoscenze, che s'incrementa e si espande col tempo, aggiungendo sempre nuove parti alle vecchie. Ad impedire un tale destino, intervengono delle *regulae philosophandi*, una delle quali lega indissolubilmente le sorti della scienza e quelle dell'induzione[9]. Newton però pratica l'induzione, ma non la teorizza, nella stessa maniera in cui pratica effettivamente lo sperimentalismo, ma non compie la teorizzazione generale dell'esperimento e del suo valore; e questo spinge a guardare altrove per interrogarsi intorno alla validità del procedimento che si dice dell'induzione.

Poiché, come si è mostrato, la scienza moderna possiede caratteri nuovi rispetto a quella coltivata nel passato, così anche l'induzione, che deve essere il suo strumento, vuole avere un'indole nuova nei confronti di quella teorizzata e praticata nel passato. Il filosofo, che per primo s'incarica di elaborare il concetto dell'induzione adatta alla scienza moderna, è Bacone, il quale contrappone instancabilmente la nuova induzione a quella dominante nelle scuole, che è quella di derivazione aristotelica. All'induzione che si adopera nelle scuole, Bacone rivolge delle critiche radicali, le quali dicono che essa: 1) procede per enumerazione semplice; 2) è qualcosa di puerile; 3) conclude senza necessità, giacché resta esposta al pericolo d'una istanza che la contraddica; 4) conosce soltanto particolari abituali; 5) non raggiunge mai una conclusione. – Cosa vogliono dire queste obiezioni, e sono esse giuste o nascono, invece, da un completo fraintendimento dell'obiettivo che prendono di mira?

L'induzione procede per *enumerationem simplicem*, se compie una rassegna di casi, tutti favorevoli per trarre una determinata conclusione, e non si preoccupa minimamente di prendere in considerazione i casi contrari, gli eventuali

---

[9] La regola IV dello scolio generale del libro terzo dei *Principia* dice: «*In Philosophia experimentali, Propositiones ex phaenomenis per inductionem collectae, non obstantibus contrariis hypothesibus, pro veris aut accurate, aut quamproxime, haberi debent, donec alia occurrerint Phaenomena, per quae aut accuratiores reddantur, aut exceptionibus obnoxiae.*
Hoc fieri debet, ne argumentum inductionis tollatur per hypotheses»* (in *Opera*, ed. cit., Bd. 3, p. 4).

esempi negativi che pur possono darsi in proposito. Si tratta di un rozzo e disordinato modo di generalizzare, per cui ci si accontenta di pochi esempi, e subito si trae la conclusione desiderata: p. es., che determinate popolazioni non sono mai state civili, e dunque è impossibile che lo diventino in futuro; circostanza che può essere smentita dagli eventi. Ora, è da dire che l'induzione, come la concepisce Aristotele, non è affatto eseguita per enumerazione semplice, e non già per il motivo che esamini i casi contrari, ma perché è condotta in maniera diversa, e non ha bisogno di servirsi né dell'uno né dell'altro di codesti procedimenti. Il fatto è che l'induzione aristotelica ha un significato interamente differente da quello dell'induzione baconiana, e in generale moderna. Per Aristotele, l'induzione è l'apprensione dell'universale, dell'essenza di una cosa, facilitata dalla considerazione di qualche caso, che può benissimo essere uno solo, ed è comunque logicamente indifferente quanti casi siano, perché la mediazione fornita dai particolari svolge soltanto una funzione psicologica. Supponiamo che si tratti dell'uomo: per ottenerne l'essenza (*animal rationale*) può darsi che occorra avere dinanzi uno o più uomini, ma una volta che codesta essenza si sia colta, non c'è più il pericolo che in seguito, ossia nel decorso dell'esperienza, si venga messi in presenza di esseri umani bensì, ma privi di ragione. Di fronte a ciascuno di essi, si sarebbe subito autorizzati a dichiarare: *hic non est homo*; esseri del genere potrebbero anche avere un corpo somigliantissimo a quello umano, le loro fattezze, il loro comportamento, essere, per tutto il rimanente, indistinguibili da quelli degli uomini; mancando della ragione, non sarebbero uomini. Il coglimento di ciò che l'uomo è, indipendentemente dal riferimento a questi o a quegli uomini, si chiama l'essenza; quando tale *quid* viene rapportato a degli individui si denomina l'universale; l'induzione ha la sola funzione di aprire lo sguardo a «ciò che la cosa è», di disporre alla sua visione. Dipende dalla maggiore o minore difficoltà, che presentano i diversi campi di ricerca, la circostanza che l'induzione richieda un unico esempio, alcuni pochi, molti esempi, senza che ciò cangi l'attività di cui consiste.

Sembra che Bacone non tenga distinte, come avrebbe dovuto, due evenienze interamente diverse, e che pertanto debbono ricevere una valutazione del tutto differente: quella che, posti dinanzi a dei fenomeni, l'induzione non si compia, ossia la luce non si accenda nella mente, e quella che, una volta eseguita l'induzione, si vada incontro ad una smentita da parte della successiva esperienza. La prima evenienza può benissimo capitare, e anzi, ci sono valide ragioni per ritenere che capiti molto spesso (altrimenti la natura sarebbe un libro aperto), ma non costituisce alcuna difficoltà per la concezione aristotelica dell'induzione; la seconda, invece, come si è stabilito, è per principio impossibile (entità diverse per essenza, sono specificamente, e non soltanto individualmente, diverse). Poiché nel mondo aristotelico le specie biologiche sono fisse e limitate nel loro numero, l'induzione perfetta, per esame completo, allorché si tratta di passare dalle specie ai generi, è almeno astrattamente possibile, e quindi non è vero né che l'induzione perfetta è una chimera, come qualcuno sostiene, né che Aristotele, porgendone qualche esempio, si metta in contrasto con la sua fondamentale e caratteristica formulazione dell'induzione come ἡ ἀπὸ τῶν καθ᾽ ἕκαστα ἐπὶ τὸ καθόλου ἔφοδος[10]. È senz'altro vero che l'induzione dalle specie ai generi comporta una preliminare induzione dagli individui alle specie, la quale non può essere perfetta, perché il numero degli individui di una singola specie è infinito, ma l'induzione, per esistere, non domanda di essere perfetta, più di quel che richieda di aver luogo sempre e dovunque (il procedimento induttivo, in concreto, ossia di fatto, può sia aver successo sia fallire; la teoria, anche se ci fosse una sola induzione riuscita, sarebbe ugualmente salvaguardata).

Spuntata la prima e basilare obiezione di Bacone all'induzione aristotelica, le altre, che su quella si reggono, cadono da sé, e non richiedono lunghe argomentazioni per essere sbaragliate, incominciando da quella che dice essere l'induzione degli antichi *quiddam puerile* (valutazione che Bacone, il quale desidera l'accordo, e non il conflitto, degli antichi e dei moderni, non avrebbe dovuto fornire) e finendo con quella che asserisce non pervenire mai l'induzione alla conclusione; niente di tutto ciò è giusto, niente possiede un'ancorché minima consistenza. L'induzione, nella maniera in cui Aristotele la concepisce, può giungere o non giungere alla conclusione, ma, ammesso che vi giunga, conclude con necessità, perché conduce all'universale, nel quale il pensiero si acquieta essendo pervenuto al suo scopo, e dove c'è l'universalità, c'è anche la necessità. I casi in contrario, per questa concezione, possono soltanto formare delle difficoltà che frastornano la mente, la quale, di conseguenza, non sa in che direzione volgersi, nel compiere l'induzione, e possono altresì impedirgliela, ma non possono sorgere primariamente allorché l'induzione è stata eseguita; è così poco vero che questa induzione non arriva mai alla fine, che di solito sono sufficienti poche osservazioni di fatti singoli per arrivare al concetto che si ha di mira. Ciò nonostante l'induzione di Aristotele è un effettivo metodo di ricerca scientifica, e l'opposta opinione (la quale sarebbe molto imbarazzata, se le fosse domandato di stabilire che cosa essa realmente è, se non costituisce uno strumento di scoperta nelle scienze) è da addebitare al dominante pregiudizio per cui la scienza della natura sarebbe fondamentalmente moderna e di essa gli antichi avrebbero avuto soltanto alcuni pochi e incerti presentimenti.

Si può considerare un fatto in certo modo paradossale che le obiezioni, che Bacone avanza contro l'induzione aristotelica, possano rivolgersi contro il tipo d'induzione che egli ha in mente, contro il quale verranno un giorno effettivamente indirizzate. Il tipo aristotelico d'induzione richiede l'ammissione dell'universale vero e proprio, l'essenza che è indivisamente in una molteplicità d'individui, ossia domanda quella soluzione del problema degli universali che si suole (in maniera peraltro inopportuna) denominare il realismo moderato, e che si usa contrapporre sia al realismo esagerato sia al concettualismo e al nominalismo. È per questa ragione che l'induzione antica non è basata, contrariamente a quel che reputa Bacone, sull'enumerazione dei casi, e che ad essa può bastare anche un unico esempio per essere eseguita. L'intuizione dell'universale, infatti, non è giustificata, ma soltanto occasionata dall'enumerazione (la quale è tutt'al

---

[10] *Top.*, A, 105a 13-14.

più una causa strumentale, secondo la distinzione delle diverse specie di cause, che Platone traccia nel *Fedone*), e nemmeno è giustificata da qualcos'altro, avendo bisogno unicamente di se stessa. Si vede ciò che la cosa è, e la visione dell'essenza, a cui con l'induzione si mette capo, si regge interamente su sé medesima. Il tipo baconiano d'induzione comporta, invece, l'ammissione del semplice generale, ossia dell'insieme dei caratteri che si riscontrano presenti in più cose, in cui si trovano di fatto riuniti, e in cui costituiscono un aggregato, non essendo tenuti stretti da un vincolo sostanziale, ma soltanto congiunti da una serie di rapporti accidentali e risolubili. È per questo motivo che l'induzione moderna, la quale presuppone l'empirismo e la soluzione nominalistica, o, tutt'al più, concettualistica, della questione degli universali, esige la considerazione dei casi favorevoli e di quelli contrari, la loro comparazione, prima di arrivare, posto che arrivi, ad una conclusione irrefragabile.

Non soltanto manca in Bacone la teorizzazione esplicita dell'empirismo e del nominalismo, ma anche la nozione dell'induzione, che egli propugna, e che senza dubbio a codeste posizioni di pensiero s'ispira, è costretta a coabitare con la pretesa di scoprire le essenze, o, come Bacone suole dire, le *forme* delle cose. E la forma baconiana, essendo la natura, la causa, la legge della cosa, è un'entità metafisica, estranea e inconciliabile con l'induzione modernamente intesa, la quale non sarà mai per scoprirla. Allorché si stabiliscono, mediante le induzioni, delle proposizioni, bisogna badare – raccomanda Bacone – se la proposizione corrisponde ai particolari da cui è stata desunta, o se non è più larga e più ampia, nella quale evenienza questa maggiore estensione e ampiezza, non essendo stata ancora garantita, esige che si provvedano a indicare nuovi particolari, invece di soffermarsi su quelli già conosciuti, e in questa maniera evitare d'afferrare le mere ombre delle cose. Senonché è chiaro che, per quanto ci si sforzi di seguire questa raccomandazione e si tenti di aggiungere ai dati in possesso altri dati, procedendo per *novorum particularium designationem*, non si arriva alla forma, perché essa è d'un genere diverso da quello dei particolari, sta al di là sia del singolo dato, sia di qualsiasi riunione di semplici dati di fatto[11].

Anche per altri aspetti, e cioè per le tavole della presenza, dell'assenza e dei gradi, che l'accompagnano, l'induzione baconiana è difettosa, giacché l'induzione dovrebbe essere anzitutto circostanziata, stringere le cose, e invece, risulta quanto mai generica. La tavola dell'essenza e della presenza, se deve arrecare tutti i casi che convengono in un'unica natura, anche in materie diversissime, rischia di radunare elementi di numero sconfinato e di andare all'infinito, riducendosi ad un inconcludente nulla di fatto. Questo pericolo è di così palmare evidenza che lo stesso Bacone l'enuncia per la tavola della deviazione e dell'assenza, suggerendo, per evitarlo, di restringere l'esame ai soggetti molto simili

---

[11] Bacone è in qualche misura avvertito della difficoltà, tanto che fa delle forme comuni delle cose l'oggetto della metafisica, che pone parte della fisica, anche se provvisoria, giacché ritiene che, quando la vera fisica sarà stata scoperta, non ci sarà più metafisica (anche se rimarrà la teologia, che è la parte più essenziale della metafisica).

(*maxime cognata*), ciò che però presuppone che si sappia in partenza, anziché come risultato dell'induzione, dove si ha e dove non si ha effettiva somiglianza. Così incerto è Bacone in fatto di esclusioni e reiezioni, da essere tentato di trovare scampo nella tautologia, come fa quando asserisce che esse debbono essere quelle dovute, tante quante bastano (*debitas, tot quot sufficiunt*). L'aggiunta di una tavola dei gradi o comparativa complica ancora la situazione e sembra sorgere dal riconoscimento che tutti i fenomeni naturali differiscono tra loro, entro le diverse specie e i diversi generi a cui appartengono, per gradi, e quindi convengono o disconvengono a seconda della gradualità del più e del meno da cui sono caratterizzati.

Tanto grande è il bisogno che la scienza moderna ha dell'induzione, che ci si sforza di formularne diversamente da come aveva fatto Bacone la teoria, espungendo i cospicui residui metafisici ancora in lui presenti, e mettendo d'accordo il metodo empiristico dell'investigazione scientifica con una teoria del pari empiristica della conoscenza, e con il nominalismo (o con il concettualismo) della logica. Tale è il compito che si assume John Stuart Mill, il quale giudica che quando Bacone si metteva a investigare la forma, o la causa delle cose, cercava quello che non esiste, perché i fenomeni possono dipendere da una varietà indeterminabile di cause distinte; Bacone non si era forse ancora completamente liberata la mente dalla convinzione degli antichi che *rerum cognoscere causas* è l'unico oggetto della filosofia e che indagare gli effetti delle cose appartiene alle arti meccaniche e servili. Fondamento di tutte le scienze, quale che sia la loro interna costituzione, è, secondo Mill, l'induzione, che è l'operazione di scoprire e provare proposizioni generali (le quali non sono che collezioni di particolari, definite per genere, ma indefinite per numero). A propria volta, l'induzione poggia sopra il principio dell'uniformità della natura, che però, essendo una verità generale, può essere stabilita unicamente mediante l'induzione.

Questa circostanza ha fatto sì che a Mill sia stata rivolta l'accusa di circolo vizioso, ma egli può essere difeso da una tale imputazione. Allorché Mill attribuisce al principio dell'uniformità della natura la funzione di garanzia dell'induzione, fa dell'uniformità della natura la *ratio essendi* dell'induzione, la quale di codesto principio, come altresì di ogni legge della natura, è la *ratio cognoscendi*. L'assunzione dell'uniformità della natura è diversa da quella dell'esistenza dell'induzione, perché l'una riguarda la costituzione dei fenomeni investigati, laddove l'altra concerne il procedimento dell'investigazione, e ciò permette di evitare la *petitio principii*.

Ma, se per questo aspetto, la concezione dell'induzione di Mill è esente da colpe, da un altro, essa assegna, almeno all'inizio, ai procedimenti induttivi tante richieste, che il loro completo soddisfacimento riesce impossibile. Si tratta di accertare le successioni invarianti nei mutamenti che hanno luogo nella natura (intesa nel senso più ampio, che include le cose umane). Come si può stabilire che, cangiando i molteplici fenomeni che ricorrono, e lasciandone immuni dal mutamento soltanto due, *a* e *b*, la loro relazione si mantiene invariata, così che l'uno ogni volta precede e l'altro ogni volta segue? Invece che di sequenza si può parlare di causalità, ma esclusivamente se si guarda alla causalità fenomenica e si chiama *causa* ciò che nel tempo precede ed *effetto* ciò che in esso segue, così che, se dall'esperienza di ciò che è prima si ricava ciò che è dopo, si asserisce che si discende dalle cause agli effetti, e se ci si attiene al procedimento inverso, si dichiara che si risale dagli effetti alle cause. Mediante l'osservazione e l'esperimento occorrerebbe, se mai fosse possibile, separare metodologicamente nel complesso dei fenomeni le singole cause e i singoli effetti e assegnare le individue relazioni che tra loro intercorrono; e Mill, che si trova posto dinanzi ad un compito immane, incomincia col semplificarselo arbitrariamente con delle distinzioni che o sono soltanto verbali o sono del tutto illegittime.

Così, presentando i suoi quattro metodi sperimentali, della concordanza, della differenza, dei residui e delle variazioni concomitanti, Mill distingue dai fenomeni le «circostanze», i «casi», le «proprietà», e si comporta come se queste fossero entità effettivamente differenti. L'esperienza è il fenomeno onnicomprensivo, in cui si possono soltanto distinguere i particolari fenomeni; le cosiddette «circostanze» non sono quindi che certi determinati fenomeni; i «casi» altro non sono che fenomeni tanto simili tra loro da essere tenuti in conto di esempi di un unico fenomeno; le «proprietà» nient'altro che le parti di un singolo fenomeno; tutto il rimanente è un'illusoria moltiplicazione dell'identico. Ricondotto il discorso ai suoi veri termini, è da notare che non si deve mettere in discussione il fatto che i singoli fenomeni siano considerati come gli ingredienti di un insieme, ma che si desidera essere unicamente informati se i metodi mettano o no in grado di attribuire immancabilmente le relazioni dei fenomeni, che sono eventi temporali e spaziali.

Il fenomeno *a*, che in un certo tempo si trova insieme con i fenomeni *b* e *c*, ma non con *d* e *e*, non può, a ben vedere, capitare successivamente insieme agli ultimi due fenomeni, anziché unito a quei primi, per la ragione che il secondo collegamento può aver luogo soltanto in un tempo diverso da quello in cui si produce il precedente. Perché ciò capitasse, occorrerebbe che il tempo non avesse alcuna efficacia sopra i fenomeni, così da lasciarli inalterati, giacché, se si suppone (basta la supposizione per gli scopi attuali) che una qualche influenza ce l'abbia, allora nel secondo collegamento non compare *a*, ma qualcosa di diverso, a^1. C'è da rilevare anche che, quand'anche si conceda che *a* è la causa, rimane da accertare se lo è secondo tutto se stesso o secondo qualche sua parte, e che, se capita che lo sia secondo una sua parte, è soltanto genericamente causa, e che la causa completamente determinata sfugge. Un'altra inconseguenza si contiene però nell'assunzione che, essendo sia *a* sia *b* e *c*, gli antecedenti di un fenomeno complesso, soltanto *a* sia la causa, giacché per i fenomeni è il medesimo il prodursi e l'operare. I metodi danno per ammesso ciò che avrebbe bisogno di essere dimostrato (che ci siano «circostanze» comuni nei fenomeni, che una sola «circostanza» tra parecchie presenti possa essere la causa) e si soffermano su esiti di cui non mette conto d'intrattenersi.

Assai presto arrivano però i contemperamenti, le concessioni, i cedimenti improvvisi, dopo le manifestazioni della fiducia e della certezza. Per riconoscere le cause che unicamente operano, occorre volgersi (accorda Mill) ai procedimenti di eliminazione, i quali tuttavia hanno però la pecca di non espungere mai abbastanza le circostanze in cui si verificano i fenomeni, o di annullare anche il fenomeno medesimo che si vorrebbe considerare da solo. Disporre di un singolo termine a sé stante è impossibile; ma, se si è in presenza di molti, non c'è metodo che valga ad accertare qual è l'individua relazione che ricorre tra di essi. Alle difficoltà che vengono avanti per il lato del tempo (le quali sono le più evidenti, per il motivo che il problema dell'invarianza compie esplicito riferimento al tempo), si aggiungono quelle che si propongono per lo spazio. Se si sostiene che dei fenomeni possono prodursi nello stesso tempo, bisogna ammettere che essi si compiono in luoghi diversi, ossia che occupano regioni differenti per lo spazio, giacché, qualora appartenessero al medesimo tempo e al medesimo spazio, coincidelrebbero assolutamente, sarebbero un fenomeno unico, *idem numero*. Posta però l'alterità spaziale, sorge, per lo spazio, l'ostacolo additato per il tempo, vale a dire si presuppone che lo spazio sia un mezzo indifferente per le cose, che i fenomeni, si producano in certe regioni spaziali o in certe altre, sono pur sempre quelli, che le differenze spaziali sono senza alcuna conseguenza per gli oggetti (eppure «oggetto» significa fenomeno spazio-temporale).

Bisogna però confessare che Mill ha tanto buonsenso che non si limita a riconoscere che i suoi metodi semplificano l'esperienza effettiva; che il loro impiego è soggetto ad innumerevoli complicazioni e difficoltà; che ci sono fenomeni tanto complessi, che è da dubitare che siano per verificarsi anche due soli casi simili sotto tutti i rispetti salvo uno; che la pluralità delle cause e la commistione degli effetti ha delle conseguenze indesiderabili, ma purtroppo ineliminabili dal cammino della scienza. Bisogna dare atto al filosofo dell'«esperienzialismo» della grande onestà intellettuale occorrente per sollevare asperità che non è capace di appianare.

Com'è evidente, la filosofia della scienza dell'illuminismo non è riuscita ad esprimere, nella forma propria della riflessione, l'esperienza vissuta che sta a fondamento dell'induzione e che avrebbe dovuto tradurre in teoria. Essa avrebbe dovuto incominciare col distinguere l'induzione dall'osservazione (di cui l'intuizione e la visione sono termini sinonimi) e sostenere che tante sono le osservazioni che si compiono quante sono le sensazioni che si avvertono, e che, non esistendo sensazioni assolutamente puntuali e istantanee, sono sempre parecchie le osservazioni che hanno luogo. Essa avrebbe dovuto continuare col distinguere l'induzione, da una parte, dall'osservazione, affermando che, mentre l'osservazione è delle sole sensazioni, l'induzione comporta sia la sensazione che l'immaginazione, e dall'altra, dalla deduzione, dichiarando che la deduzione si esegue esclusivamente nel campo dell'immaginazione (va da sé, per come queste operazioni si effettuano nel dominio della vita). Pervenuta a questo punto, essa avrebbe dovuto asserire che condizione necessaria e sufficiente dell'induzione è la costituzione compatta della sensibilità, e definire la compattezza, nel peculiare significato in cui qui ricorre, come l'assetto del sentire in cui le sensazioni e le immagini formano una sorta di grandi catene, delle quali ogni singola sensazione e ogni singola immagine è come un anello, così che sia sotto il riguardo del contenuto, sia sotto quello dell'intensità, si hanno molte serie ininterrotte di elementi che partono dall'esperienza sensoriale e arrivano a quella immaginativa, svolgendosi nella direzione che va dalla sensazione più intensa (ossia dal fatto più particolare) all'immagine più sbiadita (ossia alla nozione più astratta). Quando la sensibilità possiede il requisito della compattezza, si effettua un *agglomeramento d'immagine*, una condensazione dei dati immaginativi, che s'accompagna al logoramento d'immagine, che abbiamo descritto in precedenza, spiegando ciò che l'empirismo intende con i vocaboli «astrazione» e «generalizzazione». Si può benissimo dire, per riprendere un esempio già impiegato, che è per induzione che si perviene dalla sensazione di una foglia verde all'immagine del verde di una foglia, al verde in generale, al colore, e via via alla cosa corporea, per giungere sino all'essere in quanto essere. In questa maniera sarebbe stata giustificata la considerazione della scienza tipica dell'illuminismo dell'Ottocento, per il quale il sapere costituisce una sorta di piramide, che alla base consta di cognizioni che si fondano su poche e incerte risultanze sperimentali, si eleva di qualche tratto con le scienze sociali, in cui c'è maggior posto per la sperimentazione, prosegue con le scienze naturali, e ha al vertice la meccanica razionale, la geometria, l'aritmetica, l'algebra, la logica, che rappresentano il fastigio del conoscere, pur non essendo nemmeno esse assolutamente indubitabili e pienamente esatte.

Parimenti, codesta filosofia non si rende conto della circostanza che il metodo non precede, bensì segue la teoria, sebbene questa ideale posteriorità del metodo sia palese. Infatti, ogni metodo, quale che esso sia, consiste di regole, la cui validità deve essere conosciuta, e questa conoscenza non può essere fornita che dalla teoria, la quale sembra che tenga dietro al metodo, e invece lo antecede. Niente vieta di prendere un certo numero di proposizioni (dopo averle concepite, com'è necessario perché esistano), di conferire loro veste imperativa, e di gettarle all'indietro, attribuendo loro la posizione di guida alle ulteriori cognizioni che si sia per avere. È con questo accorgimento che sorgono i metodi con tutte le loro interne distinzioni, di cui la prima e più importante è quella di metodi dell'investigazione e della scoperta della verità e di metodi della spiegazione e della comunicazione della verità ritrovata, distinzione che conferma la posteriorità del metodo nei confronti della teoria, giacché anche i metodi d'invenzione debbono già essere ritrovati e i metodi d'enunciazione debbono già essere formulati, allorché gli uni e gli altri si espongono. I metodi sono manifesti in cui si esprimono programmi, e ciò spiega come la questione del metodo grandeggi in epoche contraddistinte da rivoluzionamenti negli assetti delle scienze, rivoluzionamenti, che però si sono nell'essenziale già compiuti allorché si esibisce al pubblico il metodo, il quale di essi è, per così dire, la postuma giustificazione.

5. *La condizione delle scienze e in particolare della matematica nell'esperienzialismo di Mill*

Le manchevolezze, che si riscontrano nelle teorie moderne dell'induzione, si traducono in difetti della condizione delle scienze, quando i filosofi che formulano quelle teorie sono fautori dell'induttivismo, ossia della posizione di pensiero, che, nella costituzione del sapere, assegna il ruolo di signora all'induzione, e riserba il posto di umile ancella alla deduzione. Questo è il caso di Bacone, il quale in fondo come riduce la logica all'induzione, così fa della matematica una scienza ausiliaria e un'appendice della fisica. Questo però è soprattutto il caso di Mill, il quale si sforza bensì di mantenere un qualche spazio per la deduzione, anche a dispetto dell'obbligo della coerenza, ma toglie pienezza di necessità e di evidenza alla matematica e alla stessa logica.

Potrebbe sembrare che non franchi la spesa di soffermarsi su queste conseguenze dell'induttivismo, ma di esse conviene far parola per la ragione che l'induttivismo è radicato nella mentalità di cui l'illuminismo è la manifestazione. Bacone mostra questo radicamento, quando contrappone all'induzione altezzosa e superba degli antichi, che temerariamente vola dai dati dei sensi e dai particolari agli assiomi generalissimi, pretendendo di coglierli nella loro immutabilità, la sua nuova induzione, che s'intrattiene a lungo sui dati sensoriali, s'addentra nelle selve dei particolari, ama soffermarsi sui termini medi e lascia gli universali sullo sfondo, assai più che farli intervenire in primo piano. Ostacolano il progresso della filosofia – dice Bacone – quanti sono sempre pronti a incoraggiare *eam opinionem sive aestimationem tumidam et damnosam*, a celebrare non si sa quale *Majestatem mentis humanae*; al contrario, bisogna instaurare una logica che dia il bando all'inventività dei singoli e che pareggi gli ingegni[12]. E tale radicamento è mostrato altrettanto bene da Mill, che contrappone anch'egli alle grandiose, ma vane, aspettative degli antichi, le modeste, ma fondate, speranze dei moderni in fatto di sapere, e reputa che Bacone, uomo incomparabile, abbia giustamente caratterizzato l'induzione antica quando l'ha definita induzione per semplice enumerazione.

Ma qual è lo stato in cui si trova posta la matematica in una posizione di pensiero come quella di Mill? Il filosofo dell'esperienzialismo toglie ogni autonomia e contesta ogni pretesa di esattezza assoluta, di vera e propria universalità, alle conoscenze geometriche. Per lui, è evidente che il punto dei geometri è pur sempre una certa porzione di superficie, come lo è quella minima che si riesce a vedere con gli occhi; che la linea è una lunghezza accompagnata da una qualche ineliminabile larghezza e, si potrebbe aggiungere, da un qualche ineliminabile spessore; e così di seguito, per tutte le entità di cui la geometria è la scienza. Il linguaggio poco curato porta Mill ad affermare che le cose definite dai geometri sono inconcepibili, ma egli vuole semplicemente dire che i geometri si comportano in qualche misura come dei retori, e cioè vantano ed evidenziano alcuni aspetti, e ne sottacciono e nascondono altri, degli oggetti della loro scienza. Manifestamente Mill conosce soltanto quella che si è chiamata l'immaginazione consolidata, per cui le immagini non si svincolano completamente

---

[12] Cfr. il § 122 del libro primo del *Novum Organon*, in *The Works*, ed. cit., vol. I, p. 217. L'ugualitarismo politico dell'illuminismo riesce incomprensibile, se non si ricollega a questo programmatico pareggiamento degli ingegni.

dalle sensazioni. Si può, è vero, concentrare l'attenzione su qualcosa, trascurando qualcos'altro, ma se l'immagine seguita a dipendere dalla sensazione, non è ammissibile che, per attenti che si sia, essa sia per perdere le parti da cui è costituita a vantaggio di altre. La scarsa emergenza delle immagini sopra le sensazioni spiega anche perché Mill discorra, per la geometria, di molte figure entro una medesima specie, p. es., dei molti quadrati, dei molti cerchi, anziché ragionare del quadrato e del cerchio, come sin dall'antichità si usa fare. Il fatto è che è soltanto approssimativamente vero che una figura abbia certe proprietà, e non è del tutto certo che quel che capita ad una figura accada anche alle altre; p. es., che tutti i raggi di un cerchio siano uguali. Ammesso questo, è da mantenere per fermo che la geometria verte intorno ad immagini, e non già intorno a sensazioni, essendo palese che si aggraverebbe l'inesattezza e l'alea dell'incertezza a tornare dal campo dell'immaginativo a quello del sensoriale, che, a causa della sua grande determinatezza, è in ogni tratto diverso: quella sorta di riga che delimita una finestra è scabrosa, rientrante, sporgente, e in comparazione con essa una retta immaginata è assai diritta. La gradualità del più e del meno esatto, del più e del meno vero e certo, va incontestabilmente a tutto favore dell'immaginazione. Di conseguenza, le proposizioni della geometria si dimostrano per immaginaria sovrapposizione di lati, angoli, ecc., e non appoggiandosi alle cose di sensazione di uguale nome delle figure geometriche.

Il problema, che fa sorgere questa considerazione della conoscenza delle figure dello spazio immaginario, è di comprendere come si possa parlare, esplicitamente o per sottinteso, com'essa fa di continuo, del *quasi* esatto, del *quasi* vero e di come si possa anche solamente fingere l'*assolutamente* esatto, l'*assolutamente* vero, atteso che la finzione è, a sua volta, un'immagine, e quindi è sottoposta alla gradualità ineliminabile da qualsiasi immaginare. Tutto può essere assolutamente qualcosa, giacché ciò che è tale, non ha bisogno, per esistere ed essere concepito, di ciò che è cosiffatto in maniera approssimata; ma tutto ciò che è quasi così e così, richiede, per essere pensato ed espresso, ciò che è perfettamente in tal modo, l'imperfetto dicendosi e significando soltanto in relazione al perfetto. L'unica via di uscita, sopra accennata, è di asserire che si è in presenza di locuzioni oratorie, enfatiche, che ingrandiscono le parole, ma lasciano immutati i pensieri, i quali seguitano ad esistere nel dominio dell'all'incirca e del pressappoco. La caduta di livello che così subisce la geometria, è innegabile, e nondimeno la formale contraddizione è evitata, grazie alla modestia delle pretese che Mill avanza a proposito di questa scienza.

Mill, che sin qui si comporta in maniera ragionevole, rifiuta però di conformarsi alle esigenze che la sua posizione di pensiero impone, quando si trova dinanzi alla scienza del numero, per cui solleva richieste inesaudibili. La tradizionale convinzione della maggiore semplicità e generalità, e di conseguenza, della superiore evidenza dell'aritmetica rispetto alla geometria, fa sì che Mill permetta ad un ordine di pensieri secondario di intervenire accanto a quello primario, turbandolo e scompaginandolo senza rimedio, nonostante parecchi confusi tentativi d'aggiustamento; lo spinge, infatti, a pretendere incoerentemente per la scienza del numero quell'assoluta esattezza e quel pieno rigore a cui ha rinunciato per la conoscenza geometrica. Egli rifiuta la concezione nominalistica del calcolo, dell'aritmetica e dell'algebra, che appartiene anch'essa all'empirismo, e che evita brillantemente gli ostacoli in cui urta l'induttivismo. Per il nominalismo, le proposizioni del calcolo sono puramente verbali, e si dimostrano sostituendo ad un'espressione un'altra espressione, così che i procedimenti matematici consistono di semplici trasformazioni linguistiche. Alla matematica la concezione nominalistica garantisce compiuta esattezza, com'è palese, perché, se questa scienza è costituita da insieme di nomi (di segni), variamente disposti, non avrebbe senso temere che un nome sia soltanto approssimativamente il nome di quella cosa, a cui, oltre di esso, si dà un altro nome: se la proposizione «due più uno è uguale a tre» vuol dire che il nome «tre» è nome di quel che si chiama anche «due più uno», va da sé che essa gode di ogni requisito di rigore che mai si possa desiderare. Mill è insoddisfatto di questa concezione, ma l'obiezione che egli le muove non potrebbe essere più inconsistente, giacché dichiara che in ogni serie di trasformazioni sono i fatti medesimi a mutare, ignorando completamente la veduta nominalistica, per la quale tutti i cangiamenti che interessano la matematica sono linguistici (e per di più, possono aver luogo entro un solo linguaggio, anziché compiersi da un linguaggio ad un altro, con vantaggio dell'unitarietà del discorso matematico). Il calcolo, per Mill, non deve effettuarsi con definizioni nominali, i numeri debbono essere numeri di qualcosa, *dieci* deve significare dieci corpi, dieci suoni, ecc.

Interessa a questo punto soffermarsi più estesamente di quel che faccia Mill medesimo sul concetto di numero, incominciando dall'*uno*, cercando di stabilire come e perché, secondo la forma induttivistica dell'empirismo matematico, si considera *uno* un oggetto, qual è la proprietà che permette di riguardarlo tale. A questa questione si arreca una soluzione, dicendo che un oggetto è *uno*, a causa della sua compattezza, e che l'*uno* della matematica è l'immagine corrispondente ad una sensazione compatta, ossia perfettamente delimitata. Allorché si scorge il sole splendere in cielo, esso è *uno*, perché la nostra sensazione è compatta, delimitata compiutamente nei confronti di quelle di tutti gli altri oggetti, in alto si scorge *esso solo*[13]. Se si passa davanti a tante sbarre metalliche disposte dinanzi al giardino di una casa, si può essere incerti se si tratti di uno o di più cancelli, ma nessuno rimane incerto di fronte al risplendere solitario del sole e della luna; da quest'esperienza deriva l'uno numerico dell'induttivismo, o, come Mill preferisce dire, dell'esperienzialismo, in fatto di matematica. Gli altri numeri si ottengono per aggiunzione di unità, giacché il *tre* è 3 *uno*, il *quattro* è 4 *uno*, ecc.

Per chiarire il significato delle operazioni dell'aritmetica, bisogna parimenti muovere dall'esperienza dei sensi, perché la teoria dell'esperienzialismo è che le verità matematiche ci sono note per antica e costante esperienza, riposano tutte sull'evidenza del senso. Un ragazzo trova in un prato verdeggiante due

---

[13] È l'etimologia di «sole» suggerita da Cicerone: si dice *sol «vel quia solus ex omnibus sideribus est tantus vel quia cum est exortus obscuratis omnibus solus apparet»* (*De nat. deor.*, II, 27, 68).

ciottoli bianchi vicino l'uno all'altro (essi sono *due* per le riflessioni già esposte) e li scaglia in un luogo distante, ma in maniera che essi giacciano sul terreno in bell'evidenza l'uno accanto all'altro; poi egli raccatta un ciottolo che si trovava lontano da quei due e scaglia anche quello nel preciso posto in cui aveva lanciato gli altri due, così che ora i ciottoli vengono a trovarsi tutti insieme. L'osservazione dei lanci è l'esperienza che presiede all'operazione dell'addizione[14]. A rigore sappiamo sin qui unicamente che due ciottoli messi insieme ad un ciottolo formano tre di questi singoli oggetti; come raggiungiamo la generalità: «due e uno è uguale a tre»? Camminando lungo un torrente, ci capita di vedere che la corrente trascina due pezzetti di legno vicinissimi l'uno all'altro (questa vicinanza è quella che consente di dire che sono due); poi osserviamo che la stessa corrente trae un pezzetto di legno discosto e isolato, molto diverso per il colore dall'azzurro dell'acqua (ciò fa sì che esso sia uno); infine, scorgiamo un mulinello cosicché i due legnetti, anziché proseguire nel loro cammino, si mettono a girare in tondo e sono raggiunti dall'altro legnetto, il quale si colloca a ridosso di quei primi e tutti si muovono insieme d'attorno. Ripetendo moltissime volte una tale esperienza, si arriva alla verità generale della proposizione matematica, la quale, com'è chiaro, verte su immagini, non direttamente (ma soltanto mediatamente, per così dire, per interposta persona) sulle sensazioni, giacché la riunione di parecchie osservazioni non può essere sensoriale, ma esclusivamente immaginativa.

Mill rende incerta, oscillante, oscura, la sua posizione, allorché esamina la questione del valore delle proposizioni matematiche, che il dovere della coerenza gli imporrebbe di considerare relativo, ma che è tentato di dichiarare incontrovertibile, assoluto. Si ha uguaglianza oppure identità nella matematica? La risposta dovrebbe essere che si ha solamente l'uguaglianza, giacché, come gli esempi su cui ci siamo intrattenuti mostrano a sufficienza, ci sono dei cangiamenti nelle impressioni che gli oggetti fanno sui sensi, e non si può reclamare nel contempo l'identità e il mutamento; nondimeno Mill indietreggia di fronte alla conclusione che si accontenta della semplice uguaglianza. Ma il punto, che rischia di suonare scandaloso all'orecchio profano, è quello che domanda se «1 è uguale a 1» sia o no una proposizione identica. Non si può sostenere che «1 è uguale a 1», è vero, perché ogni cosa è uguale a se stessa, per il motivo che in tal caso, sotto il nome di uguaglianza, s'introdurrebbe l'identità e si restituirebbe pregio al principio d'identità, del quale Mill, in sede di logica, è portato a sorridere, come di alcunché di completamente inutile e vuoto. L'asserzione che gli oggetti sono se stessi è priva di significato. Con l'uguaglianza interviene però l'approssimazione, la quale c'è senza dubbio nelle pesate delle bilance, nelle

---

[14] «Tre ciottoli in due gruppi separati e tre ciottoli in un gruppo non fanno la medesima impressione sui nostri sensi» – dice Mill – «Possiamo chiamare "Tre è due e uno" una definizione di tre; ma i calcoli che dipendono da tale proposizione non risultano dalla definizione stessa, ma da un teorema aritmetico in essa presupposto, vale a dire che esistono collezioni di oggetti, che, mentre impressionano i sensi così, $\therefore$, possono separarsi in due parti, così, .. .» (*A System of Logic*, ed. cit., pp. 168-169).

misurazioni dei campi, delle strade, comparendo già negli strumenti di cui ci si avvale a tale scopo, ma che si desidererebbe che restasse estranea alla matematica. È qui che entra in campo il filone di idee secondarie, a cui si è fatto riferimento, ossia l'identità, o l'uguaglianza perfetta, per definizione, la quale però non si accorda con le tesi dell'esperienzialismo[15]. La matematica può procedere per definizioni unicamente dove essa dispone d'immagini emancipate, che hanno abbandonato, per quel che concerne il valore di verità (o meglio, di correttezza) del contenuto, la dipendenza dalle sensazioni. Se possiede soltanto immagini consolidate, non c'è calcolo che possa fare a meno d'inferenze, che hanno a fondamento le sensazioni, anche se esse rimangono sullo sfondo, e le operazioni si compiono nella sfera dell'immaginario. Il tentativo di differenziare l'aritmetica dalla geometria non ha esito, com'era sin dall'inizio da aspettarsi, perché è un'unica specie d'immaginazione che in entrambe si esplica[16].

Se questa è la condizione in cui versa la matematica, assai peggiore è quella in cui si trovano le scienze naturali, la psicologia, la sociologia, l'etologia, che non poggiano su esperienze sensoriali altrettanto antiche e costanti di quelle su cui riposa la scienza del numero. Poiché Mill afferma che il corso della natura non è soltanto uniforme, ma è anche infinitamente vario, così che alcuni fenomeni si presentano ora in certe combinazioni e circostanze e ora in combinazioni e circostanze diverse, egli dovrebbe fornire un criterio distintivo di ciò che è «lo stesso» e di ciò che è «il diverso», in maniera da essere posto in grado di stabilire quando un fenomeno cessa di appartenere ad un determinato insieme e incomincia a far parte di un altro. In proposito però Mill non arreca indicazioni sufficienti, e lascia le questioni in balia del senso comune, di cui non è, tuttavia, detto come si pronunci.

6. *La ragione come calcolo e la* mathesis universalis

L'induttivismo, con la considerazione deludente che esso comporta della scienza, non è però l'unico e nemmeno il prevalente indirizzo di pensiero che in proposito di logica e di scienza s'incontri nell'illuminismo. Qualora esso lo fosse stato, avrebbe incoraggiato il lassismo scientifico, il quale, per l'illuminismo, è più deleterio di qualsiasi cosa, giacché l'indulgenza, introducendosi nella scienza, danneggia quello che è il *primum movens* della civiltà moderna.

---

[15] «È certo che 1 è sempre uguale, come *numero*, a 1, e se tutto ciò che interessa è il semplice numero degli oggetti, o delle parti di un oggetto, senza supporre che essi siano equivalenti sotto un qualsiasi altro rispetto, le conclusioni dell'aritmetica, in quanto si riferiscono soltanto a questo punto, sono vere senza commistione d'ipotesi» (*Ibid.*, p. 170).

[16] In una teoria empiristica come quella costruita da John Stuart Mill, se è condotta con perfetta coerenza – osserva Schlick – «per nessuna conoscenza si potrebbe avanzare la pretesa della certezza assoluta, quindi nemmeno per le cosiddette pure verità concettuali, come, ad esempio, le proposizioni dell'aritmetica» (*Teoria generale della conoscenza*, trad. it. cit., pp. 49-50).

All'induttivismo si contrappone, infatti, un indirizzo del tutto diverso, il quale ha a proprio fondamento il concetto moderno della ragione come calcolo, ed è questo concetto che bisogna anzitutto illustrare, per venire in chiaro intorno alla considerazione complessiva che l'illuminismo ha della scienza, nonché intorno all'illuminismo secondo tutto se stesso. L'idea che ragionare non sia altro che calcolare, anche a prescindere dagli antecedenti che s'incontrano da varie parti, si trova in quasi tutti i fondatori del pensiero moderno, ma da nessuno è formulata con tanto rigore e con tanta radicalità come da Hobbes, quando afferma: «*Per ratiocinationem autem intelligo computationem. Computare vero est plurium rerum simul additarum summam colligere, vel una re ab alia detracta, cognoscere residuum. Ratiocinari igitur idem est quod* addere *et* subtrahere, *vel si quis adjungat his* multiplicare *et* dividere, *non abnuam, cum* multiplicatio *idem sit quod aequalium* additio, divisio *quod aequalium quoties fieri potest* substractio. *Recidit itaque ratiocinatio omnis ad duas operationes animi*, additionem *et* substrationem»[17].

Pare che non ci voglia molto a sentenziare che l'uomo è l'*animal rationale*, che *una ratione praestamus beluis*, e certamente, se ci si accontenta di una indicazione generica, non ci vuole davvero molto, il difficile è stabilire cosa è la ragione, porgerne la definizione. Spesso, invece che di ragione, si parla di pensiero, e si riguarda, tra tutti gli esseri di cui abbiamo conoscenza, il pensiero come prerogativa dell'uomo, ma si dimentica volentieri di decidere cosa è, soprattutto, il pensiero (diciamo «soprattutto», perché, se il «pensiero» si prende come sinonimo della «coscienza», ne viene che molte volte si accorda il pensiero anche agli animali). Adesso Hobbes si tira fuori dell'ordinaria genericità, dichiarando che *homo cogitat* significa, in primo luogo e sostanzialmente, *homo computat*, che l'essenza della ragione è il calcolo. Quel che interessa non è di per se stesso, il richiamo al calcolo, giacché il calcolo esiste dovunque (la Bibbia dice che Dio ha disposto tutto in misura, numero e peso, ma il sentire ebraico e cristiano è remoto dal matematicismo), ma il rilievo che al calcolo è conferito, per cui ascende a fondamento della definizione sia dell'uomo sia della filosofia. Insieme, Hobbes allarga significativamente l'accezione in cui il calcolo è da prendere, avvertendo che non è da ritenere che il calcolo si compia soltanto con i numeri, che l'uomo si distingua dagli animali, come credeva Pitagora, perché ha la facoltà di numerare, giacché si calcola anche aggiungendo e sottraendo un corpo a un corpo, un moto ad un moto, un concetto ad un concetto, un nome ad un nome, e in questo consiste ogni genere di filosofia.

A questa considerazione del ragionamento come calcolo, e del calcolo come addizione e sottrazione, è stato obiettato che il ragionamento in generale rilutta ad una siffatta interpretazione, non si lascia eseguire nella maniera che si pretende. La critica è inconsistente ed è dovuta alla mancata riflessione che, quando l'intera filosofia è riguardata come calcolo, questo riceve un significato più

---

[17] *Elementorum Philosophiae Sectio prima de Corpore*, in *Opera latina*, ed. G. Molesworth, London, 1839 (2ª ristampa, Darmstadt, 1966), vol. I, p. 3.

ampio di quello che possiede nella matematica[18].

I filosofi dell'ellenismo porgono una definizione della ragione altrettanto rigorosa di quella fornita da Hobbes (e a cui si attengono, espressamente o per sottinteso, i pensatori dell'illuminismo), ma profondamente differente per il contenuto. Come abbiamo detto, l'ellenismo considera la ragione come la facoltà di pensare l'universale, di modo che soltanto dove c'è l'universalità, c'è la razionalità, la quale nel mondo terreno è retaggio esclusivo dell'uomo. Non l'inferenza di per se stessa, bensì l'universalità è il contrassegno della ragione; ci sono animali capaci di compiere delle inferenze, che sono relazioni discorsive; nondimeno l'universale, che è uno e identico in tutti i particolari, è appreso esclusivamente dall'uomo; di conseguenza, sulla terra, esiste soltanto una ragione, soltanto una scienza, quella umana. Va da sé che i Greci conoscono il computare, che alcune scienze da essi elaborate consistono di calcoli, che l'ampio impiego del calcolo presso di loro è documentato dalla diffusione di termini come λογισμός e λογίζεσθαι. Parimenti, è notorio che un importante significato di *ratio* è calcolo, e che i Romani dicono *ratio aeraria* volendo intendere il titolo della moneta, e *rationum libri* designando i libri dei conti. Nondimeno, gli antichi sono lontani dall'identificare la ragione con il calcolo, perché gli universali, in tutta la loro estensione, non si lasciano immedesimare con i contenuti dei calcoli, per quanto numerosi e vari questi si vogliano riguardare. La considerazione della ragione come calcolo è la novità costitutiva dell'illuminismo, il motivo fondamentale per cui esso si differenzia e si contrappone all'ellenismo. All'inizio di quest'opera dovemmo seccamente respingere un'interpretazione che scorge nell'illuminismo una ripresa del concetto greco di ragione, adesso siamo in grado di giustificare quella nostra presa di posizione.

L'analisi del significato che Hobbes conferisce alla logica e alla ragione, permette di definire il concetto, che è insieme la parola d'ordine più ricorrente dell'illuminismo. Il maggior contributo di Hobbes alla logica dell'illuminismo sta in questo concetto, che fa dell'uomo l'animale calcolante, a cui tengono dietro l'identificazione della verità e dell'esattezza matematica, il rifiuto degli ornamenti retorici della filosofia, la contrapposizione del sapere scientifico e dei discorsi verbifici e, infine, la speranza di porre fine, con l'impiego dello strumento del calcolo, ai dissensi e alle discordie degli uomini. Nell'orientamento di Hobbes si congiungono l'empirismo gnoseologico, per cui tutti i concepimenti della mente sono immagini e l'immagine non è altro che una sensazione illanguidita a causa della lontananza dell'oggetto; il nominalismo logico, per cui un'inferenza è un'accumulazione di segni; il convenzionalismo linguistico, per cui le verità sono fatte arbitrariamente da coloro che impongono i nomi alle co-

---

[18] Su questo punto Hobbes ha il pieno consenso di Leibniz, e di conseguenza, non ha senso contrapporre, o anche soltanto distinguere i loro orientamenti. Dice, infatti, Leibniz: «*Profundissimus principiorum in omnibus rebus scrutator Th. Hobbes merito posuit* omne opus mentis nostrae esse c o m p u t a t i o n e m, sed hac vel summam a d d e n d o vel s u b t r a e n d o differentiam colligi» (*Dissertatio de Arte Combinatoria*, in *Philosophische Schriften*, hrsg. von C.I. Gerhardt, Bd. 4, p. 64).

se; la finalità operativa e produttiva della filosofia, che aveva avuto il suo banditore in Bacone e aveva incontrato il consenso di Cartesio[19].

L'avviamento dell'effettiva costruzione di una logica adeguata al concetto di ragione come calcolo è dovuto non a Hobbes, ma a Leibniz, il quale inizia a costruire quella che si chiama logica matematica, simbolica o logistica, *mathesis universalis*, scienza generale, o in altre consimili maniere. Non ci soffermeremo a provare che anche questa, che si dice spesso logica formale moderna, è in effetti una logica materiale, bastando a ciò le considerazioni svolte in precedenza, ma ci accontenteremo di stabilire due punti, dei quali il primo è di mostrare quale sia la differenza genuina che intercorre tra essa e la logica in precedenza teorizzata, e il secondo è di stabilire che in essa si afferma l'immaginazione emancipata, di cui è manifestazione anche il formalismo logico già esaminato, due compiti, questi, che si risolvono in uno solo.

Malamente si distinguono la logica formale antica e medioevale, da una parte, e quella moderna, dall'altra, allorché si sostiene che quest'ultima è caratterizzata dall'impiego generalizzato di simboli artificiali, che l'altra non usava. L'indicazione è insufficiente già per il motivo che differenzia soltanto grosso modo la nuova logica dall'antica, la quale faceva anch'essa uso di codesti simboli, che però limitava alle variabili, mentre la nuova li estende alle costanti. Il maggiore impiego di una specie di simboli è la più ampia utilizzazione di uno strumento, e uno strumento è per definizione qualcosa di estrinseco; se la differenza del nuovo e dell'antico si riducesse a ciò, sarebbe povera cosa. Per quanto riguarda la pratica, la circostanza che s'introducano dovunque simboli artificiali è importantissima, ma per la considerazione teorica è fondamento distintivo manchevole. A queste riflessioni occorre aggiungerne un'altra, che è quella decisiva, occorre cioè osservare che, se si domandasse cos'è un simbolo artificiale, difficilmente si otterrebbe una definizione accettabile. La nostra risposta è che i simboli, come si distinguono dai rimanenti segni, così si distinguono entro se stessi in artificiali e in non artificiali, a seconda che siano o no costituiti da immagini emancipate, come risulta da ciò che sopra si è stabilito. La logistica è la logica che si avvale dell'immaginazione interamente emancipata, mentre ogni altra logica (aristotelica, stoica, ecc.) è espressione d'una immaginazione in parte emancipata e in parte soltanto consolidata. E poiché l'avvento di un'immaginazione emancipata è caratteristica essenziale del mondo moderno, giustamente la logistica si chiama anche *logica nuova* (ciò non toglie che, se la modernità si considera in senso cronologico, anziché ideale, si vedano anche in età moderna parecchie affermazioni della logica antica, che in qualche caso seguono quelle della logica nuova. Questo accade per la ragione che le diverse modalità dell'immaginazione non giungono mai a sostituirsi, ma soltanto ora s'accrescono e ora diminuiscono).

---

[19] «*Scientia propter potentiam* – dice Hobbes –; *Theorema (quod apud Geometras proprietatis investigatio est) propter problemata, id est propter artem construendi; omnis denique speculatio, actionis vel operis alicujus gratia instituta est*» (*De Corpore*, ed. cit., p. 6).

Leibniz opera l'ampliamento della logica, immettendo in essa, oltre le maniere scolastiche di argomentare, il calcolo algebrico, l'analisi degli infinitesimi, le dimostrazioni d'Euclide, i ragionamenti che non possono essere ridotti a sillogismi e nondimeno comportano conseguenze asillogistiche buone, senza contare che i sillogismi non sono soltanto i categorici, ma anche gli ipotetici, nei quali s'includono i disgiuntivi, che esistono quattro (e non tre) figure sillogistiche, ognuna constante di sei modi. A quest'allargamento d'orizzonte Leibniz collega l'idea che la logica sia essenzialmente un calcolo, ciò che gli permette di sistemare intuizioni e anticipazioni di vecchia e di recente data. Nondimeno, parlando con il dovuto rigore, non è giusto asserire che la logistica adopera i medesimi segni della matematica, perché i suoi, sebbene esteriormente siano identici a quelli matematici, assumono un diverso significato, che è quello di esprimere l'*in generale assoluto*, mentre i segni matematici formulano l'*in generale della quantità*. La *mathesis universalis*, per Leibniz, si estende di tanto di quanto si estende il potere dell'immaginazione, verte non soltanto sulla quantità ma anche sulla qualità, tratta anche della disposizione, mentre la matematica si occupa della quantità. Non tutte le formule significano la quantità, e si possono ritrovare infiniti modi di calcolare. Leibniz lo indica e si preoccupa di avvertire: «*Interim Algebra cum Mathesi universali non videtur confundenda. Equidem si Mathesis de sola quantitate ageret sive de aequali et inaequali, ratione et proportione, Algebram (quae tractat quantitatem in universum) pro parte ejus generali haberi nihil prohiberet. Verum Mathesi subesse videtur quidquid imaginationi subest, quatenus distincte concipitur, et proinde non tantum de quantitate sed et de dispositione rerum in ea tractari*»[20].

---

[20] *De ortu, progressu et natura Algebrae, nonnullisque aliorum et propriis circa eam inventis*, in *Mathematische Schriften*, hrsg. von C.I. Gerhardt, Hildesheim-New York, 1971, Bd. VII, p. 205.
Leibniz reputa che sia soltanto un pretesto quello adoperato da Cartesio per escludere dalla sua geometria alcuni problemi, e cioè che essi portano ad una meccanizzazione, ma una delle più insistenti accuse, che sarebbero state rivolte un giorno alla logica trattata come calcolo, sarebbe stata proprio quella di operare la meccanizzazione del ragionamento e di andare così a detrimento del pensiero, del quale (si assicura da parte di alcuni) si può in qualche maniera fare a meno. In ogni epoca ci sono tendenze che vanno verso la meccanizzazione e tendenze che vanno in direzione contraria: la decisione dipende dall'andamento complessivo della civiltà. Quando si tratta della logica, la salvaguardia contro il pericolo della meccanizzazione è nel rapporto dei problemi del calcolo con le questioni della metafisica, della matematica, della scienza della natura, e altresì della religione, della morale, della politica; la meccanizzazione è incombente o addirittura effettiva, quando si riguarda la logica come un insieme di formule da non interpretare. In realtà, non c'è teoria logica che possa rescindere i suoi legami con l'intero corpo delle scienze, non avendo alcun senso discorrere di proposizioni identiche e non identiche, affermative e negative, e così di seguito, per quante classi si distinguano di esse, e non porgere una concezione generale dell'identità e della differenza, dell'affermazione e della negazione, da cui esse traggono significato e legittimità. La teoria delle proposizioni modali deriva la sua giustificazione dai concetti della possibilità, della realtà e della necessità, senza dei quali è incomprensibile. Non si scorge come si potrebbe discorrere di proposizioni esistenziali e non esistenziali, senza accertare che cosa sia l'esistenza, nel qual caso il dire si ridurrebbe ad un vaniloquio. La pretesa neutralità della logica è un mito smentito da tutta la sua storia, dalle

La deduzione, che, con l'immaginazione emancipata, fa valere appieno i propri diritti, non è poi altro che *diffusione d'immagine*, per cui un medesimo contenuto immaginativo si diffonde e si moltiplica, dando luogo a parecchie entità distinte, che mantengono lo stesso valore logico. Se è consentito servirsi di un tale paragone, la deduzione è una sorta di prisma, analogo a quello mediante il quale la luce bianca si decompone nei colori dell'arcobaleno, è un prisma mentale, anziché materiale, giacché è il pensiero l'entità trasparente di cui si tratta. La diffusione d'immagine è il fondamento delle proposizioni analitiche. Insoddisfacente è la definizione che dice analitico ciò il cui opposto è contraddittorio. Infatti, il principio di non contraddizione, consistendo di una proposizione negativa, non può essere esteso alle proposizioni affermative, e nondimeno esistono proposizioni analitiche sia affermative che negative. La deduzione è una discesa interamente metaforica, nello stesso modo in cui un'ascesa interamente metaforica è l'induzione, giacché entrambe si compiono nell'assoluta attualità del pensiero. Il paragone del prisma allude anche a questo aspetto della deduzione, perché la luce bianca che arriva allo strumento deflettore si mantiene in unità con i variopinti colori che ne promanano, e la relazione d'identità dell'unità e della molteplicità nel pensiero è il punto che occorre soprattutto salvaguardare. Questa identità comporta anche l'immedesimazione del concetto, della proposizione e dell'argomentazione, perché essa esige che il concepimento, il giudizio e il ragionamento coincidano senza residui. La sola distinzione che si può ammettere tra codesti tre atti (e parimenti tra i loro contenuti) è esclusivamente convenzionale[21].

7. *L'origine ideale dello specialismo scientifico e della distinzione della scienza dalla filosofia*

Come si comportano, in età moderna, in conseguenza di tutti questi orientamenti del pensiero, la «filosofia» e la «scienza», che nei secoli precedenti erano state quasi due espressioni sinonimiche? Che la filosofia fosse scienza non ci si

---

sue vicende remote e vicine (p. es., dalla manifesta ostilità di molti dei suoi esponenti più recenti nei confronti dell'argomento *a priori* dell'esistenza di Dio).

Poiché la connessione tra logica e metafisica è in Leibniz strettissima, il suo esempio fornisce il miglior rimedio contro la meccanizzazione che ha colpito la logica e sembra che l'abbia trasformata dall'arte di pensare nell'arte di non pensare. Leibniz non manca d'indicare che la logica coinvolge i problemi dell'essere e del nulla, della sostanza e dell'accidente, l'ontologia e la gnoseologia, la grammatica e filosofia, la didattica, ossia implica ed è implicata da ogni altra branca delle conoscenze.

[21] Hume scorge ottimamente questo punto, quando confuta l'errore contenuto nella divulgata tripartizione degli atti dell'intelletto in *concetto*, *giudizio* e *ragionamento*. «Ciò che in generale si può affermare a proposito di questi tre atti dell'intelletto, è che, scrutati più a fondo, si risolvono tutti nel primo», dice Hume (cfr. *A Treatise of Human Nature*, in *The Philosophical Works*, edited by Th. H. Green e Th. H. Grose, Darmstadt (ristampa della nuova edizione, London, 1886), 1964, vol. I, pp. 396-397.

sarebbe permesso di dubitare, giacché un filosofare non scientifico sarebbe parso affermazione del capriccio, della bizzarria, del ghiribizzo, in luogo della serietà, dell'impegno, della responsabilità, del pensare. Che la scienza fosse filosofia non ci si sarebbe consentito di controvertere, poiché, una volta che si fosse dichiarato, come si faceva, che la scienza è conoscenza di ciò che universale e necessario, non si sarebbe potuto richiedere per la filosofia altro e superiore contrassegno dell'universalità e della necessità. Per comprendere il quesito posto, occorre, in primo luogo, porre in disparte tutte le distinzioni inconcettuali che s'incontrano in proposito, come sono quelle meramente letterarie, le quali riguardano esclusivamente la disposizione e la denominazione dei materiali. Le distinzioni letterarie non distinguono (nella stessa maniera in cui le unificazioni letterarie non unificano) effettivamente niente. Occorre, in secondo luogo, compiere astrazione da tutte le distinzioni di sola portata pratica (quelle che Leibniz chiama le «distinzioni politiche»), le quali hanno il solo compito di distribuire diversamente dei contenuti che possono essere, a seconda dei casi, sia i medesimi che diversi. Esempi di distinzioni letterarie sono quelle dei libri; esempi di distinzioni pratiche sono quelle delle Facoltà universitarie, che nessuno vorrà fare interferire con le distinzioni rigorose dei saperi. Occorre, infine, tenere nettamente distinte due diverse e non interferenti questioni, quella delle scienze (o delle parti della filosofia, con la loro interna gerarchia) tra loro, e quella dell'eventuale distinzione della scienza e della filosofia, senza lasciarsi influenzare dall'uso invalso nel linguaggio moderno, che spinge ad attribuire ad altre età maniere di pensare ad esse completamente ignote.

La distinzione delle scienze tra loro si trova proposta da Platone, quando differenzia le discipline preliminari, che vanno dall'aritmetica all'armonia, dalla dialettica, la quale è come il canto di cui esse sono il preludio. Una tale distinzione non ha niente da spartire con quella moderna della scienza e della filosofia, perché platonicamente le scienze preparatorie avviano alla scienza suprema, strappando l'anima dal dominio del divenire e volgendola al regno dell'essere, e possono adempiere questo compito in quanto sono, esse medesime, pervase di spirito filosofico. Il significato della distinzione platonica è quindi che la filosofia ha una forma iniziale e una terminale, la dialettica, che, per potersi affisare nelle Idee, ha bisogno di essere preceduta da una lunga iniziazione. Per Platone, la filosofia è la scienza totale, filosofo è colui che desidera la sapienza non per qualcosa sì e per qualche altra no, bensì nella sua intierezza; ma, se esistessero saperi diversi e indipendenti dalla filosofia, questa sarebbe particolare al pari di essi, giacché ciò che ha alcunché fuori di sé è irrimediabilmente affetto dalla particolarità. Nessuna delle distinzioni che ancora s'incontrano in Platone corrisponde a quella, modernamente in uso, della scienza e della filosofia, con la quale non si raccordano né la distinzione della scienza e dell'opinione, né quella dell'immaginazione e della credenza, in cui si partisce l'opinione, né quella della conoscenza discorsiva e dell'intellezione, in cui si articola la scienza.

Aristotele afferma l'esistenza d'infiniti rami della scienza, ma la divisione dei rami è perfettamente compatibile con la considerazione della fondamentale unitarietà del sapere. Nemmeno il fatto che le scienze teoretiche accolgano in sé la distinzione della filosofia prima e della filosofia seconda vale a dirompere, o anche soltanto a scalfire, l'unità della concezione aristotelica della scienza, com'è manifesto anche da ciò, che la filosofia prima è chiamata scienza teologica, e che lo Stagirita discorre promiscuamente di filosofia fisica e di filosofia seconda. Poiché entro la scienza si distinguono le discipline e i rami, e le scienze sono disposte gerarchicamente, per il motivo che ai diversi piani dell'essere sono corrispettivi i differenti gradi della conoscenza, si è autorizzati a chiedersi quale tra tutte le scienze meriti di ricevere specificamente l'ambito titolo di filosofia, senza con ciò contraddire l'impostazione di fondo accolta, e anzi, ribadendola, giacché le molteplici specie delle conoscenze possono costituire altrettanti stadi del sapere solamente in quanto posseggono un'indole comune.

Queste riflessioni sono confermate dall'osservazione che quelli che modernamente si chiamerebbero concetti filosofici intervengono in Platone e in Aristotele in campi che, sempre per la posizione dei moderni, sono squisitamente scientifici, come anche capita la situazione inversa, di modo che si scorgono le Idee, l'anima semovente, il motore immobile, la materia e la forma, ecc., decidere questioni di astronomia e di biologia, e si vede comparire la nozione matematica del continuo in un contesto che si sarebbe portati a dire esclusivamente teologico. Tutto l'ellenismo salvaguarda l'identità della scienza e della filosofia, com'è manifesto dalla divisione della filosofia in logica, fisica ed etica, che è introdotta dai Platonici, accolta dagli Stoici e dagli Epicurei, e destinata a mantenersi sostanzialmente immutata attraverso i secoli. La fisica, che è la parte della filosofia che sembrerebbe avere maggiore attinenza con quella che si sarebbe chiamata un giorno la *scienza*, è identicamente la metafisica, giacché la natura è, per l'ellenismo, ciò da cui tutto proviene e a cui tutto ritorna, è la realtà nel suo principio, e nella costruzione della fisica si procede da tutti unitariamente, senza cioè introdurre delle suddivisioni come quelle di una parte pura e di una parte empirica, di una *a priori* e di una *a posteriori*, o anche di una speculativa e di una sperimentale, che sarebbero inconciliabili con l'unità della conoscenza della natura. Ugualmente, la logica e l'etica dei Greci accolgono certe loro interne articolazioni, ma ignorano le distinzioni, che tornerebbero a detrimento della loro essenza unitaria, come sarebbero la distinzione della logica formale e della logica trascendentale, la distinzione dell'etica puramente normativa e dell'etica meramente descrittiva. Tanto salda e inconcussa appare questa divisione della filosofia in tre scienze, che persino quanti tra gli antichi contestano la possibilità del sapere, gli Scettici, vi si attengono alla sola maniera ad essi possibile, che è di distribuire la critica dei Dommatici in una parte dedicata alla logica, in una alla fisica e in una all'etica. La coincidenza senza residui della scienza e della filosofia nell'ellenismo risplende di luce meridiana, e peccano gravemente quegli storici moderni che pretendono di distinguere ciò che, per i Greci, è sempre rimasto indistinguibile, essendo uno solo e il medesimo.

Con l'accoglimento del cristianesimo il pensiero si trova dinanzi alla complicazione di dover ammettere insieme ciò che appartiene alla ragione e ciò che appartiene alla fede, ciò che è d'ordine naturale e ciò che è d'ordine soprannaturale, ciò che deriva dall'investigazione umana e ciò che proviene dalla rivelazione, e questa duplicità di fonti, di contenuti, di specie, introduce dovunque una bipartizione, anche nella teologia, la quale, da un lato, è una parte della filosofia, dall'altro, è *sacra doctrina*, che si conosce mercé il lume della rivelazione divina. In questa serie di dualità è la radice di tutti gli ostacoli, che non soltanto la Scolastica, ma ogni filosofia cristianamente orientata, e persino qualsiasi civiltà che voglia potersi chiamare cristiana, incontra; ma, considerando adesso il particolare problema che abbiamo tra le mani, occorre dichiarare che nemmeno le distinzioni accennate valgono ad introdurre quella della scienza e della filosofia. La teologia, che è una parte della filosofia, e che s'indaga e si stabilisce mediante il lume della ragione naturale, è scienza, e come va da sé, è *scientia humana*. È scienza anche la teologia, che riguarda la *sacra doctrina*, la quale differisce secondo il genere, e cioè radicalmente, dalla precedente? Tommaso d'Aquino risponde affermativamente, sostenendo che la *sacra doctrina* è scienza, *quia procedit ex principiis notis lumine superioris scientiae, quae scilicet est scientia Dei et beatorum*[22]. La questione che si sollevasse di come noi uomini possiamo essere informati della scienza di Dio e dei beati, e venire a conoscere che in essa sono effettivamente contenuti i principi della rivelazione divina, è una delle difficoltà a cui si è alluso testé, che non mette conto in questo luogo soffermarsi né a cercare di sbrogliare né a decretare insolubile – il tema sarà ripreso in seguito. Ci si deve accontentare di dire che il paragone, suggerito dall'Aquinate, tra questo caso e quello delle scienze che procedono dai principi di qualche scienza superiore, come, p. es., la musica dai principi della matematica, non conduce lontano. Niente vieta, infatti, che il musico sia anche matematico; egli non è minimamente costretto a credere ai principi della scienza matematica, che la musica impiega; entrambe le scienze appartengono alla *scientia humana*; ma agli uomini, in questa loro vita terrena, non è concesso di gettare lo sguardo sulla *scientia divina*. Nondimeno, scienza è sia quella di Dio sia quella dell'uomo, e la distinzione della scienza e della filosofia qui non si intravede, perché semplicemente non c'è.

Se si volesse sostenere che essa si trova nelle diverse caratteristiche proprie della scienza divina e di quella semplicemente umana, si andrebbe dietro a due significati di «scienza» e di «filosofia» completamene diversi da quelli che il mondo moderno metterà sul terreno. In un certo modo la distinzione che ora si ha in mente compare anche nell'ellenismo, quando si asserisce che la scienza, la quale è di per sé puro possesso, è di Dio e degli dei, e la filosofia, la quale è ricerca e soltanto iniziale possesso della verità, è dell'uomo; ma queste sono accezioni di vocaboli che modernamente non ricorrono più. È uno svolgimento di codesti significati che nell'ambito della civiltà cristiana induce a chiamare Dio magari «sommo sofista», ma non comunemente «filosofo», perché ciò sembra non accordarsi con l'onniscienza divina (ma talvolta si dice anche che la differenza in proposito tra Dio e l'uomo consiste in ciò, che Dio la filosofia la sa tutta e l'uomo in piccola parte, e questo prova conclusivamente che ad andar dietro

---

[22] *S. th.*, p. I, q. 1, a. 2 co.

alle parole, invece che ai concetti, non c'è niente da ricavare).

Nel senso che interessa, la distinzione della scienza e della filosofia nasce (concettualmente, non per la terminologia, che rimane ancora a lungo legata alla tradizione), quando s'intraprende la costruzione della fisica, anziché sul fondamento del principio della realtà tutta, a partire da quelli che si chiamano i «fenomeni» le «apparenze» i «fatti», ancorché investigati con ragioni matematiche. Ciò accade consapevolmente, su larga scala, e con conseguenze permanenti per il pensiero, con Galileo, il quale prende una via del tutto diversa da quella di Cartesio, che appoggia l'edificio della fisica ad una base metafisica[23]. In Galileo la distinzione (effettuale, se non verbale) della scienza e della filosofia, con il suo immancabile corollario, l'autonomia, ossia la relativa indipendenza della scienza dalla filosofia (che verrà espressamente affermata molto tempo dopo, ma che è racchiusa nella premessa) prende il più delle volte l'aspetto accidentale di una polemica contro l'autorità della tradizione filosofica, rappresentata soprattutto da Aristotele e dagli aristotelici dell'epoca, e l'intervento della dommatica teologica cristiana in materia di conoscenza del mondo naturale. Com'è chiaro, si tratta di un rivestimento del tutto estrinseco e secondario, giacché quand'anche si rivendichi la libertà della ricerca scientifica dal peso dell'eredità aristotelica e di ogni altra, e si respinga in tutto il cosiddetto principio d'autorità, con ciò non si stabilisce niente di decisivo intorno alla relazione della fisica e della filosofia, la quale resta interamente da definire. Più che nella richiesta dell'indipendenza della ricerca scientifica nei confronti sia di Aristotele che della Bibbia e della Chiesa cattolica, l'asserzione della distinzione della scienza e della filosofia è implicita nell'iniziale fenomenismo e meccanicismo tacitamente accolti da Galileo, in cui si concreta la sua rinuncia a fondare la fisica sopra

---

[23] Per Cartesio, la scienza è un albero, le cui radici sono la metafisica, il tronco è la fisica, i rami sono le altre scienze. Ne viene che le scienze sono così collegate tra loro che è più facile saperle tutte che saperne una sola. Hobbes mantiene l'identità della scienza e della filosofia e lo fa con un paragone tanto spontaneo quanto letterariamente eccellente: «*Quot autem genera rerum sunt, in quibus ratio humana locum habet, in tot ramos se diffundit philosophia, diverse tamen pro diversitate subjectae materiae nominata. Nam quae, de figuris tractans,* GEOMETRIA; *de motu,* PHYSICA; *de jure naturali,* MORALIS *dicitur, tota* PHILOSOPHIA *est: quemadmodum mare, quod hic Britannicum, illic Atlanticum, alias Indicum, a singulis litoribus appellatum, totum tamen est oceanus*» (*Elementorum Philosophiae Sectio tertia, de Cive, Opera latina,* ed. cit., vol. II, p. 137). Cartesio critica Galileo, perché «senza aver considerato le cause prime della natura, ha soltanto cercato le ragioni di alcuni effetti particolari, così che ha costruito senza fondamento» (Lettera a Mersenne dell'11 ottobre 1638, in *Oeuvres,* ed. cit., *Correspondance,* vol. II, p. 380).

Occorre convenire che, dalla posizione da cui si mette Cartesio, l'imputazione è completamente giusta, giacché soltanto un principio metafisico, come quello che egli accoglie, può consentire d'erigere l'intero edificio del sapere, di cui la fisica è una parte, di assegnare ad ogni soggetto il suo posto, e di esaurire la considerazione della realtà. Ma il prezzo da pagare, per affidarsi al procedimento cartesiano, è l'ipotetismo, il quale, invece che a una scienza infallibile, può portare ad un romanzo. Comunque un tale prezzo è apparso modernamente troppo elevato, così che la via regia su cui si è messo il sapere naturale è quella percorsa da Galileo (che ha, anch'essa, uno scotto da pagare, l'incompletezza).

la metafisica. Allorché asserisce che non si deve «specolando tentar di penetrar l'essenza vera e intrinseca delle sustanze naturali», ma «contentarsi di venir in notizia d'alcune loro affezioni»[24], Galileo compie un'affermazione del fenomenismo, il quale consiste in codesto fermarsi alle *affezioni*, al *come* le cose ci si mostrano, abbandonando, come non pertinente alla scienza naturale, l'investigazione dell'*essenza*, o, com'è lo stesso, del *perché* del loro presentarsi. Alla medesima conseguenza conduce il meccanicismo, che Galileo lascia intravedere, allorquando sostiene che siccome colori, odori, sapori (ossia lo strato superficiale dell'esperienza dei sensi), risiedono unicamente nei corpi degli esseri senzienti, i mutamenti delle proprietà effettive delle cose (ossia lo strato profondo di quella medesima esperienza), si possono risolvere in «trasposizioni di parti»; e questo è un elemento costitutivo della scienza dell'illuminismo.

Ma il fenomenismo e il meccanicismo, siano essi soltanto tendenziali oppure anche compiuti, non sono forse teorie filosofiche? Come si può, in loro nome, affermare l'autonomia della scienza naturale dalla filosofia? L'appartenenza alla filosofia di codeste teorie è indubbia, e pertanto l'autonomia della fisica dalla filosofia sarebbe irrimediabilmente assurda, se l'autonomia fosse il medesimo dell'indipendenza, ossia se fosse alterità assoluta, e non già limitata. Ad un'alterità assoluta, che sarebbe reciproca indifferenza completa, però non si mira, e si è paghi dell'autonomia, che, volendosi per parte nostra abbondare in chiarezza, si è accompagnata con l'aggettivo «relativa». L'efficacia che la filosofia esercita sopra la fisica, al pari dell'influenza che questa ha sopra di quella, è incontestabile, ma una cosa è l'appartenenza, la relazione di tutto e parte, tradizionalmente ammessa (la filosofia è il tutto, di cui la fisica è una parte), e un'altra cosa è la relazione della reciproca azione, modernamente riconosciuta (la filosofia e la fisica sono due ambiti distinti, due specie diverse di conoscenze, che a vicenda si determinano).

Dall'ideale, o concettuale (non temporale, o storica) posteriorità della filosofia nei confronti della fisica, proviene quella che un giorno si sarebbe chiamata la *positività* della scienza naturale, la quale in tanto si dice positiva in quanto muove dal fatto che l'esperienza presenta, e discende altresì la concezione della filosofia come *riflessione*, che, quando inizia il suo lavoro, trova già costituita la scienza, e quindi ne accoglie i risultati come un dato, vi si ripiega sopra e ne elabora le implicazioni. È manifesto che queste due nozioni del carattere positivo della scienza e dell'indole di sapere riflettente della filosofia s'implicano a vicenda, e che l'una ha bisogno dell'altra per proporsi.

Nella considerazione del sapere implicita nell'attività di scienziato di Galileo è racchiusa anche la remota premessa di un altro carattere, destinato ad avere immensa fortuna nell'avvenire, quello dello *specialismo scientifico*, che nell'antichità sarebbe stato impossibile, ma che è una conseguenza ineliminabile dell'idea moderna della scienza. Il collegamento di questo allora insospettabile

---

[24] *Terza lettera al Sig. Marco Velseri delle Macchie del Sole*, in *Opere*, ed. A. Favaro, Firenze, 1968, vol. V, p. 187.

sviluppo non è direttamente nella concezione della fisica, bensì in quella della matematica (ma in maniera mediata, è anche in quella della fisica, in quanto la fisica è pensata come conoscenza sperimentale e matematica), e si trova nella famosa tesi di Galileo, per cui l'uomo conosce pochissime proposizioni di aritmetica e di geometria, che sono nulla rispetto alle infinite conosciute da Dio, e per di più, le conosce dimostrativamente e Dio intuitivamente, ma con certezza uguale a quella divina, dovuta alla comprensione dell'assoluta necessità della cosa[25]. La conoscenza di un oggetto si può avere senza quella degli altri, così pure si può avere anche quella di alcune delle proprietà di un oggetto, trovandosi nell'ignoranza delle rimanenti, e nondimeno tale conoscenza può essere necessaria, dice Galileo. Orbene, l'intuizione su cui si basa lo specialismo scientifico è quella dell'esistenza *in re* di divisioni tra le cose, le quali rendono le correlative conoscenze sostanzialmente indipendenti le une dalle altre. L'illuminismo, che è primato dell'analisi sulla sintesi, ne trae grande partito, e come rende la scienza autonoma dalla filosofia, così rende specialistiche le singole scienze.

8. *L'imbarazzo dell'illuminismo di fronte alla possibile morte della filosofia*

La distinzione tra la scienza, che è conoscenza positiva, e la filosofia, che è pensiero riflettente, comporta assai presto, nel percorso dell'illuminismo, quella che si potrebbe chiamare la *solidificazione* del sapere scientifico a cui forma corrispettivo ciò che si potrebbe dire lo *stemperamento* della filosofia. Come si è mostrato, le varie scienze, e soprattutto la fisica nelle sue molteplici branche, si lasciano alle spalle la preposizione di specificazione possessiva *di* (per cui prima erano presentate come la teoria *di* questo o *di* quell'autore), dismettono i riferimenti storici e geografici (per cui erano indicate come antiche, medioevali, dell'uno o dell'altro secolo, e ancora, come greche, latine, francesi, italiane, germaniche, ecc.), e così si liberano di ogni indicazione che possa in qualche modo restringerne la portata, diventano impersonali, assolute; esse, nel loro complesso, costituiscono senz'altro *la scienza*. Di contro, la filosofia non soltanto conserva la tradizionale attribuzione alle persone, seguitando ad essere il prodotto di coloro che la presentano come il risultato della propria meditazione, ma acquista sempre più, nella comune estimazione, il contrassegno d'impresa rischiosa, che può sia avere successo che andare incontro al fallimento. Non soltanto la metafisica, ma tutta la filosofia (in primo luogo la teoria della conoscenza, ma poi, sia pure con qualche esitazione, la stessa morale) viene considerata come speculazione, che, in quanto, da un lato, si distingue dalla ricerca sperimentale e, dall'altro, dalla matematica, è priva di ogni diretta garanzia di

---

[25] È la tesi, svolta nella Giornata prima del *Dialogo dei massimi sistemi*, per cui la conoscenza umana e quella divina si distinguono *extensive*, non *intensive* (*Opere*, ed. cit., vol. VII, pp. 128-130).

controllo, e si può valutare soltanto indirettamente, e cioè a seconda dell'influenza (molta o poca, benefica o cattiva) che esercita sopra le scienze. La molteplicità delle filosofie non ha niente da spartire con quella che si riscontra nelle scienze, la quale poggia sulle differenze degli ambiti degli oggetti, di modo che tante sono le specie delle conoscenze scientifiche quante sono le regioni della realtà indagabili dall'uomo, ed è quindi una molteplicità coerente, mentre essa è di concezioni generali del mondo, che, proprio a causa di codesta generalità, sono insuscettibili di accordarsi (in questo caso si tratta perciò di molteplicità incoerente). I particolari possono coesistere, l'universale vuole essere unico. Lo specialismo scientifico, che si attiene ai particolari, ha senso, ma uno specialismo filosofico, quand'anche trovasse chi è disposto a propugnarlo, risulterebbe irrimediabilmente assurdo. L'ammissione del carattere positivo della scienza e del carattere di riflessione della filosofia, una volta compiuta, non si lascia rinnegare tanto facilmente, per il motivo che appaiono difficoltà e dubbi intorno alla genuina qualità di sapere della filosofia.

La solidificazione della scienza fa sì che nell'illuminismo dell'Ottocento sia un gran parlare di ciò che è, e di ciò che non è, la filosofia, del posto e della funzione che le spettano, segno, questo, immancabile del fatto che l'esistenza medesima della filosofia è ormai messa in questione, che ci si interroga sulla possibilità di mantenerla in essere, dopo che ci si è rifiutati di concepirla come sapere dell'Assoluto. Se non c'è una cognizione definita dell'Assoluto, c'è da chiedersi se tutto il sapere non si riduca alla scienza. La domanda è posta da Spencer: «Sebbene persistentemente consci di un Potere che a noi si manifesta, noi abbiamo abbandonato come futile il tentativo di apprendere qualche cosa intorno a quel Potere, e così abbiamo escluso la Filosofia da una gran parte del dominio che si supponeva appartenerle. Il dominio che rimane è quello occupato dalla Scienza. La Scienza tratta delle coesistenze e sequenze tra i fenomeni; essa li raggruppa da prima per formare generalizzazioni di un ordine semplice o basso, e si eleva a grado a grado a più alte e più estese generalizzazioni. Ma se è così, dove rimane un campo per la Filosofia?»[26].

Il dubbio è scacciato da Spencer, che afferma che la filosofia è la conoscenza della più alta generalità, ma non ci vuole molto a vedere quale sia il difetto del suo assunto e quanto scarso valore abbiano le sue formule, per cui c'è una conoscenza non unificata, d'infima specie, che è il senso comune, una conoscenza parzialmente unificata, che è la scienza, e una conoscenza completamente unificata, che è la filosofia, e come invano ci si aspetterebbe da esse un qualsiasi soccorso per salvaguardare l'esistenza della filosofia. Una qualche unificazione deve darsi dovunque, anche in ciò che è oggetto del senso comune, a cui altrimenti mancherebbe qualsiasi contenuto su cui portarsi, e d'altra parte, non si scorge come possa darsi un'unificazione completa, che non lasci spazio, sopra di sé, per una ancora superiore. Un'unificazione totale dovrebbe differire per natura, e non soltanto per grado, da quelle parziali, le quali possono benissimo

---

[26] *I primi principii*, trad. it. cit., pp. 102-103.

andare all'infinito, senza che ce ne sia una minima in basso e una massima in alto. L'unificazione è relazione, e la relazione può concepirsi in due maniere del tutto diverse, o come la condizione dei suoi termini, o come da essi condizionata, e non c'è bisogno di un lungo esame per rendersi conto che Spencer, al pari degli altri filosofi dell'illuminismo, intende la relazione nella seconda maniera, anziché nella prima. La posteriorità della relazione rispetto ai termini comporta la sua accidentalità, e un'unificazione che si compia su una base di una relazione accidentale, è un aggregato, o una somma, e nella questione che ora si considera, una somma di cognizioni, quale che sia il nome che prende, è in fondo sapere specialistico.

Non bisogna credere che lo specialismo sia un esito in cui è andato quasi per caso a finire il sapere; esso non è nemmeno dovuto all'enorme mole raggiunta dalle cognizioni, la quale farebbe sì che nessuno possa padroneggiarle. Lo specialismo sta nella considerazione della parte come indipendente dalle altre parti, a cui è accostata, ma con cui non può essere fusa. Dove si afferma, invece, la relazione sostanziale, organica, vale la concezione unitaria del sapere, la quale non è per niente impedita dall'accumulo delle cognizioni che si è verificato nel corso del tempo. È per questo motivo che, nell'ambito del romanticismo, Hegel dà un'enciclopedia del sapere in un'epoca in cui un tale accumulo ha già avuto in gran parte luogo. Eppure il solo altro esempio disponibile d'enciclopedia è quello di Aristotele, realizzata allorché l'acquisizione dei dati era ancora all'inizio.

È vero che Spencer domanda anche che la filosofia vada oltre la somma delle cognizioni, che integri e fondi in un tutto le verità sparsamente fornite dalle scienze, ma egli si comporta così perché non padroneggia i concetti che impiega, come risulta palese non appena ci si chiede in che cosa si dovrebbe realizzare una tale conoscenza integrata. Ci vorrebbe una verità ultima, che arreca la filosofia, e che non forniscono le scienze, ma non si vede quale mai possa essere questa verità. Essa non può consistere dell'evoluzione, né del ritmo con cui nelle vicende cosmiche si alternano l'evoluzione e la dissoluzione, perché questi processi esistono soltanto nei fenomeni, e l'evoluzione si divide in astronomica, geologica, biologica, psicologica, sociologica, ecc., e i modi in cui si compie, o le leggi a cui obbedisce, non sono altro che fenomeni o fatti generali, costanze di successione e di coesistenza, di cui c'informano le corrispondenti scienze. Per cercare di garantire uno spazio residuo alla filosofia non giova l'assicurazione che, in effetti, esiste una sola evoluzione, che ha luogo ugualmente dovunque, e che la sua suddivisione in molteplici aspetti è soltanto convenzionale, perché così si rende convenzionale la divisione delle scienze, e tutt'al più, si assicura un'esistenza del pari convenzionale alla filosofia. Parlando a rigore, una divisione convenzionale non è di scienze, ma di discipline, e una filosofia, che si distingua a titolo di semplice disciplina dalle scienze, ha la realtà propria di un fatto letterario. Dell'Assoluto non c'è sapere; i fenomeni sono investigati dalle scienze; quale sia la posizione della filosofia non si scorge.

La soluzione proposta da Spencer è carente, ma il partito, che parrebbe a portata di mano, di lasciar vivere e prosperare soltanto le scienze particolari, lo specialismo, e di affermare l'inesistenza della filosofia, ha il difetto gravissimo di non poter essere propugnato e argomentativamente sostenuto, perché la dichiarata soppressione della filosofia, una volta che sia ragionata, si converte in filosofia. Così considerata, l'argomentazione svolta da Aristotele nel *Protreptico*, per cui si deve comunque filosofare, è veramente invincibile; ma questo non toglie che la filosofia possa cessare d'esistere tacitamente, per l'imporsi di una disposizione mentale, in cui la filosofia non trova semplicemente posto, e la sua fine, dove si verifica, è inconsapevole e non è in alcun modo pronunciata. Perché una tale disposizione maturi, occorre, però, un grande tempo; di conseguenza, per il momento nell'illuminismo ci si sforza di mantenere in essere la filosofia, anche se si è molto imbarazzati intorno al modo in cui raggiungere un tale scopo.

Quanto grave sia l'imbarazzo, in cui la forma ottocentesca dell'illuminismo si trova a questo proposito, intorno alla relazione della scienza e della filosofia, risulta nel modo migliore dalle prese di posizione di Comte, il quale, da un lato, è tentato di risolvere la scienza (il sapere relativo) nella filosofia (la conoscenza universale, necessaria, assoluta), e dall'altro, è condotto ad attribuire alla filosofia la limitazione, la relatività, la mobilità, che dovrebbero essere altrettanti contrassegni della scienza, così che non riesce a trovare un consistente equilibrio in questa sua perpetua oscillazione. Comte incomincia con l'avvertire che impiega la parola *filosofia* nell'accezione che le conferivano gli antichi, e particolarmente Aristotele, ossia per designare il sistema generale delle conoscenze umane, e che aggiunge l'attributo *positiva*, per significare quella maniera speciale di filosofia, che consiste nell'esaminare le teorie come aventi per oggetto la coordinazione dei fatti osservati, nella maniera richiesta dal terzo e definitivo stato raggiunto dalle conoscenze dell'umanità. Ci sono ancora anomalie e disparità tra le scienze, ma si tratta di aspetti secondari dovuti alla lenta e difficile rivoluzione destinata a mettere capo ad un «sistema omogeneo, completo ed esclusivo di filosofia positiva»[27]. L'anarchia filosofica, da un lato, e la tendenza allo specialismo dall'altro, sono fenomeni di transizione, che in un immancabile e prossimo futuro lasceranno il posto ad una rinnovata e durevole affermazione dello spirito veramente positivo, che è, esso solo, *esprit d'ensemble* (l'età della specializzazione è l'epoca provvisoria della preponderanza dell'*esprit de détail*).

Senonché questo orientamento è soltanto una delle tendenze di pensiero presenti in Comte, a cui se ne contrappone un'altra, contraria, meno sottolineata, ma non meno effettiva, a mantenere in essere la limitazione propria delle conoscenze scientifiche, dovuta alla circostanza che la rinuncia alle cause e alle essenze, per le leggi e per i fenomeni, è gravosa di conseguenze negative. La filo-

---

[27] Per Comte, la distinzione tra scienza e filosofia è destinata a venir meno ed è ozioso discutere adesso se gli scienziati diventeranno filosofi o se saranno i filosofi a diventare scienziati (*Oeuvres*, ed. cit., tomo VI, *Cours de philosophie positive. Sixième volume, Complément de la philosophie sociale et conclusions générales*, pp. 18-19).

sofia positiva ha il suo principio nel fatto, e allorché si è posti dinanzi a un fatto, che è tale sempre rispetto a noi, ci si può daccapo legittimamente interrogare, quindi esso può bensì essere più o meno generale, ma non onnicomprensivo. E quando ci si fa la domanda, si ha il fatto molteplice, così che la scienza, per animata che sia dallo spirito sintetico, non può costitutivamente pervenire alla compiuta unità, la quale si può dare soltanto dove c'è l'assolutezza. La filosofia, teologica o metafisica che sia, si presenta come definitiva, o, come dice Comte, pretende la fissità, laddove la scienza si mostra mobile, progrediente, e persegue la perfezione unicamente come un limite ideale a cui avvicinarsi.

In questa condizione d'incertezza intorno al rapporto della scienza e della filosofia, in cui questa seconda corre il pericolo di dissolversi in quella prima, merita di essere considerata con grande interesse la posizione assunta da Ardigò, per la sua indubbia dignità teoretica, per l'originalità che ne contraddistingue lo spunto iniziale, e per le corrispondenze e gli sviluppi che essa incontra sia nell'illuminismo che al di fuori di esso. Anche Ardigò si domanda se la filosofia sia o no destinata a scomparire, ossia si pone un interrogativo che prima della seconda ondata dell'illuminismo sarebbe stato addirittura inconcepibile, tanto chiara e manifesta sarebbe apparsa l'esistenza del sapere filosofico. Il rischio dell'estinzione per la filosofia, che all'inizio significò la ricerca scientifica in generale e la conoscenza che se ne ottiene, è nato dalla separazione della fisica, costituitasi in scienza indipendente, a cui si sono via via aggiunti gli altri rami del grande albero delle discipline sperimentali. «Attualmente poi è questione addirittura di sopprimere la filosofia anche nel poco che le resta»[28], dice Ardigò, che però soggiunge subito che una decisione del genere sarebbe avventata, essendo impossibile che la scienza sostituisca ed elimini la filosofia. Infatti, la filosofia è il concepimento del problema, di cui la scienza è la soluzione; perciò sempre in passato le scienze speciali sono state precedute dalla filosofia e le succedettero, ma la filosofia ricomparve sempre ancora, portando al concepimento di problemi nuovi. Così è sempre stato in passato, e così sarà in futuro, in un seguito senza fine[29].

Questo tentativo di conservare in vita la filosofia, e di garantirle, anzi, la perpetuità, dipende da una condizione precaria, che Ardigò non indica espressamente e che, di conseguenza, dobbiamo esplicitare per conto nostro. E la condizione è che il problema che si risolve, ossia la scienza, sia in certo senso diverso dal problema che si pone, ossia dalla filosofia, e una tale diversità può consistere unicamente in ciò, che il problema che si risolve è particolare e molteplice, laddove il problema che si pone è generale e unico. Se così non fosse, non ci sarebbe alcuna ragione per distinguere il luogo della proposizione dei problemi da quello della loro risoluzione, per caratterizzare il primo come filosofico e per

---

[28] *Il compito della filosofia e la sua perennità*, in *Opere filosofiche*, ed. cit., vol. IV, p. 258.

[29] Sebbene compaia di volta in volta in formulazioni diverse, la tesi di Ardigò è, in definitiva, quella medesima di James, Schlick e Jaspers.

qualificare il secondo come scientifico, e qualora si decidesse che il luogo è unico, si potrebbe ugualmente definire in una maniera o nell'altra, così che si sarebbe autorizzati a parlare soltanto di filosofia o a discorrere soltanto di scienza, secondo la preferenza terminologica. Se il problema, nell'istante in cui si avanza, è generale, e la soluzione, nel momento in cui si fornisce, è particolare, essa risulta poco dopo, sotto questo o quel riguardo, insoddisfacente, e il problema in forma mutata risorge, ottiene un'altra risposta, che arricchisce la precedente, ma non esaurisce la sfera del domandare, e così via, all'infinito. Il problema, in tanto è filosofico, in quanto è generale, e quindi in quanto è universale (la generalità, per chi vi è immerso, coincide con l'unicità), la soluzione, in tanto è scientifica, in quanto è particolare, e perciò in quanto è molteplice (non c'è particolarità, per chi l'avverte, che possa andar disgiunta dalla molteplicità). Se una tale condizione non è data, e niente garantisce che essa sia data, lo scarto, che dovrebbe contraddistinguere la filosoficità del problema dalla scientificità della soluzione, scompare, i problemi nascono scientifici, e cioè circoscritti e specialistici, al pari delle soluzioni, e lo spazio per la filosofia viene meno.

Si seguita, in verità, da alcuni a sostenere che la filosofia è metodologia della scienza, o a porgerne altra consimile considerazione, p. es., che è scienza globale, unificata. Non si scorge però perché non sia la scienza medesima ad apprestare i metodi che impiega; anzi, è da ritenere che nel fatto sia così, giacché, come ci è noto, i metodi sono proiezioni delle teorie, e per il rimanente hanno un'esistenza putativa. Quanto alla cosiddetta scienza globale, unificata, è palese che essa può essere soltanto riunione estrinseca, mera somma dei risultati delle diverse discipline scientifiche, le uniche che abbiano realtà effettuale. Nell'illuminismo, più che in questi espedienti, la residua filosofia sopravvive nelle polemiche contro la concezione tradizionale del sapere filosofico, essa è dovuta alla circostanza che si verifica una situazione antinomica, per cui non c'è lotta contro la filosofia, che non si trasformi in una proposta di filosofia; più oltre c'è soltanto il silenzio, il quale non è contraddittorio, bensì perfettamente congruente con se stesso.

V

L'OSTILITÀ ALLA METAFISICA

1. *In quali significati l'illuminismo mantiene la metafisica*

All'illuminismo, in tutta la sua estensione e in tutte le sue vicende, è connaturata l'avversione alla metafisica, che può ricevere in esso formulazioni differenti, ma non può in alcun modo mancare. E in verità, una tale avversione è radicata negli stessi principi da cui l'illuminismo è guidato, dal fenomenismo, che è la sua base medesima, e dall'empirismo, che al fenomenismo inevitabilmente si accompagna. Presa di per sé, la distinzione dei fenomeni, delle cose come appaiono all'uomo, e delle cose come sono effettivamente in se stesse, non è propria soltanto dell'illuminismo, tant'è vero che si ritrova anche in punti di vista da esso remoti e anche recisamente ad esso avversi. Ciò che è peculiare ed esclusivo dell'illuminismo è l'orientamento che, posta la distinzione dei fenomeni e delle cose in sé, si rinchiude soddisfatto nell'ordine del fenomenico, stimando che esso abbia di che appagare tutti i legittimi desideri e le giuste aspirazioni del genere umano, e della realtà com'è di per se stessa discorre soltanto per dire che è qualcosa collocato al di là di ciò che si può con sicurezza conoscere, così che sarebbe illusione e follia pretendere di basarvisi sopra per costruire la vita umana.

A questa disposizione mentale forma radicale contrasto, al di fuori dell'illuminismo, un atteggiamento che, introdotta anch'esso l'alterità di ciò che appare e di ciò che effettivamente è, la configura in maniera del tutto opposta, avverte l'ambito del fenomenico come manchevole, deludente, e di conseguenza, non cessa d'industriarsi e di travagliarsi con le cose in sé, e siccome se ne è vietata, al pari dell'illuminismo, la conoscenza, ne fa l'oggetto di una qualche subitanea e ineffabile rivelazione, la quale, per quanto mantenga nell'occulto il *quid* di cui si compone la realtà, nondimeno vi accenna, e così ne fornisce all'umanità un certo sentore, che le consente d'inseguire il termine irraggiungibile della sua brama, e protendendosi verso di esso, di distinguere la sua esistenza da quella delle piante, che non hanno coscienza, e da quella degli animali, che non vanno oltre quello che, nella presenza del tempo e nella vicinanza dello spazio, ad essi di volta in volta appare. Questa seconda tendenza lascia sussistere la metafisica, se non come scienza, almeno come aspirazione inappagata e inappagabile; quella prima taglia alle radici qualsiasi discorso metafisico, comunque concepito, perché ne abolisce la scaturigine sino nel desiderio: se il fenomeno basta, non ha semplicemente senso domandare alcunché d'altro e di superiore.

Qui sta la causa prima della lotta senza quartiere, che l'illuminismo conduce contro la metafisica, la quale, essendo (nel significato in cui compare nei punti di vista) espressione del sentimento del sublime, non può non dileguare dove si afferma la disposizione illuministica del sentire. Questa è la fonte da cui promana la tesi di Hume, per cui gli oggetti della scienza dimostrativa sono la quantità e il numero, che tutte le altre ricerche, quelle di fisica, chimica, filosofia della natura, vertono su questioni di fatto; che i tentativi di estendere oltre la conoscenza umana si riducono a sofisticheria e ad inganno[1].

L'apparenza di dissensi entro il campo dell'illuminismo intorno all'atteggiamento da prendere nei confronti della metafisica potrebbe venire da tutt'altra parte, ma si tratta di una parvenza così tenue che è molto agevole dissolverla. Il termine «metafisica» non ha un significato univoco, ma è impiegato in parecchie accezioni differenti, che talvolta importano il riferimento ad un senso primario, e talvolta no, e quindi si presentano e valgono in maniera indipendente tra loro; modernamente questa molteplicità di significati si è ancora accresciuta, e la vaghezza della parola è di conseguenza viepiù aumentata, così che è diventato difficile stabilire in breve che cosa sia da intendere per metafisica. Restringendosi a considerare i più importanti significati in cui si discorre di metafisica all'interno dell'illuminismo, occorre premettere che tali significati si dividono – per gli illuministi – in due classi, la classe dei significati buoni e accettabili e la classe dei significati cattivi e da respingere.

---

[1] «L'*immaginazione* dell'uomo – dice Hume – è naturalmente sublime, si delizia di tutto ciò che è remoto e straordinario e si slancia senza controllo nelle parti più distanti dello spazio e del tempo, per sfuggire agli oggetti che la consuetudine le ha reso troppo familiari. Il corretto *discernimento* accoglie il metodo contrario e, evitando tutte le ricerche distanti ed elevate, si limita alla vita comune e agli oggetti che rientrano nella pratica e nell'esperienza quotidiana, lasciando gli argomenti più sublimi agli abbellimenti dei poeti e degli oratori o alle arti dei preti e dei politici» (*An Enquiry concerning Human Understanding*, edited by T.L. Bauchamp, Oxford, 2000, pp. 120-121). Con Hume concordano, anche se sparsamente e con molte oscillazioni, Voltaire, Helvétius, gli illuministi francesi in genere, per i quali la certezza matematica è immutabile ed eterna, nella storia non si va oltre la probabilità, non c'è verità che non sia riconducibile ad un fatto (*Point de vérité qui ne soit pas réductible à un fait* è per l'appunto il motto di Helvétius), e siccome ogni fatto può essere ugualmente accessibile a tutti gli uomini, non c'è verità che tutti non possano cogliere (questa convinzione è la base della divulgazione scientifica promossa dall'illuminismo). Ma più ampiamente in quest'orientamento convengono, sotto varie denominazioni, gli illuministi tutti, che in niente si mostrano tanto compatti quanto nel porre l'esperienza (nel significato, a suo luogo stabilito, di campo del sensoriale remoto dall'immaginativo, e quindi interamente verosimile) a condizione del sapere, e nel rigettare, di conseguenza, come illusorio l'oltrepassamento dell'esperienza compiuto dalla metafisica.

1. Il primo, più importante e diffuso significato buono di metafisica, di ascendenza baconiana, è quello di scienza dei primi principi comuni di tutti i campi del sapere, o anche propri di qualche scienza o arte particolare, quale che essa sia (e la piena legittimità e corrispondenza all'illuminismo della metafisica, così concepita, è tanto chiara che non ha alcun bisogno di essere illustrata). È in quest'accezione che Helvétius fa aperta professione di metafisica[2].

2. Un altro significato, ugualmente buono e incontrovertibile, di metafisica è sapere sintetico, riassuntivo dei risultati delle ricerche fisiche e sperimentali, da cui sorge, come coronamento e fastigio. È in certo modo l'impiego inverso del precedente, e quindi non meraviglia incontrarlo ancora in Helvétius[3].

3. Metafisica vale a lungo filosofia (ossia fisica) razionale, a distinzione di filosofia sperimentale, e se è consentito pronunciarsi in maniera attendibile su di un pensatore mobilissimo come Diderot, può darsi che egli impieghi la parola in questa accezione[4].

---

[2] «Per metafisica – dice Helvétius – non intendo quel gergo inintelligibile che, trasmesso dai preti egiziani a Pitagora e a Platone, da Platone a noi, è ancora insegnato in alcune scuole. Con quella parola io intendo, come Bacone, la scienza dei primi principi di qualunque arte o scienza che sia. La poesia, la musica, la pittura, hanno i loro principi fondati su di un'osservazione costante e generale; esse hanno dunque la loro metafisica, ben differente dalla prima» (*De l'Homme, des ses facultés intellectuelles, et de son éducation*, in *Oeuvres complètes*, Hildesheim, 1967 – è la riproduzione dell'edizione, fatta a Parigi, nel 1795 –, tomo VIII, pp. 156-157). Chi sarà per mettersi contro la metafisica, così definita? Qui la metafisica compare in un significato epistemologico (quello medesimo per cui Lazzaro Carnot scrive nel 1797 le *Réflexions sur la métaphysique du calcul infinitésimal*), contro il quale nemmeno coloro che sono sempre pronti a ragionare di aberrazione metafisica possono trovare alcunché da ridire. Quest'uso del vocabolo metafisica, comunissimo negli scrittori del secolo XVIII, declina però rapidamente e scompare presto quasi del tutto dalla circolazione.

[3] «Ci si inganna sempre nei propri ragionamenti – avverte Helvétius – quando si ragiona *a priori*; ecco perché tanti metafisici sono caduti negli errori, è *a posteriori* che bisogna ragionare, e cioè secondo fatti ben osservati. È il metodo di Locke, senza dubbio il primo buon metafisico. La parola stessa *metafisica* lo indica: significa *dopo la fisica*. Questa fisica ci dà dei fatti, e dalla comparazione di questi fatti derivano dei risultati generali che si chiamano *metafisica*; e ogni scienza ha la sua. Ogni metafisica che non è appoggiata su di una grande base di fatti è una falsa metafisica di parole» (*Pensées et réflexions extraites des manuscrits de l'Auteur*, in *Oeuvres complètes*, ed. cit., tomo XIV, pp. 147-148). È in funzione di questo significato del vocabolo «metafisica» che i pensatori più enciclopedici, ma anche più sperimentali, sono chiamati metafisici, e che i filosofi di grande valore sono detti, a titolo di lode, dei metafisici.

[4] Ciò consente a Diderot di dichiarare di compiere opera di metafisica: «Se fosse permesso a certi autori di essere oscuri, a costo di fare qui la mia apologia, direi che lo è ai soli metafisici propriamente detti» (*De l'Interprétation de la nature*, in *Oeuvres philosophiques*, a cura di P. Vernière, Paris, 1964, p. 216. Ma si può anche supporre che in Diderot, che si muove inquieto tra illuminismo e romanticismo, compaia qualcosa del tradizionale significato della parola, per cui la metafisica è la conoscenza del principio della realtà, da procacciarsi romanticamente con l'empito e l'entusiasmo (Diderot difende il valore del filosofo ispirato, «che getta sulla natura degli sguardi d'insieme e percepisce gli abissi, si eleva, a volo d'aquila, verso una

4. Il fatto che metafisica significhi spesso filosofia razionale non toglie che, con una brusca inversione di senso, compaia a volte nell'accezione di filosofia sperimentale, proprio in contrapposizione alla filosofia razionale[5]. Ma poiché, si tratti di quella razionale o di quella sperimentale, in ogni caso si tratta della fisica (presumibilmente considerata sempre come scienza reale, e quindi nella sua distinzione dalla matematica), anche quest'uso è del tutto conforme all'intuizione illuministica del mondo.

La semplice esposizione sommaria di questa prima serie di significati mostra a sufficienza l'accidentalità e la casualità che contraddistinguono la «metafisica» ancora presente nell'illuminismo, la comparsa, a mero titolo residuale della parola, che tende naturalmente a sparire.

2. *E in quali significati la rifiuta*

Ben diversa congruenza e solidità posseggono quelli che, per gli illuministi, sono i significati cattivi di metafisica, che si possono ricavare logicamente gli uni dagli altri e confortare con i riscontri forniti dalla tradizione e dalla storia.

Al primo posto deve andare la metafisica come conoscenza della totalità del reale, perché questa è l'accezione fondamentale del termine, che esplicitamente o implicitamente sorregge tutti gli altri, che ne sono delle conseguenze. Fare della metafisica è dunque pronunciarsi intorno al tutto dell'esistente, definire, ossia esprimere in maniera determinata e compiuta, *ciò che è*, qualunque sia l'*essenza* che a *ciò che è* si attribuisce. Quel che decide intorno all'indole metafisica di una filosofia è la circostanza che essa dichiara qual è l'essenza del tutto, anziché restringersi a significare quel che alcune cose particolari sono, non il contenuto che al tutto assegna, ed è pertanto, sotto il presente proposito, completamente indifferente che essa sostenga che la realtà è *essere* oppure *divenire*, *materia* oppure *spirito*, e ancora *immobilità* e *stasi* oppure *dinamicità* e *storia*, e via di seguito esemplificando. Quel che conta è che si tratti dell'ἀρχή, che il discorso sia περὶ τοῦ παντός.

Orbene, la critica illuministica non si sofferma, come ci si potrebbe aspettare, su questo basilare concetto di metafisica, che compare in essa soltanto di sfuggita, e che si deve ricavare laboriosamente dall'analisi delle oppugnazioni che ne sono compiute. E le obiezioni che s'incontrano si riducono a due, la pri-

---

verità luminosa, fonte di mille verità, a cui perverrà in seguito strisciando la folla timida degli accorti osservatori»; questo lo rende bene accolto a Schelling, ma lo allontana dall'illuminismo).

[5] Se ne ha un documento in d'Alembert, il quale invita a guardarsi dalla metafisica, a meno che non si chiami metafisica la «fisica sperimentale dell'anima», come si osserva in Locke. Cfr. *Encyclopédie ou dictionnaire raisonné des sciences, des arts et des métiers* (Nouvelle impression en facsimilé de la première édition de 1751-1780, Stuttgart-Bad Cannstatt, 1966), vol. I, *Discours préliminaire des éditeurs*, p. XXVII.

ma di pretesto, la seconda di sostanza. L'una obiezione dice: la pretesa essenza del tutto dell'esistente altro non è che il carattere costitutivo di alcune realtà particolari, che arbitrariamente è esteso ad ingrediente di ogni e qualsiasi entità. La materia e lo spirito, gli atomi e il pensiero, al pari di qualsiasi altro principio che la metafisica ha preteso di assegnare, si riferisce legittimamente soltanto a questo o a quell'ambito di cose, di processi, di azioni, ma la considerazione di ambiti definiti non è niente di metafisico, ed è di pertinenza dell'una o dell'altra scienza, quale che essa sia (la fisica, la chimica, la biologia, la storia, ecc.; tutti saperi particolari). L'argomentazione è estrinseca e superficiale, perché dà per ammesso quel che dovrebbe dimostrare, ossia la particolarità del principio, che la metafisica adduce (è un volgare presupposto che non pur la materia della metafisica sia quella medesima entità comparsa nella fisica moderna, ma anche che l'acqua e il fuoco, allorché sono considerati come principi, abbiano nella metafisica il medesimo significato che posseggono nella chimica o nella vita quotidiana). L'altra e decisiva obiezione (che però è quasi sempre sottaciuta e conservata gelosamente nascosta, perché il sentimento si maschera allo scopo di avere forza ed efficacia) osserva con aria di compatimento e d'irrisione: non vedete voi quale sproporzione c'è tra l'uomo, piccola ed effimera creatura, che è posta in essere e travolta dalla natura, e l'intero universo? Come potete essere così ciechi da illudervi che questo abisso divisorio venga oltrepassato, e che l'uomo possa pronunciarsi assennatamente intorno alla totalità dell'esistente? Non vi rendete conto che ogni qualvolta l'uomo ha tentato un'impresa così scriteriata e folle ha elevato a essenza di tutte le cose qualche ingrediente degli oggetti che incontrava intorno a sé, che forse nel mondo occupa poco posto e non è che un elemento secondario tra quanti ne esistono, cadendo nel ridicolo? Dopo la diffusione dell'evoluzionismo, un tale sentimento dell'impotenza metafisica dell'uomo è stato espresso nel miglior modo da un romanziere, compenetrato della mentalità dell'illuminismo, col dire: il discendente dello scimpanzé pretende di comprendere ciò che l'essere è. Questo lascia subito scorgere come il rifiuto illuministico della metafisica assuma volentieri il tono della satira e del dileggio.

In luogo del concetto testé richiamato di metafisica, se ne incontra in bell'evidenza nell'illuminismo un altro, che in un primo momento può anche parere coincidente con esso, ma che in effetti è completamente diverso, e che definisce la metafisica come la scienza (soltanto apparente) di ciò che è al di là dell'esperienza. Questo dimostra come l'illuminismo sia interamente guidato da una nozione fenomenistica ed empiristica dell'esperienza, che, posta a base la distinzione dei fenomeni e delle cose in sé, affida la conoscenza dei fenomeni alle scienze positive – faccia o no posto alla matematica e alla logica come discipline puramente formali, o invece si sforzi di ricondurle a saperi di fatti, ciò non ha presentemente verun interesse – e riserba alla metafisica la sfera della realtà a sé stante. Poiché la ritirata fenomenistica è avvertita non come una perdita, ma come un guadagno, e si giudica che il mondo circostante abbia di che esaudire tutti i bisogni effettivi dell'uomo, il quale ha da rimanere fermo ad esso, guardando alla terra come alla sua patria, invece di scrutare ansiosamente il cie-

lo, è sin dal primo istante evidente che la metafisica, anziché essere la conoscenza complessiva, la realtà medesima in quanto è saputa, non ha alcun diritto
di cittadinanza tra le scienze, dal cui novero va bandita come usurpatrice.

Una modificazione della nozione della metafisica come presunta conoscenza
di ciò che è al di là dell'esperienza, fornisce un'ulteriore accezione, scopertamente polemica, per cui possiede indole metafisica ogni asserzione che non si
conforma al principio di verificazione, al quale, invece, obbedisce ogni genuina
conoscenza dell'esistente, ossia del fattuale. Le due nozioni non coincidono,
perché l'esperienza ha un'estensione più ampia della verificazione, la quale è
suscettibile di parecchie interpretazioni, potendo essere considerata come verificazione che già ha avuto luogo, e come verificazione non ancora avvenuta, ma
possibile in futuro, continuando le condizioni in cui l'umanità presentemente si
trova o dandosene altre ad esse analoghe, e del pari, l'inverificabilità potendo
essere riguardata come inverificabilità di fatto, in ogni presumibile stato del genere umano, e come inverificabilità di principio, dovuta a strette ragioni logiche, che valgono in qualsiasi situazione che si voglia fingere. Le proposizioni
metafisiche, a cui, mercé questo assioma, il positivismo logico, che ha in esso il
suo vessillo, ha in animo di dare il bando (per accogliere soltanto quelle che
chiama scienze empiriche, le quali fanno appello all'esperienza e vi trovano riscontro, e la matematica e la logica, che però dell'esperienza non hanno bisogno, essendo interamente formali), dovrebbero essere inverificabili per principio, e per ragioni puramente logiche, che compiono astrazione da qualsiasi situazione di epoche e d'ambienti, perché soltanto ciò giustificherebbe appieno il
rifiuto della metafisica, pronunciando su di essa una sentenza inappellabile di
condanna.

Senonché l'«inverificabile di principio per ragioni logiche» non può manifestamente darsi, non per una riflessione critica che sopravvenga dall'esterno, ma
secondo i concetti proposti da questa medesima filosofia, la quale disgiunge
l'empirico, il fattuale, a cui deve riferirsi, per aver semplicemente senso, la verificazione, e il logico, il formale, che non deve, né può, per tale suo carattere,
richiedere alcun accertamento. Verificare importa vedere, ascoltare, toccare,
ecc., è questione di sensi e di dati sensoriali; niente di questo costituisce una
questione logica, nella stessa maniera in cui nessuna questione logica può essere risolta mediante osservazioni e attestazioni empiriche. L'asserita coincidenza
del metafisico con l'inverificabile per principio urta contro questo ostacolo, che
il positivismo del Novecento pone da sé sul terreno, e ne è inavvertitamente travolto. Si direbbe che Dio, il diavolo, il paradiso, l'inferno, siano entità inverificabili (e come tali, metafisiche; a niente gioverebbe toglierle alla metafisica e
attribuirle alla religione, giacché l'immedesimazione del metafisico e dell'inverificabile per principio non consente di distinguere ciò che è religione da ciò che
è metafisica), ma non è così. Si rida pure degli esempi, che arrechiamo allo scopo di produrre scandalo; non è sicuro che si rida bene. E se in una visione si
manifestasse Dio? E se si manifestasse a molti insieme, così da rendere quella
visione intersoggettiva, comune, sociale? E se se ne facesse esperienza già anche in vita, anziché soltanto dopo la morte? A torto si sosterrebbe che, se Dio si

vede con gli occhi, non è per ciò stesso Dio. Ci sono state in passato, e ci sono anche oggi in alcune plaghe della terra, divinità che si vedono proprio con gli occhi, mentre nel contempo si avverte con l'anima il dominante delle loro figure.

Tolta di mezzo la cosiddetta inverificabilità di principio, è evidente che l'inverificabilità di fatto non designa niente di netto, di preciso, di rigoroso, essendo costretta a far riferimento a nozioni vaghe, incerte, indefinibili, come sono quelle relative agli stati in cui si trova, nei differenti luoghi e tempi, il genere umano. Il rimando alla possibile verificazione futura mette in campo l'indecidibile, e così apre la porta all'arbitrio, giacché non si scorge come presentemente si possa giustificare una proposizione empirica sulla base di un'esperienza inattuale. Non resta che la verificazione compiuta in passato, attestata dalla personale memoria o da testimoni attendibili. Ma restringere il sapere al verificato, non soltanto non serve allo scopo di respingere la metafisica, ma nuoce agli interessi della scienza, che confina entro limiti angusti, soffocanti, e così ne decreta la rovina.

3. L'eliminazione dell'ontologia

Quelli che si possono ancora elencare non sono tanto ulteriori significati della metafisica, a cui l'illuminismo si attenga nella sua polemica, perché non riguardano, come i precedenti, l'intera (vera o presunta) regina delle scienze, ma concernono i suoi ambiti, si riferiscono alla considerazione delle sue parti. Essi affondano le loro radici nell'interpretazione medioevale di Aristotele, che riceve nuovi sviluppi e giunge alla sua sistemazione finale in età moderna, con la distinzione di *metaphysica generalis, sive ontologia* e di *metaphysica specialis*, questa tripartita in psicologia, in cosmologia e in teologia naturale: scienza dell'anima come sostanza spirituale e immortale, scienza del mondo come serie delle cose finite in atto, scienza di Dio come essere assolutamente infinito, necessario, eterno. L'occasione di tutto questo è nel concetto dell'essere in quanto essere, che non è nessuno degli esseri esistenti, ma è l'universale massimo, che la mente concepisce come ciò che è comune ad ogni cosa quale che essa sia, indipendentemente dal suo modo di essere, si tratti quindi di una cosa reale, di un pensiero o anche di una parola fornita di significato. La metafisica generale, che ha per oggetto l'essere in quanto essere, è preordinata alla metafisica speciale, perché quel che essa stabilisce si estende a qualunque cosa, senza restrizione possibile, laddove la metafisica speciale verte su oggetti particolari, quantunque di altissima dignità, com'è il caso di Dio (ma la metafisica speciale ha di che controbilanciare questa susseguenza, giacché si porta su dei concreti, realmente esistenti, mentre quella generale ha per contenuto un universale astratto). Compito della metafisica generale è di porre in chiaro le proprietà trascendentali dell'essere, di distinguere l'essere reale e l'essere ideale, e il reale in attuale e possibile, l'esistenza e l'essere, e di provare l'univocità, l'analogicità o l'equivocità dell'essere (a seconda delle diverse dottrine che in proposito di volta in volta si sostengono). Ad essa si collegano anche i principi logici d'identità, di non contraddizione, e del terzo escluso, i quali posseggono la medesima universalità dell'essere in quanto essere, e di conseguenza, hanno una validità superiore a quella delle diverse regioni degli esseri.

La metafisica generale, com'è di per se stessa l'assetto più debole che una qualunque dottrina può propugnare, così è anche il punto di cui l'illuminismo si libera più agevolmente e su cui più volentieri prende toni sarcastici. La vera critica illuministica della metafisica generale non si trova in ciò (esercitazioni di tale sorta possono tutt'al più vantare pregi di fattura letteraria), ma nella contestazione, eseguita da Spinoza, delle consuete divisioni dell'ente, in ente reale e in ente di ragione, nella sua asserzione che la chimera, l'ente fittizio e l'ente di ragione non sono enti[6].

«Essere» è apparentemente una parola semplice, ma conglobati in essa si ritrovano tre differenti significati, la cui mancata distinzione avrebbe – secondo l'illuminismo – generato tutte le ingannevoli, futili e vane questioni della metafisica: 1) l'essere nel significato della copula logica (il simbolo dell'asserzione, il predicato); 2) l'essere nel significato dell'esistenza; 3) l'essere nel significato dell'identità. – Preso nel primo modo, l'essere appartiene a tutto ciò che si con-

---

[6] *Cogitata metaphysica* (in *Opera*, ed. cit., Bd. I, pp. 233-237). Nondimeno Spinoza elabora una metafisica, che è tanto remota dall'illuminismo quanto l'*amor Dei intellectualis*, in cui essa culmina, è alieno dal commercio con le cose del mondo, che è al centro della concezione illuministica della vita. Gli esponenti più recenti dell'illuminismo escono di strada, quando sostengono che le nozioni metafisiche, di cui si tratta, sono unioni di parole prive di senso (ciò che Spinoza si era guardato dal fare). Si dovrebbero distinguere certe formazioni fonetiche come gli scioglilingua e le cosiddette insalate di parole, che, siccome non hanno effettivamente senso, non sono nemmeno vere e genuine espressioni, le espressioni contraddittorie, che si comprendono, e quindi sono provviste di senso, ma sono caratterizzate dall'impossibilità degli oggetti che designano (esse costituiscono dei controsensi e il controsenso è irriducibile al non senso, da cui va distinto per il grado dell'intensità con cui si rigetta), e i concetti ontologici, che, quand'anche fossero illegittimi, perché infondati, non sono né affetti dalla mancanza di senso né dalla contraddizione (se questo secondo punto si ritenesse asserito a torto, si avrebbe l'obbligo di stabilire mediante l'analisi che essi sono formalmente e direttamente contraddittori, ma si evita di assumersi un onere così gravoso). L'affermata loro insensatezza sulla base del principio di verificazione ha parecchi gravissimi difetti: introduce in una questione di logica e di linguistica un principio che non è né logico né linguistico; è interamente dommatica, giacché non si scorge come mai, per essere dotati di senso, dei concetti e le proposizioni che con essi si formulano dovrebbero obbedire alla condizione di avere riscontro nell'esperienza (soltanto passata o, invece, anche futura? Attuale o, invece, soltanto possibile? Il principio è suscettibile d'un'interpretazione ampia e di una stretta: se si accetta quella ampia, tutto diventa suscettibile di verificazione, e il principio non dice niente, è completamente inutile; se, al contrario, si preferisce quella stretta, ci si mette nel contempo contro la scienza e contro il senso comune, che accolgono innumerevoli proposizioni non confortate dall'esperienza). Dichiarando preliminarmente insensati gli assunti dell'ontologia, ci si toglie la possibilità di condurre un'argomentata polemica contro di essi e di mostrarne le eventuali manchevolezze e i probabili difetti, giacché le argomentazioni che si adducessero incomincerebbero inevitabilmente col rappresentarsi il materiale che oppugnano, e quindi col riconoscergli un senso. Ciò che è davvero senza senso è interamente vacuo, ma proprio in grazia della sua vacuità si sottrae alla presa della critica.

cepisce, ad ogni possibile oggetto del pensiero, a qualsiasi proposizione, sia essa vera o falsa. Anche i mostri della mitologia, le divinità delle superstizioni popolari, le astrazioni della mente, sono, e quindi l'essere è l'attributo di qualunque cosa, di cui, già nel menzionarla, si riconosce che essa è. Riguardato nel secondo modo, l'essere compete soltanto ad alcune cose, come dimostrano le proposizioni esistenziali negative, le quali non sarebbero possibili, e invece sono possibilissime e da tutti legittimamente pronunciate, per la ragione che anche a ciò che si nega esistere si riconosce competere l'essere. Assunto nel terzo modo, l'essere interviene nelle proposizioni in cui quello che è uno stesso oggetto è indicato differentemente.

È però da dubitare che l'aver trascurato questa triplice differenza dell'«è» abbia anche soltanto occasionalmente e di rado prodotto una qualche seria difficoltà al pensiero e dato così occasione d'insorgere ai viluppi e alle oscurità della metafisica. L'individuazione dell'essere nel senso della copula e la sua distinzione dall'essere nel senso dell'esistenza, che è quella capitale, risale almeno a Platone, per la sua esplicita e compiuta teorizzazione, e per il suo impiego irriflesso ed implicito è da ritenere che sia da sempre a disposizione di chiunque (a condizione, va da sé, che voglia onestamente e seriamente ragionare, e non sofisticare e tendere tranelli e insidie di parole). Bisogna aggiungere che i veri problemi della metafisica non sono appianati e risolti da codeste distinzioni, ma si ripresentano dopo di esse, accresciuti e più tormentosi, e domandano di essere risolti.

Finché gli illuministi s'illudono di non essere obbligati nelle trattazioni di logica a prendere posizione intorno ai problemi tradizionalmente dibattuti sotto la denominazione d'ontologia, si accontentano di lazzi, frizzi, scherni; quando debbono pronunciarsi sui medesimi argomenti, si mostrano vaghi e incerti, e tuttavia ordinariamente non desistono dalla satira, perché non scorgono, sotto la differenza del vocabolario, l'identità delle questioni. Così, si seguita a dichiarare che l'«essere», l'«ente», l'«uno», il «molteplice», l'«identico», il «diverso», il «simile», ecc., sono contenuti adatti a speculazioni oziose e vane, portano a formulare dottrine assurde e puerili, tipiche dell'infanzia dell'umanità. Già i fanciullini sanno parlare a tali propositi senza confondersi, e quel che è facile, spedito e chiaro, nell'uso comune, diventando oggetto di riflessione, può soltanto rendersi difficile, ingarbugliato, oscuro: di conseguenza, ciò che per l'esperienza mentale del genere umano non è problema, non deve diventare problema per la filosofia.

Si coglie qui l'atteggiamento dominante dell'illuminismo, il quale si pone di fronte al mondo com'è già fatto, e soltanto si mostra interessato ad analizzarlo, descriverlo, trasformarlo in conformità a quella forma d'umanismo di cui esso è l'espressione. La vera filosofia però viene prima; essa s'interroga sulla costituzione del mondo, sulla sua origine essenziale; quando il mondo è lì, esistente, dato all'esperienza, così e così fatto, il compito della filosofia, che ormai non ha più niente da dire, è finito da un pezzo. I concetti, che i fanciulli posseggono ed adoperano con grande sicurezza, non sono facili e piani, ma impegnativi e ardui per la filosofia, per la quale è problema ciò che nella vita quotidiana è soluzione.

4. *La polemica contro la psicologia razionale*

Alla critica dell'ontologia si collega strettamente quella della psicologia razionale, che è un punto di forza dell'illuminismo, il quale rifugge dallo spiritualismo metafisico, in cui non può non vedere il peggiore nemico del *regnum hominis*, tanto più che la nozione della spiritualità e dell'immortalità dell'anima è stata accolta dal cristianesimo, che l'ha riposta tra le sue dottrine fondamentali e ne ha fatto un caposaldo della sua concezione della vita. Il collegamento tra il rigetto dell'ontologia e quello della psicologia razionale è fornito dalla critica, o, per meglio dire, dalla satira che l'illuminismo esegue dell'idea di sostanza. E infatti, Locke, il filosofo più importante dell'illuminismo della prima ondata, quello a cui tutti volentieri si richiamano, è anche il filosofo che infligge un colpo mortale alla dottrina dell'anima come sostanza semplice, immateriale, immortale, in cui si riassume l'intera psicologia razionale[7]. Le condizioni in cui versiamo intorno alle sostanze spirituali sono le medesime di quelle in cui ci troviamo rispetto alle sostanze materiali, giacché le une e le altre ci sono ugualmente sconosciute: abbiamo idee chiare e distinte di qualità primarie, ossia di proprietà effettive dello spirito, come il pensiero e la capacità di agire; ne abbiamo di qualità primarie, ossia di determinazioni reali del corpo, come la solidità

---

[7] Mette conto di ricordare la caricatura della sostanza, agguagliata da Locke a un *non so che*, che sostiene una tartaruga, che regge un elefante, che tiene su il mondo (*Essay on Human Understanding*, II, 23, § 2, in *The Works*, ed. cit., vol. II, pp. 2-4). Appartiene all'elemento caricaturale della comparazione il fatto che si trascuri la differenza tra quel sostegno che è la tartaruga, la quale sta sotto il mondo in tutt'altro significato da quello in cui la sostanza, sia pure considerata come sostrato, sta sotto le proprietà della cosa. L'animale regge il mondo dal di fuori, giacché è immaginato come esterno ad esso; invece, la sostanza sostiene dall'interno, giacché la cosa, oltre che proprietà, contiene ciò che fa loro da fondamento e presiede alle loro manifestazioni. Nel caso della sostanza si tratta quindi di un sostegno interamente metaforico, e se niente vieta di servirsi di metafore, occorre non confondere le metafore con le realtà a cui si riferiscono. Che un pensatore della grandezza di Locke racconti favolette del genere, la dice lunga sulla sua riluttanza ad accordare un vero interesse alle questioni metafisiche. Le cose non sono, per la metafisica, mere collezioni di proprietà, perché c'è qualcosa d'elevato in esse, che le mantiene in essere, assegna loro dei fini, e in tale accezione le sostiene. È per questo motivo che Dio è la sostanza per eccellenza, che con la sua vicinanza, aderenza e presenza essenziale, fa esistere il mondo. Ma il Dio dell'illuminismo è una divinità remota, e la sua lontananza interviene anche nel problema della sostanza, come risulta dalla circostanza che il fatto che noi non abbiamo alcuna conoscenza determinata delle diverse specie di sostanze è dovuta a questo (dice Locke), che il creatore ci ha accordato le conoscenze adatte agli scopi della vita, di sopperire ai nostri bisogni e di procacciarci la felicità sulla terra, e ha saggiamente negato le cognizioni, che ci allontanerebbero dall'esecuzione dei nostri compiti (già se possedessimo sensi più acuti di quelli di cui disponiamo, la cosa sarebbe incompatibile con il nostro essere, o almeno con il nostro benessere). Il concetto di proprietà, facoltà, qualità, accidenti, che Locke mantiene in vigore e seguita ad accogliere senz'ombra di pentimento, e il concetto di sostanza, che egli pone in uno sfondo lontano, sono correlativi, e quindi s'implicano a vicenda, ma la considerazione che Locke ne propone non comporta alcuna contraddizione, bensì ribadisce il carattere fenomenistico del realismo da lui professato, il quale impone di sostenere che abbiamo una conoscenza soltanto indeterminata della sostanza, mentre conosciamo in maniera definita le proprietà delle cose, che l'esperienza ci pone dinanzi.

e la coerenza delle parti; ma siamo immersi in un'oscurità impenetrabile e dobbiamo rimanere nell'ignoranza per quel che attiene alla costituzione delle sostanze.

Ci si potrebbe domandare perché non ci si sbarazzi sino in fondo di queste fastidiose questioni, perché non si smetta anche di discorrere, in senso tecnico, di proprietà, qualità, modi e accidenti, perché non si adotti un vocabolario che non compia alcun impiego di questi termini propri della tradizione metafisica, potendo parere che si sappia troppo poco delle sostanze e delle essenze e che quel poco che si sa sia illegittimo e usurpato. E se non avessimo nemmeno l'idea della sostanza? Un'idea, che non ha un contenuto positivo, in effetti non rappresenta niente. Locke è a malapena tentato da questo partito estremo, e se lo prende, torna sveltamente sui propri passi e accorda all'uomo la conoscenza indefinita di entrambe le parti della realtà, di quella spirituale e di quella corporea. L'illuminismo sia in fatto di metafisica, che di religione, di morale, politica, in breve, in ogni cerchia delle sue espressioni, procede per gradi e quindi rifugge dalla fretta e dalla precipitazione, che sono inseparabili dai ritorni e dalle restaurazioni del passato. L'ombra del sublime, il riflesso dell'idea di Dio, sono ancora abbastanza forti da comportare la permanenza di un sentore della costituzione reale delle cose, e quindi da imporre il mantenimento della sensatezza dell'idea di sostanza. Soltanto in un lungo periodo di tempo, la mancanza dell'interesse per i massimi problemi determina prima la restrizione e poi il ritiro dell'attenzione, il disconoscimento e infine la ripugnanza per la metafisica.

L'ignoranza, in cui già ci si trova, consente però di avanzare quelle che Locke medesimo chiama congetture stravaganti, ipotesi strambe, fantasie bizzarre, intorno ad esseri superiori, che assumono corpi diversi per mole, formazione, figura, dagli umani, angeli dotati di organi corporei, spiriti che sentono. Quest'ultima supposizione è facilmente destinata ad accompagnarsi a quella inversa di esseri corporei e nondimeno pensanti, la quale dà luogo alla questione se la materia possa pensare. Poiché noi concepiamo mettendo insieme le differenti idee, ossia tutti gli oggetti della nostra mente, e si parla di Dio, delle anime e dei corpi senza che ne abbiamo idee complete, sembra a Locke di dover conferire agli spiriti finiti il movimento, inteso proprio come cangiamento di luogo, di attribuire loro delle distanze reciproche, la facoltà di allontanarsi e di avvicinarsi gli uni agli altri. Si intravede qui la possibilità che l'ipotesi che la materia pensi non è un'escogitazione momentanea, ma può diventare un punto di dottrina dell'illuminismo, essendo preparata dalla tesi che non possediamo una nozione chiara della sostanza, che non si è capaci di distinguere veramente lo spirituale e il materiale.

La contestazione lockiana della psicologia razionale non ha però qui il suo culmine, come di solito si reputa, giacché esso è da riporre nella tesi che il fondamento dell'identità personale non risiede nella sostanza, sibbene nella consapevolezza che sempre accompagna il pensiero, la quale consapevolezza fa sì che ognuno sia se stesso, sia una persona. Un essere intelligente è lo stesso a se stesso per la coscienza che ha dei suoi pensieri e delle sue azioni presenti, e sarà lo stesso, sin tanto che la stessa coscienza possa estendersi al passato e al fu-

turo, senza che la sostanza vi interferisca in nulla. Potrebbe trattarsi di una sostanza unica oppure molteplice, semplice oppure composta, spirituale oppure
materiale, la sostanza potrebbe mutare oppure rimanere la medesima: per l'identità personale tutto ciò non ha alcun interesse. Si può mutare di sostanza come
si muta d'abito, e l'uomo, che sostituisce un vestito con un altro, non diventa
per questo motivo un uomo diverso. Ciò che massimamente interessa all'uomo
è l'io, ossia quella cosa pensante e consapevole, che avverte piacere e dolore, è
capace di felicità e d'infelicità, e si preoccupa di sé sin tanto dura un tale avvertimento. Delle questioni che non interferiscono in niente con la felicità si è, in
definitiva, autorizzati a disinteressarsi.

La soluzione agnostica, data da Locke al problema della natura dell'anima, è
quella accolta dalla generalità degli esponenti della prima ondata dell'illuminismo. Così, Voltaire dichiara che ci si dovrebbe esprimere in termini di facoltà di
parlare, di pensare, ecc., e lasciar da parte il vocabolo «anima», giacché «è ridicolo pronunciare parole che non s'intendono, e ammettere esseri di cui ci è ini-
bita la conoscenza»[8]. Questo atteggiamento è tanto consustanziale all'illuminismo che Toland, passando in rassegna le prove addotte dagli antichi dell'esistenza separata e dell'immortalità dell'anima, trova che si tratta di congetture a
volte sottili e ingegnose, a volte stravaganti e assurde, di argomenti che non
vanno comunque oltre la semplice probabilità, a favore di credenze ignote al popolo ebraico, diffuse tra i pagani ansiosi di continuare la vita anche dopo la
morte terrena e disposti a parlare di cose che non conoscono. Toland dice di volersi rimettere alla fede, sostenendo che, se gli uomini s'ingannano, Dio non inganna, e che quello che egli ha rivelato è completamente certo, sebbene vada al
di là della comprensione umana[9]. Questa posizione fideistica è una soluzione
illusoria, e gli illuministi dichiarati porranno allo scoperto che, se s'ignora assolutamente la nozione di una cosa, il credervi non si distingue in alcunché dal
non credervi, giacché il possesso della nozione è il presupposto sia della comprensione che della credenza.

La completa estraneità della psicologia razionale all'illuminismo è attestata
nell'Ottocento dagli autori del positivismo, che sono pronti a richiamarsi ai pensatori che li avevano preceduti nella stessa strada, come a precursori e a maestri. Se non si tiene conto di questa relazione di dipendenza, le tesi dei positivisti in tema di sostanza, anima, mondo, Dio, sono destinate a risultare dommatiche all'estremo, perché non accompagnate da alcun serio sforzo di argomentazione e di prova. Il fatto è che i positivisti costruiscono sul fondamento dei risultati ottenuti un secolo prima, sul fenomenismo e sull'empirismo nella forma
che avevano allora avuto; essi danno quindi per ammesso che accessibili alla li-

----

[8] *Gli orecchi del conte di Chesterfield e il cappellano Goudmann*, in *Romanzi e racconti*,
trad. it. cit., p. 485. Per Voltaire, Dio è abbastanza potente da darci idee e sentimenti senza per
questo racchiudere dentro di noi un piccolo, invisibile atomo alieno, denominato «anima». In
tutte le dottrine dell'anima non si trova altro che «oscurità, contraddizione, impossibilità, ridicolo, fantasticheria, impertinenza, chimera, assurdità, stupidità, ciarlataneria» (*Ibid.*, p. 486).
[9] *Lettere a Serena*, trad. it. E. Lecaldano, Bari, 1977, pp. 70-71.

mitata conoscenza umana sono soltanto le cose come appaiono, le rappresentazioni, le quali si dividono in grandi classi, quella esterna e quella interna, quella simultanea e quella successiva, di cui le prime si raccolgono sotto la denominazione di corpi, mentre le seconde prendono l'appellativo di anime. Ciò che si chiama l'anima è riguardato per lo più come un'astrazione dei fenomeni interni, dei pensieri e degli affetti, che si succedono nella vita degli uomini, si fissano nella memoria e si condensano in qualcosa di unico, nello stesso modo in cui i fenomeni esterni, le sensazioni, le esperienze d'impenetrabilità e di forza, che coesistono nell'esperienza umana, costituiscono l'astrazione che va sotto il nome di materia. La metafisica, che è l'occupazione dei retrivi, s'impadronisce di questa coppia di astrazioni, e le trasforma in degli assoluti, oggettivamente esistenti, e così dà origine alle pretese scienze dell'anima e del mondo intesi come sostanze.

Il neopositivismo novecentesco tralascia anche la polemica contro le tre parti in cui si divideva un tempo la metafisica speciale. In particolare non pronuncia più una parola sulla psicologia e sulla cosmologia, che si dicevano razionali (mentre fa ancora qualche cenno della teologia e della metafisica generale, perché l'ombra di Dio e quella dell'essere in quanto essere sono più tenaci e non sono ancora dipartite).

L'ellenismo non ha propriamente una psicologia che si possa accompagnare con l'attributo di razionale, per il motivo che, coincidendo, per esso, la scienza con la filosofia, le sue trattazioni dell'anima sono insieme e inscindibilmente metafisiche, biologiche, psicofisiologiche. La psicologia razionale sorge in età moderna, e la sua nascita è inevitabilmente accompagnata da quella di una concomitante scienza, la psicologia empirica, la quale fa appello all'esperienza, per la conoscenza, la divisione e la classificazione dei fatti mentali, intuizioni, rappresentazioni, sentimenti, passioni, emozioni, volizioni, ecc., laddove l'altra concerne la natura metafisica dell'anima e procede interamente *a priori*. Questa divisione della psicologia, foriera di sventure per la metafisica, è essenzialmente opera del razionalismo postcartesiano, i cui autori si sogliono annoverare tra gli illuministi, ma che illuministi non sono (va da sé, non sono, in quanto metafisici e sostenitori di una psicologia metafisica, sebbene lo siano sotto altri propositi, soprattutto in quanto generalmente ostili o almeno silenziosi o riluttanti sull'intervento della grazia, del soprannaturale, del rivelato, nella vita e nella storia dell'umanità). Con il crollo e la fine della psicologia razionale, l'altra e subordinata scienza psicologica, che intanto è venuta sempre più avvicinandosi nei procedimenti d'indagine alle scienze naturali, perde l'aggettivo di «empirica»; essa è ormai da tempo senz'altro la psicologia, l'unica possibile e l'unica esistente attualmente.

5. *La fine della cosmologia*

La cosmologia razionale, seconda parte della metafisica speciale, soffre modernamente dell'inconveniente, di cui sarebbe difficile immaginarne uno peggiore, di avere un oggetto che è diventato del tutto indefinito, sicché non si sa con precisione su cosa verta e che mai sia chiamata a stabilirne. La scienza del mondo dovrebbe cominciare col dimostrare l'esistenza medesima del mondo, giacché è tutt'altro che certo che ci sia un mondo nell'accezione metafisica del termine. Poiché la cosmologia è obbligata a procedere insieme alla psicologia e alla teologia, dovrebbe essere evidente che essa ha un contenuto peculiare di cui trattare, unicamente se esiste qualcosa di diverso sia dall'anima che da Dio, e cioè qualcosa di corporeo, di materiale (per obbedire al primo requisito), e nel contempo di finito (per conformarsi alla seconda condizione; anche Dio è anima, spirito, ma possiede l'infinità). Se ci fossero soltanto degli spiriti, l'intero assetto tradizionale della metafisica verrebbe già meno; pertanto, in una concezione immaterialistica, com'è quella di Berkeley, parlando con proprietà, non si avrebbe il diritto di discorrere di una qualsiasi cosmologia. L'illuminismo è però radicalmente avverso all'immaterialismo, e di ciò è sufficiente documento il saggio di frizzi e motteggi che indirizza al filosofo irlandese, il quale, per parte sua, volentieri irride quelli che sprezzantemente chiama *filosofi minuti*. La richiesta quindi che la cosmologia incominci con lo stabilire che esiste il mondo, suona paradossale e bizzarra soltanto finché non si riflette che il mondo c'è unicamente a condizione che si dia una realtà che non consta esclusivamente di spiriti e che insieme è distinta dalla divinità. È da ritenere che il silenzio, che sull'argomento si riscontra, sia dovuto all'ordinaria convinzione che l'esistenza dei corpi, la realtà della materia, risplenda d'assoluta evidenza, e si possa negare soltanto per capriccio ricorrendo a ridicoli sofismi.

La formula definitoria del mondo come serie (e cioè come complesso, insieme, aggregato) delle cose finite in atto adempie di per se stessa benissimo il compito che è chiamata a svolgere; la questione essenziale è di accertare se e come si pervenga a giustificare la finitezza, che si riferisce al mondano, e correlativamente l'infinità, che si dice retaggio del divino. Che cos'è il finito? Senza dubbio non è quel che ha limiti spaziali, quel che giunge sino ad un certo punto dello spazio e non si spinge oltre; ugualmente, non è quel che ha limiti temporali, quel che è proprio di un tempo determinato e di esso soltanto. Queste sono nozioni rudimentali della finitezza, di cui la metafisica non può rimanere paga, e nemmeno può accettare di veder messe sul proprio terreno, giacché tornerebbero a suo grave disdoro, e bisogna riconoscere che quella sua parte che è la cosmologia non si attiene a suggerimenti di così banale buonsenso. Il solo concetto legittimo dice che finito è ciò che sorge, provenendo dal nulla, e che perisce, andando a cadere nel nulla, e che la sua finitezza consiste in questo, che è circondato da due parti dal nulla. Tutto questo però non è attestato dalla semplice esperienza del tempo, più di quel che sia testimoniato dalla mera esperienza dello spazio, ma è dovuto a una determinata interpretazione del movimento in senso largo, per la quale esso è concepito come divenire.

La cosmologia moderna ha però perduto un po' alla volta l'effettiva consapevolezza del problema del divenire e di quello dell'essere, i quali, per l'illuminismo, semplicemente non sussistono; di conseguenza, essa non è nemmeno in grado di stabilire l'esistenza dell'oggetto, di cui dovrebbe essere la scienza. Si continua certamente a dichiarare da molti illuministi che il mondo è finito, ma non si arreca una dimostrazione di questa finitezza, comportandosi come se essa risultasse immediatamente dall'esperienza quotidiana, mentre questa non fornisce nemmeno la nozione del mondo, il quale, costituendo un orizzonte, va al di là del dato; si seguita ad asserire che è contingente, ma di una tale contingenza, che era stata il perno della rielaborazione medioevale della metafisica greca, non si porge alcuna prova, eppure stabilire che il mondo è contingente, di fatto è, ma avrebbe potuto anche non essere, dovrebbe costituire la preoccupazione basilare della cosmologia. Si prosegue ugualmente ad affermare che il mondo è un concatenamento reale di cose finite tale, che non è parte di altro, e così si mira a distinguere, sino nella definizione del mondo, l'essere divino dall'*universitas creaturarum*, ma si posseggono concetti tanto poco saldi intorno a Dio e al significato della sua infinità, che questa è talvolta considerata durata interminata. La verità è che del mondo si è impadronita la fisica, la quale, per mezzo o d'ipotesi e di deduzioni, o d'induzioni, o con una combinazione d'entrambi i metodi, è incaricata di accertare tutto ciò che concerne la natura, e così ha completamente surrogato la cosmologia.

Dopo una lunga eclissi, che si sarebbe potuta giudicare una scomparsa definitiva, il termine «cosmologia» è riemerso, ma ciò che oggi va sotto tale denominazione non ha niente da spartire con la seconda parte della metafisica speciale di un tempo. Se la cosmologia contemporanea asserisce che il mondo si è formato 10 o 12 miliardi di anni fa, e che è sorto per un'esplosione, oppure che è stazionario e che non ha avuto mai inizio e non avrà mai fine, tali sue affermazioni non vanno prese troppo in parola, giacché sono presentate come revocabili ad opera della scienza, e soprattutto non vanno messe accanto alle tesi per cui il mondo è stato creato da Dio cinque o seimila anni fa, oppure che è ingenerato, incorruttibile, eterno. «Mondo» adesso è un semplice titolo per i fenomeni spazio-temporali più generali; attualmente la cosmologia non s'interroga sulla necessità e la contingenza, sul cangiamento e il divenire, sull'eternità e il tempo, sul significato e sul fine ultimo dell'universo, non perché questi problemi siano da lei lasciati alla considerazione di altri saperi, ma perché sono nel frattempo, con la dominazione dell'illuminismo, venuti completamente meno.

6. *L'esaurimento della teologia naturale*

La teologia razionale, o, come solitamente si dice, naturale, che è, in grazia della salda costituzione del suo oggetto, la parte più consistente e resistente dell'intera metafisica, ha una vicenda molto lunga nelle tre ondate dell'illuminismo, laddove la psicologia e la cosmologia sono rapidamente travolte, ma non può, nemmeno essa, sottrarsi alla dissoluzione che modernamente è destino comune di quelli che un tempo si chiamavano «i massimi problemi». Ma, poiché per essa l'esito deve parecchio attendere, si possono distinguere, nel pensiero dell'illuminismo in fatto di teologia naturale, la forma settecentesca (che è quella che chiamiamo la prima ondata, ma i tratti che di questa individuano la fisionomia, sono ideali, e pertanto trovano soltanto una limitata e imperfetta corrispondenza nella cronologia – e tale indicazione s'intenda riferita anche ai rimanenti propositi di delimitazioni cronologiche), la forma ottocentesca (che diciamo la seconda ondata), e la forma novecentesca (la terza ondata), ciascuna fornita di suoi precisi lineamenti.

L'illuminismo del Settecento, che conserva se non la sostanza, almeno l'ombra della teologia, ha il suo grande maestro in Locke, il quale si propone col suo *Saggio* d'evitare che gli uomini continuino a lasciare che i loro pensieri si perdano nell'oceano dell'Essere; ora è notorio che non c'è oceano, in cui la mente si smarrisce, pari a quello formato dal problema di Dio. L'esaltazione della ricerca, ossia di ciò che appartiene al dominio dell'esperienza, l'assicurazione che l'impegno volto a rinvenire la verità è una specie di caccia, in cui il massimo piacere risiede nell'inseguimento della preda; la limitazione della conoscenza determinata degli oggetti alle rappresentazioni che se ne hanno, la celebrazione dell'operosità, per cui ciò che conta è la condotta pratica, sono le invenzioni, le arti meccaniche, non le sottigliezze delle argomentazioni; il perseguimento di quel che in un qualsiasi modo serve all'individuo e alla società; questi sono gli ingredienti dell'atteggiamento proprio di Locke, i quali lasciano poca speranza, a meno che non intervengano rilevanti e manifeste incoerenze, per la teologia. Allorché si tratta di Dio, occorrerebbe in primo luogo stabilire con un procedimento logicamente impeccabile ciò che con questo nome si deve intendere, occorrerebbe costruire la sola idea possibile di Dio, giacché è inutile affannarsi a stabilire l'esistenza di qualcosa di cui non si sa con precisione che mai sia; ma già nell'esecuzione di questo compito preliminare e basilare emerge l'insufficienza dell'orientamento lockiano. Il fatto è che l'empirismo rende impossibile a Locke di procedere per proprio conto a costruire una tale idea, e lo costringe a volgersi attorno per raccogliere le testimonianze, fornite da vari popoli, delle rappresentazioni di Dio, che risultano però, com'era da aspettarsi, manchevoli, incerte, discordanti, e molte volte anche indecorose e rivoltanti. Se l'obiettivo di Locke fosse unicamente quello, da lui dichiarato, di contestare l'indole innata dell'idea di Dio, tutta la requisitoria a cui egli si abbandona sarebbe, oltre che eccessiva, inutile; il fatto è che Locke non mira soltanto e nemmeno soprattutto a combattere l'innatismo, ma ha anche prevalentemente il tacito scopo di respingere le religioni positive, per lasciar sussistere la sola religione naturale, di specie filosofica, il puro teismo della riflessione, e ciò spiega com'egli, dopo aver denunciato la miseria delle idee di Dio dei selvaggi e dei pagani, si metta ad attaccare quelle prevalenti nell'ebraismo, nel cristianesimo e nell'islamismo.

Nondimeno, è palese che in questa critica Locke impiega una sua idea di Dio, come metro di valutazione di quelle volgari rappresentazioni, e che in tanto può sostenere che esse sono incredibilmente rozze e indegne, in quanto quella sua idea è giusta, elevata, in breve, vera. E Dio è concepito come spirito pensante, principio primo, essere supremo unico, con gli attributi dell'infinità, dell'onnipotenza, della sapienza, e della bontà, sicché parrebbe che il compito preliminare, a cui qualsiasi teologia naturale deve por mano per avere giustificazione e senso, che è quello di stabilire il contenuto del concetto di Dio, sia assolto anche da Locke. Senonché questa è un'apparenza, destinata a dileguare non appena ci si interroga intorno al significato che in Locke hanno i citati attributi di Dio e gli altri che ad essi si potrebbero facilmente aggiungere. Si scorge subito che qualcuno, p. es., l'unità, non appartiene soltanto a Dio (giacché l'ontologia insegna: *omne ens est unum*). Tuttavia ce n'è pur uno, quello dell'infinità, che è proprio esclusivamente di Dio, e che è costitutivo essenziale (l'onnipotenza è la potenza infinita, l'onniscienza è la scienza infinita, ecc.). Ora, secondo Locke, noi non abbiamo alcuna idea positiva dell'infinito: *finito* e *infinito* sono modi della quantità, si riferiscono a cose che hanno parti e sono suscettibili di accrescimento e di diminuzione; nei nostri deboli e incerti pensamenti ci basiamo sull'infinità soprattutto a proposito della durata e dell'ubiquità divine; a darci l'idea del finito bastano i limiti dell'estensione degli oggetti che impressionano i nostri sensi; nel caso dell'infinito ci troviamo a mal partito: si tratta di qualcosa di negativo, di cui non possiamo raggiungere nessuna chiara comprensione. Si sarebbe dovuta anche distinguere l'infinità potenziale, che si ottiene rimuovendo sempre da capo i limiti, e che dà luogo non all'infinito, bensì all'indefinito, dall'infinità attuale, la quale unica può competere a Dio, ma la condizione d'incomprensione in cui versiamo, ci rende impossibile percorrere questa strada. Le cose non vanno meglio per lo spirito, giacché non abbiamo alcuna idea chiara e distinta della sostanza spirituale, e sebbene la coerenza imponga di sostenere che ugualmente sconosciuta ci è la sostanza materiale, tuttavia Locke inclina col buonsenso a ritenere che i corpi ci siano meglio noti degli spiriti, e non si guarda dall'avanzare la questione se la materia possa pensare, dopo di che non può legittimamente escludere l'ipotesi di un Dio materiale.

Rimane soltanto la rappresentazione indeterminata del principio delle cose, che chiunque, il deista come il teista, lo spiritualista come il materialista, può compiere, perché nessuno di costoro intende contestare che un principio debba esserci, e, anzi, che certamente c'è, qualunque cosa poi esso sia. È vero che Locke discorre volentieri della saggezza, bontà, potenza, di Dio, che ha sempre sulla punta della penna queste parole (che il semplice deista e il materialista si rifiuterebbero di pronunciare), ma poiché egli immancabilmente aggiunge che sono entità incomprensibili, è evidente che si tratta soltanto di vuote parole. Nel Seicento e nel Settecento prevalgono il teismo e il deismo, i quali cangiano continuamente di significato, e nel fatto risultano pressoché indistinguibili, e anche i diversi pensatori ora si arruolano sotto le bandiere dell'uno e ora sotto quelle dell'altro; se si teme di passare per atei, ci si professa teisti, anziché deisti, come si faceva per l'innanzi; se si paventa l'affinità con gli ortodossi delle varie confessioni cristiane e si vuol dare a vedere di essere non conformisti, si esegue il trapasso inverso, il quale richiede soltanto qualche modica trasformazione del linguaggio. Non si confonda l'incomprensibilità, l'inesauribilità dell'essere divino e dei suoi attributi, sempre affermata dalla teologia cristiana, con l'inconoscibilità di Dio, asserita dall'illuminismo, non si scambi il misterioso con lo sconosciuto. Senza dubbio i vocaboli sono molte volte affini, e talora sono proprio gli stessi; ma i significati sono radicalmente diversi. Il mistero è una manifestazione della dipendenza e del sublime, è conosciuto in tale suo carattere di alto e di sovrastante (*mysterium revelatum*); l'ignoto è un'espressione della bassura, del sentimento dell'universo come realtà piatta in tutta la sua possibile estensione.

Tra le prove dell'esistenza di Dio, che molti illuministi della prima ondata ancora pongono sul terreno, non c'è quella ontologica, che, partendo dal concetto di Dio come essere perfettissimo, ne inferisce l'esistenza; ed invero, questa prova, che è quella metafisica in sommo grado, segnando il vertice della pura speculazione, è del tutto incompatibile con le premesse filosofiche dell'illuminismo. Dal punto di vista dell'illuminismo, deve parere l'arbitrio massimo, una presunzione addirittura incomprensibile, pretendere di stabilire l'esistenza di qualcosa analizzandone l'idea; per esso, l'esistenza si può soltanto costatare o supporre sulla base di alcunché da noi costatato; tra i concetti e i fatti non c'è possibile passaggio (il logici formali del Novecento si faranno un punto d'onore della confutazione dell'argomento ontologico dell'esistenza di Dio, essi sosterranno che altro sono i concetti e altro sono le cose reali, e cioè accoglieranno il presupposto del realismo fenomenistico, allineandosi tra i sostenitori della civiltà illuministica).

Rimangono la prova teleologica e quella cosmologica; la prima fondata sull'ordine e sulla finalità che nel mondo si riscontra, la seconda basata sulla riflessione che, se qualcosa esiste (ciò che è interamente certo, giacché almeno io esisto), deve esistere un essere necessario ed eterno. La prova teleologica si trova ormai sottoposta di solito a due ordini di limitazioni della sua validità, che è soltanto probabile (nel mondo c'è anche il disordine, il male), e che conduce esclusivamente ad ammettere un essere più potente dell'uomo, ma non infinitamente potente. Si vorrebbe, da parte dei teologi, pervenire ad un essere eterno, creatore, infinito; ma quest'ultimo e decisivo passo non è accordato[10]. Più lontano sembrerebbe portare la prova cosmologica, la quale effettivamente mena all'essere necessario ed eterno; il difetto nel suo caso è che non abbiamo la menoma idea della necessità e dell'eternità, e che pertanto non siamo capaci di individuare l'essere che chiamiamo Dio, il quale è per noi poco più di un vuoto nome, almeno se prescindiamo da considerazioni di carattere morale[11].

---

[10] «Non scorgo la concatenazione che conduce diritta a questa conclusione – obietta Voltaire –; vedo solamente che c'è qualcosa più potente di me, e nient'altro» (*Trattato di metafisica*, in *Scritti filosofici*, trad. it. cit., vol. I, p. 136).

[11] «Perciò stesso che ci è dimostrato un essere infinito – dice Voltaire –, ci è dimostrato anche che a un essere finito dev'essere impossibile comprenderlo» (*Ibid.*, p. 142). Si perviene all'esistenza, ma non si giunge ad intendere l'essenza di Dio. Queste considerazioni di Voltaire sono giudicate di solito nel Settecento un modello di saggezza e di moderazione. Ciò che soprattutto interessa è la riflessione che la nostra conoscenza di Dio è così limitata e angusta da terminare prima che intervengano le divisioni del teismo, del deismo e del panteismo, le quali sono razionalmente indecidibili a favore di un partito oppure di un altro. Lasciando adesso in disparte la divisione secondaria del teismo e del deismo, per esaminare quella primaria, che pone il principio della realtà trascendente oppure immanente dal mondo, è da notare che, per Voltaire, ci è ignoto se Dio sia l'anima del mondo, se abbiano ragione Virgilio (*Mens agitat*

Lo stato d'insuperabile incertezza teoretica che si produce intorno al divino fa sì che vengano in primo piano considerazioni pratiche, morali e politiche, che si ritengano più importanti i costumi di vita degli orientamenti di pensiero e delle pure posizioni speculative. In definitiva, se la bontà del carattere, la mitezza del comportamento, l'onestà delle azioni, possono andare di pari passo anche con il panteismo (e la vita specchiata di Spinoza documenta che è così), si possono accogliere nello Stato tanto i panteisti, che i teisti e i semplici deisti[12]. Si avrebbe torto a scorgere in queste prese di posizione degli accorgimenti tattici, o, peggio ancora, degli esempi di mera casistica politica; esse derivano dalla perplessità intorno a Dio, a cui ha condotto l'esaurimento della metafisica, e dall'ovvia riflessione che, se si può sospendere il giudizio teoretico, non si può sospendere l'agire individuale e collettivo, il quale, non potendo desumere i criteri di valutazione dal pensiero, deve fondarsi su principi pratici, così che a decidere debbono essere, in definitiva, i buoni costumi[13].

La residua ricerca teologica, che ancora s'incontra nella prima ondata dell'illuminismo, viene completamente meno nella seconda, rappresentata soprattutto dal positivismo, il quale si dichiara a gran voce agnostico e non vuole nemmeno sentir parlare del problema di Dio. L'agnosticismo è la conseguenza di un più rigido fenomenismo, che si rinserra nel dominio dei fatti e lascia stare tutto quel che li oltrepassa. L'ambito della scienza coincide ora senza residui con quello del fattuale; sulle cose in sé ci si astiene dal pronunciarsi; ciò che non è problema dal punto di vista scientifico, non è problema conoscitivo in nessun senso; errati sono sia l'accoglimento che il rifiuto, sia l'affermazione che la negazione; l'unico atteggiamento legittimo è quello della sospensione del giudizio. L'agnosticismo positivistico segna un grande passo avanti nel percorso dell'illuminismo, giacché ora non si discorre più di teismo, deismo, panteismo,

---

molem et magno se corpore miscet) e Lucano (*Juppiter est quodcumque vides, quocumque moveris*), oppure se sia distinto dal mondo come uno scultore è distinto dalla statua. Questo comporta la discordia tra quel tanto di teologia naturale che sopravvive e la religione rivelata, perché quand'anche, per la parte teologica della metafisica, fosse secondaria, e quasi indifferente, la decisione a favore della trascendenza o dell'immanenza di Dio, per una religione positiva, la scelta è determinante e risolutiva.

[12] Una tale tendenza possiede tanta forza da imporsi anche a chi ancora si sforza di costruire una metafisica, così vediamo Mendelssohn (il quale è molto impegnato in fatto di psicologia razionale e intende mantenere l'immortalità dell'anima) trattare la differenza tra teismo e panteismo come astrattamente dottrinaria e irrilevante per la pratica. Cfr. F. Nicolai, G.F. Lessing, M. Mendelssohn, *Briefe, die neueste Literatur betreffend*, Hildesheim-New York, 1974 (ristampa dell'edizione di Berlino del 1759-1760), vol. I, pp. 263-271.

[13] Un interessante documento dell'indebolimento e del vacillamento della teologia naturale è fornito dall'opera di Christian Garve, *Über das Daseyn Gottes*, Breslau, 1807 (Impression Anastatique, Bruxelles, 1968). Per Garve, sull'esistenza di Dio si possono addurre unicamente delle congetture, non delle dimostrazioni; al di là della verosimiglianza non è quindi consentito andare. Con tutto ciò, non è nemmeno consentito rifugiarsi nella professione dell'ignoranza: «In generale, nessuna idea può condurre tanto facilmente all'ateismo, come quella dell'incomprensibilità di Dio, se è esagerata. Un essere, di cui non possiamo saper nulla, per noi non esiste. La vera sublimità non può essere fondata sull'incomprensibilità» (p. 219).

come si faceva per l'innanzi, ma ci si attiene alla regola di non prendere alcun partito dinanzi a problemi metafisici e teologici. Il limite del positivismo non consiste in certi suoi momentanei smarrimenti da questa via regia, ma risiede in ciò, che il suo agnosticismo non è tacito e vissuto, ma dichiarato e teorizzato, proclama il silenzio, invece di passare sotto silenzio lo stesso silenzio, e così provare di essersi completamente dimenticato dell'esistenza dei problemi (perché le soluzioni non si diano affatto, occorre che i problemi non sussistano).

Quest'ultimo, definitivo cammino è eseguito dall'illuminismo nella sua terza ondata, in cui non ci si dichiara né agnostici, né atei, né ci si caratterizza in qualsiasi diversa maniera, ma ci si occupa d'altro, di logica, metodologia della scienza, linguaggio, avendo d'occhio le questioni particolari, gli interessi attuali delle singole discipline e delle loro classi, come anche, in materia di politica e di società, si guarda ai bisogni immediati dell'organizzazione, dell'assetto da dare a questo o a quell'istituto della collettività, ecc. Lo specialismo, per altri rispetti ancora difettoso o assente, ha occupato per intero il posto riservato un tempo alle discussioni di teologia.

Tutto ciò avviene con il consenso tacito (enormemente più prezioso di quello espresso) della religione, la quale non è più interessata ai *preambula fidei*, non si affida più in niente al vetusto armamentario delle prove dell'esistenza di Dio. La religione è ormai per tutti esclusivamente materia di fede, e la fede non è conoscenza, non ha alcunché in comune con il sapere. Ma, essendosi divisa dalla scienza, la fede è diventata il contenuto di sé medesima: si tratta di aver fede nella fede, di credere nel credere; non ci sono oggetti, non ci sono cose, non c'è un qualsiasi patrimonio in una qualunque maniera caratterizzabile; il materiale si è volatilizzato.

7. L'apparente eccezione della metafisica materialistica

Questa interpretazione, per cui l'ostilità alla metafisica è un carattere essenziale dell'illuminismo, sembra trovare dinanzi a sé un ostacolo rilevante, un'eccezione che la smentisce, soprattutto nel materialismo francese del Settecento, per la ragione che la materia è un'entità metafisica, la quale viene così ad accamparsi nel bel mezzo delle idee illuministiche e riduce ad un tratto accidentale quella che noi diciamo essere l'indole antimetafisica dell'illuminismo. Ciò che appartiene all'essenza non può mai mancare, perché in suo difetto sarebbe assente la cosa che definisce; ciò che ora interviene e ora non ricorre, è proprietà secondaria; e niente interessa, in fin dei conti, la frequenza con cui si dà e non si dà. L'ispirazione illuministica della filosofia materialistica della Francia del Settecento è incontestabile, e, del resto, da tutti concordemente riconosciuta, e poiché vi si trova la materia, posta come principio unico a cui l'intera realtà si riconduce, l'esistenza di una metafisica illuministica pare proprio incontestabile. Modernamente il materialismo ha poi anche altre manifestazioni, s'incontra in quasi tutti i paesi d'Europa in cui ci s'interessa di filosofia; anche nell'epoca dominata dal positivismo ci sono pensatori che si professano materialisti; una rassegna che si compisse mostrerebbe che l'illuminismo metafisico ha una considerevole estensione, non è affatto qualcosa d'isolato che si possa trascurare.

L'obiezione merita di essere discussa con attenzione, perché, qualora fosse irrefutabile e giusta, essa sconvolgerebbe il fondamento medesimo della comprensione da noi proposta dell'illuminismo. Non si tratta qui di criticare il materialismo, di mostrare le sue pecche, di confutarlo, stabilendo la sua incompatibilità con il fenomenismo, la quale è circostanza indubitabile e ha bisogno unicamente di essere additata per risultare manifesta. Non ci compete quindi dichiarare, come fa Schopenhauer, che il materialismo, movendo dallo stato più elementare della materia, passando dal meccanismo al chimismo, dalla vegetazione all'animalità, alla conoscenza, colloca in ultimo quel soggetto che la materia si rappresenta, ciò che era il primissimo suo punto di partenza, così che il suo fautore si comporta ad un dipresso come il barone di Münchhausen, il quale, quando il cavallo affonda nell'acqua, lo stringe con le gambe e si solleva tirandosi per il codino della propria parrucca. Quel che a noi interessa è unicamente porre allo scoperto il genuino significato che possiede il materialismo, così com'esso compare nell'illuminismo. E poiché il problema è, per un lato, documentario, e per l'altro, interpretativo, occorre incominciare con l'ascoltare i pensatori francesi che si dicono materialisti, Holbach, Lamettrie, Helvétius, e gli altri ancora che possono comunque ricondursi al materialismo, in tutto o anche soltanto in parte, per le loro teorie.

Holbach polemizza contro il Dio della teologia, sostenendo che è una parola astratta, un *flatus vocis*, un *ens rationis*, e sostituisce a Dio la materia, nel cui seno tutto esiste e da cui tutto deriva, dichiara che la materia non è soltanto estensione, ma anche movimento, che è attiva e non passiva, energia primigenia, ma insegna insieme che questa materia, che egli chiama anche natura, è qualcosa d'interamente relativo all'uomo. Dovendosi conciliare con una forma estrema d'empirismo, la tesi di Holbach non potrebbe essere diversa; ciò che sia la materia, o la natura, di per se stessa ci è completamente sconosciuto[14]. Pertanto, se non intervenissero motivi non teoretici, ma pratici, non ci sarebbe una vera ragione per parlare della materia, invece che di Dio, giacché gli stessi teologi non mancano di avvertire che di Dio sappiamo che è, ma non ciò che è, conosciamo meglio ciò che Dio non è che ciò che è. Va da sé che Holbach non è minimamente disposto a impiegare *Dio* come sinonimo di *natura*, sebbene si tratti precisamente di un sinonimo, e dopo aver ripetutamente informato di non

---

[14] «Non conosciamo l'essenza di nessun essere se con la parola *essenza* significhiamo ciò che costituisce la natura sua propria; non conosciamo la materia che attraverso le percezioni, le sensazioni e le idee che arreca; è su questa base che ne giudichiamo bene o male secondo la particolare disposizione dei nostri organi. Ma quando un essere non agisce su nessuno dei nostri sensi, per noi non esiste affatto, e non possiamo senza stravaganza parlare della sua natura o assegnargli delle qualità». E ancora: «Non conosciamo affatto né l'essenza né la vera natura della materia, pure essendo in grado di conoscere talune delle sue proprietà» (*Sistema della natura*, trad. it. cit., p. 447).

voler ricorrere alla retorica, non sa trattenersi dallo sciogliere un inno alla natura. Riconoscendosi opera della natura, l'uomo si affranca da una crudele superstizione, rinuncia a farsi centro dell'universo, lascia cadere l'ubbia di una conoscenza infinita, che non gli può appartenere, per un sapere limitato, ma effettivo, progrediente (tutte le scienze che hanno per contenuto qualcosa di reale, si
sono a poco a poco perfezionate; la sola teologia è sempre allo stesso punto), e
soprattutto si riconcilia con il solo culto degno di esseri ragionevoli: quello della natura. Soltanto il materialismo, soltanto l'ateismo, è la forma coerente e terminata dell'umanesimo: attenendosi alla natura, basandosi sulle sue leggi costanti, studiandola con attenzione, l'uomo può ricavarne tutto ciò che gli occorre per
essere felice, per consolarsi dei suoi mali fisici e morali, per procacciarsi una
quantità di beni capace di appagare stabilmente i suoi desideri.

Com'è agevole vedere, la «materia», la «natura» di Holbach sono parole
d'ordine per programmi d'azione radicali, hanno consistenza interamente ideologica, ed è quindi del tutto inutile chiedersi che cosa siano la materia e la natura prese di per sé. Nell'illuminismo non c'è effettivo materialismo (ma in esso
non c'è nemmeno effettivo spiritualismo, anzi, i vessilli spiritualistici sono comunemente osteggiati o almeno guardati con sospetto), e di conseguenza, non
c'è nemmeno metafisica. Si è in presenza di un materialismo di parata, che si
attiene ad un concetto relativistico della materia, il quale dice ciò che la materia
è rispetto a noi (estensione, esteriorità spaziale e temporale, forza dinamica,
movimento, ecc.), e si guarda bene dall'addurne un concetto metafisico, il quale, se riuscissimo a formarlo, asserirebbe ciò che la materia è in se stessa, ma –
si ammonisce continuamente – una tale impresa è ugualmente impossibile per
le nostre ristrette capacità intellettuali e inutile per i nostri scopi mondani. Non
ci sono contraddizioni di principio in questo materialismo di parata, e la pretesa
di ritrovarvele sorge dal suo fraintendimento, che lo scambia con un materialismo di sostanza, quale esso non è e non vuole essere. Il materialismo di Holbach è una bandiera per un programma di rivoluzionamento morale e sociale; ma
proprio per il motivo che il programma è radicale e rivoluzionario, esso si accontenta per l'immediato di presentarsi e di divulgarsi, non pretende d'incarnarsi di colpo nella realtà, e anzi, modera all'estremo le sue richieste, ricorrendo
alla figurazione dell'ateo virtuoso, che, quanto a bontà e serietà di costumi, è in
grado di reggere il paragone anche con il più ostinato difensore della tradizione.

Tale è anche il vero significato che il materialismo possiede in tutta la filosofia francese del Settecento. Tale è in Lamettrie, il quale argomenta il materialismo sulla base della comparazione dell'uomo e degli altri esseri della natura, e
soprattutto degli animali, a cui l'uomo assomiglia tanto per l'origine che per i
caratteri costitutivi della sua natura. Gli uomini, esseri vanitosi che per presunzione vogliono distinguersi dalle bestie, sono, al pari di esse, delle macchine
complesse, degli orologi caricati dalla natura, che dipendono dal clima, dall'alimentazione, dall'organizzazione corporea, sono degli insiemi di molle che agiscono le une sopra le altre, senza che si possa stabilire da qual punto il movimento sia incominciato. Tale professione di puro naturalismo, d'integrale mate-

rialismo non comporta però, bensì esclude recisamente qualsiasi intervento di un concetto metafisico della materia[15]. Con questa riflessione il materialismo è portato sull'unico terreno che l'illuminismo gli può assegnare, quello dell'ideologia.

L'estraneità di Helvétius al materialismo metafisico è dimostrata nel modo migliore dalle considerazioni che questo pensatore compie a proposito dell'abuso delle parole e dell'incertezza dei significati che vi si collegano, come fonte di quel sapere completamente illusorio costituito dalla metafisica, considerazioni per cui egli anticipa di due secoli il neoempirismo logico del Novecento. È vero che riflessioni di tale specie sono piuttosto comuni negli illuministi del Settecento, ma in Helvétius esse hanno un posto centrale, e valgono a tenerlo estraneo, sia nei propositi che nelle esecuzioni, a qualsiasi discorso di metafisica[16].

Le ragioni dell'ideologia impongono di considerare la materia come causa dell'esperienza, di accordarle l'esistenza assoluta, di conferirle la posizione di sostanza unica, di principio dell'intera realtà, così che deve sembrare che essa designi tanto un contenuto dell'esperienza quanto la sua scaturigine prima, ma, se la materia non fosse posta al fondo della realtà, il materialismo non sarebbe nemmeno una bandiera, non avrebbe semplicemente niente da dire. Anche le bandiere reali, anche i vessilli degli Stati debbono nel contempo andare al di là di semplici panni per significare le patrie, ed essere dei drappi colorati attaccati a delle aste; il simile accade con la materia. In conclusione, in questo materialismo non è da vedere né uno svolgimento del concetto cartesiano di materia, né

---

[15] Tutto ciò che non colpisce i sensi deve essere considerato come un mistero impenetrabile; dobbiamo giudicare da ciò che vediamo e non pretendere di andare al di là; attenendoci a questo criterio – asserisce Lamettrie – si arriva a collegare la facoltà di pensare alla materia «senza che se ne possa vedere il nesso, perché il soggetto di tale attributo ci è essenzialmente ignoto»; analoga limitazione vale per il movimento, la cui natura «ci è altrettanto sconosciuta quanto quella della materia, né vi è mezzo di sapere come vi si produca» (*L'uomo macchina e altri scritti*, trad. it. cit., p. 73 e p. 80). Poiché per nemici della corporeità sono fatti passare gli Stoici, Lamettrie dichiara: «Quanto saremo anti-stoici! Questi filosofi sono severi, tristi, duri, e noi saremo dolci, allegri e compiacenti. Tutti anima, fanno astrazione dal loro corpo; tutti corpo, noi faremo astrazione dalla nostra anima» (*Ibid.*, p. 98). Questo è il significato del materialismo di Lamettrie; questo vuol dire in lui la proposizione: soltanto la materia esiste.

[16] Per quel che riguarda il vocabolo *materia*, «se sin dall'inizio se ne fosse fissato il significato – afferma Helvétius – si sarebbe riconosciuto che gli uomini erano, oso dirlo, i creatori della materia, che la materia non era un essere, che non c'erano nella natura che degli individui a cui si era dato il nome di corpi, e che non si poteva intendere con questa parola *materia* che la collezione delle proprietà comuni a tutti i corpi» (*L'esprit*, in *Oeuvres complètes*, avec une introduction par Y. Belaval, Hildesheim, 1969, tomo I, p. 263). Se questa è la materia, che cos'è il materialismo? La risposta è che si tratta, in primo luogo, di un obiettivo polemico dei teologi, i quali hanno tanto abusato della parola *materialisti*, che alla fine è diventata sinonimo di spiriti illuminati. Adesso si può rivendicare la professione di materialismo come un titolo d'onore. – Invece che di materia, si potrebbe tranquillamente discorrere di Dio: «Pochi filosofi hanno negato l'esistenza di un Dio fisico. *È una causa di ciò che è, e questa causa è sconosciuta*. Ma gli si dia il nome di Dio o uno diverso, che importa? Le dispute su questo tema non possono essere altro che dispute di parole» (*De l'Homme*, ivi, pp. 55-56).

un'interpretazione del monismo di Spinoza; né l'uno né l'altro si prestano a queste rielaborazioni e a questi sviluppi, che li renderebbero immediatamente assurdi e di un'assurdità tale che non è lecito ritenere si sia mai albergata in mente umana. Si tratta di una parola d'ordine per rivendicare la pienezza della terra contro gli ideali del cielo, e della terra non genericamente presa, bensì riguardata, amata, esaltata, nei suoi contenuti d'immediatezza vitale, di piacere e di dolore, di desiderio, bisogno, soddisfazione.

Si è discusso se Diderot sia da collocare nel novero dei materialisti oppure se abbia delle inclinazioni deistiche o panteistiche, se sia stato abbastanza fermo nei suoi convincimenti filosofici oppure se abbia dato prova di grande incostanza; ma è da dire che ci si sarebbe dovuti per prima cosa domandare qual è la consistenza del suo materialismo, ateismo, deismo, panteismo, in che mai essi risiedono. Procedendo così, ci si sarebbe resi conto, una volta di più, che si è in presenza di concetti vuoti di significato, di semplici parole, com'è espressamente dichiarato dal filosofo[17]. Il pregio delle riflessioni filosofiche di Diderot non sta nel rivestimento oratorio del materialismo, bensì risiede nella circostanza che preannunciano parecchie basilari dottrine dell'illuminismo dell'Ottocento e del Novecento. Se il positivismo è la filosofia del fatto, esso è già in Diderot. Sono i fatti, di qualunque natura siano – dice Diderot – la vera ricchezza del filosofo; bisogna essere fisici, non metafisici; accogliere gli effetti, ancorché non si sia capaci di spiegarne i legami con le cause; occuparsi del *come*, e abbandonare il *perché* (il quale serve unicamente alla produzione dei «sistemi»); omettere di considerare ciò che, per la sua lontananza, si sottrae alla pratica utilità e all'operatività.

Diderot formula il principio, che è la chiave di volta dell'illuminismo: «ci si dedica naturalmente alle ricerche in proporzione all'interesse che ci si prende»,

---

[17] Diderot propone di mettere le conoscenze umane sulla bilancia di Montaigne, di chiedersi: «Che sappiamo? Cos'è la materia? Per nulla. Cosa sono lo spirito e il pensiero? Ancora meno. Cosa sono il movimento, lo spazio, la durata? Per nulla affatto» (*Lettre sur les aveugles à l'usage de ceux qui voient*, in *Oeuvres*, texte établi et annoté par A. Billy, Paris, 1951, p. 860). Si osserva in Diderot la tendenza a mettere tutto nella materia (il movimento, la vita, la sensibilità, il pensiero), conformemente a certa sua propensione vitalistica, ma si deve rilevare che in tal modo si ottiene una somma d'indefinibili, un'entità impenetrabile, contesta di qualità occulte. Diderot sostiene che non si può asserire che la sensibilità è incompatibile con la materia, per il motivo che si è all'oscuro della natura di entrambe, ma è palese che, nella condizione d'ignoranza in cui si versa, non ci si può nemmeno risolvere per la tesi opposta e affermare la loro compatibilità. Dio sarà anche, come Diderot non manca di segnalare, un agente contraddittorio, un non senso, ma una materia, che è il conglomerato di ogni esistente, non vale molto di più, è anch'essa *un mot vide de sens*. Molti storici hanno fatto gran caso del materialismo di Diderot, ma sono stati costretti dalle professioni di fede antimetafisica del filosofo a discorrere di un materialismo metodologico, non ontologico, che si presenta come un postulato, un'ipotesi utile, non come una dottrina. Queste però sono asserzioni alquanto imbarazzate, che malamente si sforzano di non riconoscere che la materia di Diderot è una parola d'ordine per rivendicare alla scienza della natura, e anzitutto alla biologia, un posto centrale nella civiltà, per far valere i diritti dell'umanesimo, del benessere terreno.

e l'interesse è da intendere come l'utilità, poiché «l'utile circoscrive tutto»[18]. Non c'è illuminista che possa anche soltanto mettere in discussione un tale principio; gli illuministi possono esclusivamente dividersi perché c'è chi reputa che l'utilità di qualcosa sia grande e chi crede che sia piccola, chi propone di rivolgere l'attenzione a qualcosa di diverso, perché c'è da riprometter'sene un maggior frutto. L'antiteoreticismo illuministico ha qui il suo punto di partenza; esso esige che s'indaghi ciò che può servire, anche se il «servire» è inevitabilmente inteso in maniera diversa dal popolo e dai dotti. Per rendere popolare la filosofia, bisogna mostrarla unita all'utilità, non ci si deve mai trovare nella condizione di dover dire che qualcosa non serve a niente; se si vuole che i filosofi vadano avanti occorre avvicinare il popolo, evitando l'affettazione dei grandi maestri, e fidando nella capacità del buon metodo e dell'abitudine di porre qualsiasi opera alla portata della generalità degli spiriti. L'illuminismo è essoterico al massimo, vuole la divulgazione; di conseguenza, è abissalmente remoto da Platone, sempre preoccupato dall'esigenza di tenere lontani gl'indegni dalle sue dottrine. Se ciò che veramente vale è la contemplazione, l'orientamento è necessariamente quello platonico, giacché è indubbio che il popolo è incapace di θεωρία; se è l'utilità, la disposizione è altrettanto inevitabile quella illuministica, perché chiunque è capace dell'utile.

In Diderot c'è anche il presentimento dei principi di verificazione e di falsificazione, destinati ad avere tanta importanza nella filosofia della scienza del Novecento[19]. Molto preziose sono in Diderot le anticipazioni, spesso osservate, dell'evoluzionismo, alle quali si dovrebbero aggiungere i rilievi sull'importanza dello studio dei sogni, che sono accostati alla pazzia, e cioè considerati come stati allucinatori, nonché certi arrischiati progetti d'ibridazione, certi suggerimenti d'incroci tra uomini e animali, in cui si coglie come un presagio di quella manipolazione biologica, che un giorno sarebbe stata detta ingegneria genetica[20].

---

[18] *De l'Interprétation de la nature*, in *Oeuvres philosophiques*, a cura di P. Vernière, Paris, 1964, p. 184 e p. 218.

[19] Di per sé, questi due principi sono molto antichi, perché s'incontrano in Epicuro, formulati come attestazione favorevole, non-attestazione, attestazione contraria. Dice Diderot: «Le congetture sono giuste? Più esperienze si compiono, più le congetture trovano conferma. Le ipotesi sono vere? Più si estendono le conseguenze, più esse acquistano d'evidenza e di forza. Al contrario, se le congetture e le ipotesi sono fragili e malriposte, o si scopre un fatto o si mette capo ad una verità contro cui falliscono» (*Ibid.*, pp. 229-230). Bisogna por mente alla circostanza che le ipotesi metafisiche, riferendosi al tutto della realtà, non sono suscettibili di ricevere, da parte dell'esperienza, né conferma né smentita, che nei loro riguardi non ha senso parlare di ripetizioni, di presenze più o meno estese, di assenze che inaspettatamente si producono: ciò può concernere esclusivamente le asserzioni che si riferiscono ad aspetti particolari del mondo; esse sono le uniche che abbiano rilevanza scientifica. Ne viene che la questione se tutto debba riportarsi alla materia o ad un'intelligenza suprema non consente discernimento empirico, non è fisicamente decidibile.

[20] Mediante diete opportune si potrebbe predisporre la circolazione e l'assimilazione degli esseri, si potrebbe ricavare una razza di piè di capra, di ominidi vigorosi e infaticabili, a cui affidare i lavori degli attuali servitori e uomini di colore; è soltanto colpa dell'ignoranza e del pregiudizio, se tentativi del genere ancora non s'intraprendono. Cfr. l'*Entretien entre d'Alem-*

I filosofi francesi della prima ondata dell'illuminismo che si dichiarano materialisti, e ancor più i loro odierni studiosi, si richiamano volentieri alla scienza della natura (alla fisica, alla chimica, alla biologia, ecc.), come se essa avesse da guadagnare molto ad appoggiarsi ad una concezione che pone principio delle cose quell'entità che si dice la «materia». Ma la biologia, nel suo massimo esponente del Settecento, Lamarck, è forse più effettivamente materialistica di quel che lo sia la filosofia, nella quale il materialismo è soltanto un grido di guerra, adattissimo ad infiammare i propri e ad atterrire i nemici, in vista dell'attuazione di un programma radicale ed estremo in campo morale, politico e sociale? In Lamarck abbondano le affermazioni crudamente materialistiche, per cui egli si propone di stabilire come cause puramente fisiche, semplici relazioni tra diversi tipi di materie, producano le idee, siano esse semplici o complesse, così che le facoltà di pensare, giudicare, analizzare, ragionare, in breve, tutte le operazioni dell'intelligenza risultano fenomeni naturali, si spiegano con l'organizzazione dei corpi, con i loro fluidi, con l'eccitazione dei nervi, e via dicendo. Senonché queste recise professioni di fede materialista hanno bisogno di essere interpretate, e l'interpretazione deve vertere sostanzialmente sui significati di due parole, circondate da tremenda oscurità, «materia» e «natura». La «materia», per avere il significato che ha nell'effettivo materialismo, dovrebbe designare un principio primo e unico, comunque poi esso venisse determinato, ma in Lamarck la «materia» non designa alcunché di simile, giacché da essa si distingue l'energia, come qualcosa di altrettanto primordiale, tanto che si è potuto scorgere già presente in lui quel dualismo di materia e di energia che caratterizzerà la scienza dell'Ottocento. Quanto alla «natura» è da osservare che Lamarck esclude che la natura sia Dio[21].

bert et Diderot e la *Suite de l'Entretien*, in *Oeuvres philosophiques*, ed. cit., pp. 381-384. In Diderot c'è anche qualche traccia delle preoccupazioni che sarebbero emerse con l'ingegneria genetica, ma si tratta più d'inquietudini di tipo vitale che di riserve d'ordine morale. L'idea di produrre un incrocio dell'uomo e della scimmia è in Lamettrie; più remotamente e innocentemente i progetti dell'ibridazione compaiono nella *Nuova Atlantide* di Bacone.

[21] Lamarck trova strano che si sia pensato che la natura fosse Dio: «Si confonde l'orologio con l'orologiaio, l'opera col suo autore», egli dice nella *Storia naturale degli Invertebrati* (in *Opere*, trad. it. cit., p. 313). La potenza, che ha creato la natura, non ha alcun limite; la natura non è né intelligenza né volontà; la natura e Dio sono quindi realtà distinte. Ciò è sufficiente a togliere portata metafisica al materialismo attribuito al grande naturalista, il quale non è, tuttavia, per questo da assegnare allo spiritualismo. Gli illuministi sono generalmente disposti a riconoscere di non sapere con precisione che cosa le parole «spirito» e «materia» vogliano dire: tale è l'effetto dell'abbandono della metafisica, che è la sola scienza capace di porgere le definizioni di codesti concetti. Mendelssohn descrive l'atteggiamento dominante degli illuministi, quando, nella sua polemica contro i materialisti, osserva: «Si sente spesso lamentare che non sappiamo c h e   c o s a   è   l ' a n i m a. Vorrei che anzitutto mi si rispondesse: C h e   c o s a   è   l a   m a t e r i a? Noi la vediamo e la sentiamo. Non ciò che è, ma le sue impressioni. Domando però che cosa è la materia, non ciò che produce. Alla fine troviamo la questione irrisolta» (*Von der Unkoerperlichkeit der Seele*, in *Schriften zur Philosophie, Aesthetik und Apologetik*, hrsg. von M. Brasch, Hildesheim, 1968 – riproduzione dell'edizione di Lipsia del 1880 –, vol. I, p. 281).

La completa inconsistenza teoretica e l'indole interamente ideologica del materialismo, nell'unica forma che esso può assumere nella concezione illuministica del mondo, esce confermata dalle prese di posizione che nei suoi confronti assumono il positivismo dell'Ottocento e il neopositivismo del Novecento. Una volta che ha reso estranea e invisa alle menti di gran parte dell'Europa colta la metafisica, l'illuminismo nella sua seconda ondata gira completamente le spalle al materialismo, che della prima ondata era stato un'espressione, limitata e modesta senza dubbio, ma ciò nonostante aveva prodotto grave rumore. Una volta vinte le prime e decisive battaglie, i materialisti, questi soldati di prima linea, possono essere congedati.

Comte addita nel materialismo un'aberrazione scientifica, una degradazione che assimila le più nobili speculazioni alle più grossolane; ma, com'è naturale, non intende accogliere lo spiritualismo, che è retrogrado e provvisorio. Di conseguenza, egli rifiuta ogni solidarietà e corresponsabilità teorica e storica con l'ateismo, il quale tende a prolungare all'infinito lo stato metafisico, arrecando una sua soluzione al problema teologico, che va, invece, dichiarato insolubile. Certamente, la riorganizzazione della civiltà che si mira a promuovere è senza Dio, ma non per ciò è affermativamente ateistica, né può coerentemente rendersi tale, perché in tal caso si pronuncerebbe su ciò che è al di là dell'ordine fenomenico, non potendosi costatare che non c'è Dio.

Spencer invita ad essere positivi, a rendersi edotti che la materia, al pari della forza, non è in fin dei conti altro che un'astrazione. La continuità temporale dei fenomeni è all'origine dell'idea di forza; la loro continuità spaziale è la base da cui sorge l'idea di materia; se noi astraiamo da tutte le differenze che contraddistinguono i vari gruppi di fenomeni, ci rimane la nozione, comune a tutti, di uno spazio pieno; essa è la nozione di materia. Il positivista afferma la realtà del mondo esterno, solamente ammette di non conoscerla e di non poter arrivare mai a conoscerla, e anzi, si rifiuta sinanco di discutere la questione, per non venirsi a trovare nell'indesiderata compagnia del metafisico.

Fedele eco dei maestri della filosofia positiva, Ardigò ci tiene a professarsi positivista, non materialista, e dà colpa a Lamettrie e a Büchner di dichiararsi materialisti, giacché il materialismo è metafisica bella e buona, al pari dello spiritualismo a cui si contrappone.

Si continua senza dubbio durante il positivismo a parlare di materia, e anzi, di qualche elemento materiale che sarebbe a fondamento di tutti i fenomeni, p. es., di una particella materiale, atomo elettrico o elettromagnetico, e simili, ma si tratta manifestamente di qualcosa che non ha niente da spartire con la vecchia materia di un tempo. Si riconosce espressamente, infatti: 1) che questo elemento primordiale è un'entità ipotetica, che s'introduce unicamente a titolo di congettura; 2) che l'ipotesi non è unica, potendosene avanzarsene di diverse, ma che ha il pregio su quelle proposte, della massima semplicità; 3) che l'ipotesi è provvisoria, potendosi in futuro sostituire con altre, sebbene presentemente non si riesca a comprendere come si possa escogitare qualcosa di più semplice di una particella elementare; 4) che il contenuto medesimo dell'ipotesi non è di per sé perspicuo, ma che essa giova a rendere in qualche modo rappresentabili le entità composte dalla riunione di questi atomi della natura. – (Va da sé che la vecchia materia, invece, era oggetto di una tesi, che si presentava come unica, definitiva, e persino evidente).

Il fenomenismo radicale, che caratterizza il positivismo ottocentesco, contrassegna anche il neopositivismo novecentesco, nel quale ultimo, nonostante tutte le differenze del linguaggio e del campo principale dell'investigazione (il nuovo positivismo adopera un linguaggio tecnico all'estremo, reputando che la scientificità debba essere contraddistinta dall'uso di una severa e rigorosa terminologia, laddove il vecchio si esprime alla buona ed è volutamente popolareggiante; il terreno d'elezione del nuovo è la logica formale, che esso identifica assolutamente con la logica, laddove l'ambito privilegiato dal vecchio è la biologia, da cui desume i concetti che l'ispirano nella sua concezione generale della realtà fenomenica, e che si riassumono nell'evoluzionismo cosmologico), conduce inevitabilmente ad un rifiuto del materialismo, che è il medesimo, sia nelle giustificazioni che nelle conseguenze, di quello già pronunciato un secolo prima[22].

8. *La satira antimetafisica e il tramonto dei massimi problemi*

Eliminato il dubbio intorno all'estensione che l'ostilità alla metafisica ha nell'illuminismo, dubbio fatto sorgere dall'esistenza di un materialismo di schietta ispirazione illuministica, ribadito che una tale ostilità possiede la medesima ampiezza dell'illuminismo, è da soggiungere che essa ha molte e differenti espressioni, di cui bisogna accontentarsi d'indicare le principali.

È degna di nota la circostanza che proprio dove la metafisica è oggetto di

---

[22] Così, il materialismo vero e proprio, quello metafisico, è respinto da Carnap, il quale si sforza di distinguere da esso un materialismo scientifico, nei confronti del quale non ha obiezioni da muovere. Il materialismo metafisico, e del pari, lo spiritualismo, il realismo e l'idealismo, pronunciandosi sulla costituzione della realtà in se stessa, introducono problemi che non hanno senso e che non possono quindi essere risolti né in una maniera né in un'altra. Ammissibile è, invece, il materialismo scientifico, il quale avanza richieste moderate, accontentandosi di prendere gli oggetti fisici come base di quelli psichici, che, a loro volta, possono essere assunti come fondamento di quelli spirituali (Cfr. *La costruzione logica del mondo*, trad. it. E. Severino, Milano, 1966, pp. 170-172). Questo è quel medesimo, che intendeva fare il precedente positivismo, quando asseriva che i fenomeni fisici spiegano quelli chimici; questi i fenomeni biologici; questi i fenomeni psichici, i quali danno ragione dei fenomeni politici e sociali (sempre ciò che sta in basso è la chiave della comprensione di ciò che sta in alto). Ci si potrebbe chiedere come mai, se il materialismo ha due forme, una metafisica e una scientifica, anche lo spiritualismo non si comporta in analoga maniera. La verità è che la perfetta neutralità, che si vorrebbe osservare nei confronti delle faccende interne della metafisica, è impossibile, e che l'ago della bilancia deve inclinare piuttosto da una parte che dall'altra. Troppe volte lo spiritualismo ha guidato la lotta contro la civiltà dell'illuminismo, perché gli si possa accordare lo stesso trattamento che si riserva al materialismo, il quale ha sempre militato dalla parte della ragione e del progresso. Quel po' di favore, altrimenti inesplicabile, che il cosiddetto materialismo scientifico ottiene, è una preferenza ideologica, è la manifestazione di una scelta di campo.

contumelie e di insulti, si riscontrino ancora echi vivaci e forti dei problemi metafisici, i quali non possono essere dimenticati d'un colpo, ma richiedono un lungo percorso della cultura per diventare anche vitalmente insignificanti. Al primo posto nell'ingiuria sono Voltaire e Diderot, l'uno discorrendo di *métaphysico-théologo-cosmolo-nigologie*[23], l'altro ragionando di *galimatias-métaphysico-théologique*[24]; entrambi aguagliando la metafisica ad una manifestazione di follia, ad un tessuto di sogni che dilegua alla luce del giorno. Eppure Diderot non rinuncia a proclamarsi metafisico in una particolare accezione di questo termine; quanto a Voltaire, le risonanze dei massimi problemi che erano stati assegnati all'esame della regina delle scienze, sono presumibilmente ancora più potenti di quel che furono in passato, quando i problemi, che adesso si reputano essere insolubili, si stimavano risolubili e nella sostanza risolti.

Si fa udire, sopra tutti gli altri, il problema del male, che grandeggia nella vita dell'uomo, e di cui non si riesce ad assegnare l'origine e a scorgere il significato e lo scopo, e di fronte a cui non si può nemmeno piegare il capo come dinanzi all'ineluttabile e all'invincibile. C'è il male fisico, scatenato dalle forze della natura, con un terremoto che all'improvviso distrugge una grande e ricca città, o con una pestilenza che devasta una popolata plaga della terra e la cangia in deserto; sono disastri che richiamano l'uomo alla contemplazione della debolezza della sua natura e dell'incertezza della sua sorte e lo rendono avvertito dell'enigma dell'esistenza, giacché eventi del genere gli debbono sembrare inconciliabili con l'ammissione di un principio buono della realtà, di un Dio provvidente. E c'è il male morale, prodotto dall'uomo medesimo, perché è inutile cullarsi nelle illusioni intorno all'essere umano; il ritratto dell'indole umana dell'antimachiavellico Voltaire è degno di Machiavelli.

Eppure, nonostante la loro indubbia consistenza, quelli di Voltaire sono echi di problemi, non problemi effettivi; segno di ciò è la circostanza che egli è portato a parlare sotto l'impressione del momento, ama riferirsi ad avvenimenti precisi, databili, e soprattutto argomenta con il solo sussidio di quel che è accaduto, accade, ed è possibile che accada nella vita dell'umanità. Il terremoto di Lisbona dell'1 novembre 1755 lo sconvolge e l'induce a suggerire parecchie ipotesi alternative atte a spiegare un evento così luttuoso: si deve dire che esso è l'effetto delle leggi necessarie che regolano la natura, predisposte da un Dio libero e buono? Oppure della punizione delle colpe commesse dagli uomini? Oppure anche che questo male è in vista di un bene maggiore, in quanto altre genti si arricchiranno in seguito ai palazzi incendiati e ai centomila disgraziati che la terra ha divorato? Queste supposizioni sono enunciate, ma non vagliate a fondo, accanto ad esse ne vengono poste sul terreno altre, sia conformi alla tradizione cristiana (l'ipotesi che Dio intenda mettere alla prova gli uomini in questo soggiorno terreno, per condurli verso un mondo eterno), sia da essa difformi

---

[23] *Candide, ou l'Optimisme*, in *Romans et contes*, édition établie par F. Deloffre et J. Van den Heuvel, Paris, 1979, p. 146.
[24] *Entretien entre d'Alembert ed Diderot*, in *Oeuvres*, ed. cit., p. 882.

e con essa contrastanti (la rinnovata ipotesi epicurea e scettica che Dio, anche con l'incarnazione, non ha potuto o voluto redimere l'uomo), ma la questione viene lasciata indecisa, avvertendosi che mancano le forze per risolverla. Qualunque partito si prenda risulta poi dubbio, e di conseguenza, finisce che uno alla volta i partiti si prendano tutti, ma si tengono fermi per poco, e in questa oscillazione dello spirito si esaspera il sentimento dell'umana impotenza. Invano s'interroga la natura, che è muta, e Dio, che solo potrebbe parlare, tace, invece di spiegare il significato della sua opera, d'illuminare il savio, di consolare il debole, e l'uomo abbandonato non sa dove appoggiarsi.

Questo è l'esito a cui inevitabilmente si perviene, se la riflessione filosofica, invece di compiersi in uno spazio suo proprio, si congiunge immediatamente al terreno dei fatti, si pronuncia subito sotto l'impressione che gli accadimenti producono. Non c'è filosofia che sia capace di accogliere in sé e di rendere conto in maniera adeguata della commozione, del turbamento, della pena, che le vicende lacrimevoli e le grandi sventure producono: di fronte allo sconvolgimento subitaneo la riflessione è disarmata, essa deve semplicemente tacere. Il suo compito incomincia più tardi, allorché l'urto è diminuito d'efficacia, e i problemi, che si sarebbero potuti ritenere risolti dai casi medesimi che si sono prodotti, si ripropongono invariati, per il motivo che gli eventi li hanno lasciati al punto in cui erano in precedenza. E la riflessione, quando riprende il suo cammino, interrotto dall'urgenza dei colpi inferti dalla cattiva sorte, non può basarsi su di essi, che sono troppo labile fondamento, ma è tenuta a procedere per concetti, giacché deve proporre delle teorie, e queste sono edifici concettuali. Allora i fatti decadono a semplici esempi, e i fatti lontani valgono nella stessa maniera di quelli vicini; la guerra di Troia è sufficiente come campione delle crudeltà e degli orrori dei conflitti; l'uccisione di Remo basta come citazione degli omicidi e dei fratricidi efferati. Nessuna teoria metafisica si può corroborare o demolire con l'ausilio di quel che ordinariamente accade, perché essa non si colloca sul terreno dei fenomeni, ma si accampa nell'ambito delle cose in sé, e domanda una convalida o una smentita di un ordine del tutto diverso, com'è quello fornito dalla congruenza o dall'incongruenza logica.

La satira, caustica e letterariamente splendida, che Voltaire compie della teoria del migliore dei mondi possibili, non soltanto non distrugge, ma nemmeno raggiunge l'obiettivo metafisico che si prefigge di colpire, e Leibniz, se fosse stato ancora vivo, avrebbe potuto leggere con diletto il capolavoro che ha ispirato allo scrittore francese. Mendelssohn, per quanto con la sua adesione alla filosofia popolare dell'illuminismo tedesco, mirante a conciliare le asserzioni del sano intelletto umano con le tesi della speculazione, sia assai tiepido amico della metafisica, se ne rende conto e scorge che si può tener ferma la teoria del migliori dei mondi e insieme dilettarsi e ridere con Voltaire. In nome di storie accadute o possibili ad accadere, non si possono avanzare obiezioni consistenti; se la teoria ha degli aspetti oscuri e insoddisfacenti, se va incontro a difficoltà rilevanti, ciò è dovuto a motivi dottrinali. Di più: anche ad accordare a Voltaire tutti i punti che desidera, non si scorge a quali conclusioni si debba arrivare, e come si possa evitare di restare in preda dell'irresolutezza e di una paralizzante immobilità.

Nell'illuminismo, tuttavia, questo stato d'incertezza e di indecisione non può essere definitivo, non ci si può accontentare della conclusione che il male è sulla terra, ma che il suo principio ci è completamente ignoto: essa renderebbe l'uomo inattivo, lo lascerebbe indifeso, peggiorerebbe la sua condizione mondana. Occorre che il male, pur conservando i significati della colpa e della connessa punizione, che si riassume nel dolore, accolga anche un diverso significato, vecchio nell'espressione, ma nuovo nel modo in cui ora è configurato, per il quale è un limite mobile dell'esistenza umana. Che il male sia primariamente il limite dell'esistente, che in questo limite risieda la radice della possibilità del male fisico e di quello morale, è tesi comune della filosofia scolastica e della teologia cristiana in genere, ed è tesi ripresa modernamente da Leibniz. Nella dogmatica cristiana però il limite è considerato fisso e immodificabile, giacché esso è il contrassegno che divide la creatura dal creatore, è il suggello della finitezza di contro all'infinità divina. Invece, adesso il limite è riguardato come costitutivamente mobile, e ciò importa che i tradizionali significati del male siano non già lasciati cadere, ma posti in secondo piano, e al primo posto balzi l'idea di un male legato alle particolari condizioni ambientali, sociali, ecc., dell'uomo, che si possono migliorare mediante il progresso terreno. Oltre il male e il bene (assoluti), ci sono lo stato peggiore e lo stato migliore (relativi), e mentre tutto ciò che è assoluto può formare oggetto di sola teoria, ciò che è relativo è suscettibile di diventare contenuto di un impegno pratico: quello di migliorare.

Non essendo giudicati risolubili, i problemi metafisici si trovano un po' per volta collocati sullo sfondo, dove in un lungo tramite di tempo illanguidiranno sempre più e alla fine saranno quasi interamente dimenticati. Ciò è del tutto naturale, giacché il sentimento del problema, per essere vigoroso, richiede di venir agitato, mantenendo aperta e convincente la possibilità della soluzione; se di essa si dubita, si dispera, si è anche disposti a fare a meno, quell'avvertimento si stempera e in ultimo svanisce. In questo senso è perfettamente vero che l'esistenza della soluzione è la condizione di quella del problema; che non ci sono problemi veramente insolubili; che soltanto gli oziosi e i perdigiorno insistono a dibattere problemi di cui in tutto il cammino percorso dall'umanità non si è riusciti a venire a capo; tutte sentenze comuni, queste, che l'analisi psicologica è pronta a corroborare e a rendere ultimative.

Lo spostamento di significato del problema del male, operato da Voltaire, è profondamente rivoluzionario, giacché sovverte tutta la tradizione cristiana, per la quale la terra è nella sostanza sempre la medesima valle di lacrime, è tale perpetuamente, e non già in un'epoca sì e in un'altra no, e i pochi cangiamenti che nei differenti tempi e luoghi vi si osservano sono ininfluenti per la salvezza ultraterrena. Voltaire si rende conto di quel che d'inaccettabile c'è nella sua posizione, dal punto di vista del cristianesimo, e si fa da esso obiettare che è orgoglio e presunzione pretendere che, essendoci il male, si possa andare meglio, ma la mantiene salda. Il bene e il male relativi, che non sono echi di problemi, ma problemi veri, sono molteplici e tutti particolari; di essi si deve sempre parlare al plurale e non al singolare; essi si determinano come quelli o questi stati, bisogni, prodotti del lavoro, dell'arte, soddisfazioni; di essi si sostanzia la speranza illuministica, la quale non è destinata a esaurirsi, perché non è ultraterrena, bensì terrena, non infinita, bensì finita (d'infinito essa possiede soltanto la tensione nell'oltrepassamento delle condizioni date). «La speranza di un nuovo sviluppo del nostro essere, in un nuovo ordine di cose, può, essa sola, consolare dell'infelicità presente», dice Voltaire[25]; ogni riferimento di questa speranza all'aldilà è una semplice allegorizzazione di quel che può aver luogo unicamente nell'ordine del mondano e del terrestre.

Una configurazione parimenti particolare del problema del male è costituita dal problema della morte, che è l'ombra che si para dinanzi all'esistenza sia dell'umanità tutta intera che del singolo individuo, ma diversamente, giacché nel caso dell'umanità è lontana e ritiene anche qualcosa d'ipotetico, mentre nel caso dell'individuo è vicina, certa, immancabile, e per di più perfettamente consaputa in tali suoi caratteri (l'uomo può sforzarsi di non pensarci, ma non appena si trova costretto a formarne il pensiero, la concepisce a codesto modo). L'idea della morte non reca soltanto con sé la rappresentazione della fine di ogni cosa lieta e del nostro corpo e di ogni frequentazione di quanti ci sono stati accanto nella vita, la cessazione di qualsiasi società, ma anche dischiude l'immaginazione di un seguito dell'esistenza in condizioni diverse, forse estremamente migliori, forse incomparabilmente peggiori di quelle che ci sono consuete. E questa immaginazione di un paese delle anime, che s'incontra presso i popoli più diversi, è proprio l'elemento che acuisce e rende tremenda la morte, perché sottopone la sorte dell'uomo a un compimento che non sta interamente a lui decidere e determinare. Finché si reputa di poter garantire, come fa Platone, che chi è buono non ha nulla da temere né dalla vita né dalla morte, quanti posseggono la coscienza di essersi comportati bene, possono con piena tranquillità aspettare la sentenza divina, credere di recarsi a vivere in compagnia degli dei e degli eroi, nel modo tenuto da Socrate. Ma Socrate non conosce lo scrupolo di coscienza, e questo fa sì che egli si definisca giusto, ciò che cristianamente, come già ebraicamente, nessuno può azzardarsi a fare. D'altra parte, lo spettacolo del mondo rende abbastanza manifesto che la giustizia non può completamente avere lo stesso significato per Dio e per l'uomo, e altrimenti non accadrebbero nel mondo molte cose che accadono, e ve ne accadrebbero molte altre che invece non accadono. È la rappresentazione del giudizio divino, di un Dio sì di misericordia, ma anche d'ira, che ha fatto diventare terrificante la morte nel cristianesimo, come non era stata nell'ellenismo, e meno ancora può essere nell'illuminismo.

Si tratta, in primo luogo, di rendere omaggio agli «spiriti forti», a quelli che hanno saputo da tempo liberarsi dalle angosce prodotte da una secolare tradizione d'oppressione religiosa, e Voltaire ricorda le parole di quanti hanno saputo accomiatarsi coraggiosamente dalla vita, da Rabelais, che disse: *vado a cercare un grande forse*, a Toland, le cui ultime parole furono: *vado a dormire*, a Wool-

---

[25] *Poème sur le désastre de Lisbonne ou examen de cet axiome: «Tout est bien»*, in *Mélanges*, ed. cit., p. 303.

ston, che si accontentò di dire: *Tis a pass every man must come to*, a Locke, che sentenziò: *la vita è pura vanità*. È vero che il cristianesimo introduce la distinzione di *timor filialis* e di *timor servilis*, insegnando che filiale è il timore della colpa, e cioè di offendere Dio e di esserne per conseguenza separati, e che servile è il timore della pena, e aggiungendo che il timore servile si pone in contrasto con la carità, ma una tale distinzione, che ha grande peso nel cristianesimo, non ne ha alcuno nell'illuminismo, il quale non può lasciarsi impacciare da timore di sorta nella sua opera di pratico miglioramento del mondo.

Con il tempo la ragione riuscirà a rendere ridicola la bramosia di conoscere dettagliatamente il nostro destino in un aldilà, mostrando come gli sciocchi, preoccupati di una vita futura, perdano quella presente, dice Lessing. Gli uomini impareranno così a guardare alla vita futura con la stessa tranquillità con cui aspettano l'indomani, ossia si renderanno nell'immaginazione indistinguibile quell'esistenza dal resto dell'esistenza che rimane davanti a loro sulla terra, e che si chiama anch'essa vita futura, quantunque una volta l'identità dell'espressione comportasse la completa differenza del contenuto. È vero che la maggior parte della gente attualmente preferisce un'esistenza infelice all'agghiacciante prospettiva di non esistere affatto, e da questa predilezione sono sorti nell'antichità il Tartaro e gli Inferi, ma occorre convincerla che una vita prolungata all'infinito diventerebbe il dominio della ripetizione e della noia, peggiore di qualsiasi inferno, e farebbe certamente rimpiangere la morte e la fine. L'illuminismo impone all'uomo di pensare che la morte è un tributo dovuto alla natura, un debito contratto nascendo, e per il rimanente invita a non farsi delle domande a cui non ci sono risposte, e in effetti le domande cessano già con il positivismo e dopo l'Ottocento non si fanno più udire.

Rimane da stabilire se, prendendo quest'atteggiamento, l'illuminismo sia ancora capace di assegnare il senso della vita o se debba, invece, rassegnarsi al silenzio, come dinanzi a questione troppo grande per poter essere definita, nel qual caso manca di solidità e di consistenza, giacché appartiene a qualsiasi punto di vista l'obbligo di dire in una qualunque forma (implicita o esplicita, ciò poco conta) che cosa sia la vita, che cosa l'uomo, vivendo, si propone di conseguire. Quando s'insiste, come fa Voltaire, nel dichiarare che, a causa della sua costitutiva debolezza, l'uomo non è in grado di sapere che mai sia la materia e che mai sia lo spirito, che mai sia la realtà in se stessa, e che non ha modo di rispondere agli interrogativi: «Chi sei? Di dove vieni? Che cosa fai? Che cosa diventerai?»[26], sembrerebbe del tutto impossibile conferire un senso alla vita, e anzi, anche inutile insistere su un argomento già deciso in partenza, ma occorre soggiungere che una tale conclusione sarebbe troppo frettolosamente tratta, perché l'espressione «senso della vita» è suscettibile di parecchie differenti interpretazioni.

Quando si discorre del senso della vita, si può intendere la parte, la funzione, lo scopo, che la vita dell'uomo ha nell'intero universo, in cui essa è compre-

---

[26] *Il filosofo ignorante*, trad. it. cit., pp. 505-506.

sa. In questa prima interpretazione, la vita non deve, per l'illuminismo, e in generale per l'umanismo, aver senso: qui la risposta non può esserci, per l'eccellente motivo che la domanda non può proporsi. L'umanismo insegna che l'uomo
– quanto a valutazioni da esprimere – non è una qualsiasi parte, ma è l'intero,
che secondo l'uomo tutto si giudica, ma che l'uomo medesimo non è oggetto di
possibile giudizio. Se *senso* vuol dire *parte*, è quindi manifesto che la vita non
può, nell'illuminismo, aver senso, e che nemmeno deve averlo, e giustamente si
è di recente asserito che tutto ha senso in relazione all'uomo, il quale però non
ha senso. Si è in presenza dell'ἄνθρωπος μέτρον, come immancabilmente accade con l'umanismo. Sembra, ma soltanto sembra, che a questo proposito siano avvantaggiati i punti di vista del soprannaturale, i quali sono perfettamente
capaci di attribuire questo senso, indicando, come fa, p. es., il cristianesimo,
che l'uomo, creato da Dio e posto in una condizione felice, essendosi ribellato,
è caduto nel peccato, ma è stato altresì redento e così gli è stata data la possibilità di pervenire, con la grazia e le buone opere, all'eterna beatitudine. In questa
maniera il cristianesimo conferisce all'uomo precisamente una parte, come gli è
consentito per il motivo che, per esso, l'uomo non è il principio, ma è il principiato. Ma, se a tale riguardo pare che il cristianesimo si trovi favorito nei confronti dell'illuminismo, non gli è permesso di riconoscere una qualunque parte a
Dio. Ci si domandi quale senso ha che Dio, ossia l'essere primo, infinito, necessario, onnipotente e onnisciente, crei l'uomo, incaricandolo di un compito che,
in qualsiasi modo egli lo svolga, niente aggiunge e niente toglie alla gloria divina, e si scorge che l'interrogativo non può semplicemente proporsi per Dio, al
quale nessuno scopo si può riferire come suo proprio. Va da sé che, nell'ambito
del cristianesimo, il sentimento della dipendenza, che interamente lo governa,
impedisce che il quesito, che si solleva per l'uomo, si avanzi per Dio, e comporta che dinanzi ad una simile empietà si arretri sbigottiti. L'illuminismo si
trova pertanto in una analoga situazione nei confronti dell'uomo, con questa sostanziale differenza, che, essendo il punto di vista della bassura e della prosaicità, esso insiste nelle espressioni dell'amarezza e del disincanto, come il cristianesimo trabocca in quelle della pienezza e della sovrabbondanza.

Ma del «senso della vita» c'è una seconda interpretazione, in cui è giocoforza ammettere che l'illuminismo annette un senso alla vita, com'era dato aspettarsi sin dall'inizio, perché altrimenti non avrebbe niente da dire, e anziché formare il punto di vista vittorioso in gran parte della terra di ogni ostacolo, l'elemento sulla cui base si definisce la modernità, non conterebbe né fautori né seguaci. Dovunque si dà una disposizione secondo gradi delle attività, per cui esse
si ripartiscono in primarie e in derivate, dovunque si riconosce l'esistenza di fini
e di mezzi, invece di propugnare l'indiscriminazione e l'indistinzione universale
dei pensieri e delle azioni, lì si dà anche un senso della vita, il quale consiste di
questo medesimo articolato circolo di concepimenti e di operazioni. E come si
può anche soltanto dubitare che la scienza, la morale, l'economia, la politica,
dell'illuminismo non rispondano ad un assetto complessivo guidato da un criterio di sistemazione ordinata?

9. *Il predominio del senso comune*

Estirpata la metafisica, con l'illuminismo la filosofia tende sempre più, da una parte, a dissolversi nella metodologia della scienza, e dall'altra, a imparentarsi con l'ideologia, facendosi preminente strumento di polemica antireligiosa e di predicazione e di lotta politica. Viene così anche a compimento l'idea illuministica di una filosofia divulgata tra il popolo, mondana, leggera quanto basta per farsi accettare dalle persone ordinarie, incentrata sulle questioni di pubblica utilità, anziché persa nelle astrazioni speculative. E per essere cosa del mondo, la filosofia deve lasciar parlare il senso comune, il quale è antispeculativo al massimo e per ciò stesso è al massimo popolare: il senso comune va elevato a tribunale che tutto giudica; quello che esso accoglie va ammesso come evidente, quello che esso respinge va condannato come assurdo. Poiché il profondo e il metafisico coincidono, si comprende come, seguendo questa direzione, la filosofia e il mondo che essa ritrae siano senza spessore, consistano esclusivamente di superfici. Si è spesso detto che gli esponenti dell'illuminismo filosofico sono leggeri, superficiali, ma questa è una valutazione ingiusta e sbagliata, perché tra di essi si annoverano grandi e possenti scrittori, e soprattutto perché così si scambia la superficialità oggettiva, delle cose medesime, con una presunta superficialità soggettiva, con l'incapacità personale di dipingerle per quali effettivamente sono. È il mondo medesimo che manca di sostanza, è privo di rilievo, è tutto corteccia e niente nocciolo. L'illuminismo vanta ritrattisti superbi della superficialità della vita moderna.

L'esaltazione del senso comune e della figura umana incaricata d'incarnarlo, che si chiama per lo più l'uomo semplice, incontra però un grave ostacolo nella circostanza che l'illuminismo deve professare, in materia di teoria della conoscenza, il realismo, il quale è indissolubilmente congiunto col suo fenomenismo, empirismo, formalismo e psicologismo logici, e ancora con le altre teorie che esso è portato a sostenere, che tutt'insieme stanno e tutt'insieme cadono, e non sembra proprio che la gnoseologia realistica sia argomento da dibattere sulla base del senso comune. Da quando Berkeley ha posto sul terreno la genialissima ipotesi per cui l'essere delle cose materiali consiste del loro essere rappresentate, cosicché l'*esse in re* e l'*esse in mente* coincidono (che essa sia in lui soltanto un'ipotesi è comprovato a sufficienza dai suoi scritti; qualunque cosa essa possa diventare in seguito, mercé l'opera di altri filosofi), il realismo ha cessato di far parte del patrimonio delle convinzioni spontanee e irriflesse del genere umano, nel quale in precedenza si annidava: dopo Berkeley la filosofia ha l'obbligo di dimostrare, qualora possa, l'esistenza di un mondo esterno e indipendente dalla mente, a meno che non preferisca darsi a vedere per radicalmente e inguaribilmente dommatica. Gli illuministi si fanno un punto d'onore di confutare Berkeley (la cui ipotesi, eliminando la dualità delle cose e dei loro avvertimenti, parrebbe avere almeno il merito della semplicità e conformarsi così alla massima *entia non sunt multiplicanda praeter necessitatem*, della quale si fa dovunque grande conto), ma i modi in cui essi eseguono la confutazione mostrano che intendono rimettersi in tutto al senso comune e alle sue inappellabili decisioni.

Tra queste confutazioni merita di essere citata quella eseguita da Moore, che risiede nel sollevare la propria mano e nel mostrare che esiste[27]. C'è da chiedersi se in questi casi a parlare sia lo stesso senso comune, a cui si fa appello, o se sia la filosofia, che si sostituisce arbitrariamente ad esso. Dalla collocazione del senso comune, la proposizione «la mia mano esiste» potrebbe essere tutt'al più pronunciata da qualcuno che protesta contro il fatto di essere ritenuto un monco, perché teneva la mano distesa in tasca senza che della tasca si scorgesse il rigonfiamento, e adesso la tira fuori e la fa vedere; diversamente, non si scorge che significati possano avere comportamenti e discorsi del genere. Questi però non hanno dei significati congruenti neanche dalla posizione della filosofia, almeno finché non si definisce che cosa s'intende per esistenza, realtà, e simili, e c'è da meravigliarsi che siano tanto semplicemente addotti come esempi di non si sa che. Essi non possono voler dire che si tratta di sensazioni, e non d'immagini, perché non c'è nessuno che lo contesta, e Berkeley aveva provveduto per proprio conto a distinguere con i più netti contrassegni i dati del senso e quelli dell'immaginazione (che chiamava ugualmente *idee*, ciò che era nel suo buon diritto, quantunque non fosse nella sua convenienza e opportunità, giacché la terminologia non può essere assoggettata a norme costrittive), dichiarando che i primi sono più forti, vivaci, distinti, presentano stabilità, ordine e coerenza, laddove i secondi sono deboli, esigui, casuali, e in generale accordando al linguaggio popolare la più ampia libertà di espressione.

Si può osservare come l'apologista del senso comune si trovi in un'incomoda situazione, che non è né quella dell'uomo semplice, né quella del filosofo, e come si muova inquieto tra l'una e l'altra. L'uomo semplice, immerso nella vita quotidiana, non si sogna minimamente di dire che la materia esiste, ciò per lui va da sé, e nell'accezione in cui è ovvio, non è nemmeno oggetto di discussione filosofica; parimenti, il senso comune, di cui egli è la raffigurazione simbolica, lasciato davvero a se stesso, non vanta il suo buon diritto, non pensa nemmeno di lontano a comporre apologie, ma sa da sempre tutto ciò che occorre sapere, e per questo motivo nemmeno lo dichiara, e, del resto, sa effettivamente e veracemente ciò a cui si riferisce. È il filosofo, che, intervenendo, combina insieme locuzioni del linguaggio ordinario ed espressioni del linguaggio speculativo, che un momento prima discorre di una mano e un momento dopo ragiona dell'esistenza e della materia, e quando questo gli è rimproverato, riesce soltanto ad ostinarsi nella sua indifendibile posizione[28]. Una volta incamminatosi sulla strada della filosofia, la quale impiega un linguaggio, che, quanto ai suoni è largamente lo stesso ordinariamente usato, ma ne differisce altrettanto estesamente per i significati, Moore non riesce più a stabilire quell'esistenza del mondo

---

[27] *Saggi filosofici*, trad. it. M. Bonfantini, Milano, 1970, pp. 21-52 e pp. 133-159.

[28] Com'è noto, allorché Wittgenstein venne a conoscenza della prova di Moore dell'esistenza del mondo esterno, disse: «Quei filosofi che hanno negato l'esistenza della materia non hanno voluto negare che io sotto i calzoni porto le mutande». Gli fu risposto che alcuni filosofi hanno inteso negare proprio ciò.

esterno, che al senso comune riesce tanto evidente (per esso, si può negare l'esistenza di questa o quella cosa, ciò che tutti hanno l'occasione di fare, ma non si può negare né l'esistenza né l'esternità del mondo, che nessuno però si preoccupa neanche di affermare).

La mano sollevata in alto, che chiunque può vedere, toccare, sincerandosi che è veramente una mano, è sottoposta a vari attacchi, da cui si vorrebbe salvaguardare, ma da cui non si è capaci di tenerla al sicuro. Anziché interamente, la mano si vede ogni volta per qualche parte della sua superficie, giacché la carne all'interno e le ossa non si scorgono con gli occhi; si può voltare e rivoltare rapidamente la mano, e guardare ora il palmo e ora il dorso, ma ciò comporta una molteplicità di visioni e un certo decorso temporale (per quanto svelti si faccia, l'*ora* ha sempre una certa espansione, significa una qualche durata). I dati sensoriali, forniti dalle visioni, per quanto somiglianti siano, non sono assolutamente identici, né la mano, né gli occhi, né tutto il corpo stanno, durante il tempo richiesto, davvero fermi, e la loro mobilità si riflette in quella del contenuto di senso. Certamente, i molti dati confluiscono in unità, giacché in maniera tanto inevitabile quanto giusta si discorre della mano come di qualcosa di unico. Si pone però la questione di accertare come si stabilisce una tale unità, di determinare quali siano le sue condizioni necessarie, tra cui sono la vivacità del sentire, l'esclusione della visione doppia e l'unitarietà del sentimento dell'io, che deve essere ben compatto, non qualcosa di erratico (un malato di mente potrebbe trovarsi in difficoltà a raggiungere l'unicità delle visioni, e mettersi a ritenere che si tratti di parecchi oggetti diversi, giacché gli capita di credere di aver che fare con diverse persone quando si tratta in effetti del medesimo individuo, ecc.). Chi parla deve quindi essere l'uomo sano, caratterizzato dall'unitarietà e dalla costanza dell'io, che è la prima condizione dell'unicità della cosa, la quale richiede altresì la vicinanza spaziale e temporale delle sensazioni, il loro seguito ininterrotto, e via di seguito enumerando. Infatti, per essere unica, la cosa deve incominciare con l'essere unitaria, e l'unitarietà non è una sensazione, ma è un'immagine, è un'entità ideale. La visione doppia è accompagnata da certe particolarità (p. es., è dovuta alla pressione di un dito contro l'occhio), che la rendono perfettamente compatibile con l'unità della cosa, ma ciò presuppone che l'unità si costituisca. Come si è accennato in precedenza, ciò che appartiene al corpo animato, che ciascuno prende come il corpo proprio, e ciò che appartiene ai corpi animati altrui, e ciò che appartiene, infine, ai corpi inanimati, i limiti in cui queste tre sorte di corpi incominciano e finiscono, e ancora ciò che si avverte come costitutivo e, di conseguenza, si esperimenta come interno oppure come esterno agli uni e agli altri, ciò che si assume come psichico e ciò che si accetta come fisico, come sano e come malato, ecc., è radicalmente diverso nelle differenti civiltà, da nessuna parte esistendo criteri di valutazione uniformi. L'illuminismo muove dalla premessa di un sentire in cui tra le sensazioni e le immagini è scavato un abisso, l'immaginazione è fatta oggetto di repressione, i risultati della scienza sono incorporati nell'esperienza quotidiana, e tutto questo è nel suo buon diritto; il suo torto è di seguitare a discorrere di filosofia e a dare un'impostazione filosofica, anziché specialistica, ai problemi che discute e che in questa maniera si rende insolubili.

Moore può anche venire a capo di quel primo ostacolo all'esistenza reale della mano, formato dalla visione doppia, perché, come si è accennato, ci sono delle circostanze aggiuntive che consentono di distinguere quando essa ha luogo e quando no, e rendono possibile sceverare alcune delle sensazioni come «soltanto mie» o «soltanto di un altro», da tutte le rimanenti sensazioni e di attribuire queste seconde alle cose stesse, ma ci sono due scogli in cui è condannato a urtare e a compiere naufragio. Il realismo gnoseologico non dovrebbe appoggiarsi a singoli casi, perché il materiale da essi fornito è inevitabilmente di cattiva lega, non si sottrae al dubbio e non si può definitivamente mettere al riparo dalle obiezioni. Esso dovrebbe valersi di considerazioni generali, di vedute d'insieme, che gli offrirebbero sostegni assai migliori. Quando però si affida al senso comune, il realismo è costretto a raccomandarsi ai singoli casi, perché il senso comune, consistendo del precipitato di una complessa concezione del mondo che si è ridotta in brevissimo terreno e ha acquistato il sembiante dell'ovvietà, comporta la precedenza del particolare sull'universale, il quale ha lo stesso valore che hanno i casi di cui è la riunione.

L'uno scoglio all'esistenza della mano è quello dell'allucinazione; l'altro, ancora più periglioso, è quello del sogno. Quando si tratta di una singola cosa spaziale e temporale, rimane sempre la possibilità di un'allucinazione, per cui nonostante la salda presenza, ci s'illude che essa effettivamente ci sia; in maniera definitiva una tale supposizione non si può escludere, giacché a decidere in merito è il decorso dell'esperienza. Parecchie volte l'esperienza ha comportato che si riducesse a mera allucinazione e illusione ciò che per l'innanzi si era riguardato come effettivamente reale; di conseguenza, non c'è alcun singolo caso che possa accogliersi come indubitabile. Non ci sono criteri inoppugnabili con cui accertare, in un singolo caso, che si è svegli, perché, quando si sogna, si reputa di essere svegli, e inoltre ci sono dei sogni che formano delle specie di cornici, in cui sono racchiusi altri sogni, per cui si sogna di sognare. Contro la certezza che adesso si sia svegli è invincibile obiezione quella fornita da quest'esperienza di sogni cornici e di sogni incorniciati, per cui il sogno cornice è consaputo come una condizione di veglia, e in esso compare, ben distinto per il contenuto, il sogno incorniciato, sul quale ci s'intrattiene certi di essere svegli, eppure in effetti si sta dormendo e sognando. Rispondere che in un caso del genere non si sa, ma soltanto si crede di essere svegli, è giocare con le parole; anche adesso potremmo soltanto credere di saperlo. La filosofia che si rimette al senso comune si trova nei pasticci, da cui è esente la filosofia speculativa (alla quale interessa la distinzione generale del sogno e della veglia, e la distinzione generale è di assoluta evidenza, giacché dire che tutto è sogno equivale a dire che tutto è veglia).

Moore compie alcune delle considerazioni qui eseguite, quantunque non approfonditamente, ma così si allontana del tutto dall'uomo comune, dalle sue preoccupazioni, che sono quelle dell'esistenza quotidiana, dal suo linguaggio, in breve, abbandona il criterio di giudizio costituito dal senso comune. Non ci vuole molto ad affermare di star parlando in nome e sotto l'egida del senso comune, ma qualunque posizione di pensiero può invocare la testimonianza del senso comune a proprio favore, e Berkeley riteneva che il senso comune stesse proprio dalla sua parte: non c'è quindi testimone più sospetto e inattendibile di esso. Tra Berkeley, che argomenta, e Moore, che assevera, c'è un abisso divisorio che non è consentito di varcare. Al punto in cui si colloca Moore, la filosofia dovrebbe già essere stata abbandonata come cosa finita, perché il senso comune, segnando il trionfo del dommatismo, il restringimento dell'orizzonte mentale, la servitù verso gli interessi pratici del presente, non lascia alcuno spazio alla riflessione e alla discussione delle idee.

VI.

IL LAICISMO RELIGIOSO

1. *Il vero significato della richiesta della separazione dello Stato dalla Chiesa*

Nessuno dei caratteri essenziali dell'illuminismo è esposto, al pari del laicismo, al pericolo di essere travisato e preso come un atteggiamento teorico e pratico limitato a certi luoghi e tempi, rispondente ad esigenze circostanziate e contingenti, una volta soddisfatte le quali, risulterebbe sorpassato e inattuale, anziché essere considerato come una dottrina e una linea d'azione permanente e costitutiva dell'intuizione illuministica del mondo, quale esso è in effetti.

Il fraintendimento incomincia da lontano, e cioè dall'arbitraria restrizione del significato e della portata del laicismo alla richiesta della separazione dello Stato dalla Chiesa, dell'indipendenza della politica dalla religione, che si fa udire in vari paesi dell'Europa moderna, e, trovandovi accoglienza, vale a contraddistinguere, come un tratto importante, ma pur sempre particolare, la civiltà moderna da quella medioevale, dopo di che la domanda, ormai sostanzialmente esaudita da secoli, seguita con petulanza e sicumera ad avanzarsi per inveterata, macchinale abitudine. Parlando a rigore, l'abbaglio inizia ancora prima, giacché si produce anzitutto intorno al senso dei vocaboli impiegati, quali «separazione», «indipendenza», «distinzione», «unità», che ricorrono in accezioni diversissime, logicamente inconfondibili. Si dice così che il cristianesimo e il medioevo da esso ispirato introdussero la distinzione del potere spirituale e del potere temporale, della Chiesa e dello Stato, laddove l'antichità greca e romana aveva praticato la commistione più piena, i governanti erano sacerdoti e gli imperatori riunivano la corona dei Cesari e l'infula dei pontefici. In un certo senso ciò è completamente vero: anche in assenza d'un'esplicita teorizzazione e di una estesa documentazione d'altro genere, sarebbero sufficienti i processi per empietà che gli Stati greci intentarono con tanta costanza e inconcussa convinzione della bontà del proprio operare a filosofi e a novatori di costumi, le repressioni di culti stranieri compiute dall'impero romano, per provare che ciò che noi chiamiamo lo Stato coincideva senza residui con ciò che denominiamo la Chiesa.

Si dovrebbe però stabilire in quale significato il cristianesimo abbia arrecato, in luogo dell'identità, la distinzione dei due poteri, che è la questione preliminare da sciogliere, in quanto dalla sua soluzione dipende quella di qualunque altro problema. Orbene, è da affermare che il cristianesimo ha inteso porgere una distinzione di persone e di funzioni entro una visione saldamente unitaria della vita, la quale rimane il fondamento indiscusso di tutte le teorie che in materia di *sacerdotium, imperium, regnum*, vengono elaborate durante il medioevo. La distinzione riguarda per prima cosa le persone, e garantisce che nessun pontefice può avere in animo di rivendicare la porpora regale e nessun re è autorizzato ad arrogarsi l'ammanto papale, e ciò giova a salvaguardare il mondo cristiano dalle tentazioni che il possesso di un'indiscriminata autorità è capace di produrre negli individui. A quella delle persone si collega la distinzione delle funzioni, che sono necessariamente diverse, perché altro è l'ordine dello spirituale e altro è l'ordine del temporale, che rispondono tuttavia ad un unico scopo: la pienezza dell'esistenza cristiana e l'eterna salvezza. L'uomo è corpo ed è anima e, di conseguenza, in lui si sceverano gli aspetti che più dappresso riguardano la sfera dei suoi bisogni corporali, e i lati che più da vicino concernono l'ambito della sua anima, si assegna quella al magistrato, si attribuisce questo al sacerdote, che permangono entro un *quid* unico, ossia nel seno della società cristiana. Questa distinzione di funzioni, che si riferisce al *temporale nutrimentum* e agli *spiritualia bona*, riesce inevitabilmente più malagevole di quella che attiene alla distinzione delle persone incaricate di rivestire le diverse dignità, la quale è fisicamente contrassegnabile, mentre essa può essere eseguita soltanto mediante principi concettuali. Si comprende quindi come in proposito sorgano nei secoli dominati dal cristianesimo tante teorie differenti, che spostano ora a vantaggio del sacerdote e ora a favore del magistrato i confini del temporale e dello spirituale, i conflitti dottrinali che ingaggiano i trattatisti e le contese politiche che vedono impegnati papi, imperatori e re, senza che tuttavia queste lotte coinvolgano la basilare unità della *res publica christiana*. Non sono unti e consacrati i re come i papi? Non sono gli imperatori, che contrastano i papi, sacri al pari di essi? Non è lo Stato di istituzione divina e al servizio della volontà di Dio? Non è persino il regno del peccato e della morte con il suo capo invisibile, il principe di questo mondo, ricompreso in qualche maniera, agli uomini imperscrutabile, nell'economia della salvezza? Se si scambia la distinzione delle funzioni con l'unicità dello scopo, la *salus aeterna*, deve di volta in volta sembrare che tutte le formule apprestate durante il medioevo importino la subordinazione dello Stato alla Chiesa, e siano quindi teocratiche, e che tutte mantengano la necessaria armonizzazione dei due poteri, e siano perciò nella sostanza immuni dallo spirito teocratico; e la mancata osservazione del punto capitale ha in effetti diviso gli storici del pensiero politico medioevale. La verità è che, sin quando il cristianesimo rimane la sorgente di cui si alimenta la civiltà, un'idea comune resta a fondamento di tutta la vita, quali che siano le manifestazioni in cui essa si esplica.

L'illuminismo contesta precisamente codesta sorgente, non vuole saperne di una tale idea, che si propone di soppiantare con un'altra e opposta, ma del pari universale e unitaria idea, e questo è il significato, radicalmente nuovo e rivoluzionario, della sua richiesta di separazione dello Stato dalla Chiesa. Bisogna discernere con ogni cura l'accezione in cui si discorre dei laici, intendendo i non sacerdoti, secolari o regolari che essi siano, della laicità dello Stato, e del laicismo, che s'incontra nello stesso medioevo, allorché ci si richiama alle teorie che più sottolineano l'esigenza di garantire un ampio ambito all'attività dello Stato, dal laicismo illuministico, che è negazione dell'ispirazione cristiana della vita sociale. Per quanto gli scrittori cristiani possano spingersi oltre nel parteggiare per i sovrani temporali, nel distinguere lo Stato dalla Chiesa, nel far valere i diritti di tutto ciò che è strettamente umano, non giungono fino a rifiutare ogni impronta soprannaturale della società, pena la perdita di senso di quel loro appellativo; essi fanno tutt'altra cosa, pongono magari l'imperatore quale legislatore supremo della cristianità, enunciano fors'anche il principio del sacerdozio universale, ma con ciò mantengono un suggello religioso alle loro concezioni. L'illuminismo, invece, domanda la separazione dello Stato dalla Chiesa cristiana come primo passo da compiere per arrivare a sopprimerla e a sostituirla con la Chiesa della ragione, coincidente appieno con lo Stato, e se tutta questa complessa opera di annientamento, surrogazione e ristabilimento dell'identità assoluta di tutte le funzioni, politiche e religiose, in cui si svolge la vita associata, può riuscire, a prima vista, oscura, è perché essa è coperta da molti veli di accorgimenti e di astuzie, si effettua con lentezza, suddividendosi in una lunga serie di passaggi, e soprattutto perché l'assetto della nuova Chiesa è tanto diverso da quello dell'antica, quanto l'illuminismo differisce dal cristianesimo, e ciò la rende difficilmente visibile anche agli occhi della mente.

Locke definisce lo Stato una società di uomini, che si costituisce soltanto allo scopo di conservare e incrementare i beni civili, e cioè la vita, la libertà, l'integrità del corpo, e il possesso delle cose esterne, come la terra, il denaro, ecc., e su questo fondamento lo vuole separato dalla Chiesa, che è una società, che s'incarica della salvezza delle anime, ha per scopo di condurre gli uomini alle dimore dei beati[1]. Mendelssohn lo critica, con un sorriso di sufficienza, sostenendo che Locke pretende di risolvere una difficile questione con delle definizioni verbali, le quali, se mai bastassero, sarebbero state lo strumento più facile per venire a capo di tutte le controversie e le contese di un'intera epoca storica. Perché gli uomini, come si riuniscono per promuovere il bene temporale, non dovrebbero radunarsi per prendersi cura insieme della felicità eterna, garantendosela con misure pubbliche? Si dica pure che lo Stato deve occuparsi unicamente del temporale, e la Chiesa interessarsi esclusivamente dell'eterno; con questo giro del discorso non si è concluso niente, ma si è tornati al punto da cui si era partiti: ci sono lo Stato e la Chiesa, l'autorità civile e l'autorità ecclesiastica; e non si sarà nemmeno scalfita la conclusione a cui tradizionalmente si perveniva: in caso di conflitto, lo Stato dovrà cedere dinanzi alla Chiesa, l'autorità civile dovrà inchinarsi di fronte all'ecclesiastica, giacché la loro relazione è quella medesima del temporale e dell'eterno, e in essa il primo elemento si su-

---

[1] *Scritti editi e inediti sulla tolleranza*, a cura di C.A. Viano, Torino, 1961, p. 113 e p. 115.

bordina, e il secondo, a causa della sua maggiore importanza, prevale[2].

Senonché, a ben guardare, risulta palese che Locke non merita la censura che Mendelssohn gli rivolge, per il motivo che egli è andato oltre l'ambito delle infeconde definizioni verbali e ha eseguito un ragionamento che si porta sopra la sostanza delle cose. Lo Stato deve incaricarsi soltanto di garantire e di accrescere i beni civili, per la ragione che tra la generalità degli uomini viventi in un certo paese, in un'epoca determinata, c'è un ampio accordo e un'estesa consonanza intorno ad essi, giacché tutti, o quasi tutti, convengono nel desiderare il mantenimento della vita, la conservazione e l'incremento delle ricchezze, e altre cose dello stesso genere, nella forma e nel senso definito che hanno in quel luogo e tempo. Quello che conta è l'accordo, se non totale, generale, già pienamente sufficiente allo Stato, rispetto ai beni, ossia ai fini, giacché, quando sono dati i fini, i possibili, residui dissensi circa i mezzi, sono poca cosa e si riassorbono nel normale dispiegamento dell'attività politica. Interamente differente è la situazione che si riscontra in fatto di salvezza delle anime e di eterna beatitudine, su cui si osserva un'estesa discrepanza di opinioni, la quale è inappianabile ad opera della ragione. La verità religiosa si affida, infatti, ad una rivelazione soprannaturale e, secondo Locke, tutto ciò che è conosciuto in maniera rivelata non può essere fatto oggetto di prove razionali e di dimostrazioni. Qui si può avere o l'adesione spontanea a un patrimonio di credenze o la divisione delle sette, nel quale ultimo caso il magistrato può o tentare d'imporre con la costrizione e con la violenza una setta sopra le altre o cercare di farle convivere nella pace e nell'ordine. Non c'è una sola religione, bensì ne esistono molte, e per di più in un solo paese, e le molte religioni di cui si discorre non sono soltanto, e nemmeno principalmente, il cristianesimo, l'ebraismo e l'islamismo, che differiscono o in tutte o in gran parte delle loro dottrine al pari che dei loro culti, bensì il cattolicesimo, il luteranesimo, il calvinismo, il socinianesimo, le quali religioni si professano cristiane, ma intendono diversamente il cristianesimo. Il magistrato qui non ha titolo per intervenire, per il motivo che non ne sa più degli altri sull'unica stretta strada che conduce al regno dei cieli.

L'argomentazione di Locke, una volta accolti i presupposti da cui muove, è corretta e inoppugnabile, giacché nessuno è davvero informato intorno alla maniera in cui si consegue la salvezza eterna. Ci sono molte religioni, molte Chiese, ognuna delle quali assicura di essere l'unica vera, l'unica salvifica; non c'è modo di rispondere alla domanda: quale lo è davvero? Ogni Chiesa è ortodossa, guardata con i suoi medesimi occhi, ed è eretica, rimirata dallo sguardo altrui, ognuna definisce come vero tutto ciò che essa crede e condanna come erroneo tutto ciò che ne differisce: la controversia sulla verità delle credenze e sulla correttezza dei culti è indirimibile, e non c'è alcuno sulla terra che possa assennatamente proporsi di risolverla. Non rimane altra possibilità che quella che lo Stato si separi, in quanto società rivolta unicamente ad assicurare i beni terreni,

---

[2] *Jerusalem*, in *Schriften zur Philosophie, Aesthetik und Apologetik*, ed. cit., vol. II, pp. 369-370.

dalla Chiesa, in quanto società che si ripromette di portare gli uomini alla patria celeste. Nel descrivere la Chiesa, Locke trae le conseguenze derivanti dalla nozione che ne propone di società libera e volontaria, a cui si appartiene non per nascita, sibbene per decisione propria, in cui si può entrare, rimanere e anche uscire, con la medesima libertà con cui si è entrati, e da cui si può certamente anche essere allontanati, se non se ne rispettano i principi, purché un tale allontanamento non provochi alcun danno fisico o morale alle persone, alle loro proprietà, ecc. Sono ad un dipresso le norme che regolano l'iscrizione ad un *club*, e Locke stesso non tralascia all'occasione di paragonare la Chiesa ad una di quelle associazioni a cui gli uomini senza impegni di lavoro aderiscono, per coltivare lo spirito, conversare e anche semplicemente passare il tempo.

La discrepanza che ancora resta tra il fine grandioso, perseguito dalla Chiesa, e gli scopi modesti, se non addirittura banali, che si propongono codeste altre associazioni, può essere appianata e quasi per intero colmata in un'unica maniera, che è quella di abbassare il significato e la portata dell'appartenenza all'una piuttosto che alle altre Chiese accanto a quella esistenti. Questo passo ulteriore è, se non eseguito, almeno chiaramente indicato da Locke, quando dice che sarebbe orribile che gli uomini dovessero la loro fede alla sorte che li fa nascere in un luogo oppure in un altro, sotto uno Stato oppure sotto un altro, e che sarebbe assurdo e indegno di Dio che l'eterna salvezza e l'eterna perdizione toccassero (come in una tale supposizione accadrebbe) soltanto a pochissimi uomini. È un fatto accertato a sufficienza che nella maggior parte dei casi a decidere intorno all'appartenenza ad una Chiesa, anziché alle altre, è proprio un insieme di circostanze legate ai luoghi e ai tempi; per il rimanente Locke sottolinea che quella del paradiso è una porta stretta e malagevole, e quella dell'inferno è larga e facilmente percorribile, e questo comporta l'esiguità del numero dei salvati e la copiosità del numero dei perduti.

La protesta contro tutto ciò, elevata in nome dei diritti dell'umanità e della sensatezza medesima dell'accadere, comporta che al di sopra delle Chiese cristiane si erga, universale e unica, la Chiesa dell'illuminismo, la quale possiede diversissimi criteri d'iniziazione, salvezza e perdizione (tanto che questi vocaboli, adoperati nel suo proposito, ritengono un significato interamente differente da quello con cui ricorrono nel cristianesimo, nel linguaggio del quale sono abituali, mentre sono inusitati nel linguaggio degli illuministi, a causa del peso che esercita la tradizione cristiana, da essi rifiutata). La separazione dello Stato dalla Chiesa viene fatta valere soprattutto nei confronti della Chiesa cattolica, che è più cospicua e solida degli organismi ecclesiastici sorti dalla Riforma protestante, e ha un'autorità, quella del papa, che viene avvertita come incompatibile con l'autorità dei singoli Stati. La necessità di un papa, per una Chiesa che voglia essere unica nel domma, è assoluta, giacché nessuna definizione teologica, quand'anche potesse essere precisa come una definizione matematica, una volta enunciata, potrebbe sottrarsi allo spirito sofistico che la convelle in sensi opposti, arrecandone parecchie interpretazioni contrastanti. Una tradizione, per quanto autorevole, un libro, per quanto venerato, non possono bastare ad assicurare l'unità della fede, perché l'arbitrio, che magari in passato non si è insinuato nella loro recezione e spiegazione, può introdurvisi nel momento presente e produrvi la falsità; ci vuole quindi un uomo in carne e ossa che dica: questa è la verità e questo è l'errore, e siccome non tutti i nodi si possono sciogliere, essendovene di quelli che bisogna tagliare, un uomo che approvi i veridici e condanni gli erranti con sentenze inappellabili. L'insostituibile funzione del papa nel sedare e porre fine alle controversie è nota universalmente, e Locke ne è informato, ma egli preferisce che una tale funzione non esista, anche se ciò di per sé incoraggia gli illuminati, i visionari e ogni altra sorta di fanatici dalle opinioni strane e dalle azioni stravaganti, che, quando diventano pericolosi per l'ordine pubblico, si possono però rimettere alla custodia della polizia: la loro presenza non è comunque così ingombrante come quella di un papa.

In quest'orientamento Locke è seguito dalla generalità degli illuministi del Settecento e dai filosofi per qualche aspetto prossimi all'illuminismo, tutti concordando, da Voltaire a Diderot, da Kant a Hegel, nell'escludere dallo Stato un essere superiore al sovrano, un papa che parla in nome dell'Onnipotente e gli fa dire quello che vuole. I Turchi, dice Voltaire, sono saggi, fanno il pellegrinaggio alla Mecca, ma non consentono allo sceriffo della Mecca di scomunicare il gran sultano; dove i sacerdoti hanno ottenuto l'impero, i re sono stati spodestati; la potenza sacerdotale è stata esiziale al mondo. L'alleanza del trono e dell'altare, sebbene suffragata dall'esperienza dei secoli, sembra sospetta a Diderot, il quale suggerisce che la religione è un sostegno che finisce sempre col buttar giù la casa, e ne trae la conclusione che la distanza tra il trono e l'altare non è mai grande abbastanza. Se si fosse tentati di dichiarare che pochi giudizi sono stati smentiti tanto duramente dalla storia come questo di Diderot (nella maniera seguita da Comte, il quale avverte che i demolitori incompleti, del tipo di Voltaire e di Rousseau, che credevano di poter rovesciare l'altare conservando il trono, o inversamente, sono irrevocabilmente decaduti), si dovrebbe riflettere che i troni e gli altari sono suscettibili di ricevere molte forme a seconda dei luoghi e dei tempi. Certamente, i troni dei sovrani illuminati, ancora incerti e oscillanti tra gli insegnamenti della tradizione cristiana e i suggerimenti dei filosofi, loro consiglieri, sono stati abbattuti, ma sono stati rimpiazzati da altri troni (da altri poteri politici), corrispettivi a configurazioni dell'illuminismo differenti da quella propria del XVIII secolo.

L'alleanza del trono e dell'altare, intesa in quest'ampio significato, in cui designa la necessaria corrispondenza della politica e della religione, non teme smentita di sorta, essa è eterna, o, per meglio dire, è onnispaziale e onnitemporale, e quindi riceve immancabile conferma dagli avvenimenti della storia tutta. Occorre soltanto stabilire di quali troni e di quali altari volta per volta determinatamente si tratta. Ciò che è chiaro, per tutti i filosofi che aderiscono anche soltanto in parte all'illuminismo, è che non può trattarsi dell'altare cristiano; così è per Kant, per il quale un preteso rappresentante di Dio ha innalzato in Occidente il suo trono vero e privato di forza l'ordinamento civile, ha sollevato i sudditi contro i sovrani, ha ispirato l'odio sanguinario contro i seguaci delle altre fedi, promosso ogni specie di discordie e suscitato il dispotismo; così è per il giovane Hegel, per il quale papi, cardinali e altri preti hanno abusato della fiducia del popolo riposta in loro, hanno commesso grandi scellerataggini e meschine nefandezze, così che il cristianesimo ha potuto fare assai poco per l'educazione dell'umanità.

La separazione dello Stato dalla Chiesa, promossa dall'illuminismo, ha questo di peculiare, che non arriva mai a compimento, ma procede all'infinito, è continuamente domandata daccapo e dichiarata non ancora attuata, ciò che dà luogo ad una serie sterminata di accuse e controaccuse, per il motivo che con il nome, poco inquietante, di separazione si ha in animo di eseguire una vera e propria distruzione, non della religione in genere, che è cosa irrealizzabile, e, del resto, nemmeno vagheggiata, ma indubbiamente di ogni presenza del tradizionale spirito cristiano nella vita associata. S'incomincia col chiedere che gli ecclesiastici, anziché costituire un corpo sociale dotato di sue leggi e articolato secondo una gerarchia culminante in un capo, formino dei semplici ministri incaricati d'istruire il popolo e di aiutarlo nelle comuni necessità dell'esistenza, sopperendo alle condizioni della povertà e della miseria, suggerendo l'amore per la virtù e il ribrezzo per il vizio; si prosegue col togliere dalle mani degli ecclesiastici l'istruzione, che in tutto o in gran parte si avoca allo Stato, si crea la previdenza sociale, la quale mira alla tutela della salute e del benessere del popolo lavoratore con criteri diversi da quelli che avevano contraddistinto le organizzazioni della carità cristiana; si favoriscono costumi nuovi, rilassati, in cui la virtù e il vizio diventano parole inconsuete se non addirittura vocaboli di cui sorridere; non si perde occasione propizia per screditare il clero e tenerlo lontano dai pubblici affari, e nondimeno si lamenta a gran voce la sua interferenza nelle faccende della politica[3].

La riflessione filosofica trova assai scarso materiale in tutte queste discussioni intorno alla laicità dello Stato, esse ritengono ai suoi occhi persino dell'ovvio, ed essa rimpiange di doversene anche soltanto sveltamente occupare. Speculativamente, tutto ciò che esiste interferisce; questa è un'espressione popolare, che, voltata nel linguaggio della filosofia, suona: tutte le cose stanno tra loro nel rapporto di reciproca azione. Lamentarsi quindi dell'interferenza di questo o di quello non ha assolutamente senso, a meno che non voglia significare (com'è in effetti): questo o quello non deve esistere. Quando si sostiene che il principio della laicità non è altro che principio dell'autonomia di ogni singola sfera della realtà, e che, di conseguenza, esso può ugualmente essere accolto dai seguaci di tutte le religioni, di tutti gli ideali morali, di tutte le convinzioni politiche, ed essere praticato con successo nell'universale accordo e beneficio, si fa-

---

[3] L'indicazione era stata data per tempo da Diderot, il quale insiste nel sostenere che il clero va degradato moralmente. Il prete è un personaggio sacro agli occhi del popolo; l'interesse e la sicurezza dello Stato vogliono che questo carattere gli sia tolto. La repubblica di Venezia incoraggia accortamente la corruzione dei preti, giacché il prete corrotto non ha alcun potere, è spregevole. Vogliono i preti andare in maschera durante il carnevale? Vadano e così si rendano ridicoli. Bisogna guardare alle cose grandi e insieme non dimenticarsi delle piccole (*Osservazioni sull'istruzione dell'imperatrice di Russia ai deputati per l'elaborazione delle leggi*, in *Scritti politici*, a cura di F. Diaz, Torino, 1967, p. 372).

voleggia. Un mondo simile sarebbe assolutamente irrelativo, una realtà del genere, per esistere, non dovrebbe contenere nessuna relazione, nemmeno quella significata dalla parolina «e», che intervenendo minaccerebbe l'autonomia, l'essere a sé stante di ciascuna cosa. La realtà è, al contrario, relazione sussistente, tutto ciò che è, è per sé, in quanto medesimamente è per altro. A volte una malintesa preoccupazione della purezza spinge a domandare un'arte pura, una religione pura, una scienza della natura pura, ecc., in un significato in cui non esiste niente di puro su questa terra e anche al di fuori di essa. C'è un'accezione buona della purezza e ce n'è una cattiva, e la buona è quella che asserisce la coincidenza dell'essenza e dell'esistenza, e la cattiva è quella che pretende che si diano le cose isolate le une dalle altre. Ciò che interessa alla filosofia è il contenuto determinato del cristianesimo, che l'illuminismo intende sostituire con un contenuto parimenti determinato.

2. *La dottrina della tolleranza religiosa e la libertà cristiana*

Non si può avere alcun dubbio sulla circostanza che l'illuminismo persegua la distruzione del cristianesimo sotto parecchi titoli e differenti denominazioni, di cui una è la richiesta della separazione dello Stato dalla Chiesa, e un'altra è la dottrina della tolleranza religiosa, o, com'anche si dice, della libertà di coscienza; due elementi fondamentali, questi, dell'illuminismo, sia storicamente che idealmente collegati in maniera tanto stretta da confluire in un unico principio.

Di per sé, ossia prescindendo dall'interpretazione che ne dà l'illuminismo, la coordinazione dello Stato e della Chiesa e la libertà di religione possono esistere anche in maniera diversa, e persino indipendentemente l'una dall'altra. Nei secoli ispirati dal cristianesimo si ha, se non la separazione (che, di fatto, è contrapposizione), la distinzione e l'armonizzazione del potere statale e di quello ecclesiastico, entro una comune intuizione della vita, e nondimeno si possiede una vera e piena libertà religiosa. Durante il medioevo, all'infuori delle zone di confine in cui il cristianesimo e l'islamismo si fronteggiano, dove si produce il fenomeno dell'incredulità, perché le differenti fedi, per vigoreggiare, non debbono incontrarsi, ma conservarsi ognuna in una sostanziale ignoranza delle altre, e con l'eccezione dei luoghi in cui si diffondono i movimenti ereticali, dove le deviazioni dottrinali incoraggiano la manifestazione del sincretismo, e l'ortodossia colpisce il nemico con le persecuzioni, gli animi aderiscono spontaneamente al patrimonio delle credenze cristiane, e questo stato di cose, almeno per le grandi masse popolari, dura ben oltre l'esaurimento e la fine della civiltà medioevale e l'avvento e l'affermazione di quella moderna. Ora, cos'è l'adesione spontanea, la partecipazione sorretta dall'interiore convinzione, se non libertà? Se lo spirito riceve completa soddisfazione dal contenuto che si trova di fronte, se esso gli corrisponde con precisione, se gli è interamente gradito, perché realizza ogni sua aspirazione, non si scorge come si potrebbe contestare il nome di libera ad una tale disposizione. Qui la libertà di coscienza non importa la molteplicità delle credenze, anzi, esige l'unicità della fede, che, per quanti la vivono, è la sola esistente e la sola possibile. Questa è l'autentica libertà del cristianesimo, il quale non ne può conoscere una diversa, che lo priverebbe di serietà, rendendolo assurdo e improponibile.

D'altra parte, s'intravede un possibile esito dell'illuminismo, in cui non soltanto la Chiesa cristiana, ma anche le istituzioni ecclesiastiche corrispettive alle religioni orientali e alle altre tutte sparse per la terra, sono venute meno, e tuttavia perdura la varietà delle persuasioni, delle convinzioni, delle credenze, non essendo plausibile che un uniforme sistema di opinioni possa ricevere il consenso unanime del genere umano. In una siffatta situazione ci sarebbe lo Stato, ma non la Chiesa, e nondimeno si avrebbe la libertà di coscienza, nel significato in cui essa è intesa dall'illuminismo, poiché i molti insiemi di credenze potrebbero essere lasciati coesistere a titolo di opinioni rappresentative di stati d'animo più o meno largamente diffusi[4]. Tradizionalmente il cristianesimo insegna che la libertà è arrecata e posta in essere dalla verità; che gli esseri celesti, terrestri e sotterranei, debbono proclamare che Cristo è il Signore; che ci sono armi non carnali e tuttavia valide ad abbattere ogni intelligenza che osi alzarsi contro la scienza di Dio; che i fedeli non debbono attaccarsi ad un medesimo giogo con gli infedeli, non potendo esservi società tra la giustizia e l'iniquità, comunanza tra la luce e le tenebre, accordo tra Cristo e Belial. Gli antichi dei greci e romani, al pari delle nuove divinità provenienti dall'Oriente, nascondono diavoli che si aggirano sulla terra per ingannare e sedurre gli uomini; i cristiani sono quaggiù pellegrini e stranieri, si affrettano verso il regno ultramondano, non vogliono avere niente da spartire con gli ordinamenti e con le leggi della città terrena e con il suo signore, il diavolo.

I trattatisti cristiani della tarda antichità e del medioevo, avendo ereditato

---

[4] Poiché i punti di vista sono onnispaziali e onnitemporali, non c'è niente di prodigioso nel fatto che Sant'Agostino, discorrendo della religione e del costume di vita del tardo impero romano, si sia raffigurato, dalla posizione del cristianesimo, i frutti morali e civili che produce la libertà dell'illuminismo negli esiti estremi della terza ondata, ritraendosene inorridito: «*Nullus ducatur ad iudices, nisi qui alienae rei, domui, saluti, vel cuiquam invito fuerit importunus, aut noxius; caeterum de suis vel cum suis, vel cum quibusque volentibus faciat quisque quod libet*» (i tre principi dell'illuminismo: la vita, la libertà, la ricerca della felicità; l'arbitrio del singolo, che ha come unico limite l'arbitrio altrui); «*Abundent publica scorta, vel propter omnes quibus frui placuerit, vel propter eos maxime qui privata habere non possunt. Extruantur amplissimae atque ornatissimae domus, opipara convivia frequententur; ubi cuique libuerit et potuerit, die noctuque ludatur, bibatur, vomatur, diffluatur. Saltationes undique concrepent, theatra inhonestae laetitiae vocibus atque omni genere sive crudelissimae sive turpissimae voluptatis exaestuent*» (la morale estremamente rilassata, il lusso appariscente, i disordini alimentari, la sregolatezza sessuale); «*Ille sit publicus inimicus, cui haec felicitas displicet; quisquis eam mutare vel auferre temptaverit, eum libera multitudo avertat ab auribus, evertat a sedibus, auferat a viventibus*» (la libertà popolare, che, per quanto estesissima sia, presuppone pur sempre l'accordo intorno al fondamento su cui l'intera vita si regge; la libertà c'è quindi per quanti concedono il fondamento, ma non ci può essere per quanti lo contestano e cercano di rovesciare le istituzioni in cui si è incarnato; nei confronti dei negatori della descritta felicità si deve procedere con il massimo rigore). (*De cit. Dei*, II, 20).

questo orientamento, s'incaricano d'introdurre una sottile casistica, la quale distingue la condizione del pagano, quella dell'ebreo, in generale di chi non ha mai accolto il cristianesimo, dalla condizione dell'apostata, da quella dell'eretico e dello scismatico, ecc., ma quanto essi rimangano lontani dalla libertà di coscienza, nel senso in cui è propugnata dall'illuminismo, è dimostrato nel miglior modo dal paragone agostiniano che accosta la tolleranza verso i culti non cristiani alla tolleranza nei confronti delle meretrici. Non si può sempre condannare e sopprimere, a volte occorre, per evitare mali maggiori, sopportare e permettere: se si togliessero di mezzo le meretrici, si sanzionerebbe il trionfo della libidine; analogamente ci si deve comportare nel riguardo dei riti degli infedeli, che in certe situazioni è giocoforza consentire.

Intorno a questi punti, costantemente ripresi e ribaditi, conviene fare alcune considerazioni, del tutto piane ed evidenti, come consente l'argomento in esame, che è costituito da questioni di assai agevole e spedita comprensione. E la prima considerazione è che i dottori cristiani si mostrano preoccupati non già di apparire intolleranti e crudeli, ma di risultare troppo tiepidi amici della verità e troppo accomodanti nemici dell'errore, per le limitazioni che introducono intorno ai metodi con cui la religione deve affermarsi. Essi avvertono che ogni genuino credente è «benigno a' suoi e a' nemici crudo», e perciò insistono sui danni che indiscriminati divieti di tutti i falsi culti (e il culto è cosa assai più limitata della religione) provocherebbero alla cristianità. Una seconda considerazione è che tutta la materia ha interamente carattere casistico, ossia risponde a criteri di pratica opportunità e convenienza, da applicare diversamente nelle differenti situazioni, confidando nella capacità d'intuizione e nel colpo d'occhio di chi è chiamato a farli valere, giacché tutte le distinzioni, a cui fa riferimento, saggiate con principi teoretici, riescono inattendibili. Si prenda la distinzione dello scismatico, che suscita discordie e provoca divisioni nel corpo della Chiesa, dall'eretico, che propugna errori dottrinali, andando contro i dommi del cattolicesimo, e ci si renderà subito conto di come non possa esserci scisma che non sia nel contempo eresia, per la ragione che l'unità deve poter essere salvaguardata in quanto è, anzitutto, un punto di dottrina, è una verità di fede. Si esamini la distinzione dell'eretico, che si è pronunciato per la fede cristiana e anche mantiene questa sua decisione, ma immette nella dottrina quel che la sua povera mente gli suggerisce, dall'apostata, che abbandona completamente la religione che professava, e si scorgerà agevolmente come anche la differenza tra questi due personaggi sia inconsistente. Si direbbe che essa sia quella medesima della parte e del tutto, giacché l'eretico rifiuta alcuni elementi particolari e ne accoglie altri, laddove l'apostata compie un rifiuto complessivo, che della religione accolta non conserva niente, nemmeno il nome. Senonché in questa questione come in ogni altra, che a qualunque proposito possa presentarsi, la condizione, per cui si può gettar via una parte e restare in possesso di un'altra, è che le due parti siano accidentalmente congiunte, giacché la cosa sarebbe impossibile, se le due parti fossero unite da un vincolo sostanziale e irresolubile, nella quale evenienza non ci sarebbe posto che per un secco *aut aut*: o tutto o niente; o dentro o fuori del cristianesimo.

Si vorrà ammettere che la dommatica cristiana è un armonioso sistema di dottrine, e non un coacervo incoerente di credenze; si vorrà sostenere – almeno ad opera dei suoi dottori – che la sua condizione è quella dell'edificio, in cui ogni pietra è collocata al suo posto, e non già quella del mucchio, in cui le pietre sono messe come capita. Si rifletta, infine, sulla distinzione dell'apostata, che rifiuta totalmente il cristianesimo, e dell'infedele, che al cristianesimo è semplicemente estraneo, del gentile, che segue un'altra divinità, è adepto di una differente religione, e si comprenderà come questa differenza di situazioni, che parrebbe la più ferma, è in effetti la più evanescente. Chi si sottrae ad una potenza divina, cade sotto il dominio di un'altra, nel vuoto non rimane nessuno, e pertanto non c'è apostata il quale non sia medesimamente un infedele. Ciò dimostra l'indole compiutamente casistica delle trattazioni volte a stabilire quali atteggiamenti prendere nei riguardi dei diversamente senzienti in fatto di religione, che ora si vogliono immuni da qualsiasi coercizione, ora si decide che debbono essere spinti ad abbracciare la fede, ora si sostiene che debbono essere perseguiti e puniti per i loro falli, sempre avendo presente, in un argomento sdrucciolevole, il criterio sommo dell'utilità del cristianesimo e del bene delle anime. La condizione peggiore è quella dell'eretico, il quale può essere accusato di non mantenere quel che ha promesso, ma, poiché, come si è dimostrato, i diversi personaggi sono fluidi e commutabili, ci si può aspettare che si alternino la severità e la durezza alla misericordia e al perdono, che in un caso si sentenzi che chiunque ha peccato in un punto è diventato reo di tutto, e che in un altro si ricordi che Dio vuole che il peccatore non muoia, ma si converta e viva.

Nella considerazione del comportamento da assumere riguardo agli eretici, i trattatisti cristiani hanno incontrato quella che è sembrata una grave difficoltà, che conviene menzionare, perché è stata riscoperta e presentata come fosse cosa nata in tempi recenti, in cui essa è stata anche accolta come pretesto di prese di posizione che non è minimamente in grado di suffragare. La difficoltà è che la fede, sia essa dono di Dio che la produce nell'anima umana, oppure atto dell'intelligenza, oppure anche decisione della volontà (a meno che non si tratti di queste tre cose insieme), non si può imporre e che in questo sacrario dell'intimità non è capace di intervenire alcuna costrizione. I vecchi autori se ne disincagliano con una distinzione legalistica, che è quella tra il promettere, che è volontario e quindi libero, e il mantenere ciò che si è in precedenza promesso, che è necessario ed è, di conseguenza, tale che su di esso si è autorizzati ad intervenire con la coercizione. Lo scioglimento della questione non è già d'ordine giuridico (ciò che sarebbe del tutto giusto, essendo chiamato ad intervenire il diritto), ma è di tipo legalistico, ossia d'una specie di diritto diversa da quella che qui è pertinente e competente. Che altro sia promettere e altro mantenere, che nel primo si abbia volontarietà e nel secondo obbligatorietà è certamente vero, quando ricorrono faccende umane, negozi mondani, affari di questa terra, ma non può essere vero, allorché si tratta dell'anima e di Dio, della fede e del contenuto che la sostanzia, essendo tutto questo sollevato al di sopra delle contingenze spaziali e temporali. Se affermando, come non si mancava di fare, che non una qualsiasi potestà umana, ma soltanto l'autorità divina interviene in questa sfera, che non la legge dello Stato, sibbene quella divinamente rivelata, e attuata dalla Chiesa, in essa opera, ci si esprimeva correttamente, ma si rendeva incerto e traballante il principio su cui si pretendeva di basarsi: *vovere est voluntatis, reddere autem est necessitatis*. È assurdo pretendere di ricavare dall'asserzione della volontarietà della fede un argomento a favore della libertà religiosa, o anche soltanto di ottenere uno strumento con cui alleviare i rigori dell'intolleranza, giacché l'assunto, logicamente svolto, conduce alla conclusione che mai, da che mondo è mondo, la fede è stata imposta a chicchessia. Se il credere è volontario e se la «volontà, se non vuol, non s'ammorza», è metafisicamente impossibile che si compia violenza sulla fede, per innumerevoli esempi che si abbiano di uomini legati, percossi, variamente torturati, mandati al rogo o in altra maniera uccisi. Le persecuzioni e i supplizi dei diversamente pensanti non confermano né smentiscono una teoria metafisica, dalla quale però non sono né aumentati né diminuiti, a meno che essa non sia presa come un'allusione, come un invito ad un certo comportamento pratico, nel qual caso molcisce indubbiamente le sofferenze arrecate dalla crudeltà, ma allora è privata del suo significato proprio e trattata alla stregua di un'allegoria. Fa concettualmente un gran divario che la fede venga dal di sopra, per graziosa concessione di Dio, che sia realtà intellettuale, che sia una manifestazione della volontà, che sorga da una specie di incontro e di collaborazione di questi tre elementi, ma tutte queste evenienze non sono di alcun rilievo per la tolleranza o l'intolleranza in cose di religione.

Qualora si desiderasse ancora una prova di ciò, si potrebbe ottenere facilmente dalla matematica, dalla fisica, dalla chimica, dalle scienze naturali, che sono state insegnate per secoli ricorrendo alla frusta e ad altri consimili arnesi, ma non per questo s'intendeva dimostrare costrittivamente la verità e produrre il sapere con la forza. È insistere sull'ovvio avvertire che, se la mente non afferra le proprietà di certi lati e di certi angoli, la dimostrazione geometrica non si compie; che, se non si comprendono lo spazio, il tempo, la velocità, l'accelerazione, la dimostrazione fisica non si effettua, e che similmente si procede in qualsiasi campo del sapere. Le nerbate non si assestano ai diligenti e ai disciplinati, ma ai pigri, agli svogliati, ai discoli; il loro scopo non è di fornire dimostrazioni, ma di stimolare l'attenzione e di mantenerla sveglia, pronta a cogliere ciò che viene posto dinanzi alla mente, ammesso che essa ne sia capace, che è questione diversa e non interferente con quella degli strumenti dell'istruzione. Si può sostenere che nei bei tempi andati, quando il ricorso alla frusta era frequente, le scienze erano ottimamente insegnate e i risultati dell'istruzione erano eccellenti; si può ribattere che si trattava di metodi pedagogici sbagliati, di procedimenti che offendevano la dignità umana dei discenti. I difensori del sistema tradizionale potrebbero però tranquillamente controreplicare, esibendo l'alta qualità delle conoscenze che in passato si raggiungevano, e insinuando che i discorsi intorno alla dignità e all'umanità sono vuote chiacchiere, che mirano a tutelare l'infingardaggine e l'ignavia, e citare a testimone la presente bassa condizione degli studi, la decadenza degli istituti d'istruzione. Uno scioglimento della disputa, finché è così impostata e condotta avanti, non c'è, e non deve esserci;

la soluzione può aversi soltanto guardando alla civiltà e rispondendo con since-rità e franchezza alla domanda capitale: che civiltà vogliamo avere, o, com'è lo stesso, quali generi di vita preferiamo, e come desideriamo che siano disposti?

Analogamente stanno le cose nella religione, in cui non si pretende di susci-tare la fede con le percosse, con il carcere, con l'esilio, con la morte, in breve, con la violenza, ma ci si propone di stimolare i dissenzienti a ripiegarsi sopra di sé e a porgere attenzione al cenno divino, al suggerimento della grazia, alla chiamata celeste, qualora ad essi si manifesti. Nemmeno in materia di religione è lecito attendersi una qualsiasi conclusione delle discussioni intorno a ciò che è tolleranza e intorno a ciò che è intolleranza, potendosi, da una parte, asserire che bisogna persuadere e non costringere, attirare con l'amore e non imporre col comando, ricordare che le professioni di fede estorte con la forza sono docu-menti d'ipocrisia, che la violenza irrita e non guarisce gli animi, e potendosi, dall'altra, replicare che l'abbandono di ogni pungolo e anche di ogni sprone ha prodotto il deserto nella religione, a tutto danno degli uomini medesimi, i quali o sono caduti nel vuoto mentale, nell'ottundimento e nella sordità dello spirito, o sono diventati vittime d'ignobili superstizioni, mentre in precedenza accoglie-vano credenze attendibili e comunque consolidate da una millenaria esperienza di vita. La risposta non si dà, e non deve darsi, finché il problema non si formu-la in termini diversi, per la ragione che a decidere sono esclusivamente i conte-sti complessivi, gli unici sensati e validi.

Il fatto è che le medesime parole hanno significati completamente diversi nel contesto del cristianesimo e in quello dell'illuminismo, così che esse con-cordano soltanto come semplici suoni verbali. Cristianamente, la pace esiste sulla terra nella misura in cui la terra partecipa del cielo e gli è vicina, e la guerra è la condizione che caratterizza il mondo, in quanto esso allenta o perde il suo legame con l'ordine soprannaturale, giacché tutto è pace lassù, essendo la pace il modo di esistere del divino, e tutto è guerra quaggiù, essendo la guerra il modo di esistere dell'umano abbandonato a se stesso. Gli uomini sono precipi-tati in una tale cecità, da chiamare pace l'assenza di estesi conflitti militari, di-sconoscendo che la guerra effettiva è l'ignoranza del vero Dio, che rende ogni uomo il nemico di se stesso, ne fa un terreno di contese e di lotte e gli apparec-chia l'immancabile rovina finale. La pace genuina è l'unione degli animi pro-dotta dalla carità, e l'uomo di religione è chiamato ad essere pacifico, a trattare gli altri con amore, a mostrarsi paziente, a saper attendere con fiducia che tutti si volgano alla vera fede, ma questo non importa minimamente che egli possa diventare transigente con l'errore, nel qual caso egli vorrebbe il male degli uo-mini. Per l'illuminismo, il mondo è autosufficiente, la terra è la sede in cui l'uo-mo deve instaurare il suo regno, certo che essa può dischiudere beni bastanti a soddisfare i suoi effettivi, e non fittizi, desideri; di conseguenza, l'illuminismo addita in ogni tentativo di distogliere l'umanità da questa sua destinazione una violenza e una manifestazione d'intolleranza. Tanto il cristianesimo che l'illu-minismo mirano all'autoaffermazione esclusiva e alla dominazione completa delle coscienze, anche se i contenuti che intendono far valere e i metodi con cui si propongono di portarli al successo differiscono tanto grandemente, quanto una religione del soprannaturale si distacca da un punto di vista umanistico. Le due diverse prospettive globali sono quelle che, nella questione della tolleranza come in ogni altra, pronunciano ogni volta l'ultima parola; tutto il rimanente è materia d'estrinseca osservazione.

E sul piano dell'estrinseca osservazione, è agevole rilevare che la coercizione nelle vicende religiose dell'umanità, secondo la stima che ne compie il cristianesimo, è stata poca, almeno per quel che esso le ha determinate, ed è, invece, stata molta, secondo il giudizio dell'illuminismo, il quale addita nell'avvento del cristianesimo il primo fattore dello scatenamento dell'intolleranza, giacché la religione greca, quella romana, sarebbero state, al pari delle religioni orientali, estremamente indulgenti e miti. Poiché vivono insieme, gli uomini operano necessariamente gli uni sugli altri, e la determinazione dell'ampiezza dello spazio della reciproca immunità dalla coercizione religiosa, è eseguita con criteri differenti, a seconda della prospettiva da cui ci si colloca nel giudicare, e inoltre varia in funzione della maggiore o minore importanza che si accorda ad una religione, dell'idea che ci si fa della sua condizione di vitalità e di forza, oppure di debolezza ed estenuazione. Considerato dalla posizione del cristianesimo, finché esso è la religione dominante dell'Occidente, non c'è stato quasi comportamento e atto davvero coercitivo, soprattutto non c'è stato in accordo con i suoi principi, ma caso mai in dissidenza e momentanea deviazione da essi, giacché premeva il bene degli individui e dei popoli, che con loro danno e pregiudizio della loro eterna salvezza, riluttavano alla verità religiosa; guardati con gli occhi dell'illuminismo, gli interventi lesivi della libertà sono stati innumerevoli, la storia religiosa dell'Europa è contraddistinta dall'intolleranza e dallo spirito di sopraffazione, sino a che, essendosi indebolita la presa del cristianesimo sugli animi, si è potuta instaurare un'ampia, ma ancora oggi non completa, libertà di religione. Queste valutazioni sono, e debbono, rimanere diverse, ed è da attendersi che in futuro cangino ancora, a seconda che il cristianesimo rinverdisca nella sua pianta millenaria oppure che tramonti completamente, e ancora in dipendenza del percorso che compirà l'illuminismo, di nuovo ascendente oppure definitivamente discendente[5].

---

[5] Non possono non divergere le stime del significato religioso, morale e civile, delle grandi imprese delle età cristiane; tra le quali hanno un posto eminente le Crociate, di cui il cristianesimo tradizionale fa somma opera di pietà e di devozione, e che l'illuminismo riguarda come guerre di conquista, perseguenti, sotto una vana apparenza di religione, scopi terreni. Sul versante del cristianesimo, ci si raffigurano i crociati, che lottano e muoiono per la fede, accolti, come martiri, in Paradiso; a loro volta, i guerrieri che combattono i Saraceni sono equiparati ai crociati. Sul versante dell'illuminismo, Voltaire dichiara che sarebbe molto più ragionevole intraprendere una crociata contro la sifilide, che è il comune nemico del genere umano, di quel che sia stato compierne contro il saladino Malexala o contro gli Albigesi.

3. *La sovrapposizione della filosofia e della religione e la genesi dell'intolleranza e della tolleranza*

La tolleranza, o libertà di coscienza, nel modo in cui essa è intesa dall'illuminismo, com'è completamente ignota al cristianesimo, in cui invano se ne cercherebbe anche il più remoto presentimento, così è del tutto sconosciuta all'ellenismo, giacché anche nell'antichità greca e romana non se ne coglie alcun vestigio. Sembra quasi di rimpicciolire e di far torto all'eroismo di Socrate, contestando la circostanza che la sua morte possa essere presentata come un sacrificio offerto per la redenzione dal servaggio degli animi nei confronti delle pubbliche autorità, siano esse quelle dello Stato o quelle della Chiesa; nondimeno occorre arrendersi all'evidenza, tanto più che il rimpicciolimento e il torto sono interamente immaginari. Il vecchio Platone, che nelle *Leggi* vuole introdurre severe sanzioni penali nei confronti delle diverse specie di uomini empi, non sta in alcuna contraddizione con il precedente Platone, che nell'*Apologia di Socrate* difende il maestro dall'accusa di empietà, non si è affatto dimenticato di lui e della sua tragica morte. Lo Stato teorizzato da Platone non è quello ateniese, in cui si mettono a morte i filosofi, ma è l'ottimo reggimento politico, e Socrate, se si fosse trovato a vivere in esso, vi sarebbe stato in una posizione eminente, avrebbe fatto parte della più alta magistratura. Né Platone, né Senofonte, né alcun altro degli autori di apologie di Socrate, si è mai azzardato a mettere in dubbio la competenza dello Stato in fatto di religione, ma una tale idea non si è mai presentata alle loro menti; in tutta l'antichità essa è così inconcepibile che non viene nemmeno messa in discussione al solo scopo di dichiararla assurda. La religione greca è, nel senso più pieno dell'espressione, una religione di Stato (e la religione romana ha in comune con essa tale essenziale carattere). Da nessuna parte si trova scritto: Socrate ha il diritto di pensarla come crede meglio intorno alla divinità, e insieme a lui hanno uguale diritto tutti gli altri ateniesi, pur essendo cittadini dello Stato a pieno titolo[6]. La religione, quand'è così trattata, è ridotta a faccenda privata di ciascun singolo, il quale se la sbriga secondo il suo libito, e nessuno può sentirsi legittimato a intromettervisi, meno che mai vi deve intervenire la pubblica autorità. Questa è una rappresentazione molto bassa della religione, del tutto indegna della classicità, e torna ad onore dei grandi spiriti antichi non averla accolta tra le loro vedute; ancora di più, questa è la rappresentazione adatta per una religione scomparente, e non a causa di persecuzioni e di violenza manifesta che sopravvengano dall'esterno, ma per consunzione e disfacimento interni.

Nella Grecia e a Roma non si riscontra una sovrapposizione di elementi filosofici, puramente speculativi, e di elementi genuinamente religiosi, nella raffigurazione del divino, paragonabile per estensione e intensità a quella che si ve-

---

[6] Per quanto possa parere deludente, la sola questione di fatto, se Socrate sia o no colpevole di non riconoscere gli dei che riconosce lo Stato, se introduca o no estranee divinità, è presa in esame nelle Apologie, le quali respingono l'imputazione del pari con dati di fatto.

rifica nel cristianesimo. La filosofia designa con il nome di Dio il principio dell'intera realtà; la religione indica con il medesimo nome un essere particolare, che, lungi dal confondersi col primo, rimane da esso saldamente distinto: tale è la posizione tipica dell'ellenismo. Quando Eraclito discorre del Dio che è giorno notte, inverno estate, guerra pace, sazietà fame, porta alla ribalta un Dio che non ha niente da spartire con Zeus, con Apollo e con quante altre divinità ancora comprende il Panteon greco, nella maniera in cui erano state concepite da Omero e da Esiodo. Queste divinità possono soltanto essere reinterpretate alla luce del concetto di Dio, che è medesimamente parola, verità ed essere, e allora Zeus diventa il simbolo della sapienza che governa l'universo. In Platone il divino è gerarchicamente articolato, va dall'Idea del Bene al Demiurgo, alle divinità astrali, e termina in basso con gli dei della religione popolare e con i demoni, presi però soltanto come simboli di una realtà sovrumana. Il Dio di Aristotele, il primo motore immobile, non è posto in alcuna relazione determinata con le divinità greche tradizionali, a cui lo Stagirita seguita a fare riferimento, soprattutto nelle trattazioni di morale e di politica. Infine, il Dio che la filosofia stoica identifica con il mondo, non può essere scambiato con la folla di divinità particolari, a cui lo Stoicismo fa amplissimo posto mediante lo strumento dell'interpretazione allegorica. Avendo così evitato la sovrapposizione dei risultati della speculazione filosofica e delle credenze tramandate in mezzo al popolo, l'ellenismo non conosce una dommatica analoga a quella che pone in essere il cristianesimo, ma la sua è una religione di mero culto, senza precisi articoli di fede, senza una Chiesa posta sopra o accanto allo Stato, e senza una classe separata di sacerdoti, che s'incarichi d'imporre l'osservanza di una ortodossia, del resto inesistente. Tra le funzioni pubbliche, c'è anche quella di provvedere al culto e di domandare ai cittadini di aderire, ma si chiede poco, bastando la partecipazione alle cerimonie, e non curandosi di perseguire le pure concezioni ideali. Le cognizioni popolari sugli dei sono estremamente scarse: si ha notizia dei loro nomi, delle loro figure e delle azioni che ad essi si attribuiscono, ma non c'è una dottrina ufficiale intorno all'essenza del divino.

Certamente, anche nell'ellenismo la filosofia inaridisce la religione, perché una cosa sono gli dei energici e creativi della fede vivente e un'altra sono le allegorie fredde e smorte in cui la speculazione trasforma le vecchie divinità, e quest'opera di dissoluzione è compiuta da tutte le filosofie, collaborando in ciò le tendenze agnostiche e scettiche con le correnti ontologiche e metafisiche, com'è imposto dalle differenti disposizioni spirituali di cui si alimentano la filosofia e la religione. Essendo, infatti, la filosofia ragionamento dispiegato, non può non sopprimere quei punti d'interferenza e di contatto, in cui la religione stringe insieme la sensazione e l'immaginazione, e in cui è la fonte del sorprendente, del meraviglioso, dello stupefacente. Contro un tale inaridimento la religione dell'ellenismo è, nella sostanza, disarmata; qui lo Stato è tutt'uno con la Chiesa, ma nei numerosi processi d'empietà che si celebrano quando oscuramente si avverte minacciata la fede avita, ci si affida più all'improvvisazione che a regole esattamente definite, e ciò che più interessa, non si persegue una certa eterodossia e non s'impone una qualche ortodossia. Nel mondo greco e romano non c'è né effettiva oppressione delle coscienze, né effettiva tolleranza delle opinioni religiose, che nessuno ha in mente di domandare o di accordare.

Il cristianesimo, sovrapponendo pure dottrine speculative e autentiche credenze religiose, ha posto la premessa necessaria, di cui hanno bisogno sia l'intolleranza che la tolleranza semplicemente per esistere. Con l'introduzione di un credo costante di articoli di fede dettagliatamente enunciati, e con l'instaurazione di un culto che è la traduzione in gesti del domma, il cristianesimo ha creato una situazione del tutto nuova, che non ha termini di confronto né nell'antichità né in altre parti del pianeta. Finché al cristianesimo arride, sia pure con ampie e ripetute eccezioni, l'adesione spontanea degli animi, non si potrebbe parlare con senso d'intolleranza, e anzi, questa condizione deve sembrare, per molti aspetti, la migliore, giacché essa consente agli uomini di collaborare alla creazione di una splendida civiltà, ma viene il tempo del dissenso, l'unità religiosa va perduta, come accade in Europa con la Riforma protestante, e allora la Chiesa cattolica, al pari di qualcuno degli organismi ecclesiastici suoi rivali nati in quel momento, è tentata di avvalersi in cospicua misura della forza per tentare di mantenersi e conservare immutato il tradizionale patrimonio di credenze o quello di recente rimaneggiato. E poiché nella contesa nessuna parte riesce vittoriosa, e il dissenso dottrinale non si colma, ma al contrario si accresce, e la forza da se stessa è inane, essendo di sua natura conservativa e non creativa, così sorge e si diffonde sempre più imperiosa la richiesta della tolleranza religiosa. La quale sorge sin dal primo istante scetticamente orientata, e non mette già capo, come per inavvedutezza si suole sostenere, allo scetticismo, giacché, a dire il vero, essa conclude con la negazione della religione, non in generale, che è inattuabile, bensì nelle forme del cristianesimo, dell'ebraismo, dell'islamismo, e via dicendo, in breve, di quelle che si chiamano le religioni positive, persegue la soppressione di ogni elemento sacrale della vita, ha di mira la sdivinizzazione.

Le sue ambizioni iniziali non sono tanto estese, ma sin dall'inizio si collega con una diffusa tendenza scettica, in quanto adduce a sua giustificazione l'insuperabile incertezza che circonda tutte le questioni ultime concernenti la vita umana e la sua destinazione. Conformemente all'abito mentale introdotto dal cristianesimo, si vorrebbero definire rigorosamente i punti della fede, si desidererebbe fornire una dommatica esauriente, ma presto ci si rende conto di non poter riuscire in una così grande e malagevole impresa, soprattutto in mezzo agli esponenti del protestantesimo, che hanno bensì aderito alle nuove confessioni, ma non riescono ad uniformarsi stabilmente ad alcuna, e rimangono in una posizione d'isolamento o formano piccoli gruppi. Ci si riferisce allora alle credenze religiose, chiamandole con sempre maggiore frequenza *opinioni*, che è vocabolo a cui i filosofi dell'ellenismo avevano fatto il possibile per togliere ogni pregio e colpire con la disistima. *Opinione* voleva dire *supposizione, congettura, parvenza, illusione*, ossia *rappresentazione soggettiva*, non garantita da un saldo fondamento nelle cose, e sin dall'inizio della speculazione ad essa era stata contrapposta la *verità*, la *scienza*, la *realtà*. Portando alla sua legittima conclusione l'orientamento comune della filosofia greca, gli Stoici considerano l'opinione come un assenso debole e malato alla rappresentazione, che è la fonte delle passioni o addirittura coincide con esse, e formulano il superbo principio: *Sapientem nihil opinari*. Per quanto i significati particolari della parola fossero stati suscettibili di variare nel corso dei secoli, sarebbe nondimeno rimasto fermo che dovunque si nutre un'opinione, si accoglie una credenza di cui si è incapaci di fornire una giustificazione oggettiva. Se a partire dall'età del Rinascimento e della Riforma si discorre delle opinioni religiose, è perché si riconosce francamente che in fatto di religione non si può avere un'effettiva certezza. La domanda, che eventualmente si sollevasse, chiedendo se non sia meglio astenersi da ogni presa di posizione nei confronti del divino, che offrire lo spettacolo miserando di opinare intorno ad un contenuto così alto del pensiero, la risposta sarebbe che in una materia del genere, che coinvolge la vita nei suoi massimi interessi, non è consentito evitare ogni e qualsiasi impegno: non dichiararsi per una parte equivale a dichiararsi per la parte contraria.

Ne viene che prima l'atteggiamento di ricerca, di dubbio, tutto quello che cristianamente si designa con il nome «curiosità», investe questo o quel punto limitato della dommatica, ma un po' per volta si generalizza e si estende ai capisaldi medesimi della religione ricevuta. L'incertezza diventa sistematica, non ci si limita a dubitare per proprio conto, ma ci si adopera per avviare altri al dubbio, si erge a tribunale della fede la ragione, si pronuncia con nuovo accento la massima: *nihil esse credendum quod rationi sit adversum*, e poiché occorre pronunciarsi a favore del divino o contro di esso, ci si pronuncia alla fine contro le forme in cui il divino si è incarnato nel cristianesimo e nelle altre religioni positive, pur seguitando a vantare l'antica religione, ma spiegando che si trattava del vero, del nuovo, del ragionevole cristianesimo (che è il nome, non la sostanza della cosa). L'ignoranza in cui si riconosce di trovarsi intorno a Dio, viene addotta come motivazione della tolleranza: come ci si può arrogare il diritto di uccidere degli uomini, se non si è sicuri della verità della dottrina di fede? Non è preferibile che la vita spirituale si emancipi dalla politica, eviti gli interventi delle pubbliche autorità, così portate a mettere mano alla spada e a decidere con le armi le questioni che si trovano dinanzi? Le guerre di religione arrecano un'orrenda dimostrazione del fatto che ci si ammazza per delle semplici opinioni; la tolleranza, con l'accordare ad ognuno il diritto di professare senza ostacoli la propria religione, diminuisce la disposizione all'intransigenza, all'irragionevolezza, al fanatismo[7].

Occorre chiedersi come mai nei grandi rivolgimento religiosi che hanno

---

[7] Montaigne osserva che la libertà di coscienza può servire sia ad attizzare che ad estinguere il fuoco delle discordie, a seconda delle differenti situazioni in cui s'introduce: «*On diroit aussi que de lascher la bride aux pars d'entretenir leur opinion, c'est les amolir et relâcher par la facilité et par l'aisance, et que c'est émousser l'équillon qui s'affine par la rareté, la nouvelleté et la difficulté*» (*Essais*, II, XIX, in *Oeuvres complètes*, textes établis par A. Thibaudet et M. Rat, Paris, 1962, p. 654). Il giudizio unanime degli illuministi è che la libertà di coscienza è un importante fattore della concordia e della pace tra le nazioni.

contraddistinto la storia dell'umanità, e di cui si è a sufficienza informati per potersi pronunciare sull'argomento con cognizione di causa, soltanto l'illuminismo, nel sostituire il cristianesimo come fede dominante di gran parte del genere umano, abbia in larga estensione fatto appello alla tolleranza, mentre breve, sparuta e momentanea è stata la parte che un atteggiamento tollerante ha altrove, e principalmente allorché la religione cristiana prende il posto di quella ellenistica. È una circostanza innegabile che il cristianesimo, poco dopo aver vinto la battaglia contro l'ellenismo, diventa la religione ufficiale dell'impero romano, o, meglio (giacché, a rigore, l'impero romano finisce con il tramonto dell'ellenismo, essendo inseparabile dalle sue divinità, con le quali aveva convissuto e senza delle quali non poteva che perire), delle terre che gli erano appartenute, e resta per secoli religione ufficiale dell'Occidente, mentre niente di simile capita allorché l'illuminismo subentra in Europa al cristianesimo. Si dica pure che l'illuminismo è la nuova e dominante religione, la fede nella ragione; che ciò che accomuna, al di là delle differenze, sempre più ristrette, delle istituzioni, gli Stati moderni, è il fatto di costituire la Chiesa illuministica; si adoperi in tutti i casi un consimile linguaggio, si discorrerà per metafore, ma altro è la metafora, e altro è l'espressione propria. Gli illuministi odierni seguitano, al pari dei loro predecessori, a dichiarare che c'è posto per tutte le dottrine filosofiche e per tutte le fedi religiose nella vita associata; che gli Stati debbono rimanere neutrali ed estranei alle discussioni che s'intrecciano tra le diverse posizioni di pensiero; che nessuno che sia savio, e non malato di mente, può anche soltanto immaginare al giorno d'oggi di poter chiedere che le sue opinioni, quand'anche fossero largamente condivise, entrino a formare il patrimonio ideale degli Stati ed essere fatte da questi valere come pubblici principi che tutti debbono osservare. Per rispondere alla domanda e venire a capo dell'obiezione, che essa reca implicita, contro l'interpretazione complessiva che stiamo fornendo dell'illuminismo, bisogna considerare alcune importanti caratteristiche di contenuto e di metodo, che distinguono l'illuminismo dal cristianesimo, ne rendono diversi gli atteggiamenti verso le fedi opposte, e comportano radicali differenze nell'egemonia e nel predominio che entrambi si trovano ad esercitare.

Il cristianesimo ha per unico scopo di assicurare la salvezza eterna, che è qualcosa di diverso e d'indipendente per quanti sono gli uomini, non implicando la salvezza della singola persona quella delle altre persone, che possono andare incontro all'eterna perdizione e morte. Di conseguenza, la religione cristiana deve sforzarsi moltissimo per raggiungere il massimo numero possibile di uomini, annunciare loro il messaggio della redenzione, domandare l'adesione alla dottrina della fede e l'accoglienza del culto gradito a Dio, che sono le condizioni da adempiere per giungere alla beatitudine celeste. Anche l'illuminismo ha una sua concezione del sommo bene e del fine ultimo della vita da inculcare, anch'esso ha una sua proposta da avanzare intorno alla felicità, ma, poiché ai suoi occhi il teatro in cui si svolge la vita umana è soltanto quello terreno e non si dà alcun scopo raffigurabile extramondano, esso guarda all'andamento generale della civiltà sul nostro pianeta e non si preoccupa d'altro. Non è già che l'illuminismo dimentichi gli individui, poiché è di essi che sommamente ha cura, ma è che ri-

tiene evidente che, se le conoscenze scientifiche permettono di produrre congegni utili a risparmiare la fatica e insieme a ottenere ampi frutti dalla terra e ancora ritrovati per conservare la salute, se i comodi e gli agi sono diffusi, se l'i-
struzione raggiunge tutti gli strati della popolazione, ecc., gli individui non potranno non approfittarne in maniera ognora crescente. Qui, a differenza di quel
che accade nel cristianesimo, la sorte dei singoli è inseparabile da quella della
generalità, così che è il cammino complessivo dell'uomo sulla terra ad interessare e a incentrare su di sé l'attenzione.

Come si è provato a suo tempo, il cristianesimo non comporta, ma esclude il
concetto di progresso, sia nella sua versione di progresso per sostituzione e infinito, sia nella sua versione di progresso per inglobamento e finito. Secondo il
cristianesimo, per quanto riguarda la scena terrena, tutte le condizioni personali
e sociali in cui gli uomini possono trovarsi in definitiva si equivalgono, tutte essendo compatibili con lo stato della grazia e con quello del peccato, e nessuna
essendo privilegiata in una direzione piuttosto che in un'altra (questo, e non uno
diverso, è il significato dell'uguaglianza cristiana, per cui l'Apostolo dice che
non c'è né giudeo né greco, né schiavo né libero, né maschio né femmina, così
che il cristianesimo a tutto pensa meno che a farsi promotore di cangiamenti di
assetti sociali). Non è certo che col passare del tempo s'incrementi il campo
della grazia e della salvezza oppure quello del peccato e della perdizione, e
quand'anche ci si affatichi con supposizioni, non suffragate autorevolmente dalla sacra scrittura, sul movimento globale delle cose, niente è dato accertare circa le situazioni delle persone, giacché la grazia e il peccato sono realtà invisibili, su cui a nessun uomo è consentito gettare lo sguardo. Tra la vita sulla terra e
le condizioni ultraterrene della beatitudine e dell'infelicità non si dà progresso,
poiché ogni progresso ha luogo tra elementi comparabili, e non si può paragonare il relativo e il provvisorio con l'assoluto e con il definitivo. Ne viene che il
cristianesimo si volge verso il termine conclusivo, mentre l'illuminismo s'indirizza al percorso, che quello si attiene al principio dell'essenzialità, e si mostra
quindi rigido e inflessibile, mentre questo accoglie il principio della gradualità,
e si presenta, di conseguenza, duttile e condiscendente in questioni di religione
e di politica religiosa[8].

I cristiani, nella loro lotta contro la religione ellenistica, non avrebbero mai
dichiarato di essere i nuovi e veri pagani, non avrebbero mai invitato quelli che

---

[8] Le cattive idee e le credenze religiose nocive non debbono essere prese di petto e
osteggiate con un attacco frontale, ma piuttosto aggirate, imbrigliate e messe così in condizione di non nuocere. Ci sono alcuni casi in cui, almeno in un primo momento, occorre subirle.
«Le leggi concernenti i grani – dice Smith – possono ovunque essere paragonate alle leggi
concernenti la religione. La gente si sente tanto interessata a ciò che riguarda la propria sussistenza in questa vita o la propria felicità nella vita futura, che il governo deve cedere ai suoi
pregiudizi e, per mantenere la pubblica tranquillità, stabilire il sistema ch'essa approva. È forse
per questo che troviamo tanto raramente istituito un sistema ragionevole riguardo sia all'uno
che all'altro di questi due argomenti fondamentali» (*La ricchezza delle nazioni*, a cura di A. e
T. Biagiotti, Torino, 1975, p. 682).

essi chiamavano i *luxuriosi et idola vana colentes pagani* a scoprire il cristianesimo quale nuovo e vero paganesimo, presentandolo come se fosse la piena realizzazione, il compimento delle istanze più profonde e autentiche della loro fede. Tutt'al contrario, i cristiani bandiscono i nomi delle antiche divinità (il nome
di un Dio ha la massima importanza, poiché senza di esso il culto è impossibile), affermano che gli dei sono demoni travestiti, da cui provengono soltanto seduzione e inganno; in breve, il loro attacco si dirige immediatamente al centro
delle credenze e unicamente in un secondo momento si preoccupa di ripulire il
terreno dai resti dell'edificio religioso abbattuto, che può allora riutilizzare per
la propria costruzione. Sia nella sostanza che nell'apparenza, il rapporto della
religione cristiana con quella ellenistica, finché essa ha calore e fuoco, è interamente negativo, mira esclusivamente ad annientare; soltanto dopo, quando ogni
segno di vitalità ha abbandonato gli oggetti collegati con l'antica fede e con
l'antico culto, ed essi sono diventati religiosamente neutri, il cristianesimo li
impiega in funzione della sua edificazione.

4. *La tolleranza come strumento per produrre l'indifferentismo religioso*

Interamente diverso è il rapporto in cui si pone con il cristianesimo l'illuminismo, il quale gradisce presentarsi come l'effettuazione del programma che il
cristianesimo ha enunciato, ma non attuato, l'amore di Dio e del prossimo (che
è da ridurre ad amore del prossimo, a filantropia, giacché gli uomini non possono agire su Dio, e l'amore è operoso), e quindi non a caso l'illuminismo è interessato a venire avanti nelle vesti di nuovo e vero cristianesimo (l'espressione è
diffusissima). In molti illuministi compaiono due differenti rappresentazioni di
Cristo, la prima interamente negativa, disegnata con forti tratti, per cui Cristo è
rifiutato, condannato, irriso, sbeffeggiato, e la seconda del tutto positiva, ma
schizzata debolmente e piuttosto evanescente, e per essa Cristo è guardato con
favore ed esaltato fervidamente. In ciò non bisogna scorgere una qualche prova
d'incertezza di pensiero, giacché il primo personaggio è una figura soprannaturale, esterna e nemica per l'illuminismo, e il secondo personaggio è una figura
naturale, amica e interna all'illuminismo, da esso incaricata di dire quel medesimo che dice ogni vero filosofo, di annunciare cioè la legge dell'amore, antica
quanto il mondo e nota a tutti i popoli della terra. L'attacco dell'illuminismo al
cristianesimo va dalla periferia al centro, denuncia perciò le enormi ricchezze
degli ecclesiastici, di cui lamenta l'invadenza, deplora le condizioni di vita e
l'ozio degli ordini religiosi, a cui preferisce il clero secolare, socialmente utile,
ma subito dopo contrappone ai sacerdoti i laici, che danno le braccia per il lavoro e assicurano il popolamento allo Stato, e soltanto a questo punto prende di
mira i santi e le loro feste, gli evangelisti e la loro credulità, gli apostoli e il loro
messianesimo fanatico, e infine gli strali raggiungono il fondatore medesimo del
cristianesimo. L'anticlericalismo è la scorza dell'anticristianesimo, ma la presenza di questo rivestimento esterno consente all'illuminismo un'agilità di movimenti nell'avanzare e nel ripiegare, nel predisporre stratagemmi, nel tendere

insidie, che non ha termine di confronto nella lotta del cristianesimo contro l'ellenismo. In ogni caso si deve guardare alla sostanza, trascurando, finché fa comodo, la forma.

Le famiglie, dice Montesquieu, possono accrescersi, e quindi i loro beni possono aumentare; il clero non deve crescere, e pertanto i suoi beni devono essere limitati. Non si debbono, tuttavia, proibire le acquisizioni, bisogna lasciare il diritto ed eliminare il fatto. C'è una notevole differenza tra il tollerare una religione e l'approvarla; quando si è padroni di accogliere o no una religione nuova, bisogna non accoglierla in uno Stato, ma se vi si è stabilita, bisogna tollerarla; tale è il principio fondamentale della politica in fatto di religione. Allorché si reputa opportuno tollerare parecchie religioni, bisogna obbligarle a tollerarsi le une con le altre, giacché una religione conculcata, non appena si libera dall'oppressione, diventa a sua volta conculcatrice e tirannica. In quest'obbligo delle religioni a tollerarsi a vicenda, su cui gli illuministi da Locke a Montesquieu a Voltaire non tralasciano occasione d'insistere, è il punto decisivo, l'elemento che fa della tolleranza un'arma di combattimento efficacissima.

Come può la verità intorno a Dio, che è ciò che unicamente preme conoscere nella vita, convivere con l'errore? Le religioni che si tollerano, perdono immancabilmente la verità, e col tempo anche la semplice serietà, diventano religioni morte; ma è proprio questo lo scopo perseguito dall'illuminismo. La tolleranza è l'eutanasia delle religioni del soprannaturale; essa non versa sangue, non crea martiri, rifugge dalla persecuzione palese, e così non si espone al rischio di sempre possibili ritorni di fiamma delle fedi combattute, è lungimirante, perspicace, ma esiziale, infligge immancabilmente la morte dovunque attecchisce e mette salde radici. Vedendosi tollerate e accogliendo entro sé medesime il domma della tolleranza, le religioni diventano sincretistiche, l'una professa ad un dipresso quello che professano le altre, quel che l'una offre è offerto all'incirca anche dalle altre, e così tutte si avviliscono ai loro stessi occhi, si tolgono ogni pregio, e un po' per volta sopprimono ogni loro contenuto determinato, si rendono vuote e si avvertono inutili. La tolleranza produce l'indifferentismo, questo genera il sentimento della vacuità, e nel vuoto, lo Stato, che aveva promosso la tolleranza, si trasforma nella nuova Chiesa, che impone quella particolare religione umanistica di cui consiste l'illuminismo. Il percorso è obbligato, ed è anche, per lungo tratto, riconosciuto e teorizzato esplicitamente dagli illuministi del XVIII secolo.

Le religioni intolleranti, avverte Montesquieu, si adoperano con grande zelo per propagarsi ed estendere dovunque la loro influenza, le religioni tolleranti non si preoccupano della propria propagazione; esse non manifestano la tendenza ad un vigoroso proselitismo, bensì si ripiegano su di sé, ormai illanguidite. Può capitare, egli soggiunge, dando prova di possedere vista penetrante, che la religione cattolica distrugga quella protestante, a quel punto però i cattolici diventeranno protestanti. La regola generale è che le lusinghe sono più efficaci delle pene, di conseguenza, il mezzo più sicuro è d'insidiare una religione con le comodità della vita e con i favori, non con ciò che la fa mettere sull'avviso, ma con ciò che la fa dimenticare, non con ciò che muove all'indignazione, ma con ciò che agevola la tiepidezza[9].

La Chiesa è una tigre, afferma Helvétius, incatenata con la legge della tolleranza, è dolce. Delle sette non possono essere che raffrenate con altre sette. Nel morale, come nel fisico, è l'equilibrio delle forze che produce la quiete[10].

Ogni uomo assennato e dabbene, dichiara Voltaire, dovrebbe avere la religione cristiana in onore, ma dopo aver pesato il cristianesimo sulla bilancia della verità, occorre pesarlo su quella della politica. Sarebbe pericoloso e irragionevole assestare adesso al cristianesimo il colpo finale, il popolo non è ancora preparato, più i laici sono illuminati, meno i preti potranno fare del male, tentiamo d'illuminare anche loro, di farli arrossire dei loro errori, di portarli a poco a poco ad essere liberi cittadini. Voltaire rappresenta preti cattolici e ministri protestanti, che, dimentichi dei loro vecchi motivi di contesa, si alleano fra loro, e con la loro unione si propongono di produrre un «pio sincretismo», per cui non si discorre più né di eretici né di scismatici, ma ci si intrattiene a colloquio con i filosofi e con gli enciclopedisti. Le diverse confessioni cristiane sono così spinte a togliersi a vicenda la verità e a diventare transigenti con gli avversari esterni: è un'astuzia della tolleranza, destinata ad avere in futuro un enorme successo. Cattolici, evangelici, riformati, in un primo momento, invece di discutere, altercano, si abbaruffano, s'insultano, successivamente si lasciano pervadere dallo spirito dell'illuminismo, e allora subentrano la sazietà e il disinteresse verso questioni, che non soltanto non si riesce a risolvere, ma nemmeno ad impostare, per il motivo che, per aver senso, richiedono una differente disposizione mentale, la quale è nel frattempo venuta meno; a questo punto le tesi teologiche e le dottrine dommatiche sono dimenticate, e tutte le parti si dedicano a faccende mondane, le uniche che riguardino i veri interessi dell'umanità[11].

---

[9] Cfr. *Mes Pensées* 2183 e *De l'Esprit des Lois*, XXV, 12 (in *Oeuvres complètes*, ed. cit., vol. I, p. 1567 e vol. II, p. 746).

[10] *De l'Homme, de ses facultés intellectuelles, et de son éducation*, in *Oeuvres complètes*, ed. cit., tomo XII, cap. XXXI, p. 44.

[11] Voltaire descrive con grande precisione l'atteggiamento dell'illuminismo in materia di discussioni teologiche, il quale si riassume nelle regole: 1) incoraggiare le controversie; 2) attendere pazientemente che ne nasca l'indifferentismo; 3) sostituirsi alla fine a tutte le parti in conflitto. – Mentre si aspettava che la ragione si facesse a poco a poco ascoltare dagli uomini, giovavano le controversie: i giansenisti «scrivevano contro i gesuiti e contro gli ugonotti; questi rispondevano ai giansenisti e ai gesuiti, i luterani della provincia d'Alsazia scrivevano contro tutti costoro. Una guerra di penna tra tanti partiti, mentre lo Stato era occupato in grandi cose e il governo era onnipotente, non poteva diventare in pochi anni che un'occupazione di persone oziose, che degenera presto o tardi in indifferenza» (*Le Siècle de Louis XIV*, in *Oeuvres historiques*, ed. cit., p. 1049). Ostentando preoccupazione per la genuina considerazione cristiana della vita, Voltaire contrappone la tolleranza di Gesù Cristo e le dichiarazioni tolleranti di Padri della Chiesa e di teologi alle manifestazioni d'intolleranza di cui la Chiesa cattolica ha dato prova, spinge il cristianesimo a mutare e gli rimprovera di essere mutato. Sarebbe sfrontatezza, egli insinua, sostenere che il cristianesimo moderno è lo stesso di quello dei primi secoli e che questo è identico con la religione di Gesù, ma è oltraggiare Dio, accusandolo d'incostanza, dichiarare che il cristianesimo non ha fatto altro che mutare nel corso del tempo, che la vera religione è un seguito di vicissitudini. Voltaire domanda la separazione dello Stato dalla

Diderot si mostra esperto quanto altri mai in quest'arte strategica, giacché non perde occasione per domandare tolleranza ai cristiani, in nome della sacra scrittura, degli apologisti, degli scrittori ecclesiastici, ma lo fa per mettere in contrasto le intolleranti pratiche cristiane con i principi tolleranti del cristianesimo. La mente può acconsentire soltanto a ciò che le appare vero, il cuore può accogliere soltanto ciò che gli appare buono; in nessun caso si deve ricorrere alla forza, alla costrizione, la quale farà dell'uomo un ipocrita, se è un debole, e un martire, se è un coraggioso, ma susciterà comunque indignazione. Nella rappresentazione che ci si fa delle battaglie e delle guerre, si alternano momenti in cui si è inferiori, altri in cui la lotta è sostanzialmente equilibrata, e altri ancora in cui alla propria parte arride finalmente la vittoria, e gli atteggiamenti cangiano in funzione dei contenuti che di volta in volta ci si raffigurano. Non è forse il cristianesimo in se stesso cattivo? Non è Cristo venuto a portare la spada, invece della pace, a mettere l'odio nelle famiglie e nelle nazioni? Diderot arriva al punto di parlare del «cristianesimo abominevole», quando si rappresenta vittoriosa la sua battaglia; in generale, il suo linguaggio è rude, privo di espressioni concilianti, come comporta la franchezza con cui egli si esprime. Quando si raffigura il combattimento come ancora lungo e l'esito come ancora incerto, Diderot si accontenta di suggerire che giova avere un clero stipendiato, reso timoroso dal pericolo della rovina economica; poi si protesterà contro lo stipendio versato a gente inutile e fannullona. Il punto decisivo è quello di spingere a riconoscere la legittimità delle altre religioni: «il prete è intollerante per condizione – dice Diderot –; ridurrebbe a niente il suo culto se potesse confessare che si può piacere a Dio con un altro culto»[12].

Chiesa, ma reputa questa condizione tanto poco definitiva che esalta Hobbes per aver proposto un reggimento insieme politico ed ecclesiastico, e adduce con manifesta approvazione gli esempi dell'Inghilterra e della Russia, dove re e imperatore sono medesimamente i capi della Chiesa. – Ogni punto di vista nel combattere i rimanenti, deve combinare gli apprestamenti della difesa e i mezzi dell'attacco nella mutevole maniera esigita dalle varie fasi della guerra. Il momento della richiesta della tolleranza è quello della difesa minima contro un nemico ancora soverchiante. Quello che preme è garantirsi contro il pericolo del rigurgito della superstizione. «Rigettiamo ogni superstizione al fine di diventare più umani – dice Voltaire – ma parlando contro il fanatismo, non irritiamo i fanatici: sono dei malati in delirio che vogliono percuotere i loro medici» (*Homélies prononcées à Londres en 1765*, in *Mélanges*, ed. cit., p. 1161). Com'è naturale, Voltaire protesta di non fare ciò che sta facendo: «Non dite che nel predicare la tolleranza predichiamo l'indifferentismo» (*Ibid.*, p. 1143). Tutto ciò è perfettamente legittimo; si tratta di stratagemmi analoghi a quelli che s'impiegano nelle guerre e che resero insigne Annibale nella lotta contro Roma. Non bisogna credere alla contrapposizione di principio tra *fraus punica* e *fides romana*: l'eccellenza di Annibale nel tendere insidie è grande parte di codesta pretesa *fraus*; lo stesso è da dire di Voltaire (c'è però questa differenza tra le insidie guerresche e quelle religiose, che le prime riescono per virtù propria, le seconde per il preventivo cedimento altrui, giacché nella religione non s'inganna se non chi vuole essere ingannato. Ma questo riguarda il cristianesimo, non l'illuminismo).

[12] *Colloqui con Caterina II*, in *Scritti politici*, trad. it. cit., p. 325. Nella lotta contro il cristianesimo – raccomanda Diderot – non bisogna cedere alla tentazione di ricorrere all'aperta violenza. Nel propugnare la tolleranza, si deve ricorrere soprattutto all'arma del ridicolo: niente persecuzioni, niente pene, niente condanne contro i fanatici; bastano *Arlecchino* e *Pulcinel-*

La scristianizzazione dell'Europa si effettua all'insegna della tolleranza e della libertà di religione, in maniera festosa, senza incontrare soverchie resistenze e senza conoscere inversioni di tendenza che non siano di facciata, soprattutto negli ultimi decenni del XVIII secolo e nei primi del XIX secolo, e quantunque prosegua sempre ininterrottamente e abbia luogo anche oggi, da tempo non ottiene più attenzione, essendo diventata prevedibile e scontata. Gli illuministi del XIX secolo, quando si esprimono (ciò che accade per di più di passata) sull'argomento, additano con chiarezza il genuino significato della dottrina della tolleranza.

Il domma della libertà di coscienza, afferma Comte, non è altro che la traduzione di un grande fatto generale, la decadenza delle credenze teologiche; esso è sulla linea dei progressi dello spirito umano, finché si considera come uno strumento della lotta contro il sistema teologico prevalso con il cristianesimo. L'epoca del cristianesimo vitale è il medioevo, che col sistema feudale arreca il solo ordinamento sociale corrispondente alla religione cristiana, dopo di che subentra una crescente e inarrestabile decadenza. Pur essendo una eminente manifestazione dello spirito teologico, il cristianesimo (o, come Comte preferisce dire, il cattolicesimo) è sin dall'inizio più debole, non soltanto a paragone delle teocrazie primitive del genere umano, ma anche comparativamente col politeismo greco e romano. Quando si trova di fronte ad altre divinità, il politeismo può accoglierle, in piena conformità con il suo principio; invece, il monoteismo deve combatterle e lottare ognora per conservarsi puro, e così fornisce alimento a quello spirito critico da cui è, in un lungo volgere di tempo, distrutto. La religione è spontaneità; se si mette a riflettere, a discutere, a fomentare controversie, ne esce in ultimo annientata. Si aggiunga che i molti dei sono più vicini ai fenomeni naturali di quel che lo sia il Dio unico, e di conseguenza, il politeismo lascia minore posto alla scienza di quel che faccia il monoteismo, e la scienza avanza via via che la religione si estenua. Alla fine del medioevo incomincia un movimento rivoluzionario, prima spontaneo e irriflesso, poi cosciente e sistematico, che trova uno strumento d'elezione nel principio del libero esame, introdotto dal protestantesimo; così viene distrutta metodicamente la base intellettuale dell'antico ordine sociale. La traduzione filosofica del libero esame produce la dottrina della libertà di coscienza, la quale è interamente critica, negativa, incapace di servire di fondamento a qualsiasi progetto di ricostituzione della società, dopo gli sconvolgimenti arrecati dalle rivoluzioni. Utile nella lotta contro il sistema teologico, essa è dannosa per la riorganizzazione sociale, giacché impedisce lo stabilimento uniforme di qualsiasi sistema di idee generali, a cui pone l'ostacolo insormontabile della sovranità della ragione individuale. Non c'è libertà di coscienza, conclude Comte, in astronomia, in fisica, in chimica, in

---

1a. – Con tutto ciò, le leggi intervengono ad abolire privilegi ecclesiastici, a sopprimere ordini religiosi, a limitarne le proprietà, ecc., ma, poiché questi provvedimenti sono presi allorché le coscienze sono state preparate, invece che come misure vessatorie, vengono avvertiti come disposizioni di libertà.

biologia; se le cose stanno diversamente in fatto di politica, è per il motivo che, essendo venuti meno gli antichi principi, e non essendosene ancora stabiliti dei nuovi, si è presentemente in un intervallo caratterizzato dall'anarchia[13].

Profondamente affini a quelle di Comte sono le valutazioni che John Stuart Mill e Spencer propongono del compito storico adempiuto dall'idea della libertà religiosa, e le sole differenze che in esse si riscontrano sono semplici riflessi della diversità delle tradizioni di pensiero a cui questi autori appartengono. Secondo Mill, l'intolleranza è tanto consentanea alle tendenze radicate del genere umano, che la libertà religiosa si è realizzata in pratica soltanto dove si è imposto l'indifferentismo, dove non si è voluto essere turbati dalle dispute teologiche[14]. È evidente che l'inclinazione all'intolleranza, di cui Mill discorre, è il generico impulso a togliere di mezzo chiunque sia d'ostacolo nella vita, e che l'indifferenza religiosa, a cui egli si riferisce, è quella del quieto vivere, che non vuole essere disturbato dall'intervento di dottrine, di escogitazioni intellettuali e di astrazioni mentali. Mill prende a tratti posizioni radicali, sostenendo l'avviso che la scienza e la storia hanno sufficientemente provato che le credenze religiose corrispondono agli stadi dello sviluppo della mente umana, così che le convinzioni del passato sono destinate a scomparire e a lasciare il posto ad opinioni più avanzate. Egli giunge sino al punto di paragonare le religioni alle specie vegetali e animali, che prosperano in un certo periodo geologico e scompaiono in un altro, ciò che sembra suggerire che il cristianesimo sia destinato a vivere finché l'ambiente glielo consente. Per il rimanente, Mill si restringe a mettere insieme la libertà religiosa a numerose altre, in tutti i campi della speculazione e della pratica, così che egli compie un lungo elenco di tali libertà. Per questa sua cura, egli è stato anche di recente molto lodato, ma nel frattempo l'intero argomento è diventato piuttosto stantio. Infatti, l'arma della libertà di pensiero, adattissima contro il cristianesimo, per l'attitudine raziocinativa della sua teologia, è spuntata nei confronti delle religioni che non s'intrattengono in discussioni, come l'islamismo, ed è ancora più inadoperabile contro le forme

---

[13] *Plan de travaux scientifiques nécessaires pour réorganiser la société*, in *Système de politique positive*, cit., pp. 52-53. È da osservare che l'estromissione del clero dall'ambito della coscienza, operata dal protestantesimo, non importa l'abbandono delle cose di fede all'arbitrio del singolo, e che il libero esame per parte degli uomini non esclude, ma implica l'intervento di Dio, che con la grazia opera dal di dentro e dal di sopra dell'uomo. Il protestantesimo delle origini non sostiene la teoria del *giudizio privato* in materia di religione, non ha niente che lo accomuni con quella che Comte chiama la «filosofia rivoluzionaria». Diverso giudizio è da porgere del protestantesimo più tardo, che è pervaso dallo spirito dell'illuminismo. Di per sé, la libertà di coscienza non può non essere – come Comte sottolinea – negativa; tuttavia, essa importa soltanto a parole che ognuno è autorizzato a pensarla a modo suo. Questo famoso *modo suo* altro non è che il *gradimento*, e ciò comporta l'instaurazione del *principio del gradimento*, il quale non è mai *proprio* senz'essere in qualche misura anche *altrui*, non è mai *personale* senz'essere insieme *sociale*. Modernamente ciò che si gradisce è in massima parte il medesimo.
[14] *Saggio sulla libertà*, pref. G. Giorello e M. Mondadori, trad. it. S. Magistretti., Milano, 1981, p. 31.

d'umanismo, rivali dell'illuminismo, così interamente attivistiche, che sopra di essa i discorsi non fanno presa. Questa sostituzione degli strumenti di battaglia non è però al momento diventata oggetto della riflessione filosofica, e di conseguenza, s'insiste sempre sull'argomento della libertà di coscienza, quantunque siano interamente venute meno le condizioni che l'avevano imposto all'attenzione e l'avevano reso di grande momento dalla metà del XVI ai primi del XIX secolo.

Le considerazioni che s'incontrano in Spencer provano a sufficienza questo esaurimento del problema, che non ha più niente da dire né per la speculazione né per la storia. Bisogna tener per fermo, sostiene Spencer, che in ogni credenza religiosa, per quanto degradata sia, c'è un elemento di verità, il quale è incorporato entro elementi, che, valutati con criteri di giudizio assoluti, risultano cattivi, ma, misurati secondo criteri relativi, si mostrano buoni. Tutte le fedi sono parti integranti dell'ordine costituito del mondo, accompagnamenti necessari della vita umana. La tolleranza nei loro riguardi deve quindi essere la più ampia possibile, bisogna studiarsi di evitare ogni ingiustizia di parole o di fatti, e quando si è costretti a dissentire, si deve temperare il dissenso, mostrando grande simpatia. Non per questo si deve accettare passivamente la teologia dominante, perché le idee, al pari delle istituzioni religiose, mutano perpetuamente e hanno bisogno di essere riformate con una frequenza proporzionale alla rapidità del cangiamento. È d'uopo lasciare piena libertà sia alle forze conservatrici, sia a quelle progressive, che con la loro azione combinata assicurano quei riadattamenti continui dell'esistente, esigiti dall'ordinato progresso[15].

La domanda della tolleranza, rivolta dall'illuminismo al cristianesimo, assomiglia alla richiesta indirizzata da quel tale schermidore all'avversario di starsene una buona volta fermo, giacché diversamente non lo poteva infilzare con la spada. Nel duello metaforico, eppure sèmpre all'ultimo sangue, delle fedi religiose opposte, l'esortazione è stata spesso accettata e messa in pratica, come se contenesse un buon consiglio[16]. Gli illuministi hanno avuto cura di nascondere l'insidia, e a tale scopo hanno cercato di scalfire la valida convinzione che

---

[15] *I primi principii*, trad. it. cit., pp. 88-90.

[16] L'illuminismo ha ormai raggiunto da parecchio tempo lo scopo che perseguiva, avendo prodotto in gran parte del mondo cristiano la disgregazione. Smith mostra di ritenere la condizione della disgregazione religiosa come lo stato ideale per la salvaguardia della tranquillità e delle pace, giacché se domina un'unica setta, o due o tre sette, lo zelo fanatico è pericoloso, ma se ci sono centinaia o migliaia di sette, il risultato è che sono tutte innocue. (cfr. *La ricchezza delle nazioni*, trad. it. cit., p. 960). Notoriamente questa è la situazione dell'America e sempre più dell'Europa, con il suo inevitabile frutto, che è l'indifferentismo religioso. Ci si può interrogare su quale sia la vera di due o tre confessioni religiose; ma come avere il tempo, data la brevità della vita, di chiedersi quale sia la vera tra migliaia? L'impresa è manifestamente impossibile e, del resto, non franca la spesa d'intraprenderla. Tanto maggiore è, infatti, il numero delle confessioni, tanto minore è l'ambito delle loro differenze. Le confessioni settarie dicono all'incirca tutte lo stesso, e per di più, il pregio della loro predicazione è assai scarso. Quelli che furono vitali movimenti religiosi si sono arrestati in una palude senza agitazione di vento.

quanto più una fede (sia essa quella cristiana o un'altra qualsiasi, ciò in niente interessa, giacché le fedi si comportano tutte ugualmente sotto questo proposito) vanta l'esclusiva nelle relazioni dell'uomo con Dio, quanto più è tetragona nel garantire ai suoi seguaci la certa beatitudine e a tutti gli altri l'immancabile perdizione, tanto più è solida, sicura, inattaccabile, votata alla vittoria[17].

5. *Il processo di soppressione del cristianesimo*

Il laicismo è inseparabilmente *negativo* e *positivo*, e per il primo aspetto mira a distruggere, mentre per il secondo vuole costruire una forma particolare d'umanismo, quella illuministica. Non è già, come talvolta è stato detto, che esistano due specie di laicismo, una inferiore, che combatte, o anche semplicemente ignora, la religione, e una superiore, che si studia di adoperare la religione per i suoi scopi, i quali si riassumono nella creazione di una civiltà veramente umana. Quali che siano gli scopi che ci si propongono, bassi o alti, la religione non si lascia comunque utilizzare, non acconsente ad essere trattata con criteri politici, a diventare oggetto d'accorgimenti e d'astuzie, giacché, esigendo la piena sincerità e l'assoluta schiettezza dello spirito, dilegua subito, e non soltanto non deve, ma nemmeno può, riuscire *instrumentum regni*. Non è nemmeno,

---

[17] Il ragionamento di Enrico IV, a cui allude Rousseau nel *Contratto sociale*, ne è la prova di solare evidenza. Avendogli un ministro protestante detto che si poteva salvare sia da cattolico sia da protestante, purché fosse vissuto bene, ma avendo un dottore cattolico dichiarato che si sarebbe salvato nella religione cattolica, il re concluse che doveva essere della religione cattolica, la sola che offra sicurezza. Una volta accordati i presupposti: 1) che si danno la salvezza e la perdizione; 2) che sono dispensate da religioni esistenti e riconoscibili –; il ragionamento del re è inconfutabile, la logica a cui obbedisce è ferrea. Voltaire nel *Discours aux Welches* lo definisce barbaro, ma non riesce nemmeno a scalfirlo. Quel che Fichte sostiene in proposito, costituisce un commento prolisso, ma chiaro dell'intera questione. La Chiesa luterana, dice Fichte, è inconseguente e cerca di mascherarlo; la Chiesa riformata è francamente inconseguente; la sola Chiesa romana è assolutamente conseguente in materia di salvezza (*Beitrag zur Berichtigung der Urteile des Publicums über die französische Revolution*, in *Werke*, hrsg. von I.H. Fichte, Berlin, 1971, Bd. VI, pp. 258-260). Va da sé che Fichte intende tanto poco fare l'apologia del cattolicesimo, che tributa grande lode ai dottori luterani di essere inconseguenti. – L'inevitabile conclusione scettica della dottrina della tolleranza è così manifesta, che non si è mancato di contrapporle il diritto universale di lottare per l'affermazione della verità. «Solamente chi accorda ad ogni suo simile, come a se stesso, la *facoltà dell'intolleranza*, è veramente tollerante; e in un'altra maniera nessuno *deve* esserlo; giacché un'effettiva indifferenza a proposito di tutte le opinioni, potendo nascere soltanto da una generale incredulità, è la più terribile perversione della natura umana», dice Jacobi (*Von den Göttlichen Dingen und ihrer Offenbarung*, in *Werke*, hrsg. von F. Roth e F. Köppen – riproduzione dell'edizione di Lipsia del 1816 – Darmstadt, 1968, Bd. III, p. 315). – Al terribile motto: non c'è salvezza fuori di noi, all'intolleranza che esso provoca, sono stati addebitati orribili mali, e tra questi anzitutto le guerre di religione. Non bisogna, tuttavia, dimenticare che sulle guerre di religione sono stati espressi giudizi molto diversi e che di recente si è persino invidiata l'epoca in cui si combatteva per grandi ideali religiosi, in comparazione con l'epoca nostra, in cui ci si affronta in guerre molto più feroci per meschini interessi economici. Un'alta valutazione delle guerre di religione formula Nietzsche ne *La Gaia Scienza*, 144.

come si è stati spesso portati a ritenere, che, non essendo consentito rimanere a lungo nel vuoto prodotto dal laicismo negativo, questo si converta prima o poi in laicismo positivo, da soppressione della religione si trasformi in affermazione dell'umanismo. La relazione del laicismo negativo e di quello positivo non è nemmeno codesta, per cui il primo precederebbe e il secondo seguirebbe nel tempo, perché la loro relazione temporale è quella della simultaneità, e non si dà capovolgimento e trasformazione della negazione in affermazione, essendo entrambe permanenti e mantenendosi esse l'una accanto all'altra in tutta la distesa del tempo.

La negazione che l'illuminismo compie del cristianesimo (e delle altre religioni del soprannaturale, in cui nella sua diffusione planetaria s'imbatte) è interminabile, per la ragione che nessuna religione muore mai di morte metafisica, e quando si dice che è morta, è soltanto illanguidita all'estremo. Se ci si colloca dalla posizione di un cristianesimo, che abbia vigore ed energia, il laicismo illuministico, se è seguito sino al termine a cui conduce, è empietà e ateismo; ma, se ci si situa dalla posizione di un illuminismo consequenziario, la religione cristiana, quanto più è integralmente vissuta, tanto più è intessuta di pregiudizi e imbevuta di superstizioni. Un terreno neutrale, in cui prendere posto e da cui giudicare la questione oggettivamente e in maniera imparziale, non esiste; non ci sono giudici dei punti di vista, ognuno dei quali è qualcosa d'ultimativo e d'insormontabile. La sola effettiva oggettività è la stessa soggettività, quando non è arbitrariamente ristretta, ma presa in tutta l'estensione che le è propria; la sola vera imparzialità consiste nell'essere di volta in volta parziali verso tutte le parti (di volta in volta, ossia successivamente, giacché simultaneamente sarebbe impossibile, e del resto, è un medesimo punto di vista che ora grandeggia, e allora gli va l'incontrastato favore, e ora s'immiserisce, e allora è colpito dalla generale ostilità). E poiché con la sua parte distruttiva l'illuminismo intende compiere opera di liberazione dell'umanità dalla servitù della superstizione, dalle opprimenti fantasticherie teologiche, dal duro giogo delle cerimonie del culto, e con la sua parte costruttiva vuole eseguire l'instaurazione del regno dell'uomo sulla terra, è evidente che esso è per intero, quale si rappresenta ai suoi occhi, volontà di libertà, e che la relazione del laicismo negativo e del laicismo positivo coincide con quella della libertà *da* e della libertà *di*, che convenientemente si distinguono entro il concetto generale di libertà.

Come si è mostrato, l'illuminismo, nel recare ad effetto la soppressione del cristianesimo, va dalla periferia al centro, incomincia cioè con l'attaccare quella che chiama l'esteriorità del culto, l'elemento cerimoniale, non disdegnando nemmeno di ricorrere all'artificio di presentarsi come se volesse promuovere una religione più pura, un'adorazione di Dio in spirito e verità, e allora asserisce di voler semplicemente separare religione e politica, col rivendicare alla competenza dello Stato il campo del temporale, ma di lasciare alla Chiesa la libera disponibilità del campo dello spirituale, senonché prosegue con l'attaccare la dommatica, dipingendo la teologia come l'incarnazione della follia umana, e infine si porta sul terreno della pratica, mirando a dissolvere l'antico costume di vita, severo e austero, e a sostituirlo con uno nuovo, indulgente e rilassato. La gradualità dell'offensiva è esclusivamente nella realizzazione, giacché nella concezione il rigetto del cristianesimo è sin dal primo momento totale, e del resto, né i pretesi elementi accessori del culto sono davvero tali, contenendo, anzi, l'essenziale della religione, né il cerimoniale può essere cangiato senza minacciare di rovina l'intero edificio delle credenze. Questa soppressione lenta del cristianesimo ha però tanto successo che gli illuministi si affidano quasi interamente ad essa.

Il procedimento con cui l'illuminismo effettua e porta a compimento la libertà *dalla* religione è illustrato nella maniera più precisa da Berkeley, e le osservazioni del filosofo irlandese sono ancora oggi ciò che di meglio, per profondità e chiarezza, si possegga sull'argomento. Berkeley mette in bocca ad un libero pensatore la regola di procedere a piccoli passi, incominciando dai pregiudizi a cui gli uomini sono meno attaccati, minando un po' alla volta il resto sino alla demolizione completa dell'edificio della religione. L'adozione della regola è dovuta sia a ragioni pedagogiche sia a motivi di promesse d'immancabile riuscita. Dopo che gli uomini hanno tenuto per tanti secoli gli occhi nell'oscurità, non si può loro imporre la vista improvvisa della luce meridiana senza abbagliarli, anziché rischiararli. Il fanatismo è violento, ma i suoi effetti si esauriscono rapidamente; le aperte ribellioni allarmano e mettono la gente sulla difensiva; procedendo per gradi si arreca la consunzione e la finale rovina del cristianesimo. La via regia è di respingere i punti di dissenso e di accogliere i punti di consenso delle fedi religiose, giacché il dissenso è effettivo e il consenso è apparente[18]. Quello che Ber-

---

[18] «Avendo osservato – è sempre un libero pensatore che Berkeley fa parlare – che molte sette e suddivisioni di sette abbracciano differentissime e contrarie opinioni, e ciononostante professano tutte il cristianesimo, rifiutai quei punti in cui differivano, conservando soltanto quello che era condiviso da tutte, e così diventai latitudinario. Dopo di che, essendomi accorto, sulla base di una più larga veduta delle cose, che cristiani, ebrei e maomettani hanno ciascuno il loro differente sistema di fede, concordando soltanto nella fede in un Dio, diventai deista. Alla fine, estendendo il mio sguardo alle altre diverse nazioni che abitano questo globo e trovando che non concordano in nessun punto di fede, ma differiscono l'una dall'altra al pari che dalle summenzionate sette, perfino nella nozione di un Dio, in cui c'è tanta diversità quanta nei metodi del culto, diventai tosto ateo» (*Alciphron, or The Minute Philosopher*, in *The Works*, edited by A.A. Luce and T.E. Jessop, London, 1964, vol. III, pp. 43-44). C'è da osservare che l'unico effettivo passaggio (il quale è piuttosto un salto) è quello dall'adesione a una particolare confessione cristiana al latitudinarismo, mentre i passaggi successivi sono più appariscenti che sostanziali. Una religione è possibile ed esistente soltanto in quanto è assolutamente determinata; un cristiano, che non voglia saper niente delle differenze tra le diverse confessioni cristiane, è al di fuori del cristianesimo reale. Che poi i latitudinari non si considerassero semplici deisti e non giungessero, nemmeno in prosieguo di tempo, a dichiararsi tali, dipende dall'accidentalità dei comportamenti individuali, e non toglie niente al fatto che il deismo è il punto d'arrivo obbligato del latitudinarismo. Finché la questione è impostata sulla base dell'idea di Dio delle religioni del soprannaturale, ne viene che nel seguito delle negazioni ci si può fermare a un certo punto oppure andare sino in fondo. Nel primo caso si ha il deismo (o, a seconda delle preferenze, il teismo); nel secondo l'ateismo. Dio, se rimane, è un residuo di negazioni. Le religioni positive coincidono con le religioni esistenti; sopprimendo le loro differenze, resta zero; questo è ciò che, dalla posizione del cristianesimo, si chiama l'ateismo. Per l'empirismo coerente, l'ateismo assertorio è impossibile, non essendo concesso compiere una

keley così descrive è sia uno svolgimento logico necessario sia un processo storico reale.

6. *L'indole meramente simbolica del deismo e della religione dell'umanità*

A Berkeley, fervido e ardente apologista del cristianesimo, sembra che la conclusione ultima dell'illuminismo sia l'ateismo, ma si tratta in verità dell'umanismo, che ha nel Settecento per manifestazione privilegiata il deismo, e avrà nell'Ottocento altre espressioni nel sansimonismo e nella religione dell'umanità di Comte, e ancora nel Novecento si procura altre incarnazioni nella fede scientifica e politica di liberazione umana.

Il deismo non è quindi tanto un momento di trapasso verso l'ateismo, quanto un assetto particolare dell'illuminismo, una formulazione che questo si dà, in quanto è laicismo positivo. La sostanza del deismo è però in tutto umanistica, l'essere supremo, che esso teorizza, è soltanto un esponente delle qualità umane, raffigurate come interamente realizzate. Nessuno dei tradizionali attributi di Dio compete all'essere supremo del deismo, non quello di creatore, non quello di potenza divina incarnata, non quello di rivelatore, non quello di salvatore; a meno che tali attributi non siano accolti in qualche significato allegorico, nel quale possono essergli riferiti, per la ragione che non c'è carattere, che, a titolo di semplice allegoria, non possa competere ad una qualsiasi entità. Se la creazione è la dipendenza assoluta del mondo da Dio, non c'è attributo così lontano dall'essere supremo come quello di creatore, quantunque sia quello che a parole gli è più spesso conservato. L'esistenza del mondo, per il fenomenismo, è un enigma inesplicabile; che il mondo sia stato creato vuol semplicemente dire che deve pur aver avuto origine; che la sua esistenza derivi da Dio importa solamente che l'ordine fenomenico discende da quello delle cose in sé; qui Dio è un vocabolo equivalente a cosa in sé. Recisa è, invece, anche verbalmente l'esclusione dell'incarnazione, della rivelazione, della salvezza, che non si possono riferire all'essere supremo, per il motivo che sono appannaggio delle religioni positive, di cui l'illuminismo intende eseguire la soppressione. Pur essendo universale, ossia pur avendo luogo in tutta la natura, l'incarnazione si compie se-

---

rassegna completa degli esistenti e accertarsi che tra di essi non c'è Dio. Per Voltaire, ci si può arrestare prima di arrivare sino in fondo, e così si comporta Rousseau: «Sono nato protestante; ho tolto via tutto quel che i protestanti condannano nella religione romana; poi ho tolto via tutto quel che le altre religioni condannano nel protestantesimo: mi restava Dio solo» (*Pot-Pourri*, in *Romanzi e racconti*, trad. it. cit., p. 206). L'esistenza di molte e contrastanti filosofie è un'obiezione contro l'ortodossia filosofica; l'esistenza di molte e contrastanti religioni lo è contro l'ortodossia religiosa. Lo fa osservare Diderot: «Sento gridare da tutte le parti all'empietà. Il cristiano è empio in Asia, il musulmano in Europa, il papista a Londra, il calvinista a Parigi, il giansenista in fondo alla via Saint-Jacques, il molinista in fondo al sobborgo Saint-Medard. Chi dunque è empio? Tutti o nessuno?» (*Pensées philosophiques*, in *Oeuvres philosophiques*, ed. cit., p. 29).

condo una gradualità, per cui Dio è unito a preferenza a un certo corpo umano o animale, a una certa pianta, a certi fenomeni celesti o terrestri. Il medesimo accade per la rivelazione, la quale ha la stessa estensione della realtà, così che ogni parola è divina, ma si concentra in alcuni libri, in alcuni discorsi, che sono le manifestazioni privilegiate di Dio. Ciò vale anche per la salvezza, la quale è onnispaziale e onnitemporale, ma conosce i suoi posti e i suoi momenti favoriti, quelli in cui raggiunge l'acme dell'intensità e si realizza nella pienezza. Questi sono però gli elementi positivi, storici, fattuali, che il deismo esclude con ogni cura dal suo essere supremo.

È inutile soffermarsi ad indagare le proprietà che spettano all'*Etre Suprême* della prima ondata dell'illuminismo, giacché non ci si può interrogare con senso intorno ai caratteri che competono ad un simbolo, prescindendo dalla sua relazione con la realtà simboleggiata, ossia con l'uomo, non come individuo, e nemmeno come specie biologica, bensì come l'insieme delle qualità che si possono accompagnare con l'attributo di «umane». L'essere supremo rappresenta, nella scala dell'infinito, ciò che è l'uomo nella scala del finito, esso è soltanto un simbolo dell'umano, e soprattutto della ragione, che dell'uomo è il costitutivo essenziale. Per il rimanente, l'essere supremo non ha una fisionomia definita, non ha un volto, nemmeno quello umano, giacché esso spetta soltanto a chi vive sulla terra, la quale non è la sede di codesto essere, sebbene la sua sede non sia nemmeno il cielo, in quanto esso non ha una qualsiasi sede. È quindi l'uomo che rivendica a sé medesimo l'attributo di primo autore effettivo del mondo circostante – soltanto nel senso, beninteso, che con il lavoro incarna nella realtà le sue qualità migliori, si redime dal duro servaggio verso la natura, si crea con le istituzioni sociali una vita degna di essere vissuta.

L'illuminismo della seconda ondata abbandona il deismo, non vuol saperne dell'essere supremo, che è un simbolo infinito del finito; la religione dell'umanità accoglie un simbolo, che è, esso stesso, finito, giudicandolo il solo consentaneo al mondo umano; tale è la distanza che separa Comte da Voltaire. Comte si rende perfettamente conto dell'inferiorità in cui l'umanità si trova nei riguardi di qualunque divinità, accolta dai popoli, giacché nessun attributo di Dio si può a lei conferire, non l'onnipotenza, non l'onniscienza, non l'ubiquità, tuttavia stima che l'umanità sia pur sempre un sufficiente contenuto della religione, che basti a rappresentare l'ideale. L'abbandono del rivestimento teistico è giustificato con il motivo che il monoteismo, com'è inteso dai metafisici, è vuoto e inane, è incapace di servire da base ad un sistema religioso, che abbia efficacia nella vita intellettuale, morale e sociale degli uomini. L'essere supremo, che non interviene attivamente, che manca d'intermediari con l'uomo, è somigliante a un re della monarchia costituzionale della terra, che regna e non governa, è privo d'effettivo potere ed è il frutto di un momentaneo compromesso d'interessi, tant'è vero che le monarchie costituzionali lasciano prima o poi il posto alle repubbliche, di cui formano l'anticamera. La rappresentazione di Dio come causa prima, distinta dalle cause seconde, ha per la religione questo di storto, che la cosiddetta causa prima, se non prende parte alle vicende del mondo, è inerte, e quindi non è nemmeno una causa, e se opera, guasta irrimediabilmente il meccanismo della natura. Conclusosi in maniera irrevocabile il sistema teologico, l'umanità deve prendere sé medesima come contenuto della religione, che adesso non è più destinata, com'era in passato, a rivolgersi a un essere assoluto, incomprensibile, contraddittorio, ma può indirizzarsi all'esistenza umana pienamente armonizzata con se stessa, sia sul piano individuale sia su quello collettivo. L'umanità è qualcosa di relativo, e di conseguenza, alla religione assoluta si sostituisce la religione relativa, la quale però è rigorosamente unica. La religione è per l'anima, ciò che la salute è per il corpo; non ci possono essere più religioni più di quel che ci possano essere molte saluti; l'unità fisica e morale ammette soltanto diversi gradi di realizzazione.

Sin qui il modo in cui Comte discorre della religione dell'umanità è del tutto coerente con i principi della forma illuministica dell'umanesimo: si tratta d'introdurre dovunque lo spirito positivo, d'eliminare per mezzo di esso qualsiasi residuo elemento chimerico, d'instaurare una vita armoniosa che procede all'unisono in tutte le sue manifestazioni. Tutto ciò si può ottenere pacificamente, per la ragione che le vecchie religioni, avendo esaurito la loro funzione, scompaiono da sé; caso mai si lasci tempo al tempo. Questo però è anche il limite estremo, al di là del quale non è dato spingersi, perché una religione umanistica ha il suo centro in un accompagnamento dell'attività morale: se si chiama fede l'interna disposizione fiduciosa dell'anima a pensare e ad operare unicamente per il bene dell'umanità; se si denomina culto il puro sentimento di rispetto per l'uomo, che spontaneamente si unisce a codesti propositi, si può asserire che l'umanismo è una religione. Tutte le misure, che Comte si è sentito in obbligo di aggiungere a tale nucleo della religione dell'umanità, formano escogitazioni bizzarre e bislacche, che mostrano il desiderio d'imitare la dommatica e la liturgia del cattolicesimo romano. Il Grande Essere, il Grande Mezzo e il Grande Feticcio, incaricati di rappresentare l'umanità, sono una povera copia della trinità cristiana; il Sacerdozio dell'umanità con il suo Grande Prete è una misera contraffazione della Chiesa cattolica e del Papa; il Calendario Positivista con i suoi santi laici è una riproduzione a freddo dell'Anno liturgico e dei santi degli altari: l'elenco potrebbe seguitare a lungo, se fosse di qualche utilità, ciò che non è. Comte è stato indotto a suggerire l'adozione di queste credenze e dei riti ad esse collegati dall'avvertimento del pericolo dell'aridità, che minaccia la civiltà moderna, che ha ritenuto di dover contrastare, facendo valere il sentimento al di sopra dell'intelligenza e della volontà, ma il rimedio non era così a portata di mano com'egli ha creduto.

Sotto l'immagine velata della dea egizia Sais era raffigurato un enigma, il quale, una volta svelato, significava l'uomo; sotto la rappresentazione del Dio cristiano l'illuminismo ha compiuto la medesima scoperta, ma non è riuscito a porgere una sistemazione accettabile del suo ritrovamento. Nel Novecento lo stesso problema dell'umanismo come religione è stato dimenticato, e del resto, le dure smentite che hanno nel frattempo ricevuto tutti i disegni concepiti per la realizzazione del regno dell'uomo l'hanno reso improponibile.

VII

L'UTILITARISMO MORALE

1. *L'amore cristiano e la filantropia illuministica*

L'effetto del laicismo è che, mentre nei secoli cristiani il centro della vita umana è costituito dalla religione, nell'età dominata dall'illuminismo il centro è formato dalla morale. Poiché molti illuministi dal XVII secolo ad oggi hanno la tendenza a presentarsi come continuatori del cristianesimo, essi tripartiscono la ricca eredità cristiana, distinguendo in essa il domma, la morale e il culto. Nei confronti del domma e del culto essi assumono una posizione d'intransigente rifiuto, configurando il domma come un complesso d'inverosimili escogitazioni dottrinali che rasentano il vaniloquio, e dipingendo il culto come un insieme di gesti inutili e insensati. È soprattutto nel XVIII secolo, ossia nel secolo in cui l'illuminismo è già adulto e il cristianesimo, almeno nella sua forma cattolica, si presenta ancora esteriormente nel suo assetto tradizionale, che viene preso un tale atteggiamento, su cui tutti in fondo concordano. Una volta che sia liberato dalle speculazioni teologiche e dalle cerimonie magiche, il cristianesimo risulta essere la vera religione, l'unica degna di questo nome (e, anzi, l'unica effettivamente esistente, giacché tutto il rimanente è aggiunta estrinseca e inessenziale), con cui la morale s'immedesima. Questo dicono con accenti poco diversi gli illuministi della prima ondata, alcuni in forma ingenua ed elementare, altri a conclusione di ragionamenti approfonditi ed elaborati[1].

---

[1] «La morale – dice Voltaire – non sta nella superstizione, non sta nelle cerimonie, non ha nulla in comune con i dogmi. Non si ripeterà mai abbastanza che i dogmi sono diversi, mentre la morale è la medesima in tutti gli uomini che fanno uso della ragione» (*Dizionario filosofico*, voce: *Morale*, in *Scritti filosofici*, trad. it. cit., vol. II, p. 399). Per Voltaire, come c'è una sola morale, così c'è una sola religione: il vegliardo dell'Eldorado, richiesto di precisare quale sia la religione del paese, esclama: «Posson esserci due religioni? Io credo che abbiamo la religione di ogni uomo» (*Candido*, trad. it. cit., p. 158). Si tratta di assunti prossimi alle tesi di Kant dell'unicità della religione naturale e della molteplicità delle fedi ecclesiastiche; della precedenza e dell'indipendenza della morale dalla religione, a cui conduce, ma da cui non si

Se si dovesse condensare in una formula, quella morale che l'illuminismo asserisce di accogliere dal cristianesimo, di purificarla distaccandola dalle scorie che vi si sono aggiunte, e d'incrementarla svolgendola consequenzialmente, ci si potrebbe agevolmente servire di un unico comandamento, di quello dell'amore del prossimo, sicché sarebbe sufficiente citare il precetto di stampo evangelico, *Filioli, diligite alterutrum* (che in effetti alcuni scrittori illuministicamente ispirati hanno ad ogni istante sotto la penna). Prima di cercare di stabilire quale significato questo comandamento assume nella morale dell'illuminismo, e di procurare d'accertare se esso può, almeno provvisoriamente, riassumerne l'indole e il contenuto, occorre però considerare una questione preliminare, che è quella di definire il senso con cui esso compare nel cristianesimo.

Qui il comandamento dell'amore del prossimo si presenta per lo più insieme al comandamento dell'amore di Dio, e, quasi non bastasse, si accompagna all'affermazione che Dio è amore; questi sono tre aspetti inseparabili di una concezione unitaria dell'amore, sia divino che umano. Di questi punti va esaminato anzitutto quello che ripone l'essenza di Dio nell'amore, per la ragione che, essendo Dio il principio e ogni altro esistente il principiato, l'amore divino è originario e qualsiasi diverso amore è derivato, e pertanto trae legittimità e giustificazione da quello, come dalla sorgente da cui sgorga e a cui si riconduce. Ora, qualunque sia il concetto dell'amore che s'intende proporre, bisogna ammettere che l'amore importa necessariamente una relazione, e che un *amore irrelativo* è insuscettibile d'esistere. Poiché Dio è amore di per se stesso, e non rispetto ad altro, ne viene che Dio è relazione sussistente (questa considerazione apre la strada in direzione della trinità, giacché il significato profondo della trinità è quello di un essere il quale è identicamente una relazione, e ciò è espresso dall'idea della sussistenza unita a quella della relazione). In tanto Dio è amore di per se stesso, in quanto ama se stesso; che Dio ami se stesso vuol dire che è relazione della dipendenza e del sublime e, siccome sia l'una che l'altro sono relazioni, significa che Dio è relazione di relazioni (siffatta riflessione dischiude il cammino da percorrere per rendersi conto dell'unicità dell'essenza e della distinzione delle persone divine). Come si disse, la dipendenza è relazione della dominazione e dell'asservimento, ed essa non ammette medio; invece, essendo il sublime la relazione dell'eccellente e del dappoco, esso lascia spazio per l'intermedio, o, com'è lo stesso, per il mediatore, e il mediatore è Cristo in quanto

---

può derivare; del vero culto del cuore e delle cerimonie esteriori, che non hanno alcun legame necessario con la virtù e la buona condotta. La contrapposizione tra pura religione razionale e religioni positive, che è la premessa per la riduzione della religione alla morale, è tenuta ferma in maniera energica dal primo Fichte, per il quale l'ordine morale è tutto. «Ogni fede in qualcosa di divino, che contiene *di più* di quest'ordine morale – dice Fichte –, è invenzione e superstizione, che può essere *innocua*, ma è sempre *indegna* di un essere ragionevole e altamente *sospetta*. Ogni fede, che *contraddice* questo concetto di un ordine morale (che vuole introdurre un *disordine immorale*, un arbitrio illegale con un essere onnipotente mediante insensati mezzi magici) è una superstizione *biasimevole che rovina completamente l'uomo*» (*Aus einem Privatschreiben*, in *Werke*, ed. cit., Bd. V, pp. 394-395).

uomo, laddove Cristo in quanto Dio è lo stesso dominante. Cristo come uomo, ossia come essere incarnato, è assolutamente soggetto a Dio, o, com'anche si dice, la sua volontà è completamente conforme alla volontà divina, gli è totalmente obbediente. (Se si omettono queste considerazioni, non s'intende come il cristianesimo possa insieme affermare la trinità divina e l'incarnazione, anziché la prima senza la seconda, o questa senza quella, ossia ci si preclude l'accesso alla comprensione del nesso esistente tra le due fondamentali verità di cui consiste). Cristo è mediatore per l'elemento del sublime, che è quello con cui comunica con gli altri uomini (l'uomo è il sublime per derivazione, laddove l'Uomo-Dio è originariamente il sublime; questo è il senso in cui cristianamente si può affermare la sacralità della natura umana). Il risultato è che Dio ama se stesso in Cristo, in ciò che l'umanità è in Cristo subordinata alla divinità, ossia *l'amore è costituito dall'obbedienza*. Questa proposizione: *amor in oboedientia consistit*, com'è la chiave per la comprensione dell'amore che forma l'essenza divina, così è lo strumento per dischiudere l'intelligenza dei due comandamenti dell'amore: «Ama il Signore, Iddio tuo, con tutto il tuo cuore» e «Ama il prossimo tuo come te stesso», nella maniera che è da stimare manifesta, per il motivo che i precetti dell'amore rivolti all'uomo non possono desumere il loro significato che dal senso primo in cui Dio è in se stesso amore. L'uomo ama Dio in quanto gli rende ossequio e chi ama il prossimo suo lo fa con lo scopo di rendere ossequio a Dio. Tale è l'amore cristiano, il quale non ha, di conseguenza, niente da spartire con l'amore del desiderio o con quello della simpatia, dell'altruismo, ecc.

Queste considerazioni erano necessarie per stabilire che l'amore di cui discorrono gli illuministi del XVIII secolo, ha in comune soltanto la parola con l'amore cristiano. Dio, quand'è presente nell'illuminismo, è accolto come un'entità incognita, di cui all'uomo non è consentito di sapere, sia pure in forma iniziale, alcunché, di modo che egli è informato della sua esistenza, ma non ha nessuna notizia della sua essenza, e pertanto non è in grado di dire che Dio in se stesso è amore piuttosto che qualcosa d'altro. Per di più, il Dio dei puri teisti e dei deisti è una divinità remota dagli uomini, non interessata alle loro vicende, e quindi non si può nemmeno sostenere ad un qualsiasi proposito che Dio ama le creature tutte e il genere umano in particolare. Il sentimento amaro della vita, per cui l'uomo si avverte solo nel mondo e tuttavia, in questa sua solitudine estrema e irrimediabile, pur decide di far leva su se stesso, per garantirsi un'esistenza degna di questo nome, taglia alla radice la possibilità di una qualsiasi ammissione di un amore di Dio per gli uomini. La parabola del figliol prodigo, che nel padre che corre incontro al figlio simboleggia l'amore misericordioso di Dio nei confronti dell'umanità, è del tutto incompatibile con l'orizzonte mentale dell'illuminismo. Non si può nemmeno parlare, per gli autori orientati illuministicamente, di un qualsiasi amore dell'uomo verso Dio, perché l'amore presuppone la vicinanza e la realtà, e l'essere supremo del deismo è una divinità lontana, e non è che un simbolo dell'umanità medesima. Resta quindi soltanto l'amore degli uomini gli uni per gli altri, e conseguentemente l'amore acquista un senso del tutto diverso da quello che ha nel cristianesimo, designa l'insieme dei provvedimenti con cui gli uomini sopperiscono ai loro bisogni materiali e morali; adesso amore vale *filantropia*.

Il cristianesimo sin dai primi secoli si è dato un gran pensiero dei poveri, ha creato istituzioni per alleviarne le sofferenze, e di recente il predominio dell'illuminismo e la confusione tra amore cristiano e filantropia sono giunti a tal punto che si è parecchio esagerata l'importanza di codeste iniziative caritative e si è preteso additarvi la ragione che ha condotto il cristianesimo a trionfare sulle religioni tradizionali dell'ellenismo e sui nuovi culti provenienti dall'Oriente. Ma quale che sia il peso da accordare a tali opere di carità, ciò che interessa è riflettere che è diverso lo spirito da cui promanano, giacché nel cristianesimo provengono dall'amore come obbedienza, che è principio estraneo all'illuminismo e con esso incompatibile. Gli illuministi versano il vino nuovo nelle vecchie botti, allorché esprimono i loro precetti morali con formule che arieggiano i principi cristiani.

È soprattutto Lessing il tramite che conduce alla religione dell'umanità, in cui all'amore cristiano è programmaticamente sostituita la filantropia[2]. Le sparse e frammentarie intuizioni degli illuministi del XVIII secolo incominciano a cedere il posto a una metodica e articolata costruzione in Saint-Simon, con cui il precetto dell'amore del prossimo prende il senso dell'impegno programmatico nel lavoro e nella produzione, da cui soltanto ci si può attendere il miglioramento delle condizioni materiali e morali del genere umano. Quel che il cristianesimo ha d'illusorio è la teologia, quel che ha, invece, di vero è la filantropia. Non si tratta più, come nel cristianesimo del passato, del *quod superest date pauperibus*, ma dell'instaurazione di uno stato di benessere generale, a conclusione della rivoluzione scientifica, industriale e morale, iniziata, o almeno intravista sin dal XV secolo[3].

---

[2] Per Lessing, niente interessano gli elementi leggendari eventualmente contenuti nel cristianesimo, del quale contano i frutti, e cioè l'educazione delle masse ispirata al precetto dell'amore celebrato nel cosiddetto *Testamento di Giovanni*. Lessing formula l'augurio che «tutti coloro che si trovano in conflitto a causa del Vangelo di Giovanni vengano riuniti ad opera del Testamento di Giovanni. È un testamento apocrifo, ma non perciò meno divino» (*Sul cosiddetto «argomento dello spirito e della forza»*, in *La religione dell'umanità*, a cura di N. Merker, Roma-Bari, 1991, p. 71).

[3] Nel *Nuovo Cristianesimo* Saint-Simon si rivolge a tutti quelli (si tratti di cattolici, luterani, riformati, anglicani, o anche di ebrei, ciò non ha nessuna importanza, giacché si deve riconoscere la più completa libertà in fatto di domma e di culto) che danno alla religione per oggetto la morale e in questa veste mirano ad affinarla, perfezionarla, estenderla a tutte le classi sociali. Occorre procedere non ad una riforma limitata della vecchia religione, bensì ad una revisione radicale, in cui tutti i popoli della terra possano convenire. L'umanismo e il filantropismo sono, per Saint-Simon, i criteri con cui giudicare quanto è accaduto, nel corso dei secoli, nel cristianesimo. La Chiesa romana, lasciata sussistere intatta, avrebbe asservito lo spirito umano alla superstizione e dimenticato del tutto la morale. Il protestantesimo deve essere approvato per ciò che ha distrutto, e biasimato per ciò che ha conservato: esso ha eliminato una parte della dommatica teologica, ha tolto di mezzo la messa e il papa, ridotto i sacramenti, soppresso il sacerdote mediatore, abolito il celibato ecclesiastico, ma ha lasciato in piedi la trinità e l'incarnazione di Dio, di cui sarebbe occorso disfarsi (*Nouveau Christianisme*, in *Oeu-*

Il merito di Comte, nel presente ordine di problemi, consiste nel fatto che egli spoglia l'umanismo di quel rivestimento cristiano di cui in precedenza non si era saputo fare a meno[4].

2. *Il contemplativismo ellenistico e cristiano e l'attivismo illuministico*

La sostituzione della centralità della religione, asserita dal cristianesimo, con quella della morale, voluta dall'illuminismo, ha una conseguenza, a cui occorre prestare attenzione, per comprendere gli orientamenti morali della civiltà moderna. Tale conseguenza consiste nel primato conferito all'azione sopra la contemplazione.

La religione, essendo celebrazione, culto, è certamente, anch'essa, azione; ma è primariamente azione di Dio e soltanto secondariamente azione dell'uomo. Nel cristianesimo quest'azione di Dio, che precede e condiziona ogni altra, si chiama la *grazia*, che è dono divino, giunge all'uomo dal di sopra, e arreca la fede, rinnova spiritualmente, sorregge nella preghiera, in breve, produce la salvezza. Ciò che all'occhio corporale appare unicamente azione umana è in effetti in primo luogo azione divina, e nell'uomo credente e orante bisogna con l'occhio della mente scorgere la presenza operante di Dio, che così si manifesta principio dell'intera vita religiosa.

La contemplazione ha il primo posto nell'ellenismo, il quale con Pitagora fa del filosofo l'osservatore di quello spettacolo che è il mondo[5]; con Socrate immedesima la virtù con la conoscenza, dichiara l'ignoranza brutta e ignobile; con

---

vres, Genève, 1977 – ristampa dell'edizione di Parigi del 1868-1878 – tomo III, pp. 101-192). Della religione cristiana Saint-Simon mantiene soltanto qualche briciola del vocabolario, quella relativa all'amor fraterno. Questo deve tradursi in una massa di provvedimenti a vantaggio della parte più numerosa della popolazione, sostituendo proficuamente la tradizionale carità cristiana, la quale, essendo rimessa all'iniziativa dei singoli individui o di associazioni private, aveva sempre qualcosa d'occasionale e d'incerto.

[4] Anziché comportare il superamento dell'egoismo, il comandamento di amare il proprio prossimo come se stessi – secondo Comte – ne segna il ribadimento, perché è fondato sul comandamento dell'amore di Dio, il quale amore si riduce il più delle volte alla paura delle punizioni divine (*Catéchisme positiviste*, in *Oeuvres*, ed. cit., tomo XI, p. 279). Anche gli illuministi del XVIII secolo avevano fatto cadere il riferimento all'amore di Dio, che cristianamente è il fondamento di tutto, ma l'avevano fatto quasi sempre tacitamente; in Comte il rifiuto dell'amor di Dio è conclamato ed è ad esso riportato il carattere egoistico dell'amore del prossimo, il cui posto va preso dalla simpatia.

[5] Racconta Cicerone che Pitagora, richiesto di dire chi fossero i filosofi e che differenza ci fosse tra loro e gli altri uomini, rispose che la vita umana è come una fiera, a cui c'è chi cerca la gloria e chi il guadagno, e che filosofi sono quegli individui di nobile sentire «*qui nec plausum nec lucrum quaererent, sed visendi causa venirent studioseque perspicerent, quid ageretur et quo modo*» (*Tusc. disp.*, V, 3, 9). Espresso ogni volta nel modo richiesto dal contesto speculativo d'appartenenza, questo è il motivo che sta a fondamento del sentire filosofico dell'ellenismo. Democrito lo formula dicendo: ὁ κόσμος σκηνή, ὁ βίος πάροδος· ἦλθες, εἶδες, ἀπῆλθες. Cfr. *Die Fragmente der Vorsokratiker*, ed. cit., Bd. 2, p. 165, B. 115. («Il mondo è un palcoscenico, la vita è un'apparizione sulla scena: entri, guardi, esci»).

Platone contrappone il filosofo all'uomo d'affari e all'oratore come il libero si contrappone allo schiavo, in quanto l'uno è padrone del proprio tempo e gli altri hanno il loro tempo asservito alle richieste dei clienti, assegna all'organizzazione dello Stato il compito supremo di garantire tutta la vita in vista e in funzione della filosofia, fa delle Idee l'oggetto della visione della mente; con Aristotele dichiara che la *teoria* è ciò che esiste di più soave e di più bello, e ripone la felicità nell'attività contemplativa, l'unica capace di rendere l'uomo autosufficiente. Essendo sorretto dal sublime e dalla meraviglia, l'uomo greco vuole sapere, e non è minimamente disposto ad accogliere fatti al posto di ragioni, e quando è, almeno sul momento, privo della conoscenza della ragione di una cosa, si comporta in maniera tale da mettere tra parentesi la cosa medesima, cosicché il preteso fatto è come interdetto e su di esso non ci si pronuncia né in un senso né nel senso opposto; ugualmente, egli rilutta di fronte a qualsiasi richiesta di arrendersi all'inesplicabile e all'indicibile, e persegue sino in fondo nello sforzo di trovare una spiegazione e di giungere a manifestarla col discorso. Socrate è diventato il simbolo della filosofia perché è interamente guidato dal desiderio di sapere, perché è la massima incarnazione che sinora si sia avuta dell'uomo teoretico, non perché ha subito la condanna a morte, pur potendola evitare, con un comportamento diverso dinanzi ai giudici o andando in esilio. Questo è secondario, a meno che non sia visto derivare dal movente teoretico. Il mondo è pieno di martiri, anche volontari, molti dei quali, a scrutare nel loro intimo, si rivelerebbero forse eroi di dubbia lega; Socrate è unico[6].

Si tratta di stabilire se il cristianesimo ha preso, sia pure con diversi contenuti, un atteggiamento in qualche modo analogo a quello dell'ellenismo, o se si è posto su di una strada interamente divergente, come si è detto, quando si è asserito che esso rompe con l'intellettualismo greco e segna l'avvento di un mondo nuovo, in quanto sostituisce alla contemplazione l'azione, colloca in luogo dell'intelligenza l'amore. Se questa interpretazione fosse attendibile, la modernità sarebbe uno svolgimento ulteriore dell'intuizione cristiana della vita, e la lotta che l'illuminismo ha condotto contro il cristianesimo sarebbe, se non il frutto di un equivoco, almeno la manifestazione di un contrasto limitato e provvisorio, che, una volta risolto, riporterebbe la civiltà illuministica sul terreno del cristianesimo. «*Scientia inflat, caritas vero aedificat*», dice San Paolo, per il quale ciò che conta non è la γνῶσις, ma l'ἀγάπη, giacché non chi opina di co-

---

[6] Sul primato della contemplazione, oppure dell'azione, si riscontrano delle differenze tra i Greci dell'età classica e quelli dei secoli posteriori, come anche tra i Greci e i Romani. Adoperando le premesse poste da Panezio, Cicerone e Seneca decidono la questione a vantaggio dell'azione e della pratica, ma con queste parole intendono significare qualcosa di radicalmente diverso da ciò che con esse intendono gli illuministi. Così, Cicerone, quando limita il posto della sapienza tra le virtù e dichiara che tutto il pregio della virtù risiede nell'azione, si riferisce alla politica, che, per lui, è il vero campo dell'attività, non alla fabbricazione degli utensili, alla mercatura, agli scambi, tutte cose a cui egli guarda con profondo disprezzo. È di qui che occorre partire per cogliere il senso dell'affermazione ciceroniana della superiorità degli *officia ex communitate* sugli *officia ex cognitione*.

noscere, bensì chi ama Dio è conosciuto da Dio. Si comprende come, trovandosi di fronte a queste e a molte altre affermazioni di analogo accento, si sia potuto sostenere che, mentre la mentalità greca è contemplativistica, giacché, per essa, ciò che interessa è vedere (esemplare in proposito è la concezione platonica delle Idee, le quali sono contemplate dal filosofo, perché esistono già da prima ed egli può così affisarvi lo sguardo dell'intelligenza, ma che seguiterebbero ad esistere, se il filosofo non ci fosse e non le intuisse), lo spirito cristiano è attivistico, in quanto, per lui, le cose umane traggono origine dallo sforzo operoso che le porta all'esistenza.

Senonché questa maniera di considerare il cristianesimo non regge ad un esame più approfondito, che non si lasci sedurre dal suono delle parole, ma scavi nei loro significati e guardi globalmente a quel che intendono dire gli autori cristiani, quando si esprimono nella maniera udita. Vogliono essi veramente opporre all'ideale della vita contemplativa, preso in tutta la sua generalità e in tutti i suoi possibili contenuti, l'ideale della vita attiva; si è qui effettivamente dinanzi alla proposta di sostituire il βίος πρακτικός al βίος θεωρητικός? C'è da dubitarne perché Gesù tra la contemplativa Maria e l'operosa Marta preferisce senz'ombra di esitazione la prima: Marta, Marta, Maria ha scelto la parte migliore, che non le sarà tolta[7]. Per orientarsi sull'argomento, occorre muovere dalla premessa che la contemplazione e la pratica sono due atteggiamenti fondamentali, suscettibili entrambi di accogliere in sé un'amplissima varietà di materiali, rimanendo tuttavia non tocchi in sé medesimi dal fatto d'includere gli uni piuttosto che gli altri. Così, nell'antichità, la vita contemplativa non è soltanto quella che ha per oggetto i contenuti del sapere filosofico, ma anche quella di quanti, lontani dalle città, osservano gli spettacoli della natura come li offre la campagna non contaminata dall'urbanismo. Analogamente, il cristianesimo conferisce un materiale interamente differente da quello che gli assegna l'ellenismo, ma serba immune la disposizione contemplativa dello spirito, la quale è la medesima in ambedue. Giova, per convincersene, riferirsi al sommo bene, com'è concepito dalla religione cristiana, e riflettere che, siccome essa lo ripone nella visione beatifica, non può trattarsi altro che di contemplazione. San Giovanni dice di Dio: «*Cum apparuerit, similes ei erimus, quoniam videbimus eum sicuti est*»[8]; ed è chiaro che, siccome è faccenda di vedere, si è pur sempre in presenza della contemplazione, la quale non ha però l'oggetto che le attribuisce l'ellenismo, da cui il cristianesimo differisce quindi contenutisticamente, e non per un qualsiasi altro riguardo. Allorché san Paolo respinge la scienza in nome della carità, si riferisce al determinato significato che la scienza ha per i Greci, per i quali essa è umana ricerca di sapienza, ossia è filosofia. Ed è per l'appunto della filosofia che l'Apostolo non vuole udir parola, ma lo fa al solo scopo di contrapporre a quella falsa specie di scienza la scienza vera: «*Sapientiam autem loquimur inter perfectos, sapientiam vero non huius saeculi neque principum*

---

[7] *Lc* 10, 41-42.
[8] *1 Gv* 3, 2.

huius saeculi, qui destruuntur; sed loquimur Dei sapientiam in mysterio, quae absondita est, quam praedestinavit Deus ante saecula in gloriam nostram»[9]. Non c'è la possibilità di riconciliare, sulla base di un comune attivismo, l'illuminismo col cristianesimo, perché l'attivismo cristiano è presunto, laddove quello illuministico è effettivo[10].

3. *Insufficienti elaborazioni illuministiche del concetto dell'utile*

Al pari del contemplativismo, l'attivismo è un genere, che contiene sotto di sé parecchie specie: la specie illuministica è quella dell'utilitarismo. Non c'è proposito, sotto il quale gli illuministi non colgano occasione che loro si presenti, per riporre nell'utilità il criterio a cui ci si deve ispirare. Talvolta l'utilità è intesa in maniera larga, e talvolta in maniera ristretta, ma il riferimento non manca mai. Quand'è intesa largamente, si rivendica l'utilità dell'alta matematica e della fisica celeste, che si presentano come scienze spinose, di difficile accesso, da cui sembra che non ci sia niente da ripromettersi, e invece sono feconde di risultati concreti. A prima vista impiegare gran tempo nello studio delle proprietà di certe linee geometriche potrebbe parere un'occupazione di sfaccendati, ma giunge il momento in cui le conoscenze acquisite giovano alla balistica e consentono di rinnovare le artiglierie. Darsi pensiero delle lune di Giove sembra sobbarcarsi una fatica insensata, ma ecco che quelle osservazioni astronomiche consentono di perfezionare le carte marine e sviluppare in modi per l'innanzi impensati la navigazione. Quand'è intesa strettamente, la richiesta dell'utilità spinge gli illuministi a denunciare i danni prodotti alla società dalla religione con gli ordini monastici, che trasformano tanti uomini utili in oziosi perdigiorno, e altresì con le numerose festività in ogni parte dell'anno, che impongono l'interruzione del lavoro e cangiano l'inazione in un merito. Non soltanto le scienze naturali debbono rispondere al criterio dell'utilità, ma così debbono comportarsi anche le ricerche storiche, le quali, quand'anche vertano su di un passato ormai lontano, vanno promosse con lo sguardo rivolto agli interessi del presente, senza di che sono vane curiosità. La verità è da ricercare perché è utile; l'errore è da evitare perché è dannoso; è per questa ragione che l'amore della verità è una virtù.

[9] *1 Cor* 2, 6-7.
[10] Cristianamente l'uomo non ha la posizione di produttore, né nei confronti di se stesso, né nei confronti degli altri uomini. L'amore cristiano distribuisce l'esistente, che suppone darsi, non lo produce, giacché non c'è niente di specificamente religioso nel produrlo. Nella costituzione gerarchica degli esseri, l'uomo è sottomesso a Dio e tiene a sé sottomessi gli animali, senza perciò essere un medio proporzionale tra Dio e gli animali: di conseguenza, è ricompreso, egli stesso, nell'*universitas creaturarum*. L'uomo è ordinato a Dio, con il quale intrattiene una relazione unica, che non trova riscontro in nessun altro essere. L'uomo moderno è, invece, anzitutto produttore. Anche a questo proposito, tra cristianesimo e modernità non c'è continuità, ma rottura.

Gli illuministi sono unanimi, quando si tratta di affermare il primato dell'agire sul contemplare, e altresì quando si tratta di far valere l'idea che l'agire ha da conformarsi al criterio dell'utilità; ma invano ci si aspetterebbe da essi una risposta chiara e convincente, se si domandasse loro che cos'è l'utilità di cui discorrono tanto volentieri. Se si cerca nei loro scritti una definizione dell'utile, si resta delusi, giacché tutto quel che si trova sono giri di parole o indicazioni di sinonimi (veri o presunti) o nulla affatto: ci si comporta quasi fosse sin dall'inizio evidente ciò che l'utile è. Il problema di fornire una definizione, che dica l'essenza (o, com'è lo stesso, la causa) dell'utile, non è nemmeno formulato, e non ci si può ragionevolmente attendere che, dove il problema è ignorato, si sia in possesso della soluzione.

Sotto due riguardi il concetto dell'utile appare particolarmente bisognoso di definizione, e cioè per essere delimitato con assoluta precisione nei confronti del concetto del bene e del concetto del piacere. Senza dubbio, se la tendenza della morale illuministica è quella dell'utilitarismo, l'illuminismo immedesima il bene con l'utile (giacché il bene è il concetto in cui tutta la morale si compendia). Di conseguenza, non è il caso di domandare distintamente la definizione del bene e quella dell'utile all'illuminismo, giacché esso li identifica, senonché è proprio questa identificazione che ameremmo scorgere argomentata, invece di essere costretti a vederla postulata. Ma è soprattutto sotto il profilo della distinzione dell'utile dal piacevole, che l'elaborazione della morale dell'illuminismo risulta difettosa, giacché qui non si è posti dinanzi né ad una franca immedesimazione dei due concetti né a una loro aperta distinzione.

Che quella indicata sia la situazione in cui si versa, può essere agevolmente documentato. Locke discorre dell'utile e del gradevole in maniera così vaga, che è malagevole, e fors'anche impossibile, attribuirgli una qualsiasi dottrina in proposito; e del resto, quello che preme a Locke è soprattutto di scoraggiare l'uomo da mettersi in imprese di metafisica, da cui non trarrebbe soddisfazione, e d'invogliarlo a dedicarsi all'ordine del mondano[11]. Non è da indicazioni del genere che si può essere ragguagliati intorno al concetto dell'utile; ma se si confida di avere maggior fortuna rivolgendosi ai grandi maestri della scienza economica, non si ottiene molto di più. Smith, sebbene discuta i problemi dell'economia in una prospettiva amplissima, che coinvolge direttamente o indirettamente pressoché tutti gli aspetti della vita, non arreca alcun contributo di rilievo in vista della definizione del concetto dell'utile. Egli discorre occasionalmente dell'utilità di questa o quella cosa, allorché illustra con degli esempi la fondamentale distinzione del valore d'uso e del valore di scambio, dicendo che nulla è più utile dell'acqua, ancorché con essa non si possa acquistare quasi niente,

---

[11] «Gli uomini possono trovare abbastanza di che tenere occupate le loro teste e impiegate le loro mani con cose varie, piacevoli e soddisfacenti, se non si lamenteranno arrogantemente della costituzione loro propria e non butteranno via le fortune di cui hanno piene le mani perché non sono tanto grandi da afferrare ogni cosa. Non avremo motivo di lagnarci della ristrettezza della nostra mente se l'applicheremo soltanto a ciò che può esserci utile» (*Essay on Human Understanding*, I, 1, § 5, ed. cit., vol. I, p. 4).

laddove un diamante non ha quasi nessun valore d'uso, ma in cambio di esso si può ottenere una grande quantità di beni. Per il rimanente egli parla della ricchezza come della larga disponibilità di mezzi per procacciarsi la sussistenza, i comodi e i piaceri della vita[12]. Ricardo appare troppo preoccupato di giungere a quelle che denomina le conclusioni pratiche dell'economia, per andar oltre vaghe e incerte indicazioni intorno a ciò che è «necessario, utile e gradevole»[13]. Jevons, nel discutere le difficoltà che si presentano intorno alla misurazione esatta dell'utilità, non definisce i concetti che mette in campo, ma si accontenta di fornire un elenco, messo su alla buona, in cui compaiono entità disparate, e il piacere e il dolore (o, com'egli dice, il danno) sono messi accanto all'utilità, al valore, alla ricchezza; quasi fossero dello stesso genere, anziché essere di generi diversi[14].

---

[12] *La ricchezza delle nazioni*, trad. it. cit., pp. 109-111.

[13] *Principi di economia politica e dell'imposta*, in *Opere*, a cura di P. Porta, Torino, 1986-1987, vol. I, trad. it. A. Biagiotti, p. 42. La definizione (se mai si può chiamare tale) di ricchezza accennata è quella proposta da Malthus: in essa Ricardo non trova «nulla di criticabile».

[14] *Teoria dell'economia politica ed altri scritti economici*, intr. L. Amoroso, trad. it. R. Fubini e C. Argnani, Torino, 1966, pp. 35-41. Il linguaggio di questi economisti lascia molto a desiderare – osserva giustamente Marshall –, che però non è, neanche lui, in chiaro intorno alla distinzione dell'utile e del piacere, e si esprime del pari con termini indefiniti, dichiarando, p. es., che la moneta misura «sforzi», «sacrifici», «bisogni», e riferendo l'utilità decrescente «al piacere o altro beneficio». Cfr. *Principi di economia*, a cura di A. Campolongo, Torino, 1972, pp. 79-95 e pp. 176-177. Non è che una qualche distinzione tra l'utile e il piacere manchi in questi autori, giacché, quantunque solamente accennate, di distinzioni se ne incontrano almeno due (la prima dice: *l'utile è il mezzo, di cui il piacere è il fine*; la seconda asserisce: *l'utile è il piacere differito*), che però sono inaccettabili. Bentham, che è il fondatore dell'utilitarismo, mette davanti a gruppi di vocaboli, presentati come sinonimi, quasi che i concetti si definissero moltiplicando le parole. «Per utilità – egli dice – si intende quella proprietà di ogni oggetto per mezzo della quale esso tende a produrre beneficio, vantaggio, piacere, bene o felicità (in questo contesto tutte queste cose si equivalgono) oppure ad evitare che si verifichi quel danno, dolore, male o infelicità (di nuovo tutte queste cose si equivalgono) per quella parte il cui interesse si prende in considerazione: se quella parte è la comunità in generale, allora l'interesse della comunità, se è un individuo in particolare, allora l'interesse di quell'individuo» (*Introduzione ai princìpi della morale e della legislazione*, a cura di E. Lecaldano, trad. it. S. Di Pietro, Torino, 1998, pp. 90-91). La verità è che Bentham non è a conoscenza di quel che distingue l'utile dal piacere, il che si scopre agevolmente se si considera che, nell'elencare i diversi tipi di piacere, egli ripone tra i piaceri del senso quelli della salute, pur sostenendo che la salute è una circostanza negativa, giacché consiste nell'assenza della malattia e di tutti quei dolori che della malattia sono i sintomi. Se si fosse comportato in maniera coerente, avrebbe dovuto convenire che del negativo, dell'assenza, non c'è avvertimento alcuno, mentre c'è avvertimento del piacere. Non meno singolare è la circostanza d'incontrare, come un tipo di piacere in mezzo agli altri, quello della ricchezza, suddiviso in piacere dell'acquisizione e in piacere del possesso, laddove si sarebbe autorizzati a ritenere che la ricchezza debba essere riportata all'utile e non al piacere. Bentham ritiene che tutti i piaceri siano omogenei, ma non era questa la convinzione dei filosofi greci; non di Aristotele, il quale impiega il termine ἡδονή in parecchie diversissime accezioni (nell'*Etica Nicomachea* dice che soltanto le masse e gli individui più rozzi ripongono il bene e la felicità nel piacere, ma nella *Metafisica* afferma che l'atto del vivere di Dio è piacere); non di Epicuro, il quale distingue i piaceri catastematici e quel-

4. *La distinzione dell'utilitarismo e dell'edonismo*

La morale dell'edonismo e quella dell'utilitarismo sono completamente diverse, come si può invitare a riflettere con il semplice espediente di paragonare le sue figure tipiche, che possono valere come suoi simboli. La figura caratteristica dell'edonista è quella del libertino (non soltanto del libertino teorico, erudito, ma anche quella del libertino pratico, del gaudente, meglio se riunite in una sola persona); la figura significativa dell'utilitarista è quella del mercante all'ingrosso (non del bottegaio o del rivendugliolo, ma di un protagonista del mondo degli affari). Ebbene, come non accordare che le vite dei due personaggi sono interamente diverse, e anzi contrapposte? L'utilitarismo non ha un amico e un alleato, ma un concorrente e un rivale nell'edonismo, e se l'umanità si arruola sotto le bandiere del primo, non può per ciò stesso ingaggiarsi sotto gli stendardi del secondo, come i fatti stessi mostrano a sufficienza. Storicamente l'utilitarismo ha riportato la vittoria, e ciò giustifica la gara che nel Settecento e nell'Ottocento si è avuta in Inghilterra e nel resto dell'Europa nel rivendicare l'introduzione del termine *Utilitarianism* e la paternità della formula *The greatest happiness of the greatest number*, in cui gli utilitaristi esprimono il loro programma morale.

Sembra, almeno a prima vista, che l'*utile* si presenti svantaggiato non soltanto nei confronti del *bene*, ma anche in quelli del *piacere*, giacché si direbbe che tanto il bene che il piacere siano dei fini di per se stessi, mentre questo carattere non si può forse attribuire all'utile. Non sarebbe ragionevole chiedere a chi prova piacere e gode, perché lo faccia, giacché costui sarebbe autorizzato a meravigliarsi della domanda, a cui è bastante risposta: *godo, perché godo*. In altre parole, tanto il bene che il piacere sono tali di per sé, e non in funzione di altro, mentre ciò non pare capitare per l'utile, e di questa differenza è documento il linguaggio (si dice, infatti, *utile a*, ma non si parla né del *bene a*, né del *piacere a*). La nozione, per cui il piacere è il fine e l'utile è il mezzo da impiegare per pervenirvi, e la considerazione dell'utile come *utile a* e del piacere come cosa che vale di per sé, asseriscono con parole poco diverse la medesima idea.

È emerso un significato del bene, per cui esso designa ciò che di sommo una morale propone, e questa accezione del bene è l'unica che occorre. La morale teologica afferma che Dio è il bene a sé stante, e che per l'uomo il bene consiste nella fruizione di Dio; la morale utilitaristica asserisce che il bene risiede nell'utilità, e altrimenti essa non s'imporrebbe da sé medesima una tale

---

li in moto, sia per l'anima che per il corpo, e assegna l'atarassia e l'aponia ai primi e la gioia e la letizia ai secondi. Queste antiche finezze concettuali sono modernamente andate perdute e il piacere è diventato un'entità indistinta, che può contenere dentro di sé qualsiasi cosa. L'utilitarismo di Bentham è informe, ma pur possiede la linearità propria delle posizioni di pensiero radicali. L'utilitarismo di John Stuart Mill, che vuole correggere i difetti di Bentham, riesce soltanto ad essere confusionario. Talvolta si è rimproverata a Mill la sua tendenziale distinzione dell'utile e del piacere, ma egli ha il torto opposto di non sceverare a sufficienza i due concetti.

denominazione; così è per qualsiasi altra morale; in tutto questo non c'è alcuna difficoltà, sebbene non ci sia nemmeno alcuna agevolezza, finché non si è informati intorno al contenuto che vale come il bene, e cioè come il sommo. La considerazione dell'utile come *utile a*, incontra l'ostacolo (peraltro superabile) d'importare la dualità dei fini e dei mezzi, la quale, intesa in maniera assoluta, urta contro il riconoscimento che nella realtà tutto è ugualmente necessario, e che, di conseguenza, tutto possiede la medesima dignità, e che pertanto qualsiasi cosa è un fine in sé, e che non si danno entità di alcun genere che abbiano la posizione di semplici mezzi e trovino la loro giustificazione nell'essere ordinate ad altre entità come ai loro fini. L'ordinazione, che unicamente s'incontra, non è codesta dei mezzi e dei fini, ma è quella dei fini tra loro, che sono tutti correlativi (giacché la realtà è relazione sussistente) e si trovano su di un piano di perfetta parità. Ciò è giusto, ma non coinvolge la distinzione dei mezzi e dei fini, quale compare nella questione in esame, giacché in essa è intesa in maniera relativa, e si riferisce alla differenza dell'intensità del sentire, per cui ciò che possiede un grado più alto, ossia è avvertito più fortemente, si denomina il fine, e ciò che dispone di un grado più basso ed è quindi sentito più debolmente, e nondimeno in immediata connessione con quel primo, si chiama il mezzo, perché, a causa della sua inferiore energia, è colto come subordinato ad esso. La vita, che è la sfera della realtà in cui si dà un'infinita gradualità della forza e della debolezza, della chiarezza e dell'oscurità, e in cui gli elementi stanno tra loro sia in connessione immediata che mediata, non presenta alcuna difficoltà per accogliere in sé la distinzione dei fini e dei mezzi, che include insieme a parecchie altre.

Ma se non c'è un impedimento d'ordine generale, ce n'è uno specifico, il quale vieta che compaiano tra loro, nella relazione del mezzo al fine, l'utile e il piacere. Quali che siano le cose che si trovano ad avere la posizione di mezzi, esse non possono in nessun caso essere simultanee alle cose che si rinvengono a possedere la posizione di fini, ma debbono stare tra loro, per il tempo, nella relazione della successione. Simultanee sono, infatti, le cose che hanno la medesima intensità, sono tutte ugualmente forti oppure deboli, chiare oppure oscure; successive sono, invece, le cose di differente intensità e che quindi si comportano diversamente sotto il riguardo dell'energia di cui dispongono; ma si è detto che la distinzione dei mezzi e dei fini nella sensibilità propria della vita, poggia interamente sulla distinzione dei gradi degli avvertimenti. Una tale differenza, per il lato del tempo, si accompagna necessariamente ad una differenza, per il lato dello spazio, per cui le regioni, a cui appartengono i mezzi e i fini, possono essere bensì prossime, ma non possono comunque coincidere. Queste considerazioni importano che, se i mezzi sono, per il tempo, presenti, i fini sono ineluttabilmente futuri; se i primi sono, per lo spazio, vicini, i secondi sono irrimediabilmente lontani. Peculiari del mezzo sono l'*ora* e il *qui* (che possono essere l'uno il *subito ora* oppure l'*ancora ora*, giacché il presente non è istantaneo, ma ha una durata; e l'altro il *proprio qui* e il *di qui a lì*, giacché anche il vicino non è puntuale, bensì ha un'estensione); tratti caratteristici del fine sono l'*in seguito* e il *là* (i quali anch'essi si differenziano nel loro interno, giacché l'*in seguito* si divide nel *tra poco* e nel *tra molto*, e analogamente il *là* si partisce nel *costà* e nel *più in là*, e via di seguito enumerando; tutto essendo infinitamente molteplice nel sentire per il lato dello spazio, al pari di quello del tempo, in ognuna delle loro dimensioni). Se consimili indicazioni dovessero sembrare astruse, si possono rendere del tutto piane, riflettendo che, se i fini fossero assolutamente prossimi, e, per dir così, a portata di mano, di modo che non ci sarebbe che da agguantarli per esserne in possesso, non ci si sobbarcherebbe la fatica di passare attraverso i mezzi per poterli alla fine conseguire. Appartiene quindi al concetto di mezzo la proprietà della vicinanza, come inerisce al concetto di fine la nota della lontananza, s'intende, non assolutamente, ma in maniera reciproca, così che il fine può bensì essere poco discosto, ma in tal caso il mezzo deve essere adiacente.

Prima di riferire queste conclusioni all'utile e al piacere, per accertare ciò che esse importano, occorre addivenire ad un accordo terminologico attorno all'uso da compiere dei vocaboli «piacere» e «dolore», di cui si è sopra lamentato l'impiego indiscriminato e il guazzabuglio linguistico che ne risulta[15]. Si tratta di convenire di avvalersi del termine *piacere* unicamente per una peculiare sensazione, ossia per ciò che di solito si chiama il piacere *corporeo*, che si dice anche *fisico*, e di discorrere per il rimanente non già di piacere *spirituale*, o *morale*, ma a seconda dei casi di *gioia*, *letizia*, *allegria*, e simili, e di comportarsi ugualmente per il vocabolo *dolore*, il quale è da impiegare soltanto per un'altra particolare sensazione, così da riconoscere esclusivamente l'esistenza del dolore che si denomina *corporeo*, o *fisico*, e di ragionare per il resto non già di dolore *spirituale* o *morale*, bensì, di volta in volta, di *afflizione*, *tristezza*, *cruccio*, e via di seguito. Nessun pregiudizio concettuale può derivare da una convenzione del genere, come anche nessun imbarazzo vocabolaristico può sorgerne, allorché si sia costretti a ritornare al linguaggio ordinario, giacché quel che si è nel frattempo stabilito vale almeno nei confronti delle due classi importantissime dei piaceri e dei dolori fisici; ciò che basta e avanza per l'esame della relazione dell'utile e del piacere (anche il dolore è coinvolto, giacché si sostiene che è utile giungere ad ottenere il piacere e comportarsi in maniera da evitare il dolore).

Orbene, il piacere e il dolore appartengono soltanto ai corpi animati, e ognuno li avverte esclusivamente nel corpo proprio, qualunque sia il punto di vista, ossia la disposizione della sensibilità, in cui gli individui e i gruppi umani, o anche animali, si trovano ad essere collocati. Ciò che è differente nei punti di vista è la composizione e l'estensione degli ambiti dei corpi animati e dei corpi inanimati, come anche dei corpi umani e di quelli extraumani, e del pari del somati-

---

[15] L'accordo è da mantenere in vigore, finché l'esigenza di documentare le teorie dei filosofi dell'illuminismo non ci costringerà ad allargare i criteri della terminologia, accogliendo parecchi modi usuali di parlare. Una trattazione che abbia anche carattere documentario non può attenersi interamente ad una terminologia rigorosa, essa deve esprimersi più o meno in *stile popolare*, il quale altro non è che *tolleranza linguistica*. In quest'opera noi ci esprimiamo sin dall'inizio prevalentemente in stile popolare.

co e dello psichico; invariata e invariabile è, invece, la circostanza che i piaceri e i dolori non s'incontrano nei corpi inanimati, e che ognuno sente quelli suoi propri. Non c'è modo di rendersi indubitabile che chi ha il volto atteggiato ad intensa soddisfazione stia davvero sentendo piacere, e che chi ha la faccia atteggiata e mestizia o rigata dalle lacrime stia effettivamente provando dolore; a teatro gli attori che recitano bene sanno produrre negli spettatori impressioni vivissime di piacere e di dolore, di cui sono immuni. Ingannevoli sono le prove dei piaceri, che si volessero attingere dagli spettacoli di bagordi, e dei dolori, che si volessero ricavare dai contorcimenti dei malati, giacché le lunghe consuetudini producono insensibilità. Gli stati del sentire altrui s'inferiscono sulla sola base del procedimento dell'analogia – costitutivamente fallibile – a partire dai propri. Il corpo proprio è, per ciascun uomo (che così lo considera e che per questa ragione lo dice il *suo*), oltre che l'unico luogo dei suoi piaceri e dei suoi dolori, anche l'assolutamente prossimo sia per il lato del tempo che per quello dello spazio, esso è il vero e proprio *ora* fisico e il compiuto e' terminato *qui* della fisicità, inoltrepassabile sotto questo carattere da parte di qualsivoglia altro corpo. Ne viene che, per ognuno, il corpo proprio è quello sempre *dato*, quello che l'*io* ha immediatamente *con sé*, e su cui agisce immediatamente, mentre opera sugli altri corpi soltanto con l'intermediario del corpo proprio, e di conseguenza, quei corpi si dicono esterni (tanto che si tratti di corpi animati che di corpi inanimati). Ne viene anche che i piaceri e i dolori sono tutti presenti per il tempo e vicini per lo spazio, e che non si danno, rispetto ad essi, degli intermediari, e nemmeno quegli intermediari che sono i mezzi intesi nel significato di strumenti. Chi ha piacere può, per questa circostanza, soltanto avvertirlo; chi ha dolore può, per tale fatto, esclusivamente provarlo; egli non ha bisogno d'intermediari, e del resto, nemmeno ne dispone, allo scopo di mettersi in comunicazione con quei suoi stati; essi gli sono addosso.

Poiché il piacere non consente che si diano mezzi nei suoi confronti, la conclusione è che l'utile non può avere la posizione di strumento rivolto a procacciarlo; ugualmente, l'utile non si può riguardare come uno strumento con cui ci s'industria di sfuggire al dolore. Dove non ci sono intermediari di alcuna sorta, non possono darsi strumenti, giacché ogni strumento è un intermediario, sebbene non sia vera la reciproca, e non ogni intermediario sia uno strumento. La considerazione dell'utile come un mezzo, di cui il piacere è il fine, è del tutto rovinata e distrutta da queste riflessioni, com'è da esse annientata l'altra, che definisce l'utile come il piacere differito. Infatti, ciò che si differisce, è, nei confronti di un qualche tempo, assunto come presente, irrimediabilmente futuro, ma, essendo ogni piacere presente, non ce n'è alcuno che abbia la possibilità di venire differito. L'occasione del piacere è costitutivamente unica, è la sua e basta.

Il timore, che eventualmente si nutrisse, di nuocere alla causa dell'utile, abbandonando l'idea che sia mezzo in vista di qualcosa di diverso, sarebbe del tutto infondato, giacché l'utile ha molto da guadagnarci ad essere considerato in maniera radicalmente diversa, in quanto ciò gli consente di evitare parecchie obiezioni, di cui ne menzioneremo presto qualcuna. Dall'*utile a* si passa all'*uti-*

le per se stesso, e si dovrebbe concedere che un *utile a* è comunque qualcosa di subordinato, e quindi d'inferiore, com'è di qualsiasi mezzo, dal quale è ineliminabile la nozione della condizionalità. L'utilitarismo non è una dottrina morale concepita in funzione dell'edonismo, e a questo subalterna; le due dottrine morali sono interamente diverse e propongono due concetti del bene indipendenti l'uno dall'altro, come occorre riconoscere, se si desidera formarsi un'idea adeguata della civiltà moderna, che si alimenta della prevalenza dell'utile sopra il piacere, e che sarebbe destinata alla scomparsa, qualora fosse il piacere ad ottenere il primato e la precedenza.

Ciò che quest'analisi ha consentito di stabilire, si potrebbe assai più sveltamente e agevolmente accertare, se, come si era dianzi suggerito, ci si ponessero dinanzi agli occhi le due figure del libertino, che passa di piacere in piacere, e tuttavia è abbastanza accorto da non essere tanto smodato da inaridirsi la fonte delle sue soddisfazioni, e insieme è così fine da trovare nei più svariati oggetti alimento alla voluttà, e del mercante, che pensa sempre agli affari da concludere, e ha di mira soltanto il comprare e il vendere. Si scorgerebbe allora quasi visivamente che il mercante non è in niente un personaggio ordinato a libertino, come un mezzo è ordinato al fine, e che essi debbono essere riguardati come gli emblemi di due differenti ideali di vita.

5. *L'identità dell'utilità e dell'equivalenza. Ragione, utilità e progresso*

Pervenuti a questo punto, ci tocca dire che come essenza dell'utile non intendiamo proporre un concetto nuovo rispetto a quelli a suo tempo definiti, che stimiamo non esista da nessuna parte, bensì richiamare un concetto già presentato: vale a dire il concetto dell'equivalenza (di cui porgemmo la definizione, così che l'obbligo fondamentale in proposito è stato adempiuto).

Presentemente dobbiamo badare a giustificare l'identificazione dell'utilità e dell'equivalenza, che a prima vista potrebbe parere singolare, o almeno inusitata, ed è, invece, piana e anche consueta, sebbene il più delle volte non sia compiuta chiamando le cose ciascuna col suo nome. Abbiamo mostrato che l'equivalenza è un ingrediente di quella concezione illuministica della ragione come facoltà del calcolo, attorno a cui girano i pensieri dei filosofi della modernità, e si dovrebbe speditamente ammettere che il calcolo è costitutivo anche dell'utilità, la quale senza di esso non potrebbe affatto esistere. Si calcola nella matematica, nello stesso modo in cui si calcola nella morale, nel diritto, nell'economia, giacché si ragiona dovunque, e ragionare, come abbiamo appreso da Hobbes, non è altro che calcolare[16]. Quella che, tecnicamente considerata, è l'attività

---

[16] In vari modi si tende da parte di tutti ad estendere la portata della matematica oltre l'ambito ad essa tradizionalmente assegnato. Così, Bacone sostiene che, oltre l'uso diretto e proprio della matematica, ce n'è uno indiretto e collaterale, ma non per questo meno importante. Ciò che vale nella matematica, può valere anche altrove: «Non è la regola: *Si inaequalibus*

volta a cogliere le equivalenze, riguardata in maniera più estesa, è la funzione del confrontare, paragonare, comparare, a cui gli uomini si dedicano nella maggior parte del loro tempo e che costituisce la cosa di maggior rilievo della loro vita. Una tale indicazione, in cui si riassume lo spirito della filosofia dell'età cartesiana, com'è la chiave di volta per la comprensione della scienza dell'illuminismo, così è anche la premessa da cui muovere per intendere la sua morale.

La ricchezza può essere presa in due accezioni, in una larga e in una stretta, e la ricchezza in senso largo, essendo identica con l'utilità, deve coincidere con l'equivalenza, se è vero che di questa è composta l'utilità (quali restrizioni siano da introdurre nel concetto di ricchezza, per pervenire a quella in senso stretto, che è l'oggetto della scienza economica, sarà stabilito più oltre; per il momento ci si deve occupare del significato che la ricchezza possiede quando è assunta in tutta l'estensione possibile del termine). Smith non porge la definizione formale di ciò che è da intendere per ricchezza, nondimeno fornisce gli elementi necessari per ricavarla. Nella natura umana – dice Smith – c'è, in conseguenza della facoltà della ragione e della parola, la propensione a trafficare, a barattare, a scambiare delle cose con altre cose; propensione che non si ritrova in nessun'altra specie di viventi: nessuno ha mai visto un cane scambiare lealmente e intenzionalmente un osso contro un osso con un altro cane, nessuno ha mai scorto un animale far intendere a un altro animale con gesta o strida: «questo è mio, quello è tuo; sono disposto a dare questo per quello»[17]. In questo testo capitale è arrecata l'idea che l'illuminismo ha dell'uomo, la definizione che esso ne porge, perché ciò che appartiene a tutti gli uomini, e non appartiene a nessun animale, forma la differenza specifica dell'uomo, e tradizionalmente *omnis definitio fit per genus proximum et differentiam specificam*. Non ci vuole niente a ripetere con i Greci e con i Romani che l'uomo è ζῷον λόγον ἔχον, *animal rationale*, ciò è affermato anche da Smith, il quale ha il merito di aggiungere che il possesso della ragione ha per conseguenza necessaria l'attitudine allo scambio. Qui è dato di che distinguere la comprensione dell'uomo propria dell'illuminismo, da quelle peculiari dell'ellenismo, del cristianesimo, del romanticismo, ecc.; qui è fornito il principio su cui far leva. Franca la spesa di osservare che Smith giustamente non asserisce che l'uomo è l'animale dello scambio, ma soltanto sostiene che la propensione a scambiare è un portato della facoltà della ragione, perché ogni scambio importa un calcolo, ma non ogni calcolo risulta di uno scambio[18].

aequalia addas, omnia erunt inaequalia, un assioma tanto della giustizia che della matematica? E non c'è una vera corrispondenza tra giustizia commutativa e distributiva da un lato, e proporzione aritmetica dall'altro?» (*Proficience and Advancement of Learning Divine and Humane*, in *The Works*, ed. cit., vol. 3, p. 348).

[17] *La ricchezza delle nazioni*, trad. it. cit., pp. 91-92.

[18] Gli animali non scambiano, perché sono privi di ragione, ossia non calcolano, mentre scambiano gli uomini, perché *pollent computatione*. Quando ad opera dell'evoluzionismo, si attribuisce un'iniziale razionalità e qualche barlume di linguaggio agli animali, sorge la tendenza ad accordare loro qualche sentore d'economia. Dice Jevons: «Non dispererei di poter

Essendo l'equivalenza la relazione invertibile uno-uno, e consistendo l'invertibilità in un *passaggio di lato* (metaforico o proprio, ideale o reale), si ha *scambio*, allorché il *passaggio di lato* si specifica come proprio, nel qual caso acquista il carattere del *passaggio di mano*. Ne viene che l'equivalenza (l'utilità, la ricchezza), in tanto ha senso, in quanto aumenta, in quanto si moltiplica. Se essa rimanesse immutata, si ridurrebbe ad uno sconclusionato e assurdo passamano tra un numero immenso di persone, le quali si trasferiscono i beni, laddove potrebbero tenersi ciascuna i propri. Nel presupposto che l'utilità in generale resti invariata in tutti gli scambi, ne verrebbe che larga parte dell'umanità, comportandosi come fa, è affetta da una virulenta forma di pazzia. Per evitare una conclusione tanto disastrosa, non c'è altro partito che quello di sostenere che la ricchezza, in ciò che passa di mano, anche si accresce.

Allorché considerammo il concetto di progresso, com'esso si presenta nell'illuminismo, asserimmo che si tratta piuttosto di progresso quantitativo, che qualitativo; che ha luogo per sostituzione, anziché per inglobamento; che è strettamente legato al concetto di ragione; che è infinito; ma non potemmo svolgere adeguatamente nessuno di questi temi, e fummo costretti ad avvertire che il concetto di progresso sarebbe rimasto affetto da vizio formalistico, finché non si fosse stati capaci di rispondere alla domanda: che cosa progredisce nel progresso? Adesso la risposta è fornita con l'indicazione che a progredire è la ricchezza, che è il materiale di cui consiste il progresso; che la connessione tra il concetto di progresso e quello di ragione non potrebbe essere più intima, essendo risultato che la ragione è calcolo, ossia considerazione quantitativa di sempre crescenti quantità; che la crescita è suscettibile di andare all'infinito[19].

---

rintracciare l'azione dei postulati dell'economia politica tra alcune delle più intelligenti classi di animali. I cani han certo idee assai vigorose, se pur, forse, limitate, in fatto di proprietà, come potete agevolmente scoprire se vi frapponete fra un cane e un suo osso» (*Op. cit.*, p. 233).

[19] Che la ricchezza possa andare all'infinito è stato sempre riconosciuto. Aristotele distingue la ricchezza e la crematistica naturale dalla ricchezza e dalla crematistica innaturale, ma accorda che la seconda non ha limiti, come non li hanno la medicina nel guarire e le altre arti nel produrre il loro fine. È l'atteggiamento mentale di quanti si preoccupano di vivere, ma non di vivere bene; nondimeno, siccome i desideri di costoro vanno all'infinito, così pure bramano all'infinito di che soddisfarli (*Pol.*, A, 1258 a 1-2). Sulle orme di Aristotele, San Tommaso non ha difficoltà a concedere che *appetitus divitiarum artificialium est infinitus*, anche se soggiunge che altrimenti è del desiderio delle ricchezze e del desiderio del (vero) sommo bene, giacché il sommo bene, quanto più perfettamente si possiede, tanto più si ama, e si disprezza tutto il rimanente, mentre nel desiderio delle ricchezze e di tutti i restanti beni temporali capita che, quando si giungono a possedere, si disprezzano e se ne desiderano degli altri. L'Aquinate simboleggia questo stato di cose col richiamo al detto evangelico: *Chi beve di quest'acqua, avrà ancora sete*; ma tutte queste considerazioni (cfr. *S. th.*, Iª IIae, q. 2, a. 2) provano soltanto l'inconciliabilità dell'idea cristiana e di quella illuministica del bene. Il collegamento esistente tra la ragione, la ricchezza e il progresso è colto appieno da Rousseau, che immedesima la ragione con l'interesse e descrive l'interesse come tendenza a crescere e ad aumentare di continuo il proprio ambito. Poiché Rousseau appartiene sostanzialmente al romanticismo e soltanto in maniera marginale all'illuminismo, egli vede in tutto ciò una perversione dello spirito, che trasforma il mezzo – la ricchezza – in fine – il bene, la felicità (cfr. *Rousseau juge de Jean Jac-*

Di fronte al progresso infinito si parò la difficoltà, che, essendo potenziale e non attuale, è sempre in strada e mai alla meta, e che pertanto non è dato sapere che si stia effettivamente progredendo. La risposta fu che lo scopo del progresso, anziché essere inconseguibile, è raggiunto ad ogni istante, come anche ad ogni istante si sa di avanzare e di non stare fermi o d'indietreggiare. Adesso che ci è noto che il contenuto progrediente è la ricchezza, si è venuti definitivamente a capo dell'obiezione, perché la ricchezza è misurabile in maniera esatta, anche di più di quel che occorra per rendersi conto del suo cammino ascensionale. Naturalmente, bisogna guardarsi dal trattare alla rinfusa questioni del tutto diverse, come quella della crescita, di cui per principio la ricchezza è suscettibile, la quale è infinita, e quella della crescita effettuale della ricchezza nel corso del futuro del genere umano, la quale non domanda di essere infinita, ma solamente chiede di essere lasciata indecisa nella sua estensione, così da non trovarsi innanzi a delle barriere precostituite. Va da sé che la crescita, di cui comunque si tratta, è complessiva e tendenziale, e che niente interessano le crisi e i crolli dell'economia, in cui immense ricchezze vanno perdute (il progresso non richiede che si disconoscano gli indietreggiamenti e le cadute di livello, di cui è costellata la strada dell'umanità, e lo stesso è della ricchezza). Problemi relativi a periodi storici circoscritti non debbono in questa sede essere dibattuti, perché il loro esame potrebbe soltanto ingarbugliare la considerazione puramente concettuale dell'idea della ricchezza, in tutta la sua possibile estensione, della quale non si vorrà chiedere a che mai serva, giacché, valendo come il sommo bene, può volere unicamente se stessa a causa di se stessa[20].

6. *Gli elementi fondamentali dell'utilità*

L'identificazione dell'utilità con l'equivalenza, come mette fine all'infondata opinione per cui l'utile sarebbe costitutivamente *utile a* (nel qual caso non potrebbe valere come il fine ultimo perseguito dall'uomo nella vita, se non per una perversione spirituale, a causa della quale si confonde il mezzo col fine; ma

---

ques, in *Oeuvres complètes*, sous la direction de B. Gagnebin et M. Raymond, Paris, 1962-1969, vol. I, p. 818). Nessuno degli uomini, di cui Rousseau parla con tanto disprezzo, gli concederebbe – a condizione che gli fosse consentito prendere la ricchezza nell'intera sua estensione, e purché si esprimesse con piena franchezza – che la ricchezza di per se stessa è un mezzo, ma asserirebbe che è, invece, il fine.

[20] In direzione di quest'idea della ricchezza si muovono, con maggiore o minore consapevolezza, i maggiori esponenti dell'illuminismo, da Bacone a Montesquieu, quando trattano genericamente dell'utilità allo scopo di affermarne il primato. Nessuno è però tanto risoluto nel sostenere che il principio della morale è l'utilità come Holbach, per il quale «l'utilità deve essere la sola regola e l'unica misura dei giudizi che si pronunciano sulle opinioni, le istituzioni, i sistemi e le azioni degli esseri intelligenti» (*Sistema della natura*, trad. it. cit., p. 539). A differenza di questi autori, Fichte è sommamente occupato a restringere la sfera di quel che platonicamente si chiama il concupiscibile. La centralità dell'utile nell'illuminismo è rilevata da Hegel (*Phänomenologie des Geistes*, ed. cit., pp. 304-305).

a coloro che sono sempre pronti a discorrere di una tale perversione è da opporre, in sede di riflessione, che non si scorge come lo sbaglio potrebbe aver luogo, giacché la vita è coscienza, e consapevolmente non si può incorrere nella confusione tra ciò che è mezzo, ossia ciò che si avverte più debolmente, e ciò che è fine, ossia ciò che si sente più energicamente), così fa dileguare ogni residua incertezza intorno alla distinzione dell'utile e del piacere, perché l'equivalenza è costituita da una relazione, per cui qualcosa passa da un lato ad un altro nelle coppie di termini, laddove il piacere non consiste in niente di simile, giacché è evidente che esso, qualunque cosa sia, non importa alcun passare, bensì è formato da uno *stare*, e quindi giustamente si denomina uno *stato*.

Poiché tutti gli elementi che compongono i punti di vista si trovano distribuiti tra essi tutti, così che ciascun punto di vista è esaurito (non potrebbe contenere in sé neanche un solo ingrediente in più di quelli che possiede, in quanto essi sono tutti gli esistenti, nello stesso modo in cui non potrebbe contenerne neanche uno solo in meno, giacché allora la realtà non sarebbe, come è, terminata), è chiaro che l'utilità si trova dovunque, ma ora in alto e ora in basso, ora accolta e celebrata come il sommo ora accettata di malagrazia e dispregiata come l'infimo, di cui l'uomo non può del tutto dispogliarsi perché, oltre che un'anima, ha un corpo, che gli impone il peso dei desideri e dei bisogni. Il significato specifico dell'utilità è diverso in ciascun punto di vista, in conseguenza del differente posto che è ad essa attribuito, ma il suo significato generico è il medesimo in tutti, ed esso, per essere compreso, richiede esclusivamente il potere dell'astrazione, per cui si eviti di riporre l'utilità in certe cose, da indicare col dito o da afferrare con la mano, e ci si persuada a collocarla nel puro concetto dell'invertibile, sia che questo s'incarni oppure no in uno scambio effettivo. Del pari comuni a tutti i punti di vista sono gli ingredienti, a cui l'utilità si collega, tra i quali sono da considerare soprattutto il desiderio, il bisogno e la soddisfazione (ad essi sono da aggiungere, in un secondo momento, il lavoro, la produzione, il consumo, ecc.). Si vorrà speditamente concedere che in tutti i luoghi della terra e in tutte le epoche della storia gli uomini avvertono desideri, sentono bisogni, provano soddisfazioni, producono certe cose che anche consumano, quantunque le dimensioni in cui tutto ciò accade siano grandemente diverse a seconda delle differenze degli ambienti e dei tempi, e sebbene una tale diversità si rifletta in quella dei significati di codeste azioni.

La questione che si presenta è di stabilire del desiderio e del bisogno quale dei due anteceda e quale segua, dov'è chiaro che si tratta di accertare non soltanto la precedenza, ma anche la preminenza, perché nel corso del tempo desideri e bisogni a vicenda si susseguono, e pertanto l'antecedere ha significato ideale e non cronologico, e importa un primato. Il rapporto dell'antecedente e del conseguente è quello medesimo dell'essere in vista di sé e dell'essere in vista di altro nella causalità finale (che è l'unica specie effettiva di causalità, perché le cose, in ciò che esistono sono identicamente dei fini, ma nel sentire quel che ha maggiore intensità ottiene la posizione di fine e quel che ne ha una minore riceve la posizione di mezzo). Ha l'uomo dei bisogni, perché ha dei desideri? Oppure, al contrario, ha desideri perché ha bisogni? La risposta deve essere ricercata non affidandosi al procedimento osservativo (il quale è di natura sua incertissimo, e lo è tanto più nella questione presente, per il duplice motivo che desideri e bisogni vengono in continuazione gli uni dietro gli altri, e che non è sempre chiaro quale sia il determinato bisogno che si collega ad un determinato desiderio), bensì in maniera logica, ossia fornendo le definizioni del concetto del desiderio e di quello del bisogno, e considerando le loro possibili relazioni.

Il *desiderio* è da dire un'*inclinazione dell'anima*, un suo *piegarsi verso* una qualche direzione, perfettamente analogo a quello che è l'atteggiamento del corpo, quand'esso si avvicina ad una certa o ad una cert'altra cosa. Da questa definizione risulta che il desiderio è un sentimento, giacché si riferisce all'anima (col termine «anima» si designa una riunione di sentimenti, a condizione che tra questi compaia il sentimento dell'io, il quale è unico per ogni anima ed è quindi il fondamento della sua individualità), mentre l'avvicinamento del corpo a una qualsiasi cosa consiste di sensazioni (col vocabolo «corpo» s'indica una totalità di sensazioni, sia che con questa non si trovi collegata un'anima, e allora si tratta di un corpo inanimato, sia che un tale collegamento si dia, nel qual caso si ha un corpo animato, sia che la connessione abbia luogo mercé l'anima, che ciascuno chiama la sua, perché è quella a cui riferisce il suo personale sentimento dell'io, e allora si tratta del corpo animato proprio, sia che ciò accada mediante un'anima diversa dalla sua, nella quale evenienza si è in presenza di un corpo animato altrui).

Da tale definizione emerge che nessuna distinzione è da introdurre tra il desiderio e la scelta, la quale può altrettanto bene dichiararsi un'inclinazione dell'anima verso qualcosa, sempre che si prescinda – com'è conveniente fare – dall'intensità del sentimento di cui è parola. Se infatti non si compie astrazione dalla gradualità dello stato d'animo, dal desiderio si distinguono la voglia, la cupidità, la brama, e così di seguito, come dalla scelta si distinguono l'intenzione, il proponimento, la decisione, ecc., e allora la compiuta coincidenza rischia di andare perduta e di essere sostituita da una generica corrispondenza. Per i nostri scopi, la considerazione dell'intensità del desiderio e delle sue molteplici interne divisioni e suddivisioni, è inessenziale, e pertanto ci asterremo, nella misura del possibile, dal farvi riferimento. Che il desiderio consista nell'«inclinazione verso» è asserito da molte proposte di definizione, le quali però sono solite introdurre qualche altro elemento, non soltanto inutile ma anche atto a portare fuori strada. Esse cioè riguardano l'inclinazione come un genere, da partire nelle due specie dell'accostamento (e questo dichiarano essere il desiderio) e dell'allontanamento (e a questo proposito sembrano piuttosto esitanti e incerte, poiché talvolta asseriscono che l'allontanamento è l'avversione e talaltra sostengono che è la fuga). L'assunzione dell'inclinazione a titolo di un genere è inopportuna e contraria anche all'uso comune del linguaggio, dal quale giova discostarsi il meno possibile, giacché l'essere inclinati ha spontaneamente il significato di un atteggiamento di favore e non già di ostilità o di fuga. Questi due stati d'animo differiscono poi fra loro come la repulsione, che è un sospingere lontano, differisce dall'andare lontano, che, considerato come movimento dell'anima, è la paura, e preso come movimento del corpo, che può tanto congiungersi che rimanere separato da quello sentimentale, è semplicemente la fuga, la quale in tal caso non richiede di essere accompagnata da aggettivo di sorta, essendo palese ciò da cui è formata.

Qualche altra definizione del desiderio, infine, chiama in causa, anziché l'inclinazione, l'impulso, e asserisce che questo consiste della spinta, ma in tutto ciò procede malamente. Infatti, il desiderare è distinto dallo spingere, perché quello esiste soltanto come disposizione del sentimento, e questo esiste sia come atteggiamento corporeo che come stato d'animo, e anche in tale sua qualità è diverso dal sentimento del desiderio. L'inclinarsi, che è l'essenza del desiderio, può aver luogo verso qualsiasi cosa, dovunque collocata, e quindi sia verso il di dentro che verso il di fuori; lo *spingere*, invece, può aver luogo esclusivamente *verso il di fuori*, e altrimenti non si distinguerebbe dal *tirare*, e per di più, mancherebbe la condizione che rende possibile il *tendere*, il quale è costituito dallo spingere e dal tirare che si eseguono simultaneamente (il requisito aggiuntivo è che ciò abbia luogo sulla stessa retta d'azione, giacché diversamente si ha il *torcere*). Naturalmente, niente vieta che lo stato d'animo del desiderio e quello della spinta si congiungano e operino insieme, nel qual caso l'inclinazione si dirige di necessità verso il di fuori, ma quest'evenienza non deve essere presa nemmeno in esame, allorché occorre badare a stabilire che cosa il desiderio è.

Adempiuto questo primo obbligo, il passo successivo da eseguire è quello di accertare *di* che cosa si ha desiderio, di modo che adesso non ci si interroga più sul semplice desiderio, bensì ci si domanda intorno al desiderio *di*. Al quesito bisogna certamente fornire una risposta, ma soltanto dopo aver posto in chiaro che il desiderio è di per se stesso una cosa, e che pertanto adesso si vuole essere informati circa una *relazione di cose*, ossia circa uno *stato di cose sensibile* (che è la denominazione propria di una riunione di sentimenti e di sensazioni). Non è peculiare del desiderio la proprietà di formare una cosa di per se stesso, bensì è un carattere comune di ogni sentimento, il quale viene di solito disconosciuto per il motivo che i sentimenti sono riguardati come reazioni a degli stimoli, ed è, di conseguenza, loro accordata una specie di esistenza di second'ordine, un'ombra d'essere, nemmeno comparabile con la piena realtà, la quale sarebbe retaggio esclusivo delle cose, che, facendo risuonare l'anima mediante le modificazioni che vi provocano, vi producono degli stati sentimentali. La verità è però che l'esistenza ha dovunque lo stesso significato, che la realtà è sempre compiuta, e che non si danno cose di prim'ordine e di second'ordine. I sentimenti, anziché formare delle reazioni, sono realtà originarie, e pertanto consistono ciascuno di per se stesso di una cosa. Ciò che unicamente può capitare, e sempre, quantunque ora in misura maggiore e ora in misura minore, capita, è che dei sentimenti si colleghino ad altri sentimenti o a delle sensazioni, o che insieme abbiano luogo entrambi i collegamenti, nel quale ultimo caso si ha per l'appunto uno stato di cose sensibile.

Un sentimento può essere piuttosto rinserrato entro di sé, e riversarsi sopra le altre cose in minima dimensione, oppure essere come sparso sulle cose e pochissimo concentrato in se stesso, e tra queste due condizioni estreme ce ne sono innumerevoli intermedie. Un esempio è fornito dall'amore, che, soprattutto negli adolescenti, assume a volte l'aspetto di un incerto vagheggiamento, che non è diretto a questa o a quella determinata persona, ma è quasi pago di sé medesimo, così che sembra che l'amore ami pressoché per intero se stesso, come se si fosse messo a riflettere. Di contro, la simpatia, nell'accezione in cui essa è lo stato sentimentale che si manifesta nei comportamenti propri della filantropia, è quasi interamente distribuita sopra le persone e le cose del mondo che in maniera più diretta ad esse si collegano, e soltanto in minima parte è avvertita nell'anima (ne viene che, mentre le iniziative benefiche, promosse un tempo dall'amor cristiano, le quali miravano principalmente alla salvezza ultraterrena e secondariamente all'alleviamento dell'indigenza e delle tristi condizioni della vita in questo mondo che alla miseria si accompagnano, andavano unite a pienezza di sentimento, ma nel campo delle realizzazioni concrete erano alquanto limitate, la previdenza sociale, che è la sostanza della filantropia, è tutta incarnata nei suoi provvedimenti e avara di soddisfazioni sentimentali). Quale che sia il comportamento del sentire, che di volta in volta ha luogo, il sentimento è in ogni caso originariamente se stesso e derivativamente di ciò a cui si connette, com'è chiaro per la ragione che è già di per se stesso una cosa. Ossia: nell'amore si ama in maniera originale lo stesso amore, e in maniera derivata ciò che dall'amore è investito, e per questa ragione si chiama l'amato (se si compie sostanziale astrazione da ogni e qualsiasi cosa su cui l'amore si riversi, al posto dell'amato, si ha il generico amabile); nel desiderare si desidera originariamente lo stesso desiderio, il quale si protende verso sé medesimo, e derivativamente (e si potrebbe anche dire: «per partecipazione») a certe cose a cui si congiunge, che formano il desiderato (se si prescinde il più possibile da esse, si ha il semplice desiderabile). Ciò che è diverso nei diversi casi è unicamente la misura della concentrazione e del raccoglimento del sentimento, come anche della sua distribuzione e ripartizione, che si comportano in proporzione inversa, ma non possono mai mancare, e quindi variano da un massimo a un minimo; non cangia, invece, mai la circostanza che alcune cose hanno determinati caratteri per la ragione che glieli assegna il sentimento, il quale codesti caratteri li possiede anzitutto in se stesso. Così, se non ci fosse l'amore, non si darebbe niente d'amato e nemmeno d'amabile; se non esistesse il desiderio, non potrebbe esserci niente di desiderato e nemmeno di genericamente desiderabile, e mancherebbero alle cose tutte le proprietà che questi stati d'animo attribuiscono loro; nella stessa maniera va per tutti gli stati d'animo ancora esistenti e possibili.

La prima risposta da porgere all'interrogativo di che cosa si ha desiderio dice, dunque, che il desiderio desidera soprattutto se stesso e in conseguenza di sé altre cose, come impone di riconoscere il fatto che il desiderio, al pari di qualsiasi stato d'animo, è già di per se stesso una cosa, e in questo significato (ancorché soltanto in questo) è senza causa, o, com'è lo stesso, è sufficiente causa a se stesso[21]. A prima vista questa risposta può parere di assai limitato interes-

---

[21] Quest'indole del sentimento è riconosciuta soprattutto quando si è dinanzi a manifesta-

se, ma, a meglio riflettere, essa risulta di grandissima importanza, perché ne viene la conseguenza che il desiderio, se non è infrenato dal di fuori e ristretto in certi confini, è suscettibile di andare all'infinito, giacché, per poter portarsi sempre al di là di dove è pervenuto, deve soltanto proporselo, ossia deve unicamente desiderare, essere quello che è in maniera energica.

L'ulteriore questione di stabilire se il desiderio si protende verso una cosa perché essa si giudica un bene, oppure se, al contrario, una cosa si giudica un bene perché il desiderio vi si congiunge appetendola, non può, a questo punto, ancora essere fruttuosamente discussa. In maniera preliminare si può soltanto dire che la prima possibilità presuppone che si distingua ciò che è effettivamente bene da ciò che lo è soltanto all'apparenza, giacché, anche per lei, non basta che qualcosa sia un bene effettivo perché sia anche desiderato, e di converso, si danno beni apparenti, i quali sono nondimeno desiderati. La qualità, reale oppure parvente, deve distinguersi preliminarmente dal fatto di indirizzarvi o no il desiderio, così che ci siano tanto desideri buoni che desideri cattivi, e deve tornare a distinguersi posteriormente, quando si tocca con mano se si sia trattato di desideri appaganti (che realizzano la felicità) oppure se ci si sia comportati «imagini di ben seguendo false, che nulla promession rendono intera». La seconda possibilità non esige niente di simile, giacché, per lei, non c'è alcuna differenza tra il ritenere bene e l'essere bene, e nemmeno tra desideri appaganti e desideri illudenti, e l'unica cosa che essa domanda è la forza e la coerenza del desiderio, a cui è da domandare e. clusivamente di appetire e bramare in sommo grado e di guardare sempre nella medesima direzione (desideri estenuanti o anche incongruenti tra loro sono promessa certa di una condizione infelice). La decisione è rimessa ai punti di vista, alcuni dei quali si pronunciano per il primo partito, e altri per il secondo, non arbitrariamente, ma in funzione della loro differente costituzione. Soltanto se si dà a cosa buona il significato di cosa desiderata, si può subito dichiarare che le cose in tanto sono buone in quanto sono desiderate, e che la ragione della loro bontà sta nell'essere appetite; ma così si scioglie un problema concettuale con un artificio terminologico e ci si accontenta di una misera tautologia.

Si può, invece, sin da ora stimare certo che il desiderio si collega sia a sensazioni che ad altri sentimenti (ciò che va indicato, per il motivo che ci sono stati d'animo suscettibili di connettersi soltanto tra loro, e altri ancora capaci di unirsi esclusivamente a sensazioni – in entrambi i casi, s'intende, in maniera diretta, giacché indirettamente, ossia mercé degli intermediari, tutto nel sentire si collega con tutto, ma è proprio la distinzione del diretto e dell'indiretto ad interessare). È infatti manifesto che, se il desiderio si collegasse unicamente ad altri sentimenti, non ci sarebbe desiderio concepito che non fosse immancabilmente appagato, e così la terra intera sarebbe un unico grande paese di cuccagna, in

zioni di stati d'animo d'intensità eccezionale. Dice Shakespeare: «Non si è gelosi per un motivo. Si è gelosi perché si è gelosi» (*Otello*, III, IV, 158-159, trad. it. E. Cecchi e S. Cecchi D'Amico).

cui menare vita allegra e spensierata in una maniera sconosciuta anche al più roseo dei romanzi, cosa che non accade affatto. Poiché i sentimenti coincidono con le immagini, e le immagini, per esistere, non richiedono altro che di essere figurate, nutrire un desiderio sarebbe il medesimo che soddisfarlo. Invece, ci sono molti desideri, i quali, per essere appagati, importano delle cose di sensazione costituite da corpi esterni, diversi e lontani da quel corpo, immediatamente prossimo a ciascuno, che è, per ogni uomo, il corpo animato proprio. La soddisfazione di un desiderio comporta il più delle volte il riferimento a corpi esterni, sia che si tratti di corpi inanimati che di corpi animati altrui, i quali non sono nell'immediata disponibilità di chi concepisce il desiderio, ed è pertanto una soddisfazione soltanto eventuale, non immancabile. Soddisfare mediante immagini dei desideri, i quali per il loro contenuto importerebbero la fruizione di corpi esterni, importa arrecare loro una soddisfazione allucinatoria, come quella che si può avere in sogno, e le allucinazioni e i deliri sono da distinguere dal mondo della veglia e della sanità. Ma, se cosa di sensazione e corpo sono interamente il medesimo, e se, di conseguenza, è certo che il desiderio è un sentimento capace di collegarsi alle sensazioni, è del pari circostanza assodata, che è nel contempo uno stato d'animo atto ad unirsi ad altri stati d'animo. Di ciò arrecano prova innumerevoli desideri, come quelli del buon nome, della fama, della gloria, i quali si riferiscono principalmente, ancorché non esclusivamente, a cose d'immaginazione, così che, in conclusione, si direbbe che si sia autorizzati a sostenere che i desideri stanno, o tutti o in gran parte, in relazione immediata sia con le sensazioni che con le immagini, ossia con tutto il sentire proprio della vita.

Questo è quanto per il momento è sufficiente sapere del desiderio, di modo che ci si può volgere a esaminare che cosa sia il bisogno e stabilire quale sia la definizione che conviene fornirne. Occorre anzitutto chiarire che il bisogno è di per se stesso qualcosa di positivo, nell'accezione primaria di questo vocabolo, la quale è quella contenuta nella proposizione di Leibniz: *idem est esse ac positivum.* Un bisogno che fosse negativo, non si avvertirebbe, e invece, sempre che si abbia, si avverte, giacché il suo essere consiste di un avvertimento, e i bisogni, che non si provano, sono per ciò stesso inesistenti, al pari dei dolori, dei quali nessuno che conosca il significato delle parole che impiega sarà mai per dire che li ha, sebbene non li senta affatto. C'è però un altro significato di *positivo*, che comunemente vale *pieno*, e in maniera correlativa di *negativo*, che ordinariamente vuol dire *vuoto*, ed esso va tenuto distinto dal precedente. Tale significato (del tutto secondario, in comparazione con quello citato, il quale si riferisce alla realtà nell'intera sua estensione, laddove esso concerne soltanto certi stati dei corpi umani o animali) ricorre a proposito di una delle due grandi classi in cui sembrano dividersi i bisogni che si sogliono chiamare corporei. Parrebbe che i bisogni (e unitamente ad essi i desideri e i piaceri) siano come divisi in due classi, di cui la prima, quella del cibo e della bevanda, è accompagnata dall'avvertimento di un vuoto, mentre la seconda, quella dell'amore sessuale, va di pari passo col senso di una tensione che urge verso il proprio rilassamento. Nessuno dovrebbe essere così malaccorto da ritenere che l'assenza, la mancanza, il vuoto, che si avverte con la fame e la sete, e di cui gli alimenti solidi e liquidi sono il riempimento, confuti la perfezione, la pienezza della realtà. Anziché comprovare un qualsiasi difetto di essere, la sensazione di vuoto dello stomaco, caratteristica della fame, non attesta nemmeno l'esistenza di un qualunque vuoto nel significato fisico della parola, e dovrebbe essere superfluo ricordare che lo stomaco dell'affamato, che secondo l'uso comune del linguaggio si dice vuoto, in effetti è pieno di succhi gastrici e di un miscuglio di gas. A paragone del nulla della metafisica e del vuoto della fisica, il vuoto dello stomaco è soltanto metaforico, e lo stesso è di qualsiasi altro vuoto di cui eventualmente si discorra a proposito di questo o di quel bisogno dello spirito. La seconda classe di bisogni non porge nemmeno il pretesto per la contaminazione di sensazioni organiche e di questioni metafisiche, a cui può dar luogo la prima, giacché in essa il disagio è nella condizione della pienezza e la soddisfazione del bisogno consiste nel rilassamento o svuotamento, che pone fine al bisogno.

Ribadito così il carattere di positivo sia del desiderio che del bisogno (e ancora del piacere, della soddisfazione, del dolore, ecc., in breve, di tutto ciò che può ricorrere nelle situazioni adesso oggetto di esame, le quali non saranno mai per scalfire l'identità dell'essere e del positivo, in cui la metafisica si compendia), è da dire che il *bisogno* in generale pare consistere precisamente nell'*avvertimento di un disagio* che urge verso la sua *risoluzione* (la quale si chiama *soddisfazione*). Poiché tutte le entità che qui si presentano, sono dei positivi, la loro relazione è quella di cose tra loro, che, appartenendo per intero alla sensibilità, costituiscono uno stato di cose sensibile, assai complesso per la molteplicità degli elementi che vi prendono posto. In altre parole, il desiderio è certamente desiderio *di* questa o quella cosa, ma, essendo già di per se stesso una cosa (la quale è termine sinonimo di essere, così che nessuna distinzione è da porre tra *esse*, *ens*, *res*, e così di seguito), codesto *di* significa una relazione di cose; e la medesima riflessione è da compiere per il bisogno, che è costitutivamente bisogno *di*, e ancora per la soddisfazione, il piacere, il dolore, così che si ha un'estesa serie di relazioni di cose, ossia un complicato stato di cose sensibile.

Adesso che si è sufficientemente informati intorno al desiderio e al bisogno, si può tentare di sbrogliare la questione proposta di accertare se si abbiano bisogni perché si hanno desideri oppure se queste due entità stiano nell'inversa relazione, nel qual caso si avrebbero desideri perché si hanno bisogni. La decisione è da rimettere interamente all'intensità dei desideri e dei correlativi bisogni, giacché tutte le questioni sinora incontrate a proposito del sentire si sciolgono facendo appello alla differenza dei gradi delle sensazioni e dei sentimenti, e il medesimo è destinato ad accadere per i problemi che sullo stesso argomento ci si faranno innanzi in seguito. L'interrogativo è quindi: sono più forti ogni volta i desideri dei bisogni, a cui essi si riferiscono, oppure il primato dell'intensità spetta ognora immancabilmente ai bisogni, che pertanto la vincono sopra i correlativi desideri? La risposta non sembra dubbia, giacché l'esperienza si pronuncia, ad alta voce e in maniera concorde e unanime, a vantaggio dei desideri. La soglia della facoltà di desiderare, sia nella direzione del basso che in quella dell'alto, è tale da lasciare ai desideri un'ampiezza sterminata, ed è arduo, se non addirittura impossibile, rinvenire un minimo, al di sotto del quale non si possa scendere, e in cui non si trovi già un barlume di desiderio, e trovare un massimo, al di sopra del quale non si possa salire, giacché il desiderio sembra poter crescere all'infinito. Invece, l'ambito del bisogno è piuttosto ristretto, e scesi che si sia di qualche buon tratto, si perviene ad un punto in cui il bisogno non si avverte più, e saliti che si sia a grande altezza, il bisogno urge dolorosamente, e nondimeno dà già segni manifesti di non essere capace di inoltrarsi ancora più in su. Tanto nella scarsa intensità che in quella alta, i gradi dei bisogni sono poco distinti gli uni dagli altri, e non si saprebbe assegnare con chiarezza quando si tratta di bisogni accessori, marginali, secondari, ecc., e il medesimo accade se ci si prova a stabilire quando essi siano impellenti, pressanti, incalzanti, spasmodici.

Sono soprattutto due circostanze a provare che il motore della sensibilità è costituito dal desiderio, e non già dal bisogno. La prima circostanza è quella dell'eccitazione, che manifestamente opera sul desiderio, e soltanto a partire da questo e col suo intermediario agisce sul bisogno, su cui si trasferisce ogni volta un po' indebolita. Il desiderio si eccita anche in maniera estrema, e il bisogno, sotto la sua spinta, arranca dietro faticosamente, finché gli è possibile, dopo di che non risponde più agli impulsi che gli vengono impressi. Gli sfarzi e gli sfoggi del festino descritto da Petronio nel *Satyricon*, debbono pur derivare da dei desideri, giacché il protagonista e gli altri convitati vi sono indotti e, anzi, vi si danno con spiccato entusiasmo, ma i loro bisogni non possono non aver ceduto a un qualche punto come sotto un peso insopportabile. La seconda circostanza è quella della soddisfazione, che estingue momentaneamente il bisogno, mentre – altrettanto momentaneamente – soltanto attenua il desiderio. Il diverso comportamento del desiderio e del bisogno nei confronti della soddisfazione è una delle cose più evidenti del mondo, tanto che può sembrare superfluo illustrarlo per mezzo di esempi presi da una delle due classi sopra distinte di desideri e di bisogni che si dicono corporei. Mangiato e bevuto che si sia, la fame e la sete sono scomparse, non c'è traccia più nemmeno del semplice appetito e della menoma arsura delle fauci, e anzi, se non si è accordata attenzione a fermarsi al momento giusto, è subentrata la sazietà e ci si sente troppo ripieni, ma ciò non toglie che si possa avere ancora desiderio di cibi e di bevande, il quale quindi rimane anche dopo la fine del bisogno. Il fatto è che la parte dell'anima e dell'immaginazione è molto maggiore nel desiderio di quel che lo sia nel bisogno, anche quando si tratta di stati che coinvolgono il corpo, e l'immaginazione è costitutivamente più estesa, più duttile e plastica della sensazione.

Queste considerazioni, come ci hanno permesso di risolvere un importante problema, senza di che non si potrebbe venire in chiaro intorno alla morale, all'economia e alla politica dell'illuminismo, così ci hanno fornito la definizione della *soddisfazione*, la quale non è altro che la *momentanea estinzione del bisogno e la momentanea attenuazione del desiderio*[22]. Il buonsenso però trova

---

[22] Che il desiderio comporti un disagio, un'inquietudine, in cui risiede la principale, se

qualcosa d'incredibile e di paradossale nella tesi della costante e immancabile precedenza del desiderio sul bisogno e suggerisce una soluzione di compromesso tra le diverse tesi possibili, osservando che una tale precedenza ha luogo allorché si tratta dei bisogni più alti e più nobili, come quelli della cultura e della scienza, ma che, quand'è questione dei bisogni elementari e immediati della vita, sono questi a venire per primi, siano essi accompagnati o no dai rispettivi desideri. Allorché ne va della sopravvivenza, sono i bisogni ad avere la preminenza; se l'uomo non mangia e non beve, immancabilmente muore, e sono la fame e la sete (ossia due bisogni) ad avvertirlo della necessità di provvedere a mantenersi in essere. I rispettivi desideri possono in questo caso intervenire tutt'al più quando si tratta di scegliere i cibi e le bevande, che possono essere prelibati o ordinari, ma sulle circostanze primordiali della nutrizione essi non hanno una parola da pronunciare. A prima vista, il fatto sembra innegabile, e nondimeno, a meglio riflettere, è da rigettare come illusorio, mediante l'indicazione di un elemento ancora più originario di quello da esso addotto: la conservazione della vita, alla quale presiede un desiderio. Si vive perché si ha la voglia di vivere; senza questo fondamentale desiderio non ci si manterrebbe nell'essere, e conseguentemente non si avvertirebbero nemmeno i bisogni che si dicono elementari e immediati, e che certamente sono tali, ma soltanto quando si è detto sì alla vita. E la voglia di vivere di per se stessa è un desiderio, e non già un bisogno, com'è palese perché non avrebbe senso sostenere che si avverte un qualsiasi bisogno prima ancora di essersi pronunciati per la propria autoconservazione. Il suicidio presuppone una decisione a favore della fine della propria vita; l'autoconservazione è anch'essa una tacita decisione a vantaggio dell'esistenza, che, essendo molto più comune dell'altra, è anche più immediata e diretta. Questo desiderio generico di vivere si specifica nei differenti desideri di ciò che è necessario per la vita, ai quali tengono poi dietro i bisogni citati e parecchi altri analoghi (giacché preme, oltre alla conservazione dell'individuo, quella della specie umana). Il partito del compromesso, con le sue malferme distinzioni dell'alto e del basso, del nobile e del plebeo, in fatto di desideri e di bisogni, è quindi inattendibile, essendo basato su di un'analisi superficiale e scorretta del sentire.

Il desiderio, di cui si è ribadita la fondamentalità, è da immedesimare risolutamente con la volontà, con la sola avvertenza che la volontà di cui adesso unicamente si tratta è quella che esiste sul terreno della vita, la quale non ha niente

---

non unica, molla dell'industria e dell'attività umana, è un'importante indicazione di Locke (Cfr. *Essay*, II, 20, § 6, ed. cit., vol. I, pp. 232-233). Questo concetto dell'inquietudine come molla è il punto di partenza della tesi di Pietro Verri (condivisa da Kant), secondo la quale il piacere è la cessazione del dolore, che unico ha realtà positiva. Ne viene che il dolore (nella forma del disagio, del fastidio, dell'inquietudine, non certo della grande sofferenza) è il motore che ha condotto alla creazione della civiltà (Cfr. *Discorso sull'indole del piacere e del dolore*, a cura di A. Plebe, Milano, 1972). La diffusione e la fortuna della tesi di Verri alla fine del Settecento è un elemento che ribadisce come l'illuminismo sia orientato verso l'utilitarismo, e non già verso l'edonismo.

da spartire con la volontà che esiste al di fuori di tale terreno. Nel modo in cui esiste al di fuori di quell'attività della coscienza che è la vita, la *volontà* è sia *intellettuale* che *sensibile*, ma della sensibilità priva di gradi, assoluta (che si chiama *percezione*), e in questa relazione di elementi intellettuali e percettivi può tanto capitare che questi secondi stiano in luogo di quei primi e li rappresentino adeguandovisi (e allora la volontà è *morale* e consiste d'*interessi*), quanto aver luogo il caso inverso, per cui l'intellettuale sta al posto del percettivo e lo rappresenta conformandosi ad esso (e allora la volontà è *giuridica*, ed è costituita da *tendenze*), e queste sono le due uniche specie della volontà *sensu proprio*. Poiché tutto ciò non può presentarsi in nessun punto di vista, per il motivo che tutti i punti di vista appartengono al dominio della vita, si possono tralasciare ulteriori delucidazioni e spiegazioni intorno alla volontà vera e propria, come cosa che, per noi, non ha alcuna importanza, per dedicarsi subito alla considerazione della volontà, come esiste nella vita, quantunque essa sia tale soltanto *sensu allegorico*.

Il carattere che ha la volontà è di possedere immancabilmente dei gradi, per cui si discorre di semplice *velleità*, ove l'intensità è estremamente bassa, di momentanea *voglia*, se l'intensità è un po' più elevata, di fermo e costante *volere*, qualora l'intensità sia altissima, e in altre consimili maniere, che tuttavia non giova attardarsi a ricordare. Si dirà che questo carattere graduale è proprio di qualsiasi sensazione e di qualunque sentimento, e che pertanto non concorre in niente a contraddistinguere la volontà; ma a rintuzzare l'obiezione, è da aggiungere che i gradi che si indicano a proposito della volontà sono proprio quei medesimi che si adducono nel riguardo del desiderio, e per lo più espressi quasi con le medesime parole. Non ci vuole molto a rendersi conto che quella che si dice la semplice velleità altre volte si chiama la vuota intenzione, che quella che si denomina la momentanea voglia spesso si appella il temporaneo proposito, che quello che si definisce il fermo e il costante volere frequentemente si battezza l'irresistibile brama. I gradi e le denominazioni della volontà e del desiderio s'immedesimano, per la ragione che si tratta di un'unica e medesima cosa[23].

Gli illuministi sono orientati ad affermare che tutti i desideri sono volizioni, ma che non tutti i desideri sono leggi, tali essendo soltanto quelli razionali, ossia sottoposti a calcolo. Si possono dare differenti situazioni della passionalità umana, che in ciò si distingue, se non per essenza, almeno per grado, dalla passionalità animale, ossia, ad un estremo, una condizione in cui una sola passione, un solo desiderio, occupa per intero l'animo, e in tal caso questo desiderio avrà anche forte intensità (che è la causa di codesta sua grande estensione e unicità), e in uno stato del genere nessun calcolo è possibile (pretendere che si effettui è assurdo, come sarebbe assurdo pretendere di compiere un'addizione quando si

---

[23] Hobbes ha il grande merito di suggerirlo, sia pure con parecchia oscurità, quando dice: «L'appetito, il timore, la speranza e il resto delle passioni non sono chiamati volontari, perché non derivano dalla volontà, ma sono la volontà, e la volontà non è volontaria» (*The Elements of Law, Natural and Politic*, edited by F. Tönnies, Plymouth and London, 1969², pp. 62-63).

dispone di un solo addendo), e all'altro estremo, una condizione in cui parecchie passioni, ossia parecchi desideri, tutti all'incirca della medesima intensità, coesistono nell'animo (e codesta loro coesistenza è dovuta alla loro equipollente energia, giacché diversamente alcuni di essi si collocherebbero nel passato e altri si situerebbero nel futuro), e in uno stato siffatto i desideri si soppesano, alcuni prevalgono e altri si subordinano, e codesta loro differente disposizione è opera della ragione, o, com'è lo stesso dire, è manifestazione della legge. Se così non fosse, non ci sarebbe semplicemente posto per la morale e per la politica, che, invece, hanno di fronte a sé uno spazio amplissimo.

Le passioni hanno di passivo solamente il nome, giacché tutto il sentire è esercizio di attività, tanto che si tratti di sensazioni, tanto che si tratti di sentimenti (che si seguitano a chiamare «passioni» in omaggio ad un uso linguistico proveniente dall'antichità), tanto che le sensazioni siano di piacere che di dolore, tanto che i sentimenti siano di gioia, speranza, oppure di tristezza e di timore, e così di seguito, per tutti i casi che si possono incontrare. Gli illuministi, quando esaltano le passioni, che raccomandano energiche, a tutto pensano fuori che a caldeggiare l'umana passività e arrendevolezza dinanzi all'esistenza. Nondimeno, l'attività, nel modo in cui, a differenza di altri punti di vista dell'umanismo (o, meglio, dell'immanentismo), l'illuminismo l'intende, non è assoluta, ossia non è creatrice dei suoi contenuti, bensì è relativa a qualcosa di dato e di presupposto, vale a dire è semplicemente trasformatrice degli oggetti. Anzi, quest'elemento già dato prima di ogni intervento dell'uomo, e quindi da esso presupposto nel senso più rigoroso del termine, è duplice, essendo costituito sia da quel *fondo*, che l'uomo trova in se stesso (e che riceve di volta in volta le denominazioni d'istinto, temperamento, carattere, ecc.), sia da quella *cava* di materiali che il mondo circostante (o, come di solito si dice, la natura) fa trovare precostituiti, già innanzi che qualsiasi attività umana si esplichi (questi materiali si definiscono il più delle volte gli oggetti della natura). L'intuizione illuministica dell'uomo come essere limitato, che è certamente chiamato a basarsi soltanto su se stesso, se non vuole cader vittima di odiose ed esiziali superstizioni, ma che non può illudersi di essere il signore dell'universo, quasi che tutto fosse apparecchiato e predisposto per il suo vantaggio e il suo comodo, sarebbe inconcepibile, se non comportasse l'idea che l'attività umana non è quella di un Dio creatore, che con la parola chiama le cose all'esistenza, ma quella di una creatura finita, che dalla natura è stata generata e che dalla natura sarà distrutta, e che in questa solitudine di vita si sforza di plasmare un mondo il più possibile consono ai suoi desideri e ai suoi bisogni.

Un'attività soltanto trasformatrice, siccome incontra una resistenza nelle cose ad essa preesistenti, che la creazione divina non troverebbe, si chiama convenientemente *lavoro* (gli illuministi sorridono come dinanzi ad una rappresentazione infantile, quando vedono descritta la creazione del mondo da parte di Dio come un lavoro, da cui l'essere supremo ha bisogno di riposarsi[24]), senza che

---

[24] Per Voltaire, l'intera storia della creazione del mondo, narrata nel *Genesi*, è un'imita-

per questo s'immettano nella nozione di lavoro quelle di pena, sofferenza, trava-
glio, e simili, che non sono minimamente contenute nell'idea di resistenza,
giacché niente vieta che una resistenza possa provocare in chi l'incontra anche
gioia e letizia, dipendendo ciò da un'infinità di casi particolari. Il lavoro, che
l'uomo compie sulla natura, si dice l'*industria* nel senso più esteso del termine,
che vale per tutte le specie possibili di attività lavoratrice, purché queste abbiano i loro oggetti nel mondo circostante; laddove il lavoro, che l'uomo esegue su
sé medesimo, educandosi e formandosi, si chiama la *cultura*, che è specificata-
mente umana, e pertanto non termina in contenuti esterni; e l'industria e la cultura insieme costituiscono quella che si può definire la *civiltà*, che è, dunque, il
risultato dell'azione combinata dell'uomo e della natura (anche la natura opera,
giacché tutto ciò che è in qualche modo agisce, ma soltanto l'uomo lavora in
senso proprio, mentre le forze della natura e quelle degli stessi animali sono impiegate dall'uomo, in funzione e per gli scopi del suo lavoro, e quindi sono
esclusivamente strumenti lavorativi). Il complesso delle proprietà che il lavoro
immette negli oggetti, quali che essi siano, si chiama la *produzione*, mentre si
dice *consumo* (in verità, in uno soltanto dei significati del vocabolo, che però è
l'unico che presentemente interessi) l'attenuazione del desiderio e l'estinzione
del bisogno, arrecate dalla fruizione degli oggetti prodotti (è chiaro che in questo senso *consumo* vuol dire *soddisfazione*. Diciamo fruizione degli oggetti prodotti, e non semplicemente degli oggetti, per il motivo che non appena l'uomo
si volge in direzione di questa o quella cosa, l'investe con la sua attività e la
modifica in conseguenza di essa. Così, p. es., il frutto di un albero è sin dall'inizio un cibo, e per tale motivo è staccato con gli occhi prima ancora che con le
mani dalle foglie e dal ramo dell'albero, perché si ha fame; senza di ciò sarebbe
ricompreso nella pianta, come una sua parte accanto alle altre, senza alcuna evidenza, per noi, rispetto ad esse; la pianta ci apparirebbe un tutto compatto, mentre il nostro sguardo e le nostre mani pongono subito in risalto il frutto, il quale
in questo suo carattere di rilievo e di spicco è un risultato della fame). La precedenza del *fondo* dell'uomo e della *cava* dei materiali, rispetto all'attività umana,
è ideale, non cronologica, e pertanto occorre non favoleggiare, dando per ammessa l'esistenza e la presenza dell'uomo sulla terra in un tempo che antecede
il lavoro umano.

In generale, nessuna restrizione di principio è da ammettere nei concetti
adesso enunciati, come quella che pretenderebbe di limitare il lavoro alla cerchia degli oggetti materiali, e d'impiegare per gli altri il termine «attività», o altro consimile, oppure l'altra che vorrebbe discorrere d'industria unicamente dove ricorre l'impiego di macchine e vi è largo e abbondante, e per il rimanente
preferirebbe parlare di «occupazione», o d'alcunché di analogo. Di grazia, che
significa oggetto materiale? Forse *materiale* vuol dire *di sensazione*, a differenza *di sentimento*, così che materiale sarebbe ciò che si vede, si ode, si tocca, ma

---

zione delle tradizioni orientali dei Fenici, dei Cáldei e degli Indiani (Cfr. *Dizionario filosofico*,
voce *Genesi*, trad. it. cit., p. 268).

non ciò che si desidera, si spera, si teme, ecc.? Ma sensazioni e sentimenti sono così strettamente intrecciati, che non s'incontrano che conglomerati di entrambe le specie del sentire; ossia non si trovano altro che stati di cose sensibili. Anche le stesse opere di scienza sono immancabilmente, per qualche loro aspetto, cose di sensazione; si vorranno per questo motivo battezzare oggetti materiali? La verità è che l'aggiunta dell'attributo «materiale» è completamente superflua, e a lasciarsi indurre a compierla, c'è soltanto da ripromettersi oscurità e confusione di concetti. Analoga osservazione è da eseguire della proposta di riservare il vocabolo «lavoro» per l'attività rivolta al sostentamento della vita, e d'impiegare più nobile e confacente parola, allorché si tratta dell'attività indirizzata al soddisfacimento dello spirito. Di lavoro, asserisce questo tacito o conclamato suggerimento terminologico, si discorra, allorché è questione del pane della mensa, mangiato il quale, si torna ad aver fame, ma si eviti un tale termine, quando è questione del pan degli angeli, del quale, dice il divino poeta, che si mangia ma non si diventa satolli sulla terra. E perché mai? Nel modo in cui è stato qui sopra definito, appartengono al lavoro anche la σχολή dei Greci e l'*otium* dei Romani, com'è facile convincersi se si scrutano un po' a fondo i concetti in essi ricorrenti. I dialoghi di Platone e i trattati di Aristotele sono risultati di lavoro, e se mai qualche vita è stata ricolma d'impegno lavorativo essa è stata quella di Platone e dello Stagirita. Meno che mai bisogna mettersi a restringere il significato dell'*industria*, con cui si deve designare qualsiasi attività che compia in una qualunque maniera una trasformazione del mondo circostante l'uomo, senza di che si cade in una serie d'equivoci infinita. Ciò che si può legittimamente fare è distinguere le varie specie dei lavori, delle industrie, delle culture, caratteristiche delle diverse civiltà. Ma questo è un differente discorso, che conviene rimandare.

7. *La morale dell'illuminismo abolisce la distinzione tra il necessario, il naturale e l'innaturale*

Tutti gli elementi di cui sin qui abbiamo trattato, l'utilità, la volontà come passione dominante e le altre passioni, il piacere, il bene, il lavoro, l'industria e la cultura, quando siano intesi nella loro universalità e non arbitrariamente ristretti a certe loro particolari manifestazioni, s'incontrano in qualsiasi punto di vista, giacché nessuna disposizione della sensibilità potrebbe sussistere, se fosse priva anche soltanto di uno di essi. Ciò che contraddistingue il punto di vista dell'illuminismo e costituisce la ragione della sua novità, che è insieme il tratto decisivo del mondo moderno, è la singolare fisionomia che essi vi assumono, a causa del fenomenismo e della conseguente tendenza antimetafisica, che dell'illuminismo sono propri.

Per il suo orientamento fenomenistico, l'illuminismo s'interdice ogni ricerca delle essenze e considera le cose come insiemi di proprietà congiunte tra loro soltanto da legami accidentali e risolubili, analoghi a quelli che l'industria umana pone in essere mediante l'assemblaggio di parti componenti, le quali sono fatte preesistere alla loro riunione. Per la sua ispirazione antimetafisica, l'illuminismo irride l'indagine delle essenze, a cui la filosofia tradizionalmente si era data, e si mette a credere che le essenze siano povere escogitazioni incaricate di nascondere alla meno peggio l'ignoranza in cui si è intorno alle proprietà effettive degli oggetti, che si pretenderebbe di spiegare mandandole avanti a sé medesime col nome di essenze, nature, forme, archei, e altri consimili vocaboli vuoti di qualsiasi significato. Così è per tutte le cose, così è per l'uomo medesimo (illustrando la logica dell'illuminismo, incontrammo la tesi nominalistica esemplificata mediante il caso dell'uomo, che sarebbe una collezione di attributi, ognuno dei quali è suscettibile di variare indipendentemente da tutti i rimanenti). Non bisogna lasciarsi ingannare dalla circostanza che anche l'illuminismo discorre volentieri, soprattutto in sede di politica e di diritto, della natura umana, della legge di natura, dei diritti (naturali) dell'uomo, e simili; questa non è una contraddizione, perché gli illuministi, quando si esprimono in tali maniere, intendono pur sempre riferirsi all'insieme delle proprietà dell'uomo, così che parlano di quella che si potrebbe dire la *natura fenomenica*, laddove la metafisica si riporta a quella che si potrebbe denominare la *natura in se stessa*.

Per la metafisica, l'essenza di ogni cosa è ciò che in essa c'è d'identico[25]. Che l'essenza sia l'identico non significa che l'essenza sia inattiva (anzi, l'essenza è il principio dell'attività e la ragion d'essere del cangiamento della cosa), ma importa che l'agire e il cangiare ha luogo secondo guise, che non sono, a loro volta, indiscriminatamente mutevoli. Dove ciò è riconosciuto, si dà una misura delle azioni umane, e il bene e il fine precedono le tendenze e i desideri, di cui presiedono alla valutazione. Questa è la fonte da cui discende la fondamentale distinzione platonica (ma non soltanto platonica, bensì anche aristotelica, epicurea, ecc., accolta pressoché dovunque, in maniera implicita o dichiarata, prima dell'avvento e della dominazione dell'illuminismo) dei desideri in naturali e in vani, e dei naturali in necessari e in non necessari, a cui tengono dietro le corrispondenti distinzioni dei bisogni e dei piaceri[26]. La teoria dei beni e dei mali, dei doveri, ne dipende interamente, essendo evidente che i desideri necessari per la sopravvivenza e il benessere dell'anima e del corpo vanno soddisfatti, che ai desideri soltanto naturali si darà soddisfazione entro certi limiti, e che, infine, si cercherà di bandire completamente i desideri che si riconoscono essere

---

[25] Questo è quanto dicono non soltanto i sommi filosofi greci, ma anche Esopo a conclusione di una sua favola: μένουσιν αἱ φύσεις ὡς προῆλθον τὴν ἀρχήν (Cfr. *Favole*, intr. G. Manganelli, trad. it. E. Ceva Valla, Milano, 1978, p. 46). In questo caso la testimonianza del sistematore della favolistica greca è preferibile ad ogni altra, perché il fatto che si manifesti anche nel genere più popolare di letteratura mostra sino a che punto l'attitudine metafisica sia radicata nel sentire ellenistico.

[26] Cfr. Platone, *Resp.*, VIII, 558 d-559d; Aristotele, *Eth. Nic.*, III, 1118b ss; Epicuro, *Ep. ad Men.*, 127, 5 ss. La condanna platonica della democrazia è dovuta al fatto che l'uomo democratico non osserva la distinzione delle varie specie di desideri e di piaceri, che accoglie così come vengono, di modo che egli vive alla giornata e riassume in sé innumerevoli modelli di costituzioni e di caratteri.

vani e illusori. La precettistica minuta è di volta in volta diversa a seconda dei differenti sistemi metafisici di riferimento, che stanno a base delle rispettive morali, ma l'orientamento di fondo, che è quello che filosoficamente preme, è ampiamente condiviso, e su di esso si erge la morale tradizionale dell'Europa (che il cristianesimo nella sostanza fa propria). Sempre che si accolga la considerazione delle essenze, la morale si presenta ancorata alla metafisica, e il bene, per l'uomo, è riposto nella realizzazione della sua essenza, e poiché questa precede l'operazione, si tende al bene perché è bene, e non già, esso è bene perché vi si tende.

L'illuminismo, respingendo la considerazione delle essenze, rifiuta tutto questo, insegna, quando si serba coerente coi suoi principi ispiratori, che l'uomo non desidera le cose perché le giudichi bene, ma le giudica bene perché le desidera, e abolisce conseguentemente la citata distinzione dei desideri[27].

Ad espungere risolutamente e senza recriminazioni le distinzioni tradizionali dei desideri, dei bisogni, e dei piaceri, è Voltaire, il quale non vuol stare in compagnia di quanti rimpiangono il buon tempo antico e le pristine virtù, quando il mondo viveva nell'innocenza, non esisteva la proprietà (e come avrebbe potuto esistere, se gli uomini allora erano ignudi?), non invidia i progenitori che cenavano con il miglio e le ghiande e dormivano sulla nuda terra, e inneggia al lusso, alla mollezza, ai piaceri, agli ornamenti, alle arti d'ogni genere, ai ritrovati che stanno unificando il pianeta:

> *Le superflu, chose très nécessaire,*
> *a réuni l'un et l'autre hémisphère*[28].

---

[27] Hobbes afferma che «*bene* e *male* sono nomi che significano i nostri appetiti e le nostre avversioni» (*Leviathan, or the Matter, Form and Power of a Commonwealth Ecclesiastical and Civil*, in *The English Works*, collected and edited by W. Molesworth, vol. III, p. 146). Le antiche classificazioni dei desideri, dei bisogni e dei piaceri tendono a conservarsi per forza d'inerzia, e ciò spiega come esse s'incontrino ancora in parecchi pensatori dell'illuminismo, nel quale hanno perduto il loro significato. Non bisogna confondere la difettosa consapevolezza della propria posizione di pensiero con l'adesione ad un differente ordine d'idee. Shaftesbury, per il posto capitale che accorda alla nozione platonica, e in generale, ellenistica, di armonia, cerca di limitare il desiderio della ricchezza, che approva soltanto a condizione che non diventi vera passione, nel qual caso riesce di danno all'individuo, che si fa l'oppressore di se stesso, come alla società (Cfr. *Saggio sulla virtù e il merito*, trad. it. E. Garin, Torino, 1946, p. 110). In Shaftesbury il limite dei desideri e dei bisogni è assegnato in precedenza, e la regola del limite è desunta da ciò che è confacente oppure inidoneo alla natura umana, che ha la posizione di principio. In quest'accezione metafisica del termine, non si dà, per l'illuminismo, alcuna natura né dell'uomo né delle cose del mondo circostante, ed è per tale motivo che l'industria può spingersi sempre oltre. Non essendoci «natura», l'attività economica non incontra una barriera precostituita, ma soltanto ostacoli superabili. Il ricorso alla «pura fantasia» nel campo dei desideri è tanto poco respinto, che in esso è additato il motore dell'economia. La perpetua insoddisfazione, che ciò comporta, è difesa come un ingrediente indispensabile del progresso economico e di quello dell'intera civiltà. L'uomo deve imparare ad essere soddisfatto della stessa serie di desideri che si appagano, risorgono accresciuti, sono daccapo appagati, e così all'infinito.

[28] *Le Mondain*, in *Mélanges*, ed. cit., p. 203.

Com'è chiaro, le distinzioni che vengono abolite, sono quelle fisse, permanenti, decise una volta per tutte dalle essenze delle cose, e in primo luogo dall'essenza umana, giacché niente vieta che in un altro significato, e cioè in maniera provvisoria, momentanea, relativa a particolari condizioni di luoghi e di tempi, esse vengano riproposte. Gli uomini, che noi conosciamo e con cui soltanto possiamo entrare in relazione, appartengono ad epoche storiche determinate e a regioni definite della terra; essi hanno già certi desideri e certi modi di soddisfarli. Se i desideri, e i bisogni da questi scaturienti, si soddisfano in una maniera ormai consolidata, e diventata abitudinaria, si ha il «necessario»; e se qualcuno non riesce a raggiungere questa quantità e qualità di soddisfazione, egli versa in condizione di povertà, e di lui si può giustamente dire che non dispone nemmeno del necessario, ciò che può capitare più o meno estesamente. Al contrario, se in rapporto a desideri e a bisogni che hanno una peculiare estensione e intensità, si arreca una soddisfazione nuova e inusitata, che, per qualità e quantità, va oltre quella abituale, ciò è un lusso, che nel primo momento costituisce il «superfluo». La solida ricchezza, ossia il complesso dei beni capaci di soddisfare i desideri, seguita quindi a distinguersi dal lusso, il quale va al di là degli stessi desideri, come per l'intanto si avvertono. Il limite del desiderio col tempo si sposta in avanti, e conseguentemente quel che era «superfluo» diventa «necessario», mentre all'orizzonte si profila un altro «superfluo», il quale seguirà lo stesso destino del precedente, in un processo a cui non si può accordare alcuna fine.

Per rendersene conto, occorre distinguere il naturale nel significato filosofico, che si riferisce all'essenza, dal naturale nell'accezione popolare, che si rapporta all'abitudine, e ancora si deve sceverare l'abitudine nel senso dell'ἕξις, dell'*habitus*, dall'abitudine nel senso della *routine*. Del naturale nel senso dell'essenziale non è consentito semplicemente parlare nell'ambito dell'illuminismo. La differenza tra il necessario e il superfluo non può quindi essere fondata sulla natura, e pertanto va ricondotta all'abitudine, la quale ha il vantaggio di poter essere avvertita e conosciuta (laddove la natura, l'essenza è inconoscibile e per sempre ignota). Ora, la differenza basata sull'*habitus* è mobile, e quel che fu superfluo in passato, presentemente è necessario, e quel che per il momento è superfluo, sarà necessario in futuro. Facendo leva sulle rappresentazioni del progresso umano, a partire da quella fornita da Lucrezio, è agevole provare un tale assunto. È ciò che si desidera e che di fatto si produce a determinare ciò di cui si sente bisogno. I corbezzoli e le bacche, di cui il poeta latino discorre per l'umanità primitiva, sono per i Romani del I secolo a.C., cibi pochissimo elaborati, e nondimeno già in qualche misura lo sono, perché le piante, a raccoglierne i frutti, viepiù si modificano, e danno in seguito frutti diversi e maggiormente elaborati, conseguenza di superiore industria umana, di quelli che porgevano in precedenza. Il nutrimento cangia di continuo ed è suscettibile di cangiare all'infinito, per quel che riguarda la manipolazione dei cibi e delle bevande. Neanche le dimensioni dello stomaco, che sono chiamate a decidere in ultima istanza intorno alla quantità dei cibi che si possono mangiare, sono assolutamente fisse e immutabili, esse risentono sia delle quantità di cibo che effettivamente si mangiano, sia e soprattutto sono suscettibili di mutare in seguito alle trasformazioni della specie umana. Se l'andamento complessivo della civiltà lo consente, un dato desiderio produce un qualche bisogno, il quale riceve una soddisfazione maggiore di quella che domanda, la maggiore soddisfazione provoca un maggiore desiderio (questa è la direzione del giro della ruota del progresso).

Altro giudizio è da porgere dell'abitudine nel senso della *routine*. Può capitare che una cosa al primo istante e la prima volta che si gusta non appaghi. Un cibo mai assaggiato, una bevanda mai sorseggiata, possono riuscire strani. L'esperienza però scaltrisce, si acquista la confidenza, il palato si adatta, si perviene al giusto apprezzamento. A questo punto, i cibi e le bevande precedentemente gustati, non potendo reggere il paragone con i nuovi, decadono e un po' per volta diventano disgustosi, e la consuetudine che si aveva con essi ci appare ormai come un procedimento meccanico che ci dispiace. Abbandonati i vecchi cibi, manca il termine di paragone, che rendeva così gustosi i nuovi. *Ciò che*, infatti, *si avverte è sempre la differenza, quale che sia il genere di sensazioni e d'immagini di cui si tratta*. Un qualche paragone, a dire il vero, è ancora possibile, ma con un elemento che ha la sua sede nella memoria, e pertanto diventa sempre più debole ed evanescente. Così si apre il posto per gustare qualcosa di nuovo, che farà girare una volta di più la ruota del desiderio e della soddisfazione[29].

La distinzione tra il «superfluo» e il «necessario», oltre che nel significato testé lumeggiato, viene mantenuta dall'illuminismo anche in un'altra accezione, compatibile e congruente con quello, ossia come criterio differenziante tra la condizione di chi è ricco e quella di chi è povero. Ricco è colui che, oltre a disporre di una cospicua massa di beni, può permettersi di soddisfare desideri nuovi e ancora inusitati per lui, e il cui esaudimento è al di fuori della portata della generalità degli uomini. Povero è, invece, colui che si trova nell'inversa condizione. Di conseguenza, va da sé che i poveri col tempo crescono di beni in

---

[29] Fichte, in ciò che è un teorico del socialismo romantico, reintroduce il richiamo alla natura, a quel che è in sé e per sé, e può farlo perché il romanticismo restaura la metafisica e la porta ad un'altezza comparabile soltanto con quella che aveva raggiunto nella Grecia classica, mettendo a profitto i risultati conseguiti in tutto lo svolgimento del pensiero filosofico. La distinzione tra il superfluo e l'indispensabile, in fatto di bisogni, non va, per Fichte, affidata al mutevole e soggettivo criterio dell'abitudine, ma va demandata alla misura permanente e oggettiva della natura. Molti dei nostri bisogni sono semplici bisogni dell'immaginazione; abbiamo bisogno d'innumerevoli cose unicamente perché crediamo di averne bisogno. La soddisfazione dei bisogni immaginari è opera del lusso, il quale, a dire di Fichte, ha raggiunto e oltrepassato la soglia dell'eccitabilità (*Über die französische Revolution*, ed. cit., pp. 180-189). Quest'ultima asserzione, se non andasse considerata un espediente della retorica, contraddirebbe la tesi, fatta valere da Kant, dell'esistenza d'infiniti gradi della sensibilità. Del resto, più i desideri sono immaginari, e cioè astratti, più sono capaci d'inoltrarsi sempre oltre, caso mai potrebbero essere i desideri più concreti, e cioè quelli che fanno maggiore parte alla sensazione, ad andare incontro ad una soglia insormontabile. Ciò che maggiormente preme è però distinguere la sensibilità quale è di fatto in certi luoghi e tempi, e quale è suscettibile di essere per principio. La sensibilità può di volta in volta restare alta, diventare debolissima, acquistare nuova e più ampia capacità di discriminazione.

assoluto, ma relativamente, ossia in comparazione coi ricchi, che nel frattempo diventano ancora più ricchi, essi rimangono poveri. Questa disparità di condizioni, nella misura in cui è compatibile con l'ordinato sviluppo della società, è accettata dall'illuminismo, il quale però s'incarica di restringerla e di addolcirla non appena essa minaccia di travolgere il progresso economico e sociale. Gli illuministi della prima ondata appartengono ad una civiltà raffinata, in cui i borghesi hanno ancora, almeno in parte, i loro modelli di comportamento nelle classi nobili e nelle corti d'Europa, e pertanto sono spontaneamente orientati a raffigurarsi il lusso nella forma dello splendore e della pompa mondana di regni felici. Ma il lusso, nella maniera in cui sopra è stato definito, ossia come soddisfazione che oltrepassa il desiderio, non è necessariamente nobiliare, e può benissimo esistere un lusso plebeo, sebbene a prima vista una tale espressione sembri incongruente. Anzi, soprattutto l'illuminismo della terza ondata decreterà la fine di ogni forma di lusso nobiliare e l'avvento del lusso plebeo, l'unico possibile dopo il trionfo della massa e dei suoi modelli di vita.

L'apologia del lusso nel Settecento è un'espressione significativa della morale utilitaristica dell'illuminismo, nella sua duplice portata polemica, che s'indirizza da una parte contro l'antichità greco-romana e dall'altra contro il cristianesimo. Per l'ellenismo, la distinzione della ricchezza e della povertà ha un significato che, dalla posizione dell'illuminismo, è inconcepibile. Gli illuministi parlano del superfluo e del necessario, ma si dimenticano un po' alla volta del naturale, il quale alla fine, in questo suo impiego, esce fuori dal loro linguaggio; eppure, il riferimento al naturale è il fondamento e il punto di forza su cui si reggono le distinzioni e le classificazioni ellenistiche dei desideri, dei bisogni e dei piaceri. Per prima cosa, i desideri, per essere legittimi, debbono essere naturali, senza di che sono vani, fittizi, mentiti, e la decisione intorno alla naturalità è rimessa all'appartenenza all'essenza umana, la quale è una misura assoluta, perché le essenze sono indivenienti. Non si arriverebbe da nessuna parte, se si pretendesse di considerare il concetto che l'ellenismo ha della ricchezza e della povertà sulla base delle cose che mette a disposizione o nega agli uomini, a seconda delle loro condizioni, e poi ci si azzardasse a comparare codeste cose con quelle che l'illuminismo accorda all'uomo ricco e toglie al povero. Ci sono numerose virtù, come la liberalità, la generosità, la magnificenza, che presuppongono una larga disponibilità di beni, e d'altra parte, in parecchi indirizzi della morale antica, si sostiene che la felicità richiede anche le risorse materiali, e che senza avvalersi della prosperità e della ricchezza come di strumenti, molte belle e nobili azioni, per il cui compimento l'uomo è felice, sarebbero ineseguibili. Il limite del desiderio può essere posto più innanzi o più indietro, discosto e lontano dall'uomo oppure prossimo e a ridosso di lui; esso però non manca mai, ed è definito in funzione degli elementi costitutivi dell'uomo, dati i quali esiste il bene umano, e tolto questo, essi vengono meno. L'eccezione, per l'ellenismo, è formata dagli orientamenti di pensiero che contestano la legittimità del concetto di essenza umana, come la Sofistica e il Cinismo, ma addurre il loro esempio presentemente non giova a niente, se non a ribadire quel che ci è noto da lungo tempo, ossia che tutti i punti di vista sono onnitemporali. Posto che si tratti di desideri ragionevoli, e cioè naturali, ricco è chi possiede più mezzi per soddisfarli che effettivi desideri; povero è chi si trova nell'opposta condizione, quale che sia la messe delle cose di cui costui dispone. Per quella che si chiama anche nel comune linguaggio la «ricchezza», interessano due indicazioni dei Greci, ossia che la ricchezza ereditata è preferibile a quella che si acquista da sé (i nuovi ricchi difficilmente sono generosi) e che la ricchezza costituita dai beni naturali è avvantaggiata su quella monetaria (ciò che conta è la fruizione, non il possesso)[30].

Nell'ellenismo la relazione tra desideri e mezzi per soddisfarli passa primariamente all'interno del singolo uomo, giacché propria di lui è la ragione che deve pronunciarsi sulla naturalità dei desideri e sulla conformità dei mezzi al fine, e soltanto secondariamente intercorre tra lui e gli altri uomini insieme ai quali vive in società, che non sono affatto chiamati a decidere intorno alla sua vita, com'egli non è deputato a deliberare intorno alla loro. Ne viene che nell'antichità la ricchezza non ha carattere conflittuale, con l'eccezione di quelle lotte che si combattono nell'animo dell'uomo alle prese con le questioni morali, ossia quando si trova al bivio in cui si dividono la strada della virtù e quella del vizio. Ciò non importa, ovviamente, che l'antichità non abbia i suoi conflitti tra ricchi e poveri, i quali, sia pure con differente estensione e intensità, sono di tutti i luoghi e di tutti i tempi, ma significa che i contrasti sorgono soltanto perché gli animi fanno larga parte ai desideri innaturali, vani, illusori. Del pari, poiché la natura è sempre la medesima, e la misura della naturalità è costante, la ricchezza complessiva degli individui e dei popoli non è chiamata di per se stessa a crescere, e di conseguenza, in questo senso, ricchi e poveri *si è, e non si diventa*. Di qui deriva il carattere stazionario dell'idea ellenistica di ricchezza, che è gran parte di una concezione della società e dello Stato sostanzialmente immutabile, perché ordinata ad assicurare agli uomini le condizioni di una vita buona, la quale, nel suo fondamento, non cangia col passare del tempo. Niente è tanto remoto dall'antichità quanto l'ideale della crescita economica, dello sviluppo sociale, del progresso della civiltà. Chiaramente, anche qui l'immutabilità è da riferire alle concezioni e agli ideali, non alle situazioni di fatto e agli avvenimenti storici, giacché i Greci e i Romani si rendono conto che dalle età più antiche all'epoca loro propria la ricchezza è cresciuta moltissimo e che grandemente mutate sono le condizioni di vita dell'umanità (anche se si sono avuti degli indietreggiamenti e se in più estesi periodi di tempo si avranno distruzioni, seguite da nuove creazioni di civiltà), ma non è detto che tutto ciò sia

---

[30] Anche in questo caso, giova una favola di Esopo a provare con spontaneità e immediatezza qual è il sentire dei Greci in fatto di ricchezza. È la favola dell'avaro che liquida tutti i suoi beni, li converte in una verga d'oro, che sotterra e va quotidianamente a contemplare, finché gli viene rubata. Al suo pianto e alla sua disperazione, sopravviene un tale che gli dice: «''Non disperarti così, mio caro; tanto, oro non ne avevi nemmeno quando lo possedevi. Prendi una pietra, mettila al suo posto, e immagina d'avere il tuo oro: ti farà lo stesso servizio; perché vedo bene che, anche quando il tuo oro era là, tu non ne facevi nulla''. La favola mostra che nulla vale possedere una cosa senza goderla». (*Favole*, trad. it. cit., p. 361).

valutato positivamente e che lo spettacolo offerto dallo sviluppo della civiltà non sia seguito con il rimpianto della schiettezza e della genuinità della vita morale dell'età primitiva.

Il cristianesimo accetta sostanzialmente quest'impostazione, anche se la altera in cospicua dimensione, dando luogo a quella che si può chiamare la morale tradizionale (diciamo «tradizionale» quel patrimonio d'idee che risulta dalla commischianza dell'ellenismo e del cristianesimo). Certamente, con l'avvento del cristianesimo il comando dell'amore dei fratelli conferisce una nuova destinazione sociale alla ricchezza, il monachesimo eleva ad ideale di vita la povertà, le pratiche ascetiche, che vanno di pari passo con le devozioni religiose e l'osservanza dei doveri di culto, le astinenze, i digiuni, le mortificazioni della carne e le altre specie di penitenze e di espiazione dei peccati[31], instaurano un differente ideale di vita, ma tutte le modificazioni introdotte dalla religione cristiana non impediscono di scorgere quanto ancora permane dell'antico costume ellenistico. Questo è, per la sua conservazione, favorito dalla distinzione di ciò che, nelle pratiche cristiane, è oggetto di comando e ciò che è materia di semplice consiglio, e quasi tutto quel che c'è d'eccessivo e di aberrante (secondo la valutazione in questo caso concorde dell'ellenismo e dell'illuminismo) è collocato dalla morale cristianamente ispirata tra i punti di semplice consiglio, così che quanti non aspirano alla perfezione evangelica, ma si accontentano di rimanere imperfetti, possono pur sempre attenersi in gran parte a quelle che erano state le idee greche in fatto di ricchezza e di moralità.

L'illuminismo contesta tutto ciò, e poiché, ai suoi occhi, ricco è chi è in grado di soddisfare sempre nuovi e maggiori desideri, e povero è chi si trova nella condizione contraria, e anziché avanzare, è costretto ad arretrare nella mole dei desideri che è capace di soddisfare, è manifesto che la concezione illuministica della ricchezza è estremamente mobile, e che, parlando a rigore, ricchi e poveri *non si è, ma si diventa.* E poiché la crescita economica è ritenuta una manifestazione essenziale del progresso delle nazioni, e tutto ciò che è mobile e progrediente nella società si valuta sul fondamento delle relazioni esistenti tra i membri del corpo sociale, ne viene che primariamente ciascuno è ricco o povero in comparazione agli altri, e soltanto in maniera secondaria è nell'una o nell'altra condizione in rapporto alle sue personali convinzioni di vita (tutti i criteri di valutazione della ricchezza sono soggettivi, ma quelli individuali sono anche privati, mentre quelli sociali sono pubblici). La prima, ma insieme anche basilare, comparazione che in materia di ricchezza si può avere tra gli uomini, è quella dell'esibizione e della messa in mostra, così che non sorprende trovare indicato

---

[31] Tutte queste pratiche sono fondamentalmente ignote all'ellenismo, il quale conosce, anch'esso, in qualche suo indirizzo, l'ascetismo, ma si tratta il più delle volte di un ascetismo mondano, che ha per scopo la fortificazione dell'uomo nella sua esistenza sulla terra e inoltre è controllato e infrenato dalla massima sempre in vigore: *Ottima è la misura.* Invece, l'ascetismo cristiano è di specie teologica, mira a rendere l'uomo accetto a Dio in funzione della beatitudine celeste, è spesso sconfinato e abissale, come comporta la sua indole orientale.

che tale è per l'appunto lo scopo per cui si è ricchi[32].

Il fatto che gli uomini si confrontino senza posa, sotto il riguardo della ricchezza e della povertà, è la causa dell'inuguaglianza umana e della conflittualità sociale. *Comparatio inaequalitatis mater*, dice la sentenza in cui si riassume ogni sapere sull'argomento. Si possono fingere due situazioni in tutto diverse, nella prima delle quali l'uomo è pochissimo intento a paragonarsi con gli altri uomini, e invece accorda grande attenzione direttamente alle cose inanimate e agli animali che scorge attorno a sé, mentre nella seconda ogni individuo è perpetuamente rivolto a compararsi con gli altri, tanto che soltanto attraverso l'intermediario dei loro giudizi, esplicitamente pronunciati o da lui unicamente presunti, egli perviene a valutare gli oggetti del mondo circostante (con i quali egli, per così dire, intrattiene una relazione di seconda mano). L'una è manifestamente una condizione d'uguaglianza tra gli uomini, perché, non avendo rilievo l'ambito delle diversità, che vengono a malapena osservate, si fa valere il sentimento dell'indifferenza, il quale è un nome dell'uguaglianza (se è pari che si abbia da trattare con questi oppure con quegli uomini, essi tra loro sono, per chi li considera in tal modo, uguali); l'altra è altrettanto palesemente una condizione d'inuguaglianza, perché il continuo confronto fa scorgere le distinzioni e ne moltiplica gli ambiti e così acuisce il sentimento della disparità, e questo è termine sinonimo dell'inuguaglianza. La condizione dell'uguaglianza è tendenzialmente uno stato che favorisce la pace e l'armonia sociale, laddove la condizione dell'inuguaglianza è, del pari in maniera tendenziale, uno stato che incrementa il conflitto e la discordia entro la società. Dove si trovino l'uguaglianza e la pace non interessa, per i nostri propositi, stabilire; ciò che è da giudicare certo è che la morale dell'illuminismo è atta ad aumentare l'inuguaglianza e il conflitto, che accompagnano immancabilmente lo spirito della ricchezza. «Ovunque ci sia una grande proprietà – dice Smith –, vi è una grande ineguaglianza»[33]. Si sarebbe tentati di riporre una tale proposizione nel novero di quelle che certi logici dell'empirismo chiamano futili, giacché essa suona tautologica, in quanto, se la proprietà è della ricchezza e questa è differenza, ossia inuguaglianza, il predicato risulta sin dall'inizio identico col soggetto. Nondimeno quest'affermazione di Smith giova ad indicare che l'illuminismo si pronuncia bensì per la tesi dell'uguaglianza degli uomini nello stato di natura (di qui promanano le famose affermazioni che gli uomini nascono uguali), ma si dichiara per la tesi dell'inugua-

---

[32] «È soprattutto per i sentimenti degli altri uomini che perseguiamo la ricchezza ed evitiamo la povertà – dice Smith –. A che scopo, infatti, tutto il trambusto e la lotta di questo mondo? ... Il ricco si gloria delle sue ricchezze, perché sente che esse attirano naturalmente su di lui l'attenzione del mondo e che gli uomini sono disposti a seguirlo in tutte quelle gradevoli emozioni che i vantaggi della sua situazione così facilmente suscitano in lui. A questo pensiero il suo cuore sembra gonfiarsi e dilatarsi, ed egli ama la propria ricchezza per questo più che per tutti gli altri vantaggi che gli procura. Il povero, invece, si vergogna della sua povertà, sente che quella povertà lo esclude dall'attenzione degli uomini» (*La ricchezza delle nazioni*, trad. it. cit., pp. 65-66).

[33] *Ibid.*, p. 874.

glianza degli uomini nello stato di società civile. È senz'altro vero che l'illuminismo dichiara di volere gli uomini uguali, e che questa è la sua bandiera politica – l'uguaglianza politica nell'estrema inuguaglianza delle fortune è una vana parola –, ma codesta sua dichiarazione significa che esso è perpetuamente impegnato a rintuzzare l'inuguaglianza, che la civiltà, di cui è l'anima, favorisce, e a rimpiazzarla con una relativa uguaglianza, e, s'intende, anche con un'altrettanto relativa tranquillità e pace. Per questa ragione abbiamo detto che tendenzialmente la morale illuministica opera per accrescere l'inuguaglianza e il conflitto sociale, e con ciò abbiamo concesso che tali tendenze possono essere combattute e in una certa misura vinte.

8. *L'esaltazione delle passioni e in particolare della passione dell'utilità*

Ma com'è possibile che la passione della ricchezza abbia tanta forza da togliere di mezzo la morale tradizionale, che ha dalla sua la consuetudine e l'autorità dei secoli, e da instaurare, al suo posto, una morale radicalmente nuova e sino all'età moderna del tutto sconosciuta in ogni angolo della terra? La risposta è da cercare nel fatto che la passione della ricchezza non rimane confinata in se stessa, ma opera sulle rimanenti passioni, che atteggia in corrispondenza del suo interesse, e così determina una disposizione complessiva del sentire interamente governata dal principio dell'utilità. E il primo effetto, che tale passione ha, è di rendere vivace tutta la sensibilità, in precedenza angustiata e compressa dalla morale ricevuta dalla tradizione, ciò che si traduce nell'esaltazione della vita passionale dell'uomo, e dottrinariamente traspare nell'assunto che le passioni, considerate di per sé, sono tutte buone. La riabilitazione delle passioni dalla condanna che avevano ricevuto dall'ascetismo cristiano è opera precipua dei filosofi dell'illuminismo della prima ondata, dopo di che il punto è guadagnato e il tema cessa di formare il centro dell'attenzione (quanti seguitano ad insistervi sopra o sono dei ritardatari o adempiono l'ufficio marginale di spazzar via le ultime residue resistenze di un costume antiquato)[34]. Le lodi tributate dagli illuministi alle passioni non debbono però indurre a ritenere che essi compiano un'indiscriminata accettazione di qualsiasi manifestazione passionale, quasi che fosse sacra in quanto tale, e quindi fornita del diritto di avere libero sfogo. L'illuminismo non si affida nemmeno al partito della generica via di mezzo (che è la palude concettuale), e non si limita, di conseguenza, ad asserire che le passioni vanno moderate (anziché distrutte, come pretendono gli asceti, e nemmeno vantate senza eccezioni, come vogliono i viziosi), ma si affida ad un proposito defi-

---

[34] «Ogni cosa nel mondo si acquista con il lavoro – dice Hume –, e le nostre passioni sono le sole cause del lavoro» (*Of Commerce*, in *Essays Moral, Political and Literary – The Philosophical Works*, ed. cit., vol. 3, p. 293). Non c'è forse tema come quello della naturalità e dell'utilità delle passioni, su cui gli illuministi siano altrettanto unanimi, su cui si soffermino così volentieri, su cui si esprimano con pari convinta eloquenza.

nito, che è quello di assegnare il primato ad una passione e di accordare alle altre il posto subordinato che quell'assegnazione inesorabilmente porta con sé. La passione dominante, attorno alla quale tutte le altre sono chiamate a disporsi, organizzandosi di conseguenza, è quella dell'utilità (di cui si potrebbe dire, adoperando una formula assai diffusa nella trattatistica morale del Seicento e del Settecento, che è una passione che non ha eccesso).

La necessità di riferire tutto l'umano sentire alla passione dell'utilità, la quale deve formare il fondamento di ogni valutazione morale, è asserita nella *Favola delle api* di Mandeville, di cui si è frainteso completamente il significato, allorché vi si è additato una di quelle apologie del vizio che di quando in quando compaiono nelle scritture filosofiche o pseudofilosofiche antiche e moderne. Tutt'al contrario la *Favola* è il vero e proprio manifesto della morale dell'illuminismo, quantunque formulato in maniera paradossale sino all'estremo della stravaganza e della bizzarria. Se si fosse trattato soltanto di un'esaltazione dell'immoralità, difficilmente il testo avrebbe suscitato tanto interesse e così accese discussioni in gran parte dell'Europa, esso avrebbe tutt'al più incontrato un momentaneo successo, dopo di che sarebbe caduto nel dimenticatoio. Invece, l'attenzione è stata duratura e accanto alle repulse, l'opera ha conosciuto anche degli accoglimenti, e ciò che più preme osservare, non vi sarebbe stata tanta sostanziale concordia sulla bontà della tesi proposta da Mandeville, giacché le condanne riguardano il rivestimento allegorico, laddove i consensi si riferiscono alla morale della composizione favolistica. Semplice allegoria è la contrapposizione (simulata) del privato e del pubblico, per cui ciò che individualmente è virtù, collettivamente, ossia per la vita della società, è vizio; del pari, mero elemento allegorico è l'assunto (fittizio) che la moralità è dannosa al progresso, il quale avrebbe, invece, il suo motore nel vizio. Certamente, codesto rivestimento allegorico (che però è il sale della *Favola*) procura a Mandeville parecchie riprovazioni, anche molto risentite, ma da parte di scrittori che propugnano anch'essi la causa della ricchezza, o, com'anche si dice del *benessere* (così che questa parola, che in passato era stato uno dei molti sinonimi di *felicità*, che giustamente intesa è attività e dinamismo, ossia *bene essere* e insieme *bene agire*, passa ad indicare una condizione di prosperità)[35].

---

[35] È stata la conclusione di Mandeville ad attirare i giudizi più severi, come il suo tono comportava:

> «La virtù da sola non può far vivere
> le nazioni nello splendore;
> coloro che vorrebbero far tornare l'età dell'oro
> insieme con l'onestà debbono accettare le ghiande».
> (*La favola delle api*, trad. it. C. Parlato Valenziano, Torino, 1961, p. 36).

Così, Smith fa di Mandeville il sostenitore di un sistema morale che abolisce completamente la distinzione tra la virtù e il vizio, che insegna che il vero e recondito principio ispiratore delle azioni umane è la vanità, ossia la più forte passione egoistica. È un prendere troppo alla lettera il linguaggio eccessivo ed estremo di Mandeville, al quale era comunque venuto il significativo consenso di Hume in forma d'allusione, se non di esplicita condivisione di re-

Sotto la spinta dell'utilitarismo, alla morale austera si sostituisce a mano a mano la morale rilassata. Al di là di qualsiasi raffigurazione allegorica o provvisoria formulazione concettuale, che possono dividere quel che è unito, si stima certo che ciò che è bene e virtù per l'individuo, è tale anche per la società, e che ciò che per quello è male e vizio, tale è anche per questa, giacché l'individuo è una sorta di società in piccolo (anche il singolo uomo consta di parti, di cui alcune comandano e altre obbediscono), e la società è una sorta d'individuo in grande (è simile a un corpo, non naturale, bensì artificiale, con una testa che fa leggi, e le membra subordinate che le eseguono). Ora, il bene, sia dell'individuo che della società, è di vivere con larghezza e abbondanza, e questo è consentito da quella che si chiama la morale rilassata, indulgente, permissiva, ed è impedito da quella che si denomina la morale austera, rigorosa, ascetica. Finché la morale era posta in subordine alla teologia, dice Smith, il sistema dei doveri dell'uomo era ordinato al raggiungimento della felicità in una vita futura, e dovendo il paradiso essere guadagnato con le penitenze e le mortificazioni, la felicità terrena era bandita, i piaceri erano esecrati, i lussi guardati con ostilità. Da quando codesto sistema è caduto in disuso, almeno tra le persone colte e gli strati più elevati della società, la ricerca del piacere, l'amore del lusso, il capriccio e anche l'allegria disordinata, purché non conducano all'ingiustizia e non si accompagnino all'indecenza, sono ammessi e in fin dei conti anche incoraggiati[36]. E del resto, come sarebbe possibile una fiorente economia con gli ideali dell'ascetismo? Ad un monaco si può soltanto vendere poco panno per il saio; l'attività economica, per prosperare, ha bisogno della morale rilassata, la sola atta ad incrementare le arti, le manifatture, i commerci. Da quando ha perso credito la religione che terrorizzava il popolo con la minaccia dell'eterna dannazione, inculcando comportamenti assurdamente ascetici e condannando tutto ciò che rende la vita degna di essere vissuta, si sono presi a studiare a fondo i fenomeni naturali, è venuta in auge la fisica, si è imparato a considerare la terra la vera dimora dell'uomo, si apprezzano nella dovuta maniera la bellezza e l'amore, si ricercano il benessere e l'abbondanza[37].

Una morale, che assegna un grande posto all'utilità e che fa del persegui-

---

sponsabilità. «Quale lode è implicita nel semplice epiteto *utile*! – dice Hume – Quale rimprovero nel suo contrario» (*An Enquiry concerning the Principles of Morals*, in *Essays*, cit., *The Philosophical Works*, ed. cit., vol. IV, p. 177). C'è chi, come Malthus, è già troppo impegnato a non mettersi in maniera aperta contro la Bibbia, a proposito del principio di popolazione, per non sentire il bisogno di dichiarare il suo completo dissenso da Mandeville (Cfr. *Saggio sul principio di popolazione*, prem. A. Calbiati, intr. G. Prato, Torino, 1965, p. 569).

[36] *La ricchezza delle nazioni*, trad. it. cit., pp. 939-940 e pp. 962-964.

[37] Tutti i punti indicati da Smith si reggono insieme e sono tanti aspetti particolari di un'unica maniera d'intendere la vita. Per questa ragione Smith è l'autore che più si approssima ad incarnare la figura, tanto ricercata nel Settecento, di *Newton del mondo morale*, giacché, per lui, tutto si unifica, nella morale, intorno al principio dell'utilità, come, per Newton, tutto si unifica, nella natura, intorno alla legge della gravitazione. Kant, che si affatica intorno a questo Newton morale, non potrebbe accordare incondizionatamente il titolo a Smith, perché la morale kantiana è lontana dall'utilitarismo mondano.

mento della ricchezza un fine costitutivo dell'esistenza, può essere sospettata di propugnare il sistema dell'egoismo, e in effetti talvolta alcuni autori dell'illuminismo non sono rifuggiti dall'ammissione che tale è il loro orientamento, ma il più delle volte hanno rintuzzato l'accusa e dichiarato di sostenere una morale antiegoistica e altruistica. Così, il dibattito sull'egoismo e sull'altruismo ha acquistato largo spazio nella morale illuministica, nella quale i sostenitori dell'altruismo hanno fatto appello al sentimento della simpatia, per il quale ciascuno è portato a mettersi nella situazione degli altri, a godere, in qualche misura, dei loro piaceri, e a soffrire, ancorché in un grado piuttosto debole, dei loro dolori. Ma qual è l'origine e il significato della simpatia, con cui si rimane indiscutibilmente nell'orizzonte dell'utilitarismo? L'uomo è un essere sociale, e di conseguenza, può soddisfare i desideri propri solamente a condizione di soddisfare i desideri altrui. La coscienza di questo condizionamento reciproco del proprio e dell'altrui è lo stato d'animo che prende il nome di «simpatia». La soddisfazione solitaria dei desideri è, a stretto rigore di termini, impossibile, giacché anche quello che si dice lo «stato di natura» comporta l'esistenza di certi rapporti tra gli uomini; quanto più elevato è il grado raggiunto dalla civiltà, tanto maggiore è l'interdipendenza dei desideri e della loro soddisfazione. L'individuo, che è naturalmente mosso dall'amore di sé, si appropria del suo corpo e delle cose circostanti che ad esso in maniera più diretta si collegano – così che possono essere considerate come suoi prolungamenti, e formano pertanto la proprietà personale minima –, si rende sempre più avvertito che gli altri individui si comportano al pari di lui, hanno desideri, bisogni, e modi di soddisfarli, simili a quelli che egli ha, e che egli deve appagare in una certa misura l'altrui desiderare, se vuole ottenere che gli altri contribuiscano all'appagamento del suo proprio desiderare[38].

Ma, se la morale rilassata, è così consentanea al genere umano, come può avere contro di sé la morale austera, naturalmente odiosa? In altre parole, come può, contro il principio dell'utilità, che la genera, ergersi rivale il principio dell'ascetismo? L'utilitarismo non è disposto a riconoscere un altro effettivo principio morale, oltre quello che esso propugna, che da una tale compagnia sarebbe sminuito, perdendo in pari tempo l'universalità e l'evidenza. Di conseguenza, esso sostiene che i seguaci del principio dell'ascetismo si attenevano, anch'essi, almeno all'inizio, al principio dell'utilità, che però adoperavano malamente compiendone applicazioni sbagliate. I fautori del principio dell'ascetismo non sono però da cercare tanto tra i filosofi e i moralisti, quanto tra i superstiziosi e i fanatici, i quali immaginano una divinità collerica e vendicativa, che punisce

---

[38] Questa è la morale della simpatia, che Smith formula nella sua *Teoria dei sentimenti morali* (a cura di A. Zanini, trad. it. C. Cozzo, Roma, 1991). Gioberti la commenta dicendo che, per Smith, la simpatia consiste nella tendenza dell'uomo a collocare in fantasia se stesso fuori di se stesso entro un altro individuo. Essa è come una sospensione della personalità propria, resa possibile dal vincolo sostanziale che collega gli uomini tra loro e dall'unità della specie (Cfr. *Riforma Cattolica e Libertà Cattolica*, a cura di E. Pignoloni, Milano, 1969, p. 155).

gli uomini per le soddisfazioni che hanno provato nella vita, e i quali, atterriti dalla paura, s'infliggono ogni sorta di tormenti, fantasticando di essere ricompensati a dismisura nell'al di là. E poiché i meravigliosi gaudi celesti sono pur sempre dei piaceri, per quanti vi credono e già in immaginazione li provano, è palese che anche costoro si attengono all'unico vero e reale principio dell'utilità[39].

9. *Il costume morale instaurato dall'utilitarismo*

L'attacco dell'illuminismo alla morale cristiana incomincia dal rifiuto del domma del peccato originale e conseguentemente della distinzione dello stato d'innocenza e di quello decaduto. È su questa distinzione che si regge, nel cristianesimo, la differente valutazione della sessualità, quale sarebbe stata se Adamo non avesse peccato, e quale è diventata dopo il fallo del progenitore. Sull'argomento non c'è pieno accordo tra i Padri della Chiesa e i Dottori della Scolastica, perché c'è chi reputa, specialmente tra i Padri orientali, che, perdurando lo stato d'innocenza, la schiatta umana si sarebbe moltiplicata come si è moltiplicata la schiatta degli angeli, direttamente per operazione della virtù divina. Si tratta però di una posizione estrema, che o non è accolta dalla teologia o non vi ha grande fortuna. Comune, invece, è l'assunto teologico che la riproduzione sarebbe stata sessuata, ma avrebbe avuto luogo senza il morbo della libidine e secondo il puro arbitrio della volontà; compare anche il motivo che il piacere sarebbe stato maggiore[40]. Rimane per fermo che, a causa del peccato originale, si è avuta una degradazione della sessualità, la quale importa che al primo posto si pongano la verginità, il celibato, il monachesimo, si accordi una posizione subordinata al matrimonio, e si condannino i peccati carnali come violazioni della legge divina.

Così il cristianesimo si era allontanato dall'ellenismo, il quale aveva accordato scarsa attenzione alla questione, in tutta la sua età classica, e soltanto in ultimo era stato investito dalla grande ondata ascetica e mistica proveniente dall'Oriente. Unicamente allora era finita la luminosa antichità e la bella naturalità

---

[39] Tale è la tesi sostenuta da Bentham nella sua *Introduzione ai princìpi della morale e della legislazione*, trad. it. cit., pp. 97-102. Quest'assunto, ragionato dapprima in forma astrattamente speculativa, è stato in seguito argomentato in concreto dalla psicologia clinica e dalla psichiatria. Il regno dei cieli è rappresentato come un illusorio rifugio, in cui trovano scampo i falliti del regno della terra. L'asceta religioso ha ricevuto – in immaginazione – da Dio, per mettersi sulla strada della salvezza, la grazia (che è raffigurata come una «cava» da cui egli attinge la materia prima di cui ha bisogno). Personalmente egli vi aggiunge le privazioni e le sofferenze volontarie (che sono dipinte come un «lavoro», che trasforma la materia prima in prodotto finito). Con ciò l'asceta compra la beatitudine, ossia affigge il suo sguardo nella profondità dell'essere divino (il tutto in uno stato assai prossimo all'allucinazione). Comportarsi diversamente non si può: tutti gli uomini sono dei mercanti: alcuni comprano merci vere con moneta vera; altri acquistano articoli fittizi con moneta fittizia.

[40] Così è per San Tommaso. Cfr. *S. th.*, I, q. 98, a. 2, ad 3. Come dimostra il *Paradiso perduto* di Milton, è un'idea capace di portare lontano.

greca, ed era subentrato un atteggiamento ostile alla sessualità, ed in generale alla corporeità, per l'innanzi sconosciuto. Qui è la differenza che separa il neoplatonismo dall'originario platonismo. Certo, Porfirio, Giuliano, Sallustio, possono farsi forti di alcuni passi isolati degli scritti di Platone (i quali però quasi scompaiono nel complesso dell'opera platonica, e, ciò che più conta, tradiscono più il senso della sazietà che coglie i grandi spiriti al cospetto di una civiltà raffinata, in cui non c'è quasi esperienza che non si compia, che un effettivo distacco dalle cose del mondo, a cui si seguita a partecipare con una grande adesione alle gioie della vita), per domandare il disprezzo del corpo, dichiarare vili le ordinarie faccende umane, raccomandare di seguire esclusivamente i beni più alti. Nell'originario platonismo non soltanto il piacere, ma anche il dolore è considerato un nemico della vita del pensiero; questo è il punto decisivo che separa Platone dal vero ascetismo. Se poi anche in Platone l'accento batte piuttosto sul contrasto tra l'eccesso del piacere e la virtù, anziché sul conflitto tra il grande dolore e la virtù, è perché gli uomini, eccettuati i casi in cui le inclinazioni e gli appetiti sono pervertiti, cercano il piacere e non il dolore. Diversamente da quel che di recente si è fantasticato, tutto ciò non ha comunque niente da spartire con la circostanza che, essendo la filosofia greca, nelle sue massime espressioni, spiritualistica, essa avrebbe dovuto inevitabilmente disconoscere il valore del corpo. Lo spiritualismo e il materialismo sono concezioni generali della realtà, e di conseguenza, c'è una visione spiritualistica della corporeità (la quale è nondimeno effettiva e genuina corporeità), e c'è una visione materialistica della spiritualità (la quale continua ciò nonostante ad esistere nell'indole sua propria). Per di più, esiste uno spiritualismo aperto ad ogni manifestazione della vita, ed esiste un materialismo pronto ad inculcare il dovere di condurre un'esistenza rigida e sobria; non appena dal generico si passa allo specifico, si trova che alla radice dell'ascetismo della tarda antichità c'è un'invasione di idee orientali, che si fanno strada sia entro l'ellenismo sia entro il cristianesimo, quantunque in misura assai più elevata in questo secondo che in quel primo.

La morale sessuale dell'illuminismo sembra essere, nella maggior parte dei casi, il capovolgimento puro e semplice di quella del cristianesimo, per cui ciò che da questa era esaltato è da essa vilipeso, e ciò che da quella era condannato, o almeno disprezzato, è da essa approvato e lodato. Gli illuministi del Settecento fanno a gara nel dichiarare che il celibato è contrario alla natura dell'uomo e nocivo agli interessi dello Stato, che priva di un'abbondante popolazione; che i voti monastici sono fanfaluche; che la castità e la continenza volontaria sono delitti, se si valutano con la ragione, e non con il pregiudizio; che il matrimonio non è l'unica forma di legame dei sessi, e che comunque va temperato, accompagnandolo con il divorzio. Alla repressione sessuale, che per l'innanzi era stata la regola, l'illuminismo sostituisce la celebrazione dell'amore sessuale, che talvolta diventa schietta professione d'erotismo[41].

---

[41] Nell'erotismo si segnala Diderot, il quale vanta come paradisiaco il costume sessuale di Otaïti, dove il matrimonio dura un mese, ci si prende e ci si lascia a piacimento, tutto è per-

I teologi cristiani erano stati costretti dalle necessità della dommatica ad assegnare una parte a Maria nella generazione di Gesù, che poteva essere la medesima o essere differente da quella che ogni donna ha nel mettere al mondo i propri figlioli, ma che in nessun caso poteva mancare, giacché altrimenti era impossibile evitare di ricadere in antiche eresie, sopite e quasi dimenticate, ma non del tutto spente nelle motivazioni che le avevano sorrette. La dommatica cristiana insegna che Cristo è vero Dio e vero uomo, e che è concepito ad opera dello Spirito Santo; ma che sia uomo è impossibile, se Maria non ha partecipato in niente alla sua generazione. È in agguato il docetismo, il quale pretende che il corpo di Cristo sia apparente, e con il docetismo sono pronte a ripresentarsi numerose altre eresie (le dottrine eretiche sono collegate da numerosi fili, per cui, evocata l'una, si affacciano le altre). San Tommaso e gli altri Dottori della Scolastica medioevale si comportano con grande discrezione e osservano la dovuta brevità sull'argomento, ma alcuni Dottori della Scolastica spagnola del Cinquecento e del Seicento, come già qualche Padre della Chiesa, si mettono a frugare nell'intimità della Madonna, dove lo stesso buongusto avrebbe dovuto trattenerli dall'entrare. Gli illuministi, fingendosi scandalizzati e indignati, ne prendono lo spunto per gettare l'irrisione e il ludibrio sull'odiata religione, in nome dei diritti della sessualità, che essa avrebbe voluto bandire, e che è tenuta, suo malgrado, ad accogliere *in divinis*.

Il legame di dipendenza di una morale sessuale rilassata nei confronti dell'utilitarismo è d'evidenza intuitiva, e, quasi non bastasse, è continuamente richiamato dai trattatisti di morale e di scienza economica, i quali non perdono occasione per sottolineare come la galanteria, la civetteria, i bei vestiti, la voglia di piacere, stimolino l'industria e i commerci, i quali, a loro volta, eccitano il desiderio del riconoscimento e del successo, che non sono completi se non sono accompagnati da qualche trionfo amoroso. La domanda fondamentale è: perché mai si desidera la ricchezza? La risposta di Smith è che si fa per essere considerati, approvati, ciò che accade anche a proposito della passione dell'amore[42].

---

messo, anzi, tutto è benedetto. Questo però non è l'orientamento effettivo, non diciamo dell'illuminismo, ma nemmeno del medesimo Diderot, in cui va considerato piuttosto come il momentaneo abbandono ad una fantasticheria. Qualunque civiltà ha bisogno di certe regole, che pongano dei limiti al comportamento sessuale. Diderot sostiene a spada tratta la causa del popolazionismo, e sono gli Stati dell'Europa, e non le isole dell'Oceania, ad avere la popolazione più numerosa. L'uomo – dice Diderot – s'impone col numero, più una società è numerosa, più è potente in pace e più è temibile in guerra; inoltre, non basta avere uomini, bisogna avere operai, commercianti, gente industriosa; tutte cose, queste, per cui occorre non la sregolatezza, ma la costumatezza.

[42] Tra i sostenitori della morale sessuale rilassata non figura Malthus, il quale, in comparazione con gli altri autori dell'illuminismo dell'età sua, si direbbe sostenitore di un acceso moralismo. Malthus si è fatto l'antesignano della politica della limitazione delle nascite, per il momento ne è il profeta non soltanto inascoltato ma anche maledetto ed esecrato. Ogni questione riguardante la popolazione numericamente più desiderabile dipende da tutta una serie di fattori (come l'abbondanza dei terreni, i bisogni dell'industria e del commercio, le opportunità

Un'altra cospicua manifestazione del costume posto in essere dall'utilitarismo è l'emancipazione femminile, la quale appare come uno dei caratteri più nuovi e originali della civiltà moderna, privo com'è di significativi termini di confronto tanto con l'ellenismo che con il cristianesimo.

La posizione di Platone – del Platone del *Repubblica*, giacché l'atteggiamento è assai diverso nelle *Leggi* e nel *Timeo* –, che afferma la sostanziale uguaglianza dell'uomo e della donna, è quasi un'eccezione in tutto il mondo greco classico e, ciò che maggiormente conta, fa parte di una consapevole immagine utopistica delle cose. Il genuino orientamento greco non è quello di Platone, ma quello di Aristotele, il quale subordina la femmina al maschio, definisce la femmina un maschio menomato e sostiene l'esistenza di due specie di virtù, quella dell'uomo e quella della donna, così che la moralità è come divisa in due secondo il criterio del sesso[43].

Il cristianesimo si adopera per addolcire quest'inuguaglianza naturale, come si vede anche dal fatto che gli Scolastici ripetono con Aristotele che *femina est mas occasionatus*, ma fanno di tutto per stemperare e rendere priva di conseguenze la tesi dello Stagirita, che non viene direttamente contestata, bensì aggirata per mezzo di un'interpretazione accomodante. Il motivo è evidente e risiede in ciò, che il cristianesimo, essendo fondato sulla dipendenza, non può ammettere che esistano differenze radicali d'ordine naturale, le quali contrasterebbero con la comune subordinazione dell'umano al divino: nei confronti di Dio le creature umane, per quel che riguarda la loro natura, si trovano su di un piede di sostanziale parità[44]. Ma la posizione cristiana nei riguardi dell'uomo e della

---

della potenza militare), correlati a determinate circostanze di luogo e di tempo, che cangiano in continuazione. Verrà il tempo in cui alla politica dell'incremento subentrerà quella della limitazione delle nascite. Già troppo ardita è la posizione di Malthus perché egli non senta il bisogno di renderla meno sconvolgente col rimettere la limitazione delle nascite al ritardo dell'età del matrimonio, alla castità e alla disciplina sessuale. Si tratta di un passo indietro per meglio saltare. Comunque Malthus ci tiene a far sapere di non essere contrario in sé e per sé ad una popolazione numerosa, anche se le sue proteste rimangono inascoltate. Cfr. *Saggio sul principio di popolazione*, trad. it. cit., p. 560.

[43] Si avrebbe torto se si ritenesse che queste vedute siano limitate al IV secolo a.C., o anche all'antichità classica, e che in tempi recenti siano completamente venute meno. Nella loro specifica giustificazione biologica esse sono state certamente abbandonate, ma, diversamente formulate, si ritrovano nella psicologia, ad opera di molte dottrine dell'Ottocento e del Novecento. Quando si dice che la donna viene esperita come uomo evirato, che in lei la coscienza e gli ideali morali non raggiungono la forza e l'indipendenza a cui pervengono nell'uomo, e che ciò riduce la portata del contributo della donna al patrimonio della civiltà, si ripropone, *mutatis mutandis*, la sostanza della posizione aristotelica.

[44] Questa è anche la fonte, sia qui osservato per inciso, da cui deriva la concezione cristiana della naturale uguaglianza politica degli uomini, in contrasto con la concezione ellenistica della naturale inuguaglianza politica degli uomini. Entrambe si reggono su differenti intuizioni complessive della realtà, che non consentono incertezze. Nessun teologo cristiano potrebbe sostenere, senza commettere apostasia, che gli uomini sono per natura inuguali nello Stato; presso i Greci, soltanto qualche retore e qualche sofista di secondaria importanza si azzarda, per amore di paradosso, a dichiarare che gli uomini sono uguali e che non ci sono né schiavi né liberi per natura.

donna è complessa, giacché, se esclude l'inuguaglianza naturale, introduce un'inuguaglianza d'altro genere, derivante dall'ordine soprannaturale e quindi perfettamente compatibile con l'uguaglianza naturale dei sessi. I motivi dell'inferiorità soprannaturale della donna risiedono in ciò, che la donna è stata lo strumento di cui il diavolo si avvalse nella perdizione dell'uomo, giacché è stata la donna a credere alle parole del serpente, a cercare di diventare, per superbia, simile a Dio, a indurre l'uomo a peccare; e infatti la donna è incapace di ricevere il sacramento del sacerdozio, mancando dell'eminenza del grado a ciò richiesta come condizione necessaria, e non può avere alcuna giurisdizione spirituale, quantunque questa possa essere attribuita anche ai non sacerdoti. Finché la civiltà rimane improntata dal cristianesimo, non ci può essere posto per l'uguaglianza dei sessi e per l'emancipazione femminile.

L'illuminismo pone le premesse dell'emancipazione femminile, introducendo il concetto della ragione come calcolo, che è relazione di termini che stanno tutti sullo stesso piano e pertanto sono semplicemente affiancati, l'uno di qua e l'altro di là, per quanti essi sono. Poiché questo deve valere dovunque, vale anche nella relazione dei sessi, che diventa di parità. Le motivazioni esplicite che gli illuministi mettono in campo per sostenere la causa della donna, non si rifanno però a questo capo primo – bisogna argomentare per principi prossimi, e non per principi remoti –, ma affidano l'emancipazione femminile in gran parte ad una educazione attenta alle esigenze della vita sociale, dopo che la donna si è liberata dagli ideali ascetici provenienti dai conventi e ha ottenuto, con l'istituzione del divorzio, la facoltà di sottrarsi a un matrimonio che si sia rilevato sbagliato e che sia diventato causa d'infelicità. Nondimeno, il motivo profondo dell'emancipazione femminile è quello indicato, ed è per questo che essa va anche oltre il segno in cui gli illuministi l'avevano propugnata.

Nell'Ottocento sorge l'interrogativo: l'emancipazione femminile, la quale è certamente una grande espressione del progresso della civiltà, non potrebbe raggiungere un punto e assumere una configurazione, per cui cangia di senso e si trasforma in fattore di decadenza? Il quesito è posto da Spencer, che, sebbene indulga generalmente a quadri d'ingenuo ottimismo nella rappresentazione del futuro dell'umanità, in qualche momento avverte certe oscure minacce, e le indicazioni che allora egli fornisce sono quelle che, per noi, posseggono il maggiore interesse. Secondo Spencer, la donna è portata ad accordare grande importanza a ciò che è vicino, presente, particolare, concreto, a discapito del lontano, del remoto, del generale e dell'astratto, aggravando alla radice il pericolo del ristagno che grava sulla civiltà moderna. La donna dà il primato a quel tipo di sentimenti che s'incontra nella famiglia, e non guarda abbastanza al merito, che dev'essere l'unico principio a cui attenersi nell'economia e nella politica. Essendo incline ad assumere l'atteggiamento materno, la donna è ostile alla gara e alla selezione, che comportano i vincitori e i vinti, e, quasi non bastasse, ha troppo sviluppato il riguardo dell'autorità e non presta attenzione alla libertà individuale. In breve, la donna produce familismo, possessività, autoritarismo, mollezza sentimentale, ossia minaccia di restaurare la simbiosi in cui si trovava l'umanità primitiva. Il limite dell'impostazione di Spencer risiede nel fatto che essa considera certi tratti della psicologia femminile, largamente attestati dall'esperienza del passato, e cioè dalla storia, e da quella del presente, e cioè dalla pratica del mondo, come caratteri permanenti della mentalità femminile. Ciò che ha un campo limitato d'applicazione e di prova, viene così fatto passare come se avesse dalla sua una validità incondizionata[45]. Tocca all'andamento futuro delle cose del mondo stabilire se la mente della donna sia immutabile oppure modificabile e plastica. Che l'emancipazione femminile si sia effettuata sotto l'impulso dell'utilitarismo è indubbio, e il rapporto di dipendenza esistente a questo riguardo è osservato con grande precisione da Montesquieu[46].

Come dicemmo, il problema morale della morte ha cessato d'esistere per l'uomo moderno, ma ciò non toglie che seguiti ad esistere il problema del suicidio, su cui l'antichità non ha trasmesso a noi indicazioni univoche, così che per scioglierlo invano si farebbe appello al pensiero dell'ellenismo. In questo caso, il richiamo a ciò che i Greci hanno pensato, giova al solo scopo di provare che a decidere sono i contesti in cui i problemi si pongono, così che non c'è atteggiamento tanto dissennato come quello di pretendere di discutere e di risolvere ogni problema di per se stesso, nella sua particolarità, in cui esso è insolubile e, ancor prima, improponibile.

Platone afferma nel *Fedone* (in cui si coglie il sentimento della dipendenza nella sua massima forza, e ciò prova che la dipendenza non è soltanto ebraica, cristiana, islamica, ma è di tutti i popoli, sia pure con differente intensità e frequenza) che è un delitto togliersi la vita, quale che sia la condizione in cui ci si trova, anche quando la morte è effettivamente preferibile alla continuazione dell'esistenza sulla terra, per la ragione che l'uomo è un possesso di Dio, precisamente come uno schiavo è un possesso del suo padrone. Qui è posta la questione basilare se l'uomo sia il padrone di se stesso, se la sua proprietà incominci dal suo corpo e dalla sua anima, e soltanto di lì prosegua estendendosi agli esseri circostanti, i soli che il linguaggio comune assegna alla proprietà, chiamandoli i «beni», i «possessi», o se, invece, il padrone dell'uomo sia Dio, nel qual ca-

---

[45] *Principi di sociologia*, trad. it. cit., pp. 844-847. Le riserve di Spencer sul possibile svolgimento futuro dell'emancipazione femminile sono d'ordine psicologico e, per tale loro indole, sono da mantenere distinte dalle considerazioni di Darwin sulle differenze dei sessi, che appartengono integralmente alla biologia. È degno di nota il fatto che lo stesso John Stuart Mill, il quale si fa paladino della causa della donna, proponendosi di dimostrare l'ingiustizia della sua subordinazione all'uomo, sancita dalla legge, seguiti ad assegnare per compito del sesso femminile la famiglia e la maternità, e reputi non auspicabile che la moglie contribuisca col proprio lavoro al reddito della famiglia. I punti in cui lo svolgimento della civiltà moderna si mette in contrasto con il programma dell'illuminismo, che ne è stato il creatore, hanno il fondamentale interesse di segnare il trapasso dell'illuminismo dalla fase dell'ascesa a quella del declino.

[46] Alle donne – dice Montesquieu – la debolezza non consente l'orgoglio, ma la vanità non cessa di far sì che, dove ci sono le donne, domini il lusso (*De l'Esprit des Lois*, VII, 9, ed. cit., vol. II, p. 341). Di recente è accaduto che la causa della donna abbia tratto grande vantaggio dalle guerre e dal bisogno dei mercati di reclutare sempre più estesamente lavoranti d'ogni ordine e specie. Per questo è da ritenere che nei periodi d'espansione economica l'uguaglianza dell'uomo e della donna cresca, e che diminuisca in quelli di contrazione e di stagnazione.

so l'uomo ha, per così dire, l'usufrutto, ma non la proprietà di se stesso, la quale rimane sempre nelle mani di Dio (alla condanna del suicidio può allora facilmente aggiungersi il divieto delle mutilazioni, giacché l'usufruttuario ha l'obbligo di conservare intatta la sostanza di cui gli è accordato il godimento). La posizione platonica è piuttosto occasionale nell'ellenismo, nel quale la condanna del suicidio o è grandemente attenuata, come capita in Aristotele, o è abolita, e del suicidio è fatto un privilegio del saggio, il quale, per godere della piena libertà in tutte le circostanze, deve essere autorizzato a porre fine ai suoi giorni, come accade negli Stoici (decisivo è il fatto che gli Stoici non dubitano che l'uomo sia il padrone di se stesso). Di questo privilegio fanno ampio uso nell'antichità alcuni spiriti magni, come Catone, e parecchi altri, i quali coraggiosamente cercano di propria mano la morte bella e felice, l'εὐθανασία[47]. La condanna platonica del suicidio non va scambiata per un rispetto incondizionato della vita umana in tutte le sue forme, da cui è lontanissima, giacché Platone stabilisce che nel suo Stato soltanto i figli degli uomini e delle donne migliori siano allevati, prevede le pratiche abortive e soprattutto l'esposizione dei neonati indesiderati, e vuole che i malformati e quanti altri sono senza speranza di una vita buona, inutili a sé e alla patria, non debbano vivere.

Ciò che è momentaneo e circoscritto nel platonismo diventa permanente e illimitato nel cristianesimo, perché in questo la dipendenza si fa valere con energia incomparabile. Perciò la Chiesa e gli Stati cristianamente governati introducono provvedimenti e sanzioni contro coloro che si macchiano del crimine del suicidio. Ma il cristianesimo, oltre che del suicidio, compie divieto di ogni soppressione della vita umana, quali che siano le condizioni in cui essa si trova, fossero anche quelle degli individui malformati, dei malati cronici senza speranza di guarigione, ecc. Fondamento di ciò è l'incarnazione e il sacrificio di Cristo, che, avendo versato il suo sangue per la redenzione di tutti, ha reso intangibile la vita di tutti coloro che non hanno aggiunto all'eredità della colpa adamitica colpe attuali, da cui essere resi passibili di sentenza capitale (della quale non viene in nessun modo contestata la legittimità; oltre a ciò va considerato il caso della guerra giusta)[48].

Venute meno col laicismo le premesse teologiche cristiane, l'illuminismo scarta tutte le soluzioni tradizionali che di questi problemi erano state offerte, incominciando con l'asserire la perfetta liceità del suicidio. Da nessuno essa è ragionata tanto vigorosamente e correttamente come da Hume, il quale tira a ri-

---

[47] Di εὐθανασία parla Polibio a proposito dello spartano Cleomene. Cfr. *Storie*, 5, 38, 9.

[48] Qui è la radice del grande divario tra l'ellenismo, nel quale la grazia, ossia il favore divino, ha scarso peso, e il cristianesimo, nel quale tale favore è condizione necessaria della salvezza. Per i Greci e per i Romani, premono le qualità naturali e l'educazione che le sviluppa. Non si *è* uomini, ma *si diventa* uomini, ciò che non capita a tutti. «*Sunt quidam homines non re sed nomine*», dice Cicerone (*De off.*, I, 30, 105); e ancora: «*Homines esse solos eos qui essent politi propriis humanitatis artibus*» (*Rep.*, I, 17, 28). Per i cristiani, si è uomini, in quanto si è creati da Dio due volte, per natura e per grazia. Ne viene che non può capitare che si abbia il nome di uomini e se ne abbiano anche le fattezze, ma che non si abbia la sostanza umana.

gore di logica le conclusioni che immancabilmente discendono da una visione umanistica, utilitaristica e disincantata della vita. Divisi i doveri nelle tre classi di doveri verso Dio, doveri verso il prossimo, e doveri verso se stessi, Hume prova che il suicidio non è la violazione di nessuna classe di doveri; non di quelli verso Dio (il quale non è che un'ipotesi, e ammesso che esista, regola il mondo mediante leggi generali e lascia che l'uomo badi a se stesso); non di quelli verso il prossimo, perché chi si toglie la vita cessa di arrecare benefici agli altri, dai quali però smette anche di riceverne; non verso se stessi, perché a se stessi si è ormai diventati di peso[49]. Quello del suicidio non è che un esempio, giacché i principi con cui viene giustificato sono capaci di più ampia estensione, che ricevono anche di fatto, giacché si fa valere in maniera in precedenza insospettata l'esigenza di limitare il numero della popolazione, e così al popolazionismo succede l'antipopolazionismo.

L'uomo che trasforma la natura, in vista dei suoi comodi e dei suoi agi, modifica fisicamente e moralmente anche se stesso, e la prima cosa non può accadere senza che si verifichi la seconda (la proposizione reciproca è altrettanto vera, ma essa non deve qui essere esaminata, giacché esula dall'argomento in discussione). Ciò che interessa e decide sono gli atteggiamenti mentali che si possono prendere al riguardo di queste modificazioni, non i loro contenuti determinati, i quali dipendono dalle conoscenze scientifiche che si posseggono e dalle applicazioni che se ne eseguono (tutte cose, queste, a loro volta, determinate dalle disposizioni della mente). Da una parte, si può collocare, come caso estremo, l'atteggiamento mentale dell'uomo primitivo, che si può rappresentare in preda allo stupore, che gli impedisce di stendere la mano sulle cose del mondo circostante, al pari che su se stesso, perché tutta la natura gli appare divina, e di conseguenza, intangibile. Per quest'uomo, per il quale non c'erano ancora le divinità della terra, del mare, dei fiumi, del cielo (esse sarebbero venute parecchio tempo dopo, allorquando il divino incominciò a distinguersi in qualche modo dall'esistente), sarebbe stata la morte certa, se gli impulsi elementari della sopravvivenza non l'avessero costretto a violare la sacralità della natura. Costui,

---

[49] *Of Suicide*, in *Essays Moral, Political and Literary*, II (*The Philosophical Works*, ed. cit. vol. 4, pp. 406-414). La tesi di Hume è così congeniale agli orientamenti dell'illuminismo, che vi si ritrova costantemente proposta. Montesquieu considera strana la pretesa che, per essere di dubbio vantaggio agli altri, si possa dover restare in una vita di disperazione; osserva che la circostanza che un'anima sia unita al corpo, o separata da essa, niente cangia nell'armonia dell'universo; definisce crudeli le leggi che colpiscono il suicidio; si chiede perché mai si debba impedire a chi è accasciato dal dolore, dalla miseria, dal disprezzo, di mettere fine alle sue pene (*Lettres Persanes*, LXXVI, in *Oeuvres complètes*, ed. cit., vol. I, pp. 246-247). Voltaire denuncia i fastidiosi luoghi comuni con cui si pretende d'abolire la libertà di uscire dall'esistenza quando questa diventa un male, quasi che all'Essere degli esseri interessasse qualcosa che un mucchietto di materia accozzata sia in un luogo oppure in un altro (*L'Ingenuo*, in *Romanzi e racconti*, trad. it. cit., p. 290). Holbach giustifica il suicidio sino al punto di ritenerlo in certi casi doveroso, lo dichiara contemplato dalla Bibbia, come dimostrano gli esempi di Sansone e di Eleazaro, e spinge la sua audacia oltre ogni limite, affermando che Cristo, se è veramente morto di sua volontà, è un suicida (*Sistema della natura*, trad. it. cit., p. 320).

vinto dalla fame, stese la mano, colse un frutto, e lo mangiò, ma così inferse il primo colpo al teologismo, il quale non può essere del tutto coerente, perché la sacralità della natura è incompatibile con l'esistenza dell'uomo. Da allora in poi, il teologismo è costretto a indietreggiare, accogliendo *obtorto collo* le innovazioni e tentando ogni volta di neutralizzarne con degli espedienti la portata culturale, che è opera defatigante e in definitiva vana. Dall'altra parte, si può situare l'atteggiamento mentale dell'uomo moderno, il quale, come accoglie con favore l'introduzione di qualsiasi strumento che trasformi, in conformità dei suoi interessi, la natura, così è disposto a modificare anche se stesso, il suo medesimo corpo, sempre che ciò risponda al principio dell'utilità. Certamente, il cristianesimo non è il teologismo primitivo, esso accorda all'uomo la facoltà di modificare la natura e anche se stesso, ma introduce dei limiti, che non possono essere accettati dall'illuminismo, il quale è sempre pronto a sorridere delle interdizioni cristiane (così fa Gibbon, allorché segnala che Tertulliano biasima l'uso di tagliarsi la barba, additandovi un empio tentativo di migliorare l'opera del creatore). I contenuti e l'estensione dei procedimenti con cui l'uomo modifica se stesso variano secondo i luoghi e secondo i tempi; due secoli e mezzo fa si trattava dell'inoculazione del vaiolo, a cui teologi ed ecclesiastici ponevano resistenze, ai nostri giorni è questione della manipolazione genetica; ciò che non muta è costituito dal principio dell'utilità, il quale vuole che codesti procedimenti s'intraprendano ogni volta che se ne presenta la concreta eseguibilità[50].

---

[50] Che la decisione sia rimessa a ciò che vale come supremo principio morale è confermato dall'atteggiamento di Kant nei confronti dell'inoculazione del vaiolo. Kant, informano i suoi primi biografi, fu, almeno per qualche tempo, piuttosto ostile al vaccino, soprattutto per ragioni d'ordine morale. Egli definiva il vaccino «inoculazione della bestialità», era del parere che con esso «l'umanità venisse a familiarizzarsi troppo con la bestialità» (L.E. Borowski-R.B. Jachmann-E.A. Ch. Wasianski, *La vita di Immanuel Kant*, trad. it. E. Pocar, pref. E. Garin, Bari, 1969, p. 49 e p. 232).

VIII.
LA SCOPERTA DELL'ECONOMIA
E L'AVVENTO DEL MACCHINISMO

1. *Perché la scienza dell'economia non si è sviluppata nell'ellenismo*

Benché la maggior parte delle scienze, e l'idea medesima di scienza, siano antiche e greche, nondimeno la costituzione della scienza economica e l'introduzione del macchinismo (due fatti tra loro strettamente collegati) sono essenzialmente accadimenti moderni. Greca è, innanzi tutto, l'idea della scienza, ossia di una conoscenza «stante», universale e necessaria, vertente su ciò che è sempre e dovunque, o almeno (tale distinzione è da rimettere alle differenti specie di oggetti di cui si dà conoscenza), su ciò che è nella maggior parte dei casi, vale a dire è statisticamente normale che abbia luogo. Greche sono in grande numero le scienze, non soltanto la logica e la matematica, la morale e la politica (questo è stato sempre ammesso, salvo rare eccezioni, di cui si è autorizzati a non tener conto, giacché esse sono manifestamente dettate da eccesso di spirito polemico, e per di più, occasionali e strumentali), ma anche la fisica nei suoi molteplici rami e nelle molteplici branche in cui questi rami si partiscono, e di conseguenza, la meccanica, l'ottica, l'astronomia, la biologia, la psicologia (com'è possibile riconoscere mediante un'analisi spregiudicata dei concetti fondamentali dell'epistemologia), e altresì l'estetica e la linguistica, nella maniera richiesta dall'identità, costantemente salvaguardata dagli antichi, di filosofia e di scienza, la quale, per essere effettivamente reale, e non proclamazione astratta, richiede la specificità e la determinazione delle conoscenze, che è come dire la molteplicità delle scienze nell'unicità del principio che a tutte presiede, da cui discende la loro filosoficità. La scienza dell'economia però è fondamentalmente moderna, dovendosi i suoi consistenti sviluppi assegnare all'età del Rinascimento, dopo di che essa perviene, quasi d'un balzo, alla sua maturità e si svolge in grande abbondanza d'indirizzi e di scuole sino all'età nostra; ossia è coeva del prorompente e vittorioso illuminismo, al quale è congiunta non soltanto dalla cronologia, ma dall'affinità e dalla concordanza dell'ispirazione ideale.

Questa circostanza non esclude che presso i Greci si trovino luminose intuizioni e in un caso, quello di Aristotele, ampie considerazioni di temi economici,

ma all'antichità fanno qui difetto la sistematicità delle trattazioni e la loro continuità nel tempo, ossia manca la tradizione scientifica, la quale è l'elemento essenziale, giacché soltanto con gli sforzi concordi di molti, che, nel susseguirsi
dei secoli, riprendono ogni volta il lavoro al punto in cui l'hanno lasciato i predecessori e lo portano innanzi, per consegnarlo a quanti verranno dopo di loro,
si costituisce l'edificio della scienza. Folgorante, ma anche del tutto incidentale,
è l'osservazione di Platone, che nell'*Eutidemo* riconduce gli alti prezzi alla rari-
tà degli oggetti; ugualmente Platone nella *Repubblica* individua il carattere e la
funzione della moneta, dicendola una tessera per gli scambi che hanno luogo nei
mercati, e nelle *Leggi* ha come un presentimento del moderno controllo dei
cambi, allorché prescrive che ci sia una moneta territoriale, la quale abbia corso
legale soltanto nel paese, per gli scambi quotidiani, e che la comune valuta greca s'impieghi esclusivamente nei rapporti con l'estero; mentre i grandi problemi
dell'essenza della ricchezza, della sua relazione con l'utilità, della definizione
corretta dei «beni», si trovano dibattuti, ma inconclusivamente, piuttosto in un
dialogo certamente spurio come l'*Erissia*. Il solo Aristotele compie un'estesa
trattazione dei problemi dell'economia, scorge la distinzione che un giorno si
sarebbe detta del valore d'uso e del valore di scambio, afferma la necessità che
tutto ciò che viene scambiato sia reso paragonabile e assegna l'esecuzione di
questo compito alla moneta, che è la misura comune del valore, istituita per
convenzione, giacché in verità l'unica cosa che misura tutti i beni è il bisogno.
Essendo un sostituto del bisogno, la moneta si comporta come una merce, è sottoposta alle leggi dell'offerta e della domanda, e subisce, di conseguenza, anch'essa, delle fluttuazioni, sebbene tenda ad essere più stabile degli altri beni,
sui quali ha altresì il vantaggio di essere più facilmente portatile, possiede un'u-
tilità sua propria, oltre alla sua convenienza negli scambi, ed è indispensabile,
non appena la vita sociale ha raggiunto un certo grado di sviluppo. Le riflessioni
di Aristotele sull'economia monetaria e su quella agricola, contenute nell'*Etica
Nicomachea* e nella *Politica* segnano il punto più alto raggiunto dal pensiero
greco in fatto di scienza economica e il sicuro retaggio che l'ellenismo affida al
mondo moderno, giacché per il rimanente gli scrittori antichi tendono a rimanere nel campo limitato della precettistica empirica, come fa Senofonte nel suo
Economico, e come fanno gli scolari di Aristotele nel *Trattato sull'economia*,
nel quale ultimo scritto si discorre bensì con penetrazione d'amministrazione fi-
nanziaria, si racconta di un'antica impresa assicurativa, ma non si compiono acquisizioni concettuali di rilievo.

Per tentare di comprendere questo andamento del pensiero antico, occorre
distinguere la vita economica dei Greci e dei Romani dalla scienza dell'economia, e altresì occorre distinguere, nella medesima vita economica, il piano degli
atteggiamenti immediati, propri della pratica corrente, da quello delle valutazioni e delle giustificazioni che degli ideali d'azione individuali e collettivi si compiono. E incominciando da questa seconda delle due distinzioni necessarie per
la comprensione del mancato grande svolgimento della scienza dell'economia
ad opera dell'ellenismo, conviene avvertire che niente interessano la discrepanza e il dissidio, che eventualmente si diano tra il comportamento nei confronti

del denaro e della ricchezza e gli ideali di vita che si professano. Allorché ci occupavamo della morale sessuale, consideravamo teorie, senza tenere alcun conto dei costumi dei loro autori; adesso che ci dedichiamo alla scienza dell'economia, dobbiamo guardare esclusivamente alle idee che si sostengono in fatto di ricchezza, al posto che a questa ragionando si assegna nella vita degli uomini, non al fatto che qualche volta, deviando dagli ideali, si sia tenuto un comportamento non irreprensibile. Gli studi economici possono, infatti, risentire moltissimo delle aspirazioni e dei modelli di vita che ci si prefiggono; ma in essi non possono aver peso certe miserie, di cui ci si vergogna con gli altri, e magari prim'ancora con se stessi. Per quel che riguarda la prima distinzione, è da segnalare che nessun rapporto necessario esiste tra il fervore della vita economica degli Stati e il rigoglio della scienza dell'economia, che sono due ordini di cose interamente diversi, tra i quali possono intercorrere le più svariate relazioni, e anche di fatto si riscontra che è così. Gli antichi imperi orientali, onusti di ricchezze, sembrano aver prodotto ben poco in materia di scienza dell'economia; di contro, paesi relativamente poveri hanno dato grande impulso a pensieri di scienza e creato la disciplina economica. La scienza dell'economia è interamente occidentale, per i suoi avviamenti greci e per la sua costituzione europea, e unicamente di recente ha accennato a diventare forma di sapere planetaria.

C'è da aspettarsi che in un mondo in cui certe attività destinate all'acquisizione della ricchezza sono ritenute lecite e necessarie, giacché una qualche abbondanza di beni è generalmente riguardata come un requisito indispensabile della felicità, ma numerose altre attività rivolte allo stesso scopo sono reputate illecite e circondate dal dispregio, accordi minore attenzione alla considerazione riflettente dei problemi dell'economia, di quella che ad essa è concessa in un mondo in cui la ricchezza è vista non già come una precondizione della vita buona, ma come la sua medesima essenza, e «felicità», «benessere», «prosperità», «agiatezza», valgono all'incirca quali termini sinonimi, e per di più, ogni impresa economica è moralmente giustificata e reputata onorevole, quali che siano le forme che prende, e si richiede soltanto l'osservanza di alcune regole di comportamento, le quali hanno il compito d'incrementare ancor più il rigoglio dell'economia, garantendone il libero, e cioè il primario svolgimento. Preme altresì osservare che c'è una fondamentale differenza tra il tipo di ricchezza statica, che si possiede, desumendola dal passato, senza bisogno di acquisirla, e che soltanto domanda di non essere sperperata, e una ricchezza dinamica, che occorre sempre daccapo acquisire e badare ad incrementare, perché non può rimanere ferma, ma o aumenta o scema, e quindi in un certo senso non si possiede mai: la prima ricchezza è calma, tranquilla, pacifica; la seconda è agitata, indaffarata, pugnace. Dove domina il primo tipo di ricchezza e il correlativo atteggiamento verso i suoi beni (e quasi non bastasse, trovano anche ascolto, quantunque restino minoritarie rispetto all'andamento complessivo della civiltà, voci che si dichiarano favorevoli ad un radicale ascetismo, che insegnano che, siccome la facoltà del desiderio è di per se stessa infinita, e nell'infinito non si dà né primo né ultimo, è un'illusione malsana perseguire le brame, e che anche ad avere pochissimo si ha già abbastanza, e che ciò che unicamente conta è l'autosufficienza, e in questa o in altra consimile maniera esprimendosi, trovano ampi e solidi consensi), si attribuisce scarso peso allo studio dei fenomeni economici, i quali non hanno la regolarità, la costanza, la prevedibilità, dei fenomeni naturali – soprattutto di quelli astronomici, cosicché la fisica celeste è coltivata molto tempo innanzi della fisica e meccanica economica.

Il mondo greco e romano è concorde – salvo poche e insignificanti eccezioni, le quali hanno la funzione di ribadire la regola – nel concedere un esiguo posto alla ricchezza, e a tale proposito merita di essere ricordata, anzitutto, la costituzione spartana di Licurgo, interamente rivolta a far vivere gli uomini su di un piede di perfetta parità, con la terra nuovamente distribuita, e con le risorse divise in parti uguali, così da spingere a gareggiare soltanto per conseguire il primato della virtù. Bisogna porre in corrispondenza antinomica due scritti di natura, di qualità, di stile, interamente diversi, come sono la *Vita di Licurgo* di Plutarco e la *Favola delle api* di Mandeville, senza arrestarsi di fronte all'eccentricità di una loro comparazione, se si vuole intendere sino in fondo la differenza tra l'ellenismo, che mira all'instaurazione del dominio della virtù, alla frugalità, all'uguaglianza, allo spirito comunitario, alla purezza della stirpe, e l'illuminismo, teso alla creazione del lusso e dell'agio ognora crescenti, delle scienze e delle arti che lo favoriscano e delle istituzioni politiche che lo proteggano[1]. Senza dubbio, anche valutato col metro dell'ellenismo, il tipo di vita spartano ritiene alcunché di rigido e di duro, ma ciò non toglie che gli ideali che vi s'incarnano in tutto il loro rigore, s'incontrino, in forma più temperata, anche altrove tra gli antichi, specialmente il disprezzo della ricchezza, delle arti incaricate di produrla, del commercio, in breve, di tutto quel che ha in qualsiasi maniera da fare col denaro. Va da sé che, per la moltitudine, la quale non si muove di propria iniziativa, ma è mossa dall'esterno, per risoluzione altrui, – per dirla con Cicerone – *omnia revertunt ad nummos*, ma quale interesse ha mai quel che pensa e fa la moltitudine? Il sentire ellenistico è aristocratico, e a questo proposito poco contano le differenze delle forme di governo che si trovano presso i Greci, che sono tutte faccenda di secondaria importanza, e che soltanto gli uomini politici sono portati a sollevare alle stelle, quasi che l'andamento del mondo dipendesse dal fatto che alcuni Stati si reggono a democrazia, altri ad oligarchia, alcuni sono definiti regni elettivi, altri sono chiamati con il nome di monarchie ereditarie (considerate nel loro contesto, le forme di governo rivestono di volta in volta contenuti e significati diversi, e inoltre sono completamente determinate dal complesso della vita sociale).

Ciò che unicamente conta è il giudizio degli addottrinati, dai quali soltanto dipende l'edificazione delle scienze, e su pochi argomenti come quello sullo

---

[1] Per Benjamin Constant, il governo di Sparta è un'aristocrazia monastica; in generale, presso gli antichi, si ha l'assoggettamento dell'individuo alla pubblica autorità (*Discorso sulla libertà degli antichi paragonata a quella dei moderni*, in *Princìpi di politica*, a cura di U. Cerroni, Roma, 1970, p. 219). C'è bisogno di dire che, qualora fosse considerato dal punto di vista degli antichi, il liberalismo apparirebbe il governo delle opinioni?

scarso posto da concedere all'accumulazione della ricchezza, sia da parte degli individui che degli Stati, tale giudizio degli autori dell'ellenismo è così concorde. Per Platone, l'oblio di ogni cosa bella e onesta, degli stessi giochi e gare ginniche convenienti per la formazione dei cittadini, è da imputare allo spirito della ricchezza. La superiorità della stirpe ellenica sulle altre genti, e specialmente sui Fenici, è fondata sul fatto che i Greci cercano la conoscenza, i Fenici il guadagno. La città non deve essere posta sul mare, poiché tale posizione favorisce la commistione dei costumi, la mescolanza delle stirpi, il desiderio della ricchezza. Su questi punti Aristotele rimane strettamente legato a Platone, giacché Aristotele antepone il sapere disinteressato, fine a se stesso, a quello cercato in vista dell'utilità; esclude che i cittadini possano condurre la vita dell'operaio meccanico o del mercante, essendo essa un genere di vita ignobile e contraria alla virtù; espunge i medesimi operai dal novero dei cittadini e vieta che da essi e dai contadini, i quali debbono essere schiavi o barbari perieci, si traggano i sacerdoti; riserva la piazza ai liberi e vuole che non vi si svolgano attività commerciali; e in queste e in altre consimili maniere dimostra la sua ostilità verso il commercio, l'industria e l'accumulazione del denaro. È dalla ricerca della ricchezza che proviene una delle più consistenti minacce alla felicità e alla libertà dell'uomo e dello Stato[2].

La bassa stima della ricchezza è sostanzialmente la medesima presso i Greci e presso i Romani. Senza dubbio, i Romani sono un popolo pratico, e presso di essi, volentieri viene affermato il primato della vita attiva sopra a quella con-

---

[2] Aristotele giustifica la schiavitù, al quale nell'orientamento di pensiero dell'ellenismo non è il risultato di una deliberazione umana, ma una conseguenza imposta dalle cose stesse. La giustificazione della schiavitù è già in Platone, il quale l'argomenta dicendo che chi non è in grado di governarsi da se stesso deve consegnare ad un altro il timone della sua mente, proprio come si farebbe in una nave (*Clit.*, 408 a-b). Platone afferma che per un individuo del genere è meglio vivere da schiavo, e in questa maniera prepara la teoria, per la quale la schiavitù esiste per il vantaggio non soltanto del padrone, ma anche, e soprattutto, dello schiavo. La condizione di chi, per un difetto di costituzione, è incapace di guidarsi con la ragione, è simile a quella di un cane, che può o menare vita da animale randagio o condurre l'esistenza domestica al servizio dell'uomo. (La possibilità di vivere da animale selvaggio si dà per il cane, almeno dove esistono ampi territori poco abitati, ma non si dà per l'uomo povero di ragione, perché la terra è degli uomini in cui la ragione è giunta al completo sviluppo.) S'incontrano in Aristotele tre definizioni dello schiavo: la prima dice che lo schiavo è l'uomo che è possesso di un altro uomo; la seconda che è lo strumento animato; la terza che è il modo di partecipare della ragione proprio di chi è capace di ascoltare la ragione, ma non di possederla (*Pol.*, A, 5, 1254 b). La prima definizione non è una spiegazione terminologica sul significato da annettere alla parola «schiavo», ma importa che la schiavitù è un'istituzione regolata dal diritto; la seconda è quella divulgata, ma presuppone l'esistenza dello schiavo; tutto il peso concettuale appartiene alla terza, la quale arreca il *propter quid* della schiavitù, che riconduce ad un mancato sviluppo della ragione. Questa considerazione della schiavitù per natura non rende conto della schiavitù effettivamente esistente tra i Greci, e in genere nel mondo antico, giacché niente garantisce che tra quanti nascono in schiavitù non ci siano uomini, in cui la ragione, anziché essere soltanto incoata, ha il pieno svolgimento. Del resto, Aristotele è piuttosto indeciso intorno al *quantum* di deficienza intellettuale che divide lo schiavo dal libero, e allorché ammette l'amicizia tra i liberi e gli schiavi, accorda compiuta qualità umana anche allo schiavo.

templativa; bisogna però intendere correttamente ciò che essi vogliono dire con l'attività e stimano forma suprema d'azione. Si tratta della partecipazione alla guida dello Stato, dell'attività politica, e non già della produzione della ricchezza, della mercatura, dell'attività di scambio, in breve, dell'economia, la quale seguita ad occupare una posizione del tutto subordinata nella disposizione gerarchica degli ideali e degli scopi della vita[3]. Date queste convinzioni comuni dei Greci e dei Romani che meraviglia c'è, se l'economia politica (la quale si suole definire la scienza della ricchezza) non si è sviluppata nella civiltà dell'ellenismo, e se in Aristotele, l'unico vero trattatista antico dei problemi dell'economia, l'attività economica è circondata di parecchie cautele, riserve, restrizioni? Gli studiosi moderni, di fronte alle limitazioni di Aristotele, alla sua condanna della classe commerciale, alla sua riprovazione dei guadagni provenienti dal denaro stesso, e non da ciò in vista di cui il denaro è stato inventato, sogliono protestare, sostenendo che si è in presenza di pregiudizi moralistici, e che lo Stagirita non avrebbe dovuto ignorare gli utili servizi che i commercianti rendono al popolo e il vantaggio che viene alla società dall'opera dei prestatori di capitale (eppure Aristotele non sottovaluta minimamente l'apporto che la ricchezza arreca alla felicità, la quale richiede un ampio sostegno di beni materiali, senza contare che è arduo, se non impossibile, fare il bene se si è privi di bastanti ricchezze). Quanti reputano di trovarsi dinnanzi a pregiudizi d'ordine morale, estranei alla tematica economica, dovrebbero però riflettere che qualunque vita economica importa la presenza di leggi morali e di norme giuridiche, e la loro diffusa osservanza e la riprovazione e la condanna dei casi in cui esse sono violate, senza di che l'andamento dell'economia sarebbe o gravemente disturbato o addirittura impedito. Che direbbero di un mondo in cui la proprietà è del tutto insicura legislativamente, perché provvedimenti di confisca sono costantemente nell'aria, sotto la denominazione suadente di leggi di riforma, dove si va avanti non con leggi generali, ma con decreti mirati alle persone, ogni specie di ruberie è all'ordine del giorno, i brevetti di invenzione e i marchi di fabbrica sono contestati, alterati, contraffatti, e via di seguito enumerando condizioni di comples-

---

[3] Quando Cicerone afferma che la virtù non è un'arte che si può conoscere senza esercitarla, ma che si realizza nella pratica oppure non esiste, intende la politica; nei confronti delle professioni che si intraprendono per fini di lucro egli è severissimo; in nessun modo vorrebbe che il popolo romano, che è il dominatore dell'universo, fosse anche il fornitore dell'universo (*Rep.*, IV, 7). Per Sallustio, nel bel tempo antico massima era la concordia e minima l'avidità; è stata la crescita economica a portare il seme della dissensione (*Cat. Con.*, VI, 2-4 e X, 3-5). Tra i Galli Cesare assegna il primato della fortezza ai Belgi, che hanno il vantaggio di essere lontani dalla raffinatezza della provincia romana e di essere risparmiati dai mercanti che di rado vi vengono a smerciare i prodotti che rendono effeminati gli animi (*Bel. Gal.*, I, 1, 3). I seguaci delle diverse scuole filosofiche assumono il medesimo atteggiamento mentale nel riguardo della ricchezza: per Lucrezio, non l'introduzione delle vesti, non l'edificazione dei palazzi, ma gli insegnamenti di Epicuro arrecano la felicità; quel che conta è apprendere la *finis cuppedinis* (*De rer. nat.*, VI, 25); per Seneca, il sapiente, essendo *humani generis paedagogus*, insegna che non c'è niente di così ingannevole come la speranza di diventare beati con l'acquisizione delle ricchezze (*Ep.* 119, 2, 9).

siva anarchia? Essi sarebbero i primi a riconoscere che occorrono regole di comportamento morale e giuridico, le quali non possono comunque mancare, perché la morale e il diritto sono ingredienti necessari della vita. Di queste regole Aristotele e gli altri antichi hanno le loro, come hanno le loro i moderni economisti dell'illuminismo, i quali fanno anch'essi inevitabilmente riferimento a principi di morale e di diritto.

Come si è detto, la differenza capitale è costituita dalla presenza o dall'assenza del concetto di essenza umana, e quindi, in definitiva, tutto dipende dall'accoglimento o dal rifiuto della metafisica, che l'ellenismo, con poche eccezioni, professa di gran cuore, e che l'illuminismo, tutt'intero, invece, rigetta. Se l'essenza umana è riconosciuta, essa costituisce il fine, giacché per l'uomo, come per ogni altro esistente, il fine può essere formato soltanto dalla piena realizzazione della sua essenza, e qualsiasi altro elemento riceve immancabilmente la posizione di mezzo, da perseguire in vista del fine, nelle forme e nei limiti da esso richiesti. Così subordinato è nell'ellenismo il posto dell'attività economica, che in esso del tutto secondaria è la ricerca volta a costituire la scienza dell'economia.

2. *L'ideale illuministico dell'esistenza umana e l'attività economica*

La scienza dell'economia, per costituirsi e per formare una disciplina universalmente riconosciuta, esige che la vita economica, e il perseguimento della ricchezza in cui essa si riassume, siano riflessivamente (e non soltanto istintivamente, ciò che è da presumere accada quasi sempre), ad opera della classe colta (e non della generalità degli ignoranti, da cui il sapere non ha nulla da sperare e nulla da temere) tenute in alto pregio, e questo accade nella stessa epoca in cui si afferma l'illuminismo.

L'opera di scristianizzazione, promossa dall'illuminismo, ha come potente alleata l'attività economica, che è essenzialmente mondana e ha per suo unico teatro la terra. I luoghi in cui più ferve l'attività economica ritengono una salutare efficacia nel liberare dalla superstizione e dal pregiudizio religioso, ossia dalla sorgente medesima dell'intolleranza[4]. La prosperità economica ha biso-

---

[4] La religione cristiana, dice Voltaire, è intollerante sin dalla sua radice, e del resto, i suoi santi e i suoi teologi proclamano ad alta voce di voler fare del cristianesimo l'unica religione della terra; ma, dove si bada a comprare e a vendere, lo spirito settario perde il suo pungiglione e si raggiunge la pace religiosa: «Nella Borsa di Amsterdam, di Londra, di Surat, di Bassora, il ghebro, il baniano, l'Ebreo, il musulmano, il deicola cinese, il brahmano, il cristiano greco, il cattolico romano, il cristiano protestante, il cristiano quacquero trafficano l'uno con l'altro: nessuno leverà il pugnale su altri per guadagnar anime alla propria religione» (*Dizionario filosofico*, voce *Tolleranza*, trad. it. cit., p. 507). Le religioni dividono, l'economia unisce, anche se lentamente, perché non si guarisce in un giorno dal morbo dell'intolleranza. Ci vuole tempo, ma che l'effetto sia immancabile si scorge già da quel che accade oggi. Alla Borsa, osserva sempre Voltaire, «c'erano in piazza cinquantatré religioni compresi armeni e giansenisti. Si conclusero affari per cinquantatré milioni colla maggior pace del mondo» (*Pot-Pourri*, trad. it. cit., p. 203).

gno di molto lavoro (e svolto con grande intensità, anche se con orari più ridotti di quelli di un tempo, che erano estesissimi, ma si lavorava con estrema lentezza, e in molti casi, più per modo di dire che in maniera effettiva), e ciò esige l'abolizione di molte festività religiose, veri e propri asili dell'indolenza e dell'ozio. Gli uomini (ammonisce Montesquieu) sono fatti per conservarsi, nutrirsi, vestirsi, per eseguire tutte le opere richieste dalla società; di conseguenza, la religione non deve instillare in loro un tipo di vita troppo contemplativo, e caso mai vi inclini, deve intervenire la legge civile a correggere una tale erronea tendenza. Cattive idee e cattive abitudini di vita stanno tra loro nel rapporto di reciproca azione; per tagliare il nodo occorre l'azione dello Stato. È dalla pigrizia dell'animo che nasce il domma della predestinazione, ed è dal domma della predestinazione che nasce la pigrizia dell'animo. Bisogna stimolare gli uomini addormentati dalla religione. La religione incoraggia i pigri e i vagabondi, perché vuole incrementare ad ogni costo i suoi seguaci, accresce i vizi, perché suggerisce la facilità del perdono divino, che è a buon mercato in quanto per ottenerlo basta ricorrere ai sacramenti, introduce il disordine e i cattivi costumi, mentre la ricchezza crea il lavoro, assicura il pane, incrementa ed estende la civiltà. Insegnando che il lavoro ha tratto origine dal peccato, e facendone una pena della colpa del progenitore, il cristianesimo calunnia l'uomo e l'esorta ad oziare. Il paradiso terrestre, in cui non si lavorava, è l'appagamento immaginario della pigrizia, il sogno dell'inerzia realizzata, che non lascia spazio nemmeno per la fatica dell'attenzione. Il cristianesimo accorda la sua protezione ai poveri, ispira provvedimenti legislativi atti a sopperire alle loro necessità, suscita innumerevoli vacue declamazioni sul fatto che i più deboli e miseri sono anche i più calpestati. Al momento in cui esordisce sulla scena dell'Europa, l'illuminismo non ha tanta tenerezza, e nei suoi scrittori la miseria diventa il più delle volte un capo d'imputazione. È naturale che ci sia chi ha e chi non ha, chi comanda e chi obbedisce[5]. Le leggi per i poveri, invece di giovare, molto spesso hanno nuociuto. Almeno nella maniera in cui si sono adottate in Inghilterra (segnala Malthus) codeste provvidenze hanno contribuito soltanto ad innalzare il prezzo dei viveri e ad indebolire i salari; si procede per editti governativi, quasi che essi fossero capaci di far miracoli. Le leggi sui poveri (aggiunge Ricardo) sono andate esattamente nella direzione contraria a quella che avrebbero dovuto prendere, hanno incoraggiato l'imprevidenza e l'impudenza, e invece si sarebbe dovuto aver per scopo di limitare la riproduzione dei poveri, rendendo meno frequenti tra di loro i matrimoni. Una via per venire incontro ai bisogni dei poveri esiste, ma essa passa primariamente attraverso lo sviluppo economico, e soltanto secondariamente attraverso gli interventi governativi.

Percorrendo questa via, le classi popolari saranno strappate alla loro religione avita, scristianizzate come in precedenza lo erano state le classi alte e colte,

---

[5] Dice Chamfort: «La società si compone di due grandi categorie: quelli che hanno piú cibo che appetito, e quelli che hanno piú appetito che cibo» (*Prodotti della civiltà perfezionata*, trad. it. P. Bava, Torino, 1961, p. 58).

arruolate insieme ad esse sotto la comune bandiera del laicismo, e condotte a riporre nel benessere il fine della vita. La mobilitazione non conosce eccezioni, giacché tutti possono servire alla causa dell'utilità, quali che siano le loro condizioni, in quanto le ramificazioni della produzione della ricchezza sono sterminate. Il cristianesimo aveva ritenuto insidioso e pericoloso lo stato della ricchezza in vista dell'eterna salvezza, ma con ciò aveva inteso sostenere che l'abitudine ai comodi e ai lussi poteva indurre a dimenticare la destinazione ultraterrena dell'uomo. Ciò riguarda l'uso della ricchezza, non il suo possesso di per se stesso, che poteva essere accompagnato dal personale distacco e dalla personale indifferenza, nel qual caso la grande abbondanza dei beni poteva essere impiegata per il soccorso dei bisognosi e per dimostrare fattivamente l'amore del prossimo. Di qui era sorta la distinzione tra la ricchezza, che di per sé è uno stato neutro e indifferente, e lo spirito della ricchezza, l'attaccamento morboso ai beni terreni, che è una condizione mentale, che reca già con sé la propria condanna. Per essere concretamente operanti e non rimanere fittizia e verbalistica, codesta distinzione doveva essere accompagnata da una netta separazione tra la proprietà dei beni e lo stile di vita dell'uomo ricco, e questa separazione, a sua volta, comportava che la condizione di proprietario si mantenesse di per sé, e non comportasse alcun interessamento e alcuna cura da parte dell'individuo. Ciò era garantito nel miglior modo dalla grande proprietà immobiliare terriera, soprattutto quando ad essa si accompagnava il requisito dell'inalienabilità, e la conduzione e la direzione dei lavori erano ripartite tra un gran numero di individui gerarchicamente disposti e non toccavano in niente il signore, che era autorizzato a disinteressarsene. Finché permane una tale situazione, la distinzione tra i buoni e i cattivi ricchi ha un suo significato, e la figura del grande signore benevolo che impiega i frutti dei suoi averi per immense opere di carità, senza per questo intaccare la sua proprietà, ha un'incarnazione nei fatti, è attestata dai documenti, e arride come modello alla pia immaginazione del popolo. Ma allorché i vincoli e le restrizioni posti a tutela della stabilità della condizione proprietaria sono aboliti, allorché è affidato al comportamento d'ognuno, alla sua personale saggezza e perspicacia, di elevarsi al vertice dell'opulenza, o di cadere, per incapacità o per dissennatezza, nell'abisso della miseria, e soprattutto allorché è richiesto un continuo interessamento e una personale partecipazione ai negozi, così che sorge e si diffonde quel personaggio che è il moderno «uomo d'affari»[6], le antiche e consolidate possibilità vengono meno, la ricchezza esiste soltanto dove c'è il suo culto e dove impera lo spirito della ricchezza. A

---

[6] Il personaggio è nuovo e, di conseguenza, è ignoto alla commedia greca e romana (e anche a quella moderna, che si ispira ai modelli classici), la quale conosce soltanto l'avaro che ama il denaro più della reputazione, più dell'onore, più di se stesso, che viene derubato e allora proclama che senza denaro gli è impossibile vivere: egli si serve però del suo oro esclusivamente per vederlo, contemplarlo, gioirne. L'avaro è sterile, ignora l'investimento. L'uomo d'affari è produttivo, egli è avido, crea novella ricchezza da preesistente ricchezza, l'una e l'altra molte volte di specie monetaria.

questo punto il laicismo positivo ha già sostituito il cristianesimo nella guida spirituale dell'umanità.

Simbolo della mutata condizione degli spiriti nei confronti della ricchezza è l'ammissione del prestito ad interesse, per l'innanzi condannato a titolo di *peccatum usurariae pravitatis*, a causa della confluenza dell'idea aristotelica della naturale sterilità della moneta con il precetto cristiano del *mutuum date, nihil inde sperantes*. Il cangiamento di posizione è sia teoretico che pratico, tutti ne sono coinvolti, tutti reputano comportamento legittimo una consuetudine colpita in passato con dure censure[7].

Il principio d'utilità, che è il fondamento dell'attività economica, per il suo lato negativo concorre, oltre che a liberare dalla superstizione religiosa, a disfarsi dei pregiudizi della metafisica, e di conseguenza, concorda tanto col laicismo quanto con l'antimetafisicismo, propri dell'illuminismo. Per lumeggiare questa sua ulteriore funzione, occorre riflettere che la metafisica, pronunciandosi sulla totalità delle cose come esistono in se stesse, assegnandone le essenze, ne stabilisce in pari tempo i fini. Questa finalità d'ordine metafisico è oggettiva e universale, giacché importa che le cose in se stesse sono fini, e che tali sono non già alcune sì e altre no, sibbene tutte quante se ne danno. L'estensione dei fini è precisamente la medesima propria delle nature che si muovono nello spazio dell'universo. Niente di ciò è ammissibile dalla posizione in cui si colloca il principio d'utilità, il quale esige che ci siano fini soltanto dove ci sono azioni guidate dall'intenzione, e di esseri operanti sulla base d'intenzioni ce n'è esclusivamente uno (o almeno, ne conosciamo esclusivamente uno, l'uomo), il quale si propone nelle sue azioni di raggiungere questa o quella meta, e in funzione del-

---

[7] Agli occhi degli economisti moderni, la posizione di Aristotele, dei Padri della Chiesa e degli Scolastici, in materia d'interesse di capitale riesce difficilmente comprensibile e sembra ad essi palese che nel rifiuto del prestito di denaro ad interesse si contenga un errore di ragionamento. Così Marshall non soltanto trova esagerata la pittura tardo antica e medioevale del prestatore di denaro ad interesse come di un trafficante sulle disgrazie altrui, ma reputa anche infondata la distinzione tra l'interesse sul prestito per la moneta e l'interesse per la locazione di ricchezza materiale, distinzione che doveva giustificare il divieto del primo e l'ammissione del secondo. Chi presta moneta, egli argomenta, si trova in una situazione simile a quella di chi presta una casa o un cavallo; chi prende a prestito denaro può comprare un puledro, di cui usare i servizi, e vendere al momento della restituzione del prestito, ad un prezzo non inferiore a quello pagato per l'acquisto. Il prestatore cede il potere di fare ciò, il mutuatario l'acquista; non c'è nessuna sostanziale differenza tra il prestito del prezzo d'acquisto di un cavallo e il prestito di un cavallo (*Op. cit.*, pp. 771-772). L'obiezione di Marshall si direbbe impeccabile, ma essa ha il torto di considerare come se fosse descrittiva quella che è, invece, una questione prescrittiva. La giustificazione generale della presa di posizione aristotelica, patristica e scolastica, è che occorre tendere a contrarre l'ambito dei desideri e delle loro soddisfazioni: questo è l'imperativo morale e il fondamento della legge giuridica. Non si tratta di una costatazione, ma di una decisione; non è che la moneta sia sterile, è che deve essere sterilizzata. È manifesto che di per sé niente impedisce di proibire che si possa domandare un corrispettivo anche nel caso della concessione dell'uso di un cavallo o di un immobile. Il confine tra ciò che deve essere considerato ammissibile e ciò che deve essere oggetto di proibizione dipende dalla maggiore o minore energia con cui si mira ad impedire che, dopo una lunga serie di passi nella direzione cattiva, la religione del denaro diventi l'unica *religio licita* dell'universo.

l'una o dell'altra pianifica la sua attività. Quello dell'utilità è un concetto di finalità, ma soggettiva, e per di più, ristretta all'uomo, così che minerali, piante, animali, lungi dall'essere fini di per se stessi, ricevono una finalità di riflesso dall'umanità, allorché essa li impiega. Allorché l'uomo non esisteva ancora, non c'era alcun fine nel mondo, nessuna cosa utile, e nemmeno nessuna cosa vera, buona, bella, che sono sorte quando l'uomo ha incominciato ad esistere, e anche dopo di allora si trovano soltanto nella vista, nella mente, nell'anima umana, l'unica loro sede possibile. L'ostilità moderna verso la ricerca delle cause finali, il bando che ad essa viene dato nell'investigazione della natura, l'irrisione con cui viene trattato il finalismo, per cui si sovrappongono la finalità interna (per la quale ogni cosa è a se stessa un fine) e la finalità esterna (per la quale alcune cose sono fini, ed esse si subordinano le altre cose come mezzi), la dimenticanza e il silenzio che seguono l'ironia e il dileggio, si comprendono per l'adozione del principio d'economia da parte dell'illuminismo.

Tanto grande è il peso che l'economia esercita nel mondo moderno, tanto strettamente connessi sono il concetto dell'economico e quello del vivere secondo ragione, che sia nel linguaggio dotto, sia in quello popolare, comportamento economicamente corretto e comportamento razionale finiscono con l'essere quasi espressioni sinonimiche. Contro quest'uso promiscuo di vocaboli si suole osservare che azione economica e azione razionale non possono, in tutta la loro estensione, coincidere, giacché qualunque azione economica che s'intraprenda soddisfa necessariamente un bisogno derivante da un desiderio (se così non fosse, essa nemmeno si compirebbe), ossia qualunque azione obbedisce al criterio dell'economicità, il quale è condizione della sua esistenza; ma, se ciò che è economico è tutt'uno con ciò che è razionale, ne viene che qualunque cosa si faccia, ci si comporta razionalmente, e questa è conseguenza inammissibile. Stando ad una tale identità, si dovrebbe concedere che agì razionalmente Glauco, allorché scambiò con Diomede armi d'oro con armi di bronzo e cento buoi con nove buoi, ma non la pensa così Omero, il quale dice che Glauco fece ciò perché Zeus gli aveva levato il senno. La protesta contro l'uso linguistico invalso merita di essere segnalata, perché essa è suggerita da un'infondata ed erronea nozione d'utilità, la quale disconosce che utile non è qualunque soddisfazione di bisogni e di desideri, ma soltanto quella che momentaneamente li estingue o li attenua, per farli risorgere in maniera più intensa e imperiosa. Il rapporto vero nell'illuminismo tra gli elementi basilari dell'economia non è circolare, bensì procede nella forma di una spirale, e va da un desiderio ad un bisogno ad una soddisfazione, per ripiegare sopra un maggior desiderio, un maggior bisogno, una maggiore soddisfazione, e così all'infinito. La ricchezza, l'utilità, ossia, in definitiva, l'equivalenza, esistono soltanto a condizione di crescere; non è quindi vero che qualunque azione risponde al requisito dell'economicità; tutt'al contrario, ogni volta soltanto un'unica azione, quella che massimalizza tutti i termini su cui si porta, obbedisce al principio del comportamento economico, il quale non incontra ostacoli di sorta a valere come modello di comportamento razionale.

Oltre alla ragione, anche la libertà assume nell'illuminismo significato specificamente economico, come risulta evidente dalla considerazione dei contenuti che sono conferiti alla parola «libertà» (la quale risuona in tutti i luoghi e in tutti i tempi, ma in accezioni ogni volta diverse). Modernamente la libertà, oltre che libertà personale, è essenzialmente libertà di movimento, di andare e venire senza restrizioni sul territorio dello Stato di appartenenza, e dopo alcuni secoli anche tra gli Stati, che diminuiscono in maniera drastica i controlli degli individui, di lavorare senza essere destinati ad un mestiere o ad una professione fissata in anticipo, di comprare e di vendere senza limitazioni (l'antichità introduce limitazioni, per proteggere dalla caduta nell'indigenza), è libertà di commercio, di navigazione (che solamente in tempo di guerra o allorché la guerra si sente prossima viene in qualche misura impedita). Si suole giustamente sostenere che la libertà ha due forme, l'una positiva, e l'altra negativa, e basta considerare gli assetti della vita associata dettati dall'illuminismo, per rendersi conto che in essi prevale la libertà negativa, poiché si tratta di togliere di mezzo i vincoli che ostacolerebbero una fervida attività economica, fatta di opifici, di empori, di banche, di Borse, e inoltre di teatri e di altri luoghi d'intrattenimento e di svago, adatti ad eccitare i desideri[8].

Nei secoli in cui si dispiega la civiltà dell'illuminismo, l'economia ha un posto ognora crescente nella vita degli individui e dei popoli, e gli illuministi ne rilevano le conseguenze. Una certa divisione del lavoro si riscontra presso tutti i popoli e in tutte le epoche, ma si tratta di una divisione tra mestieri, occupazioni, professioni, che entro di sé restano ciascuna indivisa; ne deriva un grande vantaggio per l'elevazione e la raffinatezza della civiltà, che non potrebbe nemmeno sorgere se tutti gli individui adempissero indiscriminatamente tutti i compiti, nel qual caso non si andrebbe oltre la soddisfazione in forma elementare dei bisogni immediati dell'esistenza. Questo tipo di divisione del lavoro, mentre da un lato permette il sorgere di una civiltà elevata, dall'altro non va troppo a danno della formazione dell'uomo, il quale nel carattere ancora unitario della sua occupazione trova di che realizzare la propria personalità, e soprattutto consente un giusto equilibrio tra mutamento e ordine, innovazione e conservazione, nella società, in cui c'è posto per una classe di persone, che in grazia della loro condizione (sia essa quella dei sacerdoti o quella degli insegnanti delle scuole superiori o anche le due cose insieme), è interamente esonerata dal dover provvedere alla propria conservazione e può così dedicarsi appieno agli interessi

---

[8] Ci sono anche altre libertà, oltre quella economica, e tra di esse le più decantate sono la libertà di religione, che accorda a ciascuno il diritto di scegliere la propria fede, la libertà di pensare con la propria testa in fatto di filosofia, teologia, ecc. Sembrerebbero libertà positive, ma sono libertà negative. La religione, finché è schietta e genuina, non si sceglie, ma si è da essa scelti, è Dio che accorda l'elezione, l'individuo può tanto poco scegliere la propria religione, quanto poco può scegliere la propria pelle. Anche la libertà *di* pensiero filosofico è, in effetti, libertà *dal* pensiero, *dal* compito di filosofare. Le deliberazioni, le scelte, le decisioni, non si addicono alla filosofia, la quale è relazione necessaria di proposizioni che s'implicano a vicenda. Quando Aristotele illustra le dottrine dei suoi predecessori, afferma che costoro filosofarono costretti dalla realtà e dalla verità stessa. Le libertà a cui maggiormente s'inneggia, essendo distruttive dei loro oggetti, sono tutte *provvisorie*; invece, quella *economica è libertà permanente, definitiva*.

della cultura, della religione, dell'arte, della scienza. La situazione muta radicalmente allorché la divisione del lavoro diventa estrema, e quella che in precedenza era un'attività indistinta nel suo ambito viene partita in numerose mansioni, ognuna delle quali deve essere adempiuta da lavoranti specializzati, e insieme il mutamento sociale accenna a diventare così rapido da coinvolgere tutti nella gara per la produzione e il mantenimento delle ricchezze, e sparisce quella che per l'innanzi era stata la «classe generale», sia che essa attendesse alla guida dei governi, sia che fosse occupata negli interessi della vita spirituale. Nella nuova condizione, ogni uomo è portato a vivere direttamente di scambi, e a diventare così, lo voglia o no, un mercante[9].

3. *I concetti fondamentali della scienza economica: lo scambio, la merce, la moneta*

Essendo nell'età moderna la ricchezza diventata scopo essenziale della vita, ed essendo stata riconosciuta e salutata in tale sua indole, essa ha finalmente

---

[9] Come nota Smith (il quale coglie l'inusitato aspetto del mondo, rispetto a tutti quelli esistiti in passato, quand'è ancora agli inizi), l'intera società tende a diventare una vera e propria società commerciale, nel senso che è ispirata ai principi e agli ideali che guidano l'uomo d'affari, il mercante. Di un uomo ricco si dice che vale molto, di uno povero che vale pochissimo denaro (*La ricchezza delle nazioni*, trad. it. cit., p. 555). Questa gigantesca trasformazione non soltanto non dispiace, ma viene, anzi, guardata con estremo favore, perché la felicità degli individui e dei popoli è ora collegata con la ricchezza, e certamente un tale orientamento degli animi e il correlativo andamento delle cose del mondo è atto, come nessun altro, ad aumentare la ricchezza esistente sulla terra. Perfino uno spirito positivo come Ricardo scioglie un inno alla ricchezza, che, con l'invenzione delle macchine, i progressi delle capacità professionali, la migliore (e cioè la più ramificata) divisione del lavoro, l'acquisizione di nuovi mercati in cui effettuare scambi più vantaggiosi, può mettere grandi moltitudini umane in grado di godere dei comodi, degli agi e dei piaceri della vita in una misura ignota anche al recente passato. Felicità e ricchezza sono, per Ricardo, entità indivisibili, e quando gli capita di vedersi attribuita l'indifferenza per la sorte di miriadi di esseri umani, egli protesta vivacemente che non è quello il suo pensiero e che la sua preoccupazione costante è la felicità del maggior numero d'individui (*Principi di economia politica e dell'imposta*, trad. it. cit., vol. I, p. 408). I trattatisti della politica si rendono conto, al pari degli economisti della posizione dominante che l'economia ha acquistato nella vita degli Stati. Nell'antichità, osserva Montesquieu, non si parlava altro che di virtù e, soprattutto nei reggimenti popolari, si additava nella virtù l'unica forza capace di mantenere in vita le istituzioni e i governi; modernamente si discorre esclusivamente di manifatture, di finanze, di commerci, come se di ciò constasse tutta la vita pubblica (*De l'Esprit des Lois*, III, 3, cit., p. 252). Ripigliando la considerazione di Montesquieu, Constant osserva che la grande differenza non è dovuta al prevalere delle repubbliche o delle monarchie, ma ha una causa più profonda, ossia il diverso e opposto orientamento spirituale dei tempi antichi e di quelli moderni. Nel mondo moderno si è affermato il diritto dell'individuo di scegliere liberamente il proprio lavoro, di adoperare come meglio gli pare la sua proprietà, di abusarne e anche di sperperarla, il commercio, che nell'antichità era qualcosa di accidentale, è diventato la condizione normale, il fine ultimo, la vera vita delle nazioni, che riassumono nel benessere e nei mezzi di procacciarselo il loro ideale di esistenza umana (*Princìpi di politica*, trad. it. cit., pp. 224-229).

formato oggetto di riflessione adeguata, così che è sorta e ha acquistato grande vigoria la scienza della ricchezza, sotto le denominazioni di «analisi economica», «economia politica», «filosofia dell'economia», e anche semplicemente «economica». Queste denominazioni non sono del tutto sinonimiche, ma alludono – più di quel che chiaramente esprimano – ad una distinzione capitale, quella tra la scienza dell'economia in senso proprio, che è sapere intellettuale di carattere matematico, ma non di matematica pura, bensì applicata, ossia è sapere d'ordine fisico (ma che tuttavia non copre l'intera estensione della fisica, della quale è soltanto una branca), e la scienza dell'economia in senso improprio, che condivide con la precedente quasi tutto il vocabolario, ma ha per contenuto il sentire com'esso esiste nella vita, ossia consistente di sensazioni e d'immagini (o, com'è lo stesso, di sentimenti). Poiché l'illuminismo è un punto di vista, è evidente che ha titolo a pronunciarsi su di esso unicamente la scienza dell'economia in senso improprio, la quale appartiene al *globus sensibilis*, mentre l'altra fa parte del *globus intellectualis* (tra di essi non si dà influsso fisico, ma esclusivamente comunicazione metafisica). Non conviene però dilungarsi in riflessioni intorno alla scienza dell'economia come branca della meccanica, ossia della teoria delle leggi dell'equilibrio, delle forze e del movimento dei corpi, e della medesima scienza come manifestazione della vita, conoscenza sensibile, perché c'è poco da ripromettersene per la chiarezza del pensiero, che urta contro la difficoltà che, mentre i concetti sono differenti, i vocaboli sono pressoché i medesimi.

Il punto di partenza della considerazione è costituito dal concetto dell'equivalenza, di cui ci è noto che è la relazione invertibile uno-uno, e che è, nell'illuminismo, ognora crescente, giacché soltanto a tale condizione è fornita di senso. Occorre però subito provvedere a restringere il concetto dell'equivalenza, testé richiamato, introducendo alcune condizioni limitative, così da passare dall'equivalenza, o ricchezza, in senso onnicomprensivo, all'equivalenza, o ricchezza, in senso ristretto, che è l'unica di cui si occupa la scienza dell'economia, come si è venuta costituendo dall'inizio dell'età moderna ai nostri giorni. L'equivalenza ha due lati; ciò che è equivalente si trova ad *essere* dall'uno oppure dall'altro di questi lati; che sia invertibile significa che ha la proprietà di *passare* dall'un lato all'altro. Il concetto dell'equivalenza, sin qui preso nella sua generalità, si restringe mediante la distinzione di *lato primario* e di *lato secondario*. Il significato in cui sono da intendere il «lato primario» e il «lato secondario» può essere illustrato con alcuni esempi forniti dalla gnoseologia, dalla logica e dalla linguistica dell'illuminismo, che distingue tre sorte di entità del tutto inconfondibili: *res, notiones, voces*. Non sempre ci riferiamo a cose, essendo impossibilitati a farlo, allorché esse sono lontane da noi nello spazio o remote nel tempo, e in questi casi facciamo appello alle nozioni, che adoperiamo al posto delle cose e, ragionando con noi stessi o insieme ad altri, teniamo in conto delle cose. È manifesto che qui si è dinnanzi ad un'equivalenza, in cui le cose occupano il lato primario e le nozioni prendono quello secondario, e che la decisione di tenere le nozioni in conto delle cose importa un passare (ma d'ordine puramente mentale) delle nozioni da un lato all'altro. Che il lato originariamente occupato dalle cose sia quello primario e il lato in partenza preso dalle nozioni sia quello secondario, è chiaro da ciò, che anche le nozioni sono in un certo senso delle cose, ma non allo stesso titolo di quelle che sono appellate da chiunque le «cose». In effetti, quando si parla comunemente delle cose, s'impiega un'espressione brachilogica, volendosi intendere *cose reali* (anche le nozioni, essendo delle entità, sono delle cose, ma non reali, giacché in tanto esistono in quanto sono concepite, il loro *esse* è *in intellectu tantum, non in natura*). C'è dunque un'accezione larga e un'accezione stretta delle cose, e nella prima può trattarsi sia di cose reali (*entia naturae*), sia di *cose ideali* (*entia rationis*), laddove nella seconda si deve trattare esclusivamente di *cose reali*.

Può anche capitare che non soltanto non si sia in grado di riportarsi alle cose, ma che non si sia nemmeno capaci di riferirsi con successo alle nozioni, come capita allorquando si cerca nella mente l'una o l'altra determinata idea, ma questa non si presenta, e soltanto avvertiamo lo sforzo inane che stiamo eseguendo. In una situazione del genere ricorriamo alle parole e le impieghiamo in luogo delle nozioni, e parlando con noi stessi mediante il *sermo interior* o discorrendo con gli altri per mezzo della viva voce, prendiamo il partito di tenerle in luogo delle nozioni. Ciò che si è osservato a proposito delle cose e delle nozioni è adesso da ripetere delle nozioni, le quali occupano il lato primario, e delle parole, le quali prendono quello secondario, e del passaggio (d'ordine esclusivamente mentale) dall'un lato all'altro, che ha luogo allorché si prende la risoluzione di adoperare per il momento le parole come se fossero nozioni. Va, infatti, da sé che anche le parole, costituendo delle entità, sono cose, ma non reali, come quelle che tutti chiamano con un tale nome, bensì ideali, ancorché in maniera diversa da quella in cui sono cose ideali le nozioni. (Non si confondano i suoni, che appartengono al novero delle cose reali, con i significati, che vanno riposti nel rango delle cose ideali; i suoni sono uditi da tutti, le parole sono comprese soltanto da quelli che intendono la lingua in cui ci si esprime; la parola, in quanto significato, è quindi cosa ideale. La differenza tra la nozione e la parola, che ne rende possibile l'equivalenza, e il passare da un lato all'altro, risiede in ciò, che la nozione fornisce l'effigie della cosa, laddove la parola vi si riferisce vuotamente).

Nella prima delle due condizioni illustrate, le nozioni sono rappresentazioni delle cose, di cui forniscono come delle tessere; nella seconda ad avere la posizione di rappresentazioni e di tessere sono le parole, e l'altro posto è qui tenuto dalle nozioni; pensando senza aver presenti le cose, si accolgono le loro tessere concettuali come se valessero le cose; parlando senza avere nella mente le nozioni, si assumono le loro tessere linguistiche, come se valessero le nozioni; ossia si compiono mentalmente due scambi.

Le «tessere» furono incontrate già sopra, allorché si accennava alle monete; sarebbe stato diverso il ragionamento ora svolto, se avessimo affermato che in certe situazioni i concetti sono monete, che si prendono in luogo delle cose, e che in altre situazioni sono monete le parole, che si accettano in luogo delle nozioni? Per nulla affatto. Il ragionamento sarebbe stato lo stesso, e soltanto la preoccupazione di evitare di mettere sul terreno un presupposto ingiustificato ci ha costretti a compiere un lungo giro, che però conduce alla medesima conclusione, e cioè fornisce il concetto della *merce* e, insieme ad esso, quello della *moneta*. È chiaro, infatti, che ciò che inizialmente si trova ad *essere* dal lato primario dell'equivalenza e a *passare* da esso al lato secondario – tale passare significa che è accettato in luogo di ciò che originariamente si trova ad essere dal lato secondario – si può chiamare la *merce*, nella stessa maniera in cui si è autorizzati ad appellare *moneta* ciò che in partenza occupa il lato secondario e compie l'inverso passaggio. I concetti della merce e della moneta sono correlativi, e poiché tutto ciò che è correlativo si concepisce insieme, non appena si ottiene l'un concetto, subito si dispone anche dell'altro. Il *passare* poi si dirà lo *scambiare*; così si riserverà il vocabolo «scambio» all'atto per cui si riceve merce contro moneta e moneta contro merce.

Occorre riflettere, perché la circostanza è del massimo interesse, che la merce interviene in un'accezione larga e in una stretta, per la ragione che merci sono le cose che si ricevono in cambio delle nozioni, e altresì sono le nozioni che si ottengono – si danno e si prendono – in cambio delle parole, e che ci sono due accezioni delle «cose», e che in quella larga anche le nozioni e le parole sono cose. Ne viene che merce in accezione larga è anche la moneta, mentre merce in accezione stretta è ciò che si dà e si prende contro moneta.

Quando si è in presenza della distinzione del primario e del secondario, allo scopo di caratterizzarla si può ricorrere alla teoria platonica che differenzia la causa vera e propria e ciò senza di cui la causa non potrebbe essere tale, ossia scevera *causa principalis* e *causa concomitans*, ed è sufficiente richiamarla per rendersi conto che *causa principalis* è la merce (ovviamente, nell'accezione stretta) e che *causa concomitans* è la moneta. La merce e la moneta possono esistere soltanto congiuntamente, ma ciò non toglie che la moneta sia in vista della merce; del resto, l'indole di causa concomitante di qualcosa non toglie che sia alcunché di indispensabile, giacché, per parlare ancora con Platone, la causa vera e propria, per esistere e per operare, ha bisogno di uno strumento, il quale è bensì un mezzo, ma necessario.

Occorre a questo punto introdurre una serie di restrizioni alla moneta e alla merce, perché le limitazioni che così s'introducono sono nel contempo le note peculiari di cui bisogna entrare in possesso. La basilare restrizione è quella che, distinte la moneta e la merce in *metaforiche* e in *proprie*, *accoglie le proprie*, e *lascia cadere le metaforiche*, come non pertinenti al discorso. Allorché in degli scritti di edificazione religiosa capita di leggere che Cristo ha comprato con la moneta del suo preziosissimo sangue la nostra redenzione, si ha l'obbligo di dimostrare che una tale moneta e una tale merce sono soltanto metaforiche (dimostrare, diciamo, e non dare immediatamente per ammesso, quasi fosse una circostanza da accertare con il buonsenso; può darsi che il tesoro del regno dei cieli sia la vera ricchezza, e che le ricchezze di questa terra siano beni illusori, come per secoli ha sostenuto il cristianesimo). Si rifletta a quel che asseriscono non soltanto gli scrittori edificanti ma anche i teologi scientifici, ossia che sarebbe bastata una sola goccia del sangue di Cristo per ottenere la redenzione dell'intero genere umano, ma che il divino salvatore volle versarlo tutto per l'ampiezza del suo amore, e si tragga l'inevitabile conclusione generale che l'esame di un esempio impone: metaforica è la moneta che non cangia potere d'acquisto con la sua differente quantità; propria è la moneta il cui potere d'acquisto è collegato alle differenze della sua quantità e ne dipende[10]. Si considerino adesso le ferme e sicure tesi teologiche, secondo le quali l'umana redenzione è stata resa possibile dal sacrificio di Cristo, ma che il fatto che i singoli individui si salvino oppure si perdano è legato essenzialmente anche a ciò, che essi accolgano o rifiutino la grazia loro elargita, e se ne tiri l'illazione inevitabile ogni volta che si verifica una situazione del genere: metaforica è la merce, di cui il versamento della moneta rende, per essenza, soltanto possibile l'acquisizione; propria è la merce, di cui si ottiene il trasferimento versando la moneta, che è a ciò condizione necessaria e sufficiente (sempre guardando all'essenza, e quindi facendo astrazione dalle circostanze esteriori, quand'anche fossero impedienti).

Negli scambi sopra esaminati delle nozioni contro le cose, e delle parole contro le nozioni, si prescindeva interamente dal fatto che chi si risolve a prendere certe nozioni in luogo di certe cose, e ragiona sopra di esse, argomentasse da solo oppure in compagnia, e dal fatto che chi si decide ad accettare alcune parole in conto di alcune nozioni, venisse discorrendo dentro di sé oppure parlasse con altri uomini, e in quelle riflessioni preliminari dovevamo comportarci in codesto modo, ma adesso è giunto il momento d'introdurre il requisito della molteplicità delle persone come carattere differenziante del proprio e del metaforico in tema di moneta e di merce. È falso quel che si suole asserire con grande sicumera intorno alla sostanziale identità di ciò che ha luogo nell'uomo e di ciò che si compie tra gli uomini: molte cose impossibili ad accadere nell'uomo, si verificano tra gli uomini, e quantunque possa aver luogo anche l'inverso, e che risultino impossibili tra gli uomini cose che succedono nell'uomo, è l'impossibilità segnalata per prima che presentemente più interessa. Un uomo non può comprare né vendere qualcosa a se stesso, né derubarsi né farsi un prestito, e così via enumerando; queste sono tutte azioni che importano che più uomini

---

[10] La relazione tra merce e moneta, perché queste abbiano carattere proprio, oltre che necessaria, deve essere *intenzionale*. Se ciò non accade, si tratta di merce e di moneta metaforiche. Il noto detto spiritoso, per cui i delitti sono una merce che si acquista con una moneta chiamata pena, e il codice penale è il listino dei prezzi, è intessuta di metafore, e non si riferisce alla vera economia più di quel che riguardi l'effettivo diritto. Il rapporto tra la «moneta» e la «merce» rispetta il criterio della variazione concomitante in funzione della quantità (i delitti più gravi sono puniti con le pene maggiori); inoltre, l'ambito di discrezionalità del potere dei giudici può essere paragonato alle variazioni dei cambi delle monete; le riforme, le abrogazioni, le sostituzioni dei codici penali possono essere confrontate con i paralleli eventi che hanno luogo per le monete. Fa però completamente difetto il requisito dell'intenzionalità per entrambe le parti, quella del delinquente e quella dell'amministrazione della giustizia. Solitamente i delinquenti non si presentano alla polizia per essere arrestati, non chiedono di essere portati davanti ai giudici allo scopo di essere condannati, ma s'industriano con ogni mezzo di sottrarsi alla giustizia. Nessuno Stato accorda ai propri cittadini il diritto di commettere dei reati alla sola condizione che i colpevoli accettino volontariamente le pene previste dalla legge. Non c'è concezione dell'amministrazione della elargizia, per quanto ispirata all'utilitarismo che possa essere, che s'induca a rendere lecito il commercio dei delitti e delle pene, e che sostenga il libero scambismo, perché ciò annienterebbe il potere repressivo dello Stato.

siano in relazione tra loro. Osservare che, parlando per metafora, azioni del genere sono possibilissime anche ad un solo uomo, giacché basta ad esse il teatro della sua coscienza, vuol dire confermare il nostro assunto e accingersi a dire: metaforiche sono le monete e le merci finché sono riportate ad un unico individuo a sé stante; proprie sono le monete e le merci che hanno un riferimento sociale.

Dato così definitivamente l'addio a tutto ciò che è metaforico, occorre distinguere i diversi casi che possono, per principio, aver luogo o per le monete proprie o per le merci proprie o per le une e le altre congiuntamente. Dove si assume una molteplicità di persone, l'essere dall'uno o dall'altro dei due lati, di cui qualsiasi equivalenza consiste, e il passare dall'un lato all'altro, o scambiare, prendono la forma rispettivamente dell'*essere in mano* dell'una o dell'altra persona e del *passare di mano*. Perché ciò possa accadere è necessario che l'una persona abbia prima il possesso esclusivo della moneta e l'altra quello esclusivo della merce, e che, una volta effettuato lo scambio, la persona, che per l'innanzi aveva la moneta, adesso abbia il possesso esclusivo della merce, e che quella che in precedenza disponeva della merce, abbia ora il possesso esclusivo della moneta. Per il momento non interessa affatto che le persone di cui si tratta siano individui in carne ed ossa oppure tribù o Stati; ciò che preme è che si sia in presenza di una molteplicità effettiva, di cui basta considerare una dualità (che della molteplicità è il caso più semplice). Le due persone debbono trovarsi nella situazione descritta, per la ragione che il possesso promiscuo della moneta e della merce renderebbe impossibile lo scambio, giacché nessuno può acquistare quello che ha già né dare ad altri quello di cui costui dispone già per proprio conto, e tuttavia non da solo ma in comune con lui (tale è lo stato che definiamo *promiscuo*), e per l'ulteriore ragione che non si darebbero né moneta né merce, mancando la distinzione medesima dei lati. La moneta e la merce debbono consistere sia di sensazioni che d'immagini, ossia debbono risultare di stati di cose sensibili. Le sole sensazioni non sono sufficienti, perché, come sappiamo, l'equivalenza è un'immagine, e senza equivalenza nessuna entità della vita economica e della scienza dell'economia è suscettibile di esistere. Lo scambio si effettua perché le cose che si scambiano si reputano equivalenti. Ma non bastano nemmeno le sole immagini, perché la moneta e la merce debbono passare di mano, e le immagini a sé stanti sono insuscettibili di eseguire un tale passaggio, essendo confinate nel singolo individuo. Soltanto collegandosi a delle sensazioni, e per così dire, incorporandosi in esse, le immagini si trasmettono da una persona ad un'altra, e anziché rimanere faccende private, diventano affari comuni. Gli stati di cose sensibili formati dalla moneta e dalla merce debbono avere l'indole di ragion d'essere dello scambio, certamente la moneta come *causa concomitans* e la merce come *causa principalis*, ma entrambe debbono intervenire come causa (tale è anche la *causa concomitans*; nessuna distinzione è poi da ammettere tra ragion d'essere e causa, trattandosi di sinonimi). Tutto ciò che non partecipa allo scambio a titolo di causa va escluso dal novero delle entità necessarie, oggetto della scienza dell'economia, quand'anche per altri riguardi fosse giovevole e fors'anche indispensabile.

L'equivalenza è un concetto quantitativo di relazione, e pertanto esige una misurazione, giacché senza di questa non è possibile alcuna relazione di quantità. Questo importa che nello scambio intervenga un'unità di misura, che non può essere assente dove si trova un molteplice quantitativo (che è nient'altro che il tante volte codesta unità). Una tale unità di misura può però essere soltanto *ideale* oppure effettivamente *reale*; di conseguenza, la *moneta* può essere, essa medesima, o *ideale* o *reale*; e questa sua divisione è la più importante dopo quella della moneta in metaforica e in propria.

La moneta ideale adempie la funzione di rappresentare la merce che in cambio di essa si può avere, ma non è minimamente la causa dello scambio, perché non ha un'esistenza permanente ma soltanto un modo di essere momentaneo per le due persone che procedono a scambiare qualcosa e, di conseguenza, non può, per principio, capitare che la moneta sia prima nel possesso esclusivo dell'una e poi nel possesso esclusivo dell'altra. Una voce emessa, e cioè un seguito di suoni, che passano dalla bocca di una persona all'orecchio dell'altra, misurano la quantità della merce, ma siccome si esauriscono, anziché restare in permanenza nel possesso esclusivo delle persone, si possono bensì denominare *moneta di conto*, ma si tratta comunque di un semplice *numerario*, che, non essendo causa dello scambio, non può essere accolto tra gli oggetti della scienza dell'economia. La determinazione della quantità, che si svolge mediante la numerazione, è condizione necessaria, ma non sufficiente, perché si abbia la moneta, di cui la scienza deve trattare; necessaria, perché senza di essa non si può attribuire alla merce una quantità, e il concetto di quantità di merce non si evince; non sufficiente, perché essa non fa sorgere la merce, che essa lascerebbe nell'abisso vuoto del nulla[11].

La divisione della moneta in ideale e in reale non è una suddivisione di quella della moneta (e parallelamente della merce) in metaforica e in propria, bensì è una divisione parallela a questa e da questa indipendente. La moneta metaforica si accompagna ad una merce che è del pari metaforica; invece, la moneta ideale va di pari passo con la merce reale, alla quale, posto che già esista, assegna una quantità, e serve a misurarla, distinguendo la sua unità e il molteplice di tale unità. In un certo senso, la moneta metaforica è più veramente moneta di quel che lo sia la moneta ideale, giacché è un requisito per acquistare la merce metaforica, laddove quella ideale non mette in nessun modo in grado di disporre della merce reale. Seguitando a prendere esempi dalla religione, che si presta ad essere verbalmente atteggiata come un'attività commerciale tra Dio e gli uomini, è manifesto che l'individuo pio, il quale per guadagnarsi il gaudio celeste passa la vita in mezzo alle privazioni, ai digiuni, si sequestra dal consor-

---

[11] Un esempio di moneta di conto (di numerario, o com'altrimenti voglia chiamarsi la moneta ideale) è fornito dalla *macuta*, di cui, narra Montesquieu, si servivano certe tribù africane: «I neri della costa d'Africa hanno un segno dei valori puramente ideale, senza moneta: è un segno puramente ideale, fondato sul grado di stima che nella loro mente mettono ad ogni merce, in proporzione al bisogno che ne hanno. Una certa derrata o mercanzia vale tre macute; un'altra sei macute; un'altra dieci macute» (*De l'Esprit des Lois*, cit., XXII, 8, pp. 656-657).

zio umano, compra le gioie del paradiso; ciò che rende metaforica la sua moneta è il fatto che avrebbe potuto ottenere forse la stessa merce trascorrendo la vita in mezzo ai godimenti, commettendo ogni sorta di peccati, e soltanto all'ultimo momento pentendosi e domandando il perdono e la grazia divina. Qui non c'è relazione determinata tra la moneta e la merce, e può capitare benissimo che una scarsa quantità di moneta acquisti una grande quantità di merce, come può succedere il contrario. La moneta metaforica non è un'unità di calcolo, ma acquista; la moneta ideale è un'unità di calcolo, ma non è capace di comprare alcunché; proprio perché si riferisce alla merce reale, di cui è condizione necessaria e sufficiente soltanto la moneta ugualmente reale.

Diciamo, a ragion veduta, «reale», anziché «materiale», giacché, se discorressimo di moneta materiale, saremmo obbligati a parlare anche di merce «materiale», di lavoro «materiale», di produzione «materiale», e simili, dove però non soltanto non sarebbe per nulla chiaro ciò che la parola «materiale» significa, ma anche si sarebbe costretti ad introdurre la dualità di «materiale» e d'«immateriale», sicura fonte di complicazioni e di confusioni per la scienza dell'economia (come, del resto, è stato molte volte riconosciuto). Per «reale» intendiamo (in questa cerchia di problemi) ciò che possiede un'esistenza durevole (e quindi una certa persistenza nello spazio e nel tempo) come unità di sensazione e di immagine (ossia come stato di cose sensibile); per «ideale», invece, intendiamo ciò che possiede un'esistenza soltanto momentanea, e in maniera tale da essere pressoché istantanea, per cui subito si disperde e vanisce, quand'anche consti di stati di cose sensibili. Il solo requisito di una permanenza nell'esistenza basta che si aggiunga a ciò che passa di mano, a titolo di causa strumentale dello scambio, per costituire la moneta reale, e un tale passare di mano si chiama *alienare*. È evidente che, differentemente da quanto un tempo si reputava, moneta reale è tutto ciò che si può alienare per la ragione che possiede il carattere di una qualche permanenza, e che, di conseguenza, moneta reale è tanto quella metallica, d'oro, d'argento, quanto quella cartacea, qualunque sia la forma che quest'ultima possiede e qualunque sia il modo in cui l'alienazione si effettua.

Abbiamo detto: *si può* alienare, ma provvisoriamente, giacché anche la merce (in senso stretto, la sola che si distingua dalla moneta) è suscettibile di essere alienata; e se rimanessimo a questo punto, ci troveremmo nell'incapacità di assegnare il carattere distintivo della moneta e della merce. Ora, un tale carattere deve essere certamente assegnato, ma oltre ad obbedire a siffatta richiesta, occorre conformarsi all'esigenza di mantenere alla moneta e alla merce tutta l'estensione loro possibile, evitando d'introdurre in esse restrizioni arbitrarie. A ben vedere, non c'è che una maniera di ottemperare a codesti due imperativi insieme, che è di approfondire il concetto di alienazione, testé giustificatamente introdotto, cercando di stabilire se esso è capace di qualche interna distinzione (la quale deve essere una dualità, e non una più larga molteplicità, giacché si vuol disporre soltanto della moneta e della merce, e si rifugge da qualsiasi altro elemento, che sarebbe soltanto d'incomodo), e guardandosi dal mettere sul terreno un qualsiasi differente concetto, il cui intervento sarebbe ingiustificabile.

Ciò che è suscettibile d'alienazione, ossia l'alienabile, ammette un'unica distinzione interna, quella del *soltanto* alienabile, e quella dell'*anche* alienabile, la quale fornisce il desiderato criterio distintivo della moneta e della merce, essendo la loro differenza e la loro relazione. Nell'alienare qualcosa, si compie un uso di questo qualcosa, e questa circostanza impone di definire il concetto di uso in tutta la sua possibile universalità. Usare è eseguire un'attività, e poiché l'essere coincide col fare, ogni cosa è il suo agire. Ne viene che l'uso, a condizione che sia veramente completo e non già parziale, è identico con la cosa, la quale è la totalità dei suoi usi. È un inutile giro di parole quello per cui si discute degli usi delle cose, moltiplicando quello che è unico e medesimo. L'uso, che si riferisce alla moneta e alla merce, non è un armeggiare soggettivo con queste cose, bensì è il loro essere medesimo, s'intende *quatenus* moneta e merce. Diciamo pertanto che l'*usabile alienabile* è la *merce in senso largo*; che l'*usabile soltanto alienabile* è la *moneta*; e che l'*usabile anche alienabile* è la *merce in senso stretto*; così che si dispone di tutte le definizioni che si stavano ricercando[12].

Oltre che di quell'uso consistente nell'alienazione, la merce in senso stretto, ossia a distinzione della moneta, non può non essere suscettibile di altri usi, i quali però non soltanto possono, bensì debbono rimanere completamente indeterminati, perché qualsiasi altro uso è sufficiente a costituire una merce, sia esso unico o molteplice, risieda in questo o in quello, tutte circostanze indifferenti. Come abbiamo detto, la merce interviene nello scambio come causa principale, e la moneta vi è presente a titolo di causa concomitante o strumentale, e il fatto che la merce sia la *pars potior* riceve conferma dalla circostanza che essa risponde a una molteplicità di usi, e nella stessa maniera il fatto che la moneta sia la *pars sequior* ottiene una convalida dalla circostanza che ne è possibile un unico uso, quello dell'alienazione, per cui la moneta non è a pro' di se stessa, ma è in vista di qualcos'altro. In un certo senso però anche la moneta è una merce, al pari di tutte le altre merci ancora esistenti, giacché anche la moneta si acquista e si vende, si può considerare, a seconda dei casi, in relazione alla legge della domanda e dell'offerta, o al costo della produzione, e così di seguito enumerando. È senz'altro vero che non si è abituati a parlare di moneta offerta in vendita e di moneta acquistata; ma queste consuetudini linguistiche non debbono aver alcun peso allorché si esaminano pure questioni concettuali. Se però

---

[12] La definizione proposta è quella medesima addotta da Achenwall e accolta da Kant, a titolo di definizione nominale del denaro. Cfr. *Die Metaphysik der Sitten*, in *Gesammelte Schriften*, ed. cit., Bd. VI, pp. 286-289 (Kant considera la moneta una specificazione del denaro). Dalla definizione nominale Kant distingue la definizione reale del denaro, che ricava da Smith. Non è questo il luogo per discutere la divisione delle definizioni in nominali e in reali; non possiamo però non osservare che la definizione che Kant desume da Smith è di limitato riferimento e comporta l'accoglimento della dottrina del valore-lavoro; invece, la definizione di Achenwall è di universale riferimento, essendo sempre e dovunque vero che il denaro (o la moneta) è ciò che si può usare soltanto alienandolo; e per prima cosa occorre entrare in possesso delle definizioni di massima estensione.

la moneta tanto si distingue dalla merce, quanto si deve riguardare, essa medesima, come una merce, è palese che c'è una merce in senso largo, che può essere costituita esclusivamente dall'usabile alienabile, il quale si comporta come un genere che si divide nelle due specie dell'usabile soltanto alienabile (o moneta) e dell'usabile anche alienabile (o merce in senso stretto, o merce senz'altro).

Le espressioni sin qui impiegate sono così lunghe e faticose che si è indotti a domandarsi quale differenza ci sarebbe, se, invece di esse, se ne adoperassero di più brevi e di più agevoli da maneggiare, e si discorresse semplicemente dell'*alienabile*, come genere, che si partisce nelle specie del *soltanto alienabile* e dell'*anche alienabile*; la risposta è che non ci sarebbe alcuna differenza, ma che in un primo momento era opportuno compiere riferimento al concetto di uso, dopo di che se ne può tranquillamente fare a meno (siccome l'uso significa l'attività, e questa è identica con l'essenza della cosa, va da sé che non c'è proprio niente che non consista di un uso), con la sola riserva che, qualora la concisione dovesse essere causa d'oscurità, metterebbe conto di avvalersi delle locuzioni più distese e laboriose.

La scienza conosce esclusivamente funzioni, e la *moneta* per essa, ha la *funzione della sola alienazione*; tutto il rimanente non è moneta, ma è semplicemente il *portatore della moneta*, da distinguere nella maniera più netta e rigorosa dalla moneta vera e propria. La persistenza nell'esistenza, che è da porre come condizione necessaria della moneta reale, e suo tratto distintivo dalla moneta soltanto ideale, non è minimamente da confondere con quell'attitudine a mantenersi in buono stato che si suole porre tra i *desiderata* della moneta, ma che in verità riguarda soltanto i diversi portatori della moneta. Le conchiglie, il sale di rocca, i chiodi di tè, i capi di bestiame, gli schiavi, le pelli e il cuoio, sono portatori della moneta al pari del ferro, del rame, dell'argento e dell'oro, come risulta evidente, se si evita di confondere ciò che è questione di logica necessità con ciò che è faccenda di pratica convenienza. Tutto ciò che non ha esistenza puramente istantanea, di cui esempio forse insuperabile è la voce, ossia la parola parlata, ma si mantiene per un tratto considerevole nel tempo, senza per questo godere della proprietà dell'*aeternitas* e nemmeno di quella della *diuturnitas*, risponde appieno al requisito di costituire il portatore della moneta, purché vi si aggiunga la condizione aggiuntiva di esistere come unico e come molteplice, in quanto la moneta esige di poter essere suddivisa più volte. Altro è il necessario e altro è il preferibile, e del resto, gli stessi metalli, che sotto il riguardo della conservazione sono i più vantaggiosi portatori della moneta, con l'uso frequente si consumano.

Possiede grande importanza concettuale stabilire ciò che è suscettibile di costituire la moneta e ciò che non lo è, giacché ne dipendono la rigorosa distinzione della moneta dalla merce, la possibilità o impossibilità del baratto, e quella di un mondo in cui si fa del tutto a meno della moneta. Cosa sia da intendere per merce riesce molte volte oscuro, poiché vi viene introdotta una folla di idee estranee o in una maniera o nell'altra non confacenti. Così accade di dover udire che la merce è qualsiasi cosa capace di arrecare un piacere, di soddisfare un bisogno, di venire incontro a un desiderio, di risultare utile, di poter essere domandata, in cambio di un'altra merce, o di denaro; tutte indicazioni errate e inattendibili. Ci sono merci, che, invece di arrecare un piacere, provocano un dolore, e nondimeno sono merci allo stesso titolo di tutte le altre, e ad evitare il difetto della definizione, non giova soggiungere che i dolori si accettano in vista dei maggiori piaceri, che da essi in seguito scaturiranno, almeno nell'aspettazione che se ne ha, perché questo non corregge lo sbaglio commesso e suggerisce una nozione dubbia (non è affatto certo che il dolore non si possa cercare di per sé). La proprietà di soddisfare un bisogno, il quale scaturisce immancabilmente da un corrispondente desiderio che lo precede nel tempo, è posseduta da innumerevoli cose, che non sono minimamente per questo delle merci, e anche in questo caso, per rimediare al passo falso compiuto, non serve aggiungere il requisito dell'alienabilità o protestare di averlo già introdotto per sottinteso. Infatti, anche la moneta soddisfa un bisogno e viene incontro ad un desiderio, tanto è vero che la moneta, siccome si vende e si acquista, anche si domanda, così che il tratto distintivo della moneta non è minimamente fornito. L'utilità, di cui la definizione generale è l'equivalenza, appartiene sia alla moneta sia alla merce, e la scienza dell'economia verte precisamente su quella equivalenza che ha luogo tra la moneta e la merce e che si attua nello scambio (il quale non è un argomento particolare, ma è l'intero tema di codesta scienza, anche se ciò non comporta che ogni questione debba essere discussa sotto il suo titolo, giacché la distribuzione e denominazione dei temi è faccenda letteraria, non problema concettuale).

Radicalmente erronea è l'idea che si possa dare scambio di merce contro merce, ossia che si possa dare il baratto, foss'anche soltanto tra i selvaggi e i popoli primitivi, odierni o del passato, mentre il baratto è da riporre non tra le leggende, sibbene tra le assurdità. Due merci, trattate come tali, non sono commensurabili, ed è vano, per cercare di renderle suscettibili di misurazione, proporre esempi di merci simili, i quali non valgono allo scopo più di merci dissimili, e, anzi, di generi disparati. Perché la misurazione si esegua, occorre che si dia una misura (in quanto ci sono misure misuranti, misure misurate e c'è l'operazione di riferire le prime alle seconde, che è l'atto della misurazione), e per disporre della misura, occorre che mentalmente una delle due merci sia privata del carattere di merce, per ricevere l'essenza della moneta, perché solamente questo le consente di esistere esclusivamente come unità di molteplicità, vale a dire come qualcosa che si può moltiplicare e dividere, e che in questa maniera si riferisce a ciò che è suscettibile di un qualsiasi altro uso, oltre quello dell'alienazione, e viene scambiata con un siffatto *quid*. Soltanto la corpulenza delle idee e l'insufficiente capacità dell'astrazione sono le cause per cui si accorda credito all'esistenza del baratto e si reputa che l'introduzione della moneta sia avvenuta quando la civiltà aveva già compiuto parecchi passi ed era ormai quasi appieno dispiegata, e che la moneta sia servita dapprima ad agevolare il baratto, allorché era troppo complicato, e unicamente in seguito lo abbia sostituito, soppiantandolo, se non per intero, almeno estesamente. Si suole ammettere che moltissime cose possono impiegarsi come monete (meglio, come portatori della

moneta), gli esempi da noi sopra addotti sono soltanto alcuni tra i numerosissi-
mi che si forniscono; si dovrebbe quindi riconoscere che in ogni scambio qualcosa interviene come moneta e qualcosa come merce, e può essere anche di volta in volta alcunché di diverso a ricevere l'una e l'altra posizione, ma che questa
coppia di entità non è mai assente. La distinzione concettuale tra la moneta e la
merce è nettissima e possiede tutta la chiarezza e l'evidenza desiderabili; ma la
distinzione di fatto tra l'una e l'altra in parecchi luoghi della terra e in molte
epoche remote può risultare malagevole e fors'anche impossibile; circostanza,
questa, che, qualora si verifichi, avrà magari la sua importanza storica, ma è comunque priva di qualsiasi interesse teoretico.

Può ancora presentarsi un caso, che, sebbene non abbia il rilievo di quelli
sopra considerati, nondimeno merita di essere segnalato, perché altrimenti potrebbe fornire appiglio ad equivoci e a fraintendimenti. La moneta può essere *in
primo piano* oppure *sullo sfondo*, ma nell'un caso come nell'altro è ugualmente
presente come causa strumentale dello scambio, il quale in sua assenza non potrebbe eseguirsi. La moneta in primo piano è quella che si dà e si riceve fisicamente contro la merce, quale che sia la maniera in cui questa effettuazione fisica dello scambio ha luogo (e tali maniere possono essere numerosissime e forse
inesauribili, niente impedendo di supporre che l'avanzamento del macchinismo
ne arrechi sempre di nuove, in precedenza inimmaginabili). La moneta sullo
sfondo è quella che, fisicamente assente, è mentalmente presente e operante, e
compare come termine di riferimento necessario, che rende possibile all'altro
termine, alla merce, di esistere *qua talis*[13]. Non bisogna prendere pretesto da codeste diverse condizioni della moneta reale, per tornare a credere ai miti degli
scambi in natura e dei baratti, giacché ha ragione Eraclito nel dire: «In cambio
dell'oro le merci e delle merci l'oro».

Rimane un'unica distinzione nell'ambito della moneta reale da illustrare,
che è quella di *moneta potenziale* e di *moneta attuale*, non perché di distinzioni
non se ne diano altre di rilievo universale, ma perché esse possono trattarsi come suddivisioni di quella adesso citata. (Va da sé che qui interessano unicamen-

---

[13] Chi scambia un cavallo contro dieci buoi, sapendo che il suo cavallo vale 50 dramme e
che un bue ne vale 5, circostanza nota anche all'altro contraente del negozio, scambia merce
contro moneta, al pari dell'altro individuo. Si deve ritenere che entrambi abbiano compiuto il
calcolo in dramme, le quali sono monete reali che non si sono viste con gli occhi ma sono rimaste sullo sfondo, e tuttavia anche così hanno reso possibile lo scambio. Non s'intende per
quale ragione si dovrebbe richiedere la presenza in primo piano della moneta, la quale manca
in molti scambi (non soltanto la moneta, ma anche la merce nella maggior parte dei casi è fisicamente assente, e ciò nonostante gli scambi avvengono e i loro effetti sono cogenti). D'altro
canto, la condizione in cui la moneta è sullo sfondo non ha niente da spartire con quella in cui
compare una moneta ideale, giacché la differenza tra queste due specie di monete consiste in
ciò, che quella ideale è priva d'esistenza permanente, della quale dispone, invece, la moneta
reale. Anziché essere sullo sfondo, la moneta reale può essere in primo piano, e nondimeno è
sempre la medesima moneta, gode in entrambe le situazioni d'invariata costanza. Al contrario,
la moneta ideale è incapace di trovarsi sia in primo piano che sullo sfondo, perché essa un momento fa c'era e adesso non c'è più, essendo istantanea, dileguante.

te le distinzioni delle specie delle monete d'indole universale, e che cioè sono suscettibili d'incontrarsi in tutti i tempi e in tutti i luoghi, essendo correlative a differenti eterne possibilità di concetti). La distinzione testé introdotta, oltre che alla moneta, si riferisce pressoché a tutti i concetti investigati dalla scienza dell'economia, potendo esserci un'utilità, una ricchezza, una proprietà di beni (nel significato economico della parola «bene»), soltanto potenziale e un'altra completamente attuale. La distinzione del potenziale e dell'attuale concerne le varie entità in cui si articola la vita economica, per la ragione che la società umana si distingue, essa medesima, in potenziale e in attuale; e tutte le questioni che in proposito si pongono debbono ricevere differenti risposte, affermative o negative, a seconda che si propongano astraendo dalla distinzione del potenziale e dell'attuale, per la società, (e quindi assolutamente), oppure si impostino, dando per ammessa una tale distinzione, (e perciò in maniera ad essa relativa). Qualunque questione economica che si avanzi a proposito dell'uomo a sé stante, e in maniera non già relativa, bensì assoluta, deve essere sciolta negativamente. Robinson Crusoe nell'isola deserta, prima dell'arrivo di Venerdì, e prescindendo dalla possibilità che costui giunga, non è a nessun proposito un oggetto di qualsivoglia riflessione economica. Egli non ha alcun bene economico (sebbene possa grandeggiare di beni morali), perché non può nulla acquistare e nulla vendere; non ha alcuna proprietà, perché la proprietà è il potere di escludere gli altri dalle cose, interdicendone loro l'uso, e non c'è nessuno a cui egli possa imporre esclusioni e divieti; non dispone di alcuna ricchezza, perché non c'è un termine con cui gli sia consentito d'instaurare una qualsiasi equivalenza, e il significato della ricchezza è fornito dall'equivalenza. La condizione del solitario isolano muta però radicalmente, se s'introduce la considerazione della possibilità che uno o più uomini lo raggiungano, e si esaminano da capo tutte le questioni, già risolte negativamente, nell'ammissione che una tale possibilità un giorno o l'altro si realizzi. A questo punto l'isolano diventa soggetto di vita economica, ancorché potenziale, possiede beni, è ricco o povero a seconda dell'entità di essi; è capace di scambiare; ha una proprietà, assicuratagli dalla forza del suo animo, dalla vigoria del suo corpo, dalle armi di cui è in possesso; quando è effettivamente raggiunto da qualche altro essere umano, tutto ciò diventa da potenziale attuale, e la società che così si forma, per ristretta che sia, contiene tutti gli ingredienti che la scienza dell'economia deve prendere in esame per costituirsi. Di qui in avanti possono soltanto cangiare le dimensioni, ma poiché quello che c'è nel grande c'è anche nel piccolo, non ci sono concetti che su questi fondamenti non si possano elaborare. I principi e le leggi dell'intera meccanica non mutano per la circostanza d'avere per oggetto pochi oppure molti corpi; ugualmente si comporta la meccanica economica per i suoi principi e le sue leggi.

La distinzione del potenziale e dell'attuale contiene, per entrambi i suoi membri, una serie infinita di suddivisioni, giacché c'è la potenza remota e quella prossima, che a loro volta constano di una gradualità priva di termini ultimi, dandosi la potenza sconfinatamente remota, che, per così dire, appena si travede baluginare all'orizzonte, e la potenza grandemente remota, ma che si scorge nondimeno in una forma delineata, e così di seguito, e dandosi ugualmente la potenza mediatamente prossima, che ha ancora bisogno di un tramite per incarnarsi nel fatto, e la potenza direttamente prossima, che è lì lì per tradursi in atto; e parallele scomposizioni avendosi in ciò che si dice attuale. Nel significato in cui adesso se ne discorre, come dell'unico confacente al tema dell'economia, l'attuale è il *qui* dello spazio e l'*ora* del tempo, e poiché lo spazio e il tempo sono continui, e nel continuo non ci sono elementi ultimi, ma, dati due elementi qualsiasi, ci sono immancabilmente elementi intermedi, il *qui* si partisce nel *qui vicino* e nel *proprio qui*, e l'*ora* si divide nel *già ora* e nell'*ancora ora*, ecc. In conseguenza di ciò, l'utilità, e con essa tutte le altre nozioni della scienza dell'economia, si distribuiscono, oltre che in potenziali e in attuali, nelle gradualità della potenzialità e in quelle dell'attualità (è manifesto, p. es., che quella che alcuni economisti chiamano *utilità prospettica* è un'utilità potenziale abbastanza prossima).

Ma qual è la connessione in cui queste nozioni essenziali stanno con gli ingredienti che immancabilmente appartengono a qualsiasi punto di vista? Per rispondere all'interrogativo, occorre incominciare con lo stabilire che quella che gli economisti denominano la *domanda* altro non è che quello che da più lungo tempo si chiama il *desiderio*, com'è agevole mostrare con l'aiuto di un esempio spesso addotto. Niente vieta che un mendicante all'angolo di una strada desideri le collane che vede nella gioielleria di fronte; questo suo desiderio è una domanda, che gli economisti il più delle volte definiscono *ineffettuale*, o in consimile maniera, per mettere allo scoperto che essa, a differenza della domanda *effettuale*, non fa venire la merce in bottega e non ne provoca l'aumento del prezzo, su cui non esercita alcuna influenza, e soggiungono che la domanda ineffettuale è quella non accompagnata, e che la domanda effettuale è quella accompagnata dal potere d'acquisto, dalla capacità di pagare il prezzo della merce. Poiché la domanda e l'offerta si comportano come il diritto e il rovescio di qualcosa di unico e di medesimo, è evidente che l'offerta di merce è domanda di moneta, e reciprocamente, così che il desiderio interviene su entrambi gli elementi dello scambio. C'è il desiderio proprio e c'è il desiderio altrui e, come ci è noto, è consentito soddisfare il desiderio proprio unicamente alla condizione di soddisfare il desiderio altrui. Di conseguenza, chi desidera merce, deve disporsi a soddisfare l'altrui desiderio di moneta, acconciandosi a cedergliene una certa quantità, e ugualmente, costui è in grado di soddisfare il proprio desiderio di moneta, soltanto a patto di adattarsi a compiere una cessione di una qualche quantità di merce. Quel che per l'uno è un acquisto, per l'altro è una rinuncia, ma si desidera sia acquisire che rinunciare, e ciò conferma che l'intero scambio, in cui si realizza l'equivalenza, è un oggetto investito dal desiderio.

4. *L'idea di ricchezza nelle differenti configurazioni dell'illuminismo*

Tutti gli elementi di cui sin qui si è discorso s'incontrano in qualsiasi punto di vista, essendo da ritenere certo che in qualunque condizione d'esistenza, selvaggia o civile, in qualsivoglia regione della terra ed epoca della storia, ci sono cose desiderabili ed effettivamente desiderate dagli uomini, tra le quali sussiste il rapporto dell'equivalenza, che ci sono ricchezze, beni, loro scambi e trasferimenti, e monete, quantunque con portatori per foggia diversissimi e fors'anche in parte irriconoscibili. Per cogliere ciò che è specifico dell'illuminismo, per stabilire il posto che la scienza dell'economia e l'attività economica hanno nella civiltà da esso posta in essere, non giova però dividere e suddividere le specie dei beni e delle ricchezze, ma occorre accertare ciò che ha la posizione di ricchezza nelle differenti configurazioni dell'illuminismo, le quali sono anche le sue varie ondate. Come si è mostrato, l'immaginazione si atteggia nell'illuminismo in tre diversi modi, ossia come immaginazione legata (ancora prossima alla sensazione e da essa dipendente anche nel suo impiego), immaginazione consolidata (già salda in se stessa, così che ci si può attenere a lei, senza rituffarla daccapo nella corrispondente sensazione), ed immaginazione emancipata (ormai libera, quanto al contenuto, ancorché non quanto all'origine, dalla sensazione). Si tratta adesso di provare che, corrispondentemente a questi tre diversi modi d'atteggiarsi dell'immaginazione, si comporta nell'illuminismo l'idea della ricchezza, che si tripartisce, presentandosi come *ricchezza legata, ricchezza consolidata* e *ricchezza emancipata*.

A questi tre diversi modi d'intendere la ricchezza, da parte della scienza dell'economia, non è però da accordare la medesima attenzione, essendo palese che il primo è soltanto propedeutico, mentre il secondo e il terzo sono costitutivi. Una ricchezza legata è una ricchezza incorporata, e in che mai può, anzitutto, incorporarsi la ricchezza se non nei metalli preziosi, nell'oro e nell'argento e nelle miniere che li producono, rendendo possibile la fabbricazione delle monete con cui si comprano le merci? Questa è la raffigurazione della ricchezza che s'incontra in quell'insieme di concezioni che va sotto il nome di «mercantilismo», in cui è però presente piuttosto come un limite concettuale – ampliato in maniera esagerata dai critici – che come una consapevole espressione di teoria economica (la quale esige la smaterializzazione della ricchezza). Certamente, l'opinione che la ricchezza risieda nella moneta, ossia nell'oro e nell'argento, scorge soltanto un lato della realtà, trascurando l'altro, del pari necessario, e anzi, principale, quello della merce, e non si rende conto che la ricchezza non consiste comunque in cose (nemmeno nella merce), essendo costituita da una relazione tra cose. Quel che non viene espressamente dichiarato si può tuttavia reputare ammesso per sottinteso, e si può concedere che sempre e da parte di tutti si sia riconosciuto che qualunque tesoro a sé stante non forma ricchezza, e del resto, la favola del re Mida è a disposizione di chiunque fosse tentato di dimenticarsi di una così evidente verità. Il sostanziale difetto del mercantilismo non sta tanto nel prendere un solo termine per l'intera relazione, quanto si contiene nella corpulenta rappresentazione del termine prescelto, per cui il portatore della moneta è confuso con la moneta, ma questa deficienza concettuale dura molto più a lungo delle teorie mercantilistiche, e anziché essere ristretta agli inizi della scienza dell'economia, l'accompagna per secoli.

Gli economisti del Settecento, che sono così pronti a demolire l'assunto mercantilistico che la ricchezza sia formata dalla moneta, che di essa sarebbe ri-

tenuta addirittura un sinonimo (ciò che però non è presumibilmente stato sostenuto da alcuno che avesse senno, il quale avrà tutt'al più dichiarato che l'ampia
disponibilità della moneta è condizione della certa disponibilità della merce),
hanno a loro volta un'idea alquanto grossolana della moneta, di cui non intendono l'essenza di pura funzione, tant'è vero che le assegnano più funzioni (quasi
che un'unica entità non dovesse assolvere un'unica funzione); reputano che la
moneta sia uno strumento volto ad agevolare lo scambio, di cui è, invece, una
condizione di possibilità; confondono questioni teoretiche, di concetto, e faccende pratiche, di mera opportunità (come si vede dai dibattiti sulle diverse specie
di monete metalliche, sul monometallismo e sul bimetallismo, sulla considerazione e sul posto da accordare alla moneta cartacea, sui loro rispettivi vantaggi
e svantaggi; tutte circostanze di semplice convenienza, nulle sotto il riguardo
concettuale). Le polemiche della più matura scienza dell'economia contro il
mercantilismo, oltre che ingenerose, perché pretendono dai faticosi esordi di un
sapere una larghezza di dimensioni di pensiero che si può domandare soltanto
quando le ricerche siano state portate parecchio innanzi, sogliono peccare perché non tengono nettamente distinte teorie economiche, e cioè elaborazioni della riflessione astratta, e comportamenti economici, e cioè fatti della vita degli
individui e dei popoli. È verissimo che i mercantilisti guardano con favore al-
l'aumento della popolazione, alla conquista delle colonie ad opera delle potenze
europee, esprimono gli interessi dei manifatturieri, in genere dei produttori, sopra a quelli dei consumatori, incoraggiano il protezionismo, vogliono favorite le
esportazioni e scoraggiate le importazioni; ma tutte queste prese di posizione
sono interamente relative a luoghi e a tempi determinati, in alcuni dei quali sono vantaggiose e in altri nocive, e sia pure in forme differenti, tendono a riproporsi anche a distanza di secoli, quando ricorrono analoghe condizioni (così,
l'intervento statale nell'economia, la regolamentazione dell'industria e del commercio, sono sopravvissuti sino a tempi recenti e torneranno a comparire in futuro, ora salutati con grande favore e ora duramente osteggiati, a seconda dei
mutevoli interessi dei gruppi sociali e delle comunità nazionali). Il pensiero
astratto ha il compito di stabilire relazioni tra concetti, le quali sono universalmente valide; tutto il rimanente è argomento non di scienza dell'economia, bensì di politica economica.

L'appartenenza dei mercantilisti alla moderna scienza dell'economia, dove
essi documentano in maniera esemplare l'immaginazione legata, la quale non
può astenersi dall'incorporare la ricchezza in cose (anche se correlate tra loro),
è indubbia, giacché è comprovata da numerose osservazioni intorno ai rapporti
tra i molteplici elementi di cui consta l'attività economica (l'industria, il commercio, sia visibile che invisibile, le variazioni della quantità di moneta e le
concomitanti variazioni dei prezzi, ecc.). Infine, se l'idea della ricchezza è ancora remota dall'aver raggiunto la purezza dell'astrazione, e ha, di conseguenza,
bisogno di essere soccorsa da cose reali, col mercantilismo il protagonista del
mondo moderno, l'uomo fattivo, operoso, travagliato da molti appetiti, tra cui
un posto importante ha l'appetito del guadagno, già prende il posto sino ad allora occupato dal monaco e dal filosofo (i quali ormai ottengono soltanto qualche

distratto segno d'omaggio, giacché l'*azione* si appresta a soppiantare la *contemplazione*).

Già sul punto di distaccarsi dal suo rapporto di dipendenza con le cose concrete esistenti nello spazio e nel tempo appare l'idea di ricchezza propria della fisiocrazia, giacché in essa il carattere legato dell'immaginazione non è tanto positivo, com'è nel caso del mercantilismo, quanto è negativo, vale a dire non risiede tanto in quel che la scuola fisiocratica asserisce intorno alla terra e all'agricoltura, di cui propugna la fondamentalità nella vita economica, quanto consiste in quel che essa contesta all'industria e al commercio, in breve, è nella tesi della loro connaturata e insuperabile sterilità. Ciò che i fisiocratici affermano circa l'eccedenza dei beni prodotti rispetto ai beni consumati, che si ha nell'agricoltura, si riferisce, infatti, al lavoro, il quale non è una «cosa» nel medesimo significato elementare, per cui cose sono gli oggetti del mondo circostante, che si vedono con gli occhi e si toccano con le mani. Senza dubbio, la terra è pur uno di questi oggetti, ma la terra a sé stante, prima che l'uomo vi abbia relazione, non esiste da nessuna parte, e di conseguenza, non compare nemmeno nell'economia, la quale ignora una natura indipendente dall'insieme dei rapporti che vi ha l'uomo. È la produttività del lavoro, non quella della natura, a far sì che nell'agricoltura si crei più ricchezza di quanta se ne consumi allo scopo di crearla. I lavori agricoli risarciscono le spese delle sementi e degli attrezzi, pagano la manodopera necessaria alla coltivazione, fanno guadagnare i contadini, e in più producono i redditi dei beni terrieri. Che l'ammontare del prodotto raccolto dalla terra superi mediamente la quantità di vitto consumato dal lavoratore e da quanto è utilizzato per la seminagione, ecc., è un'acquisizione permanente della fisiocrazia, la quale è pronta per essere accolta nel quadro di una ricchezza non più legata alle cose concrete, ma da esse emancipata.

E in effetti, la posteriore scienza dell'economia accoglierà nella sostanza queste conclusioni raggiunte dalla scuola fisiocratica in fatto di agricoltura, e procurerà di mostrare che l'eccedenza dei beni prodotti rispetto ai beni consumati si ha anche nell'industria. Non ci vorrà molto al pensiero economico dispiegato per mostrare che la pretesa classe sterile degli artigiani, dei manifatturieri e dei mercanti, riproduce ogni anno il valore del suo consumo annuo e che essa perpetua per lo meno l'esistenza dei capitali che la mantengono e la impiegano; che il suo lavoro si fissa in oggetti, si realizza in merci adatte alla vendita; che aumenta il reddito reale della società; che il reddito d'un paese dedito al commercio ed alle manifatture deve essere sempre maggiore, *ceteris paribus*, a quello di un paese che non abbia né manifatture né commercio. Prima Smith (al quale si debbono queste considerazioni) e poi Ricardo correggeranno così l'errore fondamentale del sistema fisiocratico, ma insieme renderanno giustizia alle sue acquisizioni, universalizzando, con le indispensabili modificazioni, le conclusioni da esso tratte a proposito dell'agricoltura, e ciò che forse ancora maggiormente interessa, sviluppando il primo tentativo mai messo in opera per fornire una rappresentazione matematica del meccanismo della vita economica.

Quando sorge la rappresentazione consolidata della ricchezza, ciò che accade con la formulazione della teoria del valore-lavoro, la scienza dell'economia diventa veramente adulta e si libera dalle angustie che in precedenza l'avevano contrassegnata. Un passo importante in questa direzione viene compiuto, allorché ci si rende conto che il valore dei metalli preziosi non dipende da una qualunque loro misteriosa proprietà, di cui sarebbero privi i metalli vili, o qualsiasi altro oggetto naturale, ma è legato al loro costo di produzione; e un'analoga spiegazione è proposta per le monete d'oro e d'argento. È il lavoro che si profonde nelle miniere, si sostiene a un certo punto, a dare ai materiali che se ne estraggono, i quali di per se stessi sono merci al pari di tutto ciò che dalla terra e dal mare si ricava, l'attitudine ad essere riguardati come equivalenti a tutti gli altri oggetti che si ottengono mediante qualsiasi differente lavoro, e così a fornire l'indole di moneta. È vero che questa nozione della moneta non distingue ancora il materiale di cui la moneta è fatta, ossia il suo portatore, dalla sua funzione di moneta; ed è altresì inoppugnabile che essa ha per immancabile conseguenza che le banconote, la cui produzione non richiede quasi nessun lavoro, non possano essere riposte nel novero delle monete, di cui possono per qualche tempo esclusivamente fare le veci (ciò che è indesiderabile, perché fa della banconota la rappresentazione di una rappresentazione, ossia della moneta vera, la quale rappresenta, in definitiva, il lavoro con cui ottenere la merce, senza che si sappia arrecare una giustificazione attendibile di questa dualità di rappresentazione semplice e di rappresentazione duplice); ma la scienza dell'economia, al pari di ogni altro ramo del sapere, avanza *paulatim et pedetemptim*. Ciò che conta è nel principio che tutta la ricchezza, di cui si gode nel mondo, trae origine dal lavoro, e che il lavoro è, come dice Smith, l'unità di misura reale del valore di scambio delle merci[14]. Con questa affermazione, che conferisce per la prima volta al principio del lavoro tutta la sua universalità, Smith si distacca in maniera netta dagli economisti precedenti e si conquista una posizione in cui nessuno gli si può accompagnare.

Del lavoro, poiché ha il posto di principio primo, occorrerebbe avere la definizione rigorosa (s'intende, nel significato che ha nell'economia, giacché oltre di esso, ci sono altri significati, p. es., c'è il lavoro nell'accezione della scienza fisica, e questi significati non coincidono), ma una tale definizione non s'incontra, e la scienza dell'economia opera, a questo e a parecchi altri propositi, il più delle volte con degli indefiniti. Si desidererebbe, in primo luogo, sapere se soltanto l'uomo lavori o se, invece, anche gli animali siano capaci di lavorare, e inoltre, se sia o no da ammettere l'esistenza di un lavoro della natura (come abbiamo mostrato, l'umanismo è interessato a fare del lavoro il retaggio esclusivo dell'uomo, trattandosi dell'unico effettivo, e non retorico, fondamento *humanae dignitatis*). L'imbarazzo, in cui ci si trova, deriva dalla mancata distinzione tra l'agire e il lavorare: tutto ciò che è, in qualsiasi modo sia, agisce, perché di assolutamente inattivo non c'è niente, la completa inerzia coincidendo con l'inesistenza. Il lavorare è quella specie dell'agire, che si compie sopra degli oggetti, e pertanto esso richiede che gli oggetti ci siano, e, per il punto di vista dell'uma-

---

[14] *La ricchezza delle nazioni*, trad. it. cit., pp. 111-131.

nismo, l'oggetto c'è a condizione di stare di fronte a qualcuno (in tanto c'è, in quanto è *obiectum*), e soltanto l'uomo è questo qualcuno. Indipendentemente e prima del loro rapporto con l'uomo, le cose della natura non soltanto non hanno valore, ma non sono nemmeno oggetti, giacché lo diventano, allorché si fissano di fronte all'uomo, il quale, tenendole di fronte a sé, produce in loro tale carattere. Il lavoro non è minimamente legato ad una pretesa proprietà, per cui certe cose, a differenza di altre, sarebbero «materiali». La scienza dell'economia può tanto poco lasciarsi imbarazzare dalla «materia», che il suo progresso è dovuto alla sempre maggiore «smaterializzazione» dei contenuti di cui costituisce il sapere: così la polemica contro il mercantilismo altro non è che una smaterializzazione della moneta, ugualmente, il valore riportato al lavoro è già una smaterializzazione del valore; sebbene tutto questo non sia ancora il punto più alto e definitivo, segna delle acquisizioni di essenziale importanza connesse al sostanziale abbandono del pregiudizio della materia.

Smith ha anche il merito di tener per fermo che la scambiabilità è una condizione dell'esistenza della ricchezza. Sebbene questo requisito possa sembrare ovvio in un'età successiva, nondimeno all'inizio non è affatto evidente, perché un individuo, una nazione, l'intera umanità, dovrebbero essere ricchi soltanto perché ciò di cui dispongono può essere scambiato. Nondimeno, quando si sia accertato che si è ricchi a condizione di avere la possibilità di scambiare, rimane ancora da rendersi conto di chi siano coloro che scambiano, e se per caso alcune relazioni, da cui pare assente il carattere di attività di scambio, non possano, con un'analisi più penetrante, essere ridotti a casi in cui si scambiano merci poco evidenti alla vista, e tuttavia effettive (già in precedenza si sono trovate monete e merci invisibili, e il loro novero potrebbe domandare di essere ampliato). Smith, che pure ripone nell'attitudine a scambiare il tratto distintivo dell'uomo dall'animale, ritiene che il mendicante e la gente che gli fa la carità non stiano tra loro in un rapporto di scambio, sebbene possa benissimo capitare che sia così. Il mendicante, che per vivere decide di rimettersi alla benevolenza dei suoi concittadini, vende a chi gli fornisce di che comprare pane e companatico, una merce di grande pregio, la buona coscienza, e gli concede la facoltà di comportarsi arrogantemente nella maggior parte della vita, ossia si comporta come un mercante, al pari dei suoi benefattori, i quali acquistano, in cambio di moneta, un bene di rilevante valore. Naturalmente, questa è soltanto una possibilità in mezzo alle molte che si aprono (ciò accade sempre, non essendoci caso che non sia suscettibile di ricevere parecchie differenti interpretazioni, perché anche i fatti che si chiamano fisici richiedono l'intervento critico e la loro indole genuina si stabilisce con l'intelligenza). Niente vieta che qualche volta in una Borsa si compia non uno scambio, ma un'operazione del genere del «commercio sacro», che s'incontra presso alcuni popoli primitivi, il quale, nonostante la denominazione di «commercio», smentita però dall'attributo che le è unito, è di pertinenza non dell'economia, bensì della religione. Ciò non toglie che lo scambio possa estendersi ai più diversi contenuti della vita, nessuno escluso, giacché la diffusione dell'atteggiamento che si dice dell'*homo oeconomicus* non ammette limiti di principio.

Ciò che Smith, per quel che tocca i concetti più universali, lascia alla considerazione dei suoi successori riguarda soprattutto la divisione del valore in valore d'uso e in valore di scambio, già intravista da Aristotele, ma da lui configurata in maniera opposta a quella teorizzata modernamente (per lo Stagirita, il
valore genuino, o, come nel suo linguaggio si direbbe, il valore naturale è quello
d'uso; in età moderna è piuttosto il contrario). Ci sono cose, sostiene Smith, che
hanno un grandissimo valore d'uso (come l'acqua), che posseggono scarso o
nullo valore di scambio; di contro, ci sono cose che hanno un rilevantissimo valore di scambio (come un brillante), che posseggono poco o nessun valore d'u-
so; in ciò, si osserva da parte di molti, Smith è caduto vittima di un'ambiguità[15].
Dopo questa inoppugnabile riflessione, le espressioni «valore d'uso» e «valore
di scambio» sono state poste sotto imputazione; ma la questione che così si di-
batteva, sotto l'apparenza di una faccenda di terminologia, da sbrigare con criteri d'opportunità e piuttosto in fretta, conteneva un problema di sostanza, il quale
finiva col coinvolgere la stessa teoria del valore-lavoro, che è affare concettuale, e domanda una lunga indagine per essere definito.

La teoria del valore-lavoro, perfettamente adeguata all'immaginazione consolidata, è del tutto inadeguata e non rispondente all'immaginazione emancipata, la quale ne esige una diversa, quella del valore-utilità (o del valore-deside-
rio), e questo è il passo definitivo, eseguito dalla scuola economica dell'utilità
marginale. Il lavoro è certamente un principio universale, giacché non c'è relazione possibile dell'uomo con la natura che non comporti una modificazione del
mondo naturale, la quale, essendo dovuta ad un attivo intervento umano, consiste di una qualche forma di lavoro, ma l'universalità del lavoro è tuttavia pur
sempre quella dello strumento, e non quella dello scopo. Si parla con senso del
sapere per il sapere, e anche (nonostante l'apparenza del contrario) del fare per
il fare – anzi, questa seconda formula, se è bene intesa, dice il medesimo della
prima –; non si potrebbe però parlare con senso del lavorare per il lavorare, poiché si lavora immancabilmente per ottenere un qualcosa di diverso dal lavoro,
ossia al lavoro si affida un risultato. Diversi caratteri hanno il desiderio e la sua
soddisfazione, che si possono enunciare in breve, dicendo che il desiderio è il
motore immobile, mentre il lavoro è il motore mosso dell'economia; che quello
è il fine e questo è il mezzo; che l'uno è attività immanente e l'altro è attività
transitiva; così che la scienza dell'economia dell'illuminismo perviene alla sua

---

[15] Nel comune parlare «valore» significa, in un'accezione, «utilità», e in un'altra, designa
«potere d'acquisto»; ma se Smith ha rilevato questa possibile fonte d'equivoci, non ha poi saputo sottrarsi ad un'altra ambiguità, perché, quando afferma che un brillante non ha che un limitato valore d'uso, impiega la parola «uso» in un senso diverso da quello in cui l'accoglie la
scienza dell'economia. «All'economia politica – dichiara Mill – non importa affatto la valutazione relativa dei diversi usi secondo il giudizio del filosofo o del moralista. L'uso di una cosa,
in economia politica, significa la sua attitudine a soddisfare un desiderio o a servire ad uno
scopo. I brillanti posseggono quest'attitudine in un grado eminente, e se non la possedessero,
non avrebbero alcun prezzo» (*Principî di economia politica*, trad. it. A. Campolongo, Torino,
1962, pp. 416-417).

perfezione quando immedesima i beni con gli oggetti investiti dai desideri, ciò che avviene con la teoria del valore-utilità.

Il desiderio è il primo «perché»; di esso, infatti, non si dà un «perché», potendosi soltanto dire che si desidera perché si desidera; il lavoro, al contrario, mette in movimento masse di uomini e fa loro eseguire una serie di operazioni, e quindi è anch'esso un motore, ma l'uomo lavora unicamente allo scopo di soddisfare il desiderio, il quale è quindi causa efficiente di tutta l'attività economica in quanto è medesimamente la sua causa finale. Il desiderio si avverte nel petto umano, e ugualmente la soddisfazione ha la sua unica sede possibile nell'anima e nel corpo dell'uomo, e pertanto desiderare è eseguire un'attività immanente, che dove inizia là anche necessariamente termina. Invece, il lavoro parte dall'uomo e mette capo alla natura, perché si può chiamare propriamente lavoro soltanto l'attività che si esercita sopra il mondo circostante (di cui la «natura» è un termine sinonimo), cangiandone l'assetto; di conseguenza, il lavoro è attività transitiva, e qualsiasi attività transitiva, in tanto può esercitarsi, in quanto ha a suo fondamento un'attività immanente. In breve, ciò che il Dio di Aristotele è rispetto al cielo e a tutta la natura, che ne dipendono come dal loro principio, è il desiderio nei confronti dell'intera attività economica, che ha in esso il suo πρῶτον κινοῦν ἀκίνητον. L'immaginazione emancipata è la più alta e la più libera (nella forma in cui l'immaginazione può esistere entro l'illuminismo, il quale non è disposto ad accogliere l'immaginazione produttiva dell'idealismo, che pone in essere gli oggetti, e quindi è attività creatrice, giacché l'illuminismo si professa realistico ed empiristico, e pertanto, per esso, l'immaginazione, anziché essere la fonte della sensazione, ha in questa la sua scaturigine, da cui può nondimeno sciogliersi, quanto alle fattezze dei contenuti); essa soltanto porta in primo piano e pone in chiara luce quel che nell'immaginazione consolidata, e ancor più, in quella legata, rimane ancora oscuramente nello sfondo, e cioè l'indole di demiurgo dell'economia, propria del desiderio. Nella scienza dell'economia, l'immaginazione emancipata si traduce nella liberazione del valore dal lavoro e nella sua riconduzione all'utilità (la quale è *equivalenza*, ma, riguardata sotto il proposito del contenuto, è *desiderio*, giacché è il desiderio a fornire *ciò che è equivalente*).

I teorici dell'utilità marginale sono in chiaro intorno alla posizione di primo motore dell'attività economica che ha il desiderio, essi hanno una netta e precisa consapevolezza del divario che li separa dagli economisti precedenti e della recisa novità rappresentata dalla loro concezione del valore. Così, Jevons avverte che le sue ricerche e le sue riflessioni l'hanno condotto a distaccarsi dalle convinzioni prevalenti, le quali riconducono al lavoro l'origine del valore (c'è stato anche chi ha formulato la tesi tradizionale in guisa estrema, sostenendo che il lavoro è la causa del valore), e ad affermare che, invece, il valore dipende interamente dall'utilità, e che sulla base delle leggi della variazione dell'utilità si può pervenire ad una spiegazione soddisfacente dello scambio, delle ordinarie leggi dell'offerta e della domanda, delle variazioni delle quantità delle merci; tutto questo mediante una trattazione di carattere eminentemente matematico (ciò ha il vantaggio di ribadire che la scienza dell'economia è una branca della matematica applicata, ossia è una parte della fisica, di pertinenza della meccanica)[16].

In maniera analoga si esprimono Marshall e Pareto (anche se con delle differenze secondarie, riconducibili alle differenti formulazioni particolari, che ogni autore del marginalismo arreca del comune patrimonio dottrinale della scuola). L'economia, dice Marshall[17], è (per un suo lato) la scienza della ricchezza, e tutta la ricchezza consiste di cose desiderabili, anche se non tutte le cose desiderabili si sogliono considerare ricchezza, e di conseguenza, occorre introdurre parecchie condizioni restrittive per entrare in possesso dell'oggetto di questa scienza. A un tale scopo giovano, più che le divisioni e suddivisioni dei beni in classi, le quali lasciano indefinito il concetto di «bene»), i limiti in cui adoperare l'abituale, ma controverso, termine «valore». L'esperienza prova che conviene restringersi ad impiegare la parola «valore», per significare una cosa in termini di un'altra, ossia la quantità della seconda cosa che si può ottenere, in un determinato luogo e in un determinato tempo, in cambio della prima. Il valore è un'entità relativa, ed è costituito dalla capacità di acquistare altri oggetti conferita dal possesso di certi oggetti, ossia il vero valore, quello che unico interessa la scienza, è il valore di scambio, che ha il senso dell'utilità. Il prezzo, ossia il valore espresso in moneta, è determinato in ultima analisi dalla domanda, anche se non bisogna dimenticare il posto che è pur sempre da accordare al costo di produzione. I primi economisti, nelle loro dottrine, del resto spesso fraintese, ebbero gli occhi quasi soltanto per il costo di produzione, ma decisiva è, invece, la domanda, e con essa il consumo, che ha la posizione del fine, a cui la produzione è ordinata come mezzo.

Poiché la domanda coincide col desiderio, e il consumo è manifestamente identico con la soddisfazione del desiderio (la quale è nient'altro che una momentanea estinzione, o un momentaneo abbassamento del livello del desiderio medesimo, accompagnati l'una e l'altro da molteplici sensazioni e immagini, che però non costituiscono l'essenza della soddisfazione e quindi non debbono entrare nella sua definizione), potrebbe sembrare che si sia lasciata inevasa l'esigenza di restringere il concetto generale di desiderio, perché esso abbia significato economico, o, com'è il medesimo, perché l'insieme delle cose desiderabili di cui si dispone sia termine sinonimo di ricchezza. Senonché questa è una semplice apparenza, per la ragione che l'esigenza è assolta con lo stabilire che le cose in cui i desideri si manifestano, investendole di sé e rendendole appetibili, debbono sottostare al requisito della scambiabilità reale, sia essa attuale o potenziale, per formare ricchezza, dopo di che non occorre fornire altra restrizione, che, invece di giovare al rigore della definizione della ricchezza, andrebbe a suo detrimento.

Marshall ritiene una tendenza fondamentale della natura umana la varietà in-

---

[16] *Teoria dell'economia politica ed altri scritti economici*, intr. L. Amoroso, trad. it. R. Fubini e C. Argnani, Torino, 1966, pp. 35-47.
[17] *Principi di economia*, a cura di A. Campolongo, Torino, 1972, pp. 119-161.

finita dei desideri e dei bisogni, ai desideri conseguenti, e dei limiti costitutivi di ciascun bisogno, per cui l'utilità finale, o marginale, delle cose per le persone diminuisce ad ogni aumento della quantità delle cose che le persone già posseggono, se si prescinde dal passare del tempo e dalle modificazioni dei caratteri e dei gusti degli uomini che esso comporta. Nei periodi brevi sul valore preponderà l'influenza dell'utilità (ossia, il desiderio o la domanda), a lungo andare prevale quella del costo di produzione; quando le cose sono già prodotte, i prezzi sono regolati dai desideri della gente di possederle; nei lunghi periodi esplicheranno i loro effetti sui prezzi le variazioni dei costi di produzione.

Si potrebbe osservare che i desideri di certe cose si esauriscono, non perché le cose a un certo punto di per se stesse bastino e avanzino, giacché il desiderio (o, come tradizionalmente si diceva, la volontà, ma sul terreno della vita la volontà è una parola che significa la facoltà di desiderare, quali che siano i desideri che si nutrono, giacché di essi non è consentito compiere alcuna suddivisione in classi all'infuori di quella fondata sugli oggetti da essi investiti) è infinito, ma perché diventano più imperiosi i desideri di altre cose, e conseguentemente essi si trasferiscono da quelle prime a queste seconde, sino al momento in cui le une e le altre perdono la partita nei confronti di desideri di un terzo genere di cose, a cui ormai ci si indirizza, senza che il desiderare abbia una qualsiasi tregua inevitabile e necessaria. Ugualmente, si potrebbe riflettere che i desideri possono essere sin dall'inizio insaziabili, p. es., l'ambizione del politico, che scende nell'arena delle competizioni e delle lotte avido di un potere sconfinato, o l'avidità del mercante, che è mosso da una brama di ricchezza sin dal primo istante inappagabile; che non ha molto senso, nella scienza dell'economia, compiere astrazione dal passare del tempo, giacché la nozione della successione temporale è inclusa nella legge medesima dell'utilità marginale (che si enuncia dichiarando che essa diminuisce ad ogni aumento della quantità della cosa che *già* si possiede, e dire «già» è dire «prima», così che ogni aumento deve avere luogo «dopo», ma il prima e il dopo sono i termini in cui si esprime la successione del tempo); che la distinzione dei periodi brevi e di quelli lunghi è di per se stessa indeterminata, e cade quindi nell'empiria. Queste e altre analoghe considerazioni si scontrerebbero però contro il fatto che Marshall ha di mira non già di porre allo scoperto l'onnipotenza del desiderio (il quale, a condizione di esistere, è tutto), e cioè di stabilire il punto di maggior interesse per la comprensione del pensiero economico dell'illuminismo, ma di fornire una trattazione di scienza dell'economia il più possibile vicina al comportamento del genere umano negli affari ordinari della vita. Nonostante questa predilezione per i cosiddetti problemi concreti (che sono poi i problemi particolari), a scapito della pura e speculativa definizione dei concetti, la teoria di Marshall mostra a sufficienza di appartenere ad una configurazione del sentire sorretta dall'immaginazione emancipata, e quindi diversa da quella iniziata da Smith e portata alla sua perfezione da Ricardo, ancora guidata da un'immaginazione soltanto consolidata.

La classe di teorie che ravvisa nel lavoro l'origine e la misura del valore, nel senso che noi soppesiamo l'utilità di una cosa dalla pena a cui ci assoggetteremmo per procurarcela, è inattendibile, l'identità di valore e di lavoro, che essa asserisce, è sofistica, dice Pareto, perché trascura tutta una serie di distinzioni di fondamentale importanza e non scorge gli elementi economicamente decisivi. Essa confonde la pena a cui ci *assoggetteremmo* (essendo, questo, un condizionale, si tratta di un'eventualità) con quella a cui ci *assoggettiamo* (qui compare il presente indicativo, ossia un fatto), e, ancor peggio, con quella a cui si *assoggettano* le persone che ci forniscono la cosa da noi desiderata (si passa, come niente fosse, dalla prima alla terza persona plurale); anzi, si potrebbe aggiungere, con quella, a cui costoro si *sono assoggettati*, giacché, quando l'oggetto da noi desiderato ci viene arrecato, essi hanno già smesso di penare, e acqua passata non macina più. Allorché si sostiene da Smith che in una società primitiva di cacciatori l'uccisione di un castoro costa *ordinariamente* due volte tanto il lavoro dell'uccisione di un daino, e che in essa naturalmente si scambiano due daini contro un castoro, si compie con la parola «ordinariamente» un passaggio illegittimo, dandosi per ammesso ciò che ancora si deve spiegare; si dovrebbe rispondere alla domanda: com'è possibile lo scambio? e invece si dà lo scambio non soltanto per possibile, ma anche per reale ed effettivamente avvenuto[18].

Si potrebbe rivolgere a Smith un ulteriore e imbarazzante quesito, e cioè di dichiarare se si rende conto delle conseguenze derivanti dal fatto di dovere accordare alla sua società di cacciatori il possesso dei numeri, di cui essi hanno ineluttabilmente bisogno, se debbono decidere che l'uccisione di un castoro comporta il doppio di lavoro dell'uccisione di un daino; che è la ragione per cui due daini valgono un castoro. I numeri sensibili (di essi soltanto si compie l'impiego nella vita) esistono come immagini, e non come sensazioni; per di più, sono immagini prossime a quella dell'equivalenza, con cui hanno in comune l'indole di essere delle quantità; nel numerare gli animali uccisi non si può quindi evitare di riferire ad essi l'equivalenza, che è il carattere da cui sono resi scambievoli. La questione così torna all'inizio e si tratta ancora di stabilire ciò che rende le cose suscettibili di venire scambiate. La risposta della classe delle teorie del valore-lavoro non è sbagliata (sebbene dalle teorie del valore-utilità sia definita tale, perché da una posizione più elaborata gli assunti più semplici non possono non risultare unilaterali e quindi fallaci), ma contiene più sensazione che immaginazione di quel che rechi in sé l'opposta classe delle teorie del valore-utilità, e inoltre le immagini che compaiono in essa sono meno elevate al di sopra delle sensazioni di quelle introdotte dalla classe rivale e vittoriosa.

Il lavoro è composto tanto d'immagini che di sensazioni (il progetto, quella che si dice l'idea, la nozione, di quel che s'intende ottenere, è fatta d'immagini), ma le sensazioni hanno il posto prevalente (l'ideazione è rapida, l'esecuzione occupa di solito largo tratto di tempo; l'operaio sa, in qualche istante, per l'istruzione, l'ammaestramento, l'abitudine, ciò che deve fare – e questo è il complesso delle immagini – ma il farlo – che è sensazione – richiede ordinariamente parecchie ore al giorno). Di per se stesso il lavoro può essere sia presente sia

---

[18] *Corso di economia politica*, a cura di G. Palomba. Nota biog. e bibl. a cura di G. Busino, Torino, 1971, pp. 159-160.

passato, ma il lavoro che interviene a determinare il valore non può che essere passato, e poiché il passato (al pari del futuro) si distingue dal presente, per la ragione che è costituito da immagini, laddove il presente consiste di sensazioni, deve trattarsi di un'immagine di ciò che, quando era presente, era formato in gran parte, ancorché non esclusivamente, da sensazioni.

Immagini del genere (che si chiamano *immagini di sensazione*, giacché sono residui lasciati da sensazioni, loro depositi mentali) sono necessariamente poco rilevate al di là delle sensazioni, quantunque, quando posseggono il carattere della generalità (come accade nel caso del lavoro) siano non più legate alla sensazione (come, invece, sono i metalli preziosi o la terra), ma già consolidate rispetto ad essa. In assenza della pena, che il più delle volte si accompagna al lavoro, senza però intervenire a costituirne l'essenza (quindi il lavoro va definito come l'attività che aggiunge proprietà alle cose della natura, non dovendosi nelle definizioni accogliere nessun elemento concomitante), non si sarebbe proposto da parte di alcuno di riportare al lavoro il valore, ma, allorché lo scambio ha luogo, il lavoro è sempre passato, di poco o di molto, e c'è soltanto la sua immagine, e la pena non c'è in alcun modo (infatti, la pena, presa a rigore, è dolore, e il dolore, al pari del piacere, appartenendo ai corpi animati, e non già a quelli inanimati, è sensazione senza immagine corrispondente).

Ancorché non asseriscano niente di assurdo (per il motivo che ciò che è passato può ancora determinare il presente, e di conseguenza, il lavoro è pur capace di determinare il prezzo, in cui il valore si esprime), le teorie del valore-lavoro sono svantaggiate nei confronti delle teorie del valore-utilità, le quali asseriscono (o meglio, dovrebbero asserire, ove fossero ricondotte a formulazioni concettualmente irreprensibili) che il valore (la ragione di scambio) è determinato dal consumo, e cioè dalla momentanea cessazione, o estenuazione, del desiderio ottenuta mediante cose di sensazioni. L'identità di bene (nel senso che la scienza dell'economia conferisce a questo termine) e di cosa desiderabile è generalmente riconosciuta dalle teorie del valore-utilità, ma che mai sia l'utilità continua ad essere circondato dall'oscurità[19].

---

[19] Pareto introduce, accanto e, anzi, prima dell'utilità, l'ofelimità, per esprimere il rapporto di convenienza che fa sì che una cosa soddisfi un bisogno o un desiderio, ma è dubbio che egli ottenga una qualsiasi agevolazione concettuale da questo ritrovato terminologico. Kant dice che Leibniz, escogitando una sostanza semplice fornita soltanto di rappresentazioni oscure e chiamandola «monade dormiente», inventò questa monade, e non la spiegò; qualcosa d'analogo si potrebbe ripetere dell'ofelimo di Pareto, che è l'invenzione, o la riproposizione, di una parola, non il pensamento di un concetto. L'ofelimità è considerata come una proprietà interamente soggettiva delle cose, e di contro, l'utilità è riguardata come una loro proprietà oggettiva; ma in materia d'economia la distinzione del soggettivo e dell'oggettivo è da evitare. Il desiderio, il bisogno, e tutte le altre entità che vi si connettono, si giustificano da sé, hanno la loro legittimità nella loro medesima esistenza. Quando si tratta del sentire, ciò che conta è unicamente l'intensità delle sensazioni e dei sentimenti, che non possono essere definiti soggettivi in nessuna accezione pertinente della parola (nemmeno in quella per cui, essendo avvertiti dall'io, sarebbero propri del soggetto; infatti, l'io personale è un sentimento in mezzo agli altri, e non il soggetto, tale essendo soltanto l'io puro).

Questo è il punto a cui è pervenuto, con le teorie dell'utilità marginale, nella comprensione dell'economia, l'illuminismo, prima che sopravvenisse la crisi in cui è incappato. Il concetto meglio stabilito è quello dell'identità di bene e di cosa investita dal desiderio, da cui discendono l'onnipotenza del desiderio e la sua insindacabilità[20]. Il desiderio è legittimo, alla sola condizione di esistere, ciò che non toglie che di volta in volta ci siano particolari desideri che vengono censurati e condannati; anzi, questo accade immancabilmente, quando la loro intensità scende al di sotto di quell'ingrediente dell'anima umana che è il sentimento della repulsione, il quale è allora libero di esercitarvisi sopra, di colpirli e ripudiarli, dichiarandoli, a seconda dei casi, inammissibili, odiosi, esecrabili. È sempre il desiderio a rendere conto della domanda, la quale si converte semplicemente con esso, e ugualmente a spiegare la possibilità dell'offerta (la quale non è altro che la domanda inversa, nella relazione merce-moneta), e pertanto del mercato (il quale è questa stessa relazione)[21].

La crisi dell'illuminismo, allorché colpisce la scienza dell'economia, si manifesta soprattutto con la tendenza ad introdurre spiegazioni eclettiche nella teoria del valore, che, non essendo capaci di fondarsi su di un unico principio e, d'altra parte, non essendo disposte ad accontentarsi di una dualità insuperabile di principi, accostano estrinsecamente il valore-lavoro e il valore-utilità (essi sono tali da non lasciarsi sintetizzare, e del resto, nemmeno le spiegazioni a cui facciamo riferimento hanno l'ardire di presentarsi sotto la denominazione reboante di sintesi). Si dice che i sostenitori del valore-lavoro non hanno ignorato in maniera completa il ruolo dell'utilità, ma l'hanno più che altro dato per ammesso, lasciandolo nell'implicito; del pari, si assicura che i fautori del valore-utilità non hanno disconosciuto il peso e l'influenza del costo di produzione; sin qui si procede correttamente, l'inconveniente sorge, quando il valore-lavoro e il valore-utilità si trovano collocati sullo stesso piano, in cui non possono coerentemente stare, e tuttavia vi sono posti dalle cosiddette «spiegazioni a forbice» dei fatti economici, le quali rinunciano a quel requisito essenziale della scienti-

---

[20] Almeno in forma occasionale, la posizione di motore dell'economia, propria del desiderio, era stata rilevata da parecchio tempo. Così si esprime Helvétius: «Il lavoro, a cui un tempo l'uomo, si dice, fu condannato, non fu una punizione celeste, ma un favore della natura. Il lavoro presuppone il desiderio (*Travail suppose désir*). Si è senza desideri? Si vegeta senza principi d'attività» (*De l'Homme*, ed. cit. vol. XI, p. 89).

[21] Non ci sarebbe peggiore errore di quello di prendere le crisi di sovrapproduzione, che ogni tanto hanno luogo, come segni di un venir meno del desiderio in se stesso. Gli ingorghi, più o meno estesi, sono difetti del funzionamento della macchina economica, non un suo rifiuto; in essi si restringe momentaneamente la possibilità di arrecare soddisfazione al desiderio, il quale però rimane intatto e fors'anche si acuisce, tant'è vero che la macchina, temporaneamente inceppata, prima o poi riprende a funzionare con maggiore energia. Lo spegnimento del desiderio è qualcosa di completamente diverso, è atteggiamento di una radicalità inaudita, che toglie ai beni la qualità per cui sono considerati tali. Nessuna economia è garantita contro l'esaurimento e la cessazione del desiderio. Non è possibile eccitare direttamente il desiderio, potendosi stimolare soltanto il consumo, e mediante questo termine intermedio agire sopra il desiderio (ammesso che questo continui ad esistere, ma è proprio questa sua continuazione nell'esistenza che non è certa).

ficità che è costituito dall'unitarietà del principio esplicativo, e non si rendono conto che lavoro e utilità, considerati in tal modo, s'inceppano a vicenda.

5. *L'economicismo e il processo della decadenza dell'illuminismo*

Se la considerazione riflettente dell'utilità ad opera della scienza economica ha, nelle varie ondate percorse dall'illuminismo, assunto le forme descritte; che è stato, durante codeste medesime ondate, dell'utilità in se stessa, quale posto ha essa acquistato nella vita dei popoli tra cui maggiormente si è affermata la civiltà moderna? Per rispondere all'interrogativo, occorre dimostrare, con il sussidio degli autori dell'illuminismo, che l'utilità è suscettibile di due accezioni diverse, l'una larga, e l'altra stretta (alla quale ultima si può conferire il nome d'*economicismo*), e che nel corso degli ultimi due secoli si è passati in Europa e in America dall'accezione larga a quella stretta, così che l'economicismo è diventato un carattere fondamentale di molta parte del mondo.

Gli illuministi della prima ondata si attengono tanto spontaneamente all'accezione larga dell'utilità, che soltanto incidentalmente e come per caso sentono il bisogno d'ammonire dal pericolo d'andarsi a cacciare nelle angustie e nelle secche dell'economicismo. Tra i padri fondatori dell'illuminismo, Bacone mostra con una bella favola quanto sia ingannevole correre dietro ai risultati immediati delle ricerche scientifiche e ripromettersene dei guadagni (le filosofie alchimistiche si comportano come Atlanta, che rallentò la corsa, sedotta dalla vista delle mele d'oro)[22]. Fontenelle rivendica con gli accenti più convincenti la necessità delle ricerche matematiche più astratte e delle applicazioni tecniche più lontane, e, ciò che più conta, conferisce all'utilità un significato nobile ed elevato[23]. Anche quando s'insiste nell'affermare che l'utilità è il criterio decisivo, si evitano gli inconvenienti che deriverebbero da un'interpretazione meschina di tale criterio. Così Diderot invita a far sì che l'ansia del successo non vada a scapito delle scienze e delle arti, vanta il geometra che sa scoprire le proprietà di una curva e sentire la bellezza di una poesia, e a cui Orazio e Tacito sono altrettanto familiari di Newton[24]. Mendelssohn (il quale appartiene all'illuminismo soprattutto per l'accoglimento dell'idea della tolleranza e il perseguimento del laicismo – ebraico o cristiano, la circostanza è di secondaria importanza,

---

[22] «Atlanta, sive Lucrum», *Sapientia Veterum*, in *The Works*, ed. cit., vol. 6, pp. 667-668.

[23] «Tout ce qui nous élève à des réflexions, qui, quoique purement spéculatives, sont grandes et nobles, est d'une utilité qu'on peut appeler spirituelle et philosophique. L'esprit a ses besoins, et peut-être aussi étendus que ceux du corps. Il veut savoir: tout ce qui peut être connus lui est nécessaire; et rien ne marque mieux combien il est destiné à la vérité» (*Préface sur l'utilité des mathématiques et de la physique, et sur les travaux de l'Académie des Sciences*, in *Oeuvres*, ed. cit., tomo I, pp. 54-55). C'è dell'entusiasmo in queste parole di Fontenelle, vi si avverte l'eco vigorosa di Cartesio e la vicinanza benefica di Leibniz.

[24] *De l'Interprétation de la nature*, ed. cit. p. 180 e p. 212.

giacché il laicismo può esercitarsi ugualmente su tutte le religioni) si spinge oltre, protestando contro il dominio che l'economia pretende di esercitare sopra la filosofia, dichiarando che il livello di benessere economico raggiunto è più che sufficiente, e che, essendo ormai ben provvisto l'uomo esteriore, occorre prendersi cura dell'uomo interiore, il quale non è mai a sufficienza coltivato[25].

Se nel secolo XVIII le denunce della ristrettezza di vedute dell'economicismo possono ancora essere rare e limitate, perché il fenomeno è agli inizi, un secolo dopo la deviazione è ormai diventata imponente, così che i rilievi e le critiche possono adesso scendere in profondità. L'economicismo è sorto sul terreno dell'illuminismo, della sua peculiare forma d'umanismo, che è quella che ha introdotto il principio d'utilità, ma nondimeno rappresenta, agli occhi degli illuministi medesimi, una escrescenza morbosa, da eliminare dal corpo, per il rimanente sano, della civiltà moderna. Non è che, in tutto l'arco temporale della sua affermazione, l'illuminismo abbia dato luogo ad un capovolgimento, che abbia subito un'inversione, quasi che avesse proposto la ragione e fornito il mito, promesso la libertà e instaurato la servitù; tutt'al contrario, l'illuminismo ha realizzato fedelmente il suo programma iniziale; soltanto è accaduto che in questa esecuzione certe tendenze abbiano acquistato il predominio sulle altre, a danno dell'equilibrio complessivo dello sviluppo dell'ideale dell'umanità; l'economicismo è la manifestazione più ragguardevole di questo eccesso e di questa superfetazione. Gli illuministi che denunciano i pericoli dell'economicismo, compiono opera d'autocritica, e ciò ci fornisce l'opportunità d'eseguire un'esposizione dell'illuminismo, la quale è identicamente una sua critica. Come abbiamo detto, finché la realtà e la vita si configurano nel modo rispondente ad un punto di vista, questo è certo della bontà della propria causa ed è capace di respingere ogni attacco che venga portato al suo ideale d'esistenza, il quale attacco, provenendo dal di fuori, è nel contempo ingiustificato e sterile; l'unica vera critica, insieme legittima ed efficace, è quella che sorge dal di dentro, è l'autocritica. Poiché l'economicismo è respinto come un frutto perverso prodotto dall'illuminismo, ad opera dei suoi stessi filosofi ed economisti, i quali vi ravvisano la minaccia della decadenza (quantunque ancora lontana ed evitabile da parte dell'umanità, mercé una correzione della sua rotta), siamo autorizzati a trarre le conseguenze che discendono dalle loro prese di posizione.

Comte insiste nel proporre una nozione larga dell'utilità e nell'illustrare il rischio che il restringimento dell'orizzonte degli interessi intellettuali e morali produce per la causa del progresso[26]. È però John Stuart Mill che prende l'occa-

---

[25] *Briefe über die Empfindungen*, in *Schriften zur Philosophie, Aesthetik und Apologetik*, ed. cit., vol. II, pp. 32-33.
[26] Quantunque sia vero che la conoscenza è potenza, nondimeno – avverte Comte – «non dobbiamo dimenticare che le scienze hanno, prima di tutto, una destinazione più alta e più elevata, quella di soddisfare il bisogno fondamentale, che la nostra intelligenza prova, di conoscere le leggi dei fenomeni» (*Cours de philosophie positive. Premier volume. Les préliminaires généraux et la philosophie mathématique*, in *Oeuvres*, ed. cit., tomo I, p. 52). Occuparsi esclusivamente delle ricerche suscettibili d'applicazione pratica immediata importa arrestare il pro-

sione dal grande aumento della popolazione per condurre un duro attacco contro l'andamento dei tempi e avvertire che il genere umano si è messo per una brutta strada, allontanandosi da ogni forma di vita che franchi la spesa di vivere. In preda ad una profonda crisi di coscienza, Mill arriva al punto di dubitare della bontà del progresso e di auspicare uno stato stazionario del capitale e della ricchezza, che considera preferibile alle condizioni di vita esistenti[27]. Il punto d'arrivo di questa tendenza economicistica, in atto da secoli, e destinata presumibilmente a durare per secoli, è quello indicato da Spencer, e consiste nell'instaurazione della religione del denaro[28].

Con tutto ciò, anche le denunce che si sono udite, e a cui parecchie altre d'analogo tono potrebbero aggiungersi, appartengono pur sempre a quelli che si possono considerare filoni secondari di pensiero degli autori che le formulano, in più o meno velato dissidio dall'orientamento complessivo delle loro idee, che seguita ad essere ispirato dall'aspettativa di un grandioso avvenire: si osservano le dissonanze, come se fossero nubi all'orizzonte, di cui non c'è in fin dei conti molto da preoccuparsi. Assai diverso avrebbe potuto essere il giudizio sulle

---

gresso, il quale ha bisogno, anche e soprattutto, delle teorie che vengono formulate con puri intendimenti conoscitivi. Preoccupante è anche la tendenza alla divulgazione, che va a danno della serietà della scienza.

[27] «Confesso – dice Mill – che non mi piace l'ideale di vita sostenuto da coloro che pensano che lo stato normale degli uomini sia quello di una lotta per procedere sempre oltre; che l'urtarsi e lo spingersi gli uni con gli altri, che forma il tipo esistente della vita sociale, sia la sorte meglio desiderabile per il genere umano, e non uno dei più tristi sintomi di una fase di progresso produttivo» (*Principî di economia politica*, trad. it. cit., p. 710). Non ha senso che molte persone, già più ricche di quel che convenga esserlo, raddoppino ancora le loro ricchezze; che un grande numero di persone passi ogni anno dalle classi medie a quelle ricche. La crescita infinita della ricchezza, l'accumulazione di beni sterminati, anche se fosse possibile, non sarebbe auspicabile, per le dannose conseguenze che comporterebbe, prima tra tutte l'indiscriminata crescita della popolazione, già enormemente aumentata (l'isolamento, la solitudine, indispensabili per la riflessione, sono ormai impossibili), e l'utilizzazione di tutta la terra. «Non vi è molta soddisfazione – seguita Mill – nel contemplare un mondo in cui nulla sia lasciato all'attività spontanea della natura: nella quale ogni zolla adatta a produrre alimenti sia già coltivata; ogni prato fiorito ed ogni terra da pascolo siano solcati dall'aratro; tutti i quadrupedi e gli uccelli non addomesticati per uso dell'uomo siano sterminati come suoi rivali nel cibo; ogni siepe e ogni albero superfluo siano sradicati, e quasi non rimanga una zolla di terra ove possa crescere una pianta o un fiore senza che vengano sradicati come erbaccia in nome del miglioramento dell'agricoltura» (*Ibid.*, p. 712). Poiché anche ad accordare a Mill tutte le premesse determinate, da cui muove nel suo discorso, non ne segue come conseguenza ineluttabile la futura stagnazione economica, è chiaro che a dettarla interviene il rifiuto dell'ideale del progresso infinito dell'economia.

[28] «In tutto il mondo incivilito, specialmente in Inghilterra e sopra tutto in America – osserva Spencer –, l'attività sociale è quasi interamente spesa nello sviluppo materiale. Soggiogare la Natura e portare le forze della produzione e della distribuzione alla loro più alta perfezione è il còmpito dell'età nostra, e sarà probabilmente il còmpito di molte età future». Occorrerebbe che gli uomini distinguessero la ricchezza che indica la superiorità della persona e il vantaggio della società, dalla ricchezza che manca di tali requisiti, ma non ci sono da nutrire molte speranze in proposito: c'è il «culto del "dollaro onnipotente" tra gli Americani» (*La morale del commercio*, in *Il progresso umano*, trad. it. cit., pp. 379-380).

conseguenze distruttive dell'economicismo nella seconda metà del XX secolo, quando la malattia, a lungo covata, era finalmente scoppiata nell'intera sua gravità; ma nel contempo la crisi, da cui era stato colpito l'illuminismo come filosofia, era diventata così grave, che mancava semplicemente chi fosse in grado di scorgerla nelle sue cause e nelle sue dimensioni, e di suggerire gli opportuni rimedi per allontanare il flagello (cosa, quest'ultima, di dubbia fattibilità, giacché sembra che ci si trovi di fronte ad un destino epocale).

Ma in che si manifesta l'economicismo, ossia la tendenza dell'economia a diventare da aspetto particolare della vita, esistente insieme a parecchi altri aspetti, carattere generale, che impronta di sé l'intera esistenza umana? Come abbiamo mostrato, le cose del dominio della vita hanno una duplice serie di proprietà, una prima, che è quella delle proprietà sovrastanti, e una seconda, che è quella delle proprietà sottostanti, per cui le cose consistono come di due strati, l'uno superficiale, di palmare evidenza, l'altro profondo, di laboriosa rilevazione. I corpi animati e quelli inanimati, e tra i primi il corpo animato proprio e i corpi animati altrui, e tra i secondi, la terra, le pietre, le piante, in ciò che consistono di colori, odori, suoni, sono oggetti visivi, uditivi, tattili, consistono di strati superficiali; in ciò che formano dei minerali, degli organismi vegetali o animali, hanno un'organizzazione nervosa, un apparato psichico, risultano gli strati profondi. Ora, le proprietà delle cose, a cui si riferisce il valore d'uso, sono le proprietà sovrastanti, che direttamente s'avvertono (p. es., quelle di un cibo, che si sentono nel mangiarlo, quelle di una bevanda nel berla). Invece, le proprietà, a cui si riferisce il valore di scambio, appartengono al novero delle proprietà sottostanti e diventano palesi unicamente nello scambio, in cui si ottengono contro moneta. Per il valore d'uso, il pane è saporoso, fragrante, salato o insipido, fresco o raffermo; per quello di scambio, è caro o a buon mercato, ciò che si effettua attraverso un lungo giro di passaggi. Il valore d'uso e il valore di scambio, per il proposito particolare che qui interessa, s'influenzano a vicenda, ma questo vicendevole condizionamento è suscettibile di variare moltissimo nell'intensità.

In una situazione in cui gli uomini hanno pochi rapporti tra loro e menano la vita in una solitudine quasi completa, la fruizione delle cose ha luogo pressoché interamente di per se stessa, ossia il valore d'uso – anche se non giunge mai ad essere il solo esistente – riduce ad un'ombra evanescente il valore di scambio. Per riprendere un esempio di veneranda antichità, i calzari valgono per essere semplicemente portati ai piedi, ossia il godimento degli oggetti è sostanzialmente quello che deriva dal loro impiego. È una possibilità remota, a cui non si pone molta attenzione, che degli oggetti che si usano si potrebbe compiere una permuta, ottenendone degli altri al posto di quelli che si posseggono. L'economicismo fa trionfare l'atteggiamento opposto, portando il valore d'uso sotto il valore di scambio e rendendolo un'entità residuale. Nemmeno con l'economicismo le cose perdono le loro proprietà di superficie, giacché non c'è forza al mondo che sia capace di far scomparire i colori, i suoni, gli odori, i sapori; diventano però inessenziali, essendo collocate in subordine nei confronti delle proprietà sottostanti di carattere economico delle cose, proprietà che si riassumono nel prezzo. La ragione per cui certi cibi, certe bevande, certi abiti, certe abitazioni, sono più gustosi, più gradevoli, più belli, più sontuosi, è che, costando molto cari, non tutti, ma soltanto una limitata cerchia di individui, nel cui novero ci si trova, se li possono permettere. La fruizione delle cose è mediata da ciò che in cambio di esse si potrebbe ottenere; in questa maniera le cose vengono svuotate di contenuto, diventano portatori monetari, sono apprezzate in funzione di una loro potenziale compravendita (che magari di fatto non avrà mai luogo, ma che è ognora mentalmente presente almeno in maniera oscura). L'economicismo importa la *riduzione tendenziale* – soltanto tendenziale, giacché non è che le proprietà sovrastanti delle cose scompaiano fisicamente – *del valore d'uso al valore di scambio*.

Della ricchezza l'economicismo fa il sommo bene, e ciò può essere illustrato mediante la distinzione tra la moneta e il denaro (in due specifici significati di questi polisensi vocaboli). La moneta, essendo quella cosa che si può usare soltanto alienandola, è correlativa alla merce, e anzi, ha rispetto ad essa la posizione di causa strumentale; di contro, il *denaro* è in certo qual modo l'opposto della moneta, giacché è *ciò il cui uso consiste nel solo possesso*. È indubitabile che il possesso da sé solo adempia le condizioni esigite per dar luogo ad un uso (il concetto di uso non va grossolanamente materializzato; l'uomo, in quanto ha relazione con le cose, sempre le usa; l'uso quindi è l'esistenza medesima della cosa in quanto essa è riferita all'uomo). È noto che la proprietà arreca piacere di per se stessa, e non perché se ne ricavi un qualsiasi vantaggio; può trattarsi di beni situati in luoghi lontani, in cui si sa che non ci si recherà mai, ciò nonostante il sapersene proprietari è sufficiente a produrre un godimento. Tutto ciò che ci si restringe a possedere è denaro; che una cosa del genere debba esistere è manifesto, se si pone mente alla riunione della merce e della moneta. Finché queste si riguardano distintamente, si può sostenere che ci si serve della moneta allo scopo di acquistare la merce, la quale si può, a sua volta, del pari alienare (è vero che la merce è capace di ricevere anche un uso diverso da quello dell'alienazione, e che in ciò consiste la sua differenza dalla moneta, ma allorquando si riguarda la merce in tale maniera, si astrae dalla sua relazione con la moneta – quale che sia codesto uso, esso non dipende per il momento dalla moneta – ne è dipeso in passato, ma adesso si è liberato dal vincolo di dipendenza). La moneta e la merce, prese congiuntamente, sono il denaro. In parole diverse, la ricchezza, in quanto vale come il fine ultimo, non può ancora essere impiegata a questo o a quello scopo, perché in tal caso sarebbe un bene subordinato, e invece è quello di cui non si dà il maggiore. In verità, si è sopra udito affermare che la ricchezza ha uno scopo, quello di essere messa in mostra il più possibile; ma questa asserzione, anziché smentire il nostro assunto, lo conferma. Nella religione tradizionale si proclama che lo scopo è la gloria di Dio, l'unico confacente alla dignità divina; nella religione del denaro si insegna che lo scopo della ricchezza è l'esibizione, ossia la gloria non celeste, ma mondana.

L'economicismo, quantunque di per sé riguardi la sola attività della produzione, della distribuzione e del consumo dei beni, è una minaccia di decadenza complessiva per la civiltà dell'illuminismo, com'è chiaro già per la ragione che i molteplici aspetti di cui si compone una civiltà sono solidali tra loro, unitariamente ascendono e unitariamente declinano. Si aggiunga che l'economicismo tende a introdurre dovunque, nella valutazione delle attività umane, i criteri con cui si valutano i prodotti dell'economia, che si misurano con semplici calcoli, eseguibili in maniera meccanica, mentre ci sono opere suscettibili di una misurazione soltanto approssimativa, e altre ancora immisurabili, perché incapaci di sottostare a criteri di giudizio uniformi. Ogni esistente è un diverso; la realtà di quanto si estende, di altrettanto consiste di differenze; l'economicismo tende a sopprimere, in ciò che è raggiungibile dall'uomo, tutte le differenze, con la sola eccezione di quelle della ricchezza, che invece esalta; in ciò consiste quello che si chiama il livellamento in atto nel mondo.

Con tutto ciò è dubbio che le odierne società ricche abbiano conseguito un effettivo vantaggio, quanto a soddisfazioni e a godimenti, rispetto a quelle che si chiamano le società arcaiche del passato e le società arretrate del presente, caratterizzate – si dice – dalla penuria. Se il confronto potesse instaurarsi tra le masse dei beni a disposizione, prese semplicemente come cumuli di oggetti, prescindendo dalla facoltà di sentire, di desiderare, di gustare, e da tutti i suoi possibili comportamenti, non ci vorrebbe molto a concludere che nel corso del tempo si riscontra una linea ascendente, pressoché continua, e che l'umanità è passata da un'estrema povertà ad un'immensa ricchezza. È però evidente che la comparazione non può eseguirsi in tale maniera, giacché, se si compie astrazione dal sentire, tutti codesti oggetti, pochi o molti che siano, di tale o di talaltra fattura, non formano in nessun modo dei beni. Se s'introduce la considerazione della facoltà di sentire, ne viene che in un primo momento oggetti nuovi riescono strani e bizzarri al gusto, che non li apprezza, che dopo poco li gradisce, giacché li confronta con quelli vecchi, che ha provveduto a sostituire, ma che successivamente fa cadere gli oggetti di cui ora fa uso all'incirca nella medesima situazione in cui si erano trovati i precedenti, valutandoli ad un dipresso al pari di essi. Sembrerebbe che conclusivamente non ci si guadagni molto e nemmeno ci si perda molto. Una valutazione precisa delle variazioni dei godimenti dei beni nei diversi luoghi e tempi e presso i differenti popoli è naturalmente impossibile, ma c'è ragione di ritenere che le differenze siano molto inferiori a quel che per irriflessione si è soliti reputare. Si resta ad un livello mediano, insuscettibile di grandi variazioni[29].

---

[29] Il sentire non si attesta stabilmente sugli estremi, ma ne rifugge, oscillando in perpetuo intorno alle condizioni intermedie. Ha ragione Pascal nel dire: «*La nature de l'homme n'est pas d'aller toujours: elle a ses allées et venues*». E ancora: «*La nature agit par progrès*, itus et reditus. *Elle passe et revient, puis va plus loin, puis deux fois moins, puis plus que jamais, etc.*» (*Pensées*, 318, 319, in *Oeuvres complètes*, texte établi et annoté par J. Chevalier, Paris, 1957, p. 1168). – Tutto questo non impedisce che l'*homo oeconomicus*, del quale le opere di scienza dell'economia insistono nell'avvertire che si tratta di un semplice schema interpretativo, stia diventando un personaggio reale e minacci di assurgere a modello esclusivo dell'umanità

6. *Le ragioni dell'estraneità del macchinismo all'ellenismo e al cristianesimo*

A proposito del macchinismo sono da mettere in chiaro anzitutto due punti, di cui il primo è la completa estraneità del macchinismo sia al mondo greco-romano (e cioè all'ellenismo), sia all'età tardo antica e al mondo medioevale (e cioè, in sostanza, al cristianesimo), e il secondo è la concomitanza cronologica e la reciproca implicazione concettuale tra l'avvento del macchinismo e quella rivoluzione scientifica e quella rivoluzione industriale, che sono aspetti rilevanti dell'illuminismo[30].

Come fatto, l'estraneità del macchinismo all'ellenismo è abbastanza nota, ma non è altrettanto conosciuta la ragione che rende incompatibili la civiltà ellenistica e la signoria delle macchine. La civiltà ellenistica, sia greca, sia romana, non produce il macchinismo, perché lo respinge, e si comporta in tale maniera per la ragione che il predominio delle macchine può esistere soltanto in funzione dell'utilitarismo, può avere per unico scopo l'accumulazione della ricchezza, e questa è, per gli antichi, non un ideale, ma una visione pervertita e ignobile della vita. L'assenza del macchinismo nell'antichità non può essere spiegata semplicemente con la (pretesa) mancanza delle conoscenze scientifiche richieste dalla costruzione delle macchine. Questo è escluso, da una parte, dal magnifico sviluppo, che, soprattutto nell'età alessandrina, ha la scienza greca e dall'altra, dalla circostanza che gli antichi applicano le loro cognizioni matematiche e fisiche nell'apprestamento, anziché di macchine, di apparecchiature prive di qualsiasi utilità pratica, eppure nel loro genere meravigliose. Con le conoscenze scientifiche di cui dispongono, i Greci e i Romani avrebbero potuto fare molto di più in direzione del macchinismo; la verità è che si rifiutano di farlo, e quando vi sono costretti da circostanze eccezionali, quasi se ne vergognano e ne domandano scusa.

Per comprendere la posizione dell'ellenismo nei confronti delle macchine, occorre muovere dal realismo greco, il quale, essendo fondato sul sentimento

---

[30] Anche quando si accolga lo stile popolare – com'è giocoforza fare nelle opere che all'intento teorico uniscono il carattere documentario –, le questioni terminologiche mantengono un loro interesse (lo stile popolare non deve aver niente da spartire con l'imprecisione linguistica e con la sciatteria dell'espressione). Nel tema in esame si è divisi tra la «tecnica» e il «macchinismo». A noi sembra che si debbano impiegare entrambe le locuzioni, parlando di «tecnica» allorché si tratta della scienza in senso proprio – intellettuale – (e specificamente della fisica, con la quale la tecnica addirittura s'immedesima), e discorrendo di «macchinismo» allorché è questione della scienza in senso improprio – sensibile – (la quale, al pari dei punti di vista in tutta la loro estensione, è una manifestazione della vita). Nel caso nostro, questa preferenza del vocabolo «macchinismo» è ulteriormente giustificata da tre ordini di ragioni: 1) la distinzione, di fondamentale importanza, dell'utensile e della macchina; 2) la rivendicazione del valore e della dignità delle arti meccaniche compiuta dagli illuministi del secolo XVIII; 3) l'assonanza tra il macchinismo e il meccanicismo, che si è mostrato essere proprio della moderna intuizione della scienza della natura (qui si è in presenza di una vera e propria concordanza concettuale, tant'è vero che, per stabilire il significato del meccanicismo, dovemmo far ricorso alla nozione di macchina).

del sublime, divarica all'estremo l'eccellente e il dappoco, e colloca il primo tanto in alto da situarlo ad una distanza quasi inarrivabile, e getta il secondo tanto in basso da renderlo indegno di considerazione. In conseguenza di ciò, il vertice dell'eccellente è avvertito come dotato del massimo pregio, che è il carattere della compiutezza, ossia è rappresentato come totalità perfetta, a cui nulla si aggiunge e nulla si toglie, per operazioni che nella sterminata distesa del tempo si effettuino. Ciò che è totalità perfetta è possibile oggetto della sola teoria, la quale, essendo pura visione della mente, è sguardo che non introduce nulla nella cosa, ma soltanto la prende di mira e, ammirata, la contempla (gli occhi corporei possono pur gettare qualcosa di sé sopra gli oggetti, la luce che vi suscita i colori può, in parte o in tutto, provenire da loro, ma l'occhio della mente non può fare niente di simile, perché vede unicamente a causa della luminosità che inerisce al veduto). A quel modo in cui il sublime impone di assegnare ciò che vale come principio della realtà alla teoria, così il sentimento della vanità, collegandosi con l'elemento del dappoco – che è un lato del sublime – obbliga ad attribuire ciò che è mera produzione alla regione del caduco e del vano. È la connessione del sublime e della vanità a rendere ragione della distinzione e contrapposizione ellenistica del pensare e del fare (più propriamente, del teorizzare e del produrre, perché anche il teorizzare è un fare, ma immanente, mentre il produrre è un fare transitivo, giacché mette capo a qualcosa di diverso dall'attività che lo pone in essere – la macchina è un prodotto, perché ha un'esistenza a sé stante, indipendente da quella di chi la fa).

Qui è la radice del dispregio greco dell'artigiano, che mena esistenza indecorosa, giacché la βαναυσία è insieme esercizio di lavoro manuale, grossolanità, cattivo gusto, volgarità (tutto ciò non ha niente in comune con il disdegno dell'agire; al contrario, si può affermare che l'artigiano fa poco, perché, quale che sia il suo impegno, dà in ogni caso origine a prodotti destinati ad essere vittima della distruzione in breve volgere di tempo, non essendoci artefatto che possa resistere all'usura dei secoli e dei millenni, mentre le produzioni della natura sulla terra possono avere dalla loro se non l'*aeternitas*, almeno la *diuturnitas*). È per questo motivo che Platone afferma che tutte le arti sono volgari, che non arrecano vera conoscenza, che formano l'occupazione di uomini comuni, non d'individui superiori, capaci d'aver commercio con la divinità, che, essendo meccaniche, non convengono al culmine dell'educazione, che s'intraprendono in vista dell'utilità, non della virtù, per insaziata brama d'oro e d'argento[31]. Appieno consonante con la posizione di Platone è la valutazione che delle scienze e delle arti arreca Aristotele, il quale colloca al primo posto le scienze che non sono rivolte né al piacere né all'utilità, ma che si ricercano per se stesse, che vertono o su principi astratti o su realtà immobili o su cose che hanno in sé medesime l'origine del movimento, mentre la produzione si aggira nella sfera del contingente e pone in essere cose di cui può esser causa anche la fortuna[32]. Poi-

---

[31] *Symp.*, 203b, *Alc. I*, 131b, *Resp.*, VII, 522b, *Epinom.*, 975, *Leg.*, VIII, 831d.
[32] *Metaph.*, A, 982 a-b, *Eth. Nic.*, VI, 4, 1040a.

ché lo Stato, per i Greci dell'età classica, è un organismo vivente in cui gli uomini, in quanto cittadini, portano a completo sviluppo l'essenza umana, ciò che è bene per l'uomo è, come dice Aristotele, bene anche per la collettività, e poiché per l'uomo il massimo bene è costituito dall'esercizio dell'attività razionale, ne viene che l'ottimo Stato è quello che accorda ai suoi membri la più estesa possibilità di essere padroni del proprio tempo, di godere dei vantaggi della σχολή, e di sottrarsi alla dura condizione dell'ἀσχολία imposta dalla necessità di mantenersi col lavoro quotidiano. Se è così, poiché alle necessità materiali occorre pur provvedere, la conseguenza è che lo Stato antico non avrebbe in alcun modo potuto fare a meno della schiavitù, la quale gli è connaturata.

Quando ci s'interroga intorno alle ragioni per cui la civiltà ellenistica non dà luogo al macchinismo e, tra le altre risposte, se ne adduce una, che dice che gli antichi dispongono con gli schiavi (e anche con la bassa plebe) di un'enorme massa di manodopera a buon mercato, per sentire il bisogno di provvedersi in maniera estesa di macchine, da una parte si spiega un unico fenomeno (la mancanza del macchinismo) con una molteplicità di fattori psicologici, sociologici, culturali, dei quali non è chiara l'efficacia e la differente portata, e per di più si rischia di avvolgersi in circolo. Se si vuole sapere perché mai nell'antichità ci sia una schiavitù generalizzata, si può soltanto dichiarare che dovunque la stima va all'intelligenza, alla vita secondo il pensiero, e quanti sono di quest'avviso detengono il potere politico, la schiavitù non può essere assente, giacché ci sono grandi masse umane che della vita contemplativa sono incapaci. Questa spiegazione è la sola che adduca una ragione unica e che non si converta in un'ulteriore interrogazione, perché fa appello al modo di sentire, il quale è il giudice d'ultima istanza di ogni faccenda della vita. Ritenere che molte scoperte, invenzioni, costruzioni, che si sono eseguite nell'età moderna, si sarebbero potute compiere nell'antichità, vuol dire dimenticarsi che le civiltà sono edifici unitari, e che soltanto per pigra fantasticheria si può immaginare di poter portare un elemento di una civiltà in un'altra, dopo averlo separato dagli altri elementi, in connessione con i quali esisteva e senza dei quali non sarebbe potuto esistere[33].

Anche quando avvengono profonde trasformazioni nel mondo antico, con Alessandro Magno, le monarchie ellenistiche, l'emergere della potenza romana, il macchinismo seguita ad essere estraneo agli orizzonti mentali propri della civiltà. Gli ideali morali della costanza del sapiente, dell'imperturbabilità dell'anima, dell'impassibilità, hanno ancor meno da ottenere dalle macchine di quel

---

[33] Questo punto è scorto con grande chiarezza da Pareto, il quale insiste energicamente sulla solidarietà che stringe i diversi aspetti di cui una civiltà si compone. Se gli antichi non hanno avuto le macchine, ciò non è dovuto a difetti di conoscenze scientifiche; è assurdo ritenere che la macchina a vapore, inventata da Watt, avrebbe potuto essere inventata nell'antichità o nel medioevo. «Nel progresso materiale, intellettuale e morale, tutto è collegato: non si può isolare un fatto dall'ambiente in cui si manifesta. Se nel medioevo un uomo come Edison avesse inventato il telefono, e avesse potuto sormontare le difficoltà materiali di esecuzione, sarebbe stato semplicemente arso vivo, lui e il suo apparecchio» (*Corso di economia politica*, ed. cit., p. 706).

che avesse da riproporsi il precedente ideale della filosofia, come sapere totale dell'essere. Si fa strada dovunque l'ascetismo, indifferente ai beni mondani, ogni utilità è disprezzata, e di conseguenza, proprio nell'epoca in cui la scienza greca conosce il suo massimo sviluppo, la disposizione degli spiriti diventa ancora più remota dal macchinismo.

Ciò nonostante i filosofi antichi guardano con indubbio interesse a quelle che si dicono le realizzazioni tecniche o ne sono addirittura gli inventori (Eraclito presta attenzione alla vite da pressa; la tradizione vuole che Platone sia il costruttore di una clessidra e Archita di Taranto di celebri automi, ecc.), e una tale circostanza sarebbe inesplicabile, se non si ponesse mente alla distinzione tra l'*utensile* e la *macchina* vera e propria. Oltre a questo, c'è da considerare un fatto assai più comune, in cui codesta medesima fondamentale distinzione trova applicazione. Si osserva spesso che presso i popoli antichi esiste una notevole produzione di congegni, di arnesi, di ritrovati atti a servire alle ordinarie occorrenze della vita, nonché di armi, che vi si impiegano numerosi operai, articolati in precise classi di mestieri, ma che questa produzione è quella tipica dell'artigianato, diversa in radice da quella caratteristica dell'età moderna, che è contrassegnata dalla grande industria. Senonché la distinzione dell'artigianato e della grande industria, se si riferisce alla differenza delle dimensioni, è piuttosto incerta, giacché non è consentito stabilire con sicurezza dove finisce la produzione artigiana e incomincia quella industriale, senza contare il fatto che, in qualche circostanza, sembra che gli antichi abbiano raggiunto produzioni di tutto rispetto. Anche qui, come in qualsiasi altro caso, per cogliere la differenza essenziale, occorre rivolgersi alla sfera degli atteggiamenti mentali, e caratterizzarne le varietà d'impostazione e di manifestazione.

Nella produzione dell'utensile lo scopo precede, ed è assegnato dalle occorrenze della vita quotidiana, quale che essa sia, cittadina o campagnola, civile o militare, si riferisca essa a questa o a quella branca d'attività, all'agricoltura, ai trasporti, all'arte edificatoria. L'utensile è chiamato a conformarsi ad un elemento che lo precede e che lo condiziona, a cui esso deve semplicemente obbedire. Se è fatto in maniera tale da poter essere adoperato per più usi, niente vieta che l'utensile sia una volta destinato a un certo uso e un'altra ad un uso differente; pertanto, la sua destinazione è, per principio, mutevole, ancorché di fatto sia abbastanza fissa. Ad ogni singola classe di utensili si provvede mediante un piano, che ne decide in anticipo la fattura e il numero, ma non esiste una pianificazione complessiva, che si estenda a tutte le classi e si prolunghi nel tempo. Si dà, infatti, per ammesso che quali sono stati in passato i desideri ed i bisogni degli uomini, tali saranno all'incirca per essere anche in futuro; che la popolazione, la sua composizione, la sua articolazione in ceti, il suo numero, è destinata a rimanere immutata o a cangiare di poco. È per queste ragioni che sulla produzione degli utensili la forza della tradizione fa valere i suoi diritti, che si riscontra con soddisfazione che le cose di oggi sono fatte come quelle di ieri, e non ci sono trasformazioni che urtino il gusto e le consuetudini della vita personale e associata. «Ciò che è più antico più è degno di rispetto», dice Aristotele; questa convinzione è diffusa in tutto l'ellenismo e ne caratterizza, come poche altre, la mentalità; non suscita meraviglia il fatto che la sua portata si estenda anche alle produzioni del lavoro. Certamente, in molti casi si riconosce che ciò che è più antico è più rudimentale, e che ciò che è recente e nuovo è più sviluppato ed elaborato; comunque, poiché si reputa che la civiltà si sia parecchie volte costituita, dissolta e daccapo formata sulla terra, si resta lontani dall'attribuire pregio unilaterale soltanto a quel che è fatto da poco tempo e dall'attendersi inaudite novità dall'avvenire. Quel che ha dalla sua l'autorità della tradizione è circondato dall'aura, e risente a lungo della sacralità[34].

Caratteri opposti presenta la macchina, di cui il moderno fenomeno del macchinismo segna il completo trionfo. La produzione della macchina non segue, bensì precede la manifestazione del bisogno, e in questa maniera ne determina il contenuto, l'intensità e la modalità della soddisfazione. Intere classi di bisogni sono eccitate e acuite, mentre altre sono represse e inibite, a seconda dell'attitudine oppure della resistenza che hanno ad essere appagate meccanicamente. Il macchinismo è legato al prevalere della concezione meccanicistica della natura (per definire la nozione del meccanicismo si deve introdurre la nozione della macchina, dell'αὐτόματον, che ne è l'indispensabile premessa). La produzione delle macchine tende ad aumentare di continuo e a complicare sempre maggiormente il rapporto dell'uomo col mondo circostante. Finché il primato spetta agli utensili, la relazione dell'uomo con l'ambiente è improntata alla spontaneità e alla schiettezza; quando subentra la dominazione delle macchine, il rapporto diventa costruito, artificiale. Il mondo circostante in ogni luogo e tempo è in qualche misura trasformato dall'uomo; oltre che nelle dimensioni, la differenza nella relazione tra l'uomo e la natura sta in ciò, che nell'un caso la decisione è primariamente affidata al bisogno e secondariamente allo strumento (che allora è l'utensile), laddove nell'altro accade l'inverso, e a decidere in sostanza è lo strumento (il quale, nonostante questo nome, è la causa efficiente, e insieme la causa finale, del rapporto, e la soddisfazione del bisogno viene come semplice conseguenza; tale è la macchina). La moltiplicazione delle macchine si accompagna alla loro ramificazione, di modo che parecchi impieghi di un'unica macchina diventano impossibili, mentre erano possibili molti usi alternativi di un solo

---

[34] Il forno è guardato con rispetto e ammirazione perché vi si cuoce il pane; il fabbro, che si avvale della potenza del fuoco, ha una relazione singolare con la divinità; ma sono soprattutto le armi ad avere un significato religioso. In Grecia si consacra un'arma e le si offrono dei sacrifici; a Roma si va in guerra invocando la sacra lancia, feticcio del Dio Marte (oltre alla sacralità della lancia, c'è quella dello scudo miracolosamente caduto dal cielo a Roma, dotato del potere di far cessare le pestilenze; ad esso, come narra Plutarco, si deve l'istituzione dell'ordine dei Salii, ad opera di Numa Pompilio (*Num.*, 13). Lo stesso Plutarco racconta (*Pelop.*, 29) che Alessandro, tiranno di Fere, consacra e incorona di fiori la lancia con cui ha ucciso lo zio Polifone, e a lei sacrifica come a una divinità). La testimonianza di Aristotele (*De part. an.*, 645 a 17) intorno a Eraclito, che esorta gli stranieri venuti a fargli visita, i quali si erano fermati interdetti, vedendo che si stava scaldando ad un forno, dicendo loro «anche qui ci sono gli dei», s'intende riflettendo che il fuoco è l'ἀρχή e come tale è divino. Questa sacralità può illanguidirsi sin quasi ad estinguersi, ma l'aura non cessa di avvolgere gli utensili, finché essi non sono discacciati dalle macchine.

utensile. L'imperio che le macchine si procurano rende sorpassati i piani individuali di produzione (il singolo artefice o alcuni pochi lavoranti potevano deliberare in merito a quanti utensili produrre, e questi erano i loro piani, giacché ve-
nivano in anticipo), e comporta l'adozione di una pianificazione complessiva
per grandi settori, prima su scala nazionale e poi a livello internazionale, se non
addirittura planetario. Gli utensili tendono a rimanere immutati nel tempo, e il
loro impiego, anziché contrastare, rinsalda le tradizioni dei popoli: le macchine
esigono di essere ad ogni momento sostituite da altre più perfezionate, e di conseguenza, il macchinismo è fattore possente di trasformazione e d'innovazione
in tutti i campi della vita associata. È infine evidente che, se gli utensili sono
pervasi da un'aura di sacralità, le macchine sono interamente profane[35].

Il cristianesimo è forse ancora più lontano dell'ellenismo dall'alimentare la
disposizione spirituale su cui il macchinismo si regge. A contrastare questo assunto, a niente giova soffermarsi ad elencare le numerose scoperte scientifiche e
i grandi ritrovamenti di congegni, che sono stati compiuti durante il medioevo,
ossia nell'epoca per eccellenza cristiana della storia. Preso cronologicamente, il
medioevo non è definibile mediante il cristianesimo, il quale non giunge a con-
traddistinguerlo per intero; la civiltà medioevale, riguardata nel suo complesso,
si rivela ispirata da forze composite, di cui quella costituita dagli ideali cristiani
è soltanto la più manifesta. Sotto il proposito attuale del discorso è quindi fuori
luogo ricordare, come fa compiaciuto Voltaire (smentendo anche in questo caso
il mito che lo vuole campione dell'antistoricismo) che nel corso del medioevo
sono state pur coltivate *les arts utiles et les arts agréables*, sono stati inventati i
mulini a vento, gli occhiali, è stata appresa l'utilizzazione della polvere da sparo, la fusione dei cannoni, si sono eseguite fondamentali esperienze fisiche, la
navigazione ha compiuto gli immensi progressi che hanno reso possibile la scoperta dell'America e le altre conquiste geografiche. Tutto ciò è incontestabile,
ma nulla toglie all'estraneità di ogni progetto di macchinismo agli orizzonti
mentali propri del cristianesimo.

Per la religione cristiana, la natura non è, come per l'ellenismo, l'atto del
nascere e del crescere delle cose tutte, l'origine dalla quale gli esseri, oltre ad
essere sorti, continuano a scaturire, il processo per cui si costituisce la realtà
che è oggetto dell'esperienza, bensì significa l'insieme delle cose create da Dio

---

[35] Queste riflessioni additano la convenienza che ci sarebbe nel conferire ai vocaboli
«utensile» e «macchina» dei significati tecnici, in cui si riflettano i differenti atteggiamenti
mentali descritti, invece di lasciarli all'incerto impiego corrente, per il quale «utensile» vale
arnese per uso domestico, modesto attrezzo per un mestiere, arredo, e «macchina» si chiama
qualsiasi congegno elaborato per eseguire una funzione; accezioni, queste, da cui non c'è da
ottenere niente per il pensiero speculativo. La differenza tra il macchinismo e ogni altra specie
d'industria si può stabilire in maniera rigorosa soltanto caratterizzando le disposizioni del sentire, che stanno a loro fondamento. Così, non conduce lontano sostenere che la macchina è un
congegno che utilizza, conserva e incrementa l'energia motrice degli agenti naturali. Ciò può
tanto capitare quanto non capitare, si riscontra anche in taluni utensili, e non appartiene né al-
l'essenza della macchina né a quella dell'utensile.

nella loro distinzione dall'uomo. Comunque si formuli terminologicamente, l'alterità dell'uomo nei confronti delle restanti creature è fondamentale e non può essere a nessun patto trascurata. *Natura* e *naturalis* sono, per il cristianesimo, termini riccamente polisensi; in un'accezione *natura* è sinonimo di *Deus* (*Deus sive natura* è espressione genuinamente cristiana); in un'altra accezione *natura* è l'*universitas creaturarum*, e in essa *natura* equivale a *mundus*; *naturale* è ciò che appartiene all'essenza di una cosa e che la manifesta; a ciò che ha luogo *naturaliter* si contrappone ciò che *tantum supernaturaliter fieri potest* (vi si contrappone anche ciò che accade in maniera del tutto estrinseca e accidentale, ma questo è un significato secondario del vocabolo). Di tutti questi significati interessa adesso principalmente quello per cui *natura* vuol dire il medesimo che *mundus*, giacché risulta palese che l'uomo non può che farne parte, essendo anch'egli una creatura posta in essere da Dio. Ma preme anche il significato evangelico del *mondo*, che è termine che designa tutto ciò che è concupiscenza della carne, concupiscenza degli occhi e superbia della vita, così che all'uomo è domandato di allontanarsi dal mondo e di volgersi a Dio. Nel mondo l'uomo ha una posizione unica, dovuta al fatto che egli soltanto ha dinanzi a sé la duplice strada che conduce alla salvezza o alla perdizione, egli soltanto è in questione rispetto alla sua vicinanza e unione con Dio o al suo abbandono e alla sua perdita ad opera delle potenze demoniache, ostili al piano divino della creazione. Tutti gli altri esseri terreni, gli animali e le piante, sono esclusi dall'individuale chiamata divina, che non è a loro rivolta uno per uno. Senza dubbio, il peccato e la redenzione riguardano in certo modo anche questi esseri, e come il peccato ha introdotto anche per essi lo sconvolgimento dell'ordine, la malattia, la morte, così la redenzione restituirà l'integralità, l'armonia, la pienezza dell'esistenza. Ma questi grandi eventi concernono le creature terrene extraumane non individualmente, bensì collettivamente, e inoltre le toccano non in maniera diretta, sibbene mediata, ossia attraverso l'uomo. Ci sono esseri superiori all'uomo, le nature angeliche, ma neppur esse sono in uno stato tale da essere poste in questione circa la loro destinazione, la quale fu decisa per sempre in passato, all'inizio dei tempi, allorché gli angeli in parte rimasero fedeli e obbedienti a Dio e in parte gli si ribellarono e andarono incontro alla perdizione. Unicamente quella dell'uomo è una situazione aperta; unicamente l'uomo vive in tensione con Dio, protendendosi verso il suo creatore o allontanandosi da lui. Il discrimine è dato dall'atteggiamento che l'uomo prende nei confronti di Gesù Cristo, a seconda che lo confessi o no venuto nella carne.

L'intuizione greca della natura è troppo alta per consentire al macchinismo d'affermarsi. I filosofi greci hanno un concetto adeguato dell'αὐτόματον, eseguono classificazioni precise delle τέχναι, ma nell'ellenismo le macchine effettivamente prodotte restano poche e non costituiscono un elemento significativo che valga a caratterizzare la civiltà antica[36]. La visione cristiana della natura

---

[36] È per questa ragione che l'arte è sentita impotente nei confronti della necessità, che è il sigillo della natura. Prometeo ha arrecato grandi doni all'umanità, ha aggiogato le fiere perché

(nell'accezione, qui pertinente, dell'insieme delle creature terrene extraumane, con cui variamente si intreccia la vita dell'uomo) è troppo bassa perché l'uomo si pieghi sulle cose che lo circondano e faccia del mondo una cava da cui estrarre materiali da costruzione, come comporta il macchinismo. Questa disposizione spirituale merita di essere segnalata, perché è l'opposta di quella che si riscontra nel feticismo, dove le cose, quali che esse siano, sono sentite come immediatamente divine, sono altrettante sedi delle potenze, e non c'è distinzione tra gli dei molteplici, o il Dio unico, e gli oggetti naturali. Il cristianesimo, facendo Dio soprannaturale, accorda all'uomo una più larga sfera di attività dirette a trasformare il mondo di quella che non conceda il feticismo, il politeismo e lo stesso monoteismo, nella forma della monarchia divina, ma, proprio perché pone Dio al di sopra del mondo, e assegna all'uomo una destinazione ultraterrena, rimane del tutto impenetrabile alle premesse richieste dall'avvento del macchinismo. La natura di per se stessa, prima ancora di essere turbata dal peccato, non è niente di divino, e quel tanto di bellezza, di ordine, d'armonia che ancora vi si scorgono, valgono soltanto come segnali disposti perché l'uomo possa risalire al suo divino creatore, perché possa ammirare, mercé la fattura delle cose, la maestà, l'onnipotenza, l'immensità e l'incomprensibilità del loro fattore. L'uomo può salvarsi in un unico modo e perdersi in una molteplicità sterminata di modi, e tra di essi c'è quello esemplificato dalla costruzione della torre di Babele, inaudita dimostrazione di arroganza e di superbia di un'umanità che vuole celebrare il proprio nome, ed è perciò punita da Dio con la confusione delle lingue, l'arruffio, il bailamme, che pongono fine all'avventata impresa. Se mai un'ipotesi di macchinismo avesse sfiorato le prospettive dell'ebraismo e del cristianesimo, essa troverebbe nell'episodio della torre di Babele la più perentoria smentita.

7. *Il rapporto di dipendenza del macchinismo dall'illuminismo e in particolare dall'utilitarismo e dal laicismo*

La disposizione spirituale, di cui il macchinismo ha bisogno per affermarsi, è arrecata dall'illuminismo, come prova la connessione tra la rivoluzione scientifica e la cosiddetta rivoluzione tecnologica, la quale ultima è parte integrante di quella che si usa chiamare «rivoluzione industriale». Gli inizi della disposizione dello spirito che presiede alla produzione su larga scala delle macchine sono all'apparenza modesti, ma la loro portata è immensa e le loro premesse e le loro implicazioni non sono nemmeno al giorno d'oggi comprese in tutta la loro estensione. Si tratta del rifiuto della distinzione e contrapposizione tra arti li-

---

sostituissero gli uomini nelle fatiche, ha inventato le vele per i marinai, mille invenzioni ha compiuto, ma non possiede alcun congegno che valga a difenderlo dai mali che l'affliggono: τέχνη δ'ἀνάγκης ἀσθενεστέρα μακρῷ (Eschilo, *Prometeo incatenato*, 514. «L'arte è troppo più debole del fato», trad. it. E. Mandruzzato).

berali e arti meccaniche, a cui gli antichi si erano attenuti, e dell'esaltazione delle arti meccaniche, in cui è implicitamente contenuto il rigetto della cultura tradizionale e dell'intuizione del mondo propria dell'ellenismo, che il cristianesimo aveva inteso combinare con quella che esso introduceva per conto suo. Per i Greci e per i Romani andava da sé che le arti con cui si provvede alla soddisfazione dei bisogni elementari della vita o di quelli artificiosamente prodotti dall'amore del lusso e dall'umana vanità, e che s'intraprendono a scopo di guadagno, da parte di quanti hanno necessità di menare alla meno peggio l'esistenza, rendono turpe l'anima e brutto il corpo, e avevano redatto lunghi elenchi di mestieri e di professioni sconvenienti: latinamente si chiamano *artes vulgares et sordidae*. Nel loro novero non si manca d'introdurre, come l'esempio più significativo, le attività degli artigiani, *quae manu constant et ad instruendam vitam occupatae sunt*, come dice Seneca[37].

D'un tratto, i padri fondatori dell'illuminismo respingono, in coro, una tale contrapposizione e valutazione, e cosa significativa più d'ogni altra, lo fanno in nome dell'utilità (ciò deve subito essere segnalato, perché il macchinismo manterrà sempre un rapporto di preferenza con l'utilitarismo, e la ricerca d'impiantare la produzione delle macchine su una diversa concezione della vita darà esiti deludenti e non risponderà alle aspettative con cui vi ci si dedica). Bacone propone all'ammirazione la varietà e l'immensità delle opere apprestate dalle arti meccaniche a vantaggio della civiltà, disegna di compierne la storia, ne fornisce un catalogo, è preso dall'entusiasmo e nondimeno è così lungimirante e presago da scorgere che l'andamento delle cose umane è tale da far reputare che la fioritura di queste arti sia un segno di decadenza[38]. Dovunque ci sono sistemi di conoscenze riducibili a regole applicabili in pratica, dice d'Alembert, ci sono delle arti; tali regole si danno sia per le operazioni dell'anima che per quelle del corpo; pertanto ci sono sia arti liberali che meccaniche, ma soltanto il pregiudizio accorda un'incondizionata superiorità alle prime. Quel tanto di superiorità che le arti liberali possono legittimamente vantare è più che ampiamente compensato dalla maggiore utilità che le arti meccaniche hanno per la società, e il criterio decisivo in ultima istanza è l'utile del corpo sociale. Tra gli inventori delle arti meccaniche ci sono dei geni sconosciuti, dei benefattori del genere umano; mentre tra quanti coltivano le arti liberali si contano eruditi di poco valore, poeti latineggianti, umanisti retorici, fautori dello scolasticismo, della pretesa scienza dei secoli ignoranti, che mantengono in essere gli infiniti pregiudizi della cieca ammirazione verso l'antichità[39]. Diderot lamenta che si sia scritto moltissimo sulle arti liberali e quasi nulla sulle arti meccaniche, nonostante la loro vastità e fecondità; contesta perfino la distinzione medesima delle due specie di cono-

---

[37] *Ep.* 88, 21.
[38] *Novum Organon*, I, LXXXV e *Essays or Counsels Civil and Moral*, 58 «Of Vicissitude of Things» in *The Works*, ed. cit., vol. 1°, pp. 191-193 e vol 6°, pp. 512-517.
[39] *Encyclopédie ou dictionnaire raisonné des sciences, des arts et des métiers, Discours préliminaire des éditeurs*, cit., pp. XII-XXIII).

scenze e di operazioni; chiede insistentemente la collaborazione di quanti riflettono e di quanti si danno da fare: il teorico deve associarsi col pratico; anche il
manovale va posto in condizione di trovare uno scopo ai movimenti che compie; soltanto l'unione degli sforzi è capace di vincere la resistenza che la natura
oppone alle aspirazioni dell'uomo[40]. Non c'è nessuno nella prima ondata dell'illuminismo che non avverta il bisogno di spezzare una lancia a favore delle arti
meccaniche (prima che esse abbandonino codesta medesima denominazione,
che le aveva accompagnate nel corso dei secoli), ma è Voltaire che concepisce
il disegno di una storia universale che è una storia delle tecniche, e che il vero
protagonista degli eventi è l'uomo che lavora. Cristianamente i grandi avvenimenti s'iscrivono in un ordine soprannaturale, scandito attraverso i momenti
della Creazione, della Caduta, dell'Attesa del Messia, dell'Incarnazione, del-
l'avvento dell'Anticristo, della fine dei Tempi e del Giudizio; una volta divisa
dalla mitologia, la storia è scandita dalle scoperte, dalle invenzioni, dai ritrovamenti del genere umano[41].

Nelle mani degli illuministi il macchinismo è un'arma tanto più efficace e
d'immancabile capacità distruttiva, quanto più si presenta con aria d'innocenza
e di candore (non c'è niente di così mentito come la pretesa di neutralità ideale
avanzata dalla «tecnica», la quale è interamente partigiana, e a lasciarla agire
indisturbata, da sola vince la battaglia delle idee[42]). Lucrezio moltiplica gli argomenti diretti a dimostrare che il fulmine non viene da Giove né da altri dei,
che con terrificante frastuono scuotano le rocche del cielo e gettino il fuoco secondo il loro capriccio, bensì è un fenomeno naturale, al pari di tutti gi altri che
si verificano nel mondo, ma nessuna prova uguaglia la forza dimostrativa del-
l'invenzione del parafulmine, che subordina una presunta manifestazione divina
d'immensa apparenza ad un piccolo congegno apprestato dall'uomo[43].

---

[40] *Ibid.*, p. XXXIX. Cfr. *De l'Interprétation de la nature*, cit., § 1. Sulle leggende, sui miti, sulle assurdità, soggiunge Diderot, conviene fare pochi accenni, perché a soffermarsi sugli
erramenti dell'umanità si ottiene l'effetto d'inculcarli; è meglio indugiare sugli aspetti positivi,
sulle invenzioni e sulle scoperte, compiere la storia delle arti, la quale «non è altro che la storia
della natura utilizzata» (*Scritti politici con le «voci» politiche dell'Encyclopédie*, a cura di F.
Diaz, Torino, 1967, p. 597).
[41] Cfr. l'intr. di R. Pomeau all'*Essai sur les moeurs*, Paris, 1963, vol. I, pp. XXIX-XLVII.
[42] Non si può non ricordare che μηχανάω significa «tessere inganni».
[43] Tutte le scoperte della scienza moderna e tutte le macchine, che sul loro fondamento si
costruiscono, sostengono Saint-Simon e Comte, sono dirette contro il sistema teologico. Dice
Saint-Simon: «La scoperta di una legge di fisica generale, fatta da Newton, l'analisi principale
del fenomeno metereologico, fatta da Franklin, così come l'invenzione del sistema per assog-
gettarlo alla potenza dell'uomo, e, in una parola, tutte le notevoli scoperte fatte in gran numero
in questo secolo nel campo dell'astronomia, della fisica, della chimica, della fisiologia, hanno
contribuito alla distruzione radicale e irrevocabile del sistema teologico più di tutti gli scritti di
Voltaire e dei loro collaboratori, nonostante la loro prodigiosa influenza» (*L'organizzatore*, in
Opere, trad. it. M.T. Bovetti Pichetto, Torino, 1975, p. 475). La teologia insegna che il mondo,
essendo stato creato da un Dio d'amore e di bontà, è in ogni suo aspetto perfetto, è l'abitazione
migliore predisposta per l'uomo, ma ogni macchina che si costruisca – aggiunge Comte – è
una correzione apportata ad un difetto della natura, è una smentita inferta alla pretesa perfezio-

Come accade in tutte le battaglie senza quartiere, l'illuminismo assalta il cristianesimo da tutte le parti, cerca di fargli compiere delle mosse false per trarne vantaggio, e se ci riesce, rimprovera al cristianesimo di averle eseguite con suo disdoro e scorno, ma subito dopo l'invita ad attuarne delle altre, spingendolo verso il precipizio. Avendo trovato nel macchinismo il massimo strumento della laicizzazione del pianeta, l'illuminismo, per indurre il cristianesimo alla perdizione, gli suggerisce che le macchine non hanno niente da spartire con l'esistenza di Dio, la rivelazione, l'incarnazione, la salvezza, tutte cose a cui esse sono completamente indifferenti, tant'è vero che le macchine sono ormai diffuse in ogni parte del mondo, in mezzo ai popoli più diversi e tra le più differenti confessioni religiose (l'unica difformità che ancora si osserva è quella tra i luoghi in cui il macchinismo ha un maggiore sviluppo e una più lunga consuetudine, essendovi originario, e i luoghi in cui è poco diffuso, essendo una novità venuta dal di fuori), e dopo essersi comportato così con il cristianesimo, uguale atteggiamento tiene nei confronti delle religioni dell'Asia e dell'Africa con cui entra in rapporto. Quest'ingannevole assunto della completa neutralità religiosa (e altresì artistica, filosofica, ecc.) delle macchine si accompagna ad un accorto silenzio sul fatto che sulla terra il sacro è dovunque in ritirata, e che di quanto si avanza la «tecnica», di altrettanto indietreggia la religione. Che debba essere così è evidente, perché il macchinismo rinserra l'uomo nel mondo e gli configura la natura come la *machina archetypa*, di cui le macchine prodotte dall'industria sono le imitazioni.

8. *Macchinismo, ugualitarismo e occidentalizzazione del mondo*

Nessuna civiltà era stata nell'Occidente così gerarchicamente disposta come quella posta in essere dal cristianesimo, e nei confronti delle sue nette e insormontabili differenze di posizione e di rango impallidiscono e diventano poca cosa anche le diversità di grado e di classe che si riscontrano nell'ellenismo. Al primo posto viene la differenza dell'ordine sacerdotale, mediatore del divino, e del laicato, differenza ignota all'antichità e imperante nel cristianesimo, finché non viene impoverita ed estenuata dalla Riforma protestante (ma nel cattolicesimo permane ancora a lungo, sebbene anche in esso un po' alla volta perda di vigore). Pascal arriva a dire che l'unica morte da temere è quella improvvisa e che, per non affrontarla da soli, in una condizione paurosa per l'uomo senza soccorsi dinanzi alla divinità, i Grandi tengono stabilmente nelle loro dimore dei confessori[44]. Occorre riflettere che, essendo il cristianesimo la religione del-

---

ne del creato e alla millantata sapienza, potenza e bontà del creatore. L'idea, inculcata dalla teologia, di un universo fatto per l'uomo, è snervante, e va sostituita con la concezione vivificante di un'umanità, che, con l'esercizio della sua intelligenza, scopre le leggi della natura allo scopo di modificarla a suo vantaggio mediante la sua operosità (*Système de politique positive, ou Traité de sociologie*, in *Oeuvres*, ed. cit., tomo IX, pp. 347-495).

[44] *Pensées*, 222 (ed. cit., p. 1148).

la mediazione tra Dio e l'uomo, e il mediatore Cristo, in concreto, per il singolo, Cristo è presente nel sacerdote, nel depositario dei sacramenti. Con orientamento del tutto diverso, Rousseau dice, in definitiva, la stessa cosa, quando afferma che il cristianesimo romano è la religione del prete, che stima che la vita
terrena sia troppo breve perché valga la pena di occuparsene a fondo[45]. La gerarchia che divide sacerdozio e laicato è complicata dalla presenza della pienezza del sacerdozio, propria del vescovo, dal papa con il suo primato di giurisdizione, dall'esistenza del clero regolare e di quello secolare, a cui si accompagnano le molteplici autorità temporali, anch'esse volute da Dio, anch'esse indispensabili, perché l'uomo è corpo ed è anima, è tempo ed è eternità, è natura ed
è grazia, e bisogna provvedere a tutti gli ingredienti di cui egli è la riunione.

Su questo complesso edificio di civiltà si abbatte l'ugualitarismo illuministico e lo disgrega a partire dagli elementi più deboli, come sono quelli delle ten-
sioni, dei conflitti e delle guerre, che da sempre accompagnano la convivenza
umana, ma che ora il macchinismo trasforma in maniera tanto radicale da mu-
tarne il significato. Il problema della guerra è di pertinenza della politica, ed esso sarà discusso nella trattazione delle idee politiche degli illuministi; in questo
luogo dobbiamo soltanto esaminare le conseguenze che l'avvento del macchinismo ha per la conduzione, la funzione e la nozione medesima della guerra. In linea di massima, gli illuministi si pronunciano contro la guerra, che volentieri
descrivono come un flagello (ciò che non importa minimamente che nell'epoca
della dominazione dell'illuminismo le guerre diminuiscano di numero e di intensità, giacché, al contrario, mostrano la tendenza a moltiplicarsi e a diventare
viepiù efferate); e certamente l'illuminismo è avverso ad alcuni tipi di guerra e
ad alcuni scopi che alle guerre sono stati assegnati. Al primo posto nel rifiuto e
nella condanna vengono le guerre sacre, ossia quelle variamente intraprese per
finalità religiose, per la diffusione di fedi, di credenze e di obblighi di culto (così si sostiene, da parte di Voltaire, che l'antichità conobbe una sola guerra che si
chiamò sacra, ma che ne ebbe unicamente la denominazione, giacché fu condotta per conquistare delle terre; soprattutto si denunciano le Crociate, le quali, dice Condorcet, furono dettate dalla superstizione, ma ebbero per effetto di contribuire a distruggerla, e altresì le guerre che, dopo la rottura dell'unità dell'Europa cristiana, funestarono il continente). Ma ciò che soprattutto preme osservare
è che ci sono certi tipi di guerra, che non soltanto nelle esplicite asserzioni, ma
anche nel più intimo convincimento, sono avversati e finanche sbeffeggiati e
derisi, ed essi sono quelli della guerra di splendore o di magnificenza, che è intrapresa da individui potenti e da Stati, a scopo di gloria, e della guerra come
grande torneo, in cui prevale su ogni altro l'aspetto del gioco. Quest'atteggiamento di rifiuto è imposto agli illuministi non da scelte personali, ma dall'oggettiva condizione delle cose, la quale non consente prese di posizione diverse.
La guerra, in cui si persegue la gloria, è quella somigliante nel suo svolgimento
ad una serie di duelli tra eroi, seguiti negli scontri da turbe anonime di combat-

---

[45] *Du Contrat social*, in *Oeuvres complètes*, ed. cit., III, pp. 464-466.

tenti, che non decidono col loro comportamento le sorti del conflitto, le quali sono rimesse in tutto alla vittoria o alla sconfitta, alla vita o alla morte, di pochi attori, e magari soltanto di due protagonisti, uno per parte. Se non nella realtà, almeno nell'immaginazione (la quale, però, influisce sulla configurazione effettiva del mondo e, in parte maggiore o minore, a seconda delle epoche, la impronta di sé), questa è la guerra dei poemi epici dell'antichità, dei poemi cavallereschi, sino all'inizio della modernità. Che la guerra abbia un certo carattere di gioco, che assomigli a un torneo, è possibile evenienza ed è fatto sicuro per secoli; dopo di che diventa del tutto impossibile (salvo forse per il sentire di alcuni individui, che tuttavia non ha effetti significativi sul corso degli eventi bellici).

La divisione tra le due epoche è dovuta all'avvento del macchinismo, il quale in questo campo si manifesta, innanzi tutto, con l'invenzione delle armi da fuoco[46]. Va da sé che con l'invenzione della polvere da sparo, con l'introduzione del fucile e dell'artiglieria, meno contano il vigore del braccio, il coraggio del petto, la lungimiranza della mente del singolo combattente; si prepara il tempo in cui la decisione delle guerre è rimessa alla potenza delle industrie, e in cui gli Stati più favoriti sono quelli nei quali più antica e originaria è la rivoluzione industriale, e che svantaggiati sono i paesi che hanno importato gli esiti di codesto grande rivolgimento, ma che non ne hanno ancora accolto lo spirito, perché vi perdurano religioni, morali, costumi, inconciliabili con l'industrialismo (ossia privilegiate sono le regioni del mondo che sono state le sedi della nascita e dell'affermazione dell'illuminismo, le quali sono destinate a dominare i luoghi in cui l'illuminismo mena ancora l'esistenza stentata, propria di ogni prodotto importato dal di fuori)[47].

Il macchinismo militare è un grande fattore per la diffusione dello spirito di contesa, l'ugualitarismo, lo specialismo scientifico, la tendenza alla divulgazione del sapere; tutti fenomeni radicati nell'essenza dell'illuminismo. Come si è

---

[46] Ha ben ragione Ludovico Ariosto di lamentare la distruzione della guerra eroica, prodotta dall'invenzione delle armi da fuoco:

«Come trovasti, o scelerata e brutta
invenzion, mai loco in uman core?
Per te la militar gloria è distrutta,
per te il mestier de l'arme è senza onore;
per te è il valore e la virtù ridutta,
che spesso par del buono il rio migliore:
non più la gagliardia, non più l'ardire
per te può in campo al paragon venire».
(*Orlando furioso*, XI, 26).

[47] Smith se ne accorge per tempo e saluta l'evento: «Nella guerra moderna la grande spesa delle armi da fuoco dà un evidente vantaggio alla nazione che può meglio sostenere questa spesa; e di conseguenza ad una nazione ricca e civile rispetto ad una povera e barbara ... L'invenzione delle armi da fuoco che a prima vista sembra così esiziale, è certamente favorevole tanto al mantenimento quanto alla diffusione della civiltà» (*La ricchezza delle nazioni*, trad. it. cit., p. 873). Le equazioni, per cui «moderno» vale «civile» (e «civile» vale «illuminato») non hanno bisogno di essere illustrate, sono evidenti di per sé.

mostrato a suo luogo, la vita è concepita dall'illuminismo come una corsa serrata, che non dà tregua, e in cui i corridori si urtano e si ostacolano senza molti riguardi, perché la meta da raggiungere è terrena, anziché celeste, ed è conseguibile da parte di pochi, invece che essere a disposizione di molti o fors'anche di tutti (la ricchezza è portata naturalmente a concentrarsi in poche mani e in poche sedi, e sebbene sia contrastato, tale orientamento torna a riproporsi di continuo). Le relazioni dell'uomo sono duplici, avendo luogo sia con la natura (cose inanimate, piante, animali), sia con gli altri uomini; la prima specie di rapporti può essere interamente pacifica; la seconda è facilmente piena di conflitti. Per quanto il lavoro possa essere estremamente duro, finché si limita a porre l'uomo in contatto con la sola natura, non produce alcuna lotta, perché l'uomo non vuole essere riconosciuto dagli oggetti naturali, non domanda loro di essere stimato, onorato, ammirato. Differente è il caso del lavoro che mette gli uomini in relazione gli uni con gli altri, perché gli uomini contendono tra di loro, sono indotti a cercare la dominazione e il trionfo. Quando è condotta con le macchine, la guerra diventa una specie di lavoro, e per di più, in essa prevale la preparazione sull'effettivo svolgimento delle operazioni militari, le quali saranno decise dagli ordigni che si sono predisposti, sicché, ove ci siano grandi differenze nelle armi, l'esito dei conflitti è quasi prevedibile e scontato prima ancora che si sia combattuto. In tutto il tempo della preparazione si sa benissimo chi sia il prevedibile nemico, ma non si può né uccidere né far prigioniero, e anzi, bisogna corteggiare e illudere sulle proprie intenzioni, in maniera da ostacolare il suo riarmo, e rendere inferiore alla propria la sua potenza, e in tutto questo tempo l'ostilità, essendo costretta a covare nascostamente negli animi, diventa sordo rancore e lo spirito di contesa si esaspera all'estremo.

Poiché le armi debbono essere impiegate da grandi masse umane, e si colpisce a distanza più che da vicino e senza scorgere con gli occhi il nemico, la preparazione militare non può non riguardare la generalità della popolazione, e questo aumenta l'ugualitarismo, di per se stesso consentaneo alla civiltà illuministica. Prende sempre spazio più esteso la preparazione psicologica, la quale, essendo rivolta ai moltissimi, a cui viene domandata soprattutto l'incondizionata disponibilità ad uccidere e a morire, è di necessità rudimentale e rozza, e a sua volta mira ad accrescere la rozzezza e i comportamenti primitivi, così che la mentalità plebea domina incontrastata. Le armi debbono essere di continuo sostituite con altre armi più potenti, efficaci e precise, e dovendosi questa sostituzione compiere ininterrottamente, si effettua per modificazioni, che soltanto lo specialismo scientifico più minuto è in grado di scorgere e di apprestare. Non soltanto la produzione delle armi, ma anche il loro impiego esige il possesso di circostanziate cognizioni, e ciò alimenta la divulgazione del sapere. Il macchinismo militare opera in direzione di un rafforzamento e di una accentuazione dei caratteri fondamentali della civiltà dell'illuminismo. Esso è altrettanto poco neutrale nello scontro delle civiltà del macchinismo in genere, e pone tutti i popoli della terra dinanzi al dilemma di dotarsi di congegni bellici adeguati, e in tal modo di accogliere entro di sé il tipo di umanità richiesto dall'illuminismo, che è il solo conforme e pienamente idoneo a quelle macchine da guerra, o di essere invasi e in parte annientati e in parte asserviti dai popoli più illuminati, che è un'evenienza, la quale, attraverso una giravolta, porta alla medesima conseguenza della precedente, essendo certo che i popoli asserviti sono destinati ad accogliere la civiltà dei conquistatori. Sembra, a meno che si verifichino eventi imprevedibili, che la scelta sia ristretta ai mezzi, ma che non ci sia niente da deliberare e da decidere quanto alla configurazione dell'umanità prossima ventura.

Considerato nelle sue relazioni col mondo esterno alla civiltà dell'illuminismo, il macchinismo in genere e quello militare in specie sono la vendetta dell'Occidente sull'Oriente, dal quale l'Occidente era stato invaso nella declinante antichità ad opera delle religioni misteriche, dei culti di Iside, di Mitra, ecc., e poi del cristianesimo, che aveva trionfato sui vecchi e sui nuovi rivali, sulla pristina religione greca e romana e sui più recenti e agguerriti concorrenti, in grazia della sua maggiore radicalità e della sua piena incompatibilità con quel complesso di credenze, di cerimonie, di stili di comportamento, che va sotto la denominazione di «paganesimo». Nel Settecento si era osservato che le religioni nascono in Oriente e vengono a morire in Occidente; allora l'illuminismo attendeva ad annientare il cristianesimo nel vecchio continente e non si era ancora rivolto, se non in misura marginale, ad attaccare le religioni orientali nella loro stessa sede originaria. Nei secoli successivi ha atteso a colpire, oltre il cristianesimo (che rimane il suo nemico di prima istanza, la sua antitesi radicale), l'islamismo, l'induismo, il buddismo, ecc., non già con attacchi diretti e conclamati, ma mediante azioni di aggiramento le quali hanno nel macchinismo la loro arma preferita, d'insuperabile efficacia, per la ragione che codesta sua indole rimane occulta, a causa dell'infondata convinzione della neutralità ideale delle macchine. La progressiva meccanizzazione del mondo è insieme la sua crescente occidentalizzazione.

Oltre le grandi religioni orientali, l'illuminismo attende a dissolvere le religioni dei cosiddetti popoli primitivi, e unitamente alle religioni procede a spiantare, con la stessa arma, antiche e consolidate morali, istituzioni giuridiche, assetti politici, in breve, intuizioni del mondo complessive, a cui esso intende sostituire quella di cui consiste. Il macchinismo supera tutte le barriere, non conosce i confini degli Stati, le differenze dei gruppi umani, delle nazioni, delle razze, perché le macchine si producono dovunque alla stessa maniera, funzionano dovunque alla stessa maniera, impongono dovunque agli uomini di pensare e di comportarsi alla stessa maniera; le uniche differenze che il macchinismo lascia sussistere sono quelle legate al suo maggiore o minore sviluppo; se il macchinismo fosse uniformemente diffuso sulla terra, ogni disparità di condizioni di vita verrebbe meno.

Anche la perfetta rispondenza tra macchinismo, divisione minuta del lavoro e specialismo scientifico, risplende di evidenza solare, essendo palese che, come le macchine sono costruite producendone prima separatamente le parti e poi assemblandole, così le scienze specialistiche si costituiscono acquistando in un primo momento le cognizioni più limitate e ristrette e provvedendo in un secondo momento a metterle insieme in riunioni più ampie di saperi. Non ci sono che due modi possibili di concepire la relazione, quello della connessione (necessaria), che è la condizione dei suoi termini, e quello della congiunzione (contingente), in cui i termini sono la condizione; non ci sono che due modi possibili di considerare l'intero, quello della totalità organica e quello del semplice insieme, e va da sé che il macchinismo e lo specialismo si attengono alla seconda maniera di riguardare la relazione e l'intero, come fa, del resto, tutto l'illuminismo, di cui essi adempiono l'ispirazione profonda.

Com'era da attendersi, l'avvento del macchinismo ha suscitato anche delle proteste, che però in molti casi non si sono rese conto che come tutti i grandi fenomeni della civiltà, il macchinismo è un intero solidale che non si lascia distinguere in parti separabili. Non ci vuole molto a celebrare le conquiste della medicina, che hanno accresciuto la durata della vita, ma è dissennato accompagnarle col lamento della crescente debolezza della razza umana, perché insieme agli uomini sani e vigorosi sopravvivono gli individui tarati: le scoperte che hanno il primo effetto, hanno inevitabilmente anche il secondo. È facile accordare ai ritrovati scientifici e alle macchine il merito di aver diminuito la fatica dei lavoratori, ma è deludente dover costatare che è cresciuto il logoramento psichico, e che il posto ceduto dal dolore fisico è stato più che ampiamente occupato dalla sofferenza mentale. È assurdo vantare le macchine che rendono possibile alle grandi masse umane di spostarsi rapidamente da una parte all'altra della Terra e ritenere saggio l'ammonimento di Dante, per cui «sempre la confusion de le persone principio fu del mal de la cittade»: i mezzi di trasporto che favoriscono l'un fatto, incrementano anche l'altro. Per essere argomentata correttamente, la critica del macchinismo dovrebbe affermare che l'uomo fa la macchina e che la macchina rifà l'uomo a sua immagine e somiglianza, rendendolo – se ci si passa l'espressione – *macchiniforme*, e l'uomo macchiniforme è quello che vive nell'istante presente, che non dispone della permanenza, perché è trascinato, dalla comparsa di sempre nuove macchine, in una corsa affannosa dal recente al recentissimo a ciò che è ancora allo stadio del progetto e tuttavia già comanda di essere voluto.

Può l'illuminismo eseguire dal suo interno una tale censura, o essa può udirsi soltanto al di fuori di esso, pronunciata da un suo nemico? Accenti autocritici si colgono negli autori dell'illuminismo, anche se il più delle volte si tratta di rilievi incidentali (ciò che si spiega con l'epoca cui appartengono, nella quale il macchinismo non aveva ancora le dimensioni che avrebbe assunto in seguito)[48].

---

[48] Smith rileva come, con la progressiva divisione del lavoro, gran parte della popolazione si limita a compiere alcune poche ed elementari operazioni, che sono sempre uguali, e teme che, se i governi non intervengono, il lavorante diventi «tanto stupido e ignorante quanto può diventarlo una creatura umana» (*Op. cit.*, pp. 949-950). Comte si rende conto che l'organizzazione industriale spinge in basso l'intelligenza e costata il «restringimento mentale inerente ad un'eccessiva specializzazione del lavoro» (*Cours de philosophie positive. Sixième volume. Complément de la philosophie sociale et conclusions générales*, cit., p. 54). John Stuart Mill non si fa illusioni intorno al futuro dell'umanità; dopo la rivoluzione industriale «la tendenza generale del mondo è al trionfo della mediocrità» (*Saggio sulla libertà*, trad. it. cit., p. 96).

IX

L'INDIVIDUALISMO E IL COSMOPOLITISMO NELLA POLITICA

1. *La forma orientale e quella ellenistica della concezione organica della politica*

Per intendere l'idea e la pratica politica dell'illuminismo, giova contrapporre sin dal primo momento ad essa la concezione e l'esperienza organica della politica, la quale ha due grandi forme, quella *rigida*, *orientale* (essa ha la sua sede originaria e la sua massima espressione in Asia, quantunque in manifestazioni meno elaborate, o derivate, s'incontri anche in altre parti del mondo), e quella *fluida*, *occidentale*, eminentemente greca e nella grecità rappresentata nella maniera più pura e più elevata da Platone (anche se poi largamente diffusa, in relazione alle vicende di cui l'ellenismo è stato il protagonista). Entrambe le forme sono organiche, perché sia l'una che l'altra considerano la vita associata come quella di un immenso corpo animato, di cui il corpo umano vivente presenta un analogo (l'analogia, intesa a rigore, ha per esemplare il corpo politico e per esemplato il corpo dell'uomo; va da sé che in ambedue i casi si tratta del corpo e dell'anima insieme, giacché dove c'è la vita c'è l'anima, che della vita è il principio e la condizione necessaria e sufficiente).

Ciò che è caratteristica peculiare della concezione orientale dell'organismo politico è la circostanza che il corpo deve attenersi strettamente al capo, da cui è visivamente ed esteriormente distinto, ma in cui è spiritualmente ed eminentemente contenuto (e dire *eminenter* significa dire in guisa più vera e più alta di quella per cui *formaliter* il resto del corpo consiste di membra altre e diverse da quel membro costituito dal capo). Questa particolarità è certamente per l'uomo moderno di malagevole comprensione, e infatti essa viene di solito fraintesa o dichiarata del tutto inintelligibile e attribuita alla nebulosità e all'oscurità proprie del misticismo e delle sue torbide rappresentazioni, e nondimeno si riscontra nella maniera più fedele in una famosa dottrina cristiana: quella del *corpo mistico di Cristo*, dalla quale conviene pertanto muovere per cercare d'illustrarla. Secondo questa dottrina tutti i fedeli sono membra del corpo di Cristo, e ciò importa che ci sia un corpo individuale, o naturale, e un corpo collettivo, quello mistico di Cristo, e importa altresì che tutti i fedeli abbiano ciascuno due sorte di corpi, l'uno visibile, corruttibile, l'altro invisibile, destinato ad abitare per sempre nel corpo soprapersonale di Cristo. Poiché il naturale è nel soprannaturale, il visibile nell'invisibile, il mortale nell'immortale, questa inabitazione non si può cogliere con gli occhi, ma nondimeno è realissima, più effettiva della relazione inversa, per la quale il corpo individuale è il contenente e il corpo sopraindividuale è il contenuto, a guisa di corpo figurato, come soltanto è possibile. La società cristiana, quando sia concepita sulla falsariga di questa rappresentazione, è *corpus rei publicae mysticum*, che stringe in sé tutti i credenti, siano essi presenti o passati o futuri, attuali o potenziali, nessuno escluso, giacché al di fuori di un tale corpo non c'è vita spirituale né salvezza [1]. È da soggiungere che, siccome Cristo è nel Padre e il Padre è in lui, ne viene che i fedeli, mediante l'incorporazione in Cristo, ottengono la divinizzazione, che è lo scopo ultimo della vita. La rappresentazione della *res publica christiana* qui implicata percorre il Medioevo e risuona efficacemente per l'ultima volta nella vigorosa affermazione dell'unità dell'essere cristiano che compie Bonifacio VIII, nel conflitto che lo vede opposto a Filippo il Bello, ossia nell'evento che simbolicamente conclude, per il terreno della religione e della politica, un'epoca, e insieme ne prefigura un'altra, interamente diversa.

Ma, prima ancora che cristiana, una tale concezione appartiene stabilmente alle grandi civiltà dell'Oriente, dove si mostra nelle figure dei re che sono insieme divinità o almeno derivano il loro potere direttamente e unicamente dagli dei, nei regimi teocratici, nel sistema delle caste, e altresì in certe legislazioni, le quali obbligano ciascuno a rimanere nella propria professione e a trasmetterla ai figli, di cui fornisce esempio la legge di Sesostri. Qui tutto è per nascita, sia essa la nascita naturale, biologica, oppure la nascita soprannaturale, che è l'elezione divina, avvenga essa al momento del concepimento oppure ad un qualsiasi istante della vita, quando, intervenendo dal di sopra, e quindi in guisa del tutto gratuita, sottrae l'uomo al corso della sua precedente esistenza e l'immette in una vita differente, sacerdotale e regale; le virtù sono attribuite sul fondamento della posizione sociale, che ad esse preesiste e le determina; nessun posto hanno le votazioni, e quand'anche eccezionalmente si ricorra al voto, questo ha un significato completamente diverso da quello che possiede nel mondo moderno, e votare è operazione analoga a quella del gettare le sorti, è un procedimento per spingere la divinità a manifestare le sue decisioni. Una tale concezione della vita associata è molto più recisa e ferma in Oriente di quel che lo sia nello stesso cristianesimo, il quale, orientale per origine e per ispirazione, col diffondersi nell'Occidente, viene a contatto con una diversa visione della politica, quella dell'ellenismo, ed ecletticamente con essa si accomoda, pur non perdendo mai i

---

[1] In una formulazione differente una tale veduta compare anche nell'ellenismo, nella Roma dell'età imperiale; Seneca, infatti, l'accoglie quando dice a Nerone: «*animus reipublicae tute es, illa corpus tuum*» (*De clementia*, I, 5, 1). Si tratta di una veduta suscettibile di parecchie variazioni, e prima dell'avvento delle idee moderne essa riceve le più ampie e concordi attestazioni.

tratti della sua originaria fisionomia. Siffatta concezione è pur organica, giacché per essa la vita associata è una totalità, in cui nessun elemento ha un'esistenza indipendente, può cangiare di posto, essere surrogato da un altro, ma è rigida, perché le membra non sono le une per le altre, bensì sono subordinate al capo, del quale sono in funzione, senza che il capo sia, a sua volta, in funzione loro. Ciò deve accadere inevitabilmente allorché il capo è Dio medesimo, giacché la divinità non può stare in relazione di reciprocità con l'umanità (in questo senso è vera la proposizione che afferma: *enti infinito non fit adiunctio*).

Quali siano le condizioni che rendono possibile una siffatta maniera di sentire in fatto di politica, e di vita tutta, può qui essere enunciato assai in breve, giacché l'occorrente è stato esposto ad altro proposito e deve essere soltanto richiamato. L'esperienza compenetrata parziale, in cui le sensazioni e le immagini sono tanto prossime tra loro da dare luogo a stati di cose unitari, che, per alcuni loro lati, sono entità sensoriali e, per altri, realtà del sentimento, ha in questo mondo la sua massima manifestazione (divinità e sovrani sono esseri di tal genere), mentre è già lontana l'esperienza compenetrata piena, la quale si trova soltanto ai primordi dell'umanità, in cui consente unicamente forme di vita confuse, estremamente rudimentali e povere, laddove le civiltà sacrali dell'Oriente, nelle quali s'incarna l'intuizione del mondo di cui adesso si discorre, sono grandiose, immense, ma insieme statiche, immobili, fisse, come risulta chiaro anche dalle loro arti figurative, dalla loro architettura, scultura, statuaria. La simbiosi dell'uomo con l'animale e con la pianta è ormai venuta meno da parecchio tempo, o tutt'al più è ancora presente soltanto con deboli tracce, ma gli uomini pur sempre godono, soffrono, amano, in breve, avvertono largamente in comune gli uni dentro gli altri, così che l'empatia rimane fenomeno diffuso, comune. I grandi problemi di stabilire come si pervenga a distinguere il corpo che ciascun uomo dice il *suo*, ossia il corpo animato proprio, dai corpi animati umani altrui, e inoltre si arrivi a decidere che ne è delle anime degli animali ed eventualmente delle piante, e infine si giunga a discernere tutti i corpi animati dai rimanenti che il mondo circostante contiene, a titolo di corpi inanimati, non sono per il momento sorti, non soltanto come argomenti della riflessione filosofica (ciò va da sé), ma nemmeno come atteggiamenti della vita ordinaria. Innumerevoli corpi che i moderni assegnano al novero degli oggetti inorganici, trattano come minerali, dichiarano essere semplici cose, sono in queste civiltà considerate esseri viventi, animati; così è del cielo, degli astri, che hanno le loro anime, che sono la sede privilegiata delle divinità; analogamente compaiono sterminate divinità di forma animale. I confini tra le cose non sono del tutto assenti, ma rimangono labili e incerti, e una prova di ciò è fornita dai processi che si celebrano e dalle condanne capitali e dalle altre pene che s'infliggono agli animali; dalle punizioni che si emettono a carico delle piante o dall'uso a scopo di sortilegio che se ne compie, e finanche dalle misure che si prendono a carico di quelli che i moderni dicono i minerali.

Gli organismi politici posseggono qui la massima compattezza, solidità, durata: il dissenso è, per principio, inconcepibile, nemmeno la sua semplice nozione astratta vi può trovare posto. L'unico momento di crisi è quello della morte del Dio che governa o del re che viene da Dio e governa in suo nome, morte che peraltro riguarda unicamente il corpo naturale, giacché di per se stesso il re, sia egli assolutamente identico col Dio o ne sia il rappresentante sulla terra, è immortale come corpo politico, al pari della divinità, la quale, da parte sua, se anche va incontro alla morte, immancabilmente risuscita, e di conseguenza, non c'è proprio niente di prevedibile che possa andare a detrimento della perpetuità dello Stato.

Profondamente diversa è la concezione occidentale, greca, dello Stato come organismo, perché in essa riceve il suo diritto la scorrevolezza delle membra, che stanno nella relazione della reciprocità, e il capo, se ha posizione e funzione primaria, è poi anch'esso ordinato al tutto, nella stessa maniera in cui lo è qualsiasi altro membro, così che l'energica vitalità dello Stato è in pari tempo la sua diffusa fluidità. Sommo documento di questo sentire è la teoria platonica dello Stato, la quale non conosce caste, bensì richiede classi, è fondata non sulla nascita, sibbene sul merito, è destinata non al bene del solo governante, ma a quello dell'intera collettività. Le caste comportano l'appartenenza immobile, chi è figlio di genitori di una certa casta è compreso in essa e non può far niente per mutare il suo destino; le qualità personali non contano e, del resto, non hanno la possibilità di emergere, essendo irrilevanti in un mondo umano in cui ogni cosa è già stata decisa in anticipo; privilegi e oneri sono distribuiti come per destino; e per di più, ci sono caste infime che comportano per i loro membri un'esistenza misera, spregevole, vergognosa agli occhi di tutti. Al contrario, si appartiene ad una classe, anziché alle altre, sul fondamento dei talenti, dei doni della natura, ai quali è accordato il tempo necessario per manifestarsi, e mediante l'esercizio trasformarsi da disposizioni fisiche e psichiche in abilità corroborate; qui la nascita non ha alcun peso, perché s'ignorano chi siano i genitori, di cui è noto soltanto che si tratta di cittadini; a decidere è esclusivamente il merito nella forma più determinata, che può essere quello che si rivela nella capacità del pensiero e della speculazione, ossia della scienza, o quello della valentia nell'impiego delle armi, della loro conoscenza, del loro apprestamento, e delle tecniche dei combattimenti; così che non c'è cosa che sia lasciata al caso e insieme non c'è cosa che sia abbandonata all'arbitrio, ma tutto si fa secondo le esigenze della ragione. Per l'ellenismo è evidente che senza la distinzione e la disposizione gerarchica delle classi nello Stato, non ci può essere alcunché di grande nella vita associata, non tradizione e non originalità genuina (la quale della tradizione si alimenta), ma l'esistenza diventa accozzaglia informe di elementi confusi, priva di qualsiasi valore e dignità[2]. La divisione delle classi è indissolubilmen-

---

[2] *Classicus* significa della *prima classe*. Latinamente *classicus* è il cittadino della prima classe; per traslato si dice *classicus scriptor*. Poiché tutti gli aspetti della realtà sono solidali (dovunque si fa valere il principio che Leibniz chiama dell'armonia prestabilita, ossia dell'interdipendenza reciproca di tutte le cose), si dà per ammesso da parte dei Greci e dei Romani che si possano avere classici dell'arte, della letteratura, della filosofia, e in maniera corrispondente, poeti, scrittori, pensatori di secondo e di terz'ordine, unicamente a condizione che la società sia articolata in classi.

te collegata a due altri elementi essenziali della vita dello Stato, la divisione del lavoro, che sorge sul suo medesimo fondamento, in quanto anch'essa è basata sulle differenze delle qualità degli uomini, e la divisione dei governanti e dei governati, la quale è salda e sicura, anziché vacillante e precaria, solamente quando va di pari passo con la netta, ancorché mobile, divisione dei cittadini in classi: tutti concetti, questi, che si presentano per la prima volta in forma compiutamente elaborata nella filosofia di Platone.

In relazione con la divisione delle classi s'incontra la distribuzione degli uomini in quelle che si sogliono chiamare le razze (le quali nelle caratteristiche e nel numero sono desunte dalla tradizione mitologica, e hanno la loro più vicina scaturigine in Esiodo, così che si parla di razza aurea, argentea, bronzea), ma sin dall'esame più elementare è evidente che non si tratta propriamente di razze, ma piuttosto di stirpi, e se c'è una distinzione che occorrerebbe serbare con ogni cura, ma che è, invece, di solito trascurata, è precisamente questa della *razza* e della *stirpe*. Il concetto di razza appartiene per intero alla biologia, e designa un essere fatto così oppure diversamente nella costituzione fisica di grandi gruppi umani (non più di quattro o cinque per tutto il genere umano), in cui gli uomini non intervengono in niente attivamente, giacché le razze non sono opera loro, sibbene della preesistente natura; al contrario, il concetto di stirpe è culturale, e indica il risultato di tradizioni secolari, mediante le quali gli uomini hanno foggiato sé medesimi, fisicamente, intellettualmente e moralmente; in breve, la razza è una premessa, laddove la stirpe ℮ una conseguenza del pensare e dell'agire degli uomini di una determinata regione (così che le stirpi, a differenza delle razze, sono moltissime). La differenza tra razza e stirpe è notissima ai Greci, e l'accostamento tra le diverse qualità di uomini, e le diverse «razze» in cui esse si riscontrano, è in Platone soltanto un estrinseco paragone, o, meglio, un gioco di metafore. È da aspettarsi che gli uomini più valenti nel corpo e nell'anima si ottengano dalle unioni degli uomini e delle donne di maggiore prestanza fisica e intellettuale: la regola è costantemente confermata dall'esperienza per quanto riguarda la salute e il vigore del corpo e dell'anima; le attitudini intellettuali e i comportamenti morali hanno una relazione meno stretta con la generazione; gli uomini d'eccezione poi vengono fuori dovunque; dalle unioni più varie e impensate, e a volte proprio dove non ci si aspetterebbe, ma anche ciò va da sé, essendo persino tautologico osservare che non si danno regole per le eccezioni. Come all'elemento biologico si congiungano quelli dell'ambiente naturale e sociale, dell'educazione intellettuale, morale e religiosa, la scienza greca non è in grado di stabilire, e del resto, nemmeno la scienza moderna è capace di penetrare sino in fondo; la sapienza politica impone di tener conto di tutti questi elementi e di cercare di combinarli nella maniera più propizia per la comune felicità che lo Stato ha il compito di instaurare. La felicità non s'istituisce a beneficio di pochi privilegiati, non deve essere retaggio della sola classe dei governanti, ma deve appartenere alla totalità: il benessere è dell'intero corpo politico, e tale è anche l'infelicità e il male, se sopravviene la sventura, il corpo politico comportandosi in ciò come il corpo naturale dell'individuo, che, se è colpito o ferito in una sua parte, anche piccola, è tutto l'organismo che ne risente.

Questa comparazione dell'unità del corpo politico e dell'unità del corpo umano è il culmine della concezione organica dello Stato, la quale non è soltanto platonica, ma generalmente greca, e si trova, infatti, già nei Pitagorici e rimane, nell'essenziale e in forma più temperata, ancora in Aristotele. Poiché, per Aristotele, l'uno, al pari dell'essere, con cui si converte, si dice in molti sensi, altra è l'unità dello Stato e altra è quella dell'individuo, ma ciò nonostante resta fermo che quella che è la felicità per il singolo individuo è medesimamente la felicità del consorzio civile, e la felicità è esercizio di attività (dove però per attività non è da intendere soltanto la pratica che raggiunge gli altri uomini od ottiene risultati concreti, ma anche e soprattutto i ragionamenti e i pensieri perfettamente indipendenti e compiuti in vista di se stessi).

È evidente che, come la concezione orientale dello Stato si regge sul sentimento della dipendenza, così la concezione greca si fonda sul sentimento del sublime, il quale spiega la forma che ha in essa la distinzione dei governanti e dei governati e la circostanza che gli uomini possono di volta in volta essere la prima cosa e la seconda, ciò che è impossibile dove la dipendenza s'impone su tutto. Nella dipendenza, infatti, l'elemento dominante artiglia dal di sopra l'elemento asservito e lo costringe a rimanere fisso, e questa è la causa di ogni rigidità dell'intuizione orientale della politica; nel sublime, invece, si fa valere in tutta la sua ampiezza la sfera delle differenze, che si dispongono dall'alto al basso in una serie di gradi percorribili, e questo è il principio della mobilità dell'intuizione occidentale della vita associata[3].

2. *L'individualismo politico dell'illuminismo e il suo fondamento fenomenistico*

A questa concezione organica della politica, che dai primordi del mondo greco giunge sino all'età di Alessandro Magno, quando si affermano certi tratti peculiari dell'individualismo e del cosmopolitismo, ma in maniera grandemente diversa da quella propria della modernità (individualista e cosmopolita è l'antico che si separa dalla politica e conduce vita privata; l'individualismo e il cosmopolitismo moderni sono, invece, maniere di configurare e di praticare la politica), l'illuminismo volta decisamente le spalle, mentre si disinteressa quasi del tutto della sua versione orientale, troppo lontana dalle sue prospettive per at-

---

[3] Com'è ovvio, non bisogna pretendere che queste diversità si lascino sempre scorgere infallibilmente dagli stessi vocaboli, dei quali viene, anzi, compiuto di continuo un uso promiscuo. Così, quando i Romani parlano di *ordines civitatis*, l'ordine ha fondamentalmente il significato della classe; ma, allorché nel cristianesimo tradizionale si discorre dell'*ordine sacerdotale*, si è piuttosto in presenza di una vera e propria casta. Il criterio discriminante in proposito è se si accordi o no importanza decisiva alle qualità naturali delle persone: nel caso positivo si è di fronte a classi, in quello negativo si tratta irrimediabilmente di caste. La vittoria dell'agostinismo sopra il donatismo, per cui i sacerdoti sono tali, qualunque sia il loro comportamento morale, è un trionfo delle idee orientali e una conferma dell'orientalità di fondo della religione cristiana.

tirare anche una critica articolata.

Comune punto di partenza e fondamento della concezione illuministica della politica è l'affermazione vigorosa della convenzionalità (o, com'anche si dice, dell'artificialità) dello Stato, e conseguentemente il rifiuto ultimativo della teoria della naturalità del diritto e delle istituzioni politiche. Si discute sin dall'epoca della Sofistica se questa o quella cosa (il diritto per l'appunto, ma anche il linguaggio) sia per natura (φύσει) oppure per convenzione (θέσει), e ciò che di difficile c'è in queste dispute e nelle soluzioni dei problemi che in esse si propongono è d'intendere con precisione che mai si voglia dire coi vocaboli «natura» e «convenzione», che sono tra i più riccamente polisensi che sia concesso incontrare. Se affermandosi che il diritto e lo Stato sono prodotti d'artificio, si volesse dichiarare che sono risultati dell'operosità umana, senza della quale non esisterebbero, la teoria convenzionalistica sarebbe universalmente seguita e non troverebbe alcun disposto a contrastarla; ugualmente, qualora, asserendosi che il diritto e lo Stato sono entità naturali, si avesse l'intenzione di sostenere che sono necessari, tanto che s'incontrano in forme diverse in tutti i luoghi e in tutti i tempi, sarebbe la teoria della naturalità ad accogliere i maggiori suffragi, e anzi, a godere dell'unanime accoglimento (giacché si scoprirebbe che i pochi che la oppugnano, rifiutano, in verità, le parole «diritto» e «Stato», di cui però accolgono la realtà, restringendosi a denominarla con altre espressioni, ai loro orecchi maggiormente accette). È però palese che «natura», «convenzione», «artificio», «arbitrio» e simili, non hanno tali significati, bensì ne posseggono d'interamente diversi nella politica, com'è concepita dagli illuministi. Per porli allo scoperto, non giova attardarsi in analisi etimologiche dei vocaboli, che pure avrebbero il loro interesse, né serve compiere un esame dei testi dei trattatisti del diritto e dello Stato dal secolo XVII ai nostri giorni, ma occorre illustrare la prima premessa, l'architrave medesima, che obbliga l'illuminismo a propugnare l'assunto della piena e assoluta convenzionalità di ogni associazione umana e di qualunque ordinamento del diritto.

Tale prima premessa è la tesi fenomenistica, da noi illustrata a suo tempo e posta a base dell'intero illuminismo, come chiave di volta della sua comprensione. Avendo dichiarato inconoscibili le cose quali sono in se stesse (almeno di un'apprensione che le faccia sapere nella loro costituzione determinata e non soltanto nella loro semplice esistenza, per cui si è al corrente che sono, ma s'ignora che mai siano), e avendo limitato la conoscenza alle cose come appaiono all'uomo, ossia alterate dai suoi organi di senso, dalla sua macchina corporea, dalla sua conformazione mentale, l'illuminismo s'è interdetto ogni discorso intorno alle «nature», alle «essenze» delle cose, e si è portato sul solo terreno dei fenomeni, ossia delle manifestazioni visibili degli oggetti, quali che essi siano. Niente preme che nella politica si tratti dell'uomo, anziché di Dio o del mondo, giacché anche l'uomo è ignoto a sé medesimo, per quel che riguarda la sua essenza. Ciò di cui l'uomo ha piena cognizione sono le modificazioni del senso esterno, le quali gli offeriscono colori, odori, suoni, e altre qualità dello stesso genere, e le affezioni del senso interno, ossia le passioni, le tendenze, le appetizioni, e le altre manifestazioni psichiche; tutto il rimanente gli è vietato e gli rimane oscuro e impenetrabile. Di per se stesso, il fenomenismo è una teoria gno-seologica, e i suoi rapporti con la teoria del diritto e dello Stato sono complessi e mediati, difficili da scorgere d'un tratto. Ciò consente di rendere ragione dei molti residui di metafisica e di teologia, che ingombrano per molto tempo il pensiero politico dell'illuminismo, il quale giunge a disfarsene completamente soltanto nel secolo XX (quando però le trattazioni specialistiche hanno sostitui-to quasi per intero le opere di filosofia della politica). Lo Stato, al pari del dirit-to in tutta la sua estensione, è, dunque, una formazione convenzionale, nel si-gnificato generale che è l'espressione di un qualche complesso di fenomeni; ma, poiché tutto quanto si vede e si conosce, dovunque si volga lo sguardo e si ri-ponga la mente, è costituito per intero da fenomeni, si pone il problema di stabi-lire quali siano i fenomeni di cui presentemente si tratta, o, com'è lo stesso, sor-ge la questione di assegnare il significato speciale della fenomenicità del diritto e dello Stato.

Si presentano a questo punto opportune le nozioni di *contratto*, o di *patto*, di cui gli illuministi a lungo si servono per indicare il fondamento della vita umana associata, ma che poi abbandonano, perché ormai antiquate e disconvenienti, per sostituirle con la nozione di *consenso* (ma, come ci prefiggiamo di mostrare, il contenuto di queste nozioni è, in definitiva, il medesimo). Un contratto che si faccia, è un accordo soltanto contingente, e niente sarebbe così assurdo come pretendere che si diano contratti necessari; questo è tanto palese che si è subito spinti ad interrogarsi sul senso in cui qui si discorre della contingenza e della necessità. Il concetto logico tradizionale della contingenza, per cui si dice con-tingente ciò il cui opposto è possibile, non è in questo luogo di alcun impiego, poiché non si vuole affatto sapere se sarebbe possibile che i contratti che l'uo-mo conclude non ci fossero, e prima ancora, l'uomo medesimo, anziché esiste-re, come di fatto è, non esistesse, o se, invece, incatenandosi le cose tutte tra lo-ro, è necessario non soltanto che l'uomo esista, ma che esista ogni suo singolo pensiero e ogni sua singola azione, al pari che la menoma goccia d'acqua o il più piccolo granello di sabbia, giacché la non esistenza di una qualsiasi di que-ste cose implicherebbe contraddizione. Sollevare quesiti del genere è sprecare tempo e fatica, non soltanto per l'ostilità con cui l'illuminismo guarda alle que-stioni di metafisica, ma proprio in generale, poiché ciò che si desidera specifi-camente sapere è alcunché d'interamente diverso. Il problema verte sulla conve-nienza dell'esistenza del diritto e dello Stato, e non sulla loro necessità o sulla loro contingenza in senso logico, e ciò che è semplicemente conveniente lascia impregiudicata ogni questione di logica e di metafisica.

Se esistono motivi che rendono preferibile che gli uomini vivano in associa-zioni regolate da leggi, essi bastano e avanzano perché tutti coloro che sono ca-paci di servirsi della loro ragione si adoperino moltissimo per porre in essere ta-li società, le istituzioni che vi debbono presiedere, e facciano di tutto perché es-se si sviluppino e prosperino. Il diritto e lo Stato sorgono mediante una *scelta*, ossia mediante un'inclinazione, la quale è preceduta da una sorta d'oscillazione degli animi, in cui si soppesano molteplici eventualità, vale a dire da una *deli-berazione*, finché questo movimento interiore si ferma, e allora si ha quella che

si chiama una *decisione*. La teoria contrattualistica della politica, facendo derivare il diritto e lo Stato da un accordo, introduce implicitamente o esplicitamente la scelta, con quel suo elemento antecedente che è la deliberazione e con quel
suo termine finale che è la decisione; rimane per intero nel campo del fenomenico, giacché fa appello a fenomeni psichici indubitabili, che continuamente si
costatano, e non accoglie nessuna cosa in sé, da cui determinatamente dipenda-
no quegli eventi mentali.

A questa sua ispirazione fenomenistica essa si serba fedele in tutto il suo
percorso, che ha le sue fasi più importanti nella tesi della costitutiva e insuperabile molteplicità degli Stati e nell'assunto del contenuto variabile, per principio,
e non soltanto di fatto, e in tutta la sua estensione, e non già soltanto in alcuni
elementi particolari, delle leggi che governano la vita associata. Per quel che
concerne la molteplicità degli Stati, si potrebbe, invero, ritenere che essa sia a
sufficienza attestata dall'esperienza, perché ci sia bisogno di elevarla ad argomento d'asserzione dottrinale, ma la questione non verte su ciò, bensì riguarda
un altro punto, ossia se non ci sia per avventura anche una sorta di Stato unico
da cui i molti Stati possano desumere i principi e trovare la loro misura e la loro
fonte di legittimità. La repubblica di Platone, la comunità di tutti gli esseri razionali, dei e uomini, degli Stoici, la Città di Dio di Sant'Agostino, sono ciascuna un'entità unica, immoltiplicabile, modello eterno degli Stati che si succedono
nel tempo, rispetto ai quali possiede una maggiore realtà (allorché si dice che si
tratta di un ideale, si vuole intendere che è il principio ispiratore e la guida, e
non già attribuirle un'esistenza dimidiata). Senonché è evidente che di una siffatta entità metafisica o teologica il fenomenismo illuministico non vuole sentir
parlare; anch'esso può senza dubbio discorrere di modelli e d'ideali di assetti
politici, ma in un'accezione completamente diversa, per cui il modello e l'ideale
non ha esistenza a sé stante, ma è nella mente di politici di tendenze utopisti-
che, che possono tuttavia avere una certa loro utilità, perché possono dar luogo
a qualche realizzazione pratica, che si colloca però nel futuro, mentre il modello, nel senso della metafisica e della teologia, appartiene all'eternità. L'illuminismo accoglie l'esistenza di molti Stati per il passato, il presente e il futuro, senza uno Stato unico metempirico, precisamente come fa dello Stato l'oggetto di
un contratto, e si comporta in quella maniera perché così richiede il contrattualismo, il quale non può ammettere, del tutto giustamente dal suo punto di vista,
che ci sia, per principio, un solo Stato, non avendo senso pretendere che ci sia
costitutivamente un solo contratto: la contingenza – in senso popolare – è inseparabile dalla molteplicità; ciò che può essere così e altrimenti, una volta è in
quel modo e un'altra è in questo, e così si moltiplica e torna daccapo a moltiplicarsi per quante sono le eventualità.

Ancora più evidente è, a ben vedere, l'ispirazione fenomenistica del contrattualismo per quel che riguarda il contenuto variabile, in tutta la sua possibile
estensione, del diritto, per cui sempre altre sono le legislazioni degli Stati che si
presentano nelle diverse regioni del mondo e nelle differenti epoche attraverso
cui è passato il genere umano. I contratti, da cui si originano le legislazioni, rispondono ad esigenze determinate, che non sono le medesime in tutti i luoghi e

tempi, ma variano grandemente a seconda dell'eterogeneità e della difformità degli scopi che l'umanità si propone di raggiungere; in definitiva, a seconda della disparità e della discrepanza dei volti con cui essa si presenta, che, com'è notissimo, non potrebbero essere maggiori, tanto che ci sono idee, convinzioni, usanze, costumi di vita, così inusitati e strani, che se non fossero suffragati da testimonianze e da documentazioni irrefragabili, si riterrebbero invenzioni di spiriti balzani. Il contrattualismo accorda largo spazio ad ogni sorta di condizionamenti, accogliendone di ambientali, fisici, psicologici, sociali, e via dicendo, e poiché i condizionamenti sono soggetti a mutare, corrispondentemente cangiano anche le legislazioni, ognuna delle quali è corrispettiva a luoghi e a tempi particolari, s'introduce per dare esecuzione a certi bisogni, i quali, una volta che siano soddisfatti, cedono il posto ad altri e differenti bisogni, e di conseguenza, anche la legislazione, adatta ad acquietare quelli, è sostituita da una legislazione, idonea ad appagare questi, in una vicenda che non ha avuto inizio e che non avrà fine.

A tale proposito occorre guardarsi dall'inganno che potrebbe derivare dal fatto che molte, se non tutte, le teorie del contrattualismo si avanzano come se fossero destinate ad adempiere bisogni immutabili dell'umanità, quali sono quelli della difesa della vita, dell'integrità fisica della persona, della sua inviolabilità morale, per cui varrebbero per l'eternità, e invece, ad osservare con miglior cura, rispondono ad esigenze limitate nello spazio e nel tempo. Ed invero, sotto codeste denominazioni, si possono porre cose diversissime, di modo che per difesa della vita si può intendere la sua salvaguardia dai comuni delinquenti e dagli omicidi, o, invece, la sua tutela contro gli attentati da qualunque parte vengano, fosse anche dalla parte medesima di quanti garantiscono l'ordine pubblico; l'integrità fisica può significare la protezione dai ferimenti da parte della gente, o, al contrario, comportare l'esclusione di mutilazioni comminate come sentenze di tribunali; la dignità morale può riporsi oppure no nel rispetto delle idee, delle credenze religiose, ecc. Quando poi si tratta della proprietà e della libertà è evidente che si possono concepire e proporre reggimenti politici che le configurano in maniera opposta, così che ciò che per gli uni è proprietà, per gli altri è furto, ciò che per questi è libertà, per quelli è l'estremo della servitù. Che le teorie contrattualistiche si presentino, anche nel loro contenuto determinato, come valide per l'eternità, ha un significato sentimentale chiaro e manifesto, il quale consiste in ciò, che i sentimenti che maggiormente urgono, si dichiarano e si avvertono effettivamente come tali che non possono venir meno (ossia, con grande intensità): i contratti, da cui sorgono gli Stati, si dicono eterni, come si giura eterno ogni amore appassionato.

C'è certamente un elemento unico, immutabile e sempre identico nel contrattualismo, ed esso risiede nel criterio della scelta, mediante il quale si può scegliere qualsiasi cosa, ma non la scelta medesima, dandosi la scelta ma non la scelta della scelta, e nemmeno essendoci la deliberazione della deliberazione e la decisione della decisione. Lo stesso è per il gusto (al quale la scelta è assai prossima), giacché anche il gusto si può elevare a criterio di valutazione e di giudizio sovrano, e si possono con esso accogliere o rifiutare le cose più diverse, ad eccezione del gusto medesimo, il quale non sarà mai per riflettersi sopra di sé, e in tal modo farsi oggetto di approvazione o di repulsa. Il criterio di giudizio non può diventare contenuto giudicato: così è del criterio del contratto, con il quale si stringono quelle determinate convenzioni, quei particolari patti, che sono le istituzioni e le legislazioni degli Stati, ma non si può fare il contratto di fare il contratto esso medesimo.

Un'agevolazione si ottiene quando si cessa di parlare di «contratto» e ci si mette a discorrere di «consenso», come da parecchio tempo si fa ormai nella scienza politica dell'illuminismo. Il vantaggio del nuovo vocabolo sul vecchio non risiede nella circostanza che esso esonera dall'interrogarsi sulle diverse specie di contratti e dall'accertare quale tra di esse sia quella peculiare del contratto politico, porgendo il carattere capace di contraddistinguerla da qualsiasi altra, ma consiste nel fatto che esso permette di porre più agevolmente allo scoperto il modo in cui sono concepiti il diritto e lo Stato. Il «consenso» a volte è preso ad indicare una condizione del sentire caratterizzata dalla *comunione*, per cui si realizza l'unità dei senzienti, si parla di *cor unum, anima una*. Nel suo grado più alto, il consenso, inteso in questa accezione, confina con la *fusione*, che è uno stato in cui l'individualità dei molti cede il posto ad un unico grande individuo collettivo, il quale è il solo che vive e il solo che sente. Il sentimento della comunione non raggiunge i vertici di quello della fusione, dal quale è specificamente diverso, ma nondimeno è una consonanza, un battere all'unisono di tutti i cuori, in cui si nutre la fiducia incrollabile di essere e di abitare nella pienezza della verità. Su questo sentimento si erge la comunità politica organica, la quale è un vincolo sostanziale, che stringe gli uomini in una totalità vivente, di modo che lo Stato è una sorta di uomo in grande e l'individuo umano è una sorta di Stato in piccolo, giacché l'organicità è dovunque la medesima e si manifesta tanto nel massimo quanto nel minimo. Completamente differente è il *consenso* come compare nella politica dell'illuminismo, nella quale designa un legame soltanto accidentale, per cui gli uomini convengono, ciascuno per proprio conto, nel proporsi e nello sforzarsi di conseguire determinati obiettivi rispondenti agli interessi di tutti i singoli.

Che tale sia il significato che il consenso ha nella concezione illuministica della politica risulta nella maniera più chiara da ciò che del consenso dicono Hobbes e Locke, i due massimi pensatori politici che l'illuminismo possegga, quelli che hanno aperto la strada che la civiltà moderna avrebbe percorso sino in fondo. Per Hobbes, nessuno può essere tenuto a prestare obbedienza a chicchessia, se non vi consente e non vi s'impegna con un patto; sia l'autorità dello Stato sopra i cittadini sia quella del padre sopra i figli traggono origine da un patto, il quale può essere sia esplicito che tacito, allo stesso modo del consenso, in base al quale esso si stringe, il quale può, di conseguenza, essere sia espressamente dichiarato che dato per sottinteso. Quando si tratta dell'istituzione dello Stato, il patto deve essere esplicito e il consenso manifestamente palesato. Ancora più risoluto nel domandare il consenso espresso è Locke, secondo il quale il consenso tacito obbliga soltanto per contenuti particolari e per un tempo limitato, laddove il consenso espresso vincola in perpetuo ed è, esso solo, che rende

membri di un corpo politico. L'interesse di questa distinzione tra consenso tacito e consenso esplicito, e della richiesta del consenso esplicito per l'instaurazione dello Stato, risiede in ciò, che l'ammissione della prima forma di consenso è
manifestamente un residuo della teoria della naturalità, ossia della sostanzialità,
del vincolo politico e dell'organicità dello Stato, che attende di essere espunto,
per salvaguardare la coerenza della concezione illuministica della politica. Il
consenso esplicito, che si formula in una dichiarazione verbale ad alta voce, o
anche nella sottoscrizione di un atto, è invece perfettamente congruente con la
teoria della convenzionalità del legame politico, e dell'individualismo a cui essa
dà luogo nell'idea e nella pratica dello Stato, essendo palese che dichiarazioni e
sottoscrizioni si possono rendere o non rendere, secondo che detta la convenienza che ogni singolo uomo vi ravvisa.

Ma molto più importanti di codeste distinzioni intorno al consenso e alle sue
modalità, che risentono dell'ampio tessuto di allegorie di cui si riveste la filosofia politica dell'illuminismo nei suoi decisivi inizi, è l'introduzione del principio
di maggioranza nei consensi da cui procede l'istituzione dello Stato, per cui la
volontà dei più è presa come se fosse la volontà di tutti. Occorre stabilire se il
principio di maggioranza, di capitale rilievo nella politica, ottenga anche la dovuta dimostrazione oppure se sia introdotto a titolo di un postulato ulteriormente
insuscettibile di prova. Ora, se si pone mente al contesto in cui questa filosofia
si colloca, bisogna concedere che il principio è dimostrabile e anche effettivamente dimostrato. Le prove di Hobbes e Locke (i quali concordano in molte
parti delle loro vedute politiche) sono convergenti e sommamente istruttive, per
la specie di sensibilità che lasciano intravedere. Esse asseriscono che, se non si
decidesse col principio di maggioranza, e non si tenesse ciò che desiderano i più
in conto di ciò che tutti desiderano, non si potrebbe prendere deliberazione e decisione alcuna, e che non sussisterebbero allora né Stato né volontà politica.
L'argomentazione è stringente e la prova è conclusiva, una volta supposta la
sensibilità divisa, che è propria dell'illuminismo in fatto di politica come altrove (ma che risulta meglio nella trattazione delle questioni politiche, in cui sono
in primo piano le relazioni tra gli uomini).

Nella sensibilità compatta, di cui si è discorso poco sopra, adducendo quella
sua manifestazione eminente che è lo stato di fusione, il dilemma fra decidere
sulla base della maggioranza o non decidere affatto non si presenta nemmeno di
lontano; per secoli e millenni i reggimenti politici che s'incontrano nelle civiltà
orientali l'hanno potuto completamente ignorare, le teocrazie, i governanti che
sono insieme divinità, o che derivano il loro potere direttamente ed esclusivamente dagli dei, non lo hanno mai dovuto affrontare. Ma se gli uomini nel loro
sentire sono divisi, o, com'è lo stesso, se ciò che uno desidera non è immancabilmente ciò che desiderano gli altri, se in generale gli amori e gli odi, le tendenze e le avversioni, sono nutrite da ciascuno nell'animo in maniera indipendente dagli altri, e di conseguenza, possono sia accordarsi sia divergere, allora è
incontestabilmente vero che o si delibera e si decide come importa il principio
di maggioranza o si è ridotti all'inazione completa. E che la maggioranza effettivamente si dia deve essere verificato per mezzo di segni esteriori, deve risulta-

re nei comportamenti corporei, manifestarsi attraverso la parola o lo scritto (di qui viene la grande importanza che acquista il voto, il quale abbisogna di apposite procedure, che ne garantiscano la genuinità e che rendano palese che è l'espressione dell'effettiva volontà dell'individuo).

L'introduzione del principio di maggioranza, per essere appieno giustificata, anche ammessa la separazione delle coscienze umane, ha in verità ancora bisogno di alcune aggiunte, le quali si riassumono in ciò, che si accordi la preferenza alla *maior pars* rispetto alla *melior pars* degli uomini, ma in proposito i pensatori politici dell'illuminismo non nutrono dubbi di sorta, per le convinzioni ugualitarie che li ispirano. La separazione degli uomini, che è a fondamento dell'individualismo politico, essendo costitutiva di un modo di sentire, è una disposizione permanente, non uno stato transitorio, che possa darsi in qualche luogo e in qualche tempo e cessare in altre regioni della terra e in altre epoche della storia, non essendo concepibile che l'avvertire divaricato e scisso sia per cedere il posto ad una sensibilità solidale e saldamente unitaria.

S'incontra però negli illuministi del secolo XVIII una rappresentazione, quella dello *stato di natura*, che sembra smentire questo nostro assunto, perché, stando ad essa, si dovrebbero distinguere nelle condizioni dell'umanità, due modi di essere profondamente diversi tra loro, l'uno dei quali è per l'appunto quello dello stato di natura, mentre l'altro è quello che si dice della *società politica o civile*. Che cos'è dunque lo stato di natura?

È anzitutto da escludere che lo stato di natura sia una condizione in tempo del genere umano, esistente in qualche epoca remotissima, agli inizi della storia o in età preistorica, o anche presso i selvaggi che ancora quattro secoli or sono vivevano in situazioni di estrema miseria e non possedevano vere e proprie istituzioni e regole comuni di comportamento. Dal passato lontano, e ancor più da quello a stento ricostruibile, o meglio, soltanto immaginabile dei primordi, come anche dalle narrazioni della Bibbia, e dalle testimonianze medesime intorno ai popoli primitivi, gli scrittori politici dell'illuminismo prendono soprattutto degli esempi, atti a corroborare delle tesi d'ordine dottrinale, e non si può scambiare l'esempio per un assunto teoretico, tanto più che gli esempi non pretendono, o pretendono soltanto per esagerazione retorica, di arrecare casi di assoluta mancanza di società politica, ma si prefiggono di attestare situazioni ad essa piuttosto prossime, in cui le istituzioni pure esistono, ma sono estremamente rudimentali, ci sono pur uomini che comandano e uomini che obbediscono, ma soltanto in tempo di guerra e scelti senza criterio e come capita, vivendo per il rimanente gli uomini quasi interamente come vogliono, e simili. Ad escludere l'interpretazione che assegna significato di condizione effettivamente esistita, o possibile ad esistere, dello stato di natura, concorre la circostanza che s'indichino come proprie dello stato di natura le situazioni che si verificano nelle guerre civili, nelle quali è evidente che non mancano i poteri, le autorità, i comandi e le leggi, ma che sono molteplici e in conflitto tra loro, così che uno *stato di natura puro, o assoluto* nemmeno allora si produce, ed è da giudicare, per ragioni di principio, che sia insuscettibile di avere attualità.

Si sostiene di solito che lo stato di natura è una mera ipotesi, ma si omette d'indicare di quale supposizione precisamente si tratta, a seconda che si prenda in considerazione lo stato di natura puro (il quale soltanto merita la denominazione di «stato di natura») e quello che, per distinguersi da esso, si potrebbe chiamare lo *stato di natura relativo* (il quale è una raffigurazione allegorica dello stato di società, accompagnato dalla descrizione dei pericoli che per il genere umano comporta l'indebolimento, se non la fine vera e propria, dei vincoli sociali, e dall'ammonimento a mantenere salda la compagine politica e il potere che vi presiede). Lo stato di natura puro non è altro che il negativo di quel positivo che è lo Stato teorizzato dall'illuminismo, è ciò che avrebbe luogo, qualora questo non esistesse. Lo Stato garantisce la sicurezza della vita, la pace all'interno dei confini, rende certa la proprietà, favorisce l'incremento della ricchezza, arreca il benessere dei cittadini; tutte cose impossibili ad aversi in sua assenza, perché allora si darebbe lo stato di natura, il quale viene di volta in volta caratterizzato diversamente, a seconda dei differenti assetti dello Stato che si ha in animo di propugnare. Se lo Stato deve avere per scopo primario la tutela della vita, l'integrità fisica delle persone, e soltanto secondariamente mirare ad accrescere le ricchezze, i comodi e gli agi, mediante le industrie e i commerci (nel modo che ritiene Hobbes), lo stato di natura viene dipinto come una condizione di completa insicurezza, in cui si è continuamente in pericolo di essere uccisi, mutilati, feriti, come una condizione di guerra permanente e illimitata; se invece si è dell'opinione che la vita non corra così continui rischi, e che la salvaguardia dell'esistenza si può accogliere come un dato di fatto, e che lo Stato ha per fine essenziale la difesa della proprietà (nel modo che reputa Locke), allora si raffigura con tinte meno fosche, o addirittura limpide e benigne, lo stato di natura, il quale è facilmente malleabile, pronto a ricevere tutti i colori con cui lo si vuole effigiare.

Il quadro che Hobbes ne fornisce, è certamente grandioso, perché in lui perdura ancora potente l'eco della metafisica con le sue contrapposizioni del vero e del falso, del bene e del male, e risuona energicamente la voce della teologia coi suoi contrasti della grazia e del peccato, della salvezza e della perdizione; mentre, essendosi in Locke già illanguidita la reminiscenza delle antitesi dell'ontologia e della religione, il dipinto è parecchio più sbiadito. Comunque, se lo stato di natura si prende alla lettera e gli si accorda esistenza attuale o anche soltanto possibile, dicendosi che forse non è mai esistito e forse non esisterà mai, ma che tuttavia è di per se stesso capace di esistere, da esso non si esce e non s'instaura, per sforzi che si compiano, lo Stato politico, non sorge in alcuna maniera la cosa pubblica. Secondo Hobbes, il sovrano non è parte contraente del patto che istituisce lo Stato, ma questa sua mancata partecipazione al patto, che dovrebbe garantire la mancanza di responsabilità dell'autorità sovrana, finisce paradossalmente per rendere inconcepibile la stipulazione medesima del patto. È vero che una tale difficoltà sembra non presentarsi in Locke, ma ciò accade perché, a ben vedere, questo filosofo descrive due stati civili, l'uno più precario, l'altro più saldo, giacché egli sostiene che già in quello che si chiama lo stato di natura esistono talune differenze tra gli uomini, la famiglia, la proprietà, e persino una certa amministrazione della giustizia, che ciascuno compie per conto suo, così che non soltanto non s'intende la necessità di abbandonare lo stato naturale e di passare alla società civile, ma, a stretto rigore di termini, di tale passaggio non c'è nemmeno l'astratta possibilità, perché ci si trova già immessi nello Stato civile.

La questione fondamentale di accertare se, ad avviso di questi pensatori, la natura umana cangia in quel preteso stato di natura e nel reale stato di società, oppure rimane la stessa, se cioè il modo in cui gli uomini sono fatti, i loro desideri, le loro speranze e i loro timori, in breve, tutti i loro elementi costitutivi mutino oppure restino invariati, e magari siano addirittura immutevoli e immodificabili, si scioglie dicendo che, per essi, gli uomini sono sempre i medesimi, che la natura umana è, nei suoi elementi ultimi (per noi, non in sé), la stessa in tutti i luoghi e in tutti i tempi. La natura umana di per se stessa è inconoscibile, perché l'inconoscibilità delle cose in sé si estende anche ad essa, ma ciò che di lei traluce nei fenomeni si manifesta con una regolarità di comportamenti, che la rende partecipe della costanza dell'intera natura fenomenica.

L'individualismo, a cui dà luogo la sensibilità divisa, quando si tratta della politica e dello Stato, non è affatto contraddetto dalla distinzione, a cui spesso si ricorre, tra la moltitudine degli uomini che si accingono a riunirsi in uno Stato, e il popolo, ossia la totalità dei cittadini, che sorge dalla costituzione dello Stato, giacché questa cosiddetta totalità è altrettanto individualisticamente concepita di quella dispersa moltitudine, di cui è chiamata a prendere il posto. La differenza effettiva tra la moltitudine e il popolo non è quella che intercorre tra l'aggregato e la totalità, ma è quella che passa tra due specie di aggregati. E infatti si ha moltitudine, quando ciascun uomo ha la sua propria opinione, la sua propria volontà, su qualsiasi occorrenza, ed è il solo titolare d'ogni azione che compie; e si ha popolo, allorché, essendosi tutti sottomessi ad una sola volontà, sia essa quella di un individuo o di un'assemblea, ciò che codesta volontà comanda ed opera, è ridotto ad unità, è come eseguito da una persona sola. Ma tacendo anche del fatto che un tale individuo, o una tale assemblea, è istituito attenendosi al principio di maggioranza, il quale presuppone l'esistenza di tante volontà distinte per quanti sono gli individui, che possono sia concordare che discordare, è certo che non basta l'unità a garantire la totalità, la quale si dà solamente dove c'è l'organismo, così che si deve porgerne questa definizione: la totalità è l'unità organica, propria delle membra gerarchicamente disposte e concordanti le une con le altre, nel rispetto della varietà dei loro posti e della dignità dei loro gradi. Se l'unità non possiede questi requisiti, si è in presenza di parti, che possono avere una posizione oppure un'altra, adempiere una certa funzione oppure una diversa, senza che ciò arrechi una qualsiasi differenza nella loro riunione, e allora si tratta pur sempre di un aggregato, il quale semplicemente si comporta in una determinata maniera anziché in una qualunque altra. La moltitudine, di cui Hobbes discorre, è un aggregato attualmente o almeno potenzialmente in conflitto intestino; il popolo, che egli alla moltitudine fa subentrare, è del pari un aggregato, ma pacifico, perché ha indifferenziatamente accolto come sua una particolare volontà, che di fatto è quella, ma avrebbe pur potuto essere una diversa. Ancora più manifesto carattere di aggregato ha la società politica, di cui ragiona Locke, per il quale, espunti i reggimenti paterni, soltanto il consenso di un gruppo di uomini, capaci di esprimere una maggioranza, può dare origine allo Stato, così che soltanto in questa maniera si sono formati governi legittimi nel mondo. Esclusivamente dove ci sono ordini, aventi rilevanza politica, è assente l'individualismo, e nello Stato, com'è concepito dalle teorie politiche illuministicamente ispirate, compaiono certamente mestieri, professioni, ceti sociali, ma non entrano a formare lo Stato, per il quale gli individui sono ugualmente cittadini, qualunque sia il posto che occupano, il lavoro a cui attendono, così che in un tale Stato, della totalità può presentarsi la parola, ma manca inevitabilmente la cosa.

Per codesta sua indifferenza politica delle articolazioni interne, lo Stato dell'illuminismo si chiama anche universalistico, e si discorre della sua lotta contro lo Stato, quale era inteso dalla tradizione, come del conflitto dello Stato universalistico contro lo Stato organico, ma il vocabolo «individualismo» e i suoi derivati sono più idonei ad esprimerne la natura («universalismo» è parola troppo polisensa, per essere chiara in codesta sua accezione particolare). Se l'individualismo fosse ristretto all'origine dello Stato dalla preesistente condizione dello stato di natura, sarebbe poca cosa, anzi, si lascerebbe cancellare con un tratto di penna, essendo questione di abbandonare un'allegoria; ma la verità è che esso è connaturato alla sua esistenza, e non può venir meno per tutto il tempo in cui l'illuminismo rimane a fondamento della vita umana associata. Va da sé che nelle formulazioni iniziali della teoria illuministica dello Stato hanno ancora una certa rilevanza politica le classi, e in specie la possiede la classe della nobiltà, alla quale sono riconosciuti determinati privilegi e assegnate peculiari funzioni, ma si tratta di residui d'idee del passato e di assetti momentanei di qualche singolo Stato, che ha per molti la posizione di modello politico, e che assai per tempo codesti rimasugli dottrinali sono abbandonati dalle trattazioni teoriche, mentre le vicende s'incaricano di far scomparire, nella sostanza se non nella forma, codesti ordinamenti provvisori, a cui non era dato arrestarsi e a cui in effetti non ci si è arrestati.

Lo stato di natura, con il contratto e il patto che vi pone fine, instaurando lo stato di società politica, non è stato espunto dallo storicismo del secolo XIX, e nemmeno dal romanticismo politico, i quali, quando l'hanno oppugnato, si sono dati un troppo facile obiettivo polemico, su cui era agevole e spedito aver partita vinta, ma si ottenevano per ciò stesso trionfi senza gloria. Hume si è sbarazzato dello stato di natura, non già con l'osservare che è incredibile che gli uomini siano rimasti a lungo nella condizione selvaggia che precedette la società, e che lo stato sociale è la condizione iniziale dell'umanità (questa considerazione, completamente giusta e inoppugnabile, non colpisce se non forse accidentalmente i teorici dello stato di natura, i quali non gli riconoscono l'esistenza che si chiama storica, volendosi dire quella propria dei fatti), sibbene con l'avvertire che si è in presenza di una di quelle semplici finzioni, di cui è lecito far uso ai filosofi morali, com'è consentito l'impiego ai filosofi naturali, che anch'essi dividono in due ciò che è uno, allorché trovano una tale escogitazione conveniente; e nondimeno Hume mantiene intatto l'individualismo politico, facendosi anch'egli assertore della teoria della convenzionalità dello Stato e, più in generale, accogliendo anch'egli, e anzi, radicalizzando la stessa concezione fenomenistica dell'uomo e del mondo.

Da due secoli non si discorre più dello stato di natura e del contratto sociale, ma l'individualismo politico è rimasto intatto, dove l'illuminismo era già allora diffuso, e ha incontrato il successo dov'esso si è più di recente propagato, e ciò è manifesto non foss'altro perché, se si sono abbandonate codeste vecchie immagini e locuzioni, si seguita a ragionare del consenso quale unica fonte della legittima autorità dello Stato, e il consenso, nel peculiare significato in cui ricorre a questo proposito della politica, importa la divisione dei senzienti, ognuno dei quali soltanto accidentalmente si trova ad essere animato dagli stessi sentimenti da cui gli altri sono, più o meno estesamente, ispirati e mossi.

Contro il principio del consenso nella politica si è sollevata un'obiezione, la quale, fraintendendo completamente la questione che ha di fronte, dichiara che da che mondo è mondo tutti gli Stati si reggono sul consenso, giacché diversamente sarebbero rovesciati dai cittadini, e che, di conseguenza, il consenso non contraddistingue nessuno specifico Stato esistente o anche soltanto possibile. Essa argomenta che, se i governi si mantengono, anziché essere abbattuti dai governati, è perché i governati consentono coi reggitori dello Stato, giacché, se così non fosse, combatterebbero e vincerebbero, oppure, se riuscissero vinti, rifiuterebbero la vita, a cui preferirebbero una morte liberatrice dalle catene della servitù (qualora non facessero così, vorrebbe dire che a un certo punto essi hanno espresso un loro consenso a quell'assetto politico e a quegli uomini di governo). Ne viene che il consenso, trovandosi dovunque, non è principio distintivo di nessuno Stato particolare, e non può essere preso a fondamento della legittimità di nessun potere, potendosi sostenere anche dai tiranni che essi godono del consenso dei loro governati. Un'altra conseguenza è tratta da questa obiezione, e cioè che l'elemento del consenso è inseparabile, nella vita degli Stati, dall'elemento della forza e che soltanto diversa è di volta in volta la mistura dei due fattori, adoperandosi da alcuni Stati molto consenso e poca forza e da altri Stati impiegandosi parecchia forza e scarso consenso.

Questa critica del consenso, come principio del giusto potere dello Stato e unico fondamento della sua legittimità, ragiona del «consenso», della «forza», delle «armi», senza possederne saldamente i concetti, giacché, se ne disponesse, procederebbe nel suo precipitoso argomentare con meno baldanza e si asterrebbe dall'inferire conclusioni tanto estreme quanto infondate. Il *consenso* ha parecchi significati, chiamandosi «consenso» la piena e trasparente a se stessa comunione degli animi, quell'*idem sentire*, che è l'avvertimento della verità, e appellandosi con lo stesso vocabolo la semplice adesione che ciascun individuo dà ad un qualunque contenuto, per conto suo e indipendentemente da tutti gli altri, e comunque questi si comportino, sia che anch'essi la compiano sia che la rifiutino, sia che (come il più delle volte capita) in parte l'effettuino e in parte la ricusino. Lo Stato dell'illuminismo si regge sul principio del consenso inteso nella seconda maniera, giacché la prima è remota dalla condizione della sensibilità di cui esso è la manifestazione; vi si regge, sia chiaro sin da ora, in tutte le sue versioni, tanto in quella del liberalismo che in quella dell'assolutismo, le quali differiscono sotto parecchi propositi, ma combaciano nel dichiararsi basate sul consenso dei cittadini. La *forza* intesa in tutta la sua possibile estensione, non è altro che il grado dell'intensità di una passione o di una sensazione, e riguardata in modo più circoscritto (che è il solo a cui il linguaggio popolare si attiene) è il *grado elevato* dell'intensità di codesti due ingredienti della sensibilità. Le *armi*, infine, sono tutti gli oggetti che s'impiegano allorché si è animati da un'intenzione ostile, nessuno escluso, a partire dalla parola, che è, in effetti, tra tutte le armi quella più comunemente impiegata e una delle più efficaci e risolutive. È da ritenere evidente che codesta critica si propone perché impiega nozioni imprecise, generiche, vaghe, sotto di cui può stare qualsiasi contenuto, a condizione che sia indeterminato, ma non può trovarsene nessuno che sia specifico e dettagliato, e che se essa fosse in possesso di concetti rigorosamente definiti, rinuncerebbe ad avanzarsi, per non essere costretta a battere in ritirata e offrire così miserevole spettacolo di sé medesima. Per secoli e millenni sono esistiti Stati (dei quali rimane ancora oggi qualche relitto) in cui nessun posto aveva l'adesione di ciascun singolo individuo, e in cui certe formule di cui codesta adesione, agli inizi dell'età moderna, s'ammanta (p. es., «io rinuncio al mio diritto di difesa, io cedo il diritto di governare me stesso a quest'uomo, io autorizzo tutte le sue azioni e le tengo in conto di mie»), sarebbero risultate completamente incomprensibili, e nondimeno i popoli non si ribellavano, non facevano tentativi di rivoluzione, quantunque nel contempo i loro sovrani non compissero alcun risoluto ricorso alla forza per mantenerli nell'obbedienza. Se si eliminano alcune distinzioni del tutto secondarie, bisogna riconoscere che tutti gli assetti politici teorizzati dall'illuminismo sono fondati sul consenso, e reciprocamente, sempre che allo Stato si dia per base della sua esistenza e della sua legittimità il consenso, ne viene immancabilmente che lo Stato è quello dell'individualismo illuministico, e non un altro qualsiasi.

C'è una domanda, che si tende a trascurare, ma che occorre pur sollevare, per l'ulteriore luce che è atta a produrre sul concetto del consenso: ad opera di chi e quante volte è consentito esprimere il consenso? Come si è accennato, il consenso deve essere manifestato da parte di ciascun individuo, il quale non può essere impegnato e obbligato da nessun altro, e non può, a sua volta, imporre impegni ed obbligazioni a nessun altro. Sembra che all'inizio il consenso si possa esprimere una sola volta nella vita, dopo di che non si può né ritirare, né mutare, né trasferire, e la stessa solennità che s'introduce nelle formule in cui il consenso si dichiara, ed eventualmente nei giuramenti con cui s'accompagna, vanno nella direzione dell'unicità del consenso nell'intera vita, giacché tutto ciò che è solenne, elevato, eccelso, richiede di essere unico, nella stessa maniera in cui ciò che è ripetuto, rendendosi molteplice, diventa meschino, basso, infimo. A garantire l'unicità del consenso e la sua irrevocabilità si colloca la massima *pacta sunt servanda*, la quale non è però idonea a compiere la funzione che presentemente le è assegnata, giacché è in questione il patto sociale medesimo, o comunque l'adesione del cittadino allo Stato già esistente, e la durata del mantenimento del consenso, se limitata o illimitata, non è inclusa analiticamente nella nozione del mantenere. A mano a mano che lo Stato dell'illuminismo s'afferma, e coinvolge entro la vita politica le grandi masse umane, che in precedenza le erano rimaste estranee, è giocoforza rinunciare al principio dell'unicità del consenso, e riporlo nel novero dei miti, e sostituirlo con il franco riconoscimento dei molti reiterati consensi, che, di conseguenza, si possono ora accordare, ora rifiutare, talvolta andando in una direzione e talaltra nella direzione contraria. Così va interamente disperso quel tanto di aura di gravità cerimoniale che all'inizio ancora circondava la manifestazione del consenso alla cosa pubblica (aura che era un retaggio dell'antica maestà dello Stato, poiché la maestà è nella politica ciò che la sublimità è nella religione), e i molti e ripetuti consensi diventano faccende abituali, eventi comuni e consueti. Da questa moltiplicazione e ripetizione si rende ancora più evidente l'accidentalità dell'incontro del consenso espresso da un individuo nei confronti di un uomo di governo, di un partito, di un progetto politico, con quello palesato da un altro individuo nel riguardo di codesto medesimo uomo, partito, progetto, e così di seguito, per quanti sono i cittadini di uno Stato. Una tale accidentalità non è per niente temperata, ed è, anzi, a ben guardare, confermata dall'esistenza di clausole di salvaguardia, per cui uno s'impegna a dare il proprio consenso ad essere governato da un uomo o da un'assemblea, a condizione che anche altri si comportino alla stessa maniera (come ci si esprimeva un tempo), o dall'esistenza di organizzazioni che s'incaricano di suscitare, incanalare, unificare i consensi (come accade al giorno d'oggi).

Ed infatti, ci sono due specie di consensi, e l'una è quella del consenso che si trova, perché nasce spontaneamente negli animi, e l'altra è quella del consenso che si produce artificialmente, con gli strumenti della propaganda (ma un consenso prodotto non è affatto un consenso ottenuto con la forza ostile), e la prima precede idealmente l'esplicazione dell'attività politica, e l'altra idealmente ne deriva e di fatto in gran parte ne consiste. Col passare del tempo diventa sempre più chiaro che i governi, i quali dovrebbero sorgere sulla base del consenso dei cittadini, impiegano molte delle loro energie nel fabbricare quel consenso, che è pur sempre presentato come l'unico fondamento della loro legittimità.

La sostituzione del consenso, che si riconosce prodotto, al consenso che era, o si supponeva che fosse, spontaneo; il sottentramento dei molti consensi, che si ripetono a brevi e fisse scadenze, al consenso unico e immodificabile; non perderebbero, e nemmeno diminuirebbero, il loro significato individualistico, per la distinzione che s'introducesse tra l'adesione alla forma dello Stato, alla sua costituzione, all'assemblea originariamente incaricata di redigerla, alle leggi fondamentali che stabiliscono quali debbono essere gli organi e i poteri dello Stato, ne definiscono i compiti e ne regolano le attività, – adesione che può fors'anche essere data una sola volta nella vita della persona – e le adesioni che a scadenze regolari si concedono, si ritirano, si trasferiscono a queste o a quelle forze politiche, a certi governi, o invece, ad alcuni altri, alle assemblee legislative e alle leggi ordinarie, che sono da esse poste in essere, e via di seguito esemplificando. Codesta serie di distinzioni è malferma, perché la costituzione – abbia essa

o no la forma di una Carta – non è fissa e immutabile se non all'apparenza, e in
effetti cangia in continuazione, perché non si è ancora seccato l'inchiostro con
cui sono state apposte le firme ai suoi documenti, e già è incominciato il lavorio
dell'interpretazione, la quale è eseguita sulla base dei mutevoli interessi delle
assemblee legislative e delle forze politiche in genere, e le leggi ordinarie sono
così poco indifferenti a quelle fondamentali, che ne sono piuttosto l'incarnazione e pratica esecuzione, e in questa maniera la costituzione effettivamente reale
si separa da quella semplicemente formale, e dà luogo, col passare del tempo,
ad un assetto politico grandemente diverso da quello iniziale, che si aveva al
momento della sua istituzione.

In conclusione, il consenso non è meno individualistico del contratto e del
patto, di cui nel linguaggio ha preso il posto, giacché, come il patto implica l'e-
sistenza di parecchi voleri indipendenti, che soltanto accidentalmente convengono intorno ad un medesimo contenuto, così il consenso è concepito ad arbitrio e
dato secondo il libito del singolo, e pertanto rimane irrimediabilmente fatto privato.

3. *La differenza tra il diritto naturale classico e il giusnaturalismo moderno*

La radicale differenza, che si riscontra tra lo Stato organico dell'ellenismo e
lo Stato individualistico dell'illuminismo, si osserva anche tra il diritto naturale
classico e il giusnaturalismo moderno, il quale accompagna per due secoli la filosofia politica d'ispirazione illuministica e conosce parecchie riprese e revivi-
scenze, di cui sono documento anche le odierne Carte dei diritti, che riecheggia-
no ed ampliano le Dichiarazioni e le Carte del Settecento.

A fondamento di una tale differenza c'è, una volta di più, l'opposizione tra
la metafisica e il fenomenismo, la quale s'incontra in ogni tempo e, di conseguenza, anche nell'antichità. I fenomenisti dell'antichità, e cioè, in primo luogo,
i Sofisti hanno una loro nozione dell'uomo, come essere che è, soprattutto,
istinto, desiderio, forza, e, come risulta dai dialoghi platonici, essi possono indifferentemente sostenere che è «per natura» che i forti sono destinati a comandare e a imporre le loro voglie, e i deboli ad obbedire esaudendole, nella maniera che sostiene Callicle, oppure che il predominio dei forti sui deboli si effettua
«per convenzione», nella maniera che asserisce Trasimaco. Poiché il vocabolo
«natura» si presta moltissimo ad essere preso in accezioni divergenti, non c'è la
possibilità di orientarsi nell'intera questione, finché non s'introduce e non si fa
valere in tutto il suo rigore la distinzione tra la natura nel senso della cosa in sé
e la natura nel senso del fenomeno, che è la distinzione primaria, su cui ogni altra poggia e a cui ogni altra si riconduce. La natura, nel senso della cosa in sé, è
l'essenza della metafisica, e la metafisica, in quanto si esprime nella sensibilità,
è la manifestazione per eccellenza del sentimento del sublime, e sublime è il
pensiero, la ragione, l'intelligenza, che è, infatti, Dio e il divino in sé, nel mondo e nell'uomo. Al diritto l'ordine umano, per quanto nobile sia, non è sufficiente, richiedendosi, per esso, l'ordine del divino nell'intera pienezza della sua

realtà; pertanto la prima premessa del diritto naturale classico è nella sentenza che Platone contrappone al celebre detto protagoreo, per la quale «non l'uomo, ma Dio è la misura di tutte le cose». Tuttavia, nonostante la circostanza che lo Stato ideale di Platone, in cui la giustizia ha la sua completa attuazione, sia più reale degli Stati empirici che nel tempo nascono e periscono, perché esso esiste nel mondo delle Idee, la repubblica platonica non è caratterizzata e descritta come l'espressione e l'incarnazione del diritto naturale. A ciò non rispondono le Idee, le quali sono l'essere totale, ma non sono anime, e non è adeguato il Demiurgo, il quale è un'anima, ma è una figura interamente mitica, e per di più, non è nemmeno effigiato come comporterebbe la ragione divina: il diritto naturale importa il λόγος identificantesi con la divinità. Il Dio di Aristotele, lontano dal mondo e sequestrato nella contemplazione di sé medesimo, ha ancora meno le caratteristiche richieste dal diritto naturale, e nondimeno lo Stagirita porge in merito ad esso alcune fondamentali indicazioni, e cioè che non tutto il giusto civile è per convenzione, essendocene una forma naturale, la quale non dipende dalle opinioni degli uomini, ed è, almeno nella sua fonte, immutevole, sebbene le cose umane partecipino della mutevolezza. Il diritto naturale classico è essenzialmente una creazione degli Stoici, nei quali per la prima volta si riuniscono le molteplici esigenze poste dalla sua teorizzazione: Dio come ragione, e una legge eterna coincidente con la medesima ragione divina, insita nella natura, e regola dell'intera condotta degli esseri ragionevoli[4].

Questa concezione del diritto naturale, attraverso la mediazione di Cicerone, è accolta dai Padri della Chiesa ed è sviluppata nel medioevo dagli Scolastici, che s'industriano di accordarla con la fede cristiana. Così, per gli Scolastici, il diritto naturale ha soltanto la sua scaturigine trascendente in Dio, ma ciò non toglie che conservi gli altri caratteri assegnatigli nell'antichità, ossia di essere per se stesso immutevole, e mutevole per accidente in relazione al variare delle circostanze; di poter essere dichiarato, ma non istituito dalla legislazione umana; di non poter essere da questa contraddetto, giacché nulla si può comandare che vada contro di esso; di essere determinato dal diritto positivo.

Ciò che è fondamentale per cogliere la differenza che separa il diritto naturale classico dal giusnaturalismo moderno è il fatto che quello classico ha *significato oggettivo*, per cui *ius naturale* e *lex naturalis* sono due sinonimi, due espressioni di cui si può compiere ed effettivamente si compie uso promiscuo.

---

[4] Ai Sofisti e agli Scettici, i quali sostengono che esiste bensì il diritto positivo, ma non esiste nessun diritto naturale, Cicerone, accogliendo le tesi stoiche, risponde: «*Est quidem vera lex recta ratio, naturae congruens, diffusa in omnis, constans, sempiterna, quae vocet ad officium iubendo, vetando a fraude deterreat, quae tamen neque probos frustra iubet aut vetat, nec improbos iubendo aut vetando movet... nec erit alia lex Romae, alia Athenis, alia nunc, alia posthac, sed et omnes gentes et omni tempore una lex et sempiterna et inmutabilis continebit, unusque erit communis quasi magister et imperator omnium deus: ille legis huius inventor, disceptator, lator*» (*Rep.*, III, 22, 33). Il diritto positivo (statuale) è valido soltanto nella misura in cui concorda col diritto naturale (divino), che ha il compito di adattare alle mutevoli circostanze di luogo e di tempo, specificandone e dettagliandone i comandi e i divieti.

Del resto, questa non è una proprietà esclusiva del diritto naturale, giacché anche «diritto positivo» e «legge positiva» vogliono dire il medesimo; qui il «diritto» è vocabolo atto a designare l'insieme delle leggi, che può però altrettanto bene chiamarsi la «legge». L'osservazione moderna, che invita a mantenere distinti il diritto e la legge, perché il diritto è qualcosa che l'individuo può fondatamente pretendere, ed è soltanto lasciato alla sua personale decisione di sollevarne o no la richiesta, nell'antichità classica non sarebbe stata nemmeno compresa. I diritti dell'uomo, intesi come il complesso di quel che gli individui possono legittimamente domandare di vedersi riconosciuto, sono del tutto ignoti agli antichi e ai medioevali, ed è una svista madornale che se ne sia discorso a proposito dei Greci, dei Romani e dei cristiani aderenti alla tradizione. Gli illuministi del Settecento avevano scorto molto bene questo punto di capitale importanza[5].

Il diritto naturale, teorizzato dal moderno giusnaturalismo, ha *significato soggettivo*, come risulta evidente, nonostante tutti gli sforzi che i suoi autori compiono per conservare il linguaggio della tradizione e ostentare ossequio ai suoi principi, per la circostanza che si discorre di diritti naturali soprattutto quando si vuole mettere in luce ciò che gli uomini non possono essere obbligati a fare dall'autorità dello Stato di cui sono cittadini, come distruggere la propria vita, disperdere i propri beni e impoverirsi, e anche ciò che è condizione preliminare perché gli uomini siano tenuti ad obbedire alle leggi, p. es., che sia noto chi, individuo o assemblea, detiene il potere sovrano, che cosa dicano le leggi, le quali debbono essere rese note, ecc. Ma prima ancora di mostrare quale contenuto ha il diritto naturale moderno secondo i pensatori dell'illuminismo che lo propongono, occorre stabilire come si sia potuta produrre la gigantesca trasformazione di senso che dal diritto naturale oggettivamente inteso conduce a quello soggettivamente concepito.

Il fenomenismo, che è il carattere fondamentale della gnoseologia degli illuministi, spinge ad abbandonare ogni pretesa di conoscere l'essenza dell'uomo, il fondo del suo essere, il quale è destinato a rimanere per sempre ignoto, nonostante ogni avanzamento del sapere psicologico, antropologico e sociologico, che si arresta ai fenomeni mentali, culturali, sociali, ma niente fa apprendere intorno alla sottostante cosa in sé, della quale ogni fenomeno è la manifestazione

---

[5] Condorcet occupa un posto a parte tra gli illuministi francesi del suo tempo, per il grande rilievo che accorda al contributo arrecato dal popolo greco alla conquista del progresso del genere umano: il genio greco ha dischiuso all'umanità tutte le vie della verità, ha divinato idee felici destinate a riapparire e ad incontrare riconoscimento nelle epoche illuminate, con Democrito e Pitagora ha precorso Cartesio e Newton, con Archimede ha posto le basi della meccanica razionale e ha compiuto i primi passi in direzione di quello che i moderni chiamano il calcolo infinitesimale. In breve, il popolo greco è stato destinato ad essere il benefattore e la guida di tutte le nazioni per tutto il tempo avvenire; onore, questo, che non divide con nessun altro popolo. Ciò nondimeno – precisa Condorcet – gli antichi non hanno concepito, né avrebbero potuto concepire, l'idea della dichiarazione dei diritti inerenti alla specie umana e appartenenti a tutti gli uomini (*Saggio di un quadro storico dei progressi dello spirito umano*, trad. it. cit., p. 123).

modificata e alterata. Accessibile è soltanto quella che si può chiamare la natura fenomenica dell'uomo, la quale non è altro che ciò di costante si scorge nell'insieme dei comportamenti umani; e la nozione che della natura umana, così riguardata, gli illuministi si foggiano, è disincantata e a volte crudamente realistica. Alla base del giusnaturalismo moderno c'è una nozione della natura umana per cui, come afferma Hobbes, finché l'uomo è dominato da un'unica, violenta passione, la ragione in lui è del tutto impotente, essendo ridotta alla condizione di zimbello del desiderio, o della paura, o della speranza, o dell'ira, o dell'avidità, o della vanagloria; passioni che impediscono non soltanto di obbedire alle leggi della natura, ma anche di conoscerle, per il turbamento che arrecano nell'animo. Si dà però anche un qualche tempo, in cui c'è una certa pace nello spirito, e allora la ragione è in grado di fare udire la sua voce, e alternandosi appetiti, avversioni, timori e speranze, si compie un calcolo di ciò che è da fare o da evitare (e una cosa del genere si chiama deliberazione), e le azioni che si eseguono, al pari delle inclinazioni che le precedono, hanno luogo secondo un'assoluta necessità meccanica, formano una catena continua di cui il primo anello è nelle mani di Dio. Ci sono varie specie di obbligazioni, ossia di costrizioni, giacché si può essere obbligati fisicamente, come accade quando si è legati con delle funi, oppure si può essere obbligati psichicamente, come capita allorché si è vincolati nello spirito dalla promessa di premi e dalla minaccia di castighi, che possono essere premi e castighi infiniti ed eterni, e in quest'eventualità si tratta di quelli con cui Dio governa gli uomini, oppure finiti e temporali, e in tal caso si tratta di quelli con cui l'autorità sovrana dello Stato mantiene nell'obbedienza i sottoposti, i quali vi trovano il loro vantaggio, perché sono difesi, nella misura del possibile, dagli attentati alla vita, all'integrità della persona, ai beni della fortuna, che costituiscono la ricchezza.

La rappresentazione della natura umana, che Locke fornisce, non è altrettanto cupa, ma bisogna soggiungere che, mentre quella di Hobbes possiede una sua grandiosa terribilità ed è resa in tono epico, quella lockiana è piuttosto ordinaria e perciò le si adatta benissimo il *demissus atque humilis sermo* in cui è espressa. L'uomo di Locke è un essere debole, bisognoso, non ignaro della simpatia, incline alla pace, ma anche interamente dominato dall'istinto di autoconservazione, permaloso, arrogante e, soprattutto, tentato dall'egoismo; ritratto, questo, non composto tanto con tinte contraddittorie, quanto piuttosto raffigurante un vivente dalle tendenze intimamente contrastanti[6].

---

[6] Abbiano o no la posizione di premesse della teoria del diritto e dello Stato, le rappresentazioni della natura umana fornite dagli illuministi, al di là delle inevitabili differenze secondarie d'accento, convergono nell'essere improntate al disincanto. Ne fa fede anche Diderot, il quale non ha l'amarezza di Voltaire (e nondimeno è convinto che non ci si debba fare illusioni sull'uomo). Federico II critica l'autore dell'*Essai sur les préjugés* d'idealizzare, come Platone nella sua Repubblica. Diderot ribatte che non è vero e difende la rappresentazione realistica della natura umana: «L'autore dell'*Essai* si è figurato il mondo com'è; pieno d'imbroglioni, di bricconi, di oppressori di ogni specie. Re despoti e malvagi ce ne sono a questo mondo; ha forse detto che non ce ne fossero? Ministri prepotenti, dissipatori, avidi, ce ne sono a

Ma com'è che, cooperando col fenomenismo questa bassa considerazione dell'uomo, si passa dal diritto naturale in senso oggettivo, dalla *lex aeterna* divinamente dettata, al diritto naturale in senso soggettivo, alla pretesa legittima a qualcosa che si è autorizzati a rivendicare? Per rispondere a questa domanda, occorre volgersi al punto in cui, entro l'illuminismo, col fenomenismo s'incontra l'umanismo, ossia la decisione, non ulteriormente giustificabile, in base alla quale l'uomo, stanco di essere deluso dai sostegni, disvelatisi mentiti, del soprannaturale e del trascendente, stabilisce di basarsi unicamente su se stesso e di camminare nel mondo con la sola energia delle proprie gambe. L'uomo dell'illuminismo non ha niente che lo renda simile al Dio del cristianesimo: è un essere particolare, che ha avuto una nascita e che avrà una morte, sia come singolo sia nel seguito delle generazioni che si succedono sulla terra, si avverte contingente, tale che una combinazione di circostanze accidentalmente riunitesi gli ha dato l'origine. Nondimeno quest'abissale distanza non impedisce che l'uomo, illuministicamente concepito, abbia dei diritti, come li aveva avuti il Dio cristiano, di cui l'uomo non ha preso il posto nella realtà (ciò è del tutto al di là delle sue possibilità), ma pur ha preso il posto nelle coscienze, nel senso che è l'unico disponibile principio d'orientamento dell'intera esistenza. Nel mondo gli uomini hanno scambievolmente diritti e doveri, e i diritti di un individuo sono doveri che gli altri sono tenuti ad osservare nei suoi riguardi, e ciò accade, perché le relazioni, in questo caso, avendo luogo tra esseri di un medesimo livello, solo invertibili. L'illuminismo, attribuendo all'uomo la proprietà di punto di riferimento unico per tutto ciò di cui la vita si compone, gli conferisce la titolarità di diritti, che gli individui possono rivendicare non soltanto gli uni rispetto agli altri, ma anche rispetto allo Stato, che è tenuto ad osservarli, e quindi questi diritti umani sono veri e propri doveri, che lo Stato ha nei confronti degli individui. Ciò è possibile perché l'illuminismo sostituisce alla concezione tradizionale della realtà, articolata secondo gradi e disposta a cuspide, una visione piatta delle cose, in cui le differenze, che ancora sussistono, sono pienamente compatibili con l'unicità del piano in cui tutti gli esseri sono situati.

Quali siano questi diritti, che, inerendo alla natura (fenomenica) dell'uomo, ricevono l'appellativo di «naturali», può essere utilmente accertato soltanto dopo che si sia stabilito che cosa è in generale un diritto, e attesa la piena corri-

---

questo mondo; ha forse detto che non ce ne fossero? Magistrati corrotti ce ne sono a questo mondo; ha forse detto che non ce ne fossero? Uomini accecati da ogni tipo di passioni, padri severi e trascurati, figli ingrati, sposi perfidi, ce ne sono a questo mondo; ha forse detto che non ce ne fossero? Quindi non ha fatto un "mondo ideale"». Si vorrebbe fare appello all'evidenza – soggiunge Diderot – per sostenere che è una forza capace d'impedire d'andare a fondo, ma la verità è che l'evidenza non può nulla, quando si mettono di mezzo gli interessi e le passioni. Ciò è vero per il mondo fisico, è vero per il mondo morale: è più facile scendere che risalire. Certamente Hobbes ha esagerato, come in direzione opposta esagera Rousseau; nondimeno lo stato della specie umana è quello di una perpetua vicissitudine e l'uomo tanto per la sua felicità che per la sua infelicità s'imbatte in limiti che non gli è concesso oltrepassare (*Pagine contro un tiranno* e *Osservazioni sull'istruzione dell'imperatrice di Russia*, in *Scritti politici di Denis Diderot con le "voci" politiche dell'Encyclopédie*, trad. it. cit., p. 127 e p. 381).

spettività che qui si ha del diritto e del dovere, che cosa è in generale un dovere. Nella vita il dovere implica un elemento passionale, anzi, a rigore, il dovere non è altro che la passione dominante, che signoreggia tutte le altre e le riduce in sua balìa. Se s'include nella nozione di desiderio sia il tendere che l'evitare (il quale può essere qui interpretato come un tendere in direzione negativa, cosa che presentemente non può arrecare alcun danno), si può affermare che i doveri, essendo le passioni dominanti sin quasi ad essere esclusive (pur non potendo nessuna di esse mai diventare di fatto la passione assolutamente unica, giacché allora dovrebbe possedere un grado d'intensità infinito, il quale è insuscettibile di esistere), sono i desideri più forti, che s'impongono sopra tutti gli altri, in breve, sono ciò che massimamente preme.

Il diritto, nel significato soggettivo che è quello di cui adesso si discorre, sta al dovere come la soddisfazione sta al desiderio, e ci è noto che la soddisfazione è l'annullamento, o l'abbassamento (l'uno e l'altro del pari momentanei) del desiderio, e pertanto il diritto è la richiesta di avere soddisfatto il desiderio[7]. Poiché la soddisfazione e il desiderio si alternano di continuo, in quanto, annullato o soltanto abbassato che sia, il desiderio immancabilmente si ripresenta accresciuto di forza, ne viene, in maniera spontanea, che con linguaggio pressoché identico, si formulino l'esposizione dei doveri e l'enunciazione dei diritti naturali dell'uomo.

Si può dare per ammesso che nel novero dei diritti compaiano la vita e la ricerca della felicità, perché l'essere vivo è la condizione a cui l'uomo è presente nel mondo dei fenomeni, e morire vuol dire scomparire dall'ordine fenomenico, e perché l'essere felice è ciò che tutti gli uomini senza alcuna eccezione desiderano (la questione verte esclusivamente sull'oggetto capace di arrecare la felicità). Si può anche introdurre un concetto complessivo, che includa la vita, insieme a qualche cos'altro che è garanzia di felicità, pur non rinunciando ad enunciare distesamente i molti diritti già compendiati in quell'unico e supremo diritto. Con grande acutezza Locke si attiene a questa seconda possibilità, introducendo un concetto di proprietà così esteso da accogliere in sé la vita, la libertà, la fortuna, e di conseguenza, assegnando allo Stato per scopo principale la conservazione della proprietà[8].

---

[7] La richiesta è il desiderio di avere soddisfatti i desideri, come risulta da ciò che si è stabilito a proposito della domanda, quale essa compare nell'economia. Infatti, una richiesta altro non è che una domanda energica, imperiosa.

[8] Ne *Il secondo trattato sul governo*, 123, Locke dice che chiama col termine generale di proprietà tutto ciò per cui gli uomini desiderano unirsi in società: la mutua salvaguardia della vita, la libertà, i beni. Questo concetto di proprietà merita attenta considerazione, perché è innegabile che, per ogni uomo, la proprietà incomincia dal corpo che egli chiama il *suo*, e che distingue da tutti gli altri corpi, anche animati e umani, che denomina, infatti, *altrui*, e che ogni diversa proprietà è soltanto un prolungamento e una maggiore estensione, nel mondo circostante, del *corpo proprio*. Quest'indivisa proprietà che è il *corpo proprio*, ha necessariamente carattere privato, com'è tanto ovvio da potersi dare per sottinteso, perché la determinazione del *mio* e quella dell'*altrui* procedono di conserva: pertanto la proprietà *mia* s'instaura nel momento in cui s'istituisce la proprietà *altrui* (i problemi sorgono non qui, sibbene più oltre, al-

4. *L'uguaglianza e la libertà nel significato dell'illuminismo*

Tra i diritti che il giusnaturalismo moderno enumera compaiono in bell'evidenza l'uguaglianza e la libertà degli uomini, così che occorre stabilire che cosa sia l'una e che cosa sia l'altra.

L'uguaglianza ha due significati completamente diversi, l'uno nella matematica in senso proprio (e nella fisica, in quanto essa è necessariamente una fisica matematica), l'altro in ogni differente luogo, quale esso sia. L'uguaglianza nel suo significato matematico proprio, che deve qui essere appena menzionata, dice: *Uguali sono le quantità che differiscono per la sola posizione*. Diversamente suona la definizione dell'uguaglianza, che ricorre altrove, sia nella matematica in senso improprio, sia in ogni altro campo in cui si esplica la vita, giacché essa asserisce: *Uguali sono le immagini che si coprono di riflesso* (che è una definizione, la quale riuscirebbe oscurissima, se fosse lasciata andare in giro da sola, ma noi a suo luogo l'abbiamo illustrata col sussidio degli esempi). La spiegazione del concetto dell'uguaglianza in significato vitale rende manifesto che esso può presentarsi dovunque, rimanendo completamente immutato. Gli esempi che arrecammo furono di spettacoli della natura, perché i fenomeni naturali si prestano meglio ad essere considerati in certe loro variazioni, le quali giovano a chiarire che cosa siano, oltre l'uguaglianza, l'identità e la somiglianza; mentre, se avessimo addotto casi presi dalla politica, niente avremmo potuto

lorché si tratta di stabilire i confini delle proprietà; intanto però io non posso contestare che, in senso primario, il corpo dell'uomo che io non sono, è *il corpo di un altro*; ciò è vero anche nel caso dello schiavo). Va da sé che la proprietà privata in questo significato onnicomprensivo di «proprietà» compare non tanto per esplicito, quanto per sottinteso, tra i diritti rivendicati dall'uomo dell'illuminismo (si tratta di un concetto sottile e poco comune). Ma si può ritenere per certo che anche la proprietà privata nell'accezione corrente, ossia riferita a quelli che tradizionalmente si chiamano i beni della fortuna, abbia una parte considerevole nelle richieste dei diritti, per il motivo che la ricchezza (che è l'insieme di codesti beni) è giudicata costitutiva della felicità. Tra i requisiti della proprietà si suole porre la trasferibilità, la quale è da intendere come sinonimo dell'alienabilità: il corpo proprio è per singole parti alienabile com'è provato dai trapianti d'organi e dal loro commercio; tutti i beni esterni sono costitutivamente alienabili, anche quelli che formano la proprietà collettiva (l'Impero russo vendé l'Alaska agli Stati Uniti d'America, e niente vieta di pensare che uno Stato caratterizzato dall'enorme estensione che vi ha la proprietà collettiva, ne venda una parte ad un altro Stato, quale che sia il regime di proprietà in questo dominante). Nella Dichiarazione francese dei diritti dell'uomo e del cittadino del 1789, la proprietà è espressamente menzionata; altrove ciò non accade, nondimeno anche nelle Carte che sembrano ignorarla, si può, di regola, ricavarla da quanto in esse è stabilito. Mette conto di segnalare che la Dichiarazione d'indipendenza nordamericana riporta i diritti inalienabili degli uomini al fatto che essi ne sono stati dotati da Dio, loro creatore; circostanza, questa, che non è addotta nella citata Dichiarazione francese, la quale s'accontenta di dire che *«Les hommes naissent et demeurent libres et égaux en droits»*. Poiché si tratta del Dio del puro teismo o del semplice deismo, ciò non produce una considerevole differenza; le Dichiarazioni e le Carte del Novecento omettono di solito ogni accenno ad entità soprannaturali e trascendenti. Le Carte, da quella francese del 1789 a quella di Banjul del 1981, si trovano riunite in: F. Battaglia, *Le Carte dei diritti*, pref. N. Matteucci, appendice di aggiornamento di A. Barbera e N. Matteucci, 3ª ediz., a cura di A. Calogero e C. Carbone, Reggio Calabria, 1998.

delucidare a proposito dei due ultimi, importantissimi e necessarissimi concetti (la politica è interessata all'uguaglianza e all'inuguaglianza degli uomini, non alla loro identità o alla loro somiglianza).

È indispensabile muovere dal concetto generale dell'uguaglianza nella vita e quindi provvedere a dividerlo nelle specie di cui consta, taluna delle quali compare in una certa concezione della politica, e talaltra si presenta in una diversa concezione, ed entrambe ragionano dell'uguaglianza, ma in accezioni differenti, che, per essere bene comprese, richiedono che si abbia dinanzi sia il genere «uguaglianza» che le specie in cui esso si partisce. Il genere è, dunque, la copertura, non diretta (questa è l'identità, di cui è termine sinonimo, tanto che discorrere, come talvolta si fa, di «copertura d'identità» senza restrizione, è impiegare un'espressione ridondante), bensì riflessa, e tale che ha luogo tra immagini, e non tra sensazioni (la copertura tra sensazioni è doppiamente riflessa, e di conseguenza più debole; essa costituisce la somiglianza). Del resto, è palese che, quando si parla sia dell'uguaglianza che dell'inuguaglianza degli uomini, ci si riferisce immancabilmente non agli uomini quali si vedono con gli occhi, avendone in tal modo esperienza sensoriale, giacché ciò accade soltanto per pochi individui alla volta, ma agli uomini quali s'immaginano, perché si ha in animo di riguardarli come uguali o come inuguali in ampie cerchie, che sono inaccessibili alla sensazione e accessibili all'immaginazione[9]. Le specie dell'uguaglianza, che occorre considerare, sono quelle due, individuate da Platone, e l'una è l'uguaglianza aritmetica, che si attiene al numero, e l'altra è l'uguaglianza secondo proporzione, detta anche geometrica[10]. Se si sta per la specie dell'uguaglianza aritmetica, ne viene che trattare gli uomini come inuguali, e pertanto ingiustamente, è attenersi a criteri diversi da quelli numerici; di contro, se ci si pronuncia a favore dell'uguaglianza secondo proporzione, risulta che trattare gli uomini come inuguali, e di conseguenza, comportarsi in maniera ingiusta, è procedere con criteri differenti da quelli proporzionali. La decisione per l'una o per l'altra specie non è né arbitraria, né presa soltanto in sede di politica, quantunque essa riguardi il campo politico, ma è determinata dal punto di vista complessivo, il quale l'impone mediante tutto se stesso (e poiché ciascun punto di vista dà luogo a quella che si chiama una civiltà, si può dire che è una civiltà, come fatto globale, ad obbligare a pronunciarsi per il primo o per il secondo partito).

Tutto ciò che sinora abbiamo posto allo scoperto intorno ai caratteri essenziali della civiltà dell'illuminismo importa che in essa prevalga l'uguaglianza

---

[9] Le immagini degli uomini, che si coprono in maniera da renderli uguali, constano, com'è chiaro, delle loro figure corporee e degli schemi in cui si dispone il loro psichismo.

[10] La prima uguaglianza, dice Platone, è l'uguaglianza μέτρῳ καὶ σταθμῷ καὶ ἀριθμῷ; la seconda uguaglianza, che è quella vera e perfetta, procede κατὰ λόγον, e quindi accorda a chi è di più, di più, e a chi è di meno, di meno, in giusta relazione alla natura di ciascuno (*Leg.*, VI, 757, b-d). Nel suo Stato Platone s'ispira all'uguaglianza secondo proporzione, pur riconoscendo realisticamente che gli Stati sono costretti a scendere a compromessi e ad accordare accoglienza all'una e all'altra specie di uguaglianza.

numerica, quand'anche questa fosse costretta ad accordare un qualche posto al-
l'uguaglianza secondo proporzione, di cui può forse avere talvolta bisogno per
affermarsi e per prosperare, anziché andare incontro ad immancabile rovina. Ma
che vuol dire «prevalere», quando si tratta di codesta uguaglianza (la quale attende di essere dettagliata, giacché sarebbe semplicistico ritenere che si tratti
dell'uguaglianza per cui tanti sono gli uomini e altrettante sono le cose che ad
ognuno di essi si richiedono, si accordano, ecc., quasi che tutti i comportamenti
fossero suscettibili di aver luogo in una tale maniera)? Ciò che prevale importa
l'intervento di quel che è più prossimo al sentimento dell'io, e di cui nessun uomo può essere pensato privo, e una tale entità è la *facoltà di apprezzare*, che si
designa correntemente col nome di *gusto*. Il gusto può però dar luogo non soltanto a litigi, ma ad aspre contese tra gli individui come tra i popoli, a cui non si
vuole accordare la possibilità d'insorgere, se si è animati da aspirazioni univer-
salistiche (e l'illuminismo lo è), e questo si può ottenere in un'unica maniera. Il
criterio di valutazione deve essere il gusto individuale, ma tutti i gusti debbono
essere riguardati come potenzialmente equivalenti (ossia come scambievoli di
diritto, anche se non commutabili di fatto). Il tal individuo ha un certo gusto, e
il talaltro ne ha uno diverso, ma essi concordano sia nell'attenersi ciascuno al
gusto suo proprio, sia nel giudicare entrambi che, se si trovassero al posto del-
l'altro (nel suo ambiente sociale, nella sua situazione personale, ecc.), avrebbero
il gusto di costui, sia, infine e soprattutto, nel pensare che il criterio del gusto è
l'unico ammissibile, non potendosene dare un altro qualsiasi, per stimare gli uomini e le loro azioni. La potenziale equivalenza, commutabilità e scambiabilità
dei gusti è la fonte da cui promana l'*indifferenza* dei *contenuti* del gusto, la quale va di pari passo con l'*insuperabilità di principio* del gusto, come criterio di
valutazione. Quella che si chiama l'uguaglianza degli uomini consiste in ciò,
che qualunque gusto può farsi valere, e che è in definitiva indifferente quale sia
il suo contenuto determinato, questo oppure quello.

Ordinariamente, la considerazione dell'uguaglianza politica non è introdotta
muovendo così da lontano, ma il fatto che non sia ricavata dal suo capo primo è
anche la cagione che la rende insieme oscura e dommatica. Si dà per ammesso
che la parola «uguale», in una proposizione matematica e in una rivendicazione
politica del diritto dell'uguaglianza, è presente in due significati diversi, e sin
qui si ha certamente ragione, anche se è da dubitare che, qualora si domandasse
di stabilire quali siano i diversi significati di quella parola, lo si saprebbe fare.
Ci si accontenta di asserire che gli uomini sono originariamente uguali, ma si
concede, come il senso comune esige, che in qualunque condizione non possono
non esserci talune differenze tra di essi, perché alcuni sono più intelligenti, e altri meno, alcuni più forti, e altri meno, alcuni prudenti ed esperti, altri sventati e
stolti; posto però che le cose siano così, non si comprende per quale motivo
queste differenze non debbano affermarsi, bensì rimanere senza efficacia, e in
quale maniera esse siano compatibili con una tale uguaglianza, che qualche volta non si esita a definire totale. Cosa vuol dire poi «originariamente uguali»?
Forse nello stato di natura? Ma questo stato è soltanto un'allegoria, e rimanere
soddisfatti di una uguaglianza allegorica è una risoluzione disperata, perché nel-

lo stato di società politica hanno grande rilievo le differenze tra gli uomini, tanto che esso è una condizione d'inuguaglianza. Forse si allude con quegli oscuri vocaboli alla circostanza che le società politiche esistenti sono caratterizzate da innumerevoli inuguaglianze, ma che così non deve essere in avvenire? Ma se l'uguaglianza è soltanto un ideale, che deve cercare di realizzarsi, che però sinora, a quel che consta, non si è mai tradotto nel fatto, è da reputare che sia un semplice miraggio, che ha contro di sé la forza delle cose, la quale prevarrà sempre su di esso, così che l'avvenire, sotto questo proposito, non si distinguerà dal passato. Soggiungere che l'uguaglianza di cui presentemente si tratta non è quella generale, bensì quella politica, importa aggravare il sospetto di trovarsi dinanzi ad una lusinga o ad una vana chimera, poiché l'uguaglianza, se non si afferma dovunque, entro una civiltà, non si può instaurare nemmeno nella politica, che una tale civiltà pone in essere, per il motivo che l'inuguaglianza, che in essa altrove si riscontra, non può non tradursi in inuguaglianza politica (tra i vari aspetti di cui una civiltà consiste si dà reciproca azione – e diretta, non mediata – così che unica è la sua fisionomia). Oltre che irrimediabilmente oscura, la teoria dell'uguaglianza degli uomini, se non si rifà al capo primo e non ricava, a partire da esso, tutte le sue asserzioni, è insanabilmente dommatica. Essa ha contro di sé la teoria della costitutiva e insormontabile inuguaglianza umana (la quale è, in verità, la teoria dell'uguaglianza secondo proporzione, giacché nel mentre io riconosco: «costui è un uomo», ammetto anche, sia pure a bassa voce: «costui è un uomo come me»); e non si scorge nemmeno di lontano come essa possa ripromettersi di avere partita vinta sulla sua nemica.

Insistere nell'avvertire che queste teorie non sono, se non all'apparenza, speculative, essendo composte di tendenze pratiche, risultando di complessi di desideri, e che quindi in esse non si debbono cercare proposizioni dichiarative, bensì manifestazioni di appetiti e di avversioni, vuol dire, da una parte, ostinarsi a ripetere quel che è ovvio, e da un'altra, contrapporre malamente la teoria e la pratica, i discorsi dichiarativi e le pretese semplici frasi che dovrebbero essere prive d'indole dichiarativa. Ogni parola che abbia senso (e nell'universo tutto ha un senso, giacché in esso *nihil est sine voce, nihil est sine sensu*), in effetti è una proposizione dichiarativa, e tale è anche qualsiasi espressione di un desiderio, la quale, nel momento in cui lo manifesta, dichiara che tale, e non diverso, è lo stato che realmente si ha nell'animo. La questione è di accertare come si possa sapere tra gli innumerevoli complessi di desideri, che sono insieme pure e speculative teorie, quando s'impongono gli uni e quando trionfano gli altri, ossia è di definire quale sia il contesto in cui si afferma l'uguaglianza numerica e quali sia il contesto in cui emerge l'uguaglianza secondo proporzione.

Allorché si riconosce la comune appartenenza alla razza umana degli individui così e così fatti, si concede che tra di essi sussiste genericamente l'uguaglianza, e cioè si ammette che tra le loro immagini si dà la copertura riflessa: qualcosa di più non si può domandare, non volendosi l'identità degli uomini, e di qualcosa di meno non ci si può accontentare, non bastando la mera somiglianza umana. Certe espressioni, che s'incontrano nei trattati di filosofia della politica e in altri diversamente intitolati, per cui si dichiara, a proposito di certi individui, che essi sono bestie in forma umana, debbono essere interpretate volta per volta, giacché esse possono avere differenti significati. Talvolta, quantunque piuttosto raramente, esse compaiono a proposito dei cosiddetti errori dei sensi, accaduti o possibili ad accadere, e mettono in guardia contro di essi, e in tal caso esse sono palesemente da prendere alla lettera, e portano ad escludere dall'umanità degli individui, che poterono o potrebbero parere uomini, ma che effettivamente appartengono all'una o all'altra specie degli animali che popolano la terra. Talvolta, invece, e ciò capita assai spesso, codeste espressioni vogliono dire non soltanto rispetto ad alcuni individui, ma ad alcune loro cerchie (gli abitanti delle regioni estreme della terra, gli schiavi, nell'antichità; i superstiziosi, i bigotti, i maniaci delle osservanze religiose in età moderna), che essi sono da escludere dal novero degli uomini bennati, dei gentiluomini, e così di seguito, ossia sono manifestazioni verbalmente esagerate del sentimento della ripugnanza, e non sono affatto da intendere come suonano, così che anche tali individui sono da considerare ammessi tra gli uomini.

La grande divisione si produce per l'uguaglianza numerica e per l'uguaglianza secondo proporzione, che obbediscono a concezioni completamente differenti, e si collocano in civiltà del tutto lontane tra loro nell'ispirazione, com'è nel caso dell'ellenismo e in quello dell'illuminismo. Per quest'ultimo, deve trattarsi principalmente (anche se non esclusivamente) dell'uguaglianza numerica, la quale risiede in ciò, che, essendo tutti i gusti equivalenti, essi sono, quanto al loro contenuto determinato, indifferenti. Ciò spiega perché, pur concedendosi che tra gli uomini ci sono delle differenze di forza, d'intelligenza, e altre analoghe, nondimeno si sostenga, dagli scrittori dell'illuminismo, che gli uomini sono politicamente tutti uguali. Infatti, se non conta quali gusti si abbiano, e tutto si valuta col criterio del gusto, nessun uomo può pretendere per sé un vantaggio, un beneficio, una posizione, che non possa nel contempo essere rivendicata da tutti gli altri uomini: l'indifferenza dei gusti è il costitutivo essenziale dell'uguaglianza dei diritti. Quando l'illuminismo, giunto al termine del suo percorso, proclamerà nelle sue Carte che gli uomini sono uguali nei diritti, senza distinzioni di alcun genere, come quelle della razza, del colore, del sesso, della lingua, della religione, delle convinzioni morali e delle opinioni politiche, o di qualunque altro ordine, codesta uguaglianza consisterà nella completa indifferenza di tutta quella serie di distinzioni, che tuttavia continueranno ad esistere (giacché gli uomini seguiteranno ad essere di una certa razza o di una certa altra, di un colore o di un altro, ecc.), ma saranno giudicate irrilevanti dalla facoltà di apprezzare, che si chiama il gusto.

Certamente, l'illuminismo, il quale procede dovunque per gradi, nella distruzione dei piani in cui è articolata l'umanità, al pari della natura, finché domina la concezione organica della realtà, perviene a questo sbocco soltanto dopo aver compiuto un lungo cammino, ma sin dal primo momento la sua nozione dell'uguaglianza è quella dettata dall'indifferenza, che può essere più o meno estesa (e allora maggiore o minore estensione possiede la medesima uguaglianza). L'uguaglianza di fronte alla legge, l'uguaglianza politica, si danno solamente a condizione che l'uguaglianza si faccia valere in tutti gli aspetti di cui si compo-

ne la vita; quanto al tempo, può bensì capitare che l'uguaglianza si affermi prima in un campo e poi in un altro, ma l'esecuzione consequenziaria del programma dell'ugualitarismo esige che essa s'imponga dovunque. L'ugualitarismo illuministico è incominciato come indifferentismo religioso; movendo di lì, un po'
per volta, in maniera progressiva, senza dover mai subire significativi indietreggiamenti, si è esteso a tutti gli ambiti dell'esistenza umana. Gli illuministi del
Settecento considerano tutte le differenze tra gli uomini derivanti dalla grazia e
dal peccato, dall'elezione e dall'ira divina, come favole e come follie; essi concordano nel rigettare questa grande fonte dell'inuguaglianza umana introdotta
dal cristianesimo. Di regola, l'uguaglianza nei diritti è ammessa, ma è risolutamente esclusa l'uguaglianza economica, in perfetta rispondenza con la logica
dell'illuminismo, il quale, come sappiamo, tende ad allargare la disparità delle
ricchezze (anche se poi si sforza di reagire a questa sua propria tendenza, che,
se fosse lasciata libera di esplicarsi, avrebbe conseguenze distruttive per la società).

Quando si afferma che gli uomini sono uguali, dice Voltaire, si enuncia
un'innegabile verità, se s'intende sostenere che hanno un uguale diritto alla libertà, alla proprietà dei beni, alla protezione delle leggi, ma ci si inganna, se si
reputa che gli uomini debbano essere uguali negli impieghi, nei beni, nelle fortune, che differiscono al pari dei talenti di cui gli uomini sono forniti. E anziché
domandare l'ugualitarismo economico, Voltaire è dell'avviso che manovali e
operai debbano essere ridotti ad avere il necessario per sopravvivere e per lavorare, anche se ciò non significa che, per lui, le masse debbano vivere nella miseria, la quale è altra cosa dalla povertà, e del resto, entrambe cangiano di continuo in relazione al mutamento delle condizioni sociali complessive. C'è l'uguaglianza tra i diversi popoli della terra, e c'è l'uguaglianza all'interno di uno
stesso popolo, osserva Condorcet, il quale, a proposito della seconda, reputa che
la disparità sia portata a diminuire, senza che possa mai venir meno del tutto,
perché essa ha cause naturali e necessarie, così che una compiuta uguaglianza è
irrealizzabile. Diderot introduce, a sua volta, una netta distinzione tra le inuguaglianze naturali, decise dal merito e del tutto giuste e socialmente utili, e le inuguaglianze innaturali, o convenzionali, dovute all'arbitrio, al privilegio, al pregiudizio, completamente ingiuste e dannose per la società, e com'è ovvio, chiede la conservazione delle prime e l'eliminazione delle seconde. L'ugualitarismo
economico è estraneo alla linea di pensiero dominante nell'illuminismo, come
confermano anche le tesi di Kant, per il quale va da sé che l'uguaglianza degli
uomini può coesistere con la massima inuguaglianza nei beni, che tutto ciò che
si può acquistare si può anche alienare, che si formano notevoli disparità di situazioni quanto alle fortune, corrispondentemente a quell'insocievole socievo-
lezza che contraddistingue la condizione normale del genere umano. Per Lessing, le differenze delle classi e le disparità economiche, allorché diventano eccessive, hanno bisogno di rimedi, ma nei limiti del possibile, senza farsi soverchie illusioni (e incaricata di apportare l'opportuno riparo è da Lessing la massoneria, la quale accoglie ogni uomo di merito, senza guardare a distinzioni di
patria, di religione, di classe sociale, e comportandosi in questa maniera Lessing

prefigura la civiltà illuministica del Novecento)[11].

Il contributo che gli illuministi del Settecento arrecano all'affermazione dell'uguaglianza, oltre e ben più che nelle tesi da essi esplicitamente sostenute sull'argomento, è da riporre nel grande posto che essi accordano all'economia, giacché l'economia moderna, proprio mentre tende a creare disparità di beni, è il motore che opera a vantaggio dell'ugualitarismo, è la causa manifesta del suo incontrastato trionfo. I costi di produzione sono minori, se le merci, anziché essere differenziate all'estremo, sono, per ogni specie di bisogni, ridotte a pochi tipi, e se, per di più, sono uguali o molto simili tra di loro; inoltre, i costi non crescono in proporzione esatta, bensì largamente inferiore, all'aumentare del numero degli esemplari di ogni merce prodotta e immessa nel mercato. L'uniformità degli abiti, delle abitazioni, dei cibi, ecc., in generale, il grigiore contemporaneo, di contro al variopinto colore della vita del medioevo e dei primi secoli dell'età moderna, si spiega con la propensione al livellamento connaturata all'economia moderna, la quale impone una produzione di massa per un consumo di massa di oggetti pressoché uguali. Il concetto illuministico dell'uguaglianza si alimenta, alla fine, della convinzione che tutti gli uomini sono uguali, perché niente contano le differenze delle religioni, delle razze, ecc., allorché si tratta di scambiarsi dei beni, ciò richiede soltanto che i beni si abbiano, e l'importante è averne. Certamente, rimane la differenza dei ricchi e dei poveri, ma i primi si distinguono dai secondi non tanto perché posseggano tipi di beni diversi da quelli accessibili a costoro, quanto perché ne dispongono in maggior numero: le differenze quantitative prevalgono nettamente sopra le differenze qualitative. L'uniformità, la maniera livellata di vivere, dà luogo ad un'uguaglianza umana, che ironicamente è stata dichiarata adatta non agli uomini, sibbene alle palle di bigliardo, e nondimeno essa è l'uguaglianza implicata dal primato dell'economia.

Conclusasi in Europa la forma settecentesca dell'illuminismo, l'uguaglianza si fa valere nei fatti, ma cessa quasi sempre di essere teorizzata filosoficamente e di essere annoverata tra i diritti dell'uomo. Lo stesso giusnaturalismo nell'Ottocento perde credito, e i diritti di natura vengono volentieri riposti tra i miti e le leggende, al pari dello stato di natura, insieme al quale erano stati ideati ed enunciati. I motivi di questo cangiamento della disposizione degli spiriti risiedono non già, come si è sostenuto, nell'accresciuto senso storico e nella miglio-

---

[11] C'è senza dubbio, già entro l'illuminismo settecentesco, una linea di pensiero minoritaria, che ingrosserà le sue file nei due secoli successivi, la quale esige una sostanziale uguaglianza anche economica degli uomini su tutto il pianeta, ed essa è quella rappresentata dagli scrittori, dai politici, dagli agitatori, dai capipopolo del socialismo e del comunismo. Ma, poiché il socialismo e il comunismo hanno due forme, interamente diverse e, anzi, in continua contesa tra loro, l'una illuministica, e l'altra romantica, per evitare ripetizioni, si discorrerà di entrambe nella considerazione del romanticismo, tenendo sin da ora per stabilito che la forma illuministica è quella che domanda l'uguaglianza economica come estensione dell'uguaglianza giuridica e politica, giudicando che, in assenza di quella prima, questa seconda sia apparente, verbale, mentita.

re comprensione delle vicende del genere umano, che dimostrerebbero la continua mutevolezza delle leggi e l'inesistenza di qualsiasi diritto eterno, quale dovrebbe essere quello che si chiama il diritto naturale, sibbene nel venir meno di tutti gli elementi di cui si compone l'allegoria giusnaturalistica, e prima ancora, nell'estinguersi della predilezione per questa sorta di figurazioni allegoriche. Non si richiede né un acuto senso della storia né una vasta erudizione storica per essere al corrente della circostanza che gli ideali e gli avvenimenti sovente procedono discosti gli uni dagli altri, e per essere informati del fatto che gli antichi sostengono per lo più la naturale inuguaglianza degli uomini; il primo assunto del giusnaturalismo, ossia che una legge eterna sussiste comunque gli uomini si comportino e qualunque cosa essi pensino, non si confuta adducendo casi di teorie e di azioni ad essa avverse o semplicemente di essa ignare. Addentrarsi nei cataloghi dei diritti naturali, allo scopo di ricordare che, insieme al diritto dell'uguaglianza, sono stati teorizzati i diritti alla vita, alla libertà, alla proprietà, alla famiglia, al lavoro, e via dicendo, i quali diritti hanno subito, nel corso del tempo, innumerevoli traversie, e talvolta hanno visto ergersi contro di sé i diritti dell'estirpazione degli infedeli, del comunismo, dell'anarchia, significa cadere sul piano dell'ovvietà e non arrecare argomenti di una qualsiasi portata contro le tesi giusnaturalistiche. La critica dei diritti dell'uomo non può dichiarare che preme soltanto il reale, l'effettivamente esistente, e non i vagheggiamenti e i sogni, perché i diritti che si dicono naturali mostrano di poter ispirare le legislazioni degli Stati e le norme che presiedono alle attività degli organismi internazionali, provano di non aver nulla in comune coi miraggi e con le illusioni, e di possedere la più salda effettualità.

Come si è detto, i diritti, nel senso in cui l'intende il giusnaturalismo moderno, altro non sono che energiche richieste di soddisfazione di desideri, e ciò che conta è l'urgere del desiderio di vedere appagati i desideri, mentre la sua formulazione come complesso di diritti, implicati dalla natura razionale dell'uomo e precedenti la costituzione degli Stati è soltanto una veste esteriore, di cui codesto desiderio talvolta si copre e talvolta fa benissimo a meno. Allorché il rivestimento è presente, si tratta di un'immensa allegoria, la quale, allo scopo di essere composta a regola d'arte, richiede parecchi elementi, tra cui un posto di rilievo occupano il Dio della tradizione cristiana, sia pure ripensato secondo le idee del puro teismo, e le reminiscenze bibliche, incentrate intorno ad un patto, prima tra Dio e il popolo eletto, e poi tra Dio e indiscriminatamente gli uomini tutti. Il diritto naturale ha bisogno di un legislatore, che non può essere né un singolo uomo né l'intera umanità, perché tutto ciò che è umano non è adeguato alla grandezza del disegno, avendo troppo del contingente e del momentaneo: l'autore della legge eterna deve essere anch'egli eterno, non umano, bensì divino. Questa specie di prologo teologico, caratteristico del giusnaturalismo del Seicento e del Settecento, e corrispettivo al teismo in quel tempo dominante, viene a mancare nell'illuminismo dell'Ottocento e la sua assenza rende sconveniente e inidonea la figurazione dei diritti dell'uomo, dei quali però rimane intatta la sostanza di richieste perentorie di soddisfacimento di desideri.

Nella filosofia politica del Novecento il diritto dell'uguaglianza non va incontro ad importanti variazioni di significato rispetto a quelle che aveva ricevuto nei secoli precedenti, in cui l'essenziale era già stato detto, e poteva soltanto ormai essere rielaborato con rimaneggiamenti secondari, ma sul terreno dei fatti politici ottiene il più esteso riconoscimento, poiché è accolto nelle Costituzioni di numerosi Stati, in Carte transnazionali di diritti e in Dichiarazioni di organismi internazionali e mondiali. Questo successo è fondamentalmente legato alle grandi fortune politiche dei paesi in cui il predominio dell'illuminismo non è mai stato seriamente insidiato da intuizioni del mondo rivali, e per di più, si è mantenuto in formulazioni poco diverse, quanto ai principi ispiratori, da quelle settecentesche.

Allorché è questione della libertà, occorre in maniera preliminare guardarsi dal cadere in due errori, facili da commettere e spesso effettivamente commessi. Il primo errore è quello di ritenere che, siccome la parola «libertà» è dovunque pronunciata con grande rispetto, essendo la libertà da tutti asserita, rivendicata, promessa, garantita, si tratti per l'appunto di una semplice parola, di un vessillo, all'ombra del quale si trovino scopi interamente differenti, a cui codesta bandiera serve di lustra. Il secondo errore è quello di credere che il contenuto della libertà sia in ogni luogo e in ogni tempo il medesimo, perché gli uomini, posseduti dagli identici sentimenti, chiedono sempre e dovunque il medesimo. Nessuna delle due cose ha dalla sua la sia pur menoma verità. La libertà è tutt'altro che una lustra di passioni inconfessabili, è proprio per essa che nella politica si combatte, è recisamente essa che si ha lo scopo di affermare. Certamente, come più volte si è osservato, nella vita si ricorre spesso al mascheramento dei sentimenti (e poiché la vita risulta soltanto di sensazioni e di sentimenti, è sicuro che in essa la libertà è qualcosa di sensibile), in quanto i sentimenti velati e travestiti hanno successo più facilmente di quelli che apertamente si dichiarano nel loro genuino volto, ma la maschera può consistere soltanto nel riporre dei sentimenti sotto altri, che si collocano alla superficie, giacché non può far scomparire del tutto i sentimenti spinti nel profondo. Un sentimento è un determinato avvertimento, e di conseguenza, se cessa di essere avvertito, cessa anche nel contempo di esistere, e se mai il camuffamento dei sentimenti potesse arrivare ad un tale esito, perderebbe interamente lo scopo per cui viene posto in essere. Le maschere, in definitiva, non ingannano sul serio nessuno, non chi le impiega, giacché costui è informato dello stratagemma a cui ricorre, non chi è preso di mira dalla finzione, giacché costui, nel fondo del suo animo, non chiede di meglio che di essere preso nel gioco della dissimulazione e sedotto. Del pari, la libertà ha, di volta in volta, contenuti diversi, e non è minimamente la riproduzione perpetua di un *quid* sempre identico; differente è il contenuto che la libertà ha nella Grecia classica e a Roma da quello che possiede nel medioevo, ed entrambi differiscono da quello che riceve nell'età moderna, ad opera dell'illuminismo (senza contare le varietà interne a ciascuna delle disposizioni della sensibilità, di cui le civiltà menzionate sono le manifestazioni).

Tuttavia, poiché la libertà di cui si parla, si riferisce alla politica, tutte queste diversità, differenze e varietà, si collocano entro un genere, di cui costituiscono le specie, e il genere è quello della libertà nel significato politico, il quale va, per prima cosa, distinto dalla libertà nel significato onnicomprensivo del termine, che riguarda la realtà tutta, l'*omne esse, praeter quod nullum datur esse.* Allorché la filosofia, nell'intera sua estensione, e non soltanto quale compare nei punti di vista, dimostra l'identità del pensare e dell'essere, e altresì stabilisce l'identità del pensare e del fare, prova che la libertà è l'essenza medesima della realtà, giacché il fare incondizionato è costitutivamente libero operare. Però, come sopra ci accontentammo di menzionare il significato matematico in senso proprio dell'uguaglianza, distinguendo da esso il significato vitale e politico, interessandoci esclusivamente di questo secondo, così adesso dobbiamo restare paghi dell'accenno testé compiuto al significato per cui esistenza e libertà coincidono, e dedicare la nostra attenzione alla libertà come s'incarna nella vita e nel campo della politica, che sono specificazioni di quel concetto universale della libertà. Per ciò che concerne la libertà nel suo significato vitale, dobbiamo muovere parimenti dal capo primo, senza di che saremmo presi dal frastuono delle rivendicazioni della libertà, e poiché dove tutti gridano nessuno riesce ad intendere, nemmeno noi intenderemmo che cosa sia la libertà, e anziché di un concetto, ci troveremmo a disporre unicamente di una parola.

Nella vita la libertà consiste della scelta, e la scelta risiede nell'inclinazione, e questa è l'essenza del desiderio, purché si prescinda, come finora abbiamo fatto e anche in seguito continueremo a fare, dalla considerazione dell'intensità del sentimento che qui ricorre (poiché, se s'introducesse la considerazione dei gradi dell'intensità, si sarebbe tenuti a dichiarare che l'inclinazione è un debole favore, il desiderio è un favore intenso, ma che più forte di esso è la brama, ecc. – tutte circostanze innegabili, ma di nessuna importanza per le questioni che si dibattono). La scelta, essendo costituita dall'inclinazione, la quale, come ci è noto, è formata da un piegarsi dell'anima in direzione di una cosa, è sempre scelta «di», ossia si porta immancabilmente, ogni volta che si esegue, sopra un unico oggetto, e non può essere scelta «tra», vale a dire non può aver luogo tra molteplici termini, dei quali ne sarebbe accolto uno, senza che si dia una ragione necessaria di codesto accoglimento. La libertà vitale è una specificazione della libertà totale, la quale si converte con l'essere, ed è pertanto necessaria al pari dell'essere, è libera necessità, e va da sé che la libertà vitale è anch'essa necessaria, non potendo il particolare che comportarsi come si atteggia l'universale, in cui è incluso. La scelta, quale desiderio che si riversa su una cosa, vi si rifrange e la colora di sé, rendendola gradita, è perfettamente compatibile e risponde appieno al requisito di essere insieme libera e necessaria. Se il sentimento dell'io, che ogni uomo, anzi, ogni essere animato in genere, possiede, investe della *determinazione del mio*, una cosa, su cui si porta la scelta, allora si è in presenza della *mia libertà*, quali che siano le cose (e cioè le riunioni di sensazioni e di sentimenti) di cui si tratta, giacché una tale scelta non è degli altri, senz'essere, insieme e nel contempo, la mia, e pertanto anch'io sono libero. Questo è il significato esteso – eppure già molto limitato nei confronti di quello onnicomprensivo – che la libertà possiede sul terreno della vita, entro il quale è da distinguere un significato ancora più circoscritto, che è quello di maggiore rilevanza politica.

Negli Stati, che dell'attività politica sono i titolari, si opera mediante le leggi, e c'è una tradizionale tripartizione delle leggi, la quale fa al caso nostro, perché mediante un suo membro ci fornisce della libertà il significato *omnimode determinatum*, del quale si è in cerca. *Omnis lex* – enuncia l'antica formula – *aut iubet, aut vetat, aut permittit*; ciò che, per essere compreso, richiede che s'indichi, almeno con un cenno, che cosa vuol dire imperare, proibire e permettere, e prima ancora che ci si disfaccia di una petulante e sofistica obiezione, con cui si è preteso di abbattere codesta formula veneranda. E l'obiezione eccepisce che le leggi, essendo tutte disposizioni, possono tutte soltanto comandare, quasi che non ci fosse un'accezione generale del comandamento, suscettibile di tripartirsi in imperativo, in proibizione e in permesso. La critica si accontenta di addurre un'accezione di un termine, che arbitrariamente accoglie come l'unica possibile, e per il rimanente si spaccia delle altre accezioni precise e circostanziate, preferendo ad esse la vaghezza e la genericità più estreme. Le tre specie di leggi, appartenendo alla vita (in cui si dà il diritto in senso improprio) sono rivestimenti di altrettanti sentimenti, ossia le *leggi imperative* sono manifestazioni del *sentimento del vero, del buono e del giusto*, quelle *proibitive* sono espressioni del *sentimento dell'ostilità* o della *repulsione*, che voglia chiamarsi, e quelle *permissive* sono estrinsecazioni del *sentimento dell'indifferenza*, il quale, oltre che il «permissivo», si denomina anche il «lecito», o il «libito», o la «facoltà», e via di seguito. La *libertà politica*, nell'accezione più ristretta, che è quella di cui più si discorre, consiste del *permissivo*, dell'insieme delle leggi di questa specie, che gli Stati accolgono, accanto alle leggi imperative e a quelle proibitive.

Occorre guardarsi dall'equivoco, in cui solitamente s'incorre, di reputare che il permissivo consista degli spazi vuoti che lasciano sussistere le altre due specie delle leggi, per cui ciò che non è né imperato né proibito sarebbe lasciato alla facoltà, costituirebbe il lecito (o, com'anche si dice, semplicemente il «diritto»). Si crede, cioè, che gli imperativi e le proibizioni, consistendo di obblighi, siano da raffigurare come delle catene (cosa che non è affatto inevitabile), ma che tali catene contengano larghe maglie, negli interstizi delle quali si può agevolmente passare, ossia, fuori di metafora, che ci siano molte azioni che lo Stato omette di regolare, e che di esse consista l'ambito del permissivo. Si contiene qui un abbaglio, poiché gli spazi vuoti, gli interstizi, le omissioni, sono alcunché di negativo, e dal negativo, per sforzi che si compiano, non si riesce ad ottenere il positivo, il quale deve essere sin dall'inizio tale, vale a dire, perché il permissivo si dia, bisogna che esista un peculiare sentire, quello dell'indifferenza, che, in quanto si avverte, è qualcosa di positivo, al pari di qualsiasi altro stato d'animo (i sentimenti indifferenti, e cioè tali che sia il medesimo averli o non averli, non esistono, ma esiste il sentimento che ha per contenuto l'indifferenza).

La libertà politica è entrambe le cose che si è provveduto a delucidare, è la libertà di scelta in genere ed è la libertà del permissivo. È infatti evidente che tutto ciò che lo Stato comanda può essere insieme desiderato dal cittadino, nella quale evenienza egli è sempre e dovunque libero – se questo, oltre ad essere possibile, accada effettivamente, e se in grande o in piccola misura, dipende dalla presenza o dall'assenza del sentimento dell'appartenenza del cittadino allo Stato, e dall'intensità di un tale sentimento, la quale, per così dire, ha un massimo e un minimo –, anche qualora si tratti d'imperativi e di proibizioni. Niente impedisce di pensare che ciò che lo Stato vuole che sia imperato, si trovi ad essere interamente conforme alla volontà del cittadino, il quale desidera anch'egli che ciò sia oggetto d'imperativo, e parimenti che quello che lo Stato proibisce coincida con quel che il cittadino repelle, e allora la proibizione è tanto la sua quanto è dello Stato. Una tale identità della volontà dello Stato e di quella del cittadino è soltanto possibile, e che essa abbia effettivamente luogo dipende da una condizione ulteriore, per cui si avverte se stessi come membri dello Stato. Pertanto, il caso del permissivo deve seguitare ad essere distinto dagli altri due, come una particolare accezione che in tutti i luoghi e in tutti i tempi possiede la libertà di scelta. Allorché, infatti, è questione del permissivo, lo Stato è neutrale, e quindi non è unicamente possibile, e se accade, non è semplicemente accidentale, ma inevitabile, che il cittadino sia comunque libero. Il libito è tale tanto per lo Stato che per il cittadino, e di conseguenza, il contenuto della disposizione del sentire qui impreteribilmente coincide, è unico e il medesimo per la cosa pubblica e per chi ad essa si trova ad appartenere.

La libertà, in entrambe le sue accezioni politiche, quella estesa e quella circoscritta, compare in qualsiasi Stato, qualunque sia la regione del mondo e l'epoca storica che gli sono proprie; ciò che differisce moltissimo, sino a far legittimamente parlare di diverse concezioni della libertà, è costituito dalla differentissima misura in cui vi è presente nell'uno o nell'altro dei suoi significati, e questo dipende, infine, dalla circostanza che si tratti dello Stato organico oppure dello Stato dell'individualismo. Lo Stato della Grecia classica è, per eccellenza, lo Stato organico, e in esso è energico e forte il sentimento dell'appartenenza del cittadino all'organismo politico, al di fuori del quale egli non sa pensarsi nemmeno come semplice uomo, sibbene si ritrae come dinanzi ad un'immagine paurosa di vivente non molto diverso dal semplice animale, privo di consolidati costumi morali, d'educazione e d'istruzione, di famiglia, di comunità sorretta da spirito d'amicizia e di concordia, e di conseguenza, la libertà del cittadino tende ad identificarsi con la volontà dello Stato. Quel che il cittadino desidera (e sul terreno della vita la volontà è termine sinonimo di desiderio) è che lo Stato sia grande, potente, prospero; in ciò egli realizza la propria umanità e quella dei suoi consorti, perché la cosa pubblica è veramente la cosa di tutti e di ciascuno. In una condizione siffatta, la libertà è presente soprattutto per gli imperativi e le proibizioni, che sono dati in grande numero, e nondimeno non ledono, bensì incarnano la volontà del cittadino, che spontaneamente concorda con la volontà pubblica. Va da sé che, discorrendo a stretto rigore di logica, l'accordo del cittadino con lo Stato, che è quello suo proprio, rimane esposto all'accidentalità, e che non mancano casi di conflitto – i quali, anzi, forniscono gli esempi di eventi memorabili, ritratti nei poemi epici, nelle composizioni tragiche, nonché nelle narrazioni storiche – ma i conflitti rimangono l'eccezione, laddove la concordanza è la regola. La grandezza, la potenza, la prosperità dello Stato richiedono molti imperativi e molte proibizioni, perché degli uni e delle altre ha di continuo bisogno lo Stato, per realizzare lo scopo della sua esistenza, che è quello della comune felicità. Invece, assai ristretta è la sfera del permissivo, perché la neutralità dello Stato è avvertita come neghittosità nei confronti dei cittadini, i quali attendono veramente a se stessi, quando provvedono agli affari della comunità.

Quest'esigua estensione della sfera del permissivo e simultanea massima espansione delle sfere dell'imperativo e del proibitivo non sono affatto da intendere come una contrazione dell'ambito del privato a favore dell'ambito del pubblico, come un'affermazione della libertà collettiva e come una restrizione, o addirittura una negazione, della libertà dei rapporti privati. L'antitesi della libertà collettiva e della libertà privata è ignota allo Stato organico, non s'incontra nella Grecia del periodo classico, dove è immessa arbitrariamente, mediante una proiezione delle idee moderne, dai filosofi e dagli storici dell'illuminismo, o da quanti si lasciano comunque influenzare dallo spirito illuministico, i quali così l'introducono in un contesto in cui è del tutto impossibile e assurda. Dovunque il sentimento dell'appartenenza si fa valere energicamente, ed esso nello Stato organico è fortissimo, l'uomo è tendenzialmente identico con il cittadino, e pertanto non esiste in maniera preordinata una classe di faccende private, accanto ad una classe di affari pubblici[12]. «Libertà politica» è espressione equivalente di «libertà pubblica», tanto la libertà di scelta in generale che quella del permissivo sono ugualmente politiche o pubbliche, e sotto questo proposito non si distinguono in niente l'una dall'altra, diversificandosi soltanto sotto il riguardo del contenuto, che nella prima consiste di qualunque desiderio, e nella seconda del desiderio dell'indifferenza, la quale, essendo, come si è spiegato, uno stato positivo del sentire, può essere investita dal desiderio e apprezzata (ciò rende evidente che la libertà di scelta e quella del permissivo non sono due cerchi, esterni tra loro, ma che il permissivo è un cerchio più piccolo, incluso nella scelta, che è il cerchio più grande).

Lo Stato dell'illuminismo, in forza del suo carattere individualistico, differisce grandemente dallo Stato dell'antichità classica, per quel che attiene alla libertà, ma ciò non capita perché la sua libertà sia soltanto privata, anzi, esso domanda dovunque la libertà, sibbene perché è sorretto da una diversa concezione di ciò che è la libertà. Qui il sentimento dell'appartenenza, pur non mancando del tutto, è così debole da essere quasi evanescente, e di conseguenza, i singoli individui hanno ciascuno la loro esistenza personale, che non soltanto non s'immedesima con la vita dello Stato, ma anche risente in maniera esclusivamente parziale di essa e delle sue vicende, delle sue fortune e delle sue sventure. La

---

[12] Una tale proiezione del moderno nel classico aduggia il famoso discorso di B. Constant, *Della libertà degli antichi paragonata a quella dei moderni*, in cui si arriva ad auspicare una combinazione delle due specie di libertà, quasi esse fossero compossibili. L'*aut-aut* dello Stato organico e dello Stato individualistico è insormontabile; o si sta per l'uno o si sta per l'altro; quella che si chiama la «modernità» impone però lo Stato dell'individualismo, il solo conforme al suo spirito.

felicità delle persone determina unicamente come somma, e non come totalità, la felicità dello Stato, il quale è prospero, ricco, fiorente, soltanto nel senso che la maggior parte dei suoi componenti si trovano in un tale favorevole situazione. Ma, oltre a non occorrere leggi imperative e proibitive in grande numero, in una condizione siffatta, esse non sono nemmeno possibili, e per di più, hanno un tenore molto diverso da quello con cui compaiono nello Stato organico. Niente, infatti, si può imperare, se non in forza della sua indole di vero, di bene, di giusto; e niente si può proibire, se non in virtù del suo carattere di male o di colpa, giacché tali sono le ragioni medesime da cui procedono gli imperativi e le proibizioni. Ora, come a suo luogo si è mostrato, la verità e l'errore, il bene e il male, la virtù e il vizio, e ancora la grazia e il peccato, in breve, tutte le antitesi teoretiche, morali e religiose, grandeggiano sotto il dominio della metafisica, del costume rigido e intransigente, della fede e della mistica, e illanguidiscono e si estenuano, allorché prevalgono, nella maniera in cui accade con l'illuminismo, lo spirito antimetafisico, la morale indulgente e larga, il laicismo in tutte le sue forme, teistica, deistica, atea, che l'una dopo l'altra mettono capo dalla sdivinizzazione. Gli imperativi e le proibizioni, una volta inesorabili, duri, ferrei, divengono a mano a mano, col succedersi delle ondate della civiltà illuministica, bonari, accomodanti, cedevoli. Sotto la spinta dell'utilitarismo, il bene e il male, che sono le supreme antitesi morali, vengono concepiti l'uno come il vantaggio e l'altro come il danno, e ciò che risulta vantaggioso o riesce dannoso cangia di momento in momento, secondo il variare delle condizioni di luogo e di tempo. Tutto questo (che è il grande fonte da cui promana l'*umanitarismo illuministico*, sul quale ci intratterremo tra breve) riduce, oltre che il numero, anche la portata e il significato delle leggi imperative e di quelle proibitive, nei confronti delle leggi permissive, le quali ultime prendono il sopravvento e conducono ad una sostanziale immedesimazione della libertà con la permissività. La neutralità dello Stato, la quale consiste nell'insieme delle leggi permissive, è quel che più di ogni altra cosa preme all'uomo moderno, che vi ripone il sostanziale della propria libertà.

Dalle considerazioni esposte risulta evidente dove stia l'elemento comune e dove risiedano i tratti distintivi dell'uguaglianza e della libertà, nella maniera in cui esse sono concepite dall'illuminismo. L'elemento comune è costituito dall'indifferenza, che, però, quando si tratta dell'uguaglianza, interviene sugli apprezzamenti del gusto, il quale, a sua volta, agisce sulla copertura delle immagini degli uomini (tale complesso stato di cose è quello che determina il senso dell'affermazione: «tutti gli uomini sono uguali»), mentre, allorché è questione della libertà, l'indifferenza si manifesta direttamente come permissività della maggior parte delle leggi, ossia della maggior parte dei desideri concordanti degli uomini, che con le loro riunioni formano gli Stati, e questi danno vita alle organizzazioni internazionali e alle organizzazioni planetarie dei popoli (tale è il senso dell'asserzione: «tutti gli uomini sono liberi»; se, invece che *sono*, si dice che *nascono* liberi, e del pari, che *nascono* uguali, si è in presenza di un rivestimento solenne, volto a sottolineare l'immutabilità di codeste condizioni e attribuzioni umane).

Le leggi imperative e proibitive, richieste dagli Stati che hanno accolto la civiltà dell'illuminismo, sono poche e di scarsa portata, comparate con quelle di cui avevano bisogno gli Stati dell'antichità classica, perché si tratta con esse soprattutto di provvedere i mezzi economici con cui assicurare la difesa della vita e delle proprietà dei cittadini all'interno (dai privati che potrebbero attentarvi) e all'esterno (dagli altri Stati che potrebbero minacciarle con la guerra). Dominano le leggi permissive, di cui sono esempi la libertà di comprare e di vendere senza eccezione, di concludere qualsiasi contratto con gli altri, di decidere il proprio modo di vivere, d'intraprendere la professione che si desidera, d'impiantare laboratori, fabbriche, aziende, in breve, ogni impresa economica, e in vista di tutto ciò, la libertà di movimento[13]. Prossima a questa libertà è anche quella di sposarsi o no, e all'età che si crede meglio, e di mettere al mondo figli nell'età che si vuole (tutte cose che gli antichi avevano circondato di parecchie restrizioni, che adesso sembrano intollerabili violenze, e prim'ancora, incredibili pretese di legislatori e di teorici di legislazioni). Nel novero delle libertà dell'illuminismo compaiono anche, ai primi posti, la libertà di parola, e cioè di comunicare agli altri le proprie opinioni, e la libertà di stampa, la quale preme moltissimo, perché ci si rende conto della circostanza che il mondo è guidato dai libri, siano essi i Veda, la Bibbia o il Corano. Si domanda il diritto, oltre che di parlare in pubblico, d'impiantare case editrici, così che la libertà di stampa diventa un caso della generale libertà d'impresa economica.

Questa tendenza ad espandere all'estremo la sfera del permissivo, e a ridurre di altrettanto quelle dell'imperativo e del proibitivo, è però caratteristica dominante della sola fase ascendente dell'illuminismo, giacché, nella fase discendente di questo, essa s'inverte, per il contrasto sempre più marcato che si produce tra la libertà, da una parte, e l'uguaglianza e la fratellanza, dall'altra, ossia per il dissidio che si verifica tra le tre parole d'ordine dell'illuminismo della fine del Settecento (l'«immobile triangolo immortale della ragione», lo aveva chiamato Vincenzo Monti). Infatti, già nell'Ottocento si scorge che l'uguaglianza e la fratellanza (la quale ultima è un appellativo della filantropia illuministica, che prende parecchi nomi nel corso del tempo, come «previdenza», «solidarietà» e, da ultimo, «Stato sociale»), hanno bisogno di leggi imperative e di leggi proibitive, per rendersi effettuali e non restare allo stato di vuote declamazioni orato-

---

[13] Essenziale è la libertà di movimento, perché da essa dipendono gli scambi delle mercanzie di cui tutti i popoli della terra hanno bisogno. Quella che oggi si chiama la «globalizzazione» è un processo che si compie all'insegna dell'illuminismo, e che, del resto, è stato individuato, con perfetta chiarezza, già nel Settecento. «Gli effetti mobiliari, il denaro, le banconote, le lettere di cambio, le azioni delle compagnie, le navi, tutte le mercanzie, appartengono al mondo intero, il quale, sotto questo proposito, non compone che un unico Stato, di cui tutte le società sono le parti» dice Montesquieu (*De l'Esprit des Lois*, cit., XX, 23, pp. 559-600). Anche Voltaire osserva l'universale coinvolgimento delle vicende del mondo moderno. «La complicazione degli interessi politici è giunta al punto – egli dice – che un colpo di cannone tirato in America può essere il segnale dell'incendio dell'Europa» (*Essai sur les moeurs*, cit., vol. 2°, pp. 372-373).

rie. Se si vuole che ai cittadini sia garantita una ripartizione sempre meno inuguale degli oneri e dei vantaggi della società, che aumenti l'agiatezza di ciascuno, che tutti ricevano una certa istruzione, per essere messi in grado di rispondere alle esigenze dell'industrialismo, occorre che s'introduca un'enorme mole d'imperativi e di proibizioni. Il proposito, talvolta formulato, di rendere solitaria la libertà, elevandola alla posizione di unico ideale umano, e togliendola dalla triade in cui era stata collocata, è un'inconsistente velleità, giacché ha contro di sé l'economia moderna, la quale impone l'uniformità degli strumenti di produzione e degli oggetti d'uso, che sono quelli decisi di volta in volta dalle condizioni del macchinismo, e mediante ciò restringe, e in ultimo, annulla le differenze tra gli uomini, spingendoli in direzione del conformismo e del livellamento. Se l'economia porta di per se stessa ad ampliare l'inuguaglianza nel possesso dei beni e delle ricchezze, questo andamento è continuamente rintuzzato dai governi, mercé una legislazione minuziosa, volta ad assicurare quella che si chiama una più equa distribuzione del benessere (e alcuni teorici della scienza economica distinguono le leggi della produzione, che considerano meccaniche, e in ciò analoghe alle leggi naturali, e quindi immodificabili da parte dell'uomo, dalle leggi della distribuzione dei beni, che ripongono nel novero delle leggi sociali, in cui una grande parte è lasciata all'iniziativa umana). La protezione sociale, in misura ognora crescente attuata a vantaggio di larghi strati della popolazione, e infine estesa indiscriminatamente a tutti, in materia di lavoro, di salute, di vecchiaia, e via di seguito discorrendo, lascia sempre meno posto per il permissivo.

L'illuminismo non può né cangiare la sua concezione della libertà, che in maniera tendenziale immedesima con la permissività, accogliendone una differente, perché quella è la sola consentanea alle sue idee in fatto di logica e di conoscenza, di metafisica e di religione, di scienza e di politica, in breve, a tutto il suo patrimonio teorico e a tutti i suoi orientamenti pratici (e un'altra qualsiasi sarebbe, ai suoi occhi, un semplice non senso, tant'è vero che, quando ne incontra una diversa, non è capace di riconoscerla), né rinunciare semplicemente alla libertà, perché essa fa parte integrante del suo pensiero e della sua azione. La libertà seguita così ad essere annoverata tra i diritti dell'uomo, e le Costituzioni degli Stati, e le altre Carte che si emanano, l'accolgono solennemente nelle loro enunciazioni, ma s'incomincia a sospettare che la libertà rischi di diventare una vuota parola, perché si osserva che si riducono grandemente le differenze tra gli indirizzi politici, i partiti, le forze di governo e quelle dell'opposizione, e in generale tra gli uomini, e la libertà, per esistere, richiede un'estesa sfera di differenze.

Tra i pensatori che hanno rilevato le minacce che gravano sulla libertà, a causa del conflitto in cui essa si è trovata con l'uguaglianza, dalla quale è in pericolo di essere sopraffatta, debbono essere annoverati soprattutto John Stuart Mill e Spencer, che le hanno individuate in un'epoca in cui tale processo di degenerazione dell'illuminismo non si era ancora tradotto in maniera cospicua nei fatti. Per Mill, la libertà è insidiata principalmente dalla scomparsa di scopi adeguati dell'agire, dall'indifferenza nei confronti del fine medesimo della vita, dal prevalere della mediocrità caratteristica di una classe media, che, essendo sempre più largamente estesa, non può essere che una massa informe. Il libero sviluppo dell'individualità ha cessato di essere un fine essenziale della civiltà, l'opinione pubblica, che ha acquistato un enorme potere, si mostra intollerante verso qualsiasi manifestazione di vita diversa dalla consuetudine dominante: ognuno deve fare ciò che tutti fanno, se qualcuno fa quel che nessun altro fa, è guardato come se avesse commesso un grave crimine morale. La gente legge le stesse cose, vede le stesse cose, va negli stessi posti, spera e teme le stesse cose; questo processo d'assimilazione è favorito da una serie estesissima di fattori, dall'istruzione pubblica, dai nuovi mezzi di comunicazione, dall'espansione del commercio e dell'industria manifatturiera, tutte cose atte a produrre la generale somiglianza degli uomini e a ingenerare il dispotismo della consuetudine[14].

Il pericolo che la dominazione della società sopra l'individuo diventi così estesa da annientare la libertà e da ridurre l'uomo a un automa è segnalata anche da Spencer, che si sofferma ad illustrare l'estensione abnorme che dovunque stanno prendendo i pubblici poteri. La libertà individuale, secondo Spencer, non dovrebbe subire restrizioni, salvo quelle imposte dalla necessità di garantire la libertà dei concittadini; invece, l'autorità comprime la libertà non soltanto nel tipo di Stato militare (circostanza, questa, pienamente comprensibile), ma anche nel tipo di Stato industriale (in cui le cose dovrebbero andare diversamente, e all'inizio procedevano in maniera differente, senonché il movimento si è poi invertito). Gli individui si trovano ad essere posseduti dallo Stato, che non soltanto li guida, ma dirige le loro esistenze attraverso un'estesissima serie di autorità, che mettono capo ad una suprema autorità centrale, la quale coordina le attività di tutti. Una tale struttura sociale è del tutto simile a quella propria di un esercito[15].

Queste riflessioni di Mill e di Spencer segnano uno dei punti più alti raggiunti dall'autocritica dell'illuminismo in fatto di politica (di autocritica, non di

---

[14] La conclusione, a cui Mill giunge, non potrebbe essere più radicale: «L'Europa sta decisamente avanzando verso l'ideale cinese di rendere tutti gli uomini uguali» (*Saggio sulla libertà*, trad. it. cit., p. 104). Sembrerebbe un'affermazione pronunciata da un avversario dell'illuminismo (p. es., da Nietzsche, che ha nella cineseria dell'uguaglianza uno dei suoi costanti obiettivi polemici), e invece è enunciata da uno dei più fervidi sostenitori che l'illuminismo ha nel XIX secolo. Non bisogna muovere a Mill il rimprovero di non riuscire ad indicare il rimedio da prendere in tanto frangente; considerando realisticamente la situazione, è da dire che il rimedio non c'era allora e non c'è nemmeno oggi.

[15] La più preziosa indicazione di Spencer è che questo «progressivo sommergersi della vita dell'unità in quella dell'aggregato» non dipende minimamente dalla forma di governo in vigore: «Praticamente poco importa quale sia il carattere del possesso da parte di altri: se sia il possesso di un monarca, di un'oligarchia, di una maggioranza democratica, o di una organizzazione comunistica. La questione per il singolo è fino a che punto egli è impedito di usare le proprie facoltà a suo proprio vantaggio e costretto a usarle a vantaggio altrui, non quale sia il potere che lo impedisce o lo costringe» (*Principi di sociologia*, trad. it. cit., p. 1065). Si potrebbe aggiungere che, poiché la quantità di potere di cui dispongono le pubbliche autorità tende da parecchio tempo ad aumentare, è più costrittivo il potere democratico odierno di quello monarchico di un tempo.

polemica[16], com'è chiaro, oltre che dalla indubitabile militanza illuministica dei due autori, dalla circostanza che la libertà che essi vedono esposta all'estrema minaccia di scomparire dal mondo è pur sempre concepita individualisticamente). O si possiede se stessi o si è in possesso di altri; questo è il dilemma che trova dinanzi a sé l'individualismo, il quale è costretto a costatare che si è sempre più in possesso di altri[17].

5. L'assolutismo e il liberalismo

L'illuminismo politico importa necessariamente l'antecedenza ideale dell'individuo sullo Stato, così che l'uomo c'è, con i suoi desideri e i suoi bisogni, ancorché lo Stato non ci sia; antecedenza, che, nell'allegoria, del tutto accidentale, dello stato di natura, è trasformata in precedenza temporale degli individui rispetto alla società civile. Ne viene che gli Stati sorgono per assicurare il conseguimento dei desideri, o, come più spesso si dice, che i governi s'istituiscono per garantire agli uomini il godimento dei loro diritti, dei quali si ergono a difesa. Ciò solleva alcune fondamentali domande: 1) Che cosa occorre soprattutto difendere? 2) Da chi bisogna difendersi? 3) Come si può ottenere di essere difesi? – A queste questioni, strettamente collegate tra loro, i pensatori politici e i

---

[16] La capitale distinzione tra l'autocritica, interna a ciascun punto di vista (dove passa tra i suoi molti esponenti, i suoi vari orientamenti e le sue diverse configurazioni), e la polemica (che si porta da ciascun punto di vista ai rimanenti, non per come esistono effettivamente, ma per come da parte di quello sono raffigurati), sembra già accennata da Prodico di Ceo, in termini di differenza tra *discussione* e *contesa*, come risulta da Platone (*Prot.*, 337b). Da Platone desume la distinzione Cicerone, il quale differenzia la *benevolorum concertatio* dalla *lis inimicorum*, che, nel modo voluto dal diritto, chiama *iurgium* (*Rep.*, IV, 8, 8).

[17] Per certi versi analoga a quella eseguita da Mill e da Spencer, per le conclusioni a cui perviene, è l'analisi delle linee di tendenza della politica dell'Europa e dell'America della metà del XIX secolo compiuta da Tocqueville, con il criterio di attenersi all'osservazione spregiudicata dei fatti. Tocqueville vede profilarsi all'orizzonte la minaccia di un dispotismo ignoto all'antichità, e tuttavia mite, che avvilirebbe gli uomini ma non li tormenterebbe. Gli uomini d'oggi sono simili e uguali, intenti a procurarsi piaceri volgari, gli unici capaci di soddisfarli. Ne può approfittare un potere immenso, previdente, e buono, per guidare la società con una fittissima rete di regole complicate, minuziose e uniformi, allo scopo di procurare la felicità degli uomini, a cui toglie «il fastidio di pensare e la fatica di vivere», facendoli un po' per volta cadere «al di sotto del livello umano» (*La democrazia in America*, in *Scritti politici*, a cura di N. Matteucci, Torino, 1969-1973, vol. II, pp. 810-815). Tuttavia, l'individualismo, oppresso dall'enorme mole degli imperativi e delle proibizioni, si difende come può, ossia abbandonandosi ad un incomposto dispregio delle leggi, e violandole tutte le volte che può confidare, se non di farla franca, di andare incontro a pene così miti da essere irrisorie. È stato parecchie volte notato che ciò che è proibito viene desiderato già per la ragione che è proibito. La circostanza è osservata, p. es., da Ovidio (*Nitimur in vetitum semper cupimusque negata, Amores*, III, 4, 17) e da Torquato Tasso («instinto è de l'umane genti / che ciò che più si vieta uom più desia», *Gerusalemme liberata*, V, 76, 5-6). È però evidente che anche la grande diffusione ed estrema ramificazione degli imperativi suscita il desiderio di fare l'opposto. È questa una fonte, poco rilevata, dell'aumento della criminalità nel mondo di oggi.

protagonisti della vita politica arrecano risposte diverse, ma riconducibili a due differenti configurazioni, che entro di sé accoglie il sentire dell'illuminismo.

Alla prima domanda una di tali configurazioni risponde, affermando che occorre soprattutto difendere la vita e l'integrità fisica, garantendosi dal pericolo di essere uccisi, mutilati, feriti, ecc., e che, di conseguenza, il compito essenziale dello Stato è quello di tutelare la sicurezza dei cittadini. Il vivere, infatti, è la condizione preliminare del vivere bene, ossia riccamente, in mezzo ai comodi e agli agi, e pertanto quello è il fine capitale, e questo è soltanto uno scopo derivato dell'associazione politica. Sempre che la paura grandeggi nell'animo umano, insieme alla sua inseparabile compagna, la speranza di sfuggire a tutti i pericoli a cui si è continuamente esposti, non si può concepire lo Stato se non in funzione della sicurezza, alla quale continuamente si aspira. – Alla seconda domanda la medesima configurazione risponde, asserendo che bisogna difendersi dai privati, siano essi singoli individui, come ladroni, briganti, assassini, oppure siano anche gruppi, come sette, fazioni, partiti, ma comunque sempre entità costituite da privati, ossia da persone non investite dell'autorità dello Stato. È infatti dai privati che l'esistenza è minacciata, ed essa si tutela con la massima severità delle leggi, che reprimono i crimini degli individui a sé stanti, e ancora più recisamente quelli dei gruppi da cui, nelle contese e nelle guerre civili, viene versato il sangue dei cittadini, gruppi a cui deve essere impedito di costituirsi, giacché la loro medesima esistenza pone in pericolo la pace, la tranquillità, la serenità, del vivere. Per ciò che riguarda lo Stato, i cittadini, alla semplice condizione di obbedire alle leggi, non hanno niente da temere per la loro esistenza, giacché è assurdo ritenere che lo Stato, il quale sorge allo scopo di difendere la vita, voglia annientarla, anche quando le leggi da esso emanate siano osservate con ogni scrupolo e rispetto. – Alla terza domanda questa configurazione, com'è manifesto da ciò che essa sin qui ha sostenuto, risponde, dichiarando che, per ottenere di essere difesi, si deve volere che l'autorità dello Stato sia incondizionata, non sottoposta a limitazione di sorta, perché soltanto in questa maniera essa può assolvere il compito per cui lo Stato esiste. Ciò che interessa non è *chi* siano, né *quali* siano coloro che sono investiti di codesta autorità, che, essendo incondizionata, giustamente si chiama sovrana, se si tratti di un individuo, oppure di un'assemblea, e se si ha che fare con questa, se sia un'assemblea ristretta, oppure allargata, sin quasi a comprendere la generalità dei cittadini, ma la sua pienezza, che da niente deve essere offuscata.

Questa configurazione del sentire è quella dell'*assolutismo*, il quale esiste anche e soprattutto entro l'illuminismo, dove è ottimamente rappresentato, anche se il suo predominio, considerato in relazione al tempo complessivo in cui si è dispiegata la civiltà moderna, occupa soltanto un periodo ristretto, contrassegna esclusivamente un'epoca, quella propria dell'Europa dei secoli XVII e XVIII.

È in Hobbes che esemplarmente s'incontra tale configurazione della sensibilità, giacché, per Hobbes, il più grande male naturale è la morte violenta, e gli uomini sono portati ad associarsi non per mutua simpatia, sibbene per reciproco timore, così che la diffidenza è comune e giustificata, finché non si costituisce uno Stato che provveda a garantire la sicurezza dei cittadini. Che il potere, detenuto da chi rappresenta lo Stato, debba essere assoluto, ossia supremo, tale che non ce n'è uno più alto da cui sia limitato, discende in maniera rigorosa da codesta assunzione intorno al sentire umano, e non si scorge come una siffatta affermazione possa essere contrastata, se si mantiene fermo che le cause delle azioni degli uomini sono il desiderio, la speranza e la paura, ma che prevalente è la paura, la quale è l'elemento primordiale, a cui si riconduce, allorché la ragione è in grado di far valere i suoi diritti, l'esistenza dello Stato. Quando si discorre del potere assoluto, occorre distinguere due significati della parola «assoluto», nel primo dei quali si dice assoluto il potere che non ne ha altri di maggiori sopra di sé, e qualora si consideri soltanto quest'accezione, Hobbes ha buon gioco nel dimostrare che in ogni Stato non può non esistere un'autorità di cui non c'è la maggiore, mentre nel secondo si chiama assoluto il potere che concentra in sé tutte le forze esistenti nello Stato, ed è manifestamente in quest'accezione, che del resto Hobbes discerne con molta cura dalla precedente, che lo Stato dell'assolutismo si differenzia da ogni altro.

Se nei petti umani signoreggiasse un'unica passione alla volta, quale che essa fosse, non ci sarebbe posto per l'esplicazione della ragione, ma, poiché molte passioni fanno insieme sentire la loro voce, alcune di esse si assommano, certe altre, invece, si elidono, parecchie altre ancora si assorbono, dando luogo a stati d'animo complessi, e la risultante di questo processo della coscienza costituisce il *desiderio* – nell'accezione estesa del termine, che include anche l'avversione, il timore e la speranza – *calcolato*, ossia *razionale*, che, se è proprio non di un singolo individuo, bensì di tutto un popolo, prende il nome di *legge*[18].

Ordunque, poiché tutti gli uomini desiderano evitare la morte, da cui rifuggono come dal male maggiore che possa loro capitare, con la stessa necessità con cui una pietra cade verso il basso, si trovano nell'estremo grado del timore che una mano ostile gliela procuri, e desiderano la protezione, la sicurezza, la pace, come il bene maggiore che possa loro essere garantito ad opera dello Stato, è interamente conforme alla ragione che essi vogliano che tutte le forze siano radunate in una sola autorità, che è quella che nella maniera migliore può ga-

---

[18] A torto si sostiene che Hobbes ha una concezione volontaristica, anziché razionalistica, del diritto e dello Stato. Anzitutto, per Hobbes, non si dà alcuna distinzione tra le passioni e le volizioni, e sono soltanto da distinguere due casi, quello della passione isolata, e di conseguenza, esorbitante, abnorme, e quello delle molte passioni riunite, che si addizionano e si sottraggono, e cioè si calcolano. Finché dura questa serie di addizioni e di sottrazioni, si ha la deliberazione; allorché si possiede il risultato finale, si ha l'atto di volontà, il quale non è altro che l'ultimo appetito, l'ultima avversione o l'ultimo timore. Inoltre, dovunque c'è il calcolo, c'è necessariamente la ragione, giacché l'esercizio della ragione è attività calcolatrice. Occorre naturalmente distinguere l'appetito risultante da una precedente deliberazione del singolo da quello che ha luogo nello Stato, e che si chiama la legge, la quale può però indifferentemente considerarsi volontà o ragione dello Stato. Infine, occorre riflettere che è universalmente accettabile, sul terreno della vita, la definizione della legge come l'ultima volontà espressa dal popolo, fornita da Tito Livio (*Ab urbe condita*, IX, 33, 9). Anche l'assolutismo si richiama al popolo, come alla fonte prima da cui deriva la legittimità dello Stato. Per Hobbes, il sovrano, in definitiva, coincide con il popolo: quello è l'attore, questo è l'autore (del resto, ciò è vero dovunque).

rantire il raggiungimento di tale scopo. Non ci deve essere, di conseguenza, alcuna divisione di poteri, chi emana le leggi deve anche amministrare la giustizia, avere il potere di muovere la guerra e di concludere la pace, di stabilire cos'è bene e cos'è male, cos'è giusto e cos'è ingiusto, definire le dottrine ammissibili e lecite e quelle inammissibili e illecite, entrando nel campo delle opinioni, giacché soltanto chi comanda alle opinioni comanda alle azioni, e siccome tra le opinioni somma importanza hanno quelle religiose, deve determinarle, essendo così identici lo Stato e la Chiesa. Ciò non importa affatto che nello Stato dell'assolutismo i cittadini non abbiano una loro libertà, la quale è, anzi, garantita dal fatto che non ci debbono essere più leggi imperative e più leggi proibitive di quelle strettamente necessarie, e dalla circostanza che tutti gli uomini sono trattati ugualmente nell'amministrazione della giustizia. Se gli uomini non fossero uguali sotto l'imperio delle leggi, lo Stato assoluto non apparterrebbe all'illuminismo, di cui, invece, è proprio. È lo Stato dell'assolutismo, che fa primariamente valere l'uguaglianza degli uomini e assicura la predominanza del privato sul pubblico. L'ideale, se non il fatto, dell'uguaglianza umana e della massima estensione della sfera del privato, è retaggio dello Stato assoluto.

Del tutto diverse suonano le risposte alle sopracitate domande, che arreca un'altra configurazione del sentire dell'illuminismo, la quale incomincia con l'affermare che occorre soprattutto difendere il benessere dei cittadini, poiché l'uomo non esiste per vivere comunque sia, ma per condurre una vita buona, la quale ha bisogno della proprietà, così che l'ufficio dello Stato è sostanzialmente quello di tutelare la proprietà dei beni (che anticamente si dicevano esterni, o della fortuna, ma che modernamente si considerano requisiti essenziali per il raggiungimento della felicità). Non è che questa configurazione disconosca il fatto che la conservazione della vita e la sua integrità sono una premessa necessaria della felicità, ma essa considera una tale circostanza come implicitamente accolta e garantita dalla tutela che lo Stato compie della proprietà. Infatti, come si è osservato discorrendo di uno dei più acuti concetti che s'incontrino in Locke, la proprietà ha il suo inizio col corpo che chiamiamo il «nostro», e che distinguiamo dai corpi umani «altrui», dai corpi animali, e dai corpi inanimati del mondo circostante, dei quali ultimi consiste, se ci si appropriano mediante il lavoro, quella che il linguaggio comune soltanto dice la «proprietà». Se nell'animo prevale non la paura, la quale è una specie di fuga interiore dalle cose[19], bensì la *determinazione del mio*, che inseparabilmente accompagna il sentimento dell'io, allora l'appropriazione dei beni occupa un posto fondamentale nella vita, e lo Stato riceve per fine essenziale la garanzia esterna del benessere dei cittadini (la garanzia deve essere soltanto esterna, ossia consistere nella difesa di ciò che si è acquistato, giacché i cittadini provvedono da sé, non in quanto cittadini, ma in quanto uomini dediti ad attività economicamente fruttuose, che

---

[19] Cicerone testimonia che gli Stoici, nella loro mirabile fenomenologia delle passioni, definiscono la paura una sorta di ritirata, di fuga dell'anima: *metus recessum quendam animi et fugam* (*Tusc. disp.*, IV, 7, 15).

è come dire in quanto borghesi, a procacciarsi il benessere. L'intervento dello Stato nelle faccende economiche è ammesso esclusivamente come ultima risorsa, nei casi in cui non si può fare in maniera diversa. Moltissime persone dedicano la maggior parte del loro tempo ad occupazioni economiche). – Alla seconda domanda qui si risponde, dichiarando nel modo più energico che occorre difendersi certamente dai singoli e dai gruppi, da cui si può avere giusta ragione di sentirsi minacciati, ma altresì occorre difendersi dalle pubbliche autorità, limitandone l'estensione e la portata. Non è sufficiente difendersi dagli uomini ad uno ad uno e nemmeno da certe riunioni private di uomini, ossia esistenti indipendentemente e prima dello Stato, ma ci si deve difendere da coloro stessi, che, a nostra tutela, hanno ricevuto il pubblico potere entro lo Stato, e ciò si ottiene mediante idonei meccanismi istituzionali che ne prevedono la restrizione dell'ambito, il limite nel tempo o addirittura la revoca e la decadenza, ecc. – Ne viene che qui la terza risposta è data prima ancora che la domanda sia formulata, giacché consiste nella già espressa richiesta della limitazione dei poteri dello Stato.

Una siffatta configurazione del sentire è quella caratteristica del *liberalismo*, il quale s'impone nella civiltà dell'illuminismo, dopo che essa è uscita dalla sua fase iniziale, giacché il liberalismo non è, in definitiva, altro che la teoria e la pratica politica dei limiti dello Stato, in cui compiutamente si risolve. Ottimi strumenti per trattenere lo Stato entro limiti prefissati sono la divisione dei poteri, legislativo, esecutivo e giudicante, e l'istituzione dei parlamenti, in cui si riuniscono i rappresentanti del popolo, eletti con libero voto, parlamenti che si rinnovano a scadenze fisse, così che gli stessi individui non possono essere certi di conservare indefinitamente i poteri loro affidati né di averli molto estesi (ma, oltre a questi, possono adoperarsi altri mezzi, per proteggere la libertà, riposta nella limitazione dei poteri dello Stato, secondo le diverse circostanze di luogo e di tempo. Qui «libertà» significa difesa nei confronti delle pubbliche autorità. Non si confonda quindi, prendendo appiglio all'equivoco dal suono delle parole, la libertà di cui si è ragionato in precedenza, che consiste della permissività di una specie di leggi, con la libertà da cui prende nome il liberalismo. Almeno in linea di principio, può capitare che l'ambito del permissivo sia più esteso nello Stato assoluto che nello Stato liberale, e allora occorre concedere, guardando alla sostanza delle cose, che c'è maggiore libertà nell'assolutismo di quel che ce ne sia nel liberalismo).

Quando la presa della paura rallenta e la sopravvivenza fisica non appare ad ogni istante in pericolo, qualora la forza dello Stato non intervenga a proteggerla, il principio dell'utilità viene in primo piano, e allo Stato si domanda soprattutto di assicurare il benessere dei cittadini. Una tale inversione si compie con Locke, per il quale l'uomo è costituito da sensazioni e da passioni, come per Hobbes, e del pari, il ragionare è ugualmente il calcolare, ma è grandemente mutata la disposizione e la gerarchia degli stati d'animo e degli interessi, ossia degli oggetti del calcolo[20].

---

[20] «Giudicare – dice Locke – è, per così dire, sistemare un conto e determinare da quale

La teorizzazione degli istituti giuridici e delle costruzioni e sistemazioni costituzionali, di cui ha bisogno il liberalismo per tradursi nei fatti, è quasi per intero successiva a Locke e a Montesquieu, ma anche in questo caso ciò che maggiormente preme è la strada che si apre, giacché il cammino, una volta intrapreso, ha per buon tratto un andamento obbligato. La comune appartenenza dell'assolutismo e del liberalismo all'illuminismo, al pari della loro diversa collocazione temporale in esso, si spiega con la circostanza che l'assolutismo è fatto per le condizioni eccezionali, mentre il liberalismo è connaturato alle situazioni normali, è adatto ai bisogni degli stati ordinari della vita. L'assolutismo risponde alle esigenze tipiche degli stati d'emergenza, e per questa ragione s'impone agli inizi della civiltà moderna, allorché l'illuminismo deve condurre una dura lotta, nelle guerre di religione e nelle guerre civili che variamente s'intrecciano tra di loro, per imporre la concezione umanistica dello Stato, che lo vuole destinato alla vita terrena dell'uomo, contro la concezione soprannaturalistica della *res publica christiana*, che affida a tutti i poteri lo scopo di condurre l'uomo alla salvezza eterna, o per quel che direttamente attiene al suo essere corporeo e psichico (*imperium*), o per quel che immediatamente concerne il suo essere spirituale (*sacerdotium*), e in cui ogni potestà discende dal di sopra, è, in definitiva, per grazia di Dio (tanto gli imperatori che i papi sono tali per diritto divino); concezione, questa seconda, già da parecchio tempo indebolita e scossa, ma non ancora debellata e annientata, quando si afferma l'umanismo nella sua forma illuministica. E per la stessa ragione, l'assolutismo, da parecchio tempo in disuso, potrebbe tornare ad imporsi, qualora la civiltà promossa dall'illuminismo si trovasse in condizioni di pericolo estremo, o per parte di qualche forma d'immanentismo o d'umanismo, o ad opera di qualche nuova religione, che riportasse in auge Dio, il soprannaturale, la fede e la grazia, e che minacciasse d'avere

parte è la differenza» (*Essay*, cit., II, 21, § 67, p. 283). Sull'importanza della distinzione dei poteri, anche più di Locke, s'intrattiene Montesquieu, il quale immedesima espressamente il libero con il permissivo, dichiarando che *la liberté est le droit de faire tout ce que les lois permettent*, e con molto realismo dà per manifesto che qualsiasi uomo, che abbia un certo potere, è portato ad abusarne, e che va avanti sino a che incontra dei limiti che lo arrestano. Le vicende di Roma e dell'Inghilterra mostrano che non c'è libertà, quando nella stessa persona, o nello stesso corpo, si cumulano il potere legislativo ed esecutivo e quando il potere giudiziario non è separato da quei poteri, e che la libertà trionfa, allorché i tre poteri sono distribuiti in persone, o in corpi diversi, che così si bilanciano a vicenda. Ci si può domandare come si possa nel fatto formare una costituzione siffatta, in cui i poteri sono regolati, temperati, fatti agire l'uno a contrappeso all'altro. Si tratta di un capolavoro di legislazione – suona la risposta di Montesquieu – che *le hasard fait rarement, et que rarement on laisse faire à la prudence* (*De l'Esprit des Lois*, cit., XI, 3-6 e V, 14, pp. 395-407 e p. 297). Il vero significato di questa sentenza di Montesquieu è che nessun meccanismo istituzionale, per quanto ben congegnato sia, può garantire la libertà, perché nessuno può nemmeno garantire che esso sia adottato, a preferenza di un altro qualsiasi. Ammettere questo punto equivale però a riconoscere che, nello Stato liberale, il rapporto tra il fine (la libertà, ossia la difesa dai detentori del potere) e il mezzo (la divisione dei poteri) è esposto all'accidentalità, che è termine sinonimo di *hasard*. Del resto, la stessa accidentalità si riscontra (nello Stato assoluto) tra il fine (la salvaguardia dell'esistenza) e il mezzo (la concentrazione dei poteri).

il sopravvento, accompagnandosi magari con giganteschè migrazioni di popoli. Invece, il liberalismo corrisponde alle esigenze di una civiltà, che non deve né assalire civiltà con essa contrastanti in radice, né difendersene, ma avendo già fatto con successo la prima cosa, e non trovandosi ancora a dover affrontare la seconda, può con tranquillità e con calma attendere a svolgere l'intuizione del mondo, di cui è l'espressione nel campo della politica.

6. *Le forme di governo e l'orientamento democratico dell'illuminismo*

Profondamente diverse dalle teorie dell'assolutismo e del liberalismo sono le teorie che si avanzano a proposito delle forme di governo, sebbene queste seconde siano, da una trattatistica confusionaria assai divulgata, fatte malamente interferire con quelle prime, e rese in tal modo ingarbugliate. La questione che le teorie delle forme di governo, dall'antichità ai nostri giorni, si studiano di risolvere, non è quella del potere, concentrato e pieno oppure diffuso e ristretto, dello Stato, sibbene è quella di chi detenga un tale potere, tanto se esso è assoluto quanto se è limitato. Si dovrebbe trattare di un'unica domanda, la quale, enunciata nella maniera più concisa e insieme più rigorosa, chiede di sapere: chi comanda e chi obbedisce nello Stato? È evidente, infatti, che il potere, quando è considerato in chi lo detiene, consiste nella facoltà di comandare, e che, essendo al comando correlativa l'obbedienza, ci deve essere chi è obbligato ad obbedire, e questo è l'altro lato del potere, che emerge, quando esso è riguardato per chi vi è sottoposto. Senonché da sempre la domanda da unica è diventata duplice, essendosene a quella già formulata accompagnata un'altra, per la ragione che si è ritenuto in passato e ancora oggi da alcuni si ritiene che in questo campo si dia la possibilità di decisioni e di scelte, che ci sia quel che è migliore e quel che è peggiore. Di conseguenza, si vuole essere informati non soltanto su come le cose vanno, ma anche su come debbono andare. Sorge così un'ulteriore domanda, la quale suona: chi deve comandare e chi obbedire? Poiché il migliore e il peggiore si contrappongono tra loro assolutamente, ma entro di sé ammettono distinzioni di grado, sorgono due complementari serie di questioni, di cui l'una s'interroga intorno all'esistenza di molteplici forme di governo, giuste oppure devianti, mentre l'altra ricerca se si dia una forma ottima e una forma pessima, e quali per avventura esse siano.

Invano, mentre si odono proposte tante questioni, ci si sforzerebbe d'incontrarne una preliminare, perché condizione di tutte le altre, che si facesse carico di stabilire quale sia il significato che la parola «forma» possiede, quando la trattazione verte sulla politica. Va, infatti, da sé che nessuno dei principali significati della «forma» conviene alla politica, non quello per cui «forma» è termine sinonimo di «essenza», non quello per cui «forma» vale «contenente», da cui si distingue la «materia», la quale in tal caso è vocabolo che indica il «contenuto». Manifestamente il discorso non concerne in alcuna maniera l'essenza dello Stato, la quale è unica e la medesima in tutti gli Stati esistenti e possibili, e non risiede soltanto nel comando e nell'obbedienza, ma è costituita da molti altri elementi ancora, così che, anche a distinguere gli Stati in funzione di chi di volta in volta vi detiene il potere, non si perviene a stabilire quel *quid* che lo Stato è. Ancora più inadatta è però la forma nell'accezione del contenente, che non si potrebbe riferire né a chi detiene il potere, né a chi vi è sottoposto, né a entrambi insieme. (Va dato, invece, per ammesso che «forma di governo» tradizionalmente vale «forma di Stato», di modo che non sono da sollevare proteste circa pretese, ma inesistenti, confusioni tra il governo, nell'accezione moderna del termine, e lo Stato). I dubbi sollevati in ordine a questo mancato chiarimento del concetto capitale, che continuamente ricorre, rimangono senza alcuna risposta (non gioverebbe poi a niente sostituire alle «forme di governo» le «costituzioni», i «reggimenti politici», i «regimi», e via di seguito, essendo palese che, a mettere delle parole al posto di altre parole, non si guadagna alcunché).

Poiché da nessuna parte ci giunge un soccorso intellettuale, attinente al concetto, siamo costretti a ricorrere all'aiuto della memoria e a ricordarci dei discorsi che Erodoto mette in bocca, dopo la morte di Cambise, a tre maggiorenti persiani, Otane, Megabizo e Dario, nel primo dei quali è propugnato l'ideale della democrazia, nel secondo è esaltata l'oligarchia, mentre nel terzo sono vantati i pregi della monarchia[21]; discorsi, in cui è detto a un dipresso tutto ciò che si può dire pro e contro le singole forme di governo, e che da allora in poi si ripete, con secondarie variazioni e con molte aggiunte inutili, in opere ponderosissime nel corso dei secoli (tanto fervore sarebbe incomprensibile, se gli scopi fossero esclusivamente dottrinali, ma esso s'intende ottimamente, se si riflette che i fini sono il più delle volte quelli propri della politica militante, destinati ad esaltare l'esistente, o, ma il caso è più raro, a promuoverne il rovesciamento). La semplicità del criterio distintivo, che s'incontra proposto in Erodoto, per le forme di governo, per cui nella monarchia il potere è di uno solo, nell'oligarchia è di pochi (ma eccellenti, cosicché più spesso si discorre di aristocrazia), e nella democrazia è di tutti (o, se non proprio di tutti – impedendolo l'età infantile e, per lungo volgere di secoli, la condizione femminile, oltre certi stati patologici, per cui si eccettuano i pazzi, oppure certe situazioni, di modo che si escludono quanti sono stati condannati a lunghe pene detentive – di molti), riesce seducente, giacché opera soltanto mediante il numero, l'unità, la molteplicità limitata e la molteplicità estesa, ma è anche completamente ingannevole e illusoria.

Se occorresse soltanto stabilire chi possa fregiarsi del nome e, per così dire, recare le insegne del potere, si potrebbe anche ammettere che di necessità si tratta o di uno solo o di alcuni pochi o indeterminatamente di molti, ma la questione concerne non l'apparenza e l'esibizione, bensì la sostanza e l'effettivo possesso del potere, e a tale scopo il criterio della distinzione numerica è del tutto inadatto e inservibile. Per quanto grandi siano le doti dello spirito e il vigore delle membra, che a un individuo si vogliano attribuire, è impossibile che egli provveda da sé a decidere intorno a tutte le faccende dello Stato, e d'altra parte, è una semplice finzione sostenere che tutti quanti, dopo di lui, operano

---

[21] *Storie*, III, 80-82.

nello Stato, sono soltanto suoi funzionari dipendenti ed esecutori della sua volontà, allo scopo di mantenere un'esistenza effettiva alla forma di governo monarchica. Quelli che, come ministri, servono il monarca, come uomini, fanno in modo di servirsi di lui, per i loro scopi, e così si costituiscono, nell'ombra, un potere indipendente da quello del sovrano; e in analoga maniera si comportano governatori di province, generali, giudici, consiglieri, ecc., i quali lasciano indivisa soltanto la suprema, ma vuota, pompa del potere al monarca. Si sono veduti quelli che prima erano stati grandi sovrani trovarsi, a un certo punto, a dipendere da un *favorito*, da una dama di corte, e talvolta persino da un cameriere e da un cuoco, i quali avevano la chiave giusta per aprire e chiudere il cuore del loro signore. Nella precettistica politica del buon tempo antico usava mettere in guardia il monarca dai pericoli rappresentati dalla corte, per le mali arti, a cui sono soliti ricorrere i consiglieri e gli adulatori (che tra i consiglieri si nascondono in grande numero), i quali, se riescono ad intravedere quale sia la propensione del loro signore in una qualsiasi faccenda, subito la raccomandano come ottima tra tutte, perché essi mirano ad ottenere vantaggi nell'immediato, quantunque i veri interessi dello Stato si scorgano a lunga distanza e richiedano tempo per fruttificare, ma niente di ciò preme in fondo ai cortigiani. Nell'età nostra, in cui pur si è avuta (sebbene sotto tutta differente denominazione) quella che si dovrebbe chiamare una monarchia, potenti Stati sono andati in rovina, perché i loro reggitori si sono di fatto messi alla dipendenza d'ideologi del passato e d'intellettuali del presente, e così, mirando agli scopi dell'ideologia, la quale impone un'astratta consequenziarietà, anziché al bene pubblico, il quale domanda duttilità di movenze, hanno condotto i loro popoli allo sbaraglio. Anche qui nominalmente il potere era di uno solo, ma in effetti era di alcuni pochi, giacché le «corti», sia vecchie che nuove, in relazione al numero degli abitanti, sono ristrette, e di conseguenza, si dovrebbe concludere, giacché niente interessa dove ci sia il potere nominale, e soltanto preme dove si trovi il potere reale, che la monarchia non si ha mai, e che unicamente esiste l'oligarchia (o aristocrazia, che si preferisca dire).

Senonché, tratta che si sia questa conclusione, non ci si può fermare ad essa più di un istante, per il motivo che si è costretti a riflettere che i pochi, se non vogliono essere rovesciati dai molti, debbono acconciarsi ad eseguire le loro voglie, ossia debbono spartire con essi il potere, giacché anche i molti hanno delle armi con cui farsi valere, che sono le credenze religiose, i costumi, le abitudini di vita, contro le quali non si può, da parte dei pochi, impunemente andare. Cangiare la norme, che regolano la successione di chi, di volta in volta, detiene il supremo potere, trasformarla da carica ereditaria in elettiva, o all'inverso, conferibile ai soli uomini oppure anche alle donne, mutare la religione dominante nel paese accogliendo una diversa fede e un diverso culto, persino modificare dall'alto gli abbigliamenti e i cibi in uso (per accontentarsi di alcuni disparati esempi), sono imprese a cui le forze dei pochi, che si vorrebbero i dominatori dello Stato, risultano impari, perché i molti hanno la capacità di resistere e di contrattaccare, provando di possedere di fatto un esteso potere indipendente, che nessuna costituzione prevede. Non si dica che gli esempi arrecati si riferiscono ad epoche ormai lontane, e non provano niente per ciò che attiene ai nostri giorni, in cui le superstiti monarchie ereditarie sono tali soltanto nel nome, le donne posseggono diritti pari a quelli degli uomini, le religioni tradizionali sono pressoché estinte, e altre per il momento non si scorgono all'orizzonte, le abitudini cangiano ad ogni istante e i costumi sono mobilissimi, giacché queste osservazioni sono tutte corrette, ma provano soltanto che i pochi, che si suppone stare alla guida dello stato, sarebbero impediti, qualora lo volessero, di restituire il diritto di voto ai soli uomini, oppure, all'incontrario, d'istituire il matriarcato, di risollevare le religioni degli avi, di rendere saldi e permanenti i modi del vivere, e così di seguito enumerando casi e possibilità.

Ma, se i molti dispongono di un potere a sé stante, e hanno a loro vantaggio la forza incalcolabile del numero, con la quale tacitamente impongono ciò che nello Stato si deve imperare, proibire e permettere, sembra che la monarchia e l'oligarchia siano vuote e inconsistenti costruzioni immaginarie, e che l'unica forma di governo realmente esistente sia la democrazia. Si è però subito impediti di restare a questa illazione dalla circostanza innegabile che la moltitudine è così incostante nelle sue voglie, da risultare del tutto inadatta a deliberare intorno agli affari dello Stato, e già a discuterli con una qualche serietà, non sa mai cosa precisamente desidera, e ancora maggiormente si è risospinti altrove, dall'osservazione spassionata che, in mezzo alla moltitudine, si aggirano in continuazione capipopolo, tribuni, demagoghi, sobillatori, mestatori, i quali la conducono dove reputano più opportuno, per raggiungere i loro scopi, e poiché questa genia di individui è formata da pochi, si è ricondotti indietro a reputare che l'oligarchia sia la sola forma di governo che effettivamente si dia, ma senza poter porre tempo in mezzo, l'esperienza costringe ad ammettere che tra i capipopolo ce n'è sempre qualcuno che emerge sopra agli altri e ha funzioni di guida, e in questa maniera si è risospinti in direzione della monarchia. A questo punto possono ripetersi sin dall'inizio le considerazioni già esposte, serbandole immutate, e risulta pertanto evidente che il ragionamento si avvolge in un circolo, da cui non è consentito, per sforzi che si compiano, di uscire.

Tanto inadeguato è il criterio numerico dell'uno, dei pochi e dei molti, per dividere le forme dei governi in monarchia, oligarchia e democrazia, che, sin dall'antichità, ad esso se n'è aggiunto un altro, fondato sulla disponibilità larga oppure ristretta dei beni, e cioè sulla ricchezza e sulla povertà, per cui le forme di governo, anziché tripartirsi, si bipartirebbero, dividendosi in oligarchia, ossia governo dei (pochi) ricchi, e democrazia, vale a dire governo dei (molti) poveri. È immediatamente evidente che, se s'introduce la possibilità di un governo di pochi, e per di più poveri, si mira soltanto ad esaurire le combinazioni, a cui il criterio censitario dà luogo, quando è congiunto con quello numerico, ma che in concreto una tale evenienza non sussiste, giacché i pochi poveri sarebbero così presto rovesciati dai ricchi, che non giungerebbero nemmeno ad impadronirsi del potere in tutta l'estensione di cui questo è suscettibile. Se però si riflette con un po' d'attenzione, riesce altrettanto chiaro che è una completa astrazione dalla realtà delle cose, concedere che si possa dare un governo di molti ricchi, perché la ricchezza tende naturalmente a concentrarsi in poche mani, e che le combinazioni, non fittizie, bensì effettive del criterio numerico e di quello censitario, sono quelle citate dell'oligarchia dei ricchi e della democrazia dei poveri.

Può, tuttavia, il criterio della ricchezza e della povertà, mantenere una qualche indipendenza da quello del numero (come occorrerebbe perché, come elemento distinto, potesse combinarsi con esso), oppure si riconduce immancabilmente al criterio numerico, ed è addirittura desunto da questo? In altre parole, chi sono i ricchi e chi i poveri (s'intende, in una determinata epoca della storia e in una particolare regione del mondo, anzi, per lo Stato, che si prende per punto di riferimento)? Come si è mostrato, discorrendo dell'economia, se si comparasse la condizione dell'umanità dei primordi con quella dell'umanità dei nostri giorni, si compirebbero paragoni tra entità disparate, e di conseguenza, privi di qualsiasi significato e valore. La ricchezza e la povertà sono concetti di relazione, più dappresso, designano rapporti di differenza; se gli uomini avessero tutti i beni in misura rigorosamente uguale, tali concetti non si potrebbero nemmeno formare. Si è ricchi, se la maggior parte degli uomini, con cui strettamente s'intreccia la nostra vita, e cioè dei nostri concittadini e degli stranieri con cui intratteniamo rapporti d'affari, a cui rendiamo visita, ecc., dispongono di meno beni di quelli che noi possediamo; si è poveri, se le cose stanno all'opposto. Se però è così, le riflessioni sopra esposte a proposito dei pochi e dei molti contengono implicitamente un riferimento, per quel che riguarda i primi, alla loro ricchezza, e per quel che concerne i secondi, alla loro povertà; riferimento, che si può esplicitare, allo scopo di ribadire l'*inanità delle distinzioni delle forme di governo*. Discorrendo dei pochi, si ragiona di essi in generale, non si dà per ammesso soltanto il loro numero esiguo, e quindi si può anche accordare loro il possesso di larghe ricchezze, che sono un eccellente strumento per far valere la propria forza e imporsi, e nondimeno i pochi sono incapaci di esercitare, essi soli, il potere. E parlando dei molti, si argomenta di essi del pari in generale, si riconosce non soltanto la forza del numero, ma l'ostacolo che ad essa frappone la povertà, così che nemmeno i molti possono, in esclusiva, disporre del potere. Queste famose forme di governo hanno un significato interamente ideologico, sono, cioè, bandiere di combattimento da spiegare al vento nelle battaglie politiche.

La conclusione tratta intorno all'inconsistenza concettuale, e all'indole meramente ideologica, delle forme di governo, potrebbe essere contrastata, osservando che da qualche parte il potere dello Stato deve pur stare, e sembra che noi non lo collochiamo in alcun luogo. Certamente, il potere sta da qualche parte, ma è anche mobilissimo, e allorché si cerca in una qualche parte, esso si è portato in un'altra; quando si reputa che sia in un luogo, esso magari ci si trovava effettivamente un istante prima, ma nel frattempo si è spostato ed è andato in un luogo differente, in cui per il momento nemmeno si sospetta che possa trovarsi. La teoria delle forme di governo pretende l'impossibile, volendo collocare il potere in certe mani, anziché in certe altre, disconoscendone l'infinita mobilità. Il potere medesimo non si fissa, bensì si fissano e si consolidano, sino ad assumere un sembiante di stabilità, le denominazioni, i contrassegni esterni, la pompa, del potere, tutte cose che possono durare decenni o secoli, ma che sono faccende interamente estrinseche, incapaci di rendere ragione non soltanto del-l'effettivo possesso del potere, ma anche di sé medesime, giacché, se si stesse ad esse soltanto, non si comprenderebbe perché mai, dopo aver goduto, per tanto tempo, d'immutato splendore, codeste esteriorità cadano a terra con grande fragore, per essere sostituite da altre, che prima o poi andranno incontro ad un identico destino.

Se però è così, come possiamo noi discorrere di un orientamento democratico proprio della civiltà dell'illuminismo? Quale significato può avere seguitare a parlare di democrazia, dopo che ci è noto che la sua distinzione dalle altre forme di governo è sempre e dovunque malferma, e che invano si cerca, da dottrinari inconsapevoli di pascersi d'astrazioni, e da retori intenti ad acclamare i detentori di turno del potere per procacciarsene il favore, di renderla plausibile, con l'artificio di complicarla sino all'inverosimile, ciò che la rende viepiù sospetta, giacché la semplicità e la nettezza delle idee è la prima garanzia della verità? Un qualche senso le forme di governo debbono pur possederlo, e se poco sopra si è suggerito che si è in presenza di bandiere di combattimento sventolate da ideologie, occorre convenire che anche le bandiere hanno dei nomi, e che si tratta di individuare quali siano le ideologie qui operanti e quale sia il nome della bandiera che ciascuna ideologia fa garrire al vento.

Per adempiere questo compito, conviene muovere dalle insopprimibili differenze dei ceti sociali, a cui si collegano diversità di mestieri, di professioni, e soprattutto, di ricchezze, e rendersi conto che il passaggio da un ceto a un altro ha, quando è considerato in relazione alle grandi masse umane, necessariamente una *velocità*, la quale può essere *scarsa*, e allora il *ricambio dei ceti è lento*, oppure *abbondante*, e in questo caso tale ricambio è *rapido*. La bandiera ideologica, che agitano quanti desiderano che il ricambio avvenga con la massima rapidità, e protestano contro ogni indugio quasi fosse un delitto, si chiama *democrazia*; il vessillo, ugualmente ideologico, che sventolano coloro che preferirebbero che il ricambio sostasse, giacché rifuggono dal cangiamento come dalla morte, si denomina *oligarchia*, (sebbene costoro amerebbero dirlo *aristocrazia*). Se si paragona la situazione esistente in Europa, sotto il proposito in esame, prima dell'avvento dell'illuminismo, con quella che si è prodotta dopo la sua affermazione, e ancora la situazione esistente ai primordi dell'illuminismo con quella che si riscontra al giorno d'oggi, dopo più di tre secoli che l'illuminismo è diventato il fattore dominante della civiltà europea, si riscontra una differenza abissale. Prima si aveva, se non l'immobilità, almeno un movimento così lento, che dava l'illusione della quiete, poi il cangiamento si è avviato, acquistando ognora maggiore consistenza; di recente è diventato così rapido e tumultuoso da imporsi come l'aspetto più rilevante della società. Ai nostri giorni, la rapidità del ricambio dei ceti è tanto incalzante che coloro, che non riescono a correre, debbono arrancare, supplendo al difetto delle gambe con la forza della voce, con cui proclamano che vogliono andare al pari degli altri e più degli altri. Soltanto il vessillo della democrazia sventola; l'altro è stato ripiegato e nascosto.

Il contenuto del ricambio dei ceti è prevalentemente d'indole economica, ma, com'è naturale, si estende alla mentalità, ai costumi e alle abitudini di vita, nonché alla politica. Si può osservare che, quando il ricambio è calmo e ordinato, una distanza enorme divide, per sapere, abilità, raffinatezza, lungimiranza, il governante dal governato, di modo che la politica produce meraviglie di accortezza e garantisce ai popoli assetti duraturi di vita. Invece, allorché il ricambio è impetuoso e frenetico, come capita oggigiorno, il tipo umano del governante è somigliantissimo a quello del governato, la loro formazione è analoga, e i loro ideali di vita poco diversi, così che l'arte politica ne soffre gravemente. Tutto ciò si può certamente sostenere, ma non è consentito stabilire donde il potere politico determinatamente, di volta in volta, promana, e pertanto a questo proposito rimane soltanto da dire: il vento soffia dove vuole, ma tu non sai donde viene[22].

Occorre riconoscere ai filosofi politici dell'illuminismo dei secoli XVII e XVIII il merito di avere accordato scarso peso alla questione delle forme di governo, di averle considerate all'incirca equivalenti e scambievoli, legate a particolari condizioni di luogo e di tempo, a fattori ambientali, a circostanze storiche, a casi accidentali d'individui, in breve, di aver compiuto parecchio tratto del cammino che mena a contestarne l'esistenza. Codesti filosofi hanno, innanzi tutto, distinto la questione della libertà politica da quella delle forme di governo, respingendo i suggerimenti dei retori, i quali pretenderebbero di collegare il godimento della libertà alla forma di governo democratica, che sola lo garantirebbe. Hobbes non si stanca d'avvertire che la libertà è sempre la stessa, tanto se lo Stato è monarchico quanto se è popolare, giacché essa dipende dalla forza dello Stato, ed è molta, se lo Stato è potente, ed è poca se è debole, e non già dalla forma propria di esso Stato. Ma è soprattutto Montesquieu che disgiunge completamente la libertà dalle forme di governo, chiarendo che non c'è parola tanto abusata, tanto ricca di significati diversi come la «libertà», la quale in politica non significa ciò che gli oratori e i poeti la fanno significare, e non serve in alcun modo a contraddistinguere le forme di governo, giacché può, a seconda

---

[22] Quando gli interlocutori delle *Leggi* di Platone si chiedono quali siano le costituzioni di Sparta e di Cnosso, se tiranniche, democratiche, aristocratiche o regie, non sanno rispondere e scoprono che è impossibile determinare secondo una netta distinzione le forme di governo con cui si reggono quegli Stati. Ciò accade non perché Sparta e Cnosso siano governate malamente (anzi, si tratta di Stati oggetto di grande ammirazione da parte di Platone e, in genere, degli antichi), ma perché non esiste alcuna netta delimitazione delle forme di governo, che, essendo inconcettuali, ammettono soltanto grossolane demarcazioni (*Leg.*, IV, 712 d-e).

Il riconoscimento dell'inconsistenza della teoria delle forme di governo è tacitamente contenuto anche nella teoria della costituzione mista, accennata dall'ultimo Platone e da Aristotele, e svolta dai filosofi stoici, nonché da storici come Tucidide e, soprattutto, Polibio – costituzione, che Cicerone denomina *quartum quoddam genus rei publicae moderatum et permixtum* (*Rep.*, I, 29, 45), in cui le istituzioni monarchiche, le aristocratiche e le democratiche, anziché contrapporsi, si combinano.

Un consimile ufficio d'implicita confessione d'infondatezza è svolto dalla teoria, che nell'antichità ha grande diffusione e fama, dei circoli che le forme di governo sono obbligate ad effettuare, circoli simili ai percorsi che in cielo eseguono gli astri, perché, se codeste forme sono sottoposte ad una vicenda continua e inarrestabile,vuol dire che esse non sono in nessun tempo ciò che le loro definizioni pretenderebbero che fossero.

dei casi, trovarsi in tutte oppure mancare in tutte, e mostrando che la democrazia e l'aristocrazia non sono Stati liberi per loro natura, che non bisogna confondere il potere del popolo con la libertà del popolo, e che ci sono monarchie
libere e repubbliche dispotiche[23]. L'illuminismo della prima ondata mostra a
sufficienza di essere disposto ad accogliere tutti i reggimenti politici, purché
siano compenetrati dai suoi principi (e nel far ciò, si comporta, come si comportava, al suo bel tempo, la Chiesa cattolica, quando accettava tutti i regimi, alla
sola condizione che riconoscessero il cattolicesimo come la religione vera, e
quindi dotata di tutti i diritti che la verità possiede nei confronti dell'errore).

Nel secolo XIX gli illuministi si pronunciano, in grande numero, a favore
del liberalismo e della democrazia, che hanno per il momento il vantaggio di
sembrare incarnati nella realtà e di comportare grandi benefici: l'opposizione,
sempre presente in qualsiasi Stato, il quale non può soddisfare tutti i desideri di
tutti i cittadini, e pericolosa finché rimane nell'ombra, viene alla luce del sole, e
con l'organizzazione che è autorizzata a darsi attenua la sua virulenza, e da rivoluzionaria e intransigente che fosse, diventa riformista e accomodante; i governi si formano e si sostituiscono in maniera tranquilla e senza forti scosse; alcuni di essi si occupano maggiormente della produzione della ricchezza, altri,
invece, dedicano maggiore attenzione alla sua distribuzione tra i diversi ceti
della società; nessuno ha il monopolio del potere, e del resto, il movimento delle società industriali è troppo complicato per consentirlo stabilmente. Il regime
parlamentare pare debole, lento, incerto, per le lungaggini delle procedure che
richiede, ma è consistente, forte, o almeno duraturo; certamente, non come i regimi assoluti del passato, che avevano dalla loro la consacrazione religiosa, ma
senza dubbio in tutta la misura modernamente possibile. Nell'illuminismo del

---

[23] Montesquieu ha anche il merito di rifiutarsi di discutere la tradizionale questione di stabilire quale sia la forma migliore di governo, affermando che, siccome esistono infinite forme
di monarchia, d'aristocrazia, di reggimento popolare, si tratta di questione così vaga da risultare logicamente indecidibile. Il medesimo rifiuto s'incontra in Mendelssohn, il quale la paragona alla questione, che si volesse affidare all'arte medica, di decidere quale alimento sia il più
sano, quasi che ogni complessione, ogni età, sesso, ecc., non esigessero una differente risposta.
     Un importante svolgimento delle idee di Montesquieu si ha in Kant, che distingue la forma
del dominio (*forma imperii*), che tripartisce nella maniera consueta, dalla forma di governo
(*forma regiminis*), che bipartisce in funzione dei due modi in cui lo Stato usa la pienezza del
suo potere, e cioè, o attenendosi al principio della separazione dei poteri (e allora si ha la forma di governo repubblicana), o riunendo nelle stesse persone il potere di fare le leggi e quello
di eseguirle (e in tal caso si ha la forma di governo dispotica). Il membro saldo di questa distinzione è la *forma regiminis*, mentre la *forma imperii* è il membro caduco. Kant è così lontano dall'attribuire la salvaguardia della libertà alla sola democrazia, che colloca questa nel novero dei reggimenti dispotici. «Delle tre forme di governo – egli dice – la forma democratica
nel senso proprio della parola è necessariamente un *dispotismo*, perché essa stabilisce un potere esecutivo in cui tutti deliberano sopra uno ed eventualmente anche contro uno (che non è
d'accordo con loro), e quindi tutti deliberano anche se non sono tutti, il che è una contraddizione della volontà generale con se stessa e con la libertà» (*Per la pace perpetua*, in *Scritti politici*, trad. it. cit., pp. 294-295).

secolo XX una riflessione politica degna di questo nome non s'incontra più; il diritto della democrazia a costituire l'unico reggimento politico dell'umanità non si teorizza, bensì si proclama, si affida, cioè, alla forza delle parole, la quale non può però formare oggetto di considerazione da parte della filosofia. Nel contempo viene a compimento il processo di degenerazione, già iniziato un secolo prima, per cui la democrazia si trasforma in dominazione della massa, non già nel senso che siano i molti a detenere effettivamente il potere, sibbene nel senso che i governanti sono ormai di un'analoga stoffa a quella di cui sono fatti i governati, e di conseguenza, è l'uomo-massa ad avere nelle sue mani il potere. Il governo è la grande macchina pubblica, che s'incarica di produrre il conformismo, di ridurre l'ambito delle differenze delle opinioni, già di per sé portato a restringersi (giacché le opinioni, se sono costrette a coesistere, perdono d'intensità, diventano fiacche, si elidono a vicenda), e fa, di volta in volta, prevalere quella cerchia di opinioni ad esso più consentanea. I parlamenti sono ancora considerati le sedi sacre della libertà, ma viene il tempo in cui si riducono a luoghi in cui si ratificano le decisioni prese altrove, ad opera di ristrette consorterie di partito, riottose e rissose, ma concordi e unanimi nell'approfittare dei pubblici beni. Per ciascuno degli individui, che compongono ogni singola consorteria, è sommamente importante che il successo tocchi a lui, anziché ad un altro; per ognuna delle consorterie, che s'impadronisce del governo, interessa massimamente che sia lei a vincere, invece di ognuna delle consorterie rivali; per il popolo, tutti questi eventi hanno scarso rilievo, e di conseguenza, gran parte della popolazione si estranea alla vita politica, o vi partecipa soltanto in maniera limitata, mentre gode a parole di diritti politici, in una misura ignota ad ogni epoca precedente.

7. *La conduzione della politica rivendicata alla competenza degli scienziati*

Contro il parlamentarismo e la sua manifesta indole di degenerazione si afferma nel secolo XIX una linea di pensiero – la quale appartiene per i suoi intrinseci caratteri interamente all'illuminismo –, che, con Saint-Simon e con Comte, chiede che la politica sia sottratta alla discussioni dei parolai e affidata alla competenza degli scienziati.

Il conflitto tra la pretesa dell'incompetente moltitudine a fare di testa propria (ciò che presuppone che essa una testa ce l'abbia), e la necessità che le decisioni intorno agli affari dello Stato siano prese sulla base della competenza, è molto antico, e da nessuno è formulato con altrettanto rigore come da Platone, che mette in bocca a Socrate tutte le riflessioni che mai sia concesso fare su tale argomento. La condizione dello Stato democratico è paragonabile a quella di una nave, che ha un padrone con la vista e con l'udito poco buoni ed è un poco sordo, nonché ignaro dell'arte della navigazione, e con gli uomini dell'equipaggio in continue discordie per il governo della nave, e per di più, pronti ad affermare che nessuna conoscenza è richiesta per fare i piloti, e intenti a bere e a mangiare a dismisura: come si deve immaginare che con una simile genia proceda la navigazione? Quando occorre costruire un edificio, ci si affida alla consulenza di un architetto; allorché c'è bisogno di apprestare una nave si chiama un ingegnere navale; come mai, invece, allorquando è questione di politica, ci si rimette a chiunque venga in consiglio, quale che egli sia, musico, fabbro, calzolaio, mercante, marinaio, e ci si attiene al risultato della votazione nelle decisioni dei più importanti affari pubblici? La moltitudine è incapace di operare a ragion veduta sia il bene che il male, perché agisce a caso, sulla base dell'impressione del momento; i competenti non sono né tutti né molti, ma pochi, e di conseguenza, non la maggioranza, bensì la scienza e la competenza hanno valore e debbono fornire i fondamenti su cui decidere anche in materia di politica. Queste argomentazioni platoniche sono certamente irresistibili e costringono chiunque sia capace di riflettere all'assenso, ma esse si riferiscono allo Stato ideale, di cui Platone riconosce il carattere utopistico, non agli Stati di fatto esistenti sulla terra, in cui le cose non possono non andare, almeno in parte, in maniera assai diversa. E Platone non manca di suggerire che, se si guarda alle costituzioni vigenti, la democrazia, pur con le sue assemblee deliberanti, è la migliore, è quella in cui conviene passare la vita, perché, anche se le leggi non vi sono rispettate, essendo il potere frazionato in parti minute, si evitano i mali peggiori, non si ha nulla di grande né in senso positivo né in senso negativo[24].

Per intendere la richiesta di Saint-Simon e di Comte che nella conduzione della politica ci si affidi alla competenza degli scienziati, giova, anzitutto, indicare che la differenza essenziale tra la democrazia antica e quella moderna non

---

[24] Quando Aristotele introduce la teoria della somma per cui può capitare che i molti, pur non essendo singolarmente di grande valore, nella loro riunione sono superiori ai pochi di eminenti capacità, così che, mettendosi insieme le doti di discernimento e le abilità, si forma come un uomo solo, fornito di molti piedi, molte mani, molti sensi, e un simile risultato si ha per il carattere e per l'intelligenza, non si allontana dalle concezioni del platonismo, ma le sviluppa. La tesi di Aristotele si comprende, se si muove dall'evidente distinzione tra i casi, nei quali si tratta di fare o di produrre qualcosa su cui si dà una precisa conoscenza matematica e fisica, che deve essere applicata ad oggetti (come capita nell'edificio da costruire e nella nave da varare, per cui ci si rimette alla competenza dell'architetto e dell'ingegnere navale, e nessuno proporrebbe di comportarsi diversamente), e i casi, nei quali una siffatta conoscenza e arte non c'è, e ci si può soltanto basare sulla cultura generale accompagnata dalla dote di scorgere con prontezza quel che conviene nella situazione che si ha di fronte – dote che è uno dei principali significati popolari, del tutto legittimi, della parola «intuizione» – (come accade, allorché si deve decidere se concludere un trattato con uno Stato straniero, se muovere guerra o rimanere in pace, e nella prima evenienza cercare questi o quest'altri alleati). Il significato della teoria aristotelica della somma e del principio di maggioranza, che su di essa si regge, è diversissimo nella sostanza dal principio di maggioranza, di cui si è discorso a proposito dell'illuminismo. Lo Stagirita ha in mente la sua costituzione dello Stato, di cui non sono cittadini né gli agricoltori, né gli artigiani, né i commercianti, né gli stranieri immigrati, ma esclusivamente quanti sono capaci di condurre una vita improntata a virtù, ossia dispongono di tempo per attendere alle occupazioni intellettuali. Quella moltitudine, che forma come un unico uomo di forte carattere e di grande intelligenza, è una moltitudine parecchio selezionata, non ha niente da spartire con la massa indiscriminata, non si trova nelle forme infime dei reggimenti democratici, caratterizzate dall'incultura e dalla dominazione di individui che, in definitiva, non differiscono dalle bestie.

consiste minimamente, come si suole ritenere, nell'essere la prima una democrazia diretta, in cui i poteri sovrani spettano all'assemblea popolare, della quale fanno parte tutti i cittadini, e nell'essere la seconda una democrazia rappresentativa, in cui il popolo semplicemente elegge quanti debbono governarlo, ma risiede nel diverso materiale umano, di cui dispongono il mondo antico e quello moderno. Anche nella democrazia antica non è il popolo a detenere effettivamente le leve del potere, e le preoccupazioni che si nutrono in proposito dai filosofi greci sono infondate, sebbene sia in agguato una minaccia ancora peggiore, quella dei demagoghi, che si combattono fra loro e ricorrono alla massa soltanto allo scopo di averne l'appoggio, vincere la contesa, e infine vedersi consacrare il proprio diritto di governare, in nome della comunità dei cittadini. Tra gli isolati demagoghi della decadenza dello Stato greco e le consorterie di partito del declino dello Stato moderno, non c'è una distanza incolmabile, bensì un piccolo divario, che può essere facilmente oltrepassato. La differenza sostanziale tra il mondo greco antico e quello occidentale moderno è che l'uno, anche quando è avviato con le democrazie al declino, produce uomini politici di ambizioni smisurate, di passioni estreme, terribili nel bene come nel male, laddove le democrazie odierne non sogliono andare al di là di una non aurea mediocrità. Occorre anche considerare il significato interamente differente che ha la scienza, di cui ragionano Platone e Aristotele, e la scienza di cui parlano Saint-Simon e Comte, allorché gli uni e gli altri considerano il problema delle conoscenze che si debbono domandare ai protagonisti della politica. La scienza, per Platone e per Aristotele, come in generale per i filosofi greci (compresi gli Scettici, i quali dubitano, o negano, che si dia scienza, per la ragione che ne hanno un'idea altissima), è la conoscenza delle cose come di per se stesse sono e identicamente per come da se stesse si mostrano; invece, per Saint-Simon e per Comte, la scienza è il sapere positivo che si attiene ai fenomeni, e non presume di portarsi sulle cose in sé, è la conoscenza dei fatti generali, ossia delle leggi o relazioni costanti di successione e di somiglianza dei fatti singoli.

Tutto ciò andava detto, per giudicare se questa proposta di rimettere il governo ad un corpo di scienziati, o comunque ad una classe di persone competenti, quali non si sogliono trovare nei parlamenti, sia o no coerente con la civiltà dell'illuminismo, a cui tanto Saint-Simon che Comte appartengono, sia per le loro concezioni filosofiche sia per i loro ideali di vita. Saint-Simon afferma che nella molteplicità, a prima vista sterminata e pressoché infinita, di sistemi spirituali e politici, in fin dei conti non ci sono e non possono esserci se non due soli sistemi contrapposti, a cui tutta quella varietà si riconduce, che sono, nel campo spirituale, il *sistema delle credenze* e il *sistema delle dimostrazioni positive*, e nel campo politico, il *sistema feudale o militare* e il *sistema industriale*.

Nella vita, infatti, tanto degli individui che dei popoli, non si possono che avere due scopi d'attività, e cioè o la conquista o il lavoro, e al primo scopo corrisponde spiritualmente il sistema delle credenze cieche (così, Saint-Simon compendia la religione, in ciò che essa ha di proprio e d'inconfondibile), e al secondo forma riscontro il sistema delle dimostrazioni (che sono chiamate positive, perché il concetto di dimostrazione è cangiato rispetto a quello tradizionale, per cui la scienza è inferenza a partire da principi primi di per se stessi evidenti, stando al quale, nessuna dimostrazione può essere positiva, giacché positivo è il fatto, il quale si può esibire, ma non dimostrare). Finché il sistema feudale, o militare, era nel pieno del suo vigore, perché aveva uno scopo d'azione chiaro e determinato, quello di compiere una grande impresa guerresca, per cui erano coordinate tutte le parti del corpo politico, la società è stata organizzata in maniera netta, precisa, circostanziata. Ma, quando il sistema feudale è entrato in crisi, perché ormai inadeguato allo svolgimento della civiltà, che aveva bisogno di oltrepassarlo per dar luogo a un assetto sociale, politico, culturale, a lei più consentaneo, è subentrata una crisi d'immense proporzioni, che travaglia tutti i paesi dell'Europa, e che durerà finché la costituzione di un nuovo sistema non sarà interamente attuata. I legisti e i metafisici, strettamente uniti nel loro bersaglio, che era quello di abbattere il sistema feudale e teologico, hanno adempiuto una benefica e utile funzione, impedendo al vecchio mondo di soffocare sul nascere il sistema industriale. L'abolizione della giustizia di tipo feudale, l'introduzione di una giurisprudenza meno oppressiva e più regolare, sono stati l'opera meritoria dei legisti, che nei parlamenti hanno difeso la causa dell'industria, mentre, da parte loro, i metafisici hanno provveduto a scalzare sin dai suoi fondamenti il sistema teologico.

Ma dopo che questi scopi erano stati raggiunti, i legisti e i metafisici avrebbero dovuto uscire di scena, giacché si trattava ormai di organizzare il sistema industriale e scientifico, e per eseguire un tale compito essi erano del tutto impreparati: i nuovi ruoli dovevano essere naturalmente svolti dagli industriali e dagli scienziati. Invece, i legisti e i metafisici continuano a dirigere tutti gli affari e a condurre tutte le discussioni politiche, con immenso danno della civiltà, giacché essi sono portati a prendere la forma per la sostanza e le parole per le cose. Lo scopo della società non è quello di garantire la libertà individuale, e nemmeno quello di assicurare a chiunque il diritto di occuparsi, senza averne la capacità, degli affari pubblici. Quella che si gabella per libertà politica è, ai nostri giorni, il preteso diritto naturale di qualsiasi cittadino di interloquire, di concorrere a deliberare e a decidere in questioni, in cui non possiede la menoma competenza. Questa è la prova più completa e più tangibile del fatto che le idee politiche partecipano ancora della vaghezza e dell'incertezza ineliminabili dalla metafisica[25]. Il sistema industriale, conclude Saint-Simon, è diametralmente opposto al sistema liberale, col quale si suole confondere, perché il sistema liberale ha il suo principio nel conflitto degli egoismi, mentre quello industriale ha il suo fondamento nella solidarietà filantropica.

Idee analoghe a quelle che Saint-Simon presenta in una serie di rapide intui-

---

[25] Ancora oggi – sostiene Saint-Simon – in fatto di politica, si può parlare di tutto senza saper niente di preciso, perché la politica è ancora determinata dalla metafisica, la quale non insegna niente d'effettivamente reale. Ma prossimo è il tempo in cui la politica diventerà una scienza d'osservazione, e allora – egli conclude – «*la culture de la politique sera exclusivement confiée à une classe spéciale de savants qui imposera silence au parlage*» (*Du Système industriel*, in *Oeuvres*, ed. cit., tomo III, p. 17).

zioni e di formule efficaci (ripetute poi spesso stucchevolmente), s'incontrano, presentate in maniera ampia, possente, sistematica, in Comte, per il quale l'umanità si trova dinanzi ad un *aut-aut*: o rimanere preda dell'anarchia o collegare tutto in una compagine onnicomprensiva. Dal domma protestante del libero esame è sorta la libertà di coscienza, la quale è diventata licenza di parlare, di scrivere, di agire, conformemente alle proprie convinzioni personali, senz'altra riserva che quella di lasciare che gli altri individui si comportino nella stessa nostra maniera. Si sono costituite delle corporazioni, formate da dottori propriamente detti, letterati, legisti, giudici, avvocati, giornalisti, tutta gente che nei partiti e nei parlamenti ispira e dirige la lotta politica senza alcuna profonda convinzione interiore e propaga dovunque le idee negative proprie di una «filosofia viziosa». La dominazione delle cricche, che si combattono senza esclusione di colpi e si perdono in meschini calcoli mercantili, ha prodotto un enorme abbassamento del livello della vita mentale, una degenerazione intellettuale, morale e politica, a cui occorre opporre dei rimedi radicali. E il primo rimedio è di bandire la nozione di diritto dal campo della politica, così come la nozione di causa è stata bandita dal campo della filosofia[26]. Sotto l'imperio del positivismo, l'organizzazione della realtà umana deve tornare ad essere unitaria, come unitaria era stata all'inizio, sotto l'imperio della teologia. Alla *vaine domination des parleurs* deve subentrare la dominazione della sociologia: «Se la *teocrazia* e la *teolatria* poggiano sulla *teologia*, la *sociologia* costituisce certamente la base sistematica della *sociocrazia* e della *sociolatria*»[27].

Occorre domandarsi perché mai le aspirazioni di Saint-Simon e di Comte non si siano incarnate nei fatti, perché mai il governo degli scienziati, il comitato positivo internazionale, che avrebbe dovuto presiedere alla riorganizzazione spirituale del genere umano, siano rimasti nei voti di questi pensatori e dei loro rumorosi, ma ingenui seguaci. Prim'ancora, si tratta di stabilire se la parola d'ordine «la scienza al potere» sia un'illusione e una fisima oppure un progetto realizzabile, e in quali forme, entro il contesto della civiltà dell'illuminismo. Le idee, le rappresentazioni, le opinioni, i sentimenti, in breve, i contenuti immaginativi, sotto il proposito della loro conformità ai contenuti sensoriali dell'esperienza, si dividono in tre classi, le quali sono: 1) la classe della conformazione

---

[26] Domandando che la «vaga e tempestosa discussione sui diritti» ceda il posto alla «calma e rigorosa determinazione dei rispettivi doveri», Comte introduce un significativo spostamento d'accento nelle idee politiche dell'illuminismo, ma nondimeno le sue tesi non si pongono in un contrasto irresolubile con quelle propugnate dagli illuministi di un secolo prima. Trasferire il discorso dai diritti ai doveri importa accordare il primato al procacciamento dei mezzi con cui soddisfare i desideri, anziché insistere nell'esigere codesta medesima soddisfazione, quasi che essa potesse aver luogo direttamente e non richiedesse una lunga e difficile opera con la quale si apprestano i mezzi. Ma la prospettiva di fondo non cangia, perché i diritti e i doveri, allorché si tratta degli uomini, sono pienamente invertibili. Così, p. es., affermare che tutti gli uomini hanno il dovere di lavorare allo scopo di procurarsi di che vivere, importa addossare a me il dovere di lavorare, ma in pari tempo implica che a me è conferito il diritto d'aspettarmi che gli altri uomini lavorino al pari di me.

[27] *Système de politique positive ou Traité de Sociologie, premier volume*, ed. cit. p. 403.

piena e diretta, che si chiama corrispondenza, delle immagini alle sensazioni, di cui sono suscettibili la matematica e la fisica (in senso vasto, di «sapere reale», non in quello di disciplina); 2) la classe della conformazione limitata e indiretta, che è quella che può aver luogo quando si tratta della morale e della politica; 3) la classe del rifiuto di qualsiasi conformazione, che è il caso della religione e dell'arte, le quali non accettano in nessun modo di subordinarsi alle sensazioni. – È manifesto che Saint-Simon e Comte non tengono alcun conto di queste diverse situazioni, allorché vagheggiano i loro governi affidati a corpi di scienziati, e sognano accademie e collegi destinati ad accrescere il posto dell'arte e a instillare la morale e la religione dell'umanità. Niente di ciò è possibile, e, sotto la dominazione dell'illuminismo, l'arte e la religione possono menare esclusivamente un'esistenza stentata. Quanto alla politica, l'influenza su di essa della scienza può farsi sentire, e anche in misura ognora crescente, ma soltanto in maniera multiforme, mossa, non rigida, irreggimentata come, nel loro entusiasmo scientifico, Saint-Simon e Comte si sono troppo facilmente indotti a reputare. Attualmente, una tale influenza si esercita, da una parte, sui governi, che, per lo più, sono quelli dei regimi parlamentari, mediante i comitati d'esperti, e dall'altra, sulle grandi masse della popolazione, mercé la divulgazione scientifica, la quale comprime, nella misura del possibile, l'immaginazione sulla sensazione, e reprime i contenuti immaginativi che riluttano ad un tale trattamento. Un governo diretto della scienza è escluso dall'indole passionale dell'uomo, e nell'esserselo sovente dimenticato risiede l'elemento utopistico del progettato potere da mettere nelle mani degli scienziati[28].

8. *Le radici del cosmopolitismo illuministico*

L'illuminismo politico, come professa l'individualismo, così professa il cosmopolitismo e fa una cosa perché fa l'altra, sia nelle sue elaborazioni dottrinali che nelle sue pratiche di governo. Infatti, sempre l'individualismo e il cosmopolitismo si accompagnano nelle manifestazioni delle civiltà, e sempre si uniscono nelle speculazioni delle filosofie, essendo avvinti da un legame irresolubile.

Individualistica è la civiltà greca, dopo il grande rivolgimento politico operato da Alessandro Magno, quando l'uomo non desume più, come aveva fatto in precedenza, i suoi ideali dal costume pubblico, ma, essendosi dileguato l'antico *ethos* dello Stato, si rinserra in sé medesimo, smarrisce l'originaria identità dell'essere uomo e dell'essere cittadino, e così si scopre individuo, lasciato interamente a sé, come solo autore possibile del proprio destino di vita. E cosmopoli-

---

[28] Si direbbe che Saint-Simon e Comte non abbiano chiaro ciò che è, invece, chiarissimo a Esiodo, ossia che il vasellaio porta invidia al vasellaio, l'artigiano all'artigiano, il povero al povero, l'aedo all'aedo. La schiatta degli scienziati è suscettibile, com'è suscettibile quella dei poeti (cosa, quest'ultima, notata da Orazio, allorché discorre dell'*irritabile genus vatum*). Ciò induce a ritenere che i piani predisposti in anticipo, sotto l'egida della scienza, per conto dei governi, siano per essere molteplici e più o meno discordanti.

tica è, a partire da quella stessa epoca, la medesima civiltà, la quale muta profondamente fisionomia, così che il greco non si distingue più dal barbaro, come il libero per natura si distingue dallo schiavo per natura, ma un po' per volta si mette al suo pari, s'intrattiene con lui quasi come con un altro se stesso, in una sostanziale parificazione di principio dei popoli, delle stirpi, delle razze, per cui l'uomo diventa cittadino del mondo[29]. Ma del cosmopolitismo antico è vero ciò che sopra si è detto dell'individualismo antico, ossia che contraddistingue il ritirarsi nell'isolamento da parte di pochi, o di molti, che abbandonano l'attività politica, la quale prosegue per conto proprio, restando affidata alle mani dei funzionari, che nelle monarchie ellenistiche sono i veri amministratori della cosa pubblica, mentre l'individualismo e il cosmopolitismo, che si affermano con l'avvento dell'illuminismo, sono modi d'intendere e di praticare la politica, la quale è da essi completamente informata.

Le radici del cosmopolitismo dell'uomo dell'illuminismo sono tenaci, salde, profonde, perché si alimentano dell'intero patrimonio delle sue convinzioni e delle sue pratiche di vita, dalla sua idea di progresso al suo laicismo religioso, dalla sua ostilità alla metafisica al suo utilitarismo morale, dal suo fenomenismo gnoseologico al suo culto dell'economia e del macchinismo, in breve, di tutti gli ingredienti di cui si compone la sua intuizione del mondo.

Il progresso, nel modo in cui è inteso dall'illuminismo, è avanzamento infinito nella direzione del futuro per tutto quanto il tempo di cui l'umanità dispone sulla terra, e di conseguenza, quanto più intensa è la fede che si nutre nella causa del progresso, tanto maggiormente essa distoglie dal rivolgersi al passato, sia in generale, sia per quel che determinatamente attiene alle origini del proprio popolo e del proprio Stato, non con gli occhi indifferenti dell'erudito – l'erudizione storica è pur sempre possibile ed essa è ampiamente rappresentata presso gli illuministi –, bensì con lo sguardo di chi ama le proprie tradizioni e soltanto col loro conforto e con la loro presenza vivificatrice reputa degna cosa la propria personale esistenza. Tra progressismo e tradizionalismo c'è contrasto, i fautori del progresso sono facilmente i nemici della tradizione, e una tale inimici-

---

[29] Questa gigantesca trasformazione di disposizioni mentali e di comportamenti di vita ha luogo in relazione con degli eventi politici, ma si connette del pari ad orientamenti del pensiero filosofico, com'è evidente per il fatto che l'individualismo e il cosmopolitismo dell'antichità hanno le loro prime manifestazioni nelle scuole socratiche minori, in quella cinica e in quella cirenaica. È sul fondamento del rigorismo morale che Antistene e Diogene di Sinope rifiutano gli ideali tradizionali dei Greci, in cui stanno ai primi posti l'onore e la gloria, disprezzano la società, ne contestano le istituzioni, si dichiarano «cittadini del mondo». È sulla base dell'edonismo che Aristippo rifiuta di mettersi sia dalla parte degli individui e dei popoli che comandano, sia da quella degli individui e dei popoli che obbediscono, preferisce una solitaria libertà come l'unica via adatta per condurre una vita piacevole, si definisce «straniero dovunque» (e questa è un'altra maniera di dirsi cosmopolita). Già nell'antichità risuona il detto, destinato ad essere ripetuto innumerevoli volte nell'età moderna: *Patria est, ubicumque est bene* (come attesta Cicerone, il quale però, nella maniera richiesta dal genuino sentire romano, respinge sdegnosamente i principi di cui si alimentano il cosmopolitismo e l'individualismo. Cfr. *Tusc. disp.*, V, 37, 108 e *De off.*, III, 5, 21).

zia è un primo passo sulla strada che porta al cosmopolitismo. Viepiù si considera il passato dei popoli, della cui riunione si compone il genere umano, viepiù si riscontra il grande posto che vi occupano le credenze religiose, le osservanze, le celebrazioni, il culto della divinità, così che si potrebbe essere indotti a reputare che la religione, pur conoscendo, di quando in quando, delle riprese, vada complessivamente scemando di forza, la quale sembra massima agli inizi, mediana alcuni secoli addietro, scarsa ai nostri giorni, e forse nulla in un prossimo avvenire. Anche per il popolo, che diciamo il nostro, è presumibilmente così, e l'amore del nostro Stato, quale si è conservato attraverso tutti i mutamenti dei suoi territori, tutte le vicende delle sue costituzioni, ossia ciò che a giusto titolo si chiama l'«amor di patria», è inseparabile dal rispetto e dalla venerazione per la religione avita, la quale non può non essere, in qualche modo, la nostra medesima religione.

Il laicismo, che contraddistingue l'illuminismo in fatto di religione, asserisce la vanità di tutte le credenze positive, dà il bando ai riti e alle cerimonie, che dichiara essere azioni inutili, se non nocive, dettate dalla superstizione e dalla paura, che della superstizione è all'origine, e prima sostiene un teismo o un deismo, di cui non c'è alcuna traccia nel nostro popolo, quindi vagheggia una religione dell'umanità, di cui nessun sentore ebbero i nostri avi e che ignorarono anche i nostri più recenti parenti, e infine si fa promotore di una sdivinizzazione, che segna il vuoto completo, l'assenza di ogni presa di posizione nei confronti del divino. Poiché questo svuotamento si compie tanto da noi che presso gli altri popoli, quantunque paia presso alcuni più avanzato che presso altri, ne viene che sono soppresse parecchie delle differenze che ci separavano dagli altri, ed è incoraggiato il cosmopolitismo, il quale è una sorta d'*indifferentismo politico*, nella stessa maniera in cui il laicismo è una sorta d'*indifferentismo religioso*. Il cosmopolitismo ha, infatti, per scopo di produrre istituzioni politiche e assetti di vita associata, in cui è indifferente chi si è per nascita, il luogo nel quale si viene al mondo, e così di seguito enumerando.

Assai poco sembrerebbero avere da spartire col cosmopolitismo politico l'ostilità alla metafisica e l'accoglimento del fenomenismo, che stanno a fondamento dell'illuminismo, giacché l'atteggiamento cosmopolitico coinvolge tutti gli uomini, mentre l'accoglimento o il rifiuto della metafisica, l'adesione alla concezione fenomenistica della realtà e della sua conoscenza, al pari di qualsiasi altra teoria di gnoseologia, interessa soltanto pochi dotti, che hanno un ascolto limitato di pubblico. Sarebbe certamente così, se a quel modo in cui si è detto che si fa sempre della metafisica, come si fa sempre della prosa, non si potesse anche soggiungere che l'antimetafisica è una sorta di metafisica negativa, giacché è anch'essa una presa di posizione nei confronti della realtà totale, dell'essere nell'intera sua estensione, di cui dichiara impossibile la conoscenza determinata e assurda la pretesa di continuare nello sforzo di procacciarsela, e così sentenzia in nome del realismo fenomenistico. Come formulazioni elaborate sistematicamente, l'antimetafisicismo e il fenomenismo sono appannaggio di pochi spiriti, ma costoro affinano nelle loro teorie convinzioni largamente diffuse, in forma embrionale, tra le masse umane d'intere regioni del mondo in certe epoche storiche, ed è a tale titolo che il cosmopolitismo è interessato a codeste dispute astratte. Le differenze dei popoli, delle stirpi, delle razze, sono in certo senso inoltrepassabili, se si collegano a diverse capacità nel penetrare il tutto della realtà che accordano ad alcuni, mentre obbligano gli altri a fermarsi alla superficie delle cose, e i caratteri secondo cui gli uomini si dividono in molteplici classi, in tanto premono, in quanto valgono come segni di cotesta varietà di attitudini. Può darsi che, come ci sono uomini, così ci siano popoli dell'universale e popoli del particolare, popoli della speculazione e popoli della pratica minuta, popoli portati alle conquiste guerresche e popoli destinati ai traffici, alle industrie e ai commerci, e quel che si suppone possa verificarsi per i popoli può accadere altresì per le stirpi e per le razze. Per quel che attiene ai singoli individui, com'è noto, ci sono molte disposizioni, destinazioni e vocazioni; perché il medesimo non dovrebbe capitare per i grandi gruppi in cui si divide il genere umano? Se però si toglie di mezzo, come fa l'illuminismo, per il suo orientamento antimetafisico e per la sua tendenza fenomenistica, la differenza conosciuta tra la superficie e il fondo delle cose, i caratteri biologici, per cui la specie umana si suddivide in razze diverse, i tratti culturali, per cui essa si articola in stirpi, i contrassegni storici, per cui essa si distribuisce in popoli, perdono di rilievo, diventano elementi secondari, che possono essere superati nel corso del tempo, nella maniera in cui desidera il cosmopolitismo, il quale, quando afferma che si può stare bene dovunque e in mezzo a chiunque, tratta manifestamente tutte codeste sorte di differenze per faccende trascurabili.

Ma sono soprattutto l'utilitarismo morale e il culto della ricchezza, promosso in nome del primato dell'attività economica sopra ogni altra forma dell'operare e del conoscere, che rendono dominante il cosmopolitismo. L'utile non guarda che a se stesso, esso non vuole saper niente di differenze di lingue, di costumi, di culture, che per lui possono soltanto costituire degli ostacoli, e quindi si adopera per l'unificazione indifferenziata dell'intera umanità. La fede nel denaro, diversamente dalle antiche fedi, che spingevano gli uomini a dividersi, unisce; essa non nutre pregiudizi nei confronti di nessuno; per lei – almeno prima che inizi il processo di decadenza dell'illuminismo – le uniche eresie esistenti sono l'ozio, la pigrizia, l'infingardaggine, a cui dà il bando, inculcando che supremo dovere dell'uomo è di procurarsi un mestiere, di dedicarsi a una professione, in breve, di lavorare, produrre e consumare. Alla figura del mercante, che è il simbolo dell'economicismo, si accompagna la figura del viaggiatore, non del viaggiatore della tradizione, che ha scopi di formazione, che cerca le vestigia del passato più insigne dell'umanità, che è persona nobile e comunque quasi sempre solitaria nei suoi spostamenti, ma del viandante odierno, che è sempre in cammino, non da solo, ma in massa, perché non ha più una sede sua propria, in cui affondare le proprie radici, e di conseguenza, in qualunque luogo trova una sede, ma soltanto momentanea, come gli consente il macchinismo.

L'individualismo consiste nell'accidentalità delle relazioni nell'ambito di una determinata riunione di uomini; il cosmopolitismo risiede in codesta medesima accidentalità, che però si riferisce a tutto quanto il genere umano; esso è un individualismo di dimensioni planetarie. Più che andare sempre insieme, l'individualismo e il cosmopolitismo sono qualcosa di unico e di medesimo, che si distinguono soltanto per la considerazione soggettiva, la quale ora si attiene ad una prospettiva ristretta ed ora guarda ad un orizzonte sconfinato.

Nel secolo XVIII le prese di posizione a favore del cosmopolitismo sono innumerevoli; esse possono dividersi in due classi, l'una moderata e urbana, l'altra estrema e scomposta. Per le prime può citarsi quella di Lessing, che ha il pregio di riferirsi alla massoneria, ossia ad un grande veicolo di diffusione dell'illuminismo, soprattutto in materia di cosmopolitismo. Per le seconde può segnalarsi quella di Lamettrie, che risponde all'esigenza di mostrare, mediante un esempio, come si esprime il materialismo francese, allorché si sente libero di parlare con tutta franchezza[30].

Un po' per volta la parola «cosmopolitismo» diventa inconsueta, ma rimane, e anzi, s'incrementa la cosa (ai nostri giorni, si discorre, per lo più, d'«internazionalismo», ma è evidente che l'internazionalismo, non occasionale, ma di principio, non è altro che cosmopolitismo). La storia degli ultimi secoli prova a sufficienza che l'illuminismo non bandisce apertamente l'idea di nazione, a cui accorda, anzi, la funzione di veicolo dell'universalismo cosmopolitico, e quindi almeno provvisoriamente la mantiene in essere. Il presupposto, da cui il cosmopolitismo muove, è di farsi valere dove s'afferma la civiltà dell'illuminismo, alla quale esso domanda, come requisito preliminare l'adesione. L'assimilazione alla civiltà dell'illuminismo è la premessa del moderno cosmopolitismo, il quale di tanto si estende, di quanto una tale assimilazione si compie, e se mai capitasse che essa si eseguisse per il mondo intero, allora si avrebbe il cosmopolitismo a livello planetario. È dunque in obbedienza alla sua logica profonda, che l'atteggiamento cosmopolitico nel Settecento si applica ad alcuni paesi dell'Europa e alle colonie inglesi d'America, che nell'Ottocento dilata grandemente i suoi confini, e che nel Novecento, dopo essere stato costretto in un primo momento a contrarli, torna con forze maggiori ad estenderli. La comprensione dell'atteggiamento cosmopolitico dell'illuminismo è la necessaria premessa per l'intelligenza delle grandi questioni politiche che l'Occidente si è trovato ad affrontare,

---

[30] Lessing traccia una netta distinzione tra gli uomini *particolari* (il francese, il tedesco, l'inglese, ecc., come di fatto esistono) e i *semplici uomini* (ossia gli uomini non limitati da vincoli di religione, classe, nazione, ecc.). Di compiere il trapasso dagli uomini particolari ai semplici uomini s'incarica la massoneria, per la quale è manifesto che la felicità individuale di tutti i componenti dello Stato equivale alla felicità pubblica (individualismo), così che la massoneria accoglie tra le sue file tutti gli uomini di merito, qualunque sia la loro provenienza (cosmopolitismo). Il cosmopolita è un adoratore razionale di Dio, che incomincia col dare il bando alle differenze religiose, giacché altrimenti gli uomini seguiterebbero nei loro rapporti a comportarsi come sempre hanno fatto, da ebrei, cristiani, o turchi, ossia da uomini particolari, anziché da semplici uomini (*Ernst e Falk. Dialoghi per massoni*, in *La religione dell'umanità*, trad. it. cit., pp. 99-104).
Lamettrie ha l'ardimento di dire: «Socrate preferì la morte all'esilio; io non soffro fino a questo punto della *malattia della Patria*. Credo che la Patria e la felicità possano andare unite e di fatto esse sono là dove ci si trova bene» (*Anti-Seneca ossia Discorso sulla felicità*, in *L'uomo macchina e altri scritti*, trad. it. cit., p. 136).

dalla questione ebraica alla questione razziale, alle questioni della pace e della guerra, al cui esame occorre adesso passare.

9. *La questione ebraica*

L'illuminismo imposta e risolve la questione ebraica sul fondamento del rigetto, che esso compie, delle religioni positive (a partire dal cristianesimo, ma includendo nel bando anche l'ebraismo, l'islamismo, in breve, ogni fede che comporti un domma e un culto), e della sostituzione, che esso effettua, del soprannaturalismo con l'umanismo. La sua emancipazione dell'ebreo procede di conserva ed è inseparabile dalla sua liberazione del cristiano, i quali si scoprono ugualmente uomini, dotati di un'identica natura e forniti dei medesimi diritti, dopo che hanno entrambi lasciato cadere il peso rappresentato dalle vecchie e chimeriche convinzioni religiose e dai comportamenti ad esse correlativi e da esse irrimediabilmente imposti.

Non si obietti che l'emancipazione ebraica, l'uscita degli ebrei dai ghetti, in cui erano stati per secoli rinserrati, il conferimento ad essi dei diritti politici, sono fatti generali della civiltà, mentre la religione ebraica è soltanto un elemento particolare dell'ebraismo medesimo, ed è di ancora più ristretta portata, allorché si considera in relazione al movimento complessivo della vita dell'Europa moderna. E non si seguiti nell'obiezione, pretendendo che la scristianizzazione dell'Occidente sia, a sua volta, un fenomeno particolare, da cui è, in definitiva, indipendente la fisionomia assunta dalla civiltà europea e americana negli ultimi secoli. Meno che mai si pretenda che l'emancipazione politica dell'ebreo e la liberazione religiosa del cristiano siano due serie di eventi indipendenti l'una dall'altra, o che, tutt'al più, tali che intrattengono tra loro rapporti soltanto contingenti, che, col passare del tempo, possono venire meno. Questi assunti presumono di avere il diritto di contestare la più solare delle evidenze, la quale mostra che le cose stanno esattamente all'opposto. Si dovrebbe concedere che, per gli ebrei, finché essi rimangono fermi alla fede dei padri, la religione occupa il posto centrale della vita, come si scorge per il fatto che quasi tutti i loro antichi documenti, le loro antiche testimonianze storiche, riguardano in massima parte Dio, i precetti che egli dà al suo popolo, l'obbedienza che questo gli deve, le deviazioni a cui si abbandona, le punizioni che per esse riceve, i premi che ottiene per la sua fedeltà, e via di seguito (e che in maniera, certamente non identica, ma in qualche misura analoga, stanno le cose per i cristiani). Senza il laicismo, l'emancipazione ebraica non sarebbe nemmeno incominciata, e, ammesso che fosse incominciata, non sarebbe proseguita, e invece, è giunta a completa esecuzione, così che nei paesi guidati dalle idee dell'illuminismo niente ormai distingue, quanto al possesso dei diritti e alla qualità di cittadini, gli ebrei dai rimanenti gruppi che compongono le popolazioni.

L'effettiva connessione esistente tra i molteplici elementi di cui risulta l'emancipazione ebraica è mostrata da Lessing, soprattutto in *Nathan il saggio*, dov'è compiuta una dura critica dell'esclusivismo religioso, ossia della pretesa di una religione di essere l'unica vera, è fatto valere l'ideale della tolleranza illimitata, tanto che è contestata la liceità di dare a Dio l'attributo di «mio» e di atteggiarsi a paladini della «causa di Dio», ed è propugnata la rivelazione divina universale, la quale svuota, col privarlo della sua peculiarità e singolarità irripetibile di contenuto autentico, sia l'ebraismo sia il cristianesimo, ed è celebrato l'umanismo, per cui ogni persona, invece che per la sua appartenenza religiosa, è apprezzata per le qualità intellettuali e morali che in lei si scorgono (qualità, che, nel caso di Nathan, sono eminenti, così che in lui la figura dell'ebreo si guadagna la stima e l'ammirazione più unanimi)[31].

Nella considerazione che l'illuminismo propone dell'ebraismo possiede un'importanza decisiva l'idea che gli illuministi si fanno del rapporto esistente tra l'ebraismo e il cristianesimo; rapporto, che, per Lessing, è di derivazione ed è ascendente (va dal bene al meglio), mentre, per Voltaire, è bensì ugualmente di derivazione, ma è discendente (va dal male al peggio), e ciò spiega tutte le imputazioni e le contumelie che Voltaire riserva al popolo ebreo e alla sua religione. Sia Lessing che Voltaire guardano soprattutto al cristianesimo, che, essendo la religione dominante dell'Europa, non può non stare in primo piano, quanto all'attenzione che domanda, ma, mentre, secondo Lessing, il cristianesimo aduna in sé ogni bellezza ed ogni virtù, e di conseguenza, bello e virtuoso è anche l'ebraismo, che gli ha dato origine, secondo Voltaire, le cose stanno esattamente all'opposto. Le parole che Voltaire pronuncia contro gli ebrei sono durissime, il quadro che egli ne propone è orribile, ma un'analisi spassionata mostra che il vero obiettivo della sua implacabile polemica è il cristianesimo, non l'ebraismo. Delle due religioni Voltaire combatte la madre, come mezzo per arrivare a colpire la figlia: il cristianesimo, avendo incorporato nelle sue sacre

---

[31] In questo poema drammatico il rimprovero, che si può muovere, e che di fatto è mosso all'ebraismo, di essere la sorgente dell'esclusivismo religioso, che ha trasmesso al cristianesimo e all'islamismo, non è rigettato, ma è soltanto detto che, al di sotto della dura scorza dell'ebreo, del cristiano e del musulmano, si trova l'uomo, e che è nella scoperta della comune umanità che si realizza la liberazione di tutti. In che cosa consiste la saggezza di Nathan? Nel fatto che egli non considera l'appartenenza religiosa un principio di divisione, ma si comporta ugualmente nei confronti di tutti. Nathan è un mercante, nondimeno disprezza il denaro e dona a tutti senza fare della fede un motivo di discriminazione, e può comportarsi così, perché è libero da pregiudizi, ossia ha scoperto che l'amore di Dio e degli uomini non dipende dalle convinzioni teologiche che si nutrono, che al di là del Dio della fede e del domma, c'è il vero Dio, il quale è dovunque e si rivela a chiunque. Lessing ripropone la favola dei tre anelli, ma non si accontenta dell'esito negativo e scettico, a cui si era arrestato Boccaccio, e può fare così, perché il suo concetto di una educazione progressiva dell'umanità, che si effettua mediante la rivelazione, e di cui sono tappe sia l'ebraismo sia il cristianesimo, gli consente di raggiungere una conclusione positiva e costruttiva. Il rivestimento estrinseco, per cui sulla terra ci sono molte religioni, può essere mantenuto, ogni popolo può conservare la fede che gli riesce più consentanea, che meglio risponde alle esigenze del suo spirito. Nell'essenziale le religioni coincidono, e pertanto ognuno può ritrovarsi nella religione altrui. È per questo che, quando a Nathan è detto che è un cristiano, anzi, un cristiano migliore di lui non c'è mai stato, Nathan può rispondere: «Buon per noi! Perché quello che mi rende / per Voi Cristiano, per me vi rende Ebreo» (Atto IV, Scena VII, trad. it. C. Varese, Firenze, 1882).

scritture l'*Antico Testamento*, può essere annientato, oltre che direttamente, attraverso l'intermediario dell'ebraismo, sia per variare la polemica, altrimenti troppo monotona per le continue ripetizioni, sia per coprirla talvolta con la maschera dell'infingimento (che è un'accortezza da cui nemmeno Voltaire rifugge).

Si suole giustamente distinguere l'antiebraismo, che è diretto contro gli ebrei, in quanto sono un popolo, ossia una formazione della storia che è suscettibile di mutare nel tempo, dall'antisemitismo, che si volge contro gli ebrei, in quanto sono una razza, e cioè un'entità biologica permanente, incapace di cangiamento, ma il più delle volte una tale distinzione resta programmatica ed è abbandonata nell'esecuzione, come risulta anche dal caso di Voltaire, il quale viene spesso accusato di antisemitismo, sebbene, a ben vedere, egli sia immune anche dall'antiebraismo, perché si serve degli ebrei come di una testa di turco per dare addosso al cristianesimo. Come contraltare del cristianesimo, Voltaire pregia le civiltà più diverse, loda di volta in volta l'antichità greco-romana, l'islamismo, la sapienza orientale, cinese e giapponese. Nelle lotte senza quartiere (e tale è il duello tra l'illuminismo e il cristianesimo), non si può ammettere la neutralità, tutti debbono schierarsi, prendendo posizione per una parte oppure per l'altra, e, posto che non si schierino da sé, si provvede a schierarli per conto proprio. A causa del legame di derivazione del cristianesimo dall'ebraismo, e del permanente rapporto della nuova con la vecchia fede, costituito dall'accettazione, ad opera di quella, delle scritture di questa, l'ebraismo non si prestava ad essere raffigurato come un contraltare del cristianesimo, e quindi doveva essere effigiato come un nemico, e gli dovevano essere contrapposti gli altri grandi esempi di umanità e di civiltà, che si facevano avversi al cristianesimo. Così, p. es., all'ebraismo è opposta la romanità, ed è vantata la tolleranza romana, che permette i culti di tutti i popoli, senza alcuna discriminazione, di contro all'esclusivismo ebraico, che riconosce una sola divinità, la propria, e tratta gli dei stranieri come idoli vani[32]. Ma non c'è soltanto questa serie di contrapposizioni a provare che Voltaire vuole combattere non l'ebraismo, sibbene il cristianesi-

---

[32] Voltaire si chiede perché mai ci si debba occupare tanto del popolo ebreo e risponde: «Questo popolo deve interessarci, perché prendiamo da loro la nostra religione e, per di più, molte delle nostre leggi e delle nostre usanze» (*Essai sur les moeurs*, cit., vol. II, p. 61). C'è subito un elemento che, nel confronto tra gli ebrei e i cristiani, va a vantaggio degli ebrei, ed esso risiede nel fatto che gli ebrei cercano raramente di associare gli stranieri al loro culto, praticano uno scarso e incostante proselitismo. Quest'osservazione, oltre che in Voltaire, s'incontra in Gibbon, il quale si sofferma a rilevare come la religione ebraica, ottimamente apprestata per le esigenze di difesa, fosse poco attrezzata per l'attacco e come, non avendo Mosè posto tra i comandamenti divini l'obbligo di predicare ai gentili, gli ebrei fossero remoti dal darsi un tale precetto da se stessi. Dal punto di vista dell'illuminismo, la mancanza di vero proselitismo in una religione è un pregio, perché senza proselitismo non c'è effettiva intolleranza, ma, tutt'al più, un'ostilità e un odio inoffensivi e inerti, in quanto restano rinserrati in se stessi. Mendelssohn giustifica l'assenza di proselitismo della religione ebraica, la quale fa bene a non inviare missionari nelle Indie e nella Groenlandia (dove ci sono popoli invidiabili per le dottrine religiose), perché chi non è nato nella Legge ebraica, non può vivere secondo la Legge ebraica.

mo, giacché ci sono anche esplicite dichiarazioni a favore degli ebrei; quando si tratta di stare o dalla parte dei cristiani o da quella degli ebrei, Voltaire si pone costantemente e senz'ombra di esitazione a fianco degli ebrei[33].

Certamente, tanto molteplice e vario è il gioco delle trovate a cui Voltaire si abbandona, che egli non perde l'occasione di fingersi scandalizzato e indignato per tutte le calunnie che gli ebrei hanno diffuso intorno alla nascita del divino redentore Gesù, ma che il vero obiettivo della sua incontenibile polemica sia pur sempre il cristianesimo risulta evidente dalla compiacenza con cui indugia a rovistare tra le leggende più ignominiose che hanno accompagnato l'origine della religione cristiana[34].

Mentre Voltaire sottolinea il rapporto di dipendenza del cristianesimo nei confronti dell'ebraismo, Kant si comporta in maniera contraria, sino al punto da rendere il cristianesimo (la sola religione morale esistente) non la prosecuzione, bensì l'abbandono dell'ebraismo, da cui soltanto all'apparenza deriva. Parlando a stretto rigore di termini, l'ebraismo non è una religione, sibbene una semplice associazione politica, uno Stato che ha finalità soltanto temporali, giacché, sebbene esso abbia una costituzione a base teocratica, si ripromette dall'obbedienza a Dio esclusivamente ricompense mondane e non ha fede in una vita futura, ossia manca del requisito primario della religione. Per diventare quale è destinato ad essere dalla sua natura di pura fede morale, il cristianesimo deve soltanto emanciparsi da un rapporto esteriore con l'ebraismo; questa è la premessa che sta a fondamento delle poche e quasi sempre incidentali osservazioni di Kant a

[33] Lungi dall'approvare un qualche massacro, una qualche spoliazione degli ebrei, Voltaire denuncia i massacri e le spoliazioni compiuti dai cristiani, pronuncia dure condanne dello sterminio degli ebrei che, per vendicare Gesù Cristo, fu compiuto durante la prima Crociata; della cacciata degli ebrei dalla Francia, voluta da Filippo il Bello allo scopo di impadronirsi delle loro ricchezze; del ricorso all'Inquisizione eseguito, allo stesso scopo, in Spagna. Gli ebrei sono dovunque i «mediatori del commercio»; si tratta di una professione, che può sussistere soltanto con uno spirito pacifico; gli ebrei, nei paesi cristiani, non sono affatto pericolosi. Le persecuzioni cristiane degli ebrei segnano il massimo dell'assurdità, perché si è in presenza di una religione che, in definitiva, perseguita se stessa: «Come debbo darmi da fare – si domanda Voltaire – per provare che i Giudei, che noi facciamo bruciare a centinaia, furono, per quattromila anni, il popolo eletto di Dio... Se Dio è il Dio di Abramo, perché bruciate i figli d'Abramo? E se li bruciate, perché recitate le loro preghiere nel bruciarli? Com'è che voi, che adorate il libro della loro legge, li fate morire per aver seguito la loro legge?» (*Les questions de Zapata*, in *Mélanges*, ed. cit., p. 949).

[34] Tra tutti gli scritti, in cui è stata attaccata la religione cristiana, i più temibili – dice Voltaire – sono quelli composti dagli ebrei. Il *Toldos Jeschut* fa di Gesù il figlio adulterino di Miriah, o Mariah, e di un soldato di nome Pantera; racconta che Gesù e Giuda vollero farsi capi di una setta e sembravano operare prodigi. È un ammasso di fantasticherie rabbiniche, molto al di sotto delle *Mille e una notte*. Ma, fantasticherie o no, Voltaire parla di questo Pantera, ogni volta che gli se ne offre il destro, ora sostenendo che è stato il vero padre di Gesù, ora lamentando che si osi anche soltanto suggerire una cosa del genere, sempre insinuando che è possibile che un adulterio sia all'origine del cristianesimo. Se verrà un giorno in cui ci saremo liberati del cristianesimo, allora saremo esentati anche dall'obbligo di occuparci dell'ebraismo; essendo scomparsa la religione-figlia, ci disinteresseremo della religione-madre, origine prima di tanta vessazione.

proposito del popolo ebreo. Kant non manca d'indicare (ma l'indicazione è d'obbligo tra i pensatori del Settecento) che gli ebrei, dovendo salvaguardare le loro credenze da commistioni con quelle di altri popoli, hanno finito per acquistare certi tratti, i quali hanno attirato su di loro l'accusa di misantropismo. Ciò che c'è d'essenziale in questo rilievo è che la «misantropia ebraica» non è un fattore ineliminabile del temperamento fisico, né un elemento permanente del carattere morale degli ebrei, ma è alcunché di derivato da eventi storici, di portata limitata nel significato ideale e nella durata temporale. Insieme alla separatezza, Kant attribuisce agli ebrei l'aver dato prova di spirito usurario, essendosi dedicati esclusivamente al commercio. Ciò che conta è riflettere che questo «spirito usurario» degli ebrei (in un'epoca in cui l'«usura» risente ancora del suo antico duplice significato, designando sia qualunque prestito ad interesse, sia il prestito ad interesse molto elevato), la loro costituzione di popolo di puri commercianti (ma si noti che in molti casi si chiama «commercio» qualsiasi attività economica, con la sola eccezione dell'agricoltura), sono caratteristiche acquisite del popolo ebreo, dovute a determinati fattori geografici e a particolari circostanze storiche, e non già elementi connaturati di una stirpe o di un popolo. È la religione ebraica (o l'insieme di credenze statutarie che passa per tale) ad aver prodotto la separatezza, a cui si riferisce l'accusa di comportamento misantropico. La conseguenza (che Kant lascia implicita, ma che l'illuminismo nel suo complesso trae senza esitazione) è che, se gli ebrei si liberano da codeste credenze intinte di superstizione, il loro isolamento non ha più ragion d'essere. Parimenti, se con la loro completa emancipazione insieme umana e politica gli ebrei ottengono tutti i diritti *de l'homme et du citoyen*, come presto è destinato ad accadere, con l'affermazione della civiltà illuministica, non c'è più un motivo al mondo per cui gli ebrei si dedichino al commercio a preferenza di altri rami di attività[35].

Sebbene alcuni illuministi si siano talvolta abbandonati a dichiarazioni di suono antiebraico, essi hanno evitato non soltanto l'antisemitismo, ma anche l'antiebraismo, perché certe tacce che essi muovono agli ebrei equivalgono, a ben vedere, ad altrettante imputazioni dirette alla civiltà cristiana (se gli ebrei hanno acquistato certe abitudini di vita e si sono assuefatti a certi comportamenti poco ammirevoli, la colpa è dei paesi dell'Europa cristiana, che li hanno con-

---

[35] Cfr. *Die Religion innerhalb der Grenzen der blossen Vernuft* e *Anthropologie in pragmatischer Hinsicht* (in *Gesammelte Schriften*, ed. cit., Bd. VI, p. 184, Bd. VII, pp. 205-206).
Secondo Montesquieu, è stata l'assurda condanna del prestito ad interesse tra i cristiani a indurre gli ebrei a darsi all'«usura», con la quale hanno avuto il merito di salvare nel medioevo il commercio europeo dall'estinzione. In un'epoca in cui gli Scolastici, sedotti dall'autorità di Aristotele, avevano condannato indiscriminatamente il prestito ad interesse, una nazione coperta dall'infamia, in mezzo alle vessazioni, alle confische, alle persecuzioni, si fece carico del commercio, inventò le lettere di cambio, salvò i beni mobiliari, finché i teologi furono costretti dalla necessità delle cose a mitigare i loro divieti, così che, alla fine, il commercio, che si era preteso di collegare a forza alla malafede, tornò nell'ambito delle probità (*De l'Esprit des Lois*, cit., XXI, 20, pp. 639-641).

finati in una cerchia limitatissima d'attività). Esemplare è a questo proposito la posizione di Hume, nel quale le apparenti puntate antiebraiche rifluiscono in una generale polemica antireligiosa (s'intende, della religione rivelata, o positiva, non della religione di genere filosofico e razionale, con la sua pura divinità, che è un'ipotesi per rendere conto dell'esistenza del mondo), e, ciò che maggiormente preme osservare, sono distinte con ogni cura le cause morali dalle cause fisiche dei caratteri dei popoli, e, quasi non bastasse, è espressamente riconosciuto che i comportamenti dei popoli cangiano grandemente nelle diverse epoche e che dovunque si notano delle eccezioni, e che, di conseguenza, non ha senso accomunare tutti gli individui in una stessa lode o in uno stesso biasimo. Accade dovunque che le religioni popolari esercitino una cattiva influenza sopra la moralità; ciò si osserva tanto presso i Greci che presso i Romani, gli Egiziani; pertanto non meraviglia trovare che capiti anche presso gli Ebrei. Hume intende per cause morali dei caratteri nazionali, la forma di governo, i rivolgimenti politici, l'abbondanza o la scarsità della popolazione, la posizione del paese rispetto ai paesi vicini, in breve, tutti quei fattori che, agendo sulla mente degli uomini, producono in essi dei comportamenti abituali, e designa come cause fisiche ciò che oggi si chiamerebbe complessivamente l'«ambiente», e che nel Settecento si diceva, per lo più, il «clima», e mostra di accordare il massimo peso alle cause morali e di nutrire assai scarsa fiducia in quelle fisiche, qualora esse siano adoperate come principi di spiegazione dei comportamenti delle varie società umane[36]. Questo orientamento, volto a concedere il primato al morale nei confronti del fisico, è un tratto parecchio diffuso tra gli illuministi, i quali vi si basano sopra nelle loro richieste di riforme politiche, che sarebbero destinate a sortire poca efficacia, se gli uomini fossero appieno determinati dall'ambiente. Ne viene che i modi di comportamento dei popoli variano enormemente da un'epoca all'altra, per i mutamenti dei governi e per l'incostanza che contraddistingue ogni cosa umana. L'antisemitismo si comporta in maniera esattamente opposta: esso riconosce soltanto cause fisiche del modo ebraico di pensare e di agire; lo considera, per definizione, immodificabile; e non è disposto ad ammettere una qualsiasi eccezione.

Non rientra nel nostro compito investigare l'immensa serie di traversie a cui il popolo ebreo è andato incontro, giacché il nostro ufficio è soltanto quello di stabilire che in esse nessuna parte ha avuto l'illuminismo, il quale è stato l'autore dell'emancipazione politica e della liberazione umana degli ebrei, e niente sarebbe così assurdo che chi emancipa e libera sia insieme colui che perseguita e opprime. Se però si vuole determinare la cagione prima, a cui si debbono ricondurre le ruberie, le depredazioni, le persecuzioni, che gli ebrei hanno subito, la domanda è da rivolgere a Schelling, poiché è Schelling che fornisce la risposta più estesa e articolata (anzi, egli di risposte ne arreca due, ma esse sono riaducibili all'unità, essendo due maniere diverse di dire la medesima cosa).

---

[36] *Essays, Moral, Political and Literary*, Part I, XXI, *Of National Characters*, in *The Philosophical Works*, ed. cit., vol. 3, pp. 244-258.

Schelling vuole, anzitutto, stabilire come si possa giustificare, entro una religione universalistica, qual è quella cristiana, la singolare predilezione mostrata da Dio verso un popolo particolare, quello ebreo, di cui ha fatto il popolo eletto. Tra i doni che Dio elargisce ai popoli della terra deve esistere un equilibrio, come importa la nozione di giustizia propria dell'universalismo religioso; ora, tale equilibrio è stato rotto per singolare favore accordato al popolo ebreo. La prima risposta di Schelling è che Dio ha compiuto effettivamente un atto di parzialità a vantaggio del popolo ebreo, ma che ha fatto pagare agli ebrei il dovuto prezzo dell'elezione, per mezzo delle persecuzioni di cui essi sono stati fatti oggetto. Questo è come dire che le persecuzioni vengono direttamente da Dio, che ora si serve di certi popoli gentili, ora degli stessi cristiani, per attuare la sua volontà. Così la ragione delle persecuzioni è mandata avanti allo stesso deicidio, la cui attribuzione agli ebrei è stata la fondamentale motivazione dell'ostilità cristiana nei loro confronti. La seconda risposta (meno espressamente formulata, ma anch'essa leggibile) è che, credendosi il popolo eletto, gli ebrei si sono tenuti rigorosamente separati dagli altri popoli, guardandoli dall'alto in basso, e vilipendendo le loro divinità, ed è naturale che a un tale atteggiamento sprezzante codesti popoli rispondessero con il risentimento e con l'ostilità[37].

Con queste indicazioni Schelling consente d'intendere l'avversione che talvolta gli ebrei incontrano nell'antichità, e di cui forniscono documenti, tra gli altri, Cicerone, Seneca, Tacito – ma non si deve dimenticare che gli Ebrei nel mondo greco e romano sono anche oggetto d'attenzione, d'interesse e di stima, come provano Erodoto, Ecateo di Mileto, Teofrasto e l'anonimo autore del *Sublime*, ecc. – e permette altresì di comprendere il comportamento che nei confronti di quello che era stato il popolo eletto prende l'Europa cristiana; in breve, rende ragione della situazione a cui pone fine l'illuminismo, mediante l'emancipazione degli ebrei, la quale rientra nel quadro della generale liberazione degli uomini dalle catene che iniziano con la superstizione religiosa.

La liberazione degli Ebrei, compiuta dall'illuminismo, comporta, per poter aver luogo, l'adesione degli Ebrei alla civiltà illuministica, ciò che si chiama anche (con termine non del tutto conveniente) la loro «assimilazione». Ciò non è da intendere come uno scambio, per cui gli Ebrei, ricevendo i diritti civili e politici nella loro pienezza, ripagano questi immensi benefici accogliendo i principi dell'intuizione del mondo propria dell'illuminismo. La verità è che, per l'ebreo dell'Antico Testamento, che si attiene tanto alla lettera che allo spirito delle sacre scritture, i moderni diritti sarebbero o assurdi o ripugnanti (tali sarebbero il diritto di voto, la facoltà di contrarre matrimoni misti coi cristiani,

---

[37] *Philosophie der Offenbarung, Zweiter Teil*, in *Werke*, ed. cit., Hbd. 6, pp. 535-543. Le due risposte, fornite da Schelling alla domanda, manifestamente coincidono, perché l'una dice, collocandosi dalla posizione di Dio, quel medesimo che dice l'altra, collocandosi dalla posizione degli uomini. Il romantico Schelling non vuole però abbandonare gli ebrei all'illuminismo, come accadrebbe se gli ebrei diventassero puri teisti, e di conseguenza, preferisce pensare che in un qualche giorno futuro essi si volgeranno al cristianesimo (tanto più che l'ebraismo altro non è, per lui, che cristianesimo potenziale).

ecc.), e che, in generale, tutto ciò che è moderno, per essere apprezzato e accolto con favore, presuppone l'adesione allo spirito della modernità, il quale è quello medesimo dell'illuminismo. C'è poi da considerare il fatto che gli illuministi si rivolgono, con la loro proposta di civiltà, non soltanto agli ebrei, ma anche (e anzi, prima) ai cristiani, nonché ai musulmani, e in prosieguo di tempo, agli induisti, buddisti, e via di seguito, senza notevoli diversità di atteggiamento (quelle che talvolta si riscontrano sono momentanee e di mera tattica). Ciò che essi domandano a tutti è un sostanziale indifferentismo in materia di religione, e in conseguenza di ciò, un effettivo abbandono delle originali civiltà di appartenenza (delle quali la religione è un ingrediente essenziale); indifferentismo pienamente compatibile con la conservazione dei luoghi di culto, del cerimoniale, delle usanze tradizionali, purché ridotte ad espressioni di colore locale e niente più. Si ha di mira non il passaggio da una religione ad un'altra, ma l'abbattimento delle loro differenze, quale si effettua avvicinando quelle che si chiamano le «grandi religioni monoteistiche», quindi le religioni senza alcuna eccezione, infine, facendo mostra di ritenere sufficiente la soggettiva disposizione della religiosità. La frequentazione delle sinagoghe, delle moschee, dei templi e delle chiese, le cerimonie legate alle festività, le singolari fogge di certi abiti, molti oggetti che furono di culto, ecc., tutto ciò non fa ostacolo all'avanzamento dell'illuminismo, il quale si guarda bene dall'ostacolarlo. In nessun modo la cosiddetta assimilazione può essere riguardata come qualcosa di collegato all'appartenenza ad uno Stato o ad un altro, alla vita in una certa regione o in un'altra della terra – qui determinante è il cosmopolitismo[38].

---

[38] Non appartiene al nostro proposito stabilire come l'ebraismo si comporti nei confronti dell'illuminismo, perché ci siamo assunti soltanto il compito di accertare quale sia l'atteggiamento che prende il cristianesimo, quando gli si erge contro un'intera civiltà, la quale è illuministicamente ispirata in tutte le sue manifestazioni di pensiero e di vita. Ci accontentiamo pertanto di additare, mediante un singolo esempio, quello fornito da Mendelssohn, come l'ebraismo possa mettersi per una strada, la quale, ove fosse percorsa sino in fondo, lo condurrebbe ad un esito analogo a quello a cui è andato incontro il cristianesimo. Per Mendelssohn, la differenza capitale tra il cristianesimo e l'ebraismo risiede in ciò, che il cristianesimo si presenta come una religione rivelata, mentre l'ebraismo si fa avanti come una legislazione rivelata. Che Dio sia l'essere necessario, sussistente, eterno, è detto dalla «religione universale dell'uomo», non dall'ebraismo, in cui Dio compare come quello che ha condotto il suo popolo fuori dall'Egitto, che lo ha liberato dalla schiavitù, ecc. In questa maniera Mendelssohn scava un abisso tra pure verità dottrinali, filosofiche, e regole pratiche, ma poi è obbligato a sforzarsi vanamente di ricongiungerle. Tra i meriti dei fondatori della nazione ebraica c'è quello, insigne sopra ogni altro, di aver cercato di mantenere il popolo immune da ogni idolatria e di averlo conservato nel possesso di concetti sani, incorrotti, di Dio e delle sue proprietà. Ciò comporta che i concetti dell'esistenza, dell'unicità, ecc., di Dio siano in qualche modo collegati con le norme della legislazione ebraica, e non si scorge come una tale unione possa aver luogo. Come si congiunge il Dio, che è l'essere necessario, col Dio, che ha salvato gli ebrei dalla schiavitù dell'Egitto? Accade così che Mendelssohn si trovi esposto sia alle critiche dell'ebraismo illuminista più risoluto, che gli rimprovera di fermarsi a mezza strada tra le credenze tradizionali e il puro teismo filosofico, sia alle obiezioni degli esponenti dell'ortodossia ebraica, che lo accusano di far getto della fede dei padri. La difficoltà è particolarmente grave allorché si tratta della tolleranza religiosa, perché, da una parte, si desidera la convivenza civile, ma, dall'altra,

10. *La questione razziale*

L'Europa dell'illuminismo non ha conosciuto la questione razziale come incombente problema morale e politico, perché prima della crisi dell'illuminismo la divisione del genere umano in una molteplicità di razze era oggetto o di una curiosità distaccata e a volte divertita, o di brevi osservazioni dal tono imparziale, o anche di severi studi scientifici, ma in nessun caso comportava una qualsiasi urgenza di soluzione, poco o niente di diverso dal passato scorgendosi nella situazione del presente e in quella del prossimo avvenire. Quando, invece, la questione razziale è passata, per così dire, dalla teoria alla pratica, ed è entrata nelle discussioni ideologiche e nei programmi politici, allora l'illuminismo era ormai esaurito, e nella sostanza, non era più in grado di parlare, perché, per parlare, occorre esistere, e l'illuminismo aveva, almeno momentaneamente, smarrito l'esistenza (la quale è tutti i predicati della cosa). Ciò non significa che negli illuministi non s'incontrino prese di posizione meritevoli di considerazione sulla questione delle razze umane, anzi, si trovano già negli scrittori del Settecento (per non dire di quelli dell'Ottocento) formulazioni ragguardevoli delle possibili teorie che sull'argomento è concesso proporre, ma soltanto importa che esse si presentano con l'indole di astratte e imperturbabili disquisizioni e speculazioni, invece che col carattere di faccende vitali, in cui ne va del destino dell'umanità.

In questo stato di cose, conviene subito indicare che ci sono due grandi classi di teorie intorno alla questione razziale, quella a *fondamento biologico*, e quella a *fondamento storico-culturale* (per lungo tempo si cerca di spiegare le differenti condizioni degli uomini delle diverse razze mediante il clima, e più in generale, l'ambiente naturale, oppure mediante i reggimenti politici, ma la prima spiegazione è assegnabile alla classe di teorie biologiche, come la seconda è riconducibile alla classe delle teorie storico-culturali).

Kant si propone di stabilire scientificamente quali e quante siano le razze degli uomini, incominciando col rivendicare l'indole rigorosa del concetto della razza, che, a suo dire, ha valore oggettivo, mira a ricondurre a leggi le differenze naturali, e non si basa quindi su semplici somiglianze, buone soltanto per formare delle classificazioni utili per la memoria. Non esisterebbero che quattro razze, la bianca, la negra, la mongolica o calmucca, l'indù o l'indostanica, giac-

si teme che il risultato finale sia un'informe accozzaglia dei resti delle antiche fedi. Con uno scatto d'orgoglio, Mendelssohn rifiuta una tale prospettiva: «Cari fratelli, che avete di mira il benessere degli uomini, non vi fate abbindolare... Vi viene fatto presente che l'unificazione delle fedi è la via più certa per l'amore e la tolleranza fraterna, che voi caritatevolmente desiderate nella maniera più appassionata. Se noi tutti abbiamo *una sola* fede, non possiamo più dividerci tra noi a causa della fede, della diversità delle opinioni, così l'odio e la persecuzione religiosa sono presi e tagliati alla radice, così la frusta è strappata di mano all'ipocrisia e la spada al fanatismo, e incominciano i giorni felici... Voi, persone miti che fate questa proposta, siete pronti a por mano all'opera, volete intervenire come sensali e darvi la pena filantropica di realizzare un *accordo delle fedi*, in cui si commerciano verità, come diritti, al pari di mercanzie poste in vendita» (*Jerusalem, oder Ueber religiöse Macht und Judentum*, in *Schriften zur Philosophie, Aesthetik und Apologetik*, ed. cit., Bd 1, p. 468).

ché tante sarebbero le varietà di uomini che appartengono allo stesso ceppo, che si mantengono immutate per lunghe generazioni in qualunque parte della terra si conducano, e che, mescolandosi con altre varietà, producono immancabilmente dei mezzisangue. – Dal punto di vista logico, il ricorso al concetto di mezzosangue nella definizione della razza contiene un manifesto circolo vizioso, perché esso presuppone che si sia già determinato il concetto della razza, e lo implica. D'altra parte, se si prescinde dall'idea di mezzosangue, rimane un'indicazione alquanto generica e vaga, ossia che forma una razza umana una varietà di uomini che si mantiene immutata nel corso delle generazioni, di modo che, ad accontentarsi di questa considerazione, la razza sfuma nell'indistinzione.

Allorché cerca di determinare quale sia il carattere che si trasmette immancabilmente entro una razza e che, nelle unioni tra razze diverse, dà luogo sempre e dovunque a dei sanguemisti, Kant indica in maniera risoluta il colore della pelle, e fattasi l'obiezione che la differenza del colore può apparire quasi irrilevante, risponde che, al contrario, la differenziazione della pigmentazione della pelle è il più importante mezzo di cui la natura si giova, per rendere le sue creature atte a sopportare i climi più diversi, senza avere molto bisogno di ricorrere a prodotti artificiali. Tanto convinto si mostra Kant della decisiva importanza del colore della pelle, che egli reputa tale carattere ·il solo necessario alla definizione della razza[39].

Sin qui il discorso rimane, almeno programmaticamente, sul terreno della scienza naturale, e non si colgono in esso esplicite conseguenze di carattere morale o politico. Talvolta si è preso pretesto da un'allusione di Kant al fatto che la natura si avvale delle mescolanze del bene e del male, come di molle potenti per svegliare le energie dormienti dell'umanità e per avvicinarla alla perfezione della sua destinazione, per attribuirgli un pensiero che non è il suo, ossia per fargli considerare il miscuglio delle razze un fattore di progresso. Ma Kant ha qui in mente tutt'altra cosa, e cioè intende respingere il progetto di allevare da qualche parte una generazione d'uomini molto dotati, in cui intelletto, capacità e probità siano elementi ereditari; uomini (si sottintende) di una medesima razza. Alla commistione razziale Kant si mostra sempre risolutamente contrario.

La questione delle razze è fatta rifluire dagli illuministi nel più generale problema del concorso delle cause fisiche e delle cause morali della civiltà. Preso atto con la necessaria onestà intellettuale delle radicali differenze esistenti nei diversi continenti sulla strada che conduce alla civiltà, la quale è, per gli illumi-

---

[39] Com'era da attendersi, tutto ciò ha provocato aspre e risentite critiche a Kant, le quali però non tengono conto di quanto di consapevolmente provvisorio e precario c'è nelle teorizzazioni kantiane sul tema della razza; eppure il filosofo non cessa di avvertire che i dati, di cui ancora si dispone, sono insufficienti per addurre le ragioni delle molteplici varietà presenti tra gli uomini, e di consigliare l'opportunità di attendere che si sia costituita, come scienza autonoma, una progredita «storia della natura», per sostituire alle opinioni avventate conoscenze fededegne – Gli scritti di Kant, in cui si fa più diretto e costante riferimento alla questione delle razze, sono: *Delle diverse razze di uomini* e *Determinazione del concetto di razza umana*, in *Scritti politici*, trad. it. cit., pp. 105-121 e pp. 177-193.

nisti, qualcosa di unitario, consistendo essenzialmente della modernità, e in particolare dell'inferiorità dell'Africa e dell'America precolombiana, e per certi aspetti della stessa Asia, nei confronti dell'Europa, si tratta di stabilire quale parte abbiano in queste differenze i fattori naturali, e quali invece, rivestano i fattori morali, essendo da dare per ammesso che, se il primato spetta ai primi, tali differenze sono da stimare permanenti e pressoché insuperabili, e se, al contrario, la predominanza compete ai secondi, esse sono da giudicare transitorie e oltrepassabili in un futuro più o meno lontano.

Grande peso alle cause fisiche, e tra di esse al clima, accorda Montesquieu, il quale v'insiste sopra con impareggiabile energia[40]. L'aria fredda restringe le estremità delle fibre esteriori del corpo, favorisce il ritorno del sangue verso il cuore, il quale ha maggiore forza; i liquidi così si trovano in equilibrio; i nervi si muovono solo in una piccolissima parte; il tessuto della pelle è compatto; le sensazioni pervengono al cervello soltanto se sono forti; al contrario, l'aria calda rilassa le estremità delle fibre e le allunga, diminuendone la forza e l'elasticità; le estremità dei nervi sono espanse ed esposte anche alla menoma azione degli oggetti esterni; le sensazioni sono estreme. Ne viene che i popoli dei paesi freddi hanno poca sensibilità per i piaceri, la quale è maggiore nei popoli dei paesi temperati, e massima in quelli dei paesi caldi; che quelli sono inclini al movimento, ai viaggi, alla caccia, mentre questi si allontanano dalla morale e in essi le passioni alimentano l'inclinazione ai delitti. Gli occidentali sono propensi all'azione; gli orientali sono portati alla contemplazione, tra di essi, gli indiani insegnano che la quiete e il nulla sono il principio di tutte le cose. In Europa le nazioni, a causa della conformazione dei terreni e dei fiumi, e degli altri fattori geografici, sono di forza pressoché uguale; in Asia, invece, le nazioni più potenti si trovano a ridosso di quelle più deboli; di conseguenza, in Europa non si consolidano i grandi imperi come in Asia, e nella prima si ha la libertà, nella seconda si trova la servitù.

Queste tesi di Montesquieu sulla fondamentalità delle cause fisiche nel determinare il comportamento umano non potevano non provocare riserve d'indole religiosa, giacché i teologi dovevano per forza vedervi un attentato al libero arbitrio e una professione di quello che in seguito si sarebbe chiamato il «relativismo». Montesquieu risponde che l'influenza del clima sulle azioni degli uomini è evidente, e che, se egli non l'avesse riconosciuta, sarebbe passato semplicemente per uno sciocco; che i politici possono trarre da questa indicazione degli utili insegnamenti sulla maniera di governare i loro popoli; che, ammettendo l'importanza delle cause fisiche, egli non ha inteso in nessuna maniera disconoscere l'esistenza e il rilievo delle cause morali del pensare e del fare umani; e,

---

[40] Il motivo è antico, come dimostra il caso di Aristotele, il quale vi appoggia il primato della stirpe ellenica. I popoli che abitano nei paesi freddi – dice lo Stagirita – sono coraggiosi, ma mancano d'intelligenza e di attitudini alle arti; gli asiatici sono intelligenti e industriosi, ma fiacchi e servili; la stirpe greca partecipa dei pregi degli uni e degli altri, occupando la posizione geografica centrale (*Pol.*, VII, 1327b, 20-30).

in ultimo, egli sostiene che le idee e le pratiche in genere, e quelle religiose in specie, le quali sono buone in un paese, sono buone anche negli altri, e che quelle che sono in quello cattive, sono cattive dovunque[41].

L'atteggiamento prevalente nell'illuminismo non è però quello di Montesquieu, ma uno diverso, che accorda il maggior peso ai fattori morali (soprattutto a quelli politici), e concede agli uomini di tutte le razze la possibilità d'incamminarsi e di percorrere la strada della civiltà, apertasi dapprima sul continente europeo. Per quanto dure siano parecchie espressioni che in lui si trovano, è certo che Voltaire ritiene che la civiltà non sia destinata ad incontrare ostacoli insormontabili nelle differenze razziali, giacché, per quanto rilevanti queste siano, non tolgono l'appartenenza di tutte le varietà di uomini esistenti ad un'unica specie, quella degli esseri ragionevoli. Le condizioni d'inferiorità, in cui versano parecchi popoli, particolarmente quelli africani, possono bensì durare a lungo, ma non possono essere eterne. Indubbiamente occorre un concorso di circostanze favorevoli, che si mantenga per lungo tempo, perché si costituiscano grandi società di uomini, perché sorgano degli Stati potenti, perché si ritrovino il linguaggio, le arti, le scienze, ma una volta che una tale convergenza si attui, il suo esito è immancabile. Al presente ci sono in Africa esseri umani che ignorano ogni arte, che a stento sembrano distinguersi dai bruti; è questione di saper attendere[42]. Diderot, pur con notevoli oscillazioni, incertezze e contraddizioni, contesta che il cima abbia una grande importanza e afferma la prevalenza dell'elemento politico (senza di essa il suo riformismo sarebbe del tutto incom-

---

[41] Queste repliche sono piuttosto convenzionali e prevedibili, al pari delle obiezioni, a cui sono indirizzate, le quali non individuano i veri limiti delle idee di Montesquieu. È indubbio che Montesquieu, nonostante tutta la sua insistenza nel sottolineare come le cause fisiche producano un'immensa serie di effetti, non intende disconoscere l'efficacia delle cause ideali, intellettuali e morali, del comportamento degli individui e dei popoli. Ciò che non si riesce a scorgere è come queste due serie di cause si atteggino l'una rispetto all'altra. Quando sono considerate le cause fisiche, quelle morali sono tralasciate; allorché si fa appello alle cause morali, sono quelle fisiche ad essere ridotte a un niente. La cooperazione delle cause non è mai colta.

[42] Tutta l'insistenza che Voltaire pone nel ribadire che i negri dell'Africa non hanno alcuna idea di Dio, che non possono dirsi atei, nell'accezione corrente del termine, unicamente per la ragione che, non avendo l'idea di Dio, non sono in grado di negarne l'esistenza, che tra gli aborigeni americani ce ne sono di quelli che non hanno alcun culto, non deve trarre in inganno. Voltaire non sta tanto mettendo allo scoperto le condizioni primordiali di alcune razze umane, quanto sta obliquamente polemizzando contro l'argomento ciceroniano del *consensus gentium* dell'esistenza di Dio (che era entrato, quantunque in posizione subordinata rispetto alle prove metafisiche, nell'armamentario degli argomenti dell'esistenza di Dio). Voltaire si avvale in parecchie maniere delle differenze razziali e del trattamento che l'Europa cristiana riserva ai negri e ai pellirosse, per combattere la religione dominante. I nostri saggi, egli dice, sostengono che l'uomo è l'immagine di Dio, graziosa immagine dell'Essere Supremo un naso nero schiacciato; annunciamo ai negri che sono i nostri fratelli, che sono stati, come noi, redenti dal sangue di Cristo, e li rendiamo schiavi; prendiamo pretesto dall'ignoranza della proprietà privata in cui certi selvaggi si trovano, per dichiararli pirati e sentirci autorizzati a sterminarli; i cattolicissimi Spagnoli si sono serviti degli americani come di bestie da soma e ne hanno fatti perire dodici milioni.

prensibile). I costumi, egli dice, sono effetti del governo e della legislazione; l'influenza del clima è innegabile, ma non va esagerata; ci sono schiavi al polo nord, dove fa molto freddo, e ci sono schiavi a Costantinopoli, dove fa molto caldo. Ciò che dovunque conta è lo spirito che guida le leggi; se è uno spirito di umanità, di dolcezza, di buonafede, d'amore, non c'è popolo che non abbia buoni costumi; la differenza radicale è quindi quella della bontà o della malvagità della legislazione.

Helvétius (il quale è molto più reciso di Diderot sull'argomento) riconosce quasi soltanto le leggi come causa dei costumi dei popoli, giacché – egli sostiene – tutti gli uomini hanno gli stessi sensi, la stessa conformazione fisica, le stesse disposizioni dello spirito; pertanto, le diversità che si riscontrano nell'aspetto, p. es., tra i Cinesi e gli Svedesi, non hanno veruna portata sul loro spirito, che è, invece, determinato dalle legislazioni vigenti presso gli uni e presso gli altri. Helvétius è tanto risoluto, da riportare alla forma di governo persino l'allegorismo tipico delle opere d'arte degli orientali. Il suo empirismo, per cui tutto viene dall'esterno, spinge manifestamente in questa direzione di pensiero. La vera causa dell'inuguaglianza degli spiriti va riposta nel morale, non nel fisico; la tesi opposta, che fa appello alle differenze dell'aria e del clima, è smentita dall'esperienza e dalla storia. Il clima è rimasto all'incirca costante nel seguito degli ultimi secoli, eppure i Romani tanto audaci, valorosi, magnanimi, con un governo repubblicano, sono diventati effeminati e molli sotto il reggimento ecclesiastico; qualcosa di analogo è accaduto per i Greci, un tempo commendevoli per le scienze e le arti, al presente privi di virtù, per l'asservimento al dispotismo orientale.

In maniera analoga Condorcet, nel quale si trova una delle formulazioni più elaborate e meglio argomentate del tema della razze, non dubita che i selvaggi ignoranti, le barbare tribù africane, le nazioni schiave, si avvicineranno un giorno ai popoli più illuminati, più affrancati dai pregiudizi, più liberi, come sono i Francesi e gli Anglo-Americani, e che i destini futuri della specie umana saranno dovunque i medesimi. Le nazioni europee non potranno non assecondare i progressi delle colonie, portandole all'indipendenza, finiranno i monopoli commerciali, cesserà il disprezzo per gli uomini di diverso colore, uomini industriosi s'insedieranno in mezzo ai popoli arretrati e vi stabiliranno nuove coltivazioni e vi diffonderanno i lumi e la ragione. I progressi saranno ora più rapidi e ora più lenti, in un luogo più decisi e in un altro più incerti; i popoli che ancora versano nell'ignoranza avranno su di noi almeno questo vantaggio, che essi riceveranno da noi quello che noi siamo stati costretti a scoprire, e in questa maniera il sole non illuminerà sulla terra che uomini liberi. Si faccia pure il debito conto all'enfasi oratoria che detta queste affermazioni, ma non si concluda che Condorcet si abbandona ad aspettative del tutto chimeriche. Ciò che Condorcet traccia, con l'entusiasmo del seguace di una fede religiosa, non è altro che il processo dell'occidentalizzazione del mondo e dell'instaurazione di una civiltà planetaria, sotto le insegne dell'illuminismo, il quale deve presentarsi come lo scopo di sé medesimo (a quel modo che tutte le precedenti religioni avevano fatto), ed entro una civiltà planetaria le differenze razziali, se anche permangono, sono compatibili con la fondamentale uguaglianza umana.

Necessariamente diversa appare la posizione di Lamarck, il quale, da biologo, deve accordare un grande rilievo alla lotta, che è un elemento sempre presente nella vita degli animali e degli uomini, essendo noto che gli esseri più forti e meglio armati mangiano quelli più deboli e peggio forniti di armi, e che le specie più grandi divorano quelle più piccole. Realisticamente Lamarck ammette che l'uomo è perpetuamente in guerra con i propri simili e si chiede se l'umanità non sia destinata a distruggersi con le proprie mani, dopo aver reso inabitabile il pianeta. Come nell'antico atomismo di Leucippo e di Democrito, il bisogno e la necessità sono i protagonisti delle vicende delle specie animali e di quella umana: a decidere sono le mani e i piedi, i muscoli e i nervi, la capacità di camminare e quella di arrampicarsi sugli alberi, sotto il dominio delle circostanze, che la fanno da padrone. È, infatti, dalle circostanze che dipendono i maggiori o minori bisogni, il variare della loro intensità e della loro forma; l'animale che si trasforma in uomo è essenzialmente un quadrupede che diventa bimane. I rapporti dell'uomo con le altre specie animali sono improntati al conflitto, perché l'uomo mira alla supremazia (la stessa acquisizione della stazione eretta, da parte sua, è dovuta al bisogno di vedere dall'alto per ogni lato, per poter meglio lottare); il successo dell'uomo in questa lotta è la causa che ha bloccato il miglioramento e il progresso degli animali. Da queste affermazioni non si debbono però trarre illazioni sbagliate, giacché il conflitto è solamente un elemento secondario nelle relazioni degli uomini tra loro. Lungi dall'essere il tutto, il particolare elemento del conflitto è pienamente compatibile con la convivenza umana, alla quale può, anzi, in definitiva, giovare[43]. E Lamarck sottolinea in continuazione come i rapporti tra gli uomini possano essere improntati all'indulgenza, alla tolleranza, alla bontà, all'utilità, all'amore del pubblico bene, e non cessa di raccomandare e d'inculcare questi ideali, che sono quelli di tutti gli illuministi. L'esempio di Lamarck conferma che le teorie dell'evoluzione (s'intende, come s'incontrano entro l'illuminismo, giacché l'evoluzionismo è suscettibile di ricevere numerose formulazioni, alcune delle quali riescono estranee e ripugnanti ad ogni spirito illuminato) non hanno niente da spartire con la teoria e con la pratica della violenza politica e sociale. Finché l'evoluzione è considerata come un processo ascensionale, finché le è attribuita una direzione che va dal basso verso l'alto, gli esseri superiori, e cioè gli uomini nei confronti degli animali, si ripiegano con simpatia e con affetto verso le creature che li hanno preparati e preceduti, come con affetto e simpatia si guardano i

---

[43] «È vero – dice Lamarck – che l'intelligenza molto sviluppata fornisce a quelli che la possiedono grandi mezzi per sopraffare,· dominare, asservire e spesso opprimere il prossimo (cosa che farebbe giudicare questa facoltà più nociva che utile alla felicità comune di ogni consorzio civile, poiché la civiltà comporta un'immensa disparità intellettuale), ma è anche vero che la stessa intelligenza sviluppata in alto grado favorisce e fortifica la ragione, fa fruttare l'esperienza, conduce insomma alla vera filosofia e, sotto questo profilo, indennizza ampiamente coloro che ne dispongono» (*Introduzione alla Storia naturale degli invertebrati*, trad. it. cit., p. 298).

propri antenati. E un simile atteggiamento non possono non prendere i grandi uomini, i geni dell'arte, della scienza, della politica, verso il popolo, volgendo le proprie creazioni, le proprie scoperte, i propri architettamenti, allo scopo della comune elevazione umana.

Già nell'illuminismo della prima ondata appaiono, dunque, le due principali classi d'interpretazione delle differenze razziali e del loro posto entro il divenire della società, quella biologica e quella storico-culturale. Secondo le interpretazioni a fondamento biologico, l'iniziativa umana nel campo delle questioni razziali deve fare i conti con fattori naturali, cercare di aggirarli e, nella misura del possibile, di neutralizzarli e di sormontarli, dopo di che può esercitarsi in maniera più ampia nell'edificazione della società. Il peso della costituzione naturale non è assoluto, e può essere superato, nondimeno esiste nel presente e non è facile intendere come possa essere eliminato nell'avvenire; il fare è condizionato dall'essere, l'agire è correlativo al patire in ogni sfera della realtà; da nessuna parte è consentito deliberare come se l'uomo fosse esente da tutti i vincoli che lo astringono al suo essere fatto così e così, nemmeno nella questione razziale. Più articolate e mosse sono le interpretazioni storico-culturali, le quali concedono anch'esse che quello della razza è di per se stesso un concetto biologico (ciò, infatti, va da sé), ma accordano un maggior posto all'intervento umano, alla politica, alla legislazione, nelle innumerevoli questioni razziali che possono presentarsi. Il confine tra queste due classi d'interpretazione non è, in linea di fatto, così netto come la loro formulazione generale potrebbe di diritto indurre a ritenere, e a favorire l'incertezza delle frontiere interviene, come si è detto, la circostanza che si tralascia di osservare solitamente la distinzione tra la «razza» e la «stirpe». Si potrebbe dire che le interpretazioni a fondamento biologico tendono a riportare le stirpi alle razze, mentre quelle a fondamento storico-culturale prendono l'atteggiamento inverso e configurano le questioni razziali come se fossero questioni di stirpi.

Tutto ciò riuscirebbe difficilmente comprensibile, se non si tenesse per fermo che i giudizi sulle razze sono, nell'intera loro estensione, insieme e indivisibilmente, giudizi di valore e giudizi descrittivi, e che l'elemento prescrittivo è da essi ineliminabile. Sin dall'inizio, si danno, in tutti i giudizi che si formulano, delle risposte, implicite o esplicite (e il più delle volte implicite), anche alle due seguenti domande: quale posizione si deve assumere nei confronti dei diversi gruppi umani, che si dicono le razze? Che cosa c'è da attendersi per il futuro da questo importante aspetto della convivenza degli uomini sulla terra? Non c'è osservazione, per quanto spassionata voglia presumersi, che possa prescindere, sia pure per un istante, dal desiderio e dalla prescrizione, che un'attenta analisi riesce a mostrare sempre e dovunque presente. Orbene, le due classi menzionate d'interpretazione convergono nell'illuminismo in ciò, che esse accordano il primato alle ragioni dell'umanità sopra le ragioni della biologia, e sotto questo proposito le interpretazioni biologiche non sono meno recise di quelle storico-culturali.

Ciò è provato dagli assunti che intorno alla questione razziale propongono gli illuministi della seconda ondata, in cui si trovano grandemente sviluppate le tesi già propugnate dagli illuministi della prima (e insieme sono eliminate certe punte, che in quelli ritenevano il carattere dello scherzo o della facezia, anziché avere l'indole dell'investigazione scientifica e del disegno di un conveniente assetto della collettività). Tra i pensatori dell'Ottocento, uno dei più vicini ai *philosophes* di un secolo prima è John Stuart Mill, il quale rifugge, al pari di essi, dall'ipocrisia di sostenere l'uguaglianza nel presente dei popoli delle diverse razze, ma reputa anch'egli che in futuro le cose andranno diversamente. Mill è fermo nell'asserire che non ci si può basare su quanto è accaduto in passato e accade ai nostri giorni, per sentenziare su quanto accadrà in avvenire, e allorché vuole addurre l'esempio d'una grossolana e arrischiata generalizzazione, che non obbedisce minimamente ai canoni della vera e rigorosa induzione, cita quello per cui, non avendo certe popolazioni finora prodotto niente di grandioso, esse non lo produrranno nemmeno nel futuro. Ma ciò che maggiormente interessa è cogliere il collegamento tra l'idea di progresso, l'ideale dell'uguaglianza umana e la crescente eliminazione delle barriere sociali e razziali, che Mill fa valere[44].

Potrebbe parere che Comte attribuisca un primato all'organizzazione caratteristica della razza bianca (come anche che egli stimi l'Europa la sede privilegiata della civiltà), ma, se questa sua tendenza è innegabile a proposito delle qualità intellettuali, interamente diverso è il suo orientamento nei riguardi delle doti sentimentali e delle virtù pratiche. I neri sono immensamente superiori ai bianchi per il sentimento; i gialli prevalgono sugli altri per l'attività; si deve quindi auspicare che il concorso delle tre razze principali, speculativa, affettiva, ed attiva, trasformi le «odiose animosità in nuove fonti dell'armonia universale». A causa delle condizioni profittevoli, di cui l'Europa ha goduto, essa è potuta diventare il luogo essenziale del processo di civilizzazione, l'avanguardia dell'umanità, e i popoli del vecchio continente già si avviano a formare una grande repubblica, ma a quel modo in cui l'avanguardia è seguita dall'esercito e agli antesignani tengono dietro gli altri legionari, così il fior fiore del genere umano sarà accompagnato nel suo percorso da tutti i popoli del pianeta. Il sistema coloniale è un grandioso movimento, che ha avvicinato le popolazioni della terra, anche se il suo splendore è stato offuscato sia dall'avidità europea, sia dal cristianesimo decadente, che hanno portato allo sterminio di intere razze. Ma pur con questi deplorevoli svolgimenti, non è da dubitare che l'espansionismo coloniale abbia concorso ad accelerare lo sviluppo della civiltà, così che ormai è evidente la tendenza a realizzare «l'unità sociale dell'insieme della nostra specie»[45].

---

[44] «Tutta quanta la storia del progresso sociale – dice Mill – è una serie di transizioni mediante le quali un costume o un'istituzione dopo l'altra, mentre prima erano considerate necessità fondamentali per l'esistenza sociale, scadono al rango di ingiustizie e di tirannie universalmente stigmatizzate come tali. Questo è quello che è successo con le distinzioni tra schiavi e uomini liberi, tra nobili e servi, tra patrizi e plebei; e così sarà, ed in parte già lo è, con le aristocrazie di colore, di razza e di sesso» (*Utilitarismo*, trad. it. E. Musacchio, Bologna, 1981, pp. 118-119).

[45] Quando questo scopo sarà raggiunto, si conseguirà (conclude Comte) «una fraternità

Con Spencer l'evoluzionismo, che negli autori sin qui considerati o non compare o occupa un posto subordinato, viene recisamente in primo piano; nondimeno l'impostazione e la soluzione della questione razziale non subiscono essenziali differenziazioni; segno indubbio, questo, che la comune ispirazione illuministica tempera i divari, anche se ogni pensatore mantiene un accento suo proprio, inconfondibile con quello di ogni altro. Nella maniera richiesta dal principio dell'evoluzione, che è passaggio dall'omogeneo all'eterogeneo, l'uomo è da Spencer considerato come l'essere vivente più recente e più eterogeneo, e le varietà razziali sono riguardate come moltiplicazioni e differenziazioni necessarie all'avanzamento della specie. Gli uomini inciviliti si allontanano dal tipo generale dei mammiferi placentali maggiormente di quel che non facciano i selvaggi; oltre le differenze corporee, ci sono quelle mentali, e per queste seconde, bisogna riconoscere che i primitivi sono dominati da emozioni dispotiche, le quali non danno loro tregua; per siffatto riguardo gli adulti selvaggi si comportano come i fanciulli civilizzati, giacché gli uomini civili adulti sono in grado di signoreggiare le loro passioni. Ciò nonostante, il comportamento del primitivo è del tutto razionale; egli fa, nelle condizioni in cui si trova, precisamente quello che deve fare, e sotto questa visuale, il civilizzato non può compiere alcunché di diverso. Nessuno, presso i popoli civili, a quel che sembra, disprezza i neonati, perché hanno la parte inferiore del corpo meno sviluppata di quella superiore; nessuno vilipende i fanciulli, a causa del loro comportamento irrequieto; parimenti assurdo sarebbe disprezzare, vilipendere, conculcare i selvaggi, che saranno diventati civili, allorché gli odierni civilizzati si saranno forse incamminati sulla strada della vecchiaia, la quale c'è per i popoli come c'è per gli individui[46].

Tesi somiglianti sime a queste sono esposte da Darwin, anche se Darwin parla il linguaggio del naturalista e incentra la sua trattazione del problema razziale sull'aspetto biologico, e soltanto da esso muove per delle considerazioni di carattere filosofico generale, mentre Spencer segue l'inverso percorso e parte da un evoluzionismo onnicomprensivo dell'ordine dei fenomeni per scendere alle questioni biologiche. Darwin sottolinea vigorosamente le differenze esistenti fra le razze umane, le quali sono così grandi, egli dice, che alcuni naturalisti hanno ragionato di parecchie e distinte specie di uomini; sarebbe più corretto discorre-

---

veramente universale, invece di restare dominati essenzialmente da un odio feroce o da una cupidigia insaziabile» (*Cours de philosophie positive. Sixième volume. Complément de la philosophie sociale et conclusions générales*, cit., p. 570).

[46] Non l'evoluzionismo, bensì il creazionismo può avanzare pretese di superiorità razziale originaria e permanente, che sono assurde nell'assunto che dovunque il superiore deriva dall'inferiore, e si ha un perpetuo avvicendamento, per cui all'evoluzione tiene dietro la dissoluzione, e non c'è un qualsiasi assetto definitivo dei viventi. Soltanto «quelli che credono nella creazione per opera divina – dice Spencer – possono sostenere logicamente che i popoli ariani o semitici furono naturalmente dotati di concetti più elevati che non i popoli turanici: se le specie degli animali furono create con differenze fondamentali, anche le varietà degli uomini possono essere state create nello stesso modo» (*Principi di sociologia*, trad. it. cit., p. 361).

re di «sottospecie», ma il vocabolo «razza» è così diffuso per lunga abitudine, che è da ritenere che continuerà ad essere quello preferito. Dal punto di vista non terminologico, bensì concettuale, l'interrogativo sulla definizione delle differenze dei gruppi umani non può avere per il momento risposta, ma deve restare indeciso, giacché non si possiede ancora una definizione di specie tanto buona da essere comunemente accettata. Le classificazioni degli esseri viventi possono, per qualche parte, essere provvisorie, ma non sono arbitrarie come i raggruppamenti delle stelle in costellazioni, sibbene hanno un fondamento nella realtà delle cose; le specie più comuni sono quelle che variano di più, le varietà sono specie incipienti, che si trasformano alla fine in specie nuove e distinte, destinate a diventare dominanti. Esistono dovunque in natura razze inferiori e razze superiori, e in ogni luogo si osserva la tendenza delle seconde a soppiantare le prime, facendo valere forme più avanzate di vita.

Nel caso degli uomini immensa è la distanza che separa i popoli selvaggi dalle nazioni incivilite, così che è impossibile compiere una descrizione adeguata dei loro diversi modi di esistere. Vedendo il selvaggio nel suo ambiente natio, ossia nelle condizioni più misere e primitive, spesso col corpo nudo, imbrattato di pitture, coi capelli intricati, la bocca contorta dall'eccitazione, l'aspetto sgomento, si è presi da un attonito stupore, da cui si tarda a riaversi. Lo sconcerto aumenta, se si considera l'aspetto morale, il costume, le abitudini di vita dei selvaggi, che trattano le mogli come schiave, praticano senza ritegno l'infanticidio, sono sempre pronti a torturare e ad uccidere chiunque non faccia parte della loro piccola tribù dimostrandosi senza un briciolo di pietà, in preda ad una superstizione per noi difficilmente comprensibile. È difficile trovare colori più crudi e più foschi di quelli con cui Darwin tenta di tracciare un quadro della desolazione dell'esistenza propria dei selvaggi. Nondimeno, costoro sono ancora oggi quel che i progenitori dei popoli più avanzati nel cammino della civiltà furono un tempo, e questo fatto è sufficiente ad escludere qualsiasi atteggiamento di arroganza nei loro confronti, che è, del resto, già inammissibile nei riguardi degli animali, poiché il sangue che scorre nelle vene dell'uomo è l'erede di quello che scorre nelle vene degli animali più umili. Tradizionalmente si riteneva che il ridere fosse proprio dell'uomo, e questo privilegio dalla biologia era stato trasportato nella logica, ma il vanto è infondato, perché ci sono numerose razze di scimmie che emettono quei suoni che noi chiamiamo il «riso» (caso mai, se c'è un tratto differenziante dell'uomo e dell'animale, si tratta del rossore, giacché è arduo riscontrare delle bestie che arrossiscono). La selezione naturale è in tutta la natura all'opera perché le razze più progredite soppiantino quelle che sono rimaste indietro; innumerevoli tribù sono state annientate nella lotta con tribù meglio organizzate; così, l'umanità più avanzata sostituirà un giorno quella primitiva, e la civiltà diventerà allora possesso comune di tutti gli uomini.

Per intendere il vero significato di queste recise affermazioni, occorre riflettere che «lotta per l'esistenza», «selezione naturale», come anche «sopravvivenza dei più adatti», e altre parole d'ordine dell'evoluzionismo ottocentesco, sono espressioni di suono innegabilmente pauroso, ma anche del tutto generiche, finché non si stabilisce quali siano di volta in volta le forme peculiari che codesta lotta, codesta selezione, assumono, quale sia la sopravvivenza di cui determinatamente si tratta in un luogo, in un tempo, anziché in altri. Orbene, per Darwin, la crudeltà è una caratteristica propria della vita selvaggia, è presso i primitivi che la lotta ha il senso del ferimento, della tortura, dell'uccisione del nemico; è qui che la selezione è letteralmente *mors tua, vita mea*; è in un tale mondo che la sopravvivenza, che è messa in questione, è quella fisica. Nelle nazioni incivilite, quanto ai rapporti esistenti tra loro e alle stesse relazioni con i selvaggi, tali manifestazioni primordiali del divenire naturale e delle leggi che lo governano, sono in via di superamento, e tutto lascia ritenere che stiano per essere soppiantate da forme più umane dell'eterna contesa che contraddistingue ogni vita, la quale ne ha bisogno perché senza contesa non ci sarebbe progresso. La concorrenza industriale conduce al trionfo alcune imprese e determina la scomparsa di certe altre, ma gli imprenditori in nessun caso ci rimettono la vita, ciò non capita nemmeno ai lavoranti, ma gli uni e gli altri, smessa un'attività, ne cominciano un'altra, in cui avranno magari un considerevole successo. La gara nelle scoperte scientifiche, nell'invenzione delle arti, nella costruzione delle macchine, consacra la fama di alcuni e lascia in ombra altri, che però seguitano indisturbati a vivere, e se sono tenaci nei loro propositi, accorda loro molte volte la possibilità di rifarsi della momentanea sconfitta. I governanti debbono pur in qualche maniera essere scelti, ma modernamente non c'è bisogno delle guerre civili e nemmeno si ricorre ai duelli, bensì sono sufficienti le elezioni, e si vorrà speditamente riconoscere che la scheda elettorale è un'arma assai mite e incruenta (eppure giustamente si dice che quanti non vengono eletti, sono eliminati; non si deve nemmeno sostenere che si è in presenza di una eliminazione metaforica; essa, al contrario, è propria; soltanto non si tratta di quella eliminazione che consiste nello spegnere la vita dell'organismo psicofisico, ma di alcunché d'interamente diverso). Col passare del tempo sempre più si diffonderà tra gli uomini la filantropia, che si alimenta del sentimento della simpatia, il quale non è innato, ma acquisito, e ciò nonostante, una volta che si abbia, è il fondamento sicuro del prevalere delle virtù morali[47].

---

[47] Smith economista e filosofo morale riceve attenzione e ascolto da parte di Darwin, che sostiene che il genere umano pratica da tempi immemorabili una qualche divisione del lavoro, e ancora maggior peso attribuisce alla simpatia: «Havvi un altro e molto più potente incitamento allo sviluppo delle virtù sociali, ed è la lode e il biasimo dei nostri confratelli. L'amore della approvazione e il timore dell'infamia, come pure il dar lode o biasimo, sono dovuti all'istinto della simpatia; e questo istinto venne senza dubbio acquistato in origine, come tutti gli altri istinti, mercé la scelta naturale» (*L'origine dell'uomo e la scelta in rapporto al sesso*, trad. it. M. Lessona, Torino-Napoli, 1871, p. 123). La portata della morale della simpatia è così ampia in Darwin da condurlo a condannare la tratta degli schiavi, ad augurarsi con sincera commozione la sua abolizione, a riconoscere che non soltanto le leggi naturali, ma anche le istituzioni sociali hanno il loro peso nel determinare le condizioni di vita degli uomini, ad additare nell'impero inglese un fattore d'incivilimento dei popoli arretrati (ed è innegabile che il colonialismo è stato una rude, ma vantaggiosa scuola dell'occidentalizzazione del mondo). Le tesi di Darwin sulle razze umane sono, com'è noto, profondamente influenzate da Malthus, ma anche per Malthus, quando si tratta dell'umanità progredita (sia in se stessa, sia nei suoi rapporti

Come si scorge facilmente, gli illuministi del Settecento e dell'Ottocento considerano in genere la questione razziale senza pregiudizi, si mostrano disposti a rimettersi all'esperienza storica, la quale proverà, mediante i fatti, in un avvenire ormai prossimo, se abbiano ragione quanti reputano che le diverse condizioni dei popoli siano determinate in primo luogo da fattori biologici irriducibili, oppure se la verità stia dalla parte di coloro che giudicano fondamentali la politica e la legislazione, che, se non possono proprio tutto, come troppo ardimentosi fautori di riforme sono pronti a vagheggiare, nondimeno occupano una parte cospicua nel divenire della civiltà. Comunque vadano le cose, si giudica indubbio (e di conseguenza, si lascia il più delle volte implicito) che gli individui e i popoli delle razze diverse da quella bianca assumeranno i posti che le loro capacità assegneranno ad essi entro una civiltà complessiva, la quale è quella prodotta dalla razza bianca, e tale è destinata a rimanere nei suoi caratteri essenziali. Questa civiltà è fatta di lingue, di costumi morali, di costituzioni e di assetti di vita politica, oltre che d'industrie e di commerci, in breve, di economia; tutte cose che prevarranno, mentre quelle con esse incompatibili scompariranno dalla faccia della terra. Secondo il pensiero dell'illuminismo, la civiltà planetaria è la civiltà affermatasi prima in Europa, e poi, in maniera eminente, nell'America settentrionale; ad essa gli uomini delle altre razze sono chiamati ad adeguarsi, arrecando soltanto elementi secondari e trascurabili delle loro originarie culture.

11. *Le guerre, gli imperi e le paci*

Anche nel tempo che precede l'avvento dell'illuminismo, la guerra è riguardata, quasi sempre, come apportatrice di calamità per i singoli, le famiglie, i popoli; tutt'al più la guerra si considera come una necessità, a cui l'umanità non riesce a sottrarsi. Nell'antichità Platone, che pur torna in continuazione con sempre nuovi precetti sull'educazione dei guerrieri, è un severo critico della Sparta militarista, che si vanta di tutti dominatrice, ma è serva della guerra, nella quale non c'è niente che possa dilettare, niente che abbia valore educativo,

---

con l'umanità primitiva) si può operare con i soli strumenti dell'educazione, dell'istruzione e della morale, gli unici rispondenti agli scopi che si vogliono conseguire – Tutto ciò mostra che l'abitudine invalsa di recente tra gli storici di chiamare in causa un preteso «darwinismo sociale», allo scopo di spiegare come si siano potute compiere le peggiori nefandezze in fatto di politica razziale, è basata su un travisamento delle idee di Darwin e suona ingiuriosa nei confronti del grande naturalista. Non si può dire che certe espressioni e formulazioni che s'incontrano negli scritti di Darwin, sono tutt'altro che filantropiche, e meno che mai è consentito sostenere che tesi analoghe alla sue potevano essere riprese altrove e dar luogo a lotte razziali condotte all'insegna della ferocia. A decidere non sono le parole, ma le idee, non i singoli pensieri a sé stanti, ma i contesti, ossia i punti di vista nella loro intierezza, e tra i punti di vista non si fanno scambi, non si eseguono imprestiti, per la ragione che la loro reciproca influenza consiste soltanto in ciò, che, quando un punto di vista s'incrementa e si diffonde, gli altri si estenuano e si contraggono.

così che, quando si è costretti ad intraprenderla, bisogna affrontarla col pensiero rivolto alla pace, che è la condizione permanente e normale dell'umanità. Analogamente Aristotele afferma che si fa la guerra allo scopo di trascorrere poi la vita in pace, che le attività belliche impediscono un'esistenza libera da preoccupazioni, che nessuno sceglie la guerra per la guerra, e che se mai uno volesse una guerra fine a se stessa, in maniera che abbiano luogo battaglie e uccisioni, costui passerebbe per un individuo sanguinario, per un vero e proprio assassino affetto da pazzia. Gli statisti debbono legiferare, tenendo conto di tutto questo, e distinguendo con precisione le cose utili e le cose belle, le quali ultime sono da preferire, e tra le cose belle spiccano, per dignità, la tranquillità e la pace. Nei secoli cristiani si reputa la guerra un flagello e si domanda a Dio il favore inestimabile della pace, soltanto nella quale gli uomini hanno l'agio di attendere alla cura dell'anima e di mirare alla salvezza eterna. Si circonda di limitazioni e di divieti la partecipazione dei fedeli alle attività militari. Si odono i precetti (suscettibili però di ricevere parecchie interpretazioni), che comandano di non far resistenza al malvagio, di non vendicarsi da se stessi ma di lasciare il posto all'ira divina, e sopra tutte risuona l'ammonizione: coloro che si servono della spada, periranno di spada. Ai chierici e, soprattutto, ai vescovi viene fatto formale divieto di combattere, perché i «soldati di Dio» si debbono tenere lontani dagli affari mondani, e a quanti attendono al sacro ministero dell'altare, in cui in maniera incruenta si rappresenta la passione di Cristo, non può essere consentito di prendere parte alle battaglie, in cui si versa il sangue degli uomini[48].

Nonostante questa concorde tradizione che privilegia la pace sulla guerra, l'accento con cui suona la voce degli illuministi è diverso e nuovo; l'illuminismo non si limita a deprecare la guerra e ad auspicare la pace (che è un'occupazione generica e può diventare un esercizio di retorica), sibbene, per la prima volta, prende una strada che lo condurrà, in ultimo, a studiarsi di bandire la

---

[48] Gli scrittori cristiani desumono dagli antichi, e soprattutto da Cicerone, la distinzione tra guerre giuste e guerre ingiuste, a cui arrecano originali svolgimenti. Secondo Cicerone, guerre giuste sono quelle che s'intraprendono per una ragione legittima, ossia per mantenere fede a un impegno, o per salvarsi o per vendicarsi, o per respingere i nemici. Per prima cosa, una guerra, se deve essere giusta, va intimata e dichiarata (la giustizia di guerra è religiosamente prescritta dal diritto feziale del popolo romano). Le condizioni che i teologi cristiani pongono perché una guerra sia giusta, sono molto restrittive. San Tommaso elenca tre requisiti della guerra giusta: 1) l'autorità del principe, per il cui comando si conduce; 2) la causa giusta, ossia che quelli che vengono combattuti per qualche loro colpa, meritino effettivamente di essere combattuti; 3) l'intenzione retta, che deve essere quella di promuovere il bene e di evitare il male. – Naturalmente, occorre distinguere con ogni cura le guerre, che gli Stati cristiani combattono fra di loro, dalle guerre che essi intraprendono contro i pagani, gli eretici, gli scismatici, e altri nemici della vera fede. Le guerre intestine degli Stati cristiani sono lamentevoli, la Chiesa non cessa d'instillare nei popoli cristiani l'ideale della pace, i papi non perdono occasione di mettere il bene tra i principi, qualche Concilio si studia di mettere al bando l'impiego delle armi più distruttive e crudeli. Invece, le guerre contro i pagani fanno parte della missione del cristianesimo; in particolare, le guerre contro l'islamismo, qualora siano indette dal papa, sono sante; la partecipazione alle Crociate è meritoria, la morte in esse equivale al martirio, ed è quindi sicura garanzia di eterna salvezza.

guerra dal mondo e d'instaurare un ordinamento pacifico che abbia dimensioni planetarie. Tra le ragioni che dettano questo atteggiamento è da collocare al primo posto l'eliminazione della destinazione soprannaturale, che il cristianesimo aveva assegnato all'esistenza umana, alla quale vengono riconosciuti adesso soltanto scopi terreni e mondani, e per ciò stesso limitati. Non c'è più posto per le passioni estreme, che vengono eccitate negli animi dalle rappresentazioni della beatitudine celeste e della dannazione infernale; gli uomini possono proporsi soltanto fini ristretti, aspirare ad una felicità relativa, temere soltanto mali ugualmente circoscritti; tutte cose atte a temperare le emozioni e a farle rifuggire dall'esaltazione e dal fanatismo. D'altra parte, la filantropia, che ha preso il posto dell'amore cristiano, rende edotti che la condizione impreteribile, a cui bisogna sottostare, per aver soddisfatti i propri desideri e bisogni, è di soddisfare i desideri e i bisogni altrui nella più estesa dimensione possibile; questa convinzione è manifestamente atta a incoraggiare comportamenti pacifici. Nella stessa direzione operano la grande importanza attribuita all'economia e la mentalità commerciale che è da essa istillata. Le guerre distruggono le ricchezze, impediscono od ostacolano i commerci, che prosperano con la pace. Certamente, accade talvolta che i commerci provochino delle guerre, ma lo spirito commerciale è di per se stesso contrario allo spirito guerresco e idoneo a ispirare costumi pacifici. Quanto più le nazioni commerciano tra loro, tanto più si rendono dipendenti le une dalle altre, e così provvedono alla comune utilità, giacché come ci sono nazioni che hanno interesse a vendere, ci sono nazioni che hanno interesse a comprare. Si aggiunge che il commerciante (e cioè, l'uomo d'affari in genere) è portato a transigere, a suggerire compromessi: discutere, trattare, giungere ad un accordo; questa è la sua parola d'ordine; egli ricorre alle armi soltanto se non può fare altrimenti. L'utilitarismo, che caratterizza la morale dell'illuminismo, dà il suggello finale a questa inclinazione alla pace, giacché, come ci è noto, l'utilitarismo concepisce il bene e il merito come il vantaggio, e il male e la colpa come il danno, e vantaggi e colpe si possono sottoporre a calcoli, e già in questa maniera moderare e ridurre. Poiché le guerre sorgono immancabilmente dal desiderio di alcuni popoli di punire le colpe, che essi scorgono in altri popoli, i quali, a loro volta, li ripagano di uguale moneta[49], ne viene la tendenza del-

---

[49] I filosofi e gli storici antichi hanno scorto, più e meglio dei filosofi e degli storici moderni, che le guerre si fanno allo scopo di punire le colpe, che si riscontrano in quelli che, per questa ragione, si chiamano i «nemici», i quali – sebbene ingiustamente (ognora dalla visuale di chi in tal modo pensa e agisce) – si comportano ugualmente, dicono nemici gli altri, si armano e combattono contro di essi. Le altre cause della guerra (tra cui è da menzionare l'aumento repentino ed elevato della popolazione degli Stati, come osserva Platone), anziché vere e proprie cause, sono piuttosto occasioni delle guerre. È, infatti, evidente che quanto maggiore è il numero degli abitanti degli Stati, tanto più facile è che si verifichi il caso che essi si colgano vicendevolmente in colpa. L'enorme aumento della popolazione del pianeta, che ha avuto luogo negli ultimi secoli, concorre a spiegare l'accresciuta frequenza delle guerre, la loro maggiore intensità, durata, ecc. – Non è da confondere l'*aspirazione* dell'illuminismo alla pace con l'effettiva *esistenza* della pace sulla terra. Tuttavia, una tale aspirazione, se non è giunta ad eliminare le guerre, è riuscita, come mostreremo, ad imprimere loro un carattere diverso da

l'illuminismo a restringere l'ambito della guerra, e infine a espungerla nella misura del possibile dalla scena del mondo. Di ciò si alimenta quel tratto dell'illuminismo che è l'*umanitarismo* (il quale si riflette dovunque, ma, com'è naturale, si esercita a preferenza nei campi della guerra e dell'amministrazione della giustizia).

Come si è detto in precedenza, parecchi tipi di guerra sono rifiutati dagli illuministi della prima ondata, i quali non vogliono udir parola né delle guerre di religione, né di quelle che hanno per scopo la gloria (di queste ultime avevano di recente fornito esempio in Europa le «guerre di magnificenza»), come si spiega per il laicismo da essi professato e per lo spirito plebeo da cui essi sono contrassegnati. All'occasione, alcune guerre sono giustificate, e anzi, ammirate ed esaltate. Tipico è il caso della guerra combattuta dalle Province Unite d'Olanda contro la Spagna, in cui il popolo olandese, che da lungo tempo era considerato poco bellicoso, diventò guerriero all'improvviso e riuscì a liberarsi da un'oppressione insieme politica e religiosa, fornendo un esempio di virtù quale non si era più avuto da quando i Greci avevano trionfato sui Persiani. Anche le rivoluzioni sono dagli illuministi guardate più con sospetto che con favore, perché i rivolgimenti rivoluzionari eliminano di solito dei tiranni per consegnare dei paesi nelle mani di altri tiranni, magari più efferati dei precedenti. Non mancano, nemmeno in questo caso, le eccezioni, e la Rivoluzione americana e quella francese sono in genere celebrate, perché destinate ad arrecare libertà ai popoli. In queste distinzioni, in queste condanne e in questi vanti, si coglie un'eco della tradizionale distinzione tra guerre giuste e guerre ingiuste; soltanto adesso si è accresciuto il numero delle guerre ingiuste ed è diminuito quello delle guerre giuste, e sono del pari mutati i contrassegni con cui assegnarle alla prima oppure alla seconda classe di guerre[50].

---

quello che avevano in passato.

[50] Di solito si confondono le guerre d'annientamento con le guerre totali, nonostante il fatto che esse siano diversissime. Le guerre d'annientamento sono quelle in cui le città nemiche sono distrutte, la popolazione è tutta, o in gran parte, uccisa, oppure dispersa, di modo che dei vinti non resta quasi traccia, e nondimeno essi non sono trattati come delinquenti, e anziché diventare l'incarnazione del male, serbano sembianze umane. Le guerre totali sono, invece, quelle che vengono combattute, oltre che dai soldati, dagli ideologi e dagli storici, i quali gettano la più irredimibile condanna morale e giuridica sulla parte vinta, di cui si propongono d'infamare la memoria per l'eternità. L'antichità ha conosciuto soltanto guerre d'annientamento. Le guerre totali appartengono all'età nostra. La terza guerra punica fu una guerra d'annientamento; né essa, né le guerre contro Cartagine che l'avevano preceduta, furono guerre totali. Sebbene gli storici romani contrappongano la lealtà romana alla perfidia punica, essi ammirano Annibale e gli altri condottieri cartaginesi. Non dice forse Cornelio Nepote che Annibale superò in sagacia tutti i condottieri, e Tito Livio che Asdrubale morì in maniera degna di un duce cartaginese e di un fratello d'Annibale? – Poiché, secondo Cicerone, l'impero romano si è costituito mediante guerre l'una più giusta dell'altra, si deve concludere che anche la guerra d'annientamento può rientrare nel novero delle guerre giuste. Gli illuministi la pensano diversamente – Si tende da essi a considerare giuste le guerre difensive, e ingiuste quelle offensive, ma la distinzione tra la difesa e l'attacco è, in questo caso come in ogni altro, malagevole. Si ricordi quel che dice Jacobi: «Ciò che non resiste, nemmeno consiste, e ogni resistere è insie-

Ciò che però maggiormente interessa osservare è che, sotto la spinta del cosmopolitismo, si avvia un orientamento che, in un lungo tramite di tempo, conduce dall'ammissione, in precedenza riguardata come incontestabile, del diritto degli Stati di far guerra al divieto della guerra (o almeno di alcuni tipi di guerra) e alla sua considerazione come un crimine da punire. Sul suolo dell'Europa, per un'intera epoca, i sovrani avevano goduto del diritto di far guerra, essi potevano essere certi che, comunque le cose fossero andate, non sarebbero stati deposti, imprigionati o messi a morte, e la stessa sicurezza potevano nutrire i loro generali e i loro soldati (a meno che questi non avessero commesso certi crimini, previsti dal diritto pubblico internazionale, che è un caso che non interferisce in niente con quello in discussione). Come si addiceva a un tempo di raffinata civiltà, i sovrani degli Stati si attribuivano una condizione paritetica, prima della guerra, durante la guerra e dopo la guerra, e da questo comportamento di gentiluomini aveva origine la considerazione che le guerre fossero giuste per tutte le parti combattenti. Nella maggior parte dei casi, la parte vittoriosa guadagnava qualche provincia, o alcune città, ma lasciava sussistere intatta la costituzione e non disturbava i governanti della parte vinta. Tra i soldati e i loro condottieri, da una parte, e i pirati e i ladroni, dall'altra, passava una distinzione nettissima, e se la seconda genia d'individui poteva essere tranquillamente trattata come si trattano gli assassini e gli altri delinquenti, nessuno avrebbe ardito anche soltanto pensare a mettere le mani addosso alla prima classe di persone, che potevano seguitare a godere degli onori che il loro rango comportava.

Quest'impostazione dà segni di volere incominciare a mutare alla fine del Settecento, e decisivo autore del cangiamento è Kant, il quale, sebbene mantenga in vigore le tradizionali distinzioni dei tipi delle guerre e ne ricavi una complicata serie di questioni casistiche, nondimeno introduce parecchi concetti destinati, in prosieguo di tempo, a trasformare radicalmente la condizione delle cose. Fondamentale tra tutti è il concetto di «nemico ingiusto», a cui Kant accompagna la proposta di una lega degli Stati, che s'incarichi di mantenere la pace e di conferire realtà all'idea di un diritto pubblico internazionale, mediante il quale risolvere le controversie tra i popoli in maniera civile, vale a dire con una sorta di processo[51].

Questa proposta di una lega degli Stati, che già era nell'aria, e di cui, del resto, avevano fornito esempi concreti le Anfizionie degli antichi Stati greci (ma adesso la lega si desiderava estesa all'Europa, e in seguito si sarebbe voluta am-

---

me un assalire» (*Von den Göttlichen Dingen und ihrer Offenbarung*, cit., p. 314).

[51] Kant si chiede che cosa sia mai un «nemico ingiusto», e risponde che è quello, la cui volontà manifestamente espressa, non renderebbe possibile alcuno stato di pace tra i popoli (p. es., con la violazione dei trattati pubblici). Un tale Stato può essere costretto a darsi una nuova costituzione, che reprima la sua inclinazione alla guerra. La lega degli Stati (*Staatenverein*), che s'incarica di mantenere la pace, e che si può anche chiamare «congresso permanente degli Stati», deve essere aperta a tutti quanti vogliano aderirvi, una riunione volontaria, revocabile, non un'unione fondata su una costituzione statuale, e di conseguenza, irrisolubile (*Die Metaphysik der Sitten*, cit., pp. 349-351).

pliata al mondo intero), additava la via che si sarebbe percorsa con successo nell'avvenire. Significativamente essa viene ripetutamente ripresa nell'Ottocento, e tra gli altri, è fatta propria in Francia, da Saint-Simon e, in Italia, da Ardigò, i quali – e questa è un'aggiunta necessaria – la concepiscono fornita di un braccio armato, così che sia capace d'imporre con la forza le sue decisioni[52].

Perché questa lega di Stati possa adempiere il compito che le è assegnato, occorre che uno Stato acquisti l'egemonia sugli altri e che si crei un impero (a tale scopo non è affatto necessario che lo Stato in questione assoggetti formalmente gli altri Stati, annettendosene i territori, cancellando le loro capitali, fondendo le popolazioni vinte con la propria, oppure che li riduca a condizione di colonie, nel senso moderno del termine; è sufficiente che acquisti una potenza militare tremenda, così da incutere a parecchi altri Stati un salutare timore, imporre loro la propria volontà in materia d'industrie e di commerci, far sì che adottino il reggimento politico in esso in vigore, ecc.). La lega agisce sotto l'usbergo di questo Stato egemone (il quale, mediante di essa, se da un lato provvede a tutelare gli interessi del mondo, procura, dall'altro, a soddisfare i propri, configurando quei primi nella maniera richiesta da questi secondi), dalla cui forza è messa in grado d'impedire il sorgere di guerre o di soffocarle sul nascere, e di punire debitamente i governanti che hanno osato attentare alla tranquillità dei popoli e all'ordine internazionale. Per tutto il tempo in cui si mantiene questo Stato con il suo impero, la pace è ampiamente, anche se non completamente, tutelata; allorché tale Stato e tale impero declinano e infine sono travolti dalla rovina, si apre un periodo di turbolenze, a cui può porre termine l'ascesa di un altro Stato, che si guadagna l'egemonia, si forma un impero, e sostituisce il precedente nella guida della lega degli Stati, la quale così diventa nuovamente capace di assicurare la pace. Infatti, la pace non è alcunché di bell'e fatto, che s'incontri passivamente, ma è qualcosa che si costruisce e si mantiene attivamente (la pace c'è, a condizione che se ne dettino le leggi, come giustissimamente dice Virgilio: *regere populos pacisque imponere morem*)[53].

[52] Tra i compiti che Saint-Simon assegna al nuovo cristianesimo, c'è quello di garantire a tutti i popoli una pace permanente, ciò che presuppone la creazione di una lega internazionale armata, la quale impedisca agli Stati riottosi di turbare la tranquillità, usando la forza dovunque occorre. Soltanto così si può evitare che una qualche nazione sia tentata di «fare il suo bene particolare a spese del bene generale della specie umana» (*Nouveau Christianisme*, in *Oeuvres*, ed. cit., tomo III, p. 164). Assai più esplicito e reciso di Saint-Simon, nel domandare la creazione di un'Anfizionia, che dia effettiva esecuzione ai trattati conclusi tra gli Stati, è Ardigò, per il quale «solo quando esista realmente, in forma ben definita e colla forza necessaria a farsi valere, questa Anfizionia, potrà esistere un Diritto internazionale veramente tale» (*Sociologia*, in *Opere filosofiche*, ed. cit., vol. IV, pp. 29-30).

[53] La costituzione di uno «Stato mondiale», se si prende nello stretto rigore dell'espressione, ha il difetto di essere completamente impossibile. Un tale Stato non avrebbe niente da temere da nemici esterni, essendo l'unico esistente, ma sarebbe del tutto indifeso nei confronti dei nemici interni, e sarebbe destinato ad essere travolto dalle guerre civili. Anche il singolo individuo ha bisogno di gettare all'esterno la propria ostilità, altrimenti la rivolge contro di sé e aggredisce sé medesimo. Nessuno Stato può fare completamente a meno del nemico, che è quello che gli consente di salvaguardare la propria unità e consistenza. Scipione Nasica, come

12. *L'umanitarismo nell'amministrazione della giustizia*

Come si è osservato, l'umanitarismo proprio dell'intuizione illuministica del mondo, nella maniera in cui ha un campo d'applicazione nella guerra, così ne ha un altro nell'amministrazione della giustizia (in cui, anzi, si fa valere ancora maggiormente); ciò che si spiega per la ragione che tra questi due campi esiste una relazione strettissima[54]. Ed è infatti nel campo dell'amministrazione della giustizia che sin dall'inizio si fanno udire le voci concordi degli illuministi a favore dell'umanizzazione delle pene, che vogliono liberate dagli aspetti più molesti, gravi, intollerabili.

Ma, per intendere le motivazioni profonde del pensiero dell'illuminismo in materia di diritto penale e di amministrazione della giustizia, conviene muovere dall'esame della concezione da esso più lontana, quella espressa in maniera eminente da Kant. Infatti, quel medesimo Kant, che in fatto di concezione della guerra segna il passaggio decisivo dell'illuminismo, che si appresta a negare il diritto di far guerra, sostituendolo con la proibizione della guerra, la quale viene alla fine surrogata con l'operazione di polizia internazionale, in materia di amministrazione della giustizia è su posizioni opposte a quelle propugnate dagli illuministi. I due principi, che Kant pone a fondamento del diritto penale sono: 1) la pena è comminata al criminale non in vista di un qualsiasi bene, tanto a suo vantaggio che a vantaggio della società, ma esclusivamente perché egli ha commesso un crimine; 2) soltanto la legge del taglione (*das Wiedervergeltungsrecht, ius talionis*) deve determinare la specie e il grado della pena[55]. – Il primo principio sbarazza il campo dell'amministrazione della giustizia da tutte le idee che in esso non possono intervenire, ma che pure hanno una loro applicazione in

---

ricorda Sant'Agostino, era contrario alla distruzione di Cartagine, perché temeva che i Romani, una volta eliminata la grande potenza antagonista, sarebbero caduti preda delle contese intestine. La pace, per quanto estesa sia, non può mai essere totale, perché ci sono molte situazioni intermedie tra la condizione della pace e quella della guerra. Il detto di Cicerone: *Inter pacem et bellum nihil medium* presuppone che si tratti di una guerra limitata e, per di più, esterna. Quando si verifica il turbamento interno di uno Stato (il quale non manca mai del tutto), si ha qualcosa che non si può chiamare la pace e non si può definire la guerra, come osserva Sallustio: *neque bellum gerere neque pacem habere*. Stando così le cose, la lega degli Stati, che di fatto agisce sotto la guida di una potenza imperiale, è lo strumento migliore per assicurare la pace.

[54] Tanto nella guerra che nell'amministrazione della giustizia si afferma il sentimento della colpa, che è a fondamento sia dell'una che dell'altra. La differenza consiste in ciò, che nella guerra la colpa è avvertita da entrambe le parti, ognuna delle quali è colpevole agli occhi dell'altra, e quindi va punita. L'ostilità qui è reciproca e pertanto entrambe le parti combattono, volendosi sia l'una che l'altra vendicare. Invece, nell'amministrazione della giustizia, uno o più individui sono sentiti in colpa (costoro hanno la posizione di rei) da parte di qualchedun altro o di alcuni altri, che però non sono minimamente colpevoli agli occhi di quei primi (e costoro hanno la posizione di giudici). L'ostilità qui è unilaterale, è dei giudici nei confronti dei rei, sopra i quali va vendicata l'offesa che essi, commettendo dei delitti, hanno fatto allo Stato.

[55] *Die Metaphysik der Sitten*, cit., p. 332.

campi ad esso prossimi e con esso concomitanti, quali l'idea che la pena abbia per scopo il miglioramento e la redenzione del reo, che mediante la punizione è riportato sulla retta via e si riscatta, o l'idea, anch'essa del pari, e fors'anche più diffusa della precedente, che la pena abbia per fine d'infliggere una salutare paura ai potenziali delinquenti e di difendere in tal modo la società. Tutto ciò non ha niente da spartire con la pena, la quale è, per così dire, semplicemente il salario della colpa, che lo Stato deve corrispondere. («Pena» significa «sofferenza», ma non ogni sofferenza è una pena nell'accezione giuridica del termine, la quale è la sofferenza, il dolore, la condizione di passività, indotti nel criminale con l'esecuzione del diritto, ossia è il *malum passionis*, che a lui è inflitto, *ob malum actionis*, per il crimine che egli ha commesso; in questa relazione non deve entrare nessun'altra rappresentazione, che la guasterebbe in maniera irreparabile; tale è la tesi tradizionale accolta da Kant, liberata da commistioni e resa insuperabile nella sua schiettezza e nella sua radicalità).

Il secondo principio riafferma il carattere unicamente vendicativo della pena, che – si era pensato per secoli e Kant torna a pensare – è l'onore dell'uomo, il segno inconfondibile della sua dignità, il tratto che lo differenzia dall'animale privo di ragione. Nel caso delle bestie, le pene non possono avere indole vendicativa, ma possono pur possedere indole correttiva, che è quella più consueta, e niente impedisce che, almeno qualche volta, abbiano finalità di difesa sociale. Il cavallo che si frusta, perché è passato, d'iniziativa sua, dal trotto al galoppo, viene corretto; e se ciò accade di frequente, a forza di frustate impara a mantenere l'andatura che il fantino gli assegna, anziché smettere il passo ordinario per il trotto, questo per il galoppo o per la carriera. Il cane che si percuote e si rinserra, perché ha morso un incauto che gli si era avvicinato, fornisce esempio di pena insieme correttiva e di difesa; ma la circostanza che manchi di ragione lo rende incapace di essere oggetto di pena vendicativa. La ragione, com'è tradizionalmente intesa, è la facoltà di pensare l'universale, e dove l'universale è assente, si prova il dolore, lo si connette ad un certo comportamento, che si apprende ad evitare per sottrarsi alla sofferenza, si assume un comportamento corretto agli occhi dell'uomo, che infligge codesta sofferenza, ma non si è in grado di comprendere che l'azione è di per se stessa un male, anzi, è una vera e propria colpa, la quale si procaccia da sé medesima la corrispondente pena, per il motivo che il *di per sé* e il *da sé*, sono degli universali. Gli animali (afferma l'antropocentrismo stoico e cristiano, ereditato da Kant) sono semplici mezzi nelle mani dell'uomo, ma l'uomo non è, a sua volta, un mezzo, bensì è un fine, e come fine deve essere trattato dal diritto penale, il quale considera il criminale come un fine, infliggendogli la pena che si è meritato, per il motivo che se l'è meritata col suo crimine, ma lo adopererebbe come un mezzo, se mirasse ad ottenere dalla pena un effetto utile, sia per lui, sia per l'intera società[56].

---

[56] Di malagevole comprensione può riuscire il principio, per cui deve essere la legge del taglione a determinare la qualità e la quantità della pena. Va da sé che è da escludere l'interpretazione letterale, che sta alla massima: occhio per occhio, dente per dente. Hegel ha buon

L'illuminismo, come professa l'utilitarismo morale, così propugna l'utilitarismo giuridico, per il quale le pene debbono conformarsi al principio d'utilità. Quest'orientamento, che si riscontra, sia pure con formulazioni e accentuazioni diverse, in tutti gli illuministi, riceve la sua teorizzazione consequenziaria ad opera di Bentham. Infatti, Bentham incomincia col dichiarare che tutte le pene sono in se stesse dei danni, e che debbono essere comminate soltanto in quanto consentono di evitare danni maggiori. Di conseguenza, non si debbono infliggere pene di sorta, allorché non è stato arrecato alcun danno (a valutare ciò deve essere lo stesso interessato, il quale, se ha dato il suo consenso all'atto, non può lamentarsene e pretendere di aver ricevuto un nocumento), allorché le pene sarebbero inefficaci, allorché non sarebbero proficue o risulterebbero troppo costose (in tal caso produrrebbero, infatti, un danno maggiore di quello che prevengono), e infine, allorché sarebbero superflue, in quanto il danno provocato si estingue da sé[57].

Il manifesto dell'illuminismo in materia di diritto penale è rappresentato dal libro di Beccaria, *Dei delitti e delle pene*, che conosce un'immensa fortuna in tutti i principali paesi dell'Europa, dall'Inghilterra alla Spagna, alla Francia, alla Germania, alla Russia, per non dire dell'Italia, in cui viene celebrato come un capolavoro del pensiero giuridico; successo inuguagliato, questo, che si spiega col fatto che l'opera risponde appieno alle tendenze diffuse in tutto il continente. Beccaria sottolinea la continua variazione della politica e del diritto, che, es-

gioco nell'additare l'assurdità che ne deriverebbe, se si pretendesse di uniformare la pratica del diritto a una tale massima: qualora fosse un monocolo a cavare un occhio a chi ne ha due, se costui fosse punito col togliergli l'unico occhio superstite, subirebbe una pena maggiore del delitto perpetrato; qualora il crimine di strappare un dente fosse commesso da uno sdentato, non si saprebbe come procedere nei suoi confronti. Già Kant aveva avvertito che il principio del taglione deve essere bene inteso, e che la sua applicazione richiede un'uguaglianza, tra crimine e pena quanto all'effetto, non letterale. – Tutte le obiezioni, che si avanzano contro il taglione, o eccepiscono che codesta uguaglianza è impossibile da ottenere, o protestano che non c'è un qualunque principio con cui determinare la specie e l'intensità (vale a dire, la qualità e la quantità) della pena spettante di per se stesso alla colpa, od obiettano che c'è troppa differenza tra le condizioni delle persone, perché la reciprocità richiesta dal taglione possa ricevere giusta esecuzione. Alla prima obiezione si risponde che essa confonde l'uguaglianza quanto al valore di colpa e pena con l'uguaglianza esteriore, che non si trova, ma nemmeno si cerca; alla seconda si replica che interviene il sentimento del rispetto (ossia della sublimità) della legge a decidere quale e quanta pena deve essere comminata al criminale; alla terza si ribatte (come fa Kant medesimo) che chi ha fatto male agli altri, ha fatto male anche a se stesso: chi ruba a un altro, ruba a se stesso, perché rende incerta la proprietà di tutti, e di conseguenza, priva di garanzia la sua medesima proprietà. – Il sentimento del sublime è austero e severo, e quindi nell'amministrazione della giustizia comporta pene drastiche e dure.

[57] *Introduzione ai princìpi della morale e della legislazione*, trad. it. cit., p. 270. Le pene hanno quattro scopi: 1) impedire tutti i reati; 2) impedire il reato peggiore; 3) limitare il danno; 4) agire con la minima spesa. Il primo scopo, che sarebbe quello più auspicabile, ma che non si può sempre conseguire, perché ci sono casi in cui gli uomini si trovano nella necessità di commettere dei reati, si ottiene facendo sì che l'entità della pena non sia in nessun caso inferiore all'entità del guadagno che l'uomo si può ripromettere di ottenere compiendo il reato (*Ibid.*, pp. 279-280).

sendo collegati ad elementi mutevoli, cangiano anch'essi in perpetuo, come cangia tutto ciò che dipende dalle convenzioni umane, anziché dalla natura delle cose e da Dio. La misura dei delitti non può essere desunta dall'intenzione di chi li commette, perché l'intenzione è momentanea, variando con rapidissima successione; né può essere derivata dalla differente dignità delle persone offese, attesa l'uguaglianza degli uomini; né può ricavarsi dalla malizia del cuore umano, la quale è imperscrutabile; così, per valutare i delitti, l'unica risorsa è quella di volgersi a considerare i danni che essi arrecano alla società, e sui vantaggi e sui danni si basa Beccaria, allorché vuole esclusa dal novero delle pene la morte[58].

Sotto la spinta dell'umanitarismo illuministico, le legislazioni penali degli Stati influenzati dall'illuminismo sono diventate sempre più miti, parecchi crimini sono stati cancellati dai codici, parecchie azioni e comportamenti per l'innanzi puniti, hanno finito per essere consentiti. Tutto ciò manifesta l'estenuazione del sentimento della colpa, estenuazione che, in ultimo, si traduce nell'assimilazione del delinquente al malato, che ha bisogno non di pene, e cioè di sofferenze, bensì di medicine.

---

[58] *Dei delitti e delle pene*, trad. it. F. Venturi, Torino, 1981, pp. 62-70. Beccaria non respinge incondizionatamente la pena di morte, giacché riconosce che quando una nazione rischia di perdere la propria libertà o l'ha appena riconquistata, quando impera l'anarchia e il disordine tiene il posto della legge, la pena di morte è necessaria. L'orientamento di Beccaria non è universalmente condiviso dagli illuministi del tempo, alcuni dei quali avanzano delle riserve. Senza voler nulla togliere allo spirito umanitario che caratterizza la domanda di abrogare la pena di morte, dice Diderot, non posso fare a meno di eseguire dei calcoli, da cui risulta che a Parigi in un anno non si mandano a morte nemmeno centocinquanta uomini e che in tutti i tribunali della Francia se ne inviano al supplizio al massimo altrettanti. Si tratta di trecento uomini su venticinque milioni, di un uomo ogni ottantatremila; il vizio, la fatica, il ballo, la cortigiana corrotta, la tegola, il cattivo medico, ecc., causano certamente molti più danni (*Scritti politici*, trad. it. cit., p. 413).

X.
IL VUOTO ARTISTICO

1. *Il concetto dell'arte come imitazione nel platonismo e nel cristianesimo*

Ogni civiltà è una manifestazione complessiva della vita, ossia esprime tutte le attività della coscienza in senso improprio, coprendo in tal modo la superficie dell'intero sentire umano, ma nondimeno ha un suo centro caratteristico, costituito da una di codeste attività, a cui essa accorda la preminenza, e una sua periferia, non meno caratteristica, formata da qualche altra attività, in essa languente, ancorché non proprio nulla – e tuttavia resa nulla per legittima esagerazione retorica del discorso, il quale è autorizzato a ricorrere all'iperbole. Così, la civiltà cristiana è informata dalla religione, ma è anche qualcosa d'altro dalla religione, essendo indubbia l'esistenza di una morale, di una politica, di uno Stato, cristiani: la religione è nel cristianesimo il punto donde si generano i pensieri e gli affetti, ed è il fine a cui essi si riconducono, ma ciò non toglie che il cristianesimo sia insieme uno stile di vita personale e un costume sociale, oltre che un'organizzazione collettiva dell'esistenza. Pressoché inesistente è, invece, una scienza della natura che possa fregiarsi del nome cristiano. Le attività della coscienza in senso improprio sono sempre e dovunque concomitanti, e di conseguenza, non c'è professione di fede in Dio, non c'è atto di culto, che possa rendersi interamente indipendente dalla cosmologia (credendo in Dio creatore, lo si fa necessariamente creatore del mondo, e pertanto s'introduce l'oggetto della cosmologia; unendosi alla rimanente natura nella preghiera, ci si comporta, a ben vedere, alla stessa maniera). Ma, una volta che si sia riconosciuto ciò, rimane il fatto che le considerazioni e le affermazioni di scienza della natura, che procedono di pari passo con il cristianesimo e s'incontrano nelle sue sacre scritture, hanno il più delle volte indole accidentale, senza contare che i conati di elaborazione di una scienza cristiana su fondamento biblico, che si compiono nei primi secoli, vengono poi intermessi, e il cristianesimo sottostà prima all'ellenismo e poi all'illuminismo in materia di matematica e di fisica, ponendo in tal modo le premesse della sua futura dissoluzione.

La civiltà prodotta dall'illuminismo si comporta in maniera radicalmente diversa da quella posta in essere dal cristianesimo, giacché ha il suo principio ispiratore proprio nel sapere scientifico (le tre ondate in cui sinora si è dispiegato l'illuminismo differiscono tra loro, sotto il proposito della scienza, perché la prima fa valere la preminenza della fisica, la seconda della biologia, la terza della matematica e della logica formale) e concede un'importanza limitatissima alla religione. Pur tuttavia, per quanto esiguo sia il posto che gli illuministi attribuiscono alla religione, esso è ancora riconoscibile: non soltanto il teismo, ma anche il deismo e la stessa religione dell'umanità, comparati con il cristianesimo, sono senza dubbio religioni *secundum quid*, ma, presi di per sé, sono manifestazioni del sentire religioso; il laicismo, in cui si assomma in materia il pensiero dell'illuminismo, oltre che negativo, è positivo, non si limita a togliere, ma anche pone, ossia è espressione di fede umanistica.

Dove nell'illuminismo si ha il vuoto è nell'arte; e noi, riservandoci di stabilire quest'assenza dimostrativamente, e non per semplice costatazione, incominciamo con l'accertare quali siano le cause per cui l'arte grandeggia, e quali siano le cause per cui l'arte si estingue. Giova, per mettere allo scoperto il vuoto artistico dell'illuminismo, richiamare alla mente la grande stagione dell'arte che precede l'avvento della civiltà illuministica, e prima ancora la posizione che tradizionalmente all'arte è assegnata. Tutte le teorie, che in passato, ora e sempre, si propongono intorno all'arte, così com'essa esiste sul terreno della vita – a meno che non accordino allo spirito umano il potere di creare –, girano intorno ad un unico concetto, quello dell'*imitazione* (di cui sono termini sinonimi «raffigurazione», «rappresentazione», «similitudine», «produzione di copie», e parecchie altre locuzioni, quand'esse compaiono in contesti di discorso concernenti l'arte, e non qualcosa di altro e di diverso, nel quale ultimo caso possono possedere differenti significati). Non è questo il luogo conveniente per soffermarsi ad illustrare la legittimità e il senso del concetto d'imitazione, i quali risultano dubbi e controvertibili soltanto allorché si scambia l'arte sensibile, espressione di vitalità, con l'arte puramente intellettuale, manifestazione del mondo dello spirito. Dando quindi per ammessi significato e valore del concetto d'imitazione, è da chiedersi di che cosa l'arte sia imitazione, che è la questione decisiva, quella da cui dipende la destinazione, la portata, la ricchezza oppure la miseria, che, entro la civiltà, compete all'arte.

A tale interrogativo possono darsi unicamente due risposte, e la prima di esse dice che l'arte è imitazione delle cose del mondo circostante, che riceve la denominazione di «natura», e l'altra asserisce, invece, che l'arte è imitazione dell'archetipo, del modello divino del mondo, del principio da cui dipendono il cielo e tutto l'universo. La prima risposta è quella dell'illuminismo, che da essa correttamente ricava la funzione da attribuire all'arte nella vita dell'individuo e in quella della società; la seconda è quella del platonismo (non tanto di Platone, quanto di Plotino e dei suoi continuatori, per lungo tramite di secoli, sino alle soglie della modernità, e anche dopo, giacché il platonismo conosce un'importante ripresa nell'età romantica), che ne deduce anch'esso coerentemente il ruolo da accordare alla bellezza e all'arte nella costituzione della realtà, così com'è in se stessa e per la parte che in essa compete all'uomo.

Platonicamente la bellezza appartiene all'ambito del divino, anzi, coincide con Dio, in quanto Dio è intelligenza; e niente preme rilevare al pari di questa medesimezza dell'intelligenza divina e della bellezza, per rendersi conto della posizione preminente che l'arte occupa nell'Europa sino all'affermazione dell'illuminismo. L'identificazione del pensiero divino e del bello non è soltanto ellenistica, ma anche cristiana, e nel cristianesimo è fatta valere tanto dai platonici che dagli aristotelici per tutto il medioevo (del resto, l'interpretazione allora dominante mira ad accordare platonismo e aristotelismo − che saranno fatti divergere unicamente con il Rinascimento −, si studia di arrivare, per così dire, alla giusta proporzione di concetti platonici e aristotelici)[1].

Fondamentale per la considerazione dell'arte, come esiste nella vita, è il concetto dell'immaginazione, insieme al ruolo che ad essa è conferito. Orbene, già per Plotino, l'immaginazione è di due specie, e c'è un'immaginazione superiore, la quale è una facoltà quasi intellettuale; del resto, la stessa facoltà di sentire è in certo modo capace di giudicare[2]. In questa posizione di pensiero il bello è tripartito: c'è il bello in sé, esaurito e perfetto, interamente positivo nella sua compiuta attualità; c'è il bello naturale, splendido senza dubbio anch'esso per le figure, i colori, i suoni, con cui colpisce e diletta, ma affetto dalla limitazione per cui sorge e perisce; e c'è, infine, il bello artistico, che si rituffa nel bello in sé e così concorre a condurre l'anima alla contemplazione del divino, in cui consiste la suprema beatitudine. Così facendo, l'arte può non soltanto adeguare, ma anche oltrepassare la natura, aggiungendo bellezza dove questa nella natura manca. Il dominio dell'archetipo è il regno degli universali, delle essenze, giacché Dio è il complesso delle essenze in quanto esistente come un individuo; il campo della natura è il terreno dei particolari, delle cose singole, poiché la singolarità è il carattere di tutto ciò che diviene; la sfera dell'arte è piuttosto degli universali che dei particolari, per la ragione che in essa il divino traluce e si rende sensibile, incorporando le essenze.

Questa concezione dell'arte dalla tarda antichità alla fine del Rinascimento non è soltanto teoria, che si formuli in trattazioni dottrinali, ma è anche e soprattutto pratica di vita, ossia è fatto di civiltà, come documentano innumerevoli racconti di pittori e di scultori, e altresì moltissimi aneddoti che fioriscono intorno ai capolavori artistici, tutti riconducibili all'intuizione platonica dell'arte. Ciò che essi dicono è che l'artista umano ripete il percorso seguito dal sommo e perfetto autore della natura, il quale, nel fabbricare le sue opere meravigliose,

---

[1] Oltre che di applicazione al dominio dell'umano, o genericamente del creato, il concetto d'imitazione è, secondo San Tommaso, suscettibile di essere riferito anche alla trinità divina, nella quale conviene al Figlio, che è bellezza (*species*, *pulcritudo*) ed è immagine perfetta di Dio (*imago perfecta Dei*), a differenza del semplice uomo, che è *ad imaginem Dei*, a causa dell'imperfezione della somiglianza. Cfr. *S. th.* I, q.39, a.8; q.93, a.1 ad 2.

[2] Plotino dice: Αἰσθητικὸν γὰρ κριτικόν πως, καὶ φανταστικὸν οἷον νοερόν (*Ennead.*, IV, 3, 23, 32). A varie riprese abbiamo mostrato che l'immaginazione è tenuta in gran pregio anche dove il pregiudizio corrente reputa che sia disprezzata; adesso il platonismo conferma che l'immaginazione ha tanto valore da essere come l'occhio che coglie la bellezza divina.

guardò a se stesso, e colse nel suo intelletto le forme delle cose, e costituì con esse gli esseri della natura. Il pittore (lo scultore, ecc.), imitando il divino artista, rimira in se stesso le idee degli oggetti, e dentro di sé apprende i modelli più splendidamente di quel che farebbe, se si dirigesse agli oggetti medesimi così com'essi esistono nel mondo circostante. Perché l'artista umano possa dipingere, scolpire, ritrarre, occorre che l'opera sia dapprima presente nella sua mente, la quale deve recare in sé un disegno interno, o un'idea, la quale poi si esternerà in un'opera d'arte, e l'insieme di codesti disegni interni, o idee, è nell'uomo quel che nella divinità è il Verbo. Il divario esistente tra l'uomo e Dio comporta che l'artista umano possa incominciare anche dall'imitazione della natura, ma, se pur lo fa, è al solo scopo di avviare l'imitazione degli archetipi divini delle cose, dei quali l'arte è la riproduzione sensibile. E poiché l'imitazione della natura è incominciamento e non termine conclusivo, è mezzo e non fine, si racconta di pittori e di altri artisti, che prendono a modelli naturali non una singola cosa, bensì parecchie cose insieme, così da supplire ai difetti dell'una con i pregi dell'altra, e fornire rappresentazioni di cose, superiori per grazia e bellezza, alle cose medesime, che pur si denominano vere.

Soltanto questa concezione metafisica e teologica, per cui l'arte è imitazione non della natura, sibbene del principio divino della natura, giustifica il posto immenso che la civiltà europea per secoli conferisce all'arte, a cui si sforza di accostare, se non come autori, come fruitori, nelle maniere di volta in volta più confacenti, anche gli individui più comuni e ordinari, i quali possono anch'essi coglervi il riverbero del divino ed esserne illuminati; la salvezza, infatti, non è soltanto per i grandi spiriti, per i geni dell'umanità, ma è predisposta per tutti. L'imitazione è tale che o è inferiore o uguaglia il modello, ma non può costitutivamente oltrepassarlo, essendo insensato pretendere che la copia scavalchi l'originale e prevalga sopra di esso. La novità, che il cristianesimo e il platonismo medioevale si studiano di arrecare, è quella di un'immagine (il concetto d'immagine è identico con quello d'imitazione), che, essendo perfetta, uguaglia il modello, e pertanto il Verbo è detto bensì immagine di Dio, immagine del Padre, primogenito di ogni creatura, ma anche viene affermata, almeno programmaticamente, la sua uguaglianza di dignità e maestà con il Padre (un certo subordinatismo rimane nella teologia cristiana, la quale non riesce a venire a capo convenientemente della dualità delle nature e dell'unicità della persona divina di Cristo, a causa della sua dipendenza dall'ellenismo, che era stato rigidamente subordinazionista, avendo concepito l'emanazione dall'Uno, come inevitabile processo di degradazione, di diminuzione di quantità di realtà o di perfezione). Comunque, sia o no il rispecchiamento che l'essere divino ha nel suo medesimo pensiero ad esso adeguato e in tutto rispondente, l'arte non ne risente, giacché l'arte di cui si discorre è quella umana, e l'uomo è un esistente immerso nel divenire, che da questo si sforza di pervenire alla riva del divino, che solo può salvarlo dalla rovina arrecata dal tempo, e ciò che conta è che l'arte sia per lui strumento di salvezza.

Con l'avvento dell'illuminismo illanguidisce sin quasi a scomparire questa intuizione della vita, e con il suo tramonto viene meno la giustificazione che essa aveva fornito dell'arte. Talora si asserisce, invero, anche da parte degli illuministi, che le opere d'arte sono capaci di superare in bellezza le cose naturali che ritraggono, e non si scorge come una siffatta affermazione potrebbe mancare, tanti sono i capolavori a cui unanimemente si decreta un'ammirazione che non si concede agli oggetti naturali, di cui sarebbero le copie; ma si tratta di una stanca ripetizione di un motivo tradizionale, da cui esula ormai qualsiasi legittimazione. Un assunto siffatto è completamente giustificato nell'ambito del platonismo, perché questo dichiara che la natura, anziché essere originaria, è derivata dall'archetipo divino, e sostiene altresì che l'arte non si restringe ad imitare la natura, ma riconduce al modello da cui la realtà naturale è emanata, e se la natura appartiene alla processione delle cose da Dio, e l'arte si colloca nel ritorno verso Dio e contribuisce ad effettuarlo, si comprende come l'arte possa superare in perfezione la natura. Ma nell'illuminismo la tesi che accorda una superiorità, anche soltanto possibile all'arte nei confronti della natura è del tutto priva di senso, giacché è assente il contesto, che, unico, sarebbe suscettibile di porgerle legittimità. Una fondazione teologica dell'arte non è mai venuta in mente agli illuministi, fossero pur essi fautori del deismo o del teismo, né sarebbe potuta loro ragionevolmente presentarsi al pensiero, giacché codesta loro divinità è soltanto un simbolo dell'uomo, e un semplice simbolo, quale che sia la maniera in cui è atteggiato, è incapace di generare la natura per poi tornare ad accoglierla in sé. Quanto all'uomo, teisti e deisti concordano nel raffigurarlo come un essere indigente, come una creatura difettosa, che può certamente acconciare al suo uso e al suo servizio una parte limitata del mondo, per un tempo ugualmente limitato, che, comparato alle epoche della natura, è soltanto un'inezia, com'è un nonnulla lo spazio dall'uomo occupato, e di ogni umana aspirazione all'eternità essi sorridono come di una vana illusione e di una pericolosa menzogna. Con tali premesse si possono anche nutrire aspettazioni immense sul posto che l'arte è destinata ad avere nel futuro dell'umanità (e nell'illuminismo dell'Ottocento Comte si abbandona a sogni del genere), ma non si può porre mano ad una giustificazione teologica dell'arte.

Una metafisica, una teologia dell'arte, richiede che Dio sia sentito come sublime, per il lato dell'eccellente sino all'estremo della sovrabbondanza, ossia Dio deve apparire come un essere celeste, che abita in alto, e l'alto è il cielo, che è metafora della trascendenza. Al sublime può bensì accompagnarsi la dipendenza, per il lato della dominazione, sino all'estremo dell'unica e assoluta realtà, vale a dire Dio può rivelarsi anche come il solo sovrano e re, che sta sopra tutti i viventi della terra, i quali al suo cospetto sono nient'altro che ombre evanescenti, e il regno è metafora del soprannaturale; ma anche dove la dipendenza va di pari passo col sublime, e anzi, lo precede, prevalendo su di esso, nella maniera in cui accade nel cristianesimo, l'arte si riferisce, come mostreremo, determinatamente al sublime, da cui deriva la sua ragion d'essere. Platonicamente ciò che l'archetipo è in se stesso è il bene, il quale è medesimamente il bello, e il bene-bello è misura; ciò che il modello divino fornisce all'arte umana è pertanto la misura, la quale ha così un'esistenza derivativa, terrena, perché prima possiede un'esistenza originaria, celeste. Tutte le proprietà, che la tradizione artistica europea attribuisce alla bellezza e all'arte, come l'unità, l'identità, la proporzione, l'integrità e la perfezione, hanno la loro fonte nella misura, che è l'essenza del bene.

L'abisso divisorio, che separa l'illuminismo dal platonismo, prima ancora della bellezza, riguarda la verità, della quale sono forniti due concetti che stanno tra loro in frontale contrapposizione. Per gli illuministi, la verità è concordanza, adeguazione da parte dell'immaginazione alla sensazione, che è il modello di cui l'immaginazione è la copia; e non c'è bisogno d'aggiungere che l'immaginazione e la sensazione, di cui si discorre, sono quelle dell'uomo, giacché una tale circostanza è considerata tanto ovvia da essere immeritevole di menzione. A suo luogo abbiamo provato che la formula in cui si riassume la concezione illuministica della verità è quella che dice: *veritas est adaequatio imaginationis ad sensationem*, e che tutte le altre formule, che pure ancora si adducono, sono o sconvenienti o generiche e imprecise. Anche per i platonici, la verità è concordanza, adeguazione, ma della sensazione all'immaginazione, s'intende, non umana, sibbene divina, dalla quale dipendono sia la sensazione che l'immaginazione propria dell'uomo. La formula, in cui si condensa la concezione platonica della verità, per quel che riguarda la vita, dovrebbe dire: *veritas est adaequatio sensationis ad imaginationem divinam*; questa sola sarebbe la formula confacente, completamente esplicita[3]. La richiesta che la sensazione obbedisca all'immaginazione, come alla norma in conformità alla quale si dà la verità, sarebbe assurda, se si trattasse dell'immaginazione umana, la quale è povera cosa, e ha bisogno della stessa sensazione, se non per esistere, almeno per ridestarsi, uscire dalla dimenticanza e diventare consapevole. Senonché l'immaginazione di cui si tratta è quella divina, e che ogni alcunché, allo scopo di poter essere vero, debba obbedire a Dio, trovare in lui la norma a cui conformarsi, è non soltanto circostanza comprensibile, ma anche fatto di palmare evidenza. Menare poi scandalo, per il motivo che si discorre dell'immaginazione divina, anziché, come forse ci si sarebbe aspettati, dell'intelletto divino, è insensato, per due ragioni concorrenti, di cui la prima è che noi parliamo esclusivamente del platonismo e del cristianesimo come disposizioni della sensibilità, tralasciando, per principio, qualsiasi altra considerazione che se ne possa eseguire,

---

[3] I concetti di verità, a cui esclusivamente facciamo riferimento, concernono la verità come essa è suscettibile di presentarsi nei punti di vista, che sono insiemi esauriti di sensazioni e d'immagini, e in cui, di conseguenza, il criterio della verità deve trovarsi o nell'una o nell'altra delle due serie d'ingredienti, o nella serie sensoriale o in quella immaginativa. In generale, nel sentire si dà la verità, quando si avverte che ciò che si afferma è affermato anche da altri, che ciò che si nega è negato anche da altri; la verità si possiede allorché si esperimenta l'accordo. Ciò accade ugualmente in tutti i punti di vista. Si tratta però ancora di stabilire ciò che si trova ad essere vero, ossia ciò che è investito dall'esperienza di essere d'accordo. È su tale questione che i punti di vista si differenziano. Ed è a tale proposito che il platonismo e l'illuminismo divergono, giacché, per l'illuminismo, è l'immaginazione che si trova a dover obbedire alla sensazione, mentre nel platonismo, sia ellenistico che cristiano, accade l'inverso, ed è la sensazione che deve obbedire all'immaginazione, provando così di essere conforme alla norma della verità.

come non pertinente al nostro argomento, e la seconda è che si è poco sopra incontrata la nozione cristiana del Verbo come *imago* perfetta e unica di Dio, come esemplato che rappresenta compiutamente l'esemplare (tra l'immagine e l'immaginazione non c'è altra differenza che quella della convenienza dell'impiego delle parole, per cui si dice «immagine», allorché si tratta di una sola, e «immaginazione», quando si è dinanzi ad una molteplicità formante un insieme, ciò che spiega perché nel caso del Verbo si asserisca che è *imago*, invece che *imaginatio*). Il riferimento a Dio, come norma a cui le cose si conformano, assicura alla verità la sua universalità e la sua oggettività, in una maniera totale, di cui ogni altra norma è incapace, giacché Dio è misura assoluta, laddove l'uomo, in comparazione, è esclusivamente una misura relativa.

Il fatto che le cose siano vere, in quanto si conformano all'immaginazione divina, da cui sono state poste in essere, non toglie all'uomo la possibilità di raggiungere la verità, ma gliela garantisce, per il motivo che accorda all'uomo il potere prima di adeguarsi con la sua immaginazione alla sensazione, e poi di risalire da questa all'immaginazione divina, sprofondandosi in essa, e così raggiungere la pienezza del vero e la somma beatitudine. Per rendersi conto di ciò, giova por mente alla circostanza che la verità non è qualcosa di compatto e di massiccio, privo d'interne distinzioni, ma è articolata secondo gradi: «vero», «più vero», «verissimo», sono locuzioni che hanno un fondamento nella costituzione del sentire, che mediante di esse manifesta le sue interne differenze di gradi. C'è un triplice ordine di verità, il primo costituito dall'adeguazione delle cose al pensiero di Dio; il secondo formato dall'adeguazione del pensiero umano alle cose; il terzo composto dall'adeguazione del pensiero umano a quello divino; nel primo c'è la verità assoluta; nel secondo c'è la verità limitata; nel terzo, in cui ha luogo l'assimilazione dell'uomo a Dio, c'è la verità in tutta l'estensione in cui essa è umanamente accessibile, al di là della quale si situa l'abisso dell'insondabile.

Sin qui il vero e il bello, come anche il buono, cospirano in unità, sono inseparabili, ma ogni obiezione che da ciò si volesse ricavare contro la concezione platonico-cristiana dell'arte, accusandola di mancare di specificità e di essere incapace di stabilire in che risieda distintamente l'arte, sarebbe infondata, per la ragione che la distinzione del vero e del bello (sia esso quello naturale o quello artistico) si colloca su di un luogo diverso da quello sino a questo momento considerato. Per quanto possa parere paradossale, occorre pur dire che il pensiero umano, qualora riuscisse a scavalcare interamente il dominio delle cose mondane, cesserebbe di essere vero, in forza del concetto testé richiamato della verità, il quale richiede che l'adeguazione intercorra tra la sensazione e l'immaginazione, giacché in tal caso la relazione sarebbe dell'immaginazione umana con l'immaginazione divina. Per parlare con il linguaggio consueto, si avrebbe la relazione di due pensieri, e mancherebbero le cose, ma due pensieri tra loro non producono verità; una tale ipotesi è però inconsistente, giacché l'uomo non può smettere d'intrattenersi con le cose, per avere commercio unicamente con Dio. Avendo relazione sia con le cose che con Dio, l'uomo si protende verso l'archetipo del mondo, si volge in direzione dell'essenza, dell'*universale ante rem* e l'apprende dalla bellezza, ma in maniera implicita, ossia soltanto come l'abbozzo che ha presieduto alla creazione della cosa medesima, allorché era ancora unica nel pensiero divino, mentre adesso esiste anche in maniera sparpagliata nella molteplicità propria della *natura naturata*. Il bello è il vero implicito, contratto, ma concreto, perché fa tralucere il nucleo costitutivo della cosa, il progetto divino della sua creazione, l'idea esistente *in mente Dei*, di cui l'uomo può certamente avere soltanto un'apprensione iniziale, e tuttavia in ragione di tale sua concretezza, di valore inestimabile, giacché la conoscenza umana, in ogni altro caso, è costretta o a rimanere alla particolarità, e allora è cognizione delle cose singole, degli individui esistenti nello spazio e nel tempo, o ad accontentarsi dell'universalità astratta, e allora è cognizione di concetti, da cui esula però la sterminata ricchezza delle determinazioni della realtà. La cognizione dell'individuale non ha pregio di scienza, essa è filosoficamente nulla; la cognizione dell'universale è scientifica, essa fornisce quel che ha luogo sempre e dovunque, ed è per questo riguardo esplicita, ma si pronuncia soltanto sugli aspetti generali delle cose. *Il bello si distingue non dal vero generalmente preso, ma entro il vero*, come una sua specie da altre specie; *dal vero scientifico* (o, com'è lo stesso, *filosofico*), *il bello* si distingue come *l'implicito, ma concreto*, si distingue *dall'esplicito, ma astratto*. Ciò che il bello d'arte, al pari del bello di natura, fornisce, è il presentimento dell'*unitas ante rem*; ciò che il concetto scientifico arreca è il possesso dell'*unitas post rem*; bellezza e scienza adempiono pertanto due uffici entrambi necessari nel piano divino della creazione.

L'ulteriore differenziazione del bello d'arte dal bello di natura comporta che si discerna quel che è opera umana da quello che non è fattura dell'uomo, dopo di che si possono, sul fondamento dei differenti materiali artistici adoperabili dall'uomo, dividere le arti, per cui la poesia è l'arte della parola, la musica l'arte del suono, la pittura l'arte del colore, la scultura l'arte del rilievo, ecc. (la divisione delle arti, inconsistente sul terreno dell'arte intellettuale, è consistentissima nel campo dell'arte come manifestazione della vita, su cui infatti viene adoperata di continuo, nessun ascolto prestandosi alle proteste dei dottrinari, i quali non sono avvertiti della circostanza che tutte le attività della coscienza posseggono come una duplice esistenza, l'una reale, l'altra metaforica). Il bello d'arte non si produce, se l'opera d'arte, prima di avere esistenza esterna (ossia prima di esserci come cosa di sensazione), non esiste, come progetto dell'anima, che nell'avanzarlo e nel realizzarlo, non si basa, se non per il semplice avviamento e a titolo di mera occasione, sugli oggetti del mondo circostante, ma si fonda sul suo avvertimento dei loro modelli divini; questa è la ragione per cui la bellezza artistica è capace di oltrepassare la bellezza naturale. C'è quindi anche un triplice ordine di bellezza, dandosi il bello coincidente col divino, il bello naturale e il bello artistico, il quale è, per così dire, medio tra gli altri due, perché fornisce, in maniera più adeguata di quella che ha luogo nella natura, il riflesso della bellezza divina.

2. L'illuminismo accoglie la sola immaginazione riproduttiva. Il dilemma che ne deriva per l'arte: o l'imitazione servile della natura o l'evasione fantastica

Se questa è la concezione platonico-cristiana dell'arte, che filosofi e teologi teorizzano, e artisti traducono nella realtà, nella civiltà europea sino alla fine del Rinascimento, con l'avvento dell'illuminismo si afferma una concezione dell'arte radicalmente diversa, e si assegna altresì un posto del tutto differente all'arte nell'ambito delle attività dell'uomo. Si seguita a sostenere che l'arte è imitazione, anzi, una tale considerazione è dagli illuministi confermata e ribadita con tanta energia, come mai in passato si era fatto, ma, essendo venuto meno il modello divino del mondo, l'arte è riguardata soltanto come imitazione della natura, e per di più, della natura quale è ritenuta conoscibile dal fenomenismo, che accorda all'uomo l'apprensione della mera superficie delle cose, interdicendogliene la penetrazione del profondo. D'altra parte, gli illuministi non ammettono l'esistenza dell'immaginazione produttiva, che è nozione romantica e appartiene al patrimonio dell'idealismo, andando di pari passo con la dottrina della creatività del pensiero. Gli illuministi professano concordemente il realismo fenomenistico e l'empirismo sensistico, e di conseguenza, essi accolgono soltanto l'immaginazione riproduttiva, che combina tra loro gli elementi offerti dalla sensazione, ma non introduce alcunché di nuovo, quanto alla sua origine prima, nel sentire. La sola distinzione che, coerentemente con le sue dottrine di logica e di filosofia della conoscenza, l'illuminismo accorda, è quella dell'immaginazione passiva e dell'immaginazione attiva, ma questa seconda è proprio quella che viene anche chiamata immaginazione riproduttiva. Così, Voltaire sostiene che c'è un'immaginazione, la quale ritiene la semplice impressione degli oggetti, non si spinge parecchio più in là della memoria, è comune agli uomini ed agli animali, ed essa si denomina anche «immaginazione passiva», e c'è un'«immaginazione attiva», la quale comporta l'intervento della riflessione, procede combinatoriamente, accostando quel che è lontano, separando quello che è unito; sembra che essa crei, ma in effetti non crea niente, giacché all'uomo non è concesso il potere di creare idee, ma soltanto quello di collegarle e di disgiungerle[4]. È evidente che questa seconda specie di immaginazione, esclusiva proprietà dell'uomo, che l'impiega nelle arti, oltre che nella pratica della vita, nonostante rechi l'appellativo di attiva, è di pertinenza dell'immaginazione riproduttiva, giacché la prima specie d'immaginazione è un semplice prolungamento della sensazione. Va dato il merito a Voltaire di aver propugnato un tale assunto, in pieno accordo con le sue tesi di gnoseologia; gli illuministi non possono, in generale, accogliere che una tale dottrina.

Nell'illuminismo la collocazione dell'arte rispetto alla scienza è del tutto diversa da quella testé considerata per il platonismo, e del resto, completamente differente è anche il significato che possiede la scienza. Come si è mostrato nell'esame delle teorie di logica, gnoseologia e filosofia della fisica dell'illumini-

---

[4] *Dalla «Enciclopedia»: Immaginazione* (in *Scritti filosofici*, trad. it. cit., vol. I, pp. 353-363).

smo, la conoscenza della natura è costituita per intero di concetti empirici, semplicemente generali, non davvero universali, sia pure d'universalità astratta, e pertanto non onnirappresentativa delle cose esistenti nella realtà, che al concetto si riportano. L'universale astratto è necessario e ineccepibile, ad esso nessuna cosa può sottrarsi, così che è valido sempre e dovunque, anche se non rappresenta che in maniera molto limitata le proprietà appartenenti alle cose che ad esso si riferiscono. Invece, il concetto empirico, essendo unicamente generale, vale nella maggior parte dei casi, quasi sempre e pressoché in ogni luogo, ma è eccepibile in linea di principio, ed è talvolta eccepito anche in linea di fatto, allorché s'incontrano oggetti che si ribellano al concetto di riferimento, e ne domandano l'elaborazione di uno nuovo, il quale è però esposto alle eventualità di andare incontro ad un uguale destino. I concetti empirici consistono d'immagini logorate, e con le immagini logorate l'arte non può avere niente da spartire, e ciò comporta che il sapere scientifico e la bellezza artistica si separino completamente, che con l'arte non si apprenda, nemmeno in maniera iniziale, alcunché di scientificamente valido, e che con i procedimenti scientifici non si arrechi alcunché di cui l'arte possa a suo modo giovarsi. L'arte, escludendo da sé qualsiasi logoramento delle immagini, domanda immagini vivaci, piene, ma tali sono, per l'empirismo, unicamente le immagini più particolari, più prossime alle sensazioni, di cui sono le copie.

Ne viene che l'arte dell'illuminismo avrebbe dinanzi a sé un'unica strada, quella di essere imitazione di cose particolari della natura, ma, siccome essa si ribella sovente ad una tale sorte, percorre, oltre di quella, altre due strade: l'invenzione fantastica e il compromesso, instabile e precario, tra la libera, ma arbitraria, invenzione, e l'imitazione fedele, ma servile. Coerente con le premesse dell'intuizione illuministica del mondo è soltanto l'arte di particolari, tutta dettagli, e in effetti, si moltiplicano pitture e sculture, e altresì poesie e musiche, le quali rendono a puntino finanche le menome caratteristiche e sfumature dei fenomeni naturali, mentre i trattatisti dell'estetica rifiutano il fuoco divino, l'entusiasmo, l'ispirazione (ossia la concezione platonica del poeta come uomo divino, che annuncia la verità sotto il dettame del nume da cui è posseduto), e raccomandano un'imitazione della natura così stretta, per cui non paia esserci alcuna differenza tra l'oggetto artistico e l'oggetto naturale. È facile però presumere che un'arte, che si attiene ai particolari e ai dettagli, sia per lo più costretta ad aggirarsi in basso, e sia incapace di raggiungere il livello dei capolavori. C'è, inoltre, una questione, a cui non si può offrire conveniente soluzione, ed è quella di fornire una spiegazione del motivo per cui si suole attribuire un superiore pregio alle opere d'arte di quello che si conferisce agli oggetti naturali, di cui esse sono le copie. Se la rappresentazione artistica è un raddoppiamento della realtà naturale, essa dovrebbe ottenere al massimo una stima uguale (anzi, a rigore, minore, giacché la copia è sempre inferiore all'originale); com'è che si accorda universalmente un valore più grande alle opere d'arte che alle cose della natura? L'interrogativo non ottiene una convincente risposta, e nemmeno è chiaramente formulato dagli illuministi, i quali reputano che l'arte non abbia regole e principi propri e che, di conseguenza, debba conformarsi alle leggi della natura. Quali siano però queste leggi della natura, a cui l'arte sarebbe chiamata ad obbedire, è stabilito dalla fisica, la quale è adesso la fisica del meccanicismo, ed è anche inutile richiamare gli esempi della moderna fisica meccanicistica, allo scopo di mostrare che è impossibile che l'arte si attenga ai principi immutabili della natura, come i trattatisti dell'estetica dell'illuminismo sono pronti a suggerire. Le cose andrebbero diversamente, se fosse ancora in vigore la fisica dell'ellenismo, con la sua indole vitalistica, con gli dei astrali dell'astronomia, con la *scala naturae* della biologia, ispirata al principio della divinità dell'intelligenza; ma tale fisica è stata da tempo posta fuori azione, ed è irrisa e schernita come la vana opinione delle forme sostanziali e delle qualità occulte, presunzione di sapere mediante vuote parole.

Quando l'arte rilutta alla destinazione di essere la semplice duplicazione della realtà naturale, essa è tentata di abbandonare il principio dell'imitazione, per diventare arte d'invenzione, nel significato moderno del termine, diversissimo dall'antico, per cui l'invenzione non è ritrovamento e scoperta e nemmeno scelta ed elaborazione, bensì è evasione fantastica, diversivo che allontana dalle complicazioni e dalle pene della vita ordinaria e pone in disparte gli stessi echi dei grandi problemi religiosi dell'esistenza, che continuano ad affaticare la ricerca filosofica. Per far valere l'imitazione come principio universale dell'arte, si dovrebbe sapere cosa imitare, si dovrebbe avere un modello, e invece, come osserva Pascal, si è lungi dal possederlo[5]. L'illuminismo compie una severa repressione dell'immaginazione, dando soprattutto la caccia alle immagini senza sensazione corrispondente, il cui complesso è ciò che si chiama il «mito» (in uno dei significati più diffusi di questo termine), per il motivo che il mito è prossimo alla religione positiva, e la religione positiva non è, per gli illuministi, altro che superstizione. Ma, pur reprimendo l'immaginazione, soprattutto quando è mitica, l'illuminismo non s'illude di poterla fare scomparire dal mondo, in cui i miti saranno sempre per trovare qualche ascolto, al pari dell'eroismo, dell'aspirazione alla gloria e delle grandi azioni che la procacciano, e allora assegna all'arte ciò che si sforza di proibire altrove, accordando ai poeti e agli altri artisti il diritto di esprimere i miti, di dare voce all'immaginazione nei suoi più vari e diversi contenuti, nessuno escluso. Senonché in questa maniera il mito è abbassato a favola, e l'immaginazione, non avendo da nessuna parte una qualsiasi regola, diventa fantasia arbitraria, evasione dalla realtà. Un'arte d'evasione, di divertimento, è, tuttavia, altrettanto poco vera arte di quella minuziosamente descrittiva e piattamente imitativa.

In questo caso ciò che gli artisti fanno, parecchi teorici dell'arte si rifiutano di sanzionare, continuando ad insistere sulla necessità dell'imitazione, che però – essi suggeriscono – non deve essere tanto fedele da riuscire incolore, servile,

---

[5] «*On ne sait ce que c'est que ce modèle naturel qu'il faut imiter; et, à faute de cette connaisance, on a inventé de certains termes bizarres: "siècle d'or, merveille de nos jours, fatal", etc.; et on appelle ce jargon beauté poétique*» (*Pensées*, 38, in *Oeuvres complètes*, ed. cit., p. 1097).

bensì larga, così da arrecare l'originale e il nuovo. Tale è la non aurea via di mezzo percorsa da certi trattatisti, lungo la quale essi concedono agli artisti la possibilità di cangiare i particolari nell'imitazione, di ritrarre gli aspetti lieti e piacevoli delle cose naturali, tralasciando quelli tristi e dolorosi, giacché le opere d'arte debbono piacere, e di combinare liberamente le impressioni che ricevono dagli oggetti, conferendo maggiore rilievo ad alcuni tratti della realtà, relegandone altri sullo sfondo, giacché ciò che, in definitiva, preme non è l'esattezza, bensì la bellezza dell'esecuzione. L'oggetto dell'imitazione non è la natura, sibbene è il suo ordine, la sua armonia; in breve, è la bella natura il modello genuino dell'arte. Se però si considera l'ordine, nella maniera in cui può essere inteso dalla scienza dell'illuminismo, si scorge che esso può consistere esclusivamente delle relazioni spaziali del qui e del là, del sopra e del sotto, del davanti e del di dietro, e delle relazioni temporali del prima, del dopo e del contempo, dalla cui osservazione non viene alcun sussidio all'arte, giacché esse sono riguardate in maniera del tutto prosaica. L'armonia poi o è un sinonimo dell'arte o è parola priva di significato, poiché essa non può avere il senso che ebbe per i pitagorici, allorché essi attribuirono un'armonia al movimento degli astri.

Affermando che l'arte è imitazione della bella natura, gli illuministi cadono nel più manifesto dei circoli viziosi, perché essi dovevano rendere ragione della bellezza artistica, propria dell'imitazione, e di essa peculiare ed esclusiva, non di quella naturale; ma, non sapendo risolvere la questione, anticipano la bellezza d'arte a sé medesima, collocandola nell'ambito della natura. Il concetto dell'imitazione, così interpretato, mena in un vicolo cieco non soltanto i trattatisti dell'estetica, ma anche i medesimi artisti, i quali niente hanno da ripromettersi dal prendere a modello una natura che è per intero meccanica. Che cosa c'è di bello in un mondo costituito da particelle che si urtano e da automi che si muovono come comportano leggi meccaniche?

L'imitazione della natura, posta dall'illuminismo a fondamento dell'arte, presuppone che la natura ci sia e che sia distinguibile dall'insieme degli *artificiati*, ossia dall'insieme degli oggetti prodotti dall'uomo mercé le arti (nel cui novero si collocano le arti belle, le uniche d'interesse estetico). In un lungo corso di secoli un tale presupposto non sembrava meritare di essere investigato, tanto risultava evidente che l'uomo occupa una piccola regione del mondo, e che gli artificiati, a paragone dell'immensa distesa delle cose naturali, non tocche dalle arti, sono piccola e meschina cosa, e che sussiste una natura a sé stante, di cui le arti belle possono compiere l'imitazione. La situazione muta con l'avvento della scienza moderna e del macchinismo ad essa congiunta, perché l'industria (ossia il complesso delle arti, ad eccezione di quelle belle), investe sempre più estesamente la natura, moltiplicando gli artificiati, e prima ancora cangiando l'avvertimento della natura medesima, la quale acquista agli occhi dell'uomo un significato profondamente diverso da quello che aveva avuto in precedenza. Questa trasformazione non è all'inizio chiaramente percepibile, e ancora nel secolo XVIII essa è sostanzialmente ignorata, ma già nel secolo XIX è diventata di palmare evidenza ed è illustrata di per sé e per i riflessi che ha per la bellezza e per l'arte, di cui è fattore di rovina.

Per l'illuminismo, la teoria, posta come scopo a se stessa, è insensata; il sapere si consegue per il produrre (non genericamente per l'agire, come spesso si dice; la produzione comporta la trasformazione dell'oggetto naturale, dà luogo ad un artificiato, ciò che non accade nell'azione). Ne viene che il comportamento basilare dell'uomo è produttivo, e sulla preminenza da attribuire alla produzione, rispetto ad ogni altro aspetto dell'esistenza, consentono tutti gli orientamenti di pensiero ispirati all'illuminismo. Il procedimento industriale comporta lo smembramento degli oggetti della natura, la loro divisione in parti, e la ricomposizione mediante l'assemblaggio delle parti separate in degli artificiati, che corrispondono meglio di quel che facessero gli oggetti naturali ai desideri e ai bisogni umani. La natura è percepita come una cava rispetto all'uomo, il quale ne estrae i materiali di cui ha bisogno per l'industria.

In qualsiasi civiltà l'uomo trasforma la natura, ma in alcuni casi le modificazioni che egli vi arreca non ne alterano grandemente il volto, che rimane nella sostanza immutato, mentre in altri, la natura è così estesamente cangiata, da diventare come un immenso artificiato, e allora gli occhi dell'uomo, volgendosi sulle cose, incontrano quasi soltanto i prodotti dell'industria. Nell'illuminismo si attua quest'ultima eventualità, com'è possibile per la ragione che in esso le cose sono apprese quali collezioni di proprietà accidentalmente riunite, che quindi si possono dividere e assemblare, e il mondo è avvertito nella forma dell'aggregato di tutti gli insiemi esistenti. Talvolta il passaggio dalla cosa naturale all'artificiato mantiene l'identità dell'oggetto, talaltra l'elimina completamente, e allora si ha la distruzione della cosa; la civiltà dell'illuminismo importa entrambi i fatti, e per il secondo ad andare incontro alla distruzione sono gli stessi viventi, le piante e gli animali, di cui viene prevista, già nel secolo XIX, un'ampia estinzione.

Il deserto, in cui l'uomo s'aggira solitario in mezzo ai congegni da lui prodotti, non è un destino che a un certo momento sia apparso inatteso all'orizzonte, esso è stato preannunciato, contemplato, accettato senz'ombra di esitazione. Così Comte, considerando il difficile equilibrio fra gli organismi e l'ambiente e gli ostacoli che i viventi incontrano nell'adattarsi alle sempre nuove circostanze a cui sono esposti, esce a dire che «le specie animali più elevate tendono a scomparire completamente a mano a mano che l'uomo invade il loro territorio, e anche le razze umane meno civilizzate cedono il posto, per una deplorevole fatalità, davanti a quelle che lo sono di più, non essendo in grado di conformarsi alle esigenze della loro nuova situazione»[6]. Il conflitto tra la natura e il macchinismo è insanabile, ed è vana illusione reputare che si possano escogitare dei rimedi atti a sanarlo o almeno ad attenuarlo. Anche Darwin preventiva che in un qualche tempo a venire, nemmeno molto lontano, le razze umane progredite sostituiranno quelle selvagge e che parecchie specie animali, tra cui quelle delle scimmie antropomorfe, saranno sterminate, e allora la lacuna esistente nella ca-

---

[6] *Cours de philosophie positive. Troisième volume. La philosophie chimique et la philosophie biologique*, in *Oeuvres*, ed. cit., tomo III, pp. 447-448.

tena organica tra l'uomo e i suoi più prossimi affini sarà ancora più larga di quel che non sia adesso[7]. Con l'illuminismo, dopo aver perso l'archetipo divino, l'arte si trova priva degli stessi modelli naturali, e in un universo composto di artificiati non ha una regola a cui attenersi, non ha una realtà da imitare giacché gli artificiati, che ancora avrebbe a disposizione, obbediscono al principio dell'utilità, il quale è completamente opposto alla vitalità artistica in tutte le sue possibili manifestazioni.

3. *Il conflitto tra l'utilitarismo e l'idealità estetica*

L'illuminismo avanza la pretesa di rendere l'arte utile, ma l'arte rifugge costitutivamente dall'utilità, la quale, come si è provato, esiste soltanto a condizione di aumentare, di essere progrediente, e l'arte – si riconosce in maniera unanime – è insuscettibile di progresso (almeno di progresso diretto, che è quello vero e proprio; caso mai ammette un progresso indiretto, che è semplice riflesso di quello effettivo e genuino). Professando l'utilitarismo estetico, l'illuminismo si pone in contrasto con l'arte, ne provoca l'esaurimento e la fine. Potrebbe, invero, sembrare che molti illuministi siano seguaci dell'edonismo, anziché dell'utilitarismo estetico, ma questa apparenza è, al punto in cui siamo pervenuti, agevole da dissipare, giacché siamo informati delle difficoltà che l'illuminismo incontra, allorché si trova dinanzi il compito di distinguere il concetto dell'utile da quello del piacevole, che non riesce quasi mai a sceverare. Quando gli illuministi considerano le condizioni di vita dei popoli selvaggi, che furono un tempo quelle dell'intera umanità, si raffigurano uno stato di cose in cui gli individui debbono provvedere a soddisfare i bisogni più elementari, badando a procurarsi di che sopravvivere, e in cui è impossibile che ci sia un qualche spazio per la bellezza e che fioriscano le arti. Soltanto allorché c'è abbondanza di beni, si pongono le premesse per cui sorgono le arti meccaniche e le arti belle, che differiscono tra loro, perché le prime appagano le necessità del corpo, mentre le seconde esaudiscono le esigenze dell'anima. Si tratta pur sempre dell'utile, ma cangiano le specie degli oggetti utili, che nell'un caso sono quelli rispondenti ai bisogni immediati, dalla cui soddisfazione dipende la conservazione medesima della vita, laddove nell'altro caso sono quelli correlativi ai bisogni,

---

[7] *L'origine dell'uomo e la scelta in rapporto al sesso*, trad. it. cit., p. 147. La formula riassuntiva della posizione dell'illuminismo nei confronti della natura si può desumere da Spencer, per il quale lo sviluppo non è altro che una «manifattura graduale», che si esegue sempre più ampiamente e che nel suo cammino non può arrestarsi di fronte a nessuna barriera. La *zoofilia* del secolo XIX e l'*ecologia* del secolo XX sono costrette a combattere battaglie difensive, cedendo a mano a mano terreno di fronte all'avanzata del macchinismo. Esse possono tutt'al più ottenere la creazione di parchi per le piante e di riserve per gli animali, ma quello che così proteggono non è più l'animale selvatico, ma quello semidomesticato, non è più la pianta spontanea, ma quella coltivata della serra. La civiltà dell'illuminismo non sarà mai per rinnegare il principio che la natura può e deve essere adoperata il più estesamente possibile per instaurare il regno dell'uomo, a cui deve fornire comodi e agi.

dal cui appagamento derivano le variazioni dello stato complessivo dell'esistenza, che si conduce col loro ausilio in maniera larga, comoda e bella.

Sin dall'antichità il bello è collocato in una strettissima relazione col vero e col buono; ma tradizionalmente, come il bello si distingue non dal vero in generale, bensì entro il vero, come una sua specie, quella del vero concreto, ma implicito, di cui l'altra specie è quella del vero esplicito, ma astratto, così il bello si distingue non dal buono in generale, bensì entro il buono, come la specie del buono universale, ma semplicemente appreso, di cui l'altra specie è quella del buono effettivamente realizzato, ma particolare. Modernamente il bello rescinde il suo legame col vero, e il posto del buono è preso dall'utile, che è ciò che nelle trattazioni illuministiche d'estetica si ha costantemente di mira come oggetto dell'arte, ma che ora si chiama col suo nome proprio e ora si significa per mezzo di locuzioni di suono edonistico. Si discorre, infatti, continuamente del diletto, del godimento, del piacere che l'arte procaccia, ma si sottolinea che non si ha da intendere che un qualsiasi piacere sia artistico, giacché allora occorrerebbe annoverare tra le arti anche la culinaria, bensì si deve porre mente al piacere raffinato e squisito, che ha per condizione il sentimento di essere a proprio agio, e l'agio è procurato dalla ricchezza. Ci sono innumerevoli manifestazioni della ricchezza, alcune visibili con gli occhi del corpo, altre avvertibili soltanto con l'intuito dell'animo; quelle sono esibizioni dell'utile diretto, queste espressioni dell'utile riflesso, ed è con esse che l'arte ha che fare. Qualche volta l'utilità compare in un'accezione semplice e limitata; altre volte è intesa in maniera amplissima; al di fuori del concetto dell'utilità comunque non si esce[8].

---

[8] Sembrerebbe che si accontenti del significato ristretto e semplice dell'utilità, quale requisito essenziale della ricchezza, Smith, per il quale, se ci si sofferma ad osservare le proprietà che rendono gli oggetti convenienti e adatti all'uso, si finisce immancabilmente per trovarli belli. Ne viene che la bellezza sarebbe l'utilità che appare in tale sua qualità (è però da aggiungere che Smith esita di fronte a una conseguenza così estrema e sostiene che il bello-utile è soltanto una specie di bellezza, oltre la quale ce ne sono altre, che tuttavia sono lasciate indeterminate). L'appartenenza del bello all'utile è espressamente affermata da Diderot, che definisce la bellezza un riflesso dell'utilità, anche se aggiunge che non ogni cosa utile è perciò stesso bella, richiedendosi delle condizioni accessorie. Il bello non è che il vero fatto risaltare dalle circostanze, non è che l'utile piacevole messo in rilievo dalla finezza. Tra le qualità comuni a tutti gli esseri che chiamiamo belli, se ne può scegliere una sola a significare la bellezza, la quale è espressa dalla nozione di *rapporto*. Quando si considerano i rapporti nelle cose della natura, si ha il bello naturale; quando si considerano i rapporti nei costumi, si ha il bello morale; quando si considerano i rapporti nelle rappresentazioni dell'arte, si ha il bello artistico o d'imitazione. Ma non è la nozione di rapporto troppo estesa per la definizione della bellezza? Diderot si formula l'obiezione, a cui risponde dicendo che ci sono tre specie di rapporti: reali, percepiti e fittizi, e che sono gli oggetti per i rapporti reali, non per quelli che vi si trasportano. Il rapporto poi è un'operazione dell'intelletto che esamina sia un essere, sia una qualità, in ciò che importa l'esistenza di un altro essere o di un altra qualità, con cui viene mentalmente commisurata e scambiata. Tale è l'utilità in tutta la sua possibile estensione. (Diderot è però lontanissimo dall'economicismo, come risulta evidente dalla raccomandazione che rivolge agli artisti, agli scrittori, ai critici, di non aver fretta; gli antichi sostavano a lungo nelle scuole; i moderni non vedono l'ora di uscirne e prendono la penna quando non sono ancora a sufficienza illuminati). Cfr. *Traité du Beau* (in *Oeuvres*, texte établi et annoté par A. Billy, Pa-

È sin dall'inizio evidente che il principio d'utilità è destinato ad entrare in conflitto con l'arte; l'urto può anche essere rinviato nel tempo, ma è inevitabile, e può concludersi esclusivamente con la morte di uno dei contendenti. L'arte presuppone l'*atteggiamento contemplativo*, essa concede spazio ad un unico desiderio, quello dell'*esistenza della cosa bella*, la quale si apprezza di per se stessa, non per qualche vantaggio che ne può venire. Al contrario, l'utilità comporta che la cosa sia desiderata non di per sé, ma *in vista di qualche altra cosa*, perché l'utilità è costituita da una relazione, quella dello scambio (il quale può bensì essere ideale o reale, potenziale o attuale, ma non può comunque mancare). L'*aspettazione del vantaggio* qui è essenziale, perché senza di essa non si scambierebbe. Ancora: la cosa bella, sia essa quella della natura o quella dell'arte, è tale in quanto permane *idealmente immutata* (ciò vale anche dello spettacolo del movimento, che, per essere bello, richiede di essere armonioso e quindi costante, e non disordinato e caotico; quest'immutabilità della bellezza spiega, p. es., l'ammirazione che circonda il volto permanente che la natura ha nelle diverse stagioni). All'opposto, la cosa utile è tale in quanto, nella sua relazione di scambio con le altre cose, *cangia*, per la ragione che non si può dare un'utilità immutevole, essendo la ricchezza effettiva soltanto a condizione di essere ognora crescente. Di qui deriva la tendenza dell'industria a mutare continuamente i suoi prodotti, i quali nel mondo moderno sono trasformati in maniera frenetica.

Il momento critico è quello in cui la grande industria prende il posto dell'artigianato, il quale nella produzione dei suoi oggetti s'ispira all'arte (e anzi, dall'arte non può nemmeno concettualmente distinguersi, e per secoli la bottega artigianale è la sede di splendide fatture pittoriche, scultoriche, ecc.), mentre la grande industria non si limita a prescindere dall'arte, ma sempre maggiormente l'opprime e l'esautora. Ciò accade quando prima viene posto in essere un prototipo (che nel nome riecheggia l'archetipo del platonismo, ma nella sostanza ne è il capovolgimento), il quale viene poi meccanicamente riprodotto in una miriade d'esemplari, destinati al mercato. Un tale procedimento di riproduzione meccanica si vorrebbe, in ultimo, applicare anche all'arte, ma a questo punto l'arte non c'è più, perché di quanto il macchinismo si è imposto, di altrettanto l'arte è dileguata.

4. *I fattori sociali della fine dell'arte*

Occorre adesso considerare quelli che si possono chiamare i fattori sociali del vuoto artistico caratteristico del mondo moderno, tra i quali sono da annove-

---

ris, 1951, pp. 1075-1112). L'immedesimazione del bello con l'utile riflesso sembra a un certo punto controvertibile a Diderot, che però in ultimo torna ad accoglierla, come prova, tra l'altro, la sua lettera del 2 settembre 1762 a Sofie Volland (lettera riprodotta nel vol. XIX dell'edizione Assézat-Tourneux delle opere di Diderot).

rare la fine delle classi in cui in precedenza si articolava la società, e in specie, di una nobiltà che non ha bisogno di lavorare per vivere, l'emergere della borghesia come unica classe universale che accorda il primo posto all'attività economica, il grande spazio che sotto la spinta dell'economia e del macchinismo acquistano i desideri e i bisogni immediati della vita, con la conseguente dominazione dei problemi del qui e dell'ora, la scomparsa della padronanza del tempo da parte dell'uomo, l'assimilazione, ad opera del comune sentire, del poeta, e in generale dell'artista, e del libero professionista, ingegnere, medico, avvocato, la valutazione dell'arte in termini di ricchezza, sia questa del singolo individuo, dello Stato o dell'intera specie umana.

L'arte, al pari della religione e della filosofia, per grandeggiare, richiede che ci sia una classe di uomini del tutto esenti dall'obbligo di provvedere al proprio sostentamento, essendo questo o garantito dall'intera collettività o assicurato da una solida ricchezza familiare, che non è politicamente posta in discussione, in breve, postula che ci siano uomini interamente liberi dalle faccende ordinarie in cui si affaticano le moltitudini. Per la religione, la condizione migliore è quella che esista una casta sacerdotale chiusa, a cui si appartiene per nascita, e a cui non si può accedere in nessun'altra maniera; quanto più una tale casta è rigidamente divisa all'esterno dalle altre caste, e quanto più è gerarchicamente articolata nel suo interno, di altrettanto la religione ha il saldo possesso delle coscienze e può confidare di avere dinanzi a sé secoli d'incontrastato dominio. Ai singoli individui, infatti, la religione domanda non il talento, bensì l'obbedienza, e la teologia, nell'accezione di riflessione sopravveniente intorno alla fede, di cui elabora la dommatica, non soltanto non è consustanziale alla religione, ma anzi è la sua peggiore nemica, perché minaccia di dissolvere il patrimonio della fede mediante la ragione, e l'esito scontato della teologia che si dice «razionale» è il razionalismo. Invece, l'arte, che sotto questo riguardo si avvicina alla filosofia, distanziandosi nel contempo dalla religione, esige il talento, che non si eredita per nascita, ma è distribuito dalla sorte nella maniera più varia e all'apparenza capricciosa. Per questo motivo il sistema delle caste non è conveniente all'arte, di cui irrigidisce all'estremo gli stili, così che in esso la tradizione diventa morta dominazione del passato sopra il presente e ogni novità è impedita o dalle leggi medesime dello Stato o dalle ferree consuetudini in vigore presso i vari tipi di artisti. Sebbene possa parere paradossale, sotto questo proposito, l'antico orientale sistema castale assomiglia al moderno e occidentale sistema industriale, nel senso che in entrambi s'impongono le necessità della produzione, ma in quello castale modellate sul retaggio avito, in quello industriale protese verso la ricerca del nuovo e dell'inusitato; necessità nel primo caso inopportune, nel secondo esiziali per l'arte.

La divisione in classi della società è massimamente confacente all'arte, giacché le classi, a differenza delle caste, sono mobili, e ad esse si appartiene non per nascita, bensì per merito, dopo che questo ha trovato il modo di manifestarsi e di essere pubblicamente riconosciuto. I meriti ci si procacciano facendo valere i talenti, le attitudini specifiche, che si sono ottenute nascendo per una sfera, piuttosto che per un'altra, delle attività socialmente apprezzate. L'Europa nei secoli che precedono l'avvento dell'illuminismo non conosce una nobiltà di solo merito, che è quella più genuina, ed è quindi quella più vagheggiata da filosofi e costruttori di Stati ideali, ma nondimeno conosce una nobiltà di sangue (al di sotto della quale si organizzano varie altre forme di nobiltà), e la nobiltà di sangue altro non è che una nobiltà di merito consolidato nel tempo, non più legato all'individuo, ma possesso di famiglie, di genti, di stirpi. Una tale nobiltà sa scorgere i talenti, essa garantisce, anzitutto, all'arte un ristretto pubblico di estimatori, in grado di apprezzarne il valore, di distinguere il bello dal brutto e dal mediocre, perché dotata di buongusto. Il carattere che, per comune ammissione, distingue il gusto, quale specie di senso interiore, dagli altri sensi, è la sua immensa educabilità. Anche i sensi esteriori possono in una certa misura educarsi, s'impara a vedere, ad ascoltare, ma il gusto s'educa immensamente di più; l'apprendimento del vedere, quando si tratta della pittura, della scultura, dell'architettura, quello dell'ascoltare, quando è questione della musica, possiede un'estensione molto maggiore di quella che ha, allorché è affare dei comuni oggetti del mondo circostante. E un altro tratto differenziante del pari il gusto dai sensi esteriori, è che questi sono educabili quasi soltanto individualmente, e ciascun uomo deve incominciare per conto proprio sin dalla prima età quest'opera d'educazione, in cui può essere aiutato, ma non sostituito dagli altri, mentre il senso del gusto si affina, oltre che in maniera individuale, attraverso l'appartenenza alla famiglia, alla gente, alla stirpe, alla nazione, ed è complessivamente il risultato di una formazione secolare. L'esistenza in Europa di una nobiltà che ha raggiunto un elevato buongusto è per secoli una condizione soltanto preliminare, e tuttavia importante, per la grande stagione artistica del Rinascimento. Il fatto che dai membri di questa nobiltà non provengano, se non eccezionalmente, gli artisti, niente toglie alla funzione artistica da essa adempiuta, perché i nobili sono in grado di assolvere il compito di mecenati, di protettori degli artisti, i quali possono lavorare nella tranquillità e nella calma, all'ombra di una classe, che tributa onore alle loro opere, le incoraggia, le stimola, le apprezza. Nel contempo, la nobiltà assicura un certo mercato delle opere d'arte, il quale mercato deve esistere, ma essere limitato, e deve riguardare soltanto i risultati del lavoro degli artisti (ossia la valutazione monetaria delle opere d'arte deve serbarsi rigorosamente distinta dalla loro estimazione estetica).

L'emergere della borghesia come classe unica e universale, la quale ha nel suo interno distinzioni di ceti, ma non di classi (le differenze dei ceti sono determinate dalle occupazioni, dai mestieri, dalle professioni, comportano varietà di condizioni economiche, che vanno dall'opulenza e dalla ricchezza alla povertà e alla miseria, ma si accompagnano ad una posizione d'uguaglianza per ciò che concerne la rappresentanza politica, laddove le differenze di classe riguardano precisamente i posti che si hanno o non si hanno in sede politica. Il linguaggio comune seguita a discorrere di «classi» dopo che da lungo tempo ci sono soltanto «ceti», ma preme porre in chiaro anche nell'espressione che le classi non ci sono più), produce un atteggiamento interamente diverso nei confronti dell'arte. Questa diversità non emerge sin dal primo momento, per la ragione che, sino a quando la borghesia ha sopra di sé, se non nella ricchezza, nella rappresentanza politica, e altresì nella stima generale, la nobiltà, e i grandi Stati dell'Europa si reggono a monarchia, la classe borghese tende a comportarsi come quella nobile, che prende a modello, e anzi, con essa gareggia e molte volte sopravanza, quanto a mecenatismo, protezione degli artisti, larghezza di mezzi e munificenza, che, ben diretti, riescono di vantaggio all'arte. Perché lo spirito che anima la borghesia venga allo scoperto, occorre che essa instauri il proprio ordine, sbarazzandosi della nobiltà e rovesciando a mano a mano le monarchie e sostituendole con le repubbliche, di cui i suoi esponenti possono ricoprire tutte le cariche. La caratteristica che distingue, per quanto ora interessa, il borghese dal nobile europeo (oltre che dal cittadino degli antichi Stati greci e dal cittadino romano), è il fatto che il borghese non è più l'incondizionato padrone del proprio tempo. Sono i lavori, sono le professioni, a determinare, con le loro necessità oggettive, gli atteggiamenti nei confronti del tempo. Il borghese è perpetuamente in debito di tempo per quel che riguarda il lavoro, non già nel senso che egli non ozi mai (anzi, il significato moderno dell'«ozio», considerato come il tempo in cui non si hanno doveri, viene all'essere primieramente con lui), ma nel senso che la distanza o la vicinanza nel tempo sono fondamentali per la ricchezza, e il borghese ha nell'aumento della ricchezza lo scopo della vita, e quindi si trova obbligato a fare grande conto delle relazioni di tempo e della collocazione in cui egli è situato rispetto ad esse. L'avvertimento della distinzione tra il bello, che vale di per se stesso, e l'utile, che si converte con altro, si attenua, e conseguentemente, il sentimento della bellezza s'indebolisce, il gusto dell'arte, non più educato nelle famiglie durante il seguito delle generazioni, illanguidisce, e alla fine subentra la rozzezza.

Il borghese, che è l'uomo dell'illuminismo, intende la ragione come calcolo, e pretende che si calcoli anche nell'arte. Al pari della matematica e della fisica, anche l'arte va assoggettata alle regole della ragione, anch'essa vi si deve conformare, altrimenti sarebbe preda del capriccio e dell'arbitrio soggettivo; le licenze debbono essere bandite dalla poesia, come i crimini sono puniti dal diritto; la ragione, la quale porta alla verità nella scienza, conduce alla bellezza nell'arte: così si esprime una posizione di pensiero diffusissima nel secolo XVIII. Ciò dimostra quale sordità si sia prodotta nell'estetica. Si sa benissimo e si proclama, infatti, ad alta voce, che il calcolo è dovunque il medesimo e che di volta in volta diverse sono soltanto le cose tra cui il calcolo s'instaura, giacché il calcolare consiste dell'addizionare e del sottrarre, che sono le due operazioni primitive a cui tutte le altre si riconducono. Per poter formare oggetto di calcolo, le cose debbono riguardarsi con atteggiamento prosaico. Pretendere che il bello e il sublime (di cui si continua a parlare, e anzi, se ne discorre ancora più estesamente che in passato) siano calcolati e, condizione a ciò preliminare, siano considerati in maniera prosaica, è domandare l'assurdo, giacché, non appena sono visti prosaicamente, il bello e il sublime svaniscono. La povertà religiosa e l'inconsistenza artistica dell'illuminismo hanno la loro fonte comune nella pretesa di assoggettare alla ragione calcolante ciò che è incapace di sottostare a qualsiasi calcolo, il divino e il bello; è di qui che sorgono le astrazioni del teismo e del deismo, è di qui che derivano tanti conati d'arte, che non sono arte effettiva, e ancor meno, grande arte.

Va da sé che l'illuminismo non si propone minimamente di cacciare l'arte dal mondo, e che la fine dell'arte è un esito non perseguito, e tuttavia immancabile dell'atteggiamento calcolante, quando questo cerca d'imporsi senza alcuna restrizione di terreno. Manifestazioni particolari di tale atteggiamento, dopo l'avvento al potere della borghesia, sono l'enorme estensione che acquista il mercato dell'arte, il quale agisce come elemento di corruzione del gusto, giacché spinge a confondere la valutazione estetica delle pitture, delle sculture, delle architetture, delle musiche, con la loro valutazione monetaria, e l'invasione dei manufatti economici, obbedienti al principio dell'utilità, nel posto in precedenza occupato dalle opere dell'arte, rispondenti al principio della bellezza, la quale invasione si accompagna alla presunzione di spacciare proprio codesti manufatti per opere artisticamente valide. Anche la stima sociale degli artisti risente del medesimo atteggiamento, che è diametralmente opposto a quello che nell'ellenismo e nel cristianesimo presiedeva all'attribuzione del ruolo degli artisti nella società. Platonicamente, il poeta è l'uomo divino, che, attingendo da una misteriosa fontana, comunica una verità di cui non è egli medesimo consapevole, giacché nel momento del suo poetare, non è padrone delle proprie facoltà, ma è posseduto dal Dio che in lui si esprime e mediante lui si manifesta. Non tutte le arti partecipano dell'altissima considerazione accordata alla poesia, ma la loro valutazione cangia in meglio o in peggio a seconda che la produzione delle opere d'arte coinvolga meno o più la materia. Così, lo scultore, che più di altri artisti opera con la materia, a stento si distingue da un qualsiasi artigiano, da un uomo meccanico, e occorrerà grande tempo perché cresca la stima che merita. Il cristianesimo contribuisce a tale crescita per lo scultore, e forse ancora maggiormente per l'architetto e per il pittore, giacché reputa che la costruzione degli edifici sacri e la loro illustrazione pittorica concorrano a trasportare l'uomo dal mondo terreno al mondo celeste, e che la bellezza di quaggiù, ancorché sia costituita da cose materiali, sia un'anticipazione della bellezza di lassù. L'illuminismo cancella tutte queste idee, costituisce un sistema delle arti destinato a rimanere pressoché immutato per secoli, e in pari tempo introduce una valutazione del rango e della funzione degli artisti basata essenzialmente su criteri economici[9].

---

[9] Quando deve giudicare le diverse professioni, Smith chiama subito in causa il differente guadagno che da esse si ricava, mette i poeti e i filosofi accanto ai medici e agli avvocati e, quasi non bastasse, soggiunge che l'ammirazione del pubblico è per i poeti e per i filosofi quasi l'intera retribuzione, giacché la loro remunerazione monetaria è il più delle volte meschina. Ciò che però al filosofo genuino interessa è affidare la continuazione del suo lavoro a qualcuno che lo prosegua, dopo che la morte l'ha strappato alle sue mani. Quale che sia il successo che il filosofo ottiene presso il pubblico, esso non può essere riguardato come una parte della sua retribuzione, quasi fosse un guadagno d'una specie invisibile. La retribuzione, la paga, lo stipendio, è tutt'altra cosa: domandarne è la vergogna del sofista, che insegna per mercede; l'antichità si ritrae inorridita da un tale spettacolo. Il filosofo non è né umile né superbo (come Smith sembra ritenere); per Platone, il filosofo non sa nemmeno se chi gli sta accanto sia un uomo o un animale; per Aristotele, la condizione del filosofo è quella medesima di Dio, nei li-

Di recente è divenuto evidente che non soltanto non si creano opere d'arte – soprattutto nell'architettura – in grado di gareggiare con quelle create nel passato, ma non si è nemmeno capaci di conservare adeguatamente le opere d'arte, che il tempo, i fenomeni avversi della natura, gli uomini, hanno danneggiato e insultato. I progressi dei procedimenti di restauro sono tenuti in scacco e in larga parte annullati dal cattivo gusto – correlativo all'industrialismo –, che presiede ai rifacimenti degli antichi monumenti, e prima ancora dall'emergere di una politica nei confronti dell'arte, che, essendo adottata dai governi (i soli che hanno i mezzi adeguati d'intervento), obbedisce alle esigenze del successo immediato, mira ad ottenere il consenso della pubblica opinione, quasi che il giudizio della massa potesse corrispondere all'interesse dell'arte, anziché essere ad esso contrario. Il macchinismo, come annienta il volto della natura, così dissolve il patrimonio dell'arte, o in forma diretta e a tutti visibile, come accade allorché si demoliscono degli edifici sacri e profani, si distruggono vecchie e nobili strade cittadine, o in forma indiretta e da pochi percepibile, ma non meno rovinosa, come capita quando si viola lo spazio di cui l'architettura, la scultura, la stessa opera pittorica, hanno bisogno per essere debitamente apprezzate (questo spazio architettonico, scultoreo, pittorico, è costantemente eroso, mutilato, rovinato, a pro' dell'industria).

L'utilitarismo illuministico si comporta distruttivamente nei confronti dell'arte ancora in un'altra maniera, che riguarda soprattutto la poesia, la letteratura, il teatro, mentre quella testé considerata concerne principalmente le arti figurative, ossia pretendendo di assegnare quella che esso chiama una «funzione pratica, sociale» all'arte, ma che in effetti è soltanto un compito di propaganda, che vorrebbe fare dell'opera della bellezza il veicolo d'idee ad essa estrinsecamente sovrapposte, e così l'impoverisce, la convelle, l'esautora. In qualsiasi civiltà l'opera d'arte si connette a tutto il patrimonio di conoscenze, di credenze religiose, d'idealità morali, di scopi politici, che l'umanità in quel determinato luogo e tempo professa e coltiva. Ciò è inevitabile, giacché tutte le cose esistono congiuntamente e nessuna possiede realtà a sé stante, separata. La differenza tra le civiltà non è affatto data da ciò, che alcune di esse si attengano alla concomitanza e alla correlatività delle attività della coscienza, e altre pratichino la

---

miti i cui ciò è possibile all'uomo, è lo stato dell'autosufficienza; per Hegel, che riprende l'ideale della vita contemplativa della grecità, il filosofo è interamente sprofondato nella cosa di cui si occupa, è più vicino al Signore di quanti riescono a cibarsi soltanto delle briciole dello spirito. Com'è ovvio, Smith non ha alcuna intenzione di calunniare i poeti e i filosofi, e soltanto descrive con grande naturalezza la stima che se ne fa nella civiltà dell'illuminismo. Soprattutto con la terza ondata nell'illuminismo c'è un'unica mansione per l'uomo: quella di occuparsi dei propri affari. Ai nobili proprietari terrieri del passato ciò non sarebbe affatto piaciuto, perché essi ritenevano che tra gli obblighi del loro stato sociale ci fosse quello dell'ozio. Nemmeno lo scrivere era loro consentaneo; soltanto i ricevimenti, i balli, gli amori, la caccia, la guerra, erano loro adatti. Un tale genere di vita, comunque si voglia giudicare sotto altri propositi, aveva i suoi vantaggi per l'arte, giacché spingeva a procurarsene le opere, che dovevano esser di numero esiguo, costose, raffinate, principesche, perché dovevano essere esclusivo possesso di pochi privilegiati.

loro autonomia e indipendenza. L'autonomia, l'essere legge a se stesso del particolare, è un cattivo concetto, e l'indipendenza è soltanto dell'intero, in cui tutte le parti sono contenute e sono libere, non perché possano ciascuna isolarsi dalle altre, ma perché, nella loro riunione, coincidono con l'intero, così che la libertà di questo è nel contempo la loro libertà medesima. Il divario sorge dal fatto che alcune civiltà considerano l'uomo una creatura che ha per patria il cielo, e conseguentemente pongono l'arte in alto, asserendo l'esistenza del bello in sé e assegnando all'arte il compito di perseguirlo, mentre altre civiltà – di cui la massima espressione è la civiltà posta in essere dall'illuminismo – riguardano l'uomo come una pianta della terra, e perciò accolgono soltanto scopi limitati in ogni campo del pensare e del fare, arrecando nel volgere di pochi secoli un assetto di cose in cui l'arte non può vivere.

La fine dell'arte non è però il crollo, bensì è il trionfo dell'illuminismo, il quale è certamente travagliato da una crisi profonda, ma che ha tutt'altre cagioni che codesta fine. Ciò che appartiene all'essenza di un punto di vista è per esso ragione di vita, ancorché sia causa di morte per realtà ad esso estranee: sotto questo proposito, un punto di vista è comparabile ad un serpente velenoso, che non può perire del suo medesimo veleno, perché l'inietta non a sé, bensì ad altri animali, di cui provoca il decesso. Infliggendo la morte all'arte, l'illuminismo arreca lo svolgimento consequenziario del proprio programma; non c'è niente di casuale in questo evento, niente d'improvvisato, niente di sorprendente, di cui si sia costretti a prendere atto dall'osservazione di quel che capita nel mondo circostante; il destino era stabilito sin dall'inizio.

5. *Accenni autocritici dell'illuminismo sulla condizione dell'arte*

I singoli illuministi possono anche non rendersi conto di questo destino di morte riserbato all'arte; ce ne sono alcuni che si ripromettono perfino un futuro in cui l'arte fiorisca e risplenda in maniera che non trova corrispondenza in nessuna epoca del passato. Tutto ciò si spiega con la limitatezza della coscienza individuale, con la circostanza che all'io personale toccano anche prospettive sbagliate, illusioni e inganni. Concessa però la parte che occorre fare al miraggio e alla chimera in fatto dell'avvenire grandioso dell'arte, che si riscontrano in taluni illuministi, occorre soggiungere che parecchi di essi hanno assunto posizioni più realistiche, più critiche, in qualche caso addirittura disincantate.

Intanto, come ripetutamente si è ricordato, si è il più delle volte fatta un'eccezione per l'arte, sottraendola alla legge del progresso che governerebbe le umane cose. L'ammissione del progresso artistico imporrebbe di affermare che la poesia di Dante è progredita nei confronti di quella di Omero, che la poesia di Shakespeare è progredita nei confronti di quella di Dante, e che il medesimo è accaduto per la pittura, la scultura, l'architettura, la musica, in breve, per tutto il sistema delle arti. Si tratta di assunti così manifestamente assurdi, che non c'è nessuno che sia disposto a mettersi a propugnarli. Tutt'al più si asserisce che se si approfondiscono le idee religiose, se si elevano le convinzioni morali, se migliorano i costumi, ciò che la poesia canta, la pittura dipinge, la scultura effigia, ecc., diventa superiore. Un tale avanzamento riguarda esclusivamente quello che si suole chiamare il «contenuto» dell'arte, senza coinvolgere quella che si suole denominare la «forma» artistica, in cui unicamente risiede la bellezza. Il progresso viene teorizzato soprattutto per la scienza, per la ragione che in essa si opera con procedimenti metodici, inesistenti nel campo dell'arte. (Le regole fornite dalle poetiche non sono assimilabili ai principi del metodo fisico-matematico, giacché si riconosce con molto buon senso che, attenendosi scrupolosamente a tutti i precetti dell'*Arte poetica* di Orazio non si sarebbe garantiti di produrre una composizione artisticamente valida). La poesia, dice Cartesio, ha finezze e dolcezze incantevoli, ma è più un dono dell'ingegno che un frutto dello studio. Nella fisica, afferma Fontenelle, i moderni sopravanzano enormemente gli antichi, ma nell'arte sono stati gli antichi a raggiungere la perfezione, potendo vantare poeti eccellenti e oratori insuperabili. Voltaire non soltanto non vuole udir parlare di progresso per la letteratura, il teatro, la poesia, soffermandosi con parecchia enfasi sull'argomento, ma riconosce che la lingua e lo stile sono di recente decaduti. Saint-Simon, che pur nutre, al pari di Comte, aspettative grandiose per l'arte del futuro, ammette senza esitazione che sino ad oggi gli antichi sono da considerare superiori ai moderni[10].

Ancora nel secolo XVIII ci si può illudere di accordare la grandezza dell'arte con l'affermazione della civiltà dell'illuminismo, perché lo stato delle arti anche nei paesi che sono le sedi primarie dell'illuminismo è nel complesso ancora splendido; a mano a mano che ci s'inoltra nel secolo XIX la decadenza dell'arte è chiaramente visibile, ed è del pari evidente che, a meno d'inversioni dell'andamento generale della civiltà, il processo d'involuzione artistica è destinato a proseguire nel tempo. Chi va al di là dei rilievi e dei riscontri incidentali sul cattivo stato delle arti è John Stuart Mill, nel quale l'autocritica dell'illuminismo in fatto di arte ottiene una delle più esplicite e impietose formulazioni. Mill, che si riferisce soprattutto alla letteratura, distingue nelle composizioni letterarie il contenuto (*matter*) e la forma (*manner*) e aggiunge che se si riscontra che sotto entrambi codesti propositi la letteratura è nel presente inferiore a quel che è stata in passato, occorre concludere che è decaduta. Sotto il riguardo del contenuto, una letteratura decade allorché mostra in maniera accentuata la tendenza a voler inculcare opinioni e sentimenti, diventando propaganda; sotto

---

[10] «Sono i popoli dell'antichità che hanno creato le belle arti; le hanno portate al più alto grado di perfezione mai raggiunto. Per l'invenzione diretta, per l'immaginazione che agiva immediatamente sui sensi, i popoli dell'antichità sono rimasti maestri. Si è costretti a riconoscere che i lavori dei popoli dell'antichità sono rimasti superiori a tutti quelli prodotti dai loro successori», dice Saint-Simon (*Alcune opinioni filosofiche ad uso del XIX secolo*, in *Opere*, trad. it. cit., p. 1047). Un'ammissione così realistica forma singolare contrasto con il progetto di Saint-Simon di mettere insieme gli scienziati e gli artisti e di costituirli «direttori generali della specie umana», e di pianificare l'arte, mettendola di rincalzo alla rigenerazione morale, politica e religiosa dell'umanità. Ma Saint-Simon è convinto, al pari di Comte, che sia possibile non ristabilire (perché non c'è mai stato), ma instaurare per la prima volta il regno di Saturno sulla terra.

il riguardo della forma, la letteratura decade quando è caratterizzata in misura inferiore a quanto accadeva in passato dalla bellezza della composizione e dello stile. «Sono incline a pensare che per entrambi questi aspetti la nostra letteratura sia decaduta e stia decadendo» dice Mill[11], che non manca di precisare che, quando parla della letteratura, intende riferirsi non a certi particolari scrittori, ma allo spirito generale e alla qualità complessiva che caratterizzano l'arte dello scrivere. Non si manca d'insistere sull'influenza che la letteratura esercita sulla civiltà – osserva ancora Mill –; questo è però soltanto un lato della relazione, accanto al quale occorre considerare il lato inverso, dell'influenza che la civiltà effettua sulla letteratura, e tale lato non ha ancora ricevuto dai filosofi tutta l'attenzione di cui è degno. Ora, l'influenza che la civiltà moderna ha sulla letteratura, e che sembra destinata ad avere sempre di più, è deleteria, esiziale. La nostra epoca si distingue da tutte quelle che l'hanno preceduta per il grandissimo numero di persone, provenienti dagli strati più bassi della società, in grado di leggere; da questo fatto provengono parecchi benefici, ma la letteratura non è portata ad avvantaggiarsene, ne trae, anzi, inclinazione a degenerare. Si moltiplica il numero di quanti leggono, ma non cresce il numero di quanti pensano; per di più, gli scrittori traggono dalla crescita dei lettori incoraggiamento e stimolo a comportarsi male. È inutile nascondersi la verità che gli scrittori sono in gran parte e in ogni epoca quello che i lettori li fanno essere; in un'epoca dominata dalle moltitudini gli scrittori sono quello che le moltitudini desiderano che siano. E le moltitudini desiderano essere adulate, amano sentirsi dire che sono nel giusto, che le loro opinioni, per quanto rudimentali e grossolane siano, sono immancabilmente quelle vere. Nella letteratura, come in parecchie altre sfere d'attività, è la domanda che stimola l'offerta; il grande obiettivo degli scrittori è di essere letti e ammirati, e il grado di ammirazione che riescono a conquistare è da essi adoperato come criterio con cui valutare le proprie capacità. Ci sono due strade che gli scrittori possono intraprendere, la prima, più facile, e di conseguenza, anche più largamente seguita, è quella di propugnare senz'altro le opinioni dominanti; la seconda, più malagevole, perché richiede l'abilità del contorsionista e del saltimbanco, è quella di affidarsi ai paradossi più urtanti, allo scopo di procurarsi l'attenzione del pubblico. Un tale comportamento, se rovina molta letteratura moderna per il lato del contenuto, è ugualmente distruttivo per il lato della forma, andando a detrimento dello stile. La naturale semplicità è il tratto distintivo dell'eccellenza dello stile, il quale deve esprimere il significato in maniera trasparente, precisa, senza lasciar trasparire alcuno sforzo; ci vuole l'arte di nascondere l'arte. Gli uomini mezzo colti sono sempre catturati dall'ornamento sfarzoso, dalla ricerca dell'effetto, dal vuoto gioco fine a se stesso della fantasia, dalla prolissità incontrollata, e siccome è questa sorta di uomini a formare il pubblico, gli scrittori, che ne vogliono guadagnare i favori,

---

[11] *Sulla situazione attuale della letteratura*, in *Che cosa è la poesia? Saggi sulla letteratura*, trad. it. F. Nasi, Bologna, 1988, p. 148.

sono incoraggiati a comporre le loro opere in uno stile deprecabile[12].

Occorre chiarire che questa fine dell'arte non è affatto una scomparsa generale, ma è semplicemente il venir meno dell'arte entro la civiltà dell'illuminismo, il quale, per quanto sia il punto di vista oggi dominante, non è l'unico esistente. Tutti i punti di vista sono onnispaziali e onnitemporali, e allorché uno di essi si espande, gli altri si contraggono, ma non scompaiono. Non si debbono confondere le età cronologiche, che si stabiliscono sulla base dei calendari, con le età ideali, che si definiscono sul fondamento del primato che compete all'uno o all'altro dei punti di vista, a seconda della vita chiara e manifesta che conduce, nel tempo in cui i rimanenti menano un'esistenza oscura e latente. Cronologicamente l'arte esiste in ogni epoca, e pertanto non costituisce un'obiezione pertinente alle conclusioni tratte intorno alla fine dell'arte l'osservazione che molte opere d'arte si continuano anche oggi a produrre e che si assiste anche ai nostri giorni alla nascita di parecchi nuovi indirizzi artistici. Sarebbe stranissimo che l'arte, anche in un'epoca ad essa avversa, non lottasse con tutte le sue forze per sopravvivere, e se in questo combattimento non sorgessero qua e là anche autentici capolavori. Idealmente, ossia in corrispondenza all'illuminismo, l'arte viene meno, anche qui in maniera non completa, giacché niente scompare veramente dal mondo, e quella che si chiama la morte è in effetti soltanto una diminuzione, in maniera analoga a quella in cui è un decremento il sonno nei confronti della veglia[13].

6. *La sterilità dell'illuminismo in fatto di filosofia dell'arte*

L'illuminismo com'è improduttivo in materia d'arte, così è sterile in fatto di riflessione intorno all'arte, di modo che la sua filosofia dell'arte, la sua estetica, offre uno spettacolo di desolazione.

La risoluta negazione che si dia un'estetica entro l'illuminismo, a differenza della contestazione ad esso dell'arte, può riuscire paradossale e perfino incom-

---

[12] *Ibid.*, pp. 147-160. Quella che si chiama l'«industria culturale» è un fenomeno perfettamente noto a Mill, che deprecà la diffusione della stampa periodica, sino al punto di far proprio il detto di Goethe: «Odio i giornali perché sono gli schiavi del giorno». La polemica contro il giornalismo è un obiettivo costante dell'autocritica dell'illuminismo sin dal XVIII secolo, ma Mill ha il merito di trarre la conseguenza più rilevante. La prevalenza acquistata dalla stampa periodica, che deve immediatamente accordarsi con i pregiudizi e i gusti del momento, è un'insidia per la letteratura in genere, che tende a trasformarsi in commercio: «Tutto ciò che è portato avanti come un commercio – dice Mill –, ben presto viene condotto sulla base dei semplici principi commerciali del profitto e della perdita. Quando la letteratura va in questa direzione diviene, fra tutti i tipi di commercio, quello più degradato e vile, per l'ipocrisia e la falsità con cui è di necessità condotto» (pp. 159-160).

[13] C'è infine da notare che tra gli stessi autori che si assegnano all'illuminismo ci sono grandi scrittori e altri grandi artisti, soprattutto compositori musicali. Ciò accade per la ragione che essi, in quanto sono artisti genuini, per una felice dimenticanza, cessano di appartenere all'illuminismo, di cui rimangono seguaci sotto proposti diversi da quello dell'arte.

prensibile, tanto numerosi sono i fatti atti a smentirla, che si reputa di avere a disposizione. Mentre si suole ampiamente riconoscere che nel periodo che va dal secolo XVIII ai nostri giorni, ossia nell'epoca corrispondente all'avvento e al trionfo della civiltà dell'illuminismo, l'arte mena una vita stentata ed è sempre ad un passo dalla completa estinzione, si sostiene che in questo stesso tempo nasce l'estetica vera e propria, della quale nei secoli precedenti si erano posseduti soltanto incerti e oscuri presentimenti, e tutt'al più qualche lampo momentaneo, e non si raggiungeva quindi la forma dell'assetto sistematico. La scienza del bello d'arte non sarebbe né antica, né medioevale, né rinascimentale, bensì moderna, sorgerebbe cronologicamente insieme all'illuminismo, dopo di che prenderebbe stabilmente posto nell'edificio delle conoscenze umane.

Nonostante queste proteste, manteniamo ferma la valutazione negativa dell'estetica dell'illuminismo: se per «età moderna» s'intendono gli ultimi secoli, attenendosi al significato cronologico, si può fors'anche concedere che in essa si sia costituita la scienza estetica; se però, con quella medesima espressione si designa idealmente il periodo della massima affermazione dell'illuminismo, è da dichiarare che all'elaborazione del pensiero estetico gli autori dell'illuminismo rimangono sostanzialmente estranei e che la civiltà illuministica si conferma indifferente alla comprensione riflettente dell'arte. Parecchi dei maggiori pensatori del secolo XVIII, che si annoverano tra i padri fondatori dell'estetica, sono spiritualmente remoti dall'illuminismo, e, o neoplatonici o preludianti al romanticismo o entrambe le cose insieme. Questo è il caso non soltanto di Shaftesbury, di Burke, di Herder, ma anche di Vico e di Baumgarten. Di converso, i principali pensatori dell'illuminismo non compaiono ai primi posti fra i filosofi a cui si deve la creazione dell'estetica. A simbolo di questa reciproca estraneità della speculazione estetica e della filosofia illuministica si possono elevare le numerose trattazioni che si compiono sul sublime, il quale nelle opere di estetica ora si affianca al bello e ora addirittura in dignità lo sopravanza, giacché, se c'è qualcosa di avulso dall'illuminismo, esso è il sublime[14].

Alla nostra tesi dell'improduttività dell'illuminismo nel campo dell'estetica, si obietterà presumibilmente che le considerazioni ora addotte non valgono a cancellare la circostanza che in tutti i maggiori rappresentanti del pensiero illuministico della prima ondata si riscontra un'intima unione tra la ricerca filosofica e la critica estetica e letteraria, la quale unione fa sì che il secolo XVIII sia chiamato tanto il secolo della filosofia quanto il secolo della critica. È ad opera di autori illuministicamente ispirati (si eccepirà) che la poetica, la retorica, la teoria delle belle arti, in precedenza trattate in maniera separata, vengono ordinate e fuse in un tutto unitario, che è per l'appunto la scienza estetica; sono questi medesimi pensatori, che, dibattendo il problema dell'oggettività e dell'as-

---

[14] Nella filosofia dell'arte di Kant, p. es., il sublime si distingue dal bello come il romantico si distingue dal classico, e l'indubbio primato che Kant conferisce al sublime documenta la sua tendenza, quando si tratta dell'arte, a volgersi in direzione del romanticismo (il quale, però, complessivamente preso, è da contrapporre non al classicismo – ciò non darebbe senso – bensì all'illuminismo).

solutezza oppure della soggettività e della relatività dei giudizi con cui si valuta la bellezza, elaborano sistematicamente, per primi, il concetto del gusto; sull'o- rientamento illuministico di questi scrittori non si può avanzare alcun dubbio, poiché essi domandano che la ragione si affermi dovunque (taluno asserisce esplicitamente che la ragione, com'è il fondamento della scienza, così è la base dell'arte, anche alla quale è da richiedere la verità, come vuole la celebrata sen- tenza: «soltanto il vero è bello»).

A questi e ad altri analoghi tentativi, che si potrebbero intraprendere per contrastare la tesi del vuoto estetico, oltre che artistico, dell'illuminismo, repli- chiamo che le cose stanno precisamente in maniera opposta a quella che si pre- tende, poiché molte idee intorno all'arte s'incontrano certamente negli illumini- sti, ma che esse non sono professate dagli illuministi in quanto tali, per la ragio- ne che non tendono al medesimo punto a cui mirano tutte le altre loro prese di posizione teoriche e pratiche. Un'estetica che possa definirsi illuministica non esiste, giacché le idee estetiche, che si trovano negli illuministi, non collimano con le loro concezioni di gnoseologia e di logica, di filosofia della matematica e della fisica, con i loro convincimenti in fatto di morale, di economia, di politica; in breve, non collimano con la loro intuizione del mondo, da cui risultano so- stanzialmente indipendenti, mentre, invece, collimano codeste altre concezioni e codesti altri convincimenti. Il fenomenismo e l'empirismo, l'antimetafisicismo e il laicismo, l'utilitarismo e il cosmopolitismo individualistico s'implicano a vi- cenda; qui si è in presenza di tanti elementi, ognuno dei quali cospira in unità con i rimanenti. Del tutto diversa è la situazione che si riscontra allorché ci si volge a considerare l'estetica, dove l'illuminismo non offre niente che armoniz- zi con le sue vedute, all'infuori di un generico umanismo e di un altrettanto ge- nerico utilitarismo. Gli illuministi danno per ammesso che l'arte è una realtà in- teramente umana, non divina, che la bellezza è un fatto terreno, non celeste; per questo aspetto i loro assunti d'estetica concordano con la loro gnoseologia feno- menistica. Avendo voltato le spalle alla metafisica, avendo rinunciato all'asso- luto, gli illuministi immettono sul terreno dei fenomeni, il solo accessibile al- l'uomo, anche il bello d'arte e quello di natura. Ma non appena si chiede quale sia il carattere distintivo che, nella molteplicità delle cose che l'uomo incontra come date o che produce egli medesimo, permette di stabilire quale sia il feno- meno della bellezza naturale e della bellezza artistica, non si riceve alcuna per- suasiva risposta.

Ad analoga delusione si va incontro, se si domanda quale sia, nella varietà degli oggetti utili, il tratto che individua la specifica utilità propria dell'arte. L'utilità fornisce tutt'al più il genere prossimo, manca la differenza specifica, necessaria alla definizione dell'arte. Ogni cosa bella è utile, ma non ogni cosa utile è per ciò stesso bella; un acquisto ben condotto, un affare compiuto con profitto, è utile, ma nessuno ardirebbe sentenziare che si tratta di un'opera d'ar- te, nemmeno gli scrittori che avvicinano la comodità e la bellezza compiono una tale inferenza; anzi, essi tendono a sostenere che la bellezza è un'utilità me- diata, raffinata, riflessa, ma è evidente che in questa maniera essi non porgono una vera definizione, bensì si limitano a segnalarne l'esigenza, giacché non stabiliscono che vogliano dire il «mediato», il «raffinato», il «riflesso», di cui discorrono[15]. Il concetto dell'utilità è insuscettibile di dividersi in parecchie specie, di cui una costituisca la bellezza e l'arte. In conseguenza di ciò, il rapporto di dipendenza dell'utilitarismo estetico dal generale utilitarismo, professato dagli illuministi, rimane vago e indeterminato[16]. Poiché non concorda (quantunque nemmeno discordi) con tutte le teorie che definiscono l'illuminismo, *quel tanto di estetica che si trova negli illuministi, vi appare presente al semplice titolo di una variabile indipendente*, che di fatto è tale, ma avrebbe potuto essere diversa, senza che il rimanente muti[17].

Una sommaria rassegna delle teorie estetiche proposte da autori, che per il loro orientamento complessivo si classificano tra gli illuministi, è in grado di comprovare che nessun legame intrinseco collega codeste teorie all'effettivo patrimonio d'idee dell'illuminismo, e che tutti i tentativi rivolti a stabilire una tale connessione sono destinati al fallimento, giacché il più delle volte scambiano delle semplici assonanze verbali per reali parentele concettuali. Una mera vicinanza di parole è quella che passa tra l'investigazione delle leggi naturali, sistematicamente promossa dalla scienza dell'illuminismo, e la determinazione delle norme per la produzione delle opere d'arte, ricercata dall'estetica dei secoli XVII e XVIII. È uno sviamento e un inganno mettersi a ritenere che qui si sia di fronte a una qualunque convergenza d'ispirazione tra programmi scientifici e ideali estetici. Le leggi fisiche sono rapporti di quantità e di qualità; le norme artistiche sono relazioni interamente qualitative; le leggi fisiche si rinvengono,

---

[15] Il difetto dell'utilitarismo estetico è analogo a quello dell'edonismo estetico (con il quale l'utilitarismo è sempre ad un passo dal confondersi). La bellezza è piacere, dichiarano gli edonisti, i quali però, quando sono costretti a concedere che il pane piace all'affamato e l'acqua piace all'assetato, ma non per questo il pane e l'acqua sono delle bellezze, non sanno come cavarsi dall'impiccio.

[16] Utilitaristicamente atteggiate sono le tendenze delle arti, e in particolare dell'architettura, che prendono nome dal razionalismo e dal funzionalismo, perché la razionalità è intesa come utilità e la funzionalità è concepita come rispondenza a fini economici. Ma questo è l'utilitarismo vissuto, che ispira la civiltà contemporanea, la quale ha lasciato in disparte la filosofia, non un utilitarismo che cerchi di giustificarsi speculativamente.

[17] Eppure non soltanto rispetto ai grandi problemi, quali sono quelli menzionati, ma anche a proposito di questioni parecchio limitate, gli orientamenti degli illuministi si accordano in genere ottimamente tra loro, corrispondono tutti ad un unico principio ispiratore. Si prenda ad esempio la questione dell'urbanismo; anche prima che si affermi l'industrialismo, i seguaci dell'illuminismo si sentono in obbligo di parteggiare per la città, invece che per la campagna. E infatti, le città sono strettamente legate alla cultura che l'illuminismo ha in mente d'istituire: l'umanità è guidata dai libri e le città sono le sedi in cui si pubblicano le opere a stampa; nelle città che si dibattono le nuove idee, è in esse che ferve la discussione dei progetti di riforma politica. La campagna è addormentata, vi domina la religione tradizionale nelle sue forme più vetuste e maggiormente intrise di superstizione; voltarle le spalle, in attesa d'investirla con le novità e di coinvolgerla nel progresso, è un obbligo di coerenza intellettuale. Sul favore da accordare alla città o alla campagna si apre lo scontro tra l'illuminismo e il romanticismo, giacché anche i romantici sono concordi nell'idoleggiare i semplici e schietti costumi contadineschi, nel domandare il ritorno alla natura, di cui Rousseau era stato uno dei primi e più risoluti assertori, dando anche in questo caso prova di romantica disposizione di spirito.

ma non si prescrivono, ossia non sono regole (per lo meno non sono regole dettate dall'uomo), e una precettistica naturale è un'unione di vocaboli priva di senso; le norme artistiche sono, invece, delle regole che compongono una precettistica esclusivamente umana, non si scoprono, ma si creano. La scienza della natura è esatta, perché è una matematica applicata; nessuna estetica, quand'anche fosse pienamente rigorosa, può possedere anche la menoma esattezza, perché non ha indole di sapere matematico. L'acustica, come ramo della fisica, ha le sue leggi esatte; ma la musica non si attiene a codesta esattezza, allo scopo di essere bella; è da sempre noto che una composizione musicale acusticamente rispettosa di ogni legge, può risultare artisticamente brutta. I teorici delle regole dell'arte, che s'incontrano numerosi all'inizio dell'età moderna, continuano l'opera dei trattatisti greci e romani di poetica e di retorica, le loro precettistiche seguitano quelle di Orazio, di Quintiliano, ecc., che spesso prendono a modello; esse hanno il compito d'individuare il tipo nella poesia lirica, nella drammatica, nella tragedia, nella commedia, nella satira, e via di seguito; per quanto grevi siano i trattatisti moderni (i quali spesso superano per minuziosità e pedanteria gli antichi) nei loro dettami, neppure essi ignorano che, se il poeta manca dell'estro, se la natura con lui è stata avara di doni, vana sarà la sua aspirazione alla perfezione. Un abisso divisorio tiene lontani il metodo per ricercare la verità nelle scienze, effettivamente proposto nello spirito dell'illuminismo, e la precettistica estetica, che nessun ardimento giunge a gabellare per un'infallibile metodologia della bellezza; con essa l'illuminismo non ha niente da spartire. Certamente, di ragione e di verità si discorre sia a proposito della scienza, sia nel riguardo dell'arte; ma codeste parole hanno nei due casi significati non già diversi, bensì disparati, e quindi non riaducibili a una qualsiasi unità. Allorché è questione della scienza, la ragione, a cui si guarda, è la facoltà del calcolo; allorché si tratta dell'arte, la ragione e la verità, che si hanno di mira, sono formate dalla semplicità, dalla schiettezza, dalla naturalità, ossia dagli ideali del classicismo, il quale non è congiunto all'illuminismo da nessun vincolo sostanziale.

Voltaire reputa che siano indizi di malattia dello spirito e manifestazioni di cattivo gusto il compiacimento del prezioso e del manierato, la preferenza accordata al burlesco sul nobile, al capriccioso e al bizzarro sullo spontaneo e sul naturale; egli vuole che l'arte eviti qualunque ricercatezza, qualsiasi vano ornamento, per essere essenziale, concentrata, unitaria. Tutto ciò è indizio di propensione verso il classicismo; ma quale intrinseco collegamento esiste tra quest'orientamento estetico di Voltaire e la sua implacabile polemica anticristiana, la sua intransigente difesa della tolleranza, la sua cauta ma sicura fede nel progresso? Verosimilmente nessuno; ne è prova il fatto che Voltaire, così amante delle novità in materia di scienza e di filosofia, ne rifugge nel campo dell'arte[18].

---

[18] «Il gusto d'una nazione – dice Voltaire – si può corrompere: è una sventura che càpita di solito dopo secoli di perfezione. Gli artisti, per paura di essere imitatori, cercano vie fuor del comune: si allontanano dalla bella natura, cara ai loro predecessori; nei loro sforzi, c'è un certo pregio, che dissimula i loro difetti. Il pubblico, cui piaccion le novità, corre loro dietro e non tarda a disgustarsene; e compaiono allora altri artisti che compiono nuovi sforzi per piace-

La considerazione di una chiara teoria estetica è atta a porre il sigillo definitivo alla prova della sostanziale estraneità del pensiero estetico alla filosofia dell'illuminismo, perché quel che è netto non porge adito alle scappatoie a cui si presta quel che è nebuloso. Sia essa la giustamente lodata e famosa teoria di Lessing dei limiti delle arti, la quale occupa un posto di rilievo tra quante sull'argomento della distinzione delle singole arti e sui mezzi espressivi peculiari di ciascuna arte siano mai state presentate. Per Lessing, dunque, tanto la pittura (ossia le arti figurative in genere) che la poesia (a cui si possono aggiungere la musica e la danza) sono imitazioni, ma, mentre l'imitazione della pittura è statica, quella della poesia è dinamica. Infatti, la pittura adopera per le sue imitazioni mezzi, o segni, interamente differenti da quelli che impiega la poesia: l'una si serve di figure e di colori (che sono segni naturali) nello spazio, l'altra si giova di suoni articolati (che sono segni artificiali) nel tempo; la prima fornisce composizioni coesistenti, quali sono quelle dei corpi, che hanno parti collocate le une accanto alle altre, la seconda arreca rappresentazioni di oggetti successivi, o che hanno parti le quali si danno le une dopo le altre (e oggetti di tal genere si chiamano «azioni»). Poiché tutti i corpi esistono non soltanto nello spazio, ma anche nel tempo, in cui durano, e ognuno dei loro stati è l'effetto di uno stato precedente e la causa di uno stato successivo, ed è quindi un centro di azione, la pittura può imitare anche le azioni, ma soltanto simbolicamente, accennandole per mezzo dei corpi. D'altro canto, poiché le azioni non esistono a sé stanti, ma dipendono da certi esseri, i quali posseggono dei corpi, la poesia è capace d'imitare anche i corpi, ma esclusivamente in maniera indiretta, con l'accennarne mediante le azioni. Orbene, che cosa ha mai da spartire la divisione delle arti in arti dello spazio e in arti del tempo, così propugnata da Lessing, con la sua concezione di un'educazione progressiva dell'umanità, con la sua idea di una religione razionale, con la sua distinzione tra religione di Cristo e religione cristiana; in una parola, con le prese di posizione per cui Lessing è assegnato all'illuminismo?

Non c'è nessuna connessione tra la citata teoria estetica e gli assunti illuministici di Lessing, come è subito palese dalla loro semplice esposizione, e com'è ribadito da alcune circostanze accessorie. Anziché attribuire all'arte il compito di scoprire la verità, Lessing, sulla scia di Baumgarten, le conferisce per scopo il godimento, e su questa base rivendica bensì la libertà per le scienze, ma trova comprensibile il fatto che le arti siano assoggettate alla legislazione. Mettendo a confronto quel che Lessing afferma a proposito della pittura con quel che asserisce nei confronti della poesia, si ricava che egli reputa la poesia di rango superiore, in quanto svincolata dalle rigide barriere della simultaneità e aperta alle ampie distese della successione, ma sarebbe inferenza stravagante e

re e si allontanano ancor più dalla natura; il gusto si corrompe; si è attorniati da novità che vengono rapidamente annullate le une dalle altre: il pubblico non ci si raccapezza più, e rimpiange invano il secolo del buon gusto, che non può più tornare: esso è un deposito che alcuni spiriti ben conformati custodiscono ancora, lontano dalla folla» (*Gusto*, «articolo» dell'*Enciclopedia*, in *Scritti filosofici*, trad. it. cit., vol. I, p. 352).

assurda pretendere di collegare una tale preferenza alla fede illuministica di Lessing nella futura emancipazione dell'umanità. Lessing abbonda nel riconoscimento dei meriti degli antichi sia nella pittura che nella poesia e nella lingua, celebra Omero quale maestro incomparabile, quale modello dei modelli, vanta il valore dei grammatici latini, e non perde occasione di segnalare le deviazioni dei moderni in fatto di arte, che si è data all'amplificazione, è diventata pesante e pare ormai condannata alla mediocrità. Mentre gli antichi si attengono al principio della misura e non esagerano in nulla, i moderni tendono a lussureggiare, si abbandonano spesso alla mania descrittiva nella poesia e alla mania allegorica nella pittura, pretendono di fare quadri parlanti e poemi muti, quasi che ogni arte non avesse un suo carattere peculiare, a cui si deve restare fedeli. Anziché andare incontro ad un progresso, col passare del tempo tutte le arti sono diventate preda di errori d'impostazione e non realizzano più significative e grandi produzioni.

C'è un altro e importante tratto che tiene Lessing lontano dalle posizioni illuministiche, ed esso è costituito dal suo netto rifiuto di conferire alla poesia e all'arte il compito di farsi veicolo di propositi d'azione, di propagandare idee politiche, nel qual caso l'arte e la poesia si rendono prosastiche, perdendo la loro medesima indole essenziale. Ciò che la poesia domanda, quale suo requisito costitutivo, è la vivacità, e la richiesta della vivacità poetica è tanto poco illuministica, che fa parte del patrimonio d'idee del romanticismo, il quale non a caso tornerà a riproporla in continuazione[19]. Volgendosi contro il tradizionale principio dell'*ut pictura poësis*, interpretato di solito nella maniera più piatta, per cui si pretende una poesia descrittiva; respingendo il poeta didascalico (o, come allora si diceva, il poeta dommatico); ponendo condizione della poesia (e anzi, dell'arte in generale) la vivacità, Lessing, per quanto accolga in molte parti delle sue opere idee e propositi di chiara ispirazione illuministica, in materia di arte e di estetica si distacca dall'illuminismo[20].

Se dunque si guarda agli individui, come sono astrattamente indicati dai nomi che recano, riesce innegabile che molte teorie di estetica si trovano *negli* illuministi; ma, se si considera in concreto l'intuizione illuministica del mondo, occorre concludere che non esiste un'estetica *dell'*illuminismo.

---

[19] «Il poeta non vuole solo farsi capire (dice uno dei testi più espliciti e rilevanti di Lessing), le sue rappresentazioni non devono essere solo chiare e comprensibili; di ciò si accontenta il prosatore. Egli vuole invece rendere così vivide le idee che suscita in noi, tanto che noi nella fretta crediamo di sentire le vere impressioni sensibili dei suoi oggetti, e in questa momentanea illusione cessiamo di essere coscienti dei mezzi che adopera, delle sue parole» (*Laocoonte, ovvero sui limiti della pittura e della poesia*, pref. G. Cusatelli, trad. it. T. Zemella, Milano, 1994, pp. 151-152).

[20] La ragione dell'estraneità del mondo dell'arte all'orizzonte di pensiero dell'illuminismo, è quella addotta da Hegel; essa risiede nel predominio del prosaico (che Hegel denomina dell'«intelletto»), ossia di un atteggiamento mentale incapace tanto di creare l'arte che di penetrarne l'essenza (Cfr. *Vorlesungen über die Aestetik*, in *Werke in zwanzig Bänden*, Frankfurt am Main, 1970, 14, pp. 113-114).

XI

L'ORIGINARIO CONFLITTO DELL'ELLENISMO COL CRISTIANESIMO

1. *Il conflitto nell'intuizione generale della vita e nella concezione del divino*

Adesso che abbiamo fornito un'ampia descrizione dei caratteri fondamentali dell'illuminismo ed eseguito una circostanziata rassegna dei molteplici campi in cui l'illuminismo fa valere il suo principio animatore, portando a compimento la prima parte del compito che ci siamo assegnati, dobbiamo adempierne la seconda, che è di mostrare come il cristianesimo si comporta una volta che sia assalito dalle forze, ad esso massimamente ostili, dell'illuminismo. Occorre esaminare a tale scopo la polemica anticristiana dell'illuminismo, la quale, però, per essere compresa nel suo preciso significato, nelle forme che assume, nel successo che le arride, ha bisogno di essere considerata alla luce delle complesse relazioni stabilitesi tra ellenismo e cristianesimo, senza di cui riesce completamente inintelligibile. Ciò richiede una lunga analisi preliminare, giacché queste relazioni sono di una triplice specie, essendo quelle: 1) del conflitto; 2) dell'instaurazione di un compromesso; 3) della rottura di tale compromesso. – Siccome esse si susseguono sia nell'ordine ideale che in quello cronologico, il punto di partenza della parte restante della nostra trattazione è costituito dalla considerazione dell'originario e radicale conflitto che oppone la Grecia e Roma alla religione cristiana.

Il contrasto e l'urto si producono dapprima nella maniera più estrema, proprio dove in seguito con maggiore insistenza si cercherà la conciliazione e l'accordo, giacché hanno luogo tra le ragioni del platonismo e le esigenze del cristianesimo. Per Platone, una vita che non sia dedicata alla ricerca della verità, all'investigazione filosofica, al perseguimento della conoscenza del tutto della realtà, è indegna di essere vissuta; per il cristiano, la filosofia è, di volta in volta, vana sapienza di questo mondo che si riduce a nulla, *importuna curiositas*, *libido sciendi*, *cathedra pestilentiae*, ed è con questi sprezzanti appellativi accompagnata e rifiutata[1]. Platonicamente è il filosofo che si assimila a Dio, e la

---

[1] Contro l'ideale platonico, e generalmente ellenistico, della vita secondo il pensiero, si

filosofia, essendo ricerca ed esame razionale, presuppone in chi la coltiva il possesso di precise qualità, come la memoria eccellente, la resistenza agli sforzi intellettuali e fisici, l'amore della fatica degli studi, in breve, la valentia del corpo e della mente, un lungo tirocinio di estesa preparazione: la filosofia è, infatti, il culmine dell'esperienza e della formazione culturale. Anche Platone conosce quello sbagliato atteggiamento mentale che si denomina la «curiosità», ma Platone contrappone la curiosità proprio alla filosofia, mentre, per il cristiano, *curiosa* è per l'appunto la filosofia. La curiosità consiste, secondo Platone, nel cercare di conoscere i singoli aspetti delle cose e nel passare incessantemente da uno di tali aspetti ad un altro, nel comportarsi alla maniera degli amatori delle conferenze, delle letture, degli spettacoli teatrali; la filosofia risiede, invece, nel desiderio di sapere la totalità. Soltanto per il motivo che cangia il significato della curiosità, che platonicamente è superficialità, mentre cristianamente è in qualche grado già empietà, la filosofia diventa, per il cristiano dei primordi, espressione di un comportamento curioso, ossia indagatore, anziché accoglitore della divina verità.

Anche per Platone, la verità si mostra, sapere è vedere le Idee, ma una tale visione si ha al culmine di un'ascensione umana che incomincia dal basso e si conclude nell'alto, in cui si palesa, per quanto è umanamente possibile, l'effettiva costituzione della realtà. Per il cristianesimo, invece, è il divino che afferra repentinamente l'umano e lo riempie di se stesso, facendone un suo vaso. Se non si tiene conto di questa fondamentale differenza, non si comprende l'enorme distanza che separa il platonismo dal cristianesimo, perché anche secondo il platonismo la verità è manifestazione, e nessuna alterità, all'infuori di quella della parola, si dà tra la «manifestazione» e la «rivelazione». Nello stesso cristianesimo c'è un lume, in virtù del quale si accoglie Dio, ma un tale lume è il volto medesimo di Dio, che si lascia scorgere nell'uomo e dall'uomo, e siccome Dio è potenza assolutamente sconfinata, l'uomo non può fare niente da sé allo scopo di procacciarselo. Questo lume, che illumina per grazia quanti preferisce, si chiama il «lume della fede», la quale fede nel cristianesimo primitivo è l'uni-

---

volge S. Paolo, affermando che la scienza gonfia e la carità edifica, e ammonendo: «*Videte ne quis vos decipiat per philosophiam et inanem fallaciam, secundum traditionem hominum, secundum elementa mundi et non secundum Christum*» (*Col* 2, 8). Con S. Paolo concordano gli evangelisti, anzi, concordano tutti gli scrittori in cui si esprime lo spirito del cristianesimo primitivo, non ancora offuscato dallo sforzo di pervenire ad un accomodamento con l'ellenismo. Evangelicamente la contrapposizione della verace sapienza cristiana alla fallace sapienza mondana prende la forma dell'asserzione che Dio rivela i misteri del Cielo ai piccoli e ai semplici e li nasconde ai dotti e ai sapienti, in cui è contenuto il rifiuto di qualsiasi valore della ricerca filosofica della verità allo scopo della salvezza eterna. Infatti, la salvezza esige la fede nell'incarnazione di Dio in Cristo, ed essa è nota esclusivamente al Figlio e a colui al quale il Figlio avrà voluto rivelarla (Cfr. *Mt* 11, 25 ss e *Lc* 10, 21 ss). Gli scrittori ecclesiastici ne ricavano facilmente l'inutilità della ricerca razionale della verità, che si chiama «filosofia». Tra gli innumerevoli autori a cui si potrebbe ricorrere, ci limitiamo a Tertulliano e al suo risoluto invito: «*cedat curiositas fidei. Nobis post Iesum Christum curiositate opus non est nec inquisitione post evangelium*» (*De praesc. haer.*, 7, 14).

ca apprensione che si abbia di Dio, che giunge all'improvviso dal di sopra, uncina l'uomo e se lo rende conforme. I profeti, gli evangelisti, gli apostoli, i santi, i missionari, in breve, tutti i credenti in Cristo, non debbono possedere qualità naturali, intraprendere la lunga e laboriosa preparazione culturale, che Platone domanda per i filosofi; essi non tanto cercano Dio, quanto piuttosto sono da Dio cercati e trovati, e ciò avviene con loro immancabile sorpresa, giacché né la grazia né la fede si possono preventivare.

La fede compare anche in Platone, in cui è però presente in un significato completamente diverso da quello con cui compare nel cristianesimo, com'è chiaro per il motivo che la fede, di cui discorre Platone, è strettamente imparentata con l'opinione, laddove la fede cristiana con l'opinione non vuole avere niente da spartire. Nella sua teoria della «linea divisa», Platone mette insieme la fede e l'immaginazione sotto il titolo comune di «opinione», come riunisce la scienza e la conoscenza discorsiva sotto la denominazione d'«intellezione», cosicché, per lui, la fede altro non è che quella che si suole chiamare la «credenza», la quale, al pari di ogni forma d'opinione, può essere tanto vera che falsa, e posto che sia vera, o retta, non ha in sé la ragione della sua verità. La fede cristiana rivendica, invece, a sé medesima la piena certezza, dichiara di non essere sottoposta in alcun modo all'eventualità dell'errore, di poggiare su di un solido e immutabile fondamento, di essere garantita presso tutte le genti dall'ispirazione proveniente da Dio, in maniera tale che nessun dubbio si può avanzare a suo riguardo.

Platone fa ampio posto al mito, che in lui vale «racconto tradizionale», in possesso di una sua verosimiglianza, e talvolta afferma anche che a questi racconti trasmessi dalla tradizione, p. es., a quelli riguardanti l'al di là, occorre prestare fede, tenendoli per veri. Non ci vuole però molto a scorgere che la verità rivendicata in qualche caso dal filosofo per lo stesso mito, è del tutto analoga alla verità che si riconosce anche alla favola, di cui vera è la morale, non la narrazione. In nessun modo si può, per Platone, avanzare l'esigenza di una verità letterale per il mito, la quale sarebbe insensata e, del pari, priva di qualsiasi interesse. Invece, il cristianesimo per le sacre scritture richiede precisamente la verità degli eventi in esse narrati, ciò che in seguito dà luogo alla dottrina dell'inerranza biblica, ma che sin dall'inizio e meglio viene professato nella maniera più ferma e decisa. Qui è l'abisso che divide il mito di Er dal racconto della resurrezione di Lazzaro: nessun lettore della *Repubblica* vorrà credere che il guerriero della Panfilia, dopo aver compiuto un viaggio nell'al di là, sia tornato davvero in vita sulla pira su cui giaceva e abbia raccontato quel che aveva visto nell'oltretomba; ma nessun cristiano può rifiutarsi di credere che Lazzaro di Betania, in risposta alla voce di Gesù che lo chiamava, sia effettivamente resuscitato, venendo fuori dal sepolcro con i piedi e le mani ancora legati dalle fasce e il volto ancora coperto dal sudario. I miti platonici sull'al di là sono di regola collegati a premi per i giusti e a punizioni per i malvagi (ma i premi e le punizioni paiono limitati nel tempo, giacché l'al di là fa parte, al pari dell'al di qua, della natura che tutto comprende, e non può non essere, di conseguenza, esposto ai cicli cosmici, così che la condizione ultraterrena, buona o cattiva, è destinata ad essere tale per un millennio, salvo il caso di colpe che esigono punizioni maggiori); senonché questo, che sembrerebbe essere uno dei punti in cui platonismo e cristianesimo concordano, o almeno, sono massimamente vicini, è uno degli elementi in cui più discordano e più sono lontani l'uno dall'altro.

L'uomo di Platone è chiamato ad essere giusto, ma che lo diventi dipende essenzialmente da lui, non dalla divinità (quale che questa sia, l'unico, eterno e invisibile Dio, le divinità stellari, gli dei generati), che non vi ha una parte decisiva. Si è giusti o ingiusti mediante le azioni, e il giusto è gradito alla divinità, mentre accade l'opposto per l'ingiusto. Che gli dei riconoscano chi è giusto e chi è ingiusto, che amino il primo e odino il secondo è però una conseguenza, un effetto della giustizia dell'uno e dell'ingiustizia dell'altro; non un principio e una causa di codesti diversi comportamenti. Agli dei tutti debbono offrire preghiere e sacrifici, ma questa è semplicemente una parte degli obblighi che toccano agli uomini, i quali, adempiendoli, diventano virtuosi mediante i loro sforzi, mediante il loro sudore. All'opposto stanno le cose per il cristianesimo, che fa dipendere la salvezza dalla grazia di Dio, la quale ha il primo posto, mentre l'azione dell'uomo viene in risposta e quindi occupa soltanto il secondo posto. Ciò che il cristianesimo esige è, anzitutto, che si professi che il Salvatore è Gesù: ciò è quanto si domanda non soltanto agli uomini, ma agli spiriti tutti. Lo stato di grazia non è un'azione dell'uomo, bensì è un'azione di Dio; l'uomo in esso semplicemente si trova, è un modo di essere che gli sopravviene dal di sopra, per lui è soltanto una condizione. E un'altra condizione è lo stato di peccato, che dà in seguito luogo ad azioni cattive, ma non è di per se stesso nessuna di codeste azioni, giacché sta al loro fondamento, e in questo senso appartiene sempre ad un passato, non cronologico, sibbene ideale. Il buon ladrone si vede promesso il paradiso, perché riconosce che per lui il supplizio è la pena dei suoi delitti e perché si raccomanda a Gesù, a cui repentinamente si affida. San Pietro si getta ai piedi di Gesù e gli chiede di allontanarsi da lui perché è un peccatore, ma si avverte tale non per il motivo che abbia immediatamente commesso una colpa, ma per la ragione che sente di essere un uomo, ossia un essere umbratile, nei confronti della pienezza del divino, che è l'effettivamente reale. Anche il cristianesimo accorda un grande peso al bene e al male morale, al compimento dei doveri, alla giustizia, che però, per essere veramente ciò che la parola dice, non può non tener dietro all'iniziativa divina, che fa vasi d'ira e vasi d'elezione.

Non c'è niente di più remoto dal platonismo, come si scorge agevolmente se si confrontano le posizioni di Platone e i dettami biblici, del timore nei confronti della divinità. Per Platone si può essere naturalmente giusti (come dimostra l'esempio di Socrate, il quale lo è per virtù sua), e chi è giusto non deve avere paura di niente, non in questa vita, non in una vita ultraterrena. Al contrario, al cristiano si ricorda in ogni istante di non insuperbire, ma di aver timore, perché Dio, che non risparmia i rami naturali, non risparmierà nemmeno lui. Nella filosofia Platone (ma oltre di lui, Aristotele, gli Stoici, gli Epicurei, gli Scettici e gli Accademici, come già Socrate e i Presocratici) cercano l'autosufficienza, ma il bastare a se stessi, che è l'ideale che arride a tutto l'ellenismo, è dal punto di vista cristiano superbia luciferina.

Per quanto gravi siano questi motivi di contrasto tra il platonismo e il cristianesimo, non è, tuttavia, in essi che si contiene la radice ultima del loro conflitto, la quale sta nella medesima concezione della divinità. Essendo perfetto, Dio, secondo Platone, non può trasformarsi, abbandonare una forma ed assumerne una diversa, non è suscettibile di cangiamento, perché tutto ciò che cangia va verso una condizione migliore e più bella oppure peggiore e più brutta, ma ciò che è perfetto possiede semplicissima natura e rimane sempre ciò che è, in sommo grado bello ed eccellente. Da censurare sono quindi le narrazioni dei poeti, che raccontano di dei che cangiano d'aspetto, che si aggirano in mezzo agli uomini come pellegrini: si tratta di favole malsane, adatte soltanto ad impaurire i bimbi. Ma la religione cristiana presenta proprio una tale mutazione, e finché non si preoccupa di venire ad un accomodamento con l'ellenismo, lo dichiara mediante formule d'una radicalità inoltrepassabile[2].

Come già si è accennato, il platonismo in tutte le sue formulazioni ellenistiche non conosce derivazione dall'Uno che non comporti una perdita di realtà. Qui è la fonte del suo conflitto con il domma trinitario cristiano, in cui la generazione del Figlio dal Padre e la processione dello Spirito si accompagna, o almeno si vorrebbe accompagnare, all'uguaglianza di maestà delle persone divine. Le innumerevoli eresie che travagliano i primi secoli di vita del cristianesimo, sia che professino il subordinazionismo più esplicito, come l'arianesimo, sia che al subordinazionismo ritornino attraverso strade più o meno lunghe, ciò che capita per quasi tutte le eresie, sono dovute allo sforzo di mantener fermo in epoca cristiana qualche elemento dello spirito originario del platonismo, per il quale i molti non stanno nell'Uno, bensì al di sotto dell'Uno. L'ispirazione delle eresie sia trinitarie che cristologiche è fondamentalmente platonica, e poiché questa subordinazione della molteplicità all'unità è cosa di grande importanza, essa si riflette dovunque, e si ritrova, p. es., nel docetismo, il quale, ritenendo che la carne sia così vile da essere inconciliabile con l'appartenenza alla divinità, attribuisce a Dio in Cristo unicamente un corpo apparente. La trinità cristiana, per essere concettualmente formulabile, avrebbe bisogno d'una filosofia che affermi

---

[2] S. Paolo dice di Cristo Gesù: «*cum in forma Dei esset, non rapinam arbitratus est esse se aequalem Deo, sed semetipsum exinanivit, formam servi accipiens, in similitudinem hominum factus et habitu inventus ut homo*» (*Phil* 2, 6-7). Sotto il proposito essenziale, non c'è differenza tra il cangiamento di Cristo, che, sussistendo in natura di Dio, svuota se stesso, prende la natura di schiavo e si fa simile all'uomo, e la mimetizzazione degli dei omerici, messa sotto imputazione da Platone, il quale non vuol saperne delle favole, per cui «spesso gli dèi, simili a ospiti d'altre contrade, sotto tutte le forme girano per le città» (*Odis.*, XVII, vv. 485-486, trad. it. R. Calzecchi Onesti). Platone esclude da Dio il cangiamento, ma non il movimento, giacché la sua teologia astrale comporta divinità che sono anime automoventesi; Aristotele con la teoria di Dio primo motore immobile radicalizza la posizione del maestro, bandendo lo stesso movimento dal divino, a cui assegna una condizione molto più sublime. La teologia cristiana, che su questo punto si rimetterà piuttosto ad Aristotele che a Platone (quantunque l'elaborazione dommatica del cristianesimo sia stata dominata dal platonismo, e l'aristotelismo medievale sia sopravvenuto a cose fatte), si troverà dinanzi al compito immane di mettere d'accordo il *Verbum caro factum est* di S. Giovanni e il πρῶτον κινοῦν ἀκίνετον dello Stagirita.

l'identità dell'essere e della relazione (anzi, codesta dottrina trinitaria è già *in nuce* una siffatta filosofia, perché l'unicità dell'essenza divina e la molteplicità delle persone fa valere, nel caso eminente di Dio, il concetto che l'essere è le sue relazioni), ma nell'ellenismo essa trova soltanto teorie che distinguono l'essere dalla relazione, come si scorge soprattutto dalla tavola aristotelica delle categorie. È evidente che con queste premesse la trinità divina è incomprensibile, perché in essa le persone, che sono relative (Padre, Figlio, Spirito, sono l'uno per l'altro), coincidono assolutamente con Dio, sono la sostanza divina (la sostanza non ha qui il significato di sostrato, giacché a Dio non si può riferire la distinzione della sostanza e dell'accidente). La speculazione teologica cristiana, trovandosi, a causa di questo suo retroterra ellenistico, a mal partito, sarà costretta ad oscillare tra il triteismo, da cui più che da ogni altra cosa vorrebbe rifuggire, e il modalismo, che pur pretenderebbe d'evitare, e per non decidersi né per l'uno né per l'altro, avanzerà il pretesto del mistero impenetrabile, che è una vanificazione della fede religiosa, giacché, da una parte, si domanda imperiosamente di credere, ma, dall'altra, ci s'interdice la possibilità di dire in che cosa si deve credere.

Il mistero esiste certamente nella religione, ma vi compare in un significato completamente diverso e del tutto legittimo, che non ha niente da spartire con quel mistero, in cui ci si illude di trovare scampo, allorché si è incalzati dalle difficoltà. Il genuino mistero religioso è il *mysterium revelatum*, non è né il di fatto ignoto, né il per principio ignorabile, anzi, è conosciuto ed espresso proprio in codesta sua indole misteriosa. Che cosa sia il mistero dipende dal contenuto delle singole religioni, e dentro ogni singola religione, dalle esperienze che in essa di volta in volta si compiono: si può trattare dell'avvertimento del sublime, il quale si colloca ad un'altezza tanto grande da riuscire irraggiungibile, e allora si definisce «indicibile»; ma si può anche essere in presenza della dipendenza, che costringe a confessare che Dio è l'unico vero essere e che l'uomo è un'ombra inconsistente. In ogni caso, il mistero è conosciuto precisamente in quanto è un mistero, giacché, se così non fosse, che mai potrebbe voler dire quell'attributo *revelatum*, che dovrebbe sempre accompagnare il sostantivo *mysterium*? Anche l'ineffabilità del mistero ha bisogno di conciliarsi con la circostanza che è espresso (altrimenti si tratterebbe di una semplice assenza, la quale non avrebbe niente di misterioso), e la conciliazione si effettua considerando l'ineffabilità non già l'opposto dell'espressione, ma un carattere dell'oggetto espresso, il quale, se è sovrabbondante, si dice in siffatta sua indicibilità (in ciò non c'è alcuna contraddizione, ma, tutt'al più, l'occasione per dei giochi di parole)[3]. Sarebbe inutile fare delle domande intorno ai significati che termini

---

[3] Va da sé che il mistero si trova anche nell'ellenismo, dove è presente, nel significato del *segreto*, nel pitagorismo e altresì nel platonismo, in cui appare come un'eco delle posizioni pitagoriche, p. es., nell'esortazione a tener lontani dalle discussioni i non iniziati, gli uomini che pretendono di afferrare la realtà con le mani. Ciò che si desidera mantenere segreto può possedere la massima evidenza razionale, come accade allorché è questione delle verità matematiche. Sia nell'ellenismo che nel cristianesimo c'è, infine, il ricorso all'occultamento me-

come «essere», «sostanza», «essenza», «persona», «relazione», hanno nella dommatica cristiana, quando sono riferiti a Dio, se non posseggono quelli propri dell'ellenismo, disconvenienti alla nuova religione. Interrogazioni del genere non si debbono nemmeno sollevare, perché sono destinate a rimanere senza risposta, in quanto una risposta non è né l'imbarazzato silenzio che l'incauto interrogante ottiene, né l'ottusa ricerca di compiere astrazione da tutti i significati, la quale produce il vuoto.

Gli apologisti e i Padri della Chiesa, ricorrendo alla filosofia greca e pretendendo di giovarsene, per combattere il cosiddetto paganesimo, e in primo luogo il suo politeismo (quasi che la lotta religiosa in atto avesse la sua sede fondamentale nell'opposizione del monoteismo cristiano e del politeismo pagano, cosa non vera, perché le religioni ellenistiche hanno una loro unica divinità suprema, e perché la religione cristiana, al di sotto dell'unico Dio, ammette una molteplicità di figure soprannaturali, quali angeli, demoni, ecc.), rendono un pessimo servizio alla causa che intendono propugnare. Infatti, le argomentazioni rivolte dai Presocratici, e soprattutto da Senofane, ma poi anche da Platone e da Aristotele, contro la religione greca tradizionale, si trattasse della religione omerica oppure dei culti misterici o dell'orfismo, possono, mediante pochi e secondari rimaneggiamenti, essere adoperate contro qualsiasi religione, e sarebbero in effetti state impiegate in seguito contro il cristianesimo[4].

---

diante le allegorie e altri criptogrammi. Il testo cristiano esemplare a quest'ultimo proposito è quello di *Mc* 4, 10-12.

[4] Prima che contro il cristianesimo nella sua intierezza, codeste argomentazioni potevano usarsi negli scontri all'interno del cristianesimo tra riformati e cattolici romani, e Calvino ha l'ardimento di ricorrere a Platone nella sua battaglia contro i «papisti». Egli dice infatti: «*Est apud Platonem libro de Republica secundo elegantissimus locus. Ubi quum de veteribus piaculis dissererit, stultamque improborum ac scelestorum hominum confidentiam ridet, qui putarent his quasi velis obtegi sua flagitia, ne a diis cernerentur, et tamquam facta cum diis pactione securius sibi indulgerent, prorsus videtur ad missarum expiationis usum, qualis hodie in mundo est, alludere*» (*Institutio christianae religionis*, in *Iouannis Calvini opera quae supersunt omnia*, ediderunt G. Baum, E. Crenitz, E. Reuss, Brungsvigae, 1864-Prima ristampa 1964, USA – vol. II, p. 1061). La verità è che Platone non colpisce in anticipo soltanto la messa (o il purgatorio, di cui Calvino fa anche parola), ma elimina la nozione medesima della remissione delle colpe mercé qualcos'altro o qualcun altro, e così espunge lo stesso sacrificio di Cristo, a cui Calvino tanto tiene. Il genuino significato cristiano della remissione delle colpe non è la loro scusa, bensì è il loro annientamento. Il presupposto di questa concezione è che Dio, che è Spirito, ha il potere di far sì che ciò che è stato fatto non sia fatto, e annullare l'esistente (e parallelamente di portare all'esistenza ciò che di per sé è nulla). Una tale idea è quanto di più estraneo ci sia al sentire platonico, e in generale, ellenistico, il quale si attiene al principio del *factum infectum fieri nequit*. (Per le formulazioni greche di questo principio cfr. Platone, *Leg.* XI, 934 a-b e Agatone in Aristotele, *Eth. Nic.*, VI, 2, 1139 b 10-11). I giudici divini, al pari di quelli umani, prendono atto, per Platone, della circostanza che gli interessati abbiano o no perdonato i loro offensori, e si comportano diversamente nei due diversi casi. Così facendo, si restringono ad eseguire decisioni umane, non alterano la situazione oggettiva che si trovano davanti; il Dio cristiano, invece, agisce d'iniziativa sua. Se ci si accontenta di considerare la superficie delle cose, va da sé che ogni religione elevata domanda cuore puro e integrità morale, perché le preghiere e i sacrifici siano accetti a Dio; ma, se si scruta più a fondo, si scorge che l'ellenismo e il cristianesimo tanto riformato quanto cattolico romano professano vedute reli-

2. *Il conflitto nella cosmologia*

Il Dio e gli dei di Platone garantiscono il massimo ordine possibile e la piena regolarità dell'universo, così che non sono affatto previsti interventi divini volti a modificare, in questo o in quel particolare, gli eventi della natura. Il reggitore del mondo ha disposto un piano complessivo, in cui ogni singola cosa concorre al bene e alla salvezza dell'intero, e anche l'infinitesima parte (quale è l'individuo umano) è in vista dell'armonia del tutto. Dio ha messo, come un giocatore di scacchi, ogni pezzo al posto giusto, e non ha bisogno di ritoccarli, perché il gioco proceda nella maniera migliore. Il mondo ha avuto inizio a partire da uno stato di disordine, ma la divinità ha provveduto ad operare il passaggio da una situazione di assoluta mancanza di regole ad una condizione di meravigliosa regolarità. Non ci sono irregolarità e anomalie (o almeno non si tratta che d'irregolarità e di anomalie molto relative) nei movimenti degli astri; il corso della natura ha luogo secondo una periodicità riconducibile a leggi. Aristotele rifiuta il caos primordiale e asserisce l'eternità del cosmo, che non è mai sorto e mai perirà: principio di questo assetto delle cose è Dio; come, del resto, sempre avevano affermato i pensatori greci, che concordemente facevano del divino la causa dell'ordine universale.

Ne viene che il miracolo, essenziale al cristianesimo (e presente in varie maniera nelle religioni popolari tutte), non trova accoglienza nella cosmologia dell'ellenismo, in cui non è nemmeno preso in considerazione, quand'anche i cosmologi greci si studino di pervenire a qualche intesa con le credenze del popolo (a cui gli interventi straordinari degli dei sono di solito bene accetti). Il miracolo, di cui si tratta nel cristianesimo primitivo, è però qualcosa d'interamente diverso da quel che con la medesima parola si designa dal cristianesimo che è sceso a patti con la scienza moderna, e avendo accolto l'idea che i fenomeni naturali accadono secondo leggi, riguarda il miracolo come una sospensione momentanea della legalità della natura, decisa da Dio, che però si affretta a ristabilirla e a mantenerla in quasi tutti i luoghi e i tempi, dopo averla posta fuori azione per qualche breve istante e in un luogo esiguo. Come ci è noto, questo è un fraintendimento della genuina nozione di miracolo, e preannuncia l'esaurimento di una religione. Ciò che nell'ellenismo è l'ordine della natura, nel cristianesimo è la volontà di Dio, la quale riguarda principalmente l'uomo, mentre tutte le altre creature terrene sono sospinte in uno sfondo inessenziale, e siccome la volontà di Dio si manifesta all'uomo in modi da lui imprevedibili, stupefacenti, i segni di questa rivelazione, che sono propriamente i miracoli, abbondano: se c'è una religione, in cui ottiene la sua piena realizzazione la sentenza di Schleiermacher, secondo la quale il miracolo è il nome religioso del fatto, essa è quella cristiana. La venuta di Cristo è comunicata ai Magi mediante l'apparizione di una stella, la sua vicenda terrena comincia con un concepimento vir-

---

giose inconciliabili. Calvino non avrebbe dovuto compiere un richiamo a Platone, che smentisce sia lui che i «papisti».

ginale, in cui l'uomo non ha nessuna parte, comprende una resurrezione, che l'eccettua dal comune destino dell'umana mortalità, e si conclude con un'ascensione al cielo, non meno miracolosa. Tutti questi grandi eventi, insieme e più delle guarigioni, delle resurrezioni e delle altre opere, in cui più dappresso si manifesta la potenza soprannaturale di Cristo, sono destinati a diventare, in seguito all'incontro del cristianesimo con l'ellenismo, problemi tormentosi, in cui si eserciterà per secoli l'acume e la sottigliezza dei teologi, sino a quando non se ne vorrà più sapere, accampando a pretesto una banale e inconsistente nozione di mistero, per cui tutto ciò che non si riesce a concepire sarebbe da riporre nel novero dei misteri.

La stella di Betlemme spinge, infatti, a domandarsi se sia uno degli astri già esistenti o un astro creato *ad hoc*, come si comporti rispetto agli altri astri, quali cangiamenti abbia eventualmente prodotto la sua comparsa; il concepimento di Cristo ad opera dello Spirito Santo, *absque humano semine*, esige che si conferisca a Maria qualche funzione analoga a quella che eseguono tutte le madri della terra, giacché, come si afferma, Cristo è vero Dio e vero uomo, ma questa sua umanità, non venendogli dal padre, deve necessariamente venirgli dalla madre. Il ruolo dei sessi nella riproduzione è però di competenza della biologia, e per questo aspetto occorre che anche il concepimento di Cristo, per la parte che concerne Maria, tenga conto delle teorie elaborate dalla scienza biologica, e i massimi teologi, dalla tarda antichità alla fine del medioevo e oltre, accolgono una tale impostazione e discorrono del modo in cui è iniziato e del modo in cui si è concluso siffatto concepimento. Le difficoltà maggiori sono, tuttavia, quelle che vengono dall'ascensione in cielo di Cristo, per le sue implicazioni astronomiche, giacché non è detto che il cielo sia costituito in maniera tale da accogliere il corpo di Cristo, a cui saranno da aggiungere i corpi dei beati dopo la resurrezione; ostacoli simili si fanno incontro per i dannati, per il motivo che anche la sede infernale ha bisogno di una sua localizzazione, e niente assicura che si possa facilmente indicare; in ogni caso, qui la geologia ha una sua parola da pronunciare.

Al giorno d'oggi udire proporre simili questioni può suscitare il riso, ma è certo che non se ne ride giustamente e a ragion veduta, giacché molti di quelli che unanimemente si ripongono nel novero dei grandi pensatori del passato, filosofi e teologi insieme, li hanno discussi in tutta serietà, ed è inammissibile (perché contrario ad ogni verosimiglianza psicologica) che costoro fossero dei geni della speculazione, che d'un tratto diventano degli sciocchi e dei dissennati. La verità è che a decidere ciò che è questione seria e ciò che è perditempo ozioso, sono i contesti, e il contesto cristiano importa che sia oggetto di studio appassionato quel che il contesto moderno prima tratta come frivola bagattella e poi copre con l'oblio più completo. Non è sotto tutti i propositi indifferente che la fisica in vigore sia quella aristotelica con le sue leggi, secondo le quali le direzioni dei movimenti naturali dei corpi sono determinate soltanto dalla natura del corpo di cui si tratta, i pesi dei corpi della medesima natura stanno tra loro nella medesima relazione dei rispettivi volumi, le velocità dei corpi moventesi verso i loro luoghi propri sono proporzionali ai volumi, le distanze percorse dai gravi stanno tra loro nello stesso rapporto dei pesi, oppure le leggi galileiane, per cui la velocità di caduta è indipendente dal peso dei corpi, è proporzionale in un punto dato alla durata della caduta, e gli spazi percorsi sono proporzionali ai quadrati dei tempi impiegati per percorrerli, il peso si spieghi, con Newton, come un caso dell'attrazione universale e si arrechi una precisa espressione matematica della legge di gravità. Del pari, non è completamente indifferente che le teorie biologiche in vigore della riproduzione umana siano quelle di Parmenide, Anassagora, Empedocle, Aristotele, oppure quelle della genetica contemporanea, ancorché esse tutte costringano ugualmente a prendere posizione su argomenti spinosi il cristianesimo, il quale vi si è cimentato in passato con coraggio, quantunque con esiti dubbi, mentre da qualche secolo preferisce ignorare le questioni, quasi che gli sia consentito disinteressarsene.

È un'illusione perniciosa e una fuga vergognosa di fronte alle responsabilità darsi a reputare che la religione possa isolarsi in un ambito esclusivamente suo proprio, che non ammetta relazioni di alcuna specie con tutte le altre attività della coscienza. Qualunque religione ha concomitante una scienza della natura, un'arte, un diritto, con cui procede di conserva, e insieme a cui è suscettibile di esistere, mentre è incapace di vivere, quando pretende di rimanere per conto suo, giacché allora si priva dell'aria per respirare. Non soltanto le sacre scritture cristiane, avendo accolto in sé quelle ebraiche, contengono nel *Genesi* una vera e propria cosmologia, la quale non si lascia, per sforzi che si compiano, disconoscere, ma per ogni dove contiene riferimenti di pressoché qualsiasi scienza naturale, dalla mineralogia alla botanica, alla zoologia, in connessione con le quali discipline sarebbero stati da trattare i problemi posti dall'incarnazione di Cristo. Senonché ciò non avviene, perché dopo qualche tentativo, non giunto ad effetto, di creare una scienza cristiana, sul solo fondamento della Bibbia (di cui diremo tra breve), il cristianesimo diviene succubo della scienza dell'ellenismo, con cui s'industria di venire ad un accomodamento fatto di molte e rischiose transazioni. Per il momento, dobbiamo esclusivamente respingere il suggerimento che il compromesso si sarebbe potuto evitare, a condizione che il cristianesimo badasse soltanto a se stesso e non interloquisse in faccende scientifiche, filosofiche (e perché no? artistiche e politiche), facendosi interamente cosa di fede e domandando agli uomini di essere accolto per pura fede; indicazione e consiglio, questi, che vengono dati dall'odierno cristianesimo, ormai ridotto ad un niente, il quale così pretende che il cristianesimo fosse un niente sin dall'inizio. I documenti di scienza naturale, che le sacre scritture contengono (l'unità concettuale di quel che è religione, di quel che è poesia, di quel che è diritto, di quel che è storia, non può coincidere con l'unità letteraria dei libri, e quindi accade che le medesime opere rechino in sé cose diversissime per indole), saranno in buona parte citati in seguito, allorché si esporrà la critica, la satira e l'irrisione, che ne eseguono gli illuministi; per l'intanto, avendo stabilito che ogni cosa implica ed è implicata da tutte le rimanenti, dobbiamo unicamente badare ad illustrare il conflitto che si delinea tra l'ellenismo ed il cristianesimo pressoché per l'intero loro contenuto.

Agli elementi già addotti è da aggiungere che le cosmologie greche o sostengono l'eternità del mondo o assegnano alla sua uscita dallo stato di caos e alla sua nascita come cosmo armonioso tempi lunghissimi, mentre il cristianesimo, allorché traduce in termini cronologici il sentimento della vicinanza di Dio, concede al mondo cinquemila anni d'esistenza, o giù di lì, e se ne aspetta come un evento prossimo la fine, con il ritorno di Cristo nella pienezza della gloria. Platone afferma che la durata del tempo trascorso è sconfinata, che sono passati innumerevoli secoli da quando l'umanità si è organizzata politicamente, che cataclismi naturali hanno distrutto la civiltà, la quale si è poi ricostituita, che immensi sconvolgimenti hanno alterato la fisionomia dei mari e delle terre. Gli eventi del mondo nel suo complesso procedono secondo cicli; questa è la concezione di Platone, come in varie maniere lo è di Eraclito e di Empedocle, e anche di Aristotele e degli Stoici, tutti orientati a considerare il tempo quale un circolo ritornante su sé medesimo, e di conseguenza, ad attribuire una ricorrenza ciclica sia agli accadimenti naturali che ai grandi fatti dell'umanità, se non proprio a qualsiasi avvenimento, per minuto che esso sia[5].

Nemmeno il cristianesimo ellenizzante si sente di arrivare sino a questo punto, e rigetta il circolo ritornante su sé medesimo, come rigetta l'eternità del mondo, e fa la prima cosa per salvaguardare la definitività della beatitudine, e la seconda per mantenere ferma la dipendenza del mondo dal suo divino creatore. Il pensiero che le anime, dopo aver ottenuto la beatitudine, siano costrette a tornare nel mondo un'infinità di volte, riesce insopportabile; come anche insopportabile risulta la nozione che le anime umane siano delle sorte di divinità, ingenerate e incorruttibili, e di conseguenza, la cosiddetta «riserva delle anime» di Platone è lasciata cadere. Per analoghi motivi si sostiene che il mondo non è per niente eterno, bensì è stato creato insieme al tempo o anche nel tempo: tutti cangiamenti, questi, imposti dall'avvertimento fortissimo della dipendenza, la quale vuole che, per prima cosa, sia tutelata la maestà di Dio, signore assoluto di tutte le cose[6].

---

[5] La teoria del circolo è suscettibile di due formulazioni, l'una che si riferisce soltanto al ritmo, e fa quindi salva la differenza degli eventi; l'altra che vuole la ripetizione completa, ma forse questa seconda non è stata mai davvero sostenuta. Perfino gli Stoici, che pure sono i pensatori più fermi nell'asserire che nei periodi cosmici il mondo riappare ogni volta nella medesima forma non soltanto nel suo complesso, ma anche nei suoi aspetti particolari, sembrano mantenere una qualche diversità, concedendo, p. es., che gli individui possiedono una qualche loro singolarità irrepetibile (Cfr. *Stoicorum veterum fragmenta*, ed. cit. II, 626). Gli Stoici sono stati i primi a formulare quello che Leibniz chiama il principio degli indiscernibili, principio adattissimo a fornire un argine contro le interpretazioni esagerate dell'eterno ritorno dell'uguale (Cfr. Seneca, *Ep.* 113, 15-17). Bisogna anche tenere conto della circostanza che l'affermazione che le stesse cose si ricostituiscono nella stessa forma nei rinnovamenti periodici del tutto, si presta alle amplificazioni oratorie. La retorica ha i suoi diritti.

[6] San'Agostino rifiuta con molta enfasi i periodi cosmici che attentano all'eternità della vita beata in *De civ. Dei*, XII, 20. Le anime sono, com'è ovvio, create da Dio e il mondo non soltanto non è eterno, ma esiste da cinque o seimila anni. Sant'Agostino non esita a dichiarare false le narrazioni storiche, in cui si assegnano molte migliaia di anni alle vicende passate (p. es., a una storia che attribuiva all'impero persiano più di ottomila anni). *Ibid.*, 10. La brevità della durata del mondo, sia per il passato che per il futuro, è un punto irrinunciabile, finché il

Ma c'è una ragione d'ordine più generale che impedisce recisamente al cristianesimo di aderire alla concezione greca dei periodi cosmici, ed è che questa presuppone la figurazione del tempo come un circolo che perpetuamente ritorna su di sé, mentre il cristianesimo accoglie la figurazione del tempo come una linea che ha il suo inizio nella creazione del mondo, il suo punto centrale nell'incarnazione di Cristo e il suo termine nella fine del mondo, a cui idealmente segue la pura condizione dell'eternità, quale che essa sia, della salvezza o della perdizione. L'intuizione del tempo come circolo è fondata su un avvertimento energico della vanità, dell'inesorabile passare delle cose; è per esso che ellenicamente «immortale» è vocabolo sinonimo di «divino», come «mortale» è parola equivalente a «uomo»; invece l'intuizione del tempo come linea rende tollerabile l'andare e il venire delle cose terrene; è per questo motivo che il cristianesimo è aperto al sentimento della speranza in una misura sconosciuta all'ellenismo.

3. *Conati di scienza cristiana e giusto avvertimento dell'incompatibilità della scienza greca col cristianesimo*

Ma tutti questi accoglimenti, rimaneggiamenti, rifiuti, d'idee greche non si accompagnano nel cristianesimo ad una fondazione nuova delle idee del mondo, dello spazio, del tempo, ecc., sebbene il cristianesimo ne abbia ineluttabilmente bisogno, se vuole dare un significato alle sue affermazioni sull'incarnazione, la resurrezione, l'ascensione al cielo di Cristo, su questo mondo e sull'altro mondo, e in esso sulla sede dei beati e su quella dei dannati. Che il cristianesimo esiga una sua peculiare concezione del tempo e dello spazio è dichiarato non soltanto da certi rozzi autori della scienza cristiana dei primi secoli, ma anche da Schelling, il quale esprime un'aspirazione, che però è rimasta un vano e sterile desiderio, privo di qualsiasi risultato effettivo[7].

Allorché una nuova intuizione del mondo, che prima menava un'oscura vita

cristianesimo ha vigore e consistenza. Anche Pascal si ritiene obbligato a mettere in dubbio la storia della Cina, perché contrastante con la cronologia biblica relativa al diluvio. Cfr. *Pensées*, 397, in *Oeuvres complètes*, ed. cit., p. 1192.

[7] Schelling si dichiara insoddisfatto dell'ordinaria nozione di mistero, la quale ne fa l'incomprensibile, e osserva che è vano lo sforzo di sottrarsi all'esigenza di stabilire quale significato si attribuisca alle verità religiose che si professano. Il contenuto essenziale del cristianesimo è la persona di Cristo, e di conseguenza, si comprende il cristianesimo soltanto a condizione di penetrare i grandi eventi della vita di Cristo, la sua resurrezione e la sua ascensione al cielo. Ciò comporta l'elaborazione di una nuova dottrina dello spazio, di una nuova dottrina del tempo, in breve, di una nuova cosmologia, essendo insufficienti quelle esistenti (*Philosophie der Offenbarung, Zweiter Teil*, cit., pp. 545-547 e pp. 620-628). Schelling vagheggia il proposito, ma non compie alcun effettivo tentativo di realizzarlo; di conseguenza, il pregio della sua posizione è tutto nella tesi dell'imprescindibilità, da parte della teologia, di collegarsi a dottrine matematiche, fisiche, filosofiche. Per questo aspetto, Schelling si ricollega idealmente agli sforzi che nei primi secoli cristiani si erano intrapresi per costruire una cosmologia, che, a differenza di quelle elaborate dall'ellenismo, si accordasse con la rivelazione cristiana, anzi, che fosse costituita sul fondamento della sacra scrittura.

latente, acquista all'improvviso immensa energia e prorompe impetuosamente sulla scena del mondo, se trova già esistente, consolidata e florida, una tradizione scientifica (la quale viene trattata come se fosse semplicemente la «scienza», e non avesse bisogno di essere accompagnata da un qualsiasi aggettivo che ne circoscrivesse l'indole e ne limitasse la portata), dà luogo a *tentativi di costruire una scienza alternativa* a quella dominante, e qualora tali tentativi non vengano ad effetto, non arrivino a produrre stabili edifici di sapere scientifico, essi si possono chiamare *conati*.

Il cristianesimo origina alcuni conati di scienza alternativa nei confronti della scienza greca; di uno dei primi, dovuto ad un personaggio oscuro, facciamo cenno, perché è una testimonianza della consapevolezza del conflitto esistente tra la religione di Gesù e la scienza dell'ellenismo. Nel VI secolo Cosma Indicopleuste compone una *Topografia cristiana*, che è una dura polemica contro i seguaci della scienza greca, non tanto pagani (costoro in fondo sono coerenti), quanto cristiani (di nome, non di sostanza), che accolgono teorie incompatibili con la loro fede, alle quali bisogna contrapporre teorie cristiane, così da produrre una scienza cristiana. L'antitesi tra i cristiani e «quelli di fuori» (denominazione, questa, sotto la quale sono posti tutti coloro che non appartengono alla Chiesa, i pagani, gli ebrei, i manichei, ma soprattutto gli «ellenici», cioè i pagani di cultura greca) è, per Cosma, assoluta, così che tra gli uni e gli altri non possono stringersi accordi di nessun genere. Le teorie cosmologiche greche vogliono basarsi sui ragionamenti e sui calcoli; la cosmologia cristiana deve, invece, fondarsi sull'autorità delle sacre scritture, provando l'accordo degli scrittori dell'Antico e del Nuovo Testamento nel fornire una concezione del mondo, che quindi si ricava, in definitiva, dalla rivelazione divina. La scienza greca (l'astronomia, la meteorologia, la cosmologia) contrasta col messaggio cristiano, è complicata, vana, inutile, perché non corrisponde agli scopi della salvezza ultraterrena, dischiusi dall'incarnazione e dalla resurrezione di Cristo[8]. Se le rispo-

---

[8] Con parole accorate Cosma si rivolge a quanti desiderano essere cristiani e insieme seguono la cosmologia greca con i suoi otto o nove cieli: «Dite, in che luogo di queste otto sfere o nella nona, detta da taluni sfera senza astri, Cristo è entrato e in che luogo noi stessi dovremo un giorno entrare?... Come, alla consumazione dei secoli, una volta caduti gli astri, potranno mantenersi codeste vostre sfere? E quale sarà la loro utilità? Non è evidente che voi discorrete di concezioni da cui la dottrina cristiana non ha niente da ripromettersi? Tali concezioni convengono soltanto ai Greci, che sono privi di ogni speranza, che non si attendono una condizione migliore: costoro consequenziariamente suppongono che il mondo possegga una durata eterna, allo scopo di salvaguardare la ricca molteplicità delle sfere, sulle quali i pianeti compiono i loro giri in continuazione, e del pari l'altra sfera delle stelle fisse. Ma voi discorrete di cose completamente inverosimili: volete la molteplicità delle sfere, di cui non siete in grado di dire l'utilità, perché volete anche la fine del mondo» (*Topographie Chrétienne*, Introduction, texte critique, illustration, traduction et notes par W. Wolska-Conus, voll. 3, Paris, 1968 – vol. 1, pp. 564-565). Poiché Dio ha previsto unicamente due condizioni d'esistenza, occorre ammettere soltanto due spazi, uno inferiore e uno superiore (attenendosi ad una rappresentazione della realtà che s'ispira al tabernacolo di Mosè, copia e figura rivelata dell'universo). Quello inferiore è per la condizione terrena, quello superiore è per la condizione ultraterrena, propria degli angeli e degli uomini dopo la resurrezione dei morti.

ste di Cosma sono ingenue, le sue domande sono pertinenti, e il fatto che si siano sollevate per poco tempo e per di più quasi sempre in relazione a propositi del tutto particolari, nei quali la scienza dell'ellenismo e il messaggio del cristianesimo appaiono apertamente contraddirsi, depone male per il futuro della religione che sta vincendo nelle coscienze degli uomini l'ellenismo e si appresta a conquistare il mondo con il più risoluto proselitismo.

Le incongruenze, i disaccordi, le contraddizioni, che si rilevano, passano per lo più tra singoli punti della scienza greca e asserzioni scritturistiche, e vengono eliminati molto alla svelta, rifiutando quelle determinate asserzioni scientifiche in nome della Bibbia, ma senza prendersi la briga di sostituire ad esse ipotesi e teorie ugualmente sostenibili dal punto di vista della scienza e concordanti con i testi sacri, nonché complessivamente con lo spirito del cristianesimo. In questa maniera si fa il vuoto, e quando si rifiuta l'allegorismo sfrenato, per mantenere carattere realistico ai dommi capitali del cristianesimo, e anzitutto a quello dell'incarnazione di Cristo, della sua morte e della sua resurrezione e ascensione al cielo, nonché della sua presenza nell'eucarestia, non si sa come cavarsela, e si è costretti a rifiutare le questioni o ad accontentarsi di soluzioni incerte e imbarazzate[9].

Non ci vuole niente a respingere l'esistenza degli antipodi, che è una conseguenza necessaria dell'ammissione della sfericità della terra, per la ragione che è in contrasto con la Bibbia, la quale conosce una sola faccia della terra, o a rigettare la medesima sfericità della terra, perché la negazione della conseguenza implica quella della premessa; parecchi scrittori cristiani lo fanno, ma non trovano teorie alternative convincenti. Più difficile è spiegare che mai siano le acque, di cui discorre il *Genesi*, quando afferma che Dio le divise, disponendole sia al di sopra sia al di sotto del firmamento. Ma il problema più arduo, tra quelli particolari, rimane pur sempre quello di stabilire come si possa aggirare il contrasto esistente tra l'ascensione al cielo di Cristo e la cosmologia aristotelica, che non concede la possibilità di un corpo, il quale salga al di sopra di tutti i cieli[10].

[9] Questo sembra essere il caso di Calvino, il quale rifiuta il letteralismo estremo degli antropofisisti a proposito del corpo di Dio, ma propugna il realismo per la resurrezione; Cristo risuscitato è realmente nel cielo, ma non si è obbligati ad assegnargli un luogo celeste preciso. Per l'eucarestia, i sostenitori della transustanziazione sono obbligati a conferire un duplice corpo a Cristo, uno visibile in cielo, l'altro invisibile sulla terra, ciò che è prova di pazzia (c'è l'ulteriore complicazione che un corpo possiede delle dimensioni ed è tale finché è salvaguardata la sua unità). Anche sull'ascensione Calvino si pronuncia a favore del realismo per il corpo di Cristo che esiste a condizione di avere le caratteristiche di poter essere visto e di poter essere toccato. – Ciò è che un corpo è, però, di pertinenza della fisica; se si tratta di un corpo vivente, la biologia ha il diritto di pronunciarsi in merito; se questo corpo deve essere effettivamente asceso al cielo, non c'è modo di proibire all'astronomia di dire la sua sulla faccenda.

[10] San Tommaso si cimenta ardimentosamente con entrambe le questioni, ma è costretto a compiere rovinose concessioni all'allegorismo, suggerendo interpretazioni così arzigogolate da risultare inverosimili, sulla prima questione, e a lasciare inviluppato e confuso l'argomento, sulla seconda. Alla domanda se il firmamento divida le acque dalle acque, San Tommaso ri-

C'è nell'ellenismo una corrente di scienza, con cui il cristianesimo non si scontra né all'inizio né durante l'intero corso del medioevo, perché essa si trova allora nell'ombra, ma da cui, a partire dal Rinascimento, sarebbero pervenuti alcuni dei maggiori colpi alla religione dominante. Si tratta della corrente atomistica di Democrito, che con la dottrina degli atomi appresta un valido antecedente del corpuscolarismo della fisica moderna, con il meccanicismo e il materialismo fornisce un modello di sapere che travalica i confini del mondo naturale (nel significato cristiano del termine), per estendersi alla realtà tutta, compresa quella umana. Essa fa, infatti, nascere gli uomini dalla Terra e insegna che la civiltà si è costituita senza alcun intervento divino, sotto la forza della necessità e del bisogno, nel quadro di una natura, che, avendo a disposizione un tempo infinito, mediante combinazioni puramente meccaniche di elementi, può produrre esseri così perfetti, che si potrebbero considerare frutto di un'arte intenzionale, e invece sono il risultato di accozzamenti di particelle. Da questa fonte deriveranno modernamente parecchie valide armi contro il cristianesimo, e parecchie altre si otterranno dallo svolgimento dei presentimenti dell'evoluzionismo, che si colgono non soltanto nell'atomismo, ma quasi dovunque fra gli antichi, a partire da Anassimandro, che dice l'uomo generato all'inizio da animali da lui diversi, a Empedocle, che professa una teoria evoluzionistica generale procedente secondo cicli alterni, agli stessi atomisti, che affermano altresì la molteplicità dei mondi abitati che si succedono entro un unico universo. Anche se il trasformismo vero e proprio è appena intravisto dagli antichi, già si scorgono in essi chiaramente i principi della conformità degli organismi all'ambiente naturale e della lotta per la vita (quest'ultima s'incontra anche in Platone), che saranno posti alla base dagli evoluzionisti moderni, i quali o idealmente o storicamente si ricollegheranno a queste teorie ellenistiche, e se ne avvarranno per distruggere il racconto della creazione del *Genesi*.

Attraverso il richiamo di Cicerone all'indirizzo filosofico scettico, si sarebbero potuti rinvenire elementi con cui rifiutare due fondamentali articoli di fede del cristianesimo, quali sono quelli del peccato originale e dell'eucarestia, entrambi inammissibili per ragioni morali e religiose. La provvidenza divina dovrebbe far sì che i buoni siano felici e i malvagi infelici, ma gli avvenimenti del mondo dimostrano a sufficienza che accade molte volte il contrario, che gli uo-

---

sponde affermativamente, soggiungendo che per acqua in tal caso è da intendere la materia informe o tutti i corpi diafani. Mosè si sarebbe espresso in questa maniera inconsueta per il motivo che si rivolgeva al rozzo popolo, e quindi parlò esplicitamente della terra e dell'acqua, ma tacque dell'aria, che è da leggere al posto dell'acqua, perché non è palese che l'aria è un corpo. Assai peggiore è però l'ostacolo, in cui l'Aquinate urta per l'ascensione, perché in un universo come quello concepito da Aristotele, al di fuori del cielo non possono darsi corpi. Unico scampo qui è l'invocazione del miracolo (Cfr. *S. th.*, I, q.68, a.3 e III, q.57, a.4).

Come si scorge facilmente, ogni qualvolta un assunto cristiano entra in contrasto con la scienza greca, è questa ad essere, nella sostanza, tenuta ferma, ed è il testo scritturistico, il dato rivelato, che è costretto ad adeguarsi, mediante l'allegorismo, al dettato ellenistico, il quale si dimostra il più saldo.

mini moralmente eccellenti vanno incontro alle disgrazie e alle sventure, e che gli individui più turpi conducono una vita prospera e fortunata. A questa perpetuamente ricorrente obiezione i difensori della causa della religione sono tentati di replicare, dichiarando che la potenza divina è tale che, se taluno sfugge alla punizione, a questa vanno incontro i figli, i nipoti, i posteri. Ciò però è ingiustissimo, si ribatte[11]. Le obiezioni scettiche prendono anticipatamente di mira quella che sarà la dottrina cristiana dell'eucarestia. Gli incolti riconoscono un numero sterminato di divinità; ma forse che i filosofi si comportano meglio? Non sostengono anch'essi, oltre all'esistenza di un sommo Dio quella di divinità subordinate, non annoverano tra gli dei le stelle una per una? Peggio ancora, non si permettono di compiere asserzioni non soltanto inaccettabili, ma anche incomprensibili, per cui dei modi di dire sono scambiati per realtà? Quando si chiamano le messi Cerere e il vino Bacco, c'è qualcuno tanto pazzo da credere di mangiare un Dio?[12].

Anche l'ellenismo conosce parecchie figure divine, che vanno incontro alla morte, risuscitano, in breve, hanno delle vicende analoghe a quelle di Cristo. Le principali differenze che si osservano in proposito consistono in ciò, che le divinità greche e romane posseggono permanentemente dei corpi, mentre il Verbo divino del cristianesimo soltanto ad un certo istante del tempo si è rivestito della carne, dopo di che però la conserva per l'eternità (conclusasi la vita terrena, il corpo di Cristo risuscitato e asceso al cielo, ha la sua sede ultraterrena). Inoltre, la manifestazione di Cristo ai discepoli e in genere alle turbe è continuativa nel corso della sua esistenza sulla terra, laddove le apparizioni degli dei greci e romani paiono essere così limitate nel tempo da risultare quasi istantanee. Che gli dei, oltre che anime, fossero corpi (umani, s'intende, giacché è un discorso interamente diverso quello della teologia astrale, la quale assegna alle divinità la funzione di motori stellari), era notissimo agli antichi, i quali però con Varrone

---

[11] «*O miram aequitatem deorum: ferretne civitas ulla latorem iustius modi legis, ut condemnaretur filius aut nepos, si pater aut avus deliquisset?*» (*De nat. deor.*, III, 38, 90). Nel presupposto che la colpa fondamentale dell'uomo (cristianamente, il peccato originale) sia un'azione, l'obiezione è irrispondibile, giacché non si può punire chi non ha compiuto l'azione (*actiones sunt suppositorum*). Se si tratta di un'azione, completamente assurda è la trasmissione ereditaria del peccato del progenitore, perché le azioni, che sole hanno significato morale, sono intrasmissibili, e le conseguenze delle azioni, che si possono trasmettere, non hanno rilievo morale. Il cristianesimo può, in verità, serbarsi indenne da tale critica, facendo del peccato *primariamente* una condizione, e soltanto *secondariamente* un'azione. La condizione peccaminosa dell'uomo risiede nel fatto che egli è un'ombra evanescente, un semplice sogno, nel rispetto di Dio, che è la pienezza della realtà. Tale condizione è permanente nell'uomo, finché rimane uomo naturale e non è toccato dalla grazia, che pone fine a questo stato di cose. Ma il cristianesimo il più delle volte non prende questa strada, bensì cerca di sminuire la portata del peccato originale, quasi che non fosse un suo essenziale ingrediente.

[12] *De nat. deor.*, III, 16, 41. Nella sua irrisione dell'eucarestia, Hume (che l'attribuisce ai cattolici, ma questo è un mascheramento, giacché il domma della presenza reale è più ampiamente diffuso del cattolicesimo romano) avrebbe potuto utilizzare questo testo di Cicerone, per porre allo scoperto che ciò che per i Greci e per i Romani era una semplice metafora, è diventato per i cristiani una realtà.

avevano provveduto a tripartire la teologia, dividendola in poetica, naturale e civile, e avrebbero accondisceso senza alcuna remora a riporre Cristo tra le divinità della teologia poetica. Questa specie di teologia non è altro che un insieme di favole e di miti, è un'invenzione di poeti che mirano soltanto ad intrattenere e a divertire, mentre la teologia naturale aspira a dire la verità, e quella civile è escogitata dai politici per mantenere gli uomini nell'obbedienza delle leggi, ossia a scopi di utilità sociale. Il fatto che Cristo fosse stato un uomo in carne ed ossa non costituisce un ostacolo alla sua assegnazione alla teologia poetica, essendoci numerosi casi di uomini divinizzati dalla fede di discepoli ignoranti e creduloni.

4. *Le obiezioni al cristianesimo degli apologisti dell'ellenismo, da Celso a Porfirio, a Giuliano*

L'opposizione tra l'ellenismo e il cristianesimo è, dunque, totale, perché investe sia i principi universali che le dottrine particolari, e per tale è avvertita non soltanto dai cristiani delle origini (e da quelli dei tempi successivi, in cui rimane la fiamma dello spirito primitivo), ma anche da quanti battagliano, in nome della filosofia e delle credenze tradizionali, contro la nuova religione, come Celso, Porfirio, Giuliano, e altri ancora, che si possono con giusta ragione denominare gli *apologisti dell'ellenismo* (il vocabolo «paganesimo» è sconveniente, perché è esclusivamente polemico).

Tutti o quasi tutti i punti, in cui si articola il conflitto tra la grecità e la romanità da una parte, e la religione cristiana dall'altra, che abbiamo passato in rassegna, trovano precisa corrispondenza nelle obiezioni che gli apologisti dell'ellenismo rivolgono al cristianesimo. Il cristianesimo si presenta come fede e avversa la filosofia? Ebbene, che cos'è la fede cristiana? Per Celso, è il rifiuto di rendere ragione dell'oggetto di cui si propone la verità, è un procedimento da imbroglioni, con cui non ci vuole molto ad approfittare della dabbenaggine degli uomini dappoco e a menarli per il naso; è appunto ciò che si verifica nel caso dei cristiani, i quali pretendono una fede immediata, invece di argomentare, di procedere per domande e risposte, alla maniera platonica[13]. «Abramo credette in Dio e ciò gli fu computato a giustizia», aveva detto San Paolo; comportarsi in una simile maniera, obietta Porfirio, è condursi da animali irragionevoli che accolgono ad occhi chiusi tutto quanto vien loro messo innanzi; tale è il modo di fare di quelli che si chiamano i «fedeli cristiani» perché si fondano su di una fede irrazionale[14]. Gesù aveva reso lode al Padre, perché aveva nascosto la verità delle cose ai sapienti e le aveva rivelate ai semplici; si dovrebbe trattare di cose

---

[13] *Il discorso della verità*, testo greco e trad. it. S. Rizzo, Milano, 1989, pp. 66-68, pp. 196-197 e pp. 200-202.

[14] *Gegen die Christen*, «Abhandlungen der Königlich Preussischen Akademie der Wissenschaften», hrsg. von A. von Harnack, Berlin, 1916, p. 91.

chiare, e non enigmatiche, osserva ancora Porfirio, attesa l'indole dei destinatari; se i più profondi misteri sono dati in pasto ai sempliciotti e ai lattanti, è segno che il cristianesimo vuole l'avvento dell'irrazionalità e dell'ignoranza[15]. I cristiani sono pronti a morire, ma non per una motivata ragione, bensì per mero spirito di contraddizione, annota Marco Aurelio[16]. La dottrina settaria dei Galilei, esclama l'imperatore Giuliano, non ha niente di divino, ma, agendo sulla parte irrazionale dell'anima, è arrivata a rendere credibili invenzioni mostruose[17].

La contrapposizione tra il λογισμός ellenistico e la πίστις cristiana è completa, ed è documentata nella maniera più esplicita. Difficile è però intendere i significati necessariamente differenti, che codesti vocaboli, e gli altri che li accompagnano, hanno sulla bocca degli apologisti dell'ellenismo e in quella degli apostoli e dei missionari della nuova e presto vittoriosa religione. Anche per i Greci, la fede ha un suo posto, ma è uno stato mentale basso, proprio delle moltitudini, che, essendo costituite da uomini dappoco, debbono accontentarsene. Gli uomini superiori soltanto incominciano dalla fede, giacché essi sono capaci di ascendere a una specie più elevata di conoscenza. Per i cristiani delle origini, invece, la fede è sottomissione incondizionata alla parola di Dio, abbandono fiducioso all'iniziativa divina, eseguiti con incrollabile decisione. La ragione compare anche nel cristianesimo, ma in una posizione e in un significato interamente mutati rispetto a quelli che possiede nell'ellenismo; diventa facoltà atta a sbrigarsi nelle faccende mondane, nei ristretti limiti in cui sono inevitabili, se si vuole menare la vita, ma del tutto inidonea a penetrare la profondità, l'abisso di Dio. Se il cristianesimo avesse costruito, ciò che non è stato, una sua scienza della natura, essa avrebbe avuto per unico principio la volontà di Dio, avrebbe adoperato soltanto quella che si chiama la causalità finale, avrebbe considerato i rapporti costanti tra gli oggetti come volizioni permanenti di Dio, si sarebbe ristretta ad un ambito estremamente limitato di oggetti, a quelli che più da vicino interessano la vita dell'uomo (certi minerali, alcune piante, taluni animali, qualche corpo celeste, come il sole, la luna, le stelle maggiormente visibili); si sarebbe trattato di un sapere circoscritto, ma catafratto nella sua stabilità. Competente in fatto di religione sarebbe rimasta unicamente la fede, la quale è intuizione, sguardo fisso, concentrato su di un unico punto, quello in cui Dio comunica all'uomo il suo volere. La πίστις cristiana, si sarebbe distinta dal λογισμός ellenistico, come la fissità del vedere si differenzia dal cammino della mente[18].

---

[15] *Ibid.*, pp. 79-80.

[16] *Ricordi*, testo greco e trad. it. C. Mazzantini, Torino, 1948, pp. 318-319.

[17] *Contra Galilaeos*, introd., testo critico e trad. it. E. Masaracchia, Roma, 1990, p. 87 e p. 247.

[18] Ciò che, considerato dalla parte dell'oggetto divino, è la rivelazione, riguardato dalla parte del soggetto umano, è la fede. Per comprendere gli specifici significati con cui la rivelazione e la fede compaiono nel cristianesimo, occorre mirare al contenuto del messaggio cristiano, altrimenti si esce di strada. Nella loro accezione onnicomprensiva, la rivelazione e la ragio-

L'impressione spassionata che le sacre scritture, sia del Vecchio che del Nuovo Testamento, producono è quella dell'onnipresenza divina, del Dio che è l'unico vero attore degli eventi, i quali sono senza eccezione inani, e che in tutto il creato ha gli occhi rivolti esclusivamente sull'uomo, per il quale soltanto hanno senso l'elezione, la grazia, la salvezza. Gli apologisti dell'ellenismo, i quali sono abituati a distinguere ciò che è terrestre e ciò che è celeste, ciò che è umano e ciò che è divino, ma soltanto entro quell'eterno ordinamento universale delle cose, che, per essi, è la natura, in cui c'è spazio per il trascendente, ma non c'è posto (o almeno, non ce n'è molto) per il soprannaturale, rigettano questa rappresentazione della nuova religione, non vogliono saperne di Cristo come dell'essere divino in cui si assommano la rivelazione e la redenzione. Anche ad essi sono familiari racconti di divinità benefattrici, come Prometeo, Ermes, Eracle, anch'essi sono al corrente di epifanie di divinità olimpie, anch'essi hanno udito di dei morenti, quali Attis e Adone, ma tutte queste narrazioni sono così lontane dalla vicenda di Cristo, da potervi a stento esservi ricollegate. Prometeo che aiuta gli uomini col dono divino del fuoco, e che per questo motivo è duramente punito da Zeus; Ermes che conduce tra gli uomini il rispetto e la giustizia; Eracle che compie le dodici fatiche al servizio di dei e di uomini; in generale, divinità olimpie, semidei ed eroi, sono, per i Greci, iniziatori delle arti, istauratori di virtù morali, bonificatori di terre: tutto ciò va a vantaggio dell'esistenza umana nel mondo, non è opera di mediazione in vista del raggiungimento di una beatitudine ultraterrena; invece, è una siffatta mediazione quella introdotta da

---

ne coincidono, perché «rivelazione» è termine sinonimo di «manifestazione» e la ragione è il «darsi a vedere» delle cose, di cui le cose consistono. L'intuizione, se mai dovesse distinguersi dalla ragione in tale suo significato onnicomprensivo, andrebbe dichiarata inesistente. La ragione è, infatti, la relazione totale, i cui termini sono gli argomenti, o, com'è lo stesso, è il manifestarsi dell'intero, di cui le cose singole sono le parti. In una tale eventualità, l'intuizione dovrebbe risiedere nell'apprensione semplice (senza parti) di un esistente, il quale è, a sua volta, semplice (privo di parti); ma, dandosi divisione infinita, non c'è niente che non abbia parti, e ciò che è termine nei confronti di una relazione più estesa, è relazione rispetto ad un termine più ristretto, e come è compreso in quella, comprende questo. Così è all'infinito, non potenziale, bensì attuale. Senonché l'intuizione, di cui adesso si discorre, non pretende niente di simile, e, come fede, si distingue dalla ragione, come l'avvertimento dello *stare* si differenzia da quello dell'*andare* della mente.

Ciò giustifica ulteriormente la decisione terminologica d'impiegare come espressioni sinonimiche «intuizione del mondo », «intuizione della vita», nella spiegazione dei punti di vista. Il concetto di punto di vista è elaborato da Leibniz; quello, con esso coincidente, d'intuizione del mondo è teorizzato da Dilthey, Jaspers, ecc. Si tratta quindi di concetti moderni. Ciononostante si trova nell'ellenismo qualcosa che importa quelli che noi oggi diciamo «punti di vista», ossia i βίοι, i «generi di vita». La distinzione dei generi di vita si fa risalire a Pitagora, ed è svolta da Platone, Aristotele, gli Stoici, ecc. Il genere di vita dedito al piacere importa la rappresentazione del piacere come sommo bene; il medesimo fanno i generi di vita dediti all'onore, alla contemplazione; essi sono quindi «intuizioni o visioni della vita». Il riferimento al sommo bene, sempre presente negli antichi, ha i suoi vantaggi, perché le intuizioni del mondo differiscono, anche e soprattutto, per ciò che conferisce valore alla vita. Come dice Cicerone: *Qui autem de summo bono dissentit, de tota philosophiae ratione dissentit* (*De fin. bon. et mal.*, V, v).

Cristo. Attis è un servitore della Grande Madre, è sin dall'inizio una figura ctonia, appartiene da sempre alla Terra, mentre Cristo è disceso dal cielo; un'analoga distanza divide Adone, signore e amante della dea dell'amore, dal divino salvatore Gesù. Gli dei greci molte volte si mostrano agli uomini allo scopo di schernirli ed irriderli, non per quello di redimerli e di condurli ad una sede ultraterrena. Queste differenze tra narrazioni greche e vangeli cristiani alludono alla diversa collocazione che nell'ellenismo e nel cristianesimo hanno l'uomo, il mondo, Dio, e concorrono a spiegare come nella loro polemica anticristiana i difensori dell'antica religione respingessero tutti i principi su cui si reggeva la fede che veniva dall'Oriente.

Inaccettabile risulta agli apologisti dell'ellenismo l'antropocentrismo cristiano, perché la dottrina del primato dell'uomo era stata elaborata dagli Stoici (da cui la teologia cristiana la desumerà), ma era estranea al platonismo, e medio platonico è Celso, neoplatonici sono Porfirio e Giuliano, vale a dire al platonismo s'ispirano tutti i campioni che sostengono la causa delle credenze avite, nel momento in cui esse cercano di riacquistare vitalità, attingendo linfa e nutrimento dall'innesto di credenze orientali (ma a questo sincretismo religioso resta estraneo il cristianesimo, il quale professa il più rigido esclusivismo, e in questo risiede la ragione della sua vittoria; il sincretismo, a cui il cristianesimo presto si abbandona, è con la filosofia dell'ellenismo, non con una qualunque religione; sul terreno delle specifiche credenze religiose il cristianesimo rimane, nella sostanza, immune da contaminazioni; se esso moltiplica gli angeli, i santi, ciò accade non tanto per la ragione che reintroduca, con nomi mutati, dei, semidei, eroi, della precedente religione, quanto per il motivo che contiene sin dall'inizio in sé medesimo tali figure soprannaturali, di cui, per gli angeli, ci sono degli antecedenti anche nell'ebraismo). Agli oppositori platonici del cristianesimo l'antropocentrismo cristiano sembra esagerato, assurdo, nella sua pretesa di fare dell'uomo (anzi, più precisamente, del cristiano) l'essere eletto, in cui si riassume lo scopo della creazione del mondo. Il presupposto della concezione ellenistica del mondo e dell'uomo è che la natura è divina e che gli dei sono forze della natura, la quale racchiude in sé un numero sterminato di esseri, di cui alcuni sono gli uomini; il principio della concezione cristiana è che la natura è decaduta, e che l'uomo, al quale soltanto l'opera redentrice di Dio in Cristo si rivolge (esclusivamente attraverso l'uomo una tale opera può coinvolgere il resto della creazione), ha bisogno del soccorso divino, per essere restaurato nella sua dignità e, anzi, portato ad un livello ancora superiore a quello che ha preceduto la sua caduta. Per Celso, il restringimento dell'orizzonte cosmico al solo uomo riesce così inaccettabile, che egli non esita a dichiarare che la prospettiva dei cristiani assomiglia a quella delle rane, le quali non vedono al di là della pozzanghera, attorno a cui siedono a congresso. Il controsenso dei cristiani, aggiunge Celso, è tanto maggiore per il motivo che essi si rappresentano tutti gli uomini come colpevoli e nel contempo pretendono che, subito al di sotto di Dio, vengano gli uomini, a cui tutte le cose sono subordinate, la terra, l'acqua, l'aria, le stelle.

L'idea di creazione del mondo, che hanno ebrei e cristiani, è completamente erronea, essa accorda un'età troppo limitata alle cose e all'uomo, e in definitiva, propone addirittura una rappresentazione infantile della divinità. Che sciocchezza è mai quella, si chiede lo stesso Celso, di suddividere la produzione del mondo in giorni, prima ancora che, essendoci il sole, ci fossero i giorni, di far lavorare Dio per sei giorni e poi lasciarlo riposare nel settimo, quasi fosse un operaio stanco che ha bisogno di tirare il fiato? Mettendo a confronto la cosmogonia di Platone con quella di Mosè, si comprende, dice Giuliano, quanto degna di ammirazione sia la prima e come sia un insieme di favole la seconda, giacché il libro di Mosè sulla creazione del mondo fa nascere, per comando divino, la luce, le stelle e il firmamento, ma non l'abisso, né le tenebre, né l'acqua, si dimentica di accennare all'origine degli angeli, non fa parola della creazione dello spirito, non stabilisce se sia ingenerato o sottoposto alla nascita. Poiché platonicamente Dio è un vivente immortale, che ha anima e corpo congiunti in unità per tutto il tempo, ne viene (ripetono unanimemente gli apologisti dell'ellenismo) che la discesa di Dio sulla terra, l'incarnazione di Cristo è impossibile, priva di scopo, insensata. Che bisogno c'era mai, si domanda Porfirio, che Cristo si rivestisse della carne e diventasse uomo; come ha potuto il Figlio di Dio essere racchiuso per un tempo breve e limitato in un corpo? Del resto, come si accorda una tale professione di fede con ciò che dice Salomone, ossia che Dio non ha un figlio? In un mondo, che è ordine e armonia, e in cui tutti gli esseri hanno sedi stabili e immutevoli, le sole adatte all'indole di ciascuno di essi, com'è assurda l'incarnazione di Cristo, così è assurda la sua resurrezione, la quale dovrebbe essere seguita dalla resurrezione dei morti, che sarebbero rapiti sulle nuvole, per andare ad incontrare il Signore nell'aria: queste enormità, insiste Porfirio, disconoscono che se degli esseri lasciassero la loro dimora, passando a modi di vita e a luoghi ad essi estranei, sarebbero immancabilmente annientati; per di più, il Logo divino conserva l'equilibrio e la retta disposizione delle cose, non opera in maniera tale da far diventare l'uomo un uccello, non colloca gli astri in basso e non pone la terra in alto. Alle orecchie greche l'onnipotenza divina, capace di disgregare la potenza del cielo, di provocare la caduta degli astri, di produrre la fine del mondo (come risulta dalle parole di Gesù che rimarranno, mentre il cielo e la terra passeranno), sembra un'empietà, prima ancora che una ridicola vanteria; com'è possibile che il Demiurgo permetta che il cielo, bellissimo al di là d'ogni immaginazione, sia distrutto, e nel contempo faccia risorgere i corpi putrefatti degli uomini? Gli ebrei affermano che il cielo è il trono di Dio e che la terra ne è lo sgabello, ma garantiscono che Dio non ha nessun figlio; invece, i cristiani, osserva Giuliano, assegnano a Dio un figlio spurio e pretendono che sia adorato; si verificano a volte fenomeni sconvolgenti, ma non preannunciano, come credono i cristiani, la fine del mondo; si tratta di manifestazioni limitate che non accadono tutte simultaneamente: per l'imperatore romano, il mondo è eterno, al pari della divinità che vi opera[19].

---

[19] Per questi punti cfr. Celso, *op. cit.*, pp. 150-153, pp. 226-231; Porfirio, *op. cit.*, pp. 61-62, p. 96; Giuliano, *op. cit.*, pp. 90-91, pp. 107-108, pp. 127-128.

Alle obiezioni che prendevano di mira la cosmologia presente nell'Antico e nel Nuovo Testamento i cristiani potevano rispondere soltanto praticando l'allegorismo più estremo, il quale nei giorni della creazione, nel diluvio universale, nella seconda venuta di Cristo nella gloria celeste, nel suo incontro con i risorti sopra le nuvole, e in parecchie altre narrazioni dello stesso genere, evita ogni riferimento a determinati fenomeni naturali e sostiene che si tratta di allusioni a profondissimi misteri: finché rimane fermo in questo atteggiamento, il cristianesimo trova bensì numerosi inconvenienti (e anche di peggio) sulla sua strada, ma è difeso da una corazza impenetrabile contro ogni arma che pretenda di colpirlo dall'esterno. L'allegorismo, se è avveduto e saggio, si guarda dal dichiarare che nei racconti ricordati non c'è niente che abbia significato cosmologico, anzi, esso può concedere che in quei racconti ci sono indicazioni anche intorno al mondo e agli esseri che vi sono contenuti, ma che sono avvolte dall'oscurissimo mistero che circonda tutto ciò che è sacro. Gli apologisti dell'ellenismo si sono scontrati col ricorso cristiano all'allegorismo e hanno invano cercato d'inseguire i nemici in un luogo in cui non avrebbero mai potuto raggiungerli, perché, mancando di specificità, non si può decidere che sia questo oppure quel posto. (Di qui sorge la pretesa degli antichi e dei moderni avversari del cristianesimo che la sacra scrittura sia presa alla lettera oppure anche interpretata allegoricamente, ma con una specie di allegoria che toglie dignità al discorso, rendendolo piatto e banale).

Certamente, la pratica dell'allegorismo ha i suoi inconvenienti, e uno di essi è nella strettissima somiglianza che la cosmologia biblica presenta con le cosmologie di altri popoli (di quello babilonese in specie, ma analogie si riscontrano pressoché tra tutte le cosmologie dei popoli orientali). Quando anche queste cosmologie fossero diventate note, come modernamente sarebbe accaduto, in quale maniera ci si doveva comportare nei loro confronti? Estendere ad esse l'interpretazione allegorica, che s'impiega nei riguardi della Bibbia e così sobbarcarsi ad una fatica sterminata (del tipo di quella che il Socrate del *Fedro* platonico aveva avuto l'accortezza e il buongusto d'evitare) e, per di più, trasformare così le idee di molti popoli intorno al mondo in un regno di ombre evanescenti, mentre nessun interesse religioso spinge a difendere la veridicità delle narrazioni in cui codeste idee si trovano consegnate? Oppure, riservare l'allegorismo alla sacra scrittura degli ebrei e dei cristiani, lasciando che quelle cosmologie siano trattate come espressioni di una scienza primitiva, che non può mettersi accanto né alla scienza greca né a quella moderna, e che quindi è destinata ad essere abbandonata, non appena si viene a conoscenza di un sapere matematico e naturale d'ordine superiore? Ma, in quest'ultimo caso, come giustificare l'eccezione che si fa per la Bibbia? Essendo un procedimento generale, si direbbe che l'allegorismo o è consentito a tutti o è a tutti interdetto; dell'allegoria si erano giovati i filosofi greci per togliere tutto quel che c'era di sconveniente, d'immorale, di ridicolo, nei racconti della loro religione popolare; non si scorge come i cristiani potessero denunciare i miti dei greci e dei romani, attenendosi alla loro lettera, e seguire l'allegoria allorché era questione della loro storia sacra; eppure essi, letteralisti nei confronti degli avversari, sono allegoristi col lo-

ro patrimonio di credenze. Così, Sant'Agostino pratica l'allegoria biblica ad ol-
tranza, ma non vuole che i difensori dell'antica religione l'applichino ai loro testi, dando esempio d'un atteggiamento difficile da comprendere.

Ma l'allegorismo, se pone al riparo da ogni formale confutazione che venga
dall'esterno, cela una grave insidia che colpisce dall'interno, e si sa da sempre
che i nemici intestini sono assai più pericolosi di quelli esteriori. Essendo l'allegoria un seguito ininterrotto di metafore, ed essendo la metafora la parola impropria, poiché ciò che è detto in maniera impropria ha senso in relazione a ciò
che è detto in maniera propria, è evidente che l'allegoria non può reggersi da
sola e che ha bisogno di avere a suo fondamento qualcosa non di allegorico,
bensì di proprio. L'abitudine alle spiegazioni allegoriche, che porge un aiuto in-
sperato allorché mette conto di sottrarsi a questioni di scienza della natura, minaccia di trasformare il cristianesimo da religione determinata, che asserisce
questi e quei dommi precisi, sostiene tali e talaltre dottrine definite, in vaga e
sfuggente religiosità, che si appaga del buon cuore, della retta disposizione interiore, e fa getto di tutto il rimanente, quasi fosse inessenziale. Certo, Porfirio,
Giuliano, spingendo il cristianesimo in questa direzione, in cui esso non poteva
non mettersi, se voleva sottrarsi all'accusa di diffondere favole puerili, al posto
di conoscenze di scienze della natura, l'hanno, per primi, posto su di una china
rovinosa[20].

Anche ad un proposito affine a quello sin qui considerato, questi platonici

---

[20] L'allegorismo (o simbolismo, che si dica) ha due significati, del tutto distinti e non interferenti tra loro, nel primo dei quali appartiene alla retorica, mentre nel secondo è di pertinenza della filosofia (quale sia la differenza tra allegoria e simbolo è in genere questione
omessa; talvolta si sostiene che il simbolo è caldo e vivace e l'allegoria è fredda e smorta; una
tale eventuale diversità, essendo di carattere estetico, non riguarda la questione in esame; i due
termini si possono quindi impiegare in maniera promiscua). L'allegoria, peculiare della retorica, di cui è una delle molte figure, può essere definita, come fecero i trattatisti dell'antichità,
una metafora continuata; essa ha rilievo esclusivamente psicologico, variante secondo le differenze individuali e sociali, di luogo e di tempo; comunque è speculativamente irrilevante. Essendo il proprio ciò che per primo viene alla mente, il metaforico, o l'improprio, è ciò che si
pensa solamente in un secondo momento. (Per riprendere un celebre esempio, è una metafora
dire di un uomo coraggioso che è un leone, perché questa parola fa pensare primariamente al
re degli animali e soltanto derivativamente all'individuo di grande valore militare; almeno, è
da supporre che così capiti nella maggior parte dei casi). Come il metaforico ha il suo contrario nel proprio, così l'allegorico lo ha nel letterale. L'allegorismo (o simbolismo) retorico talvolta riesce conveniente e utile alla religione, talaltra le risulta inopportuno e dannoso, senza
però toccare, nell'un caso come nell'altro, la sostanza delle cose. Interamente diverso è il simbolismo (o allegorismo) filosofico, perché filosoficamente l'opposto del simbolico è il realistico, non il letterale. La parola «Dio» è di spettanza della religione; ma, se si afferma che, quando si discute di questa o di quella divinità (o anche di tutte), si tratta soltanto di simboli, si dichiara che codeste divinità non sono esseri effettivamente esistenti, ma appellativi conferiti ad
alcunché d'altro, principi cosmologici, ideali morali, ecc.; si può trattare di qualunque realtà,
ad eccezione della religione. È evidente che il simbolismo filosofico è distruttivo per la religione, e che differisce in ciò dalla negazione aperta e conclamata della religione, che è una negazione velata e dissimulata, piena di urbanità e di cortesia. Si seguita, infatti, a parlare di Dio,
e per di più, col massimo rispetto.

hanno esercitato un'efficace critica della religione cristiana, vale a dire nell'indicare le corrispondenze, e talvolta le anticipazioni, che le favole cristiane hanno in quelle greche od orientali (di cui essi apertamente ammettono l'indole d'invenzioni poetiche, giacché si fanno promotori di una religione filosofica, aliena dalle credenze del volgo). La storia della torre di Babele ha un corrispettivo nella storia dei due giganti figli di Aloeo, Oto ed Efialte, i quali cercarono di raggiungere il cielo, ammassando il Pelio e l'Olimpo, e furono uccisi da Apollo; la narrazione di Sodoma e Gomorra, punite per le loro colpe, è parallela a quella di Fetonte; si tratta di derivazioni e di alterazioni, insinua Celso; Museo, Orfeo, Omero, Esiodo, precedono Mosè e i profeti; i racconti dei Greci sono più antichi di quelli degli ebrei e dei cristiani. Come si comporta poi il Dio, adorato dai cristiani, con l'uomo che pur è il culmine della creazione? Gli proibisce di mangiare dell'albero del bene e del male; ora, si comprende il divieto della conoscenza del male, ma perché aggiungere la proibizione della conoscenza del bene? Desiderava Dio mantenere l'uomo in uno stato d'ignoranza? Porfirio e Giuliano osservano la stranezza di un Dio che nega all'uomo il possesso dell'intelligenza, sua dote suprema, giacché non c'è possibile intelligenza dove manca la capacità di distinguere il bene dal male. Giuliano arriva a proporre la considerazione che non Dio, ma il serpente dell'Eden sia il vero benefattore dell'uomo, e non, come si pretende, la sua rovina, e che invidioso e malvagio si dimostri Dio, il quale scaccia l'uomo dal paradiso terrestre, vedendo che è diventato capace di distinguere il bene dal male. Se l'incarnazione di Cristo era necessaria per la salvezza, si domanda Porfirio, che ne è stato degli uomini vissuti in tutti i secoli precedenti, i quali furono privati della grazia e della redenzione? Incomprensibile è la giustizia divina, per quel che riguarda la salvezza, afferma sempre Porfirio, contraddittoria essa è, per quel che concerne la perdizione: la pena deve essere commisurata alla colpa, ogni misura è limitata dal tempo; un supplizio illimitato e infinito, come l'inferno, per una colpa ristretta e finita è inammissibile[21].

---

[21] Cfr. Celso, *op. cit.*, pp. 150-151; Porfirio, *op. cit.*, p. 67 e pp. 94-95; Giuliano, *op. cit.*, pp. 104-106. Le questioni, così sollevate dagli apologisti dell'ellenismo, sono destinate a diventare spinosissime per il cristianesimo. Nell'interrogativo riguardante il divieto fatto ad Adamo di mangiare dell'albero della conoscenza del bene e del male, sta forse il punto d'incontro più ravvicinato tra gli antichi e i moderni oppositori del cristianesimo, i quali ultimi non si stancheranno di tornare sempre daccapo ad additare l'assurdità di una interdizione, che fa della divinità cristiana il modello degli oscurantisti di tutti i tempi. Il cristianesimo è molto imbarazzato dal quesito concernente la salvezza degli uomini vissuti prima dell'incarnazione di Cristo e non appartenuti all'ebraismo. Una volta perduto il sentimento dell'assoluta sovranità di Dio, proprio della forma originaria del cristianesimo, che s'inchina reverente di fronte alla decisione imperscrutabile dell'Essere che sta sopra tutto, l'esclusione di gran parte del genere umano dalla salvezza, riesce sommamente ingiusta (Rousseau tornerà sulla domanda posta da Porfirio, esprimendosi in maniera insuperabile per energia e corruccio nella *Professione di fede del Vicario Savoiardo*). D'altra parte, se si concede dovunque il battesimo di desiderio, se si concede la rivelazione privata di Cristo ad ogni singolo individuo, ecc., ci si espone al sarcasmo degli spiriti illuminati, i quali vi additano delle comode scappatoie. Finché il cristianesimo è stato sorretto dall'idea dell'infinità divina, della gloria di Dio come solo scopo di ogni esistente, es-

L'incarnazione di Cristo, tardiva per il tempo e insufficiente per la salvezza del genere umano, che da secoli e secoli esisteva, non ne era in alcun modo informato, e in molti luoghi non ne ha ancora alcuna notizia, senza che tale ignoranza possa addebitarsi a sua colpa, in tutti i grandi eventi da cui è stata accompagnata, dal concepimento alla nascita, alla passione, alla morte e alla resurrezione, è raccontata nei Vangeli in maniera discordante, con parecchie contraddizioni, le quali rendono manifesto il sottofondo mitico che sta alla base della vita di Gesù. Porfirio dimostra un'abilità insuperabile nell'additare i contrasti degli evangelisti nei resoconti degli avvenimenti culminanti che riguardano Gesù; costoro non furono testimoni oculari, ma inventori dei fatti. Ciò che più preme osservare è, tuttavia, che Porfirio ha individuato il procedimento con cui gli evangelisti hanno costruito la vita e la morte di Gesù, che è quello di prendere dei passi profetici dell'Antico Testamento intorno al Messia degli ebrei e di riferirli ad un individuo in carne ed ossa (non si dubita anticamente della storicità della figura di Gesù). Porfirio precorre anche la moderna critica filologica veterotestamentaria, dimostrando che la pretesa antichità della storia e della letteratura ebraiche è mentita, che l'autenticità del Pentateuco è inattendibile, e che i cinque cosiddetti libri di Mosè hanno per presumibile autore Esdra, che il libro di Daniele fu composto soltanto all'epoca di Antioco IV. Le profezie, che dovrebbero annunciare il futuro, in effetti raccontano il passato, e forniscono la trama con cui poi s'intessono narrazioni immaginarie[22].

Gli apologisti dell'ellenismo tendono anche a sminuire la stessa dignità morale di Gesù. Che cosa c'è d'ammirevole, si chiede Porfirio, in questo Gesù, che si lascia sopraffare dall'angoscia, che prega affinché gli sia risparmiato il dolore, che pronuncia parole indegne non soltanto di un figlio di Dio, ma anche di un sapiente che sa disprezzare la morte? Oltre che nemico dei romani, Gesù è un implacabile nemico del suo stesso popolo, rappresenta la minaccia peggiore

---

so aveva di che non smarrirsi di fronte all'eternità delle pene infernali. La riflessione teologica poteva, infatti, sostenere che, proprio per il motivo che l'uomo è un essere finito, è incapace di subire una pena infinita per l'intensità del tormento, e di conseguenza, la pena deve essere infinita per la durata (infinita dovendo essere ad un qualche titolo, perché il peccato è un'offesa di Dio, essere infinito), e per di più, deve essere nota agli stessi beati, i quali vi hanno un accrescimento della loro letizia, perché vi ammirano la giustizia divina. Perduto questo avvertimento sconfinato del divino, assurda è l'eternità delle pene infernali, che non hanno nessuno scopo ragionevole, non emendano il colpevole, il quale perdura nello stato di colpa, non difendono la società dei beati, i quali nulla hanno da temere da parte di quanti beati non sono.

[22] Cfr. *Gegen die Christen*, pp. 50-51, p. 64, pp. 67-68, p. 87. La risorsa, che è a disposizione dei filologi e degli storici, quando è questione di vicende profane, ossia di concedere l'esistenza d'incongruenze e di errori circa particolari secondari, e magari avvalersene per ribadire l'attendibilità e la veridicità delle narrazioni, per quel che riguarda l'insieme dei fatti, è vietata, quando si tratta di storia sacra, come vuole il principio dell'inerranza della sacra scrittura, la quale domanda di essere accolta per intero. Bellarmino ribadisce tale principio in maniera insuperabile, scrivendo: «Sarebbe heretico chi dicesse che Abramo non habbia havuti due figlioli e Iacob dodici, come chi dicesse che Christo non è nato di vergine, perchè l'uno e l'altro lo dice lo Spirito Santo per bocca de' Profeti et Apostoli» (riprodotto in: G. Galilei, *Opere*, ed. cit., vol. XII, p. 172).

per l'ebraismo, è un rivoluzionario, un sovversivo, che si rivolge agli strati più bassi della società, un agitatore politico mosso dall'ambizione del potere. Come si vede, il platonismo rifugge dalle rozze restrizioni del cinismo e di qualche altro movimento settario; esso accorda agli uomini la possibilità di vivere con larghezza di mezzi, quel che respinge è l'indaffaramento continuo destinato ad aumentare le ricchezze, giacché è consapevole della circostanza che la miseria è prodotta dalla crescita dei desideri, non dalla diminuzione dei beni. C'è la ricchezza che si ha, e che è tranquillo possesso e uso di beni; e c'è la ricchezza che si deve produrre in un processo che va all'infinito; è della seconda che il platonismo non vuole sentir parlare, non della prima. Tutt'altra cosa è il rifiuto cristiano della ricchezza, che è compiuto in vista del guadagno del regno dei cieli, e che è, di conseguenza, irriso dagli ellenisti. Proprio il discorso del cammello e della cruna d'ago è citato da Porfirio come esempio insuperabile di non senso: si è in presenza del vaniloquio di qualche povero, che con l'astuzia vuole turlupinare i ricchi, derubandoli delle loro sostanze e convincendoli che in contraccambio riceveranno un tesoro nei cieli[23].

La comune ostilità nei confronti del cristianesimo fa sì che gli illuministi della prima ondata pronuncino sempre con grande rispetto i nomi degli apologisti dell'ellenismo. Così, Voltaire celebra Giuliano come il più grande capitano del suo secolo, il filosofo più sobrio e continente, l'imperatore che regnò con le leggi, il valore e l'esempio, il solo uomo che avrebbe potuto impedire, o almeno ritardare, la caduta di Roma; ricorda volentieri le favole insipide dei miracoli e le altre impertinenze cristiane denunciate da Celso e da Porfirio, di cui occorre continuare l'opera di demolizione; deride, in compagnia di Luciano, San Paolo, il quale ha preteso di essere stato levato al terzo cielo, di cui non aveva nessuna idea. Tanto estesa è l'ammirazione per Giuliano di Voltaire, che sembra per un istante dimenticarsi perfino della sua avversione nei riguardi del platonismo, il quale, per quanto sia un sistema filosofico indimostrato, riprende quota, comparato con le assurdità ebraiche e cristiane. Poiché la religione cristiana ha prodotto la ribellione all'ordine costituito, il fanatismo, è nemica del genere umano, si è imposta causando turbamenti di ogni genere (tutti mali, questi, denunciati da Giuliano), Diderot si domanda sorpreso come sia accaduto che le opere di questo dotto imperatore siano giunte sino a noi, vista la cura singolare che i Padri

---

[23] *Ibid.*, p. 84 e pp. 82-83. È un duplice fraintendimento quello di reputare che il platonismo, a causa dell'incompatibilità da esso asserita tra l'essere buoni e l'essere ricchi, abbia qualcosa da spartire col cristianesimo, per il quale è più facile che un cammello passi per una cruna d'ago che un ricco entri nel regno dei cieli, e che l'illuminismo propugni l'uguaglianza economica, per il motivo che di quando in quando chiede l'attenuazione delle enormi differenze di fortune, da esso poste in essere. Gli illuministi talvolta riproducono le argomentazioni anticristiane degli apologisti dell'ellenismo sino nei minimi particolari. Tra le corrispondenze puntuali, ci limitiamo a segnalare quelle tra Porfirio e Voltaire a proposito della cacciata, operata da Gesù, degli spiriti maligni nei corpi di un branco di maiali, e a proposito della storia di Giona, che tanto si presta all'irrisione. Cfr. *Gegen die Christen*, pp. 74-78 e *Delenda Carthago!* e *A.B.C.*, in *Scritti politici di Voltaire*, trad. it. cit., p. 758 e p. 876.

della Chiesa riposero nel sopprimere gli scritti dei loro nemici. Gibbon si augura che siano stati soltanto gli eretici, e non anche i credenti ortodossi, a suscitare le lamentele di Celso, sempre pronto ad affermare che i cristiani alteravano continuamente i loro Vangeli (l'auspicio suona fittizio, giacché Gibbon vede dovunque pie falsificazioni negli scritti neotestamentari). Nelle opere di Giuliano Gibbon addita una complessa opera di confutazione del cristianesimo e una testimonianza imperitura di genialità. Poiché non è sufficiente credere *caldamente*, ma occorre credere anche *chiaramente*, Lessing coltiva il progetto di conoscere l'opera di Porfirio, i cui frammenti sarebbero certamente stati bene accanto a quelli di Reimarus, da lui pubblicati. Questi giudizi (di cui abbiamo dato un piccolo saggio, che si potrebbe accrescere a dismisura) documentano che gli illuministi attribuiscono agli apologisti dell'ellenismo il merito di aver preparato il terreno per la distruzione del cristianesimo, che essi avrebbero rincominciato con nuove energie e condotto sino in fondo, mentre la voce di quei loro precursori, compagni e alleati di lotta, aveva dovuto presto tacere dinanzi alle forze soverchianti della nuova religione.

Detto ciò, occorre soggiungere che l'incontro dell'illuminismo con l'ellenismo ha unicamente carattere negativo, consiste nella comunanza di un nemico, giacché lo spirito dell'illuminismo, attivistico, mondano, volto al progresso, è remotissimo da quello dell'ellenismo, incline alla contemplazione, tutto speculazione e vita filosofica, equilibrio e permanenza nell'identità della vita, sia personale che sociale. Questa radicale differenza di disposizioni si fa sentire nella stessa polemica anticristiana, la quale, nell'ellenismo e nell'illuminismo non adotta sempre e dovunque gli stessi mezzi. Gli antichi oppositori del cristianesimo muovono a questo l'imputazione d'ateismo, e nei primi secoli dell'era cristiana si assiste al rimbalzo di questa accusa dall'una e dall'altra delle due parti combattenti. Secondo Luciano, i cristiani sono degli atei. L'imputazione nell'antichità è corrente; ora, Voltaire può felicitarsi con Luciano per aver detto che, quando un abile prestigiatore diventa cristiano, è certo di far fortuna, ma difficilmente avrebbe potuto rinnovare l'accusa d'ateismo ai seguaci del cristianesimo. L'addebito presuppone l'esistenza della colpa dell'empietà e la strettissima vicinanza, che talvolta diventa identità, tra l'empietà e l'ateismo, che esiste tra gli antichi, ma che non si dà presso i moderni, per i quali non c'è il delitto dell'empietà e un po' alla volta scompare quello dell'ateismo, così che infine si fa valere il diritto di professarsi atei. Quasi non bastasse, gli antichi avversari del cristianesimo, che appartengono al tardo ellenismo, aspirano a restaurare le tradizionali credenze religiose dei Greci e dei Romani, infondendo loro nuova vita mediante la congiunzione con le fedi allora provenienti dall'Oriente; tutte cose che i moderni considerano nient'altro che favole, reputate vere, a causa dell'umana credulità e dell'inclinazione degli uomini a cader vittime della superstizione. Quei medesimi platonici, che imputano ai cristiani di accogliere una fede irrazionale, riconoscono complicate e inverosimili gerarchie di esseri divini, propugnano interpretazioni allegoriche di miti, che per arbitrarietà non la cedono in niente all'allegorismo cristiano (gli illuministi non avrebbero potuto giovarsi in niente, a scopi costruttivi, p. es., di un Sallustio, il quale fantastica intorno agli dei e al mondo), divinizzano lo Stato in maniera analoga a quella in cui il cristianesimo afferma santa la Chiesa, e per il rimanente, tutti imbevuti di misticismo, dispregiano le passioni e, in generale, la terrestrità della vita, di cui l'illuminismo è la celebrazione[24].

---

[24] Per cogliere la distanza esistente tra la *pars destruens* e la *pars construens* del tardo ellenismo in fatto di religione e d'ideali d'esistenza, si possono confrontare i frammenti del *Contra Galilaeos* e i discorsi *Alla Madre degli dei* e *A Helios re* di Giuliano, i primi ispirati a esigenze di razionalità, i secondi espressione di teosofia misterica (Cfr. *Alla Madre degli dei e altri discorsi*, intr. J. Fontaine, testo critico C. Prato, trad. it. e comm. A. Marcone, Milano, 1987). In questi ultimi scritti gli illuministi possono tutt'al più scorgere pregevoli composizioni letterarie.

XII.
IL COMPROMESSO DEL CRISTIANESIMO CON L'ELLENISMO

1. *Il tentativo di conciliazione tra il cristianesimo e l'ellenismo intrapreso dalla Patristica e dalla Scolastica medioevale*

La relazione di dipendenza del cristianesimo dal platonismo è del tutto unilaterale, non essendo accompagnata da nessuna dipendenza inversa del platonismo dal cristianesimo. Dopo che i Padri della Chiesa hanno attinto a piene mani fondamentali elementi della filosofia platonica, ci si meraviglia di questa concordanza tra il platonismo e il cristianesimo, e per rendersene conto e giustificarla dinanzi agli occhi della fede, si crea la leggenda che Platone avrebbe derivato molte sue dottrine dalla Bibbia[1]. Accanto alla leggenda di una dipendenza di Platone dai testi dell'Antico Testamento, facilmente confutabile con l'esame comparato dei dialoghi del filosofo greco e dei libri della sacra scrittura degli Ebrei, se ne inventa un'altra, che è quella della derivazione delle dottrine platoniche dall'illuminazione interiore dello Spirito di Dio, la quale domanda di essere considerata unicamente per concetti. Quali siano queste dottrine platoniche

---

[1] Eusebio dichiara che Platone ha letteralmente copiato Mosè all'inizio del *Timeo*, e adduce a sostegno della sua tesi un pitagorico, ossia un platonico pitagorizzante, Numenio, di cui si avvale anche Schopenhauer per ribadire questa inconsistente pretesa di una dipendenza del platonismo dalla sacra scrittura ebraica, e in seguito anche cristiana. Naturalmente, per Schopenhauer (diversamente che per Numenio, secondo il quale Platone non è altro che un Mosè grecizzante), non l'intero Platone, ma soltanto il Platone «teista» deve dipendere dagli scritti mosaici. In altre parole, Schopenhauer aspira a liberarsi di un elemento – il teismo – inassimilabile dalla sua speculazione. Ma è proprio sulla genuinità di tale teismo platonico che si possono sollevare dubbi: non soltanto, per Platone, si può parlare tanto di Dio che degli dei, come accade per tutti i greci, ma anche (ed è ciò che più conta), il grado di divinità è proporzionale al grado di essere, così che la totalità dell'essere coincide con la totalità del divino. Per il cristianesimo (come già per l'ebraismo), invece, la divinità è interamente concentrata in un unico essere. La verità è che i Greci *non vogliono* essere monoteisti, non che *non sanno* esserlo sino in fondo. Per la posizione di Schopenhauer, cfr. *Die Welt als Wille und Vorstellung*, in *Sämtliche Werke*, ed. cit., Bd. 2, pp. 577-578.

dettate dallo Spirito Santo è presto detto: dovrebbe trattarsi nientemeno che della trinità divina, a causa di certi accenni che si leggono in Platone intorno al Padre e al Figlio, di cui si fa grande conto (è vero che della terza Persona non c'è traccia, ma alla mancanza si supplisce con l'immaginazione). C'è da aggiungere che si riscontrano singolari concordanze tra il platonismo e il cristianesimo intorno al destino ultraterreno dell'anima (si possono leggere nei dialoghi platonici l'inferno, il purgatorio e il paradiso, nonché la resurrezione dei morti), e più ancora vaticinazioni dell'Uomo-Dio (il giusto, dice Platone, sarà colpito da qualche schiaffo ignominioso, flagellato, torturato, legato, infine crocifisso).

Ora, mentre la favola della derivazione esterna, di Platone che copia i libri della Bibbia, non arreca alcun danno al cristianesimo, e anzi, è adatta a smentire la superbia della ragione, che amerebbe bastare a se stessa, e invece ruba di nascosto i tesori della rivelazione, quella della derivazione interna, mettendo in campo l'ispirazione divina, è gravemente lesiva per la verità della religione cristiana, la quale ha bisogno di una rivelazione sua esclusiva, esistente in lei e priva d'esistenza fuori di lei. Mediante un esempio (quello di Platone), che in seguito si sarà costretti a moltiplicare, per le incontestabili corrispondenze che s'incontrano tra l'ebraismo e il cristianesimo, da una parte, e le credenze religiose, le idee cosmologiche, le costumanze morali, in breve, le culture dei più diversi popoli, dall'altra, ci si mette per la strada dell'ammissione di una rivelazione universale, fatta a tutti gli uomini e diversamente presente in ogni luogo e tempo. Questa rivelazione universale è suscettibile di ricevere diverse interpretazioni, di cui una, destinata a diventare quella dominante, è fornita dall'illuminismo della prima ondata, quand'esso discorre di un cristianesimo antico quanto il mondo, non storico, bensì eterno, e nel suo nucleo essenziale, interamente razionale. Andando in questa direzione, si arriva ad un punto in cui la rivelazione si dissolve nella ragione, e il cristianesimo, dopo aver accordato una verità a tutte le religioni monoteiste, attribuisce un'aspirazione alla verità anche al politeismo, ai culti animistici, alla magia, e così di seguito, sino al limite in cui la religione confina con la non-religione. I partiti intermedi sono insoddisfacenti: o la rivelazione è esclusiva del solo cristianesimo, il quale è l'unica religione interamente vera, e tutte le altre religioni sono false (ciò che non importa che esse risultino di errori totali; fors'anche un errore totale è incapace di darsi, e sempre gli errori sono commischiati con le verità; ma richiede che in esse ci siano anche delle falsità, mentre nel cristianesimo c'è soltanto la pura e assoluta verità, non contaminata da nessun errore: questa è la conseguenza a cui conduce la teoria dell'inerrranza biblica, a cui si aggiungono la teoria dell'inerranza della tradizione, del magistero ecclesiastico del papa in fatto di dommi di fede) o la rivelazione si trova dovunque, e nessuna religione può rivendicare il possesso integrale della verità, che unico giustificherebbe il suo proselitismo, facendo dell'adesione ad essa il requisito irrinunciabile della salvezza[2].

---

[2] Sin dall'inizio il rapporto tra il platonismo e il cristianesimo si mostra foriero di sviluppi indesiderabili per il cristianesimo, di cui non sono nemmeno oggi avvertiti quanti seguitano

Il tentativo di dar luogo ad una conciliazione tra il cristianesimo e l'ellenismo è intrapreso sin dall'inizio dai Padri della Chiesa ed è proseguito, in maniera sostanzialmente concorde, anche se con parecchie differenze di svolgimenti particolari, dagli Scolastici, e raggiunge il suo culmine nel Duecento, dopo di che inizia il movimento opposto, che non si è nemmeno ai nostri giorni concluso, di deellenizzazione del cristianesimo (ma anche dopo il Duecento continua la tendenza ad avvicinare il cristianesimo e il platonismo, sin quasi a suggerire, come capita nell'Umanesimo e nel Rinascimento, la loro fondamentale equivalenza). È un errore ritenere che la Scolastica assuma in proposito una posizione diversa dalla Patristica, perché guidata dall'aristotelismo anziché dal platonismo. L'aristotelismo degli Scolastici non contrasta col platonismo dei Padri della Chiesa; gli Scolastici si studiano di accordare Platone con Aristotele, e li accolgono entrambi, quantunque di volta in volta in proporzioni differenti; per di più, a riguardo dell'intuizione generale della vita e del mondo, lo stesso Aristotele è su posizioni analoghe a quelle del maestro, da cui diverge unicamente nella formulazione tecnicamente filosofica delle dottrine.

Non appena il cristianesimo si diffonde, esso accoglie vedute proprie dell'ellenismo, da cui desume anzitutto le armi, forgiate dai filosofi, per combattere quello che si dice il «paganesimo», e insieme con quelle armi accoglie un po' per volta tutto il sapere speculativo e osservativo, matematico e naturale, degli antichi, non possedendo niente di consistente originariamente proprio in questi campi. Quando il cristianesimo nasce, l'ebraismo, che è il suo luogo natale, è da secoli esposto all'influenza dell'ellenismo, e la nuova religione da subito ne risente. Il cristianesimo delle origini si distingue certamente dal cristianesimo tradizionale, perché esso è il cristianesimo della lotta, impegnato in una battaglia per la vita e per la morte col «paganesimo», e quindi esclusivista all'estremo in materia di fede e di culto, scrupolosamente osservante della proprietà dei nomi (le parole sono essenziali nelle religioni), mentre l'altro è il cristianesimo del consolidamento, che, avendo vinto la contesa con quell'antico avversario, mira a rafforzare il proprio edificio dottrinale e istituzionale.

Grazie agli elementi che deriva dall'ellenismo, il cristianesimo acquista una vastità d'orizzonti in precedenza ignota, e guadagna una posizione unica tra tut-

---

a rappresentare Platone quale «il pagano profeta di Cristo». La storiografia, che non si contamina con l'apologetica, ha da parecchio tempo stabilito quale sia l'effettiva relazione, mostrando il platonismo formi una delle due sorgenti del cristianesimo (l'altra è l'ebraismo); come la concordanza tra i miti platonici dell'oltretomba e le dottrine cristiane dell'al di là si spieghi con gli elementi orfici (a cui quei miti di Platone sono ispirati) penetrati a fiotti nel cristianesimo, e più in generale, con l'ovvia similarità delle fedi escatologiche; come Platone non abbia formulato nessuna dottrina trinitaria, ma soltanto foggiato alcune ardite metafore intorno al divino; come il suo uomo giusto, se riceve degli schiaffi, non per questa ragione porge l'altra guancia, ma tutt'al più si trova in condizione di non poter adeguatamente reagire (tra i due comportamenti c'è un abisso insuperabile), e se è legato, torturato, crocifisso, ciò accade perché tale è il destino a cui si espone chiunque voglia annunciare la verità e instaurare la giustizia nel mondo (Platone si rivolge con la memoria a Socrate, non s'indirizza con l'aspettazione a Cristo, che è figura interamente fuori dell'orizzonte mentale suo e dell'intera grecità).

te le religioni, che lo farà considerare un giorno come la religione assoluta, ossia come la religione in cui esiste completamente dispiegato e interamente attuale tutto ciò che comporta il concetto di religione. È in forza dell'innesto di una parte della pianta dell'ellenismo in quella dell'ebraismo, che il cristianesimo si rappresenta Dio come il Santo e insieme come il Buono, come la Volontà che tutto può e come la Ragione che tutto sa; è a causa di quest'innesto, che non c'è sentimento che chi vive, pensa, agisce cristianamente non sia autorizzato ad albergare in sé, dal timore riverente alla speranza fiduciosa, dall'attesa del mondo venturo alla costruzione del mondo presente, al quale, almeno programmaticamente, il cristianesimo non intende sottrarre niente: togliere realtà alle creature, insegna la teologia cristiana, è andar conto la bontà di Dio. La conoscenza speculativa s'innalza dalla considerazione del mondo sino a Dio, di cui fornisce una certa cognizione, limitata ma valida; soltanto a questo punto, dove si esaurisce il potere della ragione umana, giunge all'uomo il dono della rivelazione; analogamente, nel dominio della pratica, la grazia sopravviene non per distruggere, bensì per perfezionare la natura (che in questo caso è termine sinonimo di volontà). Le Somme, le enciclopedie medioevali del sapere e della pietà, hanno un'estensione sconfinata e non c'è elemento di cui non arrechino ragione e non forniscano spiegazione; prima ancora il platonismo cristiano aveva dato, con una precisione ignota al platonismo ellenistico, una rappresentazione completa dell'uomo e del mondo, dalla creazione, raffigurata secondo il racconto del *Genesi*, al giudizio universale e alla sorte finale degli angeli e degli uomini, concepita come comportano i Vangeli quando annunciano la seconda venuta di Cristo nella gloria e il suo regno senza termine.

Mai in precedenza e mai in seguito l'umanità reputa di sapere tanto: i miti di Platone sulla formazione del mondo ad opera del Demiurgo e sulla vita delle anime nell'al di là sono delle allegorie commutabili, già a cagione della loro molteplicità; la narrazione mosaica della creazione del mondo, del peccato originale, della cacciata dal paradiso terrestre, è unica e immodificabile nella sostanza. Ugualmente, la repubblica platonica è un modello di Stato di cui è espressamente riconosciuta l'impossibilità, o l'estrema difficoltà di una piena realizzazione; invece la *civitas Dei* e la *civitas diaboli*, la *civitas caelestis* e la *civitas terrena* di Sant'Agostino, dei teologi e degli storici medioevali, vogliono essere accolte come compiute realtà, di cui nessun elemento può essere messo in dubbio. Le gerarchie angeliche sono descritte nella loro disposizione con un accento di così sincera persuasione, che si reputerebbe che i teologi le abbiano osservate con i loro occhi; nello stesso modo si reputa di essere informati anche intorno ai tormenti infernali dei dannati e alle gioie paradisiache dei beati; non ci si arresta nemmeno di fronte agli ostacoli della resurrezione della carne, della sua compatibilità con la fine del mondo e con una vita futura, che tanto nel bene quanto nel male si vuole eterna. Soltanto quando si è imbarazzati da qualche fatto che ostinatamente resiste ad ogni tentativo di spiegazione, si ammonisce che è da curiosi pretendere di saper tutto adesso e s'invita ad attendere che il lume della gloria arrechi compimento agli imperfetti lumi della ragione e della fede.

Tutto ciò è consentaneo al cristianesimo, il quale non è una manifestazione di semplice religiosità, che è cosa vaga e incerta, ma è una religione determinata, precisa nei suoi articoli di fede, che formula congiungendo concetti greci e nozioni sue peculiari (gli esempi più insigni sono quelli del domma trinitario e del domma cristologico, in cui la categoria aristotelica della sostanza è collegata con il concetto di persona, che a sua volta è unito a quello di natura, e riferito alla figura di Cristo, il quale è un singolo uomo, un individuo inconfondibile con ogni altro; ma anche l'eucarestia, ecc., richiede l'impiego congiunto d'idee greche e di rappresentazioni cristiane). L'edificio che ne risulta è grandioso per la sua vastità, che abbraccia il cielo e la terra e va dall'inizio alla fine dei tempi, ma non è altrettanto solido, giacché, com'è giunto il momento di dimostrare, tra l'ellenismo e il cristianesimo non si può dare una vera sintesi, che è fusione di elementi spontaneamente convergenti in qualcosa di unico, ma soltanto un contemperamento estrinseco e instabile di esigenze tendenzialmente divergenti, ossia quel che si dice un compromesso.

2. *La distinzione della teologia naturale e della teologia rivelata e le sue difficoltà*

A causa della sua congiunzione con l'ellenismo, il cristianesimo è spinto ad accordare l'esistenza di una teologia naturale, che è pura scienza razionale, è la parte più alta della filosofia, a cui esso aggiunge una teologia, che, per il fatto di fondarsi sulla rivelazione, non rinuncia minimamente a rivendicare a sé medesima la natura di scienza, e anzi, si dichiara scienza speculativa, tale che oltrepassa tutte le altre scienze, tanto speculative quanto pratiche. Questa è la posizione di San Tommaso, il quale chiama *sacra doctrina* la teologia che procede dalla rivelazione divina, necessaria sia per la conoscenza di ciò che eccede la comprensione della ragione umana e tuttavia è indispensabile per la salvezza dell'uomo, sia per l'apprensione di ciò che può essere investigato razionalmente intorno a Dio, e che è stato anche in tal modo rinvenuto, ma da alcuni pochi individui e con la mescolanza di molti errori, mentre la salvezza deve essere più estesamente e più certamente disposta. La *sacra doctrina* vuole essere scienza, secondo l'Aquinate, stando al medesimo concetto di scienza di Aristotele, per il quale oggetto della conoscenza è l'universale, giacché delle cose individuali non si dà né definizione né dimostrazione, ma soltanto opinione; quanto alla dimostrazione, essa muove da punti di partenza indimostrabili, ma evidenti d'evidenza intuitiva, quali sono il principio di non contraddizione e i principi peculiari delle diverse scienze, nonché i loro oggetti primari.

La questione è di accertare se la *sacra doctrina* riesca ad essere scienza nel significato testé richiamato, poiché non ci può essere dubbio sulla circostanza che San Tommaso la configuri in codesta maniera, in quanto egli sostiene che la *sacra doctrina* si fonda su principi per sé noti, dai quali avanza dimostrativamente a stabilire il suo rimanente contenuto. Ma non sono i primi principi della *sacra doctrina*, o teologia rivelata, articoli di fede, e perché di fede, non di conoscenza, giacché il medesimo oggetto non può essere insieme conosciuto e creduto? Che si tratti di articoli di fede è prestamente concesso, ma viene soggiunto che sono parimenti principi per sé noti di una scienza superiore, e cioè della scienza di Dio e dei beati. Qui c'è un salto, il quale prova che San Tommaso (e in generale, la teologia medioevale) non si pone nemmeno il problema della *certezza* e come abbia occhi unicamente per il problema della *verità*, quasi che questo potesse proporsi indipendentemente da quello, quasi che la verità non dovesse essere appresa, riconosciuta per tale. Questo rinvio, non diciamo alla scienza di Dio (l'uomo non sarà mai per immedesimarsi compiutamente con Dio), bensì alla scienza dei beati comporta uno scarto nel discorso: come siamo noi informati, qui, all'inizio della *Summa theologiae*, del fatto che ci siano dei beati (alla cui condizione si può sperare un giorno di pervenire)? Finché noi uomini apparteniamo alla condizione terrena, non possiamo pretendere che ci sia immediatamente noto ciò che è proprio della condizione celeste e che presuppone la visione beatifica di Dio, la quale non è per l'intanto la nostra. Si seguita a parlare della certezza, e anzi, della superiore certezza della rivelazione rispetto alla ragione, unicamente per un malinteso, garantendo che, siccome ciò che è oggetto di rivelazione proviene da Dio, che è onnisciente, ha dalla sua una maggiore garanzia di ciò che è stabilito dalla ragione dell'uomo, che è un essere limitato. La questione non è però questa, ma l'altra, di possedere l'evidenza che questo o quello è effettivamente rivelato da Dio, anziché essere accolto per un abbaglio, un inganno, un cedimento alla superstizione.

Quello che Aristotele chiama il primo e il più saldo dei principi, e che si formula in una triplice maniera, ossia dicendo: «è impossibile che qualcosa sia e insieme non sia», «è impossibile insieme affermare e negare», «è impossibile avere insieme opinioni contraddittorie», in conformità del quale si ragiona; i principi peculiari, punti di partenza delle diverse scienze, i loro oggetti primari (p. es., l'unità nell'aritmetica, la grandezza spaziale nella geometria), da cui procedono le dimostrazioni scientifiche; non possono nemmeno remotamente compararsi agli oggetti della rivelazione, allo scopo di conferire alla teologia rivelata l'indole di scienza. Essi sono delle proposizioni universali, o comunque sono dei concetti universali, e per tale loro natura rispondono al requisito della scientificità, com'essa è intesa dallo Stagirita, per il quale *scientia est de universalibus* e, come va da sé, *scientia est de necessariis*. La teologia rivelata non ha che fare con principi, essa verte intorno ad esseri e ad eventi ad essi relativi (fondamentale contenuto della rivelazione cristiana è l'incarnazione, la decisione del Verbo d'incarnarsi, con i fatti della vita di Cristo). Una tale teologia dovrebbe, se mai fosse possibile, dire: *scientia est de singularibus et de contingentibus*, in tutto quel che ci concerne. Noi uomini, in tanto siamo informati della trinità divina, in quanto Dio ha deciso di rivelarcela in vista della nostra salvezza, e questa libera decisione divina immette un elemento d'insuperabile contingenza nella pretesa scienza, che dovrebbe essere, ma è insuscettibile di diventare la teologia rivelata.

Quando deve rispondere alla domanda su che cosa sia la scienza, San Tommaso, attenendosi ad Aristotele, definisce la scienza come conoscenza dimostrativa, ma non c'è niente d'effettivamente dimostrato, nella parte che riguarda la rivelazione della sua *Summa theologiae*, e non avrebbe in alcun modo potuto esserci. San Tommaso non disconosce il riferimento al singolare, contenuto nella *sacra doctrina*, e insuscettibile di trattazione scientifica. Pertanto, egli si obietta che le narrazioni di fatti privano di scientificità la teologia rivelata, ma risponde che si tratta di elementi secondari, addotti in servigio della vita pratica, come capita nelle scienze morali, o anche per indicare l'autorità degli individui da cui è provenuta la rivelazione. I suoi esempi sono le gesta di Abramo, di Isacco, di Giacobbe. Si desidererebbe sapere se anche l'incarnazione, la morte, la resurrezione, l'ascensione al cielo di Cristo stiano nella teologia rivelata come alcunché di accidentale, o se vi abbiano un posto principale, e in quest'ultimo caso, in quale maniera si accordino con il suo aristotelico assunto: *scientia non est singularium*[3].

In conformità di questa impostazione, San Tommaso s'interroga se l'esistenza di Dio sia un articolo di fede o se sia razionalmente dimostrabile, e risponde che non si tratta di un articolo di fede, ma di un oggetto di dimostrazione, e così elabora la dottrina dei *preambula fidei*[4]. A suo dire, la considerazione di quasi tutta la filosofia è ordinata alla conoscenza di Dio, l'amore della filosofia è di per sé lecito e lodevole, gli antichi filosofi, guidati dal lume della ragione naturale, sono pervenuti gradatamente e a passettini alla conoscenza della verità, quantunque abbiano anche errato ed abbiamo accolto concezioni a volte contrastanti. Ci sono molte cose che si possono stabilire dimostrativamente intorno a Dio, anche se ce ne sono molte altre che si accolgono per fede e sono insuscettibili di essere investigate con la ragione naturale.

L'ostacolo insuperabile in cui urta una tale dottrina dei *preambula fidei* e degli *articuli fidei* è che non riesce ad unificare Dio, come oggetto della ragione, con Dio, come oggetto della fede, in maniera tale di essere a cognizione che si tratta di un solo e medesimo Dio. Le prove dell'esistenza di Dio (a prenderle per buone, ciò che qui non deve formare argomento di discussione) mettono capo ad un Dio, che è primo motore immobile, prima causa efficiente, essere assolutamente necessario, causa dell'essere, della bontà e di ogni perfezione di tutti gli altri esseri, fine al quale tutte le cose naturali sono ordinate. La fede propone un Dio, che è potenza divina incarnata, rivelatore, salvatore, tutte considerazioni, queste, di cui non c'è alcuna traccia, nel Dio della ragione naturale, nella stessa maniera in cui non c'è il menomo presentimento, nel Dio della fede soprannaturale, di un motore immobile, di un atto puro, di un pensiero di pensiero. La sacra scrittura, a cui è affidata la rivelazione, è completamente muta a proposito del motore immobile, e di converso, la filosofia greca non ha alcun sentore di un Dio che s'incarna, rivela se stesso, adduce agli uomini la salvezza (quantunque la religione greca e quella romana, al pari di ogni altra religione esistente e possibile, presentino divinità che hanno codesti attributi; essi s'incontrano, infatti, dovunque; ciò che è diverso nelle differenti religioni è il conte-

---

[3] Per tutti questi problemi cfr. *S. th.*, p. I, q. 1, a. 1, 2.
[4] *Ibid.*, q. 2, a. 2.

nuto determinato che posseggono). Come si può stabilire, nel duplice silenzio della riflessione filosofica e della Bibbia, che si ha che fare con un unico e identico Dio, atteso che la speculazione è sempre e soltanto ciò che la parola esprime, ossia umana investigazione razionale, e che la fede è altrettanto ciò che la parola la dichiara, vale a dire accoglimento di quanto non si manifesta (*fides est de non apparentibus*)? Questo duplice silenzio è tale di fatto e di diritto, ed è la prima cosa, perché, per quanto ci si industri con ogni accortezza a ricavare dalla sacra scrittura indicazioni circa le definizioni che la ragione arreca di Dio, si ottengono soltanto interpretazioni sforzate, che mostrano sin da lontano la pervicace volontà degli esegeti di far dire a dei testi ciò che essi non dicono, ed è la seconda cosa, perché la distinzione di quanto è di pertinenza della ragione e di quanto è di competenza della fede non può essere oltrepassata, senza che o la fede si riduca a ragione o la ragione precipiti nella fede[5]. Quanti desiderano gettare un varco sopra la differenza tra il Dio della ragione e il Dio della fede, dovrebbero partire da una considerazione propria dell'uno e pervenire ad una considerazione propria dell'altro: p. es., muovere dal motore immobile e giungere alla potenza divina incarnata, o seguire l'inverso cammino, prendere l'avvio dall'Uomo-Dio e arrivare al *primum movens, quod a nullo movetur*.

C'è un altro inconveniente, a cui si espone l'ammissione di una conoscenza puramente razionale di Dio, ed esso risiede in ciò, che codesta conoscenza è religiosamente neutra, col suo esserci non arreca niente all'uomo, e col suo mancare non gli toglie ugualmente niente di significativo e di valido. Anche quando il cristianesimo stringe una stretta alleanza con l'ellenismo, esso non rinuncia al punto decisivo, ossia che il requisito della salvezza è costituito dalla fede nella trinità di Dio e nell'incarnazione di Cristo, e per di più, esso domanda una fede esplicita in questi suoi dommi, i cui contenuti sono inattingibili dalla ragione, e si debbono alla rivelazione, all'iniziativa di Dio, che ha deciso di comunicarli all'uomo. Non è sufficiente credere esplicitamente all'esistenza o anche alla giustizia di Dio, che sono gli aspetti a cui può pervenire la ragione; si deve credere anche alla trinità e all'incarnazione, giacché senza fede in Dio uno e trino e in Cristo venturo o in Cristo venuto non c'è, per l'uomo, possibilità di salvezza. (Quando in epoca recente il cristianesimo riduce ad un minimo i requisiti della salvezza in materia di fede, è segno inconfondibile della circostanza che esso si appresta a lasciare la scena del mondo, dopo essersi reso da religione determinata, precisa in tutti i suoi contenuti essenziali, vaga e informe religiosità, che

---

[5] Esempio d'interpretazione sforzata della Bibbia è quello che ha condotto all'escogitazione della cosiddetta «metafisica dell'Esodo», la quale risiederebbe intera nell'affermazione di Jahvé: *Ego sum qui sum*. È stato dopo che tra gli Scolastici è invalsa, sotto l'influenza del filosofo persiano Avicenna, la dottrina dell'identità in Dio (e della composizione nelle creature) dell'essenza e dell'esistenza, e cioè la dottrina di Dio come *ipsum esse subsistens*, che è sorta questa pretesa metafisica dell'*Esodo*. In precedenza l'affermazione: *Ego sum qui sum* era stata interpretata in diverse maniere, prevalentemente come un ordine di Dio all'uomo di non presumere di penetrare nell'abisso divino. Chi io sono (direbbe Dio) è affar mio, non riguarda te, uomo, chiunque tu sia, Mosè o un altro individuo del popolo eletto o dei gentili.

s'incontra presso tutti i monoteisti o anche presso tutti gli uomini in genere se non espressamente, almeno in qualche angolo del loro cuore). Ciò che presentemente interessa è però osservare che in questa maniera la pura e semplice conoscenza razionale di Dio è resa religiosamente insignificante, e che i filosofi dell'antichità che la raggiunsero non furono in niente avvantaggiati, nei confronti degli altri uomini, e i popoli tra cui essa in qualche maniera si diffuse, i Greci e i Romani, non ne hanno beneficiato affatto e non si sono portati al di sopra dei popoli che accolgono credenze magiche e coltivano i riti dell'animismo e del feticismo. Eppure, la conoscenza è il requisito primario, sia in fatto di religione che a qualsiasi altro proposito; se non si sa chi Dio è, non è consentito prestargli adorazione; di religiosamente neutro non si può dare alcunché, giacché ciò che fosse davvero neutro, sarebbe il medesimo che esista e che non esista, ma l'esistenza e l'inesistenza non sono circostanze indifferenti.

Quasi non bastasse, l'ammissione di una conoscenza razionale di Dio, prima o accanto e dopo una conoscenza rivelata dell'essere divino, modifica radicalmente la rivelazione, conformandola alle sue esigenze, mentre il suo compito sarebbe soltanto di prepararla e, tutt'al più, di commentarla (anche nella teologia soprannaturale si potrebbe compiere un uso della ragione, senza però sconvolgere, o anche semplicemente intaccare, codesta sua indole soprannaturale). Ciò capita nel riguardo dei due dommi fondamentali, la trinità e l'incarnazione, di cui la ragione non sarebbe entrata da sé sola in possesso, ma di cui è pur autorizzata a discorrere, dopo che Dio graziosamente ha comunicato all'uomo la sua essenza trinitaria e ha inviato sulla terra il suo Figlio per procurare all'umanità l'eterna salvezza. Nei confronti della trinità il compito della ragione è negativo, ossia essa deve stabilire che non vi è racchiusa alcuna contraddizione, che le obiezioni di quanti vorrebbero additare nella trinità una triplicità di sostanze, un triteismo, sono argomenti risolubili, ecc. Nell'assolvere una tale mansione, all'apparenza modesta, capita però immancabilmente che la ragione vada al di là del dovuto, che non rispetti il principio, secondo il quale la conoscenza della trinità supera in generale la comprensione dell'uomo, e faccia diventare del tutto razionale il sapere che in Dio l'essenza coincide con la relazione trinitaria. La ragione, infatti, deve pur pensare la trinità, allo scopo di provare che non vi s'intrude una qualsiasi contraddizione e debellare le riserve di coloro che pretendono che sia contraddittoria, e nel pensarla, la rende possibile, per il motivo che la possibilità di una cosa consiste nella sua pensabilità, ma il possibile coincide con il razionale[6]. L'ellenismo interviene ancora in un'altra maniera nella

---

[6] Qualsiasi spiegazione della trinità, se è davvero tale, termina con la professione del razionalismo, con l'abolizione della fede a vantaggio della ragione. Gli esempi di spiegazioni razionalistiche della trinità sono innumerevoli: i più diffusi dicono che il Padre è l'oggetto, il Figlio il soggetto, e lo Spirito la relazione dell'oggetto e del soggetto che si ha nel pensare (o anche che il Padre è l'essenza, il Figlio la coscienza e lo Spirito il vincolo amoroso che stringe in unità l'essere e il sapere). Leibniz si spinge tanto avanti nella direzione del razionalismo, da trovare singolare che s'incontri una qualche oscurità in fatto di trinità, e che si sollevino obiezioni a riguardo di questa dottrina, di cui non può darsene una più chiara e manifesta. – Quan-

formulazione del domma trinitario, operando questa volta direttamente sul suo contenuto, ossia imponendo di escludere qualsiasi divenire, qualsiasi cangiamento dalla processione delle persone divine, precisamente come fa a proposito dell'incarnazione, la quale, come si è mostrato, non deve comportare alcuna mutazione nel divino[7].

3. *La riduzione del contenuto essenziale del messaggio cristiano ad un insieme di fatti storici*

Gli esiti di questa impostazione sono d'importanza incalcolabile, giacché coinvolgono il cristianesimo nell'intera sua estensione, la sua concezione di Dio non meno che la sua esperienza dell'amore, la sua dottrina dell'eucarestia non meno che il suo avvertimento del naturale e del soprannaturale. Dio non è, come sembrava che avrebbe dovuto essere, tanto carne quanto spirito, egli è soltanto spirito, a cui si aggiunge la carne di un uomo, ad eccezione di quanto avviene per tutti gli altri uomini, i quali restano semplici uomini; Cristo non è il culmine dell'incarnazione, la quale pareva che dovesse avere la medesima estensione della natura, ossia essere universale, ma è egli da solo tutta la realtà incarnata. Poiché Cristo muore, risorge e torna al Padre, e nondimeno si esige giustamente la presenza continua di Dio sulla terra, di cui non si può fare a meno, si pone l'eucarestia come altra dall'incarnazione, che si è resa particolare, e la s'incarica di rendere vere le parole di Cristo: «io sono con voi tutti i giorni, sino alla fine del mondo». Così però si raddoppia quel che è unico: Dio, infatti, per essere onnipresente, deve essere dovunque incarnato; ma, se è così, l'euca-

---

do si osserva che, sul fondamento del concetto di sostanza teorizzato da Aristotele, non è possibile, bensì assurdo, quel che si domanda (ossia: *in Deo relatio est idem quod sua essentia*), si ribatte da taluno che la teologia cristiana non è tenuta ad accogliere la concezione aristotelica della sostanza e che è nel suo diritto avanzarne una nuova, rispondente ai suoi intenti. Certamente è così, si vorrebbe soltanto sapere quand'è che il cristianesimo ha fatto valere tale suo diritto e qual è determinatamente la concezione della sostanza, di cui la sua teologia si avvale.

[7] Riguardo all'incarnazione, la sacra scrittura non esita a dire che il Figlio di Dio è sceso dal cielo e si è fatto uomo. La teologia non può scacciare tali affermazioni, perché sono contenute nel Nuovo Testamento; tuttavia esse le riescono scandalose nella loro violenza, e così le pone sullo sfondo e le sostituisce con l'assunzione, da parte di Dio, della natura di un singolo uomo: non è Dio che è andato verso l'uomo, ma, stando fermo, Dio ha attirato sopra di sé ciò che è proprio di un singolo individuo umano, quello soltanto e non più. Il bisogno, tutto filosofico e greco, di serbare la divinità immune dal divenire, ha spinto la teologia cristiana a riguardare l'incarnazione come una sorta di attrazione: gli Scolastici ripetono di continuo che *assumere* significa *ad se sumere*, prendere su di sé (s'intende, il singolo uomo Gesù, non l'umanità tutta intera, e meno che mai tutte le cose esistenti). «Si doveva impedire che sembrasse che la stessa pura divinità avesse subito un cangiamento, anzi, una metamorfosi – dice Schelling. Ci si doveva rappresentare la cosa, come se non la divinità fosse trapassata nell'umanità, ma come se qualcosa si fosse semplicemente aggiunto alla pura divinità. *Videndum erat*, come si esprime il dotto Petavius, *ne pura divinitas mutata fuisse videretur, sed ad eam simpliciter aliquid accessisse*» (*Philosophie der Offenbarung, Zweiter Teil*, cit., p. 548).

restia si risolve nell'incarnazione. Si soppianta la considerazione cristiana dell'amore come dono, surrogandola con la concezione greca, che fa dell'amore il desiderio di quanto non si possiede, e coerentemente esclude che l'amore sia un Dio, nel modo seguito da Platone, con il quale concorda appieno Aristotele, quando asserisce che Dio *muove come amato*.

Ne viene anche che l'incarnazione è contingente, essendoci stata, ma avendo potuto anche non esserci, che ad incarnarsi è stato il Figlio, ma che avrebbe potuto essere anche un'altra persona divina, che l'incarnazione ha avuto luogo in un uomo, ma che avrebbe potuto compiersi anche in un altro essere, e tuttavia era più conveniente che a incarnarsi fosse il Figlio e la natura umana era più assumibile di qualsiasi altra. La teologia rivelata, che esige di essere scienza, già smentisce questa sua reboante pretesa a proposito della trinità, la quale è di per se stessa necessaria, ma la cui notizia da parte dell'umanità, anche ad ammettere che si dia, è contingente, per il motivo che Dio ce l'ha di fatto comunicata, ma avrebbe potuto anche non fornircela. Molto più gravemente essa vanifica quella sua richiesta nel riguardo dell'incarnazione. Qui siamo in piena contingenza sotto tutti gli aspetti possibili, e la presunta scienza è costretta ad almanaccare penosamente su ciò che è più o meno conveniente, su ciò che è più o meno preferibile, adatto, ecc.

La congiunzione dell'umano e del divino va ridotta a un minimo, e quindi deve riguardare un singolo individuo, perché in questa maniera meno viene turbata l'immobilità divina: tutte le obiezioni, che l'immanentismo e l'umanismo rivolgono al cristianesimo, coinvolgono questo punto capitale. L'illuminismo, che è la forma dominante del moderno umanismo, dirà che il cristianesimo conosce l'incarnazione limitata ad un solo uomo, perché ha a suo fondamento un fatto storico, la vicenda di un individuo, che, postosi in conflitto con l'ebraismo e con la romanità, è stato messo a morte e un po' alla volta divinizzato; tale sarà la tesi prevalente tra gli storici delle origini cristiane. Anziché essere il culmine della presenza di Dio nel mondo, Cristo è un semplice uomo, e il cristianesimo è la religione che si è formata gradualmente attorno al culto di un individuo, che, sventurato nella sua breve vita, ha goduto d'immensa fortuna dopo la morte, giacché si è elevato, nell'immaginazione dei credenti, al di sopra della condizione del Demiurgo platonico, cosa che prima non era mai capitata e non sarebbe mai più capitata dopo, e che accadde allora a cagione di mere contingenze storiche. La fede in un'incarnazione universale avrebbe potuto risultare sensata e giusta, giacché l'occhio umano è capace di scorgere la presenza di Dio in ogni cosa, ma la fede nell'incarnazione in un singolo individuo, di cui pochissimi hanno notizia, e nondimeno questa notizia è fatta condizione di salvezza, appare, come già si è detto, assurda e sommamente ingiusta. L'amore di Dio per l'uomo non toglie, ma implica che Dio ami se stesso, giacché, se Dio è amore, come cristianamente si sostiene, non può non amarsi d'infinito amore, in quanto diversamente non è luce, non trasparenza, bensì oscurità e tenebra. A Dio non può rimanere ignota la sua medesima sostanza, il suo essere amore, giacché il Verbo, che è conoscenza, è Dio, ma l'amore in tanto esiste, in quanto si esplica, e pertanto Dio, conoscendo se stesso, ama se stesso d'infinito amore.

La teologia compie senza esitazione una tale affermazione, ma è da ritenere che lo faccia perché non si rende conto che in tal modo essa torna a reimmettere il divenire in Dio, dopo essersi tanto industriata di mantenervelo lontano. Infatti, poiché la nozione cristiana dell'amore è quella di dono, e il dono incomincia dal conferimento dell'esistenza, che è ciò in cui ogni perfezione si riassume, ed è quindi il dono supremo, ne viene che Dio in tanto ama se stesso, in quanto come Padre genera il Figlio e da lui procede lo Spirito, e questa generazione o è effettivamente un porre in essere, e allora è certamente un dono, ma è anche identicamente un sorgere e un venire all'esistenza, o esclude la produzione e il divenire, e allora annienta anche la sua indole di dono. L'atteggiamento dell'illuminismo della prima ondata, che o non si pronuncia circa la presenza dell'amore nella divinità del puro teismo, o l'ammette, ma soltanto a titolo di un'entità che a noi uomini resta completamente inattingibile, sia che si tratti dell'amore di Dio verso l'uomo, sia, e ancor più, che si tratti dell'amore di Dio per se stesso, si spiega se si tiene conto dell'incertezza del cristianesimo sul tema dell'amore, di cui dichiara bensì che è dono, ma poi è sempre ad un passo dal tornare all'idea greca, per cui l'amore è desiderio. L'argomentazione greca, eminentemente socratica, ma generalmente diffusa nell'ellenismo, per cui l'amore è desiderio, il desiderio è di ciò che non si possiede, Dio possiede tutto, e di conseguenza, l'amore non è un Dio, bensì è un grande demone, è interamente corretta, ma non risponde alla concezione cristiana dell'amore. Preso da esigenze contrastanti e incomponibili, il cristianesimo non salvaguarda né la sua concezione dell'amore come dono, né mantiene immune Dio dal divenire; non fa la prima cosa, perché è capace di esercitare attrazione anche l'oggetto dell'amore inteso grecamente come desiderio, e non fa la seconda, perché siffatta unione di Dio e dell'uomo è pur sempre qualcosa di diverso e di più nei confronti di Dio a sé stante. Cristo, che, sussistendo in natura di Dio, decide di non compiere alcun uso della sua essenza divina, rinuncia alle sue prerogative, per assumere la condizione di uno schiavo, passa dall'avvalersi al non avvalersi di tale divina essenza, e ogni passare è un divenire (anzi, il passare e il divenire sono termini sinonimi). O Dio non ha nemmeno relazione con l'uomo o precipita anch'egli nel mondo del divenire; una terza posizione, che abbia dignità concettuale, e non sia soltanto un artificio retorico, non si dà[8].

Ciò che però è peggio è che, avendo reso particolare l'incarnazione, il cristianesimo ne ha assegnato l'apprendimento alla storia, e così l'ha privata dell'evidenza. Il cristianesimo rende storici gli accadimenti terreni di Cristo, la sua

---

[8] Una vuota escogitazione retorica è la cosiddetta dottrina della *communicatio idiomatum*, la quale accorda il diritto di attribuire in Cristo ciò che è di Dio a ciò che è dell'uomo, e viceversa, per cui si può dire che Dio ha sofferto ed è morto, ma si deve pensare che ha sofferto ed è morto *in quanto* uomo, giacché *in quanto* Dio non poteva né soffrire né morire. La *communicatio idiomatum* disgiunge completamente il linguaggio e il pensiero, giacché l'«in quanto» separa; essa è la retorica più stucchevole e falsa, a cui si è arresa la speculazione teologica, dopo aver tentato invano tutte le strade. Accordare il diritto di parlare in maniera opposta a quella in cui si pensa, è riconoscere il diritto dell'insincerità.

nascita, la sua missione, la sua morte e la sua resurrezione; anzi, la prevalenza dello spirito dell'ellenismo è in questo caso così grande, che ci si domanda sorpresi cosa mai potrebbero essere codesti accadimenti, se essi non fossero fatti storici. Quando si parla di qualcosa di storico, s'intende grecamente discorrere di qualcosa d'effettivamente avvenuto, che ha avuto luogo in passato, ma che, siccome è stato, adesso non è più. I significati in cui si ragiona della «storia» e di quel che è «storico» sono molteplici e differenti tra loro, ma è evidente che, nell'ambito delle questioni che stiamo esaminando, questa è l'unica accezione pertinente dei vocaboli «storia» e «storico». Di tutto quel che è storico non si dà intuizione, perché può essere intuito soltanto ciò che è presente per il tempo e vicino per lo spazio, e gli accadimenti storici, appartenendo al passato, sono irrimediabilmente diventati assenti quanto al tempo e lontani per lo spazio. Può sembrare che questa loro inevitabile distanza si dia per il tempo, ma non per lo spazio, e tuttavia si tratta soltanto di un'apparenza, giacché le regioni della terra si modificano anch'esse e questa loro immancabile trasformazione, che può essere maggiore o minore, ma sempre si produce, le fa diventare ognora diverse, così che anche i luoghi, in cui gli accadimenti del passato si svolsero, non sono più i medesimi posti in cui si verificano i fatti odierni. Parimenti, di tutto quel che è storico non si dà dimostrazione, ed essendo la scienza sapere dimostrato, non si dà scienza, ma unicamente racconto. Questa idea greca della storia ha per l'appunto la sua consacrazione nella massima: *historia est ad narrandum, non ad demonstrandum*. La storiografia si basa su documenti, testimonianze, reperti, del passato, che interpreta; la conoscenza da essa fornita, pur essendo moralmente certa, quando è attestata in maniera fededegna, non possiede l'evidenza, che si ha soltanto nel vedere. Se l'oggetto della sua narrazione lo consente, lo storiografo scrupoloso cercherà di vedere il più possibile con i suoi medesimi occhi gli accadimenti, che però, allorquando li narrerà, saranno ormai diventati invisibili a lui e ad ogni altro uomo; se ciò non gli è concesso, perché deve raccontare accadimenti di un passato ormai discosto o addirittura remoto, procurerà di vagliare attentamente i documenti e le testimonianze su cui si fonda, assicurandosi che i loro autori fossero uomini dotati di un sentire normale, non agitati da passioni, non partigiani, oppure diminuirà di tanto il loro valore, di quanto li ritiene, per ognuno di quei fattori, inattendibili fonti di ricostruzione.

Tale è la concezione ellenistica, greca e romana, della storia; e tale è fondamentalmente anche la concezione illuministica della storia, che, accompagnandosi ad una differente idea della scienza, in parte certamente si modifica, ma non sotto il riguardo che direttamente attiene al nostro argomento. La modificazione si riferisce alla ricerca di leggi storiche, che assegnano costanze agli accadimenti per il loro prodursi, così che i fatti umani sono, in una qualche limitata misura, accostati ai fenomeni naturali, dei quali si danno leggi fisiche. Ma, diversamente da quel che capita per la natura, in cui il comportamento dei fenomeni tutti è determinato nell'intera estensione (l'eventuale distinzione della regolarità stretta e di quella statistica non è qui di alcun interesse, come anche niente preme l'eventuale distinzione dell'ordine del macroscopico e di quello del microscopico, ecc.), per la storia il verificarsi degli accadimenti è deciso soltanto per la loro generalità, per il loro complesso, non riguarda i singoli fatti, che rimangono indecidibili. Nessuna legge storica presume di poter dire che questo o quel fatto, nella sua determinatezza, che lo rende individuale, sarà per accadere in futuro o che è accaduto in passato; nessuna storiografia, per sociologicamente e fisicalisticamente ispirata che sia, ha in animo di abolire l'abissale differenza che passa, p. es., tra la previsione di un'eclisse del sole, che avrà luogo nella tale data, o il calcolo che stabilisce che una simile eclisse si ebbe nel tal anno, mese e giorno, e fu visibile allora in questo o quel luogo della terra, e gli eventi della vita di un uomo, che, se appartiene al futuro, è tale che di essa niente è consentito sapere, e se si colloca nel passato, è tale che di essa si può avere soltanto un sapere documentario.

L'accoglimento, da parte del cristianesimo, della considerazione ellenistica degli accadimenti della vita di Cristo, che sono il contenuto essenziale del messaggio cristiano, come un insieme di fatti storici, importa la resa preventiva del cristianesimo all'illuminismo, per il motivo che toglie l'evidenza, che si può legittimamente domandare, allorché si tratta della salvezza eterna o della perdizione eterna, le quali avranno luogo nell'al di là, ma si decidono su questa terra, accettando o rifiutando Cristo redentore. In Cristo si vede, si sente, si ode, e proprio con gli occhi, con gli orecchi, con gli organi di senso del corpo, la divinità, poiché Cristo è il Dio presente: «Chi vede me, vede anche il Padre», dice in proposito il testo evangelico capitale. Senonché questa visione, questa intuizione, che ci fu per i contemporanei di Cristo viventi in certi luoghi della Palestina, per quanti sono venuti in epoche successive, e per noi oggi, non c'è più, e pertanto sorge il problema di stabilire come si possa essere certi della verità delle narrazioni evangeliche di questi fatti storici.

Per lungo tempo il problema viene quasi completamente ignorato, nella tarda antichità e nel medioevo si accolgono immediatamente le testimonianze, l'autorità della Chiesa che le interpreta, i miracoli e le profezie che le convalidano, in breve, si hanno occhi soltanto per il cristianesimo, le altre religioni appaiono così lontane, che di esse a stento si pronuncia una qualche parola, quando non si vilipendono e non si maledicono, privandole in partenza d'ogni attendibilità. In seguito si sarà costretti a riconoscere che tutte o quasi tutte le religioni hanno i loro miracoli, che Apollonio di Tiana è un taumaturgo, che anche l'imperatore Vespasiano ha compiuto i suoi miracoli, attestati da Tacito e da Svetonio, che le profezie sono dovunque diffuse, ma oscure e incerte, massimamente controvertibili, che il ricorrere all'autorità della Chiesa, quando si tratta dell'interpretazione della sacra scrittura, contiene un palese circolo vizioso, di cui è strano che non ci si sia avveduti, giacché l'autorità della Chiesa, che deve stabilire quale sia la giusta interpretazione della Bibbia, si fonda a sua volta sulla Bibbia, di cui presuppone che dica questo, anziché quello; tutte queste rudimentali e informi certificazioni della verità dell'incarnazione e della rivelazione cristiana si mostreranno completamente inattendibili[9].

---

[9] Rousseau si è accorto di questo circolo vizioso: «*Nos Catholiques font grand bruit de*

4. *L'incerta posizione della fede, collocata tra la scienza e l'opinione*

Il cristianesimo tradizionale è travolto, non appena esso è costretto a porsi, oltre il problema della verità, quello della certezza, perché ha conferito una fallace impostazione alla fede, che avrebbe dovuto identificare con l'intuizione, non generalmente presa, ma allorché essa ha per contenuto la dominazione. La potenza divina dominante – esso avrebbe dovuto affermare – è permanentemente vista, sentita, udita, ecc., oltre che dell'anima, essa è oggetto dei sensi per noi, come per i contemporanei e i conterranei di Cristo, per la ragione che l'incarnazione è universale, ma esso non ha eseguito una tale asserzione, perché ha ridotto a un minimo la presenza di Dio nel mondo, rendendo esclusiva l'incarnazione di Dio nell'uomo Gesù, anziché considerarla uno dei suoi culmini, e per di più, ha riguardato come fatti storici transitori, eventi irripetibili, la nascita, la passione, la morte, la resurrezione di Cristo. Il cristianesimo ammette, quasi fosse un'ovvietà indegna di essere oggetto di discussione, che, per accertare i fatti decisivi, su cui esso si fonda, l'unico procedimento a cui rimettersi è simile a quello in uso nei tribunali, i quali, allorché debbono accertare il materiale attinente ai processi, procedono al vaglio dei documenti, all'escussione dei testimoni, al dibattimento delle parti, dopo di che vengono emanate le sentenze. Questa strada è impercorribile, e il cristianesimo, che accetta di mettersi su di essa, accoglie l'impostazione del problema tipica dell'illuminismo, dal quale si è lasciato invadere, votandosi ad un'immancabile sconfitta[10].

Nelle faccende ordinarie della vita ci si può, e anzi, ci si deve rimettere a un simile procedimento; quando è questione dei grandi problemi scientifici e filosofici, essi non appartengono al passato più di quelli che siano propri del futuro, quantunque quelli che si chiamano i loro autori possano essere vissuti parecchi secoli fa, giacché il loro significato è del tutto ideale; allorché si è dinanzi alla salvezza e alla perdizione, al destino eterno dell'anima, si deve chiedere la pre-

l'autorité de l'Eglise, mais que gagnent-ils à cela, s'il leur faut un aussi grand appareil de preuves pour établir cette autorité qu'aux autres sectes pur établir directement leur doctrine? L'Eglise décide que l'Eglise a droit de décider. Ne voila-t-il pas une autorité bien prouvée?». (*Emile, livre IV*, in *Oeuvres complètes*, ed. cit., tomo IV, p. 620). La sostanziale appartenenza di Rousseau al romanticismo non toglie niente al fatto che la sua *Profession de foi du Vicaire Savoyard* sia uno dei massimi documenti della polemica contro l'autointerpretazione del cristianesimo, sia cattolico che protestante, e che per tale venga accolta tanto in ambienti illuministici quanto in circoli romantici. Certamente, mentre l'illuminismo è umanistico, il romanticismo addita una meta ultraumana e rifiuta in varie forme l'«umano troppo umano», e cioè si professa immanentistico. (Se l'umanismo e l'immanentismo fossero due sinonimi, s'imporrebbe la scelta terminologica tra l'uno e l'altro vocabolo, ma non sono dei sinonimi). Ciò non toglie che né per l'illuminismo, né per il romanticismo, il cristianesimo si può interpretare come si era fatto per secoli.

[10] Hegel formula la penetrazione dell'illuminismo nel cristianesimo come una specie di contagio. Se la fede si rimette alle testimonianze storiche per convalidare il suo contenuto, essa mostra di essersi lasciata contaminare dall'illuminismo. Le singole testimonianze storiche – dice Hegel – sono ancora meno certe delle «notizie dei giornali su di un avvenimento qualsiasi» (*Die Phänomenologie des Geistes*, cit., pp. 300-301).

senza, proprio come fa la fede, sin quando è genuina.

Il cristianesimo vivente è fondato su di un diverso sentimento dell'accadere, per cui la coscienza credente ha sempre prossimi nel tempo e nello spazio gli oggetti della fede, essa è contemporanea degli avvenimenti decisivi della salvezza. Noi non stiamo conferendo alla coscienza religiosa il potere di oltrepassare la distanza dei secoli e dei millenni, la lontananza delle centinaia dei chilometri e delle leghe, già perché il tempo che si calcola in secoli e in millenni è quello uniforme dell'orologio e del calendario, e lo spazio che si misura in chilometri e in leghe è quello omogeneo, adatto ad essere rappresentato nelle carte geografiche. Il tempo e lo spazio della vita sono altra cosa, posseggono una variabile intensità, si addensano e si stemperano a seconda dell'importanza e dell'interesse che la coscienza conferisce agli accadimenti che in essi hanno luogo. Gli accadimenti della salvezza non si producono per poi svanire definitivamente, essi possono sostare, e quand'anche siano fluiti via, possono tornare, ed è noto che essi tornano in quelle che si chiamano le *visioni mistiche dell'anima*. Senonché il cristianesimo che è sceso a compromesso con l'ellenismo reputa eccezionali e personali codeste visioni, e le contrappone alla rivelazione pubblica e collettiva, alla quale soltanto attribuisce autorità per la fede. Senza il compromesso, codeste visioni non avrebbero recato il sospetto appellativo di «mistiche», sarebbero state la regola e non l'eccezione, e non si sarebbero distinte in niente dalla rivelazione, che se è davvero tale, deve aver luogo anche e primieramente nell'anima, e non rinserrarsi nelle pagine dei libri. Il tempo sarebbe anche in tal caso passato, quantunque con minor rapidità, lo spazio si sarebbe modificato, sebbene con minore ampiezza, giacché si tratta di avvertimenti ineliminabili; ma ciò non avrebbe formato alcun serio ostacolo per la fede, per il motivo che l'incarnazione, anziché essere resa particolare, sarebbe stata posta universale, e con essa sarebbe stata identificata l'eucarestia. Così la coscienza credente avrebbe potuto dichiarare ogni giorno che è oggi che Dio nasce, rivela, s'incarna, arreca la salvezza.

Ciò non è accaduto, la rivelazione è stata rinchiusa in dei documenti, ci si è rimessi a delle testimonianze, e per avvalorare gli individui che testimoniano, non si è saputa trovare altra escogitazione che quella di sostenere che si tratta di testimoni fededegni, giacché non hanno potuto ingannarsi e non hanno voluto ingannare, non hanno potuto la prima cosa, perché sono stati prossimi agli avvenimenti, non hanno voluto la seconda, perché hanno pagato con la vita la testimonianza da essi resa. Tutto ciò dimostra il più completo disconoscimento della maniera in cui è costituito l'umano sentire. Oltre la coscienza vigile e sveglia, caratteristica della maggior parte della vita dell'uomo moderno, per la quale gli oggetti hanno netti limiti distintivi, posseggono fogge stabili e permanenti, c'è la coscienza torpida e sognante, tipica quasi per l'intero della vita dell'uomo primitivo, per la quale gli oggetti sono vaghi, sfuggenti, incerti nei loro confini, pronti a trapassare gli uni negli altri pressoché senza posa. Il popolo ebreo del tempo di Gesù mostra ancora tracce persistenti della maniera tipica di sentire dei primitivi, esso vede, sente, ode, diversamente dai moderni, e in questo non s'inganna, più di quel che i moderni colgano veracemente le cose; piuttosto sono le cose medesime ad essere nei due casi differentemente configurate. Gli storici illuministi delle origini del cristianesimo, dopo che sono sorte le discipline psicologiche d'orientamento empirico, trarranno grande profitto da questa indicazione, per togliere consistenza e valore alle testimonianze su Gesù; in particolare, essi sosterranno che i suoi discepoli, angosciati dalla sua morte, si rifiutarono di ritenerla vera, e abituati da sempre ad ammettere la sopravvivenza dei morti, spontaneamente si raffigurarono il loro maestro risuscitato, ciò che fu una sorta di grande sogno ad occhi aperti, un comportamento allucinatorio. D'altra parte, il Gesù risorto, che appare e scompare all'improvviso, che si presenta venendo a porte chiuse, sembra confortare questa interpretazione dell'accadimento decisivo del cristianesimo, che pone alla sua base un'allucinazione collettiva. Del resto, anche l'uomo moderno, pur tanto prosaico, scorge assai poco degli oggetti, alla cui apprensione si commischiano immancabilmente la convinzione e il desiderio inconsapevole che le cose stiano in un certo modo, anziché in uno diverso.

Il dilemma per cui il testimone o dice la verità o mente, è semplicistico, ignora le complicazioni a cui è sottoposta la costituzione degli oggetti per la coscienza, non è al corrente della varietà delle disposizioni della sensibilità, varietà tanto estesa da essere infinita. Ancora minore fiducia è da accordare alla certificazione della testimonianza data mediante la morte del testimone, giacché tutte le fedi hanno i loro martiri, non soltanto le fedi del soprannaturale e della trascendenza, ma anche quelle dell'umanismo e dell'immanenza hanno i loro eroi, senza contare che all'atteggiamento nobile di quanti danno la vita per tenere ferma la propria credenza, può accompagnarsi il contegno ignobile di coloro che sono presi dalla fascinazione della morte, cercano il martirio per il martirio, o sono comunque animati dal fanatismo; due comportamenti, questi, che all'occhio dell'osservatore esterno risultano il più delle volte indistinguibili[11].

---

[11] È difficilmente comprensibile come un grande spirito come Pascal abbia potuto affermare di credere soltanto alle storie, i cui testimoni sono pronti a farsi sgozzare (Cfr. *Pensées*, 397, p. 1192). Facendo a codesto modo, avrebbe dovuto credere a innumerevoli storie, contrariamente alla sua intenzione di prestar fede unicamente al cristianesimo. Del resto, non è storicamente accertato che i testimoni delle origini cristiane abbiano subito il martirio. Gli storici moderni non dovranno darsi molto da fare per stabilire questo punto e, più in generale, per provare che il numero dei martiri è stato enormemente aumentato dalla Chiesa cristiana nella sua ricerca di un'aureola di santità. In maniera assennata Voltaire obietta a Pascal che anche i fanatici muoiono per avvalere le loro deposizioni e che è difficile accertare se i testimoni del cristianesimo siano davvero morti per un tale scopo (Cfr. *Lettere inglesi*, trad. it. M. Misul, Torino, 1958, p. 167).

Soltanto la concezione della fede come intuizione esonera dal mettere sul terreno argomenti apologetici poco validi, che possono essere agevolmente ribattuti. (Se alle obiezioni si replica, si può ancora controreplicare, e questo seguito di repliche e controrepliche è una pessima introduzione alla virtù di religione, che è entusiasmo e fuoco). Che la fede sia intuizione non produce difficoltà di sorta; quelle che si avanzano sono, infatti, piuttosto dei fraintendimenti. Passiamole comunque in rassegna:

1) una difficoltà osserva che, se la fede fosse intuizione, tutti coloro che videro e ascoltarono Gesù, avrebbero creduto in lui, e invece alcuni di loro credettero e altri non credettero. – L'intuizione, di cui si discorre, deve essere insieme interiore ed esteriore, aver luogo con la di-

La teologia cristiana ha classificato ciò che concerne la fede sotto vari titoli, distinguendo la fede in quanto all'oggetto, in quanto all'atto e in quanto all'abito, e anche in parecchi altri riguardi, di minore importanza, ma a nessuno di questi propositi ha raggiunto una soluzione accettabile. Finora ci siamo occupati della fede per il suo oggetto, che è Dio; passando adesso a considerare la fede come atto (ciò che è sufficiente al nostro proposito), è da dire che la teologia rimane a lungo incerta tra la concezione che fa del credere un preliminare del sapere, un suo gradino iniziale e un suo vestibolo, e la concezione opposta, per

sposizione dell'anima e simultaneamente con gli occhi e con gli orecchi; altrimenti non si dà. Quanti videro e non credettero, videro soltanto con gli occhi corporali, ciò che non basta. Unicamente chi è *verbo conformis* è tale che *audit verbum*; gli altri sono sordi dell'anima e per essi non c'è parola che valga. Del pari: *Non intratur in veritatem nisi per caritatem*;

2) un'altra difficoltà sostiene che l'uomo sulla terra è in una condizione di oscurità, e che pertanto per lui la fede non può essere intuizione, quale sarà soltanto in cielo, allorché la situazione d'oscurità sarà sostituita dallo stato della chiarezza, che, sopravvenendo, espungerà la fede. – Qui c'è, anzitutto, un fraintendimento e un equivoco intorno ai significati dell'oscurità e della chiarezza in materia di religione. L'oscurità non è altro che il riflesso che, nell'avvertimento della dipendenza, il lato dell'asservimento getta sopra il lato della dominazione, tanto è vero che quello si chiama anche il lato dell'ombra, e questo il lato della realtà. Al di fuori di siffatto riflesso, Dio è compiuta chiarezza; in altre parole, Dio è tutto. C'è da aggiungere che tanto l'oscurità che la chiarezza hanno dei gradi, e che niente vieta che ci sia un'intuizione oscura, la quale poi diventa un'intuizione chiara, pur rimanendo ugualmente fede. Non è quindi vero che *fides evacuatur, visione veniente*. Che questa pretesa sia molto antica prova quanto poco il cristianesimo si mantenga incontaminato;

3) un'altra difficoltà ancora asserisce che, se la fede è intuizione, non c'è merito nel credere. – Questa è la schietta verità, giacché il merito deve essere posto in quelle che cristianamente si chiamano le «opere». (Resta unicamente da stabilire quale sia la relazione della fede e delle opere, se di unilaterale condizionamento della prima sulle seconde, se di inverso condizionamento, se di reciproco condizionamento; ma è questione non pertinente all'argomento in esame);

4) un'ultima difficoltà dichiara che il cristianesimo, se avesse considerato la fede come intuizione, non avrebbe potuto accordare alcun posto alla ragione. – Certamente, il cristianesimo non avrebbe potuto sostenere che la fede presuppone la ragione, che il soprannaturale presuppone il naturale, che non c'è il credere se non c'è innanzi il conoscere, per il motivo che l'intuizione è già conoscenza e, avendo gli occhi propri, non ha bisogno degli occhi altrui. Comportandosi così, non avrebbe fatto del Dio della ragione naturale l'avviamento al Dio della sacra scrittura, ossia avrebbe evitato il suo massimo traviamento. Non per questo, sarebbe stato obbligato a contestare la validità della ragione nell'ambito suo proprio, ma (come già si è osservato) le avrebbe affidato il compito di apprestare le cognizioni indispensabili per menare la vita sulla terra. Presso il popolo ebreo, come si può ricostruire sulla base del Vecchio Testamento, si riscontra bensì che anche le operazioni della vita ordinaria, come quelle del mangiare, dell'abitare, del provvedere al sostentamento mediante l'agricoltura e la pastorizia, in una parola, tutto quanto attiene all'*usum vitae*, è regolato da prescrizioni religiose, si compie attenendosi a riti minuziosissimi, e nondimeno si travede che, al di sotto di tutti questi dettami e di tutte queste operazioni rituali, rimane una qualche sfera per la schietta attività umana. Il seminare e il mietere le messi, il condurre al pascolo e l'abbeverare gli animali, ecc., comportano un fare che, per aver successo, deve eseguirsi in una certa maniera, e non in un'altra. Ebbene, si sarebbe dovuto sostenere che la ragione arreca il sapere che regola un tale agire, e che non è di alcun impiego allorché è questione della giustificazione dinanzi a Dio e della salvezza, tutte cose, queste, di sola e autosufficiente fede.

cui il credere è un avviamento al sapere, la fede è un'introduzione alla scienza. Le celebri formule del *credo ut intelligam* e dell'*intelligo ut credam* rispondono a queste due diverse prospettive, che invano ci si studia di armonizzare, cercando di collocarle nella relazione di reciproca implicazione, in cui, invece, non possono stare. Infatti, perché si avesse codesta relazione, occorrerebbe che l'oggetto della fede, da cui si muove, per intendere, fosse diverso da quello, da cui si parte, per credere, in quanto, se è il medesimo, il credere e l'intendere s'identificano, ma la fede ha un unico oggetto, che si riassume nella parola «Dio» (tant'è vero che si ripete continuamente: *fides est de Deo*).

La posizione che riguarda la fede come un antecedente del sapere, come qualcosa di provvisorio, destinato, almeno in linea di principio, ad essere sostituito dall'intelligenza del divino, è accompagnata dalla considerazione che l'umanità è composta di pochi spiriti eletti e di una moltitudine di uomini semplici, per i quali la fede è destinata a rimanere una condizione insuperabile, definitiva. Soltanto i *pauci sapientes* possono pervenire alla conoscenza di Dio; la *multitudo imperitorum*, i *rudes*, gli *stulti*, debbono accontentarsi per sempre della credenza, e tra i requisiti della sapienza si pongono le doti naturali, la potenza dell'ingegno, le qualità morali, la libertà dalle passioni, l'età matura (nell'infanzia e nella giovinezza l'uomo è così legato ai sensi da essere incapace di cogliere il divino), ossia s'introducono alla rinfusa nozioni biologiche, psicologiche, morali, concetti speculativi e osservazioni empiriche, quasi avessero tutti lo stesso significato e lo stesso valore. La differenziazione dell'uomo d'ingegno e dell'individuo comune non ha alcuna importanza, allorché si tratta di stabilire quale sia la relazione tra il credere e il sapere, poiché la fede è qualcosa di più e di diverso da una disciplina, come quelle che si apprendono nelle scuole, in cui emergono le qualità intellettuali, e gli alunni dotati si affermano, mentre gli altri restano ignoranti: la religione è un'attività, la quale può esplicarsi in un'unica maniera, la stessa per tutti.

La difficoltà, finché si resta nell'atteggiamento della fede e non si raggiunge la scienza, è quella di distinguere il credere dall'opinare, che dovrebbero essere suscettibili sempre e dovunque, e quindi anche per la massa ignorante, di venire differenziati[12]. Occorre, innanzi tutto, sceverare il credere dall'opinare, e il criterio distintivo dovrebbe essere fornito da ciò, che il credere è accompagnato dalla consapevolezza che non si sa quanto si crede, mentre l'opinare va di pari passo con la persuasione di sapere quanto non si sa. Ma chi crede, deve o no sapere i motivi del suo credere? Che ci debbano essere motivi, e quindi ragioni, per cui si crede, si reputa chiaro, giacché si sostiene che è una colpa il credere troppo facilmente. Se le ragioni del credere sono sapute, la fede scompare, e si ha sin dall'inizio la scienza; se, invece, restano ignote o sono soltanto presuntivamente note, il credere è agguagliato all'opinare. Una diversa, ma non meno grave, difficoltà si presenta a proposito della scienza, in cui bisogna pur distin-

---

[12] «*Tria sunt item* – dice Sant'Agostino – *velut finitima sibimet in animis hominum distinctione dignissima: intelligere, credere, opinari*» (*De utilitate credendi*, 11, 25).

guere la scienza che si ha di Dio da quella che si possiede di qualunque altro oggetto, e una tale distinzione, che deve poggiare sui contenuti, non si ottiene finché si rimane fermi alla generica considerazione del credere e del sapere. I tre atteggiamenti non sono adeguatamente differenziati, e il credere oscilla in perpetuo tra il sapere e l'opinare, ed è costitutivamente privo della piena certezza, così che qualche dubbio s'insinua sempre in esso[13].

Se le ragioni del credere sono dimostrative, aboliscono la fede e instaurano la scienza; di conseguenza, poiché si desidera che la fede seguiti a distinguersi dalla scienza e nondimeno che non sia immotivata, si sceglie il partito intermedio, più accomodante, ma anche più malfermo, di ammettere l'esistenza di ragioni, che non sono vere e proprie prove, ma soltanto indizi e segni della verità della fede. Quel che si ha in animo di mettere in campo è, per dirla con San Tommaso, un *sufficiens motivum ad probandam fidem*, quale si reputa essere il miracolo, e si adduce, inoltre, l'autorità della dottrina divina. Ciò è insieme troppo e troppo poco. È troppo poco, perché l'argomento basato sull'autorità viene di solito definito debolissimo. A questa obiezione, che ci si pone, si replica che in questo caso non si tratta dell'autorità umana, la quale poco vale, ma dell'autorità divina, la quale è fortissima (questa risposta conferma ulteriormente che la teologia medioevale conosce il problema della verità, ma non quello della certezza. Ciò che occorrerebbe, sarebbe di rendere palese come si possa essere al corrente del fatto che qualcosa, il contenuto determinato, che si propone da credere, viene effettivamente da Dio, e non è un prodotto ingannevole dell'immaginazione umana, un'illusione dell'uomo, che *fingit creditque*. Si può qui dare per ammesso che soltanto degli esseri deboli mentono e ingannano, e che Dio, che è l'essere sommamente perfetto, non fa nessuna di codeste due cose; con questo non si è guadagnato niente, perché non è su ciò che si desidera essere informati, bensì sulla circostanza che l'oggetto determinato del credere proviene realmente da Dio. Ad analoga riserva è sottoposto il miracolo, che può essere artificio umano, prodigio diabolico, così che niente garantisce la sua origine divina). Ed è troppo, perché la fede, essendo una virtù soprannaturale, è operata dalla grazia, la quale di tanto si estende, di quanto retrocede la natura, ossia la ragione.

Se la grazia fosse lasciata essere la protagonista, essa arrecherebbe insieme il potere e il fatto del credere, garantendo nel miglior modo l'oggettività del contenuto della fede, ma importerebbe anche una manifestazione di Dio all'uo-

---

[13] Sembra che a tratti Sant'Agostino intrinsechi la conoscenza e la fede, col sostenere: *intelligens omnis etiam credit*. Per lui, c'è un genere d'uomini felici che crede nella verità, ciò che pare comportare l'autosufficienza della fede: *invenimus primum beatorum genus ipsae veritati credere*. In questi casi Sant'Agostino si rende conto che le qualità naturali non hanno niente per cui interferire col sapere religioso, e che si debbono chiamare sapienti non gli uomini di grande ingegno, ma quanti posseggano una salda e incrollabile cognizione (*firmissime percepta cognitio*) dell'uomo e di Dio (*Ibid.*, 11, 25-12, 27). Sant'Agostino dibatté il problema del rapporto tra fede e sapere anche da parecchie altre parti, come nel *De vera religione* e nel *De fide rerum quae non videntur*, senza arrivare a una soluzione chiara e nettamente definita.

mo, al quale si darebbe a vedere. La fede sarebbe intuizione, ma, poiché tale non deve essere, si fa agire un po' la grazia e un po' la ragione, aggrovigliando la questione sino a renderla inestricabile. Un *lumen fidei* viene comunemente ammesso, ma si tratta di un lume che non illumina l'oggetto, bensì lo lascia nelle tenebre, è una sorta d'istinto, d'inclinazione, d'invito, che Dio fa all'uomo, uno soltanto tra i molteplici fattori, a cui si attribuisce il credere. Di qui sorgono innumerevoli complicazioni, per cui si protesta di credere e si chiede a tutti di aver fede, ma si soggiunge che non si crederebbe se non si sapesse di dover credere, per cui si arrecano dimostrazioni e insieme si riconosce che è impossibile che qualcosa sia insieme dimostrato e creduto; per cui si forniscono prove razionali, ma nel contempo si concede che non giungono sino in fondo. Di qui deriva la *crux theologorum*, che è il problema di stabilire la parte che hanno l'intelletto, la volontà, l'affetto, nell'atto di fede, problema d'impossibile soluzione, perché non si riesce ad accertare come codesti molteplici fattori possano operare insieme e produrre codesto atto. Di qui proviene, infine, l'ammissione che la fede, nel senso in cui compare nel cristianesimo, non è qualcosa di unico, ma si suddivide in specie, di cui una, variamente detta *fides acquisita, suasa, informis*, è introdotta dagli argomenti, e l'altra, chiamata per lo più *fides gratuita*, e anche *salutaris* (perché essa sola arreca la salvezza), è prodotta immediatamente da Dio; tutte dottrine, queste, quanto mai disconvenienti, perché siffatte specie di fedi, così sceverate, non possono ricomporsi in unità, ma rimangono semplicemente giustapposte, contraddicendo così la coscienza credente, la quale tiene all'unicità di sé medesima come alla cosa più preziosa.

In tutte queste discussioni la teologia si è perduta, incoraggiando quella sorta di argomentare pro e contro, di cui aveva fornito ampi e cospicui esempi l'ellenismo, soprattutto con la filosofia dei Sofisti, quella degli Accademici e degli Scettici, che sarà una delle armi più potenti con cui l'illuminismo intraprenderà l'opera di distruzione del cristianesimo tradizionale. La religione vuole la semplicità, la linearità, la schiettezza, è incompatibile con l'andare in su e in giù dei ragionamenti, con l'affermare, il negare, il distinguere e il suddividere, non vuol saperne del *disserere in utramquem partem*, della abilità dialettica del dire e del contraddire. In proposito esiste un'innegabile continuità tra l'armamentario logico e discorsivo dei teologi cristiani e quello dei filosofi illuministi; prova, questa, di palmare evidenza del fatto che il cristianesimo, congiungendosi sincretisticamente con l'ellenismo, aveva lavorato contro i suoi interessi.

5. *Il culmine rinascimentale del sincretismo ellenistico-cristiano*

Un tale sincretismo, sebbene incominci ad operare sin quasi dal momento della nascita del cristianesimo e abbia alcuni dei suoi maggiori edifici dottrinali nella teologia medioevale, ha, come si è accennato, il suo culmine nell'Umanesimo e nel Rinascimento. Nella teologia medioevale, se non la sostanza, almeno l'apparenza è, per il momento, salva; e l'ancora della salvezza è costituita dall'assunto che la filosofia è l'ancella della teologia, che la ragione ha una posizione subordinata nei confronti della fede, che il naturale è ordinato in vista del soprannaturale, in cui ha il suo perfezionamento. Nell'Umanesimo e nel Rinascimento questa tesi viene di fatto abbandonata, e la filosofia e la religione sono poste su di un piano di sostanziale parità, riguardate quali vie parallele che l'umanità può nello stesso modo percorrere, com'è possibile perché tra di esse c'è poca differenza.

Il pensatore, che meglio esprime questo mutato atteggiamento mentale, è Marsilio Ficino, nel quale si scorge, se non la completa eliminazione, per lo meno l'attenuazione della tradizionale distinzione tra la filosofia e la religione. A volte sembra che Ficino voglia immedesimare senza residui filosofia e religione; a volte si direbbe che intenda mantenerle distinte, pur apparentandole così strettamente che più non si potrebbe; è difficile trovare in lui enunciazioni rigorose e formulazioni definitive di concetti[14]. Ciò che, invece, si coglie con estrema chiarezza è la tendenza di Ficino a far valere la piena naturalità della religione. Naturale è ciò che appartiene all'essenza, e dell'essenza dell'uomo è proprio l'appetito del divino, così che il culto di Dio è tanto consentaneo agli uomini, come lo è ai cavalli il nitrito e ai cani il latrato. L'uomo appetisce Dio, perché Dio gli si mostra come il primo vero e il sommo bene, e l'anima è spontaneamente tratta verso la verità e la bontà nella pienezza della loro esistenza. In maniera martellante Ficino ripete che questo sforzo dell'anima d'elevarsi a Dio e d'indiarsi ha luogo *naturaliter*; che tutte le cose desiderano, ciascuna a suo modo, di diventare simili a Dio; i corpi privi di vita, sotto il semplice rispetto dell'essere; i viventi, sotto il riguardo della vita; i senzienti per il proposito del senso; l'uomo, che è soprattutto intelligenza e volontà, per il tramite della visione intellettuale e dell'appetito razionale. Talvolta Ficino discorre di *intellectus*, talaltra di *mens*, di *caput mentis*, di *ratio*, senza che il significato del suo dire muti apprezzabilmente. Per realizzare la sua natura, l'uomo non ha altra strada che quella di protendersi verso Dio, perché quel che è derivato non può esistere che a condizione di aspirare all'originario, da cui è provenuto e a

---

[14] In direzione dell'identificazione completa va l'asserzione che, essendo la filosofia l'amore e il desiderio della verità e della sapienza, e il solo Dio essendo verità e sapienza, ne segue che «*neque legitima philosophia quicquam aliud sit quam vera religio neque aliud legitima religio quam vera philosophia*» (*Opera omnia*, riproduzione in fototipia dell'edizione di Basilea del 1576, a cura di M. Sancipriano, present. P.O. Kristeller, Torino, 1959, vol. I, 2, p. 668).
La genuina filosofia è quella di Platone, più ampiamente è tutta la filosofia degli antichi, dai primordi a Ermete Trismegisto, ed è religione dotta. Com'è ovvio, la vera religione è quella cristiana, ma si tratta di un cristianesimo inteso così largamente, che il suo contenuto essenziale si ritrova in tutte le religioni. La formula più comune è quella che apparenta la filosofia e la religione nella misura più stretta: «*Philosophia et Religio germanae sunt*» (*Op.* I, 2, p. 853). La filosofia, richiedendo la dottrina, è per pochi; la religione può essere accolta dalle moltitudini; questa differenza s'incontra anche in Ficino, al quale però è dubbio che si possa attribuire, come talvolta si è suggerito, l'assunto che la filosofia e la religione coincidono per il contenuto e si distinguono per la forma, che è il concetto nella filosofia e la rappresentazione nella religione. Questa è la tesi di Hegel, non di Ficino, nel quale è da disperare che si possano rinvenire definizioni attendibili di ciò che è la forma e di ciò che è il contenuto, di ciò che è la rappresentazione e di ciò che è il concetto.

cui è destinato a ritornare. Una tale intuizione dell'uomo e della vita è squisitamente platonica e neoplatonica (ma anche aristotelica, giacché su questo punto nessuna effettiva differenza, per l'uomo in quanto esiste sulla terra, c'è tra il platonismo e l'aristotelismo), e Ficino rinnova la celebrazione ellenistica dell'ideale della vita contemplativa. Il Platone, a cui Ficino più spesso giustamente guarda, è quello del *Teeteto*, in cui è teorizzata la fuga dal mondo e l'assimilazione a Dio, che è, beninteso, un'ascensione dell'uomo, non essendoci alcun posto per una discesa di Dio.

Ne viene che Ficino, senza compiere alcuna esplicita negazione, semplicemente dimentica la funzione che il cristianesimo riserva alla grazia, la quale discende dal di sopra, afferra l'uomo e lo compenetra del divino (vale a dire Ficino lascia in disparte la dipendenza, perché accorda il primo posto al sublime, subito dopo del quale colloca, nella fedeltà più schietta alla tradizione platonica, la meraviglia, che è la passione del filosofo). Al pari della grazia, Ficino trascura il peccato, e del resto, non potrebbe accadere diversamente, giacché la grazia e il peccato sono termini correlativi, che insieme grandeggiano o insieme si riducono ad entità trascurabili. Certamente, per Ficino, l'uomo, in questa sua vita terrena, è, oltre che mente, facoltà inferiori, che lo tengono in servaggio, o continuo o intermittente, cosicché egli è impedito di unirsi a Dio nella maniera piena che desidera. La morte è la liberazione dalla prigione terrena, il morire è la condizione necessaria per poter accedere alla fruizione di Dio in un'esistenza ultraterrena; ma niente consente di s.abilire che a tale scopo supremo occorrano una qualche fede determinata e una qualche grazia sopravveniente (esse possono essere rimesse in campo soltanto in contrasto con l'ordine d'idee delineato, che è quello principale). Non alla liberazione dal peccato, bensì all'allontanamento dalla materia, che è cosa del tutto diversa, guarda Ficino, convinto com'egli è, che non la mancanza di un lume superiore e di un soccorso dal cielo, sibbene il fatto che l'anima sia legata al corpo, così che in lei la fame del vero e del buono è obbligata a coesistere con il desiderio del cibo e dell'unione sessuale, renda quaggiù impossibile la compiuta fruizione di Dio. Anche Ficino parla di religione, e in essa di *pie vivere*, di *iustitia*, di *sanctitas*, come si fa nel cristianesimo, ma prendendole nell'accezione platonica, per cui esprimono la fuga dell'uomo dal mondo e la sua assimilazione a Dio.

La concezione che Ficino propone dell'amore, conferma appieno che, per lui, la deificazione dell'anima è un processo che naturalmente inizia e naturalmente giunge a compimento. La dottrina cristiana dell'amore, se fosse stata elaborata sistematicamente, senza subordinazione ad influenze estranee, avrebbe affermato che l'amore consiste nell'obbedienza, e così si sarebbe contrapposta in maniera frontale alla dottrina greca dell'amore come desiderio del Bene, desiderio incaricato di rendere ragione del movimento esistente nel mondo, il quale è quindi da spiegare come un'aspirazione delle cose verso la platonica Idea del Bene o verso l'aristotelico Motore Immobile, per cui tutta la perfezione è nell'amato e l'amante è inevitabilmente caratterizzato dall'imperfezione, da una qualche deficienza di realtà. Sarebbe ingeneroso domandare a Ficino ciò che la speculazione teologica medioevale non aveva saputo fornire; ci si può quindi restringere a indicare come egli intraveda la difficoltà, di cui offre però una soluzione soltanto verbale[15].

Certamente, per Ficino, tutto viene da Dio, ma, per così dire, viene tutto in un unico colpo, senza distinzione cioè del modo naturale e del modo soprannaturale in cui questo accade. Perché la distinzione, consustanziale al cristianesimo, s'introduca, occorre far posto ad una prima creazione, che è la processione delle cose da Dio, alla caduta e alla redenzione, la quale è, come già si è detto, una specie di seconda creazione, che provvede a ristabilire gli esseri nella loro dignità, perduta a causa del peccato. Senza questa distinzione non s'intende come si possa accogliere, oltre il naturale, di cui il semplice trascendente fa ancora parte, il soprannaturale, che è d'un ordine diverso, perché è grazia, puro favore, che niente nella creatura è in grado di esigere (laddove la trascendenza può essere domandata). Non è che in Ficino manchino completamente il peccato, nella sua differenza dal male (il peccato non è una mancanza, ma è una proprietà negativa, che pur si possiede, è un effettivo difetto, per cui il grado di realtà è menomato) e la grazia, nella sua differenza dal bene (la grazia non si produce, bensì soltanto si riceve, mentre il bene si fa), ma sono in sottordine, appaiono nella loro indole di occasionali concessioni all'ortodossia religiosa.

La lode continua che Ficino compie della filosofia (che non si era mai udita con tanta commozione e oratoria da Aristotele in poi) è espressione di una sostanziale accettazione del fatto che l'uomo è capace, con le sue sole forze, di ascendere a Dio e di indiarsi. La filosofia, per Ficino, è santa; chi ne è completamente privo è più animale che uomo; chi vi si dedica modestamente è dottore dei dotti e re dei re; chi vi si vota, quasi deposto il corpo, si leva al cielo e diventa come un Dio nell'etere. E la filosofia, che tanto può, è quella degli antichi, che ignorarono il cristianesimo storico, e che solo poterono abbeverarsi di

---

[15] Ficino intende approvare sia la sentenza di quelli che chiamano l'Amore Dio sia la sentenza di quelli che ne fanno un intermediario, e, per accordare le due contrastanti considerazioni, introduce il paragone della calamita e del ferro, che inclina verso la calamita, in quanto c'è nel ferro una certa qualità che lo rende ad essa simile. Un tale paragone ha questo di sconveniente, che sin dall'inizio esistono sia la calamita che il ferro, mentre non capita il medesimo pcr Dio e per l'uomo, essendo quegli il creatore e questi la creatura. Suggerire, come accenna Ficino, che quella qualità, per cui il ferro si volge verso la calamita, è stata dalla calamita posta in esso, vuol dire non soltanto sforzare il paragone (ciò è di poco danno), ma anche suscitare l'interrogativo, che non è neppure menzionato, di stabilire quale sia mai lo scopo che la calamita persegue nel comportarsi in siffatta maniera, ossia, fuori d'immagine, quale sia lo scopo della creazione divina del mondo. Ficino si muove inquieto tra la concezione ellenistica dell'amore come desiderio e quella cristiana dell'amore come sostanza di Dio. L'attrazione, che il Bello, il Buono, il Beato, esercitano sull'uomo, si riferisce all'amore come esiste nell'uomo, e non si può in alcun modo attribuire a Dio, giacché l'essere assolutamente perfetto non può desiderare alcunché. Ficino lo concede: «E colui che la intera Bellezza possiede, non è stimolato dagli stimoli di Amore. Imperocché chi è colui che desidera quello che egli fruisce?» (*Sopra lo amore o ver' Convito di Platone. Comento di Marsilio Ficino Fiorentino sopra il Convito di Platone*, a cura di G. Ottaviano, Milano, 1973 – riproduzione della trad. it. dovuta allo stesso autore, ma pubblicata da Cosimo Bartoli a Firenze nel 1544, dello scritto latino di Ficino del 1469 – p. 85).

quello che in seguito sempre più insistentemente si chiamerà il cristianesimo eterno, presente presso tutti i popoli e in tutte le religioni del mondo, in quelle dei persiani, degli egizi, degli ebrei, degli arabi musulmani. La filosofia è una *docta religio*; c'è una *pia philosophia*, che va da Zoroastro a Plotino.

Con tutto ciò – e questa è un'osservazione, che saremo costretti a ripetere nei confronti di parecchi altri pensatori – positivamente Ficino non anticipa in niente le posizioni dell'illuminismo; soltanto gli sgombra il terreno, che quello occuperà; il suo contributo all'avvento del protagonista della scena del mondo moderno è quindi unicamente negativo. La celebrazione, infatti, dell'eccellenza dell'uomo, della sua singolare dignità, che ha largo spazio in Ficino, di per sé è documento di antropocentrismo, non di umanesimo, e non è, nemmeno potenzialmente, orientata in direzione dell'illuminismo. Che l'uomo sia un essere a cui compete un posto singolare e inconfondibile, è motivo tradizionale, presente soprattutto nel cristianesimo, il quale dà per ammesso che soltanto l'uomo sulla terra è termine del disegno divino della redenzione, che la sola anima umana è *capax Dei*, e suscettibile di accogliere la grazia e di andare incontro alla perdizione col peccato. A decidere sul significato che la celebrazione della dignità dell'uomo riceve di volta in volta, è unicamente il contesto, e in Ficino questo contesto è quello del cristianesimo reinterpretato sulla base dell'ellenismo e così universalizzato e reso generalmente umano. Al di là dell'uomo c'è Dio, ed è da Dio che l'uomo deriva tutto il suo valore, il quale sta in ciò, che l'uomo ha la capacità di tornare a Dio, conseguendo la propria divinizzazione, ossia vivendo una vita, che è l'immagine prossima ed esattissima della vita divina (e ciò ha luogo nel concepire le vere ed eterne nozioni delle universe cose). Tutto questo è abissalmente lontano dall'illuminismo.

Analoghe considerazioni sono da fare a proposito della celebrazione dell'uomo compiuta da Pico della Mirandola, che ne dà il manifesto programmatico, a cui l'intero Rinascimento si attiene, nel Discorso *De hominis dignitate*. Di per sé, il tema vanta un'ascendenza antichissima, che parte dalla Grecia classica e giunge al medioevo e di lì ricompare in età moderna; il contesto, in cui è da Pico svolto, è caratterizzato da un estremo sincretismo, sia filosofico che religioso. Dal punto di vista di un cristianesimo che aderisca integralmente alla propria tradizione, si potrebbe dire, per quanto ciò possa sembrare in un primo momento paradossale, che Pico propone un'idea insufficiente e mutila dell'uomo, perché ha occhi soltanto per la prima serie delle grandi vicende dell'umanità e si dimentica completamente della seconda e più importante, ossia guarda alla parte naturale e ignora quella soprannaturale, giacché l'uomo, di cui egli parla, è Adamo nello stato di natura integra, e sarebbe stato tutto il genere umano, se non fosse intervenuta la catastrofe del peccato, alla quale ha tenuto dietro, nel piano divino della salvezza, l'incarnazione di Cristo, la redenzione, l'ordine della carità, il soprannaturale. Non c'è dubbio, infatti, sulla circostanza che l'uomo, a cui Pico scioglie il suo canto, è Adamo nel momento in cui esce dalle mani di Dio, il quale, avendo esaurito nella creazione degli altri esseri tutti gli archetipi e non avendone più alcuno per formare la nuova progenie, decide di adoperare per lui tutto ciò che è comune ai singoli esseri, così che l'uomo risulta *indiscretae opus imaginis*, privo di una sua certa dimora, di una sua caratteristica peculiare, tale che può acquisire la dimora, il sembiante, la prerogativa, che da se stesso preferisce. Se tutto dipende dalla volontà umana, come Pico afferma, se la volontà è interamente libera, se è dal suo arbitrio che deriva sia la possibilità di abbrutirsi, peggio, di diventare pianta tra le piante, oltre che animale tra gli animali, sia l'opposta possibilità di diventare angelo e figlio di Dio, e ancor più, di raccogliersi nel centro dell'unità, di farsi uno spirito solo con Dio, nella solitaria caligine del Padre, ciò può accadere unicamente nel presupposto che la natura dell'uomo sia intatta. Quest'uomo, a cui Dio si rivolge, annunciandogli che è il libero formatore di se stesso, è l'uomo appena creato, dall'energia prometeica, il camaleonte, non è l'individuo umano, che, affaticato, cammina per le strade del mondo, quello sulle cui spalle pesa l'eredità del peccato. Pico non segnala la differenza tra la condizione di natura integra e la condizione di natura decaduta, e si esprime come se sempre e dovunque l'uomo non avesse che da fondarsi sulla sua volontà per diventare ciò che desidera essere.

Certamente, l'uomo non è tutto e soltanto ragione, in lui c'è anche la facoltà di desiderare inferiore, e c'è quella dell'irascibile, ma a tenerle in guardia s'introduce la filosofia morale, precisamente nella maniera suggerita dall'ellenismo: di più non si auspica e non si domanda, e in questa autosufficienza dell'ordine semplicemente umano consiste il naturalismo di Pico. Qui per il soprannaturale non ci dovrebbe essere coerentemente posto, e se, al contrario, un qualche spazio è ad esso pur accordato, è per estrinseco contemperamento d'esigenze contrastanti. È senz'altro vero che Pico conclude con un esito mistico: ma di quale specie di misticismo si tratta? La sua ineffabile teologia coincide con la più salda filosofia delle cose naturali[16].

---

[16] Pico rimanda ai libri della scienza della Cabala, in cui Esdra «*venam intellectus, idest ineffabilem de supersubstantiali deitate theologiam, sapientiae fontem, idest de intelligibilibus angelicisque formis exactam metaphisicam, et scientiae flumen, idest de rebus naturalibus firmissimam philosophiam esse, clara in primis voce pronunciavit*» (*De hominis dignitate*, testo lat., vers. it., appar. test. a cura di S. Marchignoli, in P.C. Bori, *Pluralità delle vie*, Milano, 2000, p. 148). Si tratta ancora della visione degli archetipi, che Platone, nel *Fedro*, attribuisce alle anime umane, che, in compagnia degli dei, percorrono la Pianura della Verità. Pico accenna alla caduta, ma non riferendosi al peccato di Adamo, bensì al fatto che l'anima (sempre nel *Fedro*), incapace di reggere al volo nella regione iperurania, viene a finire sulla terra, dove s'incarna in un corpo mortale. La conoscenza più approfondita dei misteri divini si ha per mezzo della magia, di cui ci sono due specie, l'una mostruosa, diabolica, della quale niente si vuol sapere, e l'altra naturale, salutare e divina, la quale ha per effetto di condurre alla fede, alla speranza e alla carità (cioè le virtù teologali, anziché risultare dall'iniziativa divina, che le infonde nell'anima, dovrebbero scaturire nientemeno che da una specie della magia). – Ponendo in rilievo unicamente il processo dell'ellenizzazione del cristianesimo, che ha luogo nell'Umanesimo e nel Rinascimento, non intendiamo affatto contestare gli elementi diversi, che compaiono nei pensatori a cui facciamo riferimento. Ne taciamo, perché non conferiscono in niente a risolvere il problema che abbiamo fra le mani. Tanto poco intendiamo negare la novità degli autori di cui discorriamo, che reputiamo che il loro medesimo platonismo sia diverso da quello precedente (c'è il platonismo greco, c'è il platonismo patristico e scolastico, c'è il platonismo rinascimentale, c'è, infine, il platonismo romantico, ognuno con la sua fisionomia inconfondibile).

XIII.
LA ROTTURA RELIGIOSA E FILOSOFICA DEL COMPROMESSO

1. *La rottura del compromesso con l'ellenismo in Lutero*

Spesse volte prima che un movimento giunga al suo culmine, è già incominciato il movimento contrario, il quale per il momento è fors'anche così tenue da riuscire quasi inavvertito, ma è destinato col tempo a prendere forza sino a soverchiare, a distanza di secoli, l'inverso andamento delle cose. Così è anche del processo di ellenizzazione del cristianesimo, che è una tendenza la quale, prima di essere rovesciata, subisce un'iniziale inversione già a partire dal Trecento, ad opera sia del razionalismo che del misticismo, che collaborano, talvolta riunendosi in un medesimo autore, a disfare il compromesso cristiano-ellenistico, posto in essere in precedenza e ancora in corso d'attuazione.

I rapporti tra il cristianesimo e l'ellenismo si possono simboleggiare, riponendoli all'insegna di due ordini, dell'ordine della fede e di quello della ragione, che il compromesso, allorquando si rende più stretto, spinge a configurare come improntati all'incontro e al reciproco sostegno, e allorquando si allenta, trae ad atteggiare come indipendenti, ognuno a sé stante. L'allontanamento dell'ordine della ragione da quello della fede ha luogo anzitutto in Occam, per il quale la filosofia deve fondarsi su proposizioni rigorosamente dimostrabili e la teologia deve basarsi sulle verità di fede, accessibili unicamente per mezzo della rivelazione divina. Le prove tradizionali dell'esistenza di Dio incominciano ad essere guardate con sospetto: anche ammesso che si riesca a stabilire l'esistenza di una causa prima, è discutibile che tale causa prima sia anche l'essere sommo; è soltanto un'opinione altamente probabile, ma non una dimostrazione, l'esistenza di un primo motore immobile; ciò che più interessa è osservare che non possono essere provati apoditticamente quegli attributi, come l'unicità, l'onnipotenza, la provvidenza, che la rivelazione cristiana riferisce a Dio. Poiché non c'è in Dio una potenza distinta dalla volontà, o una volontà distinta dall'intelletto, non c'è niente che limiti l'efficacia dell'essenza divina. Ne viene che i precetti morali obbligano perché provengono da Dio, il quale ne avrebbe potuto dare di opposti, che in tal caso sarebbero stati ugualmente obbligatori. Più ancora, Dio, se avesse voluto, avrebbe potuto incarnarsi anche in un asino o rivestire la natura di una pietra. Tutte queste tesi sono sconvolgenti, specialmente lo è l'ultima, che inferisce un duro colpo all'antropocentrismo cristiano, il quale importa che l'essere, in cui s'incentra la redenzione, sia quello medesimo che è l'opera eletta della creazione, e un tale essere, per il cristianesimo, non può esser che l'uomo. L'ellenismo, a cui il volontarismo alla Occam è completamente ignoto, è ormai lontano, e più di ogni altra è remota quella manifestazione filosofica che esso aveva avuto nell'aristotelismo. Il terreno della scienza e quello della religione sono radicalmente diversi e non si lasciano a nessun patto unificare.

La vera rottura del compromesso del cristianesimo con l'ellenismo non si poteva però avere ad opera di un singolo pensatore, per quanto grande egli fosse, né per mezzo di una corrente di pensiero da lui ispirata. Se non fossero intervenute grandi mutazioni nella vita spirituale dell'Europa, contaminandosi con l'ellenismo, il cristianesimo s'indeboliva, e percorrendo per intero una tale strada s'esponeva ad un'immancabile dissoluzione, quantunque dolce, ignara di qualsiasi accento polemico, e anzi, accompagnata dalla riconoscenza e dalla glorificazione. Allargando smisuratamente i suoi orizzonti, il cristianesimo si stemperava, e così si esponeva al rischio di essere un po' alla volta dimenticato, anziché osteggiato. Qualora si fosse, nella sostanza, completamente naturalizzato, diventando religione universale, semplicemente umana, il cristianesimo non avrebbe offerto più nemmeno un appiglio per essere combattuto. E la strada della dimenticanza, invece di quella della polemica, sarebbe stata la strada più conveniente, per le intuizioni del mondo differenti dal cristianesimo, poiché la polemica ha il difetto di mantenere in essere l'oggetto contro cui combatte. Occorreva una grande fiammata di spirito religioso, un deliberato ritorno alle origini cristiane, una programmatica ripresa della genuina intuizione di vita del cristianesimo, per scrollarsi di dosso il peso accumulato da una secolare tradizione di contaminazioni di Gerusalemme con Atene e con Roma: tutto ciò è stata la Riforma protestante.

La condanna che Lutero pronuncia delle università del suo tempo e di Aristotele ha qualcosa della grandiosità delle condanne che escono dalla bocca dei profeti dell'Antico Testamento, vi si sente Mosè che si appresta a spezzare le tavole della legge e a gettare sul fuoco il vitello d'oro, come l'ha effigiato Michelangelo[1]. Interessa osservare che l'ostilità di Lutero, pur essendo principal-

---

[1] «Che cosa sono le Università? – si chiede Lutero – Almeno finora per nient'altro sono istituite che per essere, come dice il libro dei Maccabei, "ginnasi di efebi e della gloria greca", nei quali si conduce una vita libertina, poco si studia della S. Scrittura e della fede cristiana, e solo vi regna il cieco e idolatra maestro Aristotele anche al disopra di Cristo... Mi fa male al cuore che quel maledetto, presuntuoso ed astuto idolatra abbia traviato e turlupinato con le sue false parole tanti tra i migliori cristiani; Dio ci ha inviato in lui una piaga per punirci dei nostri peccati... Come se non possedessimo la S. Scrittura nella quale veniamo abbondantemente ammaestrati in tutte le cose delle quali Aristotele non ha mai avuto il menomo sentore. Pur tuttavia quel morto idolatra ha vinto e cacciato e quasi calpestato il libro del Dio vivente; talché, se ripenso a simili sventure, altro non posso credere, se non che lo spirito del male abbia escogi-

mente indirizzata verso Aristotele, non risparmia affatto Platone e i neoplatonici, con i quali il Riformatore non è per niente tenero. Così, egli invita a non perder tempo con le elucubrazioni della *Teologia mistica* di Dionigi l'Areopagita, che certi teologi ignoranti levano alle stelle, quasi non si trattasse di uno scrittore dannoso, più seguace di Platone che cristiano. E poiché il platonismo domina negli scritti dei Padri della Chiesa, Lutero suggerisce che si leggano soltanto per poco tempo, per poi passare allo studio della sacra scrittura, che unico non delude (invece, al presente s'insiste in maniera assurda nella lettura dei Santi Padri, comportandosi all'incirca come quanti leggono le indicazioni di una strada, che però non si decidono a percorrere). Non diciamo poi dei teologi scolastici, che imperano nelle scuole, in cui si trova più oscurità umana e pagana che santa e ferma dottrina cristiana.

Lutero assume in questo una posizione coerente, giacché in definitiva tanto il platonismo che l'aristotelismo sono ostili al cristianesimo, ed è soltanto un andazzo, che di quando in quando torna di moda, quello di contrapporre la Patristica, dominata da Platone, alla Scolastica, signoreggiata da Aristotele, quasi che, sotto il proposito in esame, facesse una sostanziale differenza, e quasi che il platonismo fosse più consentaneo dell'aristotelismo all'autentico spirito cristiano. È manifesto che, in tutto ciò, Lutero propugna la causa di un cristianesimo che vuole essere soltanto se stesso. (Sia pure *per accidens*, una tale impostazione giova anche a restituire il loro vero volto a Platone e ad Aristotele, i quali, per essere intesi nel loro vero significato, hanno bisogno, come condizione preliminare, di essere liberati dalle interpretazioni che ne sono state date nel medioevo, incominciando dalla loro pretesa cristianizzazione, la quale non è mai stata eseguita, perché era impossibile impresa). La generale polemica antiellenistica di Lutero è consapevolmente condotta, avendo di mira la subordinazione della ragione alla fede. La sacra scrittura, dice il Riformatore, ammonisce a non seguire la ragione, mette in guardia dal temerario ardimento di fondare con la ragione gli ordinamenti divini, che sono illuminati già in precedenza dalla fede: sarebbe come pretendere d'illuminare il sole con una lanterna o di basare una roccia sopra una canna. Isaia, egli aggiunge, insegna a collocare la ragione al di sotto della fede, giacché afferma: ove non crediate, non otterrete mai né intelletto né ragione, e non asserisce affatto: ove non ragionate, non avrete mai la

---

tato lo studio a tale scopo» (*Alla nobiltà cristiana di nazione tedesca* in *Scritti politici*, trad. it. G. Panzieri Saija, intr. e biogr. L. Firpo, Torino, 1959², pp. 206-207). Lutero (che Nietzsche chiama il «contadino tedesco») alterna invettive, contumelie, vanterie, sberleffi: un pentolaio possiede una maggiore conoscenza delle cose naturali di Aristotele, di cui nessuno riesce a comprendere le opinioni; nessuno rinfacci a lui, Lutero, di parlar troppo o gli rimproveri di non saper nulla, perché egli sa quel che si dice; anch'egli è un dottore, ha studiato Aristotele con maggiore attenzione di San Tommaso e di Duns Scoto, lo conosce al pari e meglio di chiunque altro, ed è giunto alla conclusione che occorre dare il bando ai suoi libri. Tutt'al più, nelle Università, una volta che siano state riformate, di Aristotele si può conservare qualcosa della logica, della retorica e della poetica (vale a dire, Lutero propugna, per questa parte, il ritorno alla condizione precedente il secolo XIII).

fede. Non c'è pretesa più empia di quella di voler rinforzare la parola di Dio con la ragione umana. C'è una stretta relazione tra questa battaglia di Lutero contro la teologia filosofante degli Scolastici e la sua lotta contro gli odiati romanisti e papisti, i quali mettono insieme l'autorità della sacra scrittura e quella dei filosofi, per costruire i loro edifici dottrinali, avanzare le loro pretese giurisdizionali, far valere la loro concezione della Chiesa e imporla nella pratica a tutti i cristiani.

La rottura del compromesso con l'ellenismo è quindi un aspetto costitutivo del cristianesimo riformato, destinato ad avere un'esistenza durevole, tanto che non verrà mai meno. La riaffermata preminenza della fede sulla ragione, della grazia sulla natura, del soprannaturale sul razionale, non comporta minimamente, per Lutero, la negazione di una sfera di genuine attività umane, in cui la ragione ha di che farsi valere, come si scorge dall'auspicata riforma delle università, nelle quali si dovrebbero insegnare le lingue latina, greca ed ebraica, le discipline matematiche, la storia, si dovrebbe far posto alla medicina e al diritto (quello laico, s'intende, giacché il diritto canonico dovrebbe esser distrutto dalla prima all'ultima parola). Inoltre, il primato luterano della sacra scrittura, che deve essere il fondamento inconcusso su cui si costruisce la teologia, non esclude, ma, anzi, implica che nelle sacre carte ci si pronunci, esplicitamente o per sottinteso, *de naturalibus* (e la condanna di Copernico, effettuata da Lutero, lo conferma nella maniera più chiara).

Una teologia integralmente scritturistica non è però possibile, perché la dommatica cristiana è stata elaborata con l'ausilio della filosofia greca, e non soltanto gli scritti del Nuovo Testamento, ma anche gli ultimi del Vecchio, risentono in varia maniera l'influsso dell'ellenismo. Lutero è ben presto costretto ad indietreggiare, a riaccogliere la filosofia, prima cacciata, e proprio in materia di dommi, a rimettere in campo lo stesso Aristotele, che pure aveva considerato meritevole di vituperio. L'occasione è data dalle discussioni intorno all'eucarestia, in cui Lutero ha in animo di sostituire alla transustanziazione la consustanziazione, e ciò lo costringe a discorrere della sostanza e degli accidenti (che sono concetti metafisici, che mai altri di tale incomparabile portata se ne potrebbero indicare), a mettersi a filosofare, e a riabilitare, almeno per un istante, lo Stagirita. Accanto alla scrittura ricompare la ragione, e con essa la filosofia e la dialettica, proprio dove non dovrebbero entrare, e cioè nello stabilimento dei dommi, e Lutero si mette a filosofare per proprio conto, com'è obbligato a fare, perché la consustanziazione importa il medesimo concetto fondamentale esigito dalla transustanziazione, quello di sostanza[2].

---

[2] «Perché – si chiede Lutero – il corpo di Cristo non potrebbe essere contenuto nella sostanza del pane come degli accidenti? Ferro e fuoco, per esempio, sono due sostanze che si mescolano nel ferro rovente in modo tale che ogni parte è ferro e fuoco contemporaneamente: perché dunque il glorioso corpo di Cristo non può, a maggior ragione, essere contenuto in ogni parte della sostanza del pane?» (*La cattività babilonese della Chiesa*, in *Scritti politici*, trad. it. cit., p. 248). Questa, piaccia o no, è metafisica; di buona o di cattiva lega, non importa; ciò che conta è la sua indole, non la sua qualità. – Guardando alla semplicità dei contadini, Lutero sospira con accento d'invidia; la Chiesa è rimasta per milleduecento anni nella vera fede; la tran-

Essendo circondato da molti avversari, Lutero è spinto a polemizzare, e invischiandosi nelle polemiche, è costretto a comportarsi da *theologus philosophans*, sia pure della Scolastica occamistica. Egli tiene per fermo che negli elementi si trova tutto Cristo, che gli elementi non vengono transustanziati, che non si produce alcuna mescolanza degli elementi con Cristo, che però non si tratta di due cose coesistenti l'una accanto all'altra, separate e divise, bensì perfettamente intrinsecate, nella stessa maniera in cui nell'incarnazione si sono intrinsecate la divinità e l'umanità. In tutto ciò la filosofia interviene in due modi, l'uno negativo, che è quello polemico, e l'altro positivo, che è quello propositivo di una determinata concezione dell'eucarestia, la quale ha pur sempre a base la nozione di sostanza. Accettando la disputa, Lutero deve implicitamente ammettere che i concetti, da lui rigettati, hanno senso, che si tratta effettivamente di concetti, e non di parole che non esibiscono alcun significato, simili a semplici suoni e rumori. Oppugnare vuoti suoni e rumori sarebbe impresa ridevole, e del resto, che non sia così, Lutero lo dimostra, provando che accortamente li comprende e li maneggia. Per di più, se egli accordasse che non capisce ciò contro cui polemizza, perché è senza senso (la comprensione, infatti, è del senso), darebbe partita vinta agli avversari, ancor prima d'ingaggiarla, e costoro sarebbero lieti di riceverla senza sforzo, e accoglierebbero con molta ironia una tale confessione di mancata intelligenza del senso. Se la transustanziazione è falsa, può essere falsa soltanto materialmente, per difetto di corrispondenza con l'oggetto, ma è sensata, e del pari sensate sono le numerose altre concezioni, che dell'eucarestia si propongono, compresa quella meramente simbolica, che ne fa una semplice commemorazione della presenza di Cristo sulla terra. Di fatto, Lutero alterna proteste contro l'invasione, da parte della filosofia, di un terreno che ad essa dovrebbe essere rigorosamente interdetto, con l'accoglimento di tesi schiettamente filosofiche, che erano state discusse dalla passata teologia e lo saranno da quella futura[3].

---

sustanziazione (vocabolo mostruoso e frutto di fantasia) non è mai nominata dai Santi Padri, finché non ha preso piede una falsa interpretazione della filosofia di Aristotele, è stata ignorata. I laici non hanno mai fatto caso alle sottigliezze filosofiche della sostanza e degli accidenti, neanche se gliele spiegassero, le capirebbero; la gente semplice ha una schietta fede nel sacramento, professa che in esso sono contenuti il corpo e il sangue di Cristo, lasciando agli oziosi il compito di accapigliarsi intorno a ciò in cui il corpo del Signore è racchiuso. Questo sospiro alla primitiva semplicità è comprensibile, in un'epoca di accese polemiche teologiche; ma, anche ammesso che una tale condizione d'ingenuità e di schiettezza sia davvero esistita (e non sia un'ingannevole proiezione, dovuta alla durezza delle lotte del presente), ad essa non è consentito di tornare. Una volta che si è diventati adulti, si può rimpiangere l'infanzia, ma non si può tornare bambini.

[3] Il culmine del coinvolgimento filosofico è presumibilmente formato dal tormentosissimo problema dell'interpretazione delle parole di Cristo istituenti l'eurarestia: *Hoc est corpus meum... hic est enim sanguis meus*, che danno filo da torcere, perché sembrano immedesimare i termini, che però non possono essere, in questo caso, il pane e il corpo di Cristo (in proposito non fa sin qui differenza che si stia per la transustanziazione o per la consustanziazione). Lutero rinvia ad Aristotele, *Metaph.* VI, 4, ma dopo protesta contro di lui e assicura che lo Spirito Santo ne sa più di Aristotele. Se s'introduce il concetto di transustanziazione, affinché non si

L'atteggiamento di Lutero nei confronti della ragione e della filosofia rimane, in definitiva, incerto e oscillante. Incomincia col dire che chi vuole filosofare in Aristotele senza pericolo, deve essere reso prima folle in Cristo; occasionalmente dà qualche segno di preferire Platone ad Aristotele, che a torto mette in ridicolo la teoria delle Idee del maestro, la quale è migliore della sua; si lascia guidare nella teologia dall'occamismo e dal nominalismo; quando si sente provocato, rivendica la sua qualità di teologo e di filosofo[4].

La compiuta elaborazione di una dommatica del luteranesimo è certamente quasi per intero successiva a Lutero; ma il germe è contenuto già nel Riformatore, perché dommatico è in se stesso il cristianesimo. O disfarsi di tutte le verità di fede stabilite nel corso dei secoli dai Concili o far posto alla teologia e alla filosofia; una terza possibilità non c'è. Alla prima alternativa non pensa affatto Lutero, come non ci pensa Calvino, né qualsiasi altro iniziatore del movimento protestante, non ci pensano nemmeno gli esponenti delle sette e nemmeno i ribelli a tutte le forme di organizzazione ecclesiastica, che percorrono l'Europa del Cinquecento. Finché il cristianesimo ha forza vitale, esso tiene ai suoi dommi, e per essi ha bisogno di concetti filosofici e metafisici, ossia è tenuto a mantenere dei legami con l'ellenismo, anche quando polemizza aspramente contro di esso. È senz'altro da concedere che in linea di diritto i concetti occorrenti possono essere formulati in maniera diversa da quella con cui si trovano teorizzati dalla filosofia greca; si tratti del concetto di sostanza, o di quello di persona, o anche del concetto medesimo di Dio. Ma tutto questo non viene fatto e nemmeno seriamente tentato. In un tale stato di cose, mantenere in essere una teologia filosofante comporta conservare i legami di dipendenza del cristianesimo dall'ellenismo, nonostante la di-

creda che il corpo di Cristo si compone di pane, perché non si pone il concetto di transaccidentazione, affinché non si reputi che il corpo di Cristo si compone di accidenti? Lutero, oltre che in questioni di filosofia, è obbligato a entrare in problemi di filologia, di linguistica, di grammatica: «Se in greco e in latino il pronome "questo" [*hoc*] viene riferito al corpo, ciò avviene perché il genere è il medesimo, ma in ebraico, in cui il genere neutro non esiste, si riferisce al pane, cosicché si potrebbe dire "Hic est corpus meum" seguendo sia il modo consueto di parlare, sia il buon senso, e ritenendo che il soggetto è il pane, non il corpo, quando dice: "Hoc est corpus meum", cioè: "questo pane è il mio corpo"» (*La cattività babilonese della Chiesa*, cit., pp. 250-251).

Il problema dell'interpretazione della formula eucaristica era tradizionale e veniva regolarmente affrontato nelle trattazioni di teologia. Lo sarà anche da Calvino e dagli autori della *Logica* di Porto Reale, i quali ultimi si mostreranno molto preoccupati della possibilità che si approfitti dell'asperità del problema per sostenere l'interpretazione simbolica dell'eucarestia (Cfr. *Grammatica e logica di Port-Royal*, trad. it. R. Simoni, Roma, 1969, pp. 162-164). Alla fine ne risulta un nodo, che non si può sciogliere e che conviene tagliare. Voltaire lo farà con appropriato sarcasmo, dicendo che i cattolici mangiano Dio e non mangiano pane, i luterani mangiano Dio e pane, i calvinisti mangiano pane e non mangiano Dio.
[4] «Papista e asino sono una cosa sola; "sic volo, sic iubeo, sit pro ratione voluntas". Infatti non vogliamo essere scolari né discepoli dei papisti, ma loro maestri e giudici... Sono essi dottori? Lo sono anch'io. Sono predicatori? Lo sono anch'io. Sono teologi? Lo sono anch'io. Sono filosofi? Lo sono anch'io. Sono disputatori? Lo sono anch'io. Sono dialettici? Lo sono anch'io. Sono maestri? Lo sono anch'io. Scrivono dei libri? Anch'io» (*Epistola sull'arte di tradurre e sull'intercessione dei santi*, in *Scritti religiosi*, a cura di V. Vinay, Torino, 1967, p. 705).

chiarata volontà di romperli, impone il mantenimento di nozioni platoniche e aristoteliche, le quali avevano bensì ricevuto una lunga serie di ritocchi e di modificazioni, ma erano nondimeno ancora perfettamente riconoscibili, e sono quindi, per noi, facilmente riconducibili alla loro scaturigine.

2. *I limiti della deellenizzazione del cristianesimo in Calvino*

Ciò è ancora più evidente dall'esame delle tesi di Calvino, giacché Calvino è pensatore sistematico, spirito scientifico, oltre che animo religioso, è autore di una dommatica, che è la prima grande elaborazione dottrinale della Riforma protestante (la quale assai presto da immensa fiammata si cangia in un insieme di modesti fuochi indipendenti).

Calvino dimostra una recisa ostilità verso la teologia naturale, ossia verso la conoscenza di Dio, che l'uomo si procura mediante le sole forze della sua ragione, ma non giunge ad una sua completa eliminazione. Non c'è, per Calvino, una cognizione di Dio indipendente da quella fornita dalla rivelazione, e ad essa preliminare, vale a dire non ci sono quelli che si chiamano i *preambula fidei*, perché il peccato originale ha guastato la ragione umana e l'ha resa incapace di raggiungere il suo divino creatore. Occorre l'aiuto della Parola divina indiscriminatamente per tutti gli uomini (i soli ebrei sono stati eccettuati dal comune smarrimento e dall'universale vanità, per lo speciale soccorso che ad essi è stato fornito). L'uomo è ormai non soltanto peccatore per natura, ma è completamente peccato, e l'unica cosa che può fare, è riconoscere la propria calamità, povertà, nudità, ignominia, e rimettersi interamente a Dio, per avere da lui ciò che gli manca. La conoscenza, che l'uomo ha di sé, e quella che ha di Dio, sono indissolubilmente congiunte, di esse non si può dire quale preceda e quale segua, quale sia la causa e quale l'effetto, ma questa conoscenza complessiva è gratuito dono divino, che giunge dal di sopra, se Dio lo vuole. Anche per Calvino, è indubbio che l'uomo fu creato a immagine di Dio e ciò ha comportato che l'uomo fosse dotato di ragione e d'intelligenza, ma questa dignità è stata così sfigurata dal peccato, che la ragione, lasciata a se stessa, non può che perdersi in vanità e in fallaci speculazioni, se pretende rivolgersi a Dio. La ragione conserva, beninteso, un suo legittimo campo di applicazione, in cui essa è pienamente valida; è il campo delle relazioni dell'uomo col mondo, del disbrigo delle ordinarie faccende dell'esistenza; l'inanità della ragione concerne soltanto il rapporto dell'uomo con Dio. La filosofia, che pretende di speculare intorno alla divinità, si assume un compito impossibile da eseguire, diventa *vana curiositas*, come l'avevano definita i cristiani delle origini. L'irrisione di quelli che si dicevano i filosofi pagani non rispetta nemmeno i maggiori, tanto che tocca lo stesso Platone e lo stesso Aristotele, s'intende, per le loro velleità teologiche, giacché sotto ogni altro proposito, come scrittori e come sapienti umani, sono circondati da genuina ammirazione[5].

---

[5] A questo riguardo Calvino dà prova di piena coerenza, che si scorge a condizione di te-

Le difficoltà però sorgono, non appena si scorge che Calvino, se intende escludere la capacità della ragione umana di attingere Dio, e quindi le contesta ogni funzione teologica positiva, non per questo le rifiuta qualsiasi ufficio, giacché sembra orientato a conservarle una mansione teologica negativa, quella di confutare le obiezioni che potrebbero venir mosse, e storicamente sono state mosse, alla verità cristiana. La rivelazione deve precedere, la sacra scrittura, in cui essa è contenuta, deve già essere stata data; a questo punto interviene la ragione, la quale è sufficiente a respingere tutte le critiche con cui si volesse colpire la scrittura e a renderla indubitabile. La posizione della ragione nei confronti della rivelazione viene così invertita rispetto a quella che tradizionalmente le era conferita; anziché prima, la ragione viene dopo che la Parola è stata testimoniata, resa autentica dallo Spirito. Senonché questo intervento della ragione *a parte post*, invece che *a parte ante*, risulta ancora più malagevole da comprendere nella sua possibilità e nel suo scopo. La rivelazione (nel suo significato specifico, esclusivo del cristianesimo) è certificata, per Calvino, dalla testimonianza dello Spirito Santo, il quale parla nell'interno delle coscienze umane; è Dio medesimo che produce nelle anime la fede; ma se è così, come viene ripetuto ad ogni istante, se veramente il suggello proveniente dal di sopra è superiore ad ogni contestazione, non s'intende a che mai giovi la comparsa sulla scena della ragione. Alla certezza assoluta, alla persuasione piena non si può fare aggiunta. Il compito di confutare le obiezioni dei nemici della verità cristiana era stato conferito alla stessa maestà divina, la quale, per come parla nella sacra scrittura, è pienamente capace di ridurre al silenzio le critiche, d'istruire gli ignoranti, di reprimere i recalcitranti, di stamparsi col fuoco nelle anime degli eletti. La distinzione tra il compito positivo (di recare la certezza e la verità) e il compito negativo (d'escludere il dubbio e l'errore) è inconsistente, giacché, quando si possiede la convinzione di poggiare sul vero, dubbio e falsità sono già stati respinti lontano.

Per di più, Calvino, pur protestando di fare il contrario, è costretto a richiamare la ragione e la speculazione, a cui aveva reputato di poter dare il bando,

nere per fermo che il peccato ha corrotto il potere della ragione umana per quel che attiene all'apprensione e alla pratica del divino, ma che non ha distrutto la sua capacità di elaborare conoscenze tecniche, di fabbricare oggetti, d'intrattenere rapporti semplicemente umani. Calvino può così dire che tutti i filosofi hanno pronunciato delle sciocchezze, che anche Platone si è perduto in delle inezie, sia tributare, da umanista, il massimo rispetto e la massima ammirazione ai classici, e raccomandare le lettura di Demostene, Cicerone, Platone, Aristotele, ecc. Il paragone tra agli antichi scrittori pagani e le sacre scritture cristiane è compiuto sulla base della loro differente efficacia sul sentimento: dalla parte dei classici sta la capacità di arrecare la commozione, il diletto, il rapimento artistico; dalla parte dei cristiani sta la forza incomparabile, per cui le scritture penetrano sin in fondo al cuore.

Del pari, c'è innegabilmente un'onestà naturale, per cui un Vespasiano è da preferire a un Caligola; noi amiamo intrattenerci con uomini retti, probi, giusti, anziché con malfattori e delinquenti. Il fatto da non perdere mai di vista è che una siffatta onestà naturale non rende gli uomini più graditi a Dio di quello che li renda a lui ostili la loro naturale iniquità. L'elezione divina non ha niente da spartire con simili differenze.

allorché è questione di religione, a proposito dei contenuti fondamentali del cristianesimo, e prima di tutto, dell'essenza trinitaria di Dio, di cui è vana impresa pretendere che siano biblici e scritturistici. Calvino si ostina a sostenere che la Bibbia è sufficiente a formulare la dottrina dell'infinita essenza divina e della distinzione delle persone, ma la sua pretesa è così eccessiva e smodata, che è obbligato a concedere che occorre accogliere come verità anche quello che nella sacra scrittura non c'è, ossia i concetti di sostanza, essenza, persona. Gli odiati antitrinitari (che preannunciano il teismo e il deismo dell'illuminismo) almeno su di un punto stanno dalla parte della verità, ossia quando dichiarano che certi concetti (e anche certi vocaboli, come quelli accennati) nella Bibbia non s'incontrano, che essi sono invenzioni umane, e ne domandano l'esclusione. Per confutare codesti eretici abbaianti (come li chiama), Calvino, da un lato, s'industria di tentare sforzate deduzioni da testi scritturistici di concetti genuinamente filosofici, dall'altro, si spinge, suo malgrado, sul terreno della più astratta speculazione, per concedere alla fine ciò che invano si è studiato di rifiutare, vale a dire che bisogna accogliere come verità religiosa anche enunciati i quali scritturistici non sono[6].

L'insormontabile difficoltà, di fronte a cui Calvino si trova in fatto di trinità, gli si ripresenta immutata allorché tratta del domma delle due nature e dell'unica persona di Cristo, che pretende invano scritturistico e che in effetti accoglie dalla tradizione teologica, la quale è la sola a consentirgli di respingere Nestorio, Eutiche, e quel moderno Eutiche che è Serveto. Tutti costoro, e molti altri ancora, possono invocare passi della Bibbia a sostegno delle loro concezioni e interpretazioni, come Calvino fa ad appoggio delle proprie. La Bibbia, essendo oggetto di parecchie contrastanti interpretazioni, è, per così dire, all'inizio neutrale nei confronti di tutte, che sono del pari autorizzate a richiamarvisi e a fondarvisi sopra. È impossibile derivare le regole dell'interpretazione dalla sacra scrittura medesima, sia perché ciò che è oggetto d'interpretazione non può insieme esserne il criterio, sia perché è sin dal primo momento possibile una varietà di regole interpretative. Dovrebbe risultare ugualmente palese che l'inter-

---

[6] La Bibbia non enuncia alcuna chiara dottrina circa la trinità; in essa s'incontrano soltanto espressioni monche, a cui, dopo che il pensiero è diventato maturo, non è consentito arrestarsi. Calvino compie sforzi giganteschi per trarre una dottrina trinitaria da un passo estremamente ingenuo di *Hebr* I, 3, ma la deduzione che trae, è sua, non scritturistica. L'Apostolo insegnerebbe che c'è un solo Dio in tre ipostasi; i Dottori latini, anziché «ipostasi», hanno voluto dire «persone», ciò che non fa differenza (la «sussistenza» è, invece, da confondere con la «sostanza»). La pretesa che la dottrina della trinità sia insegnata apertamente e in maniera completa dalla Bibbia è così inverosimile, che Calvino l'attenua, riconoscendo che in certi casi bisogna far posto alla riflessione umana e che la Chiesa l'ha fatto nella grande questione trinitaria. In tutta questa discussione Calvino non dà prova di grande vigore dialettico, ma occorre riconoscere che si trova stretto tra esigenze che più contrastanti non potrebbero essere: egli deve combattere gli antitrinitari (che propugnano una loro concezione filosofica); tener ferma l'autosufficienza della sacra scrittura; comportarsi come se la secolare elaborazione della dommatica cristiana non avesse avuto luogo all'insegna della filosofia greca; costruire un compiuto sistema di teologia. Cfr. *Institutio christianae religionis*, cit., pp. 89-97.

pretazione entra nel processo all'infinito, giacché ciò che una certa interpretazione propone può essere daccapo interpretato, e così di seguito, senza termine.

Il presupposto, su cui il concetto d'interpretazione si regge, è che il testo preceda la lettura che se ne compie, che il suo autore sia altro dal suo lettore, il quale s'industria come può di ricavare il significato delle parole che costui (il quale è magari lontano nello spazio e nel tempo da lui) ha avuto in mente, che è un'impresa ineseguibile con la piena e inconcussa certezza che si domanda in cose di religione. Proprio per il motivo che è preceduta e condizionata dal testo, l'interpretazione non può vantarne il possesso esclusivo, ma è costretta a lasciarlo a disposizione di altre interpretazioni, che vogliano esercitarsi su di esso. Così l'interpretazione si divide nelle molte interpretazioni, la cui correttezza e verità è indecidibile. Se questo accade di fatto, le interpretazioni si mettono in scacco l'una con l'altra, e piano piano si elidono a vicenda. La varietà genera col tempo la disperazione della verità, e questa disperazione, non potendo, a sua volta, reggersi a lungo, genera l'indifferenza. Non si rinuncia alle interpretazioni, ma, mentre, in un'epoca precedente, appassionavano gli animi, erano ascoltate e professate dai molti, che vi erano interessati ancor più che alle faccende immediatamente legate ai bisogni della vita, in un'epoca successiva, sono condotte con distacco, diventano opera di puro studio e di erudizione, coinvolgono pochi dotti, i soli che vi possano interloquire con cognizione di causa, e il popolo nemmeno presta più ascolto. Da una parte, lo specialismo scientifico si fa valere nell'interpretazione scritturistica, come altrove; dall'altra, le questioni economiche prendono sempre maggiore spazio nella vita comune[7].

Calvino si mostra incline ad accogliere il letteralismo, a differenza della Chiesa romana, abituata a praticare l'ampio e conveniente allegorismo, ma proprio l'interpretazione letterale della Bibbia è più esposta a ricevere delle smentite, che giungeranno ben presto ad opera della scienza moderna. Al pari di Lutero, Calvino condanna la teoria copernicana, che sembra contraddire, almeno a prenderli in parola per come si presentano, dei passi biblici; mentre la Chiesa romana, per la pratica delle interpretazioni allegoriche, avrebbe potuto evitare di mettersi in urto con la nuova fisica celeste e la nuova cosmologia; se non lo fa, e anch'essa si decide (ma più tardi, e anzi, quando il destino dell'antica concezione astronomica è ormai segnato) a passare ai rifiuti e alle condanne, è per la

---

[7] Dall'imbarazzo si esce soltanto a condizione di contestare l'antecedenza del testo rispetto alla lettura, d'immedesimare il lettore e l'autore, di sostituire alla nozione d'interpretazione quella di concepimento (sempre che si parli a stretto rigore di termini, giacché nel discorso comune si può seguitare ad adoperare il vocabolo «interpretazione»). Ciò comporta l'introduzione, come vero soggetto del conoscere, dell'io puro, e la sua distinzione dall'io personale (o sentimento dell'io, il quale non è soggetto conoscente, ma cosa conosciuta, una tra le infinite esistenti). Questa possibilità rimane estranea non soltanto a Calvino, ma a tutti i protagonisti delle dispute e delle lotte religiose del Cinquecento, cattolici, luterani, calvinisti, settari, ribelli e indipendenti da ogni Chiesa, i quali conservano la nozione ordinaria d'interpretazione, non avvedendosi delle complicazioni che ne nascono per la sacra scrittura. Questo significa che la critica avrebbe un giorno investito l'intero cristianesimo, il quale sarebbe stato travolto dagli esiti scettici impliciti in tale maniera d'intendere i testi e la loro lettura.

ragione che sono in gioco questioni assai più gravi del senso da conferire a qualche frase dell'Antico Testamento. Calvino tiene all'antichità della scrittura, la quale deve collocarsi ai primordi delle vicende dell'umanità, per essere degna di fede; non ci debbono essere religioni anteriori a Mosè, e infatti, a suo dire, tutte quelle di cui abbiamo notizia sono di molto posteriori; gli scrittori greci raccontano favole intorno all'antichità della teologia degli egiziani, i quali mentono, quando estendono la propria storia a seimila anni, ossia a prima della creazione del mondo; tutte assurdità, queste, che provengono dai pagani e che non è necessario né conveniente mettersi a confutare. – Questi sono esempi di asserzioni pericolose, che saranno confutate di lì a poco dalla scienza moderna, la quale dilaterà sempre più gli orizzonti del mondo, rendendo piccola e trascurabile cosa le vicende del popolo ebreo e l'avvento medesimo del cristianesimo (s'intende, in proporzione all'ampiezza della durata della terra e dell'arco di tempo che vi occupa il genere umano). Attenersi alla lettera della Bibbia comporta, inoltre, intendere la sua autenticità in una maniera che non può reggere alla critica storica, p. es., che questi e quei suoi libri sono dovuti a tali e a talaltri autori, che sono stati composti in determinati tempi, anziché in altri, che hanno carattere unitario, invece di essere stati messi insieme, rielaborando e rifondendo composizioni letterarie precedenti, alcune delle quali di carattere sacro, altre, invece, d'indole profana. Già Calvino è obbligato a concedere che ci sono nella Bibbia libri d'incerta autenticità, come l'*Ecclesiastico*, la cui autorità non è sicura, tanto che non fa parte del canone dell'Antico Testamento ebraico: per il momento è una crepa, che diventerà in seguito una spaccatura irreparabile.

All'esasperato letteralismo di Calvino è da ricondurre anche la circostanza che egli è pronto a coprire d'ingiurie i dissenzienti, i propugnatori di dommi differenti dai suoi, nei confronti dei quali non si scorge che cos'altro avrebbe potuto fare, quale diverso atteggiamento avrebbe potuto assumere. Esclusa la competenza della ragione nel campo delle materie di fede, atteso che anche i dissenzienti sono in grado di addurre testi scritturistici a suffragio delle loro interpretazioni, resta il solo partito dell'offesa verbale e della repressione mediante il carcere e la morte[8].

---

[8] L'ostilità di Calvino nei confronti dell'allegorismo è evidente (gli antichi esegeti della Bibbia, egli dice, hanno giocato a palla con i testi sacri), ma la sua posizione sull'argomento è poco ferma e va incontro a significative eccezioni. Calvino s'inoltra tanto avanti sul terreno dell'allegorismo, da pretendere di ritrovare nella Bibbia persino la metafisica dell'essere (la quale, ammesso che sia scritturistica, non per questo cessa di formare la filosofia prima). Ugualmente allegorico è il procedimento con cui Calvino si studia di provare che interamente scritturistica è la dottrina per cui in Cristo ci sono due nature, che formano una sola persona. In effetti, tutto ciò è umana speculazione; i testi biblici sono tanto poco chiari e trasparenti, che numerosi eretici ne approfittano, alcuni per distruggere la divinità di Cristo, altri per negare la sua umanità. Taluni (lamenta Calvino, che presentisce quale sarebbe stato l'andamento del mondo moderno) argomentano che Cristo, dato che è Dio, non è uomo; altri inferiscono che, dato che è uomo, non è Dio; nessuno tra gli spiriti agitati e inquieti accoglie del pari l'umanità e la divinità di Cristo. – Assai presto questi spiriti diventeranno legione, acquisteranno credito e dignità, si faranno consiglieri dei principi, e sotto il nome prima di *philosophes*, poi d'ideolo-

La concezione calvinistica dell'eucarestia, per cui nel sacramento è realmente presente Cristo, ma in forma spirituale, sanziona la provvisorietà dell'esito al quale è pervenuta la Riforma protestante, al momento della sua grande fiammata d'entusiasmo religioso. L'arcano non sta, come pretende Calvino, nello stabilire la maniera in cui Cristo si renda presente nell'eucarestia; questo si potrebbe ancora spiegare; il mistero impenetrabile risiede in una presenza, che vorrebbe essere spirituale, e nel contempo reale, la quale importerebbe che si chiariscano cosa sia la presenza, cosa la realtà, cosa lo spirito, tutti concetti, questi, che sono lasciati nella più fitta oscurità. Calvino rifiuta sia la transustanziazione cattolica, sia la consustanziazione luterana, e non è soddisfatto nemmeno dell'assunto per il quale mangiare la carne e bere il sangue di Cristo significa semplicemente credere in lui; ma, sotto la sua penna, ricompaiono le stesse frasi che si erano presentate sotto quella di Lutero, e che non potevano essere durevolmente accolte, perché contenevano l'inaccettabile pretesa che il pensiero rinunciasse a pensare[9].

La denuncia calvinistica del compromesso del cristianesimo con l'ellenismo (compromesso scorto e formulato adattissimamente da Calvino, con l'indicazione che i Dottori della Chiesa hanno preteso «*scripturae doctrinam cum philosophiae dogmatibus dimidia ex parte conciliare*»[10]) si arresta a metà strada, anziché arrivare sino in fondo.

3. *La posizione della Riforma protestante nei confronti dell'illuminismo*

In termini positivi la Riforma protestante non preannuncia in niente l'illuminismo, poiché è potente reazione al nascente mondo moderno, è vagheggiato ritorno non tanto al medioevo (il medioevo era vissuto all'insegna del compromesso con l'ellenismo), quanto ai primordi del cristianesimo, più ancora, è sogno d'instaurazione di un cristianesimo che non era mai esistito, perché si era

gi e d'intellettuali, apriranno le porte alla teoria e alla pratica del razionalismo. La filosofia è come la natura: «*expellas furca tamen usque recurret*».

[9] Anche Calvino domanda che si desista dal cercare di comprendere e che ci si accontenti di credere; anch'egli garantisce che le parole con cui Cristo ha istituito il sacramento, hanno il diritto di non sottostare alle regole della grammatica. Sembra la professione del più acceso e incondizionato fideismo; senonché la ragione, dopo essere stata licenziata, è ancora una volta richiamata in servizio, allo scopo di respingere la superstizione, i trucchi di Satana, l'incantamento magico, di cui dà prova la Chiesa romana. Non bisogna concepire la presenza come se il corpo di Cristo scendesse sulla mensa, vi si localizzasse, fosse toccato con le mani, masticato nella bocca e inghiottito dallo stomaco. Tali grossolane teorie sono, in effetti, immagini volgari, introdotte per la suggestione esercitata dal termine «consacrazione». Per porre un rimedio all'immaginazione, di cui il Maligno si avvale, può intervenire unicamente la ragione. L'ambito non è quindi per intero soprannaturale: intervengono Dio e il diavolo, ma c'è posto anche per l'uomo (e per la ragione), giacché è l'uomo la sede in cui si svolge il conflitto tra la potenza del bene e quella del male.

[10] *Ibid.*, p. 188.

troppo presto incontrato con la civiltà greca e romana e si era con essa contaminato. Anzi, l'illuminismo sarà costretto in grande parte del suo percorso a polemizzare nella maniera più dura contro il cristianesimo, proprio a causa della Riforma protestante, che restituisce vitalità ad una religione che pareva avviata a una lenta e placida estinzione (ad una tale opera di ristabilimento contribuisce, in forme sue proprie, anche la Controriforma cattolica).

Il protestantesimo di Lutero e di Calvino, soprattutto mediante le dottrine della giustificazione per la fede e della predestinazione, segna una radicalizzazione dell'avvertimento della maestà di Dio e della miseria dell'uomo, che sono i due lati, necessariamente connessi, il lato della realtà e il lato dell'ombra, del sentimento della dipendenza, il quale riceve così un'espressione d'insuperata profondità. Quanto più uno stato d'animo è energico, tanto più esso è concentrato, e perciò nel protestantesimo antico e genuino, il sentimento della dipendenza raduna la realtà in Cristo, e fa dell'uomo un nulla, che può partecipare dell'esistenza soltanto grazie all'unico mediatore divino.

Questo vale per la dottrina luterana della giustificazione per la fede, per cui all'uomo che si abbandona alla parola vivente e consolatrice di Cristo con ferma fiducia, sono rimessi i peccati, la perdizione è vinta, ed egli è fatto giusto, veritiero, pio, capace di adempiere tutte le leggi e libero da tutte le cose. Il conflitto di Lutero con i romanisti verte sulla posizione delle opere, le quali, per il Riformatore, non precedono, bensì seguono la fede e vengono in conseguenza di essa. L'uomo è abbondantemente giustificato dalla fede, ma, nondimeno, seguita a vivere in mezzo agli altri uomini, e per giovare a loro, non starsene in ozio, mortificare il corpo, adempiere il comando di Dio, esegue le opere. L'anima si unisce a Cristo, come la sposa allo sposo, e in Cristo possiede tutte le beatitudini e tutti i beni: questo dice Lutero con animo commosso, liricamente ispirato. La libertà cristiana, il sacerdozio universale, la riduzione dei sacramenti, l'abolizione del celibato ecclesiastico, in breve, i molteplici aspetti in cui si manifesta l'attività riformatrice di Lutero, nella sua lotta contro il papato e i romanisti, sono altrettanti portati di questa concentrazione della dipendenza, che viene contrapposta alla dispersione di cui è caduto vittima il cristianesimo romano. Se la parola di Dio è contenuta nella sacra scrittura, se lo Spirito con voce unanime detta nelle coscienze la verace lettura di quei testi ispirati, non c'è posto per le barriere erette dalle autorità romane, che assurdamente pretendono di essere padrone della Bibbia. La dipendenza comporta il sentire comune, e pertanto ha dalla sua l'oggettività; ne viene che quanti sono chiamati da Dio ad esercitare il potere, hanno il diritto della spada; la potestà temporale è anch'essa da Dio; è sacra per la sua origine, e si esercita indiscriminatamente su tutti, perché la distinzione tra cristiani veri e cristiani di nome, o pagani travestiti, essendo interiore, è invisibile agli occhi.

Documento d'impressionante grandezza del sentimento della dipendenza è la dottrina della predestinazione di Calvino, che arreca forma tecnica all'avvertimento che l'uomo ha del suo essere fatto, del suo essere in mano del creatore, alla cui gloria ogni cosa è ordinata. La sovranità assoluta di Dio, la certezza della salvezza per grazia, arrecata da Cristo, comportano la predestinazione, ossia l'asserzione dell'elezione eterna, «*qua Deus alios ad salutem, alios ad interitum praedestinavit*»[11]. Non soltanto l'uomo è peccatore per natura, ma è tutto peccato, e se dalla testa ai piedi è interamente peccato, non vale nemmeno la pena di chiedersi se gli si possa attribuire il libero arbitrio, e così dividere tra Dio e l'uomo la lode per le opere buone. I doni soprannaturali, e cioè la fede, l'amore di Dio e la carità verso il prossimo, a cui è legata l'eterna beatitudine, vengono interamente dal di fuori, hanno Cristo per unico autore. Tutto ciò che la natura degli uomini, dopo il fallo di Adamo, è capace di produrre, merita la dannazione. Unicamente la volontà degli eletti è propensa al bene, la nostra salvezza è gratuita, si ottiene nella seconda creazione, che Cristo compie in noi. Calvino è vigoroso e rigoroso nell'argomentare questa dottrina (che potremmo chiamare del condizionamento unilaterale della volontà ad opera della grazia), che egli contrappone con foga alla dottrina contraria (che potremmo denominare del condizionamento reciproco della volontà e della grazia, secondo la quale, come la volontà non può nulla senza la grazia, così la grazia non può nulla senza la volontà). L'unica porta della salvezza è in Cristo Mediatore, in lui s'incentra e non si gradua. Di qui discende tutta la veemente polemica contro il papismo, l'idolatria romana, il culto dei santi, la messa, la confessione auricolare, il purgatorio, le indulgenze, il potere tiranno dei preti, e via dicendo. Tutti questi inganni misconoscono che il sangue di Cristo basta alla remissione dei peccati, alla riconciliazione, all'espiazione. Non potendo alcuna opera umana di per se stessa rendere l'uomo gradito a Dio, la decisione della salvezza o della perdizione è rimessa alla prescienza, per cui tutte le cose sono eternamente nello sguardo divino, e alla predestinazione, con cui Dio ordina alcuni alla vita eterna e altri all'eterna condanna.

La severità e la terribilità della posizione di Calvino comporta il piccolo numero degli eletti alla salvezza e la grande massa dei destinati alla perdizione, ossia fa valere la massima inuguaglianza tra gli uomini. Il patto di vita non è ugualmente predicato agli uomini, e anche dov'è predicato, non è ugualmente ricevuto, questa diversità è dovuta alla circostanza che a Dio così piace. La misura di Dio non è quella dell'uomo, e nella sua ragion d'essere, essa è, per l'uomo, segreto imperscrutabile[12].

---

[11] *Institutio christianae religionis*, cit., p. 678.

[12] I testi biblici a disposizione di Calvino, per questa sua configurazione del cristianesimo, sono innumerevoli, e adoperati con maestria, toccano il cuore umano, facendo vibrare corde nascoste. Che Dio è tutto e l'uomo è nulla, è detto in parecchie maniere, tra cui emerge quella che si appoggia al *Salmo* 100,3: «*Ipse fecit nos, et non ipsi nos, inquit propheta, populus eius et oves pascuorum eius*». Questa è una delle massime espressioni del realismo cristiano, che trova il suo opposto nell'idealismo romantico, ispirato al motivo dell'«*homo faber sui ipsius*». Parecchi individui, dice Calvino, vorrebbero che la predestinazione non ci fosse, nella forma in cui c'è; che la scelta degli uomini fosse fatta in base alla previsione dei meriti di ciascuno, che la prescienza fornisce a Dio. Tali individui vanno invitati a rispondere a queste domande. Perché essi sono uomini, anziché animali, anziché buoi o asini? Hanno queste bestie il diritto di lamentarsi per la sorte loro riservata? Non godono di una prerogativa, che non hanno in niente meritato? Non è quindi consentito a Dio distribuire i suoi benefici secondo la misura del suo giudizio? (*Ibid.*, pp. 684-687).

Ma Lutero e Calvino, i quali si considerano appartenenti alla vera Chiesa cattolica, suoi legittimi rappresentanti, che con la loro opera intendono liberare da ogni elemento d'idolatria, con cui i romanisti e i papisti l'hanno contaminata (questa idolatria altro non è che la dispersione, che il culto della Madonna, dei santi, le immagini sacre, gli altari, ecc., debbono sembrar comportare, allorché il sentimento della dipendenza s'acuisce e si esaspera), se sono remoti, quant'altri mai, dall'illuminismo, al quale non conferiscono in niente, nondimeno semplificano grandemente l'assetto della religione cristiana, così che l'intuizione illuministica del mondo, allorquando si presenta, trova facilitato il suo assalto contro il cristianesimo.

Se, come vuole Lutero, la Chiesa è una comunità spirituale, che, anche sopra la terra, non ha altro capo all'infuori di Cristo, e non può, di conseguenza, essere governata né da papa né da vescovo, è un'istituzione che, non appena si affievolisce la fede degli inizi, è assai più agevole da aggredire di quel che sarebbe, se fosse sorretta da una costituzione gerarchicamente configurata e culminante in un'autorità indiscutibile e sotto ogni riguardo sovrana. Le muraglie, che Lutero abbatte, erano garanzia di difesa, fortificazioni formidabili, difficili da assaltare e pressoché impossibili da distruggere al primo urto. Non soltanto in linea di fatto (ciò che, per la nostra considerazione attuale, sarebbe insignificante), ma anche in linea di diritto (ciò che è, invece, fondamentale), una Chiesa riformata si conferisce deliberatamente un ordinamento fragile e instabile. Dire che il potere delle chiavi è dell'intera comunità e non dei singoli, equivale ad intaccare la nozione medesima d'autorità, giacché dove tutti hanno l'autorità, è come se non ce l'avesse nessuno. Anche il sacerdozio universale è di per se stesso una semplificazione, tanto più evidente, per il motivo che il Riformatore non riesce a trovare su di esso una formulazione dottrinalmente accettabile e quindi tale da aspirare a valere in maniera definitiva. Coerentemente svolto, il principio del sacerdozio universale, conduce ad escludere che ci siano degli individui i quali abbiano la condizione particolare di sacerdoti, o anche che semplicemente svolgano la funzione di ministri, e mantengano pertanto una supereminenza rispetto agli altri uomini. Poiché il fine dell'uomo è quello di pervenire alla beatitudine eterna, e questa si ottiene mediante la fede e l'ascolto della parola divina, l'ufficio di predicare, d'amministrare i sacramenti, non può essere assimilato alle altre mansioni a cui attendono gli altri uomini, come quella di fabbricare case, di cucire vestiti, ecc. Non ci possono essere due significati del sacerdozio, uno universale e uno particolare, per il secondo dei quali i preti, o i ministri, seguitano a distinguersi dai muratori, dai sarti, dai calzolai, dai cuochi, dai domestici, e dai famigli. La Riforma protestante, si dia i suoi preti e vescovi oppure si accontenti di soli ministri, comunque si ferma a mezza strada, s'adatta a soluzioni momentanee, fluide, che si prestano ad essere oppugnate e travolte in nome della consequenziarietà, di cui c'è bisogno nella pratica della vita non meno che nel campo del pensiero.

Ancora più gravido di pericolose conseguenze è l'atteggiamento che Lutero prende a proposito di qualche sacramento, e specialmente dell'eucaristia, in cui per il fatto di propugnare una determinata concezione, non intende condannare recisamente quanti sostengono una concezione differente, ma soltanto avvertire che costoro si limitano ad opinare. Si introducono così parecchie zone d'indifferenza in dottrine fondamentali, zone adatte ad ingenerare la convinzione che la varietà delle dottrine non è di pregiudizio alla salvezza[13].

Se i primi e maggiori riformatori si comportano così, se mostrano di ritenere indifferenti le divergenze intorno ai dommi, cosa accadrà presso i secondi e minori rappresentanti del protestantesimo? Tutto il grandioso edificio dommatico ereditato dal passato è minacciato dall'indifferentismo. Quando (come accade in seguito) si fa avanti l'individualismo e dissolve l'unitarietà, che caratterizza il sentimento della dipendenza, il quale si esprime alla stessa maniera in tutti, dando al corpo cristiano un solo cuore e una sola anima, la libera interpretazione della Bibbia non è più affidata allo Spirito Santo, che la detta uniformemente, bensì è demandata ai singoli individui, ognuno dei quali può leggerla a modo suo e ricavarne il senso che meglio crede. Questo passaggio da un'interpretazione della sacra scrittura che è da Dio, il quale ne illumina e ne chiarisce il significato, operando all'interno delle coscienze degli uomini, pronunciando parole che sono in tutte le anime le medesime, a un'interpretazione, che è dagli uomini, e che, di conseguenza, è suscettibile di un'illimitata varietà di contrastanti letture, produce l'avvento delle sette, delle ribellioni a tutte le Chiese riformate, e così dissolve l'opera della stessa Riforma, come l'avevano intesa i capi del protestantesimo[14].

---

[13] Lutero dice che vuole attenersi all'eucarestia, come si riassume nella formula della consustanziazione, ma che non ha la menoma intenzione di proibire agli altri di seguire concezioni diverse. Gli basta che costoro non pretendano d'imporre a lui e ai suoi seguaci le loro opinioni come articoli di fede. Questo atteggiamento è ancora più accentuato in Calvino, il quale rigetta, oltre la concezione romana, anche quella luterana dell'eucarestia, e nondimeno considera Lutero un campione del cristianesimo e non esita a chiamarlo un apostolo. Non soltanto l'unità dottrinale manca, sin dall'inizio, al protestantesimo, ma essa non è nemmeno perseguita come il bene supremo, da cui dipende interamente la causa della religione cristiana. Eppure in una religione anche i particolari più minuti, anche le parole e i gesti, hanno grande importanza; tanto maggiore dovrebbe quindi essere il rilievo che si conferisce alla sistemazione dottrinale delle credenze essenziali, tra cui c'è certamente quella della forma della presenza di Cristo sulla terra. Invece, si lascia sussistere il dissidio, quasi fosse una discordanza di semplici pareri umani.

[14] L'accezione divulgata della «libera interpretazione della scrittura», per cui le sacre carte possono essere lette ad arbitrio di ciascuno, non ha niente da spartire con la libertà rivendicata da Lutero nei confronti del monopolio scritturistico papale. Per il Riformatore, la comprensione della scrittura viene dalla fede, e la parola, al pari dell'anima, diventa cosa di Dio, nella stessa maniera in cui il ferro diventa incandescente come il fuoco, allorquando s'unisce col fuoco.

Questa concezione dell'interpretazione della scrittura era destinata a non durare a lungo, e oggi, dopo il trionfo dell'individualismo, riesce difficilmente comprensibile. Del resto, la grande fiammata della Riforma non poteva non estinguersi presto, già per il motivo che le fiammate, i periodi eroici sono sempre brevi, e tanto più sono brevi quanto più sono virulenti. Gli uomini non reggono per molto tempo alla tensione, non si adattano alle grandi altezze, ricercano il più delle volte ciò che è comune e mediocre. Allora o la fiammata ha creato una forte organizzazione unitaria, sotto la cui protezione covare il fuoco rimasto, o viene sbaragliata da qualche avversario, il quale s'impadronisce del suo terreno. La debolezza organizzativa e la man-

Ugualmente, l'individualismo s'impadronisce di quella sfera mondana d'attività umana che il protestantesimo aveva lasciato alla ragione, e, mutandone il senso, ne ricava un formidabile contributo alla laicizzazione della conoscenza scientifica, del lavoro, della ricchezza, in breve, dei rapporti dell'uomo con la natura e con se stesso, in quanto è un essere terreno. Il cangiamento di senso consiste in ciò, che il semplicemente terreno si emancipa dalla tutela del divino, che i beni inferiori si trasformano in superiori, p. es., che la ricchezza, prima valutata come segno dell'elezione divina, adesso è cercata e stimata di per se stessa, e dovunque dilegua l'aura di sacralità che in precedenza avvolgeva ogni aspetto della vita. Nemmeno il rigido dualismo calvinista, per cui il divino è interamente retaggio della grazia, e il terreno è interamente patrimonio della ragione, riesce a tanto, la piena e integrale laicizzazione della vita è compito che è eseguito soltanto dall'illuminismo[15]. Ma il protestantesimo successivo a quello dei primi autori della Riforma, individualista, settario, sta ormai troppo a ridosso dell'illuminismo, per non dover essere investigato insieme ad esso. Il destino del protestantesimo è quello di diventare, in prosieguo di tempo, un nome che accompagna di volta in volta uomini e cose che, in sostanza, appartengono o all'illuminismo o al romanticismo, e la considerazione della sostanza deve prevalere su quella dell'appellativo (anche nel protestantesimo si avanzano velleità di ritorni alle origini, di ristabilimenti del vero e genuino cristianesimo, ma

canza d'unità dottrinale delle confessioni religiose uscite dalla Riforma, divise tra loro e ciascuna in se stessa, agevolano l'affermazione dell'illuminismo.

[15] Calvino non può portare a compimento l'impresa, già per il motivo che a tratti codesto suo dualismo s'incrina e diventa malferma distinzione. Ci sono dei punti avvolti da una profonda oscurità in tutta la sua opera:

1) la grazia può operare soltanto dove c'è la ragione, non altrove. Unicamente l'uomo, il quale è sulla terra il solo essere che posseggia la ragione, va incontro alla salvezza o alla perdizione, che non si danno per le piante e per gli animali. In questo senso, la grazia continua a presupporre la ragione;

2) quantunque sfigurata dal peccato, la ragione conserva un qualche potere nei confronti del divino. Essa è indubbiamente il più delle volte vittima della curiosità, urta nelle tenebre, ma nondimeno qualcosa coglie intorno a Dio;

3) ciò che l'uomo aveva all'inizio, la cognizione vera di Dio e la vita giusta, e che ha perduto con la catastrofe del peccato, allora era pur suo, faceva parte della natura umana, che era autosufficiente.

Tutto questo fa sì che la distinzione dell'ordine della grazia e di quello della natura si appanni. Da distinzione di essenza, sembra diventare distinzione di grado. Soltanto relativamente al grado inferiore, il superiore è grazia; esso, considerato di per sé, è natura perfetta e integra. Sebbene sia per il momento lontano dall'orizzonte, un tale svolgimento in seguito s'impone.

Quando ciò accade, si ha la laicizzazione dell'intero sapere scientifico, e anche la filologia classica e la critica storica, che hanno ricevuto un potente impulso dalla Riforma, si rivolgono contro il cristianesimo e la sacra scrittura. L'insidia si era intravista da tempo e ci si era lamentati che la grammatica pretendesse di dare lezioni allo Spirito Santo. L'opera di abbattimento delle finzioni ecclesiastiche, delle leggende di santi e di martiri, una volta incominciata non finisce più, e non si arresta nemmeno di fronte al Santo del Vangelo. Ma questa è vicenda in gran parte posteriore a Calvino (che però l'aveva avviata, avvalendosi delle acquisizioni filologiche degli umanisti, p. es., della confutazione compiuta da Lorenzo Valla, della pretesa donazione di Costantino, e giovandosene nella polemica antipapale).

l'andamento accennato è quello dominante).

La rottura del compromesso tra il cristianesimo e l'ellenismo, anziché essere di vantaggio alla religione cristiana, riesce ad essa di danno. L'elaborazione della dommatica cristiana, che si era compiuta mediante i concetti forniti dalla filosofia greca, finisce con la Riforma, e non viene più ripresa, perché nessuno strumento ad essa porge la filosofia moderna. Le definizioni dommatiche delle fondamentali credenze cristiane della trinità, dell'incarnazione, della duplice natura e dell'unica persona di Cristo, della forma della sua presenza nell'eucarestia, si avviano per una strada, per cui alla fine diventano morte formule, che vengono pronunciate con la bocca, ma a cui la mente non attribuisce più alcun senso, perché non accorda più ad esse alcun interesse. In ultimo, le cose non sono molto diverse nel cattolicesimo da quel che siano nel protestantesimo, anche se la Chiesa cattolica si sequestra dal moto della civiltà moderna, si rinserra in sé medesima, e nell'esteriore rimane per oltre tre secoli solida e catafratta, mentre il protestantesimo confluisce con le sue forze nella modernità e vi si dissolve. Nel sincretismo ellenistico-cristiano è stato l'elemento greco a permeare di sé quello cristiano, assai più di quanto questo abbia permeato di sé quello, perché intellettualmente il primo era più consistente. Tirar fuori l'elemento speculativo dal patrimonio della fede risulta impossibile, e la prova di ciò è che, quando ci si accinge all'impresa, l'intero edificio religioso va in rovina. L'alleanza fra Gerusalemme e Atene non è, per il cristianesimo, meno esiziale, quando si rompe, di quel che lo sia, quando si stringe. Finché ha retto, ha costretto il cristianesimo a menare un'esistenza divisa; quando si è rotta, lo ha sospinto al disfacimento, indirizzandolo verso l'adommatismo.

4. *Il divorzio tra teologia naturale e teologia rivelata*

Tanto forte e incontrastabile è la tendenza alla separazione della ragione e della fede, della natura e della grazia, della teologia naturale e della teologia rivelata, che si manifesta, dopo secoli di equivoci rapporti tra i due ordini di cose, nella speculazione moderna, che essa, sia pure in modi diversi e con esiti a volte contrastanti, si afferma vittoriosamente in tutti i filosofi, a partire dal Seicento, e non viene più meno.

Incomincia Cartesio, per il quale la conoscenza delle altre cose dipende così strettamente dalla conoscenza di Dio, che, se questa manca, anche quella fa ineluttabilmente difetto. Il *cogito* ci rende, infatti, certi della nostra esistenza, ma non fa completamente dileguare la nostra esitazione e il nostro dubbio; potrebbe ancora darsi che non ci sia fuori di noi niente che assomigli alle idee che possediamo; soltanto allorché abbiamo dimostrato l'esistenza di Dio, la sua infinità, bontà e perfezione, possiamo, mediante il criterio della veridicità divina, debellare qualsiasi incertezza e stabilire la realtà del mondo esterno. Se si vuole uscire dal *cogito* (e Cartesio è convinto di doversi sforzare di farlo), occorre far leva sull'esistenza e sulla natura di Dio, che è la base metafisica e teologica, su cui si erge tutta la fisica, la quale è inconsistente, finché aleggiano minacciose le supposizioni del Dio ingannatore, e ancor più, del genio maligno. La scienza di Dio, dopo Platone, si chiama teologia; così l'ha denominata anche Aristotele, seguito da innumerevoli altri; ma quella di Cartesio è teologia naturale, che non vuole avere niente da spartire con la teologia rivelata. Non è già che Cartesio intenda contestare la seconda per la prima, anzi, implicitamente ne riconosce la possibilità e la realtà; soltanto egli preferisce non occuparsene, e quando vi è spinto, si schermisce e cerca di sottrarsi a quella che gli appare un'impresa sovrumana (e tale, in un certo senso, è effettivamente, giacché presuppone la grazia, che è iniziativa divina), protestando di essere un semplice uomo. Il fatto che Cartesio non segnali con un aggettivo quale è la teologia, che è il fondamento della sua filosofia, e quale è la teologia, di cui ha in animo di astenersi dal discorrere, non è di alcun ostacolo ad intendere che quella è la teologia naturale e che questa è la teologia rivelata. Soltanto alla teologia rivelata si può, infatti, riferire con senso l'assunto cartesiano che alla teologia non si possono applicare i ragionamenti che si adoperano nella matematica e per le rimanenti verità, perché su di essa noi non abbiamo presa, in quanto noi abbiamo ottima presa sul Dio della ragione naturale, della cui esistenza si è in grado di fornire dimostrazioni irrefragabili. Altra è la posizione del filosofo (e del teologo naturale) e altra è quella del teologo (della teologia rivelata). Cartesio distingue i due piani con tutta la nettezza desiderabile, si colloca sul primo e non intende dichiararsi sul secondo. Così, p. es., non ci si deve fondare sul finalismo, perché la considerazione dei fini assegnati da Dio alle cose appartiene all'ordine soprannaturale. Del pari, il filosofo si deve restringere a stabilire che l'uomo è libero nell'ordine naturale; i quesiti d'ordine soprannaturale riguardano il teologo. Il rifiuto cartesiano dei ragionamenti verosimili, dovuto alla regola per cui si deve trattare come falso tutto ciò in cui s'insinui anche la menoma ombra di dubbio, è tale da disarmare l'intera teologia rivelata, la quale, stretta in mezzo tra la ragione e la fede, aveva molto spesso finito con l'accontentarsi del semplice ordine del verosimile. Ne viene che, in fatto di teologia rivelata, si deve desiderare la massima semplicità, quella che s'incontra presso i contadini, i quali sono anch'essi capaci di guadagnarsi la salvezza celeste, ed evitare le complicazioni degli Scolastici, che hanno dato luogo a litigi, contese e guerre[16].

---

[16] Anche nella teologia – dice Cartesio a Burman – le cose si conseguono e si concatenano, «*sed nos earum veritatum nexum ita consequi et intelligere non possumus, quia a revelatione dependent. Et certe Theologia nostris ratiociniis, quae in Mathesi e aliis veritatibus adhibemus, subjicienda non est, cum nos eam capere non possimus; et quanto eam servamus simpliciorem, eo meliorem habemus*». Ciò non toglie che l'esistenza di Dio «*maxime demonstrabilis sit et firmius (ut omnes veritates metaphysicae) demonstrari possit demonstrationibus mathematicis*» (*Descartes et Burman*, in *Oeuvres*, ed. cit., *Correspondance*, V, pp. 176-177). Quando Cartesio afferma che per il bene operare è sufficiente il bene giudicare, si riferisce al bene come l'intende la filosofia, non la teologia. Cfr. la lettera a Mersenne del 27 aprile 1637 (*Ibid.*, I, pp. 363-368). Evitare, per quanto è possibile, le controversie teologiche e tenersi nei limiti della filosofia naturale, è la massima di Cartesio. Cfr. la lettera a Mesland del 2 maggio 1644 (*Ibid.*, IV, pp. 110-120). «Per quanto è possibile»: in effetti, la dommatica cristiana ha così grande bisogno della filosofia, per essere formulata e accettata con comprensione delle

Assai più radicale di Cartesio, nel domandare la separazione della filosofia e della religione, è Hobbes, il quale non esita a dire che i primi Dottori della Chiesa, cercando di difendere la religione dagli attacchi dei gentili mediante la ragione, si dettero anch'essi a filosofare e a mescolare le sentenze dei filosofi con quelle della sacra scrittura, e così tradirono la cittadella della fede cristiana, nella quale introdussero i nemici. Il sincretismo tra grecità e cristianesimo è rifiutato sia dagli esponenti di quella che si suole chiamare la tradizione filosofica cristiana, sia dagli illuministi, che in un primo momento affettano di voler difendere la causa della religione, mentre, con maggiore o minore consapevolezza riflessa, la combattono. Hobbes ne è una prova, giacché egli colloca da un lato la scienza, che è tutta e soltanto opera di ragione, e dall'altro la religione, che è per intero campo di fede e d'autorità, per cui, dove si sa, non c'è alcun posto per il credere, e dove si crede, non c'è nessuno spazio per il sapere. Tra i due lati non c'è nessuna relazione, nessuno scambio; i tempi della *fides quaerens intellectum* (e dell'*intellectus quaerens fidem*, secondo che si è voluto aggiungere) sono ormai remoti. Il contenuto che Hobbes assegna alla fede è ridottissimo, giacché, per lui, si tratta di credere che Dio esiste e che governa tutte le cose, senza chiedersi, e cioè senza pretendere di sapere come esiste e come governa, giacché in tal caso si potrebbe sospettare che non esista come una cosa del mondo e che non governi come un re della terra, che sono, invece, gli atteggiamenti più convenienti da assumere. Se, come vuole Hobbes, quanti insegnano la religione, debbono guardarsi dal far ricorso a dottrine fisiche, perché essi non possono possedere alcuna conoscenza delle cose naturali, e pertanto sono esposti al pericolo di cadere in assurdità, ne viene che essi non sono in grado di compiere alcuna precisa enunciazione di proposizioni teologicamente valide. E Hobbes ha ragioni da vendere, quando afferma che la dottrina teologica della transustanziazione comporta una dottrina del corpo e dello spazio, di cui il cristianesimo non dispone. Non si tratta di sostituire alla transustanziazione la consustanziazione (o altra consimile concezione dommatica), la quale comporta anch'essa in ogni caso una fisica, ma di abbandonare qualsiasi formulazione del domma, ossia occorre produrre il vuoto nella religione, credere senza un qualsiasi oggetto di fede. Il suggerimento, che Hobbes dà ai cristiani, di mantenere distinta e indipendente la religione dalla scienza è un invito, rivolto al cristianesimo, a distruggersi da sé, senza aspettare di ricevere la morte da una mano estranea[17].

---

parole con cui si esprime (che altrimenti diventano parole senza senso), che Cartesio, nonostante tutta la sua riluttanza, s'induce a prendere partito sulla questione dell'eucarestia, proponendo una concezione alternativa a quella fondata sulla metafisica di derivazione aristotelica, e consacrata dalla Scolastica, la quale faceva leva, per la transustanziazione, sull'esistenza degli accidenti reali e sulla loro separabilità dalla sostanza. Ma l'ardita spiegazione, escogitata da Cartesio, doveva necessariamente andare incontro all'ostilità dei teologi, già per il motivo che la Chiesa cattolica aveva da un secolo emanato la sua definitiva sentenza, l'aveva chiusa con sette sigilli, e tutto poteva augurarsi fuori che vedere risollevati problemi di tal genere.

[17] «*Nati illis temporibus Ecclesiae post Apostolos doctores primi* – dice Hobbes –, *dum*

Fino all'avvento dello spirito moderno, la civiltà europea si è retta sulla confluenza di elementi ellenistici, costituiti per la filosofia soprattutto dal platonismo e dall'aristotelismo, e di elementi ebraico-cristiani, che si sono riuniti in un groviglio pressoché inestricabile. Spinoza si assegna il compito di sciogliere questo viluppo, distinguendo i vari ingredienti fatti violentemente amalgamare, e assegnando la schietta essenza e ragion d'essere di ciascuno. Secondo Spinoza, i dottori cristiani non hanno insegnato altro che speculazioni platoniche e aristoteliche, a cui hanno accomodato la sacra scrittura, per non esporsi all'imputazione di seguire le idee dei pagani. Non contenti di aver delirato con i Greci, i Dottori cristiani hanno costretto a delirare la stessa scrittura; gli uomini non hanno finora conosciuto Dio, perché l'hanno preso per un potente che vuole essere adulato, al pari dei re di questa terra; i profeti ebrei si sono fondati sull'immaginazione, così che la rivelazione ha avuto luogo soltanto per mezzo d'immagini, e per di più, d'immagini non vere, bensì immaginarie (certamente Mosè ha comunicato in forma speciale con Dio, il quale si è manifestato ancor più a Gesù Cristo; ma la legislazione mosaica ha soltanto scopi temporali, e quanto a Gesù Cristo, è tanto poco da ritenere che in lui Dio abbia assunto forma umana, quanto poco è possibile che il cerchio assuma la natura del quadrato). La conoscenza genuina dell'essenza di Dio si ha mediante il lume naturale e la speculazione filosofica; la religione ha fini non teoretici, ma pratici; essa comanda l'amore di Dio, ossia l'amore del prossimo; di conseguenza, quale che sia il contenuto che Dio riceve nella fede è cosa del tutto indifferente[18].

La convergenza tra teologia naturale e teologia rivelata, che per tanti secoli era stata professata come se fosse la più legittima e la più doverosa delle operazioni, è diventata modernamente così impossibile, che è rigettata, sebbene in

---

fidem christianam contra gentes ratione naturali defendere conabantur, coeperunt philosophari etiam ipsi, et placita nonnulla ex philosophorum ethnicorum scriptis Scripturae sacrae placitis admiscere» (*Elementorum Philosophiae Sectio prima De Corpore, Epistola Dedicatoria*, cit.). – C'è, per Hobbes, una tale differenza tra la scienza e la fede, che la prima richiede un esame accurato di ogni proposizione, mentre la seconda consiste di un semplice dire di sì a un contenuto proposto. Di qui deriva l'estrema facilità della religione cristiana (su cui Hobbes ha il pieno consenso di Locke). Locke assume come criterio di giudizio, in verità di fede, la capacità di comprensione del lavorante a giornata. Tutto il rimanente è arbitraria complicazione teologica. Cfr. *The Reasonableness of Christianity, as delivered in the Scriptures* (*The Works*, ed. cit., vol. VII, pp. 1-158).

[18] Gli uomini di Chiesa, dice Spinoza, fecero di tutto per essere riconosciuti i soli interpreti della religione: «*Ad quod praeterea accessit, quod Religionis dogmata ad tam magnum numerum auxerant, & cum Philosophia ita confunderant, ut summus ejus interpres summus Philosophus, & Theologus esse, & plurimis inutilibus speculationibus vacare deberet, quod tantum viris privatis, & otio abundantibus contingere potest*». Una volta sciolta la commischianza di filosofia e di religione, niente interessa alla religione che cosa sia Dio: «*an scilicet sit ignis, spiritus, lux, cogitatio, etc., id nihil ad fidem*» (*Tractatus Theologico-Politicus*, cit., p. 237 e p. 178). Per queste sue dottrine, come anche per la critica testamentaria e per quella del miracolo, Spinoza è adoperato moltissimo dagli illuministi, per quanto l'atteggiamento mentale di Spinoza sia lontano e opposto a quello dell'illuminismo, giacché restaura l'ideale della vita contemplativa.

maniera diversa da quelle finora considerate, anche da Leibniz, e cioè dal filosofo che più si presenta come l'erede dell'intera tradizione del pensiero europeo, come il conciliatore degli antichi e dei moderni, vale a dire, in definitiva,
di Platone e di Aristotele col cartesianesimo e con la nuova scienza. Per scorgere il punto dove questa volta avviene la rottura, occorre considerare che, per
quanto l'elaborazione dei dommi del cristianesimo fosse stata compiuta mediante i concetti forniti dalla filosofia greca, sempre si erano in precedenza distinte
la speculazione umana e la rivelazione divina, la natura e la grazia, e si erano
configurate queste distinzioni come essenziali, anziché di grado. L'uomo può
speculare con tutte le energie di cui dispone, dove un individuo s'arresta può
subentrare un altro, così si può formare una catena ininterrotta di spiriti magni,
che investigano intorno alla realtà di Dio, e cioè può sorgere una tradizione filosofica e teologica. Nondimeno, sebbene si supponga che questo accada presso
tutti i popoli civili e per millenni, un tale sforzo non può raggiungere nemmeno
un elemento di pertinenza dell'ordine soprannaturale, che è di un'altra specie.
La grazia deve sopraggiungere, dispensata da Dio, essendo eterogenea rispetto
alla natura; così è della salvezza, alla quale niente giova il sapere filosofico e
scientifico, per immenso che esso sia; in breve, così è della fede e della ragione,
e di ogni altro elemento che si riguardi, p. es., della carità e dell'intelligenza.
Leibniz abolisce queste distinzioni d'essenza e le sostituisce con semplici distinzioni di grado, e fa ciò non casualmente, bensì in forza dei concetti fondamentali della sua filosofia, di modo che non gli sarebbe in nessun caso consentito di comportarsi diversamente. L'ideale punto di partenza di Leibniz in tutta
questa questione è costituito dal principio della pienezza, per cui nella realtà
tutto è pieno, e tutto è continuo (la derivazione della legge della continuità dal
principio della pienezza è, ad avviso di Leibniz, tanto chiara, da potersi eseguire
speditamente). Pertanto, quando gli attributi essenziali di un essere si approssimano a quelli di un altro, tutte le proprietà dell'uno si approssimano per gradi a
quelle dell'altro, e tutti gli esseri sono disposti come altrettanti anelli di un'unica catena. Si può tanto sostenere che in questa maniera è naturalizzato il soprannaturale, quanto dichiarare che è soprannaturalizzato il naturale; ciò non arreca altra differenza che quella delle parole; le idee rimangono le stesse e si
riassumono nell'ammissione di una gerarchia di esseri, in cui si va dall'uno all'altro per passaggi infinitesimi, insensibili[19].

---

[19] L'armonia prestabilita tra i regni della natura e della grazia, dice Leibniz, è tale che «*la
nature même mene à la grace*» (*Principes de la Nature et de la Grace, fondés en raison*, 15).
Nella *Monadologie*, 88, è aggiunto: «*Cette Harmonie fait que les choses conduisent à la grace
per les voyes mêmes de la nature*» (in *Die Philosophischen Schriften*, ed. cit., Bd. VI, p. 605 e
p. 622).

5. *La posizione degli ultimi campioni del cristianesimo, Pascal, Malebranche, Berkeley*

Della pluralità degli ordini e della loro irriducibilità, trascurate da Leibniz, ha una profonda coscienza Pascal, il quale però, anziché restaurare la tradizionale posizione della teologia cristiana, la innova, capovolgendo i termini rispetto a come li incontra configurati in Cartesio. Quale rifiuto più estremo esiste del consueto eclettismo teologico, di quello contenuto nell'esclamazione di Pascal «*Dieu d'Abraham, Dieu d'Isaac, Dieu de Jacob, non des Philosophes et des savants*»?[20]. In effetti, era una pretesa assurda quella di sostenere che in definitiva si è in presenza del medesimo Dio, come si era implicitamente o esplicitamente fatto prima dell'avvento della modernità. Il Dio dei filosofi e dei dotti è quello, il cui concetto incominciano ad elaborare i primi pensatori greci, e specialmente Senofane col dire che uno solo è Dio, massimo tra gli dei e gli uomini, non somigliante agli uomini per l'aspetto né per l'intelligenza; Eraclito con l'affermare che Dio è giorno notte, inverno estate, sazietà fame; Anassagora col sostenere che Dio è intelligenza illimitata, indipendente, non mescolata a cosa alcuna, a sé stante; concetto, che continuano ad ampliare e perfezionare tutti i metafisici antichi e moderni, Platone e Aristotele tra quelli, Cartesio e poco dopo Spinoza tra questi; e che seguiterà ad essere pensato, finché ci si sforzerà di comprendere che cosa la realtà è. Il Dio di Abramo è quello che ordina a questo capo di pastori di abbandonare la patria, che gli promette ripetutamente una discendenza, che si allea e fa un patto con lui; il Dio d'Isacco è quello che prima domanda che quest'uomo gli sia offerto in sacrificio e poi rinuncia a tale offerta sacrificale; il Dio di Giacobbe è quello che si mostra in sogno a questo individuo appoggiato ad una scala e di lì gli parla e gli garantisce il possesso di una terra per lui e per i suoi futuri discendenti. Il Dio della filosofia è il principio di tutte le cose che sono; il Dio della religione ebraica, finché essa rimane immune dalle influenze della cultura ellenistica, è un essere particolare, e per questa sua indole ha il proprio corrispettivo nelle divinità della religione popolare greca, da cui tuttavia differisce per altri caratteri (soprattutto per la sua figurazione unitaria, quantunque non esclusiva, perché sotto di sé lascia il posto agli angeli, nonché alle divinità degli altri popoli, che costoro sono autorizzati a seguire, in quanto egli esige il riconoscimento del solo popolo ebreo). Il cristianesimo, che attinge da una fonte filosofica greca e da una fonte religiosa ebraica, combina, grazie all'allegorismo più estremo, il Dio principio universale col Dio essere particolare; ma, come si è mostrato, non riesce a fonderli completamente, per la ragione che l'impresa è ineseguibile. Pascal con la sua contrapposizione non intende minimamente eseguire la separazione testé accennata, di cui non ha alcun sentore; egli vuole rivendicare il fatto incontestabile che il Dio dei cristiani non si restringe ad essere l'autore delle verità matematiche e dell'ordine cosmico, ma è un Dio d'amore e di consolazione, che ricolma l'anima e il cuore di coloro che

---

[20] *Mémorial*, in *Oeuvres complétes*, ed. cit., p. 553.

possiede, che li rende incapaci di un altro fine che non sia lui stesso[21].

Come ripetutamente si è detto, il cristianesimo puro e incontaminato (in quanto si considera semplicemente come una disposizione della sensibilità, lasciando impregiudicata ogni altra questione nei suoi riguardi) è fondato sulla prevalenza del sentimento della dipendenza, il quale non ammette un intermedio, perché i suoi lati, la dominazione e l'asservimento, esigono di essere a contatto immediato, così che tra il sopra, che esercita la signoria, e il sotto, che la subisce, non ci può essere niente in mezzo. Il cristianesimo che si commischia con l'ellenismo, è tentato di concedere il primato al medesimo sentimento su cui si regge l'intuizione greca del mondo, che è quello del sublime, il quale accorda, invece, un ampio spazio all'intermedio, e concepisce la realtà come una serie sterminata di esseri disposti gerarchicamente, che vanno dal sommo all'infimo, e che nel loro insieme formano la natura, o il cosmo. Il nome dell'intermedio, nel significato che ora interessa, è il mondo, e quando il cristianesimo ha un'avvertimento energico di se stesso, come accade nei primi secoli della sua esistenza e allorché è aggredito dall'illuminismo, il mondo è una povera cosa, è un'entità scomparente, così che l'anima vuole sapere unicamente di se stessa e di Dio, e non è interessata e curiosa della natura[22]. Ma perché questo atteggiamento negativo nei confronti del mondo corporeo sia filosoficamente giustificato, occorre che il mondo medesimo sia povero di realtà, non possegga vera consistenza, o magari che non esista affatto, nel qual caso le anime possono unicamente intrattenersi con Dio.

Questo è il compito speculativo, che si assegnano e che eseguono in maniera assai somigliante i due ultimi grandi difensori del cristianesimo, nel momento in cui esso subisce l'assalto dell'illuminismo, Malebranche e Berkeley, i quali illustrano l'insidia che l'ellenismo aveva teso con successo alla religione cristiana, insidia racchiusa nella pretesa di fare del mondo un ingombrante intermedio, che vieta all'anima ogni sua intima comunione con Dio e l'irretisce con la falsità e con l'inganno d'illusori miraggi.

Malebranche si chiede quale sia l'errore più pericoloso contenuto nella filosofia degli antichi, e risponde riponendolo nell'ammissione dell'esistenza nei corpi di alcune entità distinte dalla materia, e nell'immaginazione che esse siano le vere, o le principali, cause degli effetti che scorgiamo capitare; ammissione e immaginazione accolte anche dai filosofi ordinari, che denominano tali entità «forme sostanziali». Poiché dove c'è la potenza d'agire, c'è anche la divinità, ne viene il coerente modo di pensare dei pagani, per cui c'è qualcosa di divino in tutti i corpi che ci circondano. Certamente, anche per i pagani, si dà una divinità suprema, il sommo Giove, e si danno molte divinità inferiori, perché esiste una causa universale ed esistono tante cause particolari, a quella subordi-

---

[21] *Pensées*, 602, cit., pp. 1279-1282.
[22] Non si confonda quell'intermedio, che è il mondo, col mediatore, che è Gesù Cristo, il quale è medesimamente Dio, mentre il mondo, ossia – in questo caso – la serie delle cose finite diverse dalle anime umane, non ha in sé niente di divino.

nate, ma dovunque c'è effettivamente causalità, lì c'è un essere divino, che dispensa piacere e dolore, gioia e affanno, e che in proporzione alla sua dignità è meritevole di ricevere adorazione. Gli Scolastici, accogliendo le opinioni dei filosofi pagani, hanno spalancato le porte all'errore più pernicioso; la fede è intervenuta per correggerlo, ma se il cuore è rimasto cristiano, il fondo della mente è diventato pagano. Soltanto quando si sia convinti che è unicamente Dio ad agire nelle cose, ci si rende conto che è soltanto lui che bisogna temere e amare in esse: *Soli Deo honor et gloria*. La sacra scrittura insegna chiaramente che Dio non ha bisogno di strumenti per agire e che non si danno cause seconde, facendoci vedere che non capita nulla nelle città degli ebrei che non faccia lui stesso; e questo insegna la religione cristiana con Sant'Agostino e parecchi altri santi scrittori[23].

L'immaterialismo di Berkeley ha analoga motivazione religiosa, e, considerandolo adesso sotto il proposito che qui unicamente interessa, è chiaro com'esso si sbarazzi d'un solo colpo dei corpi, dei filosofi pagani, dei più perniciosi nemici della religione cristiana, vantandosi di avere dalla sua parte l'autorità della Bibbia, la quale non ha occhi che per l'uomo e per Dio. In ogni tempo, e specialmente nell'epoca in cui si avanza sulla scena l'illuminismo, i più pericolosi nemici del cristianesimo sono i materialisti e gli scettici, e Berkeley toglie loro di mano le armi, che essi reputano d'impugnare con tanta sicurezza, dimostrando ai primi che la materia è un'idea astratta, e pertanto che la materia non esiste, e facendo vedere ai secondi che ogni dubbio intorno alla verità delle nostre sensazioni, o percezioni, è assurdo, giacché l'essere delle cose non pensanti si risolve nel loro essere percepito. Concepire una materia come qualcosa di non pensante fuori di noi è impossibile, poiché tutto ciò che possiamo concepire sono le nostre idee, e la materia non è una nostra idea né è simile alle nostre idee, la volta del cielo e l'arredamento della terra, in breve, tutti i corpi che costituiscono la potente macchina del mondo, non hanno alcuna esistenza indipendente

---

[23] Il vero conflitto, secondo Malebranche, è tra il cristianesimo, o, com'egli anche dice, la filosofia, che l'uomo ha ricevuto da Adamo e da Gesù, e il paganesimo, ossia la filosofia, che è venuta dal serpente, dopo che il peccato ha reso pagana la mente. In pieno accordo con la filosofia che afferma l'esistenza di effettive cause nel mondo, il paganesimo riconosce la realtà d'innumerevoli esseri divini, a ognuno dei quali si deve accordare un'adorazione proporzionata al grado di potenza della sua causalità. La comune filosofia accoglie questo punto di vista pagano, che ha un'immensa diffusione, perché dopo il peccato c'è una segreta opposizione tra Dio e l'uomo, che è portato ad amare ed a temere le finzioni della sua immaginazione. Il cristianesimo dichiara che le divinità pagane non sono altro che pietre e metalli senza vita e senza movimento: perché ciò sia vero, occorre dimostrare che tutte le pretese divinità della filosofia non sono altro che materia e volontà inefficaci. Unicamente in questa maniera si possono distruggere le ragioni, che i libertini adducono contro la religione rivelata. Malebranche conclude: «*Il est nécessaire d'établir clairment les veritez qui sont opposées aux erreurs des anciens Philosophes, & de prouver en peu de mots qu'il n'y a qu'une vraie cause, parce qu'il n'y a qu'un vrai Dieu: que la nature ou la force de chaque chose n'est que la volonté de Dieu: que toutes les causes naturelles ne sont point de* véritables *causes mais seulement des causes* occasionelles» (*De la Recherche de la Verité*, VI, II, III, in *Oeuvres complètes*, par G. Rodis-Lewis, Paris, 1976, tomo II, p. 312).

dagli spiriti, si tratti degli spiriti umani, finiti e temporali, o dello spirito divino, infinito ed eterno. Com'è assurdo il materialismo, che fa di un inesistente la somma totale della realtà, così è assurdo lo scetticismo, per la ragione che il dubbio, o la negazione del valore della conoscenza, presuppone la duplicità dei modi dell'esistenza, del modo ideale, che è quello nello spirito, mente o anima, che voglia chiamarsi, e del modo reale, che è quello delle cose in se stesse, e suggerisce l'eventualità che il modo ideale non sia conforme al modo reale. Tolta di mezzo una tale duplicità, identificato l'essere dentro lo spirito con l'essere senz'altro, la conseguenza è che la certezza della conoscenza è inoppugnabile. Le idee sono passive, gli spiriti sono attivi, la causa delle idee è quindi una sostanza incorporea attiva (ciò che per l'appunto si chiama uno spirito), ma gli spiriti umani sono attivi soltanto in maniera estremamente limitata, com'è chiaro dal fatto che la maggior parte delle idee degli uomini non sono prodotte e non dipendono dai loro spiriti. Esse possono, di conseguenza, essere prodotte unicamente da Dio, che le suscita in noi. Non c'è nessun imbarazzante e fastidioso intermedio tra Dio e l'uomo, non c'è nessun mondo, nessuna natura, se con questi termini s'intende qualche essere distinto da Dio e dalle cose percepite dai sensi. In questa sua concezione Berkeley ha l'appoggio delle scritture ebraiche e cristiane, le quali non danno alcun sentore d'ammettere l'esistenza di un mondo, come un qualcosa che esiste in mezzo tra gli uomini e la divinità, ciò che sopprimerebbe l'immediatezza e l'intimità della relazione delle creature col loro creatore. Per la Bibbia, tutto dipende direttamente da Dio, che interviene sempre e dovunque di persona[24].

Nel momento in cui Malebranche e Berkeley esortano il cristianesimo a disfarsi di quel pernicioso intermedio che è il mondo, com'era stato concepito dall'ellenismo, e sulle orme di questo dalla Patristica e dalla Scolastica (la nozione di creazione, da esse accolta, non vale a sanare la ferita, se si accompagna all'ammissione della consistenza delle cose finite diverse dall'uomo, da cui è, anzi, ridotta a una vuota parola), sia il cattolicesimo che le confessioni uscite dalla Riforma protestante sono esausti, le guerre di religione essendosi concluse senza vinti e senza vincitori, ed essendo così le diverse fedi costrette a coesiste-

---

[24] Per Berkeley, il filosofo naturale deve trovare la sua occupazione nel cercare di comprendere i segni stabiliti dal Creatore, anziché pretendere di spiegare le cose mediante delle cause corporee. Tolta di mezzo la materia, che si sarebbe voluta porre causa delle idee, rimane che il rapporto tra le idee medesime è quello di segni e di significati, e non già quello di cause e di effetti. Tutto ciò risponde all'onnipresenza biblica di Dio, che non sopporta quelle che, con un linguaggio estraneo alle sacre carte, si chiamano le «cause seconde»: «Sì, è estremamente più stravagante dire che una cosa, che è inerte e che non percepisce, opera sulla mente ed è la causa delle nostre percezioni. Per di più, quel che a voi sembra, non so per quale ragione, così stravagante è ciò che le Sacre Scritture affermano in un centinaio di luoghi. In essi Dio è rappresentato come il solo e diretto autore di tutti quegli effetti, che alcuni pagani e filosofi sono soliti attribuire alla Natura, alla Materia, al Fato, o a qualche simile principio non pensante. Questo linguaggio della Scrittura è così costante, che sarebbe inutile confermarlo con delle citazioni» (*Three Dialogues between Hylas and Philonous*, in *The Works*, ed. cit., vol. 2, p. 236).

re in parecchi degli stessi paesi di Europa e in tal modo a togliersi a vicenda la verità. Così codesta esortazione cade nel vuoto, e quanti la muovono sono addirittura guardati con sospetto e tacciati di essere dei pericolosi novatori, che turbano la pace filosofica e teologica (ormai si chiama pace l'inerzia). Grandi spiriti possono ancora presentarsi nel cristianesimo, ma le Chiese cristiane appaiono stanche ed esaurite, sono più o meno estesamente colpite dalla sterilità; e soltanto le Chiese, ossia soltanto gli organismi collettivi dei credenti, avrebbero potuto intraprendere l'attività necessaria a liberare il cristianesimo dall'idea di mondo desunta dall'ellenismo[25].

6. *Il dissidio tra la scienza moderna e la fede cristiana*

Se però l'illuminismo si libera del cristianesimo in quella maniera in cui, svegliandosi, ci si libera di un sogno, che un istante prima pareva tutto vero e reale e adesso si disvela tutto finto e mentito, è per la ragione che la scienza

---

[25] Il rapporto del cristianesimo con le sue due fonti, quella ellenistica (e specialmente platonica) e quella ebraica, è in tutta la vicenda della religione cristiana un motivo d'imbarazzo e d'intoppo. – Saint-Simon pretende di risolvere il cristianesimo nell'incontro delle due sue fonti, quasi che esso non avesse avuto alcuna vita propria, quasi che non avesse compiuto alcuna elaborazione del patrimonio d'idee, che gli pervenivano dalla grecità e dall'ebraismo. Semplificando all'estremo un processo d'idee complicatissimo, Saint-Simon risolve il problema alla svelta: «Socrate aveva proclamato l'unità di Dio; Platone si accorge che, per facilitare le elaborazioni dei moralisti, come per l'esposizione delle loro dottrine, è necessario dividere l'unità divina; di conseguenza proclama l'esistenza della Trinità... Quando i Romani conquistarono la Grecia, i *platonici* si rifugiarono ad Alessandria. Arrivati ad Alessandria si uniscono agli Ebrei, che vi incontrano, e fondano la scuola cristiana. Nel cristianesimo, alla cui formazione concorsero i *platonici* e gli Ebrei, il culto degli Ebrei e la dottrina dei platonici si unirono, e a quest'unione fu dato il nome di cristianesimo» (*Catechismo degli industriali*, in *Opere*, trad. it. cit., pp 1034-1035). – Anche Voltaire pretende di risolvere sbrigativamente il cristianesimo in un miscuglio di platonismo e di credenze orientali, soprattutto ebraiche. A suo dire, all'inizio la setta di Gesù, che è una semplice dissidenza nell'ambito dell'ebraismo, non osa fare del suo morto eroe un Dio, ma presto prende un tale ardimento, amalgamando la metafisica di Platone con il suo misero patrimonio d'idee: un po' alla volta fa di Gesù il Verbo di Dio, poi lo dice consustanziale al Padre, quindi immagina la trinità e, per imporla, ricorre alla falsificazione dei Vangeli, in cui non era minimamente insegnata (*Sermon de Cinquante*, in *Mélanges*, ed. cit., pp. 267-268). – Le difficoltà, che provengono al cristianesimo dai suoi rapporti con l'ellenismo sono maggiori di quelle che gli derivano dalle connessioni con l'ebraismo. Ma c'è anche un conflitto interno al cristianesimo, derivante dal fatto che esso accoglie la scrittura ebraica e considera l'ebraismo come un suo antecedente; tale conflitto consiste in ciò, che il cristianesimo è una religione universale, mentre l'ebraismo è una religione nazionale. Invano Schopenhauer pretende di assegnare il primo posto nelle difficoltà, a cui il cristianesimo si trova esposto, ai suoi rapporti con l'ebraismo e prospetta l'eventualità che il cristianesimo si dissolva a causa della scomposizione dei due elementi di cui è la risultante: quello schiettamente orientale, ascetico, mirante all'affrancamento dal mondo, e quello ebraico, dommaticamente ottimistico. Il naturalismo, il pelagianesimo, l'utilitarismo, a cui giustamente Schopenhauer attribuisce la decadenza del cristianesimo, non hanno niente da spartire con la scrittura ebraica, di tutto ciò non c'è traccia nell'Antico Testamento.

moderna, essendo un'espressione dell'intuizione illuministica del mondo, è incompatibile con la scienza della natura concomitante al cristianesimo, e in generale, con la visione dell'uomo e della vita, che la fede cristiana propone. Che il cristianesimo, al pari di ogni altra religione, comporti di essere accompagnato da una matematica, da un insieme di scienze della natura e da un insieme di scienze dello spirito, è già stato da noi mostrato, così che in questo luogo dobbiamo soltanto compiere alcuni pochi richiami e porre allo scoperto alcuni tenaci pregiudizi, che nascondono questa evidente verità. (Tra tutte le cose – si è provato – esiste una relazione necessaria; tra tutte le dottrine si dà un rapporto di reciproca implicazione; tale è una religione, e tale è una morale, una politica, una scienza; nella realtà non c'è niente d'indipendente, di a sé stante, e quindi non c'è niente di neutrale. Quei volti complessivi dei modi di essere e di sentire, che si chiamano le civiltà, sono fenomeni solidali, in cui tutto si collega, e in cui non si possono fare cernite, scegliendo gli aspetti preferibili e amabili e rifiutandone i lati sgradevoli e odiosi. Una tale illusione, per quanto seducente essa sia, va riposta nel novero degli inganni. Ciò che il concetto teoricamente definito importa, l'esempio dei documenti di ogni popolo comprova, così che in una questione del genere non ci dovrebbe essere posto per incertezze).

Senonché, soprattutto quando si tratta di matematica e di scienza della natura, a guastare la chiarezza interviene il pregiudizio che soltanto proposizioni assai elaborate, soltanto teorie molto complesse, appartengano a codeste scienze, e che le enunciazioni più rudimentali, le osservazioni e i rilievi incidentali, non possano essere compresi in tali guise del sapere. Invece, una volta immedesimate le categorie con le specie delle conoscenze, e immessi quei simulacri delle categorie, che sono le scienze in senso improprio, nel dominio della vita, è da concludere che non c'è espressione così povera di pensiero, che possa sottrarsi all'una o all'altra di dette scienze, per la ragione che non c'è manifestazione tanto esigua di vita, che possa essere priva di se stessa, fatto non vitale, bensì puro e vuoto nulla. Se presso un popolo s'incontrano, quantunque in maniera spontanea e irriflessa, numeri e operazioni con numeri, occorre affermare che esso possiede una conoscenza matematica, poiché la differenza tra lo spontaneo e il riflesso è una differenza di grado, non di essenza, e il cosiddetto spontaneo è un riflesso poveramente pensato, nella stessa maniera in cui il cosiddetto riflesso è uno spontaneo riccamente concepito. Analoghe conclusioni sono da trarre a proposito delle altre specie di conoscenze (e in primo luogo di quelle che si riassumono nel sapere naturale), di cui s'incontrano documenti e testimonianze d'incontestabile valore presso codesto popolo.

Così, poiché si legge nella Bibbia che Dio, portati a compimento i cieli e la terra e ogni loro ornamento, nel settimo giorno si riposa, e che Gesù dice a Pietro che lo rinnegherà tre volte prima che il gallo canti, e ancora che lo stesso Gesù entra in Gerusalemme sopra un asino, è manifesto che l'ebraismo possiede una scienza matematica, la quale annovera i numeri ordinali tra i suoi elementi, e una zoologia, la quale asserisce l'esistenza dei galli e del loro cantare e l'esistenza degli asini come di animali che si possono cavalcare. Alcune di quelle citate ad esempio sono precisamente proposizioni di matematica, che importano che il tre venga dopo l'uno e il due, e che la terza volta venga dopo la prima e la seconda, e il settimo giorno giunga dopo che si sono succeduti sei giorni; esse posseggono innegabilmente tale indole, al pari delle proposizioni più elaborate, con cui si definiscono i numeri cardinali, sia infiniti che finiti, e i numeri-relazione, di cui quelli che comunemente si chiamano numeri ordinali sono una specie. Niente preme la circostanza che la Bibbia non porga alcuna teoria dell'origine della serie e del significato dell'ordine, delle relazioni asimmetriche, della differenza tra serie aperte e serie chiuse, delle progressioni e dei numeri ordinali, e via di seguito discorrendo; tutte cose che in essa sarebbe inutile mettersi a ricercare. E altre di quelle ricordate sono indubbiamente proposizioni di zoologia, perché è questa scienza ad affermare che esistono i galli e gli asini, soltanto a tale condizione potendo essa in seguito, quando si sia perfezionata, assegnare i galli ai volatili dei Gallinacei, e gli asini ai quadrupedi degli Equidi. (Invece, le proposizioni sulle chimere e sugli ippogrifi sono di pertinenza della scienza mitografica, giacché quando si nega l'esistenza di siffatti animali, si dichiara che ci sono bensì chimere-immagini e ippogrifi-immagini, ma senza sensazioni corrispondenti. Questa è per l'appunto la definizione di essere mitologico). Espunta la convinzione di volgare buonsenso, per cui soltanto le teorie sviluppate e mature avrebbero carattere di scienza, è giocoforza ammettere che ci sono una mineralogia, una botanica, una geografia, nonché un'astronomia e una cosmologia, in breve, c'è una scienza della natura biblica, per quante complicazioni da ciò possano derivare.

Nei secoli cristiani, filosofi e teologi accettano tutto questo come cosa indubitabile, quale essa in effetti è, e adoperano la sacra scrittura quale testo di sapere universale, a cui attenersi come a criterio sommo di veridicità, in qualunque questione si presenti. È infatti evidente che è impossibile parlare, senza menzionare oggetti di tale o di talaltra sorta, e che si riconducono a questa o a quella scienza, all'uno o all'altro dei suoi rami e delle sue branche. Una religione a sé stante, che si pronunci esclusivamente su cose di fede, su atti di culto, sulla salvezza, e che si astenga dal discorrere di qualunque altra cosa, è una siffatta assurdità, che non è consentito nemmeno fingerla con un'astrazione della mente. Gli illuministi sono perfettamente in chiaro sia sulla connessione che lega tutte le specie delle conoscenze, sia sul fatto che la Bibbia fornisce di ciò un'eccellente illustrazione, giacché il suo contenuto è quanto mai vario e composito. Soltanto, la scienza biblica non è quella dell'illuminismo, e dalla posizione di questo deve essere rigettata. La conclusione, esplicita o sottaciuta, è che la Bibbia, siccome non contiene che falsità ed errori in materia di scienza naturale, per il legame che stringe la religione alla scienza, non enuncia nemmeno verità d'ordine religioso. Collins formula il principio della solidarietà delle attività della coscienza, della necessaria concomitanza delle scienze, nella maniera più chiara che si possa desiderare[26].

---

[26] C'è – dice Collins – «una relazione, una rispondenza, un accordo e una connessione tra tutte le cose, e la conoscenza di una scienza o di un'arte non può mai essere raggiunta comple-

Parecchi illuministi paiono sostenere due tesi diverse intorno alla Bibbia, di cui la prima è che la sacra scrittura degli ebrei e dei cristiani è destinata ad insegnare la morale e la religione, e che tutto il rimanente, che si trova in essa a proposito della natura, e che, oltre che falso, risulta puerile, è dovuto alla condiscendenza di Dio, il quale ha parlato accomodando le sue parole alla comprensione del volgo, mentre la seconda è che tali composizioni letterarie contengono ugualmente religione, scienza della natura e storia, e che sono in massima parte inattendibili, e anzi, ridicole, sotto tutti i propositi in cui si vogliano considerare. Senonché, ad un'analisi un po' approfondita, risulta chiaro che la prima tesi è più apparentemente che effettivamente proposta, che è enunciata molte volte con un sorriso di condiscendenza sulle labbra, e che ha lo scopo di preparare la seconda, che è quella che s'intende propugnare sul serio. Le due tesi corrispondono a due maniere diverse d'oppugnare il cristianesimo, l'una moderata, l'altra radicale, sono due mezzi di combattimento differenti, che vengono del pari impiegati contro dei nemici, contro i quali non c'è arma che non venga adoperata. Non c'è contraddizione in chi in un momento impugna armi leggere, e in un secondo momento adopera armi pesanti; analogamente queste due tesi, all'apparenza contrastanti, concordano negli scopi che si propongono.

La prima tesi, presa a sé stante, anticipa di due secoli il movimento che si dirà della «demitizzazione», il quale ha per principio di sbarazzarsi di tutto ciò che nella Bibbia non è fede e culto, di far getto degli elementi di cosmologia, di fisica, ecc., che pur in essa innegabilmente si trovano, dopo aver dichiarato che vi stanno in maniera secondaria, non costitutiva, e che pertanto si possono riporre nel novero dei miti, senza nessun danno per la causa della salvezza del genere umano, la quale è il solo fine che la rivelazione si è assegnata. (La demi-

---

tamente senza la conoscenza di altre arti o scienze» (*Discorso sul libero pensiero*, trad. it. I. Cappiello, Macerata, 1990, p. 9). Per quel che riguarda la Bibbia, Collins aggiunge che non c'è forse libro al mondo altrettanto vario, che tratti una così estesa molteplicità d'argomenti, giacché espone una storia naturale della creazione, narra un diluvio universale che si è riversato sopra tutta la terra, arreca una storia civile ed ecclesiastica dell'umanità per duemila anni, racconta le vicende, le leggi e le istituzioni del popolo ebreo per ottocento anni, descrive la religione degli ebrei e quella dei cristiani, e, quasi non bastasse, discorre d'architettura, di scienza della navigazione, di agricoltura, di medicina, di farmacia, di matematica, ecc. – Si potrebbe essere tentati di giudicare esagerata la pretesa di Collins di riportare alla scienza della natura la stessa creazione, ma si avrebbe torto. È vero che di per sé l'origine assoluta del mondo non fa parte della fisica, ma, siccome nella Bibbia codesta origine è raccontata come distesa nel tempo, ne viene che è legittimo ricondurla alla filosofia naturale. Ci sono parecchi passi nella Bibbia, in cui è attribuito a Dio un corpo e un'anima, nella quale covano passioni orribili. Che partito assumere in un simile frangente? Prendere tutto alla lettera? È il medesimo che farsi un'idea indegna di Dio, immettere nell'essere supremo passioni che farebbero inorridire anche nel più abietto degli uomini. Per di più, a causa dell'implicazione di tutte le cose, ciò importerebbe di accogliere anche le più assurde idee scientifiche e le più inverosimili narrazioni storiche. Allegorizzare? Ricorrere sistematicamente all'allegoria importa costruire una metafisica e una morale, che nella Bibbia non sono contenute. Infine, una tale metafisica e un tale morale sono conoscenze razionali; quindi è la ragione che è chiamata a giudicare della Bibbia, così che il soprannaturale cede il posto al naturale.

tizzazione prende a criterio di legittimità l'uomo moderno, con le sue idee, le sue convinzioni, le sue abitudini, i suoi costumi, e concede che con tutto ciò non si adatta quel che la Bibbia dice intorno al cielo, alla terra, ad un Dio artigiano che fabbrica a partire dal caos, e intorno a innumerevoli altri argomenti; tutte cose da riguardare come semplici miti, non differenti, in ultimo, da quelli che compongono la mitologia dei Greci e dei Romani, e prima ancora, da quelli di cui risulta la cosmologia di parecchi popoli orientali, vicini al popolo ebreo). Facendo finta di suggerire al cristianesimo una comoda via di ritirata, col rinnegare la scienza della natura biblica, l'illuminismo l'invita a produrre il vuoto entro sé medesimo, a togliere ogni significato determinato alla sua professione di fede: senza una cosmologia non vogliono dire alcunché le asserzioni che Dio è disceso dai cieli, che vi ha fatto ritorno, che c'è da attendere la resurrezione dei morti e il mondo che verrà[27].

Le critiche, che gli illuministi disseminano nei loro scritti (e qui veniamo alla seconda tesi), per quanto varie e differenziate esse siano, hanno un punto centrale in cui convergono e si riannodano, ed esso è quello dell'avvenuta sosti-

---

[27] Voltaire fa una finta, quando afferma che i libri sacri hanno per fine l'insegnamento della morale e della religione, non della fisica, e che il divino autore della Bibbia ha avuto la bontà di mettersi al livello della comprensione degli uomini più ignoranti, allorché ha discorso della costituzione dell'universo e dei fenomeni naturali. Ciò è detto con molta ironia; il genuino assunto di Voltaire è che la Bibbia contiene una fisica tanto rudimentale ed erronea, che è difficile indicarne un'altra ugualmente inconsistente e infantile. Il *Genesi* ne fornisce un documento eminente, ma anche gli altri libri della Bibbia ne arrecano una larga messe di esempi. Il Dio dell'Antico Testamento è convinto che i cieli siano solidi, somiglianti a placche di metallo, che le stelle siano dei punti, che la luna sia stata fatta allo scopo di presiedere agli astri; quasi non bastasse, codesto Dio crea il sole e la luna quattro giorni dopo aver creato la luce, divide la luce dalle tenebre, quasi che le tenebre siano qualcosa di positivo come la luce, di cui sono invece la privazione, fa esistere una sera e un mattino, quando ancora non c'è il sole, colloca al di sopra del firmamento un serbatoio d'acque che, sfuggendo attraverso le cateratte, provocano il diluvio universale. Questa è la fisica di un popolo barbaro; ma, se essa cade, cade anche la religione che vi è collegata. E infatti l'irrisione della fisica trapassa immediatamente in Voltaire in sarcasmo verso la religione. È sopra un tale firmamento che si dovrebbe trovare il terzo cielo, al quale San Paolo racconta di essere stato rapito; non esiste nessun terzo cielo e San Paolo non fu rapito da nessuna parte. Lasciata l'astronomia biblica, si è costretti a costatare una serie sterminata di assurdità in ogni campo del sapere. La botanica neotestamentaria non vale di più di quella veterotestamentaria, pretende che il grano, per germinare, debba morire e andare incontro alla putrefazione; il più modesto contadino sa oggi che non accade niente di simile; viene voglia di ridere quando si legge che l'Apostolo professò una tale ferma convinzione. La zoologia biblica annovera tra gli animali degli esseri mitologici come l'assione e il grifone, presume che la lepre rumini e che non abbia l'unghia fessa: non c'è che dire, il Dio della Bibbia non è precisamente un naturalista di grande talento. La chimica del popolo ebreo non era tanto avanzata da permettere la costruzione del vitello d'oro, che avrebbe dovuto aver luogo in un giorno solo; la sua scienza dell'architettura non era così progredita da consentire l'edificazione della torre di Babele, che doveva toccare il cielo; la sua geografia era a tal punto sbagliata che collocava vicini due fiumi distanti tra loro ottocento miglia. Se volgiamo per un istante gli occhi alla cronologia, alla storia, non incontriamo una situazione molto migliore, giacché si riscontrano inverosimiglianze, errori, contraddizioni, in testi dei quali si osa vantare l'inerranza.

tuzione del sistema tolemaico ad opera del sistema copernicano, il quale viene definito il vero sistema del mondo, in cui per la prima volta si è espresso il linguaggio della ragione e della verità. Il contrasto radicale tra la scienza moderna (e vera) e la Bibbia si riassume nel fatto che l'eliocentrismo ha preso il posto del geocentrismo, a cui si attiene la sacra scrittura, e a cui si attiene anche, quantunque in forma profondamente diversa, l'ellenismo. Se l'umanità ha abbandonato, o si appresta ad abbandonare, il cristianesimo, un motivo di questo grandioso evento risiede in ciò, che l'intera intuizione della vita e del mondo dell'uomo moderno ha fra i propri essenziali elementi le idee eliocentriche, nella stessa maniera in cui l'intuizione della vita e del mondo del cristianesimo è inseparabilmente connessa alla concezione geocentrica, comunque essa sia formulata.

Poiché questo è il punto capitale, che si reputa notissimo, tanto su di esso si è scritto, disputato e concluso, ma su cui non si è ancora prodotta sufficiente chiarezza, occorre soffermarvisi sopra (lasciando che Voltaire rida per conto suo di Giosuè che ferma il sole nel bel mezzogiorno – ma un miracolo del genere aveva già fatto Bacco nel suo viaggio alle Indie – e s'indigni del Dio degli ebrei, che compie un tal prodigio per permettere al popolo eletto di far strage dei poveri Amorrei, già schiacciati da una pioggia di pietre, che l'Onnipotente aveva lasciato cadere dal cielo). Il cristianesimo è incompatibile con l'eliocentrismo, come con questo era già stato incompatibile l'ellenismo. L'intuizione greca della vita e del mondo comporta la distinzione dell'alto e del basso, in essa tutte le cose sono articolate secondo gradi, ci sono ordini differenti di dignità e di realtà. Tutte le scienze, dall'astronomia alla biologia, rispettano una tale disposizione gerarchica degli esseri. Nell'astronomia essa si fa valere nella distinzione dell'al di là e dell'al di qua del cielo della luna, del sereno e del turbato; tutto è pace lassù, c'è confusione e discordia quaggiù. Il divino è anzitutto celeste, non per metafora (come metafora appassita, ciò può venir detto anche con spirito moderno), ma nella maniera più realistica possibile: le stelle sono esseri animati, non corpi che si muovono secondo leggi meccaniche, come accade nel sistema copernicano (se non nel suo medesimo inizio, nella sua successiva elaborazione), sono dei viventi di specie superiore, mossi e guidati da delle divinità che vi hanno la loro sede. La teologia astrale di Platone, con le sue anime divine semoventi, le sfere celesti di Aristotele, coi loro motori immobili, sono indivisibilmente espressione di cosmologia e di religione, manifestano la costituzione della natura e insieme celebrano la divinità. La *scala naturae*, come la concepisce l'ellenismo, risponde al requisito del primato dell'intelligenza, la quale è ciò che c'è di più divino; gli esseri si graduano a seconda della maggiore o minore distanza che hanno dal raggiungimento dell'intelligenza, e quelli che ne dispongono a seconda della maggiore o minore misura in cui la posseggono. Le questioni della forma della Terra, della sua grandezza, della sua posizione nell'universo, del suo movimento o della sua immobilità, sono variamente dibattute e risolte dai cosmologi greci; ma, dove, con gli Stoici, si afferma l'antropocentrismo, esse hanno delle risposte obbligate. La Terra è, per gli Stoici, il centro fisso dell'universo; è un piccolo globo, ma, siccome è collocata dove la materia è maggiormente compressa, la sua massa è enorme; Cleante chiama la Terra Hestia, perché, come il focolare, costituisce il centro immobile e divino dell'abitazione della comunità umana. E quando Aristarco propone un completo sistema eliocentrico, in contrasto con le concezioni dominanti nell'antichità, lo stesso Cleante protesta contro una tale inaudita empietà e domanda che si proceda in giudizio contro il dissacratore del mondo[28]. Interessa rilevare l'inconciliabilità tra una qualsiasi teoria eliocentrica e l'antropocentrismo stoico, il quale fa leva sull'eccellenza delle qualità naturali dell'uomo, sulla perfezione del suo corpo e della sua anima – l'uomo raduna in sé quel che di meglio ha la pianta, la posizione eretta, il guardare verso l'alto, con ciò che di meglio possiede l'animale, il movimento, mentre le piante sono immobili e gli animali sono proni sulla terra – e soprattutto sul possesso della ragione, che è il dono d'inestimabile valore, fatto dalla divinità al genere umano, quello per cui l'uomo è dappiù delle bestie.

A queste motivazioni della singolare posizione dell'uomo, il cristianesimo sovrappone quelle sue proprie, le quali sono non d'ordine naturale, bensì soprannaturale, e consistono nella creazione da parte di Dio al termine delle sei giornate, nel peccato, nel preannuncio della futura redenzione, la quale ha il compimento nell'incarnazione di Cristo. L'antropocentrismo cristiano ha di specifico questa sua indole soprannaturale, e nondimeno esso non sostituisce l'antropocentrismo stoico, bensì l'accoglie in sé, accordandogli un posto subordinato, che talvolta minaccia di diventare quello principale (ciò accade quando la teologia asserisce che Adamo, prima della caduta, possedeva la pienezza della perfezione, che senza il peccato non ci sarebbe stata l'incarnazione, in quanto dove non c'è il male non c'è bisogno della medicina, e che lo scopo della redenzione, almeno per quel che riguarda questo mondo, è di ristabilire la condizione primigenia dell'uomo). L'astronomia tolemaica è geocentrica in forma ampiamente sviluppata e particolareggiata; invece, le idee astronomiche che s'incontrano nella Bibbia sono rudimentali e primitive: nondimeno da esse risulta incontestabilmente che gli ebrei e i cristiani affermano nella loro sacra scrittura che la Terra è immobile e che il Sole si muove intorno ad essa[29]. Acco-

---

[28] *Stoicorum veterum fragmenta*, ed. cit., Bd. 1, fr. 500, p. 112.

[29] Spinoza, commentando il famoso miracolo di Giosuè, ha piena ragione nel sostenere che gli ebrei di quel tempo reputavano che il sole si muovesse del moto che si dice diurno e che la terra fosse immobile; ciò si può stabilire per pura analisi di concetti. Dichiarare che in quel luogo della Bibbia si esprime soltanto ciò che sensibilmente si manifesta, il mero fenomeno, importa misconoscere il senso delle parole «soltanto» e «mero», che pur si pronunciano. Codesti vocaboli importano il riferimento a qualcosa d'altro, implicando il «soltanto» il «non anche», e «mero» il «non di più», che certamente si escludono, ma a tale scopo anche si evocano. Se queste o analoghe parole non compaiono (e di esse nella Bibbia non c'è traccia), allora ciò che si manifesta s'immedesima con ciò che si reputa effettivo, ciò che si vede si accoglie come ciò che ha realmente luogo. Il silenzio del luogo biblico è eloquente e vale il più esteso discorso. Protestare che siffatti vocaboli sono sottaciuti implica mettersi una volta di più sulla strada di attribuire alla sacra scrittura una qualche teoria eliocentrica. Spinoza dice di ammirare gli enormi sforzi, che compiono certi interpreti per trovare nelle sacre carte la vera

gliendo l'astronomia geocentrica dominante fra i Greci, il cristianesimo ha di
che confortare la centralità religiosa dell'uomo con la posizione centrale della
Terra nell'universo, e di ricavarne ausilio per il suo antropocentrismo, il quale
importa che il solo essere, per cui il Figlio di Dio si è incarnato, sia per l'appunto l'uomo.

Allorché il sistema copernicano prende il posto di quello tolemaico, questo
antropocentrismo riceve una ferita mortale, in quanto si avvia un rivoluzionamento del modo di sentire, che si ripercuote dovunque. Ad una intuizione della
vita e del mondo interamente articolata sulla distinzione dell'alto e del basso, in
prosieguo di tempo ne succede una del tutto diversa, completamente impiantata
sulla distinzione dell'avanti e dell'indietro (la quale è una distinzione orizzontale – il suo nome è «progresso»; mentre la precedente è una distinzione verticale
– essa si chiama il «divino»). O ci si nutre con misura del cibo soprannaturale
della religione, e allora si è più che uomo, o si è meno di una formica – dice
John Donne –, ma la nuova filosofia (e cioè, anzitutto, la nuova astronomia) abbandona l'uomo a se stesso, annienta la scala gerarchica degli esseri, distrugge
le classi politiche e gli ordini sociali, in breve, arreca lo sconvolgimento universale[30].

In un mondo finito, che ha al suo centro la Terra, in cui l'uomo è la più alta
creatura, la discesa del Figlio di Dio sulla Terra, la sua incarnazione, resurrezio-

---

astronomia, ma la sua è una concessione di comodo. In effetti, codesti sforzi sono documento
o d'irriflessione o d'insincerità.

[30]   «*And new Philosophy cals all in doubt,*
              The Element of fire is quite put out;
              The Sunne is lost, and th'earth, and no mans wit
              Can well direct him, where to looke for it.
              And freely men confesse, that this world's spent,
              When in the Planets, and the Firmament
              They seeke so many new; they see that this
              Is crumbled out againe to his Atomis.
              'Tis all in pieces, all cohaerence gone;
              All just supply, and all Relation:
              Prince, Subject, Father, Sonne, are things forgot,
              For every man alone thinkes he hath got
              To be a Phoenix, and that then can bee
              None of that kinde, of which he is, but hee.
              This is the worlds condition now»

(*An Anatomie of the World*, vv. 205-219; «E la nuova filosofia mette tutto in dubbio, / l'elemento del fuoco è affatto estinto; / il sole è perduto, e la terra; e nessun ingegno umano / può
indicare all'uomo dove andarlo a cercare. / E liberamente gli uomini confessano che questo
mondo è finito, / dato che nei pianeti e nel firmamento / ne cercano tanti di nuovi; essi vedono
che questo / si è di nuovo frantumato nei suoi atomi. / È tutto in pezzi, scomparsa è ogni coe-
sione, / ogni equa distribuzione, ogni rapporto: / sovrano, suddito, padre, figlio, son cose dimenticate, / dacché ciascun uomo per proprio conto crede di essere / divenuto Fenice, e che allora non possa esserci / alcun altro di quel genere, cui egli appartiene, al di fuori di lui. / Questa è la condizione del mondo ora» (trad. it. G. Melchiori).

ne, ascensione al cielo, sono comprensibili; in un universo infinito, in cui non c'è né centro né periferia, e di cui la terra è una minuscola e trascurabile briciola, esse perdono di verosimiglianza e diventano, in ultimo, insensate. Si dirà che la grandezza morale non ha niente da spartire con l'estensione spaziale, che la dignità religiosa è altra cosa dalla centralità della posizione fisica, che l'unicità della destinazione dell'uomo alla salvezza ultramondana non può a nessun patto essere scambiata con la collocazione di un corpo celeste, che, quando è questione del soprannaturale e del trascendente, non deve essere discorso di stelle, di pianeti, e di altre cose dello stesso genere. Si protesterà che una formale contraddizione tra l'astronomia moderna e il cristianesimo non ci può essere, perché, per contraddirsi, ci si deve incontrare, e nessun incontro può aver luogo tra teorie astronomiche e dottrine di fede religiosa. Senonché queste asserzioni e queste proteste sono vane, per il motivo che il dissidio tra codesta astronomia e codesta religione ha effettivamente luogo, e la contraddizione si produce a proposito di quel vestigio del principio di corrispondenza che è, nel dominio della vita, il principio di concomitanza tra tutte le attività della coscienza in senso improprio[31]. Il cielo immune da perturbazioni, interamente pace e armonia, va di pari passo con il cielo, che è la sede di Dio e dei beati; la Terra ferma al centro dell'universo è necessariamente collegata con la Terra su cui si è incarnato il divino redentore Gesù, non c'è artificio capace di disgiungerle. Se protestanti e cattolici hanno in piena concordia inizialmente cercato di impedire l'affermazione del sistema astronomico moderno, se Lutero protesta contro Copernico, definendolo un astrologo da quattro soldi, a cui la gente ha avuto il torto di prestare ascolto, se Calvino lamenta che si abbia l'ardire di porre l'autorità di Copernico al di sopra di quella dello Spirito Santo, se i copernicani vengono frequentemente chiamati dai protestanti «infedeli» e «atei», se la Chiesa cattolica si aggrega alla lotta contro il copernicanesimo, quando il suo trionfo è ormai prossimo, tutto ciò accade, per la ragione che si possiede un giusto sentore del fatto che la nuova scienza minaccia di distruggere la religione[32].

---

[31] La differenza tra il principio di corrispondenza e quello di concomitanza consiste in ciò, che il primo riguarda le attività della coscienza in senso proprio, che sono composte secondo sistemi, ed esso dice che i sistemi si corrispondono assolutamente (ossia senza grado) – tale principio ha il suo campo d'applicazione dovunque, ad eccezione della vita –, mentre il secondo si riferisce alle attività della coscienza in senso improprio, come esistono nella vita, ed esso dice che tutte le specie delle manifestazioni della vita in un unico e medesimo punto di vista tendono a conformarsi le une alle altre (conformazione che lascia sussistere disparità di grado). Il principio di corrispondenza è una legge intorno allo *stare* delle cose intellettuali; quello di concomitanza è una legge intorno all'*andare* delle cose sensibili, ossia è una legge di tendenza, ma nondimeno effettiva. È in grazia del principio di concomitanza che una civiltà presenta un volto unitario.

[32] Non si può far finta di ritenere che sia in questione soltanto l'interpretazione di qualche luogo della Bibbia, come *Giosuè* 10, 13 o il Salmo XCIII. È facile intuire quali enormi conseguenze dovesse avere la teoria copernicana per il cristianesimo; la lunga e decisa opposizione della Chiesa romana a quella che si presenta come una teoria puramente scientifica, si spiega con l'esatto avvertimento che è in gioco un'intera visione della vita.

Certamente, quando s'impone il sistema copernicano e la scienza moderna prende il posto del sapere naturale ereditato dai Greci, modificato col tempo, accresciuto, ma non cangiato quanto alla sua ispirazione, la quale era rimasta quella propria dell'ellenismo, non è che il cristianesimo finisca, scomparendo semplicemente dal mondo, esso viene reinterpretato, così da smussare e attutire i suoi contrasti con la nuova intuizione della vita e del mondo, la quale ha nella matematica e nella fisica i suoi capisaldi. Tuttavia, il cristianesimo, così reinterpretato e riadattato, non è quello medesimo che era stato per l'innanzi; le dissonanze, quantunque molcite, si avvertono; il suo peculiare antropocentrismo, che prima si faceva valere sempre e dovunque, è ormai dimidiato, insicuro, corre il rischio d'estinzione. L'umanesimo illuministico, col suo sentimento amaro della vita, che è poca cosa, su di una terra, che è un mucchio di fango disperso in un universo d'incommensurabile estensione, insidia e un po' per volta fa scomparire la visione cristiana dell'esistenza, tutta racchiusa tra peccato, grazia, dannazione e salvezza eterna.

Dopo che si è arreso al copernicanesimo, il cristianesimo è costretto, per prima cosa, a rigettare l'autorità della sacra scrittura in fatto di scienza naturale, e così a rinnegare l'atteggiamento tenuto per tanti secoli dai Padri della Chiesa, dai Dottori della Scolastica e ribadito dai Concili, che codesta autorità avevano costantemente ammessa e invocata a sostegno della religione. La posizione di pensiero, che era stata condannata in Galileo, il quale aveva affermato che nelle questioni naturali ci si deve fondare sulle sensate esperienze e sulle matematiche dimostrazioni, e non sui passi della Bibbia, giacché lo Spirito Santo ha voluto insegnare come si va in cielo, ma si è disinteressato d'informarci su come va il cielo[33], diventa la posizione ufficiale di tutte le Chieste cristiane, che così introducono un'assurda separazione assoluta tra la scienza e la religione, quasi che esse potessero procedere ciascuna per proprio conto senza incontrarsi mai. Essendosi adattato all'astronomia moderna, il cristianesimo è spinto a interpretare la sacra scrittura sempre più in maniera allegorica, di un allegorismo esasperato, estremo, e nondimeno è obbligato a volte a confessare che ci sono dei passi della Bibbia, i quali, quantunque tirati dagli interpreti in tutte le direzioni, non danno senso. Che avrà mai voluto dire Salomone, uomo ispirato da Dio, e per di più versatissimo in ogni conoscenza di cose umane e naturali, quando affermò: *Oritur sol et occidit, et ad locum suum revertitur?* Una volta esclusa, perché logicamente inammissibile, la possibilità che Salomone si riferisse al movimento apparente del sole, che enunciasse il mero dato dei sensi, il semplice fenomeno visibile, non si capisce quale significato accordare alle sue parole.

In un universo, in cui il nostro sole è una stella di una galassia che raggruppa centinaia di milioni di stelle, e in cui si annoverano decine di milioni di nebulose extragalattiche – il censimento è incompleto e viene di quando in quando aggiornato –, lo schiacciamento dell'uomo è totale, l'uomo è un nulla sia fisica-

---

[33] *Lettera a Madama Cristina di Lorena Granduchessa di Toscana*, in *Opere*, ed. cit., vol. V, p. 316 e p. 319.

mente, sia sotto ogni altro proposito[34]. Si possono immaginare altri mondi abitati da esseri ragionevoli, ma questa supposizione è destinata a risultare di notevole imbarazzo per la teologia cristiana, che ai tempi del suo splendore non considerava una siffatta evenienza, e che adesso talvolta si chiede se codesti esseri ragionevoli d'altri mondi non abbiano peccato, e di conseguenza, non abbiano avuto bisogno di venir redenti, se in qualche maniera, a noi ignota, non sia stata ad essi comunicata la rivelazione e l'incarnazione di Cristo, se non sia il caso di ammettere incarnazioni multiple del Figlio di Dio o di altra persona trinitaria; tutte cose stupefacenti e arcane. Per lo più, si preferisce astenersi da tali paurose speculazioni, ma in questa maniera, il cristianesimo, trovandosi respinto da tutte le parti, è portato a rifugiarsi nella propria privatezza[35].

Senza dubbio, la possibilità di edificare un differente sapere naturale è diventata da parecchi secoli insussistente, ed essa, in effetti, non si presenta ai nostri giorni più nemmeno alla mente. L'antica scienza è stata abbandonata, tutti i ritrovamenti si sono compiuti a vantaggio della nuova. La questione è di stabilire se quella che è oggi una strada impercorribile, sia stata sempre tale, o se avrebbe potuto essere seguita con successo: ciò ha grande importanza teoretica, sebbene non sia di alcun rilievo pratico[36].

Comunque sia di ciò, il guasto prodotto dall'astronomia con l'estromissione dell'uomo dalla sua collocazione al centro del mondo, per la causa della religione è irrimediabile, e la prova di ciò è data dal fatto che quella prima e decisiva sconfitta dell'antropocentrismo è stata seguita da ulteriori disfatte, le quali hanno messo la pretesa del cristianesimo di fare dell'uomo il culmine della creazione in contrasto con tutte le scienze esistenti, così che il credere è dovunque contraddetto dal sapere. La geologia spodesta l'uomo dal dominio della terra, come

---

[34] Spesso si assicura che l'uomo, se è un essere trascurabile per la sua posizione nell'universo, è grande per la sua intelligenza (la quale è quella che gli consente d'interrogarsi intorno alla struttura dell'universo e di formarsene una qualche cognizione), ma intorno a questa grandezza dell'uomo occorre essere in chiaro. La grandezza che l'illuminismo attribuisce all'uomo è soltanto quella di decidere di non lasciarsi ingannare dalle favole intorno alla sua origine e destinazione, di accettare la sua solitudine, di fondarsi unicamente sopra se stesso per rendere la propria vita felice, o almeno accettabile.

[35] Quando Saint-Simon si esprime sulla teoria copernicana, questa è diventata indiscutibile di fatto, ha ricevuto una sistemazione meccanicistica, che l'ha resa ancor più incompatibile con il cristianesimo di quel che non fosse all'inizio, e di conseguenza, l'influenza che essa ha esercitato sulle menti può essere individuata con grande precisione. Per Saint-Simon, tutto il sistema teologico avrebbe potuto essere annientato dalla sola teoria copernicana (*L'organizzatore*, in *Opere*, trad. it. cit., pp. 472-473).

[36] Una discussione in proposito potrebbe utilmente muovere da quanto Husserl afferma nel manoscritto «*Umsturz der kopernikanischen Lehre* in der gewöhnlichen weltanschaulichen Interpretation. Die Ur-Arche Erde bewegt sich nicht» (riprodotto in M. Farber, *Philosophical Essays in Memory of Edmund Husserl*, Cambridge, Massachusetts, 1940, pp. 308-325). Ciò che Husserl si propone di fare, quando discorre di rovesciamento della teoria copernicana, è anzitutto di raggiungere una posizione più originaria di quella che può appartenere a qualunque fisica terrestre e celeste. La posizione di Husserl non è qui più tolemaica di quel che sia copernicana, ma si situa in un terreno che precede la distinzione di codesti sistemi del mondo.

l'astronomia l'aveva spodestato da quello dell'universo, dimostrando che l'assetto attuale del pianeta è sorto e sparirà, coinvolgendo l'uomo nella sua estinzione, che i continenti, i mari, i monti e le valli e tutto quanto ci circonda, anziché essere immutabile, è sottoposto ad una continua vicenda di cangiamenti, iniziati ad un determinato istante del tempo e destinati a finire ad un altro istante ugualmente determinato. La biologia, rendendosi evoluzionistica, distrugge le illusioni, che l'uomo aveva coltivato circa la sua presunta superiorità sugli animali, che aveva preteso essere di essenza, e non già di grado (questo era un punto, in cui l'ellenismo e il cristianesimo sostanzialmente concordavano, anche se assegnavano differenti motivi a codesta distanza infinita, che doveva dividere l'uomo dall'animale, riponendola l'ellenismo nel possesso esclusivo della ragione da parte dell'uomo, e collocandola il cristianesimo nel fatto che l'uomo è l'unico essere a cui è destinata l'opera salvatrice di Dio). La distanza dell'uomo dall'animale è, secondo l'evoluzionismo biologico, precisamente una faccenda di grado, tant'è vero che il corpo dell'uomo è il risultato della trasformazione del corpo di un animale di una qualche specie, e che la sua psiche è il punto d'arrivo provvisorio, a cui ha messo capo lo psichismo animale, il quale ha inizio con le forme più elementari della vita e si complica per strada, pur rimanendo manifestazione fenomenica di qualcosa d'inesplicato e d'inesplicabile. L'arte medica muove dall'idea che il corpo umano è soggetto naturalmente alla malattia e alla morte, mentre la religione cristiana attribuisce sia l'una che l'altra a cause soprannaturali, all'insidia del demonio, al peccato, e se c'è una cosa che la sacra scrittura insegna con chiarezza, è il fatto che la morte è entrata nel mondo attraverso il peccato. Essere oggetto d'inganni demoniaci, che provengono dal di sopra, è per l'uomo un'idea paurosa, ma lusinghiera, poiché il diavolo è una splendidissima creatura, invidiosa della gloria divina. Essere esposti a processi organici, che hanno origine nella comune natura, è deludente, perché significa essere sottoposti ad un destino uguale per tutti. La demonologia, già saldamente attestata dalla Bibbia, la quale ne porge innumerevoli documenti, è spiantata dalla medicina, e il caso in cui questa distruzione è più dolorosa per il cristianesimo, è quello delle malattie mentali, prima attribuite alla possessione diabolica e curate con esorcismi e altri consimili provvedimenti. Ma il danno maggiore, che la psichiatria produce alla religione, non è codesto, ma è un altro, il quale risiede in ciò, che la psichiatria assimila molte pratiche ascetiche e mistiche, di cui sono piene le vite dei santi, alle manifestazioni patologiche, che si riscontrano nell'esistenza d'individui sfortunati. Ciò che una volta era attribuito al sacro fuoco dell'anima entusiasmata dal proposito di rituffarsi nella sorgente originaria della vita divina, adesso è considerato come sintomo di disturbo mentale e per tale è curato.

1. *Il significato ostile alla religione del razionalismo illuministico*

Il principio a cui l'illuminismo si rifà, quando è questione della religione, è quello medesimo a cui esso si richiama ad ogni altro proposito, quale che questo sia, morale, politico, o anche artistico, giacché consiste nell'appello alla ragione, per cui non si deve accogliere niente che non sia razionale. Questo insistito richiamo alla ragione non avrebbe alcun significato peculiare, se l'illuminismo non avesse da proporre, come si è mostrato, un suo determinato concetto di ragione, come facoltà di calcolare, riguardandola come l'attività più costante e più importante dell'uomo, quella che sta a fondamento della sua distinzione dagli altri esseri tutti. Sulla base di un differente concetto di ragione, infatti, Platone edifica una scienza, che confuta l'empietà e l'ateismo, dimostra la provvidenza divina, in breve, stabilisce la verità della religione. E in un'accezione particolare del termine, San Paolo discorre del culto cristiano come di λογική λατρεία. Nemmeno la circostanza che gli illuministi siano soliti chiamare in causa la ragione, come la potestà al cui esame occorre tutto sottomettere, è di per sé sufficiente a contraddistinguere il razionalismo illuministico, giacché lo stesso San Paolo invita a vagliare le cose e a ritenere le migliori.

Ciò che interessa è che, intendendo la ragione come calcolo, l'illuminismo la considera come qualcosa di *formale*, che ha bisogno di ricavare da altra parte il contenuto su cui si esercita, e tale altra parte ha il nome d'*esperienza*. A questo bisogna aggiungere che l'esperienza è debitamente ragionata, quando è conforme al criterio della verosimiglianza, e la verosimiglianza altro non è che una conseguenza del senso comune, a cui l'illuminismo si affida come a guida sicura di giudizio e di valutazione in tutte le questioni che possono presentarsi. Il senso comune s'impone, allorché si ha la massima distanza possibile tra la sensazione e l'immaginazione, che sono divaricate all'estremo, così che l'immaginazione è incapace d'intorbidare e di confondere la sensazione, nella conformazione alla quale risiede la verità. Una coscienza, in cui si dà una siffatta divaricazione tra la sensazione e l'immagine, è una coscienza completamente sveglia, e per essa le cose di sensazione hanno i contorni netti, definiti, sono sempre daccapo identificabili, essendo separate da un abisso dalle cose d'immaginazione, le quali sono sfuggenti e vaghe nella loro fisionomia, ma stanno anche per conto loro. Tra le impressioni occupa grande posto l'avvertimento dell'essere là delle cose di sensazione, che è ciò che le rende dei fatti, e i fatti sono indiscutibili; di essi si può soltanto prendere atto. La natura, la quale è l'insieme dei fatti esteriori, si presenta così come un sistema di gradi, per cui da un fatto ad un altro c'è sempre qualche intermedio, di modo che per il subitaneo e per l'imprevisto non resta alcuno spazio (essi possono trovarsi nell'opinione soggettiva, non appartenere alla costituzione effettiva delle cose). La storia, la quale è l'insieme dei fatti umani nella dimensione del passato, risponde in ciò alla natura, che anch'essa è articolata secondo gradi, come comporta l'indole dei suoi protagonisti, che sono condotti nelle loro azioni da moventi elementari, dalle stesse fondamentali passioni, ancorché queste a volte posseggano una cospicua intensità (e allora si hanno i grandi uomini), e più spesso siano meschine (e in tal caso si ha la massa degli individui comuni). La realtà, la quale è la riunione della natura e della storia (nonché del presente e del futuro dell'uomo, in ciò che questo è anticipato e presentificato), è sentita in maniera prosaica, e tutti i caratteri, qui sommariamente richiamati, dell'illuminismo, si riassumono in quest'affermazione incondizionata dell'atteggiamento prosaico.

Caratteri opposti presentano le religioni che si dicono positive, e per quanto più dappresso interessa, il cristianesimo, così che s'intende la guerra di sterminio ad esso mossa dall'illuminismo. La coscienza religiosa ha qualcosa della coscienza dormiente e sognante, senza dubbio in misura diversa nei differenti luoghi e tempi, ma non è mai del tutto priva di sonno e di sogno, perché in essa l'immaginazione invade la sensazione, permeandola di sé e configurandola secondo le sue esigenze. Dio è la potenza dominante, che opera nel mondo circostante, che agisce sugli uomini, parla, si manifesta, comanda ad essi, vuole essere riconosciuto, adorato, e tutto questo esige che le cose obbediscano al cenno divino, comportandosi mutevolmente al pari di esso. L'irruzione di Dio giunge sempre inattesa, fulminea, e un tale rendersi immediatamente presente di Dio, è il significato genuino del miracolo, il quale, come ci è noto, può avere la medesima estensione dell'esistente, e agli occhi della fede non c'è niente che non abbia un sembiante miracoloso. Qui l'atteggiamento è poetico, d'una poesia che è medesimamente verità, e verità somma, capace di soddisfare ed appagare in maniera completa ogni desiderio dell'animo umano. La fede è confidente abbandono, tanto quanto la ragione è vaglio critico, la fede è intuizione, mentre la ragione è correlazione, e tutta la vita, in ciò che davvero preme, la salvezza dell'anima, deve essere improntata alla fede, potendo la ragione occuparsi soltanto delle faccende che riguardano gli aspetti ordinari dell'esistenza dell'uomo sulla terra, e non avendo essa da impicciarsi in questioni che concernono la destinazione celeste dell'uomo. Nel suo comportamento l'uomo è guidato da moventi elevati, che provengono sia dalla potenza divina, sia dagli esseri demoniaci, e in lui si svolge una lotta, in cui è chiamato ad avere una parte, ma che non lo vede unico protagonista, giacché oltre di lui e prima di lui operano l'attore celeste e quelli inferi. Anziché svolgersi su di un solo livello e avere in sé esclusivamente differenze di grado, gli avvenimenti decisivi coinvolgono tutti i piani, in cui gerarchicamente si dispone l'esistente, il cielo, la terra, l'inferno, e ad essi ogni essere è in qualche modo interessato.

Questa contrapposta caratterizzazione dell'illuminismo e del cristianesimo, e in particolare, l'attributo per cui la coscienza dell'illuminismo è dichiarata desta, e quello per cui la coscienza del cristianesimo è asserita dormiente e sognante, non contengono di per sé alcunché d'inaccettabile e d'offensivo per il cristianesimo, nel quale, come già nell'ebraismo, il sogno è, anzi, un'esperienza privilegiata, in cui spesso si manifesta il divino e fa conoscere all'uomo la volontà superna e gli insegna il giusto comportamento. Ma allorché l'illuminismo si volge contro il cristianesimo, le cose stanno diversamente, e la circostanza che gli illuministi riscontrino nella religione cristiana i tratti tipici della coscienza dormiente e sognante spiega a sufficienza le maniere talvolta educate e civili, più spesso ruvide e brusche, con cui pretende di svegliarla, di renderla attenta e vigile, ossia di farla aderire alla sua visione della vita e del mondo.

La rappresentazione, che il cristianesimo ha di se stesso, e la raffigurazione interna che se ne forma l'illuminismo, senza mai poterlo scorgere in sé medesimo (analogamente si conduce il cristianesimo, il quale non sarà, quando che sia, per vedere il genuino volto dell'illuminismo; così richiede la costituzione delle disposizioni della sensibilità) sono da tenere con ogni cura distinte, giacché questa è la condizione preliminare per intendere sia la polemica anticristiana dell'illuminismo, sia i tentativi di replica del cristianesimo alla civiltà moderna, che è essenzialmente illuministica. La compiuta opposizione dei caratteri fondamentali dell'illuminismo e del cristianesimo fa della rappresentazione interna di questo secondo, che quel primo reca in sé, l'antagonista massimo, contro cui combattere sin dall'inizio e seguitare a combattere in futuro una battaglia senza quartiere. Non bisogna confondere la guerra con le operazioni militari, le quali hanno luogo in un tempo limitato, e per eseguirsi, richiedono che il nemico in armi sia presente, non potendosi pugnare contro un nemico assente, mentre la guerra può benissimo essere permanente, essere avviata negli animi già prima di apprestare le armi, ed essere seguitata anche dopo che i combattimenti sono finiti, mirandosi a serbarsi in guardia contro una possibile reviviscenza e ripresa delle ostilità. Ogni punto di vista contiene in se stesso le raffigurazioni di tutti gli altri, e quindi ne reca d'infinite, a cui è più o meno avverso, giacché ama sé medesimo e odia ogni altro, ma secondo una gradualità che è anch'essa infinita; ora, l'*aeternus hostis* dell'illuminismo è il cristianesimo (e in verità, l'illuminismo e il cristianesimo sono, l'uno per l'altro, il mondo capovolto).

2. *La richiesta di sottoporre le religioni all'esame del «libero pensiero»*

Quello contro del quale l'illuminismo si rivolge è il cristianesimo tradizionale, ossia è il cristianesimo che si è incontrato con l'ellenismo, ha sancito con esso un accordo di compromesso, che poi ha cercato di rompere, ma da cui soltanto limitatamente è riuscito a liberarsi, che è passato attraverso le esperienze della Riforma protestante e della Controriforma cattolica, ha visto sorgere la filosofia moderna, che non vuole più niente sapere della teologia rivelata, e la scienza moderna, che contesta l'idea consueta dell'uomo come essere privilegiato. Adesso l'illuminismo costata che sulla terra esistono molte e contrastanti religioni, di cui ciascuna afferma di essere l'unica vera; che anche il cristianesimo è diviso in parecchie e divergenti confessioni, che ci sono, per di più, innumerevoli sette, e che uguale pretesa di esclusivo possesso della verità avanza ognuna di codeste confessioni e sette; e chiede che ci si rivolga alla ragione per stabilire il giusto e il torto in tutte queste contese, le quali hanno un'importanza decisiva per l'umanità.

A chi credere? è la grande domanda, la cui risposta viene – almeno così sembra – differita, giacché in merito occorre compiere un esame spassionato, che non inclini da nessuna parte. Se l'uomo accoglie una religione, senza un preventivo esame razionale, basandosi su ciò che incontra nell'ambiente, sulle convinzioni dei genitori, ecc., si comporta come un animale; costui, sentenzia Voltaire, non differisce da un bue che si lascia aggiogare; non è degno di appartenere al genere umano. La ragione è il solo tribunale competente, è davanti ad esso che si deve celebrare un processo, in cui le diverse fedi sono le parti in causa, gli atti vanno seguiti con attenzione, bisogna non lasciarsi sedurre dall'eloquenza degli avvocati, serbarsi immuni da qualsiasi altra suggestione, perché in definitiva si tratta niente meno che di Dio. La decisione intorno alla verità e all'errore in fatto di religione, che all'apparenza sembra rinviata a un momento successivo, è però presa prima ancora che il dibattimento sia incominciato, poiché il tribunale dinanzi a cui le religioni sono state portate è quello dell'illuminismo, il quale non aspetta a emanare una sentenza a vantaggio di se stesso, che è identicamente una condanna di tutte le altre fedi religiose.

Alla medesima conclusione si giunge, se si considera un'altra formulazione di codesto esame razionale delle religioni, quello per cui esso è demandato ad un pensiero che si accompagna con l'attributo di «libero». La richiesta del libero pensiero suona all'apparenza del tutto ovvia; porla insistentemente, come fanno parecchi illuministi, potrebbe fare il paio con l'esigenza, anch'essa scontata, che il pensiero sia vero; quel che è interessante sarebbe essere messi al corrente intorno a ciò che rende libero il pensiero, ma su questo punto non è di solito pronunciata nemmeno una parola. Ad un'analisi approfondita risulterebbe che il pensiero libero è il pensiero vero, perché in generale libertà e verità coincidono, e che il pensiero deve incominciare col rispondere al requisito dell'esistenza, che è tutto. Il pensiero esiste in quanto concepisce, s'intende, determinatamente, giacché l'esistenza è sempre determinata, e in quanto il pensiero concepisce, è medesimamente vero e libero. Ci si accontenta però di predicare il libero pensiero a titolo di qualcosa che non abbisogna di alcun schiarimento per essere inteso nella sua legittimità, ossia si direbbe che si dia prova di un formalismo tale, per cui il pensiero sembra libero alla condizione di essere privo di qualunque contenuto. Soltanto in una vuota intenzione si può, tuttavia, privare il pensiero del contenuto, ma questo non toglie che s'insista sino alla stucchevolezza nel raccomandare che il pensiero, allo scopo di rendersi libero, provveda a produrre il vuoto completo dentro di sé, sbarazzandosi di ogni sorta di preconcette opinioni e praticando la massima imparzialità nei confronti di tutte le convinzioni, di tutte le dottrine, con cui per avventura gli accada d'incontrarsi, qualunque sia l'argomento di cui si tratta.

Sembra che non ci si renda conto che non è questione né di pensare da sé, né di convincersi ragionatamente gli uni con gli altri, e nemmeno di fare l'opposto, di comportarsi da fanatici. È la piena compenetrazione del pensiero con il contenuto che fa, in generale, identicamente la verità e la libertà del pensiero. Infatti, sempre che una tale compenetrazione si abbia, gli altri, se anche oggi non consentono, consentiranno un giorno, essi come noi, ed essi che sono noi, come noi siamo loro, veniamo unificati dall'identità del contenuto del pensiero. Qui nessuno è ingenuo e nessuno è fanatico, nessuno inganna e nessuno è ingannato; e ciò non soltanto di fatto, ma per principio. Si asserisce che si vuole il consenso, ma non si precisa né che cosa sia, né in quale maniera esso si può ottenere, se non esiste ancora, e rafforzare, se è già nella realtà delle cose. Ugualmente, pare inutile spendere tanto tempo nell'inculcare il ricorso all'intelligenza, giacché, se con codesta parola si significa la comprensione, sempre e dovunque e da parte di chiunque si fa ricorso all'intelligenza, e altrimenti non si sarebbe in presenza di oggetti e non si potrebbe prendere semplicemente posizione. Nella religione ciò che conta è considerare che cosa determinatamente s'intende, poiché non c'è dubbio sulla circostanza che s'intenda quel che Dio dice (e anche quel che passa sotto silenzio, giacché anche il silenzio è un modo di parlare, è una guisa di manifestarsi), esprimendosi per bocca della natura (della luce, del fuoco, dell'uragano, ecc.) e per bocca di alcuni uomini privilegiati (come profeti, taumaturghi, e altri). La libertà di usare i propri occhi, rivendicata da Collins, e da lui appaiata con la libertà di usare il proprio pensiero e la propria intelligenza, presa alla lettera, ha di che far sorridere, perché si può fare solamente così e chiunque si comporta effettivamente così. In definitiva, come osserva Hegel, ognuno può pensare esclusivamente con la propria testa, come ognuno può mangiare esclusivamente con la propria bocca.

Questa rivendicazione della libertà del pensiero, dell'indipendenza della riflessione, se non fosse finta, come certamente è, sarebbe comica; essa equivarrebbe alla richiesta di mantenere l'imparzialità di fronte ai partiti politici o di procedere oggettivamente nelle faccende personali, come se prendere o no moglie, e quale e chi, a prescindere dalle inclinazioni e dalle passioni. Quando è questione della sensibilità (come accade anche nella religione, per come esiste sul terreno della vita), si è sempre passionalmente orientati, e nondimeno non si può asserire che si dipende dalla sensibilità, per il motivo che questa è tutto, e una cosa non può dipendere da se stessa. Nemmeno l'autorità contrasta, a ben vedere, con la libertà, perché questa famigerata autorità non è altro che il peso che un determinato sentimento ha in una intuizione della vita.

Si avrebbe però torto ad accusare gli illuministi di vacuo formalismo nelle loro interminabili tirate intorno al libero pensiero, perché essi hanno la mira d'insinuare il loro proprio orientamento di pensiero, attraverso degli artifici retorici. Per essi, il pensiero libero è il pensiero che si attiene al criterio del senso comune, che è disposto ad accogliere soltanto quel che si dà a vedere come verosimile, che argomenta adducendo ragioni pro e contro, esegue esami comparativi, ossia calcola.

Ne viene che il libero pensiero sembra soppesare all'infinito le ragioni a favore e quelle contrarie delle fedi religiose, ma in effetti si è già pronunciato sin dal primo momento contro tutte, e determinatamente contro quella cristiana, che è quella che adesso preme, più di ogni altra, oppugnare. I miracoli e le profezie, che sono i due fondamenti su cui si regge il cristianesimo, sono subito dichiarati delle assurdità e messi in conto alla superstizione, di cui l'umanità è stata vittima, attribuiti a pie frodi compiute da preti ingannatori, che hanno approfittato della credulità del popolo, sempre disposto a farsi ingannare. In questa oppugnazione il libero pensiero ha buon gioco, per il motivo che il cristianesimo tradizionale considera la conoscenza rivelata altra dalla conoscenza naturale, e cade, al loro proposito, nel più manifesto dei circoli viziosi, da cui non gli è dato in nessun modo di uscire. La conoscenza naturale dovrebbe risultare insufficiente, e pertanto si compirebbe ricorso alla rivelazione, la quale però contiene, almeno a prima vista, narrazioni ridicole, come quelle del peccato originale, di Dio che passeggia nel paradiso terrestre all'aura vespertina, tutte cose che non possono prendersi alla lettera. Questo impone di fare di nuovo appello alla conoscenza fornita dalla ragione, la quale deve fornire i criteri interpretativi con cui spiegare convenientemente il contenuto della rivelazione. Un tale andirivieni tra ragione e rivelazione ha un analogo nella giravolta che si eseguirebbe, se si sostenesse che la scienza rende incompletamente conto dei vulcani dell'Etna, del Vesuvio, dello Stromboli, e che le eruzioni vulcaniche si comprendono benissimo, tenendo presente il grande fabbro Efesto e la sua attività, ma che poi ci si vergognasse della favoletta che si è ardito mettere in campo, e si spiegassero i racconti su Efesto come leggende mitologiche sorte a causa delle eruzioni di codesti vulcani. Ci si domanda perché mai esista il dolore, e si asserisce che la ragione è incapace di rispondere sino in fondo a un tale angoscioso interrogativo. A questo punto si dichiara che l'esistenza del dolore si comprende, se si pone mente al fatto che è una conseguenza del peccato dei primi parenti. Senonché si reputa inammissibile che tutte le sofferenze dell'umanità derivino dall'aver mangiato una mela (un Dio che punisce tanto duramente la trasgressione del suo comandamento, dice Diderot, mostra di tenere poco all'uomo e molto alle mele), e si ammette che è a causa del dolore che si è inventata la storiella della mela, che lo spiega in maniera primordiale, adatta alla mentalità e alla capacità di comprensione di una umanità bambina. In generale, l'insufficienza del Dio della ragione dovrebbe condurre al Dio della Bibbia, che ne arreca però un'idea insoddisfacente, di modo che ci si rivolge un'altra volta alla ragione, la quale è quella che consente d'affermare che la sacra scrittura «e piedi e mano attribuisce a Dio e altro intende». Il cristianesimo non ha concepito la rivelazione come l'unica conoscenza possibile in materia di religione, e adesso subisce l'assalto dell'illuminismo, senz'essere in grado d'opporre un'efficace resistenza.

Il libero pensiero, che a stare alla formulazione con cui si presenta in Collins, è quanto di più vuoto si possa immaginare, giacché non asserisce alcunché di utile a sé medesimo e di nocivo ad altri, una volta che si scenda nei particolari e si provveda a dettagliarlo, si disvela una poderosa arma di combattimento, da cui ripromettersi un'immancabile vittoria. Per venir fuori dal circolo vizioso, in cui il cristianesimo tradizionale rimane irretito, il libero pensiero rigetta la rivelazione, che immedesima con la mitologia, riguardata come un insieme d'invenzioni ingannevoli, e si affida alla sola ragione, che ritiene l'unica in grado di pronunciarsi con cognizione di causa intorno al divino e all'umano. Il Dio, a cui questo pensiero mette capo, è il più delle volte l'essere supremo del teismo o del deismo, il quale senza dubbio, preso di per sé, è precisamente il vuoto, ma questo accade soltanto finché un tale essere non è considerato nella funzione di semplice simbolo dell'uomo, di esponente degli ideali di coscienziosità, probità e giustizia. Dall'alto della professione della pura razionalità, il libero pensiero si propone come guida alla verità, a cui si ha il diritto di aderire per convinzione interiore, senza che intervenga alcuna coazione dal di fuori, caldeggia l'istruzione che mette gli uomini in grado di formarsi idee precise e corrette delle cose, domanda la piena evidenza ad ogni proposito che si possa presentare dinanzi all'investigazione dell'intelligenza. Correlativamente, esso denuncia la confusione mentale, l'ostinazione nei pregiudizi, l'inclinazione alle fantasie sconclusionate, la credenza nelle assurdità grossolane, in omaggio alle quali taluni arrivano anche a sacrificare la vita, in breve, tutto ciò che va sotto il nome di superstizione, occulta o conclamata.

È la superstizione che spinge gli uomini a raffigurarsi un Dio crudele, che parla per enigmi, che impone ai suoi seguaci un duro servaggio, che prima preferisce un popolo a tutti gli altri e poi trasferisce la sua predilezione alle nazioni in cui sono professate dottrine incomprensibili e sono praticati riti indecorosi, e le une e gli altri hanno il solo scopo effettivo di assicurare la dominazione di un'ottusa casta sacerdotale sulla restante umanità. Soltanto la minaccia della dannazione eterna ha finora trattenuto gli uomini dal ribellarsi alla signoria dei preti, i quali hanno su Dio opinioni tanto diverse e contrastanti, che è impossibile passarle tutte in rassegna, ma nondimeno si può giudicare che stiano in un'opposizione indirimibile, in maniera che si è autorizzati in partenza ad abbandonarle nella loro intera estensione. I conflitti dommatici sono tanto ampi da scoraggiare chiunque avesse l'intenzione di stabilire dove sta il diritto e dove il torto, o, ciò che sarebbe ancora peggio, si prefiggesse d'introdurre una nuova dottrina, la quale risulterebbe vecchia perché non c'è opinamento possibile circa il sacro, che non sia stato propugnato a spada tratta da qualcuno e combattuto con non minore decisione da qualcun altro. Non si tratta quindi di scegliersi un'opinione giusta in fatto di religione, perché gli ostacoli che i preti frappongono al raggiungimento della verità sono insormontabili, ma di respingere tutte le convinzioni determinate (ossia positive) su Dio, e di attenersi ad un rigoroso adommatismo. I dottori, i teologi, i vescovi, i reverendi, sono mossi da interessi privati, perseguono scopi meschini, mirano alla ricchezza e al potere, e i fini dell'emancipazione esigono che si ponga termine a questo spettacolo indecente, in cui, dove un prete dice *A*, l'altro dice *B*, e non ci sono due che vadano d'accordo in sede teoretica, ma tutti concordano in sede pratica, a danno e irrisione della maggior parte degli uomini.

Questo banale anticlericalismo, a cui mena il libero pensiero, è la scorza sotto cui si nasconde il germe del più radicale anticristianesimo, giacché la distruzione del cristianesimo è il vero obiettivo di quella che altrimenti sarebbe da considerare una sterminata logomachia, in cui tornano in continuazione argomentazioni rudimentali, incapaci di andar oltre la superficie delle cose. Il libero pensiero ha il presentimento che il cristianesimo può essere indotto un po' alla volta a rinunciare alle sue definizioni dommatiche, alle sue formulazioni dottrinali, abbandonandole all'oblio, e così a stemperarsi e a illanguidirsi, confluendo in un generico teismo, e non risparmia le parole pur di arrivare a questa meta, a cui di fatto anche perviene, se non sotto quella settecentesca denominazione, sotto qualche appellativo più recente, ma ugualmente suadente.

3. *L'oppugnazione del cristianesimo nell'illuminismo radicale e in quello moderato*

Nell'illuminismo si distinguono due indirizzi, l'uno radicale, l'altro moderato, quello risolutamente ostile alla tradizione (e perciò spesso considerato antistoricista, sebbene il suo sia semplice antitradizionalismo), questo storicizzante e rispettoso delle memorie e dei costumi del passato: così è anche per i rapporti che gli illuministi del Settecento intrattengono col cristianesimo. Ma sebbene questa distinzione d'indirizzi sia salda e manifesti nel linguaggio e nel pensiero differenze ragguardevoli d'impostazioni e di risoluzioni di problemi, nondimeno, per entrambi, non c'è più posto per il cristianesimo, come era stato interpretato nei secoli, e in suo luogo è subentrato qualcosa d'interamente diverso, che nella sostanza niente ha da spartire con quel che il nome cristiano aveva in precedenza significato.

Essenziale al cristianesimo è la dualità della terra e del cielo, di *questo mondo* e del *mondo che verrà*, l'attesa della fine, il ritorno nella gloria del divino salvatore, l'eterna beatitudine e l'eterna dannazione; tutte cose, queste, che debbono operarsi dal di sopra, per l'iniziativa di Dio, a cui l'uomo può soltanto rispondere. Con l'affermazione dell'illuminismo questa dualità è soppressa, l'al di là è ricondotto all'al di qua, il regno dell'uomo è posto definitivamente sulla terra. Può senz'altro darsi che verbalmente tale dualità sia mantenuta, che si asserisca che l'umanità non può appagarsi del presente, che deve protendersi in direzione del futuro, per realizzare in esso le sue migliori aspettazioni, e che, per esprimere queste nozioni, s'impieghino le medesime parole, con cui l'antica religione ragionava di questo e dell'altro mondo. L'abisso divisorio delle concezioni è intatto, sia in codesta evenienza, sia nel caso contrario, in cui s'irride e si sbeffeggia il mondo posto sopra le nuvole e si dipinge come una mostruosa invenzione di un clero imbroglione. Quel che prima era detto in senso proprio è diventato adesso un insieme di metafore: per il cristianesimo, l'al di là differisce dall'al di qua come l'eternità differisce dal tempo; per l'illuminismo, che conserva certe locuzioni cristiane, si tratta del presente e del futuro, ossia di dimensioni del tempo, e di un futuro la cui realizzazione è per intero affidata alle forze dell'uomo, il quale può adoperare le energie della natura, ma non può confidare saggiamente nel soccorso di una divinità (il Dio del teismo, per dotato che sia d'intelligenza e di volontà, sotto questo proposito non si comporta diversamente da quello del deismo, semplice principio da cui le cose discendono). La distruzione che l'illuminismo, già con la sua prima ondata, compie del cristianesimo consiste nell'annullamento dell'al di là, posto come regno dei cieli, esistente in sé e per sé, e pienamente reale, così come esiste, ma di realtà dimidiata, l'al di qua, il mondo terreno.

Una siffatta distruzione è eseguita dall'illuminismo, prima attaccando quelli che vengono fatti passare per aspetti accessori dell'osteggiata religione, come usanze, consuetudini di vita, cerimonie di culto, abiti monastici e vesti di preti, lingua latina, ecc., e poi demolendo i dommi capitali del cristianesimo, la trinità e l'incarnazione, ora apertamente derise, ora interpretate in maniera allegorica, ma di una specie d'allegorismo che priva i suoi oggetti di consistenza e li riduce ad ombre evanescenti. La stessa distinzione tra lati fondamentali e lati secondari di una religione è, d'altro canto, per essa pregiudizievole, giacché nel concreto dell'attuale vita religiosa codesta distinzione non esiste affatto, e per chi crede, o compie un rito, tutto ha una decisiva importanza, quand'anche chi rifletta astrattamente sulla fede e sul culto si metta a sceverare quel che è primario da quel che è accessorio, e così facendo, non si avveda di sguarnire le difese e di preparare la propria rovina.

L'indirizzo radicale dell'illuminismo non trascura alcun elemento su cui possa fare presa, e gli scrittori che sono i suoi esponenti denunciano l'abbondanza delle festività religiose, che incoraggiano l'ozio e la pigrizia e ostacolano la produzione della ricchezza, additano al comune disprezzo la pretenziosità degli abiti con cui gli ecclesiastici vogliono distinguersi dal volgo dei fedeli, lamentano l'impiego del latino nel culto, domandano la restrizione del tempo che nelle scuole si dedica all'apprendimento di questa lingua morta, la quale ai più non è di alcuna utilità e serve ai suoi pochi conoscitori come strumento di seduzione e d'inganno del popolo ignaro. Già nel Cinquecento Erasmo fornisce esempio d'una critica della superstizione religiosa, dell'ascesi, del misticismo, tutte cose da considerare come una specie di follia, incomincia col mettere in ridicolo i devoti creduloni, i quali sogliono confidare nel potere delle reliquie, dei perdoni, delle indulgenze, e misurare con tali fallaci remissioni dei peccati i secoli, gli anni, i giorni, le ore, nonché nella virtù salvifica di certe filastrocche inventate da qualche pio impostore per divertimento o per interesse, e finisce col coinvolgere nell'accusa la credulità nella madre di Dio, alla quale il volgo è solito attribuire un potere maggiore di quello del suo figliolo, e anzi, giunge a sostenere che se i papi attendessero sul serio a conformarsi alla vita di Gesù Cristo, di cui si dicono i vicari, menerebbero un'esistenza infelicissima[1].

---

[1] Cfr. *Elogio della pazzia e Dialoghi*, a cura di B. Croce, Bari, 1914, pp. 64-67 e pp.

Particolare accanimento mostra Voltaire contro l'uso del latino nelle cerimonie del culto, denuncia il fatto che si spenda del denaro per pregare in una lingua che non è intesa dagli ascoltatori e talvolta nemmeno da chi la parla, loda i riformati che impiegano la lingua materna e biasima i cattolici a cui è imposto il divieto di avvalersi della propria. Sulla riduzione, se non sull'eliminazione completa dello studio del latino concordano tutti gli illuministi; di una tale idea è Diderot, il quale domanda che s'insegnino le ammirevoli arti meccaniche, da cui c'è tanta utilità da ripromettersi, mentre non c'è niente da sperare dall'apprendimento di una lingua che non sarà mai più parlata e intesa dal popolo. Non francherebbe la spesa d'insistere su quello che è all'apparenza un punto marginale, se in questa comunemente ammessa incomprensibilità popolare della lingua della liturgia cristiana non s'includessero due controsensi, l'uno d'ordine generale, l'altro di pertinenza della religione. Il primo controsenso è di reputare che esistano veramente espressioni incomprensibili, mentre esse non si danno affatto, e quelle che passano per tali hanno il significato di essere le voci dell'arcano, solenni, ammonitrici, che sono comprese nel profondo, proprio a cagione della loro superficiale ed esteriore incomprensibilità. Il secondo controsenso è di ritenere che l'uso di una lingua oppure di un'altra sia indifferente per il contenuto della religione, laddove dovrebbe essere evidente che i nomi delle divinità sono intraducibili, e che chiamare un Dio con il nome di un altro equivale a rivolgersi a questi, anziché a quello, e che quanto più la lingua del culto è

120-124. Ma la follia, di cui discorre Erasmo, è spontaneità e slancio; pertanto che il cristianesimo e il suo divino fondatore siano riportati, in parte o per intero, a manifestazioni della follia, non ha, a ben vedere, significato negativo, bensì positivo, e contiene il rifiuto del frigido e superficiale razionalismo. Caso mai, l'involontario contributo di Erasmo all'illuminismo è nell'applicazione dei criteri filologici allo studio della Bibbia, la quale, scrutata con essi, non avrebbe potuto conservare l'aura da cui era avvolta e che la rendeva sacra. Prima di Spinoza, è Erasmo a fornire agli illuministi il modello della critica storica della sacra scrittura (ed è a lui che era stato mosso l'appunto di pretendere d'insegnare il greco allo Spirito Santo, il quale conosce tutte le lingue). Nondimeno, l'intendimento con cui Erasmo si volge a ricostruire il testo biblico è diverso sia da quello di Spinoza, sia da quello degli illuministi, giacché per lui il ripristino dell'autentico testo è un mezzo per il ristabilimento della schietta dottrina cristiana. In definitiva, Erasmo appartiene ancora a quell'orientamento spirituale, di cui sono esponenti Pico della Mirandola, Marsilio Ficino e Tommaso Moro, e il suo disegno non va al di là dell'instaurazione di un cristianesimo universale. Per questo motivo, la considerazione di Erasmo come Voltaire del secolo XVI, proposta da Dilthey, appare eccessiva. L'opposizione di Erasmo alla Chiesa, di cui discorre Dilthey, non è esterna, ma interna, come conferma l'atteggiamento di Erasmo nei confronti di Lutero, e quindi può ancora essere interpretata nel quadro dell'*Ecclesia semper reformanda*. Ciò non toglie che Voltaire, il quale, a differenza dei riformatori, intende non eliminare l'abuso, bensì sopprimere l'uso, si richiami volentieri a Erasmo nella sua opera di dissoluzione del cristianesimo e affermi che Erasmo, quantunque fosse stato a lungo un monaco, o meglio proprio perché lo era stato, aveva gettato sui monaci un ridicolo, da cui non riuscirono più a sollevarsi, e spieghi il fatto che il grande e celebre umanista fosse stato sospettato d'irreligiosità tanto dai cattolici che dai protestanti con il motivo che egli si era preso gioco degli uni e degli altri, e che, pretendendo di mantenersi neutrale tra due partiti che avevano entrambi torto, e di conseguenza avendo ragione, era stato tormentato sia dai primi che dai secondi.

remota da quella d'impiego ordinario, tanto più una religione è salvaguardata dal pericolo di perdere l'aura sacrale e di smarrirsi in mezzo alle faccende della vita comune. Gli illuministi combattono contro il latino della Chiesa per lo stesso motivo per cui battagliano contro le vesti sacerdotali, di cui domandano l'abolizione. Si tolga l'abito degli ecclesiastici, sia secolari, sia regolari, molti dei quali già lo domandano per conto loro, e insieme all'abito se ne andrà via la sostanza. Il non disinteressato consiglio è dato da Diderot, il quale osserva che la maggior parte degli ecclesiastici è ormai priva di pregiudizi, che i monaci arrossiscono delle loro vesti, che chiedono a mani giunte di gettarle alle ortiche; si accolga quindi questa loro richiesta e presto non ci saranno più né benedettini né gesuiti.

Sin qui siamo ai preliminari, ma un po' alla volta l'attacco si volge contro l'intero cristianesimo, a partire dalla sua nascita in qualità di setta nel seno dell'ebraismo. La denuncia di questa origine ebraica del cristianesimo ha toni così aspri e risentiti, che si potrebbe supporre d'essere in presenza dell'antisemitismo, ma, come abbiamo mostrato, non si tratta d'antisemitismo e nemmeno d'antiebraismo, bensì di ostilità tanto implacabile verso il cristianesimo, da coinvolgere la religione in mezzo a cui esso ha avuto origine. Sotto accusa è la religione ebraica, che comporta la fede in un Dio nemico degli uomini; tutti gli altri tratti negativi, che si attribuiscono agli ebrei, discendono da codesta fede; essi si riassumono in ciò: 1) gli ebrei si separano dagli altri popoli, perché essi soli credono di avere il vero Dio; 2) gli ebrei odiano la restante umanità, perché è colpevole d'idolatria. – Il motivo illuministico del «Dio nemico degli uomini» ha una portata assai più ampia di quella che risulta quando si fa riferimento alla Bibbia, per provare come Dio stesso comandasse agli ebrei di distruggere altri popoli. Questa è una violenza derivata, quella originaria, di cui sono vittime gli stessi ebrei, è la tirannia implacabile che Dio esercita sopra gli uomini, e che ha un'estensione e un'intensità tali, che nessun tiranno umano può aspirare a raggiungere. Dio schiaccia gli uomini, in quanto opprime le loro coscienze, è irato, vendicativo, e mediante l'intermediario delle coscienze tiene gli uomini in uno stato di completo assoggettamento. Se tale è il Dio dell'Antico Testamento (gli illuministi radicali hanno occhi unicamente per il Dio che vendica le colpe dei padri sui figli sino alla terza e alla quarta generazione, e tacciono del Dio benefico e misericordioso verso il suo popolo), è il Dio del Nuovo forse migliore? Niente affatto; il Dio del cristianesimo è pur sempre un Dio crudele, come dimostra la credenza dommatica nell'eternità delle pene infernali, a cui la maggior parte del genere umano, per la sua ignoranza o il suo rifiuto del Vangelo, è immancabilmente condannata.

Se la teologia cristiana, messa di fronte a queste risolute contestazioni, si mostra disposta ad indietreggiare, sostenendo che, oltre la Chiesa visibile, esiste una Chiesa invisibile, alla quale si può appartenere anche senza essere membri della visibile, che la salvezza può aver luogo mediante una rivelazione privata, un presentarsi di Cristo all'anima, un battesimo di desiderio, e così di seguito escogitando sempre nuovi modi inverificabili di salvezza, gli illuministi non disarmano, ma sostituiscono all'indignazione la derisione, all'insulto il sor-

riso di compatimento. Mai, essi ribattono, si sono viste porre in campo invenzioni così meschine; del resto, se Dio si annuncia da sé alle anime, tanta predi-
sposizione di mezzi per propagare la fede cristiana è completamente inutile.

Quale sia l'effettiva indole del cristianesimo è provato dalla circostanza che
esso si è diffuso anzitutto fra il basso popolo, mettendo i poveri contro i ricchi,
portando non la pace, ma la spada (proprio come aveva dichiarato il suo fondatore), annientando i miti e tolleranti culti dei cosiddetti pagani, dietro le cui divinità pretendeva di scorgere le figure dei diavoli da sterminare in codesta loro
incarnazione. Vere e proprie persecuzioni del cristianesimo ad opera degli imperatori romani, non sono esistite; esse sono creazioni di apologisti desiderosi d'a-
dornare la loro fede con il sangue dei martiri; i cristiani sono stati colpiti soltanto in quanto erano colpevoli di sedizione e minacciavano l'integrità dello Stato,
che infatti hanno travolto. La caduta dell'impero romano è dovuta a molteplici
cause, ma tra queste spicca la diffusione del cristianesimo, che è tentato di rifiutare l'uso delle armi e le guerre, quali che esse siano, riempie la terra di monaci,
di eremiti, di teologi disputanti, a nulla utili, e così priva gli eserciti romani della forza necessaria per difendersi dai barbari. Benché l'illuminismo sia un progetto di civiltà del tutto diversa da quella ellenistica, che era stata contemplativa, dedita certamente anch'essa all'attività, ma teoretica, fulgida per il pensiero
filosofico e per le arti belle, mentre la civiltà moderna sarebbe stata pratica,
orientata verso la scienza della natura considerata secondo il modello che ne
hanno gli ingegneri, tesa alle esplorazioni geografiche, ai commerci, alle arti
utili, alla produzione della ricchezza, l'illuminismo reinterpreta l'ellenismo e lo
valuta altamente, quando è mosso dall'intenzione di contrapporre i liberi spiriti
dell'antichità, i pensatori greci, i condottieri e i consoli romani, ai frati, agli
anacoreti, ai santi, in breve, agli indaffarati perdigiorno, che sono gli eroi del
cristianesimo.

Il medioevo, che è l'età della massima diffusione e intensità del cristianesimo, è anche l'epoca in cui domina la superstizione, l'umanità mena un'esistenza stentata, atterrita com'è dalla minaccia delle pene infernali e dalla stessa notte, in cui le forze del male dilagano sulla terra, che il venire del giorno ricaccia,
permettendo un breve e gramo sollievo, è anche il tempo in cui si argomenta
sulla base del principio d'autorità, da parte di dottori che si denominano l'*Ange-
lico*, il *Serafico*, il *Venerabile*, intorno a questioni bizzarre e stravaganti, e si
elaborano concezioni contorte e grottesche. Ché, se poi il medioevo non è per
intero epoca di tenebre, ma anche in esso si compiono invenzioni e scoperte, si
pensa e si vive, ciò è dovuto al fatto che il cristianesimo non riesce sempre e
dovunque ad imporsi sino in fondo, giacché, se fosse dipeso da lui, il genere
umano non sarebbe scampato alla distruzione totale. Quando, grazie al carattere
progressivo dello spirito umano, si è usciti da una tale età, e letterati, artisti,
scienziati, hanno avviato una felice palingenesi, la religione cristiana è entrata
in crisi, e non è riuscita a conservare la propria unità dommatica e istituzionale,
essendosi divisa in differenti confessioni e Chiese, intente a combattersi l'un
l'altra.

Gli illuministi della prima ondata preferiscono di solito schierarsi a fianco dei protestanti contro i cattolici, perché giudicano che il cattolicesimo sia più integralmente religione di quel che lo è il protestantesimo, che essi dipingono intriso di razionalismo (sebbene ciò sia accaduto in epoca successiva a quella in cui ha avuto luogo l'erompere della Riforma). Del protestantesimo essi apprezzano la semplificazione dommatica, la riduzione dei riti, l'eliminazione dei santi, l'abolizione degli ordini monastici e del celibato ecclesiastico, ma sono pronti a rimproverare a Lutero, a Calvino, agli altri capi tutti della Riforma, quanto essi mantengono del vecchio edificio di credenze, e quindi li accusano di essere più o meno incoerenti. Alle grandi confessioni uscite dalla Riforma vengono anteposte le sette, e queste sono valutate tanto più positivamente, quanto più sono radicali, individualistiche, adommatiche, prive di riti, ossia quanto più sono prossime alla professione del puro teismo, all'adorazione razionale di Dio in spirito e verità. Per quel che riguarda il cattolicesimo in se stesso, alla monarchia papale gli illuministi sono soliti preferire l'aristocrazia vescovile, ma subito dopo rifiutano anche questa, per schierarsi a fianco della democrazia presbiteriana, che però tosto abbandonano, per spalleggiare il governo della plebe dei fedeli, giudicando, com'è ovvio, che, mentre le monarchie sono solide e forti, le aristocrazie sono rissose e instabili, le democrazie scompigliate e confuse, e le infime oclocrazie in preda a un perpetuo disordine. Se non fossero meramente strumentali e non mirassero soltanto a danneggiare l'esercito cristiano, le professioni di episcopalismo, di presbiterianesimo, e altresì di conciliatorismo, che si leggono negli autori dell'illuminismo, sarebbero incomprensibili, mentre s'intendono ottimamente, ponendo mente a codesta loro finalità: che cosa desiderare di meglio, per poterla più agevolmente assaltare, di una Chiesa perpetuamente radunata in concilio, ossia perpetuamente a parlamento?

Una volta disarticolato lo schieramento nemico dall'esterno, l'illuminismo lo dissolve dall'interno, mettendo sotto imputazione i capisaldi del cristianesimo, che si riassumono nella rivelazione, distinta e superiore alla ragione, e nei contenuti rivelati, ossia la trinità di Dio e l'incarnazione di Cristo. Quanto alla rivelazione, presa come idea, gli illuministi di regola osservano che la pretesa che Dio si metta a parlare agli uomini è assurda per un verso, e puerile per l'altro. È assurda, giacché o Dio si esprime come richiede il linguaggio e la capacità di comprensione dell'uomo, e allora il suo dire risulta indistinguibile dal comune parlare umano, o discorre in una maniera sua peculiare, e in tal caso non può essere capito, non perché l'uomo si ostini a tener serrati i suoi orecchi, ma perché non c'è rispondenza tra la recettività dell'organo umano e il messaggio divino, che, quand'anche gli provenisse, sarebbe come non gli giungesse. Ed è puerile, per la maniera in cui una tale rivelazione dovrebbe essersi compiuta, e cioè mediante sogni, visioni, animali parlanti, e anche cose inanimate, che improvvisamente acquistano la facoltà della parola. L'oscurità della presunta rivelazione, di contro alla chiarezza della ragione, è insormontabile, essendo racchiusa nella pretesa che Dio parli con alcunché di diverso sia dall'esperienza, sia dalla ragione, che non è dato stabilire cosa mai potrebbe essere. In effetti, tutto ciò che va sotto il nome di rivelazione è un complesso di fantasie, di novelle, di favole, ora stravaganti ora triviali, che un'umanità adulta e filosoficamente educata non può non respingere con fastidio. Poiché l'illuminismo è orientato in direzione opposta alla metafisica, e non vuol sapere niente della sostanza, dell'attributo, del modo, della persona, di cui ripete ad ogni istante che sono entità inesplicabili, quando incontra il domma trinitario, conclude speditamente che esso consiste nella credenza che l'uno sia uguale al tre[2].

Gesù come uomo non è affatto trattato meglio di quel che lo sia come Dio, e anzi, s'infierisce su di lui dalla nascita alla morte. Secondo Reimarus, Gesù era un violento, un sobillatore della plebe, sempre pronto a provocare disordini e ad intraprendere azioni di forza, il suo scopo era di conquistarsi un regno terreno e di essere proclamato re, non di soffrire e di morire per un ideale religioso, egli è diventato, per i suoi discepoli, un redentore spirituale soltanto dopo che i suoi intenti mondani erano andati incontro a un completo fallimento. Non stupisce che sia stato condannato a morte[3].

---

[2] Sull'argomento nessuno resiste alla tentazione di versare sali copiosi, e il composto e severo barone di Montesquieu in una sua composizione letteraria introduce un persiano capitato a Parigi, il quale non riesce a rendersi conto di come in Europa si professi una tale uguaglianza di numeri, in violazione di tutta la scienza matematica. Ma è forse Voltaire a ridere con il migliore gusto di un domma per cui non si riesce a sapere se Dio sia tre persone e se tre dii siano in una persona, se la terza proceda dalle altre due o soltanto dalla prima, *intrinsecus*, se il Figlio abbia tutti gli attributi del Padre, eccettuata la paternità, e se la terza persona si produce per infusione, o per identificazione o per ispirazione. Si può lamentare la superficialità dell'illuminismo, il quale si diverte a dileggiare contenuti speculativi profondissimi, su cui si era esercitata per secoli la più sottile e raffinata speculazione, e in particolare mostra di non ricordarsi di quel che aveva detto Sant'Agostino, a proposito della trinità, specialmente quando aveva ammonito: *incipis numerare, incipis errare*. È però evidente che gli illuministi vogliono, in questo caso come in parecchi altri, travolgere con una risata il cristianesimo, e ci riescono con la più facile delle trovate, la quale ha anche il pregio di essere alla portata di tutti, non essendoci nessuno che non annoveri tra le sue conoscenze quella per cui, essendo l'uno uno, e il tre tre, ne viene che l'uno non è il tre. – L'intera vicenda dell'incarnazione di Cristo è una favola così piena di prodigi, che da sola agguaglia le *Metamorfosi* di Ovidio, sentenzia Voltaire, il quale fa del rifiuto dell'incarnazione il tema dominante della sua polemica antireligiosa: i Vangeli mentono nel parlare di Gesù come di un Dio; ciò è quanto Voltaire si prefigge dimostrare nella maniera più dettagliata e convincente (e tanto impegno si comprende, giacché senza Gesù Cristo incarnato non c'è cristianesimo). Tra il domma cristologico e quello trinitario c'è una stretta correlazione, di cui però ci si fa beffe, dichiarando che non si riesce a capire se Gesù abbia una natura, una persona, una volontà, o invece due nature, due persone, due volontà, o invece due volontà, due persone e una natura (e così di seguito, sino ad esaurire le combinazioni dei termini). Non si è capaci di capire, e quel che più conta, non si è nemmeno interessati a capire. Questioni del genere, che nei primi secoli cristiani hanno assillato i teologi e riempito di sé i Concili, modernamente hanno perso ogni rilievo e si possono tranquillamente dimenticare.

[3] Gesù «ha preteso di essere il Messia, non ci si meraviglia affatto che per questa ragione il Gran Consiglio lo abbia condannato a morte. In ogni caso noi continuiamo ad avere il ragionevole sospetto che le autorità possano avere giudicato rettamente... che quelli ch'erano i venerandi padri del popolo abbiano a buon diritto temuto, di fronte al suo comportamento, disordine e perturbazione in Israele» (*I frammenti dell'Anonimo di Wolfenbüttel pubblicati da G.E. Lessing*, a cura di F. Parente, Napoli, 1977, p. 461). Ancora peggiore di quello di Reimarus è il ritratto di Gesù, che compie Voltaire, il quale lo rappresenta come un figlio illegittimo, un ignorante e rozzo contadino, scacciato dalla pubblica scuola, che non sa né leggere né scrivere

Nell'indirizzo moderato dell'illuminismo tali insolenze non s'incontrano, il linguaggio qui è rispettoso, il livello del discorso è elevato, si riconosce la funzione positiva che la religione ha nello svolgimento progressivo dell'umanità, si afferma che il cristianesimo è la sublime religione dell'amore. A stare alle parole, si direbbe che la filosofia moderna e la religione cristiana siano prossime a riconciliarsi, ma si tratta di un'illusione dovuta al fatto che non si distingue il naturale dal soprannaturale, e non si pone mente alla molteplicità dei significati dell'amore, che è vocabolo riccamente polisenso. Lessing, che è in Germania il più cospicuo esponente di questo indirizzo dell'illuminismo, fa dipendere l'adesione all'una o all'altra religione dal popolo a cui si appartiene, e in cui si è spontaneamente tratti ad avere fiducia, riporta le differenze tra le religioni alle diversità delle fasi, che l'umanità percorre nella sua storia. Quelle che si chiamano le «religioni positive» sono fondate su libri sacri e su tradizioni, che possono risultare soltanto di verità di fatto, delle quali non si dà dimostrazione, che c'è unicamente delle verità di ragione. Questo duplice ordine di verità esclude che si possano addurre prove rigorose in materia di religioni positive, da cui l'elemento della fede, intesa come credenza, e cioè in fin dei conti come opinione, rimane ineliminabile. Bisognerebbe che fosse ammessa, come fonte di conoscenza, l'intuizione, la quale esige che il suo contenuto sia presente, e che quindi si accordasse la presenza del contenuto del cristianesimo, sia per il suo lato visibile, sia per quello invisibile, come accade nelle esperienze mistiche, ma Lessing si comporta in maniera contraria, e tende a considerare la rivelazione come il complesso dei gradini iniziali dell'esplicazione della ragione. Per questa strada si giunge a risolvere la religione positiva in religione razionale, sostituendo alle verità della rivelazione le pure verità della ragione. Lessing si esprime talvolta come se, nel corso dello svolgimento dell'umanità, le verità rivelate diventassero verità razionali, ma è manifesto che non si è dinanzi ad una trasformazione, bensì ad un avvicendamento e ad uno scambio. La grazia, il peccato, l'incarnazione, la salvezza, finché vengono prese in parola, sono eventi; soltanto quando sono riguardate come allegorie, e si distingue in esse un significato superficiale e uno profondo, si può sostenere che questo secondo, dapprima oscuro, diventa alla fine chiaro, puramente razionale. In questa maniera però il soprannaturale se ne va, e infatti Lessing preconizza, per il futuro dell'umanità, una religione non soprannaturale, ma razionale, un nuovo Vangelo eterno, che prenda il posto del cristianesimo storico, considerato come l'ultima delle religioni positive. La rivelazione non conferisce nulla al genere umano, a cui non

---

e tuttavia aspira a formare una setta, un taumaturgo che muta l'acqua in vino per dei convitati ubriachi, un esorcista che maledice un fico sterile senza sua colpa e caccia gli spiriti entro i maiali, un settario che viene infine impiccato su di una forca a forma di croce, come un furfante di schiavo. Lo scherno raggiunge Gesù anche sulla croce: si pretende che gli siano stati inchiodati i piedi e le mani, ma è difficile – questo è il commento di Voltaire – trovare alla svelta un chiodo tanto lungo da forare due piedi l'uno sopra l'altro, come si racconta (*Examen important de milord Bolingbroke ou le Tombeau du Fanatisme*, in *Mélanges*, cit., pp. 1047-1048).

possa pervenire da sola la ragione, anche se nel passato essa è stata una guida necessaria e insostituibile, avendo adempiuto lo stesso ufficio che, per il singolo uomo, è l'educazione.

Non invettiva, dunque, non scherno, non dileggio, ma apprezzamento, lode e onore, che tuttavia si accompagnano all'abbandono all'indifferenza di tutto ciò che riguarda la vita, i miracoli, la morte, la resurrezione di Cristo. È fuori di dubbio, dice Lessing, che Cristo è stato un vero uomo, ma è controvertibile che sia stato più che uomo, bisogna distinguere la religione *del* Cristo dalla religione *cristiana*, l'una è quella che egli praticò e che ogni uomo tanto più può desiderare di avere in comune con lui, quanto più degna e sublime è l'immagine che si forma di Cristo come semplice uomo, l'altra è quella *sul* Cristo, innalzato ad oggetto d'adorazione, incertamente attestata nei Vangeli e tale che non ci sono nemmeno due uomini che possano accordarsi sul modo d'interpretarla. Il Cristo di Lessing enuncia verità di ragione, soprattutto l'immortalità dell'anima, che si contiene nel Nuovo Testamento, il quale è il secondo libro elementare, destinato anch'esso ad essere abbandonato, come lo è stato nella sostanza il Vecchio Testamento, primo libro elementare, che aveva insegnato l'unità di Dio. Del resto, come la dottrina dell'unità di Dio è da intendersi, secondo Lessing, diversamente da come si era fatto tradizionalmente, e cioè sulla base di Spinoza e dell'ἕν καὶ πᾶν, così la dottrina dell'immortalità dell'anima è da configurarsi differentemente, ossia sul fondamento della metempsicosi (la quale, a rigore, importa l'eternità dell'anima, l'immortalità non soltanto *a parte post*, ma anche *a parte ante*). L'amore, di cui discorre Lessing, è quello che gli uomini possono e debbono avere gli uni per gli altri; la sua religione dell'amore preannuncia quella religione dell'umanità, di cui nell'Ottocento Saint-Simon e Comte si sarebbero fatti i sostenitori[4].

4. *Le due figure di Cristo e le due rappresentazioni del cristianesimo fornite dall'illuminismo*

Nel rifiuto del soprannaturalismo non c'è quindi differenza tra l'illuminismo moderato e quello radicale, il quale ultimo è anch'esso pronto a lasciar balenare una figura di Cristo da prendere a modello di comportamento, dopo averne composta un'altra affatto contraria e averla coperta di vituperi. Il fatto è che l'illuminismo non vuole commettere l'errore che, nei confronti del cristianesimo, compì l'impero romano, il quale usò la mano forte, tanto da irritare gli animi dei seguaci di quella religione, e tuttavia non quanto sarebbe occorso per debellarla, avendo mancato di costanza nella sua repressione, ma intende seguire un procedimento più lungo, ma di più sicura efficacia, che è quello di alternare le minacce e le lusinghe, di compiere un passo alla volta, di accordare una resa onorevole agli avversari, che sono autorizzati a conservare per il momento certe

---

[4] Cfr. *La religione dell'umanità*, trad. it. cit., *passim*.

loro convinzioni, certe loro usanze, a condizione che essi consentano ai diversamente senzienti di possedere e mantenere le proprie, il tutto in attesa che il tempo compia la sua inesorabile opera di distruzione delle une e delle altre. È pronta la figura del Cristo campione della tolleranza, del Gesù vittima dei sacerdoti ebrei e degli oppressori romani, e dopo quella del fondatore è predisposta una configurazione del cristianesimo antico tutto docilità, mitezza, pratica del perdono.

Quello stesso Voltaire, che compone delle terribili requisitorie anticristiane (di alcune delle quali si astiene per prudenza dal rivendicare la paternità), invita i cristiani a imitare Gesù, che ha comandato l'amore del prossimo, questa legge antica quanto il genere umano, che è stato martire e non carnefice, perseguitato e non persecutore. E Diderot ha cura di elencare una lunga serie di passi della sacra scrittura, degli apologisti, dei Padri della Chiesa, e di altri scrittori ecclesiastici, in cui si raccomanda la comprensione fraterna, s'insegna che la fede, essendo condizione interiore, esige la libertà, e non può essere imposta con la forza, allo scopo di mettere in contrasto le pratiche cristiane del suo tempo, esclusiviste e intolleranti, con le dottrine del cristianesimo, ispirate alla comprensione e all'amore. Non ha forse detto Gesù: io sono dolce e umile di cuore, beati i pacifici e i misericordiosi? Non ha insegnato San Paolo a trattare chi non ha i nostri propri sentimenti non come un nemico, ma come un fratello? Sotto la penna di Diderot s'adunano testi di Tertulliano, Atanasio, San Giovanni Crisostomo, Sant'Agostino, Salviano di Marsiglia, e di molti altri autori, in cui s'inculca che la religione deve essere diffusa mediante la persuasione, l'istruzione, la preghiera, e non già mediante la violenza e la persecuzione.

Sono così fornite due rappresentazioni del cristianesimo interamente diverse, che sarebbero contraddittorie, se non fossero soltanto due strumenti diversi di combattimento, entrambi legittimi, complementari nell'impiego e convergenti nella finalità. Da una parte è detto: se voi siete un uomo cattivo, ciò non è dovuto alla vostra indole né alla vostra condizione sociale; la natura era stata, anzi, generosa con voi, v'aveva colmato di doni; appartenevate ad una famiglia onorata e benestante; potevate diventare una persona dabbene; è questa religione che vi ha guastato, che ha fatto di voi un fanatico, un briccone. Dall'altra parte è detto: se volete diventare un uomo virtuoso, abbracciate la religione cristiana, ed essa accrescerà i meriti che già possedete, farà di voi una persona che pratica appieno l'amore del prossimo, un esempio da seguire per quanti vi conoscono, che riporranno in voi completa fiducia. Entrambe le rappresentazioni sono proprie dell'illuminismo, la prima si riferisce ad un cristianesimo ancora aderente alla tradizione e per ciò guardato con somma ostilità, la seconda si rapporta ad un cristianesimo ammodernato e quindi accolto con favore, in quanto può diventare un fattore importante della civiltà dell'illuminismo.

Condizione preliminare e requisito indispensabile per l'accoglimento di questo nuovo e inusitato cristianesimo è l'estensione del comando evangelico: non fare agli altri ciò che non vorresti che gli altri facessero a te (e in termini positivi: fai agli altri ciò che vorresti che gli altri facessero a te) dal campo delle relazioni tra i singoli a quello dei rapporti tra le religioni, le quali sono tenute a rispettare il *principio dell'uguaglianza delle opportunità*, che prima ancora di ricevere codesta denominazione e di essere introdotto in materia di società, è teorizzato in fatto di fedi religiose, di credenze e di culti. Così, vediamo che Collins domanda che si accordi pari trattamento alle religioni, e trova del tutto conveniente che come i missionari cristiani si recano in ogni parte del mondo, così i missionari delle altre religioni, p. es., del buddismo, vengano nei paesi cristiani col pieno consenso e magari con l'incoraggiamento della Chiesa, e vi predichino le loro convinzioni religiose[5]. Il principio dell'uguaglianza delle opportunità e del pari trattamento delle religioni, com'è domandato dagli illuministi in sede di fedi, così è da essi asserito anche in fatto di culti, e non potrebbe essere diversamente, giacché non c'è fede, la quale non imponga di comportarsi così e così nell'anima e nel corpo, e non si traduca quindi inesorabilmente in culto reso alla divinità. Così, scorgiamo che Voltaire chiede, sul fondamento di codesto principio, che si conceda ai diversamente credenti il diritto di edificare i propri templi sul terreno della cristianità, p. es., che si autorizzino i musulmani a costruire delle moschee in Francia, e per provocazione si finge meravigliato che a una tal cosa non si sia già provveduto[6].

Bisogna concedere che, nel presupposto da cui muovono, i ragionamenti di Collins e di Voltaire sono impeccabili, e mostrano dove può condurre l'idea di una pace e di una convivenza delle fedi. Frammischiandosi, le religioni si smussano, perdono i loro confini, diventano nebulose, annientano la propria identità. Quello che si era chiamato il domma sociniano della tolleranza, essendo predicato da tutte le Chiese cristiane, acquista terreno e alla lunga si rende il loro intero contenuto dommatico. Non ha più senso domandarsi dove è la verità e dove è l'errore, perché non ci sono genuine differenze, tutto è in definitiva uguale, tutto è fatto nella stessa maniera. Se il progetto dell'illuminismo si estenderà al di là delle confessioni cristiane, e avrà successo indiscriminatamente tra tutte le religioni della terra, queste si ridurranno ad annunciare il dovere della reciproca tolleranza e dell'amore del prossimo, in un mondo in cui, non essendoci più varietà alcuna di credenze, non c'è nulla da tollerare, e in cui l'amore ha il solo si-

---

[5]   «Se il re del Siam, in risposta ai nostri sforzi per convertire lui e il suo regno alla nostra religione, volesse inviarci un gruppo di monaci buddisti (così si chiamano i preti del Siam) per convertirci alla religione ufficiale del Siam – argomenta Collins –, mi pare che la nostra Società per la propagazione del Vangelo e tutti i suoi sostenitori e simpatizzanti dovrebbero riconoscere che la richiesta del re è del tutto ragionevole, come contropartita del loro progetto, e dovrebbero convenire col re del Siam che è dovere dei membri della Chiesa d'Inghilterra pensare liberamente a ciò che i missionari buddisti proporranno loro tanto quanto lo è per i membri della Chiesa del Siam pensare liberamente a quanto potrebbe essere ribadito dai missionari d'Inghilterra. E dunque non v'è dubbio che coloro che desiderano la conversione dei Siamesi dovrebbero concedere ai loro missionari tra noi la stessa tolleranza che si attendono per i nostri in Siam» (*Discorso sul libero pensiero*, trad. it. cit., pp. 35-36).

[6]   «Confesso che di ritorno a Marsiglia mi stupì molto non trovarci una moschea, e manifestai la mia sorpresa al signor intendente e al signor vescovo, dicendo loro essere cosa incivile, ché, se i cristiani avevano chiese fra i musulmani, si poteva concedere ai turchi la galanteria di qualche cappella per lo meno» (*Pout-Pourri*, trad. it. cit., p. 203).

gnificato del vicendevole sopperimento dei bisogni elementari degli uomini. Poiché anche in una tale evenienza le religioni presumibilmente manterrebbero ciascuna il proprio nome, i dibattiti, che tra di esse s'intratterrebbero, diventerebbero un monologo rumoroso, in cui ognuno dice quel che dice anche ogni altro. L'illuminismo dominante, nella sua maggiore intensità, profondità, diffusione, non si chiamerebbe più sempre e dovunque con codesto nome (circostanza, questa, che si verifica già da parecchio tempo), ma in cambio di una tale rinuncia verbale (anch'essa profittevole, giacché la molteplicità degli appellativi disorienta i nemici e rende imprecisi i loro colpi), s'imporrebbe nella sostanza, ergendosi ad incontrastata civiltà planetaria. La resistenza che le religioni oppongono all'omologazione, che l'illuminismo appare seriamente intenzionato a compierne, è differente a seconda della distanza in cui esse si trovano dalle sedi originarie della civiltà illuministica, dai luoghi in cui si è teorizzata la libertà di pensiero, è sorta la scienza moderna, si è assegnato per scopo della vita il benessere, l'agio, la ricchezza, si sono diffusi il macchinismo e l'industrialismo, che soltanto partendo di lì sono dilagati per il resto della terra.

L'urto dell'illuminismo con il cristianesimo è quasi per intero opera della sua prima ondata, e in termini temporali si conclude con il Settecento; gli illuministi del secolo successivo possono pressoché limitarsi ad accogliere i risultati conseguiti dai loro predecessori in una lotta, che, avendo ormai riportato piena vittoria, non ha più scopo nell'essere proseguita. (Nel Novecento nessun compito effettivo resta da svolgere all'illuminismo nei confronti del cristianesimo). Se non si tiene presente la circostanza che il positivismo è la forma ottocentesca dell'illuminismo, si ha l'impressione che i positivisti si comportino dommaticamente in materia di religioni, dando per ammesso che esse siano tutte formazioni naturali, da riguardare come rozzi e primordiali tentativi di rendersi conto della realtà fisica, di spiegarsi i fatti del mondo circostante, mercé il ricorso ad agenti volontari, analoghi (quantunque molto più potenti) all'uomo, il quale s'avverte dotato di volontà e si crede immortale, perché reputa che il sogno sia un'espressione fededegna e nei sogni gli appaiono i trapassati; e in questi e in altri simili modi contestando la veridicità e l'oggettività delle credenze religiose tutte. Ma il positivismo non è in ciò dommatico, bensì si ricollega, talvolta dichiaratamente, più spesso implicitamente, alle conseguenze raggiunte nel secolo precedente dagli scrittori dell'illuminismo, che esso ritiene giustamente superfluo argomentare da capo, a partire dai primi principi. I positivisti si mostrano il più delle volte longanimi nei confronti del cristianesimo, al quale attribuiscono nobiltà di sentire morale e purezza d'intenzioni e costume di vita intemerato, ma, a ben vedere, sono assai più radicali dei filosofi e degli altri autori dell'illuminismo del Settecento, perché muovono dal convincimento che la religione cristiana sia in fondo già estinta e non abbia davanti a sé alcun avvenire. Poiché i positivisti avanzano l'esigenza di ricostruire uno stabile assetto della società, sul fondamento dell'umanismo, dopo che nel Settecento si era badato principalmente a distruggere, in questo loro bisogno vanno talvolta tanto oltre, da misconoscere il significato dell'opera di quelli che pur continuano ad essere i loro maestri e i loro ispiratori[7].

Già nell'Ottocento la filosofia si era resa conto del fatto che il cristianesimo stava per lasciare la scena del mondo, l'evento è stato preannunciato dai maggiori pensatori del secolo, configurandolo ognuno nella maniera richiesta dalla speculazione sua propria, ma tutti unanimemente riconoscendolo come innegabile e certo, così che sull'argomento si riscontra il *consensus philosophorum*. Hegel e Schopenhauer, Feuerbach, Kierkegaard e Nietzsche, si sono accorti dell'evento di portata storica mondiale, e hanno ragionato di un cristianesimo, che scompare bensì dal mondo effettuale, ma che si salva nella filosofia, la quale mantiene l'essenziale dei suoi dommi; di un cattolicesimo, che, dopo la Controriforma e il Concilio di Trento si è imbevuto di razionalismo ed è diventato pelagiano o semipelagiano, e di un protestantesimo che è cristianesimo che si riduce gradualmente a nulla; di un cristianesimo antico, credente e ascetico, e di un cristianesimo moderno, scettico ed epicureo; di un cristianesimo secolarizzato, dedito alla conquista dell'al di qua e ignaro del guadagno dell'al di là; della morte di Dio, che è poi la morte del Dio cristiano, e che, non essendo stata surrogata dalla nascita di un nuovo Dio, ossia di una nuova fede, ha prodotto un vuoto immane, che prende il nome di nichilismo. Questi e altri consimili giudizi, di cui è impossibile eseguire la rassegna completa, tanto grande è il loro numero, essendo diventati perfin triti, hanno spinto a discorrere di tramonto, o per lo meno, di eclissi del sacro.

---

[7]   Secondo Spencer, occorre estendere all'ebraismo e al cristianesimo quella origine naturale, che si attribuisce giustamente a tutte le altre religioni. Anche nella religione ebraica s'incontrano le medesime superstizioni che si trovano da altre parti, anche in essa Dio è riguardato come un essere potente, esistente in maniera visibile e invisibile. Anche gli ebrei sono politeisti, giacché ammettono l'esistenza delle divinità dei gentili: il loro Dio era in origine un signore locale in carne e ossa, che era chiamato «Dio» in maniera analoga a quella in cui i beduini chiamano «dei» i loro signori. La divinità del cristianesimo è della stessa specie di quelle che compaiono in parecchie religioni orientali; essa non ha niente da spartire con la causa prima delle cose (che Spencer conserva sotto la denominazione di l'«Inconoscibile»). – Saint-Simon si reputa in grado di preconizzare l'avvento di un cristianesimo senza dommi e senza riti, esteso all'intero genere umano. Il cristianesimo tradizionale, che Saint-Simon denomina per lo più «potere teologico», è stato scalzato dal principio della libertà di coscienza: *«L'établissement du principe de la liberté de conscience a sapé dans sa base le pouvoir théologique»* (*Du Système industriel*, in *Oeuvres*, ed. cit., tomo III, pp. 8-9). – Comte evita di pronunciare anche il nome di Gesù Cristo; del resto, per lui, il vero fondatore del cristianesimo è San Paolo. Comte si sbarazza così a un sol tratto di Gesù Cristo, appoggiando tacitamente la sua presa di posizione in quella degli illuministi di un secolo prima, che avevano rifiutato il domma dell'incarnazione e demolito la figura, tanto divina quanto umana, di Cristo.

XV.
LA NASCITA DEL CRISTIANESIMO ILLUMINISTA

1. *L'aggressione dall'esterno e lo svuotamento dall'interno del cristianesimo*

È da dire che tutte le obiezioni, con cui i filosofi dell'illuminismo assaltano il cristianesimo, considerate di per se stesse, non sono affatto irresistibili, e avrebbero potuto essere agevolmente ribattute. Appena degna di menzione è la superficialissima imputazione, per cui il cristianesimo, al pari di ogni altra religione, sarebbe nient'altro che un inganno del clero, un'escogitazione di preti imbroglioni. È l'esistenza della religione che rende conto di quella del clero; idealmente la fede precede i sacerdoti, i quali possono venire soltanto dopo; l'imbroglio presuppone la veridicità, all'incirca nella stessa maniera in cui la moneta falsa presuppone la moneta vera (ci potrebbero essere al mondo solamente monete vere, poste in circolazione dagl'istituti d'emissione, ma è un controsenso pretendere che ci siano esclusivamente monete false).

Ma anche le più scaltrite teorie psicologiche, che riportano l'origine della religione ad un meccanismo di proiezione, per cui delle immagini, che l'uomo ha nel suo animo, verrebbero gettate fuori, e una volta che si siano rese esterne, sarebbero tenute in conto di oggetti effettivamente reali, sono incapaci di reggere ad un'analisi approfondita. La coscienza è costitutiva dell'oggetto; la cosa è come la coscienza l'apprende, non diversamente. Se delle immagini sono consapute come *proprie* dell'uomo, allora esse sono effettivamente le *sue* immagini; se manca questa determinazione dell'*essere proprio*, dell'*essere suo*, allora si tratta certamente di alcunché di diverso, a cui non si può applicare questa genesi psicologica. Si ha un bel dire (come si fa sin dall'antichità, sebbene teorie del genere si vantino modernissime) che l'uomo, quando ha fede, finge e crede, perché delle due l'una, o finge, e cioè immagina, e in tal caso, sapendo che codeste sono le sue immagini, non crede, o crede, e in questa evenienza, non si tratta delle sue immagini, ma di qualcosa di diverso, comunque sia in se stesso costituito. Nessuno adora le sue medesime immagini, vi si prostra dinanzi, le invoca, ne domanda la protezione e il soccorso. La spiegazione che si pretende di addurre dell'esistenza della religione è, per principio, inammissibile, perché esige che abbia luogo l'impossibile. L'uomo è un essere particolare, che ha un corpo (ossia un'unità di sensazioni) e un'anima (vale a dire un'unità di immagini), ma, come la sfera delle sensazioni l'oltrepassa da ogni lato, per quante sono le cose della natura, così lo travalica da ogni verso il dominio delle immagini (gli esseri animati, altri dall'uomo, ciascuno con il suo io e con la sua psiche, sono altrettanto reali dell'uomo e risultano ugualmente di sensazioni e d'immagini). Tra l'uomo, gli oggetti inanimati e gli esseri animati, si dà un'immensa serie di rapporti, che si chiama la «vita», ma Dio e gli dei sono tanto poco proiezioni della psiche umana, quanto poco l'uomo è la proiezione di una qualche immaginazione altrui. Il Dio cristiano esiste in sé e per sé, anziché essere semplicemente un'immagine dell'uomo, alla quale viene attribuita un'indole che non è la sua genuina, ma un'altra, illusoria e ingannevole.

Il difetto, che si trova nelle spiegazioni illuministiche dell'origine e della natura della religione (che sono riferite anche al cristianesimo; del resto, esse sono cosiffatte da non tollerare eccezioni), non deriva da una qualsiasi inettitudine a ben ragionare dei filosofi dell'illuminismo, i quali sono, anzi, assai agguerriti nelle loro argomentazioni. Il fatto è che il cristianesimo, com'è in se stesso, è irraggiungibile dall'illuminismo, il quale, per quanto battagli contro di esso, riesce ad oppugnare soltanto quella che è la sua interna raffigurazione antagonistica per eccellenza, e anzi, di quanto si afferma, di tanto la rifiuta. La prova della verità del cristianesimo, prima ancora di essere fornita dalla circostanza che, se il mondo tutt'intero si è volto ad esso senza miracoli, questo è il fatto più miracoloso che mai si possa dare, come suggerisce Dante sulla scorta di Sant'Agostino e di San Tommaso, è arrecata dalla sua esistenza medesima. Non la diffusione, ma l'esistenza è il contrassegno della verità, e in effetti, l'esistere e l'essere vero coincidono assolutamente, sia per la metafisica che per la logica.

Ma, se è così, come si può rendere ragione della crisi che ha investito il cristianesimo (e che può essere mortale, giacché, come si è spesso osservato, si sono bensì visti degli individui tornare alla religione che avevano abbandonato, ma non si sono visti popoli riprendere le credenze avite, dopo averle lasciate)? La risposta a questo fondamentale interrogativo è che, prima ancora di essere aggredito dall'esterno, il cristianesimo si svuota dall'interno, abbandonando le sue posizioni tradizionali, sminuendo le sue credenze dommatiche, alterando il patrimonio della sua fede, così che un po' alla volta s'estenua. Il processo d'interno svuotamento e di esterna aggressione si corrispondono, poiché entrambi si rivolgono in un primo momento ai pretesi aspetti secondari, alle cosiddette esteriorità del culto, a quelli che sembrano essere gli aspetti di facciata delle cerimonie e dei riti; quindi investono i sacramenti, che, da canali della grazia diventano i suoi semplici simboli; infine coinvolgono i dommi fondamentali. A questo punto sorge il problema dei rapporti tra il cristianesimo e le altre religioni, che, a stretto rigore di termini, non dovrebbe nemmeno porsi. Le religioni prosperano nella vicendevole ignoranza, quando alla moltitudine dei fedeli è soltanto genericamente noto che da qualche altra parte del globo ci sono dei diversamente credenti. Se il problema si pone, esso mette di fronte all'*aut-aut* della pace e della guerra, il quale, non potendosi sempre combattere, viene alla fine risolto a favore del partito della pace, e si manifestano così l'irenismo e l'indifferentismo.

Potrebbe parere che i dommi essenziali del cristianesimo non siano mai formalmente lasciati cadere, ma essi sono aggirati, e a conti fatti, dimenticati, così che rimangono solamente delle vuote formule, prive di contenuto determinato. L'aggiramento, per quel che concerne la trinità, si compie con l'ammissione, da parte del cristianesimo, che l'idea trinitaria è pensiero comune, largamente condiviso dall'umanità, tant'è vero che s'incontra presso parecchi popoli, segnatamente presso gli indù, ma sue tracce si trovano anche nelle religioni più primitive, cosicché bisogna concludere che una tale verità è conoscibile dalla semplice ragione, oppure (ciò che, in definitiva, è il medesimo) è comunicata agli uomini mediante una rivelazione universale, estesa quanto il genere umano. Una volta postisi su questa strada, la trinità diventa un simbolo di qualsiasi triplicità in cui ci s'imbatta, di modo che la specificità della concezione cristiana della trinità va perduta, e con essa è abbandonata la sua esclusiva veridicità. Per quel che riguarda l'incarnazione, l'aggiramento è eseguito con l'accettazione del paragone tra Cristo e le divinità orientali e greche benefattrici dell'umanità, che per essa soffrono, muoiono e poi risorgono, giacché è connaturata agli esseri divini l'immortalità. Anche l'idea dell'incarnazione non è possesso del solo cristianesimo, e in particolare si trova anch'essa tra gli indù, dove si scorge che Brahma si manifesta sulla terra, appare in forma di uomo, mediante un secondo principio, che è Visnù o Krisna. Pertanto si è obbligati a riconoscere che anche nell'induismo si danno congiuntamente la trinità e l'incarnazione, ossia quella che avrebbe dovuto essere la quintessenza della verità cristiana. La rivelazione si slarga, ampliandosi all'infinito, e correlativamente s'estende la salvezza, che, anziché essere dono fornito unicamente dal cristianesimo ai suoi fedeli, è attribuita ai seguaci di tutte le religioni, anzi, a tutti gli uomini di retto sentire, quali che siano le loro convinzioni in fatto di religione, infine, agli uomini senz'altro, qualunque sia il loro comportamento, giacché ad esseri limitati, che compiono il male per ignoranza e per avverse condizioni ambientali, non può mancare la finale redenzione. Dall'«*extra ecclesiam nec salus nec remissio peccatorum*» si passa ad una Chiesa invisibile, a cui chiunque, per la semplice circostanza di essere nato e di esistere, appartiene, Chiesa, che si vorrebbe realissima, ma che è soltanto una vuota finzione, per la ragione che una salvezza, promessa a tutti indiscriminatamente e lasciata vuota nel suo contenuto, cessa d'interessare, e i pensieri si volgono alla terra, all'uguaglianza politica, alla giustizia sociale, ecc. Quando a tutto ciò si aggiunge l'ulteriore elemento che l'amore cristiano è ridotto ad esercizio di filantropia, nasce il *cristianesimo illuminista*, il quale ha la sostanza dell'illuminismo e l'apparenza e la denominazione di «cristianesimo».

In questo seguito di fenomeni di dissoluzione possiede il massimo rilievo il momento iniziale, che è nella distinzione di due lati del cristianesimo, l'uno profondo ed essenziale, l'altro superficiale e secondario, il primo da conservare, il secondo da abbandonare, se le circostanze di tempo e di luogo lo richiedono; distinzione, questa, che, come già si è osservato, nell'attuale vita religiosa è completamente assente, giacché in essa tutto è ugualmente necessario e vero, e non si danno elementi contingenti e variabili. Per chi in atto crede e rende culto a Dio, la fede e il rito non si dividono in molteplici aspetti, non essendoci due modi di credere e di celebrare le cerimonie; la divisione si presenta, quando la fede si è indebolita e la celebrazione ha incominciato ad essere gesto esteriore, a cui l'animo può tanto conformarsi che mantenersi difforme. La distinzione, quando sia stata introdotta, può crescere a dismisura, sempre aumentando la parte accessoria, marginale, e di altrettanto diminuendo la parte costitutiva e vitale, che finalmente cessa d'esistere.

Un tale processo di svuotamento del cristianesimo inizia in epoca precedente a quella dell'affermazione dell'illuminismo, ad opera di alcuni singoli pensatori dell'Umanesimo e del Rinascimento, che, per il loro sentimento aristocratico della vita, per la nobiltà del loro pensiero e per l'elevatezza del loro linguaggio, sono le mille miglia lontani dal livellamento democratico del pensare, del dire e del vivere, propri della civiltà dell'illuminismo, con il quale tuttavia s'incontrano in parecchi motivi. Quel che dapprima è innovazione esitante per il suo ardimento, accompagnata da molte professioni di fede d'intonazione tradizionale, si rende in seguito cangiamento reciso, ora intrapreso dal basso della comunità dei credenti, in ultimo eseguito dall'alto delle gerarchie ecclesiastiche. (Poiché si tratta di una vicenda di sterminata complicazione e lunghezza, la cui completa esposizione richiederebbe una mole eccessiva di spazio e comporterebbe continue ripetizioni, l'esame è da compiersi per esempi, scelti dalla parte del cattolicesimo, anziché da quella del protestantesimo. Infatti, la Chiesa cattolica si è rinserrata in se stessa e si è cinta di forti difese contro l'assalto della civiltà moderna, da cui ha a lungo tentato di serbarsi immune, laddove il protestantesimo, essendo meno saldo negli assetti dottrinali, a causa delle sue divisioni e delle incertezze rimaste nelle sue diverse ortodossie, e mancando di solide organizzazioni ecclesiastiche, è confluito presto in forze nell'illuminismo oppure nel romanticismo. Questa circostanza rende gli esempi cattolici più rilevanti e significativi di quelli che si potrebbero desumere dalla parte del protestantesimo. La vicenda ha però inizio ancor prima che il cristianesimo si divida in se stesso a causa della Riforma protestante, e tacendo quindi delle prese di posizione che lo mettono in dubbio o addirittura lo rifiutano – le quali presentemente niente premono –, l'esame si può incominciare con i pensatori dell'Umanesimo e del Rinascimento)[1].

---

[1] La distinzione tra svuotamento dall'interno, per remissione delle proprie forze, e annientamento dall'esterno, per aggressione delle forze nemiche, è netta e precisa; entrambi i processi sono effettivi (la distinzione non è quindi da intendersi così, che soltanto il primo processo sia reale e che il secondo sia apparente). Le religioni, come esistono nel dominio della vita, s'influenzano a vicenda, e questa reciproca influenza consiste in ciò, che di quanto certe religioni si espandono, di altrettanto le altre si contraggono. Nel sacrario della coscienza del credente non può esercitarsi alcuna violenza, nessuno versa in una così misera condizione da dover temere di vedersi strappare il suo Dio, ma, se in lui si estingue la fede, egli diventa preda del nemico; accade l'una cosa, perché accade l'altra, e di converso.

2. *Il problema della molteplicità delle religioni e la novità della sua soluzione in Cusano, Ficino e Moro*

Le premesse da cui discendono le concezioni religiose di Cusano, in ciò che esse hanno di più originale e di più profondo, appartengono alla metafisica e all'orientamento mistico.

D'ordine metafisico è la nozione di Cusano, per cui nel divino c'è sia l'unità che la molteplicità, come comporta la dottrina trinitaria. Dio, in quanto è creatore, è trino ed è uno, ma, in quanto è infinito, non è né trino né uno, ne è alcuno di quegli attributi che si possono enunciare di lui. Nell'universo si dà separazione di parti, ma prima d'ogni separazione c'è il nesso dell'unità e dell'uguaglianza, dal quale discende poi, per deficienza, la separazione o disunione. Il nesso è eterno, ma non possono esistere più nessi eterni, e pertanto nell'eternità c'è l'unità, l'uguaglianza dell'unità e l'unione, o nesso, dell'unità e dell'uguaglianza, vale a dire il principio semplicissimo dell'universo è unitario, giacché nel principio deve compendiarsi il principiato, il quale, a sua volta, presenta un'analoga distinzione ternaria nell'unità dell'essenza. Ne viene che la trinità divina è *unitas*, *aequalitas*, *nexus*, mentre gli elementi costitutivi delle cose finite sono la materia, la forma e la connessione. Quando Cusano fa parlare così il Verbo, gli fa esporre una teoria logica, non proclamare una rivelazione religiosa; qui si è in presenza d'un germe di razionalismo di una specie del tutto diversa da quelle finora incontrate nei teologi medioevali. Le considerazioni razionalistiche moderne della trinità, di cui sopra si è fatto cenno, nelle quali si esegue la deduzione dell'essenza una e trina di Dio, che così cessa di essere domma di fede, per diventare verità di ragione, hanno la loro scaturigine in Cusano, a cui, del resto, talvolta esplicitamente si richiamano. Il punto di partenza di questo razionalismo trinitario è nella formula *multa et unum convertuntur*, che Cusano preferisce a quella tradizionale, risalente ad Aristotele, per la quale *ens et unum convertuntur*, e il motivo di tale preferenza è nel fatto che l'*unum* è inteso da Cusano come *complicatio multorum*. Qui si è posti dinanzi ai primi principi della metafisica, poiché l'uno, come complicazione dei molti, ossia l'uno-plurimo, importa l'identificazione dell'essere e della relazione, per la quale i molti sono i termini di cui l'uno è la relazione, e ancora l'identificazione della diversità e della molteplicità, per la quale ogni esistente è un diverso, e la totalità dei diversi è l'essere-uno; in breve, qui è contenuta in compendio un'intera concezione della realtà[2].

Di per se stesso, il misticismo è aperto a tutti gli esiti, ma tra di questi spic-

---

[2] Per queste teorie Cusano anticipa non l'illuminismo, ma il romanticismo, e specialmente Schelling, per il quale, nella dottrina trinitaria, è appropriato il riferimento della materia al Padre, riferimento che è già in Cusano, dove rappresenta una minaccia per l'ortodossia cattolica, che di esso è ignara (va da sé che l'unità significa il Padre, l'uguaglianza il Figlio, e il nesso lo Spirito Santo, e che la corrispondenza tra principio e principiato impone di rapportare la materia al Padre). Ma è l'intera metafisica di Cusano ad apparire suscettibile di essere svolta in direzione del panteismo (e infatti, il panteismo sarà diffuso tra i filosofi romantici).

ca quello dello scetticismo religioso, e in effetti, i mistici sono sempre ad un passo dal convertirsi in scettici. Il mistico è acceso di un Dio del quale non sa nulla di preciso; lo scettico è a cognizione dei semplici fenomeni che gli constano; e le due figure sono pronte a rovesciarsi l'una nell'altra. Aborrendo dalle definizioni dommatiche, che ritiene incapaci di adeguare l'infinità divina, professando di fatto una religione privata, quand'anche si dichiari seguace di questa o di quella religione, essendo disposto nell'anima antiecclesiasticamente, quand'anche rivesta cariche nella gerarchia della Chiesa, il mistico è, in definitiva, uno scettico nei confronti del mondo, da cui non si sente appagato. Di converso, benché lo scettico sia preparato a sostenere che soltanto le apparenze sono note, e che il vero volto della realtà è inconoscibile, deve comunque ammettere che un principio delle apparenze non può non darsi, e che tale principio innominato, qualora riceva un appellativo, si può chiamare Dio, e in tal caso si tratta del Dio del mistico[3].

L'inattingibilità di Dio, l'assunto che non si può andare al di là delle semplici *conjecturae* in fatto della realtà divina, insieme a quello per cui la molteplicità si converte con l'unità, è il cominciamento da cui discendono tutte le prese di posizione di Cusano intorno alla religione. Il fatto che sulla terra esistano molte religioni non può essere, di conseguenza, addebitato, come tradizionalmente si era avvezzi a fare, ad una malizia diabolica, e Cusano ne dà una spiegazione nuova e ardita, additandovi una precisa volontà divina, quantunque occasionalmente ritorni al tradizionale modo di vedere. Tutte le religioni sono da guardare con favore, perché sono volute da Dio, la loro varietà risponde ad un disegno della divina provvidenza, in ciascuna religione si venera e si adora l'unico Dio, ancorché in maniere diverse e con una conoscenza che rimane sempre semplicemente congetturale[4]. Nella specie umana ci sono individui più e meno perfetti;

---

[3] Questo possibile trapasso dal misticismo allo scetticismo religioso è scorto da Berkeley, il quale è avvertito del grande partito che dalla tesi dell'ineffabilità divina possono trarre quelli che egli chiama i «filosofi minuti», e quindi se la prende con Dionigi l'Areopagita e quant'altri teologi asseriscono che Dio è innominabile, essendo sapienza irragionevole, inintelligente e folle, Dio che sembra diversissimo, e invece, è analogo al Dio principio sconosciuto d'attributi sconosciuti del deismo illuministico. Cfr. *Alciphron, or The Minute Philosopher*, cit., pp. 163-168.

[4] Sant'Agostino negli dei dei Romani, dei Greci, nonché di altri popoli e di altre terre, scorge demoni immondi, intenti all'opera di seduzione e d'inganno del genere umano. Cfr. *De civ. Dei*, VII, 33. Questa spiegazione demonologica delle divinità delle religioni non cristiane (e di queste medesime religioni, della cui esistenza occorre pur rendere ragione) è perfettamente conforme agli interessi del cristianesimo, mentre non lo sono affatto altre spiegazioni, come quelle che si appellano all'immaginazione umana, agli inganni dei sacerdoti pagani, e simili. Queste interpretazioni si prestano, infatti, ad essere applicate anche alla religione cristiana: se gli dei pagani sono un prodotto dell'immaginazione, tale può essere anche la divinità del cristianesimo; se gli imbrogli dei preti hanno avuto il potere di dare origine a quelli, non si scorge perché gli inganni sacerdotali non debbano essere stati in grado di produrre anche la fede in Cristo. Invece, i diavoli sono potenze soprannaturali, e il ricorso ad essi importa il riconoscimento della realtà del soprannaturale. L'unica ritorsione, che gli avversari del cristianesimo possono tentare, è di sostenere l'origine demoniaca della religione cristiana e di rivendicare

nel campo delle opinioni ce ne sono di più e di meno giuste, anche a riguardo della religione; soltanto se ciascuno si contenta di sé e di quanto trova nella sua patria, si può assicurare la pace dei popoli[5].

Ma il contributo più diretto, quantunque del tutto inconsapevole e involontario, di Cusano all'avvento della pura religione razionale dell'illuminismo è nella circostanza che egli rimette alla ragione il compito d'instaurare la pace religio-

l'indole autenticamente divina della religione loro propria, quella in cui soltanto si adora il vero Dio. Ma quest'ultima disputa si scioglie con la prova della forza: la divinità vittoriosa è quella positivamente soprannaturale; le divinità perdenti sono negativamente soprannaturali, ossia sono diaboliche. – La spiegazione demonologica è diventata logicamente insostenibile in Cusano, per il quale, se non c'è molteplicità senza una sovrastante unità, non c'è unità senza una sottostante molteplicità; entrambe sono necessarie, perché s'implicano a vicenda. Quelli che venerano più dei, presuppongono che ci sia una divinità unica, ed è questa che essi adorano in quei loro dei, che ne partecipano come le cose bianche partecipano della bianchezza. (Questa è la medesima risposta che i Neoplatonici greci, preceduti dagli Stoici, fornivano al quesito di come conciliare la monarchia divina della filosofia con il politeismo delle religioni popolari della Grecia e di Roma). Una tale risposta non ha niente di cristiano; si comprende, quindi, come Cusano talvolta arretri e riprenda la posizione di Sant'Agostino. Anche per Cusano, può accadere che nella statua d'un Apollo o d'un Esculapio si nasconda uno spirito maligno, che approfitta della credulità umana, finge di essere costretto a dare dei responsi oracolari, e così conduce gli uomini alla perdizione. Ma ciò che in Sant'Agostino, e, in generale, nei Padri della Chiesa e nei Dottori scolastici, era un punto che faceva corpo con le loro vedute complessive, in Cusano è diventato un elemento che disturba l'insieme.
    [5] Nel *De pace fidei*, che è per la questione in esame lo scritto più interessante di Cusano, è introdotto un *princeps*, un arcangelo, che, rivolgendosi con la preghiera a Dio, gli dice che è il datore della vita e dell'esistenza, che è colui che variamente cercano con diversi riti e chiamano con diversi nomi, perché come effettivamente è rimane a tutti ignoto e ineffabile, l'invita a mostrare il suo volto, così che tutti i popoli siano salvi, e conclude: «*Si sic facere dignaberis, cessabit gladius et odii livor, et quaeque mala; et cognoscent omnes quomodo non est nisi religio una in rituum varietate. Quod si forte haec differentia rituum tolli non poterit aut non expedit, ut diversitas sit devotionis adaucto, quando quaelibet regio suis cerimoniis quasi tibi regi gratioribus vigilantiorem operam impendet: saltem ut sicut tu unus es, una sit religio et unus latriae cultus*». (*De pace fidei cum Epistula ad Ioannem de Segobra*, ediderunt commentariisque illustraverunt R. Klibanski et H. Bascour, London, 1956, pp. 6-7). In queste parole c'è il grido di un'anima accesa dall'amore di Dio, l'audacia estrema d'un pensiero che non esita di fronte alle conclusioni più sconvolgenti, il pronto ripiegamento di un uomo di Chiesa su di una posizione di prudenza (i vari tipi di culto). La vita religiosa in atto è una realtà unitaria, dovunque ugualmente compatta, in cui il culto è qualcosa d'indistinguibile in tipi. Pretendendo di differenziare il culto d'adorazione dagli altri tipi di culto, Cusano distingue nella religione un nucleo essenziale da un rivestimento estrinseco, ossia avvia il processo d'erosione del cristianesimo. Alla medesima distinzione Cusano ricorre, ogniqualvolta ha in animo di far trionfare la causa della pace, alla quale debbono essere sacrificati, attraverso concessioni e patteggiamenti reciproci (così egli si esprime), questo o quell'elemento del culto, l'una o l'altra consuetudine e pratica religiosa, che subito vengono fatti passare per particolari secondari, per entità insignificanti. Per ottenere la pacificazione religiosa, Cusano ricorre al criterio della maggioranza e della minoranza in questioni di fede; anzi, non esclude nemmeno che in certi casi debba essere la maggioranza a rimettersi alla minoranza. Cusano considera la Chiesa come una comunità di spiriti, come un organismo caratterizzato dall'interazione tra tutte le sue membra; di conseguenza, il principio basilare della sua ecclesiologia è quello della collegialità, che trova l'applicazione più evidente nel Concilio, a cui spettano il sommo potere e la suprema autorità. Il tentativo d'integrare il principio della collegialità con quello del primato pontificio non

sa; compito, del resto, che non si riesce a scorgere a che mai, se non alla ragione, potrebbe essere demandato. Le religioni sono diverse, ciascuna di esse è parte in causa, ed essendo parte, non può essere giudice; le religioni sono ostili tra loro; la ragione, invece, è unica, imparziale, pacifica. Rimettersi alla ragione significa, come insegna Platone, accogliere la sola potenza pacificatrice di cui l'umanità dispone. Va poi da sé che, non appena si discorre di un problema, si mette sul terreno una questione, già implicitamente si fa appello alla ragione, di cui i problemi e le questioni sono propri, essa è sin dall'inizio riconosciuta come la sola istanza competente, tocca a lei discutere, deliberare, sentenziare. Legittimamente quindi Cusano confida che sia *rationis concordia* che la pace religiosa possa essere guadagnata; ciò che comporta l'adozione di una *fides orthodoxa*, che non è nessuno degli insiemi di credenze esistenti a titolo di confessioni religiose e d'istituzioni ecclesiastiche. C'è forse da temere che i seguaci delle singole fedi religiose recalcitreranno di fronte alla proposta di abbandonare le proprie credenze, allo scopo d'introdurre l'unità di religione, che ogni nazione non vorrà saperne di accogliere una fede diversa da quella che sino a oggi ha difeso anche col proprio sangue? A questa domanda Cusano risponde, facendo parlare lo stesso Verbo divino, che non si tratta di mutare religione, ma di presupporre quell'unica e medesima religione, che è in tutte le fedi religiose. Qui il radicalismo di Cusano è estremo: non è più tempo – si conclude, o almeno la logica imporrebbe di concludere – di domandare conversioni a nessuno in nessun luogo, di esigere cangiamenti di fede, l'unica e vera religione è presente in tutte le fedi, all'incirca in quel modo in cui la lingua regale e curiale, vagheggiata da Dante, rispetto alle parlate delle diverse parti d'Italia, in *quadam redolet civitate nec cubat in ulla*.

Tra gli assunti di Cusano, che avrebbero potuto essere condivisi dalla generalità degli illuministi del Settecento, spicca quello per cui i comandamenti divini sono pochissimi, notissimi a tutti e comuni a qualsivoglia nazione, essendo resi manifesti dal lume dell'anima razionale (lume che nasce ad un parto con l'uomo), che Dio ci ordina di amarlo come scaturigine della nostra esistenza e ci ingiunge di non fare agli altri ciò che non vorremmo che fosse fatto a noi. Se i comandamenti si conoscono mediante il lume della ragione, non c'è alcun bisogno del lume della fede, bastando quello consustanziale all'uomo, che non vuole, del resto, essere accompagnato da codesto altro lume. Da queste premesse gli illuministi ricaveranno delle conseguenze, che Cusano non trae, ossia che l'amore non può essere altro che amore naturale degli uomini tra loro. Essi osserveranno che l'amore di Dio, sul quale non possiamo comunque agire, si riduce all'amore degli altri, sui quali possiamo agire, comportandoci bene oppure male, e cioè sopperendo ai loro bisogni, aiutandoli nelle loro necessità, oppure

manca, ma è svolto in maniera insoddisfacente. Non si può sostenere, come fa Cusano, che nelle questioni di fede si domanda il consenso, e che di quanto maggiore è il consenso, di altrettanto è più infallibile il giudizio. Il consenso ha un grado, per cui è maggiore o minore; l'infallibilità c'è o non c'è, è qualcosa d'assoluto, insuscettibile di qualsiasi gradualità.

ignorandone le esigenze; quando si eseguirà questa inferenza, l'amore diventerà filantropia.

Se in fatto di trinità l'impostazione di Cusano è razionalistica, in fatto d'incarnazione inclina verso l'adozionismo, accogliendo il concetto nestoriano per cui Cristo è semplicemente il figlio adottivo di Dio per la sua umanità (e del resto, dove non ci si cura granché della distinzione delle persone della trinità, si tende ad ammettere la sola filiazione adottiva dell'uomo Gesù), e in fatto di sacramenti lascia sussistere quasi soltanto il battesimo e l'eucarestia, di cui si sbriga alla svelta, trasformandoli da canali della grazia, quali erano nella dommatica cristiana elaborata nella tarda antichità e nel medioevo, in meri segni della fede. Il cristianesimo di Cusano non è più quello medioevale; la sua *civitas Dei* non ha più niente della cittadinanza «di quella Roma onde Cristo è romano»; la sua raffigurazione di Maometto, per quanto abbia dei tratti negativi, non è più quella dell'*Inferno* di Dante; soprattutto, per Cusano, è venuta meno quell'opposizione assoluta della verità del cristianesimo e della falsità del paganesimo, per cui il Virgilio dantesco dice di essere vissuto «nel tempo de li dèi falsi e bugiardi»[6].

Tra tutti i pensieri che Cusano affida alla speculazione e alla vita mentale del futuro, fondamentale è quello per cui la molteplicità delle religioni è voluta da Dio, e rientrando nel disegno della divina provvidenza, è da considerare con simpatia, che non è pensiero soltanto suo, ma dei maggiori spiriti dell'Umanesimo e del Rinascimento, di modo che è da ritenere tipico del cristianesimo, quale esiste immediatamente prima della Riforma protestante. Così, vediamo che, per Ficino, nulla dispiace a Dio più dell'essere disprezzato, nulla gli piace più dell'essere adorato; per tale motivo la provvidenza non permette che in nessun tempo ci sia una plaga del mondo completamente priva di religione, e tuttavia

---

[6] In Cusano c'è come un presentimento della teoria del processo della religione, che inizia da una forma inarticolata e rozza, si sviluppa per gradi e raggiunge il suo vertice insormontabile nel cristianesimo; teoria che sarà formulata compiutamente da Hegel. Anche i gentili, secondo Cusano, hanno venerato Dio; anch'essi l'hanno nominato in vario modo nel riguardo delle creature. Per cancellare la condanna assoluta, che del cosiddetto paganesimo era stata pronunciata in precedenza, Cusano non deve far altro che proporne una considerazione analoga – non identica – a quella che da sempre era stata presa nei confronti dell'ebraismo. Dal punto di vista del cristianesimo, la religione ebraica è quella cristiana sotto figura, e la religione cristiana è quella ebraica resa manifesta. Questa distinzione del cifrato e del manifesto, coincidendo con quella dell'implicito e dell'esplicito, è del tutto consentanea al platonismo professato da Cusano. Tra l'ebraismo e il paganesimo c'è, per Cusano, questa differenza, che gli ebrei venerano Dio nella sua semplicissima unità, come complicazione di tutte le cose, mentre i pagani lo venerano dove trovano un'esplicazione della sua divinità, e quindi con vari nomi e sempre avendo riguardo alle creature (questi nomi – aggiunge Cusano – nella loro totalità non sono altro che esplicazione di quella complicazione che è il nome unico e ineffabile di Dio. Ciò è come dire che la distinzione dell'implicito e dell'esplicito è infinita e impossibile da percorrere per intero in entrambi i suoi lati: non c'è cosa così meschina, che non esprima Dio, e non c'è cosa così elevata, che lo dichiari in maniera esaurita). – Ma la teoria del processo della religione importa l'idealismo romantico e la metafisica del divenire.

permette che nei diversi luoghi e tempi s'osservino diversi riti d'adorazione[7]. Questa presa di posizione è in Ficino del tutto conforme alla sua idea della naturalità del cristianesimo, che fa di esso la religione universale, e rende altresì possibile affiancare la filosofia, in qualità di *docta religio*, a quella che il discorso ordinario suole chiamare «religione», ma è tale soltanto in un'accezione più ristretta, giacché dovunque c'è umanità e pietà, ivi c'è in qualche maniera anche religione. Dio ha caro essere adorato in una qualsiasi forma, anche disadatta, egli respinge soltanto la superbia da cui non riceverebbe culto alcuno. Ficino spiega che, quando egli parla di religione, ha in mente un istituto comune e naturale a tutte le genti, con cui dovunque si pensa e si adora una provvidenza regina del mondo. Il culto di Dio è stabilmente connaturato agli uomini; la mente umana è condotta dalla sua natura ad avvertire, venerare, temere Dio. In maniera analoga a quella di Cusano, Ficino non rinuncia però ad accordare il primato al cristianesimo tra tutte le religioni[8].

Alcuni decenni dopo, questo medesimo giro di pensieri si coglie in Moro, il quale nella sua *Utopia* fa sancire una piena libertà religiosa, accordando a ciascuno il diritto di seguire la religione che più gli piace, e stabilendo che, per trarre gli altri alla propria religione, si debba procedere con serene dimostrazioni, convincere con la persuasione, non ricorrere alla violenza, non suscitare controversie e contese, che generano l'odio e sconvolgono gli Stati. Tali principi mirano non soltanto a salvaguardare la pace, ma anche a servire gli interessi della religione medesima[9]. Sebbene Moro s'inoltri sulla strada del sincretismo religioso, nondimeno non professa l'indifferentismo, e, se inculca la strada della persuasione, anziché quella della violenza, è in pari tempo convinto che codesta strada sia la più proficua per assicurare il trionfo del cristianesimo, il quale sarebbe, invece, schiacciato dalle più insulse superstizioni, se si ricorresse alle armi.

---

[7] Ficino aggiunge: «*Forsitan vero varietas huiusmodi, ordinante Deo, decorem quendam parit in universo mirabilem. Regi maximo magis curae est re vera honorari, quam aut his aut illis gestibus honorari*» (*De Christiana religione*, in *Opera omnia*, ed. cit., vol. I, 1, p. 4). Anche per Ficino, dunque, la varietà dei riti, anziché sottrarre, contribuisce alla causa della religione.

[8] Ficino distingue, infatti, la *communis religio* e la *christiana religio*, sostiene che quest'ultima *a Deo solo dependet*, è tale che non può essere soppressa (*aboleri non potest*), ed è più eccellente della musulmana (*Mahumetensi praestantior*). Cfr. vol. I, 1, pp. 849-853 e p. 12.

[9] «*Haec Vtopus instituit non respectu pacis modo quam assiduo certamine, atque inexpiabili odio funditus uidit euerti, sed quod arbitratus est, uti sic decerneretur, ipsius etiam religionis interesse, de qua nihil est ausus temere definire, uelut incertum habens, an uarium ac multiplicem expetens cultum deus, aliud inspiret alij, certe ui ac minis exigere, ut quod tu uerum credis idem omnibus uideatur, hoc uero & insolens & ineptum censuit*». Ciascuno spera che la religione che professa sia la più perfetta, che le sue norme di vita siano le migliori, e in tale evenienza confida «*& caeteros mortales omneis ad eadem instituta uiuendi, in eandem de deo opinionem perducat, nisi inscrutabilem eius uoluntatem etiam sit, quod in hac religionum uarietate delectet*». Diverse sono le vie, identica è la meta della religione: «*quae quoniam non est ibi apud omnes eadem & uniuersae tamen eius formae quanquam uariae ac multiplices, in diuinae naturae cultum uelut in unum finem diuersa uia commigrant*» (*Utopia*, testo latino e trad. it. L. Firpo, Vicenza, 1978, p. 208, p. 228, p. 222).

3. *Il cattolicesimo riformato di Gioberti*

La Riforma protestante e la Controriforma cattolica tolgono attualità a questi pensieri e propositi, giacché la prima compie opera di reazione e restaurazione, vagheggiando la ripresa del cristianesimo originario, e la seconda si sequestra dal mondo moderno, finché i grandi avvenimenti della politica, le rivoluzioni, le guerre, gli sconvolgimenti degli assetti delle società e delle costituzioni degli Stati, non obbligano la Chiesa cattolica a prendere atto delle mutate condizioni delle cose e a chiedersi, per bocca di qualche suo isolato esponente o di qualche piccolo gruppo, in quale modo possa ancora mantenersi. Sino a quel momento né ascolto né sviluppo potevano ricevere prese di posizione, in cui non poteva non avvertirsi dalla Chiesa di Roma minacciata l'ortodossia e latente il pericolo dell'abbandono dello stesso cristianesimo.

Una critica dall'interno del cattolicesimo, portata immediatamente al centro, provocherebbe un'aperta e manifesta eresia, uno scisma, che, essendo condannati dalla Chiesa, collocherebbero all'esterno il nemico, rendendolo con ciò stesso meno pericoloso (come avverte Sant'Agostino, *nocentiores* sono gli *interiores inimici*). L'epoca delle eresie pubbliche, degli scismi, che coinvolgono interi popoli, che smembrano, in fatto di confessione religiosa, gli Stati, è però definitivamente terminata con la conclusione delle guerre di religione seguite alla Riforma. In quanto rompono l'unità, codesti eventi sono assimilabili a delle malattie, anche se, soprattutto quando hanno grandi dimensioni, le membra, che mercé di essi si rendono indipendenti, posseggono per lungo tempo una forte vitalità. Senonché tali fenomeni patologici attestano pur sempre che l'organismo è ancora vigoroso, giacché, quando esso giace a terra esangue, non sono suscettibili di aver luogo. E la Chiesa cattolica, che con la Controriforma si è bensì riassettata in se stessa, ha corretto i suoi costumi, rinsaldato la sua disciplina, ma ha chiuso gli occhi, per non essere costretta a scorgere la nuova intuizione del mondo, che le si è andata ergendo di contro, dopo alcuni secoli d'inerzia si trova prossima all'estinzione. Ormai in essa sono possibili unicamente gli abbandoni individuali, nonché i propositi di rinnovamento e di riforma di quanti vedono la condizione miseranda in cui versa quello che era stato un tempo il faro della civiltà europea.

Di quanti si fanno banditori e autori di riforme interessano specialmente quelli che rimangono nel seno della Chiesa, in cui vogliono formare una sorta di lievito, mentre quelli che l'abbandonano o ne sono scacciati, posseggono, per tale loro comportamento, minore importanza, perché essi vanno ad accrescere di poche unità il numero già sterminato dei nemici del cattolicesimo. Per iniziativa di qualche singolo individuo, filosofo, teologo, storico del cristianesimo, o di qualche sparuto gruppo d'ecclesiastici e di studiosi, inizia un movimento alterno di periodi di riforme, in massima parte soltanto vagheggiate, in minima parte eseguite, mai condotte veramente a termine, seguiti da periodi di reazione, in cui si tenta di ricostituire l'ortodossia minacciata. Le reazioni però di solito non riconducono alle posizioni precedenti le riforme, ma si attestano in una posizione intermedia, in cui ci si acquieta, finché il movimento rincomincia un'altra volta. Quella che si chiama l'età della Restaurazione altro non è che l'età del romanticismo nella sua massima fioritura; un vero e proprio ristabilimento del cristianesimo non si ha, giacché si ripristinano i simboli, ma non si ricostituisce la sostanza della religione cristiana, il cui patrimonio di credenze continua, anzi, ad essere inesorabilmente eroso. Nonostante la situazione della dommatica sia incerta e confusa (e la dommatica è l'essenza di una religione, che in tanto esiste, in quanto è una fede determinata, e la determinazione è costituita dai dommi), ci sono alcuni uomini, che si assumono il compito immane di por mano alla riforma del cattolicesimo. Uno di questi uomini, particolarmente significativo per le vicende della Chiesa dell'Ottocento e soprattutto del Novecento, è Gioberti.

Nell'esaminare la concezione, che del cristianesimo propone Gioberti, è opportuno muovere dalle considerazioni all'apparenza più esterne e secondarie e da queste giungere alle riflessioni principali ed essenziali del filosofo. Ordunque, Gioberti incomincia col riconoscere con estrema franchezza e rudezza che la condizione in cui versa il cattolicesimo è di profonda decadenza; da tre secoli, egli dice, non passa istante che la presa della Chiesa romana sugli spiriti e sui cuori non s'assottigli; il languore del cattolicesimo mai è stato tanto grande e spaventevole, e nondimeno è destinato ad accrescersi ancora; ormai è vegetazione, peggio, anzi, è un tronco morto, che rimane diritto nel suolo per il suo poco peso e per la forza d'inerzia. Il cattolicesimo, quale esiste di fatto, è mummificato, il gesuitismo in esso prevalso ne è la prova, la sua teologia, elaborata durante il medioevo, non è soltanto immobile e stazionaria, ma regressiva e svigorita, non vanta più i maestri che ebbe in passato. Non c'è da meravigliarsi se il secolo è incredulo, se nell'intera Europa gli ingegni migliori, gli animi più audaci, i cuori più generosi, l'abbandonano e si volgono altrove, per trarre ispirazioni ideali e modelli d'attività. Il cattolicesimo è ridotto nominalmente a un terzo d'Europa, effettivamente a pochissimo, e quel che è peggio, appare privo d'ogni virtù generativa[10].

Essendo stato adatto al medioevo, a cui si è conformato quando ha fatto del misticismo e dell'ascetismo le massime virtù, le idee guida a cui guardare, il cristianesimo è ormai sconveniente all'età moderna, che conferisce il primato all'azione, vuole che l'uomo sia anzitutto intento al mondo e alle faccende terrene, e ammette che soltanto partendo da queste si volga a scopi superiori, così che il cielo può essere guadagnato unicamente muovendo dalla terra. Il misticismo cristiano è nato dalla decadenza e dal crollo dell'impero romano, è dovuto all'influenza decisiva di un ambiente ostile, in cui l'uomo, non riuscendo a trovare nella vita uno scopo dignitoso sulla terra, mira esclusivamente al cielo, trasporta l'esercizio delle sue facoltà nella direzione del solo infinito; ne viene una forma di religione malata, che è caratteristica non soltanto delle nazioni cristiane, ma anche dei paesi dell'Asia, anch'essi da molti secoli in declino[11]. La

---

[10] *Riforma cattolica e Libertà Cattolica*, ed. cit., pp. 229-230, p. 240, p. 35.
[11] L'attacco di Gioberti va a fondo, coinvolgendo le stesse origini del cristianesimo, che, essendo coeve della decadenza dell'impero di Roma, ed essendo improntate dal misticismo,

Chiesa di Roma – domanda Gioberti – deve finirla col medioevo ed entrare in una nuova via; così, deve anzitutto rivendicare il ruolo del laicato, e a questo scopo deve distinguere il sacerdote, in quanto tale, e l'uomo rivestito della dignità sacerdotale, pretendendo bensì che si accordi ossequio al primo, ma concedendo al laico indipendenza dal secondo.

Se ci si arresta a riflettere su queste considerazioni di Gioberti, si è obbligati ad osservare che esse già pongono in questione aspetti fondamentali del cattolicesimo. Il cristianesimo romano, dice Rousseau, è la religione del prete; ma prima, con parole e intenti differenti, lo aveva detto Pascal. Il cattolicesimo è la religione del mediatore, e il mediatore è Cristo e lo è il comune sacerdote; Gioberti, va da sé, lo riconosce, ma si serve della sproporzione, che inevitabilmente si riscontra, tra il comune sacerdote e il tipo del sacerdozio, che è l'Uomo-Dio, per concludere che quello non può raggiungere l'eccellenza di questo. In ciò egli ragiona a regola d'arte, ma la conclusione che legittimamente ne discende, è che il prete è dappoco rispetto al tipo ideale, non che egli è dappoco nei confronti degli altri uomini, da cui si distingue per il fatto di essere consacrato. Che quanto più eccellente sia il modello, che tanto più meschino sia il suo rappresentante, che essi stiano in rapporto di ragione inversa, è vero, ma non giova a limitare l'obbedienza che si deve al clero, e che si ammette dovuta per ciò che attiene al ministero, ma non oltre di esso. La consacrazione non può, tuttavia, dal sacerdote non riversarsi sull'uomo; altrimenti, ne vengono due tautologie: «il consacrato è il consacrato», «l'uomo è l'uomo»; di fatto è impossibile distinguere i confini, sia per quel che riguarda le persone, sia per quel che concerne le materie, servendosi di comodi *in quanto*. La distinzione è rimessa da Gioberti al lume naturale della ragione, il quale è dell'uomo, non del sacerdote, e in questa sua idea c'è un sentore del sacerdozio universale del protestantesimo, che man-

comportano il contemplativismo filosofico, il monachesimo e l'ascetismo. Poiché è proprio del sesso e dell'età deboli, ossia della donna e della vecchiaia, il misticismo è una compensazione che la natura dà a chi partecipa in minor misura dei beni della terra. Nel campo della teologia, la tendenza mistica è astrattamente speculativa, conduce ad interessarsi grandemente degli angeli, come usava nel medioevo; essa ha lasciato la sua impronta malefica su tutti i dommi, giacché si riscontra sin dalle prime tradizioni cristiane, come dimostrano le credenze in esse diffuse dell'imminente fine del mondo e della prossima venuta di Cristo nella gloria. Il monachesimo sostituisce all'obbedienza ragionevole l'obbedienza cieca, altera la Chiesa, spiana la via alle eresie; infine, rovesciandosi nel suo opposto, genera il protestantesimo, che è la distruzione di qualsiasi autorità. L'ascetismo è esclusivismo religioso, contrapposizione delle opere e dei mezzi della religione alle conquiste e alle imprese della civiltà; essendo correlativo alla barbarie, durante la quale offre il rifugio della solitudine all'individuo contro la vita selvaggia della città, modernamente è morto, essendo venuto meno l'elemento che lo giustificava e lo rendeva utile. Il prevalere di queste tendenze ha portato ad esaltare le virtù oscure e inutili, a richiedere penitenze gratuite, eccessi di orazioni, miracoli, come si riscontra dai processi di canonizzazione, nei quali si proclamano santi individui di una impossibile virtù assoluta, e si escludono dagli onori degli altari gli uomini benemeriti della civiltà, gli eroi delle virtù operative. Durante il medioevo, il cristianesimo è stato in gran parte giudaico, nel senso che la molla che spingeva ad aderirvi, era il timore, non l'amore; la sua caratteristica dominante era il privilegio, non l'uguaglianza; allora il sacerdozio era più forte della religione; la supremazia era accordata alle idee del diavolo e dell'inferno; s'infliggevano pene temporali ai delitti religiosi.

tiene Cristo mediatore, ma per il rimanente fa posto soltanto a semplici ministri. Delle due l'una: o il sacerdote (il mediatore) è necessario, e allora compete a lui (alla grazia che è in lui) stabilire l'ambito della mediazione, o tocca all'uomo (alla ragione, che è creata insieme a lui) definirne l'estensione; nel primo caso si ha il sacerdozio come l'intende la tradizione, nel secondo se ne ha un relitto inconsistente. Se si chiama in causa la Chiesa a definire i limiti, se le si accorda questo potere, essa li sposterà, allargandoli e restringendoli secondo le mutevoli convenienze dei luoghi e dei tempi, e comunque si comporti, li oltrepasserà per il fatto medesimo di definirli: non li ha forse spostati e oltrepassati parecchie volte in passato? La distinzione stabile e duratura non si vede *ex parte personae* e non si vede *ex parte obiecti*, per il motivo che non c'è, non perché si abbiano occhi cattivi o si guardi male. Dovunque ci si volga, s'incontrano *materie miste*, quelle pure e semplici, d'unilaterale, esclusiva competenza, non si trovano, perché mancano del requisito dell'esistenza.

C'è l'ascetismo come fatto individuale, e c'è l'ascetismo come fatto collettivo, e quest'ultimo è di diverse dimensioni, ora è limitato, e ora è così ampio da interessare larga parte dell'umanità. Come tendenza individuale o di qualche piccola consorteria, l'ascetismo è di tutti i luoghi e di tutte le epoche; come atteggiamento collettivo trova luogo tra i cristiani, così che diventa un tratto essenziale del cristianesimo, nel quale all'ascetismo si aggiunge il misticismo. Il rapporto esistente tra ascetismo e misticismo, da una parte, e barbarie rinnovata e medioevo, dall'altra, è ottimamente colto da Gioberti, il quale però non si accorge che, istituendo una tale relazione, viene a dar ragione a Comte, che lega così strettamente il cristianesimo al medioevo, che la fine di questo importa, per lui, il tramonto di quello (tramonto, che nell'idea ha già avuto luogo, anche se richiede tuttora tempo per l'effettuazione). Particolarmente insidiosa è l'indicazione di Gioberti, per cui la ricerca ansiosa del cielo da parte di anime ascetiche, mistiche, femminili, è un compenso per la perdita subita di beni terreni. La psicologia del misticismo religioso trarrà grande partito da questa nozione di *compenso*, per gettare il discredito sulla religione; ma prima ancora, è Gioberti medesimo che compie qualche involontario passo in una tale direzione. Egli mette, infatti, sotto imputazione quello che definisce il «sensualismo mistico», espressione sotto la quale raccoglie la Mariolatria, la devozione del Cuore di Gesù, Cristo sposo delle vergini, la repressione sessuale del cristianesimo, gli ideali della verginità e del celibato, per cui soltanto agli imperfetti è lasciato il compito di assicurare la continuazione della specie umana sopra la terra. La morale cattolica volgare, afferma Gioberti, è deviata e ha dato luogo a traviamenti capitali, per cui si sono fatti precetti assoluti di cose indifferenti, come il digiuno, si sono posti impedimenti arbitrari al matrimonio, si è aggravata o si è inventata di sana pianta la pravità di certe azioni, come la simonia, l'usura, il sacrilegio, si è conferito un valore morale ad azioni contrarie a natura, con le discipline, i cilici, le macerazioni, si è santificato assurdamente il dolore di per se stesso[12].

---

[12] *Ibid.*, pp. 202-208.

Com'era da aspettarsi, Gioberti sente l'esigenza di moderare questo suo attacco, condotto a fondo con un ardimento incredibile, contro il tradizionale costume cristiano, che è un campo il quale non si presta a sofismi interpretativi, e in cui vale il sì o il no, e dopo aver pronunciato un no così esplicito da risultare inequivocabile, egli precisa che non intende ripudiare la mistica e l'ascetica, ma farne la scelta di pochi individui, l'eccezione, non la regola, respingendo l'errore compiuto nel pretendere d'universalizzarla. La questione però non è di stabilire se tutto ciò debba considerarsi un'eccezione, ma se si tratti di un'eccezione sana o di un'eccezione malata, e il discorso di Gioberti comporta che si tratta d'un'eccezione malata, giacché egli ha ripetuto sino alla sazietà che si è in presenza di comportamenti innaturali. Nessuno riuscirà mai a togliere di mezzo dal mondo l'eccezione, che però niente conta, quando si considera il carattere fondamentale di una civiltà; qui davvero l'eccezione conferma la regola. Intanto, il ripudio dei falsi ideali della verginità e del celibato, e altresì della povertà, dell'ozio contemplativo, della vita eremitica, o almeno la loro riduzione ad una sparuta eccezione, spinge Gioberti a domandare la modificazione del celibato ecclesiastico, un clero rinnovato, una larghezza d'ispirazione evangelica, che, se bandisce le vanità dalla vita, vi include le grandezze vere, come l'indipendenza, la dignità, l'altezza dell'ingegno, la forza della volontà.

Manifestamente Gioberti ha in animo di proporre una sua propria concezione del rapporto tra cielo e terra, Dio e uomo, trascendenza e immanenza, soprannaturale e naturale, diversa da quella tradizionale, giacché ciò che egli adesso vanta era stato per secoli spregiato, e ciò che egli rifiuta era stato allora esaltato, e a tutto quanto avvicina l'umanità alla divinità, rapendola verso l'alto e il di sopra, si era conferito il primato, così che alle idee e alle pratiche di vita ascetica e mistica non si ponevano limiti, e, anzi, si era pronti ad esclamare *numquam satis* in fatto di penitenze, di orazioni, di miracoli. In Gioberti tornano i pensieri che erano stati degli uomini del Rinascimento, non già in forma immutata, bensì con svolgimenti e arricchimenti considerevoli[13].

---

[13] La relazione tra il cristianesimo e le altre religioni è d'inglobamento, non d'esclusione: «Cristo dice: *Ite et docete*, etc.; non comandò di distruggere le altre religioni, ma di insegnare il vero. Imperrocché nelle altre religioni vi ha del vero e del falso; quello si vuol conservare. Per tal rispetto il Cristianesimo è piuttosto una riforma che una rivoluzione nei luoghi dov'entra a stabilirsi» (*Ibid.* p. 34). Del tentativo – realizzato nella misura del possibile – di sterminare le religioni non cristiane Gioberti addossa la colpa ai missionari moderni e specialmente ai gesuiti, ma è palese che in questa restrizione di responsabilità egli sottilizza e ricorre ad artificiose distinzioni, giacché non si può seriamente reputare che i missionari antichi, i predicatori e i banditori del cristianesimo, si siano sempre comportati diversamente dai moderni, quasi che il cristianesimo dei primi secoli avesse potuto convivere pacificamente con il cosiddetto paganesimo; quando ebbe dalla sua parte il potere temporale, il cristianesimo s'impose come l'unica religione ammessa. – C'è una grande ampiezza di orizzonti in Gioberti, quando sostiene che «il gentilesimo fu il Cristianesimo in potenza» e che «il Cristianesimo è gentilesimo in atto»; quando asserisce che gli infedeli e gli eretici «sono fuori della Chiesa attuale, non della potenziale»; quando distingue le epoche del «regno ideale», in cui il papa e la Chiesa guardano agli eretici e agli infedeli come a figli erranti, ma non divisi, e sono i primi ad esercitare la tolleranza, ad ammettere la libertà dei culti e della stampa, e le epoche dell'«interregno ideale», in

L'elaborazione del dialettismo conduce Gioberti alle tesi dell'infinita poligonia del cattolicesimo, per cui la verità, essendo flessibile e d'inesauribile potenza, si adatta a tutte le esigenze, e tanti sono i cattolicesimi quanti sono gli uomini, e nessuno è esclusivo dell'altro; del fichtismo applicato alla rivelazione, per cui l'uomo crea se stesso, la sua Chiesa, il suo Dio, anche quando si sforza di non farlo; dell'accordo tra pelagianesimo e agostinismo, entrambi veri, perché ciascuno abbracciante il proprio contrario; di Dio unico e legittimo cartesiano, perché egli solo può dire a buon diritto: *Io penso dunque io sono*; tutte tesi, queste, che arieggiano l'idealismo tedesco, che è la massima espressione filosofica del romanticismo, e in cui si avverte l'empito, anche se rattenuto, del titanismo proprio dello spirito romantico. Questo fichtismo, o meglio, questo hegelismo di Gioberti, essendo intinto di platonismo, come attesta il continuo ricorso alle distinzioni dell'implicito e dell'esplicito, del mimetico e del metessico, del potenziale e dell'attuale (che è aristotelica, ma di un aristotelismo concordante con il platonismo), è suscettibile di parecchi esiti, e non è pregiudicalmente volto verso uno solo; il suo limite è che non riesce a trovare un rapporto conveniente con la dommatica cattolica[14].

Il giudizio che delle concezioni filosofiche e teologiche di Gioberti venne dato nell'Ottocento da parte degli esponenti del pensiero ecclesiastico fu in genere negativo, e Curci ravvisò nella progettata riforma uno snaturamento del cattolicesimo, analogo a quello tentato dagli eretici di tutte le epoche, ma nel secolo successivo la valutazione mutò e si vide quanto le idee propugnate nella *Riforma cattolica* e nella *Libertà cattolica* avessero precorso i tempi. La vicenda di Gioberti, rifiutato nel suo secolo e riscattato un secolo dopo, richiama alla

---

cui il cattolicesimo ecclesiastico si divide dall'universale, maledice, è intollerante. – Il problema fondamentale di Gioberti è quello stesso, su cui si era travagliato Cusano, del rapporto dell'Uno e del Molteplice, del Medesimo e del Diverso, i quali si esigono a vicenda. Il cattolicesimo stagnante e il protestantesimo variante stanno per l'uno dei contrari e pretendono d'ignorare l'altro; «sono due estremi egualmente viziosi e sofistici. Il dialettismo cattolico sta nel mezzo» (p. 71).

[14] L'urto di Gioberti con la dommatica è nell'assunto – inevitabile, date le premesse della sua speculazione – che definire è circoscrivere; che l'indefinito è incircoscritto; che il domma cristiano ha due parti, l'una definita dalla Chiesa, l'altra indefinita e libera. L'elemento finito (cioè la definizione ecclesiastica) «essendo una mera circoscrizione o limitazione – dice Gioberti –, è altresì puramente negativo. Non contiene propriamente il vero, ma solo esclude il falso. L'uomo non potendo conoscere il vero infinito, non può conoscere il vero assoluto; e quindi il vero che apprende ha sempre un valor relativo e comparativo. Perciò in ogni sentenza vera vi ha del falso (inesatto); ed è impossibile il far con precisione la cerna di uno dall'altro... Né giova il ricorrere alla Chiesa; perché la stessa cerna del definito dalla Chiesta dall'indefinito è impossibile a farsi con precisione» (*Ibid.*, pp. 136-137) – Non è possibile sostenere che le definizioni ecclesiastiche del domma sono soltanto negative, escludono il falso, ma non esprimono il vero. «*Cuiuscunque oppositum est falsum, illud est verum*», si potrebbe osservare con Kant; nell'escludere il falso, si afferma che il suo opposto è vero. Se indeterminato è il vero, che s'ignora, indeterminato è il falso, giacché il vero e il falso si comportano alla stessa maniera. Concedere questo è ammettere che nemmeno la parte definita del domma è ciò che la parola la dice, è confessare che essa è indefinita al pari dell'altra, che si dichiara essere tale. Tutto così sfuma però nell'indefinizione.

mente quella di tanti altri pensatori, p. es., di Vico, che nel Settecento fu avversato da Finetti e ritenuto eterodosso, perché sostenitore d'una idea della provvidenza aliena da quella della teologia cristiana, e poi rivendicato come cattolico genuino (anche se c'è questa differenza tra Vico e Gioberti, che quegli spazia nella pura speculazione e questi interviene anche negli assetti delle istituzioni ecclesiastiche, oltre che nell'attualità della vita religiosa). Ciò che conta in questa varietà di giudizi è il cangiamento delle posizioni da cui essi sono dettati; tale varietà non ha, infatti, altra ragion d'essere che quella di codesto cangiamento d'idee e di orientamenti. Finché nel cattolicesimo prevale la conservazione, si rigetta e si condanna; quando predomina l'innovazione, si accoglie e si rivendica; le valutazioni mediane s'impongono, allorché si ondeggia nell'incertezza.

4. *Scienza e fede nel modernismo di Blondel e di Loisy*

Il sopraggiungere della novità è costituito dall'avvento del modernismo, che è un indirizzo di pensiero religioso non più di un individuo solo, ma di parecchi, e in molti paesi d'Europa, filosofi, teologi, storici del cristianesimo, uomini di Chiesa, i quali avrebbero potuto richiamarsi a Gioberti come ad un precursore (e così taluno di essi anche fece, soprattutto in Italia, e la giustezza di tale indicazione fu confermata da qualche osservatore estraneo e anche da qualche avversario del movimento modernista, le cui affinità con il giobertismo sono così palesi da doversi universalmente riconoscere). Sembra che il nome «modernismo» sia stato inventato e imposto dagli avversari ecclesiastici degli esponenti del movimento, i quali avrebbero preferito un appellativo diverso; nondimeno codesto nome esprime in maniera appropriata il bisogno fondamentale, che, tra la fine dell'Ottocento e l'inizio del Novecento, s'avverte nella Chiesa, che è quello di uscire dall'isolamento in cui si era entrati con il Concilio di Trento e con la Controriforma, di tentare un accomodamento con la moderna scienza storica, accettando il metodo filologico e storico-critico nello studio della sacra scrittura, e con la moderna scienza naturale, accogliendo le grandi scoperte astronomiche, fisiche, chimiche, biologiche e psicologiche, che avevano rivoluzionato la concezione dell'uomo e del mondo, e con la stessa moderna filosofia, che non s'intende più rigettare in blocco, e nemmeno semplicemente ignorare, facendo finta che non esista, ma, nonostante il fatto che essa, nei suoi indirizzi principali, professi il razionalismo, l'immanentismo, il criticismo, il fenomenismo, ci si propone di vagliare, allo scopo di accertare se non ci siano in lei dei motivi, che, una volta opportunamente depurati, col toglierli da quei loro contesti, non possano contribuire ad elaborare una nuova filosofia d'ispirazione cristiana, o se almeno non ci siano in lei degli elementi, che non si possano accordare con il patrimonio d'idee filosofiche di cui tradizionalmente ci si era avvalsi, ossia di quelle della Scolastica medioevale del secolo XIII e della Scolastica spagnola dei secoli XVI e XVII, grandi senza dubbio, soprattutto la prima, ma ormai irrimediabilmente antiquate.

Questo bisogno di riaffiatarsi con la civiltà moderna è tanto più sentito, perché ci si rende conto che l'alta borghesia, nei cui ranghi sono confluiti i resti della superstite nobiltà, e i ceti intellettuali hanno ormai nella sostanza, se non nei gesti del comportamento esteriore, abbandonato la Chiesa, e che il basso popolo, il quale ancora a lei rimane attaccato, è insidiato in tale sua fedeltà dall'introduzione dell'istruzione obbligatoria, adottata dagli Stati moderni, che così si mettono a contendere le moltitudini alla Chiesa, sottraendole alla sua influenza e al suo controllo, e riempiendone la vita d'idee, di comportamenti, di costumi, ispirati alla modernità[15]. Più ancora che di riconciliarsi con la filosofia, si discorre di rappacificarsi con la scienza, e la scienza, a cui nel dir ciò si guarda, è quella dell'illuminismo, la quale, essendo pressoché l'unica di cui si abbia notizia, si chiama semplicemente «la scienza», quasi fosse, di diritto oltre che di fatto, la sola possibile. Poiché una scienza neutrale e indifferente non esiste, ne viene che la scienza, con cui il modernismo vuole riaffiatarsi, è quella dell'illuminismo, e poiché la civiltà moderna è una disposizione compatta e solidale del sentire, in cui tutti i suoi elementi fondamentali s'implicano a vicenda, la conseguenza è che, riconciliandosi con la scienza, il modernismo si dispone ad accogliere in sé l'intera visione del mondo dell'illuminismo, facendogli invadere il cattolicesimo. Questo è il senso della formula usatissima della riconciliazione del cattolicesimo con la civiltà moderna, che, per venire in chiaro, richiede soltanto che si stabilisca che il motore di tale civiltà è costituito dall'illuminismo

Che il modernismo accolga sino in fondo o a metà, ritraendosi indietro, dopo aver avvertito l'insidia, il razionalismo, l'immanentismo, il criticismo, il fenomenismo, è giusto, ma generico, giacché di tutte codeste cose si danno parecchie forme. Il razionalismo dei modernisti è quello della ragione calcolante, non quello dello hegelismo; il loro immanentismo è cordiale adesione alla vita di quaggiù, che lascia sussistere indisturbato il Dio di lassù, come avevano fatto i deisti e i teisti di qualche secolo prima, non è il risoluto immanentismo dei romantici, i quali non sono dei semplici umanisti, ma accolgono l'ultramondano e il divino, che però si rovescia nell'umano, adempiendosi nell'intimo del petto dei mortali, e perciò definiscono vuoto il Dio lontano degli illuministi; il loro criticismo non è quello di Kant, che nella morale fa posto al mondo intelligibile, ma tutt'al più è quello dei neokantiani, che sono prossimi ai positivisti, e al pari di costoro, fanno della scienza il sapere dei fenomeni e rendono le cose in sé inconoscibili e inappropriabili; il loro fenomenismo è quello che costituisce il ca-

---

[15] Particolarmente nocivo per il cristianesimo è l'urbanismo, che ha precchie fasi, la preferenza delle città alle campagne, l'abbandono in massa di queste per quelle, e infine l'esaurimento delle differenze, che nel passato avevano contraddistinto la vita cittadina da quella campagnola, e l'adozione anche nelle campagne dei costumi urbani. L'abbandono del cristianesimo, che prima caratterizza le città, tende poi ad estendersi alle campagne, e per questo rispetto, c'è il rischio che la fine del cristianesimo assomigli a quella del cosiddetto paganesimo (tra le spiegazioni proposte di questo inappropriato vocabolo una delle più autorevoli vuole che i «pagani» recassero questo nome, perché i fedeli delle antiche credenze si trovavano massimamente tra gli abitanti delle campagne, dopo che la religione cristiana si era diffusa e già trionfava nelle città).

rattere fondamentale dell'illuminismo, e non ha niente da spartire con altre forme di fenomenismo (anche il buddismo è un fenomenismo; ma cosa c'è di più alieno dal buddismo, che aspira alla redenzione e al nulla, dell'illuminismo, che si trova completamente a suo agio nelle faccende della vita terrena?).

Il modernismo non è una ripresa del protestantesimo di Lutero e di Calvino e dei loro immediati continuatori, giacché il protestantesimo delle origini è esperienza religiosa del concentramento di Dio in Cristo, e il modernismo non si propone minimamente di restaurare la concentrazione del sentimento della dipendenza, ma, al contrario, aspira a dare una tale estensione all'avvertimento del divino, che questo può aver luogo dovunque. Se si vuol dire che il modernismo è una ripresa del protestantesimo dell'Ottocento, e specialmente di quello che si definisce «liberale», l'indicazione si può accogliere, a condizione che si aggiungano due avvertenze, di cui l'una è che i modernisti si rifanno assai più direttamente agli illuministi conclamati nel formulare il loro fenomenismo (che è quello che si chiama il loro «agnosticismo religioso», giacché vien fatto passare per ovvio che Dio non si dà a vedere) che al recente protestantesimo, e l'altra, e più importante, è che il protestantesimo liberale è, a sua volta, debitore dell'illuminismo, onde risulta confermato che questo è la fonte primaria da cui il modernismo promana.

Nell'intenzione il modernismo è un movimento di riforma della Chiesa cattolica, di cui vorrebbe rinnovare il pensiero teologico e la prassi liturgica, nonché l'intero costume di vita, il modo di sentire e di essere cristiano, ma una tale grandiosa aspirazione è un seducente miraggio dell'immaginazione, così che in effetti il modernismo è un elemento di crisi del cattolicesimo. La verità è che il cattolicesimo ha ormai raggiunto una tale rigidità di forme, una tale torpidezza di tratti, che ogni sforzo che s'intraprenda per rinnovarlo dalle fondamenta, per restituirgli agilità e snellezza, vigore ed energia, minaccia di contribuire alla sua dissoluzione. Il grandioso edificio dottrinale e pratico del cattolicesimo, ancorché vetusto, si conserva, quasi fosse dotato d'energia sovrumana, finché si tiene al riparo delle influenze del mondo moderno, ma, non appena si apre al soffio della modernità, dà segni evidenti di andare incontro alla rovina.

L'esigenza da cui muove Blondel, un modernista rimasto nel seno della Chiesa, è la più genuinamente cristiana che possa darsi, perché è quella di mantenere incontaminato il soprannaturale, che il compromesso stretto dal cristianesimo con l'ellenismo aveva offuscato, minacciando di naturalizzarlo. Il soprannaturale, dice ottimamente Blondel, è l'elemento peculiare del cristianesimo, e non deve essere a nessun patto confuso con il trascendente, che è l'oggetto proprio della metafisica[16]. Tradotto nei termini della dommatica cristiana, il compromesso con l'ellenismo risiede nella illegittima sovrapposizione della fede (l'elemento cristiano) e della ragione (l'elemento greco), del soprannaturale

---

[16] «*Il n'y a de chrétien, de catholique que ce qui est* surnaturel, *– non pas seulement transcendant au simple sens métaphysique du mot*» (*Lettre sur les exigences de la pensée contemporaine en matière d'apologétique – Histoire et dogme*, Paris, 1956, p. 34).

(l'elemento cristiano) e del naturale (l'elemento greco). La fede, essendo dono gratuito, non può essere prodotta; questo è il motivo fondamentale, che Blondel giustamente si preoccupa di mettere allo scoperto. Si dirà che nessuna apologetica si è mai proposta di produrre la fede, dimostrando la verità del suo oggetto, e ad accontentarsi dell'apparenza è certamente così, ma, se si riflette, si scorge che le cose stanno diversamente. L'apologetica di ogni tempo, messa di fronte al dilemma di pronunciarsi per la dimostrazione, e così annientare la fede come dono divino, giacché ciò che si dimostra si sa e non si crede, o di salvaguardare il dono gratuito, rinunciando alla dimostrazione, non vuole dichiararsi per nessuno dei due partiti che le vengono offerti; non per il primo, che sopprimerebbe troppo scopertamente la fede, e non per il secondo, che toglierebbe valore alla fede, riducendola ad opinione, e così anch'esso la sopprimerebbe. Con grande chiarezza ed efficacia Blondel illustra il nodo, che non si riesce né a sciogliere né a tagliare, mettendo sotto imputazione la filosofia e la teologia della Scolastica, per la quale ci sono come tre zone graduate, una, collocata in basso, in cui la ragione è sul terreno a lei proprio e si muove interamente a suo agio e a sua discrezione, una, assisa in alto, esclusiva della fede, che è la sola capace di disvelare i misteri della vita divina, e una mediana, in cui avviene l'incontro della fede e della ragione, le quali dovrebbero armonizzare, realizzando l'intesa dell'ordine soprannaturale e dell'ordine naturale. Storicamente, della ragione e della fede si è avuta nel medioevo la sovrapposizione, alla quale è succeduta con gli esiti della Riforma protestante, la giustapposizione, mentre al giorno d'oggi c'è l'opposizione: la ragione intende essere tutto, non vuole più saperne della fede, l'esclude risolutamente. Tutti questi eventi si sono verificati, perché non si erano fatte le necessarie distinzioni degli ordini da parte della Scolastica[17].

La medesima battaglia contro il persistente compromesso è combattuta da Blondel mediante il rifiuto dell'*estrinsecismo*, caratteristico dell'apologetica tradizionale, secondo la quale la ragione dimostra l'esistenza di Dio e la possibilità della rivelazione, la storia prova il fatto della rivelazione, e prova, del pari, l'autenticità dei libri santi e l'autorità della Chiesa. La conclusione dovrebbe essere che il cattolicesimo si trova stabilito su di una base razionale veramente scientifica. Quali siano i difetti di quest'apologetica, che Blondel dichiara affetta da *inconsistance philosophique*, è effettivamente agevole già per proprio conto indicare, perché la ragione non sarà mai per eseguire nessuna delle operazioni, che le si vorrebbero far compiere. La ragione, di cui parla codesta apologetica, è quella che dovrebbe precedere la rivelazione, incaricandosi di dimostrare l'esistenza di Dio (di un Dio generico, che non è di nessuna religione determinata, e che dovrebbe poter essere di tutte, se mai potesse, ciò che è da contestare, per il motivo che, per ogni religione, il suo Dio esaurisce l'ambito del divino), quindi industriandosi di asserire la semplice possibilità della rivelazione (di cui la ragione non saprebbe formarsi nemmeno la nozione, giacché, una volta che si sia

---

[17] Nel duello secolare che ne è derivato tra la filosofia e la religione, a soccombere è il termine medio, che avrebbe dovuto servire a ravvicinare l'idea cristiana e l'idea filosofica.

data la parola alla ragione, questa non sarà mai per domandarsi se ci sia qualcosa che l'oltrepassa, o che possa oltrepassarla), e ancora spingendosi a considerare la convenienza di questa eventuale rivelazione (la quale si è resa intanto inaccessibile, giacché, allo scopo di accertare ciò che è conveniente o sconveniente, e insieme oltrepassa la ragione, occorrerebbe disporre di un metro di valutazione superiore alla medesima ragione, per il motivo che dovrebbe essere capace di decidere intorno alla ragione e a ciò che va al di là di essa, ma un tale metro di valutazione, una tale misura del razionale e del sovrarazionale, ha la pecca di non darsi a divedere). A questo punto, l'apologetica viziata dall'estrinsecismo abbandona il terreno della filosofia e si getta in quello della storia, in cui pretende di riscontrare documenti, le sacre scritture, e avvenimenti da esse attestati, i miracoli e le profezie, che consentono di stabilire che la rivelazione è di fatto avvenuta, che la Chiesa ne è la sola legittima custode, e che i dommi da lei sanciti costituiscono l'autentico contenuto della fede cristiana.

La critica di questo coacervo di richieste contrastanti si direbbe superflua, anzi, tale che converrebbe scansarla, poiché, ad eseguirla, si è costretti a scendere sino alle riflessioni più banali. La ragione dovrebbe adesso dar la mano al fatto, ma questo, poiché come fatto è ormai trapassato e non c'è più, dovrebbe essere attestato da documenti fededegni, i quali dovrebbero essere garantiti nella loro genuina interpretazione dalla Chiesa, e dovrebbero, a loro volta, garantirla, perché l'autorità della Chiesa poggia, essa medesima, sulla scrittura: questa è la petizione di principio, tanto spesso denunciata, ma, di cui ostinatamente non si vuole prendere atto. La verità è che la storia non può provare il soprannaturale cristiano; la storia è movimento, distanziantesi nello spazio e nel tempo; il soprannaturale è immobilità, è sempre il medesimo, che annienta chi gli si oppone e fa misericordia a chi gli si prostra innanzi. Dove il soprannaturale si fa valere, non c'è storia; e siccome tutto è per gradi: tanto più si fa valere, quanto meno c'è storia. I popoli che sono nelle sue braccia, conducono una vita che è pressoché sempre la stessa, che tende a ripetersi immutata in quelli che – dall'esterno – si dicono i secoli e i millenni che trascorrono. La storia, come successione di fatti realmente diversi gli uni dagli altri, distrugge questa vita; la storia, come narrazione, se la rende lontana, così che non può ricostruirla nei suoi veri tratti; per lei si tratta di un mondo scomparso. Che è ciò che si chiama «un fatto storico»? È qualcosa che è accaduto e non accade più, e di conseguenza, è costitutivamente passato. Considerazione, questa, tanto piana, quanto distruttiva della possibilità di entrare in rapporto, mediante la storia, con il soprannaturale, perché rende irraggiungibile la piena certezza, che il soprannaturale domanda.

Inconsistente è anche la pretesa dell'apologetica di far leva sul miracolo, considerato come un'eccezione alle leggi della natura. Qui si aprono due possibilità, ugualmente esiziali per i miracoli: se si sostiene che le leggi naturali sono necessarie, di necessità assoluta, per il miracolo non c'è posto; se si asserisce che codeste leggi sono contingenti, gli eventi miracolosi non si distinguono dai non miracolosi, e non si comprende come la nozione di miracolo si sia potuta formare. Blondel sta per il partito della contingenza delle leggi naturali, trae quindi la conclusione che fa irrimediabilmente difetto il discrimine tra ciò che è e ciò che non è miracoloso[18].

Sin qui Blondel ha fatto opera di demolizione, senza dubbio avendo sempre a cuore le sorti del soprannaturale, compromesse inavvertitamente nel passato, l'ha fatta in maniera pacata e serena, senza alcun accento di orgoglio e di protervia, da anima profondamente religiosa quale egli è, nondimeno si è trattato di demolizione. Quando Blondel si accinge a ricostruire, a porgere il nuovo in luogo del vecchio che occorre gettar via, è irresoluto e incerto, e parecchi suoi scritti, in cui vorrebbe edificare, all'apparenza filosofici, sono in fondo autobiografici, esprimono il tormento di un uomo costretto a prendere atto che il corso del mondo è andato in direzione contraria al cristianesimo, e si arrovella per trovare una via d'uscita al crollo della sua fede. Già nel disegnare la nuova apologetica c'è una caduta di livello, giacché Blondel non ha d'occhio le esigenze eterne del pensiero, ma quelle del pensiero del suo tempo, la sua non aspira ad essere un'apologetica *sub specie aeternitatis*, ma si accontenta di essere un'apologetica *sub specie temporis*, o almeno oscilla inquieta tra i due propositi, e di fatto è più questa seconda cosa che quella prima, giacché introduce ad ogni passo argomenti d'opportunità, considera ciò che oggigiorno va bene e ciò che oggigiorno non è adatto. Qui i sostenitori dell'impostazione tradizionale potrebbero levarsi contro i novatori e dire: tanto peggio per l'oggigiorno, se non piace; questa è la verità, le cose stanno così.

In passato – argomenta Blondel – si guardava unicamente all'aspetto stabile della realtà, si mirava soltanto all'*esse*; adesso ci si volge esclusivamente all'aspetto mobile, si è interessati unicamente al *fieri* della storia; queste sono due opposte unilateralità, a cui occorre sostituire un atteggiamento comprensivo, che tenga conto tanto dell'*esse* quanto del *fieri*, i quali s'incontrano e si armonizzano nella Tradizione, che è sia perpetua innovazione, sia perpetua conservazione. Senonché questa Tradizione, per avere la capacità di garantire la verità, dovrebbe essere effettivamente continua, e, invece, sottoposta che sia al vaglio critico, si mostra costellata d'interruzioni, lacunosa, dubbia. La pretesa che la verità cattolica sia *quod semper, quod ubique, quod ab omnibus* si è professato, scrutata con un po' d'attenzione si dissolve: in effetti, si è creduto diversamente nei diversi luoghi e tempi pressoché su tutti i grandi contenuti della fede; i dommi, non appena si va al di là delle secche formule, che non ne offrono il senso, sono stati differentemente concepiti e quindi differentemente proposti ai fedeli. La composizione dell'*esse* e del *fieri*, che dovrebbe essere eseguita dalla Tradizione, non può aver luogo, e ove si guardi al concreto delle condizioni umane, nel modo voluto da Blondel, si può affermare che l'*esse* è il simbolo della società arcaica, nella sua fissità orientale, e il *fieri* è il simbolo della società moderna, della civiltà dell'Occidente, che cangia continuamente volto. In questa, per il di-

---

[18] «*Les miracles* – dice Blondel – *ne sont donc vraiment miraculeux qu'au regard de ceux qui sont déjà mûrs pour reconnaître l'action divine dans les événements les plus habituels*» (*Ibid.*, p. 14). Ne viene che la filosofia non ha né da affermarli né da negarli; essi sono una testimonianza scritta in una lingua diversa da quella di cui essa è giudice.

vino, come gli avvenimenti s'incaricano di dimostrare, non c'è, in definitiva, spazio; in quella, invece, semplicemente non si pongono i problemi, i quali, ove insorgano, diventano d'impossibile soluzione.

La distinzione tra ciò che appartiene alla storia e ciò che appartiene al domma, che s'incontra in Blondel, al pari che negli altri modernisti, quantunque si cerchi da lui di configurare in maniera non lesiva dei diritti della fede, è rovinosa per la dommatica cristiana. Da sempre il cristianesimo è diviso tra l'affermazione del soprannaturale, che, per essere riconosciuto, deve essere attualmente dato alla coscienza, e l'ammissione della realtà della storia, concepita come un seguito di fatti, che lascia sfuggire in un passato irraggiungibile gli eventi decisivi della salvezza: la rivelazione e l'incarnazione. Ma, proprio per questo motivo, il cristianesimo così come esiste, ha bisogno, oltre che della tradizione, della teologia filosofante, che ne elabori dottrinalmente la dommatica. Ponendo l'accento sulla tradizione, che, presa da sola, diventa informe e vaga, Blondel non sana il conflitto che il cristianesimo reca in se stesso, ma l'esaspera, come con la sua romanticheggiante filosofia dell'azione si preclude la possibilità di fornire una concezione dei dommi cristiani diversa da quella formulata difettosamente in passato (la sostanza farebbe a pugni con la vita e con l'azione, e infatti, i romantici non cessano di dichiarare che la sostanza è immobile, fissa, rigida e morta; ma, se viene meno la sostanza, non c'è posto nemmeno per la persona; e della sostanza e della persona hanno bisogno la trinità e l'incarnazione).

Ma riesce almeno Blondel a serbare integra quella distinzione tra il naturale e il soprannaturale, travolta dall'apologetica tradizionale, che egli ha avuto il merito incomparabile di rivendicare come necessaria, oppure è portato dallo svolgimento del suo pensiero a comprometterla un'altra volta? La filosofia, egli dice, pone, ma non risolve il problema della vita, suscita l'esigenza dell'infinito, ma non la realizza; l'uomo avverte che il suo pensiero si perde in una fuga senza fine e si supera in perpetuo, senza mai attingere l'essere pieno, né la conoscenza sensibile, né la scienza, né la filosofia terminano assolutamente in se stesse. – Si potrebbe sostenere che *il* problema della vita semplicemente non c'è, che ci sono i *molti* problemi, tutti particolari, che di volta in volta s'incontrano e in qualche maniera si sciolgono, che il fine della vita è quello di menare l'esistenza nel modo migliore che si riesce ad escogitare, che illusoria è l'esigenza dell'infinito, che talvolta sembra d'avvertire nel proprio spirito, la quale deriva dal fatto che non si sono convenientemente sbrigate certe faccende, molto finite e terrene, che, ove si sbroglino, fanno dileguare codesta pretesa esigenza. Questa sarebbe la tesi dell'illuminismo, il quale dichiara illusoria non la soddisfazione, ma l'esigenza medesima, affermando con quella che si è detta la sua teoria dei movimenti elementari dei pensieri e delle azioni (la quale teoria è d'importanza capitale nella sua psicologia) che le radici dei grandi bisogni dell'anima sono banali e meschine, e sorride della metafisica e della teologia, tanto naturale che rivelata, giacché stima di essere a sufficienza informato intorno a quel che si nasconde sotto il desiderio e l'urgenza del cielo. E si potrebbe dichiarare che, essendo infinita l'esigenza, infinita è altresì la sua realizzazione, che il pensiero certamente, anziché arrestarsi, procede sempre oltre, e che similmente si comporta l'azione, ma che proprio così deve essere. Arrestarsi equivarrebbe a finire nella fissità e nell'inerzia. Tra quel che ci si propone di pensare e quel che effettivamente si riesce a pensare, tra quel che ci si assegna come compito dell'agire e quel che si realizza davvero nell'agire, c'è indubbiamente uno scarto (l'equazione non torna mai, per dirla con le parole medesime di Blondel, c'è un residuo, che mostra l'inadeguazione dei termini), ma, se così non fosse, il pensiero dovrebbe andare in pensione, la volontà lasciare il posto alla nolontà, l'attività terminerebbe nell'inazione. L'adeguazione, che si domanda, c'è, ma è infinita realizzazione dell'esigenza dell'infinito. Questa sarebbe la tesi del romanticismo conseguente, a cui Blondel non intende aderire, giacché essa comporta la dottrina dell'immanenza, che egli mantiene distinta dal metodo dell'immanenza, e come accetta questo, così rifiuta quella.

Blondel deve pure accordare all'uomo l'esigenza dell'infinito, e deve altresì accordargliene la notizia, l'avvertimento, giacché un'esigenza che non si sente, non esiste, e l'infinito è Dio, umanamente inaccessibile, perché realtà soprannaturale. Ma non è questa esigenza dell'infinito forse un avvertimento di Dio, precisamente d'ordine soprannaturale, e quindi propria della fede, anziché della ragione? Blondel ricorre alla distinzione dell'implicito e dell'esplicito, che appartiene al patrimonio d'idee del platonismo, e poiché essa è di grado, e non di essenza, minaccia di travolgere quella distinzione della ragione e della fede, del naturale e del soprannaturale, che tanto gli sta a cuore, la quale è di essenza, e non di grado. Già perché la filosofia ponga il problema, e l'uomo non si chiuda sin dall'inizio nell'ordine naturale, deve avere il desiderio di qualcosa che oltrepassa codesto ordine, ma tra il desiderio e l'oggetto desiderato deve esistere una qualche congruenza, e perché tale congruenza esista, quell'oggetto deve essere in qualche modo, sia pure poverissimo, presente nel desiderio, e siffatto modo è quello dell'implicito. Nel mito, che mette in bocca ad Aristofane nel *Simposio*, Platone narra dell'uomo primigenio, che, diviso in due, cerca l'amore dell'altro uomo, perché l'amore è ricerca dell'unità perduta, ma di quell'unità congruente, che non si perseguirebbe, se di essa non fosse rimasto qualcosa nella parte divisa; soltanto perché in questa c'è un ricordo, opaco quanto si voglia, ma comunque ancora specifico, essa, invece di starsene quieta, si agita e cerca, così che il ricordo è insieme un presentimento dell'unità da ricostituire, la quale viene ricercata determinatamente, non a caso, quasi che qualsiasi completamento andasse bene. Analogamente vanno le cose in Blondel, che così minaccia d'intaccare la sua distinzione del naturale e del soprannaturale, che, resa di grado, si disperde in una serie infinita, la quale, nel suo complesso, si può indifferentemente denominare naturale oppure soprannaturale.

In Loisy si scorge la propensione, che oltre che in lui è in parecchi altri esponenti del modernismo, ad evitare posizioni filosofiche definite, ad avvertire di essere alieni dal propugnare una filosofia, sia essa quella dello storicismo o un'altra qualsiasi, a voler passare, a seconda dei casi, soltanto per biblista, storico del cristianesimo, sostenitore del metodo critico d'interpretazione delle sacre scritture, e anche apologista, riformatore della religione cristiana, uomo politico;

in breve, tutto all'infuori che filosofo. Invece, una filosofia della religione, e dai tratti molto definiti, si trova in Loisy, ed essa ha l'interesse di essere una filosofia conforme ai principi dell'illuminismo, che con Loisy prende possesso del cristianesimo. Il punto di partenza dell'intera opera di Loisy è il fenomenismo; fenomenistica è la sua stessa concezione della storia. Per essere scienza, la storia deve procedere osservativamente, incominciando dai documenti e dalle altre reliquie del passato, giacché non può, a differenza delle scienze naturali, iniziare dai fatti medesimi, i quali, essendo degli avvenimenti irripetibili nella loro individualità, esistettero, ma non esistono più. Su quest'indole di sapere osservativo della storia Loisy insiste, asserendo ogni volta che gli se ne presenta l'occasione, che il metodo storico-critico impone di attenersi a ciò che è attestato direttamente dai documenti ed è mediante di essi verificabile, mettendo da parte i ragionamenti astratti, che non debbono interferire con la ricerca scientifica. Con parole poco diverse da quelle di Ardigò, Loisy afferma che i fatti sono fatti, e che la conclusione da trarne, se si presentano in una certa maniera, anziché diversamente, è che non resta che prenderne atto: una montagna di sillogismi non può niente contro un fatto storico, come non può niente contro un granello di sabbia. Questa è la nozione positivistica della verità e del fatto, che deve essere fatta valere dovunque, anche quando si tratta della religione[19].

Ne viene che dalla storia il miracoloso, il soprannaturale, il divino non è raggiungibile; che non è raggiungibile Cristo come Uomo-Dio, la sua incarnazione, la sua resurrezione, ascensione al cielo, in una parola, non è raggiungibile niente di quel che la religione cristiana considera suo essenziale contenuto. La conseguenza è cioè il dualismo del Cristo della storia e del Cristo della fede, dualismo che è un po' in tutti i modernisti, ma che in Loisy ha il pregio di comparire in maniera radicale, e infine, com'era inevitabile, di dileguare, lasciando il posto al Cristo *nudus homo* di quello che solitamente si chiama il «razionalismo moderno», ma che in effetti è nient'altro che l'illuminismo (il razionalismo ha parecchie forme, e di conseguenza, la denominazione è vaga e insufficiente).

Il Cristo della storia è molto meno di quello della fede, non soltanto non è Dio, ma non è nemmeno il vero e proprio Messia, bensì è un semplice inviato, predicatore e taumaturgo, è il Gesù di Nazaret, che appare nella forma del «servitore» e dell'«uomo». Il quarto Vangelo è incompatibile con i primi tre; il Cristo dei Sinottici è storico, ma non è Dio; il Cristo giovanneo è divino, ma non è storico; tra le due figure il critico e lo storico non può non scegliere la più antica, la più autorevole, la più verosimile; la pretesa di accordare le testimonianze inconciliabili, che la gerarchia ecclesiastica eleva, è assurda e inammissibile, perché chiede agli storici di rinunciare ad essere sé medesimi. La Chiesa fornisce un'interpretazione dommatica della scrittura, che si può riferire all'insegnamento pastorale, ma che non si può applicare allo studio storico delle origini cristiane, perché allora comporta l'asservimento della critica e la soppressione

---

[19] Cfr. *Autour d'un petit livre*, Paris, 1903², pp. 113-114.

della storia. Quel che la Chiesa propone da credere si è formato un po' per volta, mediante l'incontro del patrimonio della fede con la speculazione teologica,
il suo Cristo, Figlio di Dio, consustanziale e uguale al Padre, la sua unione ipo-
statica delle due nature, è il risultato dei Concili di Nicea, di Efeso, di Calcedo-
nia, non è il contenuto della predicazione di Gesù, il quale non ha mai compiuto
professione di essere Dio, una persona divina; questa credenza è sorta per mezzo di una specie di trasposizione del pensiero giudaico, ossia dell'idea messiani-
ca, nel pensiero ellenistico, ossia della divinità di Gesù[20]. La sacra scrittura non
soltanto non testimonia la divinità di Cristo, ma contiene anche numerosi errori,
che non è consentito fingere di non scorgere, errori in fatto di scienza e di storia, e inoltre di morale e di religione; ci sono parecchi passi nell'Antico Testamento, in cui è esplicitamente negata la vita futura; nei Vangeli s'incontrano divergenze e contraddizioni; l'elemento meraviglioso cresce quando si passa da
Matteo a Luca; la nascita miracolosa e la concezione virginale di Gesù sono
ignorate da Marco e da Paolo; cosa deve fare lo storico, se non comparare le
differenti redazioni dei testi e scegliere quelle che offrono più garanzie intrinse-
che ed estrinseche, come ci si comporterebbe con qualsiasi testimonianza profana[21]?

---

[20] Loisy tiene per fermo che Gesù è effettivamente esistito, respingendo le ipotesi dei mi-
tologisti, che, riducendo Gesù ad un'invenzione leggendaria, complicano inutilmente il problema di rendere ragione delle origini del cristianesimo. In ciò egli è in pieno accordo con la
mentalità dell'illuminismo, il quale non vuole facilmente saperne di accordare una tale capacità mitopoietica allo spirito umano, che, a suo avviso, non deve essere capace di trasportare una
persona dal nulla all'essere. Decisiva per la formazione della dommatica cristiana è la riunione
di elementi ellenistici, soprattutto platonici, e di elementi ebraici. Riproponendo la tesi dell'aggiunzione estrinseca, già formulata da Saint-Simon, Loisy scrive: «In fondo, il domma non ha
definito che una relazione metafisica tra Gesù e Dio, e l'ha definita soprattutto secondo l'idea
del Dio trascendente. Il Verbo era concepito dapprima come una sorta d'intermediario indispensabile tra Dio, assoluto e immutevole, e il mondo, finito e mutevole. Dio era, per così dire,
esterno al mondo, e il Verbo si collocava fra i due, come una emanazione di Dio dal lato del
mondo. È così che, nell'ordine cosmico, il Verbo di Giovanni era creatore, e nell'ordine umano, rivelatore. Ci si rappresentava Dio agente come dal di fuori, per mezzo del Verbo, sul
mondo e sull'uomo. Anche l'incarnazione del Verbo appariva come una sorta d'addizione del
divino sull'umano» (*Ibid.*, pp. 153-154). – Com'è chiaro, con Loisy si va molto oltre l'idea
dello sviluppo del domma, che è idea comune nei modernisti, perché lo sviluppo del domma
ha luogo all'interno del patrimonio del pensiero cristiano, mentre, per Loisy, si sovrappongono
due patrimoni diversi, quello ebraico-cristiano e quello ellenistico. Lo sviluppo del domma è
suscettibile di due interpretazioni, una eterodossa, che ammette lo sviluppo (o, come spesso
anche si dice, l'«evoluzione») sia soggettivo (della conoscenza), sia oggettivo (del contenuto)
del domma; una ortodossa, che accetta il solo sviluppo soggettivo. Il modernismo discute a
lungo la questione, ora orientandosi verso la soluzione eterodossa, ora inclinando verso quella
ortodossa (la quale ha il difetto di rendere il domma inapprendibile, facendolo assomigliare alla cosa in sé del realismo gnoseologico).
[21] Dio non è né ignorante né menzognero – dice Loisy –, semplicemente perché non è
l'autore della Bibbia, non essendo un grande scrittore dei tempi passati. Asserendo tutte queste
cose della sacra scrittura, non è che l'interprete modernista ne vanti una conoscenza più approfondita di quella che ne ebbero un San Girolamo o un Origene, che fu eccellente. Essi però
non possedevano il metodo storico-critico, che permette di scorgervi quello che essi vi scorse-

Se ci si attiene al criterio della rispondenza alle esigenze del proprio tempo, occorre ammettere che la concezione di Dio più confacente all'uomo di oggi non è quella che attribuisce a Dio una personalità e ne fa un individuo grande, che intratterrebbe rapporti di convenienza con l'uomo, che sarebbe l'individuo piccolo, ma quella di un Dio che è integrale mistero, così che egli è in noi e noi siamo in lui, senza che egli sia personalmente in noi e senza che noi siamo personalmente in lui. Il conflitto con il cattolicesimo, a cui con queste asserzioni perviene Loisy, non è quindi di critica e di esegesi testamentaria, di storia del cristianesimo, senz'essere insieme di filosofia, com'era in sé e per sé sin dall'inizio, ma com'è diventato chiaro soltanto alla fine. Non è tanto al panteismo, o addirittura all'ateismo, com'è pronta a imputare la gerarchia ecclesiastica, che così mette capo il modernismo radicale e consequenziale, quanto piuttosto al deismo e al suo Dio ignoto, ripetendo, entro il cattolicesimo, il processo di pensiero che due secoli prima aveva avuto luogo fuori di esso.

Troppo forte era in Loisy la coscienza di tutto ciò, perché egli potesse fermarsi a metà o indietreggiare, come fece la maggior parte dei modernisti; egli era obbligato ad andare sino in fondo, e in tale maniera si è coerentemente comportato. Loisy avrebbe voluto rimanere nel seno della Chiesta cattolica, di cui aspirava ad essere un riformatore, e le riforme si eseguono dal di dentro; le condanne, da cui è stato colpito, l'hanno costretto ad uscire, ma anche quando si è trovato escluso, non ha cessato di formulare in maniera particolareggiata richieste di riforma del cattolicesimo.

In generale, i modernisti domandano la riforma della filosofia e quella della teologia, per cui la Scolastica deve essere rinviata alla storia della filosofia medioevale, in cui ha la sua sede appropriata, e la teologia deve tener conto della filosofia e della storia moderna ed essere semplificata e resa comprensibile; la riforma dell'esegesi vetero e neo-testamentaria, che essi hanno intrapreso e condotto parecchio innanzi; la riforma del catechismo, che deve smetterla con le vicende ormai incredibili della creazione del primo uomo e della prima donna e degli angeli, tutte cose da intendere allegoricamente mediante forme di opportuno simbolismo; la riforma del culto, soprattutto in quel che riguarda le cerimonie esteriori, di cui conviene arrestare l'accrescimento e diminuire il numero; la riforma delle Congregazioni romane, soprattutto del Sant'Ufficio e dell'Indice, a cui appartiene la «polizia delle idee»; la riforma del clero, che non deve essere obbligato all'obbedienza cieca, ma deve essere rispettato, ma anche rispettoso della dignità della persona umana e della fondamentale uguaglianza degli uomini, quali che siano le loro convinzioni e idee, un clero ben costumato e richiamato agli ideali dell'antica povertà; la soppressione del celibato ecclesiastico, che è un punto solidale con gli altri tutti di cui consiste il programma riformato-

ro (e, si dovrebbe aggiungere, vieta di vedervi quello che essi vi videro, essendo il metodo a decidere intorno a tutto). Cfr. *Simples réflexions sur le Décret du Saint-Office Lamentabili sane exitu et sur l'Encyclique Pascendi dominici gregis*, Ceffonds, près Montier-en-Der, 1908, p. 215.

re; la fine dell'idolatria ecclesiastica, di cui da tanto tempo soffre la Chiesa, che deve cessare d'essere una potenza politica, per diventare una potenza spirituale e così accrescere il proprio prestigio tra le nazioni civili e nel mondo intero.

Al momento della condanna di parecchi esponenti del modernismo, alcuni avevano confidato che le vere conclusioni dei modernisti sarebbero state un giorno accettate dalla Chiesa; Loisy dichiarava che, per conto suo, si trattava di un'illusione, che non avrebbe voluto a nessun patto togliere ad alcuno, ma che non poteva personalmente coltivare. Una tale confidenza da parte dei compagni di Loisy era dovuta alla convinzione che le conquiste della scienza moderna si sarebbero imposte, tanta era la loro forza, alla Chiesa recalcitrante. Loisy si sbagliava, quando diceva che codesta fiducia era mal riposta, ma di questo suo sbaglio non avrebbe potuto avvedersi, per il motivo che la vita umana è troppo breve, perché un medesimo individuo assista alla condanna e alla tacita ripresa e accettazione, ad opera della Chiesa, delle tesi da lei già condannate, o di altre ad esse prossime nell'ispirazione di fondo. Il significato complessivo del movimento modernista sfugge; da parte della gerarchia ecclesiastica si presenta il modernismo come la ricapitolazione e il complesso di tutte le eresie, e in ciò, a modo suo, e cioè dal punto di vista che le detta, la condanna non ha torto, essendo palese che ogni attacco di fondo al cattolicesimo riassume in sé i precedenti e li compendia. In Italia gli esponenti dell'idealismo romantico, Gentile e Croce, giudicano la filosofia che sorregge la Chiesa superiore a quella che guida il modernismo e vana la pretesa di questo di promuovere un grande rinnovamento di pensiero.

La schiera dei modernisti è troppo esigua, il credito di cui gode nelle gerarchie ecclesiastiche troppo limitato, il seguito che trova nella moltitudine dei credenti troppo evanescente, per poter aver successo, ed è perciò vittima di una decisa reazione, che è l'ultimo sussulto di vitalità del cristianesimo tradizionale, dopo del quale rincomincia il cammino dell'abbandono della tradizione e dell'adesione alle idee e agli ideali della modernità. Questa ripresa ha luogo un cinquantennio dopo la repressione del movimento modernista, questa volta non dal basso, per parte di frange del laicato e di taluni dotti esponenti del clero, bensì dall'alto, ad opera della suprema autorità della Chiesa, dopo che si è affermata quella che si chiama la democrazia di massa, ossia il reggimento politico più consono all'illuminismo, la morale permissiva ha cancellato anche nel popolo minuto quanto si conservava dell'antica severità del costume cristiano, e la civiltà del macchinismo e del *confort* non trova ostacoli capaci di frenarla o anche soltanto di rallentarla. Se si considerano le cose, guardandole non dalla visuale soggettiva, dall'illogica delle intenzioni, ma oggettivamente, mirando alla logica dei fatti, che non ammette repliche, occorre riconoscere con franchezza che il modernismo, il quale era parso in un primo momento spento, è covato sotto le ceneri, ha ripreso lena, e si è infine imposto, riuscendo questa volta a portare il cattolicesimo dalla parte dell'illuminismo. L'ammodernamento del cattolicesimo, tentato senza successo dal modernismo che andava in giro per il mondo con codesto suo nome, è stato riavviato negli ultimi decenni del XX ed è cosa fatta all'alba del XXI secolo.

5. Il Concilio Vaticano II e la modernizzazione del cattolicesimo

La molteplicità delle religioni ha origine divina oppure diabolica? Come si è mostrato, questa è la grande questione, che con formulazioni poco diverse si posero i cristiani dei primi secoli e gli uomini più illustri del Rinascimento, che dettero ad essa risposte differenti, giacché quelli si dichiararono per l'origine diabolica e questi si decisero per l'origine divina. Come si pronuncia sull'argomento il Concilio Vaticano II? Gli uomini delle diverse religioni – si dice – cercano una risposta agli oscuri enigmi della condizione umana, i quali si riassumono nel mistero dell'esistenza; sin dai tempi più remoti presso i diversi popoli si rinviene una certa percezione di un'arcana virtù, una certa conoscenza, o almeno un certo presentimento, di un Sommo Nume, o anche di un Padre. Si menzionano l'induismo e il buddismo; si accenna alle altre religioni, che variamente si sforzano di rispondere alle ansietà del cuore umano; si garantisce che la Chiesa niente rigetta di ciò che c'è di vero e di santo in esse. Si assicura di guardare con rispetto ai musulmani, i quali adorano un unico Dio, vivente e sussistente, misericordioso e onnipotente, creatore del cielo e della terra, si richiamano ad Abramo, considerano Gesù se non Dio, almeno profeta, onorano la Vergine Maria, aspettano il giorno del giudizio, rendono culto a Dio con la preghiera, l'elemosina, il digiuno; si sostiene che la religione ebraica è la prefigurazione della cristiana, che l'Antico Testamento è la preparazione del Nuovo, che l'ebraismo è il seme, di cui il cristianesimo è il frutto[22].

In questa maniera s'introduce implicitamente il concetto della gradualità delle religioni, che ora in maniera più ristretta e ora in maniera più estesa manifestano il divino, ma non si fornisce alcuna indicazione attendibile sul processo che conduce ad attribuire al cristianesimo il compimento del percorso, ossia il possesso integrale della verità, di cui si hanno i precorrimenti nelle credenze più rudimentali e nella magia[23].

---

[22] Cfr. la *Declaratio de Ecclesiae habitudine ad Religiones non-Christianas* dal titolo *Nostra aetate*, in *Documenti, Il Concilio Vaticano II*, a cura del Centro Dehoniano, Bologna, 1967[5], pp. 481-491.

[23] La Chiesa invita i propri seguaci a cercare «*per colloquia et collaborationem cum asseclis aliarum religionum*», di conservare e d'incrementare «*illa bona spiritualia et moralia necnon illos valores socio-culturales, quae apud eos inveniuntur*» (*Ibid.*, pp. 484-486). Ci si sarebbe aspettati che ci si dovesse impegnare, da parte di tutti, nel ricercare l'ἀλήθεια πᾶσα, di cui discorre il Nuovo Testamento, dove essa si trova, ma occorre concedere che gli incontri e i dibattiti sono più idonei a favorire i valori socio-culturali che atti alla scoperta della verità. – Si sono avuti dei dissensi e delle inimicizie tra i cristiani e i musulmani; ebbene, si dimentichi il passato e si difendano, tutti insieme, la giustizia, la pace, la libertà. Dire che sul passato si ha da gettare un colpo di spugna, equivale a dire che non si deve nemmeno investigare l'origine dei dissensi e delle inimicizie, stabilirne i motivi, rendersi conto di come sia stato possibile che si siano imbracciate le armi e si sia combattuto per la causa della religione. È l'atteggiamento dominante del nostro tempo: seppellire il passato, o, com'è lo stesso, parlarne, avendo lo sguardo fisso agli ideali odierni, il che importa vietarsene la comprensione, giacché questi ideali a quel passato restarono estranei; esso ne ebbe altri, diventati

Anche quando vuole mantenere intatto il suo assetto dottrinale, la forza delle cose è così grande da indurre la Chiesa a qualche ammissione capace di scardinarlo. Lo strumento in grado di dissolvere l'antica maniera di considerare la rivelazione è nell'escogitazione dei generi letterari e nel riconoscimento che tra di essi, oltre lo storico e il profetico, c'è il genere poetico[24]. Si dovrebbe osservare che la parola «storico» possiede parecchi significati, di cui sono due quelli che qui interessano. In uno, più ristretto, «storico» designa ciò che è accaduto in passato, e che, essendo alcunché d'individuale, non sarà più per accadere; in un altro, più ampio, «storico» vale effettivo, per cui ciò che è storico si contrappone a ciò che è fittizio. Nel primo senso, tutti gli accadimenti umani sono storici, perché, a causa della loro individualità, sono insuscettibili di ricomparire, sono irripetibili nella loro precisa fisionomia. Invece, i terremoti, le eruzioni dei vulcani e i movimenti degli astri, non sono storici, perché si reputa che, come ci sono stati terremoti ed eruzioni in passato, così torneranno ad esserci in futuro, nel quale futuro anche le stelle continueranno a muoversi. Nel secondo senso, tutto ciò che è comunque reale, nella sua distinzione da ciò che è frutto d'invenzione, è storico; i movimenti degli astri, non meno delle eruzioni vulcaniche e dei terremoti, lo sono, a pari titolo degli eventi umani. Correlativamente si dicono «storiche» nei due sensi distinti le narrazioni, di guisa che, nel secondo di essi, sono storiche tutte le scienze, dall'astronomia alla vulcanologia, alla botanica, alla mineralogia (che, infatti, una volta si raccoglievano sotto la felicissima denominazione di «storia naturale»), nonché, com'è palese, la scienza che si chiama la «storia», la quale lo è dell'umanità. Si guardi al senso stretto o a quello largo, in nessun caso possono essere dette storiche le favole, i miti, i *ficta*, perché non sono *vera*. Poiché la poesia consiste di componimenti d'invenzione, non può in nessun modo essere definita storica, ad essa un tale appellativo non conviene minimamente. È quindi assurdo distinguere parecchi generi letterari (senza peraltro stabilirne il numero e l'indole, e procedendo con metodo esemplificativo, e soltanto lasciando intravedere che essi sono d'indole diversis-

oggi ai più incomprensibili. – Sarebbe assurdo pretendere che i concetti, intorno a cui non è riuscita a venire in chiaro la speculazione teologica medioevale, come quelli di *naturale, soprannaturale, conoscenza, volontà, grazia* – considerati sia di per sé, sia nelle loro reciproche relazioni – riescano evidenti alla teologia che ispira i documenti conciliari. La *Constitutio dogmatica de Ecclesia, Lumen gentium* (*Op. cit.*, p. 122 ss) annuncia che non si potranno salvare quanti, non ignorando che la Chiesa Cattolica è stata fondata come necessaria, non vorranno in lei entrare o perseverare. La minaccia è inutile, perché quel che prevede non può accadere. Chi sa, mentre sa e in quanto sa, che la Chiesa è necessaria, è inevitabilmente suo membro. Anche quelli che ignorano senza loro colpa il Vangelo, e tuttavia cercano Dio con cuore sincero, possono conseguire la salvezza: *sub gratiae influxu, non sine divina gratia*, aggiunge ecletticamente la Costituzione.

[24] Recita la *Constitutio dogmatica de Divina Revelatione, Dei verbum*: «*Ad hagiographorum intentionem eruendam inter alia etiam* genera litteraria *respicenda sunt. Aliter enim atque aliter veritas in textibus vario modo historicis, vel propheticis, vel poëticis, vel in aliis dicendi generibus proponitur et exprimitur*» (*Op. cit.*, p. 508).

sima), accogliere nel loro novero il genere poetico, e nel contempo pretendere che in essi sia comunque espressa la verità, giacché quella che si chiama la «verità dei fatti» rilutta alla poesia.

Gli antichi, come dimostra l'esempio di Varrone, tripartivano la teologia, la distinguevano in favolosa, naturale, e civile, ma non sembra che pretendessero che la teologia favolosa, mitica o poetica che voglia dirsi, fosse da riguardare come documento di verità, anzi, essi si comportavano in maniera opposta. Nell'antichità era molto diffuso il proverbio, il quale si trova citato anche da Aristotele, che «i poeti dicono molte bugie»; s'intende, bugie diverse da quelle ordinarie, per cui gli inganni poetici tornano ad onore di chi inganna e di chi è ingannato, ed è addirittura vergognoso non saper fare la prima cosa e non essere vittima della seconda, ma pur sempre tali che non vi si cercano la verità e la scienza. I poeti scrivono per diletto, non per utilità; da condividere è la teologia naturale; praticamente conveniente può essere la teologia civile; invece, la teologia poetica, a meno che non s'interpreti allegoricamente, è piena d'invenzioni assurde, contrarie alla dignità dell'essere divino, falsissime e vergognosissime. Si vuole forse suggerire, da parte del Concilio, che la Bibbia, in ciò che si esprime poeticamente, è da interpretare in maniera allegorica, e non da prendere alla lettera, nel qual caso risulta inverosimile e non esente dal sospetto d'immoralità, oltre che da quello d'insinuare la superstizione? La filosofia moderna ha offerto concordemente al cristianesimo la strada dell'allegorismo, che, però, percorsa sino in fondo, reca l'inconveniente di dissolvere il contenuto della fede in una serie di simboli evanescenti, per la ragione che non si riesce a scorgere quale mai sia la realtà simboleggiata, che così si rende inconoscibile.

Il Concilio professa l'ecumenismo, aspira alla ricostituzione dell'unità di tutti i cristiani, e nel farlo, com'è naturale, rifiuta l'irenismo e l'indifferentismo religioso, dichiarando il primo alieno dal vero ecumenismo e il secondo atteggiamento riprovevole. Ma un superamento dei contrasti prodottisi in passato tra le confessioni cristiane, che portasse all'unità dottrinale, importerebbe l'esistenza di una teologia in grado di discutere le questioni asperrime della trinità, dell'incarnazione, dell'eucarestia, e di numerose altre, arrecandone soluzioni effettive, universalmente accettabili; senonché ciò che va oggi sotto il nome di teologia nel mondo cristiano è povera cosa, remota dallo splendore della speculazione teologica del IV e del V secolo. Nella nostra epoca, la sola forma in cui può essere perseguita l'unità cristiana è quella d'accantonare i dissidi dommatici, di lasciare in disparte le definizioni degli articoli di fede. Ciò che ancora si mette in campo, l'incontro, la cooperazione in campo sociale, l'impegno per la pace, l'appianamento delle divergenze d'ordine storico, psicologico, sociologico, culturale, l'abbandono di ogni sentimento di litigiosa rivalità, possono soltanto accrescere e diffondere il deprecato indifferentismo. Tutte codeste cose provano, infatti, che le menti sono ormai rivolte da tutt'altra parte, che non ci si dà più pensiero delle vecchie credenze, ma si bada a curarsi dei restanti bisogni degli uomini, ossia delle faccende attinenti al temporale e al mondano. L'adommatismo nella teoria e l'indifferentismo nella pratica religiosa non si potrebbero rimuovere, senza distruggere l'enorme costruzione, che si compendia nell'espressione «*civilisatio hodierna*»[25].

Il Concilio intende però tanto poco mettersi in contrasto con la civiltà contemporanea, che ne accoglie le manifestazioni fondamentali: la scienza e la tecnica. Si celebrano i progressi della scienza, si vantano le meravigliose invenzioni della tecnica, con il miglioramento delle condizioni di vita da esse prodotto, si inneggia ai nuovi mezzi di comunicazione, capaci di coinvolgere, oltre i singoli, le moltitudini, anzi, l'intera società umana. Tra la scienza e la religione è ammessa una separazione assoluta, quasi che esse potessero procedere ciascuna per conto suo senza incontrarsi mai, e si dà a tale separazione l'appellativo di «autonomia della scienza»[26].

In materia di libertà religiosa il Concilio oscilla tra la tradizionale libertà, che la Chiesa rivendica a se stessa di poter praticare e propagare la sua fede, e la libertà che essa è disposta a riconoscere ai diversamente credenti di praticare e propagare ciascuno la propria fede. Poiché non si poteva accogliere apertamente la posizione individualistica dell'illuminismo, che si rimette alla coscienza del singolo, si ribadisce la certezza che la Chiesa cattolica è l'unica vera religione, dopo di che si afferma la libertà religiosa, come immunità dalla coercizione, ma da parte delle società e potestà meramente umane, come se la minaccia alla libertà potesse venire altrimenti che da società e potestà le quali pretendono d'interferire comunque in faccende di religione, e di conseguenza, sono ad un qualche titolo sempre anche società e autorità ecclesiastiche. La Chiesa si mostra ancora incerta su questo punto fondamentale; non sa se rivendicare, una volta di più, il possesso della piena e perfetta verità, o pronunciarsi per l'attribuzione a ciascun singolo del diritto di accogliere l'una o l'altra delle religioni, o anche nessuna, di rifiutarla, dopo che l'aveva accettata, comportandosi in tutto secondo il suo arbitrio. Delle due l'una: o la Chiesa crede di avere un tale possesso, e allora la libertà che accorda ai seguaci delle altre religioni e dello stesso ateismo, com'essa lo chiama, è libertà lasciata all'errore e al male, che all'errore inevitabilmente si collega, e in tal caso il suo atteggiamento condiscendente è immorale, o essa lascia effettivamente codesta libertà a chiunque, e allora deve riconoscere di essere una religione in mezzo alle altre, senza monopo-

---

[25] Cfr. la Dichiarazione *Nostra aetate*, il *Decretum de Oecumenismo, Unitatis redintegratio* e il *Decretum de Ecclesiis Orientalibus Catholicis, Orientalium Ecclesiarum* (*Op. cit.*, pp. 481-491, pp. 285-325 e pp. 261-283).

[26] Non manca nemmeno un accenno autocritico intorno alla violazione, che da parte dei cristiani talora sarebbe stata fatta dell'autonomia della scienza: «*Deplorare liceat quosdam animi habitus, qui aliquando inter christianos ipsos, ob non satis perspectam legitimam scientiae autonomiam, non defuerunt*» (Costituzione *Gaudium et spes, ibid.*, p. 838). In tutto ciò che si dice intorno alla scienza, alla tecnica e al progresso, spira un'aria baconiana; la filosofia sperimentale ha innegabilmente fatto breccia entro il cattolicesimo. All'ultimo momento però si cerca di gettare il manto tradizionale sopra questa schietta celebrazione del dominio, che, *ope scientiae et artis technicae*, l'uomo ha ottenuto sopra la natura. Analogamente si concede che l'aumentato peso della scienza e della tecnica, istillando l'ideale del benessere, possa favorire l'agnosticismo e fors'anche l'ateismo; se questo accade, si tratta di effetti accidentali, non di conseguenze necessarie.

lio, e anche senza primato, intorno alla verità e al diritto che ha la verità di farsi valere, purché si sappia che è la verità[27]. Il problema della libertà religiosa rientra nel più vasto ambito del problema dei diritti naturali, inalienabili, che sono quelli del giusnaturalismo moderno, delle Dichiarazioni e delle Carte costituzionali da esso ispirate. Si direbbe che il Concilio non sia informato intorno alla differenza che passa tra il diritto naturale classico e il giusnaturalismo moderno, e che ignori la fonte illuministica da cui è sorto il concetto dei diritti naturali[28].

In questa maniera è posta la premessa, per cui la libertà, l'uguaglianza e la fratellanza, affermate dal cristianesimo, sono fatte coincidere con i verbalmente identici ideali dell'illuminismo. Abbiamo mostrato a sufficienza che la libertà cristiana è emancipazione dal peccato, che si ottiene per l'intervento della grazia, ed è, di conseguenza, una libertà che giunge completamente dal di sopra, e che per questo motivo è dichiarata frutto della verità; che l'uguaglianza cristiana è costituita dalla pari nullità naturale degli uomini nei confronti di Dio, che è un'uguaglianza, a cui si accompagna la massima inuguaglianza soprannaturale, della dignità delle persone, tutte gerarchicamente disposte nei vari ordini di cui si compone la Città di Dio; che la fratellanza cristiana consiste in ciò, che gli uomini sono tutti figli di un solo Padre divino, e protendendosi verso di lui, compiono uno stesso cammino sulla terra, durante il quale si prestano vicendevole aiuto, e tra gli aiuti il primo posto spetta alla comunicazione della verità, alla salvaguardia del patrimonio della fede, al mantenimento della severità del costume di vita, e l'ultimo tocca al sopperimento delle necessità fisiche, che la miseria dell'esistenza terrena trae con sé. Tutto questo non si dimostra soltanto per analisi di concetti, ma si comprova anche con le circostanze dei fatti, fra cui massimo rilievo ha il fatto che il divino redentore Gesù, gli apostoli, gli antichi scrittori ecclesiastici, i Padri della Chiesa nulla dissero e fecero per domandare l'abolizione della schiavitù, e anzi, all'occasione, ribadirono il dovere degli schiavi d'obbedire ai loro padroni, come esigeva la religione, agli occhi della quale non premono le condizioni mondane, insignificanti nella loro varietà, ma unicamente interessa la destinazione ultraterrena dell'uomo, la sua salvezza o la sua dannazione per l'eternità.

Il cattolicesimo non ha mai avuto una precisa consapevolezza di quali fossero gli avversari da cui era combattuto e, di conseguenza, non ha mai saputo quale fosse l'atteggiamento che era tenuto a prendere. Così gli è accaduto di oscil-

---

[27] Tutta la *Declaratio de Libertate religiosa, Dignitatis humanae* (*ibid.*, pp. 587-615) è un documento deludente, per l'ambiguità in cui rimane intorno al significato della libertà.

[28] La concezione dei diritti, che il Concilio accoglie, è nella sostanza, quella moderna; nondimeno, quando può, esso occhieggia all'antica, cercando, p. es., di temperare il *diritto* mediante il ricorso al *dovere*. Seguendo l'orientamento più di recente emerso in campo internazionale, i diritti sono moltiplicati a dismisura: sono citati i diritti al vitto, al vestito, all'alloggio, all'educazione, alla protezione della vita privata, nonché alla necessaria informazione. In mezzo è introdotto il diritto *ad iustam libertatem etiam in re religiosa* (p. 822). Si tratta di una formulazione oscura di un enunciato che si presta ad essere svolto nelle più diverse direzioni.

lare tra due posizioni ugualmente sconvenienti, da cui non aveva niente da ripromettersi. La prima, molto a lungo tenuta, era quella di ravvisare nel movimento della civiltà degli ultimi secoli l'effetto di una congiura, in cui a Lutero e a Calvino avevano prestato mano Voltaire e Rousseau, da scoprire e da denunciare, confidando che i buoni l'aiutassero a porvi fine. La seconda, presa di recente, era quella di reputare di rabbonire gli avversari, facendo loro delle concessioni, quasi che essi, paghi di esse, potessero cessare dall'angustiarlo. L'indole di conflitto religioso tra esso cattolicesimo medesimo, che è fede nel soprannaturale, e l'illuminismo (il più cospicuo dei suoi avversari), che è fede umanistica, gli è rimasta oscura, e di conseguenza, il cattolicesimo non ha trovato di che sostenersi.

LO SCONTRO TRA L'ILLUMINISMO
E IL ROMANTICISMO E IL DECLINO DELLA CIVILTÀ

1. *I caratteri fondamentali del romanticismo, e cioè dell'intuizione del mondo antitetica all'illuminismo*

Nella trattazione sin qui condotta ci è occorso ripetutamente di menzionare il romanticismo; così abbiamo fatto poco sopra, allorché si è mostrato come il cristianesimo, avendo ormai perduto la capacità di fondarsi su sé medesimo, abbia a parecchi propositi inclinato in direzione romantica, prima di confluire nell'illuminismo. Altre volte si è omesso di pronunciare la parola «romanticismo», lasciando inespresso il riferimento, che al momento in cui ci trovavamo non ci era consentito di spiegare, ma era pur del romanticismo che si trattava; romantico è, infatti, il concetto del progresso per inglobamento, nella sua contrapposizione al concetto del progresso per sostituzione, propugnato dall'illuminismo, e che dette l'avvio alla nostra trattazione. Pertanto, senza un'esposizione sommaria dell'intuizione romantica del mondo, numerosi argomenti considerati in quest'opera rimarrebbero privi della loro necessaria illustrazione e giustificazione. Soprattutto, senza di essa, resterebbe inesplicato il declino della civiltà, che ha avuto nello scontro prodottosi tra l'illuminismo e il romanticismo in tutti i campi del pensare e dell'agire (compreso quello delle guerre guerreggiate) il suo massimo fattore, se non d'insorgenza, almeno di accelerazione. I molteplici aspetti in cui si è manifestata la decadenza dell'illuminismo sono stati lumeggiati nei luoghi opportuni, e su di essi non giova ritornare, tanto più che codesta decadenza è così evidente, che non è, in fin dei conti, contestata da nessuno. Senonché il declino della civiltà è evento più ampio della decadenza dell'illuminismo, è fatto complessivo che riguarda l'intera umanità, ossia anche le religioni, i costumi di vita, in breve, le culture, che ancora resistono alla tendenza dell'illuminismo ad affermarsi come civiltà planetaria, l'unica legittima in linea di diritto, l'unica esistente in linea di fatto. Noi non ci proponiamo però d'illustrare questo declino della civiltà semplicemente umana, che, del resto, è sotto gli occhi di tutti coloro che hanno la voglia di vedere; ma intendiamo: 1) eseguire una esposizione sommaria del romanticismo (ossia limitata a ciò che in esso c'è di comune, omettendo la considerazione delle differenze che passano tra i suoi esponenti, i suoi molteplici orientamenti, le sue diverse configurazioni, e altresì tra le sue differenti ondate; tutte cose, di cui il romanticismo non è meno ricco di quel che lo sia l'illuminismo, giacché soltanto per ciò che concerne le ondate, va dal preromanticismo al tardo romanticismo e al cosiddetto decadentismo); 2) esporre le ragioni essenziali per cui, nello scontro tra l'illuminismo e il romanticismo, almeno finora, la vittoria è arrisa all'illuminismo – quantunque ciò sia accaduto solamente sul terreno militare.

Al pari dell'illuminismo, il romanticismo non è limitato a un qualche spazio e a un qualche tempo, ma è una disposizione permanente degli spiriti, che in certi luoghi e in certe età massimamente risplende, e l'età del suo fulgore non è, come spesso si ritiene, soltanto quella degli ultimi decenni del secolo XVIII e dei primi del secolo XIX, giacché essa perdura in tutto il secolo XIX e in quello successivo. Il romanticismo dimostra di essere l'antitesi dell'illuminismo, rifiutandone tutti i principi, a partire da quello basilare del fenomenismo, e facendo subentrare ad essi principi assolutamente contrari.

Il fenomenismo, che accorda all'uomo la sola conoscenza immediata delle proprie rappresentazioni, e gli rende insicura, malagevole, e fors'anche interamente gli vieta, l'apprensione dell'essere genuino, dell'essenza delle cose, è rigettato dal romanticismo, che avverte una tale limitazione come un carcere che si vorrebbe imporre all'umanità, ma che questa, purché ne abbia l'ardimento, è capace di varcare, procacciandosi la cognizione dell'indole effettiva delle cose. La realtà si lascia afferrare, quand'anche non si lasci esaurire, perché la natura non è estranea alla mente e al cuore umano; l'infinito non resta al di là del finito, ma è presente in questo, vi si trova in una vicinanza immediata, ancorché non si risolva in esso; la verità non è nascosta, ma si comunica. Quel che spesso i romantici chiamano la «natura», altre volte denominano lo «spirito», senza che ci siano apprezzabili cangiamenti di significato in questi vocaboli, che di consueto appaiono quasi sinonimi – talvolta, è vero, essi designano realtà distinte od opposte, ma anche quando si tratta di opposizione, questa rimane superabile, essendo accessibile alla mediazione. Nessun romantico accetterebbe di esser pago di avere la conoscenza degli aspetti superficiali delle cose, che bastano a costruire una vita di benessere, di agi, di ricchezza, rinunciando ad aprirsi alla dimensione inesauribile della realtà com'è in se stessa, nella sua eternità e infinità. Secondo il fenomenismo, l'uomo è, in tutta la durata della sua vita, costantemente a contatto con sé medesimo, avverte in continuazione quali sono le sue idee, quali sono le sue passioni, di cui nemmeno un fremito gli sfugge, si sente in un corpo, da cui mai del tutto si separa, quand'anche dorma e sogni, e ciò nonostante è destinato a ignorare per sempre chi sia l'essere che esegue tutte le operazioni, di cui soltanto egli è a conoscenza. Ciò equivale a dire che sfugge alla conoscenza determinata la sostanza sottostante a codeste operazioni, quantunque una sostanza debba pur esserci, giacché le operazioni, ad avviso dell'illuminismo, non possono reggersi su di sé e hanno bisogno di un sostegno su cui poggiare, e quindi pur si abbia una qualche notizia della sostanza, ma così generica e vaga, un vero e proprio *nescio quid*, che non merita la denominazione di conoscenza. Qualora pretendessimo di andare oltre, di stabilire quale sia l'essenza di questa sostanza, se spirituale o materiale, se unica o molteplice in ogni uomo, o fors'anche unica per tutti gli uomini, e altresì di accertare quale sia la sua relazione con quel che diciamo il nostro corpo, se questo sia o no una differente sostanza, ci porremmo questioni insolubili, domande tanto più irrispondibili, perché ci è sconosciuto il significato preciso delle parole che impieghiamo nel formularle, non sapendo noi dire cosa significhi *spirito* e cosa *materia*, vocaboli, questi, di cui non possediamo le definizioni, a meno che non ci arbitriamo di chiamare pomposamente definizioni certi inutili giri di parole, che sono documento di verbalismo. Analogamente va per i fenomeni del mondo, per l'apparire, lo scomparire e il perpetuo cangiare delle manifestazioni, che non riferiamo né al nostro essere psichico, né al nostro essere somatico, ma a quelli che riguardiamo come oggetti differenti da noi, anch'essi attivi, operosi di una serie sterminata di eventi, ma ignoti per sempre a noi, quanto alla loro sostanza. Ci manca la capacità di decidere se il mondo sia una sola sostanza o consti di molte sostanze, e ancora di stabilire quale sia l'essenza, o quali siano le essenze, di questa, o di queste sostanze. Come si vede, l'intero fenomenismo poggia su tale nozione della sostanza come sostrato dell'attività, e sull'assunto che noi abbiamo il diritto di affermare l'esistenza della sostanza e di considerare i fenomeni come suoi accidenti, ma che non ci è consentito di procedere oltre.

Orbene, il romanticismo contesta risolutamente che ci sia bisogno della sostanza come sostegno dell'attività, la quale è sufficiente a sé medesima, non richiede un qualche sottostante puntello, e propugna tale sua tesi in maniera rigorosamente speculativa. Nonostante si vanti arditamente antimetafisico, l'illuminismo conserva il retaggio di tutta la precedente metafisica, non in quel che essa ha di buono, ma in quel che ha di cattivo, e nella sua pigrizia mentale non riesce a concepire un'attività, che non abbia a suo sostegno una sostanza, e le riesce incomprensibile il concetto di un'attività, che è di fondamento a sé medesima, che si esplica da sé, ponendosi, opponendosi, e, crescendo su di sé, ritorna nel proprio seno. La contrapposizione tra le cose come appaiono e le cose come sono, com'è formulata dall'illuminismo, è assurda, e inammissibile è la pretesa, a cui anche Kant – ma soltanto nella sua teoria della conoscenza, per le sue conclusioni esplicite, non nella sua teoria della morale – si è attenuto, che la cosa in sé sia inconoscibile[1]. La fiducia, che i romantici nutrono, di non es-

---

[1] Il merito di aver denunciato il presupposto della sostanza come sostrato, o come portatore, degli accidenti, spetta anzitutto a Fichte, il quale formula il principio dell'autosufficienza dell'attività. Nei confronti della filosofia critica e dei limiti che essa pretende di assegnare alla conoscenza, Hegel rivaluta la precedente metafisica, che si pronunciava sull'essenza dell'anima, del mondo, di Dio, dell'essere in quanto essere. Il fenomenismo illuministico interviene dovunque, anche nella scienza della natura, la quale poggia su di un insieme di convincimenti speculativi, così che una determinata filosofia, ancorché di solito disconosciuta, rimane alla sua base. Quando Napoleone chiede a Laplace se nel suo sistema del mondo ci sia posto per Dio, Laplace risponde di no e aggiunge: «*Je n'ai pas besoin de cette hypothèse*»; egli non vuole con ciò già dire: io non m'impiccio di faccende del genere, se ne occupi qualchedun altro,

sere costretti ad aggirarsi in sempiterno nel cerchio delle apparenze, di essere capaci di inoltrarsi nell'ambito della natura, di apprendere la genuina costituzione della realtà, sin dal punto in cui promana dalla sua scaturigine prima, è giustificata perché è fondata su di una critica ultimativa del presupposto sostanzialistico del fenomenismo illuministico.

Come si liberano del fenomenismo, così i romantici si emancipano da quell'altro presupposto teoretico dell'illuminismo che è l'empirismo, il quale consiste nell'assunto della recettività della conoscenza, che inizia e deriva interamente dalla sensazione, a cui deve anche ricondursi come all'unico criterio inoppugnabile e certissimo della propria veridicità. Il romanticismo fa qui valere la considerazione che la sensazione è il *dato, il quale non ci sarebbe se non ci fosse il dante*, da cui è posto in essere: questo è il punto decisivo dimenticato dall'empirismo. Finché rimane fedele a se stesso, l'empirismo si attiene al dato e non procede oltre in alcuna direzione, ma il fatto innegabile è che l'empirismo ha poca fedeltà nei confronti di sé medesimo, come Leibniz ha buon gioco a mostrare, esaminando la teoria della conoscenza di Locke, che degli empiristi è l'acclamato maestro in tutta la prima ondata dell'illuminismo. Locke pretende di dividere le idee in semplici e in composte, e di fare delle prime il materiale dalla cui riunione risultano le seconde, e inoltre ammette, come fonte delle nostre conoscenze, oltre alla sensazione, la riflessione, comportandosi in ciò in maniera incoerente. Leibniz gli obietta che le idee, poste innanzi come semplici, sono tali soltanto all'apparenza, perché, essendo confuse, non c'è la possibilità di distinguere le loro parti, ma che queste parti ci sono, ancorché non ne abbiamo esplicita consapevolezza. La semplicità e la composizione, di cui qui si discorre, possono essere solamente relative, essendo manifesto che l'assolutamente semplice sarebbe del tutto puntuale, e di esso non si darebbe né sensazione né riflessione, le quali hanno entrambe bisogno di avere un contenuto dispiegato. Ma, se Locke concedesse una tale relatività della sua fondamentale distinzione delle idee in semplici o in composte, sconvolgerebbe la sua teoria della conoscenza, che su di essa si regge; tuttavia, d'altro canto, è innegabile che l'esemplificazione amplissima, che Locke compie delle pretese idee semplici, pone dinanzi ad idee constanti di parti. La maggiore incoerenza di Locke è però nell'ammissione della riflessione, accanto alla sensazione, come fonte delle idee, che egli compie in violazionc dclla sua posizione di pensiero, tant'è vero che di codesta fonte egli non riesce nemmeno a servirsi granché, e, sempre che possa, preferisce attenersi all'unica fonte, che avrebbe dovuto accogliere, quella della sensazione. Leibniz approfitta dei passi falsi compiuti da Locke a dei propositi così fondamentali, e si serve della riflessione lasciata in vita, per riaffer-

---

ma intende compiere una professione di fenomenismo (per quanto incerto e oscillante sia in proposito il pensiero di Laplace). Il fenomenismo è una concezione generale delle possibilità e dei limiti della conoscenza umana, concezione, che è il caposaldo su cui sta o cade l'intera scienza moderna. Di converso, non si può essere fenomenisti soltanto in fatto di scienza naturale, si deve esserlo universalmente, senza restrizione alcuna, né d'ordine metafisico, né d'ordine religioso.

mare la sostanza e l'innatismo, che sono due capisaldi della metafisica, concepita alla maniera proposta dai filosofi greci.

Se, nel rigettare l'empirismo, l'atteggiamento romantico fosse il medesimo di quello assunto da Leibniz nella sua critica di Locke, se cioè fosse consistito nel ristabilire le idee innate, sia pure come esse si configurano in un innatismo virtuale, anziché attuale, il romanticismo avrebbe portato alla riaffermazione della metafisica greca, che ha il suo culmine nel platonismo di Platone, di Plotino e dei suoi successori. Senonché non le idee innate, bensì le forme *a priori*, il romanticismo pone a fondamento della conoscenza, e la differenza tra le idee innate e le forme *a priori*, costitutive del conoscere e dell'essere delle cose, consiste in ciò, che le idee innate sono rigide e fisse, esistono sin dall'inizio nell'anima in maniera dispiegata e già tutte fatte, mentre le forme *a priori* si esplicano nella costruzione dell'esperienza. È in questa maniera che il romanticismo batte in breccia l'empirismo professato dagli illuministi[2]. Il concetto dell'*a priori* proviene al romanticismo da Kant, che afferma la spontaneità dell'intelletto, il quale produce da sé le proprie rappresentazioni e così rende possibile la conoscenza. Ma Kant, che pur risolutamente asserisce l'indole spontanea della facoltà di pensare gli oggetti, mantiene ferma la recettività dell'animo umano, in ciò che esso è in qualunque modo modificato dagli oggetti, il che ha luogo mediante l'intuizione sensibile. Tutto il romanticismo è in varie maniere proteso ad oltrepassare nella filosofia tale dualità, lasciata sussistere da Kant, e tra queste maniere spicca quella che fa ricorso alla nozione di un intelletto sensibile, di un intelletto intuitivo, che prende talvolta anche il nome di ragione. L'esistenza di un intelletto intuitivo è tradizionalmente ammessa, ma con esclusiva attribuzione a Dio, giacché si reputa che l'intelletto umano, a differenza di quello divino, sia meramente discorsivo; adesso il romanticismo filosofico riferisce questo intelletto intuitivo o sensibile, o questa ragione, non al semplice uomo, come per incomprensione si suole asserire, bensì ne fa una proprietà umano-divina di quello che variamente si chiama l'io, lo spirito, il pensiero. Questo è quel *dante*,

---

[2] Il romanticismo può, in qualche sua manifestazione, dichiararsi empiristico, ma si tratta di un empirismo radicalmente diverso da quello propugnato dall'illuminismo. Questo è il caso di Schelling, per il quale la filosofia deve contenere in sé l'empirismo, ma non essere esclusivamente empiristica, senza contare che c'è empirismo ed empirismo: c'è quello che si accontenta della mera raccolta dei fatti; quello filosofico, che procede di conserva con la deduzione delle essenze; quello mistico, che sta un gradino più su del precedente, giacché afferma che il sovrasensibile può diventare oggetto d'esperienza; infine, è da distinguere la filosofia negativa, che è empirismo *a priori*, dalla filosofia positiva, che è *apriorismo* empirico; tutte cose abissalmente lontane dall'illuminismo, che le ignora. Il giudizio di Schelling sull'empirismo inteso nella sua accezione corrente, che è quella con cui è presente nell'illuminismo, non potrebbe essere più negativo: in Francia e in Inghilterra si professa l'empirismo, Bacone ha rovinato la filosofia, Boyle e Newton hanno guastato la fisica. (Questa valutazione è tanto insistentemente ripetuta, che un uditore inglese delle lezioni di Schelling fu indotto a protestare contro l'affermazione che Bacone e Newton sono i grandi nemici e i distruttori della filosofia nell'età moderna. Schelling replicò che era certamente così, ma che non era stata impresa dappoco arrecare tanto danno. Cfr. *Schelling im Spiegel seiner Zeitgenossen*, hrsg. von X. Tilliette, Torino, 1974, p. 102).

di cui l'empirismo non tiene conto, perché si restringe a guardare al *dato*, quasi che il *dato* potesse esistere di per sé.

Così, al realismo fenomenistico degli illuministi, che, come dicemmo, è il realismo minimo, i romantici fanno subentrare l'idealismo, con il quale è sostanzialmente identico il romanticismo teoreticamente considerato, ancorché codesto idealismo sia ora implicito ora dichiarato, ora limitato dal permanere di qualche tendenza contraria e ora compiuto e terminato. L'illuminismo si colloca dinanzi al mondo bell'e fatto, l'osserva, lo descrive, riscontra le costanze dei fenomeni di cui esso consiste, che riguarda come le sue leggi, ma non va oltre, soprattutto, non va indietro, ossia non s'interroga intorno all'origine radicale delle cose, alla loro costituzione e creazione. Il romanticismo si pone questa domanda fondamentale, e riporta l'esistenza del mondo all'attività dello spirito, introducendo un nuovo concetto del *fare*. Per dirla con il linguaggio della teologia, il fare dell'illuminismo *praesupponit materiam*, mentre il fare dell'idealismo, nelle sue manifestazioni più mature, *producit res ex nihilo* (o meglio, cosa che la teologia non avrebbe mai ammesso, produce il mondo, in quanto produce sé medesimo, così che il *creatum recipit naturam creantis*). In alcune forme dell'idealismo grande importanza ha l'*immaginazione produttiva*, che è l'attività dell'io nel suo infinito porsi. E, mentre l'*immaginazione riproduttiva* (che è la sola riconosciuta dagli illuministi) importa la preventiva esistenza della sensazione, della quale è la copia, la romantica *immaginazione produttiva* rende ragione della sensazione, che ha in lei la sua scaturigine. Ricorra o no l'idealismo a questa specie d'immaginazione, l'esito conclusivo, a cui esso perviene, è comunque quello di mutare il concetto stesso della verità, sostituendo alla verità trascendente, per la quale il pensiero è vero in quanto adegua sé medesimo alle cose, la verità immanente, per la quale il vero risiede in ciò, che il pensiero adegua le cose a sé medesimo.

Il romanticismo segna in questa maniera la ripresa della metafisica, di cui vengono restaurati i diritti, che l'illuminismo aveva contestato, ma si tratta di una metafisica profondamente diversa non soltanto da quella greca o medioevale, ma anche da quella moderna, iniziata da Cartesio. La metafisica antica si era presentata come scienza, ma tale non era riuscita realmente ad essere, e l'impresa non aveva arriso nemmeno alla metafisica moderna, quantunque anch'essa, al pari e forse più dell'antica, desiderasse avere consistenza di sapere dimostrato. Kant ne discorre come di scienza apparente, e ad essa contrappone la metafisica, che sola è scienza effettiva; senonché, per Kant, la metafisica può dire poco (essa non può avere indole dommatica, giova più ad impedire gli errori che a ritrovare la verità, il suo ufficio è quello del censore, che mantiene l'ordine pubblico nella repubblica scientifica), mentre, per gli idealisti romantici, è capace di dire molto, essendo in grado di arrecare l'apprensione dell'Assoluto, o almeno di avvicinare massimamente ad essa. Comunque, l'ideale della scientificità della metafisica proviene all'idealismo da Kant, e quando Fichte propone di abbandonare la parola «filosofia», che è vocabolo da dilettanti, e di sostituirla con l'espressione «dottrina della scienza», e Hegel afferma che il suo scopo è di far sì che la filosofia deponga la denominazione di «amore del sapere», per essere «effettivo sapere», essi proseguono nella direzione primariamente additata da Kant. Tra questa rinnovata esigenza formale di scientificità e il contenuto della metafisica dell'idealismo c'è una connessione tanto stretta, che li rende due aspetti inseparabili di una medesima visione delle cose. Perché la metafisica sia scienza, occorre che il pensiero s'intrinsechi con la realtà, e questa intrinsecità costituisce il concetto medesimo dell'idealismo, e occorre altresì che il principio delle cose non sia né esclusivamente divino, giacché allora Dio si rinserra in sé medesimo, avvolgendosi in un'impenetrabile oscurità, né semplicemente umano (questo, del resto, è impossibile, perché l'uomo non può avere la posizione di fonte originaria da cui la realtà promana), bensì sia umano-divino, ciò che salvaguarda sia i requisiti del principio universale dell'essere, sia le esigenze del sapere. Il romanticismo, non è, come già abbiamo avuto l'occasione d'accennare, ma come soltanto adesso è da stimare chiaro, umanismo, nel modo in cui umanismo è l'illuminismo, al quale la misura umana è sufficiente, bensì è immanentismo, ossia è affermazione del divino, ma di un divino che si fa umano, e di un umano che si rende divino. La metafisica precedente l'idealismo, come sequestra il pensiero dall'essere, così, nell'esecuzione, se non nel proposito, fa necessario Dio e contingente il mondo, e in esso l'uomo, mentre la metafisica dell'idealismo più radicale e conseguente, nella maniera in cui intrinseca il pensiero all'essere, parimenti assegna a tutto la medesima necessità, e così può avanzarsi come scienza totale.

Poiché noi dobbiamo considerare l'idealismo romantico soltanto in quanto è un'intuizione del mondo coincidente con un sentimento del mondo (anche nel suo caso, come in ogni altro, ci restringiamo, infatti, a prendere in esame quel che appartiene alla disposizione del sentire), si tratta di porre allo scoperto quale sia l'avvertimento fondamentale che in esso si manifesta. Orbene, a noi sembra che tale avvertimento sia quello dello *spingere*, che è un premere diretto dall'interno verso l'esterno, per cui le cose paiono come promanare e quasi trarre esistenza da noi. Almeno per come è riguardato dall'idealismo, il realismo è la filosofia per cui, ad essere consequenziari, non c'è uno scampo qualsiasi per l'uomo, il quale, dovunque si volga, si trova stretto da una muraglia insormontabile, e la sua vita è incapace di realizzarsi, così che altro partito non resterebbe all'infuori del suicidio (tale significato è attribuito al suicidio di Catone, il quale consapevolmente vuole sottrarsi a Cesare, ma nel profondo del suo animo mira ad uscir fuori da un mondo, che, essendo già tutto fatto, vieta il fare dell'uomo), suicidio da collocare ai primordi della vita, giacché le ragioni del non vivere sussistono da sempre. L'idealismo romantico è caratterizzato dalla grandissima energia dello spingere, dello sforzo, che, come sensazione e come sentimento, si dirige dal di dentro al di fuori, e dall'intensità estremamente elevata del sentimento dell'io, che, per tale motivo, appare il protagonista delle vicende del mondo, il suo demiurgo. Lo *spingere*, che è ciò che si denomina la posizionalità dell'io, la produttività del pensiero, la creatività dello spirito, e in altre simili maniere, ha come termine correlativo il *tirare*, che, infatti, si presenta anch'esso in questo idealismo, ma subordinatamente, così che non adegua lo spingere, e di conseguenza, non fa rientrare completamente nell'io l'oggetto, che l'io, mediante il suo sforzo, ha posto fuori di sé. La riunione dei movimenti dello spingere e del tirare dà luogo al *tendere*, il quale è tanto più vivace quanto più energici sono codesti suoi elementi componenti.

Ne viene che l'idealismo è contraddistinto dalla massima tensione, di cui uno dei nomi più famosi è il *titanismo*, che giustamente si suole riporre tra i caratteri essenziali del romanticismo. Il titanismo, sia esso del conoscere e si manifesti nello sforzo rivolto a procurarsi una comprensione completa dell'universo, o del dominare con la forza le cose tutte, è comunque attivismo pratico, e per questa sua indole si distingue tanto dall'ellenismo e dal cristianesimo, che affermano entrambi, quantunque in modi diversi, il primato della contemplazione sull'azione, quanto dall'illuminismo, il quale è attivistico, ma di attività non pratica, bensì produttiva. Per intendere l'esito dello scontro tra l'illuminismo e il romanticismo, bisogna porre mente a questa distinzione delle due specie dell'agire, che sono la produzione e la pratica, e tenere per fermo che l'illuminismo è asserzione del produrre, il quale ha due presupposti, uno umano, ed esso è il *fondo*, costituito dall'insieme delle qualità, delle doti, delle inclinazioni, che si trovano nell'uomo, e che preesistono a qualunque cosa l'uomo faccia, e l'altro è extraumano, ed esso è la *natura*, riguardata come la cava da cui si estraggono i materiali, che l'industria (nel senso più vasto del termine) lavora e cangia in prodotti finiti. Il romanticismo è, invece, affermazione della pratica, la quale vuole essere incondizionata, e quindi non ammette presupposto alcuno, bensì si professa creatrice di se stessa e medesimamente del mondo.

L'io, che s'incarica di così grande compito, com'è quello di porre in essere se stesso e medesimamente il mondo, non è quell'io dimidiato, per cui chiunque, aprendo bocca, è capace di pronunciare la parola «io», ma è un io più esteso, è l'io cosmico, l'anima universale, la supercoscienza, la divinità, ossia, in breve, è il sentimento dell'io, quale si manifesta nel *misticismo, che si può definire l'avvertimento dilatato dell'io*. Tutto il romanticismo è profondamente imbevuto di misticismo, e non a torto si è suggerito di ricondurre il sentimento romantico della vita all'*esperienza capitale della mistica*, che è quella della fusione, o liquefazione dell'anima, per cui l'io, Dio e il mondo si unificano, e l'animazione è coestesa all'intera natura, la quale si manifesta all'uomo nel momento medesimo in cui si cinge di mistero, e così si ritrae, rendendosi umanamente inesauribile. Erroneamente si è obiettato che la mistica è una tendenza propria dei luoghi e dei tempi più diversi, un atteggiamento ideale ed eterno che può sempre riproporsi, giacché anche il romanticismo è per l'appunto un tale atteggiamento ideale ed eterno, che varia soltanto perché ora è più reciso ora è più larvato. L'entusiasmo, che l'illuminismo aveva condannato, dando al vocabolo un significato prossimo a quello di fanatismo, è posto in auge dal romanticismo, che vi fa appello non soltanto nella poesia e nell'arte, ma anche nella scienza e nella politica, privilegiandolo nei confronti delle regole, dei metodi, dei canoni, dei programmi d'azione, che sono prova d'incapacità d'effettivo agire. Anche il proposito, che taluno dei romantici vagheggia, di fondare una nuova religione, non si spiega senza quest'ardore e fremito di misticismo (senonché le religioni non si lasciano vagheggiare con successo, ma nascono, se vogliono e quando vogliono nascere).

Lo spingere, il premere dell'io, che si dirige dall'interno all'esterno, non sarebbe uno sforzo, se non incontrasse una resistenza in ciò su cui si esercita, che così gli si oppone, in maniera tale che questa pugna tra l'io e il non-io si rinnova all'infinito, non potendo avere, quando che sia, un esito conclusivo. Il ritorno delle cose all'io non è mai compiuto, bensì lascia un residuo, l'io subisce una perdita nella sua alienazione ed estraniazione, giacché il riacquisto non compensa l'intero movimento del fare andare. Per riprendere l'abusato paragone, il titanismo, che si riferisce soprattutto all'andare, dà luogo a un'*Iliade*, la cui *Odissea* non riconduce definitivamente in patria l'eroe, e di conseguenza, il mondo non è completamente riassorbito nell'io.

Di qui deriva quel tratto della sensibilità romantica che è la *nostalgia*, la quale è il male racchiuso nel desiderio irrealizzabile di raggiungere la meta, è lo struggimento che si sa inestinguibile. La realtà vera, che volentieri nel romanticismo prende il nome d'Assoluto (parola aborrita dagli illuministi), si trova prima della scissione, per cui sorge la coscienza, ed è da questa irraggiungibile. Senza scissione, non è possibile la coscienza, ma permanendo la scissione, come occorre perché si sia consapevoli, e non precipitati in un sonno senza sogni, non si coglie l'Assoluto. Si può unicamente dire, sempre rimanendo nella scissione, che certamente la divinità vivente è al di là dell'io, che è priva di soggetto, quantunque così venga anche ad essere mancante d'oggetto, e si chiuda in se stessa nella tenebra del più fitto mistero. Soggiungere che questo mistero, questa tenebra, c'è per noi, e non per la medesima divinità vivente, è un'avvertenza doppiamente inutile, perché la circostanza è già abbastanza ovvia, e perché assomiglia al tentativo di saltare al di sopra della propria ombra.

Ciò non smentisce quel peculiare idealismo, che costituisce la filosofia del romanticismo, bensì contribuisce ad additarne il carattere più comprensivo, quello di essere *esperienza dell'estasi*, rispetto alla quale la processione delle cose dalla coscienza e il loro ritorno alla coscienza sono soltanto elementi particolari. L'idealismo romantico comporta, al di dietro del soggetto e dell'oggetto, l'Assoluto, che non è ancora coscienza, giacché questo è il necessario contenuto, di cui l'estasi è l'esperienza. L'estasi è la condizione di quiete, a cui mira la tensione, che è il duplice movimento che dall'interno va verso l'esterno e da questo va verso quello, tensione, che, lasciata a se stessa, sarebbe assurda, non avendo un fine a cui aspirare, e pertanto, essendo anche insuscettibile di avere un qualsiasi significato. L'estasi è un andare fuori posto, che però assegna all'uomo il vero posto, arrecandogli lo stato del compiuto rilassamento, che è sia la tensione non ancora sorta, sia la tensione superata (il rilassamento si può anche esprimere come un abbandono, che è insieme una conquista, come un nonsapere, che è però la vera e libera scienza, giacché chi tutto perde, tutto trova, incontrando l'indefinibile sovradivinità).

Se non si tiene presente che quella così sommariamente descritta è una situazione sentimentale, si urta in difficoltà insormontabili, per quanti tentativi si compiano di formarsene la comprensione; difficoltà, che però dileguano, non appena ci si rende conto che si tratta di un complesso di stati d'animo. L'imputazione di contraddizioni non marginali, bensì centrali, all'idealismo romantico, che è la filosofia del divenire, dell'automovimento del pensiero, della creatività dello spirito, la quale mette capo all'essere indiveniente, alla statica teoria, all'autocompiacimento del possesso definitivo della verità, deriva da non rendersi avveduti della circostanza che, in qualità di disposizioni sentimentali, la tensione produttiva e la quiete estatica possano coesistere, quantunque non possano occupare i medesimi momenti del tempo e le medesime posizioni dello spazio. L'estasi è uno stato fuggitivo, incapace di mantenersi per più di qualche istante, l'Assoluto si attinge da parte dell'uomo per un attimo e subito si riperde: questo dicono concordemente le esperienze dei mistici, ed essendo il romanticismo impregnato di misticismo, non si può pretendere che esso non culmini nell'estasi. Ciò che nell'estasi si sperimenta per un attimo è tanto prezioso, è così inebriante e beatificante, da suscitare gli sforzi maggiori, da spingere all'attività più energica, da portare a sottoporsi alla tensione più dispiegata, pur di riguadagnare, quando che sia, quel bene sovrumano. Di conseguenza, l'estasi è bensì quiete e riposo, ma non è inerzia, perché è essa che eccita l'energia del fare e moltiplica le forze, spingendo alla realizzazione del mondo. Per quanto possa parere paradossale, è da ribadire che proprio il sentimento dell'assoluta passività è la molla dell'azione, come può essere, perché è istantaneo godimento, e tuttavia così pieno, che, col miraggio di riottenerlo, esercita un'attrazione tanto forte, che porta a cercare di farsi l'Atlante capace di reggere il mondo sulle proprie spalle[3].

---

[3] Una documentazione, volta a provare che quelli indicati sono gli ingredienti fondamentali della sensibilità romantica, potrebbe raggiungere una lunghezza sterminata. Il titanismo romantico, che ha nell'Io di Fichte una delle sue più cospicue manifestazioni, fa dello spingere l'elemento basilare in cui si esplica l'attività dell'Io. «Il sentimento della forza è il principio d'ogni vita» – dice Fichte e aggiunge: «Questa forza è sentita come qualcosa d'*impellente*: l'Io si sente spinto... e invero spinto *fuori di se stesso*» (*Grundlage der gesammten Wissenschaftslehre, 1794, 1802*[2], in *Werke*, ed. cit., Bd. I, p. 296). – Per esprimere il peculiarissimo rapporto con il soggetto assoluto, Schelling preferisce alla locuzione «intuizione intellettuale» il vocabolo «estasi», come quello più adatto ad indicare lo stato in cui il nostro io ha abbandonato il proprio posto e, in conseguenza di ciò, può accogliere in sé il Soggetto assoluto (cosa che in altre maniere non potrebbe aver luogo). Cfr. *Erlangener Vorträge*, in *Werke*, hrsg. von M. Schröter, IIbd. 5, München 1979[3], p. 23. Tanto lo spingere e l'estasi sono elementi costitutivi del sentire romantico, che compaiono in posizione dominante anche nel più fiero nemico dell'idealismo classico tedesco, in Schopenhauer, ciò che dimostra altresì la grande varietà di manifestazioni che sono suscettibili di ottenere. La volontà, che, per Schopenhauer, è o la medesima cosa in sé o il fenomeno più prossimo e la manifestazione primaria della cosa in sé, è aspirazione continua, desiderio e brama inappagabili, un premere e uno spingere senza fine e senza tregua, da cui tutto ciò che appare nel mondo deriva, e che nondimeno ammette il quietivo della conoscenza disinteressata dell'arte, dà luogo all'ascesi, finché si capovolge nella misteriosa e ineffabile *noluntas*, non più rappresentazione, non più mondo, ma rapimento, illuminazione, che il misticismo denomina unione con Dio e il buddismo dice il nulla (Cfr. *Die Welt als Wille und Vorstellung*, cit., pp. 485-487). – Come disposizioni della sensibilità, il realismo e l'idealismo non soltanto non risolvono, ma nemmeno discutono la questione dell'identità della sensazione e della cosa sensibile (per cui, p. es., la sensazione del rosso coincide con il rosso esistente). Il realismo e l'idealismo diversamente dibattono e diversamente sciolgono una differente questione, che verte intorno alle *mie*, alle *altrui* sensazioni, così che è sempre in gioco la

L'estasi, per cui l'uomo esce fuori di sé e si colloca nel divino, ha il suo corrispettivo immancabile nella caduta di Dio nel mondo, caduta, che viene incaricata di rendere conto dell'esistenza del cosmo. Questa idea della caduta, sia pure in formulazioni molto differenti, compare sempre nell'idealismo romantico, perché senza di essa non è possibile farsi una ragione dell'esserci della natura. Quando, per evitare di dover ricorrere alla nozione della caduta, si suggerisce la possibilità di riguardare il mondo naturale come un processo ascensionale, che si solleva gradualmente dall'incoscienza, dalla notte e dal sonno, alla coscienza, al giorno e alla veglia, si avanza un proposito ineseguibile, perché si dimentica che quella indicata è soltanto la metà del ciclo, quella del ritorno, la quale esige di essere accompagnata dall'altra metà, ossia da quella dell'emanazione, in quanto a sé stante è incapace di reggersi, e questa emanazione, posizione di sé nel mondo da parte di Dio, è innegabilmente una caduta, esplicabile esclusivamente mediante il ricorso alla disposizione sentimentale dell'estasi[4].

Il romanticismo, pur essendo nemico dell'intellettualismo, che si potrebbe definire come l'affermazione della finalità estrinseca, che pretende di distinguere dovunque i mezzi dai fini, e colloca a fine supremo il comodo, l'agio, il benessere, domandando a tutto il rimanente di servire, non è affatto ostile alla ragione. Il cosiddetto *irrazionalismo romantico è una escogitazione polemica dell'illuminismo*, il quale, quando deve rispondere alle accuse romantiche, oltre che a pararle, bada, com'è suo diritto, a farsi a sua volta accusatore, e tra le imputazioni, che esso muove, nessuna è così divulgata come quella dell'irrazionalismo, a cui si accompagnano le altre, ad essa consonanti, di tenebrosa insuperabile oscurità misterica, d'inintelligibilità che si spaccia per abissale profondità.

---

determinazione del mio (e in essa, quella dell'*altrui*), la quale è collegata con il *sentimento dell'io*. Quando si afferma che la sensazione è identica con la cosa sensibile, non si asserisce minimamente che si tratta della *mia*, dell'*altrui* sensazione, oppure della sensazione di *per se stessa*. Dov'è mai scritto che una sensazione è di *qualcuno* oppure non esiste? Per il realismo fenomenistico la grande massa delle sensazioni (ossia tutte le sensazioni, ad eccezione di quelle che hanno luogo nei corpi animati, p. es., quelle del piacere e del dolore) è collegata all'immagine dell'esternità, dell'essere in sé (la quale è una manifestazione della bassura). Questo è il significato della tesi: le cose, siano o non siano da *me* o da *altri* avvertite, esistono ugualmente, non accresciute in niente dalla circostanza che io, o altri, le avverta, non diminuite in niente dalla circostanza che nessuno le avverta. La tesi dell'idealismo è, invece, che le cose, essendo inerti, non si spiegano da sole, ma presuppongono l'attività dell'io, il quale provvede a porle in essere (e qui si esprime l'esperienza dello spingere).

[4] Una caduta, una decadenza, su cui – se non si fa appello alla complessa esperienza dell'estasi – non c'è modo di ottenere spiegazioni attendibili, è anche quella per cui l'Idea si pone, in Hegel, come Natura. Non si comprende, infatti, perché mai l'Idea, che si è raccolta nella soggettività, precipiti nell'inconsapevole esistenza naturale, che essa nemmeno temporalmente precede, per il motivo che il tempo esiste nella Natura e non prima di lei. Tuttavia, siffatta caduta è necessaria a quest'edificio di pensiero, dal quale non può essere levata, senza che esso venga non già corretto e riformato, bensì negato e interamente distrutto. Cfr. *Enzyklopädie der philosophischen Wissenschaften im Grundrisse (1830)* § 244, in *Gesammelte Werke*, ed. cit., Bd. 20, unter Mitarbeit von von U. Romeil, hrsg. von W. Bonsiepen e H. Ch. Lucas, Hamburg, 1992, p. 231.

Nessuno dei maggiori esponenti del romanticismo (dei minori e dei minimi non franca la spesa di tenere conto) professa l'irrazionalismo, non Schelling, in nessuna delle fasi percorse dal suo pensiero, non Schopenhauer, il quale dovrebbe esserne il massimo rappresentante, e invece tiene in grande stima la ragione[5].

Dati questi suoi principi, s'intende come il romanticismo configuri in maniera opposta a quella dell'illuminismo tutte le attività umane, dall'arte alla storia, alla religione, alla morale, alla politica, alla stessa scienza della natura. La concezione dell'arte del romanticismo è collegata alla restaurazione della filosofia platonica, che l'illuminismo aveva dispregiato, tenendola a vile e calunniandola di continuo (non si era arretrati nemmeno dinanzi all'enormità di dire che a Platone si preferiva un tappezziere; soltanto quando il platonismo risultava in contrasto con il cristianesimo, si temperava il giudizio e ci si schierava dalla parte del primo, rendendoselo alleato contro il secondo). L'estetica dell'idealismo romantico è un'estetica metafisica, e la massima espressione della metafi-

---

[5] Come potrebbe essere irrazionalistico il romanticismo se Goethe fa dire a Mefistofele:

> «*Verachte nur Vernunft und Wissenschaft,*
> *Des Menschen allerhöchste Kraft,*
> *Laß nur in Blend – und Zauberwerken*
> *Dich von dem Lügengeist bestärken,*
> *So hab ich dich schon unbedingt!*»?
> (*Faust I*, vv. 1851-1855)

«Eh sì, disprezzale, ragione e scienza, / poteri supremi dell'uomo;/ fa' che più forte ti renda lo Spirito / di Menzogna nell'arte di inganni e magie: / e sei già, senza condizioni, mio...», trad. it. F. Fortini).

Si consideri con quanta cura l'ultimo Schelling, che dovrebbe essere quello maggiormente incline all'irrazionalismo, distingue la propria posizione di pensiero da quelle che non accordano un posto sufficiente alla ragione. L'odio contro la conoscenza scientifica, contro l'esplicazione teoretica, contro la dimostrazione, conduce alla pretesa di sostituire alla chiarezza conoscitiva un lume interiore, che ha il difetto di essere intermittente e inadeguato. Il teosofismo è manchevole, perché non è scientifico e si restringe ad addurre l'esigenza di una filosofia positiva, esigenza che lascia del tutto insoddisfatti. Lo stesso Jacobi è da Schelling duramente criticato, perché non è abbastanza rigoroso nel salvaguardare i diritti della ragione. Schelling se la prende non con la ragione, bensì con i virtuosi del raziocinare, con i *Räsoneurs*, che abbondano tra gli illuministi. Quanto a Schopenhauer, che si suole dipingere come il campione dell'irrazionalismo romantico, basta ricordare come, per lui, soltanto l'uomo è capace di avere, per mezzo della ragione, le rappresentazioni astratte, le quali gli conferiscono le prerogative, di cui è l'unico essere a disporre sulla terra, del linguaggio, della scienza, della riflessione, della capacità di agire secondo piani preordinati. Certamente, Schopenhauer non accoglie i concetti concreti dell'idealismo; per lui, i concetti possono essere esclusivamente astratti; nondimeno egli non ricorre in modo indiscriminato all'intuizione e all'intelletto intuitivo, ma soltanto quando è questione di procurare il materiale, che poi la ragione elabora. – Anche quando introduce la logica trascendentale, la logica dialettica, la filosofia del romanticismo, anziché far getto della ragione, si propone di procurarle compiuta realizzazione. Anzi, la stessa logica formale, a titolo di tecnica, di procedimento intellettuale, di espressione del pensiero calcolante, è riconosciuta nel suo buon diritto, che nessun romantico si arbitra di contestare. Se il romanticismo avesse propugnato l'irrazionalismo, avrebbe dovuto rinunciare in partenza a combattere la scienza della natura dell'illuminismo, e invece ha sostenuto una tale battaglia esemplarmente, tanto che le sue conclusioni si sono, ad un certo momento, universalmente imposte.

sica è il platonismo, che nel caso dell'arte non è tanto quello di Platone quanto quello di Plotino, che colloca la bellezza e l'arte nel duplice processo di derivazione delle cose dall'Uno e di ritorno delle cose all'Uno, e quindi fa del bello naturale e del bello artistico il tralucere del divino nel sensibile. Tale è, in sostanza, la medesima idea che dell'arte propongono i romantici, i quali ne fanno una sede essenziale, o addirittura la sede privilegiata dell'apprensione dell'Assoluto. Sul terreno dell'arte, il contrasto del romanticismo con l'illuminismo è estremo, perché gli illuministi, essendo utilitaristi, sostengono l'intellettualismo estetico, pretendendo di assegnare dei compiti e degli scopi alle opere d'arte, che debbono giovare, essere funzionali al soddisfacimento dei desideri e dei bisogni del vivere, e siccome l'arte si ribella a un tale trattamento, l'immiseriscono, e, in prosieguo di tempo, l'annientano[6].

Di quanto l'illuminismo è ostile alla tradizione, se non in generale, almeno a quella cristiana, che è grande parte della complessiva tradizione europea, di altrettanto il romanticismo si fa assertore convinto della tradizione, soprattutto di quella medioevale, ossia dell'epoca del massimo splendore del cristianesimo, che era allora il principio ispiratore di tutta la civiltà (il romanticismo, sebbene sia nell'intrinseco immanentistico, proteso verso il panteismo, e pronto ad accogliere qualsiasi culto, proveniente dall'Oriente del presente o dall'Occidente di un remoto passato, nondimeno si dichiara cristiano). Sebbene l'amore della tradizione sia atto a favorire gli studi storici, non bisogna scambiare la grande storiografia prodotta dal romanticismo con l'accoglimento dello storicismo filosofico, il quale è orientamento di assai diversa ispirazione. Il romanticismo colloca la filosofia al di sopra della storia, lo speculativo al di sopra del fattuale, le dimostrazioni razionali al di sopra delle prove documentarie, e non è tentato dal paradosso d'immedesimare entità tanto disparate, come le idee e i fatti. La concezione della storia del romanticismo non è, in definitiva, molto differente da quella che ne ha Aristotele, quando asserisce che la filosofia è dell'universale e la storia è del singolare, giacché è verissimo che l'universale dell'idealismo romantico si versa nel particolare e si attua come unità di sé e del particolare (ciò che si dice l'*individuale*), ma è altrettanto verissimo che la conoscenza di questo intero percorso è filosofica e non storica, e che la cognizione storica si arre-

---

[6] Tra i romantici, il primo posto nella polemica contro l'illuminismo, sia nel caso dell'arte, sia in ogni altro, è tenuto da Schelling. «Barbabietole» è la parola che Schelling getta in faccia alla concezione utilitaristica dell'arte sostenuta dall'illuminismo. Per Schelling, è manifesto che l'illuminismo è condannato alla sterilità artistica; infatti, egli rileva, l'illuminismo non ha dalla sua alcuna produzione di poesia. Cfr. *Philosophie der Kunst, Allgemeiner Teil*, in *Werke*, ed. cit., Hbd. 3, München, 1977³, p. 461. (Schelling chiama in causa soprattutto la poesia, laddove il campo in cui si dimostra la massima improduttività artistica dell'illuminismo sin dal secolo XVIII è quello dell'architettura. Ma nel sistema delle arti di Schelling l'architettura non ha un grande posto, per il motivo che essa è tenuta a prestare ascolto alle esigenze della pratica). Nell'epoca di Schelling la minaccia della distruzione dell'arte è ancora lontana; nell'epoca di Nietzsche la minaccia è imminente, e questa circostanza spiega la ruvidezza della polemica del filosofo di Zarathustra contro il mondo moderno, che sopprime l'arte per far trionfare l'industria.

sta al momento della particolarità, che fissa, rendendolo a sé stante[7].

Per il suo afflato mistico, il sentimento romantico della vita è caratterizzato da una profonda religiosità, ma questa religiosità non dà luogo ad una religione positiva, non si traduce in una organizzazione ecclesiastica – tutt'al più, permea di sé le confessioni religiose e le Chiese esistenti – e quindi è pur sempre religiosità, e non religione, giacché una religione, per esistere, ha bisogno di un patrimonio riconosciuto di credenze e di un insieme di riti, in cui tale patrimonio si traduce in atto. Come religiosità, il romanticismo tende verso il panteismo, e se l'immanentismo e il panteismo passano, nell'estimazione comune, per concezioni equivalenti, ciò si deve ai romantici, i quali celebrano l'uomo, ma non si accontentano della dimensione dell'umano, perché giudicano che l'uomo, quando sia lasciato a se stesso, si smarrisce, degenera, e, per mantenersi ed accrescersi, richiede qualcosa di sovrumano, ossia di divino. La libertà di movenze, che il romanticismo si attribuisce in fatto di religione, spiega come alcuni dei suoi esponenti si volgano verso il cattolicesimo, altri verso il protestantesimo, altri ancora verso l'ellenismo oppure verso le antichissime religioni orientali, che si propongono di recare in Europa, e altri infine si diano per scopo di restaurare il paganesimo, soprattutto quello germanico (essendo la Germania il centro ispiratore del romanticismo, quantunque questo sia generalmente europeo, e anzi, anche extraeuropeo). Si è spesso osservato che in questi suoi vari orientamenti, il romanticismo non è né veramente cattolico, né genuinamente protestante, né effettivamente ellenico, e meno che mai orientale e pagano; questa è considerazione giustissima, giacché il romanticismo è sé medesimo, nella stessa maniera in cui sé medesima è ognuna delle menzionate religioni[8].

---

[7] Anticipando Nietzsche, Schelling giudica diviso il mondo moderno, che vive contemporaneamente nel passato e nel presente. Schelling proclama sacra l'antichità, ma non vuole che il passato stesso diventi l'oggetto della scienza, poiché allora il sapere storico preclude l'accesso all'archetipo (divino). Cfr. *Vorlesungen über die Methode des akademischen Studiums*, in *Werke*, ed. cit., Hbd. 3, pp. 248-249.

[8] La professione di panteismo, come dimostra il *Pantheisticon* di Toland, può incontrarsi dovunque, anche nell'illuminismo, dove però Dio è il nome della somma degli esseri o il loro principio ignoto. – I maggiori esponenti dell'idealismo romantico, non si riconoscono in nessuna ortodossia, avanzano idee remote da ogni confessione, non sono membri effettivi di nessuna Chiesa, quand'anche nominalmente si assegnino all'una o all'altra delle Chiese cristiane. Fichte, Schelling e il giovane Hegel (quello degli *Scritti teologici giovanili*) concordano nel considerare il cristianesimo come una religione asiatica, orientale; che, corrompendosi, diventa fede cieca (come dice Fichte); che soltanto trapiantandosi in terra occidentale, può prendere forma (come suggerisce Schelling); che di per sé è una religione triste (come insinua Hegel). In particolare, Schelling, che pure è ritenuto un restauratore del cristianesimo, avanza tesi, che nessuna confessione cristiana (che voglia essere qualcosa di più di una semplice etichetta) può accogliere. Per Schelling, l'incarnazione di Dio ha in Cristo soltanto un apice, e, ciò che più conta, è destinata a continuare dopo di lui e ad incrementarsi. Ammesso questo, non s'intende come, nel corpo mistico, Cristo possa rimanere il capo e gli altri le membra. Inoltre, i Vangeli sono, secondo Schelling, soltanto manifestazioni particolari, limitate, incomplete, del cristianesimo, a cui non si deve rimanere fermi (ancora meno ci si deve proporre di tornare al cristianesimo delle origini e di restaurarlo. I primi libri cristiani sono scarsi e non reggono il paragone con tanti libri precedenti e successivi, soprattutto con quelli indiani, che sono ad essi immensa-

Il peculiare sentimento che si fa valere nella morale del romanticismo è quello dell'*armonia*, ossia dell'accordo delle varie disposizioni e forze che sono nell'uomo, che tutte debbono svolgersi e attuarsi, senza mutilazioni e sacrifici, così che l'umanità si realizzi nella sua completezza, dando luogo ad una persona totale. E poiché il cristianesimo, considerato in comparazione con l'ellenismo, aveva, nel suo ascetismo, troppo conculcato l'amore naturale a vantaggio di quello soprannaturale, che è obbedienza, il romanticismo restaura i diritti dell'amore spontaneo e libero, il quale è bensì nei suoi inizi istinto e inclinazione, ma, per mezzo dell'educazione, è capace di trasformarsi in principio di vita morale. Ma assai maggior posto ha la rivendicazione romantica dell'armonico sviluppo della personalità e dell'uomo totale nei confronti dell'illuminismo, il quale accorda un posto enorme ai desideri e ai bisogni elementari della vita, allo scopo di avvalersene per la perpetua crescita della ricchezza. Soprattutto, l'illuminismo importa la massificazione, il livellamento, e contro il livellamento il romanticismo asserisce il valore della singolarità[9].

mente superiori per profondità di pensiero e ampiezza di prospettive. Non c'è studioso «razionalista» della Bibbia, che non sarebbe pronto a sottoscrivere quel che ne dice Schelling, ossia che è rudimentale nelle idee, povera di religione, piena di favole ebraiche). Quasi non bastasse, Schelling afferma che la divinità trova soltanto nell'uomo il suo scopo e la sua quiete, e che l'uomo ha un potere sulla divinità (egli si rende conto che ciò che sostiene è inaccettabile, stando alle «rappresentazioni consuete» della teologia; senonché sono proprio queste «rappresentazioni consuete» ad assicurare il legame con il cristianesimo effettivamente esistente).

[9] Eloquentemente Schleiermacher narra la sua disillusione della ragione (dell'illuminismo) e la sua scoperta del diritto della singolarità: «Sono stato a lungo anch'io pago d'aver trovato la ragione, e venerando l'uguaglianza di un'esistenza come ciò che c'è di unico e di sommo, ho creduto che ci fosse una sola misura del giusto per ogni caso, che l'agire dovesse essere in tutti il medesimo e che ciascuno si distinguesse dall'altro soltanto perché gli è data la sua propria situazione e il suo proprio posto. Soltanto nella molteplicità dei fatti esteriori si manifesterebbe diversamente l'umanità; l'uomo, il singolo non sarebbe un essere peculiarmente conformato, ma soltanto un elemento e dovunque il medesimo... Ma mi si è svelato – ciò è adesso la mia più alta intuizione – mi è diventato chiaro che ogni uomo deve rappresentare a modo suo, in una singolare combinazione dei suoi elementi, l'umanità, così che si manifesti e diventi effettuale nella pienezza dell'infinità, tutto ciò che può uscire dal suo grembo» (*Monologen*, in *Werke*, Answahl in vier Bänden, hrsg. von O. Braun e J. Bauer, Bd. 4, Darmstadt, 1967, pp. 419-420). – Il punto d'arrivo più maturo di questa protesta romantica contro il livellamento operato dall'illuminismo, e la rivendicazione più energica del valore della singolarità si trovano in Nietzsche. Tutta la lotta di Nietzsche contro il prevalere del gregge, in nome di una nuova aristocrazia, è in effetti rivolta contro l'illuminismo, che avanza nel mondo, mentre il cristianesimo indietreggia. Il rimpicciolimento dell'uomo, additato da Nietzsche, ha senso, se è attribuito all'affermazione della civiltà dell'illuminismo (soltanto ad essa si adattano, p. es., queste parole: «Sguardo panoramico sull'europeo dell'avvenire: considerato come il più intelligente fra gli animali asserviti, in fondo molto laborioso, molto modesto, curioso all'eccesso, molteplice, addolcito, debole di volontà – un caos cosmopolitico di affetti e di intelligenze»; soltanto in contrapposizione a questo tipo umano ha senso affermare: «Si è *unici* e si compiono soltanto azioni *uniche*» – *La volontà di potenza*, trad. it. A. Treves, rivista da M. Ferraris e P. Kobau, Milano, 1996, p. 477 e p. 502). Indirizzate contro il cristianesimo, così vario e articolato nelle sue figure sacre, la trinità, il divino redentore, gli angeli e i santi, nei suoi ordini religiosi, nel suo medesimo laicato, le imputazioni di appiattimento e di rimpicciolimento sono assurde. Senonché Nietzsche non distingue il cristianesimo delle origini, quello tradizionale e

Nella politica il romanticismo aspira a ricostituire l'*organicismo* che era stato proprio dell'antichità, contrapponendolo all'*universalismo*, caratteristico dell'illuminismo. Senonché, a causa della sua ispirazione mistica, lo Stato organico dei romantici, quando, dopo essere stato a lungo vagheggiato invano, si traduce finalmente in atto, risulta assai diverso da quello della Grecia dell'età classica, in cui il misticismo o è assente o non si fa energicamente sentire. Essendo l'effetto immancabile della mistica la tendenza alla fusione, nello Stato romantico si fa valere la propensione a realizzare l'identità del popolo e del principe, ossia delle membra e del capo (sia che lo Stato abbia dei limiti territoriali e voglia anche mantenerli, sia che si proponga l'obiettivo di diventare coesteso con l'umanità). Di conseguenza, il romanticismo avanza un suo concetto di libertà, antitetico a quello sostenuto dall'illuminismo, che, ai suoi occhi, scambia la libertà con l'arbitrio dell'individuo. In generale, l'uomo è libero della medesima libertà di Dio, il quale, in quanto compie in lui la sua volontà, esegue nel contempo la volontà umana (così che la *grazia* di Dio e la *volontà* dell'uomo, distinguibili per astrazione, in concreto coincidono). Questo concetto metafisico della libertà (possibile nel romanticismo, che ha rimesso in onore la metafisica, e impossibile nell'illuminismo, a cagione della sua ritirata fenomenistica) è d'universale riferimento, anziché essere immediatamente politico, e nondimeno ha delle importanti conseguenze anche per la politica, giacché esso pone in sottordine procedimenti come la deliberazione, la scelta, la decisione, che, non essendo essenziali alla libertà in genere, non sono costitutivi nemmeno della libertà politica. Di qui discende l'orientamento romantico a contestare, o almeno a restringere, la portata dei parlamenti, delle elezioni, del voto, che, invece, hanno un rango dominante nell'individualismo illuministico, il quale, mediante di essi, procura esecuzione al suo principio del consenso[10].

La concezione organica della vita associata è a fondamento anche del *solidarismo* che contraddistingue la politica del romanticismo, il quale intende sostituire alla mera aggregazione di uomini-atomi, peculiare dell'illuminismo, una vivente comunità di persone, che, mediante l'avvertimento della fusione, formano le membra di un unico grande essere collettivo. Com'è chiaro, il solidarismo

quello moderno, e crede che l'ugualitarismo sia stato predicato da Gesù e dai Vangeli, vale a dire interpreta in maniera illuministica il cristianesimo nell'intera sua estensione. Unicamente per questa ragione Nietzsche condanna il cristianesimo e talvolta saluta gli illuministi, quasi fossero suoi alleati nella battaglia anticristiana.

[10] «L'eleggere o è, in generale, qualcosa di superfluo, o si riduce a un gioco spregevole dell'opinione e dell'arbitrio», dice Hegel, che aggiunge: «Dell'eleggere mediante i molti singoli si può ancora notare che, specialmente nei grandi Stati, subentra necessariamente l'*indifferenza* nel dare il proprio voto, come quello che, nella moltitudine, ha un effetto insignificante, e gli aventi diritto al voto (ai quali tale diritto può essere esaltato e rappresentato come alcunché di elevato) non si recano alla votazione – così che da una siffatta istituzione segue piuttosto il contrario della sua destinazione, e l'elezione cade in potere di pochi, di un partito, e di conseguenza, dell'interesse particolare, accidentale, che precisamente doveva essere neutralizzato» (*Grundlinien der Philosophie des Rechts*, in *Werke in zwanzig Bänden*, Bd. 7, § 311, pp. 480-481).

romantico non può non proporre una gerarchia di beni completamente diversa da quella introdotta dall'illuminismo. L'osservazione più elementare è capace di dividere i beni in due classi: la classe dei beni, i quali sono tali in sé medesimi da consentire soltanto una fruizione individuale ed esclusiva, e la classe dei beni, i quali sono costituiti in maniera siffatta da permettere, senza perdere alcunché del loro pregio, una fruizione sociale, includente, largamente accessibile. Esempio della prima classe sono i cibi, che, se sono consumati da uno, non possono esserlo da nessun altro (né interessa adesso che il pane si possa partire; resta pur sempre che il pezzo di pane, che uno mangia, non può essere mangiato da nessun altro). Esempio della seconda classe sono le musiche e gli spettacoli teatrali, che possono essere totalmente visti e uditi da ciascuno, senza cangiare in guisa notevole, se il numero degli spettatori e ascoltatori è piccolo oppure grande (una certa differenza c'è, perché c'è un ottimo della visione e un ottimo dell'ascolto, che varia in funzione di quel numero; ma si tratta di una differenza trascurabile). Ne viene che il romanticismo, pur lasciando una larga disponibilità dei beni che si sogliono chiamare «materiali», come si richiede perché la vita sia ampia e serena, e non asfittica e importuna, com'è nell'ascetismo, ristabilisce il primato dei beni che si dicono «spirituali», perché sono idonei a colmare i desideri e i bisogni più riflessi, più tardi a sorgere, ma, una volta che siano sorti, precisi e ostinati più degli altri, che l'umanità alberga nel suo petto. Così, contro l'economicismo illuministico, il romanticismo restaura a un dipresso la gerarchia dei beni che si ha presso i Greci, che mette al primo posto la vita del pensiero, l'integrità della formazione spirituale e fisica dell'uomo, le virtù civili, e colloca in basso i beni della fortuna, e tra di essi le ricchezze, che l'utilitarismo pone sommo fastigio della vita, ingenerando la rozzezza del sentire e alimentando i conflitti sociali.

2. *I conati del romanticismo di creare una scienza alternativa a quella dell'illuminismo*

I punti principali, in cui si articola la critica romantica della scienza della natura dell'illuminismo, sono i seguenti:

1) essendo fondata sull'induzione, la scienza (s'intenda, qui e dopo, illuministicamente concepita) risale dagli effetti alle cause, anziché scendere dalle cause agli effetti, e quindi essa è incapace di determinare univocamente le cause che adduce dei fenomeni. Se degli effetti sono dati, le cause, che di essi si arrecano, possono essere soltanto possibili; niente consentendo di stabilire che esse sono realmente le cause esistenti. Altre spiegazioni di quei medesimi effetti, si mettano esse o no sul terreno, non possono mai essere escluse; almeno in maniera generale, a titolo di cauzione, è da ammettere che ciò che si dice avere avuto luogo per l'azione di determinate cause, può essersi prodotto per cause diverse. Il procedimento dell'induzione è inconclusivo, e non va al di là della semplice probabilità. Per dirla con il linguaggio della Scolastica, l'effetto ha minore realtà della causa, e pertanto, movendosi dall'effetto, non si arriva ad

accertare che la causa che si propone è quella operante. Diversamente andrebbe, se si partisse dalla causa per pervenire all'effetto, giacché la causa, avendo maggiore realtà dell'effetto, determina questo univocamente; pertanto, sempre che sia data la causa, si può affermare che essa è quella che pone in essere l'effetto. Ma la scienza, dopo il cartesianesimo, ha rinunciato, con Newton, a determinare gli effetti a partire dalle cause; perciò essa conclude senza necessità, è interamente congetturale, professa, sebbene non abbia l'onestà di dichiararlo ad alta voce, l'ipotetismo, che è una forma larvata di scetticismo;

2) Nella scienza la teoria dovrebbe dipendere dall'esperienza e dall'esperimento; senonché accade l'opposto, così che ci si trova dinanzi al capovolto ordine del sapere, il quale termina in un nulla di fatto. In una maniera più o meno consapevole, una teoria è già da sempre presente, e predetermina, secondo il suo punto di vista, il senso e la successione degli esperimenti, nonché il significato complessivo dell'esperienza. Questa imputazione equivale alla richiesta di dichiarazione di bancarotta da parte della scienza;

3) La logica della ricerca scientifica è difettosa. Bacone, che per primo l'ha formulata, ha introdotto un metodo d'una complicazione sterminata, cosicché, affidandosi ad esso, non si potrebbe scoprire alcunché. Il numero enorme di circostanze che accompagnano i fenomeni e che dovrebbero essere annotate in quelle che Bacone chiama le tavole della presenza, dell'assenza e dei gradi, finirebbe col disorientare lo scienziato. Anche i metodi suggeriti successivamente sono dispersivi; nessuna delle grandi scoperte scientifiche è avvenuta attenendosi ad essi. Decisivo è stato sempre il colpo d'occhio, la trovata geniale, l'intuizione, per la quale un solo caso ne vale una miriade. Così, p. es., si è comportato Galileo, il quale ha formulato la teoria dell'isocronismo del pendolo, stimolato dalla vista dell'oscillazione di un lampadario del duomo di Pisa. Quest'appello al genio non importa l'abbandono della ricerca scientifica all'improvvisazione e all'escogitazione arbitraria, ma enuncia il convincimento che alla base di ogni teoria si trova immancabilmente un colpo d'occhio rapidissimo e quasi istantaneo, che poi il suo autore provvede ad esplicitare in una serie estesissima di considerazioni, che suffragherà con esperienze precise e diligenti. In definitiva, esiste una psicologia, non una logica della ricerca scientifica;

4) Meccanicistica è nata la scienza con Cartesio, e tale è rimasta anche dopo l'abbandono del sistema cartesiano, e il meccanicismo è incapace di comprendere la vita, a cui sostituisce una morta spoglia, pretendendo che sia questa la vita. Il meccanicismo, aveva sostenuto Kant, non è in grado di spiegare nemmeno l'esistenza di un filo d'erba. Il meccanicismo, dichiarano i romantici, non è capace di rendere ragione delle piante, degli animali, e già prima, di quelli che si chiamano gli esseri inanimati, i quali partecipano anch'essi, a loro modo, dell'animazione, in grazia della quale la natura è tutta vivente. Non c'è niente di effettivamente morto, di realmente inerte nella natura; quel che sembra trovarsi in tale stato è piuttosto in una condizione di sopore e di torpore, a causa forse di una catastrofe, che l'ha fatto decadere da una posizione più elevata. La natura è intelligenza decaduta, il cosiddetto inorganico è l'organico che si è depotenziato;

5) La scienza è così perspicua da segnare, com'essa vanta, il trionfo dell'i-

deale della chiarezza, oppure mantiene una folla di nozioni oscure e confuse? I romantici non hanno dubbi, essi riprendono la polemica contro Newton di Leibniz, che aveva obiettato che l'attrazione è un'entità chimerica, una qualità occulta, e sulla sua falsariga mostrano come in ogni ramo della scienza si conservino delle espressioni che o si accontentano di essere delle semplici metafore, e in tal caso non dicono niente intorno alla costituzione dei fenomeni, o vogliono essere qualcosa di più che metafore, e in tal caso riescono incomprensibili: si tratta di asili dell'ignoranza. Esempi di tali entità fittizie sono, nella chimica, l'affinità, che, se è la simpatia o l'elezione, è una qualità occulta, e se è alcunché di diverso, non si sa che cosa sia; nella fisica, i fluidi imponderabili, la cristallizzazione; nella medicina, la composizione e la decomposizione; tutte cose arcane che, una volta che siano state introdotte, funzionano perfettamente, ma che avrebbero un grande bisogno di essere prima spiegate e giustificate di per se stesse. Se però si rivolge una tale richiesta agli scienziati, costoro si guardano bene dal soddisfarla; fare siffatte domande è ormai diventato del tutto inutile, giacché non si sarà mai per ottenere delle risposte convincenti;

6) La scienza in vigore non è un sapere della natura, non è effettivamente una fisica, ma è soltanto una matematica, la quale si spaccia per conoscenza naturale. Se i fatti si prendono soltanto nella loro scorza, se i fenomeni si riducono al constare dell'essere così o dell'essere altrimenti, e per il rimanente si allegano esclusivamente relazioni matematiche, la conseguenza è che non si stabilisce niente di attendibile e di veritiero intorno alla natura. Si è in presenza di una fisica apparente, la quale è tutta soltanto matematica. Questo fondamentalmente dicono le obiezioni di Goethe, Schelling, Hegel, Schopenhauer, i quali, ognuno nella maniera richiesta dalla sua particolare posizione di pensiero, imputano alla scienza di guardare unicamente all'aspetto quantitativo e di trascurare il lato qualitativo delle cose. Che cos'è la quantità resa esclusiva, e quindi presa al di fuori della sua relazione con la qualità, se non la matematica messa al posto della fisica? I romantici riconoscono il genio matematico di Newton, ma gli rimproverano di essersi avvalso della sua immensa autorità nel campo della matematica, per imporre teorie fisiche fallaci (come quella della luce e dei colori nell'ottica, e quella dell'attrazione nella fisica celeste);

7) La scienza produce i suoi effetti più deleteri, allorché dalla considerazione della natura che si suole chiamare «inanimata» passa a quella degli animali e dell'uomo, e diventa devastante nelle spiegazioni che fornisce dell'arte, della religione, del linguaggio, della vita associata, che è del tutto inadatta a penetrare. Come il suo meccanicismo comporta, la scienza va dalle parti al tutto, che si rappresenta come l'assemblaggio delle parti, e quindi è costitutivamente atomistica, e a causa del suo atomismo falsifica le realtà spirituali. Per spiegare l'opera d'arte, essa ricorre a meccanismi psicologici, al cui incontro si dovrebbe attribuire la produzione dei capolavori della poesia, della musica, delle arti figurative. Per rendersi conto del linguaggio, essa muove dai fatti linguistici elementari, quali sarebbero le interiezioni e le esclamazioni, e, componendo tali materiali rudimentali, confida di riuscire a rendere ragione dei parlari elaborati. Alla religione essa attribuisce un'origine meschina, riponendola per lo più nel

bisogno di proteggersi dalla paura, che sarebbe lo stato d'animo primigenio, da cui deriverebbero le figure divine che s'incontrano presso i vari popoli della terra. Poiché gli uomini imparano sempre più a difendersi dagli sconvolgimenti naturali e dalle malattie, apprendono ognora più estesamente le cause degli uni e delle altre e apprestano gli opportuni rimedi, essa stima che possa accadere che le religioni scompaiano. Anche nella politica il meccanicismo e l'atomismo scientifici fanno sentire i loro effetti deleteri, il primo suggerendo escogitazioni di forme di governo, che coi loro ingranaggi dovrebbero comportarsi come macchine, il secondo portando a raffigurare gli Stati, le città, le organizzazioni del lavoro, in breve, le varie comunità, come aggregazioni d'individui, che ora sono concordi ma più spesso sono ostili, e tuttavia sono costretti a spartirsi il suolo della terra, e per questo motivo s'inducono a vivere insieme. Cosa sono, infatti, l'individualismo e il cosmopolitismo, se non il meccanicismo e l'atomismo, che dal terreno della fisica sono trapassati in quello della politica? Non sono forse gli Stati moderni sorti ad un dipresso nello stesso tempo in cui si sono imposte le escogitazioni delle particelle, degli atomi, delle molecole e dei loro composti? E non ha forse avuto efficacia nella teorizzazione delle Costituzioni degli Stati moderni il parallelo teorizzare in fatto di fisica e di scienza matematica della natura[11]?

– Quando si passa dall'analisi delle critiche, che il romanticismo rivolge alla scienza dell'illuminismo, all'esame degli edifici di scienza della natura, che il romanticismo costruisce per proprio conto, si resta colpiti dall'enorme divario che si riscontra, giacché tanto le critiche sono profonde, quanto gli edifici sono incoati, più progetti che opere eseguite.

Ma, prima di compierne la considerazione, giova sgombrare il terreno da alcuni persistenti equivoci, che impediscono la comprensione dei conati di scienza del romanticismo, equivoci che hanno la loro scaturigine nella convinzione che esista un'unica scienza della natura, che sta al di qua o al di là (la distinzio-

---

[11] Le più penetranti critiche alla scienza dell'illuminismo sono formulate da Schelling, in cui si trovano disseminate in molti scritti, ma con una netta prevalenza delle *Vorlesungen über die Methode des akademischen Studiums*. Qui, muovendo dal campo della scienza della medicina, ma estendendo subito il giudizio al sapere scientifico nel suo complesso, è letteralmente enunciata l'obiezione della dipendenza dell'esperienza dalla teoria, che sola la rende possibile; obiezione, che quasi due secoli dopo avrebbe occupato un posto centrale nell'epistemologia: «*daß in diesem Theile des Wissens, wie in irgend einem andern, die Erfahrung erst durch die Theorie möglich gemacht werde*» (ed. cit., p. 363). – La dispersività del metodo induttivo di Bacone è energicamente denunciata da Goethe (*Zur Farbenlehre*, Histor. Teil, edizione di Weimar, parte II, Bd. 3, p. 236 e p. 246 ss.). – Hegel (come già Schelling) torna sempre daccapo sull'imputazione dell'invadenza e dell'usurpazione che la matematica compie nella scienza della natura, le quali consistono in ciò, che determinazioni semplicemente numeriche o geometriche vengono spacciate per realtà fisiche (di ciò si è reso colpevole soprattutto Newton). Cfr. *Enzyklopädie*, cit., § 270 e § 320, pp. 267-275 e pp. 316-322. – Anche Schopenhauer non si lascia sfuggire l'occasione di dare una stoccata al matematismo dei fisici, soprattutto francesi: «*Le calcul! Le calcul!* è il loro grido di guerra. Ma io dico: *où le calcul commence, l'intelligence des phénomènes cesse*» (*Ueber das Sehn und die Farben*, in *Sämtliche Werke*, ed. cit., Bd. 1, p. 90).

ne presentemente è insignificante) della molteplicità delle filosofie che si combattono, mentre essa, indifferente a queste contese, attende esclusivamente a sé medesima, essendo interessata soltanto ad accrescere il suo patrimonio di scoperte e d'invenzioni. Una volta introdotta questa infondata presunzione, è facile indulgere alla tentazione di cercare degli accordi tra le posizioni dei romantici e codesta pretesa unica scienza neutrale. Una prima serie di conflitti si evita, o almeno si riduce grandemente, sostenendo che gli assunti dei romantici hanno carattere estetico, non scientifico, e che tra l'arte e la fisica non possono darsi contese, per la ragione che l'arte e la fisica semplicemente non s'incontrano, appartenendo a terreni del tutto diversi. Goethe farebbe effettiva opera d'arte (quantunque egli reputi altrimenti) anche quando teorizza della luce e dei colori, nonché delle piante, e quindi non contraddice davvero né Newton né Linneo, le cui dottrine appartengono, invece, realmente all'ottica e alla botanica. Il bello non è vero (almeno di verità naturale), e il vero non è bello (almeno di bellezza artistica); introdotta una tale dualità, si pone in essere se non una condizione di pace, perlomeno uno stato di non belligeranza, che dovrebbe soddisfare tutte le parti. Con ciò non s'intende negare, ad opera dei fautori di questo modo di pensare, che i romantici abbiano contribuito occasionalmente a quell'impresa collettiva che è la scienza, la quale, prima di esistere come complesso di teorie, di leggi naturali, ha una sorta d'esistenza più fluida, ma non meno preziosa, fatta di stimoli, d'incoraggiamenti, di aiuti, di esempi, con cui si richiama l'attenzione sugli oggetti della ricerca, che così s'impongono all'interesse dei contemporanei e si raccomandano alla cura dei posteri. Più concretamente, viene ammesso che alcuni romantici, almeno a titolo di lampeggiamenti e d'intuizioni, hanno avanzato teorie scientifiche e compiuto delle conquiste. Tale è il caso di Goethe, per la scoperta dell'osso intermascellare e per la derivazione delle ossa del cranio dalle vertebre, nonché per il suggerimento dell'evoluzione naturale (lo stesso Darwin tributa testimonianza d'onore al poeta-scienziato); e tale è il caso di Schopenhauer, per la teoria della divisione qualitativa dell'attività della retina, che precorre la teoria della divisione quantitativa della metà cromatica di Ostwald. Ciò che nei romantici non appartiene all'arte (e in specie, alla poesia) o alla teoria riflettente sull'arte (e in specie, all'estetica della pittura e della musica), e non si può, per sforzi che si compiano, riferire alla scienza della natura (e in essa, più che alla fisica, come disciplina, all'anatomia e alla fisiologia), sarebbe da mettere in conto alla filosofia. A quest'ultimo proposito l'esempio più eminente sarebbe quello rappresentato da Schelling, per quel che attiene al principio della polarità, che è una ripresa della speculazione di Eraclito e di quella di Cusano, riassumendosi nella coincidenza degli opposti, ed è un abbozzo della dialettica di Hegel, della contraddizione e della risoluzione della contraddizione che si attua nel divenire, e altresì per quel che attiene alla dottrina delle potenze dell'Assoluto, che è un proposito di rinnovata teologia, la quale, ora disertata dagli esponenti ortodossi delle confessioni cristiane, è praticata con libertà di movenze dai filosofi.

Questa troppo facile pacificazione tra l'illuminismo e il romanticismo in fatto di scienza è da rifiutare per le seguenti ragioni:

1) La scienza della natura dell'illuminismo, almeno a partire da Newton, è sapere positivo, ha il suo avviamento primo e il suo criterio ultimo di validità nel fatto; una smentita del fatto, allorché sopravviene, è una confutazione di conclusioni incautamente tratte. Invece, la scienza romantica, almeno nei suoi maggiori esponenti, è una metafisica della natura, che riassorbe in sé il sapere positivo, dal quale si lascia tutt'al più precedere a semplice titolo di preliminare, destinato a scomparire;

2) Come metodo, la scienza della natura dell'illuminismo accoglie l'induzione, e affida alla deduzione il semplice compito di ricapitolazione e d'esposizione dei risultati ottenuti mediante l'induzione. Al contrario, la scienza della natura romantica è deduttiva, muove da un unico principio concettuale e da esso ricava i particolari, i quali sono dimostrati, allorché sono ottenuti dalla visione d'insieme, posta a fondamento del sistema;

3) La scienza della natura dell'illuminismo non prende posizione intorno alla poesia, ma senza dubbio si scandalizzerebbe, se si sentisse proporre d'accompagnarsi alla poesia; essa intende procedere per conto proprio, l'imputazione di aridità non la spaventa, arida sì, ma anche certa e sicura. La scienza della natura del romanticismo, all'opposto, trae ispirazione anche dalla mitologia, per lei le stesse fiabe hanno un grande contenuto di verità (l'unità tra l'investigazione scientifica e la ricerca dell'arte e della bellezza è la parola d'ordine di Goethe, che, sia pure in diverse maniere, accolgono tutti i filosofi romantici della natura);

4) Per la scienza dell'illuminismo, si tratti di osservazioni, di esperimenti, di calcoli matematici, contano soltanto i risultati a cui si perviene; essi soltanto fanno parte della scienza, i procedimenti, mediante i quali vi si arriva, non sono contenuti scientifici. Tutt'altro è per la filosofia romantica (non soltanto della natura, ma in generale), per la quale i procedimenti intervengono costitutivamente, sono parte integrante della conoscenza, che, proprio per ciò, è dinamica e non statica, dialettica e non analitica[12].

La scienza romantica è un insieme di conati di scienza alternativa a quella

---

[12] Nello sforzo di conciliare ad ogni costo la scienza illuministica e quella romantica, si propone spesso di considerare la *Teoria dei colori* di Goethe come una fenomenologia, che descrive la luce, l'oscurità, i colori, l'attività dell'occhio, ecc. Ma cosa significa qui fenomenologia? Se con questo termine s'intende una descrizione del solo strato superficiale dei fenomeni (nel senso a suo tempo stabilito), quella di Goethe non è soltanto una fenomenologia, giacché importa teorie che vanno al di là di ciò che immediatamente si manifesta. Infatti: 1) L'esclusione dal novero dei colori del bianco, del nero, del grigio, non è una faccenda di fenomenologia, le entità di codesto nome dandosi a vedere al pari di tutti quelli che si ammettono essere colori, il giallo, l'azzurro, il rosso; 2) Del pari, non fenomenologica è la tripartizione dei colori in fisiologici, fisici, chimici, che importa nozioni scientifiche delle discipline di riferimento; 3) Meno che mai, appartiene alla fenomenologia la polarità della luce e della tenebra, la considerazione della tenebra come la non luce, come il negativo, di cui la luce è il positivo. Questa è genuina filosofia della natura. – Se, invece, si chiama fenomenologia la considerazione congiunta dello strato superficiale e di quello sottostante delle cose, allora certamente la *Teoria dei colori* di Goethe può dichiararsi opera di fenomenologia. Ma, in tal caso, nonostante tutta la diversità dei contesti, anche l'*Ottica* di Newton si può rivendicare per appartenente alla fenomenologia.

dell'illuminismo. Codesta scienza non si critica, parodiandola col dire che, per essa, «il diamante è il ciottolo pervenuto all'autocoscienza», e che «l'uragano è la febbre della natura», e in simile modo sbeffeggiandola; essa ha già messo nel conto che gli illuministi la dichiarino assurda e folle; anche per lei, quel che è follia agli occhi degli uomini, è sapienza agli occhi di Dio.

Ciò che interessa è stabilire i motivi per cui la scienza romantica non è andata al di là dello stadio dei tentativi, per raggiungere quello dei risultati. Orbene, il primo e fondamentale motivo è da riporre in ciò, che essa non elabora una sua matematica, un suo sapere del numero e della quantità (o comunque esso voglia chiamarsi). Si tratta di stabilire se sia o no possibile una matematica filosofica, e cioè procedente per concetti, con metodo dialettico, anziché in maniera analitica; detto secondo la terminologia di Hegel, se la matematica, oltre ad esistere come sapere intellettuale, possa o no esistere come sapere razionale. Sembra che Hegel distingua qualche volta due matematiche: se così non fosse, quale senso avrebbe il suo discorrere di una *arithmetica vera*? In questi casi Hegel impiega un linguaggio platonico, parlando di unità, di diade, di triade, linguaggio che si riferisce ai numeri ideali, che sono numeri metafisici. La conversione dell'essere e dell'uno, tradizionalmente affermata, porterebbe a ritenere che si debba riconoscere l'esistenza dell'uno metafisico, giacché nessuno vorrà sul serio ritenere che si tratti dell'uno dell'aritmetica intellettuale. Parimenti, l'ammissione della molteplicità indurrebbe a reputare che se ne debba assegnare l'origine nella diade indefinita. Una volta messici su questa strada, la costruzione dei numeri metafisici sarebbe tanto legittima quanto inevitabile. Il pitagorismo prima e il platonismo poi avevano dimostrato la possibilità di una metafisica dei numeri. Del numero, che i Pitagorici dicono essere il principio di tutte le cose, sono elementi l'illimitato e il limite (mentre il semplice numero aritmetico, anziché essere principio, è un principiato, essendo generato dall'accordo dell'illimitato e del limite). Principi supremi sono, per Platone, l'Uno e la Diade indefinita; in tutto il platonismo l'elaborazione metafisica del numero riveste un'importanza decisiva. Hegel ricorda questi precedenti pitagorici e platonici, riprende molte altre considerazioni sull'argomento della speculazione greca, ma non porta a compimento, e nemmeno intraprende un'effettiva edificazione della matematica metafisica, su cui si esprime in maniera ambigua, anzi, il suo orientamento dominante pare essere quello di considerare definitiva e insuperabile la condizione di scienza intellettuale, propria della matematica[13].

---

[13] Hegel discorre di *arithmetica vera* e adopera un linguaggio matematico di stampo platonico nelle Tesi premesse alla *Dissertatio Philosophica de Orbitis Planetarum*, in *Gesammelte Werke*, ed. cit., Bd. 5, hrsg. von M. Baum e K. Rainer Meist, Hamburg, 1998, p. 227. A proposito della matematica della natura, Hegel osserva che per essa «empiricamente si è fatto molto, ma di propriamente scientifico, e cioè di filosofico, si è fatto ancora poco» (*Wissenschaft der Logik*, in *G.W.*, ed. cit., Bd. 21, hrsg. von F. Hogemann e W. Jaeschke, Hamburg, 1985, p. 340. Sembra che talvolta, nei riguardi della matematica come sapere intellettuale e come sapere razionale, Hegel si trovi preso da esigenze contrastanti, tanto da dire: «Si potrebbe inoltre formare il pensiero di una m a t e m a t i c a   f i l o s o f i c a, la quale conoscesse per

Eppure, l'ordinamento triadico, che Hegel conferisce, oltre che alla sua filosofia della natura, alla sua filosofia dello spirito, è ingiustificato, a cagione della mancata costruzione della matematica filosofica (l'estensione dei rapporti numerici alla filosofia dello spirito non è autorizzata dall'aritmetica intellettuale; d'altra parte, codesta estensione non si può interpretare nemmeno come meramente simbolica, attesa la riluttanza che Hegel mostra nei confronti della specie matematica del simbolismo). Non forma oggetto di particolare discussione la circostanza che una matematica filosofica debba comunque essere preceduta da una matematica intellettuale, che la prepara, fornendole il contenuto iniziale, che poi essa elabora rigorosamente, fornendogli la necessità razionale, arrecata dal concetto, perché tale è la tesi generale di Hegel, per il quale quel che si dice ordinariamente scienza non è in maniera sufficiente scientifico e vera e compiuta scienza è la filosofia. Hegel contraddice questa sua tesi, sostenendo che la matematica forma una sorta d'eccezione, quasi che le eccezioni, ammesse nella grammatica, fossero ammissibili nella filosofia, e dichiarando che le determinazioni matematiche intellettuali debbono restare tali e non trapassare in razionali, giacché niente si può sottrarre al destino universale di trapassare, sempre e dovunque l'intellettuale dovendo mettere capo al razionale. La filosofia romantica della natura (come dimostrano gli esempi di Goethe, di Schelling, di Hegel) avrebbe voluto essere scienza coniugata con la poesia, non soltanto poesia, e per essere scienza, avrebbe richiesto una matematica filosofica; privata di questa, non ha potuto né essere pura poesia, né essere autentica filosofia naturale.

Occorre, infine, riflettere che la scienza romantica, avviata alla fine del secolo XVIII, non è stata più proseguita dopo i primi decenni del secolo successivo. È meraviglia che essa non sia giunta a prosperare e a dar vita a una totalità organica di dottrine universalmente riconosciuta in tale sua indole? Come avrebbe potuto essa gareggiare con la scienza prodotta dall'illuminismo, la quale a codesta stessa epoca ha dietro di sé i risultati di un lavoro secolare e si presenta saldamente unitaria, tale cioè da coprire tutti i campi dello scibile, fisici, chimici, biologici, psicologici, sociologici, ecc.? La scienza romantica ha dalla sua soltanto decenni d'impegni saltuari, e per di più, settoriali, giacché si sono svolti quasi sempre in qualche ristretto campo, come quello dei colori, delle piante, senza collegamenti evidenti con l'ottica generale e con l'intera botanica, ad opera di poeti, letterati, metafisici e teologi, che lavorano divisamente gli uni dagli altri. La filosofia della natura, disegnata dall'idealismo tedesco, è stata in

concetti ciò che la scienza matematica ordinaria ricava da determinazioni presupposte, secondo il metodo dell'intelletto. Ma, siccome la matematica è la scienza delle determinazioni finite della grandezza, le quali debbono rimanere fisse e valere nella loro finità, essa è essenzialmente una scienza dell'intelletto; e, siccome ha la capacità di esserlo in maniera perfetta, conviene mantenerle il vantaggio che ha di fronte alle altre scienza della stessa specie, e non contaminarla con l'intromettervi il concetto, ad essa eterogeneo, o scopi empirici. Rimane comunque aperta la possibilità che il concetto fondi una coscienza più determinata sia circa i principi intellettuali direttivi, sia circa l'ordinamento e la sua necessità, tanto nelle operazioni aritmetiche, quanto nelle proposizioni della geometria» (*Enzyklopädie*, cit. § 259, p. 250).

seguito rifiutata, quasi fosse un concepimento mal riposto, e di questo rifiuto fornisce documento significativo il neohegelismo italiano di Croce e di Gentile, il quale in fatto di matematica e di fisica accetta quelle esistenti, che vanno attorno senza nome, ma che sono quelle dell'illuminismo. Secondo Croce, che ecletticamente combina vedute dell'epistemologia di Mach e di Avenarius, di Poincaré, di Milhaud, con assunti della filosofia di Hegel, ogni proposito di filosofia della natura è da abbandonare, constando la scienza matematica di pseudoconcetti astratti e le scienze naturali di pseudoconcetti empirici, con cui si collegano quelli astratti, ed essendo gli pseudoconcetti formazioni economiche, messe su a scopi di pratica utilità, e quindi tali che non si lasciano convertire in concetti puri, i soli che la filosofia debba pensare. Secondo Gentile, che non ritiene ammissibile quest'interpretazione meramente economica della scienza sostenuta da Croce, la scienza o è matematica, e allora costruisce arbitrariamente la realtà, assumendo postulati ingiustificabili, o è positiva, e allora presuppone il valore della sensazione, come risposta ad uno stimolo proveniente dall'esterno, e in ambedue i casi è dommatica e particolare, destinata a naufragare nell'oceano dell'ignoto e dell'inconoscibile.

Quando fosse giunto lo scontro con l'illuminismo, il romanticismo si sarebbe presentato in condizioni di netta inferiorità. Quale sorta di macchinismo potrebbe mai sorgere sulla base della filosofia della natura, vagheggiata o coltivata dai romantici? Manifestamente nessuna, tanto più che ad essa si accompagna la religione della natura, che favorisce il culto degli elementi, degli oggetti del mondo circostante, per quali essi immediatamente si presentano, e per ciò stesso tende ad interdirne l'utilizzazione per la costruzione delle macchine. Certamente, gli Stati, in cui il romanticismo diventa la teoria e la pratica politica ufficiale, si presentano sorretti da industrie efficienti e ottimamente armati nei duelli che ingaggiano con gli Stati che aderiscono alla filosofia dell'illuminismo, ma proprio in ciò si contiene l'insidia più pericolosa per la parte romantica, insidia che risiede nella divisione degli spiriti dei cittadini, che, in quanto pensano e agiscono romanticamente, sono disarmati, e in quanto sono armati, sentono come richiede l'opposta civiltà dell'illuminismo.

3. *La divisione tra il nazionalismo e il comunismo*

Oltre a questa grande cagione d'inferiorità del romanticismo nei confronti dell'illuminismo, ce n'è un'altra, ed essa risiede in ciò, che, mentre l'illuminismo si mantiene saldamente unitario, il romanticismo, soprattutto in sede di politica (ma di riflesso un po' dovunque), si divide in due tendenze, quella del *nazionalismo* e quella del *comunismo*, che ora s'intrecciano e si alleano, ma più spesso si ostacolano e si combattono[14].

---

[14] Nel linguaggio corrente si chiama «nazionalismo» soltanto la manifestazione estrema ed esasperata del sentimento nazionale. Non ci atteniamo a quest'uso: per noi, si ha il naziona-

Per risalire alla fonte di questa divisione, dobbiamo richiamare l'esperienza sentimentale che è a fondamento del romanticismo, la spinta estatica e mistica, con la sua gradualità, i suoi incrementi e le sue diminuzioni, il diverso rifluire in unità del molteplice, e considerare quali stati d'animo, a seconda di queste differenze d'intensità, con essa si connettano. Quando la spinta è vigorosa, la pressione che l'anima esercita sul corpo proprio e, unitamente a questo, sui corpi esterni, è energica, la tensione volta a raggiungere la quiete dell'estasi beatificatrice è massima, e di conseguenza, l'esperienza complessiva è molto concentrata, e ciò fa sì che gli oggetti su cui si riversa siano limitati, unificati, e avvertiti come identici. L'identità – come abbiamo mostrato – è la copertura dell'immagine ad opera della sensazione: per dirla nella maniera più concisa possibile, *il sentimento nazionale è l'avvertimento possente dell'identità esistente tra alcuni ristretti contenuti della vita, ad esclusione di tutti gli altri.* Come esiste all'interno del romanticismo, *la nazione è la mistica dell'identità.* Invece, quando la spinta ha una bassa intensità, la pressione che dall'interno s'esercita verso l'esterno è debole, la tensione è suscettibile di rilassamento, e pertanto, l'esperienza globale è estremamente diffusa, e si distribuisce su tutti gli oggetti che compaiono nel suo orizzonte. Il sentimento, che allora domina incontrastato, è quello della *comunione di sé con gli altri,* per cui tutti i cuori umani battono all'unisono. Come esiste entro il romanticismo, *il comunismo è la mistica della comunione universale.* Il rifiuto romantico dell'individualismo e del cosmopolitismo, caratteristici della politica dell'illuminismo, in ciò che da negazione si trasforma in affermazione, ha quindi due forme, e l'una è quella della *comunità particolare,* che si chiama la nazione, e l'altra è quella della *comunità universale,* che, non bastando la denominazione d'umanità, prende l'appellativo di comunismo.

Prima di stabilire quali siano gli elementi componenti del nazionalismo e del comunismo, conviene indicare che le due diverse disposizioni sentimentali segnalate si connettono differentemente con l'esperienza del tempo, l'una accordando il primato all'avvertimento del passato, l'altra attribuendolo a quello del futuro. L'esperienza delle dimensioni del tempo dipende, infatti, dall'intensità, giacché il presente possiede la forza massima, il passato quella mediana, e il futuro quella minima. Ciò che è presente, è accolto per irrefutabilmente reale, ossia per necessario; il passato è accettato come sufficientemente accertato, in linea di principio, se non di fatto, ossia per esistente; il futuro è riguardato come meramente eventuale, ossia per possibile. Orbene, poiché la mistica dell'identità è quella più vigorosa, deve, delle due dimensioni del tempo diverse da quella del presente, privilegiare il passato; mentre la mistica della comunione, poiché è più languida, è obbligata ad accordare la preferenza al futuro. La conseguenza è che la nazione è identità riferita al passato, che dalle più remote origini assegnabili giunge sino al presente; il nome di questa identità è «tradizione», così che il nazionalismo altro non può essere che *tradizionalismo.* Ugualmente, ne viene

---

lismo dovunque c'è l'affermazione della nazione come ideale politico supremo, ciò che può avvenire anche in forme moderate e composte.

che il comunismo è comunione universale umana da raggiungere nel futuro, il quale, per instaurarsi, deve rovesciare il presente; questo rovesciamento si chiama «rivoluzione»; il comunismo altro non può essere che *rivoluzionarismo*.

I contenuti che la disposizione del sentimento nazionale si dà sono quelli che più direttamente l'io investe di sé, qualificandoli mediante la *determinazione del mio*, che, in quanto non è quella dell'individuo, bensì è quella della comunità, diventa la *determinazione del noi*, l'unica veramente unificante. Quali siano di fatto codesti contenuti è circostanza variabile secondo i luoghi e le età; nondimeno c'è in essi un nucleo costante, che può essere individuato con sufficiente sicurezza. C'è l'identità dello spazio, che deve essere il medesimo nel tempo, e inoltre deve essere precisamente delimitato nei suoi confini. Un ingrediente certo per il sentimento nazionale è quindi quello della delimitazione dello spazio, che ne garantisce la salda identità, lo rende uno solo per tutti[15]. Se ci si vuole esprimere con precisione di linguaggio, si deve chiamare questo spazio delimitato il «suolo». Tutti gli Stati hanno il loro «territorio»; soltanto lo Stato nazionale ha il «suolo», cioè una sede immutabile, pronta a diventare il «sacro suolo» della patria. Poiché allo spazio si accompagna necessariamente il tempo, all'ingrediente dell'identità spaziale si unisce quello dell'identità temporale, che deve andare dalle epoche più lontane sino a quella attuale, per la ragione che il sentimento nazionale non ammette che ci siano interruzioni tra il passato e il presente, e quelle che si direbbero essere tali le supera con il suo slancio, gettando ponti tra l'«ora», l'«ieri», l'«una volta», e dichiarando che la coscienza dell'unità della nazione, per volgere di secoli, può essersi bensì oscurata, ma non può mai essersi perduta. Terzo ingrediente della nazione è l'identità della sua gente, che costituisce quel che si dice un popolo, e che richiede come suo requisito essenziale la persistenza della stirpe. Tutti gli Stati hanno una «popolazione»; parlando a stretto rigore di termini, soltanto lo Stato nazionale ha un «popolo», garantito nella sua identità, che permane attraverso tutte le vicissitudini a cui è esposto, e che perpetuamente si ristabilisce e si ristora.

L'identità fisica non può non procedere di conserva con quella spirituale: ciò consente di assegnare gli altri ingredienti del sentimento nazionale, che sono la comunanza della lingua, quella del costume, e quella della religione. Il linguaggio è il massimo dono che Dio abbia fatto, lo strumento insostituibile della formazione dell'uomo, soltanto per mezzo del quale si attua quella unione delle diverse membra del corpo e delle varie facoltà dell'anima, che fa dell'uomo una totalità organica. In concreto, il linguaggio esiste nelle lingue, di cui ogni vero popolo – cioè ogni popolo nazionale – ha la sua, incommutabile con quelle degli altri popoli, con le quali non deve commischiarsi e contaminarsi. I popoli che conservano la loro lingua sono i veri popoli nazionali; quelli che vi rinunciano e accolgono una lingua straniera, che poi grandemente modificano, perdono una ragion d'essere della loro identità; per i primi ci possono essere delle sventure, ma c'è anche la ripresa e il riscatto; i secondi possono aspirare a do-

---

[15] Dante lo coglie dicendo: «di quei ch'un muro e una fossa serra» (*Purg.* VI, 84).

minare un intero continente, ma non sono spiritualmente indipendenti, perché parlano una lingua che sulle loro labbra è morta[16]. Tutte le popolazioni hanno le loro abitudini di vita; soltanto la nazione ha il «costume», reso ferreo dalla tradizione e improntato alla vera morale. (In fatto di morale, l'illuminismo è largo, transigente; il romanticismo restaura la serietà, accogliendo una morale rigorosa, sia essa quella della legge o quella dell'esempio trascinatore). Nello Stato nazionale non possono esserci immense ricchezze da una parte, e povertà e miseria dall'altra; la società è un organismo, e di conseguenza, è interessata alla salvaguardia e al benessere di tutte le sue membra, cioè di tutti i singoli uomini. Per tutti ci deve essere il lavoro, il quale ha da avere forme compatibili con la dignità umana, e non comportare l'abbrutimento, a causa non soltanto della fatica, ma anche dell'ambiente ostile in cui si effettua; per tutti ci deve essere il riposo ristoratore delle forze, in cui l'uomo si eleva a più ampie prospettive, che sono quelle che rendono la vita meritevole di essere vissuta. Il tempo del riposo è il tempo dell'elevazione, in cui si dischiudono gli orizzonti della poesia, della pittura, della musica, della religione, i quali non possono rimanere possesso esclusivo di pochi eletti, ma debbono, sia pure in modi diversi, essere a disposizione della generalità del popolo. Il riposo, la festa, segnano il momento in cui si attua la ricostituzione dell'armonia, della pienezza umana, della totalità delle facoltà del corpo e dello spirito, che il lavoro, a causa delle divisioni da esso inelimmabili – tali divisioni si possono limitare, ma non completamente annullare – comporta. Questi compiti sono demandati allo Stato, il quale (almeno se è inteso nel senso ordinario, di complesso d'istituzioni giuridiche, con i funzionari ad esse addetti, dai gradi infimi a quelli supremi) non è fine, ma mezzo, giacché fine è la società (se è posta coincidente con il popolo). E lo Stato nazionale è chiamato ad adottare i provvedimenti monetari, fiscali, commerciali, ecc., che la società di volta in volta reputa più idonei a garantire una vita beata, o almeno felice (la «beatitudine» è piuttosto attività; la «felicità» dà l'idea dell'inerte abbandono), vale a dire una vita tale che si conduce per se stessa, senza insistere nel domandarsi il perché: fine dell'esistenza è, infatti, l'esistenza medesima[17].

---

[16] Herder, *Idee per la filosofia della storia dell'umanità*, trad. it. V. Verra, Bologna, 1971, pp. 284-286. – Questa è, per Fichte, la differenza capitale che passa tra i Tedeschi e gli altri popoli d'origine germanica, e specialmente i Franchi (gli attuali Francesi). Cfr. *Reden an die deutsche Nation*, in *Werke*, ed. cit., Bd. 7, pp. 311-327. – L'illuminismo accoglie di solito l'arbitrarismo linguistico, facendo delle parole i segni convenzionali delle cose; il romanticismo è incline al realismo, per il quale il linguaggio s'immedesima con il pensiero. Per Hamann, il mondo è rivelazione divina, che si attua mediante il Verbo, la Parola è la stessa attività creatrice di Dio.

[17] L'elevato livello dell'esistenza, che è ciò che maggiormente preme salvaguardare, è a volte insidiato anche da parte delle scoperte, che, pur essendo nobilmente ispirate, in quanto sono rivolte a migliorare le condizioni degli infelici, dei malati, dei menomati, minacciano di ritorcersi a danno dei sani, degli integri, dei felici, andando contro gli interessi della collettività. È una bella cosa, dice Fichte, che si sia trovata una strada per istruire i ciechi e i sordomuti, ma non per questo si deve arrivare al punto di ritenere malato tutto il genere umano. Cfr. *Die Anweisung zum seligen Leben, oder auch die Religionslehre*, in *Werke*, ed. cit., Bd. 5, pp. 430-431.

Lo Stato nazionale è profondamente religioso, quand'anche la sua religione non sia letteralmente nessuna delle confessioni cristiane dell'Europa. Per la forma nazionalistica del romanticismo, ci sono, infatti, due possibilità in fatto di religione: quella di prendere in parola le sacre scritture, le tradizioni, i racconti e le leggende, e in questo caso l'esito immancabile è la superstizione; e quella d'interpretare simbolicamente la religione divina, la quale, così accolta, è tutta vera, tutta necessaria per l'uomo, che è chiamato a indiarsi non soltanto nell'al di là ma incominciando su questa terra. La vita divina circola, infatti, dovunque, essa è l'unità che sta a fondamento della differenza; l'uomo è incapace di coglierla adeguatamente, perché la sua mente scinde l'Uno semplice, comportandosi come il prisma con la luce del sole, che divide in una molteplicità di colori; nondimeno l'uomo è capace di presentirla e d'inoltrarsi in essa, nel qual caso perde se stesso e trova Dio. Gli illuministi reputano di avere eseguito chissà quale critica ultimativa delle credenze religiose di certi popoli, allorché riescono a provare la loro indole leggendaria, e invece una critica del genere è del tutto vana. Se anche si tratta di leggende, esse sono benefiche, consentendo a quei popoli di vivere in maniera conforme allo stadio della formazione umana in cui si trovano, e in quest'ufficio risiede la loro adeguata giustificazione. Criteri estranei di valutazione, che domandano una piatta uniformità dove ha diritto di esistere una vivace difformità, sono inammissibili; ogni popolo va considerato mettendosi dal suo medesimo punto di vista, secondo i suoi principi, non secondo quelli di una civiltà estranea[18].

L'illuminismo è *irreligione frivola*, dicono i romantici, presentandosi come i più strenui avversari della civiltà illuministica. Una tale civiltà mostra un vuoto d'idee spaventoso, segna l'avvento della despiritualizzazione del mondo, riconosce come ragioni dell'agire umano soltanto moventi meschini, l'egoismo, l'invidia, l'ambizione, promette la ricchezza, ma produce sempre crescente indigenza, come risulta chiaro, non appena si abbandona l'illusione che la ricchezza e l'indigenza si stabiliscano dal numero degli oggetti di cui dispone il genere umano, e s'introduce un criterio di valutazione più intrinseco e più attendibile. (Il pensiero economico romantico chiede che si arresti il meccanismo per cui i desideri e i bisogni sono resi ognora crescenti, che si riconosca che l'operosità può avere anche moventi disinteressati e nobili, che in luogo della concorrenza sfrenata dei ceti e delle professioni si collochi la collaborazione, che si renda il lavoro piacevole, in breve, domanda l'armonia sociale).

La lotta politica del romanticismo contro l'illuminismo è la lotta dello Stato organico contro lo Stato universalistico, e lo Stato organico è realtà muoventesi

---

[18] È l'occhio di talpa dell'illuminismo, che niente odia più del mirabile e dell'arcano, a non scorgere – dice Herder – come nell'età dei patriarchi biblici si trovino «le eterne basi, per tutti i secoli, dell'educazione degli uomini: saggezza a guisa di scienza; timor di Dio, a guisa di saggezza; amor di padre, di madre, di sposa, di figlio, e non cortesie e sregolatezze; vita ordinata; potestà paterna e divino potere d'una famiglia, modello e origine d'ogni ordinamento e istituto civile» (*Ancora una filosofia della storia per l'educazione dell'umanità*, trad. it. F. Venturi, Torino, 1971, p. 7).

e mossa. Il movimento dello Stato nazionale non è, tuttavia, scomposto e sregolato, giacché si esegue in conformità a precisi principi, i quali si palesano soprattutto a proposito della guerra. Il problema di decidere se la guerra sia evitabile o inevitabile è confusamente dibattuto, finché non si stabilisce preliminarmente che cosa si deve intendere con la parola «guerra». Se per guerra s'intende l'opposizione, quali che siano le forme in cui essa si manifesta, il pensiero romantico è che la guerra è inevitabile, perché l'opposizione è un momento necessario della realtà, e volere che la guerra venga meno è assurdo, per il motivo che equivale a domandare che cessi la polarità del positivo e del negativo, ciò che comporterebbe la fine del mondo e di Dio. Se, in accordo con il linguaggio comune, per guerra s'intende il conflitto in cui gli eserciti si affrontano con le armi più potenti disponibili (e si escludono pertanto le polemiche filosofiche, le dispute scientifiche, ecc., che si combattono con le armi del pensiero e della parola, che non hanno stabile esistenza esteriore), bisogna introdurre parecchie distinzioni per venire in chiaro intorno al problema. Nemmeno quand'è presa in questa sua più ristretta accezione, la guerra è, nelle condizioni presenti del mondo, evitabile; si può non amarla, ma è insensato darsi a ritenere che se ne possa fare a meno. Stabilire se sia in futuro per realizzarsi uno stato di cose fortunato e felice, in cui non ci sono più guerre, è proporre una questione, della quale non si danno gli strumenti per la risoluzione. Nondimeno, la guerra obbedisce a criteri definiti, giacché lo Stato nazionale, il quale ha i suoi confini naturali, può ingaggiare e menare a compimento esclusivamente delle guerre nazionali. Parecchi tipi di guerra restano con ciò esclusi. Poiché il romanticismo propugna la moderazione degli appetiti economici, essendosi accorto degli incomodi senza fine che produce la ricerca dei comodi, sono escluse le guerre commerciali, quelle di conquista dei territori da sfruttare economicamente, adoperando a tale scopo gli abitanti del luogo, o inviandovi dei connazionali, e infine quelle che, estendendo arbitrariamente il suolo della patria, vi immetterebbero genti straniere con pregiudizio di tutti gli aspetti della vita nazionale. Invece, sempre da intraprendere sono le guerre, che hanno lo scopo di salvaguardare l'integrità del suolo patrio, giacché lo Stato nazionale è somigliante a un corpo animato, è vivo come questo, è dotato della massima irritabilità, così che non si può toccare, e tanto meno, pungere senza provocare la più recisa reazione. L'integrità dello Stato è avvertita come l'integrità del corpo proprio: nessuno rinuncerebbe alle braccia o alle gambe, per avere qualche bene fuori di sé, di cui, una volta che fosse così mutilato nelle membra, non potrebbe godere, essendo tutto preso dal rimpianto della perduta intierezza. Fornirsi di membra nuove, che non siano meccaniche aggiunzioni, e che entrino a far parte del proprio sentire, è impossibile; ne viene che lo Stato nazionale, risoluto nel far valere i propri diritti in pace e in guerra, è rispettoso dei diritti altrui; la nazione, che si dice propria, non esclude, ma implica il riconoscimento delle altre nazioni, in una concordia che idealmente può diventare universale[19].

---

[19] Esemplare è in proposito la posizione di pensiero di Fichte. C'è del dinamismo nelle

È giunto il momento di assegnare la differenza, in precedenza soltanto toccata, tra il *comunismo* e quello che di solito si chiama il *socialismo* (la terminologia è incerta e oscillante; a partire da una certa epoca, si parla anche di *social-democrazia*), differenza, che è la premessa necessaria per intendere l'effettivo significato del comunismo e il suo contesto d'appartenenza. Questa differenza non consiste minimamente in ciò, che il comunismo sia radicale nella sua richiesta di provvedimenti a favore delle grandi masse umane e nella sua domanda di pianificazione economica, mentre il socialismo sia moderato e si accontenti di misure parziali. Tanto molteplice e varia è la politica degli Stati a questi proposti, tanto comuni sono in essa gli avanzamenti e i ripiegamenti nelle diverse direzioni, che niente vieta che il socialismo sia in qualche tempo e in qualche luogo più radicale del comunismo in fatto di disposizioni volte ad avvantaggiare le moltitudini. La pianificazione economica c'è sia nel comunismo che nel socialismo (come c'è, del pari, nel nazionalismo), e la questione di stabilire quanto debba essere estesa e quanta parte si debba, invece, lasciare all'iniziativa privata, quanta parte debba avere la proprietà collettiva e quanta quella individuale, è rimessa il più delle volte alla considerazione delle opportunità e delle convenienze pratiche, le quali cangiano in continuazione. Quasi non bastasse, gli stessi criteri distintivi che si adoperano sono malagevoli da tracciare con precisione. Così è, p. es., della distinzione tra mezzi di produzione e beni di consumo: chiunque sarebbe incline ad annoverare tra i beni di consumo una penna, che, però, per uno scrittore, è un mezzo di produzione d'importanza primaria. Finché si procede in tale maniera, non si riesce ad accertare alcunché d'indubitabile, come capita anche, se si attribuisce al comunismo la teoria della finale estinzione dello Stato, che il socialismo è, invece, disposto a lasciare in vita (ci è già occorso di osservare che lo «Stato» è vocabolo polisenso, cosicché, se è preso in una certa accezione, se ne può postulare l'estinzione, mentre, se è inteso in un diverso significato, è certamente destinato a rimanere per tutto il tempo che l'umanità ha dinanzi a sé)[20].

La differenza essenziale tra il comunismo e il socialismo risiede in ciò che il primo, essendo una formazione interna al romanticismo, pone a suo principio l'*essenza umana*, che deve fornire dovunque la regola, e considera l'attività eco-

---

vedute politiche di Fichte, ma si tratta di un dinamismo contenuto. Il popolo può mutare parzialmente di sede; la lingua può trasformarsi; se popolazioni di diversa lingua e di differenti consuetudini di vita entrano a far parte dello Stato (come accade, per la Prussia, con la spartizione della Polonia), in un primo momento la confusione è inevitabile, ma, se ha luogo l'assimilazione dei nuovi venuti, il carattere nazionale torna ad imporsi, la nazione è salva, e fors'anche rafforzata. Fondamentali sono i *confini interni*, grazie ai quali quanti parlano il medesimo idioma sono tenuti stretti da una serie sterminata di legami indivisibili, così che formano una sola realtà, un intero indivisibile. Cfr. *Reden an die deutsche Nation*, cit., pp. 460-461.

[20] Su questa base non si riesce nemmeno a differenziare il pensiero politico di Fichte da quello di Marx, giacché anche Fichte sostiene la possibile estinzione dello Stato, domanda la pianificazione economica e non è alieno da propositi comunistici, pur essendo uno dei maggiori teorici dello Stato nazionale. Cfr. *Der geschlossene Handelsstaat*, in *Werke*, ed. cit., Bd. 3, pp. 500-513.

nomica come qualcosa da commisurare a quell'essenza, che in dignità la precede, mentre il socialismo, appartenendo all'illuminismo, ignora l'essenza umana
(la quale, ai suoi occhi, deve apparire uno spettro metafisico), e mette al primo
posto la produzione dei beni e il loro scambio, facendone la condizione a cui gli
uomini debbono subordinarsi nei loro comportamenti (il socialismo conosce soltanto l'uomo fenomenico). Anche entro il comunismo si può avanzare la richiesta di un incremento della produzione dei beni, ma soltanto finché tale richiesta
risponde alle esigenze poste in anticipo dall'essenza umana (o da ciò che con
analoghi appellativi è denominato): è per questa ragione che il progresso del romanticismo, sia in fatto di economia, sia in ogni altro, è costitutivamente finito,
mentre il progresso dell'illuminismo, qualunque sia il terreno che si considera,
va all'infinito.

Ne viene che il comunismo rifiuta il giusnaturalismo, di cui addita l'indole
individualistica, e sbeffeggia e irride i diritti dell'uomo, mentre il socialismo accoglie le tesi giusnaturalistiche, e soltanto si preoccupa di estendere il numero
dei diritti dell'uomo, introducendo quello dell'uguaglianza delle disponibilità
economiche, o almeno quello della riduzione della inuguaglianza nel possesso
dei beni, che da massima, quale tende ad essere, va ognora daccapo diminuita,
riconducendola a dimensioni accettabili. Tutte le altre differenze, che ancora si
possono addurre tra il comunismo e il socialismo, o derivano da quella stabilita,
che è fondamentale, e ne sono delle semplici conseguenze, o sono mentite e illusorie. Di queste seconde non franca la spesa di far cenno; nel riguardo delle
prime si può menzionare il carattere rivoluzionario del comunismo e quello ri-
formistico del socialismo; l'insistenza dell'uno sul fine, e la prevalenza da accordare ai mezzi asserita dall'altro; la guerra di sterminio che l'uno vuole condurre contro il capitalismo, la disponibilità ad erodere un po' alla volta la società capitalistica che l'altro dimostra. La spiegazione di tutto questo è data da ciò,
che l'essenza umana o s'instaura per intero nella sua posizione di principio primo o si lascia in disparte.

Per orientarsi nei decisivi avvenimenti politici e militari degli ultimi secoli,
occorre, come condizione preliminare, tener conto della distinzione esistente tra
il *nemico di fondo* e il *nemico di facciata*. Poiché l'ostilità possiede un'intensità
che si distribuisce in una serie infinita di gradi, ci sono innumerevoli specie di
nemici, c'è il nemico perpetuo, non soltanto nostro, ma dell'intera umanità, e
talvolta, oltre che dell'umanità, anche della divinità (c'è l'*hostis omnium hominum*, e c'è il *dis hominibusque hostis*): di questa serie interessa osservare il nemico primigenio, quello che soprattutto s'intende combattere e annientare, costui è il nemico di fondo, e il nemico marginale, che però è quello che si sban-
diera, e questo è il nemico di facciata. Anche il nemico di facciata è, beninteso,
un vero nemico, e può accadere che, per convenienze momentanee, contro di esso si battagli più aspramente che contro il nemico di fondo: esso è il nemico che
si ha in faccia, che si nomina apertamente, mentre il nemico di fondo, contro il
quale è diretta la massima ostilità, spesso non si menziona. Orbene, il nemico di
fondo sia del nazionalismo che del comunismo è l'illuminismo (il quale il più
delle volte in sede politica prende le denominazioni di «liberalismo», «democra-

zia», e altre consimili), ma sovente nazionalisti e comunisti tacciono, o almeno collocano in secondo piano, la loro ostilità nei confronti della civiltà dell'illuminismo, e sbandierano la loro reciproca opposizione, sebbene questa sia di gran lunga inferiore nell'intensità, ossia si atteggiano a vicenda da nemici di facciata. Invece, l'illuminismo, gli Stati liberali, democratici, trattano il nazionalismo e il comunismo parimenti da nemici di fondo e da nemici di facciata, e possono comportarsi così, perché l'illuminismo, con suo grande vantaggio, non si suddivide in forme analoghe a quelle in cui si partisce il romanticismo[21].

4. *Il marxismo e il suo autofraintendimento come materialismo storico*

Occorre adesso provare l'appartenenza del marxismo al romanticismo, spiegando insieme i motivi per cui una tale tesi appare inverosimile e urtante.

Il concetto marxista dell'uomo, che è l'essere supremo per l'uomo, che si muove attorno a se stesso come attorno al suo vero sole, che deve la sua esistenza a se stesso e quindi è la fonte della sua vita, che è attività assimilatrice della natura, in breve, che è l'essere totale, è il medesimo concetto dell'uomo, che sta alla base del romanticismo. L'uomo, di cui discorre Marx, non è il singolo individuo, e non è nemmeno la specie naturalisticamente intesa, bensì è l'essenza umana, che si realizza esplicandosi nello spazio e nel tempo. Perché mai l'uomo non può rinunciare ad alcuna delle manifestazioni fondamentali in cui si esprime l'esistenza, quali sono il teorizzare, il sentire, l'amare, lo svolgere attività artistica e scientifica (ma anche il mangiare, il bere, il generare, sono schiette funzioni umane, quando sono riguardate in unità con tutte le altre, giacché, quando sono separate e prese come uniche, decadono, diventano funzioni bestiali), senza rinunciare ad essere se stesso? Perché mai l'uomo, per realizzarsi, deve adempiere una completa serie di attività? La ragione di tutto ciò è che

---

[21] C'è un'epoca, in cui le varie specie di nemici e di amici, si possono ancora stabilire con una certa facilità. Dopo un primo periodo, in cui Fichte è, per taluni aspetti, vicino all'illuminismo, se ne distacca, come prova la critica impietosa che compie di una figura caratteristica della civiltà del secolo XVIII, soprattutto di quella francesce, ma che era destinata a riprodursi, peggiorata, nei secoli successivi nell'intera Europa, e un po' dovunque nel mondo: quella del filosofo che si trasforma in ideologo, e che da ideologo si tramuta in intellettuale, e che, una volta salito a grande altezza, non si prende cura né della verità né della giustizia, ma persegue il proprio personale vantaggio, è intento a procacciarsi il favore dei potenti, a soddisfare il suo appetito di ricchezza, a guadagnarsi la fama. La laicizzazione della vita pubblica, caratteristica dell'età moderna, suscita il bisogno di surrogare la funzione di guida intellettuale e morale, per l'innanzi esercitata da papi, vescovi, teologi, il cui posto è preso dai «filosofi», dai «dotti». Anche Fichte assegna al filosofo una funzione pubblica, giacché lo vuole maestro ed educatore del genere umano, ma, per lui, il filosofo si spinge col ragionamento sino alle regioni prime del sapere, tratta le questioni del fondamento assoluto della scienza, che lo pongono in grado di essere il sacerdote della verità. Il «dotto» di Fichte non ha niente da spartire con il *philosophe*. Il «moralismo puro», di cui Fichte si fa sostenitore, è agli antipodi dell'illuminismo. Cfr. *Einige Vorlesungen über di Bestimmung des Gelehrten*, in *Werke*, ed. cit., Bd. 6, pp. 323-346.

l'uomo esiste a titolo d'intero, che la sua non è un'attività semplice ed elementare, ma complessa e plurima, giacché è unità che si dispiega nella molteplicità e si raccoglie nella totalità. L'uomo non è condizionato, bensì è condizione della natura, che si mostra come la sua opera, come il suo corpo organico, perché con la sua libera attività, l'uomo se l'assimila, umanizzandola. Il cristianesimo aveva celebrato i *magnalia Dei*, le opere immense di Dio, che interviene «a braccio disteso» per salvare il suo popolo sotto gli occhi attoniti delle nazioni dapprima ostili; il marxismo celebra i *magnalia hominis*, l'edificazione del mondo, che è tutt'insieme naturale, storico, umano. Quella del marxismo è una determinata formulazione del concetto dell'uomo proprio del romanticismo, il quale, allorché esalta l'ideale della grecità, afferma che l'uomo greco, anziché essere unilaterale, come l'egizio, il fenicio, il romano, è vario, molteplice, pur rimanendo uno solo, e così realizza la più bella totalità.

Il marxismo si presenta come una concezione compiuta, a cui niente si può sottrarre e niente aggiungere d'essenziale, quale che sia l'appellativo che ad essa voglia conferirsi (qualche denominazione, come «metafisica», riesce sgradita; qualche altra, che sarebbe meglio accolta, come «ideologia», è però sconveniente). La questione non verte sul vocabolo, ma sulla cosa, e per questo riguardo è evidente che il marxismo è una concezione esaurita della realtà. Cosa si potrebbe aggiungere ad un comunismo, che si pone sul terreno a titolo d'umanizzazione della natura, di conciliazione dell'essenza e dell'esistenza, dell'individuo e della specie, di risoluto mistero della storia? Il marxismo è antifenomenistico, al pari di tutto il romanticismo, che in genere non ha paura delle parole, e, di conseguenza, proclama di voler restaurare la metafisica. Il romanticismo identifica l'essere e l'agire, così che, per esso, a manifestarsi è l'essenza medesima, e nella realtà non sono da distinguere il nocciolo nascosto e la corteccia in evidenza; quando il marxismo discorre dell'essenza umana, accoglie questa medesima veduta.

La consonanza del marxismo con ogni altra forma del romanticismo, oltre che generica, è specifica, e oltre che positiva, per quel che fa valere, è negativa, ossia ha dei risvolti polemici, che sono universalmente condivisi. Il marxismo professa l'attivismo, perché dichiara che la questione della verità oggettiva del pensiero non è teorica, ma pratica, e che è con la prassi che l'uomo dimostra la verità, e cioè la realtà, la potenza, la concretezza del proprio pensiero. Enunciata con parole poco diverse, si tratta della medesima concezione attivistica della verità, proposta dal romanticismo nella sua intierezza, che propugna la costitutività del pensiero, volendo dire che il pensiero non adegua sé alle cose, ma le cose a sé, e così prova di possedere la verità. Questa tesi ha due obiettivi polemici, l'uno più nascosto, ma non per questo meno effettivo, l'altro più palese, e quindi a tutti noto. L'obiettivo polemico più nascosto nel marxismo è il realismo gnoseologico e metafisico, il quale considera il pensiero come lo specchio delle cose, che dovrebbe riflettere passivamente, senza mettere niente di sé in esse, a quella stessa maniera in cui comunemente si reputa che l'occhio non metta niente di sé negli oggetti che vede, che semplicemente registrerebbe per quali sono. L'obiettivo polemico più palese è l'economicismo, che è il frutto dell'illuminismo, e che fa scopo supremo della vita la produzione, disconoscendo la genuina essenza dell'uomo. Il marxismo ripropone la decisiva distinzione dell'agire e del produrre, la quale risiede in ciò, che nell'agire l'uomo realizza se stesso, mentre nel produrre pone in essere un oggetto esterno a sé, del quale può sia riappropriarsi (e allora contribuisce con questo alla realizzazione di sé), sia lasciare in tale esteriorità (e in tal caso smarrisce se stesso, perché aveva pur posto le sue energie vitali nella produzione, ed esse vanno perdute). La polemica marxista contro l'economia politica, la società borghese, il capitalismo, è una critica radicale, una lotta ultimativa, contro l'economicismo, lotta che ha il suo fondamento in questa concezione romantica dell'uomo come essere totale, non già realizzato, ma che si realizza mediante la prassi.

Come si è detto anche sopra, ma come conviene ripetere, la differenza fondamentale tra il comunismo e il capitalismo non consiste in ciò, che il comunismo introduce la proprietà pubblica, collettiva, dei mezzi di produzione, che il capitalismo affida alle mani dei privati, e in altre consimili misure economiche. Codeste sono, tutt'al più, delle semplici conseguenze, che, se vengono prese per principi, rendono indistinguibile il capitalismo dichiarato dal capitalismo di Stato. La vera differenza sta in ciò, che, per il comunismo, l'essenza umana, riposta nell'armonioso e totale sviluppo delle facoltà dell'uomo, precede logicamente l'operosità economica, la determina e la giustifica, facendo sì che essa, nel suo esplicarsi, sia tale quale codesta essenza esige, mentre, per il capitalismo, l'attività economica, dal punto di vista logico, viene prima, e risponde unicamente a sé medesima, e l'uomo è chiamato ogni volta a rendersi tale quale codesta attività comporta. Il comunismo propone una diversa relazione, per cui al primo posto viene l'armonia delle facoltà dell'uomo, sia come singolo, sia come specie; sulla base di ciò si stabilisce l'ambito del desiderio, il quale diventa così già qualcosa di subordinato; sulla base di quello del desiderio si determina l'ambito del bisogno, il quale quindi giunge terzo; e finalmente sulla base di quello del bisogno si definisce l'ambito dell'attività economica, la quale arreca i mezzi della sua soddisfazione. In tal modo l'essenza umana è la misura di tutto. Com'è evidente, la disposizione dei termini, richiesta dal comunismo, è inversa a quella domandata dal capitalismo (dalla società borghese, in breve, dall'illuminismo), giacché in questa la ricchezza determina il desiderio, per il motivo che quanto più si ha, tanto più si desidera, il desiderio pone in essere il bisogno, il bisogno stimola l'economia, così che la servitù non ha mai fine. Poiché il sapere scientifico, il macchinismo, il lavoro, sono al massimo specialistici, ne viene che l'uomo della civiltà illuministica è ognora più mutilo, una contraffazione del vero uomo. Tutte queste tesi non sono proprie soltanto del marxismo, ma si trovano, ora accennate, ora conseguentemente svolte, anche se non con l'estensione che hanno in Marx, in tutto il romanticismo, il quale deplora il modo di vivere di quanti menano un'esistenza interamente dedicata agli scambi, all'accumulazione delle ricchezze, guardano soltanto all'utilità che si può ricavare dagli oggetti, e così perdono la patria, il senso della famiglia, il calmo godimento della vita.

La critica marxista dell'economia politica ha il significato di una riduzione di questa scienza, all'apparenza del tutto oggettiva e imparziale, considerazione riflettente e astratta, conoscenza matematica e non storica, dei rapporti esistenti tra entità come il valore, il prezzo, il costo di produzione, il salario, ecc., a *ideologia* che non si restringe a studiare ciò che è, ma propugna ciò che deve essere, inculcando il dovere della ricchezza, ponendo nel passato la miseria, l'ignoranza, il pregiudizio, e collocando nel futuro la prosperità, il sapere, la verità razionale. Non è un caso che, mentre si afferma lo spirito moderno, sorgano anche le nuove teorie economiche, le quali procedono di conserva con nuove idee morali e religiose (almeno nel senso in cui anche l'immoralità e l'irreligione sono pur sempre di pertinenza della morale e della religione). A questa scienza economica Marx contrappone la propria, che nega la teoria del valore e introduce quella del plus-valore, e che è anch'essa necessariamente unita ad una professione di morale e a un ideale di religione immanentistica, ma, ai suoi occhi, con il pregio della veridicità. Si tratta di un'altra scienza alternativa, che ha i suoi paralleli in quelle già esaminate (altri conati di scienza alternativa, ma di assai peggiore lega e di minore importanza, si hanno, in nome del marxismo, ad opera di Lysenko, nella biologia, ed essi meritano di essere menzionati al solo scopo di indicare che la ricerca di forme di sapere alternative a quelle dominanti non è destinata ad esaurirsi).

I diritti all'uguaglianza, alla libertà, ecc., sanciti dall'illuminismo, non sono, secondo Marx, limitati, ma falsi, e l'uomo, passando dall'*ancien régime* al dominio conclamato della borghesia, soltanto illusoriamente è diventato più libero, in realtà si è fatto più servo, più sottomesso a una potenza estranea. I diritti dell'uomo sono, in verità, i diritti dell'uomo egoista, dell'uomo separato dall'altro uomo e dalla comunità; la libertà, concepita come il potere di fare ciò che non nuoce agli altri, è la libertà dell'uomo come monade chiusa in se stessa, è il diritto dell'uomo a isolarsi; la proprietà, e cioè la disponibilità secondo il gradimento e l'arbitrio dei propri beni, è il diritto di procedere senza la considerazione degli altri uomini e della società; l'uguaglianza non è che l'uguaglianza di questa libertà, che ogni uomo è del pari riguardato come una monade poggiante su sé medesima.

La critica incomincia quindi col rivolgersi contro l'individualismo, contro l'uomo asociale, per il quale tutti i possibili rapporti con gli altri sono inessenziali, e pertanto esterni alla sua umanità. Si deve però bene intendere quel che in questa critica è contenuto, giacché essa non vuole affatto dire che le relazioni in cui gli uomini stanno con gli altri sono, in linea di diritto, sostanziali, ma che nella civiltà dell'illuminismo, o, com'è lo stesso, nella società borghese, sono di fatto accidentali. Anche l'uomo dell'illuminismo è un uomo pienamente e consapevolmente sociale, nel senso che i suoi rapporti con gli altri gli sono costitutivi, giacché ciò che vale in ogni luogo e in ogni tempo, ossia che gli uomini sono necessari gli uni agli altri, vale anche per lui. Marx sa benissimo che i membri della società borghese non sono atomi, ma esseri grandemente diversi dagli atomi, giacché, mentre l'atomo ha il vuoto fuori di sé, gli individui hanno fuori di loro un mondo pieno e riempiente. Nominalmente, il diritto di proprietà assicura all'individuo la facoltà di disporre ad arbitrio dei propri beni senza guardare agli altri uomini, ma di fatto, l'*uti* e l'*abuti* ha limiti assai ristretti per il proprietario, il quale deve ben considerare gli altri nel suo comportamento, se non vuole veder passare in mano altrui la sua proprietà con il connesso *ius utendi et abutendi*. L'osservazione vale anche per la libertà, già per il motivo che il diritto di disporre a piacimento è un contenuto, un impiego fondamentale della libertà individuale, come vale per quanti altri diritti si vogliano elencare. L'individualismo, caratteristico dell'uomo dell'illuminismo, consiste in ciò, che i rapporti tra gli uomini non sono conformi all'essenza umana, sono alienati, perché son dettati da un interesse, che non è il reale interesse umano. Gli uomini non sono egoisti, perché pretendono di porsi come monadi chiuse, ma sono monadi chiuse, perché i loro interessi sono egoistici, non veri. Se gli uomini avessero scarsi rapporti gli uni con gli altri, anche lo sfruttamento, che senza rapporti non è possibile, sarebbe limitato ed esiguo; invece, poiché i rapporti sono stretti, anche la perdita e lo smarrimento dell'umanità sono completi.

Ma perché l'uomo è alienato e perché una potenza disumana domina dovunque? Per rispondere alla domanda, occorre muovere dall'accennato concetto, che l'uomo è attività esercitantesi sopra la natura, e che quest'attività si articola in una molteplicità di operazioni, alcune delle quali si pongono in maniera subordinata alle altre, non definitivamente, giacché ciò che in un momento è fine, in un altro è mezzo, e viceversa. L'autofruizione dell'uomo come essere supremo consiste in questo complesso di operazioni, nessuna delle quali può cadere, e nessuna pretendere di valere unilateralmente e per sempre come fine, a scapito delle rimanenti. L'agire dell'uomo è costitutivamente un agire sulla natura: questo accade non soltanto nell'agricoltura e in quella che ordinariamente si chiama l'industria, ma in ogni possibile attività, poiché non c'è pensiero che non si esprima in parole (e le parole hanno un lato fisico, i suoni sono strati d'aria mossi), o almeno in una concentrazione della mente, che non è senza effetti sul corpo proprio, il quale, così modificato, modifica a sua volta gli oggetti esterni. A rigore, com'è impossibile che si dia una qualità umana, che non s'imprima sulla natura, così è impossibile che ci sia un puro oggetto naturale, un oggetto cioè, in cui non sia impressa una qualche determinazione, una qualche qualità umana; è pertanto in questa correlazione con la natura che l'uomo si appropria e gode di sé medesimo. Tale correlazione è duplice, dovendosi distinguere l'attività produttrice, il lavoro, e l'attività della fruizione, il consumo, e dovendosi all'uno riferire la determinazione del mezzo e all'altro quella del fine. Tanto nella produzione che nel consumo c'è una manifestazione e realizzazione delle qualità umane, perché ogni operazione, quale che sia la sua forma particolare, è una siffatta manifestazione e realizzazione; si tratta però di accertare cosa sia nella società borghese che si considera come mezzo e cosa sia in essa che si riguarda come fine.

Orbene, la società borghese privilegia la produzione sul consumo, attribuendo a quella l'indole di fine, e riserbando a questo il posto di semplice mezzo. Anche l'economia politica considera sia la produzione che il consumo, com'è naturale, giacché sono indisgiungibili, ma, per così dire, essa si preoccupa quasi esclusivamente della produzione, per la ragione che il consumo non dà luogo a nessun problema di difficile soluzione. Se però la produzione è posta come fine, come idea incaricata di presiedere all'intero processo produttivo, di determinare cosa e come deve essere prodotto, i sistemi produttivi e i beni prodotti, in tutte le loro determinazioni, allora essa non può che essere decisa in base alle esigenze della produzione medesima, aver di mira soltanto sé medesima e il suo accrescimento. Il consumo, allorché ha luogo, si trova davanti oggetti, che esso non ha determinato e che adesso gli vengono imposti, la produzione crea mode, gusti, abitudini, e quando s'imbatte in atteggiamenti che non sono conformi ai suoi interessi, li scredita e si studia di annientarli. La produzione decide non soltanto gli oggetti, ma anche i modi del consumo, com'è evidente per il motivo che oggetti specifici possono essere consumati soltanto in maniera ugualmente specifica; per di più, l'attività produttrice, comparata all'attività consumatrice, risulta assai semplice, coinvolge esclusivamente alcune poche qualità umane, e sempre, o quasi sempre, separatamente le une dalle altre. La ricerca scientifica, che serve di base all'industria, richiede l'intelligenza, ma il sentimento, il gusto, l'amore, non vi sono implicati; essi rappresentano piuttosto un ostacolo. Nella maggior parte delle industrie si richiedono, per lo più, movimenti assai elementari e semplici; se la produzione è posta come fine, questa semplicità è riguardata come qualcosa di benefico e di positivo, e soltanto le qualità che sono necessarie per produrre sono incoraggiate e poste come genuine qualità umane. La produzione cerca anche di ridurre il consumo a questa sua semplicità, gli oggetti da consumare possono essere numerosi sin che si vuole, essi sono cosiffatti, che solamente le qualità umane occorrenti per la produzione vi trovano manifestazione. L'estensione del consumo può essere anche enorme, anzi, se essa non è sufficiente perché tutti i beni prodotti trovino i loro compratori e il loro utilizzatori, il consumo può essere eccitato all'estremo. Ciò che conta è che non è in vista di esso medesimo che tale eccitazione si compie, bensì per lasciare libero campo ad un'ulteriore e maggiore produzione. Per la borghesia, la vita è produzione e consumo, gli uomini hanno da vivere per produrre e da consumare, in modo da poter vivere e tornare a produrre; il borghese consuma al pari di ogni altro tipo umano, anzi, considerato astrattamente, secondo la quantità, consuma molto di più; quel che interessa però è il fatto che egli riguarda il consumo e il godimento che in esso si attua come entità secondarie, come una sorta di pausa calcolata e subordinata alla produzione, in cui pone la sua vera vita.

Questo è il concetto dell'*ascesi del capitalista*, che vale per ogni borghese, quale che sia la sua ricchezza, ossia vale per ogni uomo, che consideri l'esercizio delle forze umane che si compie nel lavoro come il sommo. La borghesia ha completamene distrutto la tradizionale nozione del lavoro come espiazione di una condanna, come conseguenza e punizione del peccato, e ha attribuito al lavoro la piena positività. E sta bene. Il suo torto, che non potrebbe essere maggiore, è però duplice, giacché, invece di far precedere la considerazione dell'essenza umana a quella dell'attività economica, ponendola come suo principio, sua regola, e sua misura, mette al primo posto l'economia e prende l'uomo per quale ne viene fuori, ancorché meccanico, unilaterale, mutilo, e dentro l'economia pone fine la produzione e mezzo il consumo, anziché riguardarli alternativamente come mezzi e come fini, nel modo richiesto dall'armonioso sviluppo delle qualità umane. Questo vogliono dire le proposizioni di Marx, che l'economia politica determina il lavoro come l'unica essenza della ricchezza, che questa scienza della ricchezza è insieme la scienza della rinuncia, della penuria, del risparmio, la scienza dell'ascesi, il cui vero ideale è l'avaro ascetico, ma usuraio, e lo schiavo ascetico, ma produttivo, tanto che sembra un lusso tutto ciò che oltrepassa il più astratto bisogno. Queste affermazioni si riferiscono non soltanto all'operaio, ma anche all'industriale capitalista, il quale gode certamente, ma di un godimento calcolato nei costi del capitale, che pertanto deve costare solamente quel che è compensato dalla riproduzione del capitale con profitto, cosicché l'individuo che gode sta sotto quello che capitalizza. Dichiarare, come fa Marx, che il lavoro, non soltanto nelle presenti condizioni, ma del tutto in generale, ha per solo scopo l'accrescimento della ricchezza, equivale ad asserire che la ricchezza è scopo a sé medesima, essendo la ricchezza lavoro accumulato. Dove però il prodotto è tutto, gli uomini non sono niente.

Compaiono, è vero, in Marx espressioni di suono tutt'affatto contrario a quelle ricordate, per cui sembrerebbe che il capitalismo fosse il sistema che riduce il lavoro a mezzo, che tratta l'attività vitale dell'uomo come strumento della sua conservazione, ma questa e altre analoghe affermazioni, giustamente interpretate, anziché contrastare con le precedenti, le confermano e ne arrecano il legittimo svolgimento. Ciò che non può essere ridotto a mezzo, non è il lavoro che si compie producendo, giacché, rispetto al consumo, la produzione è necessariamente mezzo (sebbene la reciproca sia altrettanto vera, essendo, nei confronti della produzione, ad avere la posizione di mezzo proprio il consumo – la relazione di mezzo e di fine è mobile e quindi tale che cangia in continuazione), bensì è l'attività complessiva dell'uomo, che abbraccia tanto la produzione che il consumo, che è tanto attività economica quanto extraeconomica (artistica, letteraria, musicale, ecc.).

Il marxismo non vuole sostituire all'unilateralità del capitalismo l'opposta unilateralità, esso non sostiene che il lavoro è semplicemente un mezzo per soddisfare dei bisogni, anzi, dichiara che è un'umana necessità per l'esplicazione dell'essenza dell'uomo. Ma, per essere tale, il lavoro deve rappresentare una libera volizione, ciò che nel capitalismo non capita, perché il lavoro è costrittivo, già per il motivo che è posto sempre esclusivamente come mezzo, laddove esso è suscettibile di formare anche un fine, e allora è ampio, differenziato, molteplice, invece di essere ristretto, uniforme, meccanico. Il lavoro è pur espansione di energie, che si ha soltanto in esso, l'intelligenza c'è soltanto per chi la applica, la forza muscolare soltanto per chi la esercita, esse esistono esclusivamente in quanto sono impiegate, e la produzione è una sede nobile e degna della loro esplicazione, se è condotta in maniera idonea, rispettosa della totalità umana. Se invece al lavoro è conferita la sola funzione di servire alla conservazione dell'esistenza fisica, la quale è uno scopo meritevole di essere perseguito unicamente in rapporto con gli altri, allora esso diventa lavoro forzato, in quanto la semplice esistenza, in questa completa astrazione, si rende l'essenza umana un povero mezzo. Essenza ed esistenza non sono due termini così contrapposti, che il secondo cada fuori dal primo, l'esistenza di cui si parla è attività che appartiene all'essenza dell'uomo, ma non la esaurisce, senza che la vita non si riduca ad un livello animalesco.

Astratta è l'esistenza non soltanto dell'operaio, ma anche dell'imprenditore, del borghese, del capitalista, che è anch'egli una vittima inconsapevole del sistema, il quale non risparmia nessuno, giacché quanto più cresce la produzione, tanto più si estende il dominio degli enti estranei, a cui l'uomo è sottomesso. Il possidente, l'individuo benestante, che può acquistare prodotti in ampia quantità, in effetti acquista la propria servitù, diventa schiavo di appetiti immaginari, innaturali, disumani. E poiché tali appetiti s'impongono all'individuo con necessità, diventano, una volta eccitati, qualcosa di cui non si può fare a meno, ossia bisogni che urgono, ne viene che il godimento dei prodotti incaricati di soddisfarli, ha anche per il borghese benestante il significato di mera conservazione della vita, significato che non può cangiare, per il mutare della quantità dei prodotti che si hanno a disposizione, e che potrebbe essere trasformato soltanto cangiando il rapporto della produzione col consumo. Il capitalista e l'operaio, il proprietario degli strumenti di produzione e il lavoratore salariato, in quanto stanno entrambi sul terreno del sistema borghese, sono espressione della medesima alienazione umana. La produzione, così com'è, produce l'uomo come essere disumano: c'è un'immoralità, una mostruosità, dell'operaio, ma c'è anche l'immoralità, la mostruosità, del capitalista. La vita per l'operaio è ridotta al lavoro, ma anche il proprietario privato è completamente aggiogato all'essenza della proprietà privata, che è per l'appunto il lavoro. Il mondo della proprietà privata è, per tutti coloro che vi appartengono, governato dall'economicismo; dovunque in esso il lavoro è ridotto a mezzo di conservazione dell'esistenza; sempre la divisione del lavoro vi è costrizione e servitù; qui l'intera cooperazione degli uomini, anziché essere volontaria, è determinata dalla forza della natura; di conseguenza, l'intera società, essendo cosa della natura, è irreale.

«Natura» significa, in primo luogo, realtà spazio-temporale extraumana, l'insieme degli esseri sensibili diversi dall'uomo, tale è la cosiddetta natura esterna, oggettiva. Ma, oltre questo significato, che presentemente è fuori causa, «natura» vuol dire passività, questa è la natura soggettiva, e in ciò che essa non è fuori, ma dentro l'uomo, è l'egoismo, quel carattere per cui l'uomo non è veramente umano, è un essere passivo, bisognoso, dipendente dagli istinti e dalle inclinazioni. Quest'uomo, che è esso stesso natura, è l'individuo della società borghese, a cui il marxismo contrappone l'uomo comunista, che è creatore del proprio mondo, e che sostituisce alla società apparente la società effettiva, la cooperazione volontaria, instaurando il mondo della libertà, al posto del mondo della necessità. Questa liberazione dall'economicismo non è limitata ad alcuni, a preferenza di altri, ma è universale, riguarda tutti. Con essa è l'essenza umana a determinare il posto che deve spettare all'attività economica, e in questa cessa l'unilaterale condizionalità della produzione sul consumo, esistente nella società borghese. E se anche il consumo è riguardato come fine, la determinazione dell'intero processo produttivo si compie in funzione delle qualità e delle forze umane, quali si esprimono nell'attività consumatrice; che cosa e come deve essere prodotto è derivato unicamente da tale considerazione: le case sono costruite in un modo, anziché in un altro, perché quello meglio corrisponde allo scopo dell'abitare, che richiede una dimora in cui si permanga, non un alloggio che si abbandona presto per un altro; i prodotti alimentari sono apprestati guardando alla migliore fruizione che ne può essere fatta; le vesti si confezionano tenendo conto della dignità e del decoro di quanti le indosseranno, ecc. Poiché il consumo comporta una grande complicazione, rispetto alla semplicità della produzione, vale a dire, poiché nell'attività consumatrice sono implicate, e spesso simultaneamente, tutte le qualità umane, queste formano dovunque la condizione da rispettare. Tale complicazione provvede anche a ordinare a suo modo la produzione, e se un singolo settore produttivo è incapace di ricevere una estesa molteplicità di operazioni, allora l'uomo non deve limitare la sua attività ad un singolo ramo, ma estenderla a parecchi, così da subordinarsi tutta una massa di forze produttive.

Poiché la complicazione di cui si parla è possibile soltanto se le distinzioni tra i diversi oggetti sono fatte valere nella loro intierezza, e a loro volta, queste distinzioni sono possibili soltanto se corrispondono ad altrettante qualità umane, si esige lo sviluppo totale delle facoltà dell'uomo, si richiede che ogni particolare rapporto con la natura sia una determinata espressione dell'individualità umana. Un oggetto può tener luogo di ogni altro, può sostituirlo forse dovunque, eccetto che nel consumo, perché in questo contano le determinazioni del tutto specifiche, che in un oggetto sono diverse da quelle di qualsiasi altro oggetto. L'amore si ha soltanto amando, la bellezza soltanto contemplando la bellezza; queste sono, infatti, fruizioni, al di fuori della fruizione, un oggetto può essere rappresentato da un altro, e ce n'è uno, il denaro, capace di rappresentarli tutti. E al denaro Marx, che rievoca tutte le invettive lanciate da Shakespeare contro l'*auri sacra fames*, riserva la più dura condanna, dicendo che ha la proprietà di comprare tutto, è il mezzano tra il bisogno e l'oggetto: ciò che io con il denaro posso comprare sono io, il possessore del denaro, ciò che io sono e posso non è dunque determinato dalla mia individualità. Tale è il denaro per tutti, borghesi e proletari, la sua capacità di pervertire e di corrompere tutti i rapporti umani è universale.

Non si tratta quindi minimamente di migliorare le condizioni dei lavoratori, fornendo loro maggiore potere d'acquistare delle merci, aumentando cioè il loro salario. Si può supporre che l'ulteriore rivolgimento della società borghese porti miseria e desolazione per le grandi masse umane, che la concorrenza, eliminando i soggetti economicamente più deboli, renda quelli che erano dei borghesi benestanti degli indigenti. Si può però anche avanzare l'ipotesi opposta, che cioè il capitalismo sia in grado di aumentare i salari e di assicurare ai lavoratori quelle che si chiamano migliori condizioni di vita, volendo dire più comodità. La differenza tra le due prospettive non è, in fin dei conti, decisiva. Per il marxismo, infatti, un miglior salario è una migliore paga di schiavi, e non risolve, ma esaspera il problema della dignità del lavoro, giacché quanto più si accresce la ricchezza, tanto più aumenta la forza delle potenze che soggiogano l'uomo, tanto più si estende la miseria e la soggezione umana. Fare dell'essenza umana il principio, anziché porre l'uomo come il principiato, concedere rango di fine anche al consumo, invece di attribuirlo alla sola produzione; riguardare l'economia come una sfera limitata della complessiva attività umana, piuttosto che considerarla come il suo fastigio, così che l'uomo tanto *è* quanto *ha*: questo è ciò che differenzia la visione marxista da quella illuminista dell'uomo.

Come ci è noto, il progresso può essere concepito in due modi interamente diversi, e cioè come progresso per sostituzione e come progresso per inglobamento, i quali differiscono ancora in ciò, che l'uno è progresso infinito e l'altro è progresso finito. È indubbio che il marxismo afferma il progresso finito e per inglobamento, poiché nel succedersi delle grandi epoche, dell'antichità, del medioevo, del Rinascimento e della Riforma protestante, e infine dell'illuminismo, esso scorge un avanzamento e una crescita dell'esplicazione delle qualità umane. Anche al suo maggiore nemico, che è per l'appunto l'illuminismo, il quale, in fatto di società, segna l'avvento e il trionfo della borghesia, e in fatto di economia, la comparsa e la fioritura del capitalismo, il marxismo rende l'onore delle armi, perché sostiene che anche in ciò che di terribile c'è in questi avvenimenti epocali è contenuta la sicura premessa della redenzione fornita all'umanità dal comunismo. Perfino col rimuovere le illusioni di un tempo intorno alla sostanza dei rapporti tra gli uomini, e con il sostituire al tranquillo sfruttamento di una volta l'indaffarato dissanguamento odierno, la borghesia contribuisce alla liberazione dell'uomo, che non si è mai avuta nel passato, ma si avrà immancabilmente nel futuro. Del resto, anche soltanto a considerare le vicende dell'economia, si evince che si è avuto il progresso, e che esso è stato per inglobamento, giacché unico e medesimo è rimasto il suo protagonista, ossia l'uomo che lavora, il quale è stato dapprima schiavo, ossia nella condizione più abbietta che possa immaginarsi, di essere somigliante alle piante e agli animali, poi servo della gleba, che è situazione meno spregevole, e infine proletario salariato, che è stato ancora crudo e duro, ma già accompagnato dal sentimento dell'urgenza di procacciarsi la dignità, che sola rende la vita meritevole di essere vissuta.

Il passaggio dal dominio della borghesia detentrice del capitale al comunismo si compie mercé la rivoluzione, non già nel senso che comporti immancabilmente sollevazioni e rivolte e spargimenti di sangue (ciò può tanto accadere che non accadere, la cosa ha secondario interesse), bensì nel senso che compie la trasformazione più radicale che mai possa darsi, per cui dal regno della necessità, dell'oppressione, si balza nel regno della libertà, della cooperazione volontaria degli uomini, i quali prendono in mano le redini del loro destino. C'è il comunismo primordiale, che è uno stato di rozzezza, privo certamente di dissociazioni e di contraddizioni, ma anche povero e meschino, per il motivo che le forze umane sono ancora inviluppate e rinserrate in se stesse, ossia soltanto potenziali; c'è uno stato intermedio, di durata sterminata, caratterizzato dall'alienazione e dall'estraniazione delle qualità essenziali dell'uomo, e quindi doloroso e drammatico, ma anche fecondo di conseguenze positive per l'avvenire, ossia d'attualizzazione imperfetta dell'umanità; e c'è lo stato finale, a cui non si possono assegnare confini temporali, e in cui l'uomo riassume in sé le qualità, che si era rese esterne, e così, riappropriatosi di sé medesimo, fruisce pienamente la propria essenza, ossia ottiene la compiuta realizzazione (in linguaggio aristotelico queste condizioni si direbbero δύναμις, ἐνέργεια ἀτελής, ἐντελέχεια o ἐνέργεια τελεία). Lo stato finale delle qualità umane, tutte lasciate libere di esplicarsi come la loro indole comporta, arreca medesimamente la felicità, la quale non deve aggiungersi dall'esterno ad esse, giacché in definitiva consiste proprio di esse.

Nel discorrere di tutto questo, il marxismo osserva il dovere della sobrietà. L'appropriazione dell'essenza umana, da e per l'uomo, è, del resto, indicazione sufficiente; esso ha lo stesso contenuto di quella che ripone lo scopo nella creazione dell'uomo umano, il quale sviluppa se stesso in tutte le possibili direzioni e gode in tal modo della libertà come persona. Un cenno merita però di ricevere la tesi dell'esaurimento dello Stato (e cioè del potere di costringere, il quale, nell'esistenza di una molteplicità di Stati, è duplice, è potere di costringere i cittadini e di combattere gli altri Stati; costrizione interna la prima, costrizione esterna la seconda; comunque potere della spada, polizia e guerra). La fonte di questa tesi, come in generale di quella del rozzo comunismo degli inizi e del vero comunismo finale, del cosiddetto «paradiso in terra», è nell'esperienza estatica, che sta alla base di tutto il romanticismo, e già s'incontra nello stato di natura e nel ritorno alla natura, teorizzati da Rousseau. Si tratta di un elemento ineliminabile del pensiero romantico, di cui è assurdo pretendere di spogliarlo o menarne scandalo. Anche la concezione di Hegel, per cui il processo del pensiero si conclude nella contemplazione dell'Idea, che possiede se stessa e gode di se stessa come Spirito assoluto, deriva da un'esperienza estatica, in cui ci si sommerge nell'eterna fontana della vita divina.

La consueta critica, che viene mossa alla tesi dell'esaurimento dello Stato (e della morale costrittiva), sembra avere una qualche consistenza, ma a tale proposito occorre introdurre alcune distinzioni. La teoria dell'esaurimento dello Stato (a cui ci si può limitare, perché quella del venir meno del freno della morale è del tutto analoga) è suscettibile di due interpretazioni, di cui la seconda si bipartisce. Si può, infatti, intendere l'esaurimento come completo, per cui lo Stato è semplicemente assente; così interpretata, la tesi è assolutamente falsa, e nemmeno merita di venir confutata. Essa appartiene al novero delle favole, in cui si racconta che i leoni convivono pacificamente coi cerbiatti, e in cui si dimentica di spiegare che cosa i leoni mangiano. Forse che tutti gli animali diventeranno erbivori? Le piante dovrebbero avere anch'esse i loro diritti, sanciti in Carte solenni ed evitare una così brutta sorte, come quella di formare l'unica immediata base dell'alimentazione. Soprattutto in Oriente si è oziato in simili fantasticherie, adatte soltanto a sollevare gli animi e a beatificarli per qualche istante, a prezzo della sciocchezia (gli animi debbono imparare sia ad esigere la completa pace interiore, sia ad accontentarsi di una relativa pace esteriore). Se, invece, s'intende un esaurimento tendenziale all'infinito (ossia potenziale in ogni futuro), per cui lo Stato, anziché scomparire, rimane, ma perde progressivamente di peso, sin quasi a potersi dire, ma soltanto per esagerazione oratoria, inesistente, la tesi è più falsa che vera, perché ci sono, per principio, degli *ibis et redibis* di tutti i complessi di sentimenti, essendoci dei periodi in cui il sentire va in una direzione, e altri in cui va in un'altra. Si tratta però di un falsità scusabile, che cessa, anzi, di essere tale, se codesto domandare tutto il futuro (e del pari, tutto il mondo), si può anch'esso attribuire all'enfasi del discorso. Se, infine, s'intende un esaurimento tendenziale e potenziale, e per di più, limitato a un periodo, la tesi è sostenibile, nel senso che non urta contro difficoltà di principio, e inoltre è anche verosimile, ancorché non ci siano segni attendibili che ne preannuncino l'inizio.

Anche per il suo concetto di progresso, reale ma finito, e quindi tale che conduce ad una condizione umana inoltrepassabile, il comunismo finale, nel quale hanno bensì luogo cangiamenti, ma senza che si esca dalla cornice comunista della società, il marxismo appartiene al romanticismo, di cui è, sotto il riguardo polemico, una delle massime espressioni, essendo quella più pugnace contro l'illuminismo in tutte le sue manifestazioni, intellettuali, morali, politiche, economiche, ecc.

Come accade, dunque, che l'interpretazione romantica del marxismo riesce addirittura urtante e che, quando si sono addotti particolari punti di contatto tra il pensiero di Marx e quello di indubbi esponenti del romanticismo, si è protestato con sdegno, sostenendo che si tratta di coincidenze estrinseche, di concordanze apparenti, da parte di molti seguaci del marxismo, ai quali l'affiancamento del comunismo e del nazionalismo, la loro considerazione come specie (sia pure accese di rivalità) entro il genere del romanticismo, suona blasfema? La risposta è nell'autointerpretazione del marxismo come materialismo storico, che è fallace in sede ideale e nociva in sede pratica, è un autofraintendimento, a cui si debbono, in buona parte, ricondurre gli insuccessi, le sconfitte e le catastrofi, a cui il comunismo è andato incontro nella sua lotta contro il capitalismo.

L'assunto fondamentale del materialismo storico è che l'attività mirante al soddisfacimento dei bisogni della vita che si chiamano materiali, è da distinguere dall'attività attinente alle rappresentazioni della coscienza, e che da porre decisiva e determinante è quella prima attività, così che essa è la *struttura*, di cui i riflessi e le derivazioni pongono in essere la seconda, la quale costituisce, pertanto, la *sovrastruttura ideologica* (nel cui novero rientrano la religione, la morale, il diritto, la filosofia, cioè tutta la produzione delle idee). Ora, nessun rapporto, né necessario né contingente, esiste tra questo assunto e le tesi del marxismo finora esposte quasi sempre con le parole medesime del suo fondatore. In codeste tesi si fa valere il concetto dell'uomo totale, che esplica la sua essenza in un complesso di attività, le quali stanno alternativamente nel rapporto di fini e di mezzi, e nessuna è posta unilateralmente come fine e nessuna unilateralmente come mezzo: questo è come dire che si fa valere senza restrizione alcuna il principio della reciproca azione, il quale comporta che tutti i membri della reciprocità abbiano uno stesso rango, ed esclude che alcuni abbiano una posizione primaria ed altri una posizione secondaria. In quest'ultima eventualità, l'azione va dal membro primario a quello secondario più fortemente di quanto da questo ritorni al precedente, ma, se in luogo di una reazione che uguaglia l'azione, si ha soltanto una ripercussione, la relazione s'indebolisce e si estenua. Il rapporto resta unilaterale ed è annaspare nel vuoto seguitare ad affermare che le idee hanno la loro importanza, esercitano una loro efficacia, che il fattore economico è quello decisivo, ma che ad esso si accompagnano altri fattori, di variabile rilievo; queste sono assicurazioni vaghe, insuscettibili di diventare precise e nette.

L'origine di questa elevazione del modo di produzione della vita materiale a principio preponderante, ancorché non esclusivo, della vita tutta, è da attribuire ad un improvviso cedimento dell'energia, con cui il marxismo guerreggia contro l'illuminismo, ad un affievolimento della sua forza, per cui finisce per essere sopraffatto dalla sua raffigurazione interna dell'antagonista massimo. Gli economisti e i politici della civiltà dell'illuminismo sogliono badare moltissimo a dare nei fatti il massimo posto all'economia nella vita dei popoli, incominciando da quelli in cui codesta civiltà ha avuto la nascita, e in cui anche in seguito ha avuto la maggiore espansione, che diventano così i popoli dominanti, ma non sogliono dilungarsi in affermazioni di principio intorno alla precedenza che l'economia deve avere sull'arte, la religione, ecc. Dichiarazioni di tale suono, oltre a riuscire inutili, giacché ciò che conta è la realtà effettuale delle cose, risulterebbero controproducenti, perché a nessuno piace sentir dire che deve sacrificare alla produzione e al consumo dei beni materiali la fede religiosa, la contemplazione estetica, la ricerca filosofica, tutte cose, a cui dedicare i ritagli di tempo che lascia libero l'assorbente indaffaramento con la produzione della propria esistenza, la quale, se ha da essere improntata ad una sempre crescente ricchezza, finisce per esaurire quasi per intero le umane capacità. La tesi della fondamentalità dell'economia non è illuministica, bensì è marxistica, ed è riferita dal marxismo non soltanto alla civiltà prodotta dall'illuminismo (a quella che esso chiama la «società borghese»), ma anche ad ogni altra precedente civiltà, per quante se ne sono succedute sulla terra. Ad avviso del marxismo, che s'autointerpreta come materialismo storico, anche nelle civiltà orientali, in quella greca e in quella romana, nonché nella medioevale e cristiana, l'economia è la base e la matrice, e le altre manifestazioni della vita sono le sue derivazioni, così che, per intenderle nella loro genuina natura e ragion d'essere, occorre considerarle alla luce di quella loro scaturigine, che non può assegnarne l'origine senza affettarne l'essenza.

Come si possa porre fine a questa dominazione dell'economia sopra ogni altra forma di vita riesce incomprensibile, perché, per rivoluzione che si compia, è da dubitare che una situazione, la quale ha dalla sua la prova dei secoli e dei millenni, possa essere rovesciata d'incanto e sostituita da uno stato di cose del tutto contrario, in cui l'umanità è libera di attendere alla propria formazione integrale. Rovesciare l'ordinamento capitalistico, che si regge sulla proprietà privata dei mezzi di produzione, introdurre la proprietà pubblica, non è adottare una misura sufficiente, e nel suggerirla, quasi fosse la panacea universale dei mali del genere umano, il marxismo pecca d'incongruenza, giacché contraddice l'assunto basilare del proprio materialismo. Esso ha distinto la struttura e la sovrastruttura, ed ha assegnato senza esitazione alla sovrastruttura il diritto; il regime privato oppure pubblico della proprietà dei mezzi di produzione è un fatto giuridico, e non si scorge come il cangiamento di un elemento sovrastrutturale possa avere la virtù di capovolgere la gigantesca realtà strutturale, di cui è una conseguenza. Che l'abolizione della proprietà privata si risolva nella semplice sostituzione del capitalismo dei privati con il capitalismo di Stato non è un evento sorprendente, ma è l'effetto immancabile dell'autofraintendimento del marxismo, il quale, con l'enorme peso attribuito ai modi di produzione e ai rapporti sociali di produzione, si è convertito nel suo opposto, e da antieconomicistico che era si è reso la massima espressione dell'economicismo che sia dato incontrare.

Il passaggio dal regno della necessità a quello della libertà è diventato più che controvertibile, assomigliando ad un miraggio dell'immaginazione. Configurandosi, infatti, come materialismo storico, il marxismo è costretto ad intendere la relazione tra l'uomo e la natura diversamente da come l'aveva concepita in un primo momento. Inizialmente tale relazione si presenta come differente e opposta nella società borghese e nel comunismo. L'uomo della società borghese è un essere passivo, dipendente dalla natura, e cioè dal complesso dei bisogni che avverte in sé, e che può soddisfare soltanto mediante gli oggetti del mondo circostante, sotto quest'aspetto è egli medesimo un essere naturale, e del pari naturale è la società a cui egli appartiene. Quest'uomo, che è in se stesso natura, perché è un insieme di bisogni, dà luogo ad una società soltanto apparente, perché la vera e reale società importa la distinzione dell'uomo e della natura e l'attivo e creativo intervento dell'essere umano sopra il mondo naturale, e di tutto ciò è incapace l'uomo che è ricompreso nel mondo come una sua parte. Quello che si chiama il «regno della necessità» non è altro che la dominazione dei bisogni, perché per bisogno s'intende qualcosa che è bensì nell'uomo, eppure non è attività sua, non è risultato della sua spontaneità, ma è opera d'altro, e quindi passività, costrizione, e costrizione a cui non è dato ribellarsi, perché il bisogno s'impone con necessità. Di contro all'uomo borghese inizialmente si colloca l'uomo comunista, il quale, anziché essere determinato, come quello, dall'istinto e dalla potenza dell'ambiente, è il creatore della storia, che fa da sé, con una volontà totale e secondo un piano totale, e che, in funzione dei suoi scopi, opera sopra la circostante natura, di cui egli solo è il genuino padrone e possessore. Adesso, interpretandosi materialisticamente, il marxismo fa dell'uomo naturale degli istinti e degli appetiti un essere che è tale in ogni luogo e tempo, giacché il fatto di esscrc bisognoso, passivo, condizionato dall'esterno, anziché venir considerato come l'effetto di una civiltà, è riguardato come inerente alla costituzione umana, di cui non sarà mai per dispogliarsi. Così viene detto che l'uomo è una parte della natura, che certamente crea, produce oggetti, ma soltanto perché è posto da oggetti; è un essere naturale vivente. La natura, anche per il materialismo storico, ha il significato di luogo degli oggetti dei bisogni, e non acquista la posizione della cosa in sé del materialismo metafisico (le aggiunte e le integrazioni, che per questo verso sono state tentate del marxismo, e per cui qualche pretesto si trova anche nel suo fondatore, gli restano estrinseche e non riescono a fondersi col resto e a far tutt'uno con la sua considerazione essenziale). Ma anche se la natura non può esser mai considerata separatamente dall'uomo, e vale sempre come luogo degli oggetti che soddisfano i bisogni umani, acquista una fondamentalità incompatibile con il primitivo umanismo marxista. Se l'uomo è l'essere bisognoso, e la natura è ciò che serve al bisogno, la fondamentale attività umana è quella rivolta al soddisfacimento dei bisogni, ossia è un'attività che sorge sulla base di una passività, e, quasi non bastasse, l'operosità dell'uomo deve essere differenziata in parecchie specie, giacché i contenuti umani non possono assumere tutti nello stesso modo la configurazione di bisogni.

Niente vieta di parlare del bisogno dell'arte, della poesia, della pittura, della musica, e altresì della teoria filosofica, ma non se ne può discorrere nella stessa maniera in cui si ragiona dei bisogni del mangiare e del bere, dell'avere un alloggio e del vestirsi. Gli oggetti dell'arte, le costruzioni teoriche, ci sono perché l'uomo le fa, non sono cose già precostituite fuori di lui, di cui egli senta lo stimolo d'impadronirsi, come prova l'impulso di staccare un frutto da un albero per mangiarlo o di raccogliere l'acqua da un fiume per berla. Anche le creazioni della poesia hanno un lato esterno, per cui sono cose naturali, anche le teorie filosofiche hanno una qualche determinazione sensibile, fosse essa soltanto quella delle parole con cui si esprimono i versi e si comunicano i concetti; di converso, anche gli oggetti che si mangiano sono il risultato di un'attività umana, fosse pur questa ridotta al gesto d'impadronirsene; ma il rapporto con l'uomo è radicalmente diverso. Si può mangiare soltanto quel che è capace di avere la forma di cibo, e ciò è strettamente determinato dalla natura dell'oggetto, mentre, per principio, tutto può diventare materia dell'arte, qualunque mezzo può servire per formulare e comunicare un'idea filosofica. Certi bisogni, se non vengono soddisfatti, riescono prima estremamente dolorosi e poi provocano la morte. Sono quelli che si chiamano i bisogni immediati, primari; altri, invece, se non ricevono soddisfazione, producono angustia nell'anima, ma non dolore fisico, né adducono alla morte. Sono quelli che si denominano bisogni derivati, mediati. Nel concetto di bisogno, propriamente preso, è contenuta la nozione di un'imprescindibile dipendenza dall'esterno, che, nel caso dell'arte e in quello della filosofia, manca. La conseguenza della configurazione dei contenuti umani quali bisogni è una loro differenziazione interna, per cui alcuni di essi, che sono i soli che possano davvero assumere quella veste, vengono presi come determinanti; essi sono gli effettivi bisogni economici, i contenuti che riguardano la vita materiale, i quali sono, infatti, distinti, ad opera del materialismo storico, dalle rappresentazioni della coscienza, dalla produzione delle idee, come il reale processo della vita si distingue dai suoi echi e dai suoi riflessi. Ne viene che la dipendenza dell'uomo dalla natura non sarà mai per cessare, che la necessità naturale è destinata a rimanere nel tempo, di tanto quanto permane l'umanità; essa può tutt'al più venire alleviata, l'uomo resta comunque un essere diviso tra i suoi bisogni primordiali e le sue esigenze della vita mentale. Ciò che doveva essere proprio soltanto della società borghese, di cui codesto dualismo avrebbe dovuto essere esclusivo, si è trasformato in un carattere ineliminabile di ogni e qualsiasi società, anche del comunismo, che è un regno della libertà dimidiata.

Il salto dalla necessità alla libertà risulta una chimera, come riesce ulteriormente chiaro, se si riflette che l'uomo borghese, purché gli sia accordato il diritto di guardarsi con i suoi medesimi occhi, non si avverte minimamente nello stato di costrizione in cui lo descrive il marxismo. Il borghese non si scorge diminuito per la circostanza di esercitare una determinata professione, e di compiere soltanto quelle operazioni che essa comporta; anche per lui l'uomo è attività, ma è attività semplice; egli persegue la ricchezza come bene supremo, e la ricchezza, che ha la sua massima espressione nella forma di ricchezza monetaria, è per l'appunto una realtà assolutamente semplice, unica nel suo genere. Il marxismo non contesta che la divisione del lavoro sia uno dei fattori fondamentali della produzione della ricchezza; ebbene tanto basta a giustificarla per il punto di vista del capitalismo. La possibilità, che, per il marxismo, è più che tale, ossia è una certa realtà, che cioè, con la divisione del lavoro, capiti che lavoro e godimento vengano separati e tocchino ad individui diversi non è, per il capitalismo, in definitiva, nemmeno un'astratta eventualità, giacché è piuttosto un'impossibilità di principio, per la ragione che il borghese gode essenzialmente del lavoro, nel quale realizza la propria umanità. Il fatto che l'attività lavorativa del borghese sia semplice e unica è un difetto, in rapporto alla complicazione e alla pluralità che esige il marxismo; al di fuori di codesto rapporto, si tratta di un pregio, tale è per l'interessato. Reputare che non sia così equivarrebbe a ritenere che nelle antiche dispute religiose, che accompagnarono il tramonto dell'ellenismo e l'affermazione del cristianesimo, si trovassero in vantaggio i difensori del politeismo, i quali rinfacciavano ai monoteisti il loro Dio unico, contrapponendogli le loro innumerevoli figure divine, piuttosto che i sostenitori del monoteismo, per i quali il loro Dio era vero proprio perché era unico, e gli dei erano falsi per la ragione che erano molti. Il contenuto è sempre totale, considerato da chi coerentemente lo propugna, ed è sempre manchevole, riguardato da chi conseguentemente lo rifiuta. Il marxismo, come schietto umanismo, asserisce che il mondo borghese è completamente costrittivo, e che l'avvento del comunismo segna l'instaurazione della libertà totale; come materialismo storico, esso pretende di conservare codesta imputazione, ma rende carente la sua medesima libertà, che avrebbe dovuto essere assoluta, e, invece, risulta relativa e svolgentesi in mezzo a delle condizioni persistenti. L'estensione della negazione, della critica, della contestazione, e quella dell'affermazione, della proposta, dell'assunto positivo, debbono coincidere, e ciò qui non accade affatto.

Formulandosi come materialismo storico, il marxismo impone anche un inconsistente rivestimento dottrinale al suo rifiuto del capitalismo con la teoria del plus-valore, del profitto nascente dal lavoro non pagato, di cui si approprierebbe il proprietario privato degli strumenti di produzione. Questa teoria dimentica, anzitutto, che il capitalista e l'operaio, il proprietario degli strumenti di produzione e il lavoratore salariato, in quanto stanno entrambi sul terreno del sistema borghese, sono espressione della medesima alienazione umana. La vita, per l'operaio, si riduce al lavoro; ma anche il proprietario privato è completamente assoggettato alle esigenze della produzione delle merci. Se però il capitalista è anch'egli un uomo espropriato delle qualità umane, che mai può voler dire che egli si appropria del lavoro e del prodotto del lavoro dell'operaio? Dal punto di vista morale, non può certamente voler dir nulla. Si sosterrà forse che qui non è questione di morale, bensì di economia, e che il giudizio deve essere di scienza dell'economia? Questa separazione della morale e dell'economia è inammissibile, perché sempre una determinata pratica economica procede di conserva con una determinata pratica morale, e sempre una peculiare teoria di scienza economica ha concomitante una peculiare teoria della morale, che si corrispondono punto per punto. Ma, anche ammessa per un istante una tale disgiunzione della morale e dell'economia, non si perviene al risultato desiderato, da cui si resta lontani. Se il capitalista fosse l'individuo ricco dedito alla dissipazione, se egli fosse il personaggio ozioso amante del dolce far niente, la cosa sarebbe facile da intendere, non ci sarebbe ostacolo a rendersi conto di come possa appropriarsi del lavoro altrui, che non paga; ma il capitalista è descritto dal marxismo come l'uomo ascetico, risparmiatore, che non gode pienamente nemmeno dei prodotti del proprio lavoro; pertanto, non si comprende com'egli sia in grado d'impadronirsi di una parte dei prodotti del lavoro altrui. Costui risparmia e investe, ed è per questo tratto dell'investimento che si distingue dall'avaro delle commedie, il quale risparmia bensì, ma poi contempla sterilmente il proprio oro. Dalla pura considerazione economica non si ottiene quel che non si vuole ricavare dalla valutazione morale, e non si riesce nell'impresa in cui avventuratamente si è entrati. Sostenere che, se il prodotto del lavoro è alienato a qualcuno, deve necessariamente appartenere ad un altro, è fare un passo falso, perché non c'è nel mondo borghese nessun individuo, che non sia egli stesso espropriato delle sue qualità umane, e che sia capace di appropriarsi dei frutti delle qualità umane di qualcun altro. Poiché tutti sono degli espropriati, non c'è nessuno in condizioni di appropriarsi di alcunché. Il lavoro e i prodotti del lavoro appartengono certamente ad un essere altro dall'uomo umano, ma quest'essere è per l'appunto l'uomo che è altro da se stesso, è l'uomo alienato, com'è evidente per il fatto che non si tratta altro che di forze umane estraniate, capovolte, di qualcosa di negativo, non di qualcosa di positivo, di cui chissà chi, individuo o classe d'individui, possa impadronirsi come di un tesoro.

Proprio mentre pretende di darsi rigorosa veste scientifica con la teoria del plus-valore, il materialismo storico si mette su di una brutta strada, che lo porta alla sconfitta nello scontro con l'illuminismo. Intanto, esso deve dividere le proprie forze da quelle del cosiddetto comunismo utopistico, di cui si vanta arditamente superiore, perché scientifico, ma a cui, in effetti, quanto a schiettezza d'umanismo, resta parecchio inferiore, mentre non guadagna niente di decisivo in fatto di scientificità. In quelli che i marxisti denominano «utopisti» c'è una grande carica di umanità, ampiezza di sentimento e forza d'immaginazione creativa nel disegnare progetti della nuova umanità, mentre nel materialismo storico c'è freddezza, acredine, ammissione della liceità del ricorso alla violenza, come mostra evidente la massima per cui occorre passare dalle armi della critica alla critica delle armi. Il passaggio dall'utopia alla scienza, che il materialismo storico effettuerebbe, è tale che non può aver luogo per ragioni di principio, le quali si riassumono in ciò, che le fedi religiose, morali, politiche, non nascono le une dalle altre, non si evolvono, e di conseguenza, non hanno nemmeno passaggi né esterni né interni. Cosa vuol dire «scienza»? Se la parola è presa nel suo significato generale, allora la scienza è identica con la coscienza, e la fede medesima è un sapere, e scienziati, in questa accezione, sono, lo si voglia riconoscere o no, gli stessi utopisti. Più facilmente però, nel caso presente, per scienza s'intende la scienza dell'economia, ma a tale proposito è manifesto che il marxismo, pur avendo compiuto qualche cospicuo conato, che non s'incontra negli utopisti, non ha prodotto alcun edificio di sapere economico, che possa gareggiare con la scienza dell'economia sorta sul tronco dell'illuminismo.

Certamente, per un differente aspetto, la contrapposizione tra marxisti e utopisti è effettivamente reale e si riduce ad un unico punto: gli utopisti rimangono sul terreno dell'illuminismo, mentre i marxisti si collocano su quello del romanticismo (da cui deviano, in ciò che si dichiarano materialisti, essendo il materialismo in qualsiasi forma incompatibile con il romanticismo). Che i più rappresentativi utopisti si muovano nell'ambito dell'illuminismo risulta palese dalla dipendenza in cui essi stanno nei confronti degli illuministi del secolo XVIII; dal fatto che deducono il loro comunismo dal principio della bontà originaria dell'uomo; che ritengono elemento essenziale del progresso la crescita dell'industria, la quale può andare all'infinito, così che il progresso, in cui credono, è quello infinito dell'illuminismo. Del resto, che cosa Marx ed Engels rimproverano agli utopisti, se non di voler costruire il comunismo sulla base della mitologia delle idee di libertà, di uguaglianza, di fratellanza, ossia sulla base dei principi dell'illuminismo politico? Ma, per questa parte, assai più pericoloso rivale dell'utopismo, si erge contro il comunismo marxista il socialismo, poggiante interamente sull'intuizione illuministica del mondo, e di conseguenza, individualistico e cosmopolitico. Invece, il marxismo, finché si mantiene romantico, e non si fraintende come materialismo storico, è antindividualistico, ed è bensì universalistico, ma non cosmopolitico, perché il cosmopolitismo sopprime le differenze, e così annienta l'elevatezza della vita, che il romanticismo ha in animo di mantenere e di esaltare (non è possibile fissare cronologicamente in maniera esatta la distinzione tra il marxismo, che è sentire romantico, e il marxismo, che è materialismo storico; si può soltanto dire che il primo è all'incirca negli scritti giovanili di Marx e che il secondo è consegnato soprattutto al *Capitale*, ma approssimativamente, giacché anche il *Capitale* seguita ad appoggiarsi sulla visione della vita delineata da Marx in precedenza. A partire da un certo momento, Marx ha irriso l'«essenza umana», la «specie», e altre analoghe nozioni, di cui per l'innanzi egli stesso aveva fatto uso. Nondimeno, il fondamentale concetto di plus-valore ha senso, se l'alienazione ha senso, giacché senza di questa non vuol dire niente, né per l'economia, né per qualsiasi altro dominio del sapere).

Ora, mentre l'opposizione del marxismo genuinamente inteso all'illuminismo è netta, estrema, irriducibile, il suo contrasto con esso, in quanto materialismo storico, è vago, limitato, e fors'anche risolubile, se non immediatamente, in un qualche futuro. Infatti, economicistico è l'illuminismo ed economicistico è il materialismo storico, perché entrambi, il primo con i fatti, il secondo con i fatti e con le parole, asseriscono la fondamentalità dell'economia sopra tutti gli altri aspetti della vita, i quali si debbono regolare su di lei, mentre a lei è accordato il privilegio di regolarsi su se stessa. La religione, la morale, il diritto, quali si ebbero in passato e quali si hanno anche oggi, sono dal materialismo giudicati strumenti e mascheramenti di interessi economici, che con essi e sotto di essi si fanno valere. Così, Marx pretende che l'antica religione ebraica abbia a base l'egoismo, che il denaro sia il Dio geloso d'Israele; a suo dire, non c'è alcuna differenza tra l'ebreo seguace di Jahvé e l'ebreo dei nuovi tempi, che egli dipinge come interamente dedito al culto terreno del commercio più vile. Analogamente, Marx raffigura il cristianesimo come il complemento più conveniente della società borghese, sino al punto che non il tradizionale Stato cristiano, quello che fa del cristianesimo la religione di Stato, ed esclude le altre religioni, o, tutt'al più, le tollera di malagrazia, accordando una qualche limitata libertà di culto (la quale è assai meno della libertà di religione), ma lo Stato, che fa della religione un affare privato, è da lui definito lo Stato cristiano perfetto.

Nelle guerre vince immancabilmente la parte che scende in campo più esclusivista, più decisa a non accordare alcunché alla parte avversaria; e contro ogni apparenza, l'esclusivismo è più professato dalla parte illuministica che da quella materialistica. A che cosa si è ridotto il dissenso del materialismo con l'illuminismo? Esso consiste in ciò, che conviene allo scopo di produrre maggiore ricchezza, in certi casi, abolire, o almeno restringere, la proprietà privata dei mezzi di produzione, che il capitalismo, invece, vuole integra e completa. Questo è un dissenso sui mezzi, non sul fine, che è riconosciuto essere l'aumento continuo della ricchezza, e si tratta del fine che l'illuminismo assegna all'umanità. Le controversie sui mezzi sono, per principio, circoscritte e risolubili mediante la ricognizione più esatta delle circostanze di fatto, gli eventi che si verificano oppure restano assenti, tra i quali vengono al primo posto le grandi crisi economiche, le scosse, i fallimenti, i riequilibri che producono, l'emergere di nuovi popoli in posizione dominante sulla scena del mondo, e innumerevoli altri casi, che non si possono immaginare in anticipo, e che, allorquando si presentano, chiedono di essere considerati con atteggiamento realistico, prammatico, non dottrinario e dommatico.

Una volta accettata questa impostazione, il borghese e il proletario perdono la precisa fisionomia che avevano in precedenza, e diventano il primo il ricco e il secondo il povero, e la contesa entro le nazioni e a livello internazionale diventa la lotta contro il *popolo grasso* da parte del *popolo minuto*, che aspira a diventare anch'esso *grasso*. Nel marxismo genuino borghesia e proletariato valevano quali due diverse forme dell'uomo, come due maniere d'esistere chiuse in se stesse, e il proletario era la prefigurazione dell'uomo comunista, così che egli, vincendo la contesa, non diventava il lato assoluto della società, ma sopprimeva, insieme al suo avversario, anche se stesso, inaugurando l'uomo libero e totale. Nel materialismo storico borghesia e proletariato diventano due entità contrapposte che si trovano su di un terreno comune, ossia due formazioni esistenti nell'ambito della proprietà privata, nel mondo della borghesia. Una volta però immesso nella società borghese il proletariato, la sua vittoria diventa estremamente problematica, giacché non s'intende perché mai la borghesia non do-

vrebbe essere in grado d'eliminare a poco a poco il termine antitetico, di riassorbire in sé il suo opposto, ossia di addomesticare il proletariato, corrompendo-
lo con dei donativi, rendendolo cioè partecipe in qualche misura della ricchezza.
Ugualmente, non si scorge perché mai, anche vincendo la partita, il proletariato
dovrebbe instaurare un oggetto e un modo di produzione completamente nuovi,
e integralmente comunistici, anziché continuare con i precedenti, trasformandoli
soltanto parzialmente. La storia offre innumerevoli esempi di conflitti che si sono conclusi con dei compromessi, anziché con dei rivoluzionamenti totali del
modo di esistere. Gli esiti di queste vicende sono imprevedibili, proprio perché
si tratta di «vicende», di «eventi», e quindi di contenuti dell'empiria. Checché
ne sia, è certo che la «nuova umanità», preannunciata dal marxismo, è per il
momento scomparsa dall'orizzonte[22].

[22] Cfr. K. Marx, *Die Frühschriften*, hrsg. von S. Landshut, Stuttgart, 1953; *Scritti politici giovanili*, a cura di L. Firpo, Torino, 1950; *Opere filosofiche giovanili*, trad. it. G. Della Volpe, Roma, 1950; *L'ideologia tedesca*, a cura di G. Pischel, Milano, 1947; *Il manifesto del partito comunista*, trad. it. E. Cantimori Mezzomonti, Bari, 1958; K. Marx-F. Engels, *Das Kapital*; *Einleitung zur Kritik der politischen Ökonomie* (in *Werke*, Bd. 23-25 e 13, Berlin, 1961-1964), *passim*.

LA NUOVA EPISTEMOLOGIA
E LA RINUNCIA ALLA VERITÀ DELLA SCIENZA

1. *Popper e l'abbandono del metodo dell'induzione*

Le cause della decadenza dell'illuminismo si possono dividere in esterne e in interne, e della maggiore causa esterna, che è lo scontro con il romanticismo, si è discorso (il fatto che da tale scontro l'illuminismo sia finora uscito militarmente vincitore non toglie che anche la civiltà da questo prodotta sia stata gravemente danneggiata); resta da trattare della più rilevante causa interna, la quale è da riporre nelle tendenze emerse nella nuova epistemologia, ossia nella più recente filosofia della matematica e della fisica (che è il solo ramo ancora vitale della filosofia d'ispirazione illuministica).

Due compiti preliminari debbono essere eseguiti nei confronti di questa epistemologia: il primo è di richiamare le difficoltà, in cui era rimasta irretita la gnoseologia della scienza dell'illuminismo sin dai primordi, e di cui non era riuscita a venire a capo, per ripetuti tentativi che avesse compiuto; il secondo è di accertare la fede illuministica degli autori che ci accingiamo a considerare. Come abbiamo mostrato, né Bacone né John Stuart Mill, che sono i due massimi teorici dell'induzione che possegga l'illuminismo, erano riusciti a fornire una solida base al procedimento induttivo, il quale, non soltanto a loro avviso, ma nella convinzione pressoché unanime dei fisici, doveva essere considerato fondamentale per l'edificazione della scienza della natura. Bacone aveva contrapposto all'induzione degli antichi una diversa induzione, che aveva dichiarato vera e in cui aveva riposto ogni speranza per l'avanzamento delle scienze, ma aveva preteso di raggiungere, mediante un'induzione concepita empiristicamente, le forme delle cose intese alla maniera aristotelica. Mill aveva moltiplicato le regole dell'induzione, la quale però, nonostante una tale moltiplicazione, era rimasta un procedimento aleatorio, che poteva tanto aver successo quanto andare incontro ad un fallimento, e, quasi non bastasse, codeste medesime regole erano più o meno difettose (cosa, questa, che il loro stesso autore non era sempre alieno dal confessare). Certamente, nella scienza della natura moderna il procedimento induttivo non era il solo strumento, accanto ad esso c'era il calcolo matematico, ma la questione essenziale non era quella dell'integrazione della matematica e dell'induzione, ma una completamente differente, concernente l'indole esplicativa (per cause) oppure descrittiva (per leggi) del sapere dei fenomeni naturali. Dopo il grandioso tentativo compiuto da Cartesio di costruire una scienza della natura esplicativa, la fisica si accontenta, per lo più, di descrivere i fenomeni, di rappresentarli, e a questo scopo si dichiara induttiva (dopo aver ovviamente purgato l'induzione dalle eccessive richieste baconiane); così si comporta Newton. In effetti, ciò che non è consentito compiere in sede di «filosofia sperimentale» può forse essere eseguito ad opera di qualche altro sapere; quelle nature intime delle cose, quelle cause, che la fisica non pretende di stabilire, potranno magari essere raggiunte dalla metafisica. Parecchi scienziati e teorici della scienza naturale nel Seicento e nel Settecento accennano a questa distinzione dei domini della fisica e della metafisica, ma si astengono quasi sempre dal prendere posizione su problemi che sono di pertinenza non della fisica, bensì di una superiore forma di sapere, ammesso che essa esista. Via via, nelle argomentazioni dei fisici, i rimandi a conoscenze superiori a quelle fornite dalla loro scienza diventano sempre più esitanti, giacché si fa strada il dubbio che ciò che la fisica non spiega sia destinato a rimanere inesplicato, che appartenga al campo dell'inconoscibile. La fisica, scienza descrittiva dei fenomeni naturali, per quel che riguarda i suoi rapporti con gli oggetti (e non l'elaborazione matematica dei dati dell'osservazione), si trova così a poggiare per intero sull'induzione, la quale è stata imperfettamente teorizzata, ed è procedimento tale che di esso si può anche contestare l'esistenza.

Quando, nel Novecento, l'astratta possibilità di negare che si dia l'induzione ottiene effettiva esecuzione, la conoscenza scientifica, com'era stata modernamente concepita, è messa in pericolo, e c'è chi, continuando ad affermare la validità del metodo induttivo, ammonisce che quanti la disconoscono, distruggono il patrimonio scientifico che sta a fondamento della civiltà odierna. La negazione dell'esistenza dell'induzione, per parte di coloro che la compiono, non vuole, tuttavia, accompagnarsi ad un qualsiasi rifiuto della scienza, i cui diritti debbono, anzi, essere appieno salvaguardati. Se la scienza deve abbandonare il preteso strumento dell'induzione (il quale, del resto, essendo illusorio, non le è mai stato effettivamente d'aiuto), ha altri procedimenti con cui stabilirsi e farsi valere.

Occorre mostrare che i filosofi della scienza, che assumono una siffatta posizione di pensiero, appartengono programmaticamente all'illuminismo (diciamo «programmaticamente», e cioè per i propositi e per le intenzioni, giacché, quanto ai compimenti e alle effettuazioni, essi possono allontanarsene). Questa militanza illuministica di Popper, Kuhn, Lakatos, Feyerabend, e di qualche altro epistemologo, di cui faremo il nome più oltre, è comprovata dai seguenti elementi:

1) La professione dell'empirismo sensistico in sede di teoria generale della conoscenza, che viene sempre ribadito, anche quando a parole sembra abbandonato e apertamente biasimato. La critica, quando c'è, si riferisce a versioni rigide e chiuse dell'empirismo, che, solidificando la sensazione, tarpano le ali al-

l'immaginazione, e così producono la stagnazione scientifica. A codeste versioni s'intende contrapporne altre flessibili e aperte; non si abbandona, pertanto, l'empirismo, ma se ne auspica la riforma;

2) L'adesione al realismo fenomenistico, il quale va di pari passo con l'empirismo sensistico, adesione, che, anche quando non è nelle parole, è immancabilmente nelle idee, e di conseguenza può essere sempre resa esplicita. Così, p. es., viene mantenuta la distinzione tra proposizioni dichiarative e altre specie di discorsi, distinzione, che ha senso nel presupposto del realismo, ed è insensata sul fondamento dell'idealismo. Essa nacque realistica sin dall'inizio, con Aristotele, per il quale il discorso dichiarativo è quello che solo ha la capacità di essere vero o falso, ed è l'una o l'altra cosa, a seconda che dica l'oggetto come è o come non è, e tale è in ogni epoca rimasta per necessità. Una volta, infatti, che gli oggetti s'immedesimino con i pensieri, nell'accezione più estesa del termine, per cui anche il sentire e l'immaginare è pensare, e il sentire è fatto coincidere con la cosa sentita, nello stesso modo in cui l'immaginare è fatto coincidere con la cosa immaginata, ne viene che anche i discorsi che esprimono sentimenti, desideri, sono dichiarativi al pari di tutti gli altri, perché compiono ciò che questi altri compiono, ossia enunciano pensieri. Se l'accettazione del realismo è lasciata il più delle volte implicita, non è perché il realismo sia ritenuto dubbio, ma, al contrario, è perché è reputato troppo evidente, tale che non franca la spesa di soffermarvisi sopra. Va da sé che gli uomini ragionevoli stanno dalla parte del realismo, e che, almeno sotto questo proposito, la grandissima parte del genere umano è formata da persone ragionevoli;

3) Il valore accordato al senso comune, che è lo strumento che permette di sbarazzarsi della superstizione, della mitologia, e di quella mitologia depersonalizzata, che è la metafisica;

4) La divisione della conoscenza scientifica in astratta ed empirica, e l'identificazione di quella astratta con la logica, e di quella empirica con la scienza della natura (ma la terminologia, a questo proposito, come a parecchi altri, è piuttosto oscillante e ambigua);

5) La considerazione della scienza come bene supremo dell'uomo, nel senso che la scienza è inseparabile da quella che si chiama la civiltà, di cui è fattore essenziale, essendo la massima espressione della ragione;

6) L'approvazione degli ideali umanistici, alla cui realizzazione concorre la scienza, bandendo l'abito dommatico del pensiero, e favorendo lo spirito critico, che nel sapere matematico e fisico si manifesta nella molteplicità delle tendenze e degli indirizzi, i quali sono una sorta di democrazia della conoscenza, il cui opposto è la tirannide del dommatismo;

7) Il mantenimento dell'idea di progresso, il quale ha luogo nella stessa scienza, nel seguito delle teorie che in essa si succedono, in cui quelle fornite di maggiori requisiti, in fatto d'estensione, di semplicità, e fors'anche di bellezza, sostituiscono quelle meno dotate. In verità, questo progresso è estremamente problematico, è il tratto più incerto che si attribuisce al divenire della scienza, ma ciò non toglie che esso sia ancora creduto;

8) Le composizioni letterarie preferite, che, nella maggior parte dei casi, so-

no, per il genere e il tono, analoghe a quelle degli autori del Settecento. Si tratta, per lo più, di saggi snelli, composti ora con accento arguto, ora duramente polemici nel loro sarcasmo. Gli illuministi della prima ondata sbaragliarono gli Scolastici cattolici e gli Scolastici sorti sul terreno della Riforma protestante, opponendo ai loro trattati ponderosi, dallo stile accademico, dottrinale, paludato, degli scritti brevi, brillanti, ricchi di facezie e di trovate, e quindi bene accolti dal grande pubblico, a quel modo in cui cavalieri e altri soldati armati alla leggera vincono talvolta ampie schiere di fanti attardati dall'armamento pesante. Gli illuministi odierni continuano con lo stesso tipo di scritture, anche se lo splendore della lingua del Settecento se ne è andato, e adesso ci si esprime in maniera plebea;

9) La relazione dinastica esistente tra gli odierni epistemologi, i quali si presentano quasi fossero i membri di una stessa catena, nel senso che il pensiero dell'uno si ricollega immediatamente a quello dell'altro. Nella revisione del valore di piena verità conferito alla matematica e alla fisica, valore che adesso viene messo in discussione, un pensatore si arresta ad un compromesso, trovandosi stretto tra esigenze inconciliabili; sopravviene un altro pensatore, che rifiuta come inconsistente e logicamente nullo codesto accomodamento di facciata, scava più a fondo nella questione, e contesta più duramente la pretesa della convincente certezza e della permanente verità della scienza, ma nondimeno ancora si studia di mantenere l'ideale della conoscenza scientifica; a questo punto giunge un altro, che annienta la distinzione tra il valore della scienza moderna e quello della scienza antica, e, quasi non bastasse, tra la scienza e le altre manifestazioni della vita, politiche, artistiche, religiose, comprese quelle che in precedenza erano state considerate con sospetto e denunciate come affette da credulità, superstizione, così che la scienza è assimilata, o almeno paragonata, con la magia, la quale vanterebbe anch'essa procedimenti di controllo analoghi a quelli messi in atto dalla moderna sperimentazione scientifica. Il lavoro, per così dire, passa dalle mani dell'uno alle mani dell'altro (va da sé, posto che si consideri il mero schema del procedimento logico, giacché la personalità di ogni singolo, con tutto ciò che possiede di originale e d'irripetibile, si fa sempre sentire, e con essa emergono anche differenze di atteggiamenti mentali). L'analogia con la relazione dinastica che si riscontra nell'empirismo inglese del Seicento e del Settecento è notevole, anche se resta la diversità del livello, giacché un'epoca di crisi non può possedere la complessità propria di un periodo aureo;

10) Le accuse e le controaccuse, che questi filosofi della scienza si scambiano, le quali fondamentalmente sono: *a*) di restaurare la possibilità della metafisica, che gli illuministi dei secoli precedenti avevano ripudiato sempre più recisamente; *b*) di professare il relativismo più completo, privando la scienza di validità, e quindi scalzandola dal suo posto di guida della vita umana, in cui aveva sostituito la religione; *c*) di propugnare l'irrazionalismo, e così di essere passati, armi e bagagli, dalla parte del nemico. – Ciò che contraddistingue gli illuministi più recenti dai loro maestri di due o tre secoli fa è la propensione all'autocritica, la quale prevale in loro, proprio quando è questione di filosofia

della matematica e della fisica, nettamente sulla polemica. Più che a combattere i vecchi nemici, metafisici tradizionali, filosofi e scienziati d'inclinazione romantica, questi epistemologi sono intenti a contrastarsi tra loro. La crisi che travaglia gli ultimi indirizzi dell'illuminismo ha in tale atteggiamento uno dei suoi aspetti salienti, giacché entro ogni punto di vista si trovano sia l'autocritica che la polemica, ma vi stanno in ragione inversa, e nel Settecento capitava che dominante fosse la polemica e scarsa l'autocritica, mentre adesso accade l'opposto. I nemici esterni sono quasi dimenticati, mentre assumono sempre più indole ostile quelli che dovrebbero essere i compagni e gli amici, o almeno, gli alleati e gli associati. Lo stesso successo, che in ogni ambito della vita ha ottenuto l'illuminismo, si è trasformato in un ostacolo e in un fattore di decadenza, com'è, del resto, naturale, giacché il bisogno del nemico è pressante, e sempre accade che, quando i nemici sconfitti si sono dati alla fuga e sono scomparsi dall'orizzonte, quelli che li avevano concordemente combattuti si rendono discordi e vengono alle mani gli uni con gli altri. Di fronte alle imputazioni menzionate, quasi tutti gli epistemologi ripiegano, moderando le tesi sostenute per l'innanzi, allorché avevano un'incompleta coscienza delle conseguenze che esse comportano, e accogliendone adesso di più sfumate, ma anche di meno consistenti, perché giustificate soltanto dal desiderio di non nuocere al proprio partito filosofico. C'è però anche chi prosegue indomito per la strada in cui si è messo e arriva alle conclusioni più estreme, anche se esse gli procurano l'ostracismo degli ambienti scientifici. Ora, il razionalismo è proprio dell'illuminismo, com'è peculiare di esso l'accusa d'irrazionalismo rivolta al romanticismo; così il timore di cadere nell'irrazionalismo e la voglia di rimanere dalla parte del razionalismo sono documenti di solare evidenza di spirito illuministico [1].

---

[1] La prevalenza dell'autocritica sulla polemica, che si riscontra negli ultimi illuministi, e che trova riscontro in un analogo atteggiamento degli ultimi romantici, produce l'apparenza che l'illuminismo e il romanticismo arrivino a concordare intorno a propositi fondamentali. L'epistemologia del Novecento, pur essendo improntata da spirito illuministico, sembra accogliere, in ultimo, le conclusioni che sulla costituzione della scienza avevano tirato Schelling e Nietzsche. Dall'altra parte, si arriva a rifiutare la metafisica, che il romanticismo aveva riaffermato e portato a grande altezza con l'idealismo tedesco. Ne è prova l'orientamento di pensiero del secondo Heidegger, il quale richiede il superamento della metafisica, da cui si studia di distinguere la sua peculiare domanda sull'essere. Si direbbe che la conclusione, a cui così Heidegger perviene, sia quella medesima a cui erano, per proprio conto, giunti il neopositivismo logico e la filosofia analitica del linguaggio, quando affermavano che i problemi metafisici sono inconsistenti, sono formati da domande intorno a ciò, su cui non c'è nulla da dire (allorché si asserisce che il secondo Heidegger, ponendo l'essere al di là di ogni ente e facendo procedere gli enti dall'essere, prende la via percorsa dal neoplatonismo, si trascurano le dottrine determinate, che formano la ricchezza e il pregio del neoplatonismo, come quelle di Plotino, dell'Uno, dell'Intelletto, dell'Anima del mondo, o come quelle, estremamente ramificate di Proclo, delle Ipostasi intelligibili, intelligibili-intellettuali e intellettuali. Per Heidegger, alla domanda: che cosa è l'essere, si può rispondere soltanto dicendo che l'essere è lui stesso e che è mistero. Se però ci si prende la briga di ricondurre un tale mistero alla scaturigine sentimentale di cui è l'espressione, si scorge che è qualcosa di perfettamente trasparente, che è il puro anelito il quale ha per contenuto sé medesimo, e per questo motivo si configura come al di là di

– Ordunque, il procedimento induttivo era già stato oppugnato dagli Scettici dell'antichità, i quali con Sesto Empirico avevano osservato che delle due l'una: l'induzione, allo scopo di stabilire l'universale, o si accontenta di percorrere soltanto alcuni particolari, e allora è malferma, potendo accadere che qualcuno dei particolari che si è omesso di considerare contrasti con l'universale, o pretende di passare in rassegna tutti i particolari, e allora si assegna un compito ineseguibile, giacché i particolari sono infiniti e non è consentito percorrere l'infinito. In ogni caso, l'induzione è inattendibile. La critica scettica intendeva dirigersi contro l'induzione aristotelica, ma poneva ad essa un dilemma, che sembra stringente, ma che è in effetti inconsistente, per il motivo, già illustrato, che l'universale di Aristotele non si stabilisce sulla base della rassegna dei particolari, bensì cogliendo la forma, o l'essenza, la quale si può apprendere anche mediante un singolo particolare. Gli Scettici argomentano tenendo per fermo il significato che l'universale ha nel presupposto dell'empirismo, in cui è costituito dalla collezione dei particolari, non il significato che esso ha in Platone e in Aristotele, di essere l'essenza, si trovi essa ad insidere nelle cose singole o sia da queste separata perché possedente un'esistenza a sé stante; e infatti gli Scettici sono i più cospicui rappresentanti del fenomenismo e dell'empirismo dell'antichità. Quando modernamente ritorna la posizione mentale dell'empirismo, riappaiono le riserve sull'induzione, ciò che puntualmente capita con Hume, il quale, discorrendo dell'inferenza dall'impressione all'idea, rileva come sia infondato pretendere che i casi, di cui non si è avuta esperienza, assomiglino a quelli di cui si è avuta, potendosi per lo meno concepire un cangiamento nel corso della natura, il quale non è assolutamente impossibile. Adamo, con tutta la sua scienza, non soltanto non sarebbe stato capace di dimostrare che l'andamento delle cose deve essere uniforme, ma non sarebbe stato nemmeno in grado di provare con argomenti probabili che il futuro ha da essere conforme al passato. Quest'ultimo punto, che è quello più importante, deriva da ciò, che qualsiasi argomento, essendo basato sulla supposizione della conformità tra futuro e passato, non può manifestamente servire a provare questa medesima supposizione. Ma le conclusioni scettiche di Hume, che, come dice Kant, minacciano di travolgere, insieme con la metafisica, anche la matematica e la fisica (o almeno,

ogni e qualsiasi cosa). Queste concordanze, questi accordi, sono apparenti, perché le intuizioni del mondo sono disposizioni della sensibilità intervallate, non hanno confini comuni, non possono stipulare accordi e nemmeno guardarsi in faccia. La differenza dei significati rimane inoltrepassabile, anche dove l'apparenza della concordanza non può non prodursi, come capita ogni volta che l'autocritica prende il sopravvento sulla polemica: si diventa tolleranti verso gli avversari e diminuisce l'amore verso se stessi, perché l'ostilità all'esterno e l'amore all'interno sono entità correlative, e insieme crescono e insieme diminuiscono. Quando sono molto diminuite, si ha quello che si chiama il «*relativismo*» il quale è, anzi, l'unico relativismo esistente. La sua definizione è: indulgenza per l'avversario e scarsità della fede in sé. Nessun altro relativismo è suscettibile di darsi, per la ragione che non ci sono idee e cose, ma le idee sono le cose; non ci sono rappresentazioni e oggetti, ma le rappresentazioni sono gli oggetti. Né i punti di vista di per se stessi, né la loro teoria possono essere, ad un qualsiasi titolo, inficiati di relativismo.

l'uso reale che della matematica si compie nella fisica, annientando la scienza della natura), non fanno per niente scuola nella scienza, la quale continua a professare in tutto l'Ottocento l'induttivismo più fiducioso, praticandolo o credendo di praticarlo.

Nell'ambito dell'illuminismo del Novecento, l'esistenza dell'induzione è negata da Popper, proprio nel momento in cui lo scientismo è al suo acme, con il cosiddetto neoempirismo o neopositivismo logico, e poiché tale negazione non trova convincenti repliche, concorre a determinare l'esaurimento dello scientismo, e cioè della fede inconcussa nella scienza come fondamento della civiltà umana. Popper argomenta che il principio d'induzione non è una proposizione analitica, ossia tale che la sua negazione importa contraddizione, bensì è un'asserzione sintetica, e per di più, ingiustificabile, giacché, allo scopo di giustificarla, si dovrebbero assumere inferenze induttive, le quali, a loro volta, per essere giustificate, avrebbero bisogno di un principio d'induzione d'ordine superiore, cosicché si entra in un regresso infinito[2].

L'argomentazione non è irrefutabile, giacché contiene un elemento difettoso, il quale risiede in ciò, che viene data per ammessa come ovvia e indiscutibile la distinzione tra induzione in atto e teoria dell'induzione. Introdotta una siffatta distinzione, si tratti dell'induzione o della deduzione, non c'è scampo al regresso infinito, ma la questione è se sia o no da distinguere la logica in atto e la teoria della logica. Anche l'induzione è inferenza, e se la logica è attività inferenziale, anche l'induzione le appartiene, così come le appartiene la deduzione. Che si possa letterariamente distinguere la considerazione riflettente dell'induzione dall'esecuzione dell'induzione, non produce difficoltà alcuna, perché le distinzioni d'ordine letterario sono inconcettuali. La difficoltà sorge ed è insormontabile, se s'introduce la distinzione concettuale, che riguarda il pensiero. Si dice: Il principio d'induzione o è tautologico («tautologico» nel senso di analitico) o è sintetico («esperienziale», si potrebbe anche dire). Non è tautologico, perché altrimenti l'induzione si ricondurrebbe alla deduzione e si dissolverebbe in essa. Posto che sia esperienziale, ci vogliono inferenze effettuali induttive, e non già ragionamenti, per fondarlo, ossia non basta la riflessione intorno all'induzione. La logica deduttiva si trova di fronte allo stesso inconveniente di quella induttiva, vedendo anch'essa sorgere di fronte a sé lo spauracchio del processo infinito. C'è bisogno di stabilire la natura tautologica della logica deduttiva. Ebbene, si desidera sapere se la dimostrazione della tautologicità della logica è, a sua volta, tautologica. Se lo è, essa non dimostra niente; se non lo è, siccome anche questa dimostrazione appartiene alla logica, ne viene che la logica (deduttiva, è inutile seguitare ad avvertire) non è interamente tautologica, come voi assicurate che è. Ci si è chiesti che mai fondasse il sillogismo, e si è distinto il sillogismo dalla teoria del sillogismo, salvo a dover costatare che codesta teoria è costruita sillogisticamente. Non interessa presentemente la validità, o meno, della logica sillogistica; ciò che preme è avere sotto gli occhi che il regresso in-

---

[2] Cfr. *Logica della scoperta scientifica*, trad. it. M. Trinchero, Torino, 1970, pp. 5-9.

finito compare, per la ragione che s'introduce un'inesistente distinzione tra atto e teoria dell'atto; è essa che dà luogo al regresso, il quale, se si desse, sarebbe certamente infinito, ma siccome non si dà quella distinzione, non c'è neppur esso. Non si deve distinguere il pensiero in atto e la teoria del pensiero; altrimenti si è costretti ad introdurre la teoria, per fondare la validità del pensiero, per garantirlo; ma la teoria si può formulare soltanto mediante il pensiero, il quale diventa così la garanzia di quel che dovrebbe garantire.

Segnalato quest'importante aspetto, è da aggiungere che anche qualche altro elemento dell'argomentazione di Popper non è completamente inappuntabile, giacché essa suggerisce che le proposizioni universali non si possono ottenere a partire da proposizioni singolari (e le teorie scientifiche constano senza dubbio d'asserzioni universali). In verità, John Stuart Mill ammette un'induzione da particolari a particolari, la quale non è colpita da codesta irraggiungibilità induttiva delle asserzioni universali, e la modestia del particolare è risparmiata, dove si vuole punita la superbia dell'universale. Dove Popper ha incontestabilmente ragione è nel sostenere che a sostituire al vero il probabile (nell'accezione del verosimile) non si guadagna niente, come risulta palese dall'esame dello scetticismo antico, il quale, quantunque indietreggiasse nelle sue asserzioni, non per questo riuscì a raggiungere il sospirato porto della salvezza. Se lo Scettico asserisce: *tutto è falso*, scorge codesta sua asserzione convertirsi nell'altra: *è vero che tutto è falso*; ma, se è pago di dichiarare: *tutto è verosimile*, vede tale sua dichiarazione cangiarsi nell'altra: *è vero che tutto è verosimile*; perché ciò comporta la natura affermativa del pensiero. Del pari, è vano cercare scampo nell'azione, accontentarsi della riuscita della scienza, nel modo che suggerisce il prammatismo, giacché, immedesimandosi la pratica con la teoria, si è costretti ogni volta a rifar posto alla considerazione teoretica, da cui si era preteso di prescindere. Anche di ciò prova sufficiente è fornita dall'antichità, giacché alcuni filosofi greci poterono ben affermare che non della verità ci si deve occupare, bensì del successo nella vita politica, e simili, ossia che ha da premere l'utilità, ma costoro non poterono poi evitare di distinguere la *vera* utilità dall'utilità *fittizia*, così che il preteso criterio prammatico torna a configurarsi come criterio identicamente teoretico e pratico.

I seguaci del neopositivismo logico, e con essi parecchi altri filosofi della scienza, invitano a riflettere che le conoscenze scientifiche riposano in massima parte sull'induzione, e che, se questa è illusoria, la fisica non lo è di meno? Popper non reputa l'indicazione conclusiva, e almeno per il momento lascia balenare l'eventualità che tutta quanta la scienza possa sbagliare, gettando così l'ombra del sospetto sull'intera consistenza del sapere; in prosieguo di tempo, supposizioni tanto comprometenti verranno ritirate. Il fatto è che Popper, rifiutata l'esistenza dell'induzione, è convinto che resti nondimeno a disposizione della scienza un *principio, quello della falsificabilità delle proposizioni*, che consente di distinguere ciò che è scienza e ciò che, invece, non è scienza, ma metafisica, o altro che sia. Le teorie scientifiche non possono essere verificate, ma nondimeno sono tali da essere suscettibili di venir smentite dai fatti, e così falsificate, mentre ciò che è extrascientifico è costituito in maniera cosiffatta che i suoi asserti non possono essere falsificati. Il contrassegno, che permette di sceverare la scienza dalla non scienza, o, come Popper dice, il *criterio di demarcazione* è costituito da ciò, che una teoria scientifica, avendo indole empirica, può essere confutata dall'esperienza, sebbene dall'esperienza non possa essere garantita una volta per tutte, e cioè verificata in maniera definitiva. Verificabilità e falsificabilità sono criteri asimmetrici, e ciò che è insuscettibile di essere verificato (e le proposizioni universali non lo sono, potendo sempre darsi casi che le contrastino, come giustamente suggerivano Sesto Empirico e Hume), è capace di essere falsificato, e quindi di essere controllato, e questo controllo, rappresentato dai fatti dell'esperienza, è sufficiente alla scienza, la quale deve attenersi ad esso come a sua regola imprescindibile.

Si tratta di discutere partitamente i diversi problemi che la sostituzione della verificabilità con la falsificabilità comporta, e di stabilire se la seconda sottopone effettivamente ad un controllo da parte dell'esperienza le teorie scientifiche, come indubbiamente avrebbe fatto la prima, qualora fosse stata praticabile. La grande differenza, che passa tra i due principi, risiede in ciò, che quello della verificabilità è positivo, così che, se fosse a disposizione, consentirebbe di stabilire la verità delle proposizioni della scienza, e quello della falsificabilità è negativo, di modo che permette di accertare l'errore, quando una proposizione è smentita dal fatto, ma non giunge a far conoscere la verità nella scienza. Il numero dei fenomeni naturali è sterminato, sia nella direzione del passato che in quella del futuro; l'apprensione umana di essi è estremamente limitata, sia per il lato dello spazio che per quello del tempo, per il quale ultimo è successiva; per poco o per molto che si sottopongano delle teorie scientifiche alla controprova dell'esperienza (la quale è il nome della conoscenza di codesti fenomeni, nel loro esibirsi immediato ad opera di se stessi), non si perviene alla cognizione della loro verità. Quel che non è stato contrastato dai fatti sino ad oggi, almeno per quanto giunge la conoscenza umana del passato della natura, può esserlo domani, in un futuro, che può essere tanto prossimo quanto remoto. Una tale possibilità non può a nessun patto essere esclusa, ed essa è, infatti, esplicitamente ammessa. Un complesso di proposizioni non ancora smentite, ma suscettibili di smentita, è un insieme di ipotesi, e pertanto, la prima conseguenza di questa concezione della scienza è l'ipotetismo, il quale è in Popper, almeno in un primo momento, piuttosto dissimulato e mascherato che aperto e conclamato. E il mascheramento consiste in ciò, che si ammette di rinunciare alla verità che pretende di essere tale una volta per tutte, definitiva e ultima, quasi che si disponesse della verità momentanea, provvisoria, temporanea, e invece, della verità si manca completamente.

L'ipotetismo ha la sua contropartita, che lo rende ancor più palese, nella *retorica della ricerca scientifica*, la quale si vuole inesausta, inestinguibile, genuino atteggiamento dello spirito critico, ma che qui ha proprio di essere una ricerca per la ricerca, ossia fine a se stessa. La glorificazione della ricerca, che si chiama lo *zeteticismo*, è consentanea all'illuminismo, che ne offre insigni documenti, ma ci sono due modi di concepire la ricerca, quand'anche essa sia infinita. Il primo modo è quello per cui si cerca qualcosa, che anche si trova, ma che soddisfa soltanto per un momento, dopo del quale si continua a ricercare qualcos'altro, che un'altra volta medesimamente si rinviene, ma da cui si è, del pari, appagati esclusivamente per un istante, così che si prosegue nella ricerca sempre oltre. Tale modo d'intendere la ricerca, non soltanto nella scienza, ma anche in ogni altra manifestazione della vita, è il solo adatto all'illuminismo, il quale, essendo impastato di senso comune, schernirebbe una ricerca che s'intraprendesse al solo scopo di ricercare. Questo secondo modo d'intendere la ricerca, espresso dalla sentenza: «la caccia val più della preda», è una manifestazione di spirito romantico, da cui l'epistemologia illuministica dovrebbe rifuggire come da un'aberrazione, e invece del tutto involontariamente incoraggia.

Sono poi suscettibili di falsificazione le proposizioni scientifiche? Questo problema, che è quello capitale, esige di essere discusso distintamente rispetto alle diverse specie in cui si dividono le proposizioni rispetto alla quantità, e cioè in universali, particolari e singolari. Le proposizioni singolari, che si riferiscono a ciò che accade in un unico caso, possono subito essere tralasciate, per il motivo che esse non hanno alcun interesse per la scienza, che ha di mira ciò che è costante. Le proposizioni universali si bipartiscono, essendoci quello che Aristotele chiama l'«universale del sempre», e quello che egli denomina l'«universale del per lo più». Una tale bipartizione può essere convenientemente mantenuta, dicendo universali le proposizioni in cui compare l'universale del sempre, e riservando alle altre l'appellativo di generali. Orbene, qual è il criterio per cui si distinguono le proposizioni universali da quelle generali? Nella posizione dell'empirismo si dovrebbe sostenere che il criterio distintivo delle proposizioni universali è l'analiticità, ossia che universali sono le proposizioni tautologiche. Universalità e necessità procedono immancabilmente di conserva, le tautologie sono necessarie, e, godendo del requisito della necessità, posseggono anche quello dell'universalità. Se si accoglie questa indicazione, ne viene che le proposizioni universali non possono essere falsificate, perché non ha semplicemente senso volerle sottoporre a un qualsiasi controllo da parte dell'esperienza, di cui non hanno minimamente bisogno. La sede delle tautologie non è la fisica, bensì la logica, e nella logica non si verifica né si falsifica. Ci si basa quindi su di un equivoco, quando si reputa che si diano proposizioni universali, le quali siano presenti costitutivamente nella fisica, e che sia sufficiente che l'esperienza fornisca un caso in contrario, per poterle falsificare. Rimangono da considerare le proposizioni generali, che sono quelle costitutive della fisica, e da discutere i problemi che a loro proposito si presentano. È suscettibile di essere falsificata la singola proposizione generale fisica, presa separatamente dalle altre tutte, o debbono essere parecchie proposizioni di tale specie congiuntamente riguardate, perché abbia luogo la condizione richiesta dalla falsificabilità? A questo quesito i grandi epistemologi della fine dell'Ottocento e dell'inizio del Novecento hanno convincentemente risposto che soltanto un complesso di proposizioni, ossia un'intera teoria è capace di essere falsificata[3].

---

[3] Secondo Duhem, un'esperienza di fisica non può mai condannare un'ipotesi isolata, ma

Il principio della falsificabilità esce malconcio dalla considerazione degli asserti probabilistici delle teorie fisiche, asserti, che – Popper riconosce – non sono direttamente falsificabili, ma soltanto indirettamente, e per di più, che, se s'impiegano in maniera indiscriminata, assumono carattere metafisico. Queste distinzioni sono oscure e incerte, perché non si scorge che cosa sia quel che è da definire come diretto e quel che è a da riguardare come indiretto, e non è dato sapere dove cessi con precisione l'uso discreto degli asserti probabilistici e incominci il loro impiego indiscriminato. La demarcazione che segna il confine tra la scienza e la metafisica, che finora sembrava netta, incomincia a manifestarsi vaga.

Ma non è su questo punto che ci si deve soffermare, bensì su uno diverso, di assai maggiore importanza, giacché permette di stabilire che nella fisica, così intesa, non si ha né verificabilità né falsificabilità. Nel contesto dell'empirismo, in cui almeno programmaticamente Popper si colloca, la scienza della natura non può fare a meno di accogliere entro di sé l'elemento della convenzione, e

---

solamente un insieme teorico. Duhem ragiona quest'assunto, dichiarando che il fisico, il quale si propone di dimostrare l'inesattezza di una proposizione, non si limita a far uso della proposizione controversa, ma impiega tutt'un complesso di teorie, che ammette senz'ombra di dubbio; la previsione del fenomeno, la cui non produzione deve decidere la discussione, non deriva dalla proposizione controvertibile soltanto, ma da essa e da tutto codesto insieme di teorie; se il fenomeno previsto non si produce, non è la sola proposizione controvertibile, ma è l'intera impalcatura teorica, di cui il fisico ha fatto uso, che è colta in fallo; l'unica cosa che c'insegna l'esperienza è che tra tutte le proposizioni che hanno concorso a prevedere quel fenomeno e a costatare che non si produceva, ce n'è almeno una erronea, ma non ci dice dove codesto errore si nasconda. L'orologiaio, a cui si dà un orologio che non va – conclude Duhem –, ne separa gli ingranaggi e li esamina uno per uno finché non trova quello rotto; il medico, a cui si presenta un malato, non può sezionarlo per fare la diagnosi, egli può individuare il luogo e la causa del male con la sola considerazione dei disordini che affettano il corpo tutt'intero: è a questo secondo, e non a quel primo, che assomiglia il fisico incaricato di correggere una teoria difettosa. Non è giusto ciò che asserisce Popper a proposito di Duhem, il quale, a suo dire, avrebbe contestato la possibilità dell'*experimentum crucis* in fisica per quel che riguarda le sole verificazioni; gli esperimenti cruciali sono dichiarati impossibili da Duhem sia come verificanti, sia come falsificanti. La riduzione all'assurdo, che si pratica in logica, si può eseguire per il motivo che si hanno dinanzi due proposizioni contraddittorie, di cui, essendo falsa l'una, ne viene che è vera l'altra, e di converso. Senonché, quando si tratta della fisica, non ci si trova di fronte a una coppia di proposizioni, di cui l'una afferma quel che l'altra nega, ma a complessi teorici, che non danno luogo a dilemmi stringenti. Chi può mai osare d'escludere che sia possibile immaginare una qualche altra ipotesi, oltre quelle in esame? La luce, p. es., può essere un corpo e può essere un'oscillazione, ma può altresì essere qualcosa di diverso da quello e da questa; il contrasto sperimentale non va confuso con la riduzione all'assurdo logica. Cfr. *La théorie physique. Son objet, sa structure*, 2 ed. revue et augmentée par P. Bronzeng, Paris, 1993, pp. 278-289. – Popper compie per lo meno un abuso linguistico, quando denomina il procedimento della falsificabilità metodo ipotetico-deduttivo, e quando fa appello al *modus tollens* della logica. Non c'è niente di deduttivo nel confrontare delle ipotesi teoriche con dei fatti dell'esperienza, e mentre il *modus tollens* è conclusivo, l'esperienza è inconclusiva, poiché tutto quello che può mostrare è che da qualche parte in un edificio teorico c'è un errore, ma non consente di stabilire dove quest'errore precisamente stia (le proposizioni generali, le sole costitutive della fisica, sono infalsificabili, se prese a sé stanti; per le proposizioni particolari vale la considerazione esposta per quelle singolari).

ciò che è convenzionalmente ammesso non si presta né ad essere verificato né ad essere falsificato. Secondo la tesi generale dell'empirismo, una qualsiasi cosa è un aggregato di caratteri, che può differenziarsi da un'altra cosa, ossia da un altro aggregato, anche soltanto per un solo carattere, rimanendo tutti gli altri non tocchi da una tale differenza. L'empirismo, come provammo a suo luogo, non può pensarla diversamente, perché altrimenti restaura la metafisica, facendo posto alle essenze. Se però le cose sono aggregati di caratteri soltanto accidentalmente congiunti tra loro, di cui anche uno solamente può variare, allorché si apprendono cose nuove, che per l'innanzi s'ignoravano, si può procedere a classificarle e a denominarle esclusivamente sulla base di una decisione, ossia in maniera convenzionale. Supponiamo che occorra fare il censimento degli abitanti di un villaggio; gli incaricati, nel compiere la conta, non incapperanno in grandi difficoltà, finché si tratta di non mettere nel novero i cani, i gatti, i canarini, che si trovano nelle case insieme agli uomini, ma essi possono incontrare un essere che differisce da quelli che anche per l'innanzi si dicevano «gli uomini» per un unico carattere. Che debbono essi fare? Qui interviene necessariamente la convenzione. Decidono di contarlo, e quindi è un uomo; decidono di escluderlo, e allora non è un uomo. Allorché in Australia furono trovati degli animali, somiglianti ai cigni sino ad allora conosciuti, ma differenti da essi nel colore, giacché erano neri, anziché essere bianchi come gli altri, si decise di considerarli quali cigni. Se si fosse deciso di introdurre una nuova specie di animali, non si sarebbe commesso alcun errore, né di logica né di scienza naturale. Si sarebbe potuta conservare la proposizione «tutti i cigni sono bianchi», facendo della bianchezza un requisito della definizione del cigno, nel qual caso si sarebbe concluso a proposito dei nuovi incontrati: «questi animali non sono bianchi, dunque non sono cigni». Poiché fu deliberato diversamente, la proposizione «tutti i cigni sono bianchi» diventò falsa, ma non perché fosse falsa di per sé, bensì perché si volle assumere una considerazione che aveva per conseguenza la sua falsità. Dar luogo ad una zoologia diversa da quella in vigore in certi luoghi e in certi tempi è operazione interamente lecita; nessuno può introdurre divieti in proposito. La convenzionalità c'è comunque e non si evita; è soltanto il contenuto della convenzione che è diverso, ma il contenuto è libero; ognuno sceglie il suo. Quel che si è detto a proposito di un animale, può ripetersi ad ogni altro proposito, p. es., di un metallo, il piombo, immettendo nella sua definizione il carattere per cui il punto di fusione del piombo è di circa 335 °C; in tal caso, una qualunque sostanza, per il rimanente somigliantissima al piombo, ma avente un differente punto di fusione, per ciò stesso non sarebbe piombo, e la proposizione che assegna quel punto di fusione al piombo sarebbe infalsificabile. *Il falsificazionismo è disarmato nei confronti del convenzionalismo*, che reputa che la scienza della natura sia basata su convenzioni come quelle citate ad esempio (e molta parte della filosofia della scienza del Novecento è orientata in direzione del convenzionalismo).

Popper esamina le tesi convenzionalistiche, concede che esse non danno luogo a contraddizioni; nondimeno vuole allontanarsene, ma, nel cercare di farlo, non si rende conto di argomentare convenzionalisticamente contro il convenzionalismo, discorrendo ad ogni istante di decisioni da prendere, quasi che una decisione presa (e non imposta dalle cose medesime) non fosse una convenzione. Sostenere che il convenzionalismo ricorre alle ipotesi *ad hoc*, e cioè a procedimenti scientificamente scorretti, allo scopo di assicurare la corrispondenza delle proposizioni agli oggetti, non è una strada percorribile. Cos'è mai un'ipotesi *ad hoc*? È forse un'ipotesi, che non s'introduce nella scienza della natura sin dal primo momento, ma che s'inserisce soltanto in corso d'opera? Non si scorge perché mai le ipotesi dovrebbero essere addotte tutte sin dal primo momento nella scienza, per poi diventare una merce vietata, tanto più che, a rigore, un primo momento nella conoscenza scientifica non c'è, essa è già da sempre iniziata, essendo (dichiara Popper) la scienza nient'altro che l'estensione e lo sviluppo della conoscenza del senso comune. La scienza è sempre in corso d'opera, e in qualsiasi momento è lecito immettervi delle ipotesi. È forse l'ipotesi *ad hoc* un'ipotesi capace di rendere ragione di un unico fatto? Ma qualsiasi fatto, considerato per gli elementi interni di cui consiste, è qualcosa di molteplice; del pari, ogni molteplicità, riguardata come una relazione, è qualcosa di unico; tutto dipende dalla considerazione che se ne compie. Un saldo criterio distintivo delle ipotesi consentite e di quelle vietate non esiste, e meno che mai dovrebbe introdurre delle proibizioni in materia l'ipotetismo professato da Popper[4].

Neopositivisti e verificazionisti in crisi sono facilmente tentati di venire ad un accordo con i falsificazionisti, sostenendo che il dilemma tra il verificazionismo e il falsificazionismo non sorge, giacché ci sono nella scienza diversi procedimenti, alcuni atti a verificare, e non a falsificare; altri idonei a falsificare, e non a verificare; e che si debbono accogliere tanto quei primi che questi secondi, stimandoli in definitiva per equipollenti. Contro questa inclinazione al compromesso, che al giorno d'oggi s'incontra dovunque, è da ribadire che il principio della verificabilità, se fosse attendibile, permetterebbe di raggiungere la verità, perché è positivo, mentre il principio della falsificabilità è inaffidabile, e, qualora si desse, essendo negativo, non consentirebbe di andare oltre l'ipotesi, e cioè oltre l'opinione. L'illuminismo della prima ondata affermava orgogliosamente che tutto è opinione all'infuori della fisica e della matematica; oggigiorno la distanza tra la scienza e l'opinione si è ridotta di parecchio.

Con tutto ciò, il fondamentale problema di stabilire come ci siano delle teorie scientifiche non soltanto non è stato risolto, ma non è stato nemmeno proposto. La verificazione e la falsificazione si riferiscono a teorie già esistenti, di cui si prefiggono di controllare la consistenza, ma delle teorie, per esistere, hanno bisogno di essere formulate, consistendo di pensieri. Il problema è dunque: come si formulano le teorie di scienza della natura? Lo scopo, per cui era stata conferita modernamente tanta importanza all'induzione, era stato quello di spiegare come nasce l'edificio della scienza, il cui punto di partenza doveva essere

---

[4] Da implicito che è all'inizio, l'ipotetismo di Popper diventa a un certo punto esplicito, come risulta da *Congetture e confutazioni. Lo sviluppo della conoscenza scientifica*, trad. it. G. Pancaldi, intr. G. Sandri, Bologna, 1972, p. 98.

costituito dall'osservazione, spontanea o provocata, dei fatti, proseguire con l'introduzione delle leggi sperimentali, e culminare con la formulazione di alcuni pochi principi, i quali consentissero di condensare in brevi formule la massa altrimenti sterminata delle leggi sperimentali; ciascuna di queste tappe avrebbe avuto nel metodo induttivo il suo solo procedimento legittimo. Una volta compiuto questo percorso, per rendersi meglio conto di non aver omesso alcun termine, si compirebbe il percorso inverso, e dai pochi principi matematicamente espressi si passerebbe alla moltitudine delle leggi sperimentali, di cui essi sono il compendio, rappresentandole nella maniera più esatta possibile, nella stessa maniera in cui le leggi sperimentali rappresentano la serie inesauribile dei fenomeni che si dispiegano nello spazio e nel tempo.

Una volta rifiutata l'esistenza dell'induzione, il problema di rendere ragione della maniera in cui si giunge a formulare le teorie scientifiche è sostanzialmente ignorato, e quel poco che se ne dice è assai pericoloso per la causa dell'illuminismo, perché tira in ballo l'intuizione, l'ispirazione, il colpo d'occhio e suggerisce ardimentose analogie tra quel che ha luogo nella scienza e quel che succede nella poesia, nella drammaturgia, nella musica. Anzi, si fa posto anche ai fattori irrazionali, ammettendo che anch'essi possono intervenire nella creazione degli edifici scientifici (ciò mostra la presenza di un conflitto interno all'illuminismo medesimo, giacché esso soltanto può battezzare l'extrarazionale come avverso alla ragione). Si dirà forse che tutto questo riguarda la *genesi* della scienza, la quale non è da confondere col *valore* della scienza; ma questa distinzione tra la genesi e il valore non è tanto ferma e sicura come si sarebbe tentati di ritenere. I fattori conoscitivi e quelli extraconoscitivi s'influenzano a vicenda, tanto negli animali che negli uomini, e in questi ultimi, tanto nei non scienziati che negli scienziati, e quasi non bastasse, formano un groviglio inestricabile negli stessi filosofi della scienza. L'animale che ha paura, vede luoghi per scappare; quello affamato vede cibi; per quello che è senza paura, i luoghi di fuga non esistono; per quello che è senza fame, non esistono i cibi. Nell'uomo ci sono aspettazioni, anticipazioni, assunzioni, interessi, credenze, miti, che determinano il suo guardare, il suo vedere, il suo osservare, lo indirizzano da una parte, anziché da un'altra, e in tal modo fanno sì che sia cosiffatto anziché essere differente.

La scienza moderna aveva esordito, decretando con Bacone il bando agli *idola* della mente; adesso la richiesta baconiana è rifiutata come illusoria, al pari della schietta e impregiudicata visione, a cui quel bando avrebbe dovuto condurre, e alle aspettazioni e ai ricordi è conferito il potere d'intervenire sopra i fatti e di alterarli. L'ineliminabilità delle rappresentazioni mentali è un elemento d'innatismo, che sta in radicale contrasto con il contesto empiristico, in cui si colloca questa concezione della scienza. Se, come vuole l'empirismo, non c'è niente nell'immaginazione che non sia prima stato nella sensazione, la completa purificazione, domandata da Bacone, deve essere eseguita; se è ritenuta impossibile, è segno che si crede che ci siano dei contenuti innati nella mente (non degli elementi *a priori*, che sono altra cosa).

Il falsificazionismo è quasi per intero autocritico, senz'essere pressoché in niente polemico. I suoi avversari non sono la metafisica dell'ellenismo o quella del romanticismo, in ciò che esse sono insieme e inseparabilmente dei saperi naturali, ma il neoempirismo e la filosofia analitica, che dovrebbero essere i propri alleati e amici. Quando gli amici si cangiano in nemici, accade che i nemici incomincino a trasformarsi in amici: è quel che qui accade alla metafisica. Secondo un assunto basilare del neoempirismo logico, la metafisica è insensata, essendo il senso (o il significato) costituito dal riferimento degli enunciati all'esperienza, riferimento che nella metafisica è, per definizione, assente. Tutte le proposizioni effettive, significanti, debbono essere logicamente riducibili a proposizioni elementari, le quali sono descrizioni, o immagini, degli oggetti dell'esperienza. La metafisica consta di proposizioni apparenti, che, logicamente analizzate, si disvelano insensate; le questioni della metafisica si risolvono provando che non sono delle autentiche questioni. Popper giudica ingiustificato ed erroneo questo accanimento nella lotta contro la metafisica, che si pretende di uccidere semplicemente scagliandole degli improperi; il suo principio di falsificabilità non è un criterio di significatività, ma di demarcazione; esso non pretende di distinguere ciò che ha significato da ciò che non ne ha; ma di differenziare quel che appartiene alla scienza da quel che non le appartiene. Le proposizioni della metafisica, non essendo falsificabili, non fanno parte della scienza, ma sono sensate, e per di più, possono essere molto fruttuose per la scienza medesima. Ci sono state concezioni metafisiche, che hanno ostacolato il cammino della scienza, ma ce ne sono state altre, che ne hanno favorito l'andamento e il progresso: questo secondo è il caso dell'atomismo speculativo di Leucippo e di Democrito, che ha anticipato l'atomistica della scienza moderna, aiutandone l'avvento. Poiché non c'è motivo di ritenere che questa benefica opera, svolta dalla metafisica in passato, sia per cessare in futuro, anziché proporsi di eseguire lo scalzamento e l'annichilamento definitivi della metafisica, al modo dei neoempiristi logici, occorre considerarla come una sorta di preparazione permanente della scienza. Questo è l'inizio del ristabilimento dei diritti della metafisica, che l'illuminismo in crisi può bensì preannunciare, ma non condurre a compimento, perché allora avrebbe completamente cessato di esistere.

2. *Il ripudio della definitività del sapere scientifico in Kuhn*

La scienza, nel modo in cui è concepita dall'illuminismo nel suo pieno meriggio, deve la sua origine al ritrovamento del metodo che in essa si deve adoperare, il quale, una volta scoperto, rimane per sempre quello che è (per lo meno, quanto alla sua costituzione essenziale, sebbene possa essere nei particolari di tempo in tempo meglio configurato, e così reso più idoneo a svolgere la funzione che gli è assegnata). La strada della scienza, una volta aperta, resta a disposizione per ogni epoca, gli scienziati non hanno da fare altro che percorrerla, prendendo ciascuno nelle proprie mani il lavoro al punto in cui l'ha lasciato chi l'ha preceduto. Così si procede nella matematica e nella fisica, le quali progrediscono per aggiunzione di sempre nuovi teoremi e di sempre nuove scoperte di

leggi della natura. Ciascun singolo teorema, per quel che riguarda la sua conoscenza da parte dell'uomo, è indipendente dai rimanenti, che saranno introdotti
in seguito; dimostrato che esso sia, la sua dimostrazione è fornita una volta per
tutte, la sua necessità è permanente, e non dipende in niente da quella propria
dei teoremi non ancora ritrovati. Analogamente si comporta ciascuna legge della natura, la quale era vera già prima che fosse scoperta, giacché anche allora
regolava i fenomeni, e adesso che è stata rinvenuta, è nella sua validità, in ciò
che concerne la conoscenza umana, del tutto non tocca dalla circostanza che ci
siano ancora moltissime leggi ignote. Il progresso della fisica, che si è finora
avuto, e quello che presumibilmente si avrà in seguito, consentono di apprendere sempre più estesamente quali siano le leggi che presiedono allo svolgimento
dei fenomeni naturali, mostrando come queste leggi si comportino le une rispetto alle altre, ma ciascuna legge è quella che risulta al momento della sua scoperta.

Prima del ritrovamento del metodo della matematica e di quello della fisica,
si potevano compiere soltanto incerti tentativi di pervenire al sapere, i quali
hanno un grande interesse, perché la mente ha bisogno di esercitarsi e di seguire
tutte le direzioni che trova dinanzi a sé, comprese quelle sbagliate, prima d'imboccare la via giusta. Non bisogna essere ingiusti verso i precursori, che ancora
non distinguevano l'agrimensura dalla geometria, i conteggi empirici dai calcoli
razionali, e che mescolavano le vedute dell'astronomia con le credenze supersti-
ziose dell'influenza degli astri sulla vita umana; i procedimenti degli alchimisti,
pur essendo simili a ciechi brancolamenti, hanno preparato il cammino della
chimica e come dissodato il terreno su cui questa avrebbe tanto fruttuosamente
lavorato. Ammesso tutto questo, non si deve far passare l'albeggiamento per il
risplendimento solare, il quale è fornito dal ritrovamento del metodo.

C'è una sola matematica, e c'è una sola fisica; quantunque l'una e l'altra
contengano molteplici articolazioni interne, che sono di rami, di branche, di discipline, tutto ciò non intacca l'unitarietà del sapere matematico e di quello fisico. La circostanza che ci siano l'aritmetica, la geometria, la meccanica, e ancora che la matematica si partisca in pura e in applicata, ecc., non toglie che ci sia
un'unica matematica, perché quelle citate, e le altre che si potrebbero addurre,
sono parti della matematica, e il tutto coincide con le parti prese nella loro intera estensione. Parimenti, il fatto che la fisica si suddivida in un'ampia serie di
discipline non va a danno della sua unitarietà, la quale è assicurata da ciò, che
si tratta comunque di leggi, ossia di costanze di fenomeni, d'invarianze di successioni e di simultaneità di accadimenti, che, quando sono largamente conosciute, ci consentono di agire sulla natura e di farla servire agli scopi della vita
umana. Lo specialismo scientifico, in ciò che ha di serio, ossia in ciò che è
qualcosa di più e di diverso di una resa con cui ci si abbandona all'andamento
preso dal sapere, si regge su questa concezione della scienza, per cui il particolare può essere conosciuto a sé stante, essendo il suo apprendimento indipendente da quello degli altri particolari.

Una concezione del genere è empiristica, giacché l'empirismo è la filosofia
che privilegia i termini, che considera primari, sopra le relazioni, che reputa se-

condarie, com'è palese nella dottrina dell'associazione delle idee, che si collegano tra loro dopo essere sorte una per una: il tutto è un'aggiunzione meccanica di parti. Ed essa è parimenti fenomenistica, giacché delle due scienze effettivamente esistenti, la matematica, la quale vanta maggiore evidenza, essendo conoscenza necessaria che si ottiene sul fondamento di alcune poche definizioni e di alcuni pochi assiomi, non è sapere reale, mediante di essa non si ha cognizione di cose, e la fisica è bensì sapere reale, che si avvale della matematica come di uno strumento, ma lascia anche alla superficie degli oggetti. Infine, essa è illuministica anche per un ulteriore carattere, strettamente legato a quelli indicati, ossia perché sostiene che, dopo che sono sorte, le scienze sono cresciute per sempre nuove scoperte, e, per quel che riguarda la fisica, che tale accrescimento si è compiuto per la moltiplicazione delle esperienze, che hanno aggiunto più ricco materiale di fatti, per la maggiore estensione degli esperimenti, per il perfezionamento degli strumenti scientifici, che hanno sostituito, o integrato, la limitata portata dei sensi dell'uomo. Nessun contrasto maggiore esiste tra lo spettacolo fornito dalla matematica e dalla fisica, che sono domini della concordia, della collaborazione e dell'integrazione, e quello arrecato dalla filosofia, in ciò che questa presume di poter essere conoscenza metafisica, che è il terreno del dissenso, della contesa, della lotta, in cui ciò che uno s'illude di edificare, è subito distrutto da un altro, il quale s'illude a sua volta, perché anch'egli va immancabilmente incontro al medesimo destino.

Allorché l'illuminismo arretra, i suoi ormai insicuri sostenitori non possono mantenere nessuno di questi assunti. Ai filosofi, e ancor prima, agli storici della fisica, non è concesso conservare la pretesa che la scienza della natura sia il regno dell'armonia e della pace, un complesso di conoscenze, a cui ogni scienziato arreca un suo contributo, che è come una pietra, più o meno grande, che va ad aggiungersi all'edificio, mai terminato, ma definitivo per la parte già esistente, del sapere scientifico. L'accordo, già di per se stesso piuttosto relativo, nella costruzione di codesto edificio, è durato meno di tre secoli, che si possono approssimativamente segnare dal momento in cui, verso l'inizio del Seicento, appare sempre più evidente che il sistema copernicano è destinato a imporsi, al momento in cui, verso la fine dell'Ottocento, si elaborano le conoscenze della termodinamica, le quali minacciano di rigettare la fisica in uno stato di complicazione e di scompiglio; da allora in poi non c'è più una condizione di completa stabilità nella scienza della natura[5].

---

[5] Alla fallace credenza che la fisica aumenti il suo patrimonio di conoscenza per delle aggiunzioni di parti a parti, che si compiono in piena tranquillità, così che il presente eredita i possessi del passato e, dopo averli incrementati, li trasmette al futuro, il quale si comporterà presumibilmente in maniera analoga (a meno che non sopravvengano crisi repentine e globali della civiltà, che però non debbono essere considerate, per il motivo che sono qualcosa di non attinente all'indole della scienza), concorre grandemente la maniera in cui la fisica è insegnata negli istituti superiori d'istruzione, e cioè, per lo più, per mezzo di manuali, e soltanto poche volte mediante la lettura diretta dei suoi classici. La lettura diretta dei classici proverebbe, da una parte, quanti cangiamenti d'idee ci siano da un'opera ad un'altra di un medesimo autore, e

Popper presenta parecchie teorie già esistenti, che domandano di essere sottoposte al controllo dell'esperienza, ma non informa minimamente su come queste teorie siano giunte all'esistenza, non chiarisce se esse appartengano a diversi ambiti della scienza della natura, nel qual caso non sono in gara tra di loro, oppure se vertano intorno ad un medesimo campo, nella quale evenienza rivaleggiano, e sono fors'anche destinate a scomparire tutte, ad eccezione di una sola, che, essendo meglio fatta, resiste vittoriosamente al principio della falsificabilità. Poiché Popper loda la selezione, tipica dell'evoluzionismo darwiniano, nei confronti dell'evoluzionismo lamarckiano, c'è da ritenere che le molte teorie scientifiche siano, per lui, rivali tra di loro, e che, allo scopo di poterlo essere, vertano su medesimi oggetti, ma ciò fa ancora maggiormente rimpiangere di non essere messi al corrente di come siano nate queste molte teorie, giacché ci si potrebbe anche aspettare che, per ogni campo di oggetti, ci sia un'unica teoria, quella che è ad esso relativa.

La risposta al quesito è arrecata da Kuhn, il quale sostiene che la scienza della natura va incontro a dei veri e propri sommovimenti, i quali, con linguaggio improntato a quello della politica, si possono denominare «rivoluzioni scientifiche». Una rivoluzione, per aver luogo, comporta che il terreno, in cui si compie, sia comune: non si potrebbe affermare che una rivoluzione coinvolge al giorno d'oggi gli uomini e gli abitanti di qualche lontano pianeta, ammesso che esistano. Inoltre, il concetto di rivoluzione include che si tratti o di un cangiamento brusco di larga estensione o di un risultato brusco di cangiamenti lenti e limitati (invece di «brusco», si può, a seconda dei casi, dire «violento»; ugualmente, anziché di «lento», si può parlare di «naturale», ciò dipende unicamente dalle circostanze). Così formulato, il concetto di rivoluzione non si applica soltanto alla politica, ma è di universale riferimento, essendo da stimare che dovunque possano aversi tali sommovimenti complessivi degli assetti delle cose, nell'arte, nella religione, non meno che nella scienza. Quando si riferisce alla scienza, il concetto di rivoluzione espunge quello di sviluppo mediante l'accumulazione di osservazioni, esperimenti, scoperte di leggi, giacché una rivoluzio-

---

talvolta quante esitazioni, quanti dubbi, quante incertezze, si trovano nei protagonisti del divenire della scienza, e dall'altra, come ciascuno di essi, anziché restringersi a riprendere l'opera dove il suo immediato predecessore l'ha lasciata, la reinterpreti, la modifichi, e talvolta anche la contraddica. I manuali livellano, eliminano disparità o disarmonie, ma così producono una concordia superficiale. Se la considerazione si estende all'intera storia della fisica, si scopre come le sue vicende presentino una sorprendente somiglianza con quelle della filosofia, la quale si sarebbe voluta, essa sola, terreno di contese senza fine. Anche l'insegnamento della filosofia, se si compie per mezzo di manuali sistematici di logica, metafisica, filosofia della natura, morale, ecc., produce l'impressione di un esteso accordo (dovuta alla posizione di pensiero privilegiata dall'autore del manuale), impressione, che però svanisce, se si procede alla lettura dei classici antichi e moderni della filosofia. La storia della fisica distrugge il dommatismo imposto dallo studio della manuali di fisica. Questo è ciò che, anzitutto, si apprende da Kuhn, la cui opera si colloca idealmente subito dopo quella di Popper. Cfr. *La struttura delle rivoluzioni scientifiche*, trad. it. A. Carugo, Torino, 1978, e *La rivoluzione copernicana. L'astronomia planetaria nello sviluppo del pensiero occidentale*, trad. it. T. Gaino, Torino, 1972.

ne può bensì essere anche creativa, ma è necessariamente distruttiva, e l'accumulazione è l'aggiunta che si compie senza una parallela eliminazione.

Nella scienza si susseguono lunghi periodi di tranquillità, che si potrebbero denominare epoche organiche (e che Kuhn chiama di «scienza normale») e brevi periodi di sommovimenti, che si potrebbero dire epoche critiche (e che Kuhn chiama di «rivoluzione»). Durante la dominazione della scienza normale, la ricerca scientifica si compie sulla base di *paradigmi* universalmente, o, almeno largamente, accettati, e cioè di certi *modelli*, di certi *schemi concettuali d'interpretazione dei dati dell'esperienza*, i quali sono considerati come principi e unità di misure fondamentali della scienza. La scienza normale non introduce teorie radicalmente nuove, essa si alimenta di contributi particolari, che vanno ad aggiungersi a quelli precedenti, o, come dice Kuhn, essa ha lo scopo, piuttosto modesto, di risolvere dei «rompicapi». La scienza normale esaurisce i suoi compiti nel decidere quali sono i fatti rilevanti per una teoria, nel confrontarli con essa, e così nell'arrecare ad essa la sua specificazione; niente di più e niente di diverso le deve essere domandato. Accade però che i paradigmi, in precedenza introdotti e per lungo tempo accolti senza molte discussioni, in certi momenti non soddisfino più, e allora essi sono sostituiti con altri, i quali reggono per un'età più o meno estesa, dopo di che subiscono lo stesso destino di quelli che li avevano preceduti; in questa sostituzione di paradigmi, per campi estesi del sapere, risiedono quelle che si dicono le «rivoluzioni scientifiche».

Sebbene una tale possibilità non sia esplorata, i paradigmi possono esistere anche al di fuori della scienza, le forme di governo si possono considerare alla stregua di paradigmi politici; le maniere artistiche riguardare come i paradigmi propri dell'arte. Ciò comporta il suggerimento che le rivoluzioni si hanno dovunque; nella politica mercé la sostituzione del paradigma oligarchico con quello democratico; nell'arte facendo subentrare al paradigma del naturalismo quello del manierismo pittorico, e così di seguito esemplificando; quest'universalità del concetto di rivoluzione merita di essere ribadita, perché è significativo che la scienza si comporti nella stessa maniera in cui si atteggiano le altre attività della coscienza, che abbia dei sommovimenti complessivi al pari di esse tutte.

Purtroppo una definizione precisa di paradigma non è da Kuhn fornita, e il significato sociologico del termine, che è quello su cui egli insiste, dicendo che con tale vocabolo intende designare un intero insieme di credenze, di valori, di tecniche, condivise dai membri di una comunità scientifica, non promette niente di buono, a causa dell'estrema vaghezza delle indicazioni arrecate, per la chiarezza concettuale. Non c'è dubbio però sulla circostanza che il ricorso ai paradigmi segni un incremento dell'elemento innatista, che si scorge in Popper affiorare, ma che in Kuhn dilaga, con pregiudizio dell'empirismo. Che il paradigma sia un ingrediente dell'innatismo è palese dai richiami esemplificativi alla psicologia della *Gestalt*, con l'ausilio dei quali, esso è posto sul terreno. Ci sono delle figure (che si chiamano «figure alternanti»), che possono essere viste diversamente dai diversi osservatori, nonostante si supponga che i loro sensi siano ugualmente fatti e in ottimo stato di funzionamento; nondimeno, c'è chi, posto dinanzi ad un disegno, vi scorge raffigurato un certo animale, e chi, invece, vi vede un animale differente. Ancor più pericoloso è il paragone, istituito da Kuhn, tra la sostituzione degli insiemi di paradigmi, che si ha in una rivoluzione scientifica, e l'atto d'inforcare degli occhiali con le lenti invertenti: gli oggetti che si hanno di fronte sono quelli stessi di prima, nondimeno, si vedono completamente trasformati nella loro fisionomia, essendo parecchi dei loro dettagli visti diversamente da come si vedevano per l'innanzi. Poiché la scienza non può mai fare a meno di paradigmi, e cioè, per seguitare con la stessa metafora, non può mai guardare le cose senza degli occhiali, quali che questi occhiali siano, fatti in una certa maniera o in una del tutto diversa, è certo che non si dà mai una visione diretta e impregiudicata degli oggetti. A rinforzare il ritorno all'innatismo, così compiuto, intervengono il peso accordato nella scienza alle aspettative degli scienziati, il posto fatto alla persuasione, nonché il riconoscimento che nel divenire della scienza influisce una molteplicità di fattori, molti dei quali sono extrascientifici ed extrateoretici.

Lo si voglia o no, l'aspettativa è una stretta parente di quella che Bacone considera *anticipazione della mente*, e di cui domanda che la mente sia purgata. Per Bacone, c'è il metodo vero, quello dell'*interpretatio naturae*, che vuol dire lettura, decifrazione della natura, e c'è il metodo falso, che è quello dell'*anticipatio naturae*, per cui alla schietta visione si mandano avanti dei presupposti, e i paradigmi di Kuhn, considerati dalla posizione di Bacone, sono irrefutabilmente delle *anticipationes naturae*. Le aspettative sono entità soggettive, che cangiano con il variare degli individui e con il mutare nel tempo degli atteggiamenti di un medesimo individuo; la persuasione è un ingrediente della retorica, che è la logica del sentimento, non quella della scienza della natura; i fattori extrascientifici ed extrateoretici includono le fantasticherie degli astrologi, le divinazioni dei maghi, e altre entità di analogo genere; se tutto ciò interviene a determinare l'andamento della scienza, l'oggettività scientifica è minacciata di dissoluzione. Che cosa sia scienza e che cosa non lo sia, non si riesce a scorgere più.

Perché i paradigmi in un certo momento del tempo non soddisfano più, e vengono abbandonati a vantaggio di altri paradigmi, i quali prendono così il loro posto? Perché non si prosegue sempre nell'opera svolta dalla scienza normale, la quale pure è in grado di produrre ordinario sapere di *routine*, che si accumula senza dar luogo a perdita alcuna? Perché si compiono di quando in quando delle rivoluzioni scientifiche, le quali interrompono senz'altro il solito *trantran* della scienza normale, ma rischiano anche d'annientare le acquisizioni sino ad allora effettuate?

Queste domande ammettono due risposte, interamente differenti per le conseguenze che comportano. La prima risposta è che la scienza normale è bensì rigida, ma non è completamente impermeabile ai fenomeni, che orienta, ma non giunge a determinare per intero. I paradigmi in vigore condizionano i fenomeni, ma non li fanno esistere, non hanno la virtù di portarli dal non essere all'essere; essi si restringono a far scorgere quelli che meglio vi si accordano, e a far sfuggire, ponendoli in ombra, quelli che vi discorderebbero, a condizione che fossero scorti. Ne viene che lunghe serie di fenomeni che non si adattano ai paradigmi in vigore, riescono a rompere questi medesimi paradigmi, ribellandosi all'incasellamento in essi che se ne vorrebbe compiere. L'impresa, che non riuscirebbe a pochi e isolati fenomeni, i quali sfuggono all'attenzione, per il motivo che non vogliono essere veduti, riesce a molti e ben amalgamati fenomeni, i quali richiedono l'adozione di nuovi insiemi di paradigmi, provocando una rivoluzione scientifica, a cui porrà fine un nuovo assetto relativamente stabile della scienza, che però non è garantito per l'intera distesa del futuro in nessuna delle sue proposizioni. Questa prima risposta è ancora compatibile con la concezione della scienza propria dell'illuminismo, o almeno, non la smentisce in tutto, ed è per essa che Kuhn sembra propendere, sebbene non sia chiaro sull'argomento[6].

La seconda risposta asserisce che sono i paradigmi a lottare tra loro, uno vince e gli altri perdono, quello che vince s'impone agli altri, ma non giunge a sterminarli, così che la sua vittoria non è perpetua, e gli sconfitti di oggi riporteranno il successo domani. Per dirla con parole diverse, le teorie scientifiche subiscono degli ondeggiamenti, per cui si alternano nella fortuna e nel comando, e quando una è in vigore, le altre sono poste fuori azione, ma non definitivamente, essendo le teorie incapaci di debellarsi a vicenda (per essere plausibile, questa seconda risposta deve distinguere lo spirito profondo delle teorie dalle loro formulazioni letterali, essendo manifesto che possono ritornare in vigore teorie formulate parecchi secoli fa unicamente per il loro spirito, e non per la loro lettera, nella quale nessuno sarà mai per ripresentarle). Poiché segnerebbe il ristabilimento completo dell'innatismo, una tale risposta sarebbe distruttiva per la scienza, com'è intesa dall'illuminismo, e si direbbe che Kuhn se ne tenga lontano, giacché introduce delle nozioni (quelle di «controfatto» e di «anomalia»), che mantengono in qualche misura ogni teoria scientifica sottoposta al controllo dell'esperienza. Accadono fatti in contrasto con le aspettazioni della teoria; si è costretti a prendere coscienza che ci sono delle anomalie, per cui risultano vio-

---

[6] Se i paradigmi determinano appieno i fenomeni, facendo vedere in una luce solare quelli che con essi concordano, e nascondendo interamente alla vista quelli che con essi discordano, qualunque asserzione scientifica è suscettibile di essere verificata, ma proprio per tale ragione la verificabilità cessa di essere un principio della scienza. Niente si può falsificare. Si è sempre stati assai riluttanti ad assumere un partito così estremo, che non consente di distinguere la scienza della natura dalla mitologia e dalla superstizione. I filosofi della scienza dei primi del Novecento, anche quando riconoscevano apertamente che ci sono fondamentali proposizioni scientifiche irraggiungibili dalle smentite dell'esperienza (come quella in cui consiste la legge della caduta dei gravi, secondo la quale, quando un grave cade liberamente, l'accelerazione della sua caduta è costante; essa non è confutabile empiricamente, giacché, se si trovasse che il movimento non è uniformemente accelerato, si dovrebbe concludere che il corpo non cade liberamente), e altre che non hanno nemmeno senso sperimentale (come il principio d'inerzia, che, se risulta falso, rispetto ai movimenti di un certo corpo di riferimento, p. es., la Terra, è sempre libero di assumersi un altro corpo di riferimento, il Sole o le Stelle fisse, rispetto al quale è vero, così che è incapace sia di essere verificato che di essere falsificato), erano orientati a tener per fermo che il buon senso è giudice capace d'imporre che ci sono delle ipotesi da abbandonare: a pretendere di mantenerle in vigore, non si violerebbe la logica, ma si darebbe prova d'irragionevole ostinazione, e si andrebbe contro gli interessi della scienza.

late le previsioni dei paradigmi. Quando tutto ciò capita non in campi molto limitati, ma in estesi territori della scienza, allora (e soltanto allora) si sostituiscono i vecchi paradigmi mercé dei nuovi, ossia si elaborano nuove teorie scientifiche, che rivoluzionano i modi di vedere per l'innanzi seguiti. La sostituzione del sistema tolemaico, ad opera di quello copernicano, fornisce un grande esempio di come si operano le rivoluzioni scientifiche, le quali, se sono dovute anche a fattori estranei alla scienza, operano a loro volta anche in terreni diversi dalla scienza, come quelli della religione e della politica.

L'assunto che le nuove teorie scientifiche sono elaborate soltanto quando le teorie affermatesi in precedenza, e ancora in vigore, vanno incontro a numerose complicazioni, di cui non riescono a venire a capo, è difficilmente sostenibile, com'è comprovato proprio da ciò che è capitato a proposito dei massimi sistemi di fisica celeste. La teoria eliocentrica è formulata da Aristarco di Samo, in un'epoca in cui il sistema geocentrico non presenta nessuna difficoltà, e non si sono riscontrate anomalie, a cui non si sia capaci di far fronte; e si tratta di una teoria molto perfezionata, nella quale si sviluppano le idee cosmologiche del pitagorismo e si pone il Sole al centro di una sfera stellare immensamente estesa e la Terra che si muove in circolo intorno al Sole. Questa circostanza smentisce Kuhn in un punto fondamentale della sua concezione delle rivoluzioni scientifiche, secondo la quale unicamente l'esigenza di rispondere alle anomalie prodottesi dovrebbe dar luogo all'elaborazione di teorie scientifiche alternative a quelle in vigore. Certamente, nel momento in cui la teoria eliocentrica di Aristarco sorge, c'è un insieme di fattori storici, culturali, religiosi, che ne rende impossibile l'accoglimento da parte di molti; essa è destinata a rimanere minoritaria, ad essere riguardata come una curiosità o ad essere addirittura dimenticata. È però un sociologismo di bassa lega quello che confonde il successo con la consistenza di un edificio concettuale. Che ci siano indipendentemente dai controfatti e dalle anomalie, che si rilevano nel rapporto tra paradigmi e fatti dell'esperienza, già prima degli insiemi di paradigmi che si affrontano tra loro, e che soltanto a vittoria ottenuta, uno di codesti insiemi cerchi di suffragarsi mercé i dati dell'esperienza? Questo suggerimento, poco fa escluso, perché rovinoso, torna prepotentemente a riproporsi, quando si è costretti a rilevare che la storia della scienza smentisce l'indicazione contraria.

L'esistenza dei paradigmi rafforza l'ipotetismo di Kuhn, il quale riceve in essi la sua motivazione; ed è in lui un ipotetismo parecchio aumentato rispetto a quello che si presenta in Popper, in cui compare soltanto come indesiderata conseguenza dell'inesistenza di un principio positivo di certificazione delle proposizioni scientifiche. A causa di questo rinvigorito ipotetismo, nessuna differenza rimane in Kuhn tra le leggi e le ipotesi della scienza, mentre nelle ondate precedenti dell'illuminismo si stimava che le leggi della natura fossero assertorie (se non apodittiche), e che le ipotesi fossero semplicemente problematiche; adesso possono sempre sorgere teorie alternative a quella dominante, e pertanto, non c'è asserto scientifico, il quale vada oltre lo stadio della problematicità. Questa conclusione è, del resto, esplicitamente tratta da Kuhn, il quale riconosce che, per rivoluzioni che si succedano nella scienza, non ci si avvicina di un solo passo alla verità; egli soggiunge che quella che non si coglie è la verità nel senso dell'ontologia, ma è evidente che si tratta semplicemente della verità, della quale è noto che non tollera di essere accompagnata da aggettivi di sorta.

Ogni rivoluzione scientifica importa l'abbandono di una teoria da tempo accettata. La teoria sopravvenuta cangia non soltanto le soluzioni, ma anche i problemi da discutere, nonché i criteri medesimi della trattazione dei problemi, così che è l'intera immaginazione scientifica ad essere trasformata. Il senso dei termini viene mutato, di modo che, dove a stare al suono delle parole, si crederebbe di essere di fronte a delle concezioni opposte del mondo, guardando meglio, si comprende di essere in presenza di rappresentazioni diverse, malagevoli, se non impossibili da commisurare. Così, diverso significato ha la Terra nel sistema tolemaico da quello che possiede nel sistema copernicano; in essi è differente altresì il significato del movimento e dell'immobilità, così che è il senso complessivo dei due sistemi a divergere in tutti i suoi elementi fondamentali.

Da questa impostazione derivano i risultati migliori ottenuti da Kuhn, i quali consistono nell'affrancamento della scienza dell'ellenismo, che o era stata completamente ignorata o era stata fatta oggetto di contumelie da parte degli illuministi della prima ondata. Quella greca è effettivamente scienza, anch'essa pratica, quantunque in misura assai minore di quella moderna, l'esperimento; anch'essa conosce il calcolo, quantunque introduca una visione del mondo interamente diversa da quella posta in essere dalla scienza moderna. Si dovrebbe concludere che si tratta di visioni del mondo e di scienze inconfrontabili, ma Kuhn ha troppa fede nel progresso per trarre una simile illazione; per lui, c'è un avanzamento quando da Aristotele e da Tolomeo si passa a Galileo e a Newton; in generale, la scienza moderna si trova molto al di là di quella dell'ellenismo. Ma, se nelle differenti scienze sono diverse le teorie e, per di più, sono diversi i fatti, a cui esse si riferiscono, come Kuhn è disposto ad ammettere, non s'intende su quale fondamento si possa ancora seguitare a proporre come incontrovertibile il progresso scientifico. Sembra che le strade con cui mantenere questo caposaldo dell'illuminismo possano essere soltanto due, di cui la prima introduce il criterio della semplicità, e la seconda quello dell'estetica, e l'una dice che ci sono teorie scientifiche più semplici di altre, e cioè capaci di rendere conto con meno ipotesi esplicative di una più estesa messe di fenomeni (e quanto più una teoria è semplice, tanto più essa è progredita), e l'altra asserisce a proposito della bellezza e dell'esteticità, quel medesimo che la precedente sostiene riguardo alla semplicità. Senonché entrambe le strade sono destinate a risultare impercorribili, a cagione delle ammissioni già udite: se le teorie differiscono, oltre che per i fatti, anche per i criteri con cui li trattano, differiscono irrimediabilmente anche per il criterio della semplicità e per quello dell'esteticità, che avranno di volta in volta un significato diverso, quello peculiare della teoria di appartenenza, incomparabile con ogni altro. La fede nel progresso c'è ancora, ma è diventata una credenza ingiustificabile e perciò dommatica.

Con Kuhn incomincia ad apparire l'assunto della dipendenza dei fatti dalle teorie incaricate di spiegarli, giacché i paradigmi sono schemi concettuali che hanno il potere di porre nella luce più splendente certi fatti e di gettarne nell'ombra certi altri, così che i primi guadagneranno il palcoscenico della scienza, di cui saranno i protagonisti, mentre gli altri saranno semplicemente ignorati; ma all'ultimo momento interviene un instabile compromesso tra l'innatismo insito nella nozione di paradigma e l'empirismo contenuto nell'idea di fatto ad impedire la dissoluzione completa della filosofia della scienza dell'illuminismo, dissoluzione che ha luogo, allorché si sostiene che sono le teorie a determinare i fatti.

3. *Lakatos, l'assoggettamento della scienza agli istituti di ricerca e il fallibilismo matematico*

Il semi-innatismo e il semi-empirismo professati da Kuhn evitano per il momento una tale rovina, e nondimeno le tesi di Kuhn sono vivacemente oppugnate da parecchi filosofi della matematica e della fisica, che additano i pericoli in esse contenuti per la causa della scienza[7]. L'obiezione capitale che Popper muove a Kuhn, è di accogliere il soggettivismo e il relativismo, e tuttavia Popper non rileva l'elemento innatista presente in Kuhn, e che è la causa di codesto soggettivismo e relativismo, e si capisce bene il perché: l'innatismo c'è anche in Popper, quantunque sia piuttosto implicito, laddove è manifesto in Kuhn per mezzo della nozione di paradigma. Quel che rende debole la critica di Popper è questo mancato rilevamento dell'innatismo presente in Kuhn; per il rimanente le obiezioni di Popper colpiscono nel segno, soprattutto quando osservano che la distinzione tra scienza normale e scienza straordinaria è malamente argomentata da Kuhn, il quale ha il torto di ridurre lo scienziato normale a un misero personaggio, che ha soltanto «*une connaissance routinière de son travail*». Questi però sono punti secondari della posizione di pensiero di Kuhn, com'è del pari secondaria la circostanza che nella scienza si susseguano periodi di tranquillità e periodi rivoluzionari, come reputa Kuhn, oppure si abbia una sorta di rivoluzione permanente (consistente nell'abito mentale della criticità), come sembra preferire Popper. Ciò che massimamente conta, è l'imputazione d'irrazionalismo, che Popper e anche, e più duramente, Lakatos muovono a Kuhn.

Ora, quest'imputazione, variamente svolta, per cui, insieme all'irrazionalismo, si addebitano a Kuhn, il misticismo, il fanatismo, il mitologismo, ha il duplice pregio di mostrare, da un lato, quali abissi si parino dinanzi all'illuminismo, e dall'altro, che da una discussione di filosofia della scienza si è trapassati ad una baruffa ideologica. Si dà, cioè, per ammesso come incontrovertibile che si debba professare il razionalismo, e che si debba condannare l'irrazionalismo, prima ancora di aver stabilito che la ragione (nel senso che essa ha nell'illuminismo) ha i propri diritti da far valere in sede di scienza matematica e di scienza

---

[7] Cfr. *Critica e crescita della conoscenza*, a cura di I. Lakatos e A. Musgrave. Testi di P. Feyerabend, T. Kuhn, I. Lakatos, M. Masterman, K. Popper, S. Toulmin, J. Watkins, L. Pearce Williams, intr. e trad. it. G. Giorello, Milano, 1986.

fisica. Quando la trattazione verte sui principi primi – e se la gnoseologia della scienza non si porta sui principi primi, assolutamente incondizionati, non si scorge quale mai altro sapere possa prenderli ad oggetto –, non ci dovrebbe essere alcun posto per l'ammissione di presupposti, e invece, il razionalismo è subito messo in campo, quasi godesse della più solare delle evidenze, e quasi fosse un delitto inespiabile allontanarsi dai suoi dettami. Kuhn reputa prudente indietreggiare e annacquare le proprie posizioni, ma questo suo comportamento è di pertinenza dell'ideologia, al pari di quello dei suoi critici, i quali accolgono le sue medesime premesse: la negazione dell'esistenza dell'induzione, alla quale sono legate le sorti della conoscenza scientifica; il rifiuto del principio della verificabilità, che è saldo, e la sua sostituzione con quello della falsificabilità, che è inane; la confessione che la scienza non raggiunge la verità; l'ammissione della realtà di fattori extrascientifici, accanto a quelli scientifici, del divenire della scienza; e respingono le conclusioni, che da codeste premesse logicamente discendono, le quali si riassumono nella circostanza che ciò che passa per scienza è creduto tale in qualche luogo e in qualche tempo, dopo di che è condannato come privo di valore.

Qualcuno dei critici più severi di Kuhn compie un ulteriore passo nella direzione che porta l'illuminismo a rinnegare sé medesimo, in quello che era stato il suo patrimonio più prezioso: la fisica e la stessa matematica, la quale ultima ha da tempo perduto il rango, di cui in passato aveva ampiamente goduto, di formare il modello (irraggiungibile per perfezione da ogni altra forma di sapere) della scientificità (quello per cui si discorreva dell'evidenza matematica, in contrapposizione alla semplice evidenza morale). Questo è il caso di Lakatos, il quale accusa Kuhn d'aver ridotto l'abbandono di una teoria scientifica e l'accoglimento di un'altra ad una sorta di conversione mistica, che non può essere governata da regole razionali, e che rientra nell'ambito della psicologia della folla, e di aver praticato altri consimili misfatti, di cui potrebbero trarre profitto addirittura i fanatici seguaci delle religioni del nostro tempo[8].

Lakatos vuole che si distingua il cangiamento brusco nelle teorie scientifiche, il quale ha luogo a parecchia distanza di tempo, ed è preparato da un lungo periodo in cui, per così dire, la malattia della teoria in vigore è allo stato d'incubazione, dalla criticità, la quale è, o almeno dovrebbe essere, un carattere permanente della scienza, ma si dimentica di stabilire in che cosa codesta criticità precisamente consista. Anche il dilemma tra il conflitto permanente delle teorie scientifiche, a cui porta lo svolgimento radicale della tesi delle rivoluzioni scientifiche, e l'alternanza di periodi di scienza normale e di periodi di scienza straordinaria, a cui prudentemente Kuhn si attiene, potrebbe essere mal posto, giacché potrebbe accadere che in ogni luogo e in ogni tempo la scienza fosse,

---

[8] Cfr. *La falsificazione e la metodologia dei programmi di ricerca scientifici*, in *Critica e crescita della conoscenza*, cit., pp. 164-276, e *Dimostrazioni e confutazioni. La logica della scoperta matematica*, a cura di J. Worral e E. Zahar, intr. G. Giorello, trad. it. D. Bartoli, Milano, 1979.

per alcuni suoi aspetti, normale, e per altri, straordinaria, quantunque in misura di volta in volta differente. Finché non si posseggono precise definizioni del «normale» e dello «straordinario», e ci si accontenta di rozze caratterizzazioni, la questione non può essere sciolta piuttosto in un senso che in un altro.

Intorno al principio della falsificabilità, Lakatos indietreggia rispetto a Popper, distinguendo il falsificazionismo in *ingenuo* e in *critico*, in *dommatico* e in *metodologico*, e concedendo che Kuhn ha partita vinta sulla prima forma, ma non sulla seconda della dottrina falsificazionistica, che deve essere meglio argomentata di quel che fosse in precedenza. A giudizio del falsificazionismo ingenuo e dommatico, le teorie possono essere rovesciate dal contrasto in cui si vengono a trovare con dei fatti puri e semplici, i quali hanno però il difetto radicale di non poter esistere, perché i dati dell'osservazione sono sempre colti mediante degli strumenti, sempre visti alla luce di teorie, da cui dipendono. Così, p. es., le osservazioni di Galileo sulle montagne della luna e sulle macchie solari dipendono dall'attendibilità del telescopio e dalle teorie ottiche, a cui i telescopi si collegano; pertanto, non si possono sbrigativamente contrapporre alle osservazioni degli aristotelici, per cui i corpi celesti sono pure sfere cristalline, osservazioni, che, a loro volta, dipendono da precise teorie astronomiche. Il contrasto non è tra osservazioni da una parte, e teorie dall'altra, ma tra osservazioni eseguite sul fondamento di teorie da entrambe le parti; di conseguenza, almeno *prima facie*, le parti contrapposte si collocano su di un piano di perfetta parità. Quel che accade in un primo momento, non deve aver luogo in permanenza; ossia, oltre questo falsificazionismo maldestro e inesperto, ce ne dev'essere un altro, accorto e giudizioso, il quale asserisce che una teoria è confutata non già da fatti bruti, che le si oppongono, bensì da un'altra teoria, la quale ha maggiore capacità esplicativa dei fenomeni di quanta ne possedesse la precedente, giacché rende conto di quelli da codesta spiegati e inoltre di nuovi fenomeni, di cui sino ad allora non si era data ragione.

La proposta, avanzata da Lakatos, di sostituire il confronto tra teorie e fatti con quello tra teorie e teorie, non è nuovo, e per di più, urta contro difficoltà insormontabili, di cui si seguita a non avere alcuna coscienza. Se i fenomeni, i fatti, si scorgono immancabilmente alla luce di teorie, ne viene che la loro estensione muta in funzione delle teorie, da cui di volta in volta sono considerati. Anche il semplice criterio numerico, che è il più rudimentale a cui sia concesso appellarsi, risulta inapplicabile. I fatti sono differenti anche per numero, se guardati in una maniera oppure in un'altra: gli occhiali invertenti degli esperimenti gestaltici, in questo loro impiego metaforico, non si restringono a cangiare le caratteristiche degli oggetti, bensì ne mutano anche il numero. Contare le cose è impossibile, com'è, del pari, impossibile contare le proposizioni, giacché ci sono proposizioni più complesse e meno complesse, e se ci siano proposizioni così poco complesse da essere del tutto semplici non è dato stabilire: semplici sarebbero, infatti, le proposizioni che si riferiscono a fatti indecomponibili, ma che fatti del genere si diano dipende dalle teorie che s'impiegano; le teorie che professano l'atomismo logico ammettono l'esistenza di fatti indecomponibili, ma le teorie che propugnano la divisibilità infinita la contestano; il rapporto di dipendenza in cui i fatti si trovano nei confronti delle teorie minaccia di risultare fatale per la scienza dell'illuminismo, la quale ha abbandonato il terreno dell'empirismo, e annaspa a mezza strada, giacché non può portarsi sul terreno del consequenziario innatismo.

Anche Lakatos desidera restare nell'ambito della logica della ricerca scientifica, ma ciò che da parecchio tempo la filosofia della scienza dell'illuminismo è capace di fornire è unicamente una psicologia della ricerca scientifica, che fa appello all'intuizione, al colpo d'occhio, alla capacità dell'uomo di genio di scoprire il nuovo e l'inatteso, dove l'uomo comune tira innanzi, perché non vede alcunché degno di nota. Finché ha accolto l'esistenza del principio dell'induzione, l'illuminismo ha posseduto una logica della scienza della natura, giacché l'induzione è il processo che conduce alla teoria, e contiene l'indicazione di come la ricerca scientifica deve procedere. Il principio dell'induzione è diverso sia da quello della falsificabilità che da quello della verificabilità, giacché l'induzione precede la costituzione della teoria e l'accompagna, guidandola in tutto il suo cammino, e quindi è proprio una logica della ricerca, mentre non lo sono né il procedimento della possibile falsificazione, né quello della possibile verificazione, per la ragione che entrambi presuppongono che la teoria si sia già formata e ci sia come edificio di concetti, e soltanto si propongono di sottoporla al controllo dell'esperienza, la quale dovrebbe (se mai potesse) smentirla oppure corroborarla. Abbandonata l'induzione, è evidente che l'epistemologia dell'illuminismo non può proporre una logica della ricerca nella scienza della natura, giacché non le è consentito riporla nella matematica, e una volta eccettuata la matematica, non ha dove attenersi. Alla matematica (alla logica deduttiva in genere) non può fare ricorso, perché, come si è mostrato, l'illuminismo dispone di due concezioni della matematica, quella del formalismo e quella dello psicologismo. Secondo il formalismo, la matematica consiste di tautologie, dalle quali non c'è manifestamente niente da ricavare per l'investigazione della natura. È stato argutamente detto che la matematica è l'arte di dare sempre lo stesso nome a cose diverse; si potrebbe ugualmente bene dire che è l'arte di dare sempre nomi diversi alla stessa cosa; comunque sia, è palese che a scopo d'invenzione, la matematica, così intesa, è inadoperabile. Secondo lo psicologismo, la matematica è empirica, al pari della scienza della natura, di cui costituisce un ramo dipendente, anche se particolarmente consolidato a causa della semplicità dei suoi oggetti; ma, se è così, nelle scoperte della scienza della natura in tutta la sua estensione non si può impiegare il procedimento matematico, il quale riesce soltanto quando verte su contenuti dotati di particolari caratteristiche, le quali altrove non si riscontrano.

Ciò che Lakatos propone non appartiene né alla logica né alla psicologia, giacché è di pertinenza delle Università, degli Istituti, delle Accademie. La sua *metodologia dei programmi di ricerca scientifici* conduce, infatti, dal mondo dei concetti alla realtà corpulenta delle istituzioni, con gli individui in carne e ossa, con le loro vedute e con i loro pregiudizi. Finora si aveva che fare con la scienza, con la matematica e con la fisica, come organismi di concetti; adesso ci s'imbatte nelle persone dei matematici, dei fisici, si è menati negli Istituti, nelle

Facoltà universitarie, in cui costoro di solito operano, e si è avvertiti che i programmi di ricerca, che vi si propongono, possono essere o progressivi o regressivi, ma non sono definiti i criteri, per cui debbono essere ritenuti la prima cosa oppure la seconda. Una tale omissione non sorprende, giacché si è provato che non c'è la possibilità di distinguere le teorie scientifiche, né secondo criteri interni (la loro maggiore o minore semplicità, la loro superiorità o inferiorità estetica), né secondo criteri esterni (la loro più ampia o più ristretta capacità di rendere ragione dei fatti). Una volta si giudicava che gli scienziati fossero tali, perché si dedicano alla scienza; adesso si è informati che la scienza è tale, perché è fatta da individui che si chiamano «scienziati» e che operano in istituzioni che si denominano «scientifiche». Tradizionalmente, la scienza precedeva gli scienziati, nel senso che è quella che consente di ritenerli tali; ciò che la scienza sia, si stabilisce preliminarmente, mediante i concetti di «matematica», «natura» e di «sapere matematico della natura», i quali non implicano alcun riferimento agli individui. Adesso, mancando l'oggettiva verità scientifica, la relazione di dipendenza s'inverte, e sono gli scienziati a precedere la scienza, nel senso che essi, come individui radunati in corporazioni, sono chiamati a decidere ciò che è e ciò che non è scienza. Anche le corporazioni esistono, quelle che si chiamano le «comunità scientifiche» ne formano degli esempi; ma che si facesse ricorso alle corporazioni, quando si tratta di definire la scienza e di distinguerla dalla non scienza, sarebbe stato sino a qualche secolo fa inimmaginabile.

Così si fa avanti l'autoritarismo, giacché la decisione intorno ai programmi di ricerca da seguire o da abbandonare è rimessa, in ultimo, alla cosiddetta «comunità scientifica» (l'idea compare anche in Kuhn). Il singolo scienziato può, in un primo momento, stabilire se proseguire in una ricerca oppure lasciarla cadere; ma la decisione ultima è rimessa alla comunità scientifica, a cui lo scienziato appartiene, vale a dire, in concreto, ai direttori degli Istituti e ai presidi delle Facoltà universitarie, nonché agli editori e ai sovvenzionatori di denaro. L'illuminismo al suo esordio fece proprio il principio: *veritas est filia temporis, non auctoritatis*; l'illuminismo alla sua fine riafferma il principio d'autorità in una maniera ignota al passato, per cui il conformismo mentale si erge minaccioso sull'umanità.

Maggiore interesse presentano le idee di Lakatos intorno alla matematica, di cui egli propone una concezione fallibilistica, stando alla quale gli assiomi matematici hanno indole congetturale, e, ciò che più conta, dati gli assiomi, non è detto che le proposizioni, che ne derivano, siano infallibili, giacché la stessa derivazione si compie in maniera che non va al di là della congettura. La contestazione dell'esistenza dell'induzione, quale è stata finora incontrata, non ha niente da spartire con questa concezione della matematica, la quale non è da essa minimamente imposta. (L'induzione ha nella matematica un senso del tutto diverso da quello che possiede nella scienza della natura, perché le entità di cui tratta, nel dominio della vita, la matematica sono oggetti dell'immaginazione, mentre la scienza naturale, in questo medesimo dominio, verte su cose di sensazione. Anche se si nega che dall'osservazione di alcune particolari cose di sensazione si possa pervenire a proposizioni universali, o anche soltanto generali, intorno a tutte le cose di sensazione, non si è tenuti a rifiutare l'esistenza dell'induzione matematica). È sempre possibile sostenere che è, mercé l'induzione matematica, che si ottengono i numeri naturali, e che il procedimento induttivo in sede di matematica è suscettibile di ulteriori impieghi e generalizzazioni. In fatto di matematica quindi Lakatos asserisce qualcosa di nuovo rispetto a quanto avevano affermato gli ultimi filosofi della scienza, vale a dire egli estende senza limitazione alla matematica le tesi, che Popper aveva, con parecchie riserve, fatto valere a proposito della fisica.

Gli assiomi avrebbero dovuto distinguersi dai postulati, perché essi soli godono di un'evidenza intuitiva, di cui questi sono privi, e che perciò si domanda che siano concessi. Una volta l'assioma era considerato come una proposizione, che la mente accoglie alla sola condizione di comprendere i vocaboli con cui è formulata, come l'equivalente, per l'occhio della mente, di quella che è la visione, per l'occhio del corpo, il quale può bensì scorgere qualcosa che è un'allucinazione, anche nel qual caso però accade che si tratta di un qualcosa così e così fatto, ed è, per questo riguardo, infallibile. Ad opera di Lakatos, la differenza tra assiomi e postulati, non osservata di solito dal linguaggio comune, ma rispettata dal linguaggio scientifico, è cancellata, e, per di più, sembra che quelli che conservano il nome di assiomi siano di per se stessi fallibili, e che, inoltre, siano fallibili i teoremi che se ne deducono. La matematica si vede così rifiutate entrambe le specie di necessità teorizzabili, quella assoluta di cui si è detto testé, e quella ipotetica, per cui si muove da una supposizione, ma, una volta che questa sia accordata, le proposizioni che se ne ricavano, conseguono immancabilmente da essa.

Una concezione della matematica, come quella di Lakatos, in cui si sostiene la fallibilità sia degli assiomi che dei teoremi, ha qualcosa di sconvolgente, e quindi esige che ci si domandi come si sia giunti ad essa. Gli assiomi, ammesso che non siano proposizioni primitive evidenti, sono convenzioni, libere pattuizioni, e non s'intende come sia possibile errare nello stringere una convenzione, nello stendere un patto. Lakatos afferma che anche nella matematica «si tira a indovinare», ma non si comprende quale senso possa avere un comportamento del genere, allorché si tratta degli assiomi, quale che la natura di questi sia. Dei patti si possono fare o non fare, ma in essi non c'è niente da indovinare, perché contengono soltanto quel che ci si mette dentro. Ancora più malagevole da intendere è la fallibilità della derivazione dei teoremi dagli assiomi, che coinvolge l'intera logica deduttiva in tutta la sua estensione, e di conseguenza, importa una critica radicale della stessa dimostrazione.

L'inferenza logica valida deve essere infallibile; pretendere che non sia così equivale a criticare l'esistenza della dimostrazione, entrando in una difficoltà dinanzi alla quale si trovarono già disarmati gli Scettici dell'antichità, nonostante tutto il loro acume e tutta la loro sottigliezza e abilità dialettica. Essi rimasero, infatti, molto imbarazzati dalla replica dei Dommatici, che suonò così: se le argomentazioni scettiche contro la dimostrazione non sono conclusive, allora la teoria della dimostrazione non è da esse distrutta, e resta salda; se, invece, sono conclusive, allora sono dimostrative, e di esse consiste la dimostrazione, la cui esistenza è, comunque ci si voglia comportare, incontestabile. La logica deduttiva nella sua ideale possibilità (non nei suoi contenuti) non può essere assaltata da dubbi di sorta. «Il tirare ad indovinare», come non ha senso per gli assiomi, così è un procedimento senza senso per la derivazione dei teoremi dagli assiomi, i quali o si dimostrano o non si distinguono in niente dagli assiomi. La tesi che, pur esistendo la dimostrazione da qualche altra parte, contesta carattere dimostrativo alla matematica, dovrebbe sostenere che tutta la matematica consiste di assiomi, di proposizioni primitive, siano queste intuizioni evidenti, oppure siano accordi e convenzioni.

Lakatos, estendendo alla matematica il procedimento per tentativi ed errori, abolisce di fatto la distinzione tra la matematica e la scienza della natura, nella quale soltanto codesto modo di andare avanti può trovare applicazione. Le congetture, gli esperimenti mentali, i quasi-esperimenti, i controesempi locali, atti a confutare dei lemmi, i controesempi globali, idonei a confutare le congetture principali, la pacifica coesistenza di teoremi e di eccezioni, le dimostrazioni come ornamenti retorici; tutte queste escogitazioni di Lakatos, che si riassumono nella proposta di sostituire l'*euristica matematica sia al deduttivismo che all'induttivismo matematici*, sono documenti dello smarrimento in cui è caduta la più recente epistemologia, prima a proposito della fisica e poi della stessa matematica (la quale, nei progetti originali dell'illuminismo, avrebbe dovuto sostituire la metafisica nella posizione di regina delle scienze, e, invece, si mostra affetta da tutte le incertezze dei saperi in balia della mutevolezza dei dati dell'esperienza).

Nella sua critica del formalismo matematico, Lakatos intende tanto estesamente questo suo avversario da identificarlo con il deduttivismo, e le imputazioni che egli rivolge al deduttivismo, dicendolo inficiato da imperialismo, meritano di essere citate per la sola ragione che forniscono un'ulteriore prova dell'invasione del terreno della filosofia della scienza compiuto dall'ideologia. C'è forse un'entità più ideologica di quella fornita dal bersaglio dell'imperialismo? Ma anche l'induttivismo, che fa della matematica una disciplina psicologica di particolari doti, non trova grazia presso Lakatos, il quale raccomanda la semplice «euristica», un'arte dell'invenzione, la quale lascia in perpetuo esposta la matematica all'accidentalità e all'arbitrio. Ciò che Lakatos asserisce intorno alle dimostrazioni, che, invece di riuscire, falliscono, intorno ai teoremi, dapprima accolti come rigorosamente dimostrati, e poi disvelatisi inattendibili, intorno agli errori ritrovati in quelle che erano state prese per deduzioni svolte a regola d'arte, e a parecchi altri consimili propositi, confermano ultimativamente che non si è più in grado di distinguere la scienza matematica, come edificio di concetti, dalle persone, che sono i matematici. Niente vieta che i matematici, intrapresa una dimostrazione, falliscano in essa, che, posta mente ad una deduzione, compiano dei passaggi illegittimi; tutto ciò è pienamente possibile, ma non rende minimamente fallibile la dimostrazione in se stessa e lacunosa la deduzione in se stessa, le quali non sono coinvolte in codesti incidenti d'individui. Il nominalismo empiristico aveva esordito con l'asserire che gli universali sono parole e nient'altro, e che reali sono soltanto gli individui; adesso finisce (cosa assai diversa) col non saper più distinguere le scienze dagli scienziati.

4. *L'anarchismo epistemologico di Feyerabend e il riaddensamento dell'immaginazione sopra la sensazione*

Se molti dei più recenti filosofi della scienza, quando scorgono dinanzi a sé gli abissi dell'irrazionalismo, si tirano indietro impauriti, chi va avanti sino alle conclusioni più estreme è Feyerabend, nel quale l'autocritica dell'epistemologia dell'illuminismo soppianta completamente la polemica contro la metafisica e le concezioni metafisiche della matematica e della fisica[9]. Feyerabend, infatti, non si limita e restaurare la metafisica, ma ripristina anche la mitologia, le credenze religiose dei popoli primitivi, la magia, i processi alle streghe, le regole giudiziarie dell'Inquisizione, nel senso che sostiene che tra i procedimenti, che si pongono in essere in codeste attività, e quelli praticati dalle scienze, non intercorre nessuna sostanziale differenza, o comunque, non passa quell'enorme divario, che nei secoli illuminati si è mostrato di ritenere.

Per prima cosa, Feyerabend si prende gioco dei neopositivisti logici, strenui sostenitori del verificazionismo scientifico, mostrando convincentemente che gli inquisitori facevano appello all'esperienza, quando trattavano con gli eretici, e che i manuali, a cui ci si atteneva nei processi che s'intentavano alle streghe, elencavano le osservazioni da compiere per accertarsi se si trattava o no di effettiva possessione diabolica. I primitivi, dovendo lavorare più duramente dei moderni, ed essendo sempre minacciati di distruzione ad opera di un ambiente ostile, vivono a diretto contatto con le cose, hanno punti di vista assai realistici, elaborano teorie mitologiche all'apparenza fantastiche e arbitrarie, ma in effetti sorrette dall'esperienza in tutto il loro percorso. La somiglianza esistente tra le credenze mitiche dei primitivi e le teorie scientifiche dei moderni è impressionante, ed è confermata dalla circostanza che basta qualche ritocco interpretativo, per trasformare una mitologia celeste in una dottrina astronomica nel senso odierno della parola. Ad allontanarsi dall'esperienza è proprio la scienza moderna, che i neopositivisti reputano empiricamente fondata, e infatti Galileo, Cartesio si vantano di far violenza ai sensi e introducono un grande numero di entità insuscettibili per principio di verificazione.

Queste affermazioni di Feyerabend, che hanno prodotto parecchio scandalo, sono completamente giuste, e anche piuttosto ovvie, giacché tutto è esperienza, ma ci sono diversi tipi di esperienza, così che ciò che vale per esperienza in un caso, è extraesperienziale in un altro, e viceversa. Ai nostri giorni – dice Feyerabend – il pericolo che s'instauri il dommatismo non viene dalla parte di quanti si professano metafisici, ma giunge dalla parte di coloro che si dichiarano seguaci dell'empirismo, i quali propongono una nozione rigida, cristallizzata, dell'esperienza, inaccettabile ad opera della scienza, che, infatti, è costretta a contraddirla ad ogni piè sospinto. Il neoempirismo è, in verità, il momento del pieno meriggio dell'illuminismo del Novecento in materia di scienza, ma è anche il

---

[9] Cfr. *I problemi dell'empirismo*, trad. it. A.M. Sioli, Milano, 1971, e *Against Method. Outline of an anarchistic theory of knowledge*, London, 1975.

punto in cui l'epistemologia illuministica si solidifica, e sempre la solidificazione è il preannuncio immancabile di una crisi imminente, la quale sopravviene, quando il falsificazionismo prende il posto del verificazionismo.

Feyerabend non è però molto più benevolo verso Popper di quel che lo sia nei confronti di Carnap, se non forse nella maniera in cui i filosofi moderni erano più comprensivi e clementi nei riguardi del protestantesimo di quel che lo fossero verso il cattolicesimo, che osteggiavano maggiormente, non perché fosse più falso, ma perché era più cristianesimo, era più religione, delle confessioni uscite dalla Riforma protestante. Non esiste una sola teoria al mondo, afferma Feyerabend, che non presenti una qualche discordanza con i fatti; non basta accogliere anche le teorie che non sono sostenute da dati sperimentali; si debbono ammettere anche quelle che sono state in qualche misura contraddette dall'esperienza. Se non ci si comporta così, si rischia di rimanere completamente privi di teorie, e, ciò che è peggio, di nuocere agli interessi della scienza e d'impedirne l'avanzamento. Nessuno dei metodi che Popper pretende di usare, per razionalizzare la scienza, può essere applicato, il principio della falsificabilità deve essere drasticamente ridimensionato; ma, qualora lo sia, non vale molto di più di un giudizio estetico, di un apprezzamento di gusto, di un qualsiasi criterio soggettivo, perché si può allargare o restringere a piacere. Argutamente Feyerabend fa vedere a Kuhn come la soluzione di rompicapi non sia un criterio sufficiente per caratterizzare la scienza, sia pure normale. Una banda di scassinatori di banche risolve dei rompicapi, ma non per questo compie opera di scienza; eppure tutte le asserzioni, che si eseguono a proposito della scienza normale, restano vere se a «scienza normale» si sostituisce «crimine organizzato», se in luogo di «scienziato singolo» si colloca «individuo scassinatore». La gustosa satira culmina nella richiesta che si definisca qual è il fine che persegue lo scienziato nella sua attività, giacché non c'è dubbio sul fatto che il fine dello scassinatore è il denaro: a che giova la scienza? è la domanda che dovrebbe porsi chiunque ad essa si dedica. La distinzione che Kuhn introduce tra scienza straordinaria e scienza normale, è arbitraria, e non s'intende perché mai dovrebbero essere auspicabili le rivoluzioni scientifiche, che ogni volta pongono fine ad un'epoca di scienza normale. I paradigmi sono incommensurabili, e pertanto non è consentito in alcun modo accertare se una rivoluzione scientifica introduca un sapere più progredito o invece regredito rispetto a quello in precedenza in vigore. Non c'è nessuno in grado di stabilire che il cosiddetto «riorientamento gestaltico» conduca al meglio, anziché al peggio. Feyerabend lascia, invece, che Lakatos costruisca, ma soltanto per il motivo che si ripromette di abbattere quanto viene da lui edificato: il razionalismo scientifico dall'uno affermato e difeso, sarebbe stato dall'altro attaccato e contestato.

Tutte le critiche che Feyerabend muove alla gnoseologia della scienza del Novecento sono perfettamente giuste, e non lasciano posto a repliche. Detto questo, resta da stabilire che cosa Feyerabend proponga per conto suo, ossia rimane da esaminare l'*anarchismo scientifico*, che ha la sua base nel *principio di proliferazione delle teorie della scienza*. Non è certo, dichiara Feyerabend, che l'anarchismo sia la filosofia politica migliore, ma è indubbio che è un'eccellente medicina per l'epistemologia e la filosofia della scienza. L'anarchismo, o, come a un certo punto Feyerabend ha preferito dire, il «dadaismo», nella filosofia della scienza, comporta il riconoscimento che tutte le metodologie scientifiche, anche quelle più evidenti, hanno dei limiti, e che quindi il loro numero, anziché essere ristretto, deve essere ampliato, nello stesso modo in cui bisogna sforzarsi di allargare il numero, la varietà e l'indole delle teorie scientifiche che si dispiegano in una libera gara. Il principio supremo di questa gnoseologia della scienza è: «qualsiasi cosa può andar bene»[10].

Questo è l'unico principio, che può essere sostenuto in tutte le circostanze, in tutti gli stadi dello sviluppo umano, l'unico, che non abbia bisogno di alcuna limitazione, perché asserisce da sé che non c'è niente di fisso, niente di definito, nel sapere. Anche la scienza, che si fonda sui principi della legge e dell'ordine, può avere successo soltanto se di quando in quando li contraddice e si comporta in maniera anarchica, senza accogliere prescrizione di sorta. I pregiudizi non si eliminano mediante il confronto tra le teorie e i fatti, perché non c'è fatto che non possa essere influenzato da una qualche teoria, la quale provvede a renderselo conforme, ma si espungono mercé il confronto tra teorie complete, ossia allorché ci si imbatte in cosmologie del tutto diverse da quella che sino ad allora si seguiva. Non l'analisi, bensì il contrasto teorico è il mezzo per disfarsi delle abitudini mentali consolidate, dei presupposti, dei pregiudizi, di cui sarebbe ingenuo mettersi a credere di poter evitare del tutto: ragione e antiragione, senso e non senso, intenzionalità e caso, procedono di conserva e sono inseparabili.

Feyerabend si è accorto che i filosofi della scienza, da cui è immediatamente preceduto, contrabbandano delle prescrizioni, facendole passare per descrizioni, avanzano giudizi di valore, spacciandoli per giudizi di fatto, parlano non della scienza quale essa è, ma di quale dovrebbe essere, pur protestando di fare la prima cosa e di astenersi dalla seconda; di conseguenza, egli muove loro l'imputazione di essere radicalmente ambigui. Quest'imputazione è certamente giusta, giacché una tale distinzione del descrittivo e del prescrittivo, del fatto e del valore, è inconsistente, in quanto sempre si porgono delle valutazioni, sempre s'introduce una precettistica, anche quando si pretende l'avalutatività della scienza; così l'unica questione effettiva è di quali norme si diano, di quali precetti si avanzino, di quali ideali si propongano. Per parte sua, Feyerabend può soltanto riprendere indicazioni e dettami di codesti pensatori, allargandoli e radicalizzandoli; altro non gli è consentito fare, perché l'indole della scienza non lo consentirebbe. Così, egli può insistere nell'avvertire che, se si eliminassero tutte le teorie scientifiche che stanno in contrasto con i fatti, si renderebbe del tutto vuota di contenuto la scienza, giacché non c'è teoria, che non sia contraddetta, in maggiore o minore misura, dai fatti, e quindi domandare un atteggiamento «liberale», «umanitario», non soltanto verso gli individui, ma anche nei confronti delle idee.

È però da parecchio tempo che, entro l'illuminismo, si sostiene che le prete-

---

[10] «*It is the principle: anything goes*» (*Against Method*, p. 28).

se continue di ancorare i concetti scientifici ad esperienze e ad osservazioni ripetibili (come, p. es., si riscontrano nell'operazionismo di Bridgman) sono impraticabili, e che, se mai si potessero tradurre in atto, riuscirebbero di danno alla causa della scienza, che vogliono favorire. Che le teorie debbano combattere tra di loro è già stato ripetutamente dichiarato; ciò che è incerto è stabilire quali siano le armi con cui esse possono affrontarsi e uscire dalla lotta o vittoriose o sconfitte. Finché si riteneva possibile il riferimento univoco all'esperienza, il criterio della decisione era manifesto; ma adesso si proclama che l'esperienza può essere invocata da parte di tutte le teorie in lizza, giacché ciascuna di esse ha di che influenzare i dati empirici, facendoli parlare nel proprio interesse. Raccomandare l'introduzione d'ipotesi in contrasto con altre ipotesi, e altresì in contratto con i fatti, ossia raccomandare di procedere controinduttivamente, è ancora ammissibile, ma in ciò è pur sempre presupposto che gli enunciati teorici, problematicamente addotti, siano distinguibili dai dati dell'esperienza, circostanza, che, però, per un altro verso, viene contestata. Quando Feyerabend discorre di dati sperimentali contaminati dal preventivo intervento delle idee; quando domanda di fare accoglienza ai suggerimenti delle mitologie dei popoli primitivi; quando provocatoriamente paragona la cosmologia moderna e la fisica di Newton con il racconto della creazione del mondo del *Genesi*, suggerendo di accogliere, oltre alle opinioni risultate vittoriose, anche quelle uscite sconfitte nel corso dell'evoluzione delle idee; quando pretende che il mondo del sogno debba intervenire al fine di scoprire i caratteri propri del mondo della veglia; cancella intenzionalmente ogni confine tra la scienza e la non scienza.

È evidente che Feyerabend civetta apertamente con l'irrazionalismo, ponendo persino in dubbio la medesima utilità della scienza per la vita (egli si chiede se per caso un mondo senza la scienza, improntato alla semplicità, alla schiettezza, alla naturalità, non sarebbe migliore del mondo attuale, caratterizzato dalla scienza e da esso interamente dominato). Queste sono tentazioni di apostasia dall'illuminismo, non nuove, ma mai così radicali e ultimative. Feyerabend pretende che i metodi irrazionali vengano a sostegno dello sviluppo della scienza, alla quale i metodi razionali non sono sufficienti; minaccia di cancellare i fatti a vantaggio delle ideologie, asserendo che sono nient'altro che la loro eredità. La sua affermazione più recisa è per l'appunto che i fatti sono costituiti da ideologie anteriori[11].

Feyerabend merita di essere riguardato come il punto d'arrivo della gnoseologia della scienza dell'illuminismo in crisi. Nel trarre questa conclusione bisogna non lasciarsi ostacolare da certi tratti del suo pensiero, che sembrano impedire di accordargli tanta importanza. Certamente Feyerabend mostra di volersi

---

[11] «*Facts are constituted by older ideologies*» (*Ibid.*, p. 56). In questa maniera, Feyerabend finisce con l'incontrarsi con Nietzsche, ossia con il maggiore ideologo del romanticismo. «Contro il positivismo, che si ferma ai fenomeni dicendo "ci sono soltanto fatti", io direi: no, appunto i fatti non esistono, esistono solo interpretazioni... "Prospettivismo"» (*La volontà di potenza*, trad. it. cit., p. 271).

comportare come un funambolo, come un giocoliere, in fatto di metodologia della scienza, ma è proprio questo suo atteggiamento che impone di prenderlo come approdo e simbolo dell'illuminismo decaduto. Dicemmo a suo tempo che c'è la superficialità soggettiva, che è impotenza personale di cogliere i veri aspetti delle cose, e che c'è la superficienza oggettiva, che è il rendersi medesimo delle cose tutte corteccia e niente nocciolo, tutte apparenza e niente sostanza; che la prima specie di superficialità non merita attenzione, ma che la seconda ha un grande interesse, perché è la conseguenza immancabile della contestazione della metafisica, della religione, della morale austera, dell'arte scopo a sé medesima, ossia di atteggiamenti che, di negazione in negazione, conducono a sopprimere la medesima scienza. Dietro i destreggiamenti sulla fune di Feyerabend, dietro i suoi contorcimenti e i suoi salti, per cui finisce col teorizzare il caos metodologico come il solo metodo conveniente agli interessi della scienza, l'antiragione come strumento dell'affermazione della ragione, c'è la maniera di sentire di tutto il più recente illuminismo[12].

Ma non è per caso Feyerabend un esponente della concezione romantica della scienza, nella quale evenienza le sue tesi sono qui fuori posto? Non stiamo forse noi commettendo un errore d'assegnazione di campo? Niente affatto. Nonostante tutte le sue esitazioni e i suoi dubbi, nonostante tutte le sue tentazioni d'apostasia, Feyerabend rimane saldamente ancorato al campo dell'illuminismo, perché formula in maniera radicale degli assunti, che però svolge in guisa moderata, e perché mantiene in essere quel caposaldo della concezione illuministica della scienza che è quello della sua indole progressiva. Egli conserva, infatti, l'idea di progresso, sia in generale, sia per quel che si riferisce alla scienza, la quale è avanzata nel passato e continuerà ad avanzare in futuro; soltanto reputa che la causa del progresso, per essere efficacemente propugnata, abbia bisogno dell'anarchismo metodologico, che si professa da sé medesimo frivolo, impertinente, ma pur vuole avere la sua serietà, facendo servire il caos allo scopo non già d'instaurare l'ordine definitivo, che è irraggiungibile, e che sarebbe comunque deprecabile, ma un ordine relativo, che si consente di quando in quando certe procedure anomale. Per Kant, l'indifferentismo filosofico e metafisico era nello stesso tempo il padre del caos e della notte nelle scienze, e l'origine e il presentimento della loro ripresa. Feyerabend vuole che il caos non sia sempre ciò che la parola lo dice, altrimenti, a cagione di codesta costanza, finirebbe col rendersi qualcosa di ordinato, mentre deve unicamente giovare ad un ordine, che

---

[12] Il culmine dell'arretramento dell'illuminismo è dato dal dubbio se la scienza giovi oppure danneggi la vita del genere umano, che forse sarebbe più piacevole, se fosse menata senza gli ingombri scientifici. C'è un pensatore in cui questo percorso si compie per intero, Wittgenstein, il quale incomincia col misticismo sintattico, sostenendo che la forma di una proposizione può essere mostrata, ma non può essere detta, e dichiarando che c'è dell'ineffabile (e anzi, ce n'è ancora di più di quel che si suole ritenere, per il motivo che la distinzione medesima tra il mostrare e il dire non può essere mostrata, giacché il mostrare è incompetente intorno al dire, e non può essere detta, perché il dire non esercita giurisdizione di sorta sopra il mostrare), e finisce con l'osteggiare la scienza in nome della morale e della vita vissuta.

si presume sia qualcosa di diverso dal suo opposto. Il riflesso dell'anarchia sopra il progresso risiede in ciò, che si può bensì affermare che la scienza tende a
progredire, a perfezionarsi, a migliorare, ma che si deve lasciare ognuno libero
d'interpretare a modo suo le parole «progresso», «perfezionamento», «miglioramento», e altre consimili, di cui non è consentito assegnare una volta per tutte il
significato.

Anche l'empirismo, che è basilare nella gnoseologia illuministica della
scienza, è affermato da Feyerabend, al pari dei metodologi che l'hanno preceduto, ed infatti egli distingue le conoscenze in astratte e in empiriche, e domanda
che le conoscenze empiriche si reggano, nella misura del possibile, sul conforto
che ricevono dai fatti, i quali non sono completamente indipendenti dalle teorie,
ma non sono nemmeno interamente prodotti da esse. Nella misura (senza dubbio molto limitata) in cui è libera da condizionamenti individuali e collettivi,
teorici e pratici, sociali ed economici, la scienza deve sforzarsi di avere l'accordo, o per lo meno, di non essere del tutto smentita dai fatti. Questa asserzione
contiene un contemperamento eclettico d'esigenze contrastanti; nondimeno gran
parte della filosofia della scienza si regge, dalla seconda metà dell'Ottocento, su
analoghi compromessi, che in Feyerabend sono soltanto diventati più faticosi ed
esitanti, o, com'egli dice, indeterminati, ambigui, sfuggenti[13].

---

[13] La scienza non ha molto da guadagnare dalle interminabili discussioni metodologiche
che si sono avute di recente. Il metodo e la teoria, costituita dal complesso delle proposizioni
che si affermano, non sono niente di diverso; si tratta di due nomi della medesima cosa. Niente
vieta di prendere una parte di codeste proposizioni e di dare ad esse letterariamente la posizione di metodo, mandandole avanti alle rimanenti, che ad esse sono fatte seguire a titolo di teoria, o sotto altra analoga denominazione. Ciò si può fare soltanto letterariamente (nell'espressione verbale o scritta), giacché la relazione delle proposizioni è quella della relazione reciproca, e se si mandano delle proposizioni avanti alle altre, ne viene che quelle prime importano
queste seconde (così, p. es., le regole del metodo di Cartesio importano la filosofia cartesiana;
la prima regola, di accogliere soltanto ciò che si presenta evidente perché chiaro e distinto, dipende dalla teoria dell'idea chiara e distinta). In realtà, il metodo non precede né segue la teoria, bensì è la stessa teoria, ma pare precederla, nel qual caso, meglio scrutato, sembra altresì
che la segua, a guisa d'un'ombra, che ora appare da una parte e ora dall'altra del corpo che la
proietta sul terreno. Le dispute sul metodo fioriscono o nei periodi d'avviamento della scienza
o nelle fasi di decadenza, nel pieno rigoglio scientifico sono assenti, a quel medesimo modo in
cui le ombre sono lunghe al mattino presto e sul far della sera e nulle a mezzogiorno. – Come
il metodo in generale altro non è che la teoria, ad una parte della quale è conferita a parole la
posizione di anticipare le altre parti, così sia la deduzione che l'induzione sono ugualmente il
pensiero, la presenza, a cui, per un artificio letterario, è attribuita la capacità di andare dall'alto
verso il basso oppure di seguire l'inverso cammino. Si tratta in entrambi i casi di presenze, ma
in essi è diverso ciò che è presente. L'induzione, per aver luogo, comporta che la sensazione e
l'immaginazione costituiscano una sorta di catena ininterrotta (ossia interamente presente), in
cui tutti gli anelli posseggono una grande perspicuità, che assegna a ciascuno di essi il proprio
posto, inconfondibile con ogni altro, in codesto *continuum* sensoriale-immaginativo. Quando la
sensibilità perde, per quel che riguarda la sua intensità, la propria trasparenza, perché si è resa
divaricata, l'induzione diventa prima controvertibile e poi viene dichiarata impossibile. Quando accade quest'ultima cosa, come capita nella gnoseologia della scienza più recente, l'induzione non può essere sostituita da qualcosa di ugualmente valido, a causa dell'empirismo in
essa dominante.

Per parecchi secoli è appena balenata l'eventualità che la civiltà andasse incontro ad un tracollo, per il motivo che l'andamento complessivo delle cose del mondo lasciava confidare in tempi migliori. Sebbene quella che era una vaga possibilità sia diventata un fatto, e nel Novecento la distruzione si sia verificata in un'estensione tale, che nemmeno le più fosche previsioni e profezie di decadenza avevano immaginato, si continua, per lo più, ad essere paghi dell'oggigiorno e non ci s'interroga sul domani, da cui si preferisce allontanare lo sguardo. Quale coscienza ebbe della decadenza, che pur si sarebbe potuta scorgere dovunque, l'umanità ellenistico-romana durante i secoli della tarda età imperiale? Sembrerebbe piuttosto scarsa, giacché i lamenti e le denunce sono o limitati nella portata, come accade quando ci si interroga sulle cause della corruzione dell'eloquenza, o generali bensì, ma più prodotti dallo spettacolo offerto dalle cose che investigati a fondo, come si vede dalle Storie di Ammiano Marcellino, dal resoconto del viaggio di Rutilio Namaziano, nonché dal *Satyricon* di Petronio, il quale ultimo attribuisce la decadenza della dialettica, dell'astronomia, della filosofia, delle arti belle, alla sopravvenuta avidità del denaro e alla degenerazione del costume morale, cause che andavano bene allora, e che, se fossero riproposte, andrebbero altrettanto bene oggi, quantunque un quadro completo dovrebbe contenere moltissimi altri elementi. Presumibilmente la coscienza attuale del declino della civiltà è ancora inferiore, giacché non è adeguatamente rappresentata dalle manifestazioni che, in grande abbondanza, si forniscono dell'esaurimento della fede nel progresso, che dell'illuminismo era stata il principio ispiratore.

L'illuminismo sorge allorché la sensazione si divide dall'immaginazione, che è uno stato di cose paragonabile a quello che si produce quando il sole splende nel cielo, avendo discacciato l'oscurità e resa passata la notte. La metafora, per cui l'illuminismo è il giorno succeduto alla notte, ha una portata molto profonda e indica con precisione una condizione del sentire, in cui, essendo distaccata e remota l'immaginazione, che è la «notte», la sensazione ha contorni inconfondibili, appare appieno in ciò che è, ossia si manifesta come il «giorno». Ora, l'insicurezza e il dubbio, e cioè l'esitazione e l'oscillazione dell'animo, il rivoluzionamento delle idee, e cioè il subitaneo ed estremo cangiamento delle prospettive, la rinuncia al possesso della verità nella scienza, e cioè l'illanguidimento e l'evanescenza del sentimento della comunione, il prevalere dell'autocritica sulla polemica, e cioè il sopravanzare della repulsione verso di sé sulla repulsione nei confronti degli altri, manifestano la profondità della crisi, da cui è travagliato l'illuminismo, crisi che si può conclusivamente riportare ad un unico fattore: l'immaginazione torna ad addensarsi sopra la sensazione. L'illuminismo, nato con la divisione della facoltà del sentire sensoriale e della facoltà del sentire immaginativo, minaccia di morire con il ricongiungimento e la sovrapposizione delle due facoltà. Le intuizioni del mondo non si lasciano anticipare, perché non sono comandate in anticipo; i modi di sentire, di cui esse consistono, sono la stessa attività senziente nella sua esplicazione, non qualcosa che le preceda e le determini dal di fuori; perciò sono assolutamente libere, pur essendo compiutamente definite. Qualora continuasse il processo per cui l'immagina-

zione si porta sopra la sensazione, investendola completamente di sé e così co-
prendola, il sentire accennerebbe ad esser daccapo quello che era stato prima
della luminosa antichità greca e romana. Non che esso tornerebbe uguale, senza
differenza, cosa, questa, tanto poco possibile, che la medesima uguaglianza, anzi, la medesima identità, non sono senza una qualche differenza. I punti di vista,
nell'interno contenuto proprio di ciascuno, e nelle loro espansioni, come nei loro restringimenti complessivi, non presentano mai niente di uguale, ma sempre
diversamente si susseguono, quanto ai successi e agli insuccessi, in una vicenda
senza fine. Come dice Anassimandro: ἐξ ὧν δὲ ἡ γένεσίς ἐστι τοῖς οὖσι, καὶ
τὴν φθορὰν εἰς ταῦτα γίνεσθαι κατὰ τὸ χρεών. διδόναι γὰρ αὐτὰ δίκην
καὶ τίσιν ἀλλήλοις τῆς ἀδικίας κατὰ τὴν τοῦ χρόνου τάξιν[14].

---

[14] B.1 (*Die Fragmente der Vorsokratiker*, ed. cit., Bd. 1, p. 89). «Donde le cose hanno na-
scimento, ivi si dissolvono secondo necessità. Pagano infatti la pena e scontano, reciprocamente, la colpa commessa, secondo l'ordine del tempo» (trad. A. Maddalena).

INDICE DEI NOMI

INDICE

Finito di stampare
per A. Longo Editore in Ravenna
nel mese di ottobre 2002
da Edit Faenza